U0907159

WHCSQNJ

2010

武汉城市圈

Wuhan Chengshiquan

年鉴

Nianjian

武汉地方志编纂委员会办公室／编

武汉出版社

WUHAN
PUBLISHING HOUSE

(鄂)新登字 08 号

图书在版编目(CIP)数据

武汉城市圈年鉴.2010 年/武汉地方志编纂委员会办公室编著.—武汉:武汉出版社,2011.3

ISBN 978—7—5430—5838—5

Ⅰ.①武…　Ⅱ.①武…　Ⅲ.①城市经济—武汉市—2010—年鉴　Ⅳ.①F299.276.31—54

中国版本图书馆 CIP 数据核字(2011)第 073956 号

编　　著:武汉地方志编纂委员会办公室

责任编辑:吕植壮

封面设计:刘福珊

出　　版:武汉出版社

社　　址:武汉市江汉区新华下路 103 号　　邮　　编:430015

电　　话:(027)85606403　85600625

http://www.whcbs.com　　E-mail:zbs@whcbs.com

印　　刷:武汉市人大常委会机关劳动服务公司　　经　　销:新华书店

开　　本:880mm×1230mm　1/16

印　　张:20.75　　字　　数:1000 千字　　插页:12

版　　次:2011 年 3 月第 1 版　　2011 年 3 月第 1 次印刷

定　　价:180.00 元

编辑说明

一、《武汉城市圈年鉴》是记述武汉城市圈自然、政治、经济、文化、社会等方面情况的年度资料性文献，由武汉地方志办公室主编，黄石市、鄂州市、孝感市、黄冈市、咸宁市、仙桃市、潜江市、天门市地方志办公室协编。

二、《武汉城市圈年鉴》编纂的指导思想是以邓小平理论和“三个代表”重要思想为指导，认真贯彻落实科学发展观，以服务于武汉城市圈改革开放、经济建设和构建和谐社会为宗旨，全面、系统、客观地收集和记述武汉城市圈各个方面的基本情况，为广大读者认识武汉城市圈、研究武汉城市圈、建设武汉城市圈提供具有权威性和较高参考价值的资料。

三、《武汉城市圈年鉴》（2010年卷）主要收录2009年武汉城市圈经济建设和社会发展的基本情况和基本资料。

四、《武汉城市圈年鉴》采用分类编辑法，按类目、分目、条目三个层次的体例编辑，以不同字体、字号及版式设计区分不同层次，条目标题均加【】表示。本卷《武汉城市圈年鉴》共设16个类目：1.武汉城市圈风貌；2.特载；3.综述；4.基本情况；5.重要会议和重要活动；6.改革开放；7.城乡建设；8.开发区建设；9.工业；10.农业；11.现代服务业；12.社会事业；13.人民生活；14.市辖区（市、县）概况；15.武汉城市圈论坛；16.2009年武汉城市圈大事记。卷末设索引以方便读者检索。

五、本卷年鉴所有文献资料均由湖北省和武汉城市圈各城市有关部门（单位）撰写，并经撰稿单位负责人审核。

六、《武汉城市圈年鉴》（2010年卷）的编纂出版得到社会各界的大力支持，编委会在此表示衷心感谢。由于编辑水平有限和成书时间仓促等原因，本卷年鉴难免有所疏漏和不足，恳请读者批评指正，以利我们在今后的编纂工作中努力改进。

《武汉城市圈年鉴》编纂委员会

武汉城市圈年鉴（2010年卷）

主　　编　舒　炼

副 主 编　杨玉莲　姚卫东　王勇祥　肖　凯

编辑部主任　肖　凯　陈世炎

编辑部副主任　张　辉　杨晓华

责任编辑　张　辉　杨晓华　张　昀　张　均

特约编辑　（以姓氏笔画为序）

刘　芳　张　进　李晓莉　陈　军　陈秋娥

杨　炬　倪振飞　聂传安　黄爱高　曾虎祥

曹忠生　焦卫星　戴　惠

地图绘制　武汉市勘测设计研究院

封面设计　刘福珊

版式设计　聂传安

武汉城市圈地图

图 例
武汉市政府驻地
地级市政府驻地
区、县级市、县政府驻地
机场
山峰
旅游景点
水系
省界
地级市界
高速公路
在建高速公路
铁路
国道及编号
省道
县道
本图行政界线不作权属划分依据
资料截至时间2010年11月
比例尺：1：950 000
0 4.75 9.5 14.25KM
武汉市勘测设计研究院编制
襄樊市
随州市
宜昌市
荆门市
天门市
潜江市
仙桃市
荆州市
湖南省
随州市
荆门市
荆州市
岳阳市
孝感市
宜城市
钟祥市
京山市
当阳市
枝江市
松滋市
公安
江陵
监利
石首市
洪湖市
南县
安陆市
云梦县
应城市
孝南区
汉川市
广水市
南漳
远安
荆州区
沙洋
通城县
沪蓉高速（武荆段）
沪蓉高速（荆宜段）
沪渝高速（汉宜段）
沪汉蓉铁路（汉宜段）（在建）
长荆铁路
焦柳铁路
京广铁路
京广客运专线
二广高速
随岳高速
洞庭湖
洪湖
长湖
赤壁风景名胜区
沔城旅游风景名胜区
太平寨旅游风景区
白兆旅游风景区
汈汊湖
大洪山
大药姑
至广州
至香港、澳门
至常德
至成都
至襄樊
至焦作
至十堰

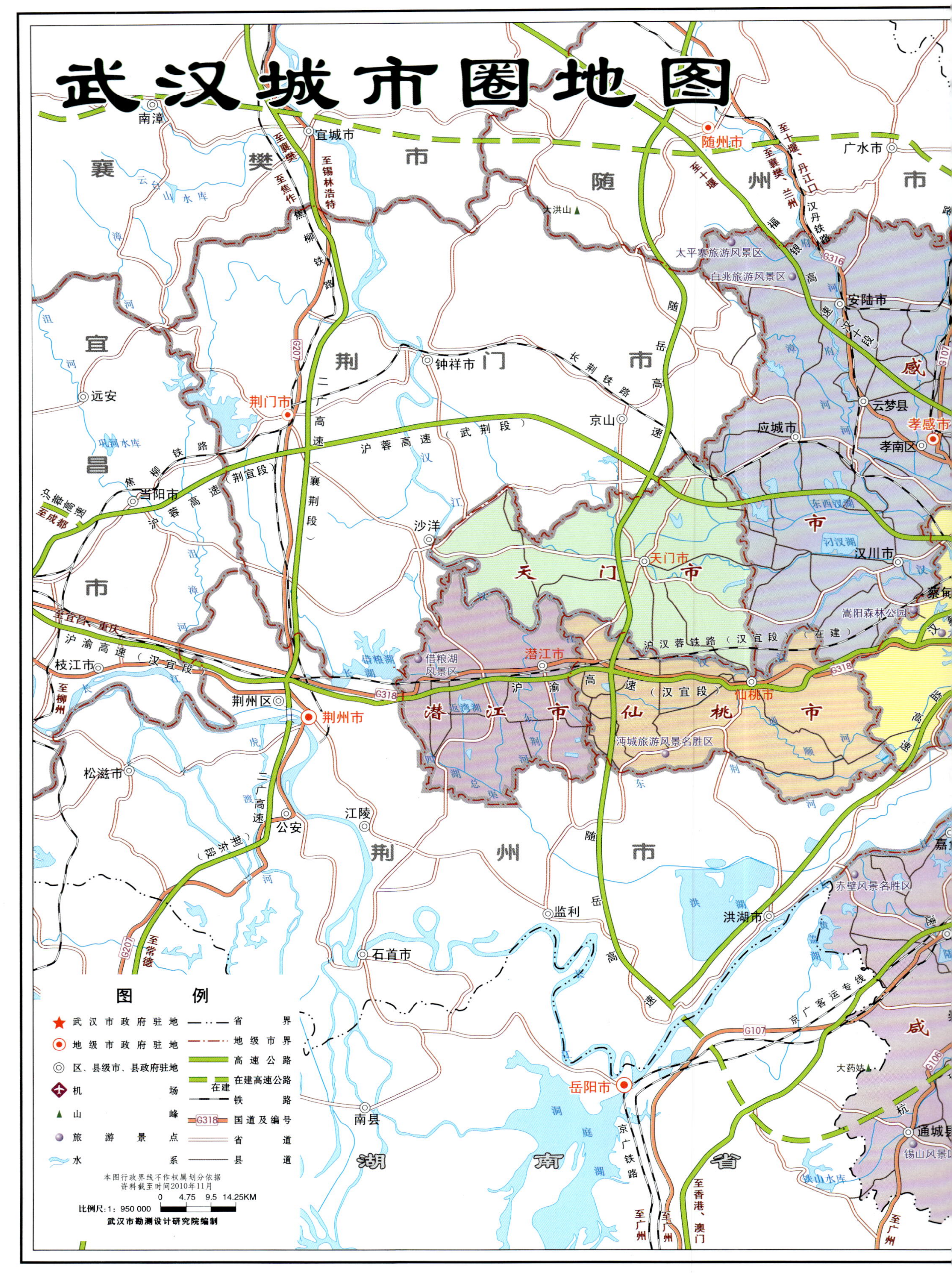

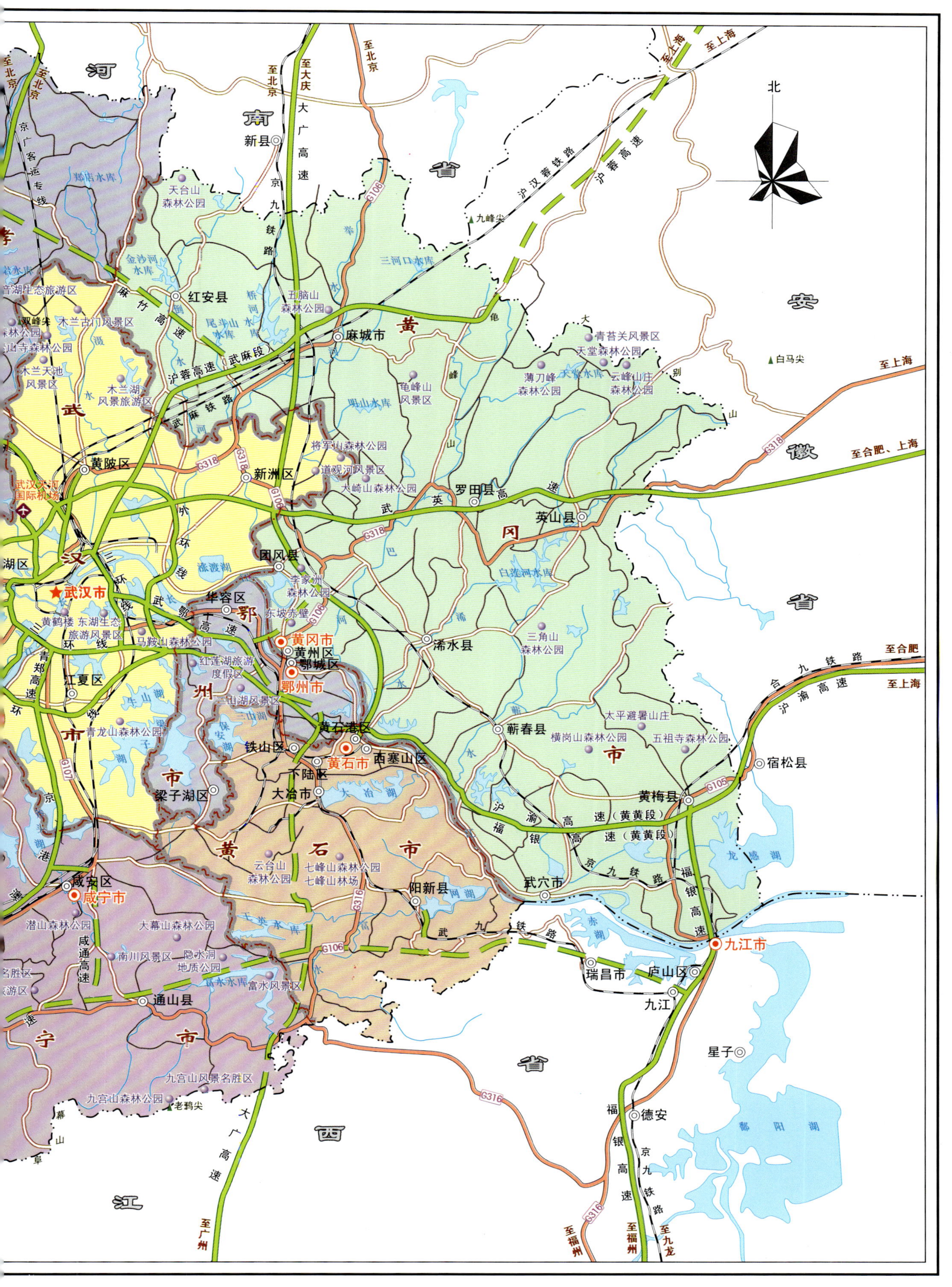

河
南
省
安
徽
省
江
西
省
北
新县
红安县
麻城市
黄
冈
市
罗田县
英山县
团风县
浠水县
蕲春县
黄梅县
武穴市
黄冈市
黄州区
鄂州市
鄂城区
华容区
梁子湖区
黄石市
黄石港区
西塞山区
铁山区
下陆区
大冶市
阳新县
武汉市
黄陂区
新洲区
江夏区
咸宁市
咸安区
通山县
九江市
瑞昌市
庐山区
九江
星子
德安
宿松县
武汉天河国际机场
天台山森林公园
金沙河水库
五脑山森林公园
三河口水库
尾斗山水库
明山水库
龟峰山风景区
青苔关风景区
天堂森林公园
薄刀峰森林公园
天堂水库
云峰山庄森林公园
将军山森林公园
道观河风景区
大崎山森林公园
白莲河水库
李家洲森林公园
东坡赤壁
三角山森林公园
太平避暑山庄
横岗山森林公园
五祖寺森林公园
红莲湖旅游度假区
三山湖风景区
马鞍山森林公园
黄鹤楼
东湖生态旅游风景区
青龙山森林公园
木兰古门风景区
木兰天池风景区
木兰湖风景旅游区
双峰尖森林公园
云台山森林公园
七峰山森林公园
七峰山林场
潜山森林公园
大幕山森林公园
南川风景区
隐水洞地质公园
富水风景区
富水水库
九宫山风景名胜区
九宫山森林公园
老鸦尖
九峰尖
白马尖
郑店水库
涨渡湖
梁子湖
保安湖
大冶湖
网湖
王英水库
龙感湖
赤湖
鄱阳湖
至北京
至大庆
至上海
至合肥、上海
至合肥
至广州
至福州
至九龙
大广高速
京九铁路
沪汉蓉铁路
沪蓉高速
武麻段
武麻铁路
麻竹高速
武英高速
外环线
武鄂高速
青郑高速
京港澳高速
沪渝高速
合九铁路
沪渝高速（黄黄段）
沪福银高速（黄黄段）
福银高速
咸通高速
武九铁路
京广客运专线
G106
G316
G318
G105
G107

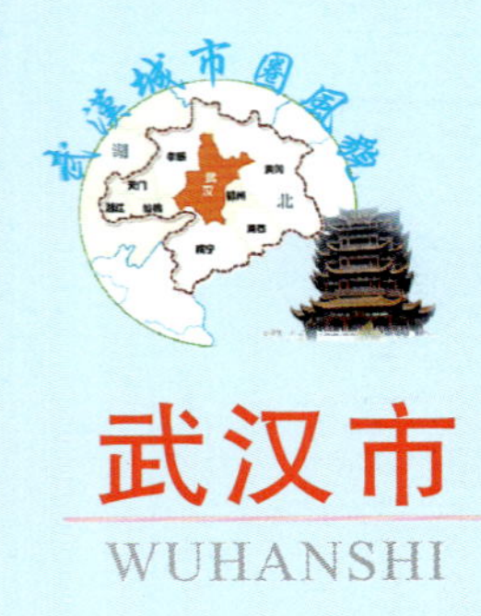

武汉市

WUHANSHI

东湖新技术开发区光谷广场

武汉火车站外景

武汉世贸广场远眺

武汉轻轨一号线全线通车

环境优美的住宅小区一景

城市园林景观

金银湖生态景观

东湖樱花园一角

汉阳江滩大禹神话雕塑

汉口江滩公园

武汉解放公园

万科四季花城小区

汉阳墨水湖住宅小区

金山大道一景

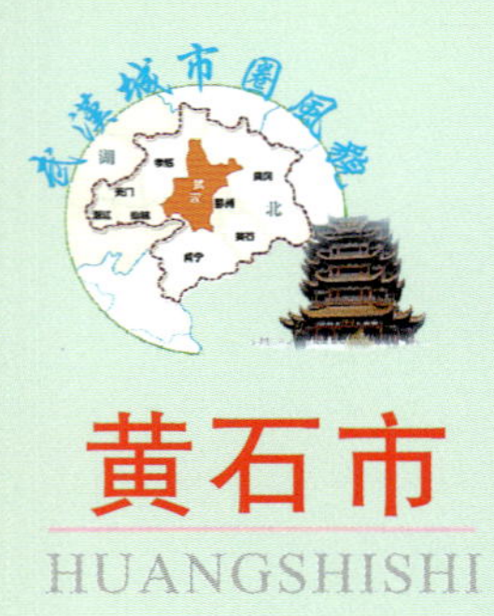

黄石市

HUANGSHISHI

黄石磁湖风光

黄石江滩

黄石防洪及环境综合治理工程

黄石城区景观

1.黄石市西塞山公园一景
2.黄石市大冶爱国主义教育基地—南山金公祠
3.黄石西塞山公园一景
4.黄石市大冶南山碑林

代表湖北省参加第七届国际园林花卉展的“鄂州园”

洋澜湖畔落乌城一景

大型舞蹈诗《吴都风华》剧照

紫薇映红南浦路

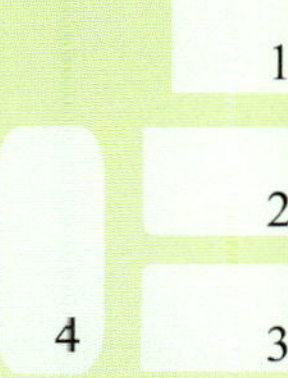

1.华谷镇村民采摘油桃
2.燕矶镇观光农业园吸引了大批游客
3.沙窝乡网箱养殖基地
4.水稻喜获丰收

1

2

3

1.孝感市乾坤购物广场
2.孝感市虎头山新四军群雕
3.孝感市体育馆

孝感火车站

孝感市云梦楚王城遗址

鄂豫边区革命烈士纪念碑

新四军第五师成立旧址纪念广场

孝感市出城高速公路

黄冈市

HUANGGANGSHI

1

2

3

1.黄冈师范学院校区鸟瞰
2.黄冈市城市风光
3.黄冈市教育新城

罗田天堂寨雪景

麻城龟峰山

黄冈市九资河圣仁堂村一角

黄冈城市远眺

1

2

3 4

1.大型歌舞《梦寻咸宁》剧照
2.咸宁市人民广场
3.中国·咸宁首届国际温泉文化旅游节“10000人同浴温泉”创上海大世界基尼斯纪录
4.湖北咸宁2009国际友谊小姐世界大会入城仪式暨花车巡游启动仪式

城区远眺

咸宁市城市标志雕塑

咸宁市温泉河

温泉谷一景

仙桃市

XIANTAOSHI

仙桃大道街景

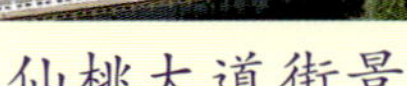

仙桃大道街景

仙桃市江汉路

仙桃市仙下河远眺

仙桃市重建的大拱桥

重建的何李桥桥景

仙桃体操大赛比赛现场

仙桃江汉江滩

潜江市

QIANJIANGSHI

1

2

3

1.潜江大道街景

2.江汉艺术职业学院

3.潜江经济开发区华润化肥厂

周矶办事处网箱养殖基地

渔洋镇大苏湖万亩水产养殖基地

杨树苗木产业基地

老新镇林地生态养鸡基地

运粮湖农场大湖新村一角

天门市

TIANMENSHI

天门市西湖鸟瞰

城区俯瞰

城区交通渠化岛

陆羽茶市效果图

天门经济开发区创业大道

陆羽纪念馆

公园一景

随（洲）岳（阳）公路天门段

生产总值

单位：亿元

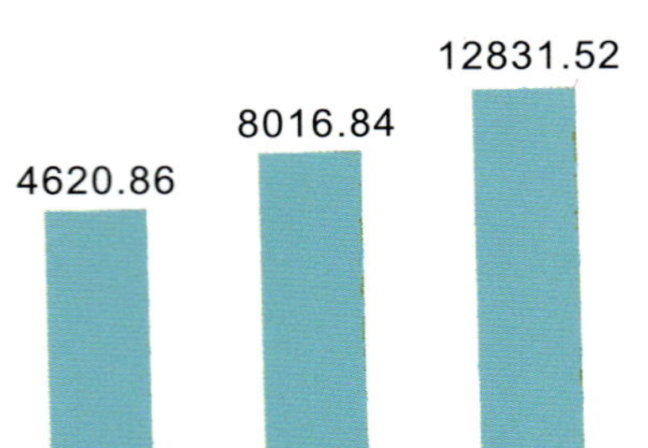

规模以上工业总产值

单位：亿元

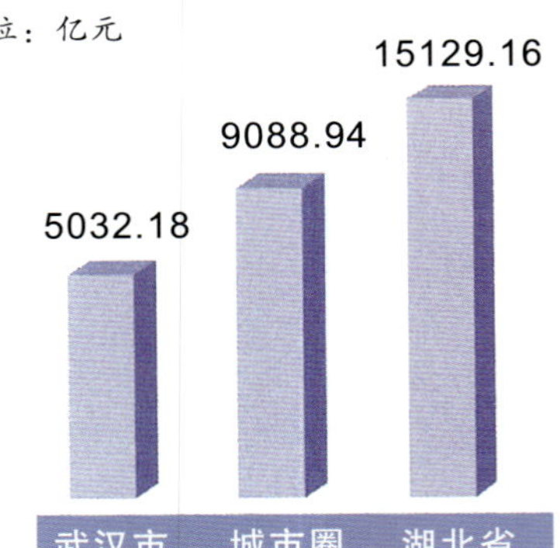

全社会固定资产投资总额

单位：亿元

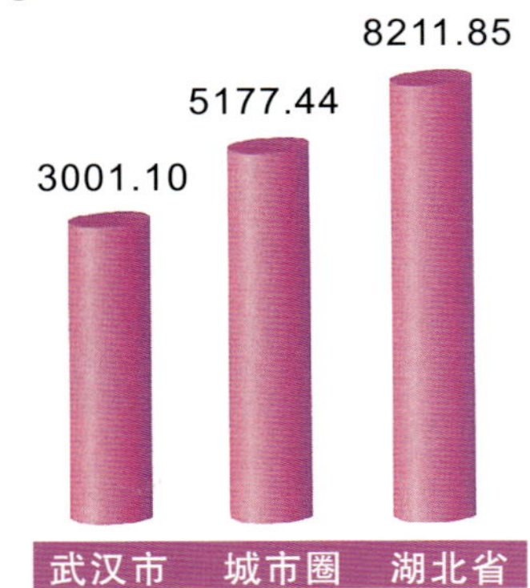

社会消费品零售总额

单位：亿元

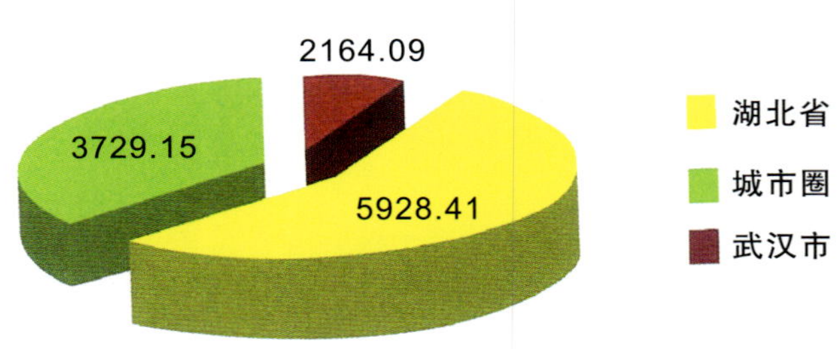

外贸进出口总额

单位：亿美元

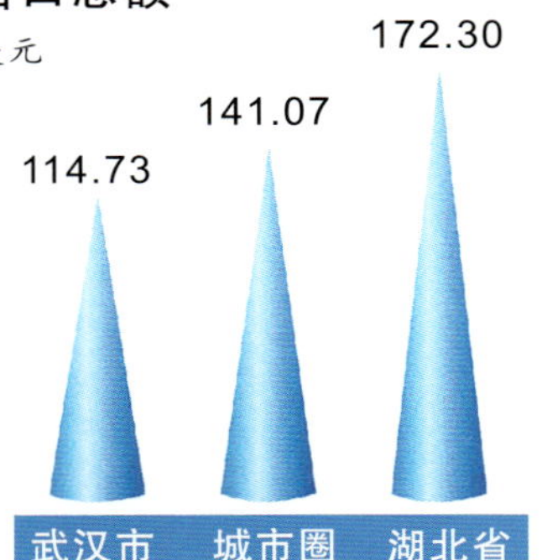

地方财政一般预算收入

单位：亿元

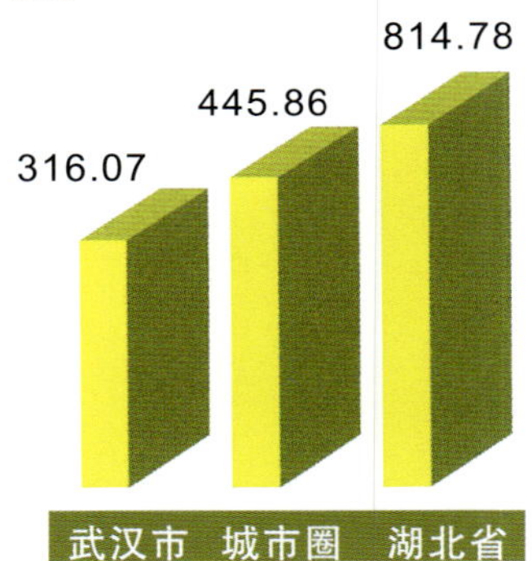

城镇居民人均可支配收入

单位：元

14367
15057
18385
湖北省 城市圈 武汉市

农村居民人均纯收入

单位：元

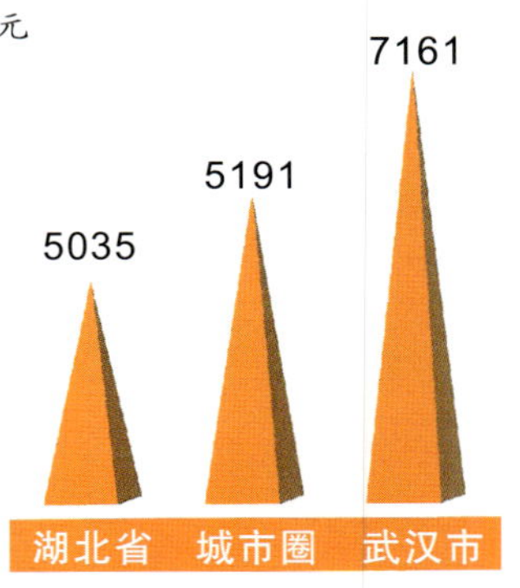

注：本页所标“城市圈”、“湖北省”统计数据中均包含武汉市

目录

特载

综述

概述

重大项目建设

基本情况

武汉市基本情况

黄石市基本情况

鄂州市基本情况

重要会议和重要活动

城乡建设

概　述

咸宁市城乡建设

仙桃市城乡建设

潜江市城乡建设

天门市城乡建设

开发区建设

武汉市开发区建设

黄石市开发区建设

鄂州市开发区建设

孝感市开发区建设

黄冈市开发区建设

咸宁市开发区建设

仙桃市开发区建设

潜江市开发区建设

天门市开发区建设

工　业

概　述

武汉市工业

黄石市工业

鄂州市工业

孝感市工业

黄冈市工业

咸宁市工业

仙桃市工业

潜江市工业

天门市工业

农　业

概　述

武汉市农业

黄石市农业

鄂州市农业

孝感市农业

黄冈市农业

咸宁市农业

仙桃市农业

潜江市农业

天门市农业

现代服务业

概　述

武汉市现代服务业

黄石市现代服务业

鄂州市现代服务业

孝感市现代服务业

仙桃市社会事业

潜江市社会事业

天门市社会事业

人民生活

概　述

武汉市人民生活

黄石市人民生活

鄂州市人民生活

孝感市人民生活

黄冈市人民生活

咸宁市人民生活

仙桃市人民生活

潜江市人民生活

天门市人民生活

市辖区(市、县)概况

武汉市

黄石市

鄂州市

孝感市

黄冈市

咸宁市

武汉城市圈论坛

2009年武汉城市圈大事记

Contents

Industry

Agriculture

Contemporary Service Trade

Social Cause

People's Live

Survey of Area under City's Jurisdiction

特　　载

武汉城市圈资源节约型和环境友好型社会建设综合配套改革试验促进条例

（2009年7月31日湖北省第十一届人民代表大会常务委员会第十一次会议通过）

第一条　为促进武汉城市圈资源节约型和环境友好型社会建设综合配套改革试验（以下简称改革试验），推进本省经济社会又好又快发展，制定本条例。

第二条　武汉城市圈是指以武汉市为中心，由武汉、黄石、鄂州、孝感、黄冈、咸宁、仙桃、天门、潜江等九市共同构成的区域。

武汉城市圈经济、社会、文化及行政管理体制等方面的改革试验，适用本条例。

武汉城市圈综合配套改革试验区的观察员市（县）参照适用本条例。

第三条　武汉城市圈改革试验以科学发展观为指导，坚持解放思想、先行先试，因地制宜、突出特色，政府推动、市场导向，扩大开放、互利共赢，科学规划、有序推进的原则，根据建设资源节约型和环境友好型社会的要求，以推进基础设施、产业布局、区域市场、城乡建设、环境保护与生态建设"五个一体化"和体制机制创新为突破口，加强重点领域和关键环节的改革试验，走出一条新型工业化、城市化和农业现代化发展道路，为构建促进中部地区崛起的重要战略支点提供有力支撑。

第四条　武汉城市圈改革试验应当与鄂西生态文化旅游圈、湖北长江经济带及全省经济社会发展统筹规划、良性互动、共同发展。加强武汉城市圈与国内外的交流合作，借鉴、吸纳其他城市群、经济区在区域经济发展和改革试验方面的成功经验。

第五条　建立健全武汉城市圈改革试验中各方利益统筹协调、激励导向和补偿约束机制，破除行政壁垒，实现资源共享、信息互通、优势互补。

武汉市应当充分发挥龙头示范、中心辐射作用，带动武汉城市圈加快发展；武汉城市圈其他城市应当根据自身特色和优势，准确定位、各有侧重、主动作为，发挥在改革试验中的共同支撑作用。

第六条　省人民政府负责统一组织领导和统筹协调改革试验工作，建立健全、完善专门组织机构和工作机制，明确并落实目标责任制、考核制和问责制，确保改革试验工作顺利进行。

省人民政府负责改革试验日常工作的办事机构承担综合协调、督导服务等具体工作；各有关部门按照其职责分工，密切配合，共同做好改革试验工作。

武汉城市圈各市人民政府根据省人民政府的统一部署和要求，结合实际，建立健全、完善相应的组织机构和工作机制，履行推进改革试验的各项职责。

第七条　省人民政府建立由省相关部门、武汉城市圈各市人民政府及有关方面共同参与的协调会议制度，对改革试验中跨部门、跨行政区域的重要事项等进行协调。

武汉城市圈各市人民政府通过建立行政首长联席会议、部门负责人联席会议等多层级的协商机制，对跨行政区域的改革试验事项进行协商。

重点改革试验事项，按照国家和省的有关规定进行立项或者备案管理。

第八条　省人民政府应当根据国家相关政策，积极争取与国家有关部门建立合作共建机制，共同支持、推进改革试验工作。

第九条　武汉城市圈应当采取措施，保障企业发挥市场主体作用，引导社会中介组织发挥社会服务作用，鼓励专家学者发挥参谋咨询作用，支持新闻媒体发挥舆论导向作用，形成各方支持、社会参与、共同推进的格局。

涉及人民群众切身利益等社会公共利益的改革试验事项，应当通过论证会、听证会或者其他方式征求公众和社会各界的意见。

第十条　省人民政府及有关部门依据改革试验总体方案，按照科学定位、差异布局、体现特色、协调发展的原则，制定武汉城市圈区域规划和空间、产业发展、综合交通、社会事业、生态环境等专项规划，明确改革试验长期目标、近期目标。

武汉城市圈各市人民政府应当根据区域规划、专项规划，制定适合本地实际的发展规划，整体推进。

加强规划的组织实施，发挥规划的引领作用，坚持在规划指引下建设，在保护基础上开发。

第十一条　根据产业发展规划和各城市功能定位，积极推进产业优化布局和双向合理转移，促进产业一体化；发展现代农业、先进制造业、现代服务业、高新技术产业和文化产业，改造传统产业,培植和提升战略、特色产业,完善现代产业体系,促进产业振兴。

建立健全产业可持续发展的激励约束制度和退出补偿制度,对符合资源节约和环境友好要求的产业,优先列入全省国民经济和社会发展规划及年度计划,优先列入统筹推进的重大项目计划和政府性资金扶持计划,优先列入土地、金融服务等资源配置支持范围;严格限制高污染、高排放、高能耗的产业进入。

第十二条 坚持自主创新,以光电子信息、生物、新材料、新能源及节能环保、先进制造等领域为主攻方向,以延伸产业链、壮大产业群为主线,加强政策引导,优化自主创新和产业发展环境,提升武汉城市圈在国家创新体系和产业布局中的地位。

发挥武汉科教资源优势,将武汉建成具有重要影响的综合性国家高新技术产业基地和自主创新示范区。

第十三条 深化科技体制改革,强化政策措施,实施知识产权战略,完善科技投融资体系,建立科技企业孵化、科技信息与大型科学仪器共享、科技成果交易和推广运用等科技公共服务平台,促进科研院所、高等院校、企业研究机构等科研资源的整合,提高科研成果转化率。

第十四条 建立和完善统一开放、运行规范、诚信公平、竞争有序的人力资源市场和人才自由流动的机制,建立健全城乡统一的公共就业服务体系、职业培训体系和劳动保障监察机制,完善高级人才双向聘任、人才资质互认等制度,促进人力资源的优化配置。

加强高素质人才的培养,制定并落实吸引人才集聚的优惠扶持政策,优化人才发展环境,发挥专业技术、管理等各类人才在改革试验中的作用。

第十五条 统筹安排、合理开发利用武汉城市圈土地资源,推进低丘岗地改造等国土整治,建立健全统一的耕地有偿保护、占补平衡和被征地农民社会保障制度,对符合资源节约和环境友好要求的重点项目用地优先给予支持。

加强基本农田保护,推动农村土地承包经营权和农村集体建设用地使用权依法有序流转,实行城市土地投资强度分级分类管理,促进节约集约用地。

第十六条 建立健全促进节能减排、资源节约的激励约束机制和市场机制,完善节能减排的指标体系、监测体系和考核体系,大力推广节能、节水、节材,加快推进清洁生产、循环经济及其试验区发展,鼓励生态园区建设,支持可再生能源和节能环保材料的推广应用,探索资源综合利用新途径,依法建立生产者责任延伸、工业废弃物处理认证、差别化能源资源价格等制度,实现能源资源的节约利用。

完善政策措施,鼓励企业围绕节能减排加快技术改造,淘汰落后的产能和技术。

建立资源开发补偿、衰退产业援助、资源枯竭企业扶助等制度,推进资源枯竭城市转型,实现可持续发展。

第十七条 以水环境生态治理修复、森林保护以及大气污染、农业面源污染防治为重点,建立规划环境影响评价、生态环境补偿、环境责任保险、排污权交易等制度,完善环境生态保护的体制机制,健全环境信息公开共享、环境监督执法联动的协同监管体系,实现环境保护与生态建设一体化,保障生态安全。

加快大东湖生态水网构建等重点工程的规划建设,加强湖泊、湿地及长江、汉江湖北流域的保护、治理和监督管理。

第十八条 统筹城乡发展,建立推进社会主义新农村建设的体制机制,形成以工促农、以城带乡、城乡互动、区域协调、共同繁荣的城乡经济社会一体化发展的格局。

第十九条 加强基础设施一体化建设,建立城乡共享、功能完善的交通、水利、能源电力、信息等基础设施;以高速公路、城际铁路、机场及港口建设等为重点,形成布局合理、衔接紧密、安全高效的公路、铁路、航空、水路等综合性大交通网络,实现客运便捷化、货运物流化和管理智能化。

第二十条 加快社会保障制度改革,探索实施户籍制度改革,建立以社会保险为主、社会救助为辅、商业保险为补充的城乡统一的社会保障体系,实现社会保险在武汉城市圈的流转和接续。

第二十一条 完善社会事业公共服务体系,整合公共服务资源,实现科技、教育、文化、卫生、体育、旅游等资源的优化配置和共享。

加快通信、计算机、广播电视三网融合和电信资费标准的统一,推进电子政务和农村、社区信息化等社会信息化建设,实现城乡、城际信息资源共享联动。

推进城市交通、商业、公共服务等领域的一卡通建设,实现武汉城市圈内一卡通用、一卡多用。

第二十二条 加快发展武汉城市圈信息服务、现代物流、商务会展等高端服务业。

发展配套性强、辐射面广的专业市场,做大做强商贸龙头企业,支持大型商业集团发展连锁经营,构建武汉城市圈商贸信息网络。

第二十三条 推进武汉城市圈金融一体化,增强金融市场融资服务功能,加快金融主体和武汉区域金融中心建设,深化农村金融改革,优化金融生态环境,逐步形成金融资源高度集聚、金融体系基本完备、经营机制灵活高效的金融市场。

构建政府引导、市场运作相结合,服务于武汉城市圈前瞻性、基础性、公益性项目和发展中小企业的投融资平台;改革创新农民抵押担保方式,探索农村集体建设用地使用权、林权抵押融资服务;鼓励对符合资源节约和环境友好要求的产业、企业和项目给予重点支持,增强金融在改革试验中的引导和服务功能。

第二十四条 完善公共财政体制,调整优化财政分配关系,建立激励与约束相结合的财政分配机制,充分发挥公共财政对改革试验的引导、促进和服务作用。

省人民政府、武汉城市圈各级人民政府应当按照国家相关政策,对符合改革试验要求的产业、企业和项目,积极争取财政和税收支持,推进保税物流中心和综合保税区建设。

第二十五条 创新对内对外开放体制机制,提升招商引资的质量和水平,营造符合资源节约和环境友好要求、有利于承接国内外资本技术和产业转移的良好环境。

统一市场准入政策、市场法制环境,推进市场准入、市场监管和消费维权等区域市场一体化建设。

第二十六条 深化行政管理体制改革,转变政府职能,简政放权,以提升政府的服务能力和执行能力为重点,建设法治、服务、责任、节约型政府。

改进政府服务方式,建立高效、规范、便民的统一服务平台,推进和完善政务公开,进一步规范、减少行政许可,加快相对集中行政处罚权和综合执法的改革。

第二十七条 本省地方性法规、政府规章和其他规范性文件的制定机关根据改革试验的需要，适时制定、修改或者废止有关地方性法规、政府规章和其他规范性文件。

省人大常委会、武汉城市圈各级人大常委会通过听取本级人民政府有关工作情况的报告、适时作出决议决定等，依法加强监督，支持和促进改革试验各项工作顺利进行。

第二十八条 省人民政府、武汉城市圈各级人民政府应当鼓励、保护改革试验的积极性、主动性和创造性，对在改革试验中作出突出贡献的单位和个人给予表彰、奖励。

国家机关及其工作人员违反本条例规定，滥用职权、玩忽职守、徇私舞弊的，对直接负责的主管人员和其他直接责任人员，依法给予行政处分。

第二十九条 省人民政府可以根据改革试验的需要和本条例的规定，适时制定相应的实施办法。

第三十条 本条例自2009年10月1日起施行。

中共湖北省委办公厅 湖北省人民政府办公厅关于支持武汉城市圈“两型社会”建设人才政策的意见

鄂办发〔2009〕13号

根据《国务院关于武汉城市圈资源节约型和环境友好型社会建设综合配套改革试验总体方案的批复》(国函〔2008〕84号)精神，为充分发挥我省人才、科教优势，利用国内外人才资源，为加快武汉城市圈“两型社会”综合配套改革试验区建设提供强有力的人才和智力保障，经省委、省政府同意，提出如下意见。

一、加大武汉城市圈领导人才培养力度

针对武汉城市圈“两型社会”建设对领导干部能力素质的要求，加大培训力度。分层、分类开设“两型社会”建设专题研究班，用3年时间把圈域内县以上党政领导干部全部轮训一遍。省直各有关部门要依托高校或培训机构举办交通、能源、现代农业、科技、环保、物流、城乡统筹等专业培训班，开展有针对性的培训。每年在境外举办武汉城市圈中青年干部专题研修班。加大干部实践锻炼力度，每年从圈域内各市选派一批干部到省直机关、大型企业、重大工程项目和沿海发达地区挂职锻炼，开展武汉市与圈域内其他各市互派干部挂职工作。有计划、多渠道做好紧缺领导人才的选调工作，从省直单位、高等院校、大型企业选派一批懂经济、金融和熟悉资本运作等方面工作的领导干部和后备干部，充实武汉城市圈各级领导班子。

二、实施武汉城市圈重点专项人才培养支持计划

一是“高层次创新创业人才培养计划”。以高等院校和科研机构为依托，以各类人才培养工程为载体，通过政策倾斜、经费资助等形式推进计划实施，大力培养中青年学科带头人和学术骨干，在圈域内造就一批拥有自主知识产权以及创新能力突出的杰出专业人才。2009—2012年，每年在圈域内遴选不少于100名优秀中青年高层次专业技术人才进入省级以上人才培养工程。省创新团队和自主创新岗位建设向武汉城市圈倾斜。

二是“现代服务业人才培养计划”。采取校企合作、外派挂职等多种渠道，探索校企“双导师”培养研究生模式，通过世界性营销服务中心和中央商务区等实践平台，加速培养物流、金融管理和旅游开发等现代服务人才。

三是“企业家培养计划”。用5年时间，对圈域内利税在1 000万元以上企业的董事长、总经理全部轮训一遍。通过与国内外著名企业集团、培训机构合作，采取集中培训、案例教学、个性训练、实战提高等方式，培养一批熟悉国际国内市场、具有战略开拓能力和现代经营管理水平的企业经营管理人才。组织圈域内企业家到国(境)外培训考察。组织圈域内国有大中型企业、民营骨干企业的高层经营管理人员到东部沿海发达地区企业挂职锻炼。支持鼓励企业经营管理人员参加EMBA教育。

四是“高技能人才培养计划”。以推动圈域内产业结构调整、企业技术改造和促进产业升级为目标，协调和支持圈域内重点企业与省属高校、技工院校共建高技能人才培养联合体。加快圈域内高技能人才培训基地建设，支持帮助武汉城市圈9市各办好一所职业技术院校。省级有关部门在安排职业教育基础设施专项经费时，适当向武汉城市圈倾斜。

五是“农村实用人才培养计划”。加快全省农村实用人才培养示范基地建设，圈域内每个县市建一个规范化的省级示范基地。加大“大学生村官”、“一村一名大学生计划”、“三支一扶计划”的实施力度，加强农村教育、卫生、文化人才培训工作，切实解决乡村基层人才短缺问题。

三、引进适应武汉城市圈产业需求高层次紧缺人才

开展武汉城市圈紧缺人才调查摸底，统一编制紧缺人才引进开发目录，定期向国内外发布需求信息。制定出台引才优惠政策，切实解决引进人才户口、编制、专业技术职务评聘、职业能力评价、家属就业、子女上学等实际问题。突出企事业单位在吸引高层次人才中的主体作用，鼓励用人单位以岗位聘用、项目聘用、项目合作等方式引进高层次人才，引进人才所需的购房补贴、安家费、科研启动经费可以列入成本核算。实施“高层次紧缺人才引进计划”，围绕武汉城市圈优先发展的重点产业和重大项目，以企业为主体、项目为载体，每年从国内外引进一批具有世界领先水平的高层次人才或拥有自主知识产

权、技术先进、有较大市场潜力和预期经济效益的高层次研究开发专家与企业领军人才，用人单位要一次性给予安家费和工作经费，省里从高层次创新创业人才专项资金中给予适当补助。

四、促进武汉城市圈人才在圈域内合理流动

建立武汉城市圈人才一体化联席会议制度，构建合作紧密、机制完善、运作规范、效益显著的人才合作平台。加大圈域内各市人才政策的对接与合作力度，清理取消现行各种限制人才在圈域内流动的规定，探索人才兼职、人才派遣互为代理与高级人才双聘等人才流动制度，实现人才资质互认。研究制定人才柔性流动的有关政策，鼓励各类高层次创新人才在圈域内承担项目或课题，开展科研成果推广应用或转化，合作培养人才。加快人才开发合作平台与信息网络建设，培育统一高效的武汉城市圈人才市场体系，以省及武汉市人才市场、人力资源市场为中心，形成圈域内人力资源市场联网互动机制，提升圈域内人才市场辐射能力。

五、完善武汉城市圈人才评价激励保障体系

开展各类人才评价制度改革试点，加快建立以业绩为重点，由品德、知识、能力等要素构成的人才评价指标体系。研究制定武汉城市圈人才资本出资试行办法。探索知识、技术、管理等生产要素按贡献参与分配的有效形式，稳步推进人才股权、期权激励工作，建立健全重实绩、重贡献，向优秀人才和关键岗位倾斜的薪酬机制。在武汉城市圈率先实现企业、事业单位之间人才流动的社会保险关系接续。制定补充社会保险向高层次人才倾斜的具体实施办法，通过财政补贴等形式鼓励用人单位为高层次人才购买商业保险。

六、启动武汉城市圈“人才特区”建设

组织圈域内国家级或省级高新技术开发区、经济技术开发区进行“人才特区”的探索试验，在住房、保险、薪酬、项目、资金、土地、税费和风险投资等方面加强政策探索，通过制度创新、体制创新和服务创新，营造更具竞争优势、更具吸引力的人才创业环境。在东湖新技术开发区开展海外人才引进、人才政策环境、人才工作体制机制等方面的探索试验，建设人才小高地，启动股权期权激励、高层次人才专项投保、医疗保障、知识产权保护等试点工作。支持东湖新技术开发区建设双语学校、高级专家公寓、留学生创业园，优化引才聚才环境。

七、推进武汉城市圈人才资源与产业项目对接

围绕武汉城市圈产业结构调整和市场变动趋势，对重点产业和重大项目现有人才队伍状况进行分析研究，为圈域内新兴产业和高新技术产业发展提供人才支持。根据富士康、80万吨乙烯、中芯国际、武汉新港等重大项目对人才的需求，组织实施专项人才支持计划。探索并制定项目规划实施与人才配套相结合的具体办法，围绕武汉城市圈重点产业项目工程制定配套人才规划，所需经费纳入项目建设经费预算。支持圈域内各市与在鄂高等院校和科研院所开展人才、智力、技术合作或协作，逐步扩大合作共建的内容和范围。建立产学研紧密结合的工作机制，选择圈域内一批创新能力强的企业与科研实力雄厚的高等院校、科研院所进行“强强联合”，组建一批联合研发中心，建立一批博士后科研流动站和工作站。制定促进在鄂高等院校和科研院所专利技术在圈域内转化的实施办法，支持在鄂高等院校、科研院所的科技人员到圈域内创新创业。

八、建立武汉城市圈人才支持工作统筹协调机制

武汉城市圈人才支持工作在省推进武汉城市圈全国“两型社会”建设综合配套改革试验区建设领导小组统一领导下进行，按照城市圈综合配套改革试验总体实施方案的要求，纳入改革试验工作总体部署，统筹安排，专项负责，重点推进。由省委组织部牵头，建立省直有关部门和各市组织人事部门参加的联席会议制度，负责统筹规划、协调指导等工作。省及武汉市人事部门成立工作专班，负责具体日常工作。圈域内其他各市也要成立相应机构，切实加强组织领导，研究制定政策，组织实施各项活动。各有关部门和单位要按照工作安排，制定详细的工作计划，提出具体的工作目标和措施，保证各项任务落到实处并取得实效。要切实为武汉城市圈人才资源开发提供必要的资金保障，把人才工作和人才队伍建设项目纳入武汉城市圈建设总体规划，安排相应的资金予以支持。

当前武汉城市圈综合配套改革试验区建设几个问题

中共湖北省委常委、湖北省人民政府常务副省长　李宪生

(2009年7月)

自国家批准武汉城市圈为全国资源节约型和环境友好型(以下简称“两型”)社会建设综合配套改革试验区以来，已经过去了一年半时间。试验区建设的总体思路是什么？一年半来做了哪些工作？下一步准备怎么做？这些都是从事改革试验工作的同志们必须牢牢把握的问题，也是社会各界普遍关注的问题。

一、谋划工作思路，展开改革试验

总体来看，过去的一年半以三个时间为节点，大致分为三个阶段，做了三项大的基础性工作：一是2007年12月14日，国家正式批准武汉城市圈为全国“两型”社会建设综合配套改革试验区，这标志着武汉城市圈的发展上升到国家层面，拉开

了国家级综合配套改革试验的序幕。二是2008年9月10日，国务院正式批准武汉城市圈综合配套改革试验总体方案，省委省政府与申报总体方案同步设计了“56531”的实施框架体系(即5个专项规划、6个配套支持政策、5个一体化重点工作实施方案、改革试验3年行动计划和1个重大项目清单)，明晰了武汉城市圈改革和建设的总体思路，这标志着武汉城市圈综合配套改革试验区建设的准备工作初步完成，为全面建设奠定了良好基础。三是2009年2月11日，省推进武汉城市圈综合配套改革试验领导小组召开第三次会议，对综合配套改革试验工作进行总体部署，这标志着武汉城市圈综合配套改革试验区建设进入全面实施阶段。

今年以来，通过制发系列文件，进一步充实完善“56531”实施框架体系，部署并全面推进5个一体化重点工作，进一步扩大部省合作共建范围，着力推进资源环保、产业发展、城乡统筹、财税金融、科技创新、社会发展等领域的改革试验工作，面向九市开展改革试验项目招标，启动建设城际铁路、大东湖生态水网、花山生态新城等一批重大项目，进一步完善工作机制。武汉城市圈综合配套改革试验区建设正在省委省政府的有力领导下，按设计的路径有序推进。

“56531”实施框架体系是省委、省政府立足基本省情，集中各方智慧，创造性地落实中央精神，为武汉城市圈综合配套改革试验区设计的建设路径。它把国务院批准的总体方案变成可操作的行动计划，变成推进改革试验的具体政策，变成看得见、摸得着的建设项目，变成强有力的推进工作机制。当前的工作重点就是按照“56531”实施框架，一步一个脚印、扎扎实实推进各项工作。

二、编制五个规划，绘制发展蓝图

规划是建设龙头。我们按照总体方案的要求，设计了由空间规划、产业规划、交通规划、社会事业规划和生态环保规划组成的“一总四专”规划体系。空间规划相当于总体规划，交通是基础，产业是重点，社会事业是特色，生态环保是保障。去年底五个规划已经正式印发。

空间规划不同于过去单一的城镇规划，而是按照“三规合一”的规划理念，把主体功能区规划、城镇规划和土地利用规划有机地结合在一起，在空间上协调落实城镇建设、产业园区、农林生产区、各类保护用地、交通与重大基础设施，形成城市圈城乡空间的总体布局。按照总体方案的要求，空间规划提出武汉城市圈建设要体现三个目标定位，即我国“两型社会”建设的示范区，新型工业化的先行区，富有活力和竞争力的区域经济联合体。围绕目标定位，提出空间发展的四个战略，即空间集约开发战略，区域发展交通先导战略，产业空间集群化战略和生态空间网络化战略。以此为指导，着力构建武汉城市圈“一核一带三区四轴”的区域发展框架和“一环两翼”的区域保护格局。

综合交通规划包括铁、水、公、空和信息化规划，与过去规划的最大区别是突出了综合性。通过点、线、面结合以及各种运输方式相互衔接，形成把城市圈有机联系在一起的综合性大交通系统和信息系统，为城市圈一体化提供物质载体。

产业发展规划首次将一二三产业系统规划，体现三次产业间的融合发展，突出城市之间的分工与合作、主导产业的壮大、产业集群的形成、三次产业的联动发展等，引导产业向空间规划的“一核一带三区四轴”集聚发展，在实现经济发展方式转变的基础上，形成节约资源和保护环境的新型产业发展模式、九市产业合理分工的一体化发展格局。

社会事业规划按照全新理念编制，突出九市的社会事业资源联动共享，结合武汉城市圈社会事业“一市独强、城乡失调”的发展现状，在加大政府投入、扩大增量资源、增强服务能力的同时，着力盘活存量，通过政府引导、政策倾斜和市场调节，整合区域内的社会事业各类资源，实现优化配置、集约利用，促进公共服务均等化。

生态环境规划第一次将生态建设、环境优化统筹综合规划，包括退耕还林、水土保持、湿地保护、水污染防治、节能减排等，突出城市圈生态功能和生态资源承载力的整体提升，将武汉城市圈打造成人水和谐、绿色宜居、生态文明、持续发展的生态城市圈。

五个规划根据改革试验总体方案而制定，着力体现以科学发展观为统领的指导思想，体现中央和省委、省政府的根本要求，体现改革创新的理念，体现城市圈的鲜明特色，体现一体化的建设模式。改革试验总体方案与五个规划是试验区建设不可分割的两个重要组成部分。前者侧重改革，通过体制机制创新践行科学发展观；后者侧重建设，通过新的发展理念、发展模式落实总体方案确定的目标任务。

三、加强政策配套，支持改革发展

总体方案和5个规划的实施、项目建设的顺利推进，都需要相关政策予以配套支持。为此，我们制定了投资、财税、土地、环保、金融、人才等6个配套支持政策。

出台配套政策，目的是破解城市圈改革试验和一体化建设的瓶颈制约。国家批准武汉城市圈为全国“两型社会”综合配套改革试验区，为我们加快工业化、城镇化带来了重大历史机遇，也必将掀起建设热潮。目前我们初步拟定城市圈投资项目100多项，投资总规模约1.3万亿元。完成这些投资，政府没有这么大的财力，也没有必要。重要的是政府主导，市场运作。政府公共财政的投向主要是基础设施和公共服务领域。必然面向市场引导社会力量投入。为此，我们出台投资政策，引导社会力量积极参与城市圈建设；出台金融政策，为投资者、为企业提供良好的融资环境；出台财税政策，探索建立市场化的利益平衡协调机制，促进圈域产业转移和优化布局、社会事业资源联动共享、环境共同保护治理；出台土地政策，确保符合要求的项目建设用地以最快的速度落实到位；出台环保政策，确保投资方向符合“两型社会”建设的要求；出台人才政策，为城市圈可持续发展提供丰富的人力资源。

目前，省政府已出台金融、财税、人才、投资四个支持政策，其他两个政策也将在近期出台。对已经出台的政策，将在实践中进一步细化和完善，使之更具针对性、可操作性。在今后的工作中，还将根据实际需要，继续出台相关政策，进一步完善政策支持体系。

四、突出五个重点，推进一体化建设

产业双向转移、交通一体化建设、农业产业一体化、商业连锁经营和社会事业资源联动共享，是推进武汉城市圈一体化建设的切入点。这5个重点工作既着眼于解决推进区域发展一体化面临的突出问题，又立足于充分发挥武汉城市圈的比较优势。先期启动这些工作，有助于快见成效鼓舞信心，也有助于为下一步工作提供示范。

1.以产业双向转移为重点，推动圈域产业优化整合。产业双向转移是推动武汉城市圈产业整合发展、优化升级的切入点。目前，省发展改革委等部门制定了《武汉城市圈产业双向转移优化发展实施方案》，总体方向是优化配置资源，鼓励武汉的传统产业生产加工基地向周边城市扩散，周边的企业总部向武汉集中，实现武汉与周边城市之间的产业互动、协调发展。对列入优先类的产业项目，省政府将整合相关专项产业扶持资金，并在信贷支持、建设用地等方面予以倾斜。对列入转移类的项目，各市政府及相关部门要制定具体的时间表。按期未转移的，可以实行差别电价等政策推动转移。在利益分配方面，按照“确保基数、超收分成、共同发展、实现共赢”的原则，专项制定支持产业转移的财税政策。省政府还将搭建产业转移服务平台，每年召开一次产业转移协调会，为圈域内各市提供产业转移信息对接和协调服务。

2.以完善快速通道为重点，加快圈域交通基础设施建设。交通是城市圈一体化的骨架和载体。目前，武汉城市圈交通布局还不够均衡，一小时经济圈还没有实现，交通组织还缺乏协调性，各种运输方式之间的换乘还十分不便。针对这种现状，省交通厅等部门制定了《武汉城市圈交通一体化建设实施方案》。计划用三年时间，通过补疏加密，进一步加强道路建设，形成完善的综合运输体系；通过拾遗补缺，加快连接线路和站场建设，使各种运输方式更加紧密衔接；通过减滞增畅，抓紧城市出口路建设，构建一小时经济圈；加速信息化建设，提高圈域交通管理一体化的水平。总的目标是，到2012年，基本形成各种运输方式布局合理、衔接紧密、辐射周边、畅达全国、安全高效的一体化综合交通网络，实现客运便捷化、货运物流化、管理智能化。

3.以社会事业资源联动共享为重点，推进圈域基本公共服务均等化。推动武汉城市圈内社会事业公共服务均等化，是转变政府职能、加强公共管理和社会服务的具体体现。为此，省政府出台了《推动武汉城市圈社会事业公共服务均等化的指导意见》，省直有关部门据此制定了科技、文化、教育、卫生、体育、旅游、社保、信息等8项社会事业资源联动共享实施方案，并正在大力推进之中。八项社会事业公共服务均等化工作是一项开创性的工作，没有现成模式，不能按部就班，必须大胆创新。一是创新思路理念，在政府推动的同时，进一步加大市场、科技等手段的运用；二是创新体制机制，结合城市圈实际，在体制、机制以及政策措施等方面取得更多的突破；三是立足推进城乡一体化，盘活存量，促进联动，实现共享。在各部门抓好单项工作的基础上，省政府从更高的层面上进行整合优化，加强部门联动。

4.以农业板块基地建设为重点，推进农业产业一体化。农业产业一体化是现代农业发展的基本方向。为推动武汉城市圈走出传统农业模式，步入都市农业发展道路，省农业厅等部门专门制定了《武汉城市圈农业产业一体化实施方案》。城市圈的农业发展要想走出新路，要始终坚持农业产业一体化的方向，以农民增收为核心，围绕“特色、规模、品牌、效益”四个环节，加快建设特色农业板块基地。要落实农民主体地位，突出龙头企业的带动作用，以龙头带基地，基地带农户，让农民变股民，农民变农工，推动传统小农经济模式转变为现代农业生产模式。同时，要突出科技在农业增产增效中的作用，通过完善科研推广机制和应用平台等有效途径，加快建立跨区域、跨层级的农业科技推广体系。

5.以实施商业连锁经营为重点，推动圈域城乡市场共同繁荣。推动商业连锁经营，实现工业品下乡，农产品进城，不仅解决老百姓生产生活中最迫切需要解决的问题，而且推动现代生活方式下乡，直接改变农村的生产生活面貌。为此，省商务厅等部门专门制定了《武汉城市圈商业连锁经营实施方案》，规划建设生活资料、生产资料、农产品批发市场、农产品出口市场和专业市场等五大市场体系，并以十大商业龙头企业为依托，推进城市圈商业连锁经营，形成以武汉为龙头，以中小城市为基础，与城市圈主要产业紧密配套、相互促进的商业连锁经营网络体系。商业连锁经营要与农民、居民对接，尽可能地满足人民群众的生产生活需要；与农业对接，带动农业板块基地建设；与政策对接，有机整合当前正在推进的“万村千乡市场工程”、“双百市场工程”、“农超对接工程”等政策，引导龙头企业参与政府规划的项目建设。

五、制定三年计划，分步推进改革

三年（2008—2010年）行动计划是改革试验总体方案关于体制机制创新的具体安排。三年行动计划确定的改革任务大体可以分为两类：一类是近期我们可以先启动实施的。比如循环经济试点、水环境保护改革试点、人才一体化建设、非公有制经济发展改革、部分行政管理体制改革等。另一类是需要与国家有关部门沟通，积极争取支持的。主要集中在财税金融、土地管理、保税区等方面。

今年的改革试验工作计划中，省级管理的重点改革项目涉及6大领域、20个专项、41个子项。在转变发展方式方面，重点推进青山——阳逻——鄂州大循环经济示范区建设、资源枯竭城市转型改革试点、循环经济产业园区试点、大东湖生态水网构建示范工程、环保监督管理体制改革、湖泊保护和恢复治理试点、污染物排放权交易改革试点。在调整经济结构方面，重点推进“两型”技术创新基地试点、产业园区互动发展试点、产业集群发展新机制试点。在加强国土资源管理方面，重点推进土地节约集约利用、农村集体土地管理方式改革试点。在发挥财税金融支撑作用方面，重点推进财税体制改革试点、金融机构改革创新试点、农村金融改革创新试点。在城乡统筹方面，重点推进城乡一体化改革试点、循环农业和生态农业示范园区试点、农民工返乡创业园区试点。在扩大对外开放方面，重点推进武汉保税物流中心（B型）与武汉出口加工区的联动和功能整合，申报武汉综合保税（港）区。

六、列出项目清单，加大投资建设

项目是落实工作的重要载体。项目投资对武汉城市圈的改革发展具有决定性的作用，必须始终牢牢抓在手上。

1.研究提出项目清单。按照工作项目化、资金化、政策化要求，策划了城市圈建设的重大项目清单。项目清单共列入启动项目177项，投资总规模12 874亿元。其中，2009年共156个，项目总投资5 287亿元，2009计划投资982亿元。对列入重大项目清单的投资项目，已经制定建设工期的具体时间表，建立了重大项目责任制，并纳入省政府目标考核体系。今年突出抓好大东湖生态水网工程、临空经济区、武汉新港、城际铁路和武汉地铁等一批重点项目建设。

2.搭建政府投融资平台。为破解项目资金短缺和项目运作难题，去年省委省政府成立了湖北省联合发展投资公司。公司由省政府和武汉城市圈九市政府、6家大型中央企业共同出资组建，基本功能是立足于城市圈内前瞻性、基础性、公益性项目，采取政府主导、市场化运作的方式，搭建为城市圈建设服务的大型投融资平台。目前，省联发投已开始运作城际铁路、花山生态新城等重大项目建设。

3. 创新政府投入方式。今后三年，省政府每年集中3亿资金，重点支持城市圈九市以改革创新引领建设发展的综合项目。以公开招标形式确定项目，以政府投入引导社会资金，以对项目实施后评价的方式明确省投入资金的性质。项目完成规定内容的，省级资金为拨款投入；完不成的，省级资金则作为借款投入。通过这种方式，改变过去政府投资"撒胡椒面"的做法，集中有限的资金办大事，同时调动九市改革创新的积极性和主动性，引导大家围绕中央要求和省委省政府的决策部署，结合自身特点，设计改革方案，遴选建设项目，加快推进改革试验和一体化建设。目前，招标工作已经顺利完成，项目的组织实施工作正在有序展开。

七、建立共建机制，推进省部合作

武汉城市圈作为国家综合配套改革试验区，其建设离不开中央各部委的指导和支持。搭建部省合作平台，为争取国家政策、项目和资金支持提供了重要的工作平台和畅通的对接渠道，是全面推进武汉城市圈综合配套改革试验区建设的一项重要举措和有效途径。

去年以来，省直各部门和中央在鄂单位积极主动与国家部委衔接，采取多种形式推动建立部省合作共建机制。截至目前，与省政府签订合作协议或备忘录的国家部委和单位达到51家。部省合作共建的政策性作用已经显现。城际铁路开工建设，教育综合改革试验稳步开展，《武汉新港总体规划》获得批准，省联合防治血吸虫病协议得到落实，武汉区域性金融中心加快推进。实践证明，部省合作共建已经、正在、也必将为解决城市圈改革发展中许多仅靠我们努力而解决不了的问题。为全面深入推进部省合作共建工作，省政府正在研究制定推进部省合作共建的指导意见，进一步巩固和深化部省合作的成果。同时，要充分发挥九市的主体作用，加强省市联动，延伸和细化部省合作，形成部省市共同推动改革试验的合力。

八、大胆探索试验，破解发展难题

经过一年多的努力，武汉城市圈综合配套改革试验区建设的思路更加清晰，方向更加明确，措施更加具体，改革逐步深入，成效开始显现。当然，在推进过程中，也面临一些需要认真研究和探索的问题。

1. 关于统筹兼顾和重点推进的问题。武汉城市圈综合配套改革试验工作涉及到方方面面，既要统筹兼顾，也要突出重点，以重点带动全局，以典型带动一般。首先，要处理好龙头与龙身的关系。既要进一步增强武汉作为中心城市的聚散功能，充分发挥龙头带动作用；也要统筹考虑其他八市的现实需要，充分调动八市的积极性和主动性，加快与武汉形成全面对接和融合发展。其次，要处理好全面推进和重点突破的关系。要围绕"两型社会"建设，结合城市圈以及各市资源禀赋特点，既做好整体谋划，全面推进，又根据自身发展现状，选择好切入点，实施重点突破。第三，要处理好省级统筹和发挥九市主体作用的关系。一方面，省里要加强统筹、协调和指导，科学设计改革路径、制定支持政策；另一方面，九市要按照省里的统一部署，结合自身实际，创造性开展工作。

2. 关于政府主导和市场运作的问题。政府之策和市场之手的有机结合，是加快武汉城市圈改革发展的有力手段。首先，要充分发挥市场机制的作用。通过体制机制创新，完善市场体制，培育市场主体，发挥市场在资源配置中的基础性作用。其次，要充分发挥政府的推动作用。在关系区域发展的长远性、战略性问题上，政府主动作为，积极谋划和推动。只有把政府推动与市场机制有机结合起来，才能推动生产要素在更大范围、更深层次集聚集成，实现最优整合和效益最大化。

3. 关于实践突破与加强理论指导的问题。试验区建设重在以科学发展观为指导，大胆地试，大胆地闯，更需要科学理论加以指导。首先，要加强战略性理论研究。要按照综合配套的要求，明确改革的优先领域，确立主次关系，分清谁先谁后，整合各方面的资源，以最小的改革成本获得最大的社会效益，发挥综合配套改革的整体效应。要改变过去那种多头管理、各行其是，互不协调的局面，避免出现改革的"部门化"和地方本位主义。其次，要把体制机制创新和城市圈加快发展有机结合起来。改革的目的是为了发展。要深入研究城市圈发展中存在的诸多深层次体制性、机制性和结构性问题，有针对性地提出解决的措施。第三，要善于学习借鉴国内外城市群发展的有益经验。既要立足自身努力推进体制机制创新，也要借鉴国内外城市群发展的有效做法，加快城市圈一体化进程，还要营造良好的投资环境，引进国内外投资者，参与武汉城市圈建设。

4. 关于加强宣传工作的问题。综合配套改革试验需要统一思想认识、廓清思路，需要凝聚力量、营造氛围，更需要鼓舞士气、振奋精神。这些都离不开宣传工作。要突出宣传重点，加强舆论引导。特别是突出"56531"实施框架体系的实施，富有成效地开展宣传工作，为改革试验有序开展提供强有力的理论支持、舆论引导。要深入工作实际，增强工作实效。要深入到各地改革试验工作的第一线，深度报道基层的有益探索，及时总结、推广基层的好经验、好做法。同时，要适应新形势、新要求，注重宣传实效。充分发挥报刊、广播、电视、网络等各种媒体的优势，让宣传的内容更加贴近群众，让宣传的形式更加受欢迎，让最广大的人民群众积极投身到城市圈改革试验中来，使武汉城市圈试验区建设真正成为千百万人共同的事业！

责任编辑　孙　泉
责任校对　孙明明

综　述

概　述

【武汉城市圈概况】 武汉城市圈是以武汉市为中心，由武汉及周边100公里范围内的黄石、鄂州、孝感、黄冈、咸宁、仙桃、潜江、天门9个城市构成的区域经济联合体，是湖北省产业和生产要素最密集、最具活力的地区，是湖北省经济发展的核心区域。2009年，武汉城市圈国土总面积58 051.9平方千米，占全省国土总面积的31.2%；常住总人口3 001.01万人，占全省常住总人口的52.5%。

2009年，武汉城市圈完成生产总值7 956.55亿元，比上年增长13.8%，占全省生产总值的61.7%，其中，第一产业增加值822.52亿元，增长4.8%，占全省第一产业增加值的46.9%；第二产业增加值3 677.89亿元，增长16.7%，占全省第二产业增加值的62%；第三产业增加值3 456.14亿元，增长12.7%，占全省第三产业增加值的66.4%。全年完成规模以上工业企业（全部国有和年主营业务收入500万元及以上非国有工业企业）增加值2 921.99亿元，占全省规模以上工业增加值的61.6%；完成城镇以上固定资产投资4 857.66亿元，增长39.9%，占全省城镇以上固定资产投资的64.2%；完成社会消费品零售总额3 729.14亿元，增长17.9%，占全省社会消费品零售总额的62.9%；实现外贸进出口总额（海关数）140.9亿美元，下降17.3%，占全省外贸进出口总额的81.8%，其中出口额75.01亿美元，下降16.4%，占全省出口总额的75.2%；实际利用外资38.72亿美元，增长15.3%，占全省实际利用外资总额的82.6%；实现地方财政一般预算收入445.83亿元，增长16.0%，占全省地方财政一般预算收入的54.7%；全年城镇居民人均可支配收入16 795元，增长9.3%；农村居民人均纯收入5 152.84元，增长10.9%。

【《武汉城市圈资源节约型和环境友好型社会建设综合配套改革试验促进条例》出台】 2009年7月31日，湖北省第十一届人民代表大会常务委员会第十一次会议审议通过《武汉城市圈资源节约型和环境友好型社会建设综合配套改革试验促进条例》。该《条例》自2009年10月1日起施行。

《武汉城市圈资源节约型和环境友好型社会建设综合配套改革试验促进条例》要求，武汉城市圈改革试验以科学发展观为指导，坚持解放思想、先行先试，因地制宜、突出特色，政府推动、市场导向，扩大开放、互利共赢，科学规划、有序推进的原则，根据建设资源节约型和环境友好型社会的要求，以推进基础设施、产业布局、区域市场、城乡建设、环境保护与生态建设“五个一体化”和体制机制创新为突破口，加强重点领域和关键环节的改革试验，走出一条新型工业化、城市化和农业现代化发展道路，为构建促进中部崛起的重要战略支点提供有力支撑；武汉市应当充分发挥龙头示范、中心辐射作用，带动武汉城市圈加快发展，武汉城市圈其他城市应当根据自身特色的优势，准确定位、各有侧重、主动作为，发挥在改革试验中的共同支撑作用；湖北省人民政府及有关部门依据改革试验总体方案，按照科学定位、差异布局、体现特色、协调发展的原则，制定武汉城市圈区域规划和空间、产业发展、综合交通、社会事业、生态环境等专项规划，明确改革试验长期目标、近期目标，武汉城市圈各市人民政府应当根据区域规划、专项规划，制定适合本地实际的发展规划，整体推进。该《方案》对推进产业优化布局和双向合理转移，优化自主创新和产业发展环境，深化科技体制改革、建立和完善统一开放的人力资源市场和人才自由流动机制，合理开发利用武汉城市圈土地资源，建立健全促进节能减排、资源节约的激励约束机制和市场机制，建立推进社会主义新农村建设的体制机制，加强基础设施一体化建设，加快社会保障制度改革，完善社会事业公共服务体系，增强金融市场融资服务功能，完善公共财政体系，创新对内对外开放体制机制，深化行政管理体制改革等提出了明确要

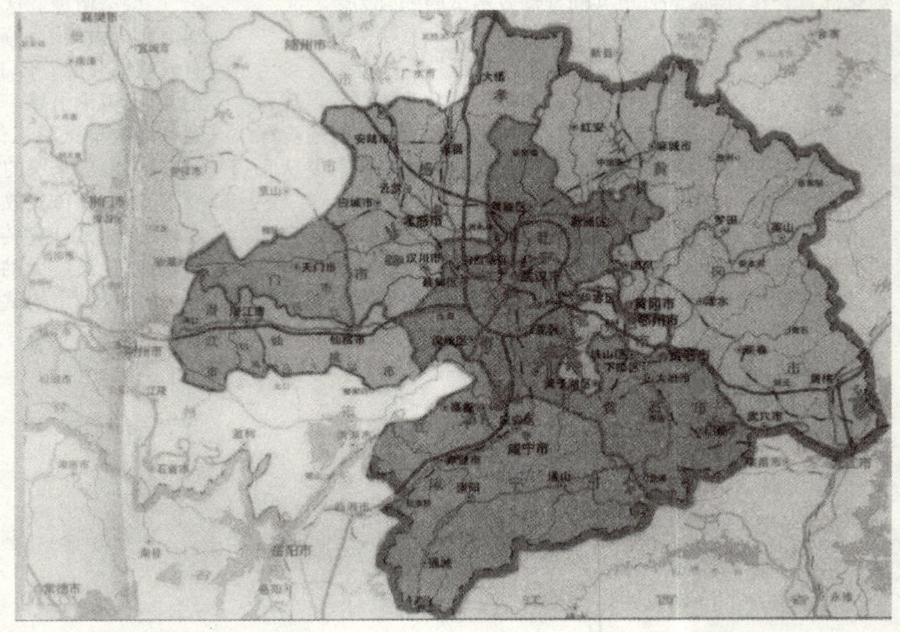

武汉城市圈区域图　　　　（蓝海　供稿）

求。该《条例》规定湖北省人民政府、武汉城市圈各级人民政府应当鼓励、保护改革试验的积极性、主动性和创造性，对在改革试验中作出突出贡献的单位和个人给予表彰、奖励；国家机关及其工作人员违反本条例规定，滥用职权、玩忽职守、徇私舞弊的，对直接负责的主管人员和其他直接责任人员，依法给予行政处分。

（李春洋）

【武汉城市圈试验区领导小组第三次会议】 2009年2月11日，湖北省人民政府在武汉召开推进武汉城市圈全国资源节约型和环境友好型社会建设综合配套改革试验区建设领导小组第三次会议。

会议根据武汉城市圈综合配套改革试验区办公室制定的《三年行动计划》，结合各市、各部门拟定的改革事项，提出2009年改革试验工作计划，其中，省级管理的20个重点改革项目，主要涉及6大领域：资源环境领域7项，包括建设青山—阳逻—鄂州大循环经济示范区、资源枯竭城市转型改革试点、循环经济产业园区试点、大东湖生态水网构建示范工程、环保监督管理体制改革、湖泊保护和恢复治理试点、污染物排放权交易改革试点；“两型”产业发展领域3项，包括构建“两型”技术创新基地试点、产业园区互动发展试点、产业集群发展新机制试点；土地领域2项，包括推进土地节约集约利用、农村集体土地管理方式改革试点；财税金融领域3项，包括财税体制改革试点、金融机构改革创新试点、农村金融改革创新试点；城乡统筹领域3项，包括城乡一体化改革、循环农业和生态农业示范园区试点、农民工返乡创业园区试点；对外开放领域2项，包括武汉保税物流中心（B型）与武汉出口加工区的联动和功能整合、推进区域市场一体化建设。

会议提出，武汉城市圈一体化建设将从5个方面突破：以产业双向转移为重点，推动圈域产业优化整合。实现总部向武汉集中、产业向周边扩散，形成各具特色、优势互补的产业集群。以社会事业资源联动共享为重点，推进圈域基本公共服务均等化。重点建设科技、文化、教育、卫生、体育、旅游、社保、信息等8个联合体等。以完善快速通道为重点，加快圈域交通基础设施建设。启动武汉至孝感和武汉至黄石城际铁路建设。开工建设硚口至孝感高速公路、天河机场二通道、咸宁至通山高速公路等6个项目建设等。以实施商业集团连锁经营为重点，推动圈域市场共同繁荣。重点支持商业集团在城市圈内开展连锁经营，形成以武汉为龙头，以中小城市为基础，与城市圈主要产业密切配套的商业连锁经营网络体系。以现代农业基地建设为重点，推进现代农业产业化。大力推进“节约型农业”建设，实现“节地、节水、节肥、节药、节种、节粮、节能”，提高农业资源利用效率等。

全年武汉城市圈“两型社会”建设的156个项目中，“两型”产业项目88项，城市圈一体化项目47项，生态环保与循环经济项目16项，社会事业项目52项。

为促进各重大启动项目逐项落实，会议决定，湖北省人民政府将建立重大项目责任制，圈内各市和省直有关主管部门是重大项目计划的推进责任主体，由省政府与各市和省直部门签订责任状，并纳入省政府目标考核体系。各市和省直有关主管部门要再进一步细化，明确推进措施。力求在大东湖生态水网工程、临空经济区、武汉新港、武汉船舶配套工业园、武汉地铁、城市圈城际铁路、汉口北国际商品交易中心等一批重点项目建设上取得新进展。湖北省人民政府每年将拿出3亿资金，采取公开招标的形式，重点支持3个城市，以推动武汉城市圈加快发展。

2009年1月6日，武汉市第十二届人民代表大会第五次会议开幕，武汉市人民政府市长阮成发作政府工作报告

（武鉴 供稿）

【武汉城市圈试验区领导小组第四次会议】 2009年7月24日，湖北省召开武汉城市圈全国资源节约型和环境友好型社会建设综合改革配套实验区领导小组第四次会议，总结交流上半年试验区建设进展情况，研究部署下半年工作。

湖北省人民政府省长李鸿忠出席会议并讲话。他指出，武汉城市圈各市要按照综合配套改革试验总体方案的要求，全面扎实推进试验区建设和改革创新工作，争做体制机制创新的先锋和科学发展的典范，为全省“保增长、保民生、保稳定”，实现“弯道超越”作出更大贡献。2009年上半年，武汉城市圈综合配套改革试验实施框架、推进机制进一步完善，基本形成比较完整的政策支撑体系；改革试验工作全面启动，资源、环境、科技等重点领域和关键环节的改革取得一定突破；城市圈城际铁路、武汉新港、大东湖生态水网建设工程等一批重大项目加快建设，进展顺利；与51个国家部委的合作共建全面推进，成效显著。这些工作的顺利推进，为武汉城市圈综合配套改革试验区建设完成全年目标任务打下了良好基础。

在充分肯定上半年武汉城市圈各市良好发展态势及试验区建设成果的基础上，李鸿忠强调，武汉城市圈是湖北经济社会发展的重头所在，在全省经济社会发展中占有特殊地位。下半年，城市圈各市要紧紧围绕落实和创新，重点抓好四个方面的工作：坚持应急与谋远相结合，围绕“保增长、保民生、保稳定”抓好各项工作落实。抢抓当前宏观经济形势、中央实施扩内需保增长政策、鼓励武汉城市圈大胆改革创新、部省合作全面推进等带来的大好机遇，千方百计策划争取项目，抓紧推进项目开工建设，为全省提档进位、实现“弯道超越”奠定基础。要按照武汉城市圈综合配套改革试验“56531”（5个专项规划，6项配套政策，5项重点工作，3年行动计划，1个重大项目清单）实施框架，突出抓好五个一体化重点工作，深入推进部省合作共建和重大项目建设。要以“两型社会”建设为切入点,以改革创新为动力,以重点领域和关键环节的体制机制创新为突破口,在注重发展质量、转变发展方式、促进科学发展和可持续发展方面取得实质性突破,为全省做出表率。

武汉市人民政府市长阮成发主持会议。湖北省人民政府秘书长尹汉宁等出席会议。湖北省发展和改革委员会主任许克振在会上通报了武汉城市圈综合配套改革试验进展情况和下半年工作要求,并与城市圈9市政府负责同志签订2009年度改革试验项目资金授资协议。

（武鉴）

【武汉城市圈部省合作共建】 2009年,武汉城市圈部省合作共建工作取得积极进展和明显成效。10月15日,湖北省人民政府下发《关于加强部省合作共建推进武汉城市圈综合配套改革试验的指导意见》,要求采取多种形式推动建立部省合作共建机制,争取国家部委和单位在武汉城市圈开展各项改革试点,并提出了落实一批重大改革事项、重大项目的政策措施。截至年底,湖北省与64个国家部委和单位签订了合作协议或备忘录。通过部省合作,争取到一批国家支持政策和项目。国家先后批准在武汉城市圈设立综合性国家级高技术产业基地、国家自主创新示范区、国家创新型试点城市、中国首个综合交通枢纽试点城市、国家新型工业化产业示范基地;“大东湖”生态水网构建工程获得国家发展和改革委员会批准并启动实施;黄石、潜江获批全国第二批资源枯竭型城市转型试点城市;国家铁道部与湖北省合作共建的城市圈4条城际铁路正式开工。国家教育部将武汉城市圈教育综合改革试验工作纳入国家相关规划和国家教育部重大专项计划;国家卫生部按照部省联合防治血吸虫病协议,落实了部省联动工作机制、经费投入和筹措机制;中央主要金融单位与湖北省签署合作共建协议和备忘录,有力促进了武汉区域性金融中心建设。与此同时,湖北省通过与国家工业和信息化部、国家农业部、国家住房和城乡建设部、国家国土资源部、国家商务部、国家人力资源和社会保障部、国家交通运输部、国家水利部、国家卫生部、国家文化部、国家民政部等国家部委的部省合作,均争取到了一批项目和资金对武汉城市圈“两型社会”建设综合配套改革试验的支持。

【武汉城市圈建设体制机制创新】 2009年,武汉城市圈建设进一步加大体制机制创新力度,为武汉城市圈建设的快速发展提供了动力和活力。

以发展循环经济为重点,创新资源节约体制机制。在重点推进东西湖区、青山区国家循环经济试点的基础上,拓展建设青山—阳逻—鄂州大循环经济示范区,编制完成了《青山—阳逻—鄂州大循环经济示范区实施方案》。积极推进资源综合利用试点,在钢铁、有色金属、建材、化工、电力等重点行业着力推行清洁生产和废弃物综合利用。率先开展区域性废物回收网络——武汉城市圈废电池回收网络建设。武汉市大力推广应用建筑节能省地环境保护新技术示范试点,选择4个~5个国家机关办公建筑和大型公共建筑作为节能改造示范,基本达到建筑节能65%的绿色建筑系统标准。年内,黄石市、大冶市、潜江市全面启动资源枯竭型城市转型试点,黄冈市、天门市、潜江市启动了循环经济产业园区试点工作。

以水生态治理为重点,创新环境保护体制机制。武汉市积极实施水生态系统保护与修复工程,推进“六湖连通”生态水网修复工程和“大东湖”生态水网构建工程建设,加快污水处理厂及管网配套建设,远城区的污水处理设施逐步开工建设;实施“清水入湖”工程,对全市62个排污口进行了截污。鄂州市大力保护“百湖之市”宝贵水资源,开展大水网改造,对洋澜湖、花马湖、三山湖水网进行综合整治和生态修复;加大梁子湖生态屏障建设,完成梁子湖生态环境保护规划,启动了梁子湖流域生态修复工程。湖北省环境保护厅加快推进环保监督管理体制改革,筹划设立武汉城市圈圈域环保督查中心,建立和完善城市圈建设“两型社会”总量减排统计、监测和考核指标体系,提前一年实现“十一五”污染减排目标;率先在中部地区开展排污权交易试点,全年成交主要污染物排污权2 454.1吨,总成交金额915.79万元。

以促进科技成果转化为重点,创新科技体制机制。积极探索建设有区域特色的科技投融资体系,突破高新技术产业发展资金瓶颈。全年设立湖北省创业投资引导基金1亿元,引导设立5支创业投资基金,基金规模达到11亿元,政府财政资金实现了10倍以上的放大效应。深化省属科研院所改革,调动科研院所创业积极性。年内,湖北省建材工业研究设计院与中国技术进出口总公司实现重组。

以“两型”产业改造为重点,创新产业结构优化升级体制机制。强化政策引导,设立“两型社会”建设激励性转移支付、节能以及淘汰落后产能专项资金、产业集群建设激励性转移支付,支持产业资源向“两型”产业、优势产业和优势地区聚集,健全落后产能的退出机制。圈域内有33个集群进入全省重点成长型产业集群,占全省重点成长型产业集群总数的55.2%。推进“两型”产业发展改革试点。武汉市积极出台促进环保产业发展的政策,制订了环保产业发展规划方案,全力推进烟气脱硫研发与制造、全降解材料开发与应用、风电设备生产、燃料电池生产等10大环境保护重点项目;积极推广双燃料环保公交车和出租车,全市天然气出租车总数超过5 000台,加气站总数达19座。

以提高用地保障能力为重点,创新集

2009年建成启用的武汉火车站　　（蓝海　供稿）

约用地体制机制。湖北省国土资源厅完成武汉城市圈土地管理改革专项方案并上报国家国土资源部。深化土地审批与征收制度改革,建立联系省、市、县国土资源部门的建设用地远程报批系统,提供了"直通车"服务。制定出台节约集约用地考核标准和有利于节约集约用地的激励政策。组织圈域内各市开展城镇建设用地规模增加与农村建设用地减少挂钩试点、城中村改造试点、农村土地整理试点。积极开展农村承包地经营权转让交易试点。年内,武汉农村综合产权交易所正式挂牌运行,全年交易金额18.18亿元,流转农村土地面积1.29万公顷。

以城乡一体化发展为重点,创新统筹城乡发展体制机制。鄂州市按照"全域鄂州"理念,统筹城乡规划,全面启动长港示范区建设,重点建设9个旅游示范村,全年开工建设土地整理、农业板块基地、公路建设、水利工程等项目57个,投资总额6.5亿元。仙桃市大力推进仙洪新农村建设试验区建设,着力在统筹城乡发展、发展现代农业、农村公共服务体系建设、建设农村经济合作组织等方面开展改革试点。天门市推进土地向规模经营集中,农民居住向农村社区集中,农业产业向特色板块集中,积极探索了统筹城乡基础设施、社会保障、公共服务体系建设的新模式。

2009年,武汉城市圈财税部门和金融部门相继出台支持武汉城市圈"两型社会"建设财税和金融支持政策,明确圈域内税收分享机制,为圈域内产业双向转移和"两型社会"建设创造了良好的外部环境。年内,武汉城市圈内共有7个企业通过中国证券监督管理委员会发行审核,其中6个企业成功上市。

【武汉城市圈一体化建设】 2009年,武汉城市圈建设以产业双向转移、圈域快速通道、商业连锁经营、社会事业资源联动共享和农业产业一体化为切入点,推进武汉城市圈一体化建设进程,各项工作取得初步成效。

以大力推进产业双向转移为重点,推动圈域产业优化整合。湖北省经济和信息化委员会建立工作协调和信息交流机制,先后组织召开武汉市与黄冈市、孝感市、咸宁市、潜江市的产业转移对接洽谈会,利用第五届中国·湖北产学研合作暨创业投资项目洽谈会的平台,促成了武汉化工产业向周边城市转移合作协议的签订。咸宁市积极探索产业园区合作新模式,武汉东湖新技术开发区中国光谷咸宁工业园、武汉经济技术开发区咸宁工业园等产业转移示范园区先后签

2009年6月3日,首架波音747全货机降落武汉机场,进一步增强了武汉城市圈的交通运输实力 (蓝海 供稿)

约并开工建设。孝感市与武汉市达成高新技术产业、化工、农副产品基地、旅游、商贸物流、交通设施等10个方面的合作事项,全年引进武汉项目504个,协议总投资254.4亿元,年内到位投资额82亿元,其中引进工业项目368个,总投资184.6亿元,到位投资额58.5亿元。

以完善快速通道为重点,加快圈域交通基础设施建设。武(汉)广(州)客运专线开通运营,武汉火车站投入使用,武汉城市圈与长株潭城市群和珠三角城市群的联系更加紧密。全面开工建设武汉至孝感、武汉至黄石、武汉至咸宁、武汉至黄冈4条城际铁路,武(汉)咸(宁)城际铁路19.33公里的试验段全面完工。相继开工建设左岭至花湖、大悟至随州、硚口至孝感、武汉机场二通道、武汉机场北接线、麻竹高速公路黄冈段和孝感段、九江公路大桥北岸接线、咸宁至通山等9个高速公路项目。武汉机场三期建设工程获得国家发展和改革委员会批准立项。武汉新港6个码头项目、引江济汉通航工程、武汉杨春湖客运换乘中心、赤壁客运中心站、通城客运中心站、汉川马口客运站、潜江广华客运站、黄石罗桥客运站、罗田货运站、红安货运站、汉川货运站等一批交通重点项目全面开工建设。

以实施商业集团连锁经营为重点,推动圈域城乡市场共同繁荣。结合万村千乡市场工程、家电下乡等工作,完善圈域农村市场网络,构建连锁经营市场体系。制定扶持政策,支持城市圈12个大型流通企业集团发展冷链物流、配送中心、电子商务,培育企业发展后劲。武商集团股份有限公司、武汉中百集团股份有限公司、武汉中商集团股份有限公司、黄冈市黄商贸易股份有限公司等企业全年在圈域内新开业经营网点6个,湖北省农业生产资料总公司、黄冈市黄商贸易股份有限公司初步建成配送中心4个。年内,城市圈开工冷库、配送中心及连锁经营网点建设项目18个。

以现代农业基地建设为重点,推进农业产业一体化。全年新建、改建种植业板块25.3万公顷、高标准畜禽养殖小区300个,初步形成优势农产品的区域化布局。以实施农业节地、节水、节肥、节药、节时、节种、节粮、节能等"八节"现代农业技术为切入点,大力推进农业资源利用的高效化,通过实施测土配方施肥、农村沼气、农村清洁工程、农业机械化等一批重大项目,促进了农业产业的良性循环和效益的持续提高。加强政策资金扶持,引导龙头企业的发展。截至年底,圈域内共有国家重点农业产业化龙头企业22个、省级农业产业化重点龙头企业23个,大中型农业产业化龙头企业共同发展的格局初步形成,规模以上农业产业化龙头企业达到2 100余个,全年实现销售收入(交易额)500余亿元,比上年增长20.5%。积极扶持农业合作组织发展,推进农企、农超对接,促进农产品快运直销,做大做强农产品品牌,增强产品市场竞争力。

以社会事业资源联动共享为重点,推进圈域基本公共服务均等化。大力推进科技信息平台、大型科学仪器共享平台、科技企业孵化平台、科技成果交易服务平台、农业科技信息服务平台建设,促

进科技资源共享。积极推进部属高等学校与地方高等学校联合办学、武汉与圈域内其他8个城市基础教育对口支持和职业教育园区建设,促进教育资源共建共享。武汉城市圈图书馆联盟网站正式开通,圈域内公共图书馆馆际间互通阅览服务全面展开。初步建立武汉城市圈演艺联盟。积极推进城市圈博物馆、纪念馆免费开放,圈域内各城市47个博物馆实现了免费开放。开工建设武汉城市圈突发公共卫生应急指挥系统,第一期省级卫生应急决策与指挥信息系统建设已完成;推进武汉三级医疗机构与圈域内其他8个城市医疗卫生机构开展"双向转诊和院际会诊"协作,建立"一对一"的对口协作机制。积极推动武汉城市圈旅游业在旅游规划、项目招商、旅游产品打造、旅游推广等方面的一体化,推进旅游资源的整合与联动共享。启动武汉城市圈通讯一体化改革,进一步降低了城市圈通讯费用;积极推进新一代无线宽带网络在城市圈的试点应用,建立了长江宽带无线示范网(武汉段)、武汉市宽带无线城域示范网(江汉区)等多个示范网。成立武汉城市圈广播电视联盟、报业联盟;楚天卫星广播和电视公共频道联合圈域内9个广播电视机构全力打造新闻、专题、文艺宣传和大型活动4个平台,取得了良好的社会效益。

【支持武汉城市圈"两型社会"建设人才政策出台】 2009年3月18日,中共湖北省委办公厅、湖北省人民政府办公厅下发《关于支持武汉城市圈"两型"社会建设人才政策的意见》。

该《意见》的实施旨在充分发挥湖北省人才、科教优势,利用国内外人才资源,为加快武汉城市圈"两型社会"(资源节约型社会、环境友好型社会)综合配套改革试验区建设提供强有力的人才和智力保障。该《意见》的主要内容是加大武汉城市圈领导人才培养力度,按照武汉城市圈"两型社会"建设对领导干部能力素质的要求,加大培训力度,分层、分类开设"两型社会"建设专题研究班,用3年时间把圈域内县级以上党政领导干部全部轮训一遍。实施武汉城市圈重点专项人才培养支持计划,主要包括"高层次创新创业人才培养计划"、"现代服务业人才培养计划"、"企业家培养计划"、"高技能人才培养计划"、"农村实用人才培养计划"等。引进适应武汉城市圈产业需求高层次紧缺人才,开展武汉城市圈紧缺人才调查摸底,统一编制紧缺人才引进开发目录,定期向国内外发布需求信息,制定出台引才优惠政策,切实解决引进人才户口、编制、专业技术职务评聘、职业能力评价、家属就业、子女上学等实际问题。促进武汉城市圈人才在圈域内合理流动,建立武汉城市圈人才一体化联席会议制度,构建合作紧密、机制完善、运作规范、效益显著的人才合作平台。加大圈域内各市人才政策的对接与合作力度,清理取消现行各种限制人才在圈域内流动的规定,探索人才兼职、人才派遣互为代理与高级人才双聘等人才流动制度,实现人才资质互认。完善武汉城市圈人才评价激励保障机制,开展各类人才评价制度改革试点,加快建立以业绩为重点,由品德、知识、能力等要素构成的人才评价指标体系。在武汉城市圈率先实现企业、事业单位之间人才流动的社会保险关系接续,制订补充社会保险向高层次人才倾斜的具体实施办法,通过财政补贴等形式鼓励用人单位为高层次人才购买商业保险。启动武汉城市圈"人才特区"建设,组织圈域内国家级或省级高新技术开发区、经济技术开发区进行"人才特区"的探索试验,在住房、保险、薪酬、项目、资金、土地、税费和风险投资等方面加强政策探索,通过制度创新、体制创新和服务创新,营造更具竞争优势、更具吸引力的人才创业环境。推进武汉城市圈人才资源与产业项目对接,围绕武汉城市圈产业结构调整和市场变动趋势,对重点产业和重大项目现有人才队伍状况进行分析研究,为圈域内新兴产业和高新技术产业发展提供人才支持。探索并制订项目规划实施与人才配套相结合的具体办法,围绕武汉城市圈重点产业项目工程制定配套人才规划,所需经费纳入项目建设经费预算。建立武汉城市圈人才支持工作统筹协调机制,武汉城市圈人才支持工作在湖北省推进武汉城市圈全国"两型社会"建设综合配套改革试验区建设领导小组统一领导下进行,按照城市圈综合配套改革试验总体实施方案的要求,纳入改革试验工作总体部署,统筹安排,专项负责,重点推进。由中共湖北省委组织部牵头,建立省直有关部门和各市组织人事部门参加的联席会议制度,负责统筹规划、协调指导等工作。

【《武汉城市圈"两型社会"建设综合配套改革试验宣传工作方案》印发】 2009年9月8日,中共湖北省委办公厅、湖北省人民政府办公厅印发《武汉城市圈"两型社会"建设综合配套改革试验宣传工作方案》。该《方案》旨在通过组织宣传活动和深入持久的新闻报道,进一步深化全省广大干部群众对推进武汉城市圈改革试验的重大意义、主要目标、主要任务、实施框架的认识。积极营造全省上下关心、参与、支持武汉城市圈改革试验的良好氛围;在全社会倡导节约、环保、文明的生产方式和消费方式,逐步让节约资源、保护环境成为群众的自觉行动。大力弘扬先行先试、在新一轮改革开放中勇立潮头的创新精神。号召、动员人们提振信心、共克时艰、加快发展,为武汉城市圈改革试验提供有力的思想保证、精神动力和智力支持,为促进全省经济社会又好又快发展作贡献。其宣传主题是解放思想,先行先试,积极推进武汉城市圈"两型社会"(资源节约型社会、环境友好型社会)综合配套改革试验区建设。宣传活动的主要内容是宣传武汉城市圈改革试验的重大意义和"解放思想,先行先试,积极推进武汉城市圈'两型社会'综合配套改革试验区建设"的主题;宣传武汉城市圈改革试验的主要目标、主要任务、"56531"(5个专项规划、6个配套政策、5项重点工作方案、3年行动计划、1个重大项目清单)实施框架和武汉城市圈的美好前景;宣传湖北省大力推进"56531"实施框架各项工作和省部共建工作的进展情况;报道全省广大干部群众对武汉城市圈改革试验的切身感受和参与改革试验的热情与实际行动。

(李春洋)

重大项目建设

【"大东湖"生态水网构建工程建设】 "大东湖"生态水网构建工程位于武汉市武昌区,总面积近436平方千米,湖泊汇水面积376平方千米,涉及武汉市中心城区的武昌区、洪山区和青山区,包括东湖、沙湖、杨春湖、严西湖、严东湖、北湖、青潭湖、竹子湖、水果湖、内沙湖、陈家堰等湖泊。工程的总任务是构建水网连通(包括江湖连通),恢复水生环境的完整性,通过生态型港渠的构建,形成多样的水形态和水环境,为湖泊港渠的自我修复创造条件。具体任务是打通东沙湖水系与北湖水系,使东湖东扩,同时实现"大东湖"水系与长江的季节性连通,恢复江湖复合水生态系统的完整性。该工程竣工后,将使武昌6湖(东湖、沙湖、严西湖、严东湖、北湖和杨春湖)和长江连通,有利于区域生态修复、水环境改善、城市旅游的发展,并发挥"大东湖"水景观效益,有效地提升武汉市城市形象。该工程的战略目标是围绕"大东湖"生态水网构建工程总体方案的要求,实施"三

“大东湖”生态水网构建工程项目中的东湖生态旅游风景区

（蓝海　供稿）

大工程一个平台”（污染控制工程、生态修复工程、水网联通工程，监测与评估研究平台）建设，至2012年，将“大东湖”区域湖泊水质整体上升一个等级，成为无劣Ⅴ类水域。

5月4日，国家发展和改革委员会批复同意《武汉市大东湖生态水网构建工程总体方案》。该《方案》确定“大东湖”生态水网构建工程工期为12年，估算总投资158.78亿元，其中近期匡算投资89.03亿元，主要建设污染控制工程、生态修复工程、水网连通工程和监测评估研究平台。

2009年5月31日，武汉市人民政府成立武汉水资源发展投资有限责任公司。该公司作为“大东湖”生态水网构建工程的业主承担“大东湖”生态水网、清水入湖截污管网等项目的建设和营运管理。年内，该公司与8个银行签署战略合作协议，共获得授信148亿元，为“大东湖”生态水网构建工程建设提供了资金支持。

7月7日，东湖沙湖连通工程、沙湖大桥正式开工，此举标志“大东湖”生态水网构建工程建设全面启动。东湖沙湖连通工程是“大东湖”生态水网构建工程的启动工程，西起沙湖路，东至双湖桥，由“一路”（1条沙湖路至双湖桥的城市道路，全长1 700米）、“一河”（1条连通沙湖与东湖的水渠）、“一街”（1条沿水渠布局的亲水步行街）组成，建设总投资93.5亿元。沙湖大桥是长江公路隧道的配套工程，西起友谊大道长江隧道口，跨越沙湖后与中北路相连，建设总投资16.6亿元。同时，还将投资7.9亿元进行包括清淤、驳岸整治、生态修复和沙湖公园建设在内的沙湖综合治理。两项工程计划于2011年上半年完成。其建成后将把东湖生态旅游风景区、中北路商务中心、武昌滨江商务区连为一体，形成具有浓郁人文、时尚、生态特色的经济发展带和城市景观带，使“大东湖”呈现出江河湖泊相互兼容、碧水绿城相互辉映的生态环境。

11月21日，武汉市“大东湖”水网构建工程领导小组召开第一次会议。会议宣布，根据初步拟订的近期行动计划，2010年，重点开展沙湖、水果湖、庙湖、杨春湖等4个湖泊的全面治理和沿线景观改造，力争用1年时间打造“一湖一景”的崭新风貌，同时全面启动监测评估研究平台建设；2012年，“大东湖”区域基本实现污水全收集全处理；2014年前，逐步完成区域内所有湖泊的各项生态修复工程；用5年左右的时间，基本完成东沙湖、北湖两大水系渠道改扩建工程。

【武汉城市圈城际铁路建设】　武汉城市圈城际铁路是连接武汉与黄石、咸宁、鄂州、黄冈、孝感以及各路段之间的连接线，规划总里程约1 070千米，其等级全部为客运专线，采用时速200千米以上的动车组列车。其建成后，武汉城市圈域内其他8城市与武汉均可在30分钟以内到达。

2009年3月22日，武汉城市圈城际铁路建设动员大会在武汉东湖新技术开发区流芳火车站举行。此举标志武汉城市圈城际铁路进入全面开工建设阶段。3月24日，湖北城际铁路有限责任公司正式成立。该公司由武汉铁路局和湖北省联合发展投资有限公司共同组建，注册资本总额240亿元，主要负责投资建设武汉至孝感、咸宁、黄石、黄冈4条城际铁路，年内到位前期资本金50亿元。

10月15日，湖北省人民政府召开全面加快武汉城市圈城际铁路建设动员大会。中共湖北省委常委、湖北省人民政府常务副省长李宪生在会议上指出，武汉城市圈城际铁路经过城市建成区和集镇，征地拆迁和协调难度较大，各级政府要切实加强组织领导，广泛争取群众支持，建立高效协调机制，抓紧实施征地拆迁。李宪生强调，各有关部门在受理城际铁路建设有关报批审批时，要借鉴“绿色通道”做法，坚持高效、服务原则，依法依规，特事特办，急事急办，从简从快，一路“绿灯”。城际铁路建设过程中禁止随意开展各类检查、评比或以各种名目向施工单位摊派收费。各级公安、工商行政管理、税务、城市管理等部门，针对城际铁路周边施工环境出现的问题，要适时采取联合行动，开展专项整治。湖北省人民政府副省长段轮一在会议上代表湖北省人民政府分别与武汉市、黄石市、孝感市、鄂州市、黄冈市、咸宁市人民政府签订《支持城际铁路建设工作目标责任书》。截至年底，武汉至黄石、武汉至孝感、武汉至咸宁3条线路的站前工程和施工监理招标工作全部完成，并签订施工及监理合同。武汉至咸宁铁路建设完成全部工程总量的33.3%，其中江夏土地堂到咸宁贺胜桥19.3千米的武汉至咸宁综合试验段、江夏石湾至咸宁段线下工程、青龙山全长1 000米的2号隧道基本完工。

【武汉新港建设】　武汉新港位于长江黄金水道中游，以阳逻港为核心港区，由原武汉港和湖北省黄冈市、鄂州市、咸宁市的部分港区组成，规划港口岸线548.2千米，港区及腹地面积9 300平方千米。其建设是构建促进中部地区崛起战略支点的重要举措，是服务武汉城市圈“两型社会”（资源节约型社会、环境友好型社会）综合配套改革试验示范区建设的重要平台。其战略目标是在成为货物吞吐量超1亿吨、集装箱规模过1 000万标箱的内河港的同时，“依港兴业”、“以港兴城”，大力发展临港经济，形成一批产业集群和城市组群。建成后将成为中国中部地区通达世界的水上门户、中国内河最大的国际性港口，可汇集中国中西部腹地水运货物，开通直达日本、韩国、东南亚、中国台湾等国家和地区的国际航线，并提供便利的口岸通关服务。

2009年2月17日，国家交通运输部和湖北省人民政府联合发文批复《武汉新港总体规划》，该《规划》将武汉新港划分为沌口、杨泗、谌家矶、阳逻、纱帽、军山等22个港区，定位为以大宗散货、杂货、集装箱、商品汽车运输为主，兼顾客运，具备装卸存储、中转换装、运输组织、临港开发、现代物流、商贸服务等功能的综合性、现代化港口。该《规划》确定了第一批16个启动项目和未来5年的42个建设项目。

8月13日，武汉新港管理委员会筹备组成立。武汉新港管理委员会是湖北省人民政府派出机构，委托武汉市组建和管理，由湖北省交通运输厅、鄂州市人民政府、黄冈市人民政府、咸宁市人民政府负责人组成。其主要职能是负责研究武汉新港规划、建设和管理工作中的重大问题，协调处理跨区域、跨部门的问题以及日常事务的统一管理。

9月5日，武汉新港江北铁路在黄陂区五通口站开工建设。该铁路是(北)京广(州)线、(北)京九(龙)线两条铁路干线的联络线，横跨武汉、黄冈两市。全线实行电气化，设计时速120千米，计划总投资39.12亿元，由武汉铁路局、武汉市人民政府和相关企业共同出资。其建成运营后可全面提升汉口北商贸物流服务枢纽区的交通辐射能力，降低物流成本，带动沿线区域的经济发展。

9月30日，武汉新港建设投资开发集团有限公司揭牌成立。该公司是以武汉交通国有控股集团有限公司为基础更名组建的大型国有控股企业。新组建的公司先期一次性注册4.5亿元，3年内通过融资、拨付交通管理规费和港口建设补助金等方式，将注册资本增至10亿元。该公司的主要职责是负责武汉新港有关基础设施项目的建设、投资和经营，受武汉市人民政府委托开展土地储备工作，并依法对权属企业进行管理。

10月28日，武汉新港集装箱有限公司成立。该公司注册资金3.8亿元，由武汉港务集团有限公司和武汉阳逻开发有限公司合资组建。其主要职责是负责投资、建设、经营武汉新港阳逻集装箱二期码头。

2009年，武汉新港建设的各项前期工作起步顺利。相继完成《新港产业规划》、《新港集疏运规划》、《新港空间规划》，并通过了国际咨询论证。中共湖北省委、湖北省人民政府决定扩大武汉新港规划建设范围，在原来武汉、鄂州、黄冈3市有关区域的基础上，新增咸宁市区域的赤壁、嘉鱼部分岸线、锚地、陆域和港区。规划建设共确定36个港口和集疏运项目，建设总投资292.92亿元。全年武汉新港阳逻港区集装箱二期工程、武汉国家稻米交易中心粮食物流码头、80万吨乙烯重大件码头、金口港区重件多用途码头、武钢江北基地码头、湖北亚东水泥有限公司码头、唐家渡综合码头等7个在建港口码头项目和凤杨线、阳逻港区综合运输通道及疏港路平武段、港机段、阳福段等4个在建集疏运公路项目共完成投资10亿元。截至年底，湖北亚东水泥有限公司码头投产运营，武钢江北基地码头基本具备运营条件，80万吨乙烯重大件码头一期工程、金口港区重件多用途码头及唐家渡综合码头等工程进展顺利。

建设中的武(汉)咸(宁)城际铁路　　　　(蓝海　供稿)

【武汉国家生物产业基地建设】 2009年，武汉国家生物产业基地的基本建设全面启动，基本形成了生物产业创新基地、生物医药园、生物农业园、医疗器械园等4大园区的格局。

武汉国家生物产业基地以东湖生物医药产业基地为核心区，周边形成葛店化学合成创新药物园、关南生物制药园、江夏现代中药园、南湖生物农业园等4个特色园区，是湖北省发展高新技术企业的又一个增长极。该基地建设的战略目标是形成中国中部地区中药的生物产业研发、生产和出口基地，依托既有的生物产业基础，发挥生物技术科研力量雄厚、生物技术企业集中、市场环境相对完善等优势，促进产业集聚，实现规模效应，带动中部地区生物产业结构优化升级；充分发挥武汉市智力密集、知识沉淀深厚、人才积累充足的传统优势，重点发展生物农业、生物制药和化学合成创新药物，加快发展现代中药，积极培育生物能源和生物材料等生物产业，逐步形成创新体系完善、产业特色鲜明、布局合理的国家综合性生物产业研发、生产和出口基地。

武汉国家生物产业基地的基本建设总投资达153亿元，其中，征地、拆迁和还建投资61亿元，创新基地、生物医药园、生物农业园、医疗器械园等4大园区建设投资70亿元，基础配套建设投资22亿元。截至2009年底，完成投资34亿元，其中，征地、拆迁和还建投资24.05亿元，4大园区建设投资3.85亿元，基础配套建设投资6.1亿元。年内，106.7公顷的创新基地建设全面展开，园区道路建设完成工程总量的80%，路网基本形成，主干道正式投入使用。完成基地征地面积1 266.7公顷，拆迁面积176万平方米。农民还建示范小区一期共17万平方米开工建设。供水、供电、供气、污水处理等基础配套设施建设快速推进。160个企业初步达成入驻意向，37个项目年底实现开工。

【武汉临空经济区建设】 2009年，武汉临空经济区总体建设思路基本确定，基础设施建设开始启动。

3月6日，中国民用航空局和湖北省人民政府联合批复《武汉天河国际机场总体规划》。该《规划》明确武汉天河国际机场的近期和远期建设目标，包括飞行区、航站区、地面交通系统等多个规划，原则确定“南客北货”的发展格局。同时，确定了天河国际机场三期工程建设

武汉港货运码头　　　　　　　　（蓝海　供稿）

的总纲。机场三期扩建工程重点包括修建第三航站楼和全长为3 600米的第二条跑道，以满足空客A380等大型飞机起降的需求，建设总投资约120亿元。其中第三航站楼的总面积达29万平方米，相当于第二航站楼的两倍，建设周期3年，远期规划用地1 722.49公顷。为配合三期扩建工程，对机场一带既有交通状况进行一定调整。机场南进场路与改线的机场专用路相连，北进场路与孝天延长线相连，南北进场相互贯通；在航站区中部规划由轨道交通、城际铁路、市政交通组成的公共交通中心，形成快捷、立体、现代化的中部枢纽运输大港。

3月10日，湖北省人民政府与中国航空集团公司在北京签署《关于建设武汉航空枢纽的框架协议》。根据该《协议》，中国航空集团公司把武汉作为其国内核心网络枢纽进行高起点建设，逐步增加中国航空集团公司武汉公司的大型飞机拥有量，力争2010年达到15架，2015年达到30架。同时增加武汉始发、经停至亚洲、欧洲、美洲的国际航线。

3月30日，武汉机场新航空货站启用。新货站总面积2.14万平方米，年货物吞吐量32万吨，其中海关监管货区面积1万平方米，是湖北省第一个通过国家海关总署171号令要求的监管场所。

12月21日，黄陂区人民政府与湖北机场集团公司、中国南方航空股份有限公司湖北分公司、中国东方航空武汉有限责任公司、中国国际航空股份有限公司湖北分公司正式签署战略合作框架协议。根据协议，空地合作伙伴将遵循目标一致、资源共享、相互支持、共同发展、互利双赢的原则，立足于加快机场建设、促进临空经济区发展的共同战略目标，寻找利益契合点，不断巩固扩大合作成果，充分发挥航空运输主体企业在构建武汉临空经济区中的龙头作用，共同建设“中国中部现代航都、武汉北部国际新城”。黄陂区人民政府将在基础设施建设、生活设施配套、用地报批、征地拆迁、经营环境等方面提供政策上的支持和全方位服务，并按照国家和省、市有关对航空企业的政策，给予财政、税收等方面的优惠。湖北机场集团公司将充分利用其资源和信息平台，与黄陂区人民政府共同推进“一关三检”大通关基地建设，联手推动通关平台、物流平台、产业平台、信息平台的建设，合力促进武汉临空经济区的发展。中国南方航空股份有限公司湖北分公司、中国东方航空武汉有限责任公司、中国国际航空股份有限公司湖北分公司承诺充分利用武汉机场居中独优的地理区位，将武汉基地作为国内重要枢纽进行打造，依托航空枢纽，整合公路、铁路、水运的复合优势，实现铁、水、公、空多式联运高效组合。在飞机投放、国际航线开通、国内航线拓展加密、基地建设等方面加大发展力度，最大限度地争取总部对黄陂社会经济发展的支持，最大限度地用好其品牌和内部资源，在项目引进、企业注册、招商引资及咨询等方面积极主动地为武汉临空经济区的建设提供支持。

12月，《武汉市临空经济区建设规划综合方案》编制完成。该《方案》提出了武汉市临空经济区的区位优势、规划目标和主要建设内容。规划总用地面积114.2平方千米。规划目标是以武汉天河国际机场为依托，将武汉临空经济区建设成为辐射中部的大型国际航空运输枢纽、促进中部崛起的优势产业基地、华中地区面向国际的现代服务平台和武汉现代城市拓展的核心功能板块，最终成为功能布局合理、基础设施完善、科技应用发达，产业体系高端、服务水平一流、生态环境优良的“中国中部航都、武汉北部国际新城”。

（李春洋）

责任编辑　张　昀
责任校对　孙　泉

基本情况

武汉市基本情况

【地理位置】 武汉，简称“汉”，俗称“江城”，位于中国腹地中心、湖北省东部、长江与汉江交汇处，是全国特大城市和中部地区的龙头城市，是全国重要的交通枢纽，也是湖北省省会，华中地区和长江中游的经济、科技、教育和文化中心。地理位置为北纬29°58′～31°22′，东经113°41′～115°05′。在平面直角坐标上，武汉市东西最大横距约134千米，南北最大纵距约155千米，形如一只自西向东翩翩起舞的彩蝶。

【行政建置】 2009年，武汉市辖江岸、江汉、硚口、汉阳、武昌、青山、洪山、蔡甸、江夏、东西湖、汉南、黄陂、新洲13个区及武汉经济技术开发区、东湖新技术开发区、东湖生态旅游风景区。区下辖132个街道办事处、12个镇、9个乡、5个办事处。全市有群众自治组织3 383个，其中，社区居民委员会1 296个，村民委员会2 087个。全市土地面积8 494.41平方千米。建成区面积475平方千米。

【历史沿革】 武汉历史悠久，早在距今8 000年～6 000年前的新石器时代早、中期，先民们就在这水网之域繁衍生息，用石制器具拓现远古文明。在黄陂区盘龙湖畔的盘龙城，筑于商代，距今约有3 500年的历史。东汉末年，长江以北地域先后称曲阳县、沌阳县、汉津县、汉阳县(606年)，长江以南地域先后称汝南县、江夏县(589年)。自汉开始经南北朝至元、明，武汉成为水陆交通枢纽、商贾辐辏。明代中期成化年间，由汉阳龟山之南人长江的汉江主道改由山北入江，由此形成汉口新镇，奠定了武汉三镇的地理基础。明末清初，汉口以商业大镇卓立华中，与北京、苏州、佛州并称“天下四聚”，又与朱仙镇、景德镇、佛山镇同称天下“四大名镇”，成为“楚中第一繁盛处”。清康熙四年(1665年)，清政府在汉阳门外白鳝庙下设“常关”，征收国内商货通过税。清咸丰七年(1857年)，湖广总督官文又分设宗关(今汉口上茶庵)、汉关(今汉口下茶庵)等10个征税关卡。1858年《天津条约》签订后，汉口被辟为对外通商口岸。1861年3月，汉口正式对外开埠。随后，湖广总督官文上奏清政府于1862年1月1日设立江汉关，并于次年正式征收关税。光绪十五年(1889年)，张之洞出任湖广总督后，在汉施行洋务“新政”，兴办工厂和学校，编练新军，民族工业乘势得到发展，为武汉近代工业的发展奠定了基础，使武汉由此成为中国近代工业的发祥地之一。

1911年10月10日，资产阶级领导的辛亥革命在武昌爆发，建立湖北军政府，推翻了中国最后一个封建王朝。1926年12月，国民政府迁都武汉。1927年1月，汉口、武昌合并为武汉市，划为京兆区。1949年5月16日，武汉解放，三镇合并、武汉市正式建置，建制为中央直辖市。1954年6月，武汉市改为湖北省辖的省会城市。1984年5月，被中共中央、国务院批准为经济体制综合改革试点城市、计划单列市。1986年12月，被国务院命名为国家历史文化名城。1992年7月，被国务院批准为对外开放城市。2007年12月，经国务院同意，国家发展和改革委员会发文批准以武汉市为中心，由武汉及周边黄石、鄂州、黄冈、孝感、咸宁、仙桃、潜江、天门等9个城市组成的武汉城市圈为全国资源节约型和环境友好型社会建设综合配套改革试验区。

【自然资源】 武汉市地质结构以新华夏构造体系为主，几乎控制全市地质构造的轮廓。地貌属鄂东南丘陵经汉江平原东缘向大别山南麓低山丘陵过渡地区，中间低平，南北丘陵、岗垄环抱，北部低山林立。全市低山、丘陵、垄岗平原与平坦平原的面积分别占土地总面积的5.8%、12.3%、42.6%和39.3%。

武汉市土壤种类繁多，共有8个土类、17个亚类、56个土属、323个土种，其中，水稻土地面积占总面积的45.5%；其次为黄棕壤占24.8%，潮土占17.0%，红壤占11.2%；其他有石灰土、紫色土、草甸土、沼泽土等共占1.5%。

武汉市汉口常青路立交桥远眺　　（程健　供稿）

武汉市植物区系属中亚热带常绿阔叶林向北亚热带落叶阔叶林过渡的地带。据不完全统计，全市的蕨类和种子植物有106科、607属、1 066种，兼具南方和北方植物区系成份。常绿阔叶林和落叶阔叶林组成的混交林是全市典型的植被类型。长江、汉江以南以樟树、楠竹、杉木、叶茶油茶、女贞、柑橘为代表；长江、汉江以北以马尾松、水杉、法桐、落羽松、栎、柿、栗等树种为主。

武汉市动物资源种类繁多，有畜禽动物、水生动物、药用动物、毛皮羽用动物、害虫天敌动物、国家保护动物等。畜禽动物主要有猪、牛、鸡等10余种、70余个品种。鱼类资源有11目、22科、88种，主要经济鱼类有草、青、鲢等20余种。“武昌鱼”(团头鲂)是经济名贵鱼种，在国际市场上享有较高的声誉，武汉已有大量繁殖。水禽有雁、鹳、鹈等8目、14科、54种。白鹳属国家一类保护的珍贵稀有水禽。特种经济水生物有白鳍豚、江豚、鳖等。白鳍豚属国家一类保护动物，江豚属国家二类保护动物。在野生动物资源中，毛皮兽类很少，主要是药用动物、农林害虫等。

武汉市江河纵横，河港沟渠交织，湖泊库塘星布，滠水、府河、倒水、举水、金水、东荆河等从市区两侧汇入长江，形成以长江为干流的庞大水网。总水域面积达2 217.6平方千米，占全市土地面积的26.1%，其中，长5千米以上的河流有165条；有湖泊166个，其中城区内湖泊43个；各类水库273座，其中大型水库3座，中型水库6座，总容量9.25亿立方米；共有塘堰8.51万口，蓄水能力3.3亿立方米。据测算分析，在正常年景，地下水静储量128亿立方米，地表水总量达7 145亿立方米，其中，境内降雨径流38亿立方米，过境客水7 047亿立方米。水能资源理论蕴藏量2万千瓦。

武汉市已发现矿产33种、矿点154处，潜在经济价值8 400多亿元，其中，冶金辅料和建筑材料储量最大，拥有全国最大的熔剂石灰石、白云岩、石英砂岩基地，膨润土矿储量1.18多亿吨，居全国第一位。现发现优质矿泉水、热泉8处。此外，还发现金矿点11处，铜矿点9处，锰矿、磷矿点各2处，并有5处发现石油、天然气的“油气显示”。

武汉市属北亚热带季风性(湿润)气候，具有常年雨量丰沛、热量充足、雨热同季、光热同季、冬冷夏热、四季分明等特点。年平均气温15.8℃～17.5℃，极端最高气温41.3℃(1934年8月10日)，极端最低气温为－18.1℃(1977年1月30日)。年无霜期一般为211天～272天，年日照总时数1 810小时～2 100小时，年总辐射104千卡/平方厘米～113千卡/平方厘米，年降水量1 150毫米～1 450毫米。降雨集中在每年6月～8月，约占全年降雨量的40%左右。

武汉市汉口江滩　　（程健　供稿）

【人口】 截至2009年底，武汉市户籍总人口为835.55万人，其中，男性人口429.68万人，女性人口405.87万人；农业人口294.54万人，非农业人口541.01万人。全市人口出生率8.18‰，人口死亡率4.40‰，人口自然增长率由上年的2.46‰上升到3.78‰。

【语言】 武汉方言属北方话系统，但与西南地区的云南、贵州、四川及中南地区的湖南、广西的方言更接近。就武汉方言内部而言，汉口话因汉口镇在历史上的突出地位而闻名，被称为“汉腔”。

【民族】 武汉市是一个多民族散杂而居的城市。据2005年1%人口抽样调查，全市共有50个民族，其中少数民族49个，共6.4万人，占全市总人口的0.7%。在少数民族中，回族人口最多(2万多人)，其次是土家族(1万多人)；2 000人以上的民族有4个：满族、壮族、蒙古族、苗族；100人以上的民族有12个：侗族、瑶族、朝鲜族、畲族、白族、土族、布依族、彝族、黎族、维吾尔族、藏族、锡伯族；100人以下、10人以上的民族有16个；10人以下的民族有15个。全市13个市辖区都有少数民族居住。

【宗教】 武汉市宗教历史悠久，有佛教、道教、伊斯兰教、天主教和基督教5种。道教历史最长，其活动可以上溯至三国东吴时期，至今有1 700余年的历史。明末清初，武昌长春观、武当宫，汉阳玄妙观和汉口大道观曾被称为武汉道教全真派“四大丛林”。武汉佛教历史稍晚于道教。最久远的古刹为公元五世纪刘宋郢州刺史蔡兴宗所建的武昌头陀寺（观音阁）和梁邵陵王萧纶所建的武昌报恩禅寺(铁佛寺)。武昌宝通禅寺、莲溪禅寺，汉阳归元禅寺和汉口古德禅寺并称为武汉近代佛教著名的“四大丛林”。伊斯兰教于元代传入武汉，约有600年历史，最早的清真寺是武昌辕门口清真寺。天主教于明崇祯十年（1637年）、基督教于清咸丰十一年(1861年)传入武汉，其最早的教堂分别位于武昌大堤口和汉口大夹街。

截至2009年底，武汉市共有宗教活动场所300余处，其中全国重点寺观有佛教归元禅寺、宝通禅寺，道教长春观；全省重点宗教场所有佛教莲溪禅寺、古德禅寺，伊斯兰教汉口民权路清真寺、二七街清真寺、武昌起义门清真寺，天主教汉口上海路教堂、武昌花园山教堂、汉阳显正街教堂，基督教汉口荣光堂、救世堂和武昌堂、青山堂。此外，黄陂木兰山有佛教大佛寺，道教玉皇阁、木兰殿、斗姆宫，以及新洲的佛教报恩禅寺。

【国民经济和社会发展概况】 2009年，武汉市面对国际金融危机的严重冲击和影响，贯彻中央宏观调控政策，多措并举，迎难而上，国民经济快速回升，社会事业全面进步，民生状况继续改善。

全年完成生产总值4 620.86亿元，比上年增长13.7%，其中，第一产业增加值149.06亿元，增长1.6%；第二产业增加值2 142.14亿元，增长16.0%；第三产业增加值2 329.66亿元，增长12.2%。一、二、三产业增加值占生产总值的比重由上年的3.7∶46.1∶50.2调整为3.2∶46.4∶50.4。按常住人口计算，人均生产总值达到51 136元。全年规模以上工业企业（全部国有和年主营业务收入500万元及以上非国有工业企业）完成增加值1 656.15亿元，增长18.5%；完成工业总产值5 032.18亿元，增长10.2%，其中，轻工业总产值1 152.79亿元，增长17.5%；重工业总产值3 879.39亿元，增长8.2%。截至年底，全市共有年产值超过100亿元的企业8个、年产值超过10亿元的企业50个。全年实现全口径财政收入1 005.03亿元，增长27.0%；实现地方财政收入535.54亿元，增长42.1%；实现地方一般预算收入316.07亿元，增长14.0%，其中，税收收入247.95亿元，增长12.5%，非税收入68.12亿元，增长19.7%。全年完成社会消费品零售总额2 164.09亿元，增长17.0%，提前一年实现“十一五”规划目标。截至年底，全市共有大中型综合超市130个，比上年增加22个；便民超市、百货店、专业店2 472个，比上年增加726个。全市城镇单位在岗职工159.05万人，增加1.64万人。全年新增就业人员14.52万人，下岗职工实现再就业5.01万人，帮扶困难群众再就业1.65万人，转移农村富余劳动力6.52万人。全市城镇登记失业人员11.12万人，登记失业率4.2%。城乡居民生活持续改善。城市居民年人均可支配收入18 385.02元，增长10.0%；年人均消费支出12 710.29元，增长11.2%，其中食品类消费支出5 109.70元，增长4.7%；人均住房建筑面积30.88平方米，增加1.60平方米。农村居民年人均纯收入7 161元，增长12.8%；年人均消费支出4 901元，增长3.1%，其中食品类消费支出2 068元，增长0.2%；人均居住面积47.68平方米，增加1.87平方米。全市参加城镇基本养老保险职工210.30万人，比上年增长3.9%；参加基本医疗保险职工309.18万人，增长10.5%；参加失业保险人员118.07万人，增长9.3%；参加工伤保险人员146.24万人，增长18.6%；参加生育保险人员167.91万人，增长14.7%。全市共有享受最低生活保障城市居民23.28万人，比上年减少8 700人，全年发放城市居民最低生活保障金4.95亿元，增长28.2%；全年发放农村居民最低生活保障金6 717.62万元，增长37.9%。

2009年，武汉主要经济指标在全国19个副省级及以上城市位次稳中有升：生产总值居第10位，超过宁波市，上升1位；规模以上工业总产值居第12位，上升1位；农村居民人均纯收入居第13位，上升1位；固定资产投资居第8位，地方财政一般预算收入居第14位，社会消费品零售总额居第7位，外贸出口居第13位，均与上年持平。

（武鉴）

黄石市基本情况

【地理位置】 黄石市位于湖北省东南部，长江中游南岸。地理位置为北纬29°30'～30°15'，东经114°31'～115°30'。东北临长江，与浠水县、蕲春县、武穴市隔江相望，北接鄂州市，西接武汉市江夏区，西南与咸宁市、通山县为邻，东南与江西省武宁县、瑞昌市接壤。溯江而上水路至武汉市143千米（陆路距离武汉市70千米），顺江东下距江西省九江市126千米。黄石市土地面积4 583平方千米，其中市区土地面积234平方千米。

黄石市地处幕阜山北侧，为低山丘陵区。地形走势为西南高，东北低，境内山峦棋布，湖泊星罗，江河纵横。共有大小山峰400余座。海拔最高处867.7米，海拔最低处8.7米。长江自北向东流经市境，全长76.87千米。市区三面环山，一面临江，风光绮丽的磁湖镶嵌在市区中心。

【行政建置】 2009年，黄石市辖黄石港区、西塞山区、下陆区、铁山区、团城山开发区和大冶市（县级市）、阳新县。黄石市共设置20个街道办事处，27个镇，1个乡，179个社区居民委员会，712个村民委员会。

【历史沿革】 1950年8月21日，经中央人民政府政务院核准，建立湖北省辖黄石市。“黄石”一名，系由“黄石山”、“黄石港”等山、港名演变而来，北魏郦道元《水经注》记有“江之右岸有黄石山，水迳其北，即黄石矶也”。黄石在唐虞之世属夏郡。三国属武昌郡。隋、唐隶江南道。宋朝定名为大冶县，此后均为大冶县。1949年5月15日，黄石获得解放，随即成立黄石工矿特区，后升为省辖市。

【自然资源】 黄石市土地资源构成以耕地、林地和水域为主，其中，耕地面积占总面积的23.4%，林地面积占总面积的28.3%，水域面积占总面积的15.6%。

黄石市襟江带湖，水资源十分丰富，水资源总量42.43亿立方米。境内大小河流408条，总河长1 732千米；湖泊258处，总承雨面积2 469.76平方千米；水库266座，库容量25.05亿立方米。

黄石市物阜藏丰，矿产资源极为丰富。境内已发现的金属、非金属、能源和水气矿产等共4大类78种。已探明储量的矿产有42种，其中铜、钴、钼、金、银、锶、锌硅石灰、透辉石、泥灰岩、熔结凝灰岩、饰面大理岩等14种矿产储量居湖北省第一位。已开发利用的矿产品有29种，其中铁、铜、煤、石灰石等是黄石市的优势矿产。黄石市是中国重要的铁矿和有色矿产生产基地。

【人口】 截至2009年底，黄石市户籍总人口258.56万人，比上年增加1.25万人，增长

黄石市江滩一景　　（黄石市史志办　供稿）

4.9%。常住人口242.61万人,增长2.9%,其中,城镇常住人口122.64万人,乡村常住人口119.97万人。城镇化率50.6%。全年出生人口2.44万人,人口出生率9.28‰;死亡人口1.06万人,人口死亡率4.02‰;人口自然增长率5.26‰。

【语言】 黄石地处鄂东南,同黄冈、鄂州等21个县市共属一个方言区,俗称"楚语"区。黄石处在赣方言区的边缘地带,与具有明显赣话特征的阳新、大冶在历史上为统一行政区,历史上曾隶属江西,市区各大族姓也多由江西迁人,黄石话有明显的赣语痕迹。同样是地理位置的原因,黄石话在不同程度上受到毗邻的鄂州、蕲春、浠水方言的影响,又带有江淮官话的语言特征。另一方面,黄石与武汉、鄂东诸县关系密切,特别是受武汉方言影响较大,黄石话近十年来有接近武汉话的趋势。形成了既有赣方言特色又受西南官话影响的方言体系。

【民族】 黄石市是一个散居民族地区。2009年,全市共有回族、满族、土家族、壮族、苗族、蒙古族、白族、瑶族、布依族、锡伯族、侗族、土族、彝族、朝鲜族、夷族、黎族、畲族、塔塔尔族、维吾尔族、藏族、羌族、水族、仡佬族、仫佬族、傣族、东乡族、高山族、哈尼族、纳西族、俄罗斯族等30个少数民族。少数民族总人口4 000人,占黄石市总人口0.2%,人口最多的少数民族依次是土家族(799人),满族(674人),回族(672人)。

【宗教】 黄石市共有宗教活动场所864处,经湖北省民族宗教事务委员会审核,全市有501处宗教活动场所获得登记换证资格,其中,甲类宗教活动场所442处,乙类59处。已批准发证的宗教教职人员1 331人,信徒20万人。全市已建立爱国宗教团体12个,其中,市级爱国宗教团体4个、县(市)级爱国宗教团体8个。

【国民经济和社会发展概况】 2009年,黄石市国民经济和社会发展态势良好,全年完成生产总值597.78亿元,按可比口径(下同),比上年增长10.7%,其中,第一产业增加值45.26亿元,增长7.0%;第二产业增加值314.12亿元,增长11.2%;第三产业增加值238.40亿元,增长10.8%。三次产业结构为7.6∶52.6∶39.8。全市人均生产总值24 640元,增长7.2%;人均财政收入2 464元,下降2.2%。全市规模以上工业企业(全部国有和年主营业务收入500万元及以上非国有工业企业)完成增加值269.4亿元,增长11.3%。在规模以上工业增加值中,轻工业增长31.7%,重工业增长8.9%;国有控股企业增长2.6%,集体企业增长7.9%,外商及港澳台投资企业下降2.7%,私营企业增长37.7%,大中型工业企业下降0.2%。全年完成全社会固定资产投资343.05亿元,增长47.5%。投资对经济增长贡献率为75.7%,拉动生产总值增长8.1个百分点。全市资质以上建筑企业完成建筑业产值100.11亿元,增长22.6%。全社会建筑业完成增加值24.1亿元,增长18.8%。全市房地产开发企业完成投资25.30亿元,增长17.5%。商品房销售面积100.15万平方米,增长7.5%。重大基础设施和重大产业项目建设得到加强。全市在建的投资1亿元以上项目119个,增加48个,全年完成投资125.26亿元,增长100.2%。一批重大项目进展顺利。鄂东长江大桥、大广和杭瑞高速、黄石电厂热电联产等项目加快推进;武(汉)黄(石)城际铁路、棋盘洲港区一期、谈山隧道等项目开工建设。园区建设取得积极进展。黄石经济开发区、大冶经济开发区、大冶灵成工业园、阳新工业园、西塞工业园等完成投资105.31亿元,增长85.1%。全年实现社会消费品零售总额256.09亿元,增长18.8%。消费需求对经济增长贡献率为38.5%。全年实现进出口总额11.47亿美元,下降18.6%。其中出口额4.73亿美元,下降33.3%;进口总额6.74亿美元,下降3.7%。全年实际利用外资3.45亿美元,增长12.0%。外商直接投资2.77亿美元,增长15.4%。全年实现地方财政收入59.79亿元,下降2.0%,其中,地方一般预算收入完成26.03亿元,增长8.1%。全年完成各项税收52.04亿元,下降4.4%,税收占地方财政收入的比重达到87.0%。地方财政收入占生产总值的比重为10.0%。全年财政支出95.4亿元,增长37.2%,增幅比上年下降18.3个百分点。全年居民消费价格比上年下降0.47%。居民消费的八大类价格中,除食品、衣着、医疗保健和个人用品价格下降外,其他各类消费价格都有不同程度的上涨。全年城镇新增就业人员5.18万人,帮助下岗失业人员实现再就业3.1万人。全市城镇就业人员79.8万人,城镇登记失业率为4.3%。全年城镇居民人均可支配收入13 897元,增长9.1%。人均消费性支出10 179元,增长8.9%。人均住房建筑面积30.03平方米。农村居民人均纯收入4 811元,增长10.0%。农村居民人均生活消费支出3 837元,增长3.6%。农村居民人均住房面积41.75平方米。城乡居民收入差距由上年的2.91∶1缩小为2.89∶1。至年末,全市参加城镇基本养老保险人数48.02万人,增加2.19万人。参加城镇基本医疗保险的人数43.6万人,增加5.75万人。参加失业保险的人数28.61万人,增加0.19万人。参加工伤保险的人数24.28万人,参加生育保险的人数27.38万人。全年城市医疗救助14 504人次,增长219.0%。资助农村合作医疗救助67 780人次,增长14.0%。全年城镇居民最低生活保障6.9万人,增长1.9%;农村居民最低生活保障8.1万人,增长19.9%。

(黄石市史志办)

鄂州市基本情况

【地理位置】 鄂州市位于湖北省东南部,长江中游南岸,西与武汉市接壤,东至西南与黄石市毗连,北临长江,自西向东与武汉市的新洲区和黄冈市的团风县、黄州区、浠水县等地隔江相望。地理位置为北纬30°01′—30°36′,东经114°30′—115°05′。全市土地面积1 594平方千米,其中耕地面积4.21万公顷。全市地势东南高、西北低、中间较平,境内最高点四峰山海拔485.8米,最低点梁子湖海拔11.7米。

【行政建置】 2009年,鄂州市辖鄂城、华容、梁子湖3个县级行政区和葛店、鄂州2个开发区,以及凤凰、古楼、西山3个直管街道办事处。鄂城区辖汀祖、碧石渡、泽林、燕矶、杜山、新庙、花湖、杨叶、长港等9个镇和沙窝乡,有107个行政村;华容区辖庙岭、华容、段店等3个镇和临江、蒲团2个乡,有83个行政村;梁子湖区辖东沟、太和、涂家垴、沼山、梁子等5个镇,有86个行政村;葛店开发区辖葛店镇,有26个行政村;鄂州开发区辖10个行政村和3个社区居民委员会;凤凰街道辖5个行政村和13个社区居民委员会;古楼街道辖3个行政村和10个社区居民委员会;西山街道辖7个行政村和8个社区居民委员会。

【历史沿革】 鄂州市有5 000多年的历史。西周中期为鄂。鄂王熊红在境内西南(今属大冶)修筑鄂王城。周夷王时,鄂为楚国的重要封邑、军事重镇和经济中心。秦代为鄂县,辖今鄂州、黄石(含阳新)、咸宁(含咸安、嘉鱼、赤壁、崇阳、通山)等地。三国时期,鄂县属吴。公元221年,孙权改鄂县为武昌,并在此建都,其时国都、郡府、县治均设于今城区,郡、县均以武昌名。东晋时城区为武昌府治所,宋、齐、梁、陈各代则是州、郡治所,一直到南宋宁宗嘉定十四年(公元1221)年设武昌军,改武昌县为寿昌县,军府亦在县府。元盛宗大德五年(公元1301年)又将寿昌县改名武昌县。民国二年(公元1913年),复改县名为寿昌县,次年改称鄂城县。1960年11月改县为市,1961年12月又撤市复县。1979年11月,从鄂城县划出城关镇及附近农村的5个生

第七届中国(济南)国际园林博览会上展出的“鄂州园” (曹忠生 供稿)

产大队成立鄂城市,县、市并存。1983年,将鄂城市、鄂城县及江北的黄州镇、长江乡合并成立省辖鄂州市,下设鄂城、黄州两个县级区和程潮、华容、长港、梁子湖4个派出区(副县级)。1987年,黄州区撤销并划归黄冈市,鄂州市设立鄂城、华容、梁子湖3个县级区。

【自然资源】 2009年,鄂州市森林覆盖面积1.87万公顷,森林覆盖率18.8%,比上年提高1.2个百分点,活立木蓄积量65万立方米。全市拥有大小湖泊133个,水域面积4.3万公顷,是著名的“百湖之市”和“鱼米之乡”,其中全国十大名湖之一的梁子湖面积达300多平方千米。全年水资源总量18.35亿立方米,人均水资源1 709立方米。年末全市大中型水库蓄水总量7.78亿立方米。

鄂州市有矿产资源3大类25种,矿床矿点63处。金属矿主要有铁、铜、钼等。铁矿石已探明储量2.14亿吨,居湖北省第二位。除大型金属矿程潮铁矿外,还有中型金属矿4处、小型金属矿20余处,主要分布在鄂城区的泽林、碧石渡和汀祖一带。伴随铁矿石的开采,现保留有铜金属量约21万吨。非金属矿主要有石膏、沸石、膨润土、珍珠岩、花岗岩、硫等。现已探明硬石膏矿储量为3 752万吨,硫矿储量226万吨,膨润土储量约1 000万吨,主要分布在梁子湖区的沼山、太和一带。能源矿主要是煤炭,已探明储量2 784万吨。

鄂州土壤肥沃,气候适宜,构成多种类型生态环境,有利于多种植物的生长。境内有植物3 000多种,主要是粮食、油料、瓜果、蔬菜等类。有木本植物83科、192属、358种,主要是竹木等类。有芳香植物60多种,主要是草本、木本等类。有药用植物125科、542种。

鄂州动物种类繁多,资源丰富,水产名贵品种较多。全市有鱼类21科、106种,其中鲤科63种,占鱼类总数的60%。其他稀有鱼类在本地也有生长,产于梁子湖的银鱼畅销国内外。有家禽10多种、家畜20多种。野生动物有兽类20多种、飞禽40多种,还有爬行类和虾贝类动物数十种。

2009年,鄂州市降水量1 262.2毫米,比历年平均值减少84.0毫米,降水时空分布不均。年蒸发量1 359.4毫米,比历年平均减少146.1毫米。年平均气温18.0℃,比历年平均值高0.8℃,是自1994年以来连续16年持续偏高,年内气温变幅大。年日照时数2 086.2小时,比历年平均值多142.5小时。虽然没有出现大涝大旱,但异常天气气候事件频发,与之相伴的气象灾害有干旱、低温阴雨、雷雨大风等。

【人口】 截至2009年底,鄂州市户籍总人口为107.56万人,比上年增加3 200人。全年人口出生率为8.71‰,人口死亡率为5.69‰,人口自然增长率为3.02‰,比上年下降0.45个千分点。

【语言】 鄂州位于江淮官话区、西南官话区和赣方言区交会处,其方言可分两大片:东部、北部和西部属江淮官话区,以城区话为代表,最突出的特点是古代入声字仍读入声;东南和南部地区属赣语区,以太和镇话为代表,最明显的特点是中古浊音声母不论平仄声都念送气清声。

【民族】 2009年,鄂州市有汉、蒙古、回、苗、藏、壮、朝鲜、满、侗、瑶、白、土家、高山、水、纳西、锡、伯、傈僳等25个民族。少数民族人口3 600多人,约占全市总人口的0.3%,其中以土家族、回族、壮族、满族等民族人数居多,是典型的少数民族散杂居城市。

【宗教】 鄂州市五教俱全。2009年有正式登记的宗教活动场所129处,其中佛教寺庙79处,道教宫观6处,基督教堂41处,天主教堂3处;有依法登记的宗教团体9个;有信教群众5.6万余人,约占全市总人口的5%。

【国民经济和社会发展概况】 2009年,鄂州市完成生产总值313.6亿元,按可比口径(下同)计算,比上年增长15.2%,增幅在湖北省各市州中居第一位,其中,第一产业完成增加值43.98亿元,增长6.1%;第二产业完成增加值179.12亿元,增长19.8%;第三产业完成增加值90.5亿元,增长10.2%。三次产业结构为14.0:57.1:28.9。按常住人口计算,全市人均生产总值29 839元,增长16.1%。全年完成农业总产值80.17亿元,增长11.3%,其中,种植业产值25.33亿元,增长5.6%;林业产值6 100万元,增长3.0%;畜牧业产值22.37亿元,增长15.1%;渔业产值31.63亿元,增长13.8%;农林牧渔服务业产值0.23亿元,增长11.4%。全年完成规模以上工业(全部国有和年主营业务收入500万元及以上非国有工业企业)增加值150.03亿元,增长23.9%。规模以上工业企业实现主营业务收入410.56亿元,增长18.1%,实现利润13.46亿元,增长212.7%。全市工业经济效益综合指数276.31,提高27.39个百分点。全年建筑业完成增加值15.45亿元,增长43.2%。全市交通运输、仓储和邮政业完成增加值21.61亿元,增长15.8%。全年完成全社会固定资产投资220.6亿元,增长47.1%。其中,城镇50万元以上投资213.4亿元,增长46.4%。全年实现社会消费品零售总额126.68亿元,增长20.8%。其中批发和零售贸易业零售额102.78亿元,增长18.2%;住宿和餐饮业零售额17.06亿元,增长31.9%。全年外贸进出口总额1.69亿美元,下降3.4%,其中,出口7 366万美元,下降21.3%;进口9 542万美元,增长17.1%。全年实际利用外资突破1亿美元,达到1.05亿美元,增长12.6%。全年引进外资48.79亿元,增长520.6%,全年实施1亿元以上项目80个,比上年增加11个,增长15.9%。武钢集团鄂城钢铁有限公司宽厚板工程、湖北省鄂州电厂二期工程、鄂州鸿泰钢铁有限公司三期工程、深圳市比克电池有限公司一期工程等项目竣工投产;湖北星丰金属资源有限公司、湖北华祥水泥有限公司、

鄂州市洋澜湖景观工程施工现场　（曹忠生　供稿）

华工科技产业股份有限公司的项目建设进展顺利。全年完成财政总收入26.55亿元，增长4.9%，占全市生产总值的比重为8.5%，其中地方财政一般预算收入13.02亿元，增长21.6%。全年财政支出35.67亿元，增长48.9%。

全年城镇新增就业人数1.8万人，其中安置下岗失业人员再就业6 507人。城镇居民人均可支配收入13 408元，比上年增长9.5%，人均消费性支出10 056元，增长9.5%；人均居住面积32.13平方米。农村居民人均纯收入5 718元，增长12.2%，人均生活消费总支出2 793元，增长4.1%；人均住房面积40.0平方米。城乡居民收入差距由上年的2.40∶1缩小为2.34∶1。至年末，全市参加城镇基本养老保险人数14.32万人，增加2 700人。参加农村养老保险人数5 600人，增加100人。参加城镇基本医疗保险人数14.85万人，增加2.47万人。参加农村合作医疗人数64.14万人，增加4.31万人。参加失业保险人数7.01万人，增加800人。全年全市重大疾病医疗救助6.56万人次，增长22.9%。全年城镇居民享受最低生活保障的人数3.56万人，增长40.7%；农村居民享受最低生活保障人数3.01万人，增长29.7%。

（曹忠生）

孝感市基本情况

【地理位置】　孝感市位于湖北省东北中部，地处桐柏山、大别山之南，长江以北，汉江以东，南与武汉市东西湖区及仙桃市毗邻，北与河南省信阳市交界，西接随州、荆门、天门等市县，东连黄冈市的红安县与武汉市的黄陂区。地理位置为北纬30°23′～31°52′，东经113°19′～114°35′。全境南北长约163千米，东西宽约122千米。2009年，全市土地面积为8 922.7平方千米，其中耕地面积36.3万公顷。

【行政建置】　2009年，孝感市辖孝南区和孝南、云梦、孝昌3县，代管汉川、应城、安陆3市。区（县、市）下辖23个乡、72个镇，12个街道办事处，14个农林牧渔场；2 911个村民委员会，130个社区居民委员会。

【历史沿革】　孝感市历史悠久，是中国开发较早的地区之一。据考证，早在7 000多年前就有人类活动。4 000多年前的奴隶社会，已形成了强大的荆楚部落。南北朝时社会动荡，大量人口涌入，使本地得到发展。刘宋初，孝武帝孝建元年（公元454年），将安陆县东境分割置孝昌县（今孝南、孝昌）、南境分割置应城县；梁武帝天监元年（公元502年），又在南境汉江之滨置甑山县（今汉川）；西魏大统十六年（公元550年），再分割安陆南境置云梦县；唐代改称安州；北宋末年升安州为德安府，后至元明清各朝代，行政区划范围基本未变。中华民国成立后，废府设道，辖区属江汉道。1927年废道，1932年设行政督察区，孝感、安陆、云梦、应城属第五行政督察区（后改称第三区），大悟属第四区，汉川属第六区。同时，在鄂豫边区苏维埃政权时期，从1931年起，先后划分为陂孝北县、安应县、云孝县、汉孝陂县、礼山县。1949年4月，中共中央中原局、中原临时人民政府和湖北省委、湖北省人民政府决定在礼山县河口镇成立中共湖北省孝感地方委员会（简称孝感地委）、孝感行政区专员公署（简称孝感专署）。同年5月，孝感所属各县全境解放。1993年4月10日，国务院批准撤销孝感地区，设立地级孝感市，同时撤销原县级孝感市，设孝昌县和孝南区。1997年3月，撤销汉川县，设汉川市。2000年7月，广水划归随州，至此孝感市共辖3市3县1区。

【自然资源】　孝感市地势北高南低，为大别山、桐柏山向江汉平原过渡的坡状地貌，大体比例为一成低山、二成岗地、三成平原、四成丘陵。北部山区主要分布在大悟和孝昌、安陆北部，系桐柏山向东

孝感火车站新姿　（杨炬　供稿）

南、大别山向西南延伸的余脉,海拔在200米-500米之间。中部低矮丘陵主要分布在安陆、孝昌南部及孝南、应城、云梦北部,系大洪山向东绵延的部分和大别山的尾间,一般在海拔50米~200米之间。南部平原湖区主要分布在汉川及孝南、应城、云梦南部,系江汉平原之北隅,海拔一般在50米以下,河湖交错其间。

孝感古属云梦泽,地质发育较全,地下矿藏丰富。初步探明的主要矿产有七大类23种,其中优质矿11种,石膏、盐、磷被誉为"孝感三宝"。应城石膏地质储量4.29亿吨,特别是纤维石膏,品位在亚洲居首位,储量8 800万吨,占全省储量的92.3%,占全国储量的58.7%。云梦、应城一带的岩盐埋藏浅,氯化钠含量高,地质储量达2 800亿吨,其中工业储量500亿吨,1988年还探明汉川麻河有岩盐资源,工业储量9 400万吨。大悟磷矿地质储量1.72亿吨,采选条件好。云梦芒硝储量5 400万吨,矿体集中,宜于开采。孝感境内还有稀土、金、银、铜、镍等贵重金属矿,其中重稀土(钇)的地质储量3.1万吨,占全省储量的100%。大悟的镍,地质储量26.56万吨,占全省储量的100%。迄今为止,这些金属矿除金、银、铜有小规模开采外,其他均没有开采。此外,还有储量丰富的重晶石(467万吨)、大理石(200万立方米)、花岗岩(153.6万立方米)、云母石(140.7吨,占全省储量的81%)、蛇纹岩(1.67亿吨,占全省储量的100%)、矿泉水等资源。

孝感市处于湖网边缘地带,河湖交错,水利资源丰富。全市大小河流总长度为4 812.6千米。境内流长在10千米以上的河流86条,有湖泊17个,大中小型水库376座,其中大型水库2座。南部平原湖区先后进行了汉江大堤培修、府澴河改道、大富水改道、汉北河开挖疏浚、汈汊湖治理等大型水利工程。先后建成庙头、夹河沟、鲢鱼地等大泵站8处、小泵站500多处,以及新沟、民乐等水闸852座,开挖大型水渠多条,使全市形成河湖相通、河库相连的排灌体系。正常蓄水能力达19.75亿立方米,总控水能力达26亿立方米。

孝感市动物资源分为家养畜禽和野生动物两大类。家养畜禽主要有猪、牛、羊、鸡、鸭、鹅、兔、蜜蜂、观赏鸟等。野生动物共有40余种。其中国家二级保护动物有大鲵、老鹰、猫头鹰、绿头鸭、白鹭(冬候鸟)5种;省级保护动物有黑斑蛙、泽蛙、乌梢蛇、银环蛇、环颈雉、大杜鹃、八哥、画眉、猪獾、花面狸、赤狐等22种。

森林植物资源共有103科、288属、772种。其中,国家一级重点保护树种2种(银杏树、香果树),国家二级重点保护树种6种(刺楸、闽楠、杜仲、楠木、椴树、榉树),省级珍贵濒危树种31种(三尖杉、中国粗榧、凹叶厚朴等)。

坐落在孝感市乾坤大道的乾坤大酒店 (杨炬 供稿)

孝感属亚热带季风气候。年平均气温大体在15.5℃~16.5℃之间,冬季气温(1月)平均2℃~3.4℃,夏季气温(7月)平均28℃~29℃。全市日均气温不低于10℃。极端最低气温是1969年1月31日的应城为-15℃;极端最高气温是1959年8月23日的大悟为43.1℃。全年无霜期225天~257天,由北向南递增,初霜期南部为11月中、下旬,北部为11月上、中旬,终霜期南部为3月中旬,北部为3月下旬。常年日照时数2 020小时~2 190小时。年降雨量1 040毫米~1 230毫米,70%降水集中在4月~9月。

【人口】 截至2009年底,孝感市户籍总人口528.7万人,比上年增加3.64万人,其中,男性人口275.8万人,女性人口252.9万人。全市人口出生率9.49‰,人口死亡率4.04‰,人口自然增长率5.45‰,符合政策生育率94.07%。全市人口密度为586人/平方公里,人口平均寿命74.1岁。

【语言】 孝感话属北方方言的西南官话区,与之毗邻的还有江淮官话、湘方言、赣方言等。孝感话又是"楚语"中有代表性的地方方言。因特殊地理位置和历史条件,孝感方言兼收并蓄,形成了南北兼有的特点。孝感话不仅具有北方话的语言特点,又大量吸收了南方诸方言的语言特点,也保留了一些古音成分。孝感话虽属西南官话,但与西南官话的代表汉口话颇有不同,声母方面比汉口话更接近北方方言,韵母和声调方面更有南方味。孝感话的南音北调各有特点。北区接近中原一带北方话的音韵特征,南方既有北方话的特点,又有南方诸方言的某些特点,具有独特的音韵特征。

【民族】 2009年,孝感市共有土家、回、蒙古、藏、维吾尔、苗、彝、壮、布依、朝鲜、满、侗、瑶、白、哈尼、傣、黎、佤、畲、水、纳西、土、达斡尔、仫佬、撒拉、毛南、仡佬、锡伯、俄罗斯、京、赫哲等31个少数民族,共计5 600人,占全市总人口万分之七,分布在7个县市区和双峰山旅游度假区的98个乡、镇、场、街道。其中少数民族人口在1 000人以上的有土家族和回族,100人以上的有苗族、壮族、满族、侗族和蒙古族,每年少数民族流动人口在1 000人以上。全市有县处级以上少数民族干部5人,有15人当选为各级人大代表,有20人当选为各级政协委员。

【宗教】 孝感市宗教历史悠久,有天主教、基督教、伊斯兰教、佛教、道教五大宗教,现有信教人数7万多人,占全市人口总数的1.3%,其中佛教4.2万多人,天主教1.1万多人,基督教1.4万多人,伊斯兰教1 900人,道教2 000人。已登记发证的宗教活动场所共157处,其中,佛教123处,道教7处,天主教12处,基督教14处,伊斯兰教1处,分布在7个县市区和双峰山旅游度假区的79个乡、镇、场、街道,占全市乡镇总数的79.8%,备案认可发证的宗教教职人员213人,其中天主教神父9人,基督教义工以上教职人员30人,伊斯兰教阿訇2人,佛教比丘、比丘尼168人,道教道士、道姑4人。有县级爱国宗教团体10个:孝南区佛教协会,孝南区道教协会,孝南区伊斯兰教协会,汉川市天主教爱国会,汉川市基督教“三自”爱国会,汉川市佛教协会,应城市佛教协会,云梦县基督教协会,大悟县佛教协会,孝昌县佛教协会。

【国民经济和社会发展概况】 2009年,孝感市完成生产总值681.2亿元,按可比口径(下同)比上年增长15.1%,其中:第一产业增加值145.2亿元,增长5.8%;第二产业增加值286.8亿元,增长20.1%;第三产业增加值249.2亿元,增长14.9%。三次产业结构由上年的22.2∶24.1∶36.7调整为21.3∶42.1∶36.6。

2009年,孝感市有规模以上工业企业(全部国有和年主营业务收入500万元以上非国有工业企业)1 004个,实现工业增加值221.4亿元。比上年增长4.4%。全市工业增加值位居全省第7位。全市规模以上工业企业实现销售收入655亿元,工业产品销售率99%,实现税收25.45亿元,实现利润32.36亿元。

2009年,孝感市全社会固定资产投资累计完成397.3亿元,比上年增长46.7%,其中城镇以上完成投资341.5亿元,增长49.6%。农村50万元以上项目投资30.5亿元,增长30.5%。农村农户投资25.3亿元,增长31.7%。房地产开发投资32.4亿元,增长13.4%。在城镇及房地产投资中,第一产业投资完成14.1亿元,增长118.1%;第二产业完成165.4亿元,增长32.6%;第三产业完成161.9亿元,增长66.9%。全年城镇以上投资施工项目1 564个,比上年增加601个。全年新开工项目1 375个,增加610个。

2009年,孝感市财政总收入累计完成48.5亿元,比上年增长23.4%,其中地方一般预算收入完成27.0亿元,增长27.5%。在一般预算收入中,国税部门完成3.7亿元,增长17.6%;地税部门完成13.0亿元,增长31.1%;财政部门完成10.3亿元,增长22.3%。市本级完成一般预算收入5.2亿元,增长36.1%。全市一般预算收入中税收累计入库16.7亿元,增长27.8%,占一般预算收入的61.5%。

2009年,孝感市实现消费品零售总额326.9亿元,比上年增长20.9%。其中,城市实现消费品零售总额189.2亿元,增长20.5%;农村实现消费品零售总额137.7亿元,增长21.4%。全市餐饮业实现零售总额54.2亿元,增长21.9%。

2009年,孝感市人民生活水平进一步提高。城区居民人均可支配收入13 562元,比上年增长9.2%;农民人均纯收入5 131元,增长10.7%。社会保障、劳动就业取得实效。全年新增城镇就业7.4万人,安排下岗失业人员再就业2.6万人,农村劳动力转移就业9.7万人。城镇居民基本医疗参保率92%,农村合作医疗参合率为95.3%,共有4 380余人得到大病医疗救助。

(杨炬)

黄冈市基本情况

【地理位置】 黄冈市位于湖北省东部,大别山南麓、长江中游北岸。地理方位为北纬29°45′~31°40′,东经114°24′~116°07′。北接河南省,东连安徽省,南与湖北省鄂州市、黄石市、江西省九江市隔江相望。黄冈市党、政、军机关驻地黄州是中外闻名的文化古城,西距省会武汉市武昌区78千米。东西最长距离为168千米,南北最宽跨度为208千米。全市土地面积17 446平方千米,市区建成区面积35平方千米。

【行政建置】 2009年,黄冈市辖团风、红安、英山、罗田、浠水、蕲春、黄梅7个县,麻城、武穴2个市,黄州、龙感湖2个管理区。至年末,全市共有乡镇办事处130个,行政村4 346个,村民小组36 068个。

【历史沿革】 黄冈具有悠久的历史。早在旧石器时代,本区域即有人居住。夏商时代,即有行政建置。秦汉之际,为郡国之属。自东晋以后,形成大体完整的郡州。隋唐五代直至明初,黄冈基本处于黄州、蕲州两郡(府、路)并治状况。明代以后,蕲州归属黄州府管辖,黄州成为本区域唯一的政治中心。从东晋咸和四年(公元329年)在本域建置西阳郡起,黄冈作为省县之间的一级行政区已有1670余年的历史。1912年~1926年,废黄州府,各县直属湖北省政府。1932年,本域划为省第三、第四行政督察区,各设专署,为湖北省政府辅助机关。1936年3月,第三、第四行政督察区在蕲州合并为第二行政督察区,1937年1月该所迁黄州。

在中国共产党领导下,本区域1922年开始建立党组织,1927年黄麻暴动,成立黄安县农民政府,1931年,红四方面军攻克黄安,改黄安县为红安县。相继成立红安、麻城、黄冈、蕲春、广济、黄梅等县苏维埃政府。抗日战争时期,1941年成立黄冈(中心)县抗日民主政府及豫鄂边区行政公署鄂东办事处,后改为鄂东行政专员公署。1943年成立长江行政专员公署。解放战争时期,1947年刘邓大军挺进大别山,成立鄂豫行署第四、五专署,各县也先后成立人民民主政府。1949年3月至5月中旬,本域各县相继解放。5月初,第四、五专署在浠水合并为黄冈行政区专员专署,6月更名为黄冈区行政公署,7月迁黄州。1951年5月,黄冈区行政公署更名为黄冈区专员专署,为湖北省人民政府派出机构。1968年1月,成立黄冈地区革命委员会,1978年11月撤销,设黄冈地区行政公署,为湖北省人民政府派出机构。1979年12月,鄂城县划归黄冈地区,并建置鄂城市,亦驻鄂城。1983年10月,划鄂城县、市及黄冈县的黄州镇,建置地区级鄂州市,直属湖北省人民政府管辖,同时,划新洲县属武汉市。1986年7月撤销麻城县,设麻城市。1987年5月,撤销鄂州市黄州区,恢复为黄州镇,复归黄冈县。12月,撤销广济县,设武穴市。1990年12月,

黄冈市区一角　　(赵瑞群　供稿)

撤销黄冈县,设黄州市。黄冈地区行署辖黄州、麻城、武穴3个市和红安、罗田、英山、浠水、蕲春、黄梅6个县。1995年12月23日,国务院批准撤销黄冈地区和黄州市,设立地级黄冈市,治所驻黄州,并建置团风县和黄州区。

【自然资源】 2009年,黄冈市耕地总资源35.39万公顷,其中,常用耕地面积33.36万公顷,临时性耕地面积2.03万公顷。常用耕地面积中,水田面积25.34万公顷,旱地面积8.03万公顷,人均耕地面积0.07公顷。

截至2009年底,黄冈市水资源总量为111.08亿立方米,水能资源蕴藏量46.4万千瓦,其中可开发的水能资源34.8万千瓦,年发电量9.6亿千瓦/小时。长江过境客水量7 200亿立方米,可供沿江利用。全市有大中小型水库1 005座,总库容50.70亿立方米,塘堰32.88万口,蓄水18.05亿立方米。有效灌溉面积26.13万公顷。地热资源丰富,已发现12处,英山汤河、罗田三里畈、蕲春桐梓等处温泉已开发利用。

黄冈市已探明矿种73余种,多种矿床点879余处,其中非金属矿60种,主要有石灰石、白云岩、花岗岩等。磷矿石储量1 698.5万吨,主要分布黄梅、武穴。红安萤石矿储量在78.5万吨以上。蕲春等地的硅石矿含硅量达90%~99.9%以上,是全国工业指标中的典型硅石矿,潜在储量在5 000万吨以上。花岗岩、大理岩遍布黄梅、蕲春、麻城、团风、浠水,分布面积大约1 000平方千米。巴水、浠水、蕲水、倒水、举水5条河流是长江下游最大的黄砂基地,资源储量在10亿吨以上。金属矿发现有铁、锰、铬、铜、铅、锌、钒、钛、镉、钼、金、银以及稀有金属铌、钽、锆等矿点,其中铁、金红石、铅、锌的储量较丰富。境内有金矿6处,分布在蕲春、罗田、浠水、团风、武穴、黄梅等县区。巴、浠、蕲等河流中含有丰富的铁砂,其中以巴河中的铁砂质量最好。

黄冈市有木本植物575种,其中,用材林树种128种,经济林树种84种,园林绿化树种116种。珍稀树种有垂枝杉、金钱松、黄山松、华山松、银杏、红山茶、肉桂、楠木、香果树等41种。全市有林地65.6万公顷,森林覆盖率为43.2%。

黄冈市主要野生动物有绿毛龟、穿山甲、水獭、灵猫、麝、金钱豹、白头鹤、绿头鸭、白冠长尾雉等40余种。主要野生植物有1 112种,其中可开发109种,计纤维类17种,油脂类15种,淀粉类17种,芳香类12种,栲胶类14种,药材类34种,其中,蕲春的蕲龟、蕲蛇、蕲竹、蕲艾,黄梅的晋梅,英山的桔梗,罗田的茯苓,团风的苦荆茶,以及山区的豹、麝、灵猫、大鲵、穿山甲、豪猪、白冠长尾雉等,皆属珍稀动、植物或各贵中药材。专家考证认为,罗田还是野梅的原始产地。

黄冈市属亚热带大陆性季风气候,江淮小气候区。四季光热界线分明。2009年度全市年平均气温偏高,年降水量北多南少,年日照数接近常年。对农业来说总体是风调雨顺,但阶段性、局域性灾害时有发生,特别是年初发生的连续低温雨雪冰冻天气,夏季北部出现的较大范围暴雨洪涝,给人民生命财产造成损失。全市日照时数为1 772小时~2 070小时,英山最多,红安最少,与常年比较,除英山县偏多1成外,其他各地接近常年平均值。全市年降水量为882毫米~1 397毫米,年降水量的最小值出现在红安,除浠水县与常年持平外,其他各地比常年偏少1成~2成,降水时空分布不均,冬季偏多,春、夏、秋三季偏少。梅雨期雨量除黄梅、武穴、麻城正常偏多外,其他各地偏少。全年平均气温为16.6℃~18℃,比常年偏高0.4℃~1.1℃。年极端最高气温为麻城的38.5℃,出现在7月28日;年极端最低气温为红安的-7.4℃,出现在1月13日。

黄冈市麻城龟峰山游客如织 (赵瑞群 供稿)

【人口】 2009年,黄冈市总人口739.61万人,比上年净增4.48万人,常住人口668.64万人,净增1.14万人。全市人口出生率9.48‰,人口死亡率6‰,人口自然增长率3.48‰。

【语言】 黄冈市语言归属存在争议,语言学家赵元任等将其和孝感方言一起称为“楚语”,认为今属黄冈市辖域的红安、罗田、浠水、黄梅、武穴、蕲春等地方言“有‘下江话’的风味”。语言学家袁家骅坚持将其划入西南官话区,“跟以汉口为代表的‘西南方言’固然大不相同,跟东西的‘江淮方言’又难以归在一起。”中国社会科学院和澳大利亚人文学院的《中国语言地图集》则将其划归江淮官话,与孝感方言一起合称为“黄孝片”。这种划分反映了学术界倾向性看法。

【民族】 2009年,黄冈市民族以汉族为主,散居有回、壮、满、土家、蒙古、苗、藏等38个少数民族。

【宗教】 黄冈宗教历史悠久,有佛教、道教、伊斯兰教、天主教和基督教5种。道教最初由西晋武帝时(265年-290年)罗致福来黄梅传道,创建泰源观;惠帝永熙元年(290年),王镇人来蕲州刘公河创建天长观。1998年,麻城市五脑山帝主庙经湖北省人民政府批准对外开放。佛教传入境内,现知最早在东晋咸和年间(公元326年~334年)。是时,陈留(今河南开封人)高僧支遁游历江南后到今黄梅蔡山,首建江心寺和摘星楼。黄梅县禅宗五祖寺世称“天下祖庭”,自唐至今历为天下名寺,影响遍及世界佛教。清道光二十八年(公元1848年)前后,天主教由九江传入黄梅县。清同治四年(公元1865年),英国传教士希尔来武穴、在船民及梅川发展基督教教民。

2009年,黄冈市批准登记对外开放的甲类宗教活动场所352处,乙类宗教活动场所123处,其中,全国重点宗教活动场所有黄梅禅宗五祖寺,湖北省重点宗教活动场所有黄梅太源观、武穴灵隐寺、罗田清元寺、麻城帝主庙、黄州安国寺。

【国民经济和社会发展概况】 2009年，黄冈市完成生产总值700.32亿元，按可比口径（下同），比上年增长16.6%，其中，第一产业增加值215.4亿元，增长6.2%；第二产业增加值257.19亿元，增长24.2%；第三产业增加值227.75亿元，增长12.9%。人均地区生产总值10 474元，增长16.4%。全年累计完成固定资产投资553.3亿元，增长49.2%，比上年提高5.7个百分点，增幅继续保持全省第一，其中，城镇以上项目完成投资484.6亿元，增长53.4%；农村50万元以上项目完成投资41.38亿元，增长34.1%；私人投资完成27.3亿元，增长12.9%，比上年提高16.2个百分点。全年实现社会消费品零售总额340.08亿元，增长20.6%。全年进出口总额4.79亿美元，下降13.5%，其中，进口总额7 300万美元，增长24%；出口总额4.06亿美元，下降18%，增幅比上年下降54.7个百分点。全年实际利用外资1.54亿美元，增长15.1%。全年实现财政收入74.9亿元，增长25.6%，其中地方一般预算收入32.2亿元，增长22.7%。全年财政支出173.4亿元，增长42.5%。全市城镇居民可支配收入11 306元，增长13.9%，农民人均纯收入4 130元，增长9.4%。全年从业人员372.4万人，增加9.3万人。新增城镇就业人数5.11万人，下岗失业人员再就业2.43万人，帮助困难对象再就业9 522人，组织农村劳动力转移就业6.67万人。全市城镇登记失业率为4.25%，低于年度控制目标0.25个百分点。全年参加社会保险48.54万人，失业保险23.57万人，医疗保险46.11万人，工伤保险24.06万人（含农民工5.13万人），生育保险14.99万人，各项保险金均按时足额发放，基层劳动保障服务平台覆盖率达80%。

2009年，黄冈市主要经济指标在全省的位次分别为：规模以上工业增加值居第6位；工业产品销售率居第9位；城镇固定资产投资居第4位；地方财政一般预算收入居第4位；社会消费品零售总额居第4位；地区生产总值居第4位；农民人均纯收入居第11位；外贸出口居第5位；全社会固定资产投资居第4位。

（赵瑞群）

咸宁市基本情况

【地理位置】 咸宁市位于湖北省东南部，长江中游南岸，湘鄂赣三省交界处，是南下北上的主要通道，有“湖北南大门”之称。东邻赣北、南及潇湘、西望荆楚、北靠武汉。地理位置为北纬29°01′~30°17′，东经113°32′~115°30′。全市土地面积9861平方千米。

【行政建置】 2009年，咸宁市辖嘉鱼县、通城县、崇阳县、通山县、赤壁市、咸安区和咸宁经济开发区，共12个乡、52个镇、6个办事处，下辖909个村民委员会、10 122个村民小组。

【历史沿革】 咸宁市行政建置比较晚，但境内各县（市、区）历史悠久，源远流长。该区域夏商为荆楚地域，秦属南郡，汉属荆州江夏郡，东汉末属东吴。汉高祖六年（公元前201年）置沙羡县，咸宁、嘉鱼、蒲圻属之。吴黄武二年（公元223年）置蒲圻县。唐代宗大历三年（公元768年）置永安镇，南唐保大十三年（公元955年）升为永安县，宋景德四年（公元1007年）易名咸宁县。南唐保大十一年（公元953年）置嘉鱼县。南唐后主三年（公元964年）置通山县。北宋开宝八年（公元975年）置崇阳县。北宋熙宁五年（公元1072年）置通城县。公元1135年崇阳、通城复并，1145年复析。元代时，咸宁、嘉鱼、通城、蒲圻、崇阳属湖广行省武昌路，通山隶兴国军。不久改隶湖广行省。明、清时期，本辖区均属武昌府。1932年，通山属湖北省第二行政督察区，其它县属第一行政督察区。1936年，通山改属第一行政督察区。1949年~1952年，咸宁、崇阳、通山、通城属大冶专区；嘉鱼、蒲圻属沔阳专区，1951年改属大冶专区，1952年撤销大冶专区，咸宁、嘉鱼、通山、通城、蒲圻、崇阳改属孝感专区；1958年，崇阳、通城合并为崇阳县，1961年复析。1959年12月，撤销孝感专区，所属县并入武汉市。1960年4月，嘉鱼并入武昌县，同年11月，复置嘉鱼县。1965年8月，咸宁专区成立，辖咸宁、嘉鱼、蒲圻、通山、崇阳、通城、阳新、鄂城、武昌9县。1970年，咸宁专区改为咸宁地区。1975年11月和1979年11月，武昌、鄂城分别划属武汉市、黄冈地区。1983年8月，撤销咸宁县，设咸宁市，1986年5月，撤销蒲圻县，设蒲圻市。1996年12月，阳新改属黄石市。1998年6月，蒲圻市经国务院批准更名为赤壁市。1998年12月6日，经国务院批准，咸宁撤地设市，设立咸安区，原县级咸宁市区域为咸安区行政区域。

【自然资源】 咸宁市位于长江中下游南岸，幕阜山北麓。大地构造处于扬子准地台（Ⅱ）东端的下扬子台坪（Ⅱ3）的大冶台褶带（Ⅱ13）的梁子湖凹陷（Ⅱ1~23）和咸宁台褶束（Ⅱ1~Ⅱ43）以及幕阜台拗（Ⅱ4）的通山台褶束（Ⅱ0~Ⅱ14）等3个四级构造单元内。区内出露有元古代至新生代地层，岩浆活动主要集中于通城和九宫山一带。

全市地势南高北低，分为江汉湖积冲积平原区、大幕山——雨山低山丘陵区、幕阜山侵蚀构造中山区3个地貌区。

全市土壤按成土条件、成土过程、土壤性质共分8个土类、20个亚类、70个土属、241个土种。其中，水稻土面积13.69万公顷，占总面积的11.7%；潮土面积1.64万公顷，占总面积的1.4%，石灰（岩）土面积0.94万公顷，占总面积的8.1%；紫色土面积3 333公顷，占总面积的0.3%；红壤面积64.1万公顷，占总面积的54.7%，其中耕型红壤4.36万公顷，占耕地面积的21.3%；黄棕壤面积1.36万公顷，占总面积的1.2%；草甸土面积32公顷，占总面积的0.03%；沼泽土面积

咸宁市温泉城区一景　　（咸宁市志办　供稿）

2 046公顷,占总面积的0.2%。

全市陆生野生动物共有32目460余种,包括两栖类、爬行类、鸟类、节肢类、兽类等。两栖类共有2目7科43种。国家二级保护动物大鲵(娃娃鱼)已在通山九宫山安家落户。爬行类共有4目9科45种,其中37种主要分布在本区丘陵和山区,常见的有锦蛇、乌梢蛇、滑鼠蛇、银环蛇、黄金条(灰鼠蛇)。鸟类共有17目40科约270余种,隼形目(老鹰)、鸮形目(猫头鹰)等猛禽类主要分布在通山、崇阳、通城等县的多林地带。国家保护动物白鹇、白冠长尾雉等偶见于通山、通城等地深山。节肢类有数百种。常见的有土蜂、蜘蛛、螳螂、蜈蚣、蝉、蜻蜓、蝴蝶、蚯蚓等。兽类共有9目25科约100余种。金钱豹、金猫两种肉食性珍稀动物偶见于通山县九宫山和通城县黄龙山。水生动物有龟鳖、白鳍豚、江豚、中华绒螯蟹、秀丽白虾、中华长臂虾、中华米虾、日本沼虾等。

全市乔木树种共有112科、254属、1 114种、54个变种,其中竹类共12属、100种、7个变种;引种树种50科、101属、294种、9个变种;古、大、奇树种有27科、43属、57种,共226株。主要用材树种有杉木、马尾松、楠竹、苦槠、柏木、栎类、杨树、槠栲、枫香、檫木、酸枣、香椿、刺槐、泡桐、樟树等。主要经济树种有茶叶、桂花、油茶、油桐、柑橘、乌桕、棕榈、板栗、杜仲、厚朴、桃、李、梨、柿、枣、漆树、猕猴桃等。主要绿化树种有悬铃木、樟树、柏类、梅类、广玉兰、白玉兰、雪松、水杉、黄杨等。主要珍稀树种有一级保护树种南方红豆杉、香果树、银杏、水杉、钟萼木、秃杉等;二级保护树种三尖杉、凹叶厚朴、红椿、蓖子三尖杉、杜仲、胡桃、马褂木、金钱松、秤锤树、花榈木、红豆树、闽楠、桢楠、喜树等。全市有野生药用植物357种,以石耳、七叶一枝花、竹节人参、沉香、独活、明党参、黄精、天冬、玄参等10余种比较常见。主要花卉品种有芍药、鸡冠、海棠、芙蓉、墨兰、菊、紫荆、茉莉、夹竹桃、夜来香、白玉兰、梅、月季、杜鹃、南天竹等数十种。水生植物为维管束植物,主要有萍、莲、菱、藕等75种。浮游植物种类与长江中下游湖库组成大体相似,主要有8门、27科、47属,如兰藻门、绿藻门、硅藻门等。

咸宁市境内有黄盖湖、陆水、金水、梁子湖、富水5个四级流域。长江自西向东经螺山而下,流经赤壁市、嘉鱼县环绕簰洲湾经上沙伏,入武汉市江夏区向东流去,境内长138公里。2009年,全市水资源总量66.30亿立方米,比上年增长0.2%,比多年平均值偏少17.7%,其中,地表水资源量64.08亿立方米,地下水资源量13.25亿立方米。全市人均占有水资源总量2 281立方米,亩均占有水资源总量2 857立方米。对境内289.1公里河长进水水质评价,水质状况总体较好,境内河流水质较上年有所好转,但城区内部分河段污染仍较为严重,部分湖库水质出现不达标的情况。境内的赤壁陆水水库、温泉一号桥、崇阳青山水库、通城神农坪水库供水水源地水质达到Ⅲ类水标准,部分时段达到了Ⅱ类水标准。

全市已发现矿产59种,其中查明资源储量的矿产44种(含能源矿产4种、金属矿产9种、非金属矿产21种)。储量居湖北省第一位的有钽、铍、稀土砂矿、锑、微斜长石、钠长石、白云母、镁白云岩和地热等9种,储量居湖北省第二位的有金、铌、冶金用白云岩等3种,储量居湖北省第四位的有煤、钒、锰3种。

2009年,咸宁市平均气温较上年偏高。35℃以上的高温日数为36天~50天,比历年多12天~18天。年降雨量为1 316毫米~1 530毫米。日照时数为1 514小时~1 821小时,处于正常。冬季为暖冬气候,气温变化剧烈,降水明显偏少且前少后多,日照前多后寡。春季降水日数较多,总雨量偏多,气温偏高,湿度较大。夏季炎热和凉爽交替出现,但连续性降水过程不多,各县市降水量较历年均偏少,平均气温较历年平均值偏高。秋季气温偏高,雨量偏少,日照分布不均。主要气象灾害及次生灾害有寒潮大风、连续低温阴雨、暴雨、高火险、雷雨大风和干旱。

【人口】 2009年,咸宁市户籍总人口为290.63万人,比上年增加2.42万人。常住人口251.63万人。全年出生人口3.42万人。

【语言】 咸宁是湖北方言最为复杂的区域之一,语言与省内大部分地区的语言迥异,却与湘语、赣语有关联。根据语言的现状,并考虑到地理、历史的原因,可以把市辖6个县(市、区)分为两大片,东片咸安、通山,多圆唇圆言,多鼻化韵,有〔n〕有〔l〕或〔n〕〔l〕自由变读,不同程度地分尖、团,无平翘、舌区别,浊、入分化的主要趋向在阳去;西片赤壁、嘉鱼、崇阳、通城,没有或极少鼻化韵,不分尖、团,有〔n〕无〔l〕,有的分平、翘舌,浊、入的主要趋向在阳平。比较起来,全市方言最接近普通话的是嘉鱼话。地处中心位置而语言又可以作为咸宁方言及东片代表的是咸安话。

【民族】 咸宁市属少数民族散杂地区。2009年,全市有少数民族35个,人口4 800余人,其中,回族人数近3 000人,其他100人以上的民族有土家族、壮族、苗族、侗族。少数民族多属外来迁移户,分布呈大分散、小聚居特点,是典型的少数民族杂散地区。全市有1个少数民族镇——赤壁周郎嘴回族镇,3个少数民族定点企业。

【宗教】 2009年,咸宁市有佛教、道教、伊斯兰教、天主教、基督教5种,信徒79 525人,宗教活动场所485处。全市有市属宗教团体6个,分别为佛教协会、道教协会、伊斯兰教协会、天主教爱国会、基督教三自爱国运动委员会和基督教协

湖北咸宁2009国际友谊小姐世界大会入城暨花车巡游启动仪式现场

(咸宁市志办 供稿)

会。嘉鱼、赤壁、通城、崇阳、咸安是湖北省基督教重点工作县(市、区),咸安、通山是湖北省佛教工作重点县区,通山道教工作是湖北省道教重点县。湖北省天主教教区调整后,蒲圻教区是鄂东南主教区,辖管咸宁市、黄冈市、黄石市、鄂州市天主教教务,赤壁天主教堂为教区教务委员会临时办公地点。

【国民经济和社会发展概况】 2009年,咸宁市完成生产总值405.15亿元,比上年增长15.2%。其中,第一产业增加值87.02亿元,增长6.1%;第二产业增加值174.95亿元,增长18.9%;第三产业增加值143.18亿元,增长15.6%。按常住人口计算,人均生产总值16 101元,增长12.6%。全年完成农业总产值140.18亿元,增长5.7%。森林覆盖率达54.2%。实施“在山上再造一个咸宁”战略,落实7 266.7公顷低丘岗地改造项目。争取省级投资高产农田建设项目14个,建设规模1.31万公顷。完成29个省级投资低丘岗地改造项目的建设,净增耕地6 700公顷。落实惠农补贴2.45亿元。全市有茶叶、水果、蔬菜、雷竹等无公害产品、绿色产品、有机产品达264个,比上年增加16个。全年规模以上工业企业(全部国有和年主营业务收入500万元及以上非国有工业企业)完成增加值147.38亿元,增长27.3%。全市规模企业达到726个,增加99个。完成全社会固定资产投资301.58亿元,增长50.1%。全年实现社会消费品零售总额165.88亿元,增长21.3%,增幅比全省平均水平高2.3个百分点。全年完成外贸出口9 420万美元,下降13.8%。实际利用外资1.12亿美元,增长16.5%。新引进项目(新开工项目)390个,新引进和续建项目到位资金110.3亿元,增长33.9%。全年共接待旅游者716.77万人次,增长27.8%,旅游总收入34.12亿元,增长66.8%。全年实现财政总收入32.09亿元,增长21.5%,其中地方一般预算收入18.14亿元,增长27.9%。全年居民消费恩格尔系数为43.1%,提高1.3个百分点。城镇居民可支配收入11 627元,增长9.7%。农民人均纯收入4 873元,增加462元,增长10.5%。

(咸宁市志办)

仙桃市基本情况

【地理位置】 仙桃市位于湖北省中部,地处江汉平原南部、汉江下游南岸。地理位置为北纬30°04′~30°32′、东经112°55′~113°49′。东邻武汉市蔡甸区,西接潜江市,南滨东荆河与洪湖市、监利县相望,北枕汉江同天门市、汉川市一衣带水。城区距武汉市82千米。东西最大横距78千米,南北最大纵距35千米,形如翩飞彩蝶。全市土地面积2 538平方千米,城区建成区面积38.3平方千米。

重建后的仙桃市何李桥 (黄爱高 供稿)

【行政建制】 2009年,仙桃市辖郑场、毛嘴、剅河、三伏潭、胡场、长埫口、西流河、彭场、沙湖、杨林尾、张沟、郭河、沔城、通海口、陈场15个镇;干河、龙华山、沙嘴3个街道办事处;仙桃工业园1个工业园区;国营沙湖、九合垸2个原种场。全市共有639个村民委员会、65个社区居民委员会。

【历史沿革】 仙桃市原名沔阳县,夏、商时为荆州区域,周代为郧国、州国地,春秋战国属楚地,秦属南郡,三国属江夏郡,汉、晋为云杜、竟陵地。梁天监二年(公元503年),置沔阳郡,因郡治在沔水之北而得名。隋开皇三年(公元583年),改沔阳郡为复州,辖建兴县。大兴三年(公元607年),改复州为沔州,后又改沔州为沔阳郡。元十五年(公元1278年),改为沔阳府。明朝时改沔阳府为沔阳州。民国时改沔阳州为沔阳县,直属湖北省。新中国成立初期,湖北省在此设沔阳专区。1951年6月,撤销沔阳专区,分沔境南北置洪湖县和沔阳县,改属湖北省荆州地区行政公署管辖。1986年5月27日,经国务院批准,撤销沔阳县,设立仙桃市。1994年10月,湖北省人民政府批准仙桃市为湖北省直管市。

自梁天监二年起,历隋、唐、宋、元、明、清、民国至1951年,仙桃(沔阳)先后20次为郡(州、路、府、专署)治所,共计898年。

古沔阳地域宽广。仅以隋大业三年的沔阳郡而言,东起汉口,西含监利全境,南抵长江,北括竟陵,相当于今汉阳、汉川、天门、监利、洪湖、仙桃和潜江(东部)7县市。1951年,析沔阳南境置洪湖县;洪湖西侧划入监利县;汉江以北从多祥穿沉湖、张池口、玉皇关至脉旺,划归天门、汉川二县;同时天门县汉江以南之毛嘴区划入沔阳县。至此,东南与洪湖以东荆河南支为界,西南与洪湖、监利以东荆河主流为界,北面与天门、汉川以汉江为界,东邻武汉市蔡甸区,西接潜江,故成今日版图。

【自然资源】 仙桃市地质结构绝大部分地区为新生代第四纪全新世的松散堆积层,仅在沙湖以南地区有第四纪晚更新世的松散堆积层。市境为冲积平原,西北高而东南低,地势平坦,起伏甚微。西北郑场八屋台为最高处,海拔34.50米(吴淞基面,下同);东南角之五湖为最低处,海拔21.5米。全境地势约呈1/7 000的坡度倾斜。

仙桃市土地总面积中,耕地面积12.65万公顷(水田6.78万公顷,旱地5.87万公顷),占总面积的50.2%;园地面积1 400公顷,占总面积的0.5%;林地面积4 700公顷,占总面积的1.9%;城镇、村庄及工矿企业用地面积2.53万公顷,占总面积的10.0%;交通用地面积6 100公顷,占总面积的2.4%;水域面积5.07万公顷,占总面积的20.1%;未利用土地面积1.66万公顷,占总面积的6.6%。耕地、水域为主要土地类型,占总面积的84.0%，以种植粮食、经济作物和水产养殖为主，辅以园林生产。全市土地开发利用的主要特征是土地利用率和垦殖率较高，达98.9%；土地的客观自然性好，适应多种农作物种植；土地利用集约化程度高；土地利用类型多样。

仙桃市植物资源中有野生药用类90余种，其中半夏、地骨皮为名贵药材，枸杞被广泛开发利用；林木类95种，珍贵树种有水杉、银杏、皂荚树、重阳木等；水生类30余种，其中经济价值较高的有莲、菱、藕、茭白、荸荠等；蔬菜12科、70余种；花卉66科、178种。

仙桃市动物资源中，兽类有獐、麂、兔、獾、黄鼬、野猫、刺猬、水獭等10余种，其中水獭、黄鼬是珍稀野生毛皮动物。禽类有大白鹭、野鸡、野鸭、大雁、黄莺、獐鸡、鱼鹰、猫头鹰、布谷等50余种；家养禽类有鸡、鸭、鹅、鸽、鹌鹑等。鱼类78种，分属9目20科，鲤科鱼占57.7%。主要养殖品种有草、青、鲢、鳙、鲤、鲫鱼和团头鲂等，其中匙吻鲟、银鱼、鳜鱼、叉尾鮰、江鲈和中华倒刺鲃等属珍稀鱼类。软体动物17种，其中三角帆蚌、褶纹冠蚌是培育珍珠的优良母体品种，背角圆齿蚌、短褶矛蚌等是加工贝雕的优质材料。爬行动物13种，其中龟、鳖是高级营养滋补品。节肢动物5种，其中虾、蟹经济价值高。昆虫类49种，适于养殖的有蚕、蜜蜂等。

仙桃市境内河湖密布，水系发达，共有大小河流、沟渠4 326条，总长7 516公里。自然河流包括汉江、东荆河、通顺河、通州河、四方河等11条，总长511.5公里，汉江过境长度87公里，东荆河过境长度96公里。主要人工开挖河流13条，总长180.86公里。截至2009年底，有境内湖泊13个，围堤固定湖区44平方公里；有泛水湖泊3个，面积15.5平方公里。仙桃市雨量充沛，多年平均降雨1 215.0毫米，地表水资源量9.68亿立方米；汉江、东荆河平均过境客水量分别为445.6亿立方米和48.5亿立方米；地下水储量在15.7亿立方米左右，有补给保证的承压力开采资源为13.5亿立方米，平均每平方公里可开采水量21.4万立方米。

仙桃地处江汉平原腹地，非金属矿产丰富。其中油气资源分布广泛，岩盐资源丰富，具有较大的开发潜力。已探明石油地质储量1 373万吨，岩盐资源量500亿吨以上。岩盐主要集中于地表以下780米～1 200米，层状分布，厚度约80米，氯化钠的一般品位较高，最高可达90%。盐矿中富含碘、锂、溴、硼、钾、铷、铯等多种稀有元素，其中碘的含量是海盐含碘品位的7倍，具有极强的开采价值。

仙桃市属亚热带季风气候，其特点为四季分明、雨量充沛、阳光充足、气候温和，但时有旱涝、寒潮、大风、冰雹等灾害性天气发生，年平均气温16.6 ℃，极端最低气温－14.2℃（1977年1月30日），极端最高气温39.3℃（2003年8月2日）。年无霜期258天，年平均日照时数1 900.1小时，日照率44%，年降水量1 211.5毫米。降雨集中在每年4月至8月，6月为最多，约占全年的25%。

2009年，全市平均气温明显偏高，冬季和夏季尤为明显，全年超过37.0℃的天数为3天，年极端最高气温出现在7月份，年降雨量略偏多，属正常年份。全年光照条件基本正常，灾害性天气略偏多，对农作物有一定影响。

仙桃市黄金大道街景　　　　（黄爱高　供稿）

【人口】 截至2009年底，仙桃市户籍总人口为149.68万人，其中，男性79.95万人，女性69.73万人；农业人口108.18万人，非农业人口41.50万人。农村劳动力64.74万人。全年人口出生率为8.79‰，人口死亡率为4.39‰，人口自然增长率为4.4‰。

【语言】 仙桃方言属北方方言中的西南官话。

【民族】 仙桃市属少数民族散居地区，截至2009年底，共有回族、土家族、蒙古族、壮族、苗族、彝族、高山族、瑶族、侗族、土族、朝鲜族、藏族、白族、布依族等15个少数民族。少数民族人口13 947人，占全市总人口的0.8%，其中回族人口13 526人，占少数民族人口的97.0%（2000年仙桃市人口普查数据）。全市有回族镇1个（沔城回族镇），100人以上少数民族村11个。全市少数民族呈大分散、小聚居的分布格局，除回族主要聚居在沔城、郭河、通海口等3镇及仙桃城区外，其他少数民族分布在全市20个镇、办、场、园区。在沔城回族镇，有回民中学1所，回民小学2所。

【宗教】 仙桃市有佛教、道教、伊斯兰教、天主教和基督教5种宗教。全市有宗教教职人员138人，信教群众13万余人。2009年，全市有开放登记的宗教组织2个（仙桃市道教协会、仙桃市佛教协会），登记宗教活动场所57处，其中，佛教场所32处，即双溪寺、菩提寺、弥陀寺、水府寺、普佛寺、广长律院、千佛寺、三元寺、干河观音寺、龙华寺、甘露寺、无量寺、兴隆寺、东岳庙、马王寺、西乐寺、陈场观音寺、广福寺、法华寺、永庆禅寺、仁寿寺、双龙寺、观音古寺、护国寺、三圣阁、能仁寺、古竹林寺、沧浪馆寺、保安寺、泰岳寺、准堤阁、达摩寺；道教场所13处，即玄妙观、回龙观、石雄观、铁牯观、圆阳观、中州观、蓬莱宫、嶓冢观、天佑观、沧浪观、青莲观、紫云山观、迎龙观；伊斯兰教场所6处，即沔城清真寺、通海口清真寺、红庙清真寺、魏湾清真寺、李家湾清真寺、黄马沟清真寺；天主教场所4处，即许湾天主堂、黄林天主堂、芦庄湖天主堂、塘嘴天主堂；基督教场所2处，即仙桃基督教堂、仙桃基督教堂陈场点。

【国民经济和社会发展概况】 2009年，仙桃市完成生产总值261.93亿元，按可比口径（下同），比上年增长14.9%，其中，第一产业增加值47.5亿元，比上年增长3.7%；第二产业增加值123.24亿元，增长19.7%；第三产业增加值91.19亿元，增长14.8%。全年完成全社会固定资产投资120.05亿元，增长40.8%，其中城镇以上固定资产投资106.81亿元，增长44.8%。全年完成社会消费品零售总额127.87亿元，增长20.8%。全年外贸出口总额25 776万美元，增长36.4%；外商直接投资5 778万美元，增长12.3%。全年实现地域性财政收入11.79亿元，增长18.9%，其中地方一般预算收入5.05亿元，增长20.8%。实现工商税收3.04亿元，增长16.8%。全市城镇居民人均可支配收入11 783元，增长9.5%；农村居民人均纯收入5 856元，增长11.6%。居民消费价格指数为99.7，下降7.2%个百分点。

（黄爱高）

潜江市基本情况

【地理位置】 潜江市地处湖北省中南部、江汉平原腹地。地理位置为北纬30°04′～30°39′，东径112°29′～113°01′。东抵仙桃市，西接荆门、荆州两市，南与监利县毗邻，北临汉江，与天门市隔江相望。汉江泽口港可上通荆襄，下达武汉。318国道、宜黄高速公路横贯东西，襄岳二级公路纵穿南北，成为东西南北流通的要道，水陆交通十分便利。全市东西横距51.3千米，南北纵长64.4千米。全市土地面积2 004平方千米，其中耕地面积66 412公顷。

【行政建置】 2009年，潜江市辖渔洋、老新、张金、龙湾、熊口、浩口、高石碑、积玉口、王场、竹根滩10个镇，园林、广华、周矶、杨市4个办事处，潜江经济开发区、园林经济开发区、张金经济开发区3个省级经济开发区，后湖、熊口、周矶、总口、运粮湖、西大垸6个管理区（农场），共有344个行政村（分场）。市域内有全国十大油田之一的江汉油田和10个县团级监狱及部队农场。

【历史沿革】 潜江古称潜沱，春秋战国皆属楚。自北宋乾德三年（公元965年）建县。因境内有河道分流汉江入长江，取"汉出为潜"意，命名潜江，古称安远镇，隶于荆湖路江陵府。1276年，改江陵府为上路总管府，后又改为中兴路，均领有潜江，上隶于河南江北中书省。1293年，因水患县治迁至斗堤（即今园林办事处所辖区域）。1368年，明朝建立。此前已改中兴路为荆州府，故明初潜江属湖广布使司荆州府。1531年，升安陆府为承天府，潜江改属之。1646年，改承天府为安陆府。1664年，分湖广为湖北、湖南。潜江属湖北安陆府。1912年，中华民国成立。次年改府为县，以道为省县之间的行政机构，潜江属鄂北道，1925年废除道制，遂直辖于省。1933年前，潜江属湖北第七行政督察区，后改隶第六行政督察区。1942年春～1945年秋成为抗日根据地，是鄂豫边区襄南、襄河两行政公署的荆潜、天潜沔、天京潜县抗日民主政府辖地。1947年12月～1949年6月全县为解放区，是襄南、鄂中两行政公署人民民主政府驻地。1949年7月，恢复原县名，潜江县人民政府设于熊口，隶属湖北省荆州行政区督察专员公署。8月，县政府移驻城关（今园林办事处所辖区域）。1988年7月，经国务院批准，潜江撤县建市，结束了1 023年的县治历史，步入城市行列。1994年10月，经湖北省人民政府批准，潜江从原荆州地区划出，成为湖北省直管市。

潜江市广华水杉公园远景　　（刘芳　供稿）

【自然资源】 潜江在地质构造上是江汉盆地的一部分，由该盆地的次一级构造单元潜江凹陷、丫角——新沟低凸起、江陵凹陷等组成。江汉盆地包括12个次一级构造单元，面积约2.8万平方千米，是湖北省最大的沉积断陷盆地，潜江凹陷位于江汉盆地中部。在盆地凹陷沉积的过程中，荆门、汉江两大古水系通过地堑把大量的有机物质输入湖盆，构成独特的"生（油）、储（油）、盖（层）"地质组合，并且潜江凹陷潜江组的生油岩与膏盐共生，别具一格。

潜江境内呈现河渠交织，堤防纵横，滩堤突起，垸田低平，碟状湖池错落其间的平原地貌景观。潜江无山，地势低平，由北向南略呈倾斜状，平均海拔38米，最低海拔24米，自然坡度1/3 800。地貌类型属堆积平原中的冲积平原、冲积——湖积平原和湖积平原；因地表河流作用形成了河床地貌，因湖水作用而形成了湖泊地貌。为防洪排渍、发展农业，人们筑堤围垸，挖河开渠，形成现有的人为地貌。

潜江市土壤土层深厚，壤质土多，酸碱度比较适中，98.6%的土地为平原，其中水稻土地面积占总面积的55.2%，其次为潮土，占总面积的44.7%，草甸土，占总面积的0.06%，黄棕壤土，占总面积的0.04%，沼泽土，占总面积的0.01%。

潜江市原生植被早已无存，自然植被都是次生植被，主要是草地、水生植被、沼泽植被。人工植被主要是农作物植被和人工林。2009年，潜江市有林地面积3.5万公顷，森林覆盖率16.9%。

潜江市动物资源种类繁多，有畜禽、水生、药用、害虫天敌、国家保护动物等动物资源。畜禽主要有猪、牛、鸡等10多种。鱼类资源有60种，主要经济鱼类草、青、鲢等20余种。

潜江市境内河网密布，纵横交错，长江支流汉江横穿东西，汉江支流东荆河纵贯南北，将全市分为汉南、四湖两大水系，过境客水总量487亿立方米。多年平均降水总量22.5亿立方米，年径流总量6.8亿立方米，地下水资源量3.4亿立方米。全市有涵闸210处，流量455立方米/秒；装机55千瓦以上固定泵站121处，堤排流量414立方米/秒。

潜江市矿藏丰富，石油、天然气、卤水、岩盐、钾芒硝的储量均居湖北省首位。其中石油天然气已经控制面积73.55平方公里；卤水分布面积1 305平方公里，地质储量220亿立方米，含盐类39亿吨；岩盐地质储量5 600亿吨～7 900亿吨；陶土储量为15万立方米。

2009年潜江市总体气候特点为冬季

冷,春夏季热,梅期短,秋季寒。全年平均气温略偏高,降水与日照偏少,气候条件对农业生产利大于弊。年平均气温16.9℃,比历年平均值偏高0.5℃。年内除1月、5月、11月、12月份比历年平均值偏低外,其余月份均偏高,偏高月份以6月偏高为甚,比历年平均值偏高1.8℃,偏低月份以11月偏低为甚,比历年平均值偏低2.9℃。年内极端最高气温38.6℃,出现在7月18日,极端最低气温-5.8℃,出现在1月13日。年降水量为1 163.0毫米,比历年平均值偏少13.0毫米,年内除2月、4月、5月、6月、11月降水量比历年平均值偏多外,其余月均偏少。年内共出现4次暴雨过程,分别发生在5月27日和28日、6月28日和30日,其中,5月27日~28日为连续暴雨,过程雨量为148.1毫米,年内24小时最大降雨量为143.9毫米,出现在6月29日10时35分。年日照时数为1 569.7小时,比历年平均值少254.9小时。年内除1月、3月、6月日照时数比历年平均值略多外,其余月均偏少,以2月为甚,日照时数比历年平均值少近50%。7月22日09时22分~09时27分市域出现日全食天象。

【人口】 2009年,潜江市全市户籍总人口101.63万人,其中,城镇人口34.40万人,农业人口67.83万人。全市人口出生率8.96‰,人口死亡率6.86‰,人口自然增长率2.10‰。

【语言】 潜江话属于北方方言区的西南官话武(汉)天(门)片系统。潜江话内部存在一些差异。因境内建立农场和开发油田,外地人迁入较多,对潜江方言产生了一定的影响。普通话的大力推广使潜江话有向普通话靠近的明显趋势。

【民族】 潜江境内除汉族外,有回族、苗族、土家族、满族、壮族、白族、蒙古族、维吾尔族、彝族、侗族、瑶族、朝鲜族、布依族、水族、藏族等20个少数民族,基本由外地迁入。2009年,少数民族人口约6 000人,占全市总人口的0.6%。其中回族人口居多,约3 500人,占少数民族总人口的62.5%,主要分布在农场和油田。其他少数民族人口均不足100人,杂散在市域各地。

【宗教】 潜江宗教历史悠久,有佛教、道教、伊斯兰教、天主教和基督教5种,其中佛教历史最长,可上溯至唐朝时期(或比唐更早)。全市信教群众约5万人,其中佛教信众约3万人;伊斯兰教信众约

2009年5月16日,潜江市龙虾节美食街开街仪式 (刘芳 供稿)

3 000人;基督教信众约3 000人;道教信众约8 000人;天主教信众约1 000人。全市经批准登记开放的宗教文化场所有24处,其中,佛教11处,基督教有5处,伊斯兰教4处,道教3处,天主教1处,主要宗教活动场所有清宁禅寺、大佛寺、金台寺、天符寺、东岳禅寺、清凉寺、关庙寺、红东院教堂、妙庭观、张金天主教堂等。

【国民经济和社会发展状况】 2009年,潜江市完成生产总值232.07亿元,按可比口径(下同),比上年增长10.8%,其中,第一产业增加值41.19亿元,增长4.7%;第二产业增加值121.09亿元,增长11.5%;第三产业增加值69.79亿元,增长12.7%。三次产业结构比为:17.7:52.2:30.1。全年完成农业总产值69.99亿元,增长12.5%。全年完成规模以上工业企业(全部国有和年主营业务收入500万元及以上非国有工业企业)总产值382.25亿元,增长9.8%;完成全口径工业增加值109.14亿元,增长9.3%。全市工业经济效益综合指数达到213.21,比上年提高2.94个百分点;规模以上工业企业实现主营业务收入394.30亿元,增长11.7%。全市共实施重点工业项目56个,其中潜江市莱克水产食品股份有限公司的水产品、湖北潜江制药股份有限公司的头孢粉针剂、方圆钛白粉有限责任公司的钛白粉、潜江市仙桥化工有限公司的化学离子膜烧碱、湖北园林青酒业股份有限公司等19个项目竣工投产。工业企业建设资金得到有效保障。全年社会固定资产投资完成123.96亿元,增长40.3%,其中城镇以上固定资产投资完成112.69亿元,增长42.5%。一般预算收入完成48 593万元,增长4.5%。全年实现社会消费品零售总额86.4亿元,增长19.4%。新建"万村千乡"市场工程标准化农家店111个,全市农家店累计达到295个;建立家电下乡指定销售网点181个,全年销售冰箱、洗衣机、电视机等产品26 889台,销售总额5 729万元,为农民补贴资金624.2万元。城镇居民人均可支配收入12 613.11元,比上年增长10.4%;农民人均纯收入5 531.25元,增长12.2%。居民消费价格总水平为99.8,控制在计划目标以内。

(刘芳)

天门市基本情况

【地理位置】 天门市位于湖北省中部,地处江汉平原北部,汉江下游北岸。地理位置为北纬30°23′~30°54′,东经112°35′~113°28′。东邻汉川市,西邻沙洋县,南与潜江、仙桃市隔汉江相望;北连京山县,西北同钟祥市毗邻,东北与应城市接壤。东西横距85千米,南北纵距最宽处58千米,最窄处14千米。市域最高点为佛子山,海拔191.5米;最低点为多祥镇陈家洲,海拔23.2米。全市土地面积2 622平方千米。

【行政建制】 2009年,天门市辖竟陵、杨林、侯口3个街道办事处;多宝、拖市、张港、蒋场、汪场、渔薪、黄潭、岳口、横林、彭市、麻洋、多祥、干驿、马湾、卢市、小板、

九真、皂市、胡市、石河、佛子山21个镇和净潭乡，以及天门经济开发区、国营蒋湖农场、仙北工业园区、沉湖生态林业科技示范区、白茅湖棉花原种场。全市共有787个村民委员会，63个社区居民委员会，6 570个村民小组。

【历史沿革】 天门因境内西北有天门山而得名。早在原始社会晚期就有人类繁衍生息。在著名的石家河新石器时代部落遗址中，出土了大量七八千年以前的石（玉）器、陶器、骨器、蚌器、粳稻和青铜器等文物，还发现了陶祖这一原始社会父系氏族时期的重要标志性文物。天门，古为云梦泽风国地，春秋为郧国地，战国时期为楚竟陵邑，因大洪山余脉在此终止，即“陵之竟也”而得名。秦统一中国后，公元前278年设竟陵县，隶属南郡。五代后晋天福元年（公元936年），为避晋高祖石敬瑭名讳（敬、竟同音），改竟陵县为景陵县，属直隶防御州，州治设此。清雍正四年（公元1726年），为避康熙墓名（景陵）讳，改为天门县，隶属湖北安陆府，此为第一次定名天门，沿用至今。1932年～1945年，中国共产党领导天门人民进行了土地革命战争和抗日战争，先后在本县东、西、南、北部与邻县边境地区结合部建立了天潜、天汉、天京潜、天潜沔、县南、天北等县。1949年5月，湖北省人民政府成立后，恢复天门县建制，撤销天汉、天京潜县，划属湖北省荆州专区，同年7月，建立天门县人民民主政府，8月，改为天门县人民政府。1987年8月3日，国务院批准撤销天门县，设立天门市（县级）。1994年10月，国务院批准天门市为湖北省直管市。

自南齐建元元年（公元479年）始，历隋、唐、五代、北宋、南宋，至民国25年（公元1936年），天门先后7次为郡（州、专署）治所，计500余年。古竟陵区域广阔，包括荆州长江以北、石城以东、江夏以西的全部地域。从汉、晋、南北朝至北宋乾德三年以来1 100多年间，竟陵县境先后划出置云杜、霄（亦作宵）城、长寿、角陵等县，北宋以后县境无大变化。1950年6月，天门县汉江以南的毛咀区划入沔阳县。同时，沔阳县汉江以北的仙北等地划入天门县。1955年7月，潜江县汉江以北的张港，京山县的多宝、拖市划入天门县，1996年11月，蒋湖农场回归天门，2001年8月，中国人民解放军总后勤部所属沉湖基地（天门部分）移交天门，形成现境。

【自然资源】 2009年，天门市有耕地面积10.7万公顷，林地面积4.5万公顷（含森林面积3.53万公顷），水域用地面积3.06万公顷。

天门市境北缘与大洪山余脉的低丘相连，西、南面有汉江环绕，依山带水，呈龙拱虎卫之状。整个地势自西北向东南倾斜，形成低丘、岗状平原和河湖平原3种地貌，各占总面积的1.3%、22.5%、76.2%。低丘海拔最高191.5米（佛子山），是全市主要林区；岗状平原海拔35米～60米，是水稻集中产区；河湖平原海拔28米～34米，主产棉花、油料、麦类。天门是全国重点粮棉和生猪、淡水养殖基地之一。

天门市已查明的矿产有原盐、无水芒硝、石油、石灰石、石膏、硫磺等，其中原盐储量大、品位高，具有广泛的开发前景。天门市自1988年7月开始盐矿的勘探。1990年10月，湖北省储备物资管理局通过的地质报告认可天门市小板盐矿区的储量为：表内盐储量C+D级10 528万吨，表外盐储量C+D级23 866万吨。无水芒硝主要分布在小板镇境内，开采条件好，硫酸钠含量高，表内体共生硫酸钠储量C+D级668万吨，表外伴生硫酸钠储量C+D级4 142万吨。盐和芒硝主要分布在江汉平原中区北部一级小板凹陷中。石油已经开采，现彭市、张港油区年开采量约为20万吨。

天门市地域属古云梦泽水域，历史上河、湖多为吞吐调纳汉江的开敞湖与岔流。随着汉江干堤的形成，市区内的湖、河均成为内湖、内河。境内有大、小河流29条，河道总长600余千米，河网密度为231米/平方千米。其中汉江源出陕西宁强县，过钟祥市入天门，市境流长137.25公里；天门河源出京山县深赶冲，经京山县、钟祥市入境，市境流长109千米；汉北河为人工河，1970年通水，市境流长35千米。全市有湖泊57个，正常水位时湖水面积35.3平方千米，占全市总面积的1.4%。天门市平均年降水量28.6亿立方米，但由于降水的年际变化大、时间分布不均，故直接利用率仅为年降水总量的18.5%～23.8%。加上市内水库、湖泊和塘堰的调蓄能力，其利用率也只有22.8%～27.2%。平均年径流量为8.55亿立方米，其中，市北部低丘和岗状平原为2.52亿立方米，中南部河湖平原为6.03亿立方米。时间分配为7月最大，占年径流量的21.7%，1月最小，占年径流量的2.3%。天门市地下水储量为384.58亿立方米，每年可采地下水16.98亿立方米。

天门物产资源丰富，除农作物和家畜家禽外，野生动植物约有1 100余种，其中动物200余种，植物900余种。农作物主要有棉花、稻谷、小麦、大豆、大麦、蚕豆、荞麦、粟、玉米、薯类、花生、芝麻、菊芋（俗名洋生姜）、苎麻、黄红麻、甘蔗、烟叶等。在动物种类中，兽类主要有黄鼬（黄鼠狼）、水獭、草兔、狗獾、狐、牙獐、貉、小麝鼠、豹猫、刺猬、家蝠、穿山甲、长吻松鼠等13种，其中，黄鼬、獭是著名的毛皮兽，豹猫、穿山甲可入药。鸟类43种。鱼类64种，以鲤科鱼类为主，鳅科鱼类次之。产于天门河的橄榄蛏蚌（俗名义河蚶）为享誉全国的名贵水产品；三角帆蚌和褶纹冠蚌分布在张家湖等湖泊，是培育珍珠的优良母体品种。在900余种植物中，有药材9类152种，其中属国家收购的有20种，年收购量为31.8吨，其中野生半夏行销国内，有“荆半夏”之称。

天门市城区鸟瞰 （天门市志办 供稿）

蔬菜有12类,70多个品种。果树30余种,无花果树、银杏(白果)树等为珍贵树种。花卉有7类188个品种。

天门市位于北亚热带季风气候区,季风气候的影响特别显著。春暖、夏热、秋凉、冬冷,四季分明,雨量充沛。由于境内年降水变率大,天气变化剧烈,水、旱灾害时有发生,特别是洪涝灾害多,危害重,严重影响工农业生产。天门市光能资源较丰富,年日照时数4 426.8小时,实际年平均日照时数1 966.2小时,年平均日照百分率45%,基本能满足农作物的需求。2009年,天门市年平均气温为17.7℃,年平均降水量为955.8毫米,市东南降水量略多于市西北。

【人口】 截至2009年底,天门市户籍总人口162.1万人,其中,城镇人口62.1万人,占总人口的38.3%,乡村人口100万人,占总人口的61.7%;男性人口85.21万人,女性人口76.89万人。人口密度为每平方公里618人。人口寿命平均为73岁。全年出生人口1.45万人,人口出生率8.90‰,死亡人口为1.09万人,人口死亡率6.71‰,人口自然增长率为2.19‰。

【语言】 天门方言是西南方言的一个分支,大致可分为以竟陵话、张港话、胡市话为代表的3个区域。竟陵镇自北周起历为县治,是全市政治、经济、文化的中心,故竟陵话成为天门方言的代表。

【民族】 2009年,天门市有20个少数民族,总人口5 200人,占全市总人口数的0.03%。500人以上的少数民族有土家族、回族。全市有100人以上少数民族村组1个,400人以上的少数民族街1个。少数民族呈大杂居、小聚居的分布格局。除回族主要聚居在岳口外,其他少数民族散杂居住在全市27个乡(镇、办、场、区)。

天门陆羽公园一景 (天门市志办 供稿)

【宗教】 天门市有佛教、道教、伊斯兰教、天主教和基督教5种宗教,全市有佛教协会、道教协会2个爱国宗教组织;有净潭乡天主教“三自”管理小组、岳口伊斯兰教管理委员会2个乡镇爱国宗教管理组织。2009年,全市有开放的宗教活动场所25处,宗教职业人员75人,信教群众约3万人。

【国民经济和社会发展概况】 2009年,天门市完成生产总值208.99亿元,按可比口径(下同)比上年增长14.8%,其中,第一产业增加值47.96亿元,增长3.3%;第二产业增加值85.58亿元,增长20.9%;第三产业增加值53.32亿元,增长14.4%。第一、二、三产业占生产总值的比重由上年的24.0:39.6:36.4调整为25.7:45.8:28.5。全年完成全社会固定资产投资123亿元,增长38.0%;全年社会消费品零售总额135.21亿元,增长20.5%。全年实现地方财政总收入6.1亿元,增长24.5%,其中地方财政一般预算收入3.53亿元,增长26.1%。年末全市金融机构各项存款余额为167.18亿元,增加27.38亿元;各项贷款余额为46.42亿元,增加9.38亿元。全年社会保险扩面新增4.56万人,城镇从业人员社会保险覆盖率达到97%。被征地农民社会养老保险试点范围扩大,已有7 819名失地农民参保,2 368人领取养老金。新型农村社会养老保险试点工作在岳口镇健康村、杨林办事处双剅口村启动,共有752名60岁以上的老人领取基本养老金。城镇居民医疗保障基本实现全覆盖。全市城镇居民人均可支配收入11 243元,增长7.2%,农民人均纯收入5 326元,增长11.9%。全市新增就业岗位1.9万个,实现新增就业2.07万人,城区登记失业率控制在4.2%以内。

(天门市志办)

责任编辑 何余基

责任校对 孙 泉

重要会议和重要活动

武汉市重要会议和重要活动

【中共武汉市委十一届七次全体会议】 2009年1月11日，中国共产党武汉市第十一届委员会第七次全体会议召开。会议的主题是深入学习党的十七届三中全会和中共湖北省委九届五次、六次全会精神，总结2008年工作，部署2009年任务。中共湖北省委副书记、武汉市委书记杨松代表市委常委会向市委全委会作工作报告。市委委员、市委候补委员出席会议，市纪律检查委员会委员和有关方面负责同志列席会议。

会议审议通过了《中共武汉市委关于贯彻落实党的十七届三中全会精神加快农村改革发展的实施意见》和《中共武汉市委十一届七次全体会议公报》。

会议充分肯定市委常委会一年来的工作，一致认为，市委常委会坚持以科学发展观为统领，深入贯彻落实党的十七大和十七届三中全会精神，团结带领全市各级党组织和广大人民真抓实干，克难奋进，战胜低温雨雪冰冻自然灾害，支援四川抗震救灾，全力服务北京奥运会，沉着应对国际金融危机影响，各项工作取得新进展。

会议指出，2009年是深入贯彻落实党的十七大精神、积极应对国际金融危机严峻挑战、保持全市经济平稳较快发展、加速推进"两型社会"建设综合配套改革、顺利实施"十一五"规划的关键一年。全市上下要以邓小平理论和"三个代表"重要思想为指导，以学习实践科学发展观为主线，认真贯彻党的十七大、十七届三中全会及中央经济工作会议精神，抢抓中央实施促进中部崛起战略和武汉城市圈"两型社会"建设的历史机遇，协调推进经济建设、政治建设、文化建设、社会建设以及生态文明建设，全面推进党的建设新的伟大工程，着力增强经济竞争力、改革驱动力、农业发展力、民生保障力和社会凝聚力，确保经济平稳较快增长，确保"两型社会"建设综合配套改革扎实推进，确保民生持续得到改善，确保社会和谐稳定。

会议研究了新时期全市加快农村改革发展的若干重要问题，明确提出了新形势下推进农村改革发展的指导思想、奋斗目标、主要任务和战略举措，对于指导城乡一体化发展、加快社会主义新农村建设具有十分重要的意义。

会议强调，必须以改革创新的精神全面加强党的建设，为推动经济社会平稳较快发展提供坚强的政治保证。要扎实开展学习实践科学发展观活动，努力做到在深化思想认识上有新提高、解决突出问题上有新突破、健全体制机制上有新进展、推进"两型社会"建设上有新成效，切实把党的政治优势和组织优势转化为实现经济社会又好又快发展的强大力量。以思想政治建设为重点，切实加强常委会自身建设和各级领导班子建设，努力把全市各级领导班子建设成为坚定贯彻党的理论和路线方针政策、善于领导科学发展的坚强集体。加强基层党组织建设，探索符合基层实际的有效方法和途径，使基层党建工作始终体现时代性、把握规律性、富于创造性，增强党组织活力。

【中共武汉市委十一届八次全体会议】 2009年6月22日，中国共产党武汉市第十一届委员会第八次全体会议召开。会议的主要任务是审议通过《中共武汉市委常务委员会贯彻落实科学发展观分析检查报告》。会议由中共湖北省委副书记、武汉市委书记杨松主持。

会议指出，《中共武汉市委常务委员会贯彻落实科学发展观分析检查报告》是前一阶段学习实践活动效果的集中体现，也是后一阶段整改落实的主要依据和重要遵循，要成为一份推动地区和部门科学发展管长远、凝共识的重要指导性文件。

会议一致同意《中共武汉市委常务委员会贯彻落实科学发展观分析检查报告》提出的当前和今后一个时期推进武汉科学发展的总体目标：着力打造全国重

2009年1月20日，中共湖北省委副书记、武汉市委书记、武汉市人大常委会主任杨松（左一）由中共武汉市委常委、武汉市人民政府副市长胡绪鹍（左三）陪同到江汉区人民法院调研　　（武鉴　供稿）

要的先进制造业中心、现代服务业中心和综合高新技术产业基地、综合交通枢纽基地，努力把武汉建设成为中部地区龙头城市、最重要的中心城市，成为全国“两型社会”建设典型示范区。

会议高度肯定《中共武汉市委常务委员会贯彻落实科学发展观分析检查报告》提出的8个方面措施：继续解放思想，以创新思路谋划和推进科学发展；推进产业结构调整和发展方式转变，奋力实现经济又好又快发展；坚持城乡统筹发展，加快推进新农村建设；抢抓“两型社会”建设综合配套改革试验的机遇，着力加快综合性体制机制创新；加强城市规划建设和管理，着力建设生态、文明、宜居、特色城市；切实改善民生福利，着力打造中部公共服务中心；推动文化强市战略，着力提升城市文化软实力；加强社会主义民主法制建设，着力维护和谐稳定政治局面。

会议强调，从即日起全市第一批学习实践活动转入整改落实阶段。各区、各部门、各单位要精心组织好群众评议，认真吸纳各方意见建议，努力形成高质量的分析检查报告。要认真制定整改落实方案，明确整改落实的具体项目、目标、时限、措施、责任，并作出公开承诺。要统筹抓好第一批总结和第二批谋划，做好试点工作，确保全市第二批学习实践活动顺利展开。要围绕中心工作，统筹兼顾，合理安排，真正做到两手抓、两不误、两促进。

【中共武汉市委十一届九次全体会议】 2009年12月1日－2日，中国共产党武汉市第十一届委员会第九次全体会议召开。全会的主要任务是深入学习党的十七届四中全会和中共湖北省委九届七次全会精神，研究武汉市的贯彻落实意见，总结和部署各项工作。中共武汉市委副书记、武汉市人民政府市长阮成发主持会议。中共湖北省委副书记、武汉市委书记杨松代表市委常委会向全会作工作报告。市委委员、市委候补委员出席会议，市纪律检查委员会委员和有关方面负责同志列席了会议。

会议审议通过了《中共武汉市委关于贯彻〈中共中央关于加强和改进新形势下党的建设若干重大问题的决定〉的意见》；审议和表决了全市公开选拔市管副局级领导干部各职位人选。

会议认为，市委十一届七次全会以来，市委常委会以科学发展观为统领，深入贯彻落实党的十七大和十七届三中、四中全会精神，团结带领全市各级党组织和广大人民群众抢抓机遇，乘势而上，各项工作取得新的进展，保持了较好较快的发展态势，武汉步入了产业大发展、改革大推进、城市大建设的新时期。

会议提出，坚持把理论武装作为思想政治建设的首要任务，扎实抓好社会主义核心价值体系学习教育，积极推进学习型党组织创建活动，努力提高党员干部的思想政治水平。坚持和健全民主集中制，积极推进党内民主建设，坚持和完善党的领导制度，保障和落实党员民主权利，积极探索完善党代表大会制度和党内选举制度，切实加强党内民主决策机制建设。始终坚持抓基层打基础，全面推进基层党建工作，不断扩大基层党组织覆盖面，着力增强党员队伍的生机活力，实施基层党组织“领头雁”计划，构建城乡统筹的基层党建新格局。加强作风建设，大力弘扬党的优良作风，严明党的政治纪律，加强党性修养和作风养成，进一步密切党同人民群众的血肉联系。深入推进反腐倡廉建设，加强廉洁从政教育和领导干部廉洁自律，健全权力运行制约和监督机制，严肃查处违纪违法案件，推进反腐倡廉制度创新，更加有效地惩治和预防腐败。

会议强调，要以学习贯彻党的十七届四中全会精神为动力，努力抓好当前各项工作。要继续把保持经济平稳较快发展作为经济工作的首要任务，千方百计完成保增长的目标任务。积极谋划2010年工作及“十二五”发展规划，为全面完成“十一五”各项工作任务，实现“十二五”良好开局打下坚实基础。

【武汉市第十二届人民代表大会第五次会议】 2009年1月5日－8日，武汉市第十二届人民代表大会举行第五次会议。出席大会的代表532人，列席126人，特邀11人，旁听市民20人。大会听取和审查了武汉市人民政府市长阮成发所作的《武汉市人民政府工作报告》；审查和批准了武汉市2008年国民经济和社会发展计划执行情况与2009年国民经济和社会发展计划；审查和批准了2008年全市和市本级预算执行情况与2009年全市和市本级预算；听取和审查了武汉市人大常委会主任杨松所作的《武汉市人大常委会工作报告》；听取和审查了武汉市中级人民法院院长张河洁所作的《武汉市中级人民法院工作报告》；听取和审查了武汉市人民检察院检察长孙应征所作的《武汉市人民检察院工作报告》。会议通过了《关于武汉市人民政府工作报告的决议》等7个决议。会议补选彭志敏为武汉市第十二届人大常委会副主任，补选刘珍秀为武汉市人大常委会委员。

大会共收到市人大代表10人以上联名和市人大专门委员会提出的议案原案92件，其中，涉及财政经济方面的23件，涉及农村方面的25件，涉及城建环保方面的33件，涉及内务司法方面的10件，涉及教育科学文化卫生方面的1件。根据有关法律和《武汉市人民代表大会代表议案和建议工作条例》的规定，市人大有关专门委员会对代表提出的议案原案进行了审议，将其中29件议案原案提交大会主席团审定，大会主席团决定将其中内容相近或相同的合并为3件，并提交大会通过。大会决定将《关于建立完善相关制度和激励机制，促进我市循环经济发展案》、《关于加强中小型农田水利基础设施建设，促进农业增效和农民增收案》、《关于加强城市生活垃圾处理及其基础设施建设案》列为本次大会议案，交市人民政府办理。余下的63件议案原案转为建议、批评和意见。这些议案原案连同代表向大会提出的对全市各方面工作的建议、批评和意见，一并交有关机关和组织研究办理。

【政协武汉市十一届三次会议】 2009年1月4日－7日，中国人民政治协商会议武汉市第十一届委员会第三次会议召开。会议听取并审议了市政协主席叶金生代表常务委员会作的工作报告和市政协副主席杨付华代表常务委员会作的提案工作报告；列席了武汉市第十二届人民代表大会第五次会议，听取并讨论了武汉市人民政府市长阮成发代表市人民政府作的《政府工作报告》及大会其他报告。委员们围绕加快“创新武汉、和谐武汉”建设，推进“两型社会”（资源节约型社会、环境友好型社会）建设综合配套改革试验，积极应对国际金融危机和国内经济环境的新变化、确保经济平稳较快增长等重大问题认真开展协商，提出了许多中肯的意见和建议。

会议认为，2008年是武汉发展进程中极不平凡的一年。全市各族人民在中共武汉市委的领导下，坚持以中国特色社会主义理论为指导，认真贯彻落实科学发展观，抢抓机遇，迎难而进，顽强拼搏，战胜了历史罕见的低温雨雪冰冻灾害，经受住了复杂多变的经济环境的严峻考验，各项工作都取得了显著成绩，开创了武汉改革开放和现代化建设的新局面。特别是国家批准武汉城市圈为全国资源节约型和环境友好型社会建设综合配套改革试验区，为武汉市在新的历史起点实现又好又快发展指明了前进方向，注入了强大动力。《政府工作报告》提出的2009年工作目标和任务体现了国家宏观政策要求，符合武汉实际，反映了全市人民的共同心愿，经过努力是完全可以实现的。

会议指出，2009年是新中国成立60周年，是推进“十一五”规划顺利实施的关键一年，也是加快“两型社会”建设综合配套改革试验非常重要的一年。要全面贯彻中共十七大和十七届三中全会精神，深入贯彻落实科学发展观，抢抓中部崛起和“两型社会”建设综合配套改革试验重大机遇，积极推进三年行动计划，力争在重点领域和关键环节取得突破；认真落实国家宏观调控政策，主动应对各种困难和挑战，立足扩大内需保持经济平稳较快增长；坚定不移地走新型工业化道路，加快经济结构战略性调整，不断提高可持续发展能力；深化改革开放，提升城市功能，增强经济社会发展的活力和动力；加强社会建设，着力改善民生，解决涉及群众利益的难点热点问题，促进经济社会又好又快发展。

【武汉市组团参加2009鄂港（粤）经贸合作洽谈会】 2009年6月9日－14日，2009鄂港（粤）经贸合作洽谈会（简称经贸会）在香港、深圳两地举行。本届经贸会由湖北省人民政府主办，湖北省商务局承办，其主题为“承接转移，促进消费”，共举办湖北（香港）商品采购对接会、鄂港战略合作恳谈会、武汉市承接珠江三角洲制造业转移投资说明会，重大合作协议签约仪式等多项专题招商活动，重点推动武汉市与香港、珠江三角洲地区的经贸合作向多层次、全方位、宽领域发展。武汉市人民政府市长阮成发率武汉市代表团参加洽谈会。

武汉市人民政府市长阮成发在2009鄂港战略合作恳谈会上发表演讲，向与会客商介绍武汉市经济社会发展良好态势，并重点推介了武汉市服务业处于提档升级的关键时期、大力推进国家先进制造业基地和综合性国家高技术产业基地建设、处于城市建设高峰期和开展“两型社会”建设综合配套改革试验四大发展商机，希望客商抢抓机遇，扩大与武汉的合作。武汉市人民政府与香港贸易发展局在湖北（香港）商品采购对接会上签署了《深化汉港两地贸易合作框架协议》。

武汉市代表团在本届经贸会上与深圳、香港两地的37个企业洽谈项目40个，其中，外资项目25个，投资总额18.86亿美元，内资项目15个，投资总额117.7亿元人民币；与境内外投资者签订投资项目合作协议20个，签约项目总投资19亿元；武汉市6个商贸流通企业通过采购对接会平台，积极开展大规模采购活动，实现交易金额35.4亿元，其中，签约金额8.4亿元，协议金额27亿元。

【第十届中国国际机电产品博览会】 2009年9月23日－26日，第十届中国国际机电产品博览会（简称机博会）在武汉国际会展中心举行。本届机博会由国家商务部、中国国际贸易促进委员会、湖北省人民政府、山西省人民政府、河南省人民政府、湖南省人民政府联合主办，武汉市人民政府承办。本届机博会以“科技创新，绿色机电”为主题，设立了机床与工具、工业控制与自动化、通用机械、节能环保、电力电工、汽车及工程机械（广场）等6个专业展区，展出面积3.5万平方米，共设标准展位2 500个。500余个国内外机电企业参展，其中世界500强企业40余个。参展的新技术、新工艺、新材料产品超过72%，具有世界先进水平的产品超过48%，拥有自主知识产权的产品超过35%。参观人数累计达10万余人次，其中专业人员3万余人次。参展企业现场交易额达5.2亿元。

本届机博会举办期间，美国、英国、加拿大、瑞士、日本等国家和地区以及国内的客商与武汉市签约项目94个，签约项目总金额228亿元，其中，进出口贸易项目9个，签约项目总金额5.18亿美元；外商投资项目11个，总投资4.56亿美元；协议外资2.71亿美元；内资内联项目22个，签约项目总投资138.4亿元；工商农超（市）对接采购合同52个，合同购销总金额23.5亿元。

【2009中国·武汉金融博览会】 2009年10月15日－16日，2009中国·武汉金融博览会在武汉科技会展中心举行。本届博览会由中国人民银行、中国银行业监督管理委员会、中国证券监督管理委员会、中国保险监督管理委员会、湖北省人民政府、武汉市人民政府联合主办，其主题为“构建武汉金融中心，服务‘两型社会’建设”，共举办了楚天金融高峰综合论坛、风险投资与企业发展论坛、打造全国金融后台服务中心论坛、金融60年展览、企业上市推荐会、湖北金融60年展览等项活动。

本届博览会举办期间，湖北省人民政府副省长赵斌作题为《打造金融后台服务中心推进武汉金融中心建设》的主题演讲；中国人民银行副行长马德伦作题为《增强金融供血能力助推湖北中部崛起》的主题演讲；中国保险监督管理委员会副主席杨明生作题为《大力发展现代保险服务业服务武汉区域金融中心建设》的主题演讲，对推动湖北金融业建设，特别是构建武汉金融中心建设进行了深入分析和系统阐述。60余个银行、保险、证券、期货金融机构参加本届博览会。招商银行股份有限公司、中国建设银行股份有限公司、中国民生银行、华夏银行股份有限公司、上海证券交易所、深圳证券交易所、海通证券股份有限公司、长江期货有限公司、中国人寿保险股份有限公司、中国人民财产保险股份有限公司等在展台前为参观者普及金融知识，提供最新的理财信息，为提高全民金融素质搭建了新的平台。

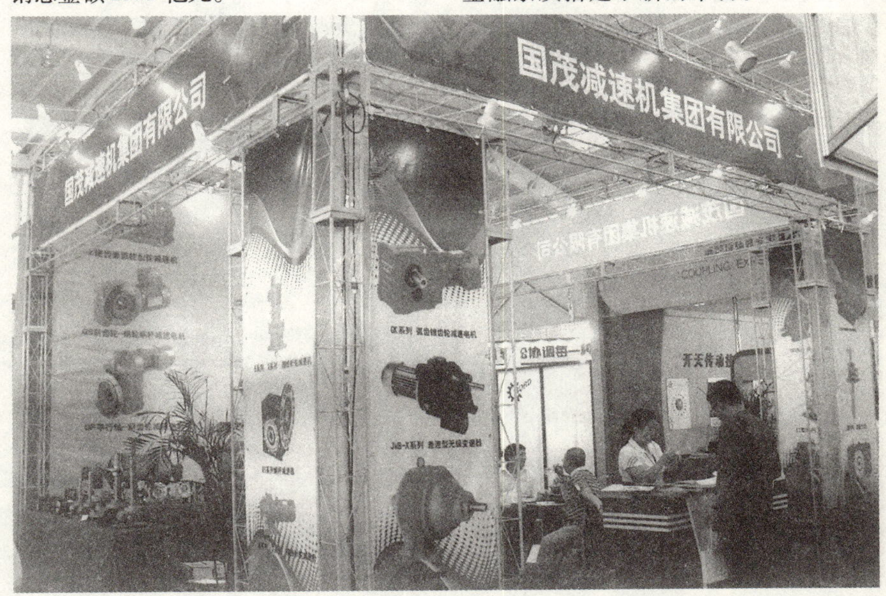

2009年9月23日－26日，第十届国际机电产品博览会在武汉举行，图为博览会展厅一角 （武鉴 供稿）

【第九届华侨华人创业发展洽谈会】 2009年10月16日－17日，第九届华侨华人创业发展洽谈会在武汉国际会展中心举行。本届华创会由国务院侨务办公室、湖北省人民政府、武汉市人民政府共同主办，其主题为“应对金融危机，促进合作共赢”。2 900余名华侨华人代表参加会议，其中海外代表900余名，共向大会提交寻求合作项目1 000余个，涉及生物医药、现代农业、教育、金融等领域。

本届华创会期间举办了武汉国际环境研讨会、海外人才交流会、中美“双谷”对接机制论坛、国际生物医药论坛、中国人心理健康发展论坛、汽车产业中外推介会、中国华侨商务协会专场推介会、武汉国际金融论坛等项活动。海外代表与国内企业事业单位就300余个项目进行对接洽谈，其中，引进人才技术项目105个，经贸综合类项目102个，海外华侨华人专业人士回国创办高新技术企业项目54个；共签订合作交流项目合同、协议135个，其中，投资额超过1 000万元的项目40个，投资额超过1亿元的项目16个。

【第五届中国总部经济高层论坛】 2009年10月18日，第五届中国总部经济高层论坛在武汉举行。本届论坛由武汉市人民政府和北京市社会科学院主办，武昌区人民政府、北京市社会科学院中国总部经济研究中心、北京方迪经济发展研究院承办，其主题为“发展总部经济，创新城市合作”。来自全国20多个城市、50多个城区的300余名专家学者、政府官员及知名总部企业代表出席论坛，围绕“总部经济：创新城市发展应对全球金融危机的战略选择”、“创新合作机制、构建合作链条：模式选择与政府定位”、“典型城市发展总部经济深化分工合作的经验交流”等主要议题进行理论和实践多层面的深入研讨与交流。

全国政协副主席、中国民主建国会中央委员会第一副主席张榕明出席论坛开幕式并围绕总部经济与建设创新型国家、总部经济与中部崛起等发表讲话。

中共湖北省委副书记、武汉市委书记杨松在论坛开幕式致辞中指出，武汉发展总部经济是武汉市的一项基本工作战略，将进一步加强公共基础设施建设和配套，为总部经济投资创业搭建良好的区域发展平台；进一步转变政府职能，优化投资环境，降低商务成本，提高行政效能，为总部经济发展搭建良好的服务平台；进一步完善支持总部经济，支持先进制造业、现代服务业和高新技术产业发展的政策措施，为总部经济发展搭建良好的政策平台；进一步发挥区位交通、商贸物流、工业基础、科教人才等综合优势，加快形成总部经济集聚效应，努力把武汉建设成为全国重要的企业总部中心城市。

中国总部经济理论首创者、北京市社会科学院中国总部经济研究中心赵弘在论坛上发布《2009－2010年中国总部经济发展报告》和《全国35个主要城市总部经济发展能力评价报告(2009)》，对全国35个主要城市总部经济发展能力进行排名，北京、上海、广州、深圳、杭州、南京、天津、成都、青岛、武汉位列前十名。

【第十三届世界湖泊大会】 2009年11月1日－5日，第十三届世界湖泊大会在武汉国际会展中心举行。本届大会在全国人大环境与资源保护委员会、全国政协人口资源环境委员会，国家环境保护部、国家水利部等国家有关部委及中国科学技术协会、湖北省人民政府的指导和支持下，由中国环境科学学会、中国环境科学研究院、武汉市人民政府与国际湖泊环境委员会联合主办。中共中央政治局常委、国务院副总理李克强向大会发来贺信。全国人大常委会副委员长陈至立、全国政协副主席阿不来提·阿不都热西提出席开幕式并致辞。

2009年11月1日－5日，第十三届世界湖泊大会在武汉举行，图为大会开幕式主席台（武鉴 供稿）

本届世界湖泊大会以“让湖泊休养生息，全球挑战与中国创新”为主题，共安排5场大会报告和31个专题分会场的学术交流，旨在突出湖泊保护需要全球共同行动和中国让江河湖泊休养生息的创新理念，从建设生态文明的高度提出让江河湖泊休养生息、恢复生机的战略思想。来自全球45个国家的1 500余名专家参加了会议。

国家环境保护部部长周生贤、国家水利部部长陈雷在大会上作主题报告。周生贤、陈雷表示中国政府已经确定将“让湖泊休养生息”作为生态文明建设的重要任务。中国正从进一步提高湖泊调蓄能力、优化湖泊流域水量配置、强化湖泊水资源保护、着力改善湖泊生态环境、严格规范湖泊开发利用行为、提高湖泊管理和保护现代化水平等6个方面开展工作，因地制宜地开展湖泊保护与治理。武汉市人民政府市长阮成发在世界湖泊大会市长论坛上发表题为《加强湖泊保护治理，打造滨江滨湖特色生态城市》的演讲，提出了“湖泊是有生命的，其生命健康与人类、与城市生命力息息相关”的湖泊治理理念。

11月5日，第十三届世界湖泊大会通过大会宣言——《武汉宣言》，向各国政府、社会团体、企业、水资源使用者和提供者等所有利益相关方提出8项建议：制定并实施让湖泊休养生息的战略，促进可持续的产业发展，大量减少入湖的点源和面源污染；保护生态系统服务功能是可持续发展的关键；开发创新经济手段，提供资金支持；增进包括政府、社会团体、企业和非政府组织的合作伙伴关系，共同致力于维护生态服务功能；创新湖泊治理理念，开展湖泊富营养化治理技术研究，鼓励并实行多学科的技术创新；将湖泊治理与应对气候变化相结合，大力发展低碳经济、循环经济和绿色经济；强调湖泊流域综合治理在管理中的重要性，并将其纳入到国际、国家和地区层面的政策和计划中；世界各国加强合作，在全球范围丰富湖泊流域综合管理的内涵。

【第六届中国武汉农业博览会】 2009年11月10日－13日，第六届中国武汉农业博览会（简称农博会）在武汉国际会展中心举行。本届博览会由国家农业部、湖北省人民政府主办，武汉市人民政府承办，其主题为“品牌创新·绿色生态”。国内外2 000余个企业与会，共设立农业精品、武汉城市圈、省外境外、农业机械等8个展区，展区总面积5万余平方米，展位2 000余个，参展农产品达1.6万余种。

本届农博会同时邀请全国各地100余个超市、1 000余个农产品经销商和采购商参会。参观本届农博会的观众达32万人次，其中国内外专业观众5万余名，现场交易额2.96亿元，签订农业投资项目和产销合同（协议书）170个，合同（协议）总金额41亿元，均创历届农业博览会之最。

【第十八届中国食品博览会暨交易会】

2009年12月12日－17日，第十八届中国食品博览会暨交易会（简称食博会）在武汉国际会展中心举行。本届食博会由国家商务部、国家工业和信息化产业部重点支持，中国商业联合会、中国食品工业协会、湖北省人民政府、武汉市人民政府共同主办，湖北省商务厅、武汉市商务局承办，其主题为“扩大内需，促进增长；确保安全，维护民生”。共举办2009中国食品产业发展论坛、中国“双低”（低芥酸含量、低硫代葡萄糖甙含量）油菜产业发展专家论坛、国际食品推介与采购贸易洽谈会、国内食品产销对接会，进出口食品贸易洽谈会，食品产业发展项目投资恳谈会，“食品安全法”实施情况报告会，国家食品产业核心信息发布会等多项活动。来自10余个国家和中国30个省（市、自治区）的1 300个企业的1.3万个展品参展，其中近50%的参展产品为首次在武汉亮相，展位规模1 200个，其中湖北武汉地区展位300个，37万人次到会参观、采购，现场零售及团购8 000万元，总成交额69.2亿元，其中，湖北武汉地区参展企业成交36.9亿元，其他省（市、自治区）参展企业成交24.8亿元，境外参展企业成交7.5亿元。

本届食博会呈现以下特点：食品消费凸显国际化趋势，来自法国、罗马尼亚、日本、韩国、新加坡、马来西亚、中国台湾等10余个国家和地区的200余个企业、135个展位参展，为食博会举办以来境外客商参展最多的一次；展位设计搭建更呈特装化，参展企业与时俱进，更加注重企业整体形象展示，朝着“标准展位异型化，特装展位景点化”方向发展，展位80%采取特装，中粮集团有限公司特装展台面积达到420平方米，并辅之大屏幕显示屏、音响、灯光等宣传手段，创造了食博会举办以来企业之最；主要活动务实有效，利用食博会平台，为境外参展企业展示产品寻找商机，牵线搭桥，形成了双利互赢的态势。

中共武汉市委、武汉市人大常委会、武汉市人民政府、政协武汉市委员会领导成员名录

中国共产党武汉市委员会

书　记　杨　松

副书记　阮成发　胡曙光　涂　勇

常　委　杨　松　阮成发　胡曙光　涂　勇　车延高　袁善腊　岳　勇　卢国祥　朱　毅　胡绪鹍　贾耀斌　彭丽敏　张学忙　章　明

武汉市人民代表大会常务委员会

主　任　杨　松

副主任　刘家栋　刘龙成　吕金芝　肖常谷　郑永新　彭志敏

武汉市人民政府

市　长　阮成发

副市长　袁善腊　岳　勇　张学忙　刘顺妮　尹维真　孙　亚　邵为民　文振富（挂职）　谢　众（挂职）

中国人民政治协商会议武汉市委员会

主　席　叶金生

副主席　杨付华　黄蔚堂　李富生　李传德　郭粤梅　江中联　邹国林　侯晓华

（武鉴）

黄石市重要会议和重要活动

【中共黄石市委十一届七次全体会议】

2009年2月6日，中国共产党黄石市第十一届委员会第七次全体会议召开。全会由中共黄石市委常委会主持。中共黄石市委书记王建鸣代表市委常委会作主题报告。全会审议了王建鸣的主题报告及市委常委会、市人大常委会党组、市政府党组、市政协党组、市纪委向全会所作的工作报告。全会指出，完成2009年各项目标任务，必须突出重点、把握关键，选准着力点和突破口。要坚持以大产业、大园区、大城市“三大战略”统领工作全局，发展大产业，努力转变经济发展方式，不断提升产业竞争力；发展大园区，积极引导企业和项目向园区集中，培植黄石经济新的增长极；建设大城市，推进中心市区与大冶、阳新城区的全面对接和融合，促进城乡一体化发展。要坚持以“保发展、增就业、促和谐”为根本任务，认清形势，克难奋进；集中精力，多办实事；统筹协调，搞好服务，确保经济平稳较快发展。要坚持以学习实践科学发展观活动为载体，在思想上高度重视，在组织上加强领导，在行动上超前谋划，真正使党员干部受教育、科学发展上水平、人民群众得实惠。要坚持以维护社会稳定为第一责任，强化责任，夯实基础，创新机制，切实做好信访维稳工作。

【中共黄石市委十一届八次全体会议】

2009年6月18日，中国共产党黄石市第十一届委员会第八次全体会议召开。会议听取了中共黄石市委书记王建鸣所作的《中共黄石市委常务委员会深入学习实践科学发展观活动分析检查报告》。报告指出：发展不够、发展不快、发展环境不优仍是黄石当前最大的实际；发展大产业、打造大园区、建设大城市是推进黄石科学发展的必然选择；产业结构不优、增长方式粗放、过度依赖资源仍然是黄石科学发展的最大制约；解决城乡困难群众面临的生产、生活困难是黄石当前最大的政治；提高党员干部素质、转变党员干部作风是推进黄石科学发展的根本保证。报告指出，全市推进科学发展的主要目标是，到2012年，全市地方生产总值达1000亿元以上，财政收入达100亿元以上，人均生产总值4万元以上，万元生产总值综合能耗、二氧化硫排放量比2007年下降25%以上。要进一步加快招商引资和项目建设步伐，保持经济平稳较快发展。要以资源枯竭型城市转型为契机，推进经济结构优化调整，以经济转型全面带动城市功能转型和体制机制创新，奋力将黄石建设成为全国资源枯竭转型示范城市。

【中共黄石市委十一届九次全体会议】

2009年11月5日，中国共产党黄石市第十一届委员会第九次全体会议召开。全会由中共黄石市委常委会主持。会议认真学习贯彻中共十七届四中全会和中共湖北省委九届七次全会精神，审议并同意中共黄石市委书记王建鸣代表中共黄石市委常委会所作的主题报告，会议审议了《中共黄石市委关于学习贯彻党的十七届四中全会和省委九届七次全会精神的责任分解方案》和《黄石市基层党组织建设三年行动计划》，通报并评议了中

2009 年 6 月 19 日，黄石市举行纪念红三军团成立 79 周年座谈会，图为与会人员步入会场 （吴照 供稿）

共黄石市委 2008 年以来选拔任用干部工作情况，审议表决了 2009 年全市公开选拔副县级领导干部各职位人选。

全会指出，加强和改进黄石市党的建设，既要着眼全局、整体推进，又要联系实际、重点突破，牢牢把握事关全市党的建设全局的几个重大问题。要坚持改革创新，以开阔的眼界、开阔的思路、开阔的胸襟，从体制机制创新上，着力研究解决影响和制约全市党的建设的主要矛盾和突出问题。深入推进党的思想建设、组织建设、作风建设、制度建设和反腐倡廉建设。要着力创建学习型党组织，不断提高党员干部理论素养和实践能力；积极发展党内民主，增强党组织和党员队伍的创新活力；继续深化干部人事制度改革，建设高素质领导班子和干部队伍；始终坚持抓基层打基础，增强基层党组织的创造力、凝聚力、战斗力；加强作风建设，保持同人民群众的血肉联系；大力推进反腐倡廉建设，深入开展反腐败斗争。

全会强调，要进一步完善和严格履行党建工作责任制，认真执行《责任分解方案》和《三年行动计划》，使党的建设各项任务真正落到实处、落到基层。

【中共黄石市委十一届十次全体会议】 2009 年 12 月 30 日，中国共产党黄石市第十一届委员会第十次全体会议召开。全会由中共黄石市委书记王建鸣主持。中共黄石市委书记王建鸣代表中共黄石市委常委会作工作报告并述职述廉，中共黄石市委副书记、黄石市人民政府市长杨晓波作经济工作报告并述职述廉。全会审议了中共黄石市委常委会、黄石市人大常委会党组、黄石市人民政府党组、黄石市政协党组、中共黄石市委纪律检查委员会所作的工作报告和黄石市人民政府市长杨晓波所作经济工作报告。会议对中共黄石市委、黄石市人民政府主要领导述职述廉进行了测评，对黄石市省管干部进行了年度考核民主测评。

全会提出，2010 年全市经济社会发展的主要预期目标为：地方生产总值增长 11%；二氧化硫排放量控制在 7.6 万吨以内；规模以上工业增加值增长 16%；财政收入增长 10%，其中地方一般预算收入增长 10%；全社会固定资产投资增长 30%；城镇居民人均可支配收入增长 8%；农民人均纯收入增长 6.5% 以上；城镇新增就业 4.5 万人。

【黄石市第十二届人民代表大会第二次会议】 2009 年 2 月 12 日－15 日，黄石市第十二届人民代表大会第二次会议召开，327 名代表出席本次会议。参加黄石市政协十一届二次会议的全体委员列席了会议。会议听取和审议了黄石市人民政府代市长杨晓波所作的《政府工作报告》，听取和审议了黄石市人大常委会副主任吴兴龙所作的《黄石市人大常委会工作报告》，听取和审议了《黄石市中级人民法院工作报告》、《黄石市人民检察院工作报告》、《黄石市 2008 年国民经济和社会发展计划执行情况的报告与 2009 年国民经济和社会发展计划》、《黄石市 2008 年预算执行情况和 2009 年预算草案的报告》。会议通过了《关于黄石市人民政府工作报告的决议》、《关于黄石市 2008 年国民经济和社会发展计划执行情况与 2009 年计划的决议》、《关于黄石市 2008 年财政预算执行情况和 2009 年财政预算的决议》、《关于黄石市人民代表大会常务委员会工作报告的决议》、《关于黄石市中级人民法院工作报告的决议》、《关于黄石市人民检察院工作报告的决议》、《关于鼓励自主创业促进就业增长的决议》。会议选举王建鸣为黄石市十二届人大常委会主任、杨晓波为黄石市人民政府市长。

【政协黄石市十一届二次会议】 2009 年 2 月 11 日－14 日，政协黄石市十一届委员会第二次会议召开，321 名委员出席本次大会。中共黄石市委书记王建鸣在会上致辞。会议听取和审议黄石市政协十一届委员会主席郭远东向大会作的工作报告。听取和审议黄石市政协十一届委员会副主席占传忠作的提案工作报告。会议通过了《政协黄石市十一届二次会议政治决议》；《政协黄石市十一届二次会议关于常务委员会工作报告的决议》；《政协黄石市十一届二次会议关于一次会议以来提案工作情况报告的决议》；《政协黄石市十一届二次会议提案审查情况的报告》。

【黄石市举行纪念红三军团成立 79 周年座谈会】 2009 年 6 月 19 日，黄石市举行纪念红三军团成立 79 周年座谈会。原国防部长彭德怀侄女彭钢，原海军副司令方强，第二炮兵部队政委彭晓峰、副司令员张翔（张爱萍之子）分别发来贺信、贺词。中共湖北省委宣传部副部长李子林到会并讲话。中共黄石市委书记王建鸣在座谈会上讲话时说，牢记革命历史，是为了更好地珍惜今天；弘扬革命精神，是为了更好地创造未来。在红三军团诞生的地方纪念红三军团成立 79 周年座谈会，就是为了纪念红三军团的革命先辈，缅怀红三军团的光辉历程，发扬红三军团的光荣传统，努力创造无愧于先辈、无愧于时代、无愧于人民的光辉业绩，努力开创黄石更加美好的明天！

1930 年 6 月，中国工农红军第三军团在黄石大冶正式组建。此后，红三军团作为中国工农红军第一方面军的主力军团之一，为保卫和发展中央苏区、夺取二万五千里长征的胜利作出了重大贡献。

中共黄石市委、黄石市人大常委会、黄石市人民政府、政协黄石市委员会领导成员名录

中国共产党黄石市委员会

书　记　王建鸣
副书记　杨晓波　胡德春
常　委　陶慧芬　王庆华　朱中华
　　　　柯　俊　陈金刚　周蔚芬
　　　　金　哲　李幸福　胡　超

黄石市人民代表大会常务委员会

主　任　王建鸣
副主任　吴兴龙　左　莉
　　　　应楚洲　陈家宏　邱善希

黄石市人民政府

市　长　杨晓波
副市长　朱中华　柯　俊　金　哲
　　　　信祖国　罗光辉　苏海林

中国人民政治协商会议黄石市委员会

主　席　郭远东
副主席　柯大云　鲍贤咏
　　　　占传忠　程德新　方东明
　　　　周永胜　乔昌咏　赵咏秋

（黄石市志办）

鄂州市重要会议和重要活动

【中共鄂州市委五届七次全体会议】
2009年5月31日，中国共产党鄂州市第五届委员会第七次全体会议召开。全会由中共鄂州市委常委会主持。会议审议通过了中共鄂州市委书记范锐平代表市委常委会向全会所作的工作报告，对全市推进城乡一体化工作进行了全面动员和部署。

会议认为，率先实现城乡一体化，是中共鄂州市委对科学发展观的准确理解、宏观战略机遇的敏锐把握、鄂州市情的深刻认识、发展阶段的科学判断、未来走向的清晰分析而提出的重大战略，对于推动鄂州跨越发展、科学发展、和谐发展具有重要意义。鄂州市是湖北省城乡一体化试点城市，肩负着为全省统筹城乡发展积累经验、探索新路的历史使命。

会议强调，统筹城乡经济社会发展，必须大力推进城乡空间布局、产业布局、基础设施、公共服务、社会管理、市场体系“六个一体化”。其战略目标分“两步走”：第一步，到2011年，初步建立城乡一体的经济社会发展管理体制和运行机制，城镇化率达到61%，人均GDP达到3.2万元，农民人均纯收入达到6800元。第二步，到2016年，建立更加完善的城乡一体化经济社会发展管理体制和运行机制，城镇化率达67%，人均GDP达到5.6万元，农民人均纯收入达到1.29万元，在全省率先实现城乡一体化。

全会指出，鄂州市作为城乡一体化试点城市，必须坚持先行先试，力求在重点领域和关键环节率先突破。要大力推进试点示范，谋划建设百里长港城乡一体化示范区，扎实推进中心村（新社区）示范点建设，积极开展统筹城乡基层党建试点。要强力推进城镇建设、农村中心村（新社区）建设、产业发展、社会发展和生态建设等五大工程建设。要着力推进户籍制度、土地管理和使用制度、财政支农资金整合和建立多元化的投入机制、城乡公交运营一体化、城乡一体化的供水体制、城乡教育体制、城乡卫生体制、城乡劳动就业制度、城乡社会保障制度和城乡共治的行政管理体制等10项改革，促进城乡基础设施一体化、基本公共服务均等化，让城乡居民共享改革发展的成果。

【中共鄂州市委五届九次全体会议】
2009年11月6日，中国共产党鄂州市第五届委员会第九次全体会议召开。全会由中共鄂州市委常委会主持，会议对学习贯彻中共十七届四中全会和中共湖北省委九届七次全会精神、加强和改进鄂州市党的建设进行了全面部署。中共鄂州市委书记范锐平在会上发表讲话。中共鄂州市委副书记涂维发作关于《中共鄂州市委关于贯彻落实<中共中央关于加强和改进新形势下党的建设若干重大问题的决定>的实施意见（审议稿）》说明。会议审议并通过了《中共鄂州市委关于贯彻落实<中共中央关于加强和改进新形势下党的建设若干重大问题的决定>的实施意见》和《中共鄂州市委议事决策规则》。

会议指出，贯彻落实中共十七届四中全会和中共湖北省委九届七次全会精神，是摆在鄂州市面前的一项重大政治任务。全市各级党组织要将思想统一到中央和省委的重大决策部署上来，充分认识加强和改进新形势下党的建设的重要性和紧迫性，着力提升全市党的建设科学化水平。

会议提出，思想理论建设是党的建设的根本，要努力建设学习型党组织，用科学理论武装头脑，用核心价值体系凝聚力量，用发展规律指导实践，全面提高党员干部科学发展的意识、能力和水平。党内民主是党的生命，集中统一是党的力量保证。要坚持和健全民主集中制，健全领导体制机制，充分发挥党委的领导核心作用，保障党员的民主权利，积极探索扩大党内民主的多种实现形式，增强党组织和党员队伍的创造力和凝聚力。领导班子建设是党的建设的重点，要坚持正确用人导向，科学选配班子，创新选拔任用机制，优化干部队伍结构，健全干部管理机制，建设高素质领导班子和干部队伍。人才是党的事业发展的关键，要大力实施人才强市战略，统筹推进各类人才队伍建设，大力引进高端人才，加强企业家队伍建设，实施人才“回归工程”，培养实用技术人才。基层组织是党全部工作和战斗力的基础，要始终坚持抓基层打基础，完善党组织设置形式，推动城乡结对共建，突出选好配强书记，建立联管互动机制，强化城乡党建保障，构建城乡统筹的基层党建新格局。党的作风关系党的形象和事业成败，要进一步弘扬党的优良传统和作风，保持奋发有为的精神状态，塑造实干兴市的执政风格，培养人民至上的公仆情怀，锤炼勇于担当的政治品质，培育推动鄂州科学发展的新风正气。坚决反对腐败是党必须始终抓好的重大政治任务，要深入推进反腐倡廉建设，推动领导干部自律示范，构建腐败风险防控体系，坚决查办违纪违法案件，建立健全惩治和预防腐败体系。各级党组织尤其是党委（组）书记要切实担负起党要管党、从严治党的政治责任，全面落实党建工作责任制，完善党建工作考核评价办法，积极推进党建工作改革创新，确保党的建设各项任务落到实处。

全会强调，各级党委要坚持围绕发展抓党建、抓好发展促党建，紧密联系当前实际，将学习贯彻中共十七届四中全会和中共湖北省委九届七次全会精神与千方百计确保全年各项目标任务完成结合起来，与以科学求实精神推动城乡一体化结合起来，与认真组织开展第三批学习实践活动结合起来，与精心谋划2010年工作和“十二五”规划结合起来，把党建成果体现到推动科学发展上。

【鄂州市第六届人民代表大会第二次会议】 2009年2月12日－14日，鄂州市第六届人民代表大会第二次会议召开。271名人大代表出席本次会议。会议听取和审议了鄂州市人民政府市长范锐平所作的《政府工作报告》，听取和审议了鄂州市人大常委会副主任刘建国所作的《鄂州市人民代表大会常务委员会工作报告》，听取和审议了鄂州市中级人民法院

2009年2月11日－14日，中国人民政治协商会议鄂州市第六届委员会第二次会议召开 （吴照 供稿）

院长廖天明所作的《鄂州市中级人民法院工作报告》，听取和审议了鄂州市人民检察院检察长古峰所作的《鄂州市人民检察院工作报告》以及其他重要报告。会议通过了《关于鄂州市人民政府工作报告的决议》、《关于鄂州市2008年国民经济和社会发展计划执行情况及2009年计划的决议》、《关于鄂州市2008年预算执行情况和2009年预算的决议》、《关于鄂州市人民代表大会常务委员会工作报告的决议》、《关于鄂州市中级人民法院工作报告的决议》、《关于鄂州市人民检察院工作报告的决议》。

【鄂州市第六届人民代表大会第三次会议】 2009年6月25日－26日，鄂州市第六届人民代表大会第三次会议召开。会议依法选举范锐平为鄂州市人大常委会主任、选举陶宏为鄂州市人民政府市长。

【政协鄂州市六届二次会议】 2009年2月11日－14日，政协鄂州市第六届委员会第二次会议召开。268名委员出席本次会议。中共鄂州市委书记李德炳致辞。会议听取和审议了鄂州市政协主席周旺生代表鄂州市政协六届委员会常务委员会所作的《常务委员会工作报告》。审议了鄂州市政协副主席王法宝代表鄂州市政协第六届委员会常务委员会所作的《关于市政协六届一次会议以来提案工作情况的报告》。全体委员列席了鄂州市第六届人民代表大会第二次会议，听取并讨论了《政府工作报告》及其他报告。会议通过了《政协鄂州市第六届委员会第二次会议政治决议》、《关于常务委员会工作报告的决议》、《关于市政协六届一次会议以来提案工作情况的报告的决议》、《关于市政协六届二次会议提案审查情况的报告》。会议表彰了鄂州市政协六届一次会议以来的优秀提案。

【中国甘薯产业技术体系栽培技术培训与研讨会在鄂州召开】 2009年9月15日～17日，中国甘薯产业技术体系栽培技术培训与研讨会在鄂州召开。来自全国各地科技界、企业界的代表90余人与会。国家甘薯现代农业产业技术体系首席科学家马代夫出席会议并讲话。会议就国家甘薯产业技术体系概况、国内外甘薯产业发展现状、甘薯高产栽培技术要点、甘薯病虫害防控、甘薯栽培土肥工作等进行了研讨交流和技术培训。会议肯定全国甘薯产业技术体系工作取得的成绩，并要求甘薯研究人员更加注重技术创新，加强体系建设，为中国甘薯产业发展提供更加有力的技术支撑。

与会代表先后参观了新洲菜用甘薯高产示范地，湖北省农科院甘薯试验基地，湖北省农科院甘薯栽培与育种研究实验室、鄂州凤凰天豫薯业有限公司加工厂等。

【湖北省首届佛教净土宗文化研讨会在鄂州召开】 2009年5月23日－25日，由湖北省佛教协会、鄂州市民族宗教事务管理局共同举办的首届佛教净土宗文化研讨会在鄂州召开。来自北京、河北、福建、陕西、江苏、西藏、江西、内蒙古、四川、重庆等地的150余名宗教界人士、专家学者参加研讨会。会议围绕"挖掘净土宗历史、展现净土宗魅力，张扬城市特色，服务两型社会"的主题，就净土宗初祖慧远法师与西山古灵泉寺的渊源及延伸、佛教净土思想影响与和谐社会建设等展开研讨。会后，编辑出版有《首届佛教净土宗文化研讨会论文集》。佛教净土宗初祖慧远法师，东晋时期山西宁武人。在1 600余年前，来武昌（今鄂州）开创了西山古灵泉寺，在此护持3年，西山古灵泉寺成为净土宗发源之地。慧远法师的"心净则国土净"等思想影响了中国及东南亚地区。

中共鄂州市委、鄂州市人大常委会、鄂州市人民政府、政协鄂州市委员会领导成员名录

中国共产党鄂州市委员会

书　记　范锐平
副书记　陶　宏　涂维发
市委常委　范锐平　陶　宏　涂维发　夏　航　刘立勇　李义龙　王相廷　刘沐珍　陈新林　熊明新　严国本　李　莹　马在学　杨　威

鄂州市人民代表大会常务委员会

主　任　范锐平
副主任　刘建国　严培平　刘先义　姜新华　胡清芬

鄂州市人民政府

市　长　陶　宏
常务副市长　刘立勇
副市长　陈邦利　严国本　李　莹　毕　华　胡运星　江利平　周忠明　杨　威

中国人民政治协商会议鄂州市委员会

主　席　周旺生
副主席　朱志军　吕克克　张志祥　邵中兴　姜昭定　汪德锐　程少云　王法宝

（鄂州市志办）

孝感市重要会议和重要活动

【中共孝感市委四届八次全体会议】 2009年6月19日，中国共产党孝感市委第四届委员会第八次全体会议召开。会议由中共孝感市委常务委员会主持。中共孝感市委书记黄关春在会上作《深入学习实践科学发展观分析检查报告》，中共

孝感市委副书记刘志田就中共孝感市委常委会分析检查报告形作了说明。会议审议并通过《中共孝感市委常委会深入学习实践科学发展观分析检查报告》。会议指出，要认真组织群众对中共孝感市委常委会深入学习实践科学发展观分析检查报告进行评议，再作进一步修改完善。要抓好整改落实工作，着眼于人民群众得实惠，把握关键抓整改；立足于科学发展上水平，完善体制机制；切实加强组织领导，确保各项整改措施落到实处。要突出"保增长、保民生、保稳定"，圆满完成2009年经济社会发展的各项工作任务。

【孝感市第四届人民代表大会第五次会议】 2009年1月5日－7日，孝感市第四届人民代表大会第五次会议召开。413名代表出席本次大会。中共孝感市委书记黄关春在会上发表讲话。会议听取并审议了孝感市人民政府市长梁伟年所作的《政府工作报告》。会议印发并审议了《孝感市2008年经济和社会发展计划执行情况与2009年计划草案》、《2008年财政预算执行情况和2009年财政预算草案》。会议通过了《关于政府工作报告的决议》、《关于孝感市2008年经济和社会发展计划执行情况与2009年计划草案报告的决议》、《关于孝感市2008年财政预算执行情况和2009年财政预算草案报告的决议》、《关于孝感市人大常委会工作报告的决议》、《关于孝感市中级人民法院工作报告的决议》、《关于孝感市人民检察院工作报告的决议》。会议选举梁伟年为湖北省第十一届人民代表大会代表。

【政协孝感市四届三次会议】 2009年1月4日－7日，政协孝感市第四届委员会第三次会议召开。全体委员列席了孝感市第四届人民代表大会第五次会议，听取和讨论了孝感市人民政府市长梁伟年所作的政府工作报告和其他重要报告。中共孝感市委书记黄关春在会上发表讲话。会议听取和审议了孝感市政协主席李广波代表政协孝感市第四届委员会常务委员会所作的工作报告，听取和审议了孝感市政协副主席喻楚林代表政协孝感市第四届委员会常务委员会所作的政协孝感市四届政协二次会议以来提案工作的情况报告。会议通过了《政协孝感市第四届委员会第三次会议提案审查委员会关于本次会议提案审查情况的报告》、《政协孝感市第四届委员会第三次会议关于常务委员会工作报告的决议》、《政协孝感市第四届委员会第三次会议关于提案工作情况报告的决议》、《政协孝感市第四届委员会第三次会议政治决议》。

【纪念李先念诞辰100周年暨新四军第五师纪念馆开馆仪式在大悟举行】 2009年6月27日，纪念李先念诞辰100周年暨新四军第五师纪念馆开馆仪式在大悟县芳畈镇白果树湾举行。原中共中央政治局常委、中央军委副主席刘华清，全国政协副主席兼秘书长钱运录发来贺电。国务院原副总理吴桂贤，新四军第五师老战士任质斌的夫人胡志学，李先念的老战友、老部下及其子女和身边工作人员代表，中央有关单位代表，中国新四军研究会及有关省市新四军研究会代表，湖北省老领导陈明、王群等出席开馆仪式。

中共湖北省委常委、宣传部长李春明主持开馆仪式，中共湖北省委副书记杨松作重要讲话。杨松说，新四军第五师和中原地区部队，用热血和生命，铸就了伟大的新四军"铁军"精神和具有鲜明特征的"中原突围"精神。今天，大家隆重集会，缅怀革命先烈，就是要大力弘扬新四军"铁军"精神和"中原突围"精神。新四军第五师纪念馆的建成，对于传承老一辈无产阶级革命家的崇高品德和优良传统，对于教育党员干部和广大青少年，对于促进社会主义核心价值体系建设，都具有十分重要的意义。开馆仪式上，杨松、吴桂贤、胡志学、陈明、王群为新四军第五师纪念馆揭牌。

新四军第五师纪念馆再现了李先念、郑位三、任质斌、陈少敏等为核心领导的新四军第五师将士7年抗战的历史画卷，被中共中央宣传部、国家发展和改革委员会列入全国百家红色经典景区之一。

【孝感市召开纪念中国共产党成立88周年暨表彰大会】 2009年6月3日，孝感市召开纪念中国共产党成立88周年暨表彰全市先进基层党组织、优秀共产党员、优秀党务工作者、党员"双建双带"示范基地(公司)、党员创业标兵大会。孝感市人民政府市长梁伟年主持会议，中共孝感市委书记黄关春在会上讲话。中共孝感市委常委、组织部长、政法委书记聂利军宣读表彰决定。会议表彰了孝感市民政局直属机关党委等10个先进基层党组织、涂军等10名优秀共产党员、刘学成等10名优秀党务工作者、孝南区肖港镇小香葱基地等10个党员"双建双带"示范基地、邱保国等10名党员创业标兵。中共孝感市委书记黄关春在讲话中指出，实现孝感科学发展，关键在党，关键在人，关键在各级领导班子和党员干部。要以科学发展观为指导，紧紧围绕市委工作大局，全面加强领导班子、干部队伍和人才队伍建设，全面加强基层组织和党员队伍建设，全面加强作风建设，以改革创新精神全面加强和改进党的建设，使党建工作始终保持与时俱进，为实现孝感又好又快发展提供思想保证、组织保证和作风保证，开创党的建设工作新局面。

2009年6月27日，纪念李先念诞辰100周年暨新四军第五师纪念馆开馆仪式在大悟举行，中共湖北省委副书记杨松(左二)，国务院原副总理吴桂贤(中)，新四军第五师老战士胡志学(右二)，湖北省老领导陈明(左一)、王群(右一)为新四军第五师纪念馆揭牌 (吴照 供稿)

中共孝感市委、孝感市人大常委会、孝感市人民政府、政协孝感市委员会领导成员名录

中共孝感市委

书　记　黄关春
副书记　梁伟年
常　委　黄关春　梁伟年　栾春海
　　　　何霞江　彭桃安　张依涛
　　　　陈新武　李海华　聂利军
　　　　刘义明　叶贤林　陈祖烈
　　　　王伟明(挂职)　谢思芳

孝感市人民代表大会常务委员会

主　任　黄关春
副主任　李巨松　陈德学　聂元清
　　　　张孝元　戴永红
　　　　胡金火　姜益泉

孝感市人民政府

市　长　梁伟年
副市长　陈新武　李海华　曾昭荣
　　　　吴方成　王红玲(挂职)
　　　　王伟明(挂职)

中国人民政治协商会议
孝感市委员会

主　席　李广波
副主席　喻楚林　万文涛　喻友安
　　　　刘　萍　钱波东
　　　　陈旭东　杨　军　熊竹寒

(孝感市志办)

黄冈市重要会议和重要活动

【中共黄冈市委三届五次全体会议】 2009年11月16日,中国共产党黄冈市委三届委员会召开第五次全体会议。会议由中共黄冈市委常委委员会主持,会议的主要任务是学习贯彻中国共产党第十七届委员会四中全会和中共湖北省委第九届委员会第七次全体会议精神,动员全市上下解放思想,开拓创新,不断开创党的建设工作新局面,奋力推进黄冈经济社会又好又快发展。中共黄冈市委书记刘善桥代表市委常委会作工作报告。会议审议通过了《中共黄冈市委关于贯彻〈中共中央关于加强和改进新形势下党的建设若干重大问题的决定〉的实施意见》,中共黄冈市委副书记、组织部长沈景艳就《中共黄冈市委关于贯彻〈中共中央关于加强和改进新形势下党的建设若干重大问题的决议〉的实施意见(讨论稿)》作说明。

会议强调,全市要充分认识反腐败斗争的长期性、复杂性和艰巨性,切实把党风廉政建设放在更加突出的位置抓紧抓好。不断加强作风建设,加快推进惩治和预防腐败体系建设,健全权力运行制约和监督机制,认真落实党风廉政建设责任制。必须牢牢抓住发展这个第一要务,把学习宣传、贯彻落实中共十七届四中全会精神与开展学习实践科学发展观活动结合起来,与推动黄冈经济社会又好又快发展结合起来,与全面完成年初确定的各项工作任务结合起来,把党建工作的成效及时转化为科学发展的成果,全力以赴保增长、保民生、保稳定。

【黄冈市第三届人民代表大会第四次会议】 2009年2月13日-17日,黄冈市第三届人民代表大会第四次会议在黄州召开,463名人大代表出席了本次会议。出席黄冈市政协第三届委员会第三次会议的政协委员列席会议。中共黄冈市委书记刘善桥在会议上讲话。会议听取和审议黄冈市人民政府市长刘雪荣所作的《政府工作报告》,通过了《关于黄冈市人民政府市长刘雪荣所作的政府工作报告的决议》;审议并通过了《关于黄冈市2008年国民经济和社会发展计划执行情况与2009年计划的决议》、《关于黄冈市2008年财政预算执行情况和2009年财政预算的决议》、《关于市人大常委会工作报告的决议》、《关于市中级人民法院工作报告的决议》、《关于市人民检察院工作报告的决议》、《关于加大车辆超载超限治理工作力度的议案及决议》、《关于加强农村建房规则和用地管理的议案及决议》。

【政协黄冈市三届三次会议】 2009年2月12日-16日,政协黄冈市第三届委员会第三次会议在黄州召开,376名市政协委员出席了本次大会。会议听取中共黄冈市委书记刘善桥代表中共黄冈市委所作的讲话;听取了政协黄冈市第三届委员会主席夏润祥所作的政协黄冈市第三届委员会常务委员会工作报告;政协黄冈市第三届委员会副主席王体全向大会报告市政协三届二次会议以来的提案工作情况;全体委员列席了黄冈市第三届人民代表大会第四次会议,听取并讨论了《政府工作报告》、《黄冈市中级人民法院工作报告》、《黄冈市人民检察院工作报告》以及其他重要报告。会议通过了《中国人民政治协商会议黄冈市第三届委员会第三次会议关于常务委员会工作报告的决议》、《中国人民政治协商会议黄冈市第三届委员会关于黄冈市政协第三届委员会第二次会议以来提案工作情况的报告的决议》、《中国人民政治协商会议黄冈市第三届委员会提案委员会关于黄冈市政协第三届委员会第三次会议提案审查情况的报告》、《中国人民政治协商会议黄冈市第三届委员会第三次会议的政治决定》。会议通报表彰了优秀提案、提案承办先进单位和先进工作者。

【纪念李先念诞辰100周年暨李先念故居纪念园开园仪式在红安举行】 2009年6月27日,纪念李先念诞辰100周年暨李先念故居纪念园开园仪式在红安举行。中共中央、全国人大常委会、国务院、全国政协,中共湖北省委、湖北人民省政府,中共黄冈市委、黄冈市人民政府等向李先念像敬献了花篮。全国政协副主席李金华,全国人大常委会原副委员长顾秀莲,国务院原副总理吴桂贤,李先念夫人林佳楣及其亲属,中共湖北省委副书记杨松,中共黄冈市委书记刘善桥,黄冈市人民政府市长刘雪荣等出席开园仪式。

全国政协副主席李金华宣布李先念故居纪念园开园,中共湖北省委副书记杨松致辞,中国人民对外友好协会党组书记、常务副会长李小林(李先念的女儿)代表其家属致辞。杨松致辞说:李先念是伟大的无产阶级革命家、政治家、军事家,坚定的马克思主义者,党和国家的卓越领导人,中国共产党第二代领导集体的核心成员。李先念同志在长达66年的革命生涯中,为中国人民革命武装力量的发展壮大,为中华民族和中国人民解放事业的胜利,为社会主义革命和社会主义建设事业的发展,为伟大祖国的繁荣富强,建立了不可磨灭的卓越功勋。李先念的一生是中国共产党领导人民进行革命、建设和改革开放光辉历史的一个缩影。纪念李先念就是要世世代代继承老一辈无产阶级革命家的遗志,更好地建设中国特色社会主义。李小林在致辞中说:在纪念父亲诞辰100周年之际,举办纪念园开园仪式,缅怀他的丰功伟绩,更重要的是学习他的公仆精神,坚持立党为公、执政为民;学习他的光辉思想、崇高品德、高尚风范,使之成为推动党和人民事业发展的重要精神力量。

李先念故居纪念园由李先念故居、高桥镇烈士纪念馆、李先念图书馆、农民新村、映山红餐厅等6个部分组成,是红安和湖北省乃至全国农民开展各种致富培训的基地、革命传统教育基地和红色旅游的重要场所。

黄梅戏《李四光》剧照　　（吴照　供稿）

【中国·湖北（卓尔）第七届黄梅戏艺术节暨黄冈地方戏曲新作展演在武汉举行】 2009年9月16日，中国·湖北（卓尔）第七届黄梅戏艺术节暨黄冈地方戏曲新作展演在武汉开幕。湖北省副省长郭生练宣布艺术节开幕，中共黄冈市委书记刘善桥在开幕式上致辞。著名学者余秋雨致祝贺词。湖北省领导刘友凡、郭生练、李佑才，原湖北省政协副主席程运铁，著名黄梅戏艺术家、国家一级演员马兰等出席开幕式。

本届黄梅戏艺术节为期12天。共有10台剧目参赛参演，其中，黄梅戏6台，楚剧2台，文曲戏1台，东路花鼓戏1台。经艺术节专家评审委员会评选，本届展演共评出编剧、导演、作曲、舞美、表演一等奖26个、二等奖20个、三等奖27个。《李四光》、《草鞋老太爷》、《月圆中秋》、《邢绣娘》、《布衣毕升》、《香草》获得优秀演出奖，《双揭榜》获得优秀保留剧目演出奖，《蕲州知府》、《麻姑》、《黄安秀才》获得演出奖。《李四光》的导演余笑予、主演张辉获得特别贡献奖。此前，中国·湖北（卓尔）黄梅戏艺术节暨黄冈地方戏曲新作展演成功举办了6届。

中共黄冈市委、黄冈市人大常委会、黄冈人民市政府、政协黄冈市委员会领导成员名录

中共黄冈市委

书　记　刘善桥
副书记　刘雪荣　沈景艳
常　委　刘善桥　刘雪荣　沈景艳　王静平　韦兴元　龙福清　张国秀　刘树生　杨　智　邓新华　蔡德坤　孙璜清　应　红

黄冈市人大常委会

主　任　刘善桥
副主任　张永斌　陈鼎常　包玉兰　王建明　王楚平　黄奏球　王定华

黄冈市人民政府

市　长　刘雪荣
副市长　王静平　龙福清　梅香雪　贵仁平　黄祥国　王浩鸣　徐向农　应　红　李安宁

中国人民政治协商会议黄冈市委员会

主　席　夏润祥
副主席　熊早枝　徐又良　杨　俊　石如澜　王体全　李儒志　高迎涛　黄良章　章友启　何东英

（赵瑞群）

咸宁市重要会议和重要活动

【中共咸宁市委三届七次全体会议】 2009年8月19日，中国共产党咸宁市第三届委员会第七次全体会议召开。全会由中共咸宁市委常务委员会主持，中共咸宁市委书记黄楚平发表讲话。

全会审议并通过《中共咸宁市委、咸宁市人民政府关于全面推进科学发展，加快建设鄂南经济强市的若干意见》。

会议指出，建设鄂南经济强市要以科学发展观统领全局，进一步巩固扩大学习实践活动成果，着力解除禁锢，解放自己，解开难题，解决民生，推动新一轮思想大解放，切实转变不适应和不符合科学发展的思想观念，进一步完善鄂南经济强市总体目标，在继续坚持“五个一”发展目标的同时，重点实施“自主创新，内优外联”的产业提升战略、“聚产纳贤，环境宜居”的人口聚集战略、“扩大外延，链接南北”的交通网络战略、“生态兴市，环境制胜”的生态保持战略、“泉湖相映，城林共生”的特色彰显战略、“中心带动，拥湖面江”的空间拓展战略等“六大核心战略”。

会议强调，加快建设鄂南经济强市核心是党的建设，关键在于狠抓落实。必须突出重点，抓住关键，坚持以点带面，整体推进全局工作。必须强化措施，注重实效，确保各项目标任务落到实处。必须转变作风，真抓实干，把心思凝聚到干事业上，把精力集中到办实事上，把本领用在促发展上。

【咸宁市第三届人民代表大会第三次会议】 2009年2月24日－27日，咸宁市第三届人民代表大会第三次会议召开。318名人大代表出席本次会议。出席咸宁市政协三届二次会议的全体委员列席了会议。

会议听取和审议了咸宁市人民政府市长任振鹤所作的《政府工作报告》以及其他重要报告。通过了《关于咸宁市人民政府工作报告的决议》、《关于咸宁市2008年国民经济和社会发展计划执行情况与2009年计划的决议》、《关于咸宁市2008年预算执行情况和2009年预算的决议》、《关于咸宁市人大常委会工作报告的决议》、《关于咸宁市中级人民法院工作报告的决议》、《关于咸宁市人民检察院工作报告的决议》。

【政协咸宁市三届二次会议】 2009年2月23日－26日，政协咸宁市第三届委员会第二次会议召开，312名市政协委员出席本次大会。中共咸宁市委书记黄楚平在会上致辞。咸宁市政协主席余家驹代表市政协第三届委员会常务委员会在会上作工作报告。咸宁市政协副主席郑凌代表市政协常务委员会向大会作关于三届一次会议以来提案工作情况的报告。

会议审议并通过了《关于市政协三届二次会议提案审查情况的报告》、《关于市三届政协常委会工作报告的决议》、《关于市政协三届一次会议以来提案工作情况报告的决议》、《政协咸宁市第三届委员会第二次会议政治决议》。会议表彰了市政协三届一次会议优秀提案、提案办理先进单位及提案工作先进个人。

【首届国际温泉文化旅游节暨2009国际友谊小姐世界大会颁奖大会在咸宁举行】 2009年11月6日-9日，中国·咸宁首届国际温泉文化旅游节暨2009国际友谊小姐世界大会颁奖大会在咸宁举行。全国人大常委会副委员长热地、全国政协副主席陈宗兴、中共湖北省委书记罗清泉、湖北省人民政府省长李鸿忠、湖北省人民政府副省长田承忠，国家旅游局副局长祝善忠、中共咸宁市委书记黄楚平等出席节会。节会期间，各种活动丰富多彩。先后举行了大型鄂南民俗风情歌舞诗《梦寻咸宁》首演；“万人同浴温泉”活动，该活动经过公证机关公证，创“参与人数最多的同浴温泉活动”吉尼斯世界纪录。举行了中国·湖北咸宁首届国际温泉文化旅游节开幕式暨2009国际友谊小姐世界大会颁奖晚会。举办国际温泉旅游文化高峰论坛“建设中国温泉之都”投资说明会暨项目签约仪式，有196位客商参加签约仪式，现场签约合同项目40个，总金额185.25亿元，项目涉及机电、汽车、食品、医药、商务等行业。

2009年11月6日-9日，中国·咸宁首届国际温泉文化旅游节暨2009国际友谊小姐世界大会颁奖大会在咸宁举行 （吴照 供稿）

中共咸宁市委、咸宁市人大常委会、咸宁市人民政府、政协咸宁市委员会领导成员名录

中国共产党咸宁市委员会

书 记 黄楚平
副书记 任振鹤
常 委 周彩娟 胡立山 马世永 胡建华 李亚华 龙良文 陈树林 龚道安 王远鹤 胡新华 刘海军 黄剑雄 高新华

咸宁市人民代表大会常务委员会

主 任 黄楚平
副主任 佘泗林 林永生 陈鸿驰 陈 瑜 边一山

咸宁市人民政府

市 长 任振鹤
副市长 胡立山 李亚华 黄剑雄 夏亚灵 王汉桥 镇方松 毛宗福

中国人民政治协商会议咸宁市委员会

主 席 佘家驹
副主席 敖茂佑 杨荣才 吴鸣虎 胡毓军 毛世忠 骆传勇 郑 凌 孙基志

（咸宁市志办）

2009年2月3日-4日，中共仙桃市委七次代表大会第二次会议召开 （吴照 供稿）

仙桃市重要会议和重要活动

【中共仙桃市委第七次代表大会第二次会议】 2009年2月3日-4日，中国共产党仙桃市第七次代表大会第二次会议召开。会议主题是：全面贯彻落实中国共产党第十七次全国代表大会和中共十七届三中全会精神，深入学习实践科学发展观，总结两年来的工作，研究部署2009年的各项工作，动员全市上下坚定信心，迎难而上，坚持科学发展，奋力抢前争先，不断开创实力诚信生态和谐仙桃建设新局面。中共湖北省委组织部组织处处长雷邦贵出席会议并就在仙桃市开展党代会常任制试点工作讲话。中

共仙桃市委书记周霁代表中共仙桃市委在会上作《坚持科学发展，奋力抢前争先，不断开创实力诚信生态和谐仙桃建设新局面》的工作报告。会议审议并通过了《中共仙桃市委关于坚持科学发展，奋力抢前争先，不断开创实力诚信生态和谐仙桃建设新局面的工作报告的决议》、《中共仙桃市纪律检查委员会关于坚持改革创新，服务科学发展，扎实推进党风廉政建设和反腐败工作的工作报告的决议》、《党代会常任制配套制度的决议》、《市第七次党代会第二次会议提案审查报告》。

会议指出，要紧紧围绕打造实力诚信生态和谐新仙桃，突出抓好四项工作：要以增投入、调结构为主线，实现工业发展新跨越；要以增加农民收入为核心，巩固发展农业农村良好形势；要以文明城市创建为载体，坚定不移打造创业宜居型城市；要以改善民生为出发点和落脚点，推进社会事业全面发展。

【仙桃市第七届人民代表大会第五次会议】 2009年3月12日－14日，仙桃市第七届人民代表大会第五次会议召开。391名代表出席本次会议。出席仙桃市政协七届三次会议的全体委员列席了本次会议。会议听取并审议了仙桃市人民政府市长刘新池所作的《政府工作报告》。听取并审议了仙桃市人大常委会主任朱甫祥所作的《仙桃市人民代表大会常务委员会工作报告》、听取并审议了《仙桃市人民法院工作报告》和《仙桃市人民检察院工作报告》。会议印发并审议了《仙桃市2008年国民经济和社会发展计划执行情况与2009年计划草案的报告》、《关于仙桃市2008年财政预算执行情况和2009年财政预算草案的报告》。通过了《关于政府工作报告的决议》、《关于仙桃市2008年国民经济和社会发展计划执行情况与2009年计划的决议》、《关于仙桃市2008年财政预算执行情况和2009年财政预算的决议》、《关于仙桃市人民代表大会常务委员会工作报告的决议》、《关于仙桃市人民法院工作报告的决议》、《关于仙桃市人民检察院工作报告的决议》。会议补选李前程为仙桃市第七启人大常委会副主任。

【政协仙桃市七届三次会议】 2009年3月11日－13日，政协仙桃市第七届委员会第三次会议召开。338名委员出席本次会议。中共仙桃市委书记周霁在会上致辞。会议听取并审议了仙桃市政协副主席雷育武所作的市政协第七届委员会常务工作报告。仙桃市政协副主席杨建国向大会报告了七届二次会议以来的提案工作情况。会议通过了《政协仙桃市七届三次会议关于政协仙桃市第七届常务委员会工作报告的决议》、《政协仙桃市七届三次会议关于七届二次会议以来提案工作情况报告的决议》、《政协仙桃市七届三次会议关于提案审查情况的报告》、《政协仙桃市第七届委员会第三次会议政治决议》。会议表彰了2008年度仙桃市政协工作先进单位和先进个人、仙桃市政协七届二次会议以来的10件优秀提案、仙桃市“奖学济困”活动先进单位和先进个人。会议以无记名投票方式选举王德义为仙桃市政协主席。

【全国“万村千乡市场工程”现场会在仙桃市举行】 2009年9月22日－23日，全国“万村千乡市场工程”现场会在仙桃市举行。国家商务部部长助理房爱卿出席会议并讲话，湖北省人民政府副省长田承忠在会上致辞。与会人员实地参观了仙桃市物流连锁企业——湖北富迪实业有限公司物流配送中心和部分农家店。会议推广了湖北富迪在农村发展连锁经营的经验。会议指出，过去的几年间，“万村千乡市场工程”取得显著成效，农村现代流通体系建设政策环境不断改善、农村现代流通网络逐步健全、网络综合服务功能有效提升、农村商贸流通企业发展壮大、拉动农村消费效果显著。会议强调，各地、各部门扎实推进新阶段“万村千乡市场工程”要重点抓好5个方面的工作：要科学制定农家店发展规划，扩大农村连锁经营网点覆盖范围；要重点加强农村商品配送体系建设，提高农村流通网络物流效率；要积极拓展农家店经营范围，增强农村流通网络综合服务能力；要大力推进信息化建设，提升农村流通体系现代化水平；要注重发挥城市商贸流通企业骨干作用，培育农村流通体系建设主体。

【第六届全国中小城市连锁超市发展战略研讨会暨优秀品牌商品对接会在仙桃举行】 2009年6月10日－11日，由中国合作贸易企业协会、《名牌时报·超市周刊》、仙桃市人民政府联合主办的第六届全国中小城市连锁超市发展战略研讨会暨优秀品牌商品对接会在仙桃举行，来自全国各地的业界专家、企业家共400余人出席会议；有100余个零售企业及优秀品牌商品企业参会参展。会议围绕“生存与成长”的主题，重点讨论了宏观经济形势对零售行业、零售企业及其相关产业的影响，并据此深入探讨了中小零售企业应对危机的积极措施。国家商务部原部长助理黄海，中国连锁经营协会秘书长斐亮，著名经济学家、香港中文大学教授郎咸平等先后发表演讲。

【2009“恒迪建材杯”全国体操冠军赛在仙桃举行】 2009年7月24日－26日，由国家体育总局体操运动管理中心主办的2009“恒迪建材杯”全国体操冠军赛在仙桃举行。来自全国各地的24支代表队、200余名运动员参加比赛。本次比赛共设14个奖项，经过激烈角逐，江苏队童俊杰和贵州队肖莎分别获得男子全能冠军和女子全能冠军。四川队邹凯、陕西队张宏涛、广东队李鹏、广西队梁明声、江苏队朱天戈和广西队梁明声、八一队黄涛分别获得男子自由体操、鞍马、吊环、跳马、双杠、单杠冠军。天津队蒋彤、北京队何可欣、贵州队肖莎、上海队眭禄分别获得女子跳马、高低杠、平衡木和自由体操冠军。香港队石伟雄和广东队黄秋爽分别获得男女最受欢迎运动员奖；湖北省体操队和广东省体操队获得体育道德风尚奖。

中共仙桃市委、仙桃市人大常委会、仙桃市人民政府、政协仙桃市委员会领导成员名录

中国共产党仙桃市委员会

书　记　周　霁
副书记　刘新池　杜佐标
常　委　周谊群　余平辉　王军娥
　　　　李启斌　夏锡璠　邓　勇
　　　　严启方　李贵华　冯善元

仙桃市人民代表大会常务委员会

主　任　朱甫祥
副主任　柯楚河　罗国亮　刘平阶
　　　　江登斌　李前程　王选贤

仙桃市人民政府

市　长　刘新池
副市长　周谊群　李启斌　刘玲霞
　　　　郭生元　卫金磊　余文华
　　　　张红星　李裕先

中国人民政治协商会议
政协仙桃市委员会

主　席　王德义
副主席　雷育武　马水银　杨建国
　　　　张德萍　刘裕光

（黄爱高）

潜江市重要会议和重要活动

【中共潜江市委六届五次全体会议】 2009年1月11日，中国共产党潜江市第六届委员会第五次全体会议召开。全会由中共潜江市委常委会主持。会议听取和讨论了中共潜江市委书记朱汉桥代表中共潜江市委常委会所作的工作报告。中共潜江市委副书记、潜江市人民政府代市长张桂华代表潜江市人民政府党组就《2008年主要经济指标完成情况预计及2009年经济发展预期目标》向会议作了说明。会议审议通过了《关于潜江市2008年主要经济指标完成情况预计及2009年计划建议方案》和《关于进一步完善市委工作机制的实施意见》。会议审议通过了《中国共产党潜江市第六届委员会第五次全体会议决议》。

【潜江市第六届人民代表大会第四次会议】 2009年2月11日－14日，潜江市第六届人民代表大会第四次会议召开。314名人大代表出席了本次会议。出席潜江市政协六届三次会议的全体委员等列席了本次会议。中共潜江市委书记朱汉桥在会上发表讲话。会议听取和审议了潜江市人民政府代市长张桂华所作的《政府工作报告》，听取并审议了潜江市人大常委会副主任周启汉所作的《关于潜江市人大常委会的工作报告》，听取和审议了《市人民法院工作报告》、《市人民检察院工作报告》。会议通过了《关于政府工作报告的决议》、《潜江市2008年国民经济和社会发展计划执行情况的报告与2009年国民经济和社会发展计划的报告的决议》、《潜江市2008年财政预算执行情况的报告和2009年财政预算报告的决议》、《关于潜江市第六届人民代表大常务委员会工作报告的决议》、《关于潜江市人民法院工作报告的决议》《关于潜江市人民检察院工作报告的决议》。会议选举张桂华为潜江市人民政府市长，选举周少宏为潜江市人民检察院检察长。选举朱汉桥为湖北省第十一届人大代表。

【政协潜江市六届三次会议】 2009年2月11日－13日，政协潜江市第六届委员会第三次会议召开。中共潜江市委书记朱汉桥在会上致辞。听取和审议了潜江市政协第六届委员会主席刘祖寿所作的《政协潜江市第六届委员会常务委员会工作报告》、听取并审议了潜江市政协第六届委员会副主席刘晓英所作的《政协市第六届委员会常务委员会关于六届二次会议以来提案工作情况的报告》，全体委员列席了潜江市第六届人民代表大会第四次会议，听取并协商讨论了《政府工作报告》及其他报告。会议通过了《市政协六届三次会议提案审查情况的报告》、《市政协六届三次会议政治决议》、《市政协六届三次会议关于常委会工作报告的决议》、《市政协六届三次会议关于市政协六届二次会议以来提案工作情况报告的决议》。会议表彰了潜江市政协2008年度优秀提案和反映社情民意信息工作先进个人。

【全省党委中心组考评工作组在潜江检查考评】 2009年12月1日，中共湖北省委宣传部纪检组长闫青松率全省党委中心组考评工作组在潜江检查考评中共潜江市委中心组2008年至2009年理论学习情况。中共潜江市委常委、宣传部长尹本武代表中共潜江市委中心组作题为《围绕中心抓学习、指导实践促发展》的理论学习汇报。全省党委中心组考评工作组查看了中共潜江市委中心组学习文档、笔记；到市财政局、市民政局等基层单位组织民主评议，对中共潜江市委中心组的学习态度、理论素养、领导水平以及学习成果、推动工作等情况进行检查考核。工作组认为，中共潜江市委中心组理论学习，领导重视，形式多样，在解放思想、破解难题、推动各地各单位科学发展上取得实实在在的成效。同时，坚持理论联系实际，学以致用，推动了全市经济发展和社会全面进步。

【湖北省农垦土地整理暨流转工作现场会在潜江召开】 2009年4月14日，湖北省农垦土地整理暨流转工作现场会在潜江召开。会议总结交流了农场土地整理和流转工作的经验，研究部署了下一阶段工作。中共湖北省委常委、副省长汤涛出席会议并作重要讲话。湖北省农垦事业管理局局长阮英梓在会上作全省农垦土地整理和流转工作报告。与会人员参观考察了潜江市西大垸、运粮湖、周矶农场土地整理和流转现场。会议肯定潜江垦区在盘活土地资产、促进土地集并流转、开展农业招商、建设现代农业方面取得的成效。会议指出，全省各垦区要进一步认清形势，精心研究土地流转方面的问题，遵循"依法、自愿、有偿"的原则开展土地流转工作，将土地整理和流转工作提升到贯彻科学发展观、促进城乡经济社会一体化发展的高度上，强化农业基础地位，夯实农业生产基础，保障粮食等主要农产品供给。

中共潜江市委、潜江市人大常委会、潜江市人民政府、政协潜江市委员会领导成员名录

中国共产党潜江市委员会

书　记	朱汉桥		
副书记	张桂华	张宗光	
常　委	朱汉桥	张桂华	张宗光
	龚定荣	杨　遥	尹本武
	李　玲	罗茂文	魏友元
	王能荣	饶华军	庞银典

2009年2月11日－13日，中国人民政治协商会议潜江市第六届委员会第三次会议召开 （吴照　供稿）

潜江市人民代表大会常务委员会

主 任 刘明刚

副主任 周启汉 李从云 从维清
罗传斌 赵良栋 李金萍

潜江市人民政府

市 长 张桂华

副市长 张宗光 龚定荣 杨 遥
王能荣 郭 平 郑家荣
戴 明 肖红军 熊贤华

**中国人民政治协商会议
潜江市委员会**

主 席 刘祖寿

副主席 廖盛荣 朱华灿 蔡宗喜
刘晓英 李建平

（潜江市志办）

天门市重要会议和重要活动

【中共天门市委六届八次全体(扩大)会议】 2009年5月6日，中共天门市委六届八次全体(扩大)会议召开。天门市人民政府市长张爱国传达湖北省县域经济工作会议精神。会议就贯彻落实湖北省县域经济工作会议精神、加快天门市经济社会事业发展作了安排部署。中共天门市委常委、市纪委书记徐慢宣读《天门市"作风建设年"活动实施方案》。

中共天门市委书记别必雄主持会议并讲话。他指出，实现天门经济跨越式发展，要坚持解放思想不动摇，推进思想大解放，坚持在发展的实践中解放思想。要坚持"工业兴市"不动摇，推动工业大发展。要坚持以招商引资为中心不动摇，推动招商大突破。要坚持整治环境不动摇，推动环境大改善。

别必雄在会上强调，本次"作风建设年"活动的主题是"加强党性修养，弘扬新风正气"。本次"作风建设年"活动是加快天门经济社会跨越式发展的现实需要，是密切党群干群关系的必然要求，是打造一流干部队伍的重大举措，为推动经济社会全面发展提供有力保证。开展"作风建设年"活动，必须紧密结合实际，着力解决7个方面的问题：解决执纪不严、执行政策走样、自律不力的问题；解决党员干部精神状态不佳的问题；解决经济发展软环境不优的问题；解决群众反映强烈的突出信访问题；解决落实不力、效率不高的问题；解决奢侈浪费的问题；解决执行力不强的问题。确保"作风建设年"活动收到实效。推动天门经济社会实现跨越发展。

【中共天门市委六届九次全体(扩大)会议】 2009年7月14日，中共天门市委六届九次全体(扩大)会议召开。会议主题是：正确分析天门市经济社会发展形势，进一步统一思想，坚定信心，抢抓机遇，真抓实干，全面完成全年各项任务。会议审议并通过了中共天门市委常委会深入学习实践科学发展观活动的分析检查报告。中共天门市委书记别必雄、天门市人民政府市长张爱国在会上分别讲话。

市长张爱国在讲话中要求，要正确分析形势，增强保持经济社会平稳较快发展的信心和决心。2009年上半年，面对复杂的经济形势，全市上下深入贯彻落实科学发展观，紧紧围绕中共中央、中共湖北省委出台的一系列"扩内需、保增长、保稳定"的政策措施，集中精力，全力以赴保增长，全市经济呈现运行趋稳、发展趋好的态势。2009年下半年要突出工作重点，全面完成全年各项目标任务。要坚持"走出去，请进来"，锲而不舍地开展招商引资；要强化工业主导地位，促进工业经济平稳较快发展。要进一步加强"三农"工作，促进农业增产农民增收。要加快基础设施建设，完善城市配套功能。要加强财税征管，确保财政平稳运行。要保障和改善民生，切实维护群众利益。要增强政治责任感，维护社会稳定。要加强执政能力建设，狠抓各项工作落实。

市委书记别必雄在会上强调，全市各级党政干部要始终保持良好的精神状态，要做到"四有四讲(有目标、有赶超的志气、有信心、有激情；讲正气、讲责任、讲奉献、讲纪律)"，突出抓好事关全局的3件事：继续强力招商引资，培育新的经济增长点。扎实推进新农村建设，统筹城乡发展。全力抓好社会稳定，着力解决突出的治安问题。

【中共天门市委六届十次全体(扩大)会议】 2009年11月15日，中共天门市委六届十次全体(扩大)会议召开。中共天门市委副书记、天门市人民政府市长张爱国主持会议。中共天门市委书记别必雄向大会报告了中共天门市委常委会2009年以来的工作情况并在会上发表讲话。中共天门市委副书记刘杰就《中共天门市委关于贯彻落实党的十七届四中全会精神，进一步加强和改进新形势下党的建设的实施意见(审议稿)》作了说明。会议审议并通过了《中共天门市委关于贯彻落实党的十七届四中全会精神，进一步加强和改进新形势下党的建设的实施意见(审议稿)》。会议要求，要紧密联系实际，把党建工作的成效转化为促进经济社会又好又快发展的成果。要始终保持乘势而上抓发展的精神状态，集中精力实施项目攻坚，加快推进工业化进程，着力推进统筹城乡发展，着力改善和保障民生，着力维护好社会稳定，及时谋划2010年工作，做好"十二五"规划编制。

【天门市第六届人民代表大会第四次会议】 2009年2月12－14日，天门市第六届人民代表大会第四次会议召开。423名人大代表出席了本次会议。会议听取与审议了天门市人民政府市长张爱国所作的《政府工作报告》；听取和审议了天门市人大常委会主任雷圣祥所作的《天门市人大常委会工作报告》、天门市人民法院院长严新鹏所作的《天门市人民法院工作报告》、天门市人民检察院副检察长李序军所作的《天门市人民检察院工作报告》以及其他重要报告。会议通过了《关于政府工作报告的决议》、《关于天门市2008年国民经济和社会发展计划执行情况及2009年计划的决议》、《关于天门市2008年财政预算执行情况和2009年财政预算的决议》；《关于天门市人大常委会工作报告的决议》；《关于天门市人民法院工作报告的决议》；《关于天门市人民检察院工作报告的决议》。

【政协天门市六届三次会议】 2009年2月11日－13日，政协天门市第六届委员会第三次会议召开。353名政协委员出席本次会议。全体委员列席了天门市第六届人民代表大会第四次会议，听取并讨论了市政府工作报告。中共天门市委书记别必雄在会上致辞。会议听取并审议了天门市政协副主席王和平代表天门市政协第六届常务委员会所作的工作报告，听取并审议了天门市政协副主席魏开斌代表天门市政协第六届常务委员会所作的提案工作情况的报告。会议通过了《中国人民政治协商会议天门市第六届委员会第三次会议政治决议》，《关于政协天门市第六届二次会议以来常委会工作报告的决议》、《关于政协天门市第六届二次会议以来提案工作情况报告的决议》。

【全国十二城市(区)人大工作理论研讨会第十一次会议在天门市召开】 2009年9月27日，全国十二城市(区)人大工作理论研讨会第十一次会议在天门市召开，会议由天门市人大常委会承办。来自浙江省诸暨市、上虞市、温州市鹿城区，内蒙古呼和浩特市新城区、包头市东

南水北调中线一期引江济汉工程开工典礼现场　　　　　　（吴照　供稿）

河区，河南省郑州市二七区，黑龙江省佳木斯同江市，贵州省六盘水市钟山区、六枝特区，福建省福州市仓山区，湖北省神农架林区、天门市等十二个城市（区）的60余名人大工作者出席会议。天门市人大常委会主任雷圣祥主持会议。中共天门市委书记别必雄致开幕词。会议围绕坚持和完善人民代表大会制度，依法行使决定、监督、任免职权，加强人大常委会建设，充分发挥人大代表作用，服务和推进科学发展等进行了交流和理论研讨。天门市人大常委会在会上作《关于全面规范，不断创新，努力提高人大常委会会议质量》交流发言。

【南水北调中线工程汉江兴隆水利枢纽开工典礼在天门举行】 2009年2月26日，南水北调中线工程汉江兴隆水利枢纽开工典礼在天门市多宝镇鲍咀村举行。国务院南水北调办公室主任张基尧、副主任张野，中共湖北省委书记罗清泉，湖北省人民政府省长李鸿忠，中共湖北省委常委、省委秘书长李明波，湖北省人大常委会副主任刘友凡，湖北省政协副主席李佑才等出席开工典礼。中共湖北省委常委、副省长汤涛主持开工典礼。湖北省人民政府省长李鸿忠在开工典礼上讲话。李鸿忠指出，南水北调中线工程汉江兴隆水利枢纽是汉江中下游治理的关键性工程，是南水北调中线一期工程的重要组成部分。此项工程的开工建设，标志着南水北调中线一期的三大主体工程全部开工建设，标志着湖北省南水北调工作进入繁重艰巨的建设高峰期，标志着汉江流域开发进入重大机遇期。李鸿忠要求，全省上下一定要顾全大局，服务大局，支持大局，把南水北调工程特别是汉江中下游四项治理工程作为突出的重点，加大工作力度，加快建设步伐，在服务大局中消除调水不利影响，在综合治理开发中创造人水和谐的新境界。努力把南水北调中线工程汉江兴隆水利枢纽建成安全工程、优质工程、民生工程、廉洁工程。

南水北调中线工程汉江兴隆水利枢纽主要由泄水建筑物、通航建筑物、电站厂房、鱼道和两岸连接交通桥组成，坝轴线总长2 835米。工程静态总投资30.49亿元，总工期4.5年。

中共天门市委、天门市人大常委会、天门市人民政府、政协天门市委员会领导成员名录

中国共产党天门市委员会

书　记　别必雄
副书记　张爱国　刘　杰　徐　慢
常　委　别必雄　张爱国　刘　杰
　　　　徐　慢　王小平　李　华
　　　　刘元新　甘霞蓉　汪发良
　　　　廖鸿韬　方德宏　陈海洋
　　　　叶学农　董长麒　张宜贵

天门市人民代表大会常务委员会

主　任　雷圣祥
副主任　孔圣坤　万永太　张为书
　　　　戴开平　黄和平　胡利平

天门市人民政府

市　长　张爱国
副市长　王小平　汪发良　董长麒
　　　　宋君慧　熊泽军　张社平
　　　　王志鹏　李章波

中国人民政治协商会议天门市委员会

主　席　张爱国
副主席　王和平　周　斌　魏开斌
　　　　庞玉典　刘艺新

（天门市志办）

责任编辑　杨晓华
责任校对　孙明明

改革开放

概述

【概况】 2009年，武汉城市圈改革开放各项工作取得新的进展。

对外贸易呈现稳定发展的态势。武汉城市圈9城市共实现外贸进出口总额141.07亿美元，比上年下降17.2%，占全省外贸进出口总额的81.9%，其中，出口总额75.24亿美元，下降16.3%，占全省外贸出口总额的75.4%；进口总额65.83亿美元，下降18.3%，占全省进口总额的90.1%。武汉市实现外贸进出口总额114.73亿美元，下降18.2%，占城市圈外贸进出口总额的81.3%，其中，出口总额58.25亿美元，下降16.0%，占城市圈外贸出口总额的77.4%；进口总额56.48亿美元，下降20.1%，占城市圈外贸进口总额的85.8%。武汉城市圈特别是武汉市对全省外贸进出口的拉动作用明显。

深化投资体制改革，促进投资快速增长。2009年4月，湖北省人民政府出台《湖北省人民政府关于促进武汉城市圈投资增长的若干意见》，落实企业投资自主权，以放宽、搞活、提速、减负为核心，创造有利于投资的政策环境，形成投资持续快速增长的内生机制。并从当年起，每年集中3亿元资金，重点支持城市圈9个城市以改革创新引领建设发展的综合项目，以公开招标形式确定项目，以政府投入引导社会资金。配套推进财税金融、对内对外开放等方面的体制机制创新。在财税金融方面，相继出台了支持武汉城市圈“两型社会”建设财税和金融支持政策。湖北省财税部门深入开展地方税制改革课题研究，启动财产行为税改革试点工作，有关试点工作报告上报国家有关部门。城市圈金融一体化加快推进，武汉区域性金融中心初见雏形，已有20多个金融机构、4个外资银行在武汉设立了区域性总部或分行。中国人民银行、工商银行、农业银行、建设银行、交通银行、国家开发银行、招商银行、民生银行等在武汉设立或筹建全国性金融后台服务中心。武汉市商业银行获批更名为汉口银行，并在鄂州市设立分行。9月9日，武汉农村商业银行股份有限公司在武汉正式挂牌成立。在对内对外开放方面，武汉海关出台了推进武汉城市圈建设的十二条措施，与长江三角洲、珠江三角洲、海峡两岸经济区等区域海关及北京、杭州海关签订了区域通关合作协议，通关效率已达到沿海口岸水平。

【《关于促进武汉城市圈投资增长的若干意见》出台】 2009年5月12日，湖北省人民政府印发《关于促进武汉城市圈投资增长的若干意见》。《意见》主要包括扩大普通商品房、经济适用房和廉租房建设规模，加大城市圈民生领域、基础设施领域、现代服务业等15项投融资内容。

民生领域。《意见》提出对廉租房建设给予投资补助，推进武汉市和周边城市合作建设资源节约型和环境友好型的联合居住新城、示范居住小区。完善城镇房屋拆迁政策，科学实施旧城改造。

生态环境建设领域。《意见》提出重点支持武汉“大东湖”生态水网构建工程等项目建设，实施梁子湖、龙感湖、沉湖等重要湿地保护和生态修复工程。确保2010年县以上城市生活污水处理设施全部建成投入运行。

推动基础设施和基础产业建设领域。《意见》要求抓紧启动建设武汉机场三期、武汉新港等项目。搞好各种交通设施衔接，构建武汉至其他8市1小时交通圈、至周边重要城市2小时交通圈，力争到2012年，武汉城市圈综合交通网总规模达到7.95万千米，其中高速公路里程2 100千米、铁路里程1 768千米。

现代服务业领域。《意见》要求加快武汉王家墩中心商务区（CBD）建设，在汉口建设大道形成金融产业聚集区，在武昌洪山广场周边形成金融总部聚集区，把武汉建设成为华中地区金融中心。

此外，《意见》还对如何促进投资增长提出除国家法律、法规及省另有明确规定的外，省级与投资项目有关的审批权限，均下放给城市圈市、县政府；国家拟放在湖北省试点或开展省级试点的项目，可在城市圈进行的，优先安排；建立城市圈一体化招商引资平台等措施。

武汉海关工作人员现场检验到港集装箱货物　　（武鉴　供稿）

【中国保监会与湖北省人民政府签订《备忘录》】 2009年5月4日，中国保险业监督管理委员会与湖北省人民政府签订《关于推进武汉城市圈“两型”社会建设合作备忘录》。《备忘录》的主要内容有：支持武汉城市圈发展农业保险、商业养老保险、健康保险和责任保险等；支持保险企业优先在武汉城市圈设立区域性总部、后援服务中心、灾害中心等；开展保险产品、保险服务及保险销售渠道和营销模式的创新试点；优先将保险资金投资于武汉城市圈“两型社会”相关重点项目，投资于其他符合宏观经济政策和产业振兴计划的基础设施项目以及医疗机构和养老实体。湖北省人民政府相应承诺：确保每年省级财政对水稻、能繁母猪、奶牛、农房等保险的补贴比上年有所增长；对泥石流保险试点给予保费补贴。

（武鉴）

武汉市改革开放

【体制改革】 2009年，武汉市以建立比较完善的社会主义市场经济体制为目标，以转变经济发展方式为主线，以“两型社会”（资源节约型社会、环境友好型社会）建设综合配套改革试点为重点，围绕“两型社会”建设，全面深化综合配套改革试点，围绕建设服务型政府，全面深化行政管理体制改革，围绕转变经济增长方式，全面深化经济体制改革，围绕建设“和谐武汉”，全面深化社会领域改革，在一些重点领域和关键环节取得新的突破，推动了经济社会又好又快发展。

综合配套改革取得新进展。创新资源节约体制机制，着力构建大循环经济区，探索发展区域循环经济的新体制机制；节能减排激励约束机制进一步完善，65个重点企业节能减排工作有序进行；积极探索建立合同能源管理模式。推进节水型社会试点。创新生态环境保护体制机制，以构建大东湖生态水网为重点，积极推进水生态系统保护与修复的试点工作，进一步完善水生态环境保护和治理机制，武汉市成为全国10个水生态试点城市中第一个通过验收的城市；开展环境经济政策试点，环境污染责任险试点规模居全国前列，在青山区开展了企业环境行为评价试点；推进了环境问题防范机制、污染源监督机制和农村环保工作机制改革；排污费征收管理体制改革顺利实施；垃圾分类收集试点在中心城区全面推行；废旧电池回收处理环保模式走在全国前列。创新城乡土地管理体制，扩大城乡建设用地增减挂钩试点工作取得突破性进展，全年获批挂钩周转指标708.3公顷；建立了全市统一的土地有形市场；积极推进中心城区土地储备试点，完善土地储备管理制度；拟订了《武汉市农村土地产权制度改革与建设试点总体工作方案》。年内，武汉市被列为全国首个综合交通枢纽研究试点城市。

继续深化经济体制改革。国有企业改革向纵深展开。继续深化武汉商联（集团）股份有限公司、武汉重工集团有限公司等“武字头”大企业的改革改制，推动武汉国有资产经营公司、武汉经济发展投资集团有限公司等国有资本营运机构大力开展资本运作，基本完成市属8个困难国有企业和61个集体企业改制工作。

投融资改革迈出新步伐。新组建4个市级专业投融资平台、12个区级投融资平台，初步形成了市、区两级相协调，综合性与专业性相结合，多层次、多领域相互支撑的投融资平台体系。积极探索资产证券化，武汉经济发展投资集团有限公司利用舵落口货场资产参与了长江投资实业股份有限公司定向增发。中小企业融资渠道进一步拓宽。全年新增中小企业贷款460亿元，市、区两级担保机构实现中小企业融资担保102亿元。继续推进小额贷款公司试点工作，新成立12个小额贷款公司。中小企业上市取得新突破，武汉光迅科技股份有限公司、武汉南国置业股份有限公司在中小企业板挂牌，武汉中元华电科技股份有限公司成功申报创业板并上市。截至年底，全市上市企业达到36个。

武汉区域性金融中心建设扎实推进。出台支持区域金融中心建设的政策意见，新引进7个境内外金融机构，16个全国性金融机构在光谷金融港兴建后台服务中心。积极推进本地金融机构改革发展，组建武汉农村商业银行，汉口银行跨省设立分行。

财政管理体制改革进一步推进。部门预算改革步入规范化、科学化、制度化轨道。初步建立国库集中支付动态监控系统框架，进一步完善了公务卡管理制度。实行收费、基金公示制度和收费收入分类规范管理，整体推进全市收支两条线改革。充分发挥政府采购政策功能，实施扶持本地名优产品和自主创新产品的政府采购政策。

农村产权制度改革取得积极进展。土地流转和规模经营加速推进，全年新增土地流转面积2.2万公顷。武汉农村综合产权交易所交易金额达18.16亿元。农村土地经营权抵押贷款取得突破，在10月26日的试点启动仪式上，3个农业企业以土地经营权为抵押物，获得1 400万元银行贷款。农业政策性保险范围不断扩大。汉南区城乡一体化试点积极推进。集体林权制度改革不断深化，明晰产权工作全面完成，基本实现了“山有其主，主有其权”的目标。年内，正式启动了9个城中村、城郊村、园中村集体资产产权制度创新试点工作。

涉外经济体制改革不断推进。武汉东西湖保税物流中心逐步建立和完善保税仓储、国际物流配送、进出口贸易和转口贸易、进口商品保税、出口商品退税等功能。该中心自3月封关运行后累计办理进出口货物3 000余票，通关货运量3

国家对外开放港口——阳逻港 （武鉴 供稿）

位于汉口建设大道武汉金融一条街的中国人民银行武汉分行营业管理部　（武鉴　供稿）

万余吨，总货值5亿美元，征收税款1.83亿元人民币，成为国家扩大试点后首个关税超过1亿元的保税物流中心。启动武汉东西湖保税物流中心与阳逻港的“区港联动”试点，实现从东西湖保税物流中心“出口”的集装箱由阳逻港直航上海洋山港，成为湖北全省“区港联动”快速通关模式下的第一个国际物流大通关实例。

社会领域改革不断深化，取得良好成效。深化科技体制改革。东湖新技术开发区被国务院批准为全国第二个国家自主创新示范区，武汉市被授予“国家创新型试点城市”称号。积极探索建立科技投融资体系，成立湖北省首个专为科技型中小企业融资的科技银行光谷科技银行。落实科技创业投资引导基金4 500万元，并出资2 000万元，新设首期规模合计2亿元的武汉硅谷天堂阳光创业基金和汉融科技创新股权投资基金。科技保险试点工作取得阶段性成果，在保险业服务创新型城市建设方面进行了有益探索。孵化创新服务体系不断完善，开展科技企业加速器试点，大力推进十大科技创业孵化示范基地建设，探索三级孵化体系建设。

教育体制改革继续深化。义务教育经费保障机制和办学体制不断完善，高中课程改革稳步推进，华中师范大学第一附属中学、武汉市第二中学、武汉钢铁集团公司第三子弟中学和湖北省武昌实验中学试行网上自主招生，积极探索教师培训服务外包和中小学后勤服务社会化。

积极推进文化体制改革。8个市直文艺院团新一轮改革全面启动，武汉市豫剧团、武汉市越剧团、武汉市评剧团转企改制全面实施，公益性文化事业单位内部改革和自收自支文化企事业单位改革进一步深化，武汉市文物商店改革积极推进。

启动深化医药卫生体制改革工作。召开深化医药卫生体制改革工作会议，公布了《武汉市深化医药卫生体制改革实施方案》。

深化就业和社会保障体制改革。进一步完善就业创业扶持政策，实施全民创业五大扶持行动，加快推进创建国家级创业型城市工作。全年城镇新增就业14.5万人，下岗失业人员再就业5万人，帮扶困难群体就业1.65万人，转移农村劳动力6.52万人。积极推进新型农村社会养老保险和被征地农民社会保障改革，出台《武汉市新型农村社会养老保险试行办法》，确定在汉南全区和蔡甸区、江夏区、黄陂区、新洲区的12个街道（乡镇）开展新型农村社会养老保险试点，年内参保人员5万人，稳步推进城镇居民医疗保险改革，全市82万名在校大学生被纳入居民医疗保险范围。妥善解决困难群体的医疗保险问题。年内，城镇职工基本养老保险新增参保人员13.5万人，基本医疗保险新增参保人员21万人，失业保险新增参保人员10.2万人，工伤保险新增参保人员21.5万人，生育保险新增参保人员20.4万人。

行政管理体制改革取得新的突破。基本完成政府机构改革阶段性任务。7月30日，武汉市人民政府召开机构改革动员大会，正式启动实施全市自改革开放以来的第六次政府机构改革，积极探索权责一致、分工合理、决策科学、执行顺畅、监督有力的大城市行政管理体制，努力把武汉市建设成为全国“行政效率最高、行政透明度最高、行政收费最少”的城市之一。通过改革调整，武汉市人民政府直属的行政机构由56个精简至46个（含市政府驻北京办事处、驻上海办事处、驻广州办事处），精简幅度达17.9%；武汉市人民政府直属的具有行政职能的事业机构由12个精简至9个，精简幅度达25.0%。与此同时，区级政府机构改革顺利进行，事业单位分类改革试点稳步开展。

【对外交流】　2009年，武汉市围绕“开放先导”战略的实施，坚持“引进来”与“走出去”并重，不断拓展对外开放的广度和深度，拓宽开放合作的领域和范围，各项工作取得新的进展。全年派出因公出国（境）团组707批2 876人次，其中为武汉市“两型社会”建设及重大经贸项目服务的团组比上年批次增加15.4%，人次增加13.7%。全年共接待外宾157批1 494人次，接待来访的外国政府、企业高层团组30多批，仅外事部门就办理邀请20余个国家和地区的外国人来华785批1 209人次。年内，全市召开友好城市工作协调小组会议，进一步整合外事资源，精心安排多项重大外事活动，提供信息，引介重大经贸项目，深化对外及港澳经贸、文化、教育、科技、卫生等领域的务实合作。全年执行引进国外技术、管理人才项目30个，引进国外专家145余人次；派出培训28项，培训348人次。2009年，武汉市对外友好协会获得全国对外友好协会颁发的首届“人民友谊贡献奖”。

对外友好交往工作取得明显绩效。全年市领导率团出访28批次，在宣传湖北武汉、扩大经贸合作、促进友好交往等方面取得积极成果。中共湖北省委副书记、武汉市委书记、武汉市人大常委会主任杨松率团访问美国、墨西哥，在美国举行武汉与美国湾区华人华侨人才交流与合作恳谈会，与哥伦布市签订了友好合作关系谅解备忘录。武汉市人民政府市长阮成发率政府代表团访问日本、新西兰和以色列，与以色列阿什杜德市签署友好合作备忘录，推进了双方友好合作关系的发展。武汉市政协主席叶金生率团出访欧洲，巩固了武汉市与欧洲友城间的交往，并就环境保护、农业、文化等方面合作项目进行了交流洽谈。全年先后接待德国前总理施罗德、德国前国防部部长鲁道夫·沙尔平、法国前总理拉法兰、澳大利亚贸易部部长亚历山大·唐纳等高官；土耳其伊兹密尔省省长克拉契、荷兰海尔德兰省省长康尼尔杰、瑞典博伦厄市市长尼尔斯、德国杜伊斯堡市市长阿道夫、荷兰阿纳姆市市长奎克、毛里求斯路易港市市长迈汉德拉等10多位地方政府首脑，德国、法国、荷兰、比利时、瑞士、土耳其等10国驻华使节；日本瑞穗实业银行总裁、德国巴斯夫公司总

2009年7月23日，由中国人民银行武汉分行营业管理部主办的武汉城市圈“金融知识展板漂流”启动仪式在硚口区易家墩街举行　（武鉴　供稿）

裁、德国海瑞克股份公司总裁、荷兰荷隆美集团公司总裁、美国戴蒙德公司总裁等10余位企业高层人员。

截至2009年底，武汉市已与16个外国城市建立友好城市关系，与14个外国城市建立友好交流合作关系。为进一步整合全市外事资源，12月21日，武汉市召开国际友好城市工作协调小组会议，讨论了《武汉市国际友好城市协调工作小组章程》，进一步明确新时期友好城市工作的发展思路。全年共有12个友好城市派团访汉，双方在经济、文化、教育、科技等领域开展一系列交流活动，大部分还互签了年度交流协议。日本大分市以两市结好30周年为契机，组织“友好之翼”100余人乘包机访汉，举办结好30周年座谈会，武汉市组团赴大分市进行友好访问，举办武汉名品展示会、武汉投资说明暨经贸洽谈会、小学生足球友谊赛、两市互办城市风光摄影展等活动，推动两市进一步交流合作。德国杜伊斯堡市在汉举办投资环境说明会暨经济合作洽谈会。年内，武汉市与印度加尔各答市、毛里求斯路易港市、美国俄亥俄州府哥伦布市、以色列阿什杜德市签署建立友好合作关系备忘录，与土耳其伊兹密尔市、菲律宾马蒂市、沙特吉达市等就建立友好合作关系达成共识。马来西亚旅游部部长黄燕燕访汉期间，与武汉市探讨开通直航事宜，并推荐槟城作为武汉市友好城市。

【招商引资】　2009年，武汉市坚持实施开放先导战略，积极搭建引资平台，精心组织招商活动，有效承接了国内外产业转移。全年全市新批利用外资项目146个，合同外资44亿美元，比上年增长8.1%。重点组织和参与了鄂京（环渤海）经贸洽谈会、第四届中国中部投资贸易博览会、鄂港粤（珠三角）经贸洽谈会、第十三届中国国际投资贸易洽谈会、第十届中国国际机电产品博览会等招商引资活动，共签订外资项目38个，签约总金额7.04亿美元。实行项目责任制，推动一批外资项目取得实质性进展，力宝集团绿色照明、新加坡恒阳石化物流、法国罗盖特公司生物营养制品等项目落户武汉；世茂主题公园、渣打银行、日本名幸三期等项目进展明显。全年累计批准三资企业5 434个，增加127个，在汉投资的世界500强企业达77个，比上年增加3个。全年引进内资388亿元，增长15.0%，引进投资规模在10亿元以上的项目161个，增加19个。

以发展总部经济为重点，加大招商引资力度，拓展了产业合作领域。开展经贸洽谈活动，搭建引资合作平台。组织企业和相关部门参加鄂京（环渤海湾地区）经贸洽谈会、第四届中国中部投资贸易博览会自主创新与区域经济发展研讨会、鄂港粤经贸洽谈会、中国（西安）东西部合作与投资贸易洽谈会、第十届青海投资贸易洽谈会、第二十届哈尔滨国际贸易洽谈会、中国·吉林东北亚投资贸易博览会等各类招商推介活动，积极为企业和相关部门搭建引资合作平台，推动武汉企业走出武汉；广泛邀请东部沿海发达地区和中西部地区企业参会参展，宣传武汉招商引资优势，推介合作领域及项目，吸引外地企业来汉投资兴业。

积极承接沿海产业转移，加大产业引进力度。武汉市人民政府驻京办事处联合邀请由100余个单位组成的北京经贸考察团来汉洽谈合作项目活动，共达成合作及投资意向77个。组织和邀请沿海发达地区企业来汉考察投资。年内，与深圳知名企业投资考察团达成了精武路改造、中央商务区建设、垃圾处理等21项合作及投资意向，投资协议金额23亿元；与广东省驻汉办事处联合组织东莞家具行业来汉投资恳谈会，签约金额75亿元；东莞家具整体入驻中国家具CBD国际批发城；协助江苏省、广东惠州分别在汉举办“江苏产品万里行”活动和惠州产品展销会。

建立和落实招商签约项目责任制。加大项目的跟踪、协调和推进力度，实行市、区（开发区）两级管理，将投资总额5亿元以上的内资项目列为市级重大项目，由市、区（开发区）统筹协调解决有关问题。定期或不定期召开有关区（开发区）经济协作部门负责人座谈会，对重大项目进展情况逐一进行研讨，推进项目健康有序进展。

以总部企业引进为重点，大力发展总部经济。武汉市人民政府下发《关于加快总部经济发展的若干意见》后，制定了《2009年全市发展总部经济工作方案》，编印了《武汉市发展总部经济政策汇编》和《总部企业在武汉》宣传册，积极为外地总部企业来汉开通“绿色通道”，提供高效、便捷的服务。全年已有武汉硅谷天堂阳光创业投资有限公司、武汉光谷微电子股份有限公司、武汉万达广场投资有限公司等10个总部企业落户武汉，台湾冠捷科技集团、中铁科工集团有限公司、百威英博啤酒亚太研发中心等3个本地企业发展壮大升级为总部企业。10月18日，第五届中国总部经济高层论坛在武汉市举行。年内，由中国总部经济研究中心发布《2009~2010年中国总部经济发展报告》，武汉市综合发展能力由“第二能级城市”提升到“第一能级城市”，成为中部地区唯一的“第一能级”城市。

【对外贸易合作】　2009年，武汉市采取有效措施，促使对外贸易形势缓慢回升、止跌企稳。全年全市实现外贸进出口总额连续第二年突破100亿美元，其中，一般贸易出口26.73亿美元，比上年下降37.5%；加工贸易出口27.84亿美元，增长19.0%。在出口产品中，机电产品出口

39.55亿美元,增长2.8%;高新技术产品出口17.38亿美元,下降1.5%。出口国别和地区达184个。制定"抓大促小"、"一企一策"的策略,推动武汉钢铁(集团)公司、冠捷显示科技(武汉)有限公司、东风汽车股份有限公司、中国长江航运集团等重点企业保持国际市场份额。加大企业服务力度,积极协调海关、国家税务、外贸管理、检验检疫、出口信贷保险等部门,为重点出口企业以及一批具有较好成长性的出口型高科技企业提供优质快捷服务,通过银贸、险贸对接会,有效地畅通了中小企业、外贸企业融资保险通道,及时化解其生产经营和贸易融资中的困难与问题。加强外贸风险防范工作,积极应对国际贸易壁垒,指导外贸企业应诉国际贸易摩擦,并取得明显成效。完善参展政策,鼓励外贸企业积极参展境内外展会。重点组织赴东非、东欧、德国、美国、韩国等地的经贸交流合作,在保持美国、欧洲、日本传统市场的同时,不断扩大中东、拉丁美洲、非洲、中东欧、大洋洲等新兴市场的出口份额与合作。帮助企业主动开拓市场。组织外贸企业和大型连锁批发企业参加国内出口商品内销展对接会,拓展内需市场,进一步推动内外贸一体化建设。

【与港、台交流合作】 2009年,武汉市与香港、台湾地区交流取得新进展。

武汉市与香港经贸文化活动开展得有声有色。5月8日~12日,协助香港贸易发展局在汉举办香港时尚购物展,包括服装、电器、珠宝、钟表、家具用品在内的200余个香港企业来汉参展,并举行了8场商贸洽谈配对会。同时,香港贸易发展局总裁林天福携其全球40余个办事处首席代表及香港企业界人士来汉洽谈采购东风电动汽车等项目。6月11日~16日,湖北省、武汉市共同组团赴港举办鄂港经贸洽谈会,签署了《深化鄂港两地战略合作》框架协议。

推动全市各部门、各单位扩大对台湾交流,推动旅游部门积极组织居民赴台湾旅游,增进民间往来。全年办理各类公务赴台考察团109批次,共1 011人次;全市居民赴台湾旅游人数突破2万人,台湾居民来汉旅游人数突破6万人。年内,武汉市农业、教育、青少年等均组织了100余人的大团组赴台湾交流。

对台经济工作形成良好的发展局面。截至年底,全市累计注册台资企业近900个,其中在汉投资的台湾大企业、大财团40余个,涉及光电子、汽车、化工、机械制造、农产品生产加工、饮食、房地产以及现代农业、现代服务业等多个领域,投资总额约33亿美元,实际利用台资约18亿美元。

以"两区两园"建设为依托,构建台商投资密集区总体框架。武汉经济技术开发区、东湖新技术开发区、吴家山台商工业园、黄陂台湾农民创业园已成为武汉市对台招商引资的重要平台。加大对"两区两园"的政策支持。1月,武汉市人民政府台湾事务办公室向市政府上报《关于做大做强东西湖吴家山台商投资区的几点建议》;2月,武汉市人民政府常务会议通过《关于促进吴家山台商工业园区发展的若干意见》。加大对"两区两园"的推介和台资项目引进力度。6月,武汉市人民政府台湾事务办公室会同东西湖区人民政府接待了全国台湾企业联谊会第六次会长(扩大)会议,积极推动全国台企联工业园落户东西湖区。台湾建达国际股份有限公司、台湾威盛电子有限公司拟投资8亿元,在东湖新技术开发区建设存储技术研发中心;台湾桃园县农会与武汉市农业科学技术研究院达成投资1亿元的合作项目;全国台企联会长张汉文投资3亿元,拟将其设在广东省东莞的富华鞋业有限公司整体搬迁至吴家山台商工业园。

(武鉴)

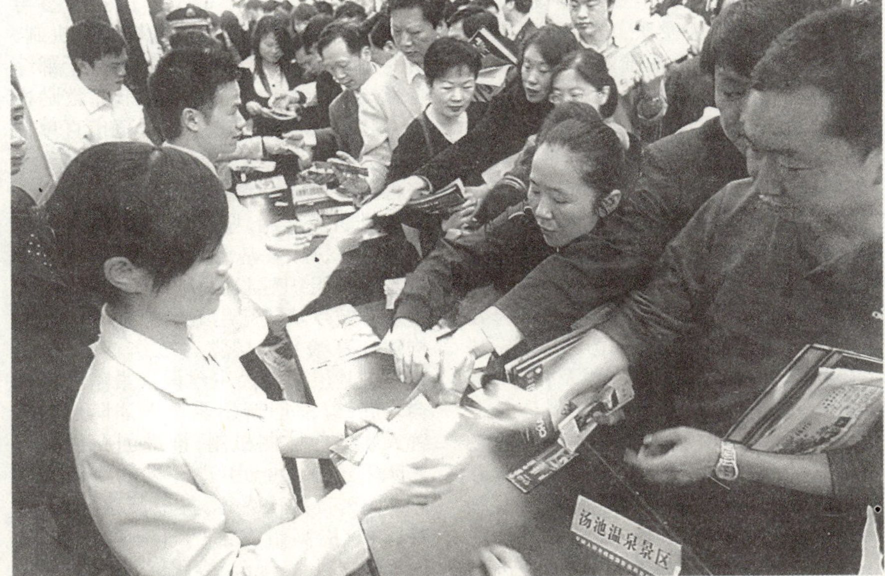

2009年,武汉城市圈旅游资源进一步融合。图为孝感市汤池温泉景区工作人员向武汉市民发放旅游优惠券 (武鉴 供稿)

黄石市改革开放

【体制改革】 2009年,黄石市各项体制改革工作取得新的进展。

铁山区机构改革试点顺利实施。2009年3月20日,中共黄石市委办公室、黄石市人民政府办公室下发《关于印发<铁山区机构改革试点方案>的通知》。按照转变职能、科学发展;理顺关系、权责一致;优化结构、明确责任的基本原则,调整整合了铁山区区委、区政府机构及相关事业单位和人大、政协机关及群团组织的机构,撤销鹿獐山街道办事处、铁山街道办事处,将37个党政群机构撤并为25个,44个事业单位整合为21个,16个社区合并为9个。机构调整后,人员编制均维持区直机关(含街办)现有行政编制134名不变,原区司法局专项政法编制13名保留。区直部门领导职数核定仍按2001年核定职数执行。

加快东方山风景区管理体制改革。2009年7月24日,中共黄石市委、黄石市人民政府下发《关于东方山风景区管理体制改革的若干意见》,决定进一步加快东方山风景区开发建设步伐,按照"统一规划,分步实施,政府推动,市场运作,封闭运行,滚动开发"的原则,在保持现行行政区划不变的情况下,深化东方山风景区管理体制和投融资体制改革,力争3年内将东方山风景区建成国家4A级旅游风景区,5年内争创国家5A级旅游风景区。在管理体制上,成立东方山风景区管理委员会,明确为副县级事业单位,作为市人民政府的派出机构,专门负责《东方山风景区总体规划》的实施工作。规划管理面积18.6平方千米,涉及东方山街道办事处5个行政村(管山村、官塘村、占本六村、占爱宇村、张家湾村),老下陆街道办事处杨家山村,新下陆街道办事处冶炼路社区，铁山区熊家境村，黄石国家矿山公园区域。在投融资体制上，组建黄石市旅游投资公司，由黄石市城市建设投资公司、下陆区、铁山区三方出资，首期资金5 000万元，同时将东方大道、东景路划为该公司资产，黄石市旅游投资公司为独立的市场主体，接受政府有关部门的监督管理。支持弘化禅寺成立黄石市东方世界投资发展有限公司，自主建设东方世界主体景点。在配套政策上，落实投融资政策，吸引外资参与开发建设，享受招商引资有关优惠政策，鼓励社会各单位或个人参与东方山风景区的开发建设；落实项目建设政策，景区范围内旅游、房地产等开发建设项目，均按国家和湖北省关于风景名胜区内项目特许经营管理的规定审批，并享受市委、市政府出台的有关项目建设的全部优惠政策；落实土地政策，景区范围内景点建设所需土地，土地出让金、耕地占用税、契税等收益，全部专项用于风景区基础设施建设及向银行贷款融资时项目资本金的出资。落实拆迁还建补偿政策，景区控制性规划内集中还建的，在还建点的规划选址、手续报批等环节上开辟"绿色通道"，免除住宅还建中的市级行政性规费，纳入拆迁范围农民拆迁安置后全部转为城市居民，按政策办理养老、医疗保险，凡符合条件的纳入最低生活保障对象，妥善解决好景区内拆迁户的生产生活问题。落实门票管理政策，调整风景区门票价格，由旅游投资公司统一制作出售，收入单独列账。

2009年5月8日，黄石市重点招商引资项目——黄石市生活垃圾焚烧发电厂举行奠基开工仪式

（黄石市志办　供稿）

加快医药卫生体制改革步伐。2009年12月15日，中共黄石市委、黄石市人民政府《关于印发〈黄石市深化医药卫生体制改革实施方案〉的通知》，确立了医药卫生体制改革的指导思想、基本任务和总体目标，并提出了主要措施，即加快推进基本医疗保障制度建设。建立覆盖城乡居民的基本医疗保障体系，建立城镇职工医保、城镇居民医保、新农合和城乡医疗救助共同组成的基本医疗保障体系，分别覆盖城镇就业人口、城镇非就业人口、农村人口和城乡困难群体；继续扩大基本医疗保障覆盖面，到2011年，城镇职工医保、城镇居民医保参保率均提高到90%以上，新农合参保率稳定在90%以上；提高基本医疗保障水平，2010年，各级财政对城镇居民医保、新农合的补助标准提高到每人每年120元，适当提高个人缴费标准；规范基本医疗保险基金管理，合理控制城镇职工医保、城镇居民医保、新农合基金结余；完善城乡医疗救助制度，到2011年底，基本建立起资金来源稳定、管理运行规范、救助效果明显、服务方便快捷的医疗救助制度；提高基本医疗保障管理服务水平。初步建立基本药物制度。初步建立基本药物供应保障体系，根据国家基本药物目录及湖北省基本药物品种和数量，合理确定全市基本药物品种、数量并定期调整、更新，建立健全基本药物集中公开招标采购配送制度，加强药品质量和价格监管；优先选择和合理使用国家基本药物，从2009年起，政府举办的基层医疗卫生机构全部配备和使用基本药物，至2009年底，基本药物全部纳入基本医疗保障药品报销目录。健全基层医疗卫生服务体系。加强基层医疗卫生机构建设，建立健全以县级医院为龙头，以乡镇卫生院为枢纽、村卫生室为基础的农村三级医疗卫生服务网络；加强基层医疗卫生队伍建设，制定和实施全市医疗卫生人才队伍建设规划；改革基层医疗卫生机构补偿机制，基层医疗卫生机构运行成本通过服务收费和政府补助来补偿；转变基层医疗卫生机构运行机制，为城乡居民提供安全有效的低成本服务。促进基本公共卫生服务逐步均等化。基本公共卫生服务覆盖城乡居民，至2011年，基本公共卫生服务项目得到普及；稳步推进重大公共卫生服务项目；加强公共卫生服务能力建设；加强公共卫生服务经费保障，2009年人均基本公共卫生服务经费标准不低于15元，2011年不低于20元。推进公立医院改革试点。改革公立医院管理体制、运行和监管机制；推进公立医院补偿机制改革，加快形成多元办医格局。

组织工作改革创新取得实效。2009年8月19日，中共黄石市委下发《关于坚持以科学发展观为指导进一步推进组织工作改革创新的意见》。《意见》明确提出，着力提高领导水平和执政能力，把各级领导班子建设成为领导科学发展的坚强集体。认真抓好深入学习实践科学发展观活动，促使各级党组织牢固树立科学发展的意识，着力破解发展难题，扎实办一些群众看得见、摸得着的利民惠民之事。落实"严格、宽阔、科学、管用"选人用人要求，努力建设结构合理、充满活力的高素质干部队伍。着力提高选人用人公信度，扩大干部工作民主的参与范围；建立健全干部实绩考核评价机制，研究制定市直领导班子以及领导干部综合考核评价办法；建立完善干部激励机制，制定下发《关于进一步规范市直单位非领导职务设置有关问题的意见》，逐步完善公务员工作激励机制；充分发挥干部监督职能作用，坚决整治用人上不正之风。坚持抓好基层、打牢基础，大力推进基层党组织建设。认真落实《关于推进统筹城乡基层党建工作的意见》，加快构建统筹城乡基层党建工作新格局；稳步推进基层党内民主建设。紧贴经济社会发展，建设创新创业型人才队伍。完善人才工作体制机制，推进创新创业人才队伍建设，重点引进一批创新创业人才和海外高层次人才，打造黄石市"人才特区"。提高组织部门自身建设水平。逐步建立科学、规范、协调、高效的机关工作运行机制。

国有企业改革取得新进展。黄石市

一棉纺织公司、黄石康达纺织有限公司等3个企业战略性重组基本完成,异地重建全面启动。黄石市宏扬工贸有限责任公司等企业政策性破产依法推进。实施改制企业“回头看”工作,帮助黄石市宏扬工贸有限责任公司等企业争取政策性资金1.5亿元,逐步解决债权债务、职工安置等遗留问题。

林权改革继续深入。至年底,全市完成确权到户面积16.03万公顷,占确权总任务的95.9%,主体改革任务基本完成。积极探索和启动林权配套改革,年内成立1个森林资源资产评估机构,完成资产评估40宗,资产评估总价值2 500多万元,林权抵押贷款17宗,抵押贷款总额260多万元;开展森林保险4 000公顷,保额达3 000多万元。林权改革的优惠政策吸引一大批返乡农民工回乡创业,对农民增收的贡献率达到20%以上。

【对外交流】 2009年,黄石市对外交流工作跃上新的台阶。

做好友好城市工作。9月21日-23日,以黄石市人民政府市长杨晓波为团长的中国人民对外友好协会代表团一行6人,对南美洲厄瓜多尔共和国瓜亚斯省及其首府瓜亚基尔市进行友好访问。瓜亚斯省省长、副省长和瓜亚基尔市市长、市议会主席分别会见杨晓波一行。23日,杨晓波与瓜亚基尔市长海梅·内博特·萨迪、市议会主席米盖尔·埃尔南德斯·德兰在瓜亚基尔市政厅共同签署《中华人民共和国湖北省黄石市与厄瓜多尔瓜亚基尔市友好合作协议书》。11月,瓜亚斯省政府代表团访华期间特地来黄石考察访问。黄石与新西兰纳尔逊和德国罗特威尔县友城交流有新进展。罗特威尔县与黄石市的经贸交流有新进展,黄石市全年向罗特威尔县出口5 000万元。11月,新西兰纳尔逊市首席执行官来黄石进行正式访问。黄石与日本关市之间的企业合作继续顺利推进。年内,黄石市先后接待香港美亚电力公司董事长一行5人、法国欧洲氢能公司总裁一行5人、马来西亚高教部一行11人等重要代表团来黄石考察访问。

全年全市共办理因公出国(境)团组69批178人次。交往对象遍及世界几十个国家和地区。为更好地服务企业人员“走出去”,积极争取湖北省外事办公室支持,黄石17个企业(含7个民营企业)纳入全省出国审批“直通车”的范围。通过网络宣传外事政策和知识,鼓励和支持有关企业申办APEC商务旅行卡。全年共为企业签发10份来华签证通知函电,邀请16名国外客商来黄石洽谈、培训。全年接待旅游人数517.6万人次。

【招商引资】 2009年,黄石市共实施招商引资项目277个,总投资662.4亿元,其中,新签约项目85个;新开工项目80个,总投资168.9亿元,当年投资额31.1亿元;竣工项目65个,总投资72.3亿元;续建项目47个,总投资176亿元,当年投资额35.6亿元。从产业类别来看,工业项目195个,农业项目28个,商业项目43个,旅游项目11个。从投资规模来看,投资额在10亿元以上项目12个、过1亿元项目159个。截至年底,总投资28.8亿元的大冶电力设备工业园项目、总投资10亿元的光伏建筑一体化项目等一批重大项目完成签约,投资2.1亿元的不锈钢生产项目、投资1.5亿元的华新余热发电项目等已经竣工,进一步增强黄石市经济社会发展的后劲。

【对外贸易合作】 2009年,黄石市实际利用外资3.45亿美元,比上年增长12.2%,新批外商投资项目13个,完成目标值的130%。外商投资企业投产率、外商投资企业参检率分别达到65.4%和79.6%。利用外资渠道进一步拓宽,利用外资投资国家(地区)超过30个。利用外资结构趋于合理,新批准的外商投资企业中,现代服务业和现代制造业企业达到33.3%。

全市对外贸易结束高速增长的态势,出现高位回落。全年累计完成进出口总额11.47亿美元,比上年下降18.6%,其中,完成出口总额4.73亿美元,下降33.3%,完成进口总额6.74亿美元,下降3.7%。从出口企业来看,全市有出口实绩的82个企业中,42个企业出口额增长,40个企业出口额下降,且增长企业以新增出口企业居多。从行业来看,冶金业、机电业等出口重点行业受到冲击最大,其中,冶金行业全年出口9 566万美元,下降71.1%;机电行业全年完成出口10 841万美元,下降20.6%。

全年全市对外承包工程业务已发展到10个国家,全年完成境外工程承包额8 428万美元,完成全年目标值105.5%;对外输出劳务1 763人,完成全年目标值的267.1%。境外直接投资有新的突破,大冶有色金属公司投资2 487万美元收购英属维京群岛中时发展有限公司49%股权,获得国家商务部批准,是黄石市改革开放以来最大的境外投资项目;黄石市十五冶金源建筑安装有限公司参股缅甸达贡山镍矿的经营,积极探索实行工程承包和参股经营一体化。

【与台交流合作】 2009年,黄石市新增台资企业4个,新增台资6 830万美元;洽谈跟踪项目42个;参与湖北台湾周、鄂港粤经贸洽谈会等大型经贸活动4次,承办对台招商投资说明会1次;赴外开展招商11次;接待台商37批共计91人次;发送项目推介资料500余份。

对台招商引资工作取得新成绩。2009年12月17日-18日,黄石市台湾事务办公室联合黄石市商务(招商)局在江苏昆山承办2009湖北黄石对台招商投资说明会,中共黄石市委书记王建鸣和市委常委、黄石市人民政府常务副市长

2009年6月9日,交通银行湖北省分行与黄石市人民政府签订银企战略合作协议
(黄石市志办 供稿)

柯俊全程参加投资说明会,并会见包括知名台商杨登辉、戚道阜、苏来得、李明贵、孙德聪、黄志泰等在内的30多位台企负责人。座谈会期间,市委书记王建鸣考察台湾龙腾光电有限公司、台湾南宝树脂集团有限公司、台湾沪士电子有限公司等知名台企,密切与台商的联系,沟通与台商的感情,扩大黄石市在台商心中的知名度,为台资项目的引进奠定基础。台商林俊男在5月举行的湖北台湾周上与黄石市开发区签订投资3 000万美元的连强食品项目合同;台商吴荣福在黄石市投资设立万林农业公司的同时,着手准备在黄石市投资板材加工项目。此外,台湾南宝树脂集团有限公司、台湾黑松食品有限公司、台湾沪士电子有限公司、台湾惠丰鞋业有限公司等项目均取得重要进展。

涉台投诉取得新成效。2009年,共受理协调台商投诉案件10件,结案9件。

对外交流步伐进一步加快。2009年,黄石市先后组织专案交流团、城市建设参访团、佛教文化景区规划建设参访考察团等3个团组共计44人赴台交流。年内,为全市150名赴台探亲人员进行行前教育。

(黄石市史志办)

鄂州市改革开放

【体制改革】 2009年,鄂州市围绕城乡一体化建设和"两型社会"(资源节约型社会、环境友好型社会)示范区建设,深入推进各项改革,努力为鄂州市经济社会发展提供体制机制保障,取得了较好成效。以新一轮政府机构改革为契机,推进行政管理体制改革。年初,明确提出了通过减少层级、调整职能、优化结构,建立与"一主三新+特百新"城市构架相匹配、与城乡一体化建设相适应、区别于传统二元结构的新型行政管理体制的新思路。鄂州市编制办公室组织专班深入到市直有关部门和各区、乡镇进行调研,起草完成《鄂州市政府机构改革方案(草案)》并上报湖北省编制委员会办公室。为确保改革的顺利实施,下发《关于严明纪律切实保证全市行政管理体制改革和政府机构改革顺利进行的通知》。截至年底,鄂州市新一轮政府机构改革的各项准备工作基本就绪。以建立法人治理结构为目标,推进事业单位改革。鄂州市被国家医疗制度改革领导小组确定为全国16个公立医院改革试点联系城市之一,鄂城区被湖北省医疗制度改革领导小组确定为省级基本药物制度试点单位。按照全省医疗制度改革工作的统一部署,鄂州市成立了深化医药卫生体制改革领导小组,起草《鄂州市公立医院管理体制改革实施意见》,初步明确鄂州市公立医院的改革方向,特别是在建立法人治理结构,深化人事制度改革等方面提出了新的探索性的意见。组织专班对全市21所乡镇卫生院人员的现状、财政投入情况以及运行状况,进行全面的调查摸底,锁定在职、在岗人员,确定编制标准,对各乡镇卫生院的编制配备进行了初步测算,为全面开展乡镇卫生院改革打下基础。开展全市事业单位改革工作。并向省编办报送《鄂州市事业单位改革调研报告》和《鄂州市从事生产经营活动事业单位改革专项调研报告》。事业单位岗位设置管理实施方案已经湖北省人事厅审核批复。根据全市事业单位分布、结构情况,选择鄂州大学、鄂州市第一中学、鄂州市妇幼保健院作为试点单位。年内完成全市85%以上事业单位岗位设置方案的核准审批工作。启动成品油税费改革和征稽管理人员分流工作。从2009年1月1日起,鄂州市全面停征公路养路费等6种税费。4月30日,撤除樊口收费站和凉亭收费站。鄂州市编制委员会办公室会同鄂州市交通局研究制定《鄂州市成品油税费改革涉及征稽管理人员分流安置工作方案》。组织政府还贷二级公路收费人员参加湖北省交通运输厅组织的新开通高速公路定向招录工作,组织征稽人员参加全省国税统一招录考试,组织二级公路收费人员和征稽人员参加转岗培训,更新知识结构,加强能力建设,转变观念,提高素质,为转岗做好准备。

进一步做好企业改制的收尾工作。2009年,鄂州市工业国有资产经营公司完成鄂州市耐火材料厂、鄂州市砂轮厂、鄂州市皮件厂等3个企业的改制任务。截至年底,全系统70个国有(集体)企业中,3个企业已注销,3个企业尚不符合破产条件,余下的64个企业全部进入破产程序。2.7万名职工(含退休职工5 456人)安置完毕。为确保全市国有企业改革扫尾工作扎实推进,鄂州市国有资产监督管理局经过调查,建议减免27个困难企业的土地出让金2 094.42万元、减免廉租房建设基金192.93万元、减免土地开发基金51.29万元、减免营业税108.4万元、减免契税88.53万元,妥善解决企业的改制遗留问题。

财政体制改革进一步深化。深化部门预算改革。合理调整、细化公用经费定额标准,提高预算编制的合理性;充实和完善部门预算基本数据库和项目库,实行项目滚动编制和绩效考评。深化国库集中支付改革。2009年,市直纳入国库集中支付系统的单位有244个,累计支付资金19.22亿元;发放公务卡1 100余张,公务刷卡消费800多万元。"乡财区管"工作稳步推进。全市324个行政村村级财务资产纳入"双代理"。深化政府采购改革。全年政府采购规模7 740万元,节约资金956万元,资金节约率10.99%。深化非税收入改革。规范非税收入征管行为,完善征管系统软件功能,实行事前控制、过程监督、事后稽查的

2009年5月11日,韩国釜山港务局代表团考察鄂州市港口建设

(鄂州市志办 供稿)

综合管理。深化"以钱养事"新机制。积极开展农村公益事业"一事一议"工作，全市3个区全部纳入"一事一议"范围，全年争取到位资金1 023万元。

【对外交流】 2009年，鄂州市努力发挥外事侨务部门的涉外职能优势，加强外事管理。对全市因公出国工作进行统筹协调，向湖北省争取赴美国、加拿大、日本、巴西、阿根廷、澳大利亚、新西兰等6个因公出访团组计划。全市共批准各类因公出国出境38批67人次，其中双跨团组31批38人次，本市团组7批29人次。出访的团组、规模和经费比前3年的平均数下降50%。严格按照计划控制出访团组数量，从严控制因公出国（境）活动，先后拒批副县级以上干部不符合规定的因公出国（境）申请5批9人次。全年接待东盟旅游官员代表团对鄂州市的考察访问。组织全市相关部门和企业参加由法国驻武汉总领事馆和法国公用交通局联合举办的中法城市交通论坛、法国驻武汉总领事馆和法国企业发展局联合举办的建筑节能研讨会、日本驻华大使馆举办的日本利民工程项目成果展。由美国政府资助的环境保护国际访问学者计划顺利完成。截至年底，全市接待各类来访32批235人次，其中，外宾16批81人次，华人华侨16批154人次。鄂州市华侨联合会向海外华人华侨寄发贺信贺卡及各种宣传资料1 000余份。7月23日，日本三条市市长邀请鄂州市参加"诸桥辙次博士纪念汉诗大会"征集诗词活动，鄂州市相关部门组织部分诗人创作诗词，参加在友好城市日本三条市举办的汉诗大会。11月，日本在2009年1号《粤风诗筒》上刊登了鄂州多人的诗词作品。通过澳大利亚怀阿拉市议会主要官员的联系，促成鄂州大学与怀阿拉市南澳大学的沟通与协商，两所大学就争取澳大利亚政府资助、双方互派学生达成了一致意见，还就合作办学项目进行了洽谈。2009年，鄂州市与巴西卡曼杜卡亚市签订了建立友好城市关系备忘录。

【对外贸易】 2009年，鄂州市对外贸易总额1.69亿美元，比上年下降3.4%，其中，自营进口9 542万美元，增长17.1%；自营出口7 366万美元，下降21.3%。全年贸易逆差为2 176万美元，下降42.5%。外贸出口在金融危机影响下经受住严峻考验，降幅逐月减缓，全市外贸出口降幅从年初的51.9%降到21.4%。出口队伍日益壮大，全市有出口实绩的企业达41个，比上年增加4个。传统出口市场稳固发展，亚洲仍是主要出口市场，且所占比例日益加重，对拉丁美洲、非洲等新兴市场份额呈扩大趋势。出口结构得到优化，机电产品和高新技术产品出口仍保持稳定增长态势，全年高新技术产品出口806万美元，占出口总额的11.0%，机电产品出口1 214万美元，占出口总额的16.5%。

浙江武汉港工业园在鄂州开发区举行开园奠基仪式 （方仲华 供稿）

【招商引资】 2009年，鄂州市招商引资工作取得新的成绩。4月3日，全市召开招商引资协调会。会议客观分析鄂州市招商引资和项目建设的形势，并就争政策、争投资、争招商工作进行安排部署。鄂州市人民政府市长范锐平要求，要采取非常之措施，锲而不舍，凝心聚力掀起项目落户和建设新高潮。鄂州市各部门也充分发挥职能作用，积极参与2009鄂京（环渤海地区）经贸合作洽谈会、2009年鄂港粤经贸洽谈会鄂州（深圳）投资说明会、鄂州（南京）首届经贸合作洽谈会、2009年华人华侨创业发展洽谈会等活动，积极做好招商引资工作。

截至年底，全市共举行各类招商活动20余次，洽谈项目180个，签约项目152个，合同签约资金150亿元，实现引资总额86.9亿元，比上年增长35.8%。年内新开工1 000万元以上招商项目122个，增长40.1%，其中，1亿元以上项目25个，79个项目实现投产，投产率达20%。全年实际利用外资1.05亿美元，增长12.6%。积极抢抓中央和省级投资，共争取四批新增中央投资项目274个，总投资21.5亿元，已下达新增中央投资2.83亿元，项目个数和投资额均创历史最好水平。

【与港、台交流合作】 2009年，鄂州市积极开展对台招商引资工作，分别组团赴上海、浙江、江苏、珠海等地招商6次，签约项目6个，接待来鄂州考察的台商12批100余人，组织5个经贸团赴台交流考察。与鄂州市红十字会组织开展"情系台胞、共献爱心"募捐活动，为台湾灾区捐款25万元。积极争取台塑集团捐资90万元兴建明德小学，鄂州旅台同乡会理事长鲁君诚捐赠1万元，救助沙窝乡6位孤寡老人和4位贫寒学子。开展"大走访、大调研、大服务、大招商"活动，走访慰问台胞台属企业30余个，接待涉台人员来访20余人次。深入开展涉台教育，组织举办台湾问题形势报告会，邀请湖北省台湾事务办公室主任刘凯春作专题报告，全市各单位共270余人参加会议。

成功组织香港地区省级政协委员联谊会湖北访问团鄂州行参观考察活动，访问团已决定捐资35万元，在鄂州兴建7所"海联新农村"卫生室。鄂州市侨联成立招商引资工作专班，多次到有关单位和归侨侨眷中走访调研，收集投资信息、项目资料，积极与省侨联和海内外客商联系交流，先后4次组团赴沿海地区洽谈项目。3月28日，香港中华总商会商务会董、香港合孚行有限公司董事长、上海市政协委员邓杨泳曼一行5人来鄂州，考察农村土地流转方面的相关政策，调研农产品状况及开发前景，寻求合作开发现代农业的契机。考察期间，鄂州市与邓杨泳曼就投资额度达7.31亿元的5个农业重点项目进行了意向性洽谈。

（鄂州市史志办）

孝感市改革开放

【体制改革】 2009年，孝感市积极推进改革开放进程，把改革开放与“两型社会”（资源节约型社会、环境友好型社会）建设全面结合，以改革促发展，体制改革方面取得较好成效。

示范区建设取得新进展。制定了孝感360平方公里示范区六大分区的规划体系，总体规划、部分分区规划、专项规划和控制性详规编制完成。争取湖北省人民政府1亿元市级示范区建设资金。东城新区建设步伐加快，孝感市行政中心、美丽国际大酒店开工。临空经济区基础设施建设启动，生态文化旅游区发展定位确定，现代农业发展区开始起步，孝南发展区稳步推进。各县市区“两型社会”示范点建设取得成效。

汉孝合作取得新进展。工业协作配套、农副产品加工供应、商贸物流集散、旅游休闲度假、人力资源培训、科技成果转化基地建设不断推进，武汉、孝感10项合作协议逐项落实。全年承接武汉转移项目504个，投资254.4亿元。

节能环保取得新成果。积极推进节能减排和生态建设，化学需氧量、二氧化硫排放量分别比上年下降2.7%和6.2%。全年争取节能减排资金1.3亿元。孝感城区和应城、大悟、孝昌污水处理厂投入运行，孝感市医疗废物处置中心建成，汉川电厂两台机组脱硫工程完工。全年关闭26个小型污染企业。全市集中式饮用水源水质达标率100%，孝感城区空气优良率96.7%，绿化覆盖率提高1.2个百分点。

厅市共建取得新进展。年内签订22个厅市合作共建协议，7个领域22个方面的重点改革取得成效。

加快招商引资，投资规模创出新高。全市累计在建项目1 564个，比上年增加601个，其中1亿元以上项目124个，增加48个。重大项目强力推进。59个续建和新开工项目完成投资112亿元，占全市城镇以上固定资产投资的33.3%，7个前期项目取得明显进展。在59个续建和新开工项目中，超额完成年度投资计划的有41个，其中，三江产业园平板车和摩托艇一期、白兆山水泥、仙居顶风力发电、鸿翔肉鸭养殖加工等27个项目全部或部分竣工投产。能源项目前期工作取得新突破，西气东输二线工程应城储气库获得国家发展和改革委员会核准。全年获批扩大内需项目698个，投资10.5亿元。

【对外交流】 2009年，孝感市积极开展对外交流活动，组织参加环渤海、鄂港粤以及第四届中国中部投资贸易博览会等全省性重大经贸洽谈活动，成功举办2009孝感（天紫湖）金秋十月经贸洽谈会，全年共签订81个项目合同，投资总额173.6亿元。洽谈签约拉法基等3个世界500强投资项目，华能等5个国内500强投资项目，德力西等7个民营企业500强投资项目。瞄准珠三角、长三角、环渤海，有针对性邀请接待深圳知名企业代表团、上海企业家代表团等10多个团组、20多批次的客商来孝感考察洽谈，沿海地区投资项目达到391个，比上年增长27%。成功引进湖北上海（孝感）产业园、天津宏大电子产业园、上海楚风金属加工城等3个组团式大项目入驻上海工业园。通过采取现场督办、通报督办、会议督办等多种方式，促进大型活动签约项目的落实。年内，签约的106个项目有95个正式履约，到位资金58.64亿元，合同履约率、资金到位率分别为89.6%和30.6%，比上年分别提高1个、4.3个百分点。

2009年10月1日，孝感（天紫湖）金秋十月经贸洽谈会签约仪式现场

（杨炬　供稿）

【对外贸易合作】 2009年，孝感市外贸进出口总额达2.2亿美元，比上年下降30.7%，其中，出口总额1.9亿美元，下降17.9%；进口总额3 000美元，下降64.2%。全市新批外商投资企业17个，批准外方增资扩股项目8个，新增合同外资2.1亿美元，下降15.3%。全年外派劳务人员4 539人，通过外派劳务创收3.6亿元。

【招商引资】 2009年，孝感市新批（含增资）利用外资项目25个，新增合同外资2.05亿美元，实际利用外资1.57亿美元，比上年增长13.1%，其中，外商直接投资1.38亿美元，加工贸易（间接投资）利用外资1 848万美元。截至年底，孝感市累计批准外商投资企业499个，除去注销、吊销及未领执照企业352个，孝感市共有在册外商投资企业147个。年内，孝感市被湖北省人民政府确定为2009年度全省利用外资先进单位。

【与港、台交流合作】 2009年，孝感市与港、台交流合作加强，积极增加与港、台地区的交流，招商引资成效明显。以港澳台为重点，带动珠三角、长三角、环渤海，招商引资力度加大，全年国内引资122.6亿元，增长12.4%。直接利用外资1.6亿美元，增长16.6%。采取专班招商、驻点招商、委托招商、以商引商等多种形式，成功举办2009孝感（天紫湖）金秋十月经贸洽谈会，共签约项目43个，投资总额85.6亿元。举办了第四届外出创业新闻人物评选活动。年内引进回乡创业项目481个，其中投资额过5 000万元的项目45个，到位资金49.3亿元，增长70.4%。

（杨炬）

黄冈市改革开放

【体制改革】 2009年,黄冈市加快体制机制创新,不断增强经济社会发展活力。“两型社会”建设综合配套改革试验、“一区两带”建设全面启动,组织编制临港经济区可行性研究报告、总体规划和分区详细规划,印发沿江经济带和大别山旅游经济带发展规划。编制完成市区及工业园区控制性详细规划、全市土地利用总体规划。整体推进县市城区、乡镇和村庄规划修编工作,在调整空间布局、推动集约发展方面取得进展。省定试点全面展开,黄冈化工园与武汉城市圈改革试验项目招标获得湖北省人民政府1亿元资金支持,起草《关于加快培育和发展重点集群的指导意见》。麻城、罗田、团风、黄州、武穴等5个试点获湖北省批复。

医药卫生体制改革全面启动,新型农村合作医疗、城镇职工和居民医保、城乡医疗救助、基层医疗卫生机构建设、公立医院改革试点等工作有序推进,列入全省试点的武穴市、红安县、团风县基本药物制度改革取得阶段性成果。继续完善社会保障体制改革,开展生育保险和在校学生参加城镇医疗保险,启动农业“小三场”职工、被征地农民、村主职干部、被辞退民办教师参加养老保险,社会保障水平有新提高。完善社会救助体系,农村“五保”老人和散居孤儿供养新标准全面落实。加强保障性住房建设,完成廉租住房建设项目15个,面积29.1万平方米,建设规模和水平居全省前列。执行国家粮油最低收购价政策,力保农民增产增收。推进扶贫开发,全市448个重点村扶贫开发工作全面启动,5 014个农村危房改造工作全面展开,21.66万贫困人口实现稳定脱贫。继续实施教育体制改革。全年全市实施义务教育均衡发展行动计划和义务教育教师绩效工资制度,有序推进中等职业教育资源整合,支持高等院校加快发展,教学质量稳步提高。

开发区和园区建设取得新成果,争取湖北省人民政府批复同意罗田、英山经济开发区、龙感湖工业园正式筹建,争取湖北省发展和改革委员会同意在溪水经济开发区内设立散花工业园、红安经济开发区设立新兴产业园(无锡工业园)。全市经批准设立的开发区和工业园区达14个,实现县市区全覆盖。全面启动政府机构改革,推进市县乡三级行政服务网络建设。加强国有资产经营监管,加快市属国有企业改制步伐,争取专项补助资金5 000万元。深化集体林权制度改革,加快推进土地流转和规模经营。做好城中村、城郊村、园中村集体资产产权制度创新工作。鼓励支持非公有制经济发展,全年黄冈市新增个体工商户3.1万个,新增私营企业2 009个。非公工业完成增加值147.5亿元,比上年增长35.3%。

2009年12月,全长131.14公里的武英高速全线通车。图为武英高速黄冈段
(张进　供稿)

【对外交流】 2009年,黄冈市因公出国(境)人员82批264人次,比近3年因公出访平均人数减少35%,分别赴英国、美国、澳大利亚、新西兰、日本、韩国、港澳等35个国家和地区,其中开展经贸科技交流的占出访总数的45%,友好访问交流占出访总数的21%。全市接待来访外宾、外国记者、重要华侨华人、港澳同胞280人次。

继续加强友好城市工作。2009年,黄冈市先后与波兰皮亚塞赤诺市、布拉格市20区、英国戴尔区就缔结友好城市及多领域合作达成初步意见。继续保持与友好城市芬兰科沃拉市、新西兰罗托鲁阿市的交流联系,并与芬兰科沃拉市Gaia公司联合向联合国环境规划署申请化学品管理项目。

促进民间对外交往交流。2009年,先后有美国前总统吉米·卡特来黄冈市红安县参观考察,并发表题为《中美关系及农村医疗合作》演说;泰国陆军前总司令、国防部长、现任泰国阿玛宁国际集团顾问局主席切塔·维他乍洛等一行与泰国政府科技部长坤任·拉娅·喷帕尼一行分别来黄冈市黄梅县签署“东盟生态产业园”投资协议和参加开工奠基仪式;美国乔治敦大学校长约翰·德吉奥亚生等一行来黄冈市开展教育交流访问;举办泰国华裔青少年文化寻根之旅——黄冈冬令营活动,泰国华裔青少年师生一行28人与浠水县第一中学学生开展“手拉手,一对一”结对活动,走进结对学生家庭,与中国学生同上课,参观闻一多纪念馆和部分传统文化旅游景点,举行中泰青少年互动联欢等活动。全年黄冈市先后选派6名中学教师参加湖北贫困地区英语教师培训班,选派6名资教生赴英国参加教学能力培训,选派50人次赴日本开展为期2年或3年的工农业研修。全年黄冈市劳务输出呈上升走势。全市外派务工人员1 032人,外派海员150人,比上年增长50%。外派劳务基地获得省级基地试运行批复。2个企业获得对外投资资质,1个企业获得对外承揽工程资质,对外经济合作实现零的突破。组织黄冈市部分企业7批14人次赴莫桑比克、美国、阿联酋参加国际展览会、博览会、采购会,支持出口企业开拓国际市场。

【对外贸易合作】 2009年,黄冈市对外贸易合作与利用外资取得新成果。全市进出口总额达4.79亿美元,比上年下降13.5%,其中,进口总额7 300万美元,增长24%;出口总额4.06亿美元,下降18%。出口商品除农产品的出口保持较强增长趋势外,机电产品、纺织服装、医药化工等传统产品出口比上年均呈下滑态势。全市新批准设立外商投资企业16个,增长6.7%,合同外资金额1.18亿美

2009年2月8日,武(汉)黄(冈)城际铁路控制性工程黄冈公铁长江大桥举行开工仪式　（张进　供稿）

元,下降16.7%,实际利用外资1.54亿美元,增长15.1%。

促进对外科技文化交流。指导全市各大高校开展外国文教专家管理,执行各项外籍教师管理制度。全年黄冈市共有15个外国文教专家聘请单位通过国家外国专家局年检,1所大专院校已进入申请资格程序,全年共计聘请外国文教专家42人次。全年黄冈市共引进外国技术专家18人次,执行引智项目3项。先后引进以色列驻华大使馆参赞雪山、以色列奶牛专家、中以奶牛示范场技术经理丹尼尔和以色列阿菲金公司中国地区总经理周传毅来黄冈考察奶牛养殖业并作技术指导,双方达成建设中以奶牛养殖示范牧场合作协议。武穴市大金镇“测土平衡施肥”引智成果示范项目建设已具规模和成效,产生明显的经济效益、社会效益和生态效益。广济药业公司继续引进外国专家解决发酵法生产虾青素工艺后续研究取得突破,获得国家中俄国际科技合作生物医药产业化基地建设批复。

【招商引资】 2009年,黄冈市共引进新项目1 106个,其中1亿元以上项目107个,10亿元以上项目11个,总投资747.99亿元,已完成投资93.32亿元;续建项目456个,新增投资76.86亿元。全市共完成引资投入170.19亿元。市直单位新引进项目16个,已完成投入4.12亿元;续建项目15个,新增投入11.83亿元,市直单位招商引资项目2009年合计完成资金投入15.96亿元。全市规模以上工业企业(全部国有和年主营业务收入500万元及以上非国有工业企业)达到1 348个,比上年新增345个,增幅居湖北省第一位。

【与台交流合作】 2009年,黄冈市加强与台经贸、科技、文化等领域交往交流取得新成果。5月9日,黄冈市台湾同胞投资企业协会成立,共吸纳台资会员企业39个,台商个人会员41人。全年黄冈市借助黄冈台协成立大会暨市情推介会、海峡两岸李时珍医药文化及产业发展论坛等活动,新引进台湾京华陶瓷有限公司、台湾北环电子股份有限公司、台湾李时珍医药有限公司等台资企业项目8个,协议利用台资达6亿元。继续做好重点台资企业亚东水泥项目跟踪服务工作。先后完成该项目110千伏双回路外线输变电工程,厂区建设工程、专用码头、水泥粉磨系统、水泥储存及发货系统建设任务。11月,该项目第一条水泥生产线水泥粉磨系统试生产,日产水泥3 000余吨。全年该项目累计完成投资11亿元。

全年市直单位共组织经贸、教育、科技等赴台交流团4个,48人赴台交流。6月18日~6月25日,应台湾“中华文化经济交流协会”的邀请,黄冈市人民政府常务副市长王静平率黄冈经贸考察团一行14人赴台考察。9月22日~30日,黄冈市政协副主席高迎涛率黄冈经贸考察团一行16人赴台考察。10月,黄冈市承办第二届海峡两岸李时珍医药文化及产业发展论坛,300余台湾嘉宾来黄冈参加论坛并作商务考察。

（张进）

咸宁市改革开放

【体制改革】 2009年,咸宁市体制改革取得重大进展。

国家级小城镇发展改革试点镇工作取得成效。咸安区双溪桥镇成为咸宁市首个获批的全国小城镇发展改革试点镇。通过制定双溪桥镇《改革三年工作方案和2009年重点工作》,在集镇建设、园区建设、村湾规划、重点村庄整治、特色产业基地等方面取得一定成效。

做好企业上市工作。在做好上市后备企业整体培育工作的同时,突出培育重点,把10个企业作为重点对象进行培育,积极帮助企业解决在改制、资产重组、项目用地等方面的困难和问题。积极向湖北省发展和改革委员会推荐优势企业,进入全省拟上市后备企业资源库。年内,银泉维新有限公司、嘉鱼蛇屋山金矿有限公司、巨宁森工有限公司、咸宁汇美达有限公司4个企业列入全省重点培育的企业;通城华夏建龙有限公司、嘉裕管业有限公司、能一郎有限公司、咸宁华宁防腐有限公司4个企业列入全省重点扶持企业。

深化农村综合改革。咸宁市农村综合配套改革率先在全省推进,免征农业税比全省提前一年,乡镇综合配套改革进一步完善,新农村建设步伐加快,村级债务得到稳步化解。完善农村公共服务“以钱养事”新机制,设置13种农村公益性服务岗位1 734人,比改革前减少57.5%;推进县乡财政管理体制改革,实行“乡财县管”,乡镇机构改革基本完成,农村义务教育改革稳步推进,完善农民负担监管机制。完善农村土地经济制度,探索转包、转让、互换等土地流转方式,稳步推进农业适度规模经营,加大农村土地承包监督力度,深化林权制度改革,促进林地顺利流转等。

创新税收管理新机制。积极运用税收优惠政策,提高税收服务水平。完善征管流程和环节,为纳税人申报减负;加大税收政策宣传力度,为纳税人提供政策减负;及时兑现税收优惠政策,为纳税人

咸宁市咸安旅游农庄一景　　（咸宁市志办　供稿）

资金减负；统一、简化纳税人应报资料，为纳税人资料减负。

创新金融改革。积极探索发展农村多种形式担保的信贷产品，起草《咸宁市农村抵押担保方式专项改革实施方案》，引导金融机构积极开展农村集体建设用地使用权抵押贷款和森林资源资产抵押贷款。全市林权抵押贷款余额为1.3亿元，有效地解决林业融资难问题。成立工作专班，全面开展农村金融服务创新试点工作调研，起草《通山县农村金融服务创新试点方案》。农村信用社和农业银行累计为返乡农民工发放创业贷款3 000万元。咸宁赤壁花旗贷款公司正式开业，成为全国首批开业的外资银行贷款公司；吴江村镇商业银行在在赤壁市设立分行，成为全国农村商业银行第二家异地分支机构。咸宁被汉口银行确定为设立分支机构的重点备选地，交通银行在咸宁设立分行已进入实质性运作。

土地节约集约利用。完成咸宁市城市建设总体规划和土地利用总体规划修编工作。积极开展城镇建设用地增加与农村建设用地减少挂钩试点及“迁村腾地”工作。咸安区城镇建设用地增加与农村建设用地减少挂钩试点实施方案获得批复，赤壁市试点方案上报国家国土资源部，嘉鱼县试点方案上报湖北省国土资源厅。

国有企业改革不断深化。全市国有工业企业改革工作基本完成，国企改革工作重点转到党政机关所办企业脱钩改制和商贸企业改革上来。解决工程机械厂、蒲圻矿务局等10多个企业改制后的遗留问题；制定党政机关所办企业脱钩改制工作规划和党政机关所办实体脱钩改制实施方案；做好市直商贸企业、服务性企业改制指导工作；协助改制后新企业的项目建设和老厂区的拆迁工作。

行政改革稳步实施。加快转变政府职能，政府机构按照“精简、统一、效能”的原则进一步调整，部门分工进一步理顺；深入投资体制改革和财政管理体制改革，继续改善非公有制经济发展的体制环境；促进社会和谐，深化社会事业体制改革，进一步整顿和规范收入分配秩序；切实抓好教育体制改革；推进医疗卫生体制改革；深化文化体制改革。

加强开发区管理。加大开发区工业增长点的培育力度，确保开发区经济快速发展；加大基础设施的建设力度，确保园区企业满意落户；加大项目的督办力度，确保一批项目建成投产见成效；加大招商的引资力度，确保一批投资规模大、技术含量高、市场前景好的重点项目入园。

【对外交流】　2009年，咸宁市共组织出访团组21批249人，接待国外来宾和海外侨胞41批178人次，其中经贸团组13批次50余人。

加强与东盟、南亚、南美、北美、澳洲及欧洲的联系，与日本、美国、匈牙利、德国等国在城市友好交往方面取得实质性进展。年初，咸宁市参加湖北经济友好代表团访问匈牙利森特什市，与森特什市市长艾莫尔·兹比克进行诚挚友好的交流，签定咸宁市与森特什市交流与合作意向书。成功地邀请德国萨克森州议会代表团访问咸宁。

全年共接待国外来宾、华侨华人30批90人次；发放归侨、侨眷侨属困难补助金1万元。开展侨情普查，全年新登记海外华侨华人2 418人，侨眷2 988人，并将华侨华人情况编辑成册。

制定《办理因公出国（境）指南》、《邀请外国人来华须知》、《因公出访手册》，并在咸宁外侨办网站上予以公布，方便和规范因公出国（境）的办理程序。制定《中等以下学校聘请外国专家单位资格认可程序》以及相关的表格，方便基层单位的申报、提高基层单位的办事效率。及时帮华侨华人、企业、学校解决难点问题，努力营造一个良好的服务环境。

对外大力宣传咸宁。积极创办中英文对照的外事侨务网站，并于9月正式开通。同时，把对外宣传寓于日常的接待服务全过程，通过出访、外事侨务接待和友好城市交流等多渠道赠发《快速发展中的咸宁》手册以及图文并茂的音像制品数百份，从而使世界进一步了解咸宁。配合“中德同行·走进湖北”活动，成功举办“中德同行——未来生态城市与两型社会示范区建设”研讨会。其间，咸宁市人民政府与德国西门子（中国）有限公司签订《咸宁市人民政府与西门子公司共建两型社会示范区框架协议》、《金桂湖先导示范区协议》等五项协议。咸宁经济开发区与美国新生集团成功签订《咸宁华侨华人暨留学生创业园投资框架协议书》。根据协议，美国新生集团拟在咸宁经济开发区长江产业园先期投资5 000万元建设咸宁华侨华人暨留学生创业园孵化楼。

【对外贸易合作】　2009年，咸宁市实际利用外资实现较大幅度的增长。全年实际利用外资1.12亿美元，比上年增长16.5%。市直单位、咸宁经济开发区、赤壁市和咸安区实际利用外资额1.01亿美元，占全市实际利用外资总量的90%。全市4个省级经济开发区合同利用外资增长较快，占全市合同利用外资总量的75%。全市10大纳税企业中，外资企业达6个。外贸出口出现下滑。全年外贸出口9 420万美元，比上年下降13.8%。以麻制品为主的纺织品出口由降转升，全年出口增幅达44.4%。全市累计外派劳务210人，增长15.1%，没有发生外事劳务纠纷。外派海员招生98人（包括高职高专三年制培训生），增长20.2%。

【招商引资】　2009年，咸宁市实际引进项目390个，合同引进资金262.3亿元，到位资金49.5亿元。全市335个续建项目到位资金60.8亿元。全年招商引资项目到位资金110.3亿元,占年目标任务的122.5% ,比上年增长33.9%。

创新招商方式。策划建立“咸宁招商网”。将咸宁概况、优势资源、重点招商项目在网站上发布,让更多的境内外客商、企业通过网站了解咸宁市投资环境及相关项目。制作高质量的宣传资料。重新设计、编印《咸宁投资指南》宣传画册和《走进咸宁》、《投资咸宁》等宣传光碟,在2009鄂京(环渤海地区)经贸合作洽谈会、2009鄂港粤经贸合作洽谈会等重大活动上受到客商欢迎。拓展招商平台。与上海承接产业转移投资峰会组委会、中国投资招商网等中介机构签订委托招商协议,打造委托招商平台。健全招商引资统计制度。统一各县(市、区)的报表格式,明确各类报表报送时间,为市委、市政府了解全市招商引资工作态势,及时调整思路,作出正确决策提供依据。

加大对各级开发区基础设施建设投入,规划建设一批高标准的特色工业园区,作为承接沿海及武汉产业转移的最佳载体。湖北(咸宁)广东工业园落户咸宁经济开发区,武汉经济开发区咸宁产业园,武汉“光谷”咸宁工业园,湖北(咸宁)台北内湖工业园等项目均已达成协议。

继续实行小分队招商。4月,组建由14人组成的7支招商小分队,安排分赴广州、深圳、上海、福建、江苏、浙江和武汉等地驻点招商。精心组织2009鄂京(环渤海地区)经贸合作洽谈会,第四届中国中部投资贸易博览会,2009鄂港(粤)经贸合作洽谈会等重大招商活动,共签约58个项目,合同资金181.35亿元,其中在建或已登记注册的项目11个。在中国·咸宁首届国际温泉文化旅游节上,共签约合同项目40个,总金额184.25亿元,项目涉及机电、汽车、食品、医药、商务等行业。中共咸宁市市委、咸宁市人民政府主要领导亲自参加各种招商活动,搭建平台,牵线搭桥,邀请客商来咸宁考察,并促成一批意向投资项目。与上海致盛实业集团董事长张润斌就上海致盛集团总部项目进行洽谈;与台北内湖科技园管理联合会副理事长黄撰元就IT行业、食品饮料、生物医药、先进制造业等领域开展合作进行洽谈;与湖北博友竹业发展有限公司董事长任建申就建设竹类综合开发产业化项目进行洽谈,并于11月正式签约;与中山厚福有限公司董事长谢健峰就中美合资·中山厚福公司华中生产基地项目进行洽谈,年内完成签约。

积极为项目开工创造条件。全力配合投资方,加快相关证件办理速度,做好项目开工前的准备工作。对在建的项目做好协调服务及跟踪监督,建立项目跟踪台账,随时掌握项目进度及质量状况,并与各职能部门协调,帮助解决项目开发建设过程中存在的具体困难和问题。对投产项目做好跟踪服务。截至年底,全市签约的147个项目中,投产项目29个,在建项目74个,准备开工项目55个,落户率达84.9%。

【与港、台交流合作】 2009年,咸宁市积极主动承接沿海发达地区台资转移。8月,湖北咸宁台商工业园正式获得湖北省发展和改革委员会批复。该工业园规划占地16平方公里,核心区5平方公里,力争3年-5年引进投资过1 000万元台商工业项目30个,形成以制造业为特色的新兴园区,并使之成为省级台资工业园、全省重要的两岸经贸合作基地及利用台资的主战场和集聚地。在第六届“湖北·武汉台湾周”活动中,有2个项目正式签约,签约资金达20.5亿元。在首届“中国·咸宁首届国际温泉文化旅游节”活动中,台北市商业会、台湾星光旅游联盟分别组团来咸宁参加盛会。先后邀请台湾光宝集团、台湾大汉集团、台北内湖科技园区、台北市商业会、台湾星光旅游联盟等台湾企业和园区协会组团来咸宁考察项目和投资环境,先后接待来咸宁考察的台商20批210人次。

重点做好重大台商投诉案件的协调工作,努力做好投诉当事人的稳定工作,实现确保结案率在90%以上,确保不发生因协调不及时不到位而引发重大涉台事故。全市各级台办共接待来信来访6件次,经过协调均得到妥善解决,结案率100%。

6月9日-14日,咸宁市人民政府组团参加在香港、深圳两地举行的2009鄂港(粤)经贸合作洽谈会。6月11日,湖北省人民政府省长李鸿忠、副省长田承忠、中共咸宁市委书记黄楚平、咸宁市人民政府副市长李亚华拜访香港华润集团高层,双方就交流合作作达成初步协议。

(咸宁市志办)

仙桃市改革开放

【体制改革】 2009年,仙桃市体制改革取得新成效。仙桃市国有集体工商企业改革工作全面完成,企业改革向深层次发展。仙桃市人民政府对国有集体企业改革中存在的遗留问题进行清理,对企业职工反映较突出医保、社保问题进行妥善处理,全市国有集体企业改革的遗留问题处理基本完成。年内,全市经济体制改革的重点由企业的改组改制、处理企业改革遗留问题向建立企业现代管理体制转变,帮助改制企业优化股权设置,建立健全现代管理体制,提升企业管理水平,促进企业发展。

企业上市工作全面展开。为鼓励和促进企业上市,仙桃市人民政府制定关于鼓励和促进企业上市的支持政策,大力支持全市企业改组组制,引导和支持优质企业通过资本市场加快发展。通过调查研究,制定全市企业上市发展规划,通过认真筛选,建立仙桃市上市后备企业资源库。

农村综合配套改革稳步推进。继续推进农村综合配套改革,抢抓仙洪新农村建设契机,进一步完善农村公共服务体体系建设,加快形成“以钱养事”新机制。加快龙头企业建设,建立健全农村经合组织,加快建立食品产业园,促进农村经济发展方式转变。

行政管理体制和社会事业改革向纵深发展。继续深化行政管理体制改革,以转变政府职能为核心,制定大部门管理体制改革实施方案,继续实施公务员分类管理和聘用制改革,大力开展事业单位改革试点。全面深化投融资体制改革,进一步完善要素配置的市场机制和财税、金融、土地等制度。积极推进社会领域改革,不断深化教育、医疗卫生、就业、社会保障、收入分配、住房、文化制度改革,创新社会管理体制。完善自主创新体制机制,构建开放型创新体系,全面促进仙桃市“两型社会”建设。

【对外交流】 2009年,仙桃市对外交流工作取得较好成绩。全年派出出国(境)考察团组22批次、200人次,出访美国、加拿大、法国、德国、意大利、英国、澳大利亚、新西兰、奥地利、瑞士、中国台湾、中国香港、中国澳门等15个国家和地区,有力地延伸了招商触角。3月,仙桃先后接待了荷兰商务考察团和世界华商协会、澳中贸易促进会有关负责人,就加强双方合作进行了洽谈。5月,仙桃市人民政府领导率团赴台湾进行经贸考察。8月,中共仙桃市委书记周霁率团赴美国、加拿大等地进行系列招商考察活动,重点面向北美地区全方位推介仙桃。9月,加拿大前驻华大使、现加中贸易促进会总裁贝祥先生及加拿大艾费尔公司董事长王东方率公司高管一行对仙桃进行投资考察。此外,仙桃代表团还赴德国、韩国、日本等国家或地区开展经贸活动,储备了一批高端项目。

2009 年 8 月，台湾富士康机械工业项目落户仙桃市工业园

（谢圣平　供稿）

【招商引资】 2009 年，仙桃市招商引资取得新成效。全市招商引资项目 186 个，协议引资 98 亿元，实际到位资金 36 亿元，比上年增长 88.5%，完成年度目标的 169%。完成标准化厂房面积 52.7 万平方米。全年竣工投资项目 87 个，在建项目 99 个。

重大项目引进取得新成果。全市引进5 000万元以上项目 56 个，占其引进项目总数的 30.1%，比上年增长 15.2%。落户的中加科技城、东莞产业园、惠州产业园等 3 个项目投资均超过 3 亿元。

骨干企业扩规又有新举措。全市扩建、改建项目 42 个，实际到资 13.4 亿元。旺旺集团投资 2.8 亿元扩规新上的软包装饮料、果冻和糖果等 21 条生产线全部投入生产。干河办事处丝宝卫生巾项目新上国内最先进的卫生巾生产线 12 条，4 万平方米厂房建成投产，全年可新增税收5 000万元。仙磷化工投资 1.2 亿元的乙醇胺项目年内竣工投产。胡场镇清园钢构完成 2 万平方米钢构厂房屋架调装，年底屋面封顶。彭场镇富仕达高档无纺制品项目已建成6 000平方米厂房，进行内部装修阶段；裕民三期扩规项目 1 万平方米厂房年内建成。

盘活存量资产呈现新气象。全市盘活存量资产项目23 个，资产总额 17.5 亿元，其中新增资产 6.8 亿元。龙华山工业园相继盘活神羽纺织、艾克胶囊。祥宏塑胶制品有限公司盘活了原刘口工业园宇峰置业闲置厂房、续伟仕集团租用原团结激光厂房 4 万平方米厂房新上韩国现代电子照明设备生产线 30 条、武汉直通车食品整体收购仙桃工业园仙梦莱公司新上食品生产项目、大立容器有限公司租用原恒兴达公司 1 万平方米厂房新上 10 条钢瓶生产线，以及三伏潭的湖北海圣水产公司通过与潜江莱克公司联合经营，使企业重新焕发活力。

产业结构升级焕发新活力。在招商引资项目中，重点项目 131 个，占招商引资项目总数的 70.4%，且项目重点向食品、机械电子、无纺布 3 个产业聚集，呈现出项目数量多、质量高、效益好、结构优的良好发展势头。拥有中国名牌、中国驰名商标食品企业已达 11 个。一批重大机械电子项目的落户建设和扩规发展，加快全市机电产品向高、新、精产品转变的步伐。无纺布产业加快链条延伸，无纺布生产由 20% 的自给率增加到 60%，产业规模、档次和配套能力进一步提升，集群发展态势喜人。

经济增长核心区集聚新动力。2009 年，仙桃市核心区共招引项目 130 个，占全市招商引资项目总数的 69.9%，总投资 71 亿元，占全市项目总投资的 72.4%，实际到资 26.28 亿元，占全市实际到资总数的 73.0%。

【对外贸易合作】 2009 年，仙桃市实现外贸进出口总额 2.81 亿美元，比上年增长 28.2%，其中外贸出口 2.58 亿美元，增长 36.4%。利用外资取得新突破，合同外资6 763万美元，实际利用外资5 778万美元，增长 12.3%。丝宝日化外方股东德国拜尔斯道夫一次性增资5 531万美元，使该公司合同外资累计达到7 604万美元，创仙桃市引进外资以来单个项目合同外资最好水平。从出口贸易方式看，全市一般贸易出口 2.18 亿美元，加工贸易出口3 895万美元。从出口商品结构看，无纺布制品出口 1.69 亿美元，医用制品出口1 335万美元，纺织品出口 740 万美元，服装产品出口 790 万美元，机电产品出口2 509万美元，农产品出口 1 021万美元，高新技术产品出口 301 万美元。全市出口过1 000万美元企业有 5 个，比上年增加 2 个。全年新增 25 个自营出口企业。仙桃新发塑料制品有限公

2009 年 6 月 1 日，中共仙桃市委书记周霁（右二）率团赴美国、加拿大招商

（谢圣平　供稿）

司和瑞阳汽车零部件(仙桃)有限公司进入湖北省出口百强企业行列,分别出口2 390万美元和1 985万美元。截至年底,全市现有外商投资企业72个,吸引外商投资存量为2.2亿美元,销售收入46亿元,工业增加值22.2亿元。

【与台交流合作】 2009年,仙桃市积极扩大两岸交流交往。全年共接待台湾同胞来仙118人次,组织赴台交流3批(次)30余人次,中共仙桃市委书记周霁赴台交流,提高了赴台交流层次,取得了良好的效果。邀请台湾中天电视台来仙桃采访,介绍仙桃的人文历史、现代建设成就。2009年7月,该台《台湾脚逛大陆》栏目,以《仙桃——梦想起飞》为题播放仙桃专辑,引起社会热议。进一步加强对台经济工作,召开投资说明会、经济合作恳谈会,邀请台商来仙桃实地考察。通过邀请旺旺集团、健鼎集团、六合机械公司、润泰集团、华新电子集团等公司高层管理人员来仙桃实地考察,旺旺集团决定投资6 000万美元建设旺旺食品工业园和湖北明旺食品有限公司。年内,多次赴沿海和台商集中地区招商,散发仙桃市投资宣传资料,拜会当地台商协会、台企负责人等,促进了仙桃市招商引资工作进一步发展。

(黄爱高)

潜江市改革开放

【体制改革】 2009年,潜江市加大体制改革的步伐,促进经济社会全面发展。《潜江市循环经济试点实施方案》通过专家评审。农村公益性服务"以钱养事"制度改革继续深入,金融体制改革取得新突破。医药卫生体制改革全面启动,《深化医药卫生体制改革近期重点实施方案(2009-2011年)》出台。燃油税改革顺利完成,二级公路收费站全部取消。增值税转型改革顺利实施,企业负担减轻。集体林权制度改革稳步推进。

【对外交流】 2009年,潜江市按照"态度积极,步骤稳妥,友好当先,注重实效"的友城工作思路,与德国海登海姆市进行青少年之间的交流。年内派遣1名学生赴海登海姆市进行了为期2个月的文化学习、友好交流。4月,中共潜江市委书记朱汉桥率政府代表团访问美国夏威夷州檀香山市,两市达成在农副产品加工、旅游、教育、卫生等领域进行合作与交流,9月9日~12日,檀香山市政府代表团回访潜江,对潜江文化、教育、卫生、经贸等各行业进行了考察,并与潜江市签署《合作备忘录》。截至年底,全市共组织出访团组11批19人次。

2009年5月16日-17日,潜江市首届龙虾节举行。图为龙虾节上举行的经贸合作项目签约仪式 (刘芳 供稿)

【招商引资】 2009年,潜江市招商引资工作成效明显。全年新引进项目92个,投资过1亿元的项目11个,实际到位资金31.24亿元,比上年增长10.2%。实际利用外资2 693万美元,增长17.1%。积极抢抓国家扩大内需的政策机遇,强化项目策划、争取,全市共争取中央和省级项目274个,到位资金15.9亿元。年内,潜江市成为国家第二批资源枯竭城市,争取中央财政财力性转移支付资金1.95亿元。小龙虾产业进入了湖北省人民政府确定的"十二五"500亿产业发展规划。争取城市圈改革试验竞标项目专项补助资金1亿元。

【对外贸易合作】 2009年,潜江市实现对外贸易进出口总额2.2亿美元,比上年增长12.2%。按照"立足港台,巩固日韩,拓展美欧,开辟东南亚"的工作思路,围绕鄂京(环渤海地区)经贸洽谈会,开展"走出去"活动,在环渤海、长三角、珠三角、武汉城市圈等地进行小分队招商;在全球鄂商大会期间举办招商项目洽谈、推介、签约等系列活动,以武汉城市圈尤其是武汉地区的产业转移为重点积极开展产业承接工作;在鄂港粤经贸合作洽谈会期间开展珠三角地区的经贸洽谈活动;在鄂浙(长三角地区)经贸合作洽谈会期间以承接化工产业为重点大力开展宣传推介活动。不断更新和完善利用引资项目库,着力抓好项目的跟踪、督办、落实工作。着眼于配套项目建设、产业链延伸和企业群扩充,策划、编制和推介一批用地少、技术含量高、无污染、低消耗、高效益、产业带动能力强的引资项目,进一步加强对全市项目工作的协调、督办、指导和服务,努力形成核心企业、重大产业项目的新突破。4月,潜江市人民政府代表团访问加拿大,在多伦多与加拿大中国总商会签署经贸合作备忘录,达成加拿大总商会的会员企业在潜江市投资兴建30万吨重芳烃抽提、30万吨盐化工和100万吨焦化等油盐化工项目,总投资约1.5亿加元的协议。在第九届华侨华人创业发展洽谈会上,共有20余个企业参与项目对接,其中,莱克水产公司克氏原螯虾高值产品加工技术的研究与示范项目与有关海外企业达成了初步合作协议;潜江经济开发区与金澳科技化工有限公司达成年产100万吨加工氢焦化项目投资协议,项目总投资达1.06亿美元。

(刘芳)

天门市改革开放

【体制改革】 2009年,天门市体制改革步伐不断加快,各项改革取得良好绩效。商贸企业改革基本到位,农口企业、物资企业改革取得明显进展,天门国家粮食储备库整体移交给中储粮湖北分公司,天门神羽运输集团有限公司被湖北公路客运(集团)有限公司整体收购。天门市获得全国文化体制改革先进地区称号。农业“小三场”(国有农场、牧场、渔场)改革全面启动,国有农牧渔良种场职工按规定纳入社会养老保险,退休人员开始领取养老金。农村土地流转服务体系初步建立,在全省率先开展土地承包经营权抵押贷款试点。按照《天门市“两型社会”建设综合配套改革试验实施方案》的要求,在“两型”(资源节约型、环境友好型)产业发展、统筹城乡建设、投融资体制改革、节能减排、土地节约集约利用等领域开展体制机制创新,取得初步成效。

【对外交流】 2009 年,天门市对外交流稳步推进。全市因公出访团组 26 批 40 人,党政干部因公出访 14 批 17 人次,出访国家分别为美国、德国、日本、韩国、瑞士、俄罗斯、澳大利亚、奥地利及乌干达等国家。年内,中共天门市委书记别必雄率团赴日本、韩国参加由湖北省人民政府举办的2009 年湖北省(日韩)投资推介说明会。

做好研修生派遣工作。制作完善研修生人才信息库,建立 200 余人的研修生人才信息库,对所有人员的信息登记在册。发放研修生派遣资料 500 多份,收到了明显的社会效应。召开部分回国研修生代表座谈会,增强回国研修生们对工作和生活的信心,同时促进外事部门与研修生的交流与了解。2009 年,共推荐了17 批35 人次到武汉参加面试,已有3 人分别被派遣至日本、新加坡和尼日利亚工作。

积极开展引智项目申报工作。成功申报天门泵业有限公司的耐蚀耐磨合金材料熔炼加工技术项目和天门纺织机械有限公司的 TMFD100L 单眼高速并条机技术项目,得到了国家外国专家局的批复,获得国家专项经费支持,年内,2 个企业与法国 ECTI、德国 SES 等专家组织进行洽谈,为项目启动创造条件。

友城工作取得新的突破。与中国国际旅行社(日本)董事长、社长胡如祥、澳大利亚边晓律师事务所太平绅士边晓、中国驻波兰革但斯克总领馆总领事项早生等海外知名人士进行联系,积极与澳中友好交流中心联系,在澳大利亚寻求友好城市对接工作取得实质进展。

位于天门市的湖北天瑞电子有限公司生产车间一角　（天门市志办　供稿）

【招商引资】 2009 年,天门市加大招商引资力度,促进经济全面发展。全年新建、扩建、跨年度建设项目共 156 个,其中新引进项目 106 个,扩规项目 35 个,跨年度项目 15 个,实际到位资金 30.05 亿元;争取中央、省级投资项目 245 个,到位资金 1.8 亿元。新引进江苏雨润(集团)公司、山东国信环境系统有限公司、湖北稻花香集团公司、武汉德丰自动化控制有限公司、鸿扬尚品家私有限公司等一批知名企业。武汉德丰农产品加工园及冷链物流、天源木业第二期、中绿饮料生产线、江苏雨润等一批投资额较大的项目相继签约。中绿食品产业园第一期工程、华世通生物制药产业园第一期工程、叮当猫服饰等一批项目相继开工。金诺棉籽蛋白、锐风制衣等一批项目相继投产。“一区三园”(天门经济开发区、天门工业园、岳口工业园、皂市龙尾山工业园)落户规模以上工业企业(全部国有和年主营业务收入 500 万元及以上非国有工业企业)136 个,完成工业总产值占全市比重达到 57.3%,集聚效应逐渐明显。

【对外贸易合作】 2009 年,天门市完成外贸进出口总额5 069万美元,其中出口总额4 698万美元。全市投资过1 000万美元的企业有 3 个,分别是东风华泰(天门)铝轮毂有限公司、天门全盛禽蛋贸易有限公司、湖北益泰制药有限公司。全市拥有自营进出口权的企业达 50 个,累计注册资本 11.08 亿元。截至年底,全市共有外商投资企业 22 个,投资总额 1.53 亿美元,注册资本8 221.7万美元,合同外资7 633.9万美元,外商实际到资4 544万美元。外资企业累计实现销售收入 4.2 亿元,企业从业人员2 994人。

(天门市志办)

责任编辑　张　辉

责任校对　孙　泉

城 乡 建 设

概 述

【概况】 2009年，武汉城市圈资源节约型社会、环境友好型社会建设综合配套改革试验工作取得明显成效。城乡建设领域体制机制不断创新，圈域内一体化建设成效显著，产业双向转移、快速通道建设、现代农业产业化、商业集团连锁经营、社会事业资源共享5个重点工作以制订规划、实施方案转到全面推进。积极发挥国土规划职务职能，落实机构改革决定，城市建设和管理各项工作取得新进展。截至年底，武汉城市圈完成城镇以上固定资产投资总额4857.66亿元，比上年增长39.9%。其中，武汉市完成城镇以上固定资产投资总额2921.76亿元，增长34.4%；黄石市完成城镇以上固定资产投资总额321.96亿元，增长48.9%；鄂州市完成城镇以上固定资产投资总额213.40亿元，增长46.4%；孝感市完成城镇以上固定资产投资总额341.47亿元，增长49.6%；黄冈市完成城镇以上固定资产投资总额484.61亿元，增长53.4%；咸宁市完成城镇以上固定资产投资总额249.10亿元，增长51.4%；仙桃市完成城镇以上固定资产投资总额106.81亿元，增长44.8%；潜江市完成城镇以上固定资产投资总额112.69亿元，增长42.5%；天门市完成城镇以上固定资产投资总额105.86亿元，增长40.1%。

湖北省环境保护厅加快推进环保监督管理体制改革，筹划设立武汉城市圈圈域环保督查中心，建立和完善城市圈建设“两型社会”（资源节约型社会、环境友好型社会）总量减排统计、监测和考核指标体系，提前一年实现“十一五”污染减排目标，率先在中部地区开展排污权交易试点，全年成交主要污染物排污权2 451.1吨，总成交金额915.79万元。深化省属科研院所改革调动科研院所创业积极性。一年内，湖北省建材工业研究设计院与中国技术进出口总公司实现重组。

【武汉城市圈建设体制机制创新】 2009年，武汉城市圈建设进一步加大体制机制创新力度，为武汉城市圈建设的快速发展提供了动力和活力。

以发展循环经济为重点，创新资源节约体制机制。在重点推进东西湖区、青山区国家循环经济试点的基础上，拓展建设青山—阳逻—鄂州大循环经济示范区，编制完成了《青山—阳逻—鄂州大循环经济示范区实施方案》。积极推进资源综合利用试点，在钢铁、有色金属、建材、化工、电力等重点行业着力推行清洁生产和废弃物综合利用。率先开展区域性废物回收网络——武汉城市圈废电池回收网络建设。年内，黄石市、大冶市、潜江市全面启动资源枯竭型城市转型试点，黄冈市、天门市、潜江市启动了循环经济产业园区试点工作。

以水生态治理为重点，创新环境保护体制机制。武汉市积极实施水生态系统保护与修复工程，推进“六湖连通”生态水网修复工程和“大东湖”生态水网构建工程建设，加快污水处理厂及管网配套建设，远城区的污水处理设施逐步开工建设；实施“清水入湖”工程，对全市62个排污口进行了截污。鄂州市大力保护“百湖之市”宝贵水资源，开展大水网改造，对洋澜湖、花马湖、三山湖水网进行综合整治和生态修复；加大梁子湖生态屏障建设，完成梁子湖生态环境保护规划，启动了梁子湖流域生态修复工程。

以促进科技成果转化为重点，创新科技体制机制。全年设立湖北省创业投资引导基金1亿元，引导设立5支创业投资基金，基金规模达到11亿元，政府财政资金实现了10倍以上的放大效应。

以“两型”产业改造为重点，创新产业结构优化升级体制机制。强化政策引导，设立“两型社会”建设激励性转移支付、节能以及淘汰落后产能专项资金、产业集群建设激励性转移支付，支持产业资源向“两型”产业、优势产业和优势地区聚集，健全落后产能的退出机制。圈域内有33个集群进入全省重点成长型产业集群，占全省重点成长型产业集群总数的55.2%。

以提高用地保障能力为重点，创新集约用地体制机制。湖北省国土资源厅完成武汉城市圈土地管理改革专项方案

汉口火车站站前下穿通道效果图　　（武鉴　供稿）

并上报国家国土资源部。深化土地审批与征收制度改革，建立联系省、市、县国土资源部门的建设用地远程报批系统，提供了“直通车”服务。制定出台节约集约用地考核标准和有利于节约集约用地的激励政策。组织圈域内各市开展城镇建设用地规模增加与农村建设用地减少挂钩试点、城中村改造试点、农村土地整理试点。积极开展农村承包地经营权转让交易试点。年内，武汉农村综合产权交易所正式挂牌运行，全年交易金额18.18亿元，流转农村土地面积1.29万公顷。

以城乡一体化发展为重点，创新统筹城乡发展体制机制。鄂州市按照“全域鄂州”理念，统筹城乡规划，全面启动长港示范区建设，重点建设9个旅游示范村，全年开工建设土地整理、农业板块基地、公路建设、水利工程等项目57个，投资总额6.5亿元。仙桃市大力推进仙洪新农村建设试验区建设，着力在统筹城乡发展、发展现代农业、农村公共服务体系建设、建设农村经济合作组织等方面开展改革试点。天门市推进土地向规模经营集中，农民居住向农村社区集中，农业产业向特色板块集中，积极探索了统筹城乡基础设施、社会保障、公共服务体系建设的新模式。

2009年，武汉城市圈财税部门和金融部门相继出台支持武汉城市圈“两型社会”建设财税和金融支持政策，明确圈域内税收分享机制，为圈域内产业双向转移和“两型社会”建设创造了良好的外部环境。年内，武汉城市圈内共有7个企业通过中国证券监督管理委员会发行审核，其中6个企业成功上市。

【推动武汉城市圈产业优化整合】 2009年，湖北省经济和信息化委员会建立工作协调和信息交流机制，先后组织召开武汉市与黄冈市、孝感市、咸宁市、潜江市的产业转移对接洽谈会，利用第五届中国·湖北产学研合作暨创业投资项目洽谈会的平台，促成了武汉化工产业向周边城市转移合作协议的签订。咸宁市积极探索产业园区合作新模式，武汉东湖新技术开发区中国光谷咸宁工业园、武汉经济技术开发区咸宁工业园等产业转移示范园区先后签约并开工建设。孝感市与武汉市达成高新技术产业、化工、农副产品基地、旅游、商贸物流、交通设施等10个方面的合作事项，全年引进武汉项目504个，协议总投资254.4亿元，年内到位投资额82亿元，其中引进工业项目368个，总投资184.6亿元，到位投资额58.5亿元。

【加快圈域交通基础设施建设】 2009年，武（汉）广（州）客运专线开通运营，武汉火车站投入使用，武汉城市圈与长株潭城市群和珠三角城市群的联系更加紧密。全面开工建设武汉至孝感、武汉至黄石、武汉至咸宁、武汉至黄冈4条城际铁路，武（汉）咸（宁）城际铁路19.33千米的试验段全面完工。相继开工建设左岭至花湖、大悟至随州、硚口至孝感、武汉机场二通道、武汉机场北接线、麻竹高速公路黄冈段和孝感段、九江公路大桥北岸接线、咸宁至通山等9个高速公路项目。武汉机场三期建设工程获得国家发展和改革委员会批准立项。武汉新港6个码头项目、引江济汉通航工程、武汉杨春湖客运换乘中心、赤壁客运中心站、通城客运中心站、汉川马口客运站、潜江广华客运站、黄石罗桥客运站、罗田货运站、红安货运站、汉川货运站等一批交通重点项目全面开工建设。

【推进武汉城市圈农业产业一体化】 2009年，武汉城市圈新建、改建种植业板块25.3万公顷，高标准畜禽养殖小区300个，初步形成优势农产品的区域化布局。以实施农业节地、节水、节肥、节药、节时、节种、节粮、节能等“八节”现代农业技术为切入点，大力推进农业资源利用的高效化，通过实施测土配方施肥、农村沼气、农村清洁工程、农业机械化等一批重大项目，促进了农业产业的良性循环和效益的持续提高。加强政策资金扶持，引导龙头企业的发展。截至年底，圈域内共有国家重点农业产业化龙头企业22个、省级农业产业化重点龙头企业23个，大中型农业产业化龙头企业共同发展的格局初步形成，规模以上农业产业化龙头企业达到2 100余个，全年实现销售收入（交易额）500余亿元，比上年增长20.5%。

【推进圈域社会事业资源联动共享】 2009年，武汉城市圈大力推进科技信息平台、大型科学仪器共享平台、科技企业孵化平台、科技成果交易服务平台、农业科技信息服务平台建设，促进科技资源共享。积极推进部属高等学校与地方高等学校联合办学、武汉与圈域内其他8个城市基础教育对口支持和职业教育园区建设，促进教育资源共建共享。武汉城市圈图书馆联盟网站正式开通，圈域内公共图书馆馆际间互通阅览服务全面展开。初步建立武汉城市圈演艺联盟。积极推进城市圈博物馆、纪念馆免费开放。圈域内各城市47个博物馆实现了免费开放。开工建设武汉城市圈突发公共卫生应急指挥系统，第一期省级卫生应急决策与指挥信息系统建设已完成；推进武汉三级医疗机构与圈域内其他8个城市医疗卫生机构开展“双向转诊和院际会诊”协作，建立“一对一”的对口协作机制。积极推动武汉城市圈旅游业在旅游规划、项目招商、旅游产品打造、旅游推广等方面的一体化，推进旅游资源的整合与联动共享。启动武汉城市圈通讯一体化改革，进一步降低了城市圈通讯费用；积极推进新一代无线宽带网络在城市圈的试点应用，建立了长江宽带无线示范网（武汉段）、武汉市宽带无线城域示范网（江汉区）等多个示范网。成立武汉城市圈广播电视联盟、报业联盟；楚天卫星广播和电视公共频道联合圈域内9个广播电视机构全力打造新闻、专题、文艺宣传和大型活动4个平台，取得了良好的社会效益。

武汉市城乡建设

【概况】 2009年，武汉市遵循国家“扩内需、惠民生、保增长”宏观政策，围绕“两型社会”（资源节约型社会、环境友好型社会）建设，积极发挥国土规划服务职能，落实机构改革决定，城市建设和管理各项工作取得新进展。

国土资源和规划管理职能进一步加强。《武汉市城市总体规划（2010～2020年）》顺利通过部际联席会审查，此举标志全市新一轮城市总体规划修编取得决定性进展。《武汉市土地利用总体规划（2006～2020）》大纲和规划成果获得国家国土资源部批复和审查验收，全市以法定规划，专项规划和规划基础研究为主体的城乡规划体系基本形成。2009版“一张图”系统（城市规划编制统一数据平台）发布实施。推进“城中村”改造和旧城改造，创新土地储备管理体制机制，加强矿产资源保护，为规范国土资源和规划管理发挥了重要作用。

城市基础设施和重点项目建设持续推进。全年全市完成基本建设投资172.76亿元，新开工武汉大道、二环线汉口段、三环线东段、武（汉）咸（宁）公路改造、八一路延长线、地铁3号和4号线、辛亥革命纪念馆、楚河汉街等20余个重大项目，天兴洲长江大桥、武汉火车站等一批重点工程建设项目相继完工，为提高武汉市城市功能奠定了良好基础。

投融资主体多元化格局逐步形成。全年全市城建投资425亿元（不含铁路交通等方面的投资），比上年增长

武汉市地铁工程盾机构施工现场
（武鉴　供稿）

36.7%。大胆推行融资创新，市、区分级分行业普遍建立融资平台，全年融资超过400亿元。充分利用在武汉市的大型中央国有企业融资、管理、技术和建设方面的优质资源，在二环线汉口段、金桥大道高架、白沙洲长江大桥、沙湖大桥等重点项目中成功推行BT（建设—移交）投资建设模式，融资总额达100亿元，有效缓解了城建资金紧缺的困扰。

房地产开发市场形势明显好转。房地产开发投资逐步回暖，房屋新开工规模增幅由负转正，保障性住房建设全面推进，商品房成交价量均呈上升态势。全年全市房地产开发投资778.59亿元，比上年增长38.9%，占全市全社会固定资产投资的25.9%。全年保障性住房投资增长较快，小户型房开发力度加大、全市住宅开发投资498.04亿元，增长20.0%，其中经济适用住房建设投资59.47亿元，增长20.7%。

城市管理水平进一步提升。围绕“两型社会”建设加强城市管理服务，坚持依法、科学、规范、长效管理，不断创新体制机制。严格文明执法，努力推进环境卫生管理规范化、景观灯光特色化、违建控管日常化，市容市貌持续改善，圆满完成城市管理各项目标任务。全年城管应急指挥中心和服务热线回告率100%，群众满意率86%。

【城市规划管理】 2009年，武汉城市规划各项工作取得新成绩。9月15日，国家住房和城乡建设部组织召开15个部委组成的部际联席会，审查通过了《武汉市城市总体规划（2010～2020年）》。该规划期限为2010年～2020年，规划范围为武汉市行政辖区，规划面积8 494平方公里。其主要内容是：

城市性质与规模方面。本轮总规确定城市性质为：武汉是湖北省省会，国家历史文化名城，中国中部地区的中心城市，全国重要的工业基地、科教基地和综合交通枢纽。规划2020年全市常住人口1 180万人，其中主城区人口控制为502万人；全市城镇建设用地908平方公里，其中主城区建设用地450平方公里。

生态环境与资源保护方面。保护市域生态环境，实现可持续发展，综合生态敏感性、建设适宜性、工程地质、资源保护等因素，在市域范围内划定禁建区、限建区、适建区和已建区。规划在主城构建“十字”型山水生态轴，构成沿中环线、外环线的两个环型生态保护圈，控制大东湖、武湖、府河、后官湖、青菱湖、梁子湖等6大放射形生态绿楔。至2020年，建成区人均公园绿地达到16.80平方米，绿地率达38%，绿化覆盖率达45%，达到国家生态园林城市标准。

城市空间布局结构方面。规划将武汉市域划分为都市发展区和农业生态区，将城镇建设控制在都市发展区内，适当提高建设强度，实现城市空间的聚集发展。同时，在农业生态区内严格保护生态环境和基本农田，引导和鼓励农村居民点适当迁并和集中建设。规划根据气候学研究，契合武汉两江交汇、河湖密布、生态绿地分隔的自然地理特征，采取“轴向放射”的开放式、集约化的城镇空间，即沿主城对外交通干线保留6条城镇发展轴，集中建设6个新城组群，各发展轴之间控制生态廊道，形成贯通城市内外的风道和冷桥。

历史文化名城保护方面。保持“两江交汇、三镇鼎立”的城市空间，强化“龟蛇锁大江”的意象中心，保护沿长江、汉江和东西向山系的“十字型”景观格局。保护汉口原租界风貌区、汉阳旧城风貌区等4个旧城风貌区和首义片、珞珈山片等10处历史地段，将其中5处提升为历史文化街区。划定已公布的290处全市历史文化保护单位、160处历史建筑的保护范围，加强盘龙城等古文化遗址和大余湾历史文化名村的保护。强化对楚文化、近代工业文化等本地非物质文化遗产的保护和传承，彰显城市文化内涵。

城市综合交通方面。规划在都市发展区构建“环网结合、轴向放射”的干道系统，强化“四环十八射”道路网络格局，构建“双快一轨”的复合交通走廊。重点解决过江交通，使跨长江、汉江通道各达到11个，同时远期还预留过长江通道4个。加强轨道交通建设，规划建成9条城市轨道交通线路，总长282公里。远景到2050年建成12条总长约540公里的城市轨道交通。

城市综合安全方面。提高城市综合防灾、减灾和救援能力。加强以杜家台为重点的滞蓄洪区安全建设，完善排涝排渍系统，提高出江泵站抽排能力。新建城区规划100个消防站，设置白沙洲、北湖水上消防站和武汉航空消防站。按照7度标准设防，建设完善的疏散系统和避震疏散场地，提高综合抗震能力。

重大基础设施建设方面。按照中等发达国家的特大中心城市标准，制订基础设施发展指标。规划新建军山、梁子湖2座水厂，改扩建白鹤嘴、郸城等6座水厂，新、改、扩建三金潭、南太子湖等33座污水处理厂。全面建设“数字武汉”，推进光缆环网建设和光纤入户工程。

2009年，依据《武汉市城市总体规划（2010年－2020年）》，武汉市完成都市发展区3 261平方公里的分区规划以及主城区近684平方公里的控制性详细规划导则的编制，建立了完善的法定规划体系。实施了“大东湖”生态水网构建工程、汉阳“六湖连通”工程、蛇山“显山透绿”工程和首义文化区建设；建成亚洲最大的武汉北铁路编组站、武汉高铁客运站和京广高铁武汉段、武汉机场第二航站楼；贯通了外环线和三环线，建设了二环线，7条放射式快速路建成投入使用；启动建设了5条城际铁路，建设了地铁2号线、启动了3号线；开工建设了二七长江大桥、鹦鹉洲长江大桥。11月，《武汉市城市总体规划（2010～2020年）》获得国际城市与区域规划师学会（ISOCARP）颁发的“全球杰出贡献奖”。

【城市建设管理】 2009年，武汉市城市管理部门坚持实施依法、科学、规范、长效管理城市的思路，不断创新体制机制，坚持严格文明执法，努力推进环境卫生管理规范化、景观灯光特色化、违建控管日常化，圆满完成各项城市管理目标任务。

城市管理法制体系进一步完善。出台《武汉市景观灯光设施建设和管理办法》，明确管理责任，提高设置标准。制订《武汉市城市管理行政调解暂行办法》，建立健全行政调解工作制度，为解决行政争议提供了依据。制发《武汉市城市管理执法协管员管理办法》，规范城管执法协管员管理。全年清理、审查各类规范性文件60余件，维护了城市管理法制统一。

城市管理执法行为进一步规范。全面落实《城市管理相对集中行政处罚权执法依据、步骤及自由裁量权适用标准》，推行电子办案系统，开展执法办案网上监督。规范行政审批行为，全年受理行政许可申请3 348件，实施许可3 080件。加强执法队伍规范管理，建成城市管理社区工作室180余个，开展规范化建设达标和创建"群众满意基层站所"活动，武昌区城市管理局直属一中队、硚口区城市管理局执法大队获得全市"群众最满意基层站所"称号。

执法管理效能进一步提升。强化行政执法责任制目标管理，全年查处违法行为为24.01万起，查处率达99.8%；办理行政处罚案件1.41万件，案件合格率达98%以上。

城乡环境综合整治年活动取得初步成效。实施村塆清洁和市容整洁两大工程，开展农村暴露垃圾整治、道路沟渠治理，落实村塆环境卫生清扫保洁制度，推进"村塆收集、乡镇运输、市区处理"的村塆垃圾收运处理体系建设，启动了环境示范片区创建工作。武汉中心城区开展暴露垃圾、施工工地、违章占道、违法建设等专项整治，治理"插花地"环境卫生，消除暴露垃圾倾倒点，清除长江、汉江江面漂浮垃圾；加强78条重要干道、窗口地带日常控管，开展夜市排档、占道洗车等专项整治，取缔了一批扰民占道市场；坚持部门联动治理渣土污染，实行渣土运输作业"红黑榜"公示，及时查处了渣土违法运输和污染路面行为。

环境卫生作业进一步规范。在加强中心城区环境卫生日常监管的基础上，建立环卫作业监督考评机制，对全市环卫设施及日常保洁工作实施定量考核，不断提高环境卫生作业质量。启动生活垃圾源头收集系统建设，围绕"三年全部淘汰板车"的工作目标，购置垃圾收集车337辆，淘汰板车670台；开展垃圾分类收集试点并将试点范围扩展至中心城区的学校、机关、单位和社区，设置了一批分类收集容器。

市容环境督查机制进一步完善。继续推行"双创"（创市容环境达标街道，创市民满意路）工作机制，促进环境卫生规范化管理。截至年底，全市103个街（乡、镇）争创"市容环境达标街道（乡镇）"的总达标率达97.1%，优良率达69.8%；全市255条主次干道争创"市民满意路"总达标率达97.7%，优良率达65.5%，超额完成市人民政府下达的目标任务。积极探索大城管综合督办机制，主动发现并及时督促责任单位解决城市综合管理问题；健全环境保障机制，完成了国家森林城市检查、文明城市测评、第十三届世界湖泊大会等80余项重大活动的保障任务。加强景观灯光环境建设。以"两江四岸"（长江及其两岸、汉江及其两岸）和集中展示路段景观灯光环境建设为重点，按照"设计艺术化、投资多元化、建设同步化、管理专业化、亮的有文化"的工作思路，452栋楼宇实施了景观灯光环境建设。其中，"两江四岸"区域亮化楼宇149栋，打造南岸嘴、龟山、晴川阁灯光片区，建设21组强力探照灯，建成7艘趸船景观灯光，实施天兴洲长江大桥及4座立交桥、人行天桥景观灯光建设，完成汉江江滩东风段500米景观灯光带建设任务。初步建成青年路、常青路、解放大道、徐东大街等8条景观灯光集中展示路段，全市景观灯光档次进一步提升。

武汉市黄家湖污水处理厂　　　　（武鉴　供稿）

加强广告招牌管理。出台《武汉市门面招牌设置规范》，开展门面招牌整治示范路和达标路创建活动，组织各区开展广告、招牌、灯光、房屋粉饰等综合整治；推进广告资源公开拍卖试点，先期拍卖三环线（姑嫂树路—光谷大道）和轻轨一号线一期工程广告资源，获得资金4 677万元。

推进环境卫生基础设施建设。整合武汉市城市管理局属武汉市江环实业发展总公司及既有垃圾场等资源，组建武汉环境投资开发集团，完成4.4亿元的融资任务，保证了环境卫生基础设施建设需要。大力推进兴建5个垃圾焚烧厂、2个垃圾卫生填埋场为依托的全市生活垃圾收运处理体系建设，陈家冲生活垃圾卫生填埋场一期工程运营、监管工作步入正轨；长山口生活垃圾卫生填埋场10月29日正式启用；长山口垃圾焚烧发电厂完成第一台发电机组安装；汉口北垃圾焚烧发电厂主体结构工程基本完工；新沟垃圾焚烧发电厂12月8日开工；锅顶山垃圾焚烧发电厂主厂房土建施工顺利进行。全年全市垃圾无害化处理率达到60%以上。与此同时，关闭二妃山垃圾填埋厂、紫霞观垃圾填埋场，减轻了其对周边环境的影响。年内，全市建成环保型生活垃圾中转站13座；完成100座公共厕所新建或改建任务。

【环境专项整治】　2009年，武汉市城市管理部门服务城市建设重点工程建设，持续开展集中拆违行动，全年共拆除各类违法建设7 278处、106万平方米。有效控管重点工程区域违法建设。以全市36个重点工程区域范围为控违重点，市区成立专班，实行24小时守控，严格考核，限时督办督拆，拆除重点工程范围内各类违法建设1 580处、33万平方米。大力拆除存量违法建设。对洪山区杨春湖，青山区胡家寨、张家塆，汉阳区江堤街，东湖新技术开发区，东湖生态旅游风景区东湖村、渔光村，黄陂区南湖村等区域的存量违法建设，组织大规模拆违行动30余次。积极开展违法建设分类整治。联合公安消防部门拆除各类侵占消防通道违章搭盖500多处、5万余平方米。

积极推进“两型社会”(资源节约型社会、环境友好型社会)建设。基本建成自行车租赁服务系统。全年全市共建成便民自行车服务站点816个,投放自行车2.15万辆,发放租车卡25.6万张,日均提供租车服务8万人次,缓解了交通压力,倡导了绿色出行。逐步扩大放心早餐经营规模。配合武汉市商务局推进放心早餐工程,支持百佳放心早餐工程有限公司、武汉康丰华天放心早餐工程有限公司新设置放心早餐车348辆。完成道路名牌补设工作。开展全市道路名牌基本情况调查,通过招投标确定实施企业,全年共补充设置道路名牌550块,更新道路名牌160块。积极开展废旧电池回收工作。年内,新增中百超市废旧电池回收点100个,全市中百超市废旧电池回收点累计达到200个,全年回收废旧电池254万余个;在学校、社区、机关、公共场所、便民自行车服务点设置废旧电池回收箱8 000余个,全市日均回收废旧电池500公斤。

加大燃气行业监管力度。建立瓶装液化气市、区共管机制,清查违法经营门点538处,开展汉口沿河大道燃具市场专项执法行动,依法查处违法销售燃气灶具行为。

加强对道路桥梁的巡查、维护和监管。建立以市、区城市管理部门为主体,群众、媒体参与的道路病害发现处置机制,及时发现维修道路病害,先后组织对“绊脚桩”、坑凼等的专项整治;强化桥梁设施日常巡查和应急维护,全年巡查桥梁1 000余次,完成汉阳三眼桥危桥改造任务。精心组织道路桥梁维修改造项目建设,实施了临江大道、汉阳大道、沿河大道等12个道路改造项目和洪山广场汽车通道等7个桥隧维修加固项目。严格实施道路挖掘占用公示牌制度,发动社会监督逾期占用道路的工程;加强挖掘工地现场和周边环境管理,围绕交通堵点,疏通240条微循环道路,促进了城市道路畅通。

提升110联动服务效能。启用城市管理应急指挥中心,统一城市管理服务热线82712345,形成了“一网受理、一网协同”的服务体系。全年受理市民各类举报投诉6.07万件,回告率100%,群众满意率86%。

【基础设施建设】 2009年,武汉市进一步加大城市基础设施建设投入的力度,全市基础设施和重点工程项目建设取得较好绩效。

强化城市建设投融资工作。武汉市城市建设投资开发集团有限公司全年计划筹资、融资281.95亿元,实际筹措资金286.73亿元,比上年增长47.9%,其中,财政投入资金25.8亿元,湖北省人民政府支持铁路项目资本金4亿元,中央预算投资及中央政府代发地方债5.3亿元,国内银行贷款189.76亿元,发行企业债券15亿元,融资租赁20.37亿元,信托融资20亿元,筹集外资及其他资金6.5亿元。全年城市基础设施建设投资172.76亿元,增长45.7%,其中,非经营性项目投资76.46亿元,准经营性项目投资26.05亿元,经营性项目投资7.51亿元,封闭运行项目投资62.74亿元。

全面推进重点工程建设。全年武汉市城市建设投资开发集团有限公司共负责实施项目396项,截至年底完工或进入收尾阶段的项目179项,在建项目128项。全年共征地431.09公顷,拆迁271.2万平方米。

重大项目阶段性目标顺利实现。天兴洲长江大桥正桥及引线工程、白沙洲长江大桥维修工程竣工正式通车,武汉火车站配套工程按期投入使用,汉阳铁路专线迁改工程顺利完成拨接,为武汉国际博览中心建设创造了条件;落步嘴污水处理厂、二郎庙污水处理厂投入试运行,天然气高压外环项目安山至五里界门站30公里的连结工程完工;三环线东段、二环线跨雄楚大道立交桥、武汉大道徐东大街东段、滨江大道、临江大道、天兴洲防汛通道、南太子湖污水处理厂、亚洲银行贷款雨水项目杨泗港泵站、常青泵站二期等工程项目按计划如期开工。

项目前期工作取得显著进展。全力推进鹦鹉洲长江大桥、主城区污水“全收集全处理”等项目的前期工作,实现了世界银行二期、鹦鹉洲长江大桥、亚洲银行贷款三期等市级重大项目前期工作目标。

土地储备与开发协调发展。武汉市土地整理储备中心城市建设分中心完成黄埔新城15.73公顷土地的农转用申报,与湖北省供销合作社签订了13.33公顷土地委托挂牌合作协议。积极推进武汉大道经营性土地收储,完成了徐东灌瓶厂房屋和设施的拆除,启动了中冶南方工程技术有限公司地块的拆迁收购。武昌火车站1.2公顷土地成功出让,实现了武汉市土地整理储备中心城市建设分中心土地供应零的突破。

生产经营水平稳步提升。武汉市水务集团全年累计售水5.41亿立方米,实现供水销售收入7.23亿元,增长1.3%;征收污水处理费3.16亿元,增长2.6%。武汉燃气热力集团有限公司全年销售天然气5.32亿立方米,增长36.4%,实现销售收入16.7亿元,增长35.9%,实现利润3 200万元,增长190.9%,发展管道天然气用户9.15万户。武汉市城市路桥收费管理中心全年征收路桥通行费4.07亿元,增长0.5%。武汉城投房地产开发有限公司全年完成商品房销售14.6万平方米,实现销售收入5.63亿元,实现租金收入1 332万元,增长15.8%。完成房屋修建产值5 100万元,增长70%。

大力推进轨道交通建设。武汉市地铁集团有限公司全年计划完成投资52.42亿元,实际完成投资53.13亿元,比上年增长62.9%,其中,轨道交通建设项目计划投资50亿元,实际完成投资50.68亿元(1号线二期工程投资17.10亿元,2号线一期工程投资24.26亿元,4号线一期工程投资8.07亿元,4号线二期工程投资6 350万元,3号线工程投资6 120万元),比上年增长84.2%;市政工程项目计划投资2.42亿元,实际完成投资2.45亿元。

土地储备和开发有序推进。全年计划投资9.2亿元,实际完成投资10.68亿元,占年度目标的116.1%,其中,土地储备完成10.2亿元,项目开发完成4 800万元。年内,武汉市地铁集团有限公司完成首宗储备地块挂牌出让,收益3.26亿元。

运营收入平稳增长。全年计划完成经营收入5 327万元,实际实现经营收入5 541万元,比上年增长61.3%,其中,客运收入1 926万元,非客运收入1 815万元,财政补贴1 800万元。

运营质量安全良好。轨道交通项目和市政建设项目均未发生质量安全事故。1号线一期工程实现安全运营1 991天无安全责任事故。列车运行图兑现率、正点率、设备完好率、服务设施完好率均达99%以上,乘客满意率达98.9%。

【武汉火车站及周边市政配套工程完工】 武汉火车站位于东湖北侧、杨春湖南侧,紧临城市三环线,是国家“四纵四横”快速铁路网络中京广客运专线上的重要客站,为国家“十一五”投资武汉铁路枢纽的重大项目(站房总投资41.3亿元)。该项工程规划总建筑面积32.86万平方米,日均发送旅客约8.5万人,2006年9月开工,2009年12月26日建成运营。其建成后缩短武汉至北京、武汉至广州的出行时间,与改扩建后的武昌火车站、汉口火车站共同构成武汉铁路枢纽“三站鼎立”的客运格局,形成以武汉火车站为主体,服务中部、面向全国、国内一流的综合交通枢纽。为配合武汉火车站的建设,武汉市同步规划实施武汉火车站周边市政配套工程,主要包括武汉火车站广场及周边路网等市政配套设施等,北起友谊大道,南止中北路延长线,东接三环线,西至工业大道;站区核心区范围北起武青四干道,南止沙湖大道,西接黄鹤路,东至白云路。该项工程建设总投资46.13亿元,征地总面积266.67公顷,2008年7月正式开工。截至2009年底,配套路网工程中的工业大道—王青公路段和友谊大道—中北路延长线路段建成通车。

【国土资源和房产管理】 2009年,武汉市国土资源和房产管理部门以服务"两型社会"(资源节约型社会、环境友好型社会)建设为中心,充分发挥管理服务职能,加强国土资源和房产管理,各项工作取得新的进展。

以法定规划、专项规划和规划基础研究为主要内容的城乡规划体系初步建立,市、区、乡土地利用规划修编工作全面推进。按照国家住房和城乡建设部等15部委反馈的意见,圆满完成《武汉市城市总体规划(2010年-2020年)》最终修订工作并先后通过第36次城市总体规划部际联席会以及国家住房和城乡建设部部长常务会审议。11月8日,该规划获得第45届国际城市与区域规划师学会颁发的最高奖项——"全球杰出贡献奖"。积极推进《武汉市土地利用总体规划(2006~2020年)》编制、审查和上报工作,4月16日,该《规划》通过国家国土资源部审查。在主城区和新城组群分区规划、主城区控规导则实现全覆盖的基础上,编制完成主城区杨春湖城市副中心等47个编制单元192.6平方公里的控规细则,启动了近期建设规划、新城组群控规导则等编制工作。年内,正式发布实施了2009版"一张图"(城市规划编制统一数据平台)系统。

规划和国土资源管理审批工作得到加强。全年全市共核发《建设项目选址意见书》455本,用地面积4 428.3万平方米;《建设用地规划许可证》814本,用地面积4 404.2万平方米;《建设工程规划许可证》1 445本,建筑面积3 137.4万平方米,管线长度38.8万米;《建设工程规划验收合格证》704本,建筑面积2 181万平方米。其中,开发区、远城区核发《建设项目选址意见书》168本,用地面积1 763.4万平方米;《建设用地规划许可证》442本,用地面积2 702.6万平方米;《建设工程规划许可证》913本,建筑面积2 027.0万平方米,管线长度5.1万米;《建设工程规划验收合格证》446本,建筑面积1 102.7万平方米。全年全市上报新增建设用地427批次,面积10 080.8公顷,其中,中心城区上报64批次,面积3 418.9公顷(农用地2 456.9公顷,含耕地1 433公顷);远城区上报363批次,面积6 661.9公顷(含农用地5 495.7公顷,其中耕地3 888.5公顷)。全市获批用地517批次,面积8 730.0公顷,其中,中心城区41批次,面积2 688.2公顷;远城区476批次,面积5 681.8公顷。全年全市征地943.3公顷,发放各类征地补偿款74.2亿元,补偿率和安置率均达100%。加大土地供应,全年全市划拨、出让国有土地584宗,土地面积2 526.4公顷,其中中心城区划拨、出让国有土地209宗,土地面积663.4公顷。加强土地登记,全年全市发放各类土地证书130 795本,土地面积6 188.8万平方米,核发《土地他项权利证明书》3 911宗(本),登记面积7 409.8万平方米。

积极开展城乡规划编制和基础研究。武汉市国土规划部门依据《武汉市城市总体规划(2010-2020)》,扎实推进全市城乡规划编制和多项基础研究。编制《武汉市城乡建设统筹规划》,为指导农业生态区建设,促进城乡统筹发展提供了规划依据。加强历史文化名城保护,组织辛亥革命纪念碑(塔)概念性设计方案国际征集,编制《武汉市历史文化及风貌区体系规划》,开展了城市更新研究。完成《主城区地下空间规划导则》、首义文化区等重点地段地下空间规划,引导地下空间复合利用。加强二环线、三环线之间重点地段城市设计,完成了武昌旧城76平方公里的城市设计,引导建设整体协调、特征鲜明的城市空间形态。开展主城区绿地复合利用专项研究,确定绿地复合利用空间布局的总体思路,规划安排了近期重点建设项目。开展了土地集约利用与交通容量适应性研究。编制《武汉市城乡规划实施年度报告》,及时反映了城乡规划实施情况。围绕城市发展要求和交通热点、难点,编制《武汉市近期交通建设与组织规划》,制订了快速骨架道路工程等"八大工程"实施方案,为武汉市人民政府确定2010年城市建设计划和"十件实事"提供了支撑。完成了《武汉市城市快速轨道交通建设规划》并上报国家发展和改革委员会。编制完成《武汉市都市发展区停车场空间布局及实施规划》、《武汉市主城区自行车交通系统规划》,开展了《东湖生态旅游风景区综合交通规划》、《东西湖区综合交通规划》、《新洲区综合交通规划》的编制工作,为进一步统筹全市城市综合交通体系创造了良好条件。编制完成《武汉新港空间发展规划》、《武汉大道沿线综合改造规划》、《东沙湖连通工程用地规划》、《武汉市临空经济区建设规划》、《武昌滨江商务区规划》等一批城建重大项目规划,为项目建设提供了规划指导。

推进区级土地利用总体规划修编,启动乡级土地利用总体规划修编。全国县级土地规划修编试点单位——江夏区土地利用总体规划获得湖北省人民政府批复。东西湖区、蔡甸区、汉南区、黄陂区和新洲区的土地利用总体规划大纲获得湖北省国土资源厅批复。乡级土地利用总体规划省级试点单位——蔡甸区军山街土地利用总体规划修编全面展开。

2009年12月,武汉市土地利用和城市空间规划研究中心编制的《二环线内总体城市设计纲要》获得武汉市国土资源和规划局审批。该《纲要》规划总用地面积184平方公里,通过分区层面的城市设计,发挥深化总体规划、指导分区规划与控规导则编制的作用,实现了武汉市城市规划管理由平面二维空间向立体三维空间拓展的目标。同时,通过规划的控制与引导,为将二环线地区建成"三镇鼎立、多元交融、山水之城、魅力之都"的城市特色集中彰显的核心地区提供了支撑。该《纲要》从分区层面对二环线地区城市设计提出了以龟山、蛇山和南岸嘴形成的内核为核心,以长江、汉江与东西山系为山水轴,以三镇滨江都会区为三区,构建景观、开敞空间、立体空间、城市感知体验和色彩5个系统为主要内容的"一结构、五系统"的整体控制框架。该《纲要》还根据分区层面整体框架体系构建的要求,确定二环线内重点控制的片区、路径、界面和节点,提炼各类规划控制要素,并将其分为重点和一般两个层级的控制内容,进行通则式城市设计指引。

大力推进土地储备机制创新工作。武汉市国土资源管理部门将工业类项目的前期报批、资金筹措和征地拆迁直接下放各区征地拆迁事务机构负责,推动经营性项目按照"共同融资、收益分成"的方式推进。遵循"抓两头、放中间"的思路,主动与各区对接,支持各区土地储备试点项目工作,滨江DH片、吉庆特色街片、五里墩片等区级试点项目顺利推进。全年全市投入资金283.8亿元,储备土地6 535.87公顷,其中,中心城区投入资金185.4亿元,储备土地786.27公顷;远城区投入资金98.3亿元,储备土地5 749.6公顷。武汉市土地储备中心投入资金76.3亿元,储备土地377.13公顷,占中心城区储备土地总量的48.0%。全年全市土地一级市场成交土地2 575公顷,成交金额365.5亿元,成交额位列全国城市第8位,其中中心城区成交土地62宗,面积573.8公顷,成交金额231.5亿元。武汉市直属国有土地使用权出让实现净收益58.1亿元,其中市本级实现净收益35.7亿元。

武汉市住房保障和房屋管理部门大力推进住房保障工作,努力促进房地产市场健康发展。大力围绕武汉市人民政府解决低收入家庭住房困难和实现全市中心城区老旧住宅区物业管理全覆盖两件实事,克服困难,强力推进,努力让改革成果惠及民生。全年经济适用住房竣工面积163.34万平方米,占目标任务的102%;销售1.92万套,占目标任务的107%。安排建设廉租住房1.45万套,对全市7 500户低收入住房困难家庭实行廉租住房配房租赁,占目标任务的150%,是上年的近5倍;对5 562户承租公有住房的最低生活保障住房困难家庭核减租金127.32万元;按照"凡申请必受理,凡符合条件必保障"的原则,对中心城区人均住房建筑面积10平方米以下、人均月可支配收入400元以下的2.71万户低收入住房困难家庭发放租金补贴3 868.56万元,累计新增租金补贴1.87万户,实现了符合条件的低收入住房困难家庭租金补贴"应保尽保",全面完成了保障性住房建设各项目标任务。全市658个老旧住宅区划分为2 869个物业服务区域,基本实现物业管理服务全覆盖,惠及86万户,270余万居民。依照国家一系列促进房地产市场健康发展的政策,出台《关于进一步促进我市房地产业健康发展的若干意见》,加强对房地产市场宏观调控,扩大住房消费需求,保持了全市房地产市场平稳健康发展。全年全市共完成房产登记发证(含交易办证)29.08万户,发证面积3 934.95万平方米。

2009年,武汉市(含省直分中心、高校分中心、铁路分中心,下同)新增归集住房公积金86.48亿元。截至年底,全市累计归集住房公积金总额达432.71亿元,归集余额266.84亿元。武汉市新增住房公积金个人住房贷款发放87.76亿元,占当年住房公积金归集额的32.9%。全市职工提取住房公积金38.85亿元,比上年增长27.9%,其中,职工因购建住房和偿还贷款本息直接提取公积金占提取住房公积金总额的70%以上。全年实现增值收益3.08亿元,累计为武汉市人民政府提供廉租住房建设补充资金5.98亿元,为建设社会住房保障体系、改善居民住房条件、构建和谐社会发挥了积极作用。受房地产市场形势的影响,武汉市住房公积金个人贷款出现井喷态势,贷款发放的户数和资金量均刷新历史纪录。全年全市发放个人住房贷款31 657户,金额87.76亿元。截至年底,全市累计发放公积金个人住房贷款266.79亿元,共支持17.17万户中低收入职工家庭购建住房面积1467.9万平方米。

【水务】 2009年,武汉市各级水务部门努力践行可持续治水思路,优化水环境,积极推进、落实重点水务工程建设项目。总投资158亿元的大东湖生态水网构建工程获得国家发展和改革委员会批复并正式启动实施;武汉水资源发展投资有限公司成立,加快了水环境治理市场化进程;中心城区湖泊保护与水环境治理全面推进,湖泊水质明显提升;全市水生态保护与修复试点工作通过国家水利部验收,武汉市成为全国第一个通过该项验收的城市;成功举办第十三届世界湖泊大会,武汉市人民政府被国家环境保护部授予特别贡献奖,武汉市水务局被大会组织委员会授予贡献奖;节水工作成效显著,武汉市被国家住房和城乡建设部、国家发展和改革委员会授予"全国节水型城市"称号;全年争取国家和湖北省水务建设资金5.52亿元,超过前5年总和。年内,武汉市水务局被国家水利部授予"全国水利文明单位"称号和"全国水利行业技能人才培养突出贡献奖";汉口江滩工程、大东湖生态水网构建工程和"98抗洪精神"同时获得湖北省"辉煌荆楚60名片"称号。

加强堤防、水利基础建设和供水安全管理,构建了牢固的水安全保障体系。武汉市防汛部门坚持按防洪预案加强汛前查险整险及汛中协调调度,加强堤防巡查和日常管理维护,实行千分制考核,全面推行堤防巡查制度;大力实施防洪设施的险患整治工程,加强河道采砂管理,加强排渍调度,市属泵站全年安全运行1.5万台时,排水3.44亿立方米,全市安全度汛,保证了人民的生命财产安全。全年投入6.65亿元推进农村安全饮水工程,完成项目56个,解决475个行政村63.51万人安全饮用水问题。截至年底,累计有182万名农村人口用上安全饮用水。全面落实消防安全专项整治工作,组织供水企业排查全市12 603台公共消防栓,整改隐患2 372处。组织各中心城区普查二次供水设施3 440处,惠及居民287万人。

加强水利基础建设。积极争取国家对农田水利设施建设的资金投入,完成国家扩大内需项目14个,完成投资2.29亿元,全市共开工建设农田水利工程9 600处,水利设施综合抗灾能力有效增强,为农民保产增收提供了保障。重点易旱地区水利综合治理力度加大,完成6 100公顷重点易旱地区抗旱水源工程任务。中型骨干泵站更新改造稳步推进,全年完成155千瓦及以上中型骨干泵站更新改造56处。

加强湖泊治理与保护,推进中心城区湖泊水质提档升级工作,全年投入资金逾10亿元,基本实现"中心城区40个湖泊中16个提档升级"的水质目标。与上年相比,Ⅳ类湖泊增加6个,劣Ⅴ类湖泊数减少10个。全年在14个湖泊(120个排污口)建设污水分散处理设施8座、大型节制闸1座,超额完成93个排污口截流的年度工作目标。东湖、野芷湖、南太子湖、北太子湖、墨水湖、杨春湖、汤逊湖(北)、金湖及银湖等湖泊截污基本完成。湖泊管理不断加强。完成中心城区40个湖泊"三线"(水域控制线、绿化控制线和建筑控制线)修定规划,建立了各有关职能部门湖泊保护联合审批机制,为湖泊长效管理打下良好基础。全年共出动湖泊巡查人员9 170人次、巡查车辆3 530台次。

统筹推进城乡污水处理设施建设。中心城区新增日污水处理能力18万吨,全年COD(化学需氧量)削减量8.91万吨,污水处理率89.8%。在全国副省级城市中率先启动污水全收集全处理项目。持续提高中水和雨水利用水平。在武汉钢铁(集团)公司、神龙汽车有限公司、香格里拉大饭店、百步亭花园社区、湖北经济学院推广中水和雨水回用示范项目,实行全程跟踪管理服务。年内,部分中水回用项目投入运行,年新增中水回用量8 000余万立方米。"两型社会"集中展示区初显规模。围绕打造全国"两型社会"建设宣传教育基地目标,扎实推进汉口江滩节能示范工程,建成临江步道太阳能发电站,安装全永磁悬浮风光互补路灯77套,新装LED新光源3 511套,实施运动草地等3处太阳能发电站建设,年发电量35.3万度,汉口江滩景观亮化全部使用新能源、新光源,汉口江滩"两型社会"生态文明和教育示范效应日益显现。

水生态系统保护与修复试点通过验收。2009年,武汉市成为全国第一个通过验收的水生态试点城市。大东湖生态水网构建工程成功获批。5月4日,国家发展和改革委员会正式批复大东湖生态水网构建工程总体方案,建设总投资158

亿元。年内，东沙湖连通工程开始实施，沙湖综合整治工程开工；完成水网连通工程（近期）可行性研究报告并报送国家发展和改革委员会、国家水利部预审。汉阳地区江湖水网生态修复工程，东西湖、金银湖区域生态水网构建加快推进。实施生态修复工程。在截污、清淤的基础上，采取滨水区绿地建设。紫阳湖、皖子湖、机器荡子、西北湖、四美塘、水果湖、后襄河、内沙湖、小南湖、菱角湖、三角湖、金银湖等完成生态修复工程；月湖、莲花湖完成生态引水，水生植被恢复进入实施阶段；东湖蓝藻得到有效控制，水质逐步好转。加强水土保持生态治理，全年治理水土流失面积20平方公里；建成黄陂区蔡店、新洲区磨盘山、蔡甸区燕子山3个省级重点水土保持监测点。大力建设生态堤防，全年新增堤防绿化植树42万株，截至年底，全市800公里堤防共植树350万株，水岸绿化率达85%，基本形成沿江沿河绿色长廊。

推进水务创新发展。加强水资源综合规划，编制完成《2008年武汉市水环境状况》、《2008年水资源公报》，出台《武汉市小型农田水利建设与管理办法》、《武汉市“以奖代补”小型农田水利项目建设与管理指南》。进一步加强水资源、湖泊保护立法，年内，《武汉市水土保持条例》、《武汉市城市明渠保护办法》公布实施。加大水行政执法力度。严格采砂执法管理，加大对湖泊、水务工程、水土保持、取水许可执法监督力度。全年市、区水政执法队伍出动巡查车辆5 700台次、巡查人员1.6万人次，发现和制止涉水违法行为200余件；查处水事违法案件100余件，拆除违法建筑物和构筑物5 000余平方米。规范行政许可和执法行为，制发《市水务局关于进一步加强依法行政工作的意见》、《市水务局关于印发〈武汉市水行政执法工作考核暂行办法〉的通知》，确定10项考核内容并配套制定了考核标准。严格履行水务工程建设招投标程序，全年完成项目招投标81件，办理水务工程建设开工行政许可项目149件，完成汉西污水处理厂等一批重点工程项目竣工验收工作，确保年内未发生工程质量安全事故。

【园林绿化】 2009年，武汉市园林系统大力推进生态园林城市创建活动，不断完善园林法制建设，继续深化园林管理体制改革，园林行业管理不断加强，各项绩效目标任务全面完成。全年建设绿地面积475万平方米，植树60万株；全市建成区绿化覆盖率37.5%，绿地率32.2%；人均公园绿地达9.22平方米。

大力加强公园绿化建设。年内，建成菱角湖公园、南湖幸福湾公园、蛇山南坡公园等公园6个，新建中山公园孙中山宋庆龄雕塑，黄鹤楼公园改扩建工程顺利进行，武汉动物园一期改造工程全部完成。

大力推进城市路网绿化建设。完成常青路、汉阳大道等70条道路绿化改造，积极实施武汉火车站和岳家嘴立交桥等重点交通设施配套绿化建设，在城市主次干道建成园林小景35处，编制完成城市行道树树种专项规划。

大力推进“三小”（小游园、小广场、小绿地）绿化建设。建设完成赵家墩、工人村等小森林，彭刘杨路、积玉桥等小游园，首义街、上海街等街区小绿地共37处。继续在全市老城区开展以见缝插绿、增加绿量、补栽大树、丰富景观、美化香化为主要内容的绿化水平提升工作，102个社区的绿化绿量得到提升，共建设绿地20万平方米。

大力推进立体绿化建设。全年完成屋顶绿化30处，共3万余平方米。完成垂直绿化1.02万米。解放大道循礼门地下通道、香港路、三阳路、中山路隧道4项立体绿化工程全部完成。

大力推进群众性绿化工作。开展以家庭、社区为对象的“三送”（送花、送技术、送服务）等惠民活动。全年开展“三送”活动467场（次），服务社区450个，其中，“送花”活动走进武汉三镇14个社区，解放公园、青山公园、紫阳湖公园和武汉动物园等4个公园向市民赠送杜鹃、栀子花、月季、文竹和吊兰等花卉4万余盆。推出义务植树基地18个、常年接受市民种植纪念树基地8个，组织各种形式的群众性义务植树活动70场（次），80余万人（次）参加义务植树活动。与长江日报社联合在7个中心城区开展武汉市家庭养花评选活动，评选出“市级家庭花王”10人，激发了广大市民爱花养花的热情。

大力拓展园林绿地休闲文化功能。先后举办迎春游园会、杜鹃节、花卉展示周、金秋街头菊展和“快乐文化广场”等系列公园游园活动。解放公园第五届花展，展出大型扎景43组、花卉200余万盆，其规模、花卉品种均超过历届花展。149个单位参加金秋街头菊展，展出菊花130余种61万盆，参观菊展人数达100余万人。

园林基础建设取得新实效。武汉国家园林城市创建工作通过国家住房和城乡建设部复查验收。完成全市建成区绿化普查、（海南）武汉园建设以及济南园博会的参展工作。申办2011年中国国际园林花卉博览会工作进展顺利，经国家住房和城乡建设部专家评审，武汉市入围候选城市前三名。

加强对规划绿地的控制和已建绿地的保护。配合武汉市国土资源和规划局完善《武汉市主城区分区规划绿地专项规划》、《武汉市新城组群分区规划》，委托武汉市园林规划建筑设计院编制《生态园林城市规划》，制定《武汉市城市绿线管理办法》，推进城市绿线有效划定以及保护和管理的规范化和科学化。

大力推进园林信息化建设。武汉市园林局在政务内网上建设办公自动化系统，实现无纸化办公，与市级办公自动化系统对接；在政务外网上，积极实施行政许可事项联网审批和电子监察系统的日常跟踪维护和处理；在政务公网上，不断丰富和完善武汉市园林局网站的栏目设置和信息更新。全年在网上发布文字信息480余条、图片信息80余幅，网上信箱收到各类有效建议咨询20余条，受理有效咨询6件。

【环境保护】 2009年，武汉市环境保护工作围绕改善环境质量的目标，以主要污染物减排为主线，以实施污染减排工程、城市环保清洁空气工程和重点区域环境综合整治等工作为重点，积极推进环境保护体制机制创新。全市环境质量基本保持稳定，空气质量优良率创历史新高，提前超额完成国家下达的主要污染物减排任务，环境保护能力不断增强，环境保护机制创新取得新进展。

环境质量保持稳定，部分指标有所改善。武汉市城区空气污染指数（API）平均值为77，环境空气质量总体为良。全年有301天空气质量为优良，比上年多7天；空气质量优良率82.5%，比上年上升2.2个百分点。全市主要水体水质基本稳定，66个湖泊中有7个湖泊水质好转，43个湖泊水质保持不变。全年饮用水源水质达标率为100%。城市区域环境噪声平均值为54.7分贝，比上年上升0.3分贝；交通干线噪声平均值为69.1分贝，上升0.1分贝。全市工业废气排放总量4 299.87亿标立方米，增加285.13亿标立方米；全市废水排放量78 435.06万吨，全市共有运行的城市污染处理厂11座，设计污水处理能力162.5万吨/日，城市生活污水集中处理率89.8%；全市工业固体废物产生量1 212.94万吨，增加118.45万吨；工业固体废物综合利用率89.6%；全市二氧化硫排放总量12.01万吨，下降2.9%；全市化学需氧量排放量14.90万吨，下降1.8%。

环境保护专项行动稳步推进。全年全市累计出动环境执法人员3.6万余人次，现场检查企业10 753个，下达法律文书1 909份，立案调查企业723个，行政处罚企业174个；专项治理关闭小造纸企业3个、小印染企业4个、小水泥企业4个。继续对违法排污企业实施挂牌督办，全年完成了7个市级违法排污企业、42个区级违法排污企业的挂牌督办整治任务。开展重点湖泊水环境整治，清查黄陂、后湖等地区20余个建设项目，对13个违法项目进行立案调查，其中行政处罚10个；对东湖生态旅游风景区磨山、桥梁地区27个农家乐餐馆的污水进行收集，修建了3座污水处理站，日处理污水1 200吨。开展"九小"（小造纸、小水泥、小火电、小炼铁、小炼钢、小酒精、小味精、小柠檬酸、小印染）企业、"两高一资"（高耗能、高污染、资源性产品出口）行业以及重点流域重污染企业等专项整治工作，为提升全市环境保护水平奠定了基础。

加强建设项目环境管理。坚持把建设项目审批同"扩内需、保增长、调结构、惠民生"有机结合起来，努力做到有保有压，促进了全市经济平稳较快发展。全年全市共审批项目1 627个，涉及投资额1 125.5亿元，其中环境保护投资额23.8亿元；验收各类项目1 148个，当年验收比为70.6%。严把项目环评审批关，强化工业项目、房地产项目、畜禽养殖业等行业准入管理，拒批或暂缓审批各类不符合产业政策、布局不合理或不能满足环境要求的建设项目50余个，查处违法建设项目10余个。努力促进区域长远发展，积极支持硚口地区化工企业搬迁，开展土壤调查与修复工程。对花山生态新城、汉阳黄金品制造业基地、左岭化工都市工业园、黄陂盘龙城、台湾农民创业园等区域建设与发展提出并督促加快市政污水处理厂建设进度。主动跟踪汉口北垃圾焚烧发电厂、锅顶山垃圾焚烧厂等重点环保基础设施项目建设。深入推进规划环境影响评价工作，规划环境影响评价试点率先通过国家环境保护部验收。进一步推进有关行业和全市工业园区规划环评，年内，全市13个省级以上开发区、都市工业园区的规划环评通过审查。

加强生态保护，推进城乡生态示范项目建设。武汉市环境保护部门召开全市生态环境保护工作会，传达学习全国生态环保工作会议精神，布置了全市乡镇饮用水水源地基础环境调查及评估工作、畜禽养殖综合整治、生态示范项目和示范区创建等工作，积极实施农村小康环保计划，农村污染防治和生态建设工作取得新的进展。推进农村集中式饮用水源保护工作。印发《武汉市农村集中式饮用水水源地环境保护工作方案》，组织开展自来水厂取水口周边水质监测和调查整治工作，完成水源地环境隐患排查并制订了全市农村集中式饮用水水源地周边污染源整治实施方案。积极开展全国乡镇饮水源地基础环境调查与评估试点工作，印发《武汉市乡镇饮用水水源地基础环境调查及评估工作方案》，组织开展农村集中式饮用水源地环境调查与评估工作培训，形成《湖北省武汉市乡镇饮用水水源地基础环境调查及评估报告》。初步划定乡镇集中式饮用水源保护区，形成《武汉市乡镇集中式饮用水水源保护区划分方案（征求意见稿）》。推进畜禽养殖污染防治工作。加强源头防治污染，组织开展黄陂区天种1.3万头二元猪养殖改扩建项目，武汉·世界鲟鱼产业园（一期工程）项目等7个建设项目的环评审批工作。重点推进养殖小区环保达标工作，制订畜禽养殖小区污染治理工作方案，规范养殖污染治理工作，发布了2009年畜禽养殖小区环保达标验收标准。组织开展为期3年的全市规模以上养殖场整治验收工作，全年整治规模以上养殖场93个，验收规模以上养殖场72个。推进生态示范项目建设。争取中央和省级关于农村"以奖代补"和"以奖促治"环保专项资金2 320万元，用于开展农村生态示范项目建设。晶晶养殖有限公司猪场废弃物污染治理等21个市级农村生态示范项目全部完成建设并通过验收。积极开展环境优美乡镇和生态示范村建设，完成了12个市级生态村的创建工作。完成国家和省级环境优美乡镇、生态示范村的申报工作。

2009年，武汉市环境保护设备制造、产品生产、工程承包、工程设计、资源综合、循环利用、洁净生产、环保科技咨询、能源开发等领域形成较为完备的环境保护产业体系，涌现出一批领先于全国同类水平的先进技术和优势项目。截至年底，全市从事环境保护产业的企业、事业单位达450余个，从业人员达6万人，其中，年产值超过1 000万元的环境保护企业70余个，年产值超过5 000万元的环境保护企业40余个，年产值超过1亿元的环境保护企业20余个，全年规模以上环境保护工业企业完成工业总产值304亿元，比上年增长13.1%。环保产业成为钢铁业、汽车制造业、光机电制造业、烟酒业之后武汉市又一个支柱产业。武汉凯迪电力股份有限公司全年实现销售收入80亿元，在脱硫除尘和清洁能源顺利发展的同时，农业废弃物生物质电厂项目建设快速推进，年内10个农业废弃物生物质电厂实现点火运营。武汉都市环保工程技术股份有限公司继续保持在固体废物治理、污水（泥）治理、烟气治理和环保热电等方面的优势，全年完成环境保护项目总承包、设计项目22个，新增合同额7.6亿元，新增烧结烟气氨法脱硫等发明专利和实用新型专利10项。中钢集团天澄环保科技股份有限公司全年实现环保项目合同金额2亿余元，完成国家科学技术部工业烟气除尘新环保工程技术中心的验收工作。武汉创新环保工程有限公司自主研发、生产的"创新"牌超薄型挂式油烟净化机、柜式抽油烟净化机获得《中国国家强制性产品认证证书》、《中国环境保护产品认证证书》和"国家权威检测达标产品"称号，其生产技术标准被列入国家行业标准。

【村镇建设】 2009年，武汉市实施村镇建设项目202个，完成村镇建设总投资7.76亿元，比上年增长46.4%。全年新修村镇道路111.74公里、排水管网134.78公里，绿化面积15.19万平方米，安装路灯2 211盏。在黄陂区武湖街等5个重点镇已获得湖北省规划建设管理"楚天杯"特色（示范）镇的基础上，又确定了汉南区湘口街等9个乡镇为下一年度创建湖北省规划建设管理"楚天杯"特色（示范）乡镇，为推进全市城镇化建设奠定了扎实基础。

加强城镇化建设。2009年9月～12月，武汉市人民政府先后召开15次全市远城区城镇化工作专题研讨会，邀请湖北省住房和城乡建设厅、武汉市社会科学院和华中科技大学农村政策研究中心的有关领导和专家学者为推进武汉市远城区城镇化建设出谋划策。中共武汉市委农村工作领导小组办公室、中共武汉市委政策研究室和各区人民政府、区建设局及乡镇单位代表参加会议。武汉市人民政府副市长张学忙出席会议并安排部署全市推进城镇化相关工作。年内，《市人民政府关于加快推进远城区城镇化的意见》的制拟已完成前期准备工作。

推进"百镇千村"建设。武汉市按照《湖北省2008年"百镇千村"示范工程建设实施方案》要求，以"完善设施、美化环境"为主要内容，以产业经济发展为主线，重点打造20个省级示范村。东西湖区慈惠街汉江农业休闲观光"四季吉祥"示范带、江夏区107国道两旁郑店街至山坡乡沿线绿色生态经济长廊以及汉南区整区推进"乡村清洁工程"示范区建设取得初步成效。与此同时，全面启动城乡一体化建设,重点打造了5个农村新社区。

实施农村家园建设行动计划。2009年,武汉市基本完成创建村的村塆建设规划的编制,大部分创建村规划审批工作完成。实施农村"家园建设行动计划"的2 088个创建村的村塆建设规划编制工作已完成1 630个,其中,2009年的450个规划文本编制完毕。除汉南区、洪山区外,规划审批工作已经完成。完成基础设施项目申报计划的审核,各区基础设施完善项目资金计划已全部下达。武汉市发展和改革委员会累计下达投资计划5.4亿元,完成基础设施建设工程量的85.5%。

加强村庄环境整治。武汉市共有纳入村庄环境整治整体推进的建制村307个,其中,完成村庄建设规划编制的建制村239个,占规划编制村总数的77.9%,制订规划编制待相关部门批准的建制村68个,占规划编制村总数的22.1%。截至年底,全市共有241个村2 341个自然塆完成村庄环境整治任务,占总村数的78.5%。

黄石市城乡建设

【概况】 2009年,黄石市紧紧围绕发展大产业、打造大园区、建设大城市的"三大战略"目标,以创建国家卫生城市、中国优秀旅游城市、国家环境保护模范城市、全国文明城市活动为载体,着力实施"四化三改"(城市绿化、道路黑化、市容洁化、夜景亮化,旧城改造、污水改造、垃圾改造)工程,全社会固定资产投资330亿元,增长42%,其中,城镇以上固定资产投资321.96亿元,增长48.93%。圆满完成各项城乡建设工作任务,实现城市建设管理工作健康持续发展。

【城市规划管理】 2009年,黄石市城市规划的编制和管理水平进一步提高。

加强规划编制建设。全年完成《黄石市城市总体规划(2001—2020)》的修编调整工作,总规评估报告按程序上报国家住房和城乡建设部。根据城乡经济社会发展水平和统筹城乡发展的需要,在各分区规划、《黄石市近期建设规划》的基础上,完成磁湖北岸、西塞山工业园区、江北管理区等11项控制性详细规划,新港(物流)工业园区、黄石市集中还建点、黄石市公交站场规划、黄石市农贸市场规划等16项专业规划,完成黄金山核心区、磁湖西岸、黄石长江外滩等8项景观规划,完成磁湖西岸、锦江新天地、华新地块、迎宾大道等6项城市设计。城市基础设施上完成市府路、南京路、武汉路、黄石大道东段、大泉路等8条道路刷黑改造规划,金山大道、圣明路、宝山路规划设计,李家坊二隧道、谈山隧道规划设计;对外交通上完成大广高速黄石段、武黄城际铁路黄石段、黄石新港规划;市政公共设施上完成黄金山污水处理厂、黄金山变电站、黄金山垃圾焚烧(发电)场等规划;社会公共设施上,完成了市体育馆、青少年活动中心、市博物馆、武商超市、农贸市场改造规划。

加强规划审批管理。严格遵守规划法和行政许可法程序。按国家住房和城乡建设部和湖北省住房和城乡建设厅的要求,"一书两证"(建设项目选址意见书;建设用地规划许可证、建设工程规划许可证)的核发,实行"四统一管理"(统一印制、统一编号、统一发放、统一公示),将开发区"一书两证"核发工作纳入全市统一管理,加大对大冶、阳新"一书两证"核发管理的指导工作。截至年底,核发选址意见书23份,核发《建设用地规划许可证》137份,《建设工程规划许可证》100份。其中工业项目规划许可16项,建筑面积396 719.72平方米。完成《经济适用房建设用地规划许证可证》4个(矿务局项目、新兴管业项目、下陆华安公司、百盛公司),完成《廉租房规划许可证》马家嘴处廉租房工程项目,建筑面积6043平方米。同时,完成20个城中村(含开发区10个)改造规划定点工作。

加强批后管理力度。突出强调核发规划条件与规划核实制度。在国有土地使用权出让前,依据控制性详细规划,提出出让地块的规划条件,作为国有土地使用权出让合同的组成部分,制定专门的工作程序和填报表格,对建设工程是否符合既定的规划条件予以核实,未经核实或者核实不符合规划条件的,不得组织竣工验收,确保依据控规制定的规划条件在建设过程中得到有效落实,维护城乡规划的严肃性与权威性。深入开展违规变更规划、调整容积率专项整治工作,建立规划管理、城管执法联动工作机制。通过规划现场放线、验线、项目规划核实验收等实施跟踪管理,由规划分局配合市局监察部门来完成。对未经规划批准的违法建设项目按执法联动机制及时书面函告城市管理局,对城管部门自行查处违法建设项目予以积极配合,及时给予协助及书面答复或认定,营造健康有序的项目建设环境,维护社会公平正义。年内,组成专班对全市房地产开发中违规变更规划、调整容积率开展专项检查治理工作,共检查91个项目,其中黄石城区60个,大冶市15个,阳新县16个。而变更土地性质的项目就有18个,其中黄石和大冶各9个,没有按法定程序调整容积率的项目有10个,其中黄石市城区7个,阳新县3个。依照相对集中行政处罚权的职能,及时予以指出,提出加强整改的措施。

加强测绘法规建设。实施城市基础测绘,完善地形数据资料,组织编制《黄石市基础测绘十一五规划》,引进新技术制作卫星影像图,编制出版《黄石市城区图》;协助湖北省测绘局完成黄石市公共地图服务系统工作;数字黄石地理空间基础框架建设启动;初步建成测量标志管理系统;组织实施全市四等以上永久性测量标志的普查、维护、建档工作,共普查测量标志点282个,并对其中104个

黄石江滩防洪及环境综合治理工程　　(黄石市志办　供稿)

测量标志点进行维护和管理。2009 年,黄石市测绘局被湖北省人民政府授予全省测量标志普查维护先进单位。

【城市建设管理】 2009 年,黄石市全面加强对市容环境卫生和城市管理执法两个系统的行业管理。

城市管理综合执法效能全面提升。创立“队风队纪督察、违法建筑督察、环卫行业检查、社区和主次干道市容检查”四支督检队伍,变岗位督察为效能督察。将简单的岗位出勤督察延伸到队风队纪、执法效能督察,每周对督察情况进行通报。落实或严格执行《黄石市市容环境卫生检查考评办法》,增设道路清扫保洁、执法管理强度系数,将道路清扫保洁分级分类考核调整为统一标准考核。调整、优化路段和完善 127 个社区考核和排名的方式,全年共发《督察通报》47 期,通过考核,加大奖优罚劣管理力度。黄石港区道路达标率由 77.8% 上升至 82.8%,西塞山区道路达标率由 68.4% 上升至 85%、下陆区道路达标率由 63.6% 上升至 90.9%、铁山区道路达标率由 78.6% 上升至 100%、开发区道路达标率由 81.8% 上升至 92.9%。

加强市容长效化管理。根据“主干道严禁、次干道严控、小街小巷规范管理”的要求,对文化宫、郁香巷、王家里、延安路、黄厂街、青龙山路等一批严重影响市容市貌的区域进行规范管理;探索设立临时规范经营点,郁香巷个体摊贩经营点实行“城管监督,业主自治,规范管理,多方共赢”的管理模式,有效改善了流动摊贩随意占道经营的局面。与市政部门联合制定《黄石市城区节假日临时占道促销宣传及开业庆典活动管理暂行规定》,建立联动机制,共同把关,联合审批,使黄石市主次干道节假日临时占道促销活动行为得到规范。与此同时配套出台《黄石市道路清扫保洁、城管执法检查考评实施细则》等规定。在全市推行招标路段清扫保洁、执法捆绑管理考核,实行市民(单位、部门)、环卫、执法“三体联动”,将全市 127 个社区根据其区位特点,区位功能、基础条件以及管理难易程度划分为 4 类,加大日常的检查,分别按类别标准进行考核排名。全年对全市 600 多处社区“卫生死角”估量、登记、编号,动员各方面的力量进行清除,并采取了硬化、美化、绿化等巩固措施,实现了市容长效化和规范化管理。

全面开展各项专项执法活动。2009 年,全市加大违法建筑“巡管控拆”力度。全年共拆除违法建筑 940 处,拆除面积 11.35 万平方米,查处批后违法建筑 25 起计 5.4 万多平方米。先后开展夜市、市场整治、“五业”(小餐馆、小旅店、小作坊、小理发店、小型集贸市场)整治、学校周边整治等各项专项执法行动。全年查处违章占道经营 9.08 万件,清理牌子、占道巷子、摊子 3.29 万件;结合“三子一乱”(主次干道上的摊子、牌子,占道巷子口及乱丢乱放行为)整治开展大市容城管执法活动 479 次;查处乱倒、乱扔、乱牵、乱挂等“八乱”整治 2.33 万次;全年查处抛洒案件1 010件,殡葬管理 136 次。完成立面整治 2.02 万平方米,夜市整治 882 处;处理油烟、噪音投诉1 143次;协调巡警三大队配合各大队开展执法活动 40 余次。整体推进户外广告工作。全年组织实施以广场路、迎宾大道、杭州西路为重点的户外广告及临街立面景观形象整治工作。共计拆除各类影响市容观瞻的户外广告及其它设施 812 处,布幅广告 236 条;查处违法设置各类户外广告案件 73 件,制止违法设置户外广告行为 156 起,责令拆除违法设置户外广告 20 个。全年共计规范门店招牌 210 余处,发动广告经营单位制作各类公益广告共 12 处。通过实施广告资源市场化运作方式,合理开发城市公共场地广告资源。建设完成迎宾大道、花湖大道、公园路、一西路等多条城市道路的 83 个公交候车亭和站名牌,为政府节省建设资金约 210 万元。全年共计清除覆盖各类“牛皮癣”8 万余处,查处乱贴、乱画“牛皮癣”案件 30 多件,对制癣者和制癣单位依法实施了严管重罚,捣毁办假证“牛皮癣”窝点 10 处,收缴办假证小广告 7 000 余份,各类假证件、假公章 200 余个;对乱发广告宣传品行为进行查处,共计收缴违章散发的小广告 2 万余份。全年共查处渣土处置违章1 890件,清理道路污染 35.6 万平方米,清理无主垃圾 5.6 万立方米,出动洒水车冲洗路面 624 车次,市中心区域渣土受理率达 95%,处置率达 80%。

加大重点环卫设施工程建设力度。2009 年,黄金山生活垃圾焚烧发电项目进展顺利。场地“三通一平”及项目施工用水、用电工程全部完成,处理土方 10.7 万立方米、外运土方 6.4 万立方米、爆破并外运石方 3.2 万立方米。场内 10 千伏线路迁移完毕,主体工程施工有力推进。在垃圾场配套征地、场地平整、水电报装增容、进场道路扩征用地等方面共投入资金 1086 万元,创冠集团投资控股(香港)有限公司在项目土建和设备采购方面累计完成投资 1.3 亿元,超过完成黄石市人民政府确定的全年项目投资 1 亿元的工作量目标。峰烈山垃圾填埋场改造项目完成。其改造项目自相关配套设施改造完成后,引进加拿大“3R”(资源再生、循环和再集成)技术进行无害化处理项目顺利实施,已实现渗漏液回灌封闭循环、沼气收集焚烧、发电机组调试运行目标。

加强垃圾场垃圾进场消纳管理。全年共处置城市生活垃圾 17 万吨,完成西塞垃圾场渗沥液达标处理 2.8 万立方米,药物消杀 3.62 吨,日均消杀面积 1.2 万平方米;完成峰烈山垃圾场黄土覆盖 2.6 万平方米,西塞垃圾场 1.3 万平方米,道路铺垫 3.6 万平方米,峰烈山垃圾场渗沥液抽排反灌3 000立方米。

提高行业设施档次和水平。全年实际新增改造公厕 10 个,总计 57 个,完成垃圾中转站 3 座改造建设,累计投资达 350 万元;完成配置果皮箱的道路 32 条,安装2 094个,投资达 128 万元。全年共计完成垃圾费收费 643.30 万元。其中,完成居民代收 531 万元;启动了行政企事业单位和交通营运车辆的垃圾费收费工作,完成财政代扣 42 万元,车辆垃圾费收取 70.30 万元。

【基础设施建设】 2009 年,黄石市实施“7716 工程”(新开工程 77 项,续建工程 16 项)城建重点工程建设。投入城市建设资金 16.5 亿元,完成了九龙公园建设、湖滨西路北延道路改造及排水工程、紫新路建设、黄石大道东段(冶钢)排洪渠改造、公园路刷黑改造、黄金山新区 A3 路工程、黄金山新区 A5 路工程、黄金山新区 B8 路工程、黄石大道东段一标段道路刷黑改造等 46 项工程。全年完成道路维修改造及背街小巷建设 9.97 万平方米,其中市政管道设施维修改造 1.22 万平方米。加快实施 127 个社区环境综合整治工程,完成 24 个社区背街小巷项目改造,其中黄石港区 4 个、西塞山区 6 个、下陆区 6 个、铁山区 8 个,共改造道路设施 8.75 万平方米,新建雨污排水管网 11.66 千米。在原有的湖滨西路加油站基础上改建完成日设计加气量 2 万立方米的“油气合一加气站”,可对 600 – 800 台车辆进行加气。完成湖滨西路北延的大码头村加气站站址地质勘探、土地规划审批、方案设计和设备采购招标工作。年内全市新增“一户一表”自来水用户 1.6 万个。

【国土资源和房产管理】 2009 年,黄石市国土资源和房产管理再上新台阶。国土资源管理各项指标圆满完成。

全年办理用地报批工作(重点目标)。申报项目用地141个批次、面积

3 098.48公顷，批回96个批次、面积1 957.83公顷；批准土地整理耕地占补项目立项47个，新增耕地820.4公顷，其中：地方投资低丘岗地改造项目7个，新增耕地377.73公顷；土地整理耕地占补项目40个，可新增耕地377.73公顷。批准基本农田整理项目、兴地灭螺土地整理项目、整村推进土地整理项目立项8个，预算投资2.09亿元，整理规模6 631.66公顷，新增耕地227.73公顷。投资2.85亿元，实施高产农田建设和低丘岗地改造项目9个，整理规模1.1万公顷，新增耕地1 089.4公顷。投资2.09亿元，实施大冶示范工程、茗山以及阳新北煞湖、军垦、白沙等5个高产农田建设项目，整理规模8 419.27公顷，新增耕地285.53公顷；办理城区供应项目用地150宗，供地面积148.04公顷，土地有偿使用率达92.1%。通过对川气东送、武(汉)黄(石)城际铁路、黄金山垃圾焚烧发电厂等21个重点项目用地进行预审，为15个城市建设项目银行贷款出具预审意见。年内，会同黄石市农业局、统计局进行的全市耕地保护责任目标履行情况检查显示，全市耕地保有量为11.71万公顷，基本农田保护面积9.39万公顷。市城区出让土地138宗，面积136.37公顷，实现土地收益6.61亿元。参加矿政管理年检矿山总数为409个，实检409个，原矿权年检率为100%，矿产资源补偿费征缴入库1 537.35万元。国土资源部审查通过《黄石市土地利用总体规划大纲(2006－2020)》，规划修编成果已报湖北省人民政府行文待报国务院审批。

开展土地调查。完成土地更新调查图斑转换11万余个，完成外业补充调查图斑9 340个，调查土地面积4 564.56平方千米，建成土地利用数据库，并通过国家二次土地调查专用软件的检查；完成全市基本农田上图面积9.39万公顷；完成全市137.86平方千米的城镇土地调查和建库工作。清理城市住房土地登记遗留问题2.3万个，完成城镇住房登记发证1.56万个，国土资源违法案件12件查处率100%，结案11件，结案率91.2%。

加大争取相关重要政策力度。全年共争取土地规划指标、工业地价调整、用地计划指标、矿山环境治理、资源枯竭城市转型、"两型"社会建设、城乡用地增减挂钩、开发区升级、国土整治、地质找矿、国土资源信息化及基础建设等12项政策。争取省级安排"十二五"矿山环境治理预算资金6.35亿元；国家安排资源城市转型财政转移支付和国土资源项目资金8.94亿元；节约地方财政用地规费

黄石市开发区人民广场新貌　　(黄石市志办　供稿)

4.81亿元；节省工业用地成本达28亿元。为招商引资项目入园创造有利条件。积极争取资源枯竭城市优惠政策，获部省两级用地计划指标，特许市2009年项目用地应报尽批，已批1 957.83公顷用地可容纳项目投资293.67亿元。报批湖北省国土资源厅黄石市铜山口等11个矿山地质环境恢复治理项目纳入《湖北省矿山环境治理工程规划(2010－2015)》项目库，预算投资6.35亿元，为"十二五"期间市实施矿山地质环境治理提供项目资金保障。黄石市被国务院列为全国第二批资源枯竭城市。获得国家财政拨付资源城市转型扶持资金4.57亿元。加快湖北省国土资源厅与黄石市人民政府签订合作备忘录，为市争取国土资源政策、项目、资金和先行先试改革提供重要依据。实施第二批城乡用地增减挂钩项目，兑现用地周转指标209.2公顷，节省报批规费1.76亿元。充分运用开发区节约集约用地评价省级试点成果，为开发区申报国家级开发区审批创造条件。争取省级批准国土整治项目4个，预算资金1.28亿元，拨付到位4 095万元。争取国土资源信息化服务政策。报批信息化建设项目2个，湖北省国土资源厅安排项目经费235万元，到位155万。其中：全国地质资料信息服务集群化与产业化试点项目，预算资金100万元，实现了地质资料信息资源共享，有效提高黄石市国土资源管理服务水平；全省国土系统电子政务建设试点项目，建设资金135万元，完成了网上办文和用地预审、建设用地审批、土地开发复垦整理、采矿权审批、土地登记网上审批系统建设，全年累计处理网上公文2 000余件，并在局域网上公开。实施地质勘查找矿项目5个，涉及大冶市猴头山铜钼矿、陈家湾重磁异常区以及阳新县白沙镇高椅山、枫林镇界首、西河地质勘查和深部找矿项目，其中，陈家湾重磁异常区深部找矿项目已拨付勘查资金100万元。争取上级国土资源基础建设经费8项，拨付专项资金529万元。

推进住房保障工作与安居工程。积极争取中央和省级财政支持，为住房保障工作和保障性安居工程筹措资金。全年共争取中央财政转移支付资金3 765万元(其中本级2 056万元)，比上年增加44.4%；争取中央投资补助5 261.36万元，是前两年总和的3.14倍。建立面向低收入家庭的廉租住房制度、面向中等偏低收入家庭的公共租赁住房制度、面向中等收入家庭的经济适用房制度，加大保障性住房建设力度，多渠道筹措保障性住房房源，积极向国家申报了14个争取中央投资补助项目，争取补助5 261.36万元，年内14个项目全部开工建设，其中两个项目竣工交付使用；启动共有产权廉租房和公共租赁住房项目建设，审批经济适用住房和企业集资建房项目11个，竣工20万平方米，共筹集廉租住房房源882套，根据城镇最低收入生活保障收入线的调整，大幅度提高保障家庭的收入线，保障家庭的人均月收入从360元提高到450元，保障家庭户数从上年的2 100户提高到今年的2 600户，增加23.8%，补贴金额也从上年的228万元提高到今年的290万元，增幅达27%。

加强棚户区改造工作。年内，黄石市被国家住房和城乡建设部列为全国唯

一结合城市棚户区改造建立公共租赁住房制度的试点城市，创造性地提出“结合城市棚户区改造，建立公共租赁住房制度”理念，将棚户区改造和住房保障工作有机结合起来，成为全国棚户区改造推广的“黄石模式”，在全国性的会议上进行交流，并参与全国《住房保障法》和《全国棚户区改造指导意见》的起草工作，是全国唯一被邀请的地级市单位。12月16日，占地面积13.8公顷的十三排棚户区改造还建点工程作为全市的棚户区改造的示范工程和全国公共租赁住房的试点工程正式开工，并获得国家开发银行湖北省分行给予的6亿元15年期的贷款支持。其中市棚户区改造金广厦小区正式被列入湖北省节能环保型国家康居示范工程，是全国首个申报“国家康居示范工程”的棚户区改造项目。

加强房地产开发力度。2009年，全市完成房地产投资达31.95亿元，其中房地产开发投资完成25.30亿元，比上年增长17.3%；房地产企业施工房屋面积401.67万平方米，增长32.8%，竣工面积72万平方米，下降25.77%，新开工面积191.08万平方米，增长92.3%；商品房累计销售82.65万平方米，比上年增长61.8%；商品房销售均价为3 298元/平方米，增长15.3%，其中商品住宅销售均价为2 861元/平方米，同比上升20.5%；房地产开发企业由上年的180个发展到206个，开发企业总数比上年净增26个。首次对全市122个开发企业进行信用等级评定工作，初步建立市房地产开发企业信用等级评定管理体系；首次建立全市房地产开发统计数据库，每月定期形成可靠的《房地产开发市场分析和预测报告》，为决策提供数据支持和参考。颁发商品房预售许可证31份，批准预售面积75.39万平方米，网上备案率达到100%。

加强房地产行业管理。整顿房屋拆迁市场，建立委托拆迁备案制度；实行拆迁从业人员持证上岗制度；建立拆除安全保证金制度、房屋拆迁项目公示和项目责任制度；化解拆迁难题，维护拆迁当事人的合法权益。全年共办理房屋拆迁许可证5件，涉及拆迁建筑面积近1.2万平方米，整顿物业服务市场，推行物业服务招投标模式，支持业主自治，推行物业服务市场优化运作，加强企业资质审查与从业人员培训工作，加强物业维修资金归集，建立建全维修资金过户程序。全年共归集住宅专项维修资金4 077万元，归集率保持100%，比上年增长8%，全市历年累计缴存1.88亿元，个人缴存1.45亿元、单位缴存4 311万元，新核准发放三级暂定资质物业服务公司18个，受理7件业主大会成立备案资料。整顿房地产中介市场，出台相关的房地产市场监管办法，健全房地产中介服务市场准入机制，共组织培训经纪人员169名，取得合格证人员125人。加强房屋管理工作，强化安全管理意识，开展安全检查活动，对全市116所中小学校（包括部分幼儿园）校舍开展排查安全鉴定工作，提高安全鉴定及时率和准确率。全年共鉴定公私房屋455栋（处），建筑面积51.1万平方米。

推进房地产交易。2009年，共办理房地产交易手续1.54万件，建筑面积259.17万平方米，协征契税7 258件，共3 873万元。房地产登记发证9 038件，发证面积203.03万平方米，完成单位和个人测绘项目311个，总建筑面积208.91万平方米。行政服务中心窗口受理审批的事项均在承诺期限内办理完毕，办结率达100%。

【水务】 2009年，黄石市完成售水量6 112.43万立方米，售水收入7 021.12万元；节约电费开支260万元；减少水量损失360万元；水费回收率98.1%，较上年增长0.5%。年内新增铁山、团城山、黄金山三个营业服务网点；新增供水管道17千米；新增黄棉、二橡、有色铜材厂、江洋村等8 959个用水户；新增供水水质检测指标38项，完成户表工程1.62万个。

加快城市供水设施建设。2009年，编制《东方山景区供水专业规划》和《河西地区供水专业规划》，并通过专家和黄石市有关部门的评审。完成城市水网二期改扩建项目和西塞水厂的设计，并通过专家评审；完成DN200毫米以上的供水管线施工图设计37条共计92.92千米。完成河西工业园供水项目、西塞山水厂地质勘探工作；完成黄金山工业新区供水项目居民还建点户表1 000个；完成大棋路、王圣路和鹏程路输配水管线12.7千米，城市水网二期改扩建项目，完成南京路、快速路、发展大道等17条道路14.24千米管线的建设。

积极做好城市供排水服务。黄石市市政公用局与黄石市自来水公司签订《黄石市城市供水经营服务与监管协议》；加强水质监管，每月对黄石自来水公司、大冶自来水公司、阳新自来水公司等6个供水单位开展水质检测，并公示检测结果；阳新自来水公司筹措资金3 000多万元扩建净水厂；规范二次供水管理，全市二次供水设施的登记、建档工作，建立健全二次供水设施基础台账，督办全市二次供水设施定期进行清洗，对全市48个无人管理的二次供水设施进行全面清洗、消毒及维护工作，确保水质达标；管网水质综合合格率达100%，实施排水设施巡查管理，坚持每日对市管各主次干道进行巡视；全面启动排水管网的普查建档及GIS管理平台的构建工作，完成花湖水系30千米及团城山水系13条路段的外业探测，并开展管理软件的模拟演示；完成《2010－2020年黄石市城市排渍专项规划》审批下发工作。全年排水量达323余万吨、清理各泵站前池淤泥达1 000余立方米，汛期排渍设备及时启动率100%。

注重加强城市节水与污水处理。强化节水管理工作，全年新增黄石东贝集团、湖北省机械工业学校等节水型企业（单位）、小区10个，万元生产总值取水量降低5%；完成对湖北美尔雅集团有限公司、三九黄石制药厂等8个首批湖北省节水型企业（单位）的复检工作；组织召开“黄石市2009年新计划用水户会议”，在原有计划户860个的基础上，新增加计划户112个，并统一纳入计划管理中；利用节水软件《黄石市节水信息管理系统》，对全市计划用水户进行科学管理；在学校、车站、公共场所、公共卫生间等推广使用感应式沟槽便池节水装置。争取国家“以奖代补”资金7 460万元，加快推进磁湖污水处理厂二期、花湖、黄金山、团城山、大冶、阳新等6个污水处理厂建设。磁湖污水处理厂二期工程、大冶城南污水处理厂、阳新县宝塔湖污水处理厂通水运行。完成黄石大道东段、公园路、大泉路、湖滨西路北延、花径路、迎宾大道和开发区圣明路、钟山路、百花路、圣水路等路段以及青山湖、花湖、磁湖、团城山水系污水管网建设40余千米。全年污水排放量为8 200万吨，污水处理量为5 922万吨，污水处理率达到72.2%。

【园林绿化】 2009年，黄石市完成绿化工程总投资2.2亿元，新增和改造绿地面积97.6公顷。先后出台《黄石市资源转型园林绿化工作方案》、《数字黄石建设的园林绿化工作意见》、《2009年度市直部门绿化工作目标考核办法》等规范性文件。完成磁湖西北片、磁湖东北片滨水景观等施工图设计和地质勘探，启动磁湖西岸、磁湖东南片、昌大堤外滩一期、黄荆山开山塘口生态植被恢复等工程建设；完成紫新路、湖滨西路北延、快速路三期等10条新建道路景观绿化，实施颐阳路、迎宾大道等16条刷黑道路绿化改造；完成九龙公园扩园、蔡家山公园

黄石市建设中的阳新新农村　　（黄石市志办　供稿）

乔木栽植，启动建设骆驼山公园；开工建设河口章山园林花卉和观赏植物示范基地一期工程。不断提高绿化维护管养水平。全年完成义务植树22万株，补栽乔木1 390株、灌木2 650株；广泛开展群众性的“认建认养”活动，积极推进单位庭院绿化、新建居住区绿化及社区绿化改造，新创市级园林式单位16个、园林式小区12个，庭院绿化提档升级34个、小区绿化提档升级27个，绿化养护样板路3条、绿化养护样板广场3个。包装改造团城山公园，加强公园景区日常管理，开展环磁湖大整治，及时进行水面漂浮物清理打捞，保持湖面、坡岸清洁。

【环境保护】　2009年，黄石市区空气环境主要指标达到或优于国家二级标准的天数318天，集中式饮用水源地水质达标率100%，内湖水质保持稳定。声环境质量，市区区域噪声平均值控制在55.5分贝以内，市区环境状况进一步改善。

加大污染减排监管力度。2009年，黄石市二氧化硫、化学需氧量排放量较上年分别下降8.1%和2.5%，完成二氧化硫减排项目15个，化学需氧量减排项目9个，限期治理项目13个。建成磁湖污水处理厂二期工程、大冶城南污水处理厂、阳新县宝塔湖污水处理厂；花湖污水处理厂已进行试通水；黄金山污水处理厂一期土建工程已基本完工，正组织设备安装；团城山污水处理厂正实施桩基工程。建成华电黄石电厂、华电西塞电厂烟气脱硫等一批烟气脱硫设施。国家环保部批准延期项目：大冶有色金属公司反射炉技改项目筹集工程款16亿多元，已开工建设。累计建成重点污染源在线自动监控系统有42个63台（套），全市43个93台（套）重点污染防治设施运行率达到98.3%，达标率达到96.4%。完成574个单位的排污许可证发放工作。完成《黄金山工业新区控制性详细规划环境影响报告书》等6个辖区内区域规划环评的审查工作。受理审批人民街棚户区改造项目配建廉租住房等“扩大内需”项目和湖北紫鑫生物科技有限公司粮食深加工提取天然色素项目等建设项目378个，总投资约121.89亿，环保投资约2.81亿，对阳新县晨光化工有限公司年产1.5万吨五硫化二磷项目等94个生产性建设项目进行竣工环境保护验收。

强化环境综合整治。继续实施中央、省级污染治理项目50个，总投资3554.72万元，已完成41个，完成率82%。开展以“小造纸、小水泥、小炼铁等“九小”以及“城市污水处理厂及配套管网建设”为重点的环保专项治理工作，协助有关部门关停大冶勤缘矿业有限公司铁山钢铁厂和黄石成美建材有限公司等4个水泥厂。加强饮用水源保护，完成县级市以上城市集中式饮用水水源保护区划定工作和全市29个乡镇、2个典型村共31个饮用水水源地环境监测工作，编制《湖北省黄石市乡镇饮用水水源地基础环境调查及评估市级报告》。先后关闭了梁子湖流域铁红厂等6个“五小企业”，制订《磁湖、青山湖、青港湖综合治理规划》和《大冶湖水环境综合整治规划》。实施了大冶湖流域综合治理工程，完成铁金港下游7.9千米清淤工程及港道岸坡整治工作，完成土方73万立方米，铁金港整治取得阶段性成效。

农村生态环境保护。加强农村的环境保护工作，印发《2009年和今后一个时期农村环境保护重点工作和任务分工》，以水环境为重点，加强农村饮用水源安全环境保护，开展全市乡镇饮用水水源地基础环境调查与评估工作。投资115万元，完成黄石市河口镇苗壮公司、大冶东风实业总公司、大冶市保安欧斯达公司等3个畜牧养殖治理试点工程。加强环境监测科研建设。积极开展环境保护监测工作，大冶市、阳新县城区建成空气自动监测站，开展环境空气质量日报、饮用水月报、长江黄石段、磁湖水质月报、区域环境噪声、交通干线噪声等例行监测工作。完成《黄石市环境风险源污染应急监测支持系统的研究（升级版）》，《黄石市粮食中重金属污染变化趋势分析》在《中国环境科学学会学术年会论文集》发表。开展“十一五”环保规划中期评估。完成污染源普查工作，黄石市环境保护局获全国污染源普查工作先进和全国污染源普查技术报告三等奖，并被列入全省清洁生产审核试点城市。建立三级环评报告审核体系，完成报告书33份，报告表48份，委托单位满意率达100%。完成埋地式生活污水处理装置26台（套），对遏制生活污水对内湖的污染起到积极的促进作用。

【村镇建设】　2009年，黄石市深入实施村镇布局、整治与改造建设工程，全市村镇建设和建筑节能工作取得显著成效。

加强村镇规划建设。因地制宜推进社会主义新农村建设，实施“百镇千村”示范工程和“城乡清洁工程”，以“两线一片”（106国道线、316国道线、环东方山片）村庄整治为突破口，全面推进全市小城镇建设和村庄整治。制定全市村镇规划编制计划，完成大冶市殷祖镇总体规划修编，90个村庄总体规划和近200个自然村村庄建设规划编制，完成全市所有乡镇总体规划修编。

推进“百镇千村”工程。按照“整县推进、区域集中”和“一条线、一个面”的申报原则，确定153个村庄申请进入全省第二批“百镇千村”工程试点范围。全面加大小城镇和村庄建设投入力度，全年完成小城镇建设投资3.3亿元、村庄建设投资8 654万元，启动428个村庄整治工程。

加强村镇基础设施建设。抓紧实施大冶市保安镇和阳新县富池镇王曙村污水处理项目纳入全省村镇污水处理重点项目，成功将阳新县纳入全国农村危房改造试点县，确定今年1002户改造任务，已竣工284户，农民自筹资金496.3万元。

鄂州市城乡建设

【概况】 2009年，鄂州市以创建国家园林城为主线，切实加强城市园林绿化工作。以统筹城乡协调发展为目标，修编完成城乡总体规划，并通过国家级评审；编制完成农村新社区布点规划、百里长港示范区概念规划和特色旅游村总体规划及详细规划等30余项。年末，鄂州市城区人口达到43万，城镇化率为57%，城市建成区面积47.5平方公里。全社会固定资产投资220.6亿元，比上年增长47.1%。城市基础设施建设完成投资4.08亿元，完成各类工程项目131个。迎宾大道沥青路面工程、洋澜湖清淤工程及武昌大道西段、武昌大道东段、滨湖东路等5条道路全部刷黑。住房保障工程加快实施，建设廉租房1643套，总面积8.2万平方米；发放廉租住房补贴2239户(新增保障对象500户)、315万元，人均住房建筑面积在13平方米以下的城镇低收入住房困难家庭实现"应保尽保"，覆盖面100%。通过实施"以奖代补"政策，全市小城镇基础设施建设步伐加快，全年完成投资2.36亿元，其中，10个特色镇完成基础设施建设投资8768万元。开展恒大、池湖、东港、横山等24个新社区(中心村)建设，完成投资1.32亿元；村庄环境整治完成投资7706万元。全市完成自来水主管网铺设，累计达1230千米；完成售水量2880万吨，实现售水收入3110万元。全年完成建筑业总产值50亿元，增加值13.6亿元；完成房屋建筑面积400万平方米，比上年增长15%，其中新开工面积260万平方米，增长18%。全市房地产市场止跌回升，产业税费收入实现6.6亿元，较上年增加近一倍。鄂州市被国家住房和城乡建设部授予"中国人居范例奖"。全年完成绿化投资4 321万元，新增乔木1.15万株、花灌木1.5万株，铺植色块10.15万平方米、草坪1.92万平方米，新增各类绿地面积23.7万平方米。2010年3月，鄂州市正式被国家住房和城乡建设部授予2009年"国家园林城市"称号。

【城市规划管理】 2009年，鄂州市规划编制体系日臻完善。《鄂州市城乡总体规划(2009～2020)》已编制完成，并通过国家级评审；完成《鄂州市农村新社区布点规划》、《鄂州市城乡一体化长港示范区特色旅游村总体策划》等城乡一体化规划30余项。编制西山风景区总体规划、城南新区控制性详细规划等新城总体规划、各类分区规划和控制性详细规划20多项。完成主城区建筑色彩规划、商业网点规划等专项规划10多项。编制并审定火车站改造、博物馆建设等修建性详细规划30多项。完成迎宾大道、沿江大道刷黑等市政工程设计20多项。"数字鄂州"平台建设顺利推进。完成主城区300平方千米1:8 000彩色航空摄影、300平方千米正射影像制作、60平方千米三维建模、100平方千米新增数据(如地名地址、门牌号码等)的外业采集、100平方千米1:500地形图更新；完成全市域1 593平方千米1:10 000地形图、主城区200平方千米1:500地形图、红莲湖45平方千米1:1 000地形图数据建库；完成"数字鄂州"地理空间公共信息平台软硬件及机房建设的公开招标。年底，"数字鄂州"建设通过省级预验收。城乡勘测服务不断加强。为11条道路刷黑及5条背街小巷改造工程开展纵横断测量，总长28千米。为鄂州市经济适用房、澜都靖园等31个项目建筑施工提供放线服务。为市旅游职业学校、樊口国家粮库等37个项目进行地形图测量，测图面积3.2平方千米；为中源滨湖大厦、官柳世家等35个项目进行竣工测量，测图面积1平方千米。完成江碧路、滨湖南路等主城区管线探测61.32千米。为长港镇峒山村等29个村开展新社区建设规划的测量，测图总面积10平方千米；完成华容工业园18平方千米、梧桐湖新区18.6平方千米工程测量；完成杜山——葛店6平方千米天然气带状测量。为洋澜湖沿岸栈桥、金色港湾小区等68项工程开展地质勘察。注重从规划批前管理向规划批后管理的延伸，坚持以项目为载体，以"一书两证"为核心，对项目工程进度、违规处理落实情况进行全天候监管，实行"滚动累计、完结取消、年底结账"的措施。截至年底，责令改正、补办手续14个，按违法建设程序处理14个，共追缴补交配套费250余万元。增强服务意识，提高行政效能。实行"一个窗口"对外，"一个窗口"进出机制，全年共受理申报建设用地项目140项、建设工程项目70项、市政管线审查项目45项、图纸审查138项、其他事项30项。

【城市建设管理】 2009年，鄂州市城市管理局大力开展控违查违、市容市貌整治、环境卫生、市政设施管护工作，城市市容环境面貌明显改观。主城区垃圾填埋沼气发电科技创新项目获得湖北省建设厅表彰。

加大违法建设查处力度。先后组织开展沿江风光带、鄂州"十一五"改造项目、杨湾社区、迎宾大道、汉鄂高速、城际铁路、政府储备用地牛头山地块等区域的违法建设强拆行动，全年共依法拆除违法建设18.78万平方米，节约建设成本3.38亿元，主城区的新增违法建设得到有效遏制。加大市容环境综合整治力度。争取市政府出台《鄂州市户外广告设置管理办法》，制定并发布《鄂州市户外广告设置技术规范》。统一规范滨湖北路一条街的门店招牌，拆除影响城市美观的街道两旁刀旗、灯箱广告、单(双)立柱指示牌等共3 200余处，清理城市"牛皮癣"近2.5万平方米。加大环境卫生工作力度。开展环境卫生服务百日竞赛活动，落实全天候卫生督查巡查工作制度，对城区23条大街、70余条背街小巷288万平方米道路进行清扫保洁，洒水降尘面积达193万平方米；强化建筑垃圾和工程渣土管理，制订渣土工作目标责任书和目标管理考核办法，严格治理车辆抛洒和轮胎带泥污染路面的行为；开展环境卫生专项整治，组织人员及车辆，对江碧路鄂钢跨线桥、洋澜湖沿湖路等区域进行专项治理，清除垃圾3800多吨。加大市政设施管护力度。投入681万元，在城市主干道实施"积水点改造、下水道清淤、沥青水泥路面修补、道路附属设施修补、人行道修补及局部改造"等五大市政设施综合整治项目，市政设施综合完好率达96%。

城市市容面貌和环境秩序进一步改观。开展中心城区市容环境整治。依据《鄂州市环境卫生质量标准》，重点加强市容环境卫生整治，中心城区市容环境卫生整体水平得到全面提升。完成鄂州主城区生活垃圾卫生填埋场工程40公顷，有效库容量360万立方米，设计日处理生活垃圾500吨，总投资6 905万元，争取到位国债资金1 650万元。年内，通过湖北省建设厅垃圾无害化评审验收，并投入使用。投资2 525万元，在城区新建公厕42座，对原有的38个公厕进行达标改造；投入140万元，新建垃圾房(桶)1 000个，添置果皮箱1 300个；在城市主干道安装路名牌277块；投资830万元，完成杨湾路、明塘北巷、红星北巷、武十巷等22条背街小巷的维修改造。组织南浦路夜景现亮化工程，投资30万，对莲花桥、南浦虹桥、滨湖桥三座桥梁

鄂州市城乡一体化燕矶池湖示范区铺设污水排水管网工程

（鄂州市志办　供稿）

以及南浦路、滨湖北路两条道路进行夜景亮化。

加大环卫基础设施建设力度，全年共签订《市容环境卫生管理责任书》18份，美化围墙12处，设置冲洗槽5个，硬化进出口路面6处。

【基础设施管理】　2009年，鄂州市进一步加强基础设施建设管理，为全市经济社会发展提供良好保障。

加大融资力度，推进城市建设。鄂州市城市建设投资公司共筹集资金11.12亿元。其中，银行融资6.32亿元。利用3 000万欧元贷款的洋澜湖综合治理项目已获国家发展和改革委员会、国家财政部审批。积极开展BT招商（即：建设—移交，是指政府利用非政府资金来进行基础非经营性设施建设项目的一种融资模式。），首个合作项目"中轴线工程"，已于6月24日开工；吴都风光带二期、洋澜湖综合治理BT项目招商合同已签订；BT招商实现引资2.8亿元。开展土地利用前期整理，实现"净地"出让。以牛头山综合开发、麻纺厂、小桥都市产业园等收储地为重点，吸引资金雄厚的综合性房地产企业进驻鄂州。全年出让"净地"17公顷，出让总价近2亿元，每公顷均价1 176.47万元，其中麻纺厂地块（面积9.6公顷）"净地"出让，成交单价1 363.5万元/公顷。按照"结合实际、确保重点"的原则，资金拨付向重点项目倾斜，确保重点项目顺利实施。截至12月，累计拨付资金2.4亿元，按照工程完成的进度，资金拨付到位率基本达到70%。年内，市政工程完成投资4.08亿元，完成各类工程项目131个。累计挖填土（石）方380万立方米，铺设雨（污）管道56千米，铺筑沥青砼路面29.4万平方米，浇筑水泥砼路面13.3万平方米，铺设人行道彩砖15.8万平方米，安装人行道站（卧）石15.4万米，清淤60万立方米。迎宾大道1 710米的主车道和非机动车道沥青路面工程、洋澜湖清淤工程及武昌大道东段、武昌大道东段延伸段、滨湖东路、武昌大道西段、沿江大道林家河段等5条道路刷黑工程已全部完工。城区污水处理率达到82%，累计处理污水1 900万立方米，全市化学需氧量削减量达1 800吨。在城市中轴线西段工程中，长港西岸已建成820米临时便道和80米临时栈桥，长港双桥施工设计图纸会审及试桩方案已通过。在三国吴都风光带工程中，一标段挡土墙和地下车库已完工。二标段的祈雨台基础垫层基本完工。洋澜湖生态公园的建设已完成1区～5区木栈道砼梁浇筑及1 811米木栈道和附属亮化安装工程，清淤工程全部完工，共计清除淤泥55万立方米，清渣3万立方米。樊口污水处理厂的主体基础工程已全面动工，完成桩基1 187根，脱水机房和鼓风机房主体基本完工。洪港景观带土建工程及绿化工程全部完工。背街小巷改造的30个项目全部完工，浇筑水泥砼路面4.2万平方米，铺装人行道彩砖3.25万平方米，安装下水管道1.86万米。

严格依照法律程序，强化排水许可管理和审核临时占用、挖掘道路申请。全年共办理排水许可32项，征收规费120余万元；规范占用、挖掘道路行为94起，查处违章占用、挖掘行为79起，拆除占道广告牌、指示牌88块，督促产权单位修复依附于城市道路上的附属设施185件（套），送达督办《告知书》93份（次）。做好城区排渍工作。市政设施综合完好率保持在95%以上。做好城区排渍工作。全年累计清掏检查井8 000个（次），清掏污水管网2.95万米。针对部分路段大雨排水不畅问题，重新调整《城区积水点人工助排表》，实行人工助排，确保雨停半小时后城区路面无渍水。

严格按照《城市桥梁检测和养护维修管理办法》的技术规范要求，加强桥梁日常巡检。将每座桥梁的日常巡检任务落实到人，及时掌握桥梁使用状况，实现一桥一册一档管理。购置专业仪器设备，每月对各桥梁进行一次仪器检查，协同武汉市政设计院对月河桥、鄂钢跨线桥进行安全检测，对月河桥设置限行隔离墩，对莲花桥和南浦虹桥进行翻新改造，对存在重大安全隐患的民生桥实行封闭。

加大市政设施维护力度。全年完成城区刷黑道路人行道改造、积水点改造、破损路面修补、人行道修补、下水道清淤、进水井清掏、附属设施更换、江碧路人行道改造、桥梁安全检查及小型维修、桥梁亮化和灯箱路名牌设置等11个方面养护维修项目施工任务。累计完成养护维修工程投资1 584万元；维修改造水泥路面1.39万平方米、彩砖9.16万平方米，维修检测桥梁3座；安装下水道1 199米，安装树池2 506个，安装站石1.28万米；新建检查井、进水井37座，更换井盖、井箅、沟盖板等附属设施2 593件（套）。

【国土资源管理】　2009年，鄂州市实现国土资金收益1.69亿元，土地出让金纯收益1.33亿元，收取矿产资源补偿费263.5万元，批回建设用地735.3公顷；争取国家投资土地整理项目8 000公顷、资金2.2亿元，实施建设土地整理6 066.7公顷，投入资金1.56亿元；出让国有土地152宗，成交总价11.76亿元。全年为汉鄂高速公路、程潮铁矿尾矿库、大冶铁矿尾矿库等85个省市重点项目提供用地保障。全年报批建设用地58个批次，面积735.3公顷。其中工业用地166.2公顷，经营性用地225.3公顷，公共设施用地6公顷，交通运输用地337.9公顷。实施省级投资土地整理项目6个，建设规模6 066.7公顷，建设资金1.56亿元；储备省级土地整理项目4个，建设规模2 866.7公顷，建设资金8 600万元；新批准实施土地整理及城乡统筹试点项目7个，建设规模8092公顷，建设资金2.197亿元。创新委托招商模式，委托拍卖企业由原先的4家增加到15个，试行"谁招商谁拍卖、共同招商联合拍卖"，拓宽经营性用地招商引资渠道。全年共拍卖挂牌出让国有土地152宗，总价款11.76亿元，入市率达100%。其中经营性用地挂牌107宗，成交价款4.89亿元；土地拍卖15宗，成交价款3.69亿元；工业用地挂牌30宗，成交价款3.18亿元。对全市78个矿山进行权属勘测、界桩标定，摸清矿产资源底数，并通过省国土厅检查验收；完成城区13个采石厂专项整治任务，拆除7座主城区砖窑；投资5 300万元对陈盛矿业等10余个矿山进行矿区地质环境恢复治理；开工建设国家投资800万元的丁荷铁矿露采坑矿山地质环境恢复治理项目；矿山恢复治理备用金收存到位，地质灾害防治取得明显进展。全市土地利用总体规划已顺利通过湖北省国土资源厅审查；全面完成农村土地调查和基本农田上图工作任务，工作进度在湖北省排名第二。

【房产管理】 2009年，鄂州市办理房地产转让登记186万平方米，登记发证3.21万本，分别比上年增加57万平方米、1.89万本；新建商品房销售41.4万平方米，增长18.1%，其中140平方米以下住房消费占总量的81%。实现房地产业相关税费收入2.47亿元，其中营业税9 800万元，契税6 500万元，土地出让金、配套费等1.1亿元。从元月1日起，全市开始第三轮廉租住房租赁补贴提标扩面，共计发放租赁补贴2 390户，其中新增500户，发放资金350万元。全市人均住房建筑面积13平方米以下的城镇低收入住房困难家庭"应保尽保"，覆盖面100%。市房产局继续以推进房地产交易中心建设，为100多个改制企业和50多个重点项目办理房屋交易和权属登记7 200余件，减免费用650多万元。市房地产交易中心实现年办件8万件无差错、年接待20万人次无事端、年交易30亿元无失误目标。认真执行国务院《物业管理条例》和鄂州市《物业管理实施细则》。完成寒溪、花园小区2 000户水改、电改工作；全面推行全市住宅小区物业服务收费公示制；开展从业人员培训500多人次；引进外地优秀物业企业8个；指导成立小区业主委员会34个。年末，全市实行专业化、市场化物业管理面积700多万平方米，覆盖面64.5%。严格贯彻项目资本金、"两书一证"和竣工综合验收以及商品房预售许可、登记备案制度，预售许可和登记备案率100%。加强房屋安全鉴定，对全市352所中小学、1332栋校舍、95万平方米房屋开展安全检查，逐栋出具安全鉴定报告；实施白蚁防治面积115万平方米；完成各类房地产评估价值10亿元；出台《鄂州市房产管理和住房保障管理办法》；加强房地产交易和权属登记管理。

2009年，鄂州市住房公积金管理中心全年归集住房公积金3.1亿元，比上年增长19.2%；住房公积金贷款余额2.6亿元，增长84.7%；住房公积金增值收益1 610万元，增长28.2%；全市住房公积金缴存人数达7.35万人，增长6.2%；年度风险准备金足额提取976.8万元；年度廉租住房资金足额上缴市级财政。落实市政府办《关于在全市非公有制企业全面推行住房公积金制度的通知》精神，对全市注册登记并经营状况较好的4 020个民营企业进行分类排队，为全面启动非公经济单位住房公积金制度奠定基础。

【水务】 2009年，鄂州市完成投资4 000万元，解决80个村10万人饮水安全。截至年底，全市农村饮水安全工程通过4年的建设，完成各项投资2.8亿元，全市24个乡镇街办全部连通自来水主管网，共铺设各类管网1 500千米，解决农村饮水不安全人口33.08万人，实现农村供水城市化、城乡供水一体化的目标。鄂州市玉泉自来水有限责任公司全年完成售水量2 880万吨，实现售水收入3 110万元，完成工业总产值770万元，上交各项税金295万元。葛店开发区水厂扩建工程投产。公司日供水能力23万吨，实际日均供水约11万吨；DN100毫米及以上供水管网总长492.05千米(其中2009年新增74.39千米)，供水面积150平方千米，供水人口60万人；在册用户5.46万个。年内，累计已完成"一户一表"改造4万多户。在供水设施建设方面，依托雨台山水厂、凤凰台水厂，建设5个加压站，向周边农村延伸供水管网。建设燕矶—沙窝、蒲团—庙岭、杜山—沼山、沼山—太和、太和—宅俊5条主管网，解决20万人饮用水问题。投入800多万元对泽林加压站进行易地重建，使城南13万居民的用水安全得到保障。整体接收葛店开发区水厂和太和水厂，投入1000多万元扩建葛店开发区水厂，日供水能力达到3万吨，投入近100万元对太和水厂的取水头、加氯及加药设施进行改造。建成湖北省水质监测网鄂州监测站。2009年，公司出厂水水质综合合格率达到99.6%，管网水质综合合格率达到99.9%。在供水服务方面，增设服务网点，方便用户缴费。先后投资建成文星、凤凰、樊口、泽林、程潮等营业收费服务网点。打造供水"110"服务热线等一系列服务体系，进一步提高为用户"全方位"服务的效率和快速处理能力，确保不间断供水。

【园林绿化】 2009年，鄂州市以创建国家园林城市为目标，着力改善城市生态和人居环境，全年完成绿化建设投资4 321万元。完成观音阁公园后续工程，阳光游园和映月游园改扩建工程，莲花游园、鄂州大学图书馆尾山及校区沿湖线、疾控中心沿湖绿地、鄂高北线绿地

洋澜湖生态公园正在紧张施工　　（鄂州市志办　供稿）

建设工程；完成吴都大道、迎宾大道、寿昌大道、文苑路绿化建设；升级改造凤凰北路、滨湖南路、古城路、武昌大道东段、文星大道、南浦路、旭光大道、鄂州大道等多条道路附属绿地；城区主次干道花坛安装护栏 1.86 万米。新植乔木 1.15 万株、花灌木 1.3 万株，铺植色块 10.15 万平方米、草坪 1.92 万平方米；城区新增各类绿地面积 23.7 万平方米，其中，新增公园绿地 5.2 万平方米，道路绿地 4 万平方米，单位附属及居住区绿地 16.2 万平方米。6 月，根据住建部要求，完成园博会"鄂州园"的设计工作。8 月 25 日，投资 260 万元、占地1 800平方米、造型别致、具有鄂州园林建筑风格的"鄂州园"正式竣工，顺利参展。9 月 17 日，在《中国建设报》上，刊发"以山为脊、以水为源、以绿为脉、以文为魂"宣传专版，全面介绍鄂州市国家园林城市创建的基本作法和主要成效。10 月 16 日至 18 日，国家住房和建设部国家园林城市专家考查组前来鄂州，分园林绿化、市政环境、住房建设三个组进行实地考查。充分肯定鄂州市的创建工作，达到国家园林城市标准，并根据程序向国家住房和建设部作专题汇报。年初，按照全省风景名胜区综合整治工作要求，西山风景区在景区主入口设立景区标志，规范设置景区各种标识、标牌 6 处，安全警示牌 23 处；投入资金 54.7 万元对秀园、避暑宫、九曲亭等景点进行维修。7 月 10 日，鄂州市人民政府颁布实施《西山风景区管理办法》，进一步明确西山风景区管理处的管理职能，明令禁止八种破坏景区资源的行为。9 月，西山风景区顺利通过湖北省住房和建设厅组织的全省风景名胜区综合整治工作验收，西山风景区管理处荣获全省风景名胜区综合整治工作先进单位。

暑期，环卫工人除尘降温，为城区增添凉意美景　（鄂州市志办　供稿）

【环境保护】　2009 年，鄂州市总量减排任务全面完成，环境空气质量、饮用水源地水质等指标全面达标。编制完成长港示范区环境综合整治规划及实施方案，并通过省相关部门评审。开展国家和省级环境优美乡镇、生态村创建工作，全市共有 3 个镇和 4 个行政村分别入围省级环境优美乡镇和生态村，并有 1 个镇和 1 个村入围国家级评选范围。根据湖北省人民政府下达的总量控制任务指标，制发《鄂州市 2009 年度主要污染物总量减排实施方案》，并会同鄂州市目标管理办公室将减排任务落实到地方政府和相关部门。加大重点减排项目的督办力度，确保减排重点工程的顺利实施。葛店开发区污水处理厂和梁子岛污水处理厂分别于 6 月和 9 月建成并投入运营；鄂州电厂一期脱硫系统扩能改造升级工程于 8 月改造完成，并通过湖北省环境保护厅验收；鄂钢三台 24 平方米烧结机于四季度相继停运拆除。加强总量减排现场监督检查，确保鄂州电厂、鄂州市城市污水处理厂等重点减排工程环境保护设施正常运行。经初步核算，化学需氧量与二氧化硫分别比上年下降 7.5% 和 1.5%，超额完成年初制定的计划目标。完成 32 个油烟噪声和锅炉烟尘扰民单位的集中整治；在关停 217 个小选厂的基础上，对全市小选厂进行规范化整治，报请市政府制发《鄂州市选矿行业管理暂行办法》；纳入整治计划的 3 个小印染企业已全部关停并通过湖北省环境保护厅检查验收。按照国家环境保护部要求，修编《鄂州市创建国家环境保护模范城市规划》。推进创建国家环境保护模范城市重点工程建设。全面启动鄂钢污染综合整治工程（炼铁高炉综合整治、烧结脱硫工程、高炉料坑除尘工程等）和武钢球团厂污染综合治理工程（链篦机－回转窑烟气脱硫工程等）。全年共审批建设项目环境影响评价文件 138 份，完成 19 个建设项目竣工环保验收审批，全市大中型建设项目"环评"执行率和"三同时"执行率均达到 100%。加强排污许可证管理。申请者必须提供环境保护验收、定期监测报告及现场监察资料，符合达标排放和总量要求的，才予以颁发许可证；对年审不合格的，坚决吊销排污许可证。加强农村饮用水源保护工作，完成全市乡镇饮用水源调查，确保饮水安全。加大危险废物管理力度，编制鄂州市危废处置经营单位布点规划；开展废旧电池和电子产品回收工作，对全市放（辐）射源涉源单位进行全面检查，与各涉源单位签订安全管理责任书；妥善处理长江沉船工业盐酸泄漏等环境突发事件。开展环保专项执法行动。按照湖北省《长江环保执法行动实施方案》的统一部署，对辖区内长江沿岸各类排污口进行拉网式检查，查处一批环境违法行为。开展"绿色护考"行动。制发《关于在中高考期间严格控制噪声污染的通告》，加大中高考期间噪声监管的巡查力度和频次。编制完成《鄂州市"十一五"环保规划中期技术评估报告》、《鄂州市水污染防治规划》等一系列技术文件。按规范完成大气、水、噪声功能区常规监测、城区环境空气质量监测、污染源监督性监测、应急监测等工作，共出具环境监测数据 8 万多个。全市共创建成省级"绿色学校"2 个，市级"绿色学校"12 个，市级"绿色社区"4 个。

【村镇建设】　2009 年，鄂州市以百镇千村、以奖代补、整线推进、村庄整治"四位一体"为抓手，城乡一体化建设成效明显。全市小城镇基础设施建设完成投资 2.36 亿元，其中，鄂城区7 801.6万元，华容区 1.19 亿元，梁子湖区3 229.5万元，葛店开发区 659.4 万元。全市十个"特色镇"建设完成投资8 767.7万元，占小城镇建设总投资的 37.2%。村庄环境整治完成投资7 706万元。在村镇规划编制方面，把市域1 593平方千米作为一个整体，编制出鄂州市域"一主三新十特百新村（社区）"城乡总体规划，构建以主城区为中心，葛华科技新城、红莲湖旅游新城、花湖工贸新城为支撑、10个特色镇为节点、106个农村新社区（中心村）为基础的四位一体城乡空间格局；编制百里长港示范区规划，以长港带状流域为中心，涉及1个开发区（鄂州开发区）、6个乡镇（蒲团、杜山、泽林、东沟、长港、梁子）的28个新社区，总规划面积192.6平方千米，人口7.5万；完成18个乡镇的总体规划修编工作；根据鄂州城乡总体规划布局，将现有的318个行政村集并为227个新社区（中心村），其中镇域新社区43个、农村新社区184个（农村中心社区106个，一般社区78个）。扎实推进中心村（新社区）示范点建设，试点村建设规划基本完成，基础设施逐步完善；启动长港示范区建设，顺利实施土地整理，农业板块、公路水利、生态修复、环境综合整治等21个项目 。农村生产生活条件进一步改善，自来水主管网实现乡镇全覆盖，新增10.5万农村群众喝上自来水；完成7座小型水库除险加固和洋澜湖泵站更新改造，硬化渠网135千米；新建通乡公路13.7千米，通村公路230千米；完成低丘岗地改造和高产农田建设6066.7公顷，新建沼气池8187口，推进第二轮整村扶贫开发，减少贫困人口8150人。

孝感市城乡建设

【概况】 2009年，孝感市加快城市建设步伐，坚持资源节约，环境友好的建设取向，以发展经济与改善民生为主线，创新思路，城市基础设施建设不断完善，经济社会发展取得显著成效。全年完成全社会固定资产投资397.3亿元，比上年增长46.7%。实施续建、新建项目58个，完成投资8.5亿元，其中，完成孝感城区城站路人行道、乾坤大道西段、玉泉路等道路刷黑改造工程，实施了宝成路改造以及体育西路、交通西路、航空南路拉通工程。城市给水排水建设加快。城区三水厂一期工程完成工程总量的95%，年底将建成投入使用；三水厂配水管网、槐荫河截污干管等工程建设正在实施。同时，建成了东城区西湖排污泵站，改造了孝棉小区等老城区部分供水管网。城镇污水处理设施建设进展加快。全市应建的7个污水处理设施项目 中，竣工2个（孝感市城区污水处理厂一期工程、应城市城区污水处理厂），正在建设4个（汉川、安陆市及大悟、孝昌县城区污水处理厂），年底竣工。全市共累计建设污水处理设施配套管网550.5公里，顺利通过了国家财政部组织的专项核查。

【城市规划管理】 2009年，孝感市城区建设以城市总体规划为依据，加大规划编制力度，完成了近期建设规划、东城区规划及各类详细规划、专业规划100多项，城区详规覆盖率达90%以上。同时，组织完成了市域6个县市的总体规划的修编评审工作，编制了全市“口子镇”的建设规划，对县市及建制乡镇村庄规划试点工作加强了管理，各县市详规覆盖率达85%以上。加强对城市各类资源保护利用和空间管制，明确对生态环境和脆弱资源实行强制性保护，建立城市规划“四线”管制制度，即城市道路红线、园林绿化、山体、风景名胜区的绿线、历史文化街区、历史建筑紫线和江河、湖泊蓝线，从定性、定量、定位的角度严格控制。开展文明卫生城市和全省城镇规划建设管理“楚天杯”创建活动，注重城市特色与形象，重点抓好城市环境综合治理与城市园林绿化工作，对环川风景区、滚子河生态公园及环河实施严格控制，积极实施“畅通工程”，优化城市路网结构，完善道路设施，建设多层次的现代化交通网络。加强停车场和集贸市场的配套建设，切实解决占道停车和占道经营问题。坚持公交优先的原则，加快发展城市公交，孝感城区新开辟8条公交线路。全市城市道路、交通、供水、排水、园林绿化和环卫设施进一步配套完善，城市生态环境质量明显增强。

孝感市交通路与长征路街景　　（孝感市志办　供稿）

【基础设施建设】 2009年，孝感市进一步加大城市基础设施建设力度。全年新建完成了乾坤大道、槐荫公园一期等大型建设项目，启动了污水处理厂、三水厂建设。云梦、孝昌、大悟、应城、汉川城区都新建、扩建了自来水厂，各县、市城区围绕城市总体规划实施了一批道路、排水、绿化等重点城市基础设施建设。全市城镇新增排水管网69.6千米，服务面积122.6平方千米，新增20.4平方千米；新建扩建道路145条，面积43.2万平方米，路网密度达4.8千米/平方千米；人均拥有道路面积为16平方米；公交车辆达到1 180辆，每万人拥有11.2标台；燃气普及率达到97.6%，比“九五”增加了9个百分点；全市城镇绿地率由“九五”末的32%增加到38%，人均公共绿地面积由“九五”末的8.1平方米增加到10.5平方米；有简易垃圾处理场12个，垃圾无害化处理率达到75%，新建水冲式公厕173个，粪便无害化处理率达85%，污水处理率达到46%以上，环卫清扫服务率达到97%。全年城区日供水量10.5万吨，日人均生活用水量267升，用水普及率96%，排水管道密度4.8千米/平方千米，污水处理率56%，人均城市道路面积17.9平方米，燃气普及率97%，建成区绿地率36%，街道绿化覆盖率31%，人均公共绿地面积8.2平方米，生活垃圾无害化处理率97%，环卫清扫服务率98%，城市综合考核指标位居湖北省第四。

【国土资源和房产管理】 2009年，孝感市国土资源和房产管理各项工作取得新成果。全市国土资源面积为8 922.7平方千米，耕地36.26万公顷，园地9 171.6公顷，林地14.67公顷，无牧草地，其他农用地1.26万公顷，居民点及独立工矿用地

孝感市新建的乾坤阳光小区鸟瞰　　（孝感市志办　供稿）

7.30万公顷，交通用地5.25万公顷，水利设施用地1.71万公顷，未利用地15.23万公顷，全市土地利用率较高，耕地占全市行政区域总面积的40.6%。

建立适应社会主义市场经济发展的房地产投资体制、开发管理体制和物业管理体制，进一步深化城镇住房制度改革，建立住房保障制度，切实解决低收入者中住房困难的住房问题；健全房地产市场监管体系和房地产预警报系统，加强政策法规体系建设，加大执法力度，规范房地产市场行为，引导住宅与房地产业健康有序地发展。截至9月底，全市完成建筑业总产值83亿元，占全年总目标的75.4%，增长28%。全市共有建筑企业201个，其中，国家一级建筑企业9个，二级建筑企业48个。孝感城区建成天紫名苑、蔚蓝新都、乾坤名城、百佳豪庭等商住小区，完成东苑小区三期工程和香澳步行街二期工程的建设；完成云梦县富豪花园二期工程、大悟县上海花园、汉川市枫桦北园、安陆市佳禾花园二期工程等项目的建设。进一步加大物业管理的推广力度，提高物业管理服务水平，将东苑小区、航天花园、蔚蓝新都、乾坤名城创建为全国物业管理优秀住宅小区，并创建一批全省物业管理优秀住宅小区。全市住房公积金覆盖率、归集率和实缴率分别达到98%、98%和85%以上。

【水务】　2009年，孝感市加大城乡居民饮水安全的保障力度，引导县市区制定自来水向乡镇延伸计划；开展城市供水水质专项调查，完成孝感城区及县市供水水质监测统计报告及湖北省城市供水水质监测网上网工作。全年市自来水公司产水2 112万吨，供水保障率超过99%，水质综合合格率达到99%以上，各项指标均优于行业标准，实现了全年安全优质供水。一月，孝感城区及6个县市按照湖北省人民政府313号令要求，以0.8元/吨的收费标准开征了污水处理费。城市的排水许可审批进一步规范。

【园林绿化】　2008年，孝感市加快创建省级园林城市建设步伐。加强园林绿化景点建设，配套完善河东、河南新区园林绿化建设，加快建设槐荫公园、环川风景区、槐荫广场二期工程。截至年底，全市城镇绿地率由“九五”末的32%增加到38%，人均公共绿地面积由“九五”末的8.1平方米增加到10.5平方米。建设中充分体现“孝文化”特色和水乡园林特色。环境绿化以创建省级园林城市为契机，加大城区园林绿化建设力度，城市环境不断改善。完成了后湖公园与烈士陵园整合改造，北京路、航空路、翟家湾广场绿化等工程以及文化东路行道树栽植、城区各主次干道行道树补植等；实施了乾坤大道西段绿化改造、董永路绿化、规划纵1号路绿化等工程；启动了孝感人民广场二期、后湖公园改造工程建设。强化城区绿化综合管养，整修行道树1.2万株，整治公园绿地9万平方米。城区新增绿化面积40.2万平方米，绿化覆盖率提高了1.2个百分点，人均公共绿地增加1.2平方米。孝感城区首次获得“省级园林城市”称号。

【环境保护】　2009年，孝感市加强污水处理工程建设和稳定达标排放工作。城市污水处理厂一期二步工程于2009年3月投入运行，新增废水处理能力3.5万吨/日。应城城市污水处理厂于10月份正式运行，新增处理能力3万吨/日；大悟、孝昌污水处理厂建成完工。专项治理有新的推进。全市淘汰了最后2个小炼钒企业，关闭了3个小水泥厂，对21个小印染企业进行了关闭。积极开展“健康环保专项行动”。全市共出动环境监察人员3 600多人次，检查各类企业900余个。重点开展了对全市饮用水水源保护区、城市污水处理厂和垃圾处理场整治工作、对涉危企业及尾矿库存环境安全隐患集中整治工作。对“两高一资”、

孝感市乾坤购物广场　　（孝感市志办　供稿）

钢铁、涉砷和小炼钒企业关闭工作的后督察。2009年全市完成化学需氧量削减量3690吨,比上年削减2.7%,二氧化硫削减量5160吨,比上年削减6.2%。

【村镇建设】 2009年,孝感市加快推进城镇化进程,构建城镇发展格局。以市域中心城市(孝感城区)为核心,市域副中心城市为节点,以汉江、京广线、汉丹线、316复线、107国道、京珠高速、长荆铁路、孝襄高速和孝天路为纽带,以资源配置和工业经济为基础,建立多轴线开放型城镇网络体系。

根据历史、地缘和社会经济发展现状,按照城镇发展方向的不同功能特征,分为综合性中心城镇,如孝感市区;工矿城镇,如应城市区,汉川马口镇、大悟阳平镇;交通枢纽城镇,如孝南肖港镇、三汊镇、应城长江埠等;商贸城镇,如孝南毛陈镇、云梦义堂镇;旅游城镇,如双峰山风景区、安陆白兆山风景区、应城汤池镇等。

构建五级城镇体系:一级中心城市(市域中心):孝感城区;二级中心城市(市域副中心):应城、汉川、安陆;三级城市(县域中心):云梦、大悟、孝昌;四级城镇(重点建制镇):孝南区辖的肖港、杨店、三汊、祝站、毛陈,应城市辖的陈河、杨河、汤池,汉川市辖的马口、分水、脉旺、沉湖、新河,安陆市辖的烟店、棠棣、王义贞、巡店、陈店、伏水、赵棚,云梦县辖的义堂、隔蒲、下辛店、伍洛,大悟县辖的河口、宣化店、夏店,孝昌县辖的周巷、小河、卫店;五级城镇为一般建制镇。

在发展重点上,以县城(市区)为中心,构建中心镇——一般镇——中心村,"一点三级"的小城镇规划布局新体系,互为依托,相互促进。推动农村居民点迁村并点工作,对"空心村"进行清理整治,退宅还田,发展具有一定人口规模的中心村。沉湖镇福星村、马口镇邱子村、巡店镇李河村、郎君镇大廖村、杨店镇爱国村、夏店镇江河村、小河镇关山村、义堂镇六合村等85个村已建成布局合理、功能配套、经济繁荣、环境优美,具有地方特色的明星村。

(杨炬)

黄冈市城乡建设

【概况】 2009年,黄冈市继续加大城市建设的投入力度,不断提高城市综合功能,城市建设与管理、园林绿化、城市规划、环境保护、国土资源与房地产管理、村镇建设等各项工作均取得新的成绩。全年完成全社会固定资产投资553.3亿元,比上年增长49.2%,其中,城镇以上项目完成投资484.6亿元,增长53.4%。全年建筑业完成产值202亿元,实现增加值50.5亿元,利税13.7亿元。全年完成商品房开发投资37.33亿元,增长36.4%。全年市政工程建设总投资2.8亿元,完成明珠大道、新港大道、青砖湖路东段、东门路慢车道、赤壁大道旺达路段的路面黑化12.69万平方米,完成赤壁一路、二路硬化1.59万平方米。刷黑道路实现管线、排水、绿化、路灯全面配套,工程质量全面达标。全年城区园林绿化共完成投资1.41亿元,新增公共绿地面积42万平方米,城区绿化覆盖率达到39.1%增长5.95个百分点,建成区绿地率37.4%,增长5.67个百分点,人均公共绿地面积达6.9平方米,较上年增长1.5平方米。全年全市完成散装水泥供应量61万吨,散装率达55%,预拌混凝土生产量达60万立方米。全年共投入1.1亿元完成农村危房改造6 000多户,入住率达到76%。全年共办理施工许可新建工程38项,办理装饰装修工程管理37个。

【城市规划管理】 2009年,黄冈市推进控制性详细规划编制工作,截至年底,共计完成城东片区、遗爱湖片区、城北片区、黄州工业园(即禹王新城)、南湖工业新区等5大片区46平方千米的控详规编制工作,占新一轮城市总体规划所确定规划面积63平方千米建设用地的73%。

加强规划执法力度。严格执行《规划监察执法过错责任追究制度》,加大日常巡查力度和频率,建立目标管理责任制,对案件实行一案一档管理。开展市区查处违规建筑物专项整治活动,组织力量现场调查立案查处。全年市区共查处各类违法建设案件385件,拆违60余次,拆违面积9 000平方米。

开展基础测绘工作。积极推进"数字黄冈"工作。邀请湖北省测绘局专家就"数字黄冈"项目建设进行调研,协助完成《数字黄冈地理空间框架建设工程设计书》的设计。年内,黄冈市召开《数字黄冈地理空间框架建设工程设计书》评审会,黄冈市人民政府与湖北省测绘局、国家测绘局完成了项目签约。黄冈成为湖北省第三个国家级数字城市建设试点城市。

【城市建设管理】 2009年,黄冈市继续实施"四城联创"工程,提高城市管理水平,突出市容市貌专项整治,加强"门前四包"管理,城市管理水平得到提升。

加强"门前四包"管理。全年市区门前"四包"管理拍照取证679件,立案450件,组织门前"四包"协管员检查4次,检查责任单位742个,协管员上岗率保持较高水平。办理行政处罚案件451件,结案338件,结案率为75%。完成出租车第三轮"两权合一"发包,淘汰破旧车

2月8日,总投资24.93亿元的武(汉)黄(冈)城际铁路控制性工程黄冈公铁长江大桥正式开工建设。中共湖北省委副书记杨松(右四)、湖北省人大常委会副主任任世茂、副省长段轮一,湖北省政协副主席陈春林等领导参加开工仪式

(黄冈市志办 供稿)

辆,新上线出租车348辆。通过市区两级政府各补贴30%,社区自筹40%资金的方式,全年市区共开工建设小街小巷8条:军民一路、有线路、汇盛路、龙王山社区四组路、长江社区小区路、珠明山社区便民路、南湖幸福路、望月堤小区路,完成总投资315万元。

加强城市职能部门管理。市区城市管理突出做好市区重点部位周边环境和市区突出问题的综合整治,城市管理各单位对市区整体秩序进行梳理整治,先后开展春节大礼包整治、春季"四项"整治、市政建设清障、迎国庆、"双迎"工作重点突击整治等活动,重点对出门出店经营、乱倒垃圾、乱贴乱画、基建占道、早餐夜市、客运市场、户外广告等7项专项整治。

加强建筑业管理。全市晋升一级建筑企业3个,晋升二级建筑企业8个,发展专业承包企业5个,发展劳务企业5个,发展监理企业2个。发展房地产开发企业20个,房地产开发四级资质企业晋升三级企业10个,房地产开发三级资质企业晋升二级企业1个。申报房屋设计企业1个。与华中科技大学等单位联合,对全市246名注册监理工程师、建筑师、结构师进行继续教育培训,对部分工程技术和管理人员进行抗震设防、危房鉴定加固、建筑节能知识培训。

加强工程质量和安全管理。全市建筑行业围绕产品出质量,开展"大别山"杯创建活动,年内评选出"大别山杯"工程质量奖14个,获2008年度湖北省"楚天杯"工程质量奖15个,山河建设集团有限公司承建的湖北省肿瘤医院新住院大楼荣获"鲁班奖"。加强安全质量标准化工地建设,全年有29项工程获黄冈市安全文明施工现场(大别山杯)奖,经择优推荐其中8项工程获湖北省安全文明施工现场(楚天杯)奖。组织开展建设系统安全隐患排查和"三项行动"检查工作,开展安全生产大检查10次,共检查建筑市政工程项目126个、供水厂区网站57处、公交运行车辆110辆,燃气供气企业13个、下发安全隐患整改通知书152份,查找排除隐患759处。

提升建筑节能管理效能。全年黄冈市完成散装水泥供应量61万吨,散装率达55%,预拌混凝土生产量达60万立方米,全市禁止施工现场搅拌混凝土(简称"禁现")的工作面达70%,"禁现"率平均50%以上,其中黄冈城区、武穴市城区达90%以上。7个县(市)城区开展城区"禁现",超额完成省下达的年度县级城市"禁现"50%的目标。市区在建项目设计阶段禁止使用实心粘土砖(简称"禁实")率100%,施工阶段"禁实"执行率90%,推广应用新型节能墙材37.7亿块标砖。

黄冈城市建设日新月异　　（黄冈市志办　供稿）

建筑装饰装修行业管理。全年黄冈市共办理施工许可新建工程38项,办理装饰装修工程管理37个,处理维权纠纷9件,纠正违章28件,立案处罚9件,全年未有诉讼案发生。

【基础设施建设】 2009年,黄冈市区市政工程建设总投资达2.8亿元,完成明珠大道、新港大道、青砖湖路东段、东门路慢车道、赤壁大道旺达路段的路面黑化12.69万平方米,完成赤壁一路、二路硬化1.59万平方米。刷黑道路实现管线、排水、绿化、路灯全面配套,工程质量全面达标。市区形成以遗爱湖为中心一个大循环和以西湖工业园、东门路为中心的16条、49千米、110万平方米两个小循环的道路黑化网络,市区整体形象全面提升。

推进遗爱湖保护治理建设工程。全年完成投资达2.4亿元,建成遗爱湖公园,投入3 000万元对遗爱湖进行截污清淤,解决湖水水质差的问题。改造曹家畈下段排水系统,提高曹家畈整体排水能力。

加强污水处理厂、垃圾处理场建设。年内,全市13个污水处理厂累计完成投资9.28亿元,向上争取扩大内需污水处理项目5个、资金4 400万元。市区遗爱湖、武穴、麻城3个污水处理厂投入运行。蕲春、黄梅、红安、团风、浠水、罗田等6个污水处理厂已进水调试。全市11个垃圾处理场共完成投资1.98亿元,红安、麻城、罗田、英山、浠水、黄梅6个垃圾处理场已基本完成。

推进环境卫生设施建设。全年建成东坡大道垃圾中转站和4座小型垃圾中转站,续建和新建10个水冲式环保型公厕。在16条刷黑道路和城区繁华路段安装高档分类果皮箱465个,补装道路果皮箱120个,全年投入环卫设施建设资金920万元。

推进公用设施工程建设。全年改造维修40条小街小巷的破损路面和排水设施。完成水源保护区建设,延伸供水管网11.65千米,完成"一户一表"改造任务6 100户,安全供水3 192万吨,完成湖心路、明珠大道连接工程,顺利通水堵城、陶店两条供水管线,完成管网改造工作,铺设DN100毫米以上管道11.6千米。铺设城区燃气中压干管已达43.5千米,新增天然气用户近5 000个,总用户达到2.8万个,年用气量1 080万立方米。全年疏通下水道9.91万米,维修保养了排污闸和节制闸等防汛设施,清除道路杂草2万平方米,维修老城区12条主路面150处破损5 000平方米,维修人行道7 000平方米,城市公用设施得到进一步完善。

【国土资源和房产管理】 2009年,黄冈市市、县两级土地利用总体规划修编大纲全部上报审批备案,市级土地利用总体规划获湖北省人民政府批准实施。全年实现年度报批新增建设项目用地1 812.5公顷,报批立项高产农田建设、低丘岗地改造、土地开发整理,地质环境保护和地址灾害治理项目26个,预算投入6.9亿元。争取湖北省国土资源厅在黄冈试点项目7个,争取扶持资金270多万元。

加强国土资源管理。全市推行土地、矿产招标拍卖挂牌出让,显化土地矿产资产,实现国土资源收益最大化。全

黄冈师范学校校园鸟瞰 （黄冈市志办 供稿）

年实现土地收益13.6亿元，矿价款2 100万元，矿产资源补偿费91万元。完成37.7万公顷的基本农田耕地保有量面积。建立基本农田保护标志牌2 047个，聘请基本农田保护信息员3.33万人，投入基本农田保护资金1 000多万元。实现全市33.9万公顷基本农田面积不减少、用途不改变、质量不降低的目标。全市省、市批准立项土地整理复垦开发项目104个，新增耕地1 500公顷；全市建成高标准农田1.31万公顷，改造低丘岗地4 500万公顷。建立动态巡查队伍141个，巡查3.3万人次。建立市县乡村司法土地执法监察网络，聘请村级协管员1 979人。全年制止土地违法行为506件，查处违法用地125件，违法用地面积261.33公顷。开展矿产资源综合整治行动，关停一批规模小、生产落后、安全隐患多、浪费资源的小矿山和小选厂，扶持一批设备技术先进的矿山企业，全市矿山企业总数由664个减少到529个。加强地质灾害防治规划编制。全市共争取地质灾害治理项目2个，投入资金2 453万元。加强对大别山地质遗迹的调查与保护，大别山（黄冈）国家地质公园申报成功，大别山地质博物馆开工奠基，启动大别山地质公园9个园区建设。

房地产业建设和管理稳步推进。全年黄冈市完成商品房开发投资37.33亿元，比上年增长了36.4%。其中，市区商品房开发投资约9.97亿元，增长13.3%。全市商品房房屋总施工面积336.49万平方米，增长21.2%。其中新开工面积224.20万平方米，增长40.7%。市区房屋施工总面积93.02万平方米，增长10.5%。其中新开工面积约为63.24万平方米，增长10.4%。全市商品房屋销售面积151.52万平方米，增长18.8%。市区销售房屋52.6万平方米，增长20.9%。商品住房销售价格总体呈上升趋势，县市销售均价基本维持在1 400元－1 700元/平方米；市区商品房销售价格平均在2200元/平方米，新开小高层、高层楼盘销售均价在2 600元/平方米。全年全市廉租住房建设项目共计26个，开工建设39.94万平方米，8 134套。年内，湖北省人民政府在黄冈召开了2009年全省住房保障工作现场会，对黄冈市廉租住房保障工作给予了充分肯定。全年完成市区廉租住房一期建设1.64万平方米，264套。二期工程2.4万平方米480套廉租住房开工建设。全市发放廉租住房补贴2.32万户，新增廉租住房补贴户数6 517户，新增实物配租6 628户。市区完成第一期270套经济适用房。通过登记、资料初审、公示等环节，完成270户低收入住房困难家庭购买经济适用房的工作。全年共办理各类房屋登记7 330件，登记面积221.35万平方米。全市共实施拆迁项目35个，其中公共利益项目15个，商业项目20个，拆迁面积19万平方米，拆迁户数1 150个。年内组织相关部门对城区出租房屋管理进行检查，完成登记备案5 029件，其中房屋出租登记备案1 013件，门面出租登记4 016件。全年完成白蚁灭治面积32万平方米，签订预防合同面积30万平方米，实现收入36万元，比上年增长82%。房屋安全鉴定工作全年共受理安全鉴定业务800宗，鉴定面积86万平方米，出具各类鉴定报告362份，实现收入22万元，增长54.5%。房地产测绘全年共受理934宗，完成测绘面积122万平方米，增长22%。2009年，全市登记注册的物业管理企业达104个，比上年增加20%，其中市区有物业管理企业46个，60%的住宅小区成立了业主委员会。

【水务】 2009年，黄冈市完成供水总量3192.32万吨，比上年增长5.3%；全市水费回收率达到98.5%；水质合格率98%，压力合格率98%；实现销售收入2 766.14万元，上交税费279.7万元；完成户表改造工程6 100户，整体经营状况良好。

加强供水管网建设，提高饮用水安全意识。树立“安全第一”的理念，确保供水生产安全。全市加大对设备、设施的投入，更换黄冈市第二自来水厂一泵站15条取水垫档船和絮凝池栅条，改造加氯系统，用二氧化氯消毒设备取代原液氯消毒，彻底消除液氯的安全隐患，并维修黄冈市第三自来水厂滤池，补充了滤沙并对生产调度系统进行升级改造，增加了管网监测点。水质监测站为确保供水水质，每月对水源水、出厂水和管网末梢水进行全分析，定期上报水源水、出厂水、管网末梢水水质情况，做好全省每季度一次水质抽测工作。为确保饮用水源水质，防止水污染事件发生，完成2009年开工建设的饮用水源保护区建设。加大市区供水管网改造建设力度，完成青砖湖路、明珠大道供水管网连接工程及堵城、陶店两条供水管线通水工程，辅设DN100毫米以上管道11.6千米。做好农村饮水安全工程建设，将供水管网延伸到村组，加快城乡供水一体化进程。截至年底，黄州区基本实现农村供水“村村通”。城乡管网建设实现新突破。

【园林绿化】 2009年，黄冈市开展“四城联创”活动，推进创建省级园林城市进程。全年市区共完成园林绿化建设投资1.41亿元，新增公共绿地面积42万平方米，城区绿化覆盖率达到39.1%，比上年增长5.95个百分点，建成区绿地率37.4%，增长5.67个百分点，人均公共绿地面积达6.9平方米，增长1.5平方米。市区绿化建设以遗爱湖公园建设为中心，做好遗爱湖周边几条主要干道的绿化建设和改造升级，城市绿量规模大幅增长，绿化档次得到提高。截至年底，遗爱湖公园基本完成遗爱亭景区建设，完成遗爱亭景区各类仿古建筑、绿化用地整形、苗木栽植、园林设施（小品）安装及铺设、园内灯具安装等工程量，全年遗爱湖公园园林绿化共计完成投资7 058万元。

加强道路绿化建设。全年市区道路绿化建设投资达7042万元，完成明珠大道绿化改造、黄州大道北段绿化改造、黄州大道南段30米景观建设、湖心路绿化建设、赤壁大道至新港一路绿化建设、东门路绿化改造、东坡大道及黄州大道南段滨水区绿化建设、宝塔路南段及工业园绿化建设、青砖湖路绿化建设、新港路绿化建设、会议中心绿化建设等。

【环境保护】 2009年，黄冈市以生态文明为宗旨，以"两型社会"（资源节约型社会、环境友好型社会）为抓手，以总量减排为标准，以环境整治为重点，以改善民生为己任，各项工作取得新成绩。

全年通过工程减排、结构减排、加大监管力度等措施，节能减排工作有了新进展。全市化学需氧量和二氧化硫排放量分别下降2.51%和0.83%；黄冈市区全年优质天数322天，优良率达到88.2%。全市县以上城区集中式饮用水水源地水质达标率100%，7个省级地表水监控断面水质达到规划功能要求，市区区域环境噪声平均值为48.7分贝，优于城市环境噪声标准Ⅰ级水平。

加强工业污染防治。黄冈市抓住工业污染防治不放松，采取"取缔一批、治理一批、把关一批、监管一批"的措施，使工业污染防治取得实效。全年全市共淘汰关闭不符合国家产业政策、高能耗、高污染企业104个，其中小造纸13个、小水泥9个、小钢铁6个、小印染3个、小酒精1个、小粘土实心砖72个。全市工业企业共安装污染防治设施146台套。

开展饮用水源保护与城市噪声油烟整治。年内，黄冈市编制完成《黄冈市区集中式饮用水源地整治方案》，出台《关于加强黄冈市区饮用水水源地保护的通告》，制订全市饮用水水源地保护标准，开展市县乡镇三级饮用水水源地基础环境情况调查与评估工作，科学划定饮用水水源保护区。重点对市区二、三级饮用水水源保护区进行集中整治。市区二水厂水源保护区界碑已落位，警示标志和护栏已建成安装。制订《黄州城区噪声专项整治行动方案》，对城市噪音开展专项治理。规定凡未经环境保护机构评审批准，文化部门审批的文化经营许可证，工商部门不核发营业执照。市区成立2个夜间巡查小组，对城区夜间违法建筑施工行为进行查处，基本杜绝市区夜间10时以后违法施工现象。

加强河流湖库污染治理。黄冈市采取江河湖库休养生息政策，全市主要河流、湖泊、水库进行综合治理及生态修复。市区和各县市区城区选择23个河、湖、库为首批对象开展综合整治。建立党政主要领导负责制，由党委、政府主要领导担任治理辖区水域的"河长"、"湖长"、"库长"。制订方案、签订责任状，改善重点水域环境质量，保障群众饮水安全。

加强生态文明建设。2009年，黄冈市共向上级申报农村环境综合整治资金项目45个，共争取国家环境保护部、湖北省环境保护厅资金2 000多万元。国家环境保护部已下达英山板桥村100万元，红安周家墩村42万元；湖北省环境保护厅已下达红安经岗村、黄梅刘岳村各50万元。全市确定创建环境优美乡镇、生态村目标，启动规划每个县市区至少创建3个市级以上环境优美乡镇、8个市级以上生态村，创建2个省级以上环境优美乡镇，5个省级以上生态村的工作。

【村镇建设】 2009年，黄冈市加快城镇化建设，推进新农村建设，村镇面貌发生较大改观。

开展"楚天杯"和"大别山杯"创建。年内，黄冈市人民政府出台《黄冈市"大别山杯"创建考核办法》、实行创建工作季报制度，在全市新一轮城镇规划建设管理"楚天杯"、"大别山杯"创建工作11个县市区、重点镇参加创建率达到100%。

开展重点镇、重点村建设。继续推进"百镇千村"示范工程，启动湖北省新农村建设试点10个重点乡镇、市"20镇200村"示范工程。全年共完成投入3.9亿元，新建道路750多公里、（排）水管网270多公里、公共绿地面积32万平方米、各类环卫设施车辆17辆、公厕57座、垃圾处理站1个、污水处理设施4个，完成建筑立面整治总面积近5万平方米，村镇面貌得到改善，使80%以上的重点镇、65%以上的示范村成为示范样板。推进红安县七里坪镇和蕲春县蕲州镇2个全国历史文化名镇、罗田县九资河村和黄州区陈策楼村等15个村省旅游名镇名村创建。在重点乡镇实施"八个一"（一条高标准示范街、一个文明示范住宅小区、一批街头绿化景点等）、"三配套四完善"（每条街道配套好机动车道、完善供排水系统等）工程，在示范村坚持推进"三建三改"（建路、建沼气、建活动场所，改水、改厕、改圈）工程。在特色城镇启动山水园林和人文景观工程，并加强乡镇城建机构机制和村庄环境卫生保洁机制，取得明显成效。农村危房改造。组织指导英山、罗田、麻城、红安、蕲春5个国家级贫困县市制订2009－2011年农村危房改造规划及年度实施方案，启动并加快农村危房改造试点工作年度目标任务。全年全市共投入1.1亿元，完成农村危房改造6 000多户，入住率达到76%。其中上级下达5个国家贫困县（市）的危房改造任务全部完成，共完成投入8 022万元，入住率达到100%；国家下达每户5 000元、共2 507万元的项目补助资金已通过一户一卡全部落实到户；所有改造户的纸质档案和网上信息电子管理档案全部整理完毕，建档率100%。与此同时，黄冈市人民政府出台《市建委关于农村建房规划和用地管理工作的实施方案》、《黄冈市农民住房建设管理导

新修通村水泥公路施工现场　　（黄冈市志办　供稿）

则》等规范性文件,举办由基层村镇建设干部200多人参加的村镇建设工作培训班、组织各地共开办22个村的试点,发放回收入户摸底登记表6万多份,印发宣传资料3万多份,进一步完善了农村建房规划和用地管理。

咸宁市城乡建设

【概况】 2009年,咸宁市加大城市基础设施、生态环境等方面的投入力度,城乡面貌明显改观。全年完成全社会固定资产投资301.58亿元,比上年增长50.2%,其中城镇以上固定资产投资249.10亿元,增长51.4%。城镇建设扎实推进。以国家优秀旅游城市、国家级园林城市、国家级环保模范城市和国家级卫生城市"四城同创"为动力,城镇规划建设管理工作,住房和城乡建设事业实现持续健康快速发展。年内,淦河整治工程获国家住房和城乡建设部授予的"中国人居环境范例"奖;解决建设领域拖欠工程款工作被国家住房和城乡建设部评为先进单位。项目投资大幅增长。争取新增中央投资项目482个,投资总额32.5亿元,到位中央投资8.26亿元,施工项目1 039个,其中新开工项目815个,增长45%,其中4个"十大建设工程"涉及77个项目,完成投资203.2亿元,占年计划的108%。红牛二期建成投产,咸宁核电、蒲圻火电二期、林浆纸一体化项目前期工作基本完成,武(汉)咸(宁)快速通道、咸宁市博物馆、职教新城、城市饮水工程、天然气管道等一批重大项目加紧推进。工业和房地产投资分别增长24.3%、56%。开展"百里文明走廊"和打造"清洁家园"活动。新建通村公路1 604.2公里,建成农家书屋226个、乡镇综合文化站12个。解决农村37.76万人安全饮水问题;建成3个县级医疗机构、23个乡镇卫生院和123个村卫生室。生态城市建设加快。潜山国家森林公园二期、南外环、青龙路、麦笠山路、桂乡生态大道等重点工程相继建成,中心城区立面整治、拆违治超等工作有序推进。全市城区绿化率37.1%,绿化覆盖率40.4%,全市人均公园绿地面积10.3平方米。

2009年12月26日,武广高速铁路咸宁北站开通仪式

(咸宁市志办 供稿)

【城市规划管理】 2009年,咸宁市市区中心城区150平方千米四等平面和水准控制网全面建立,全市29个测绘资质单位全部纳入测绘行政监管体系中,全市258个测量标志均得到有效管护。建成区范围的控规覆盖率达51%,增长23%以上;城镇化水平达48.1%,上升1.5个百分点;全年全市各类规划编制经费投入1100万元,增长10个百分点。

开展规划研究。启动咸宁城市战略规划研究工作,邀请武汉市城市规划设计研究院、北京大学、华中师范大学、湖北省社科院、武汉市交通院等5个专业机构共同参与《咸宁市城市发展战略规划》编研,组织对人口、定位、产业、交通等关键性问题进行研究,进一步优化区域空间发展布局。

推进规划编制。启动《咸宁市城市总体规划》修编,嘉鱼、赤壁、通城也相继开展新一轮总体规划修编工作。全市共完成各类规划编制292项,完成规划总面积约137平方千米,市政管线道路规划总长约45千米。

提升城市品位,加强制度管理。编制温泉片区山体保护控制性详细规划、咸安片区山体保护控制性详细规划等,为咸宁城区中心片区的开发、保护、建设提供规划和管理依据;完成咸宁大道延伸段、潜山森林公园入口、淦河沿岸实施"退地还绿"工程;策划设计十六潭公园、淦河四期(龙潭湖公园)、青龙公园、龙潭湿地公园等。全年组织召开15次市级规划评审会,评审各类规划231个。提高市民对规划的知情权、参与权和监督权,严格执行规划审批公示制度,接受社会监督,确保项目审批的严密性、科学性,全市累计公示建设项目规划方案278个。

加大测绘管理力度。全年核准测绘单位28个,推迟核准测绘资质1个。开展全市测绘资质的年度注册、复审换证工作。完善建设项目测绘备案登记制度,全年共备案登记市外测绘单位6个。年内,维护巡查测量标志点46处,迁建测量标志点一处。完成市区1:1 000地形图160平方千米和咸宁1:10 000地形图600余平方千米,完成中心城区30平方千米1:1 000地形图补测与更新。截至年底,全市共完成各种地形图测绘任务300余幅。做好《咸宁市地图》、《咸宁市城区图》发行,组织编印全新的《咸宁市温泉旅游图》。

【城市建设管理】 2009年,咸宁市大力实施"三大工程"。"强筋健骨"工程。扶持企业做大、做强、做精。全市建筑业总产值达40多亿元,建筑业增加值17.62亿元,增长30%。市区建筑企业已发展到80余个。其中,新申报企业5个,升级企业1个,增项企业1个,从业人员2万多人,完成建安总产值10.8亿元,增长11.3%。

"理念创新"工程。构建"一心两轴三带"的四级市域城镇空间结构,完善不同等级的增长极体系,发挥"核心带动"功能。"一心"是市域中心城市咸宁;"两轴"是赤壁—咸安—武汉的东西交通联系轴,嘉鱼—咸安—通山的产业垂江轴;"三带"是沿江发展带、陆水河(赤壁—崇阳—通城)沿河发展带、南三县(通城、崇阳、通山)生态特色发展带。构建以咸宁为中心城市,赤壁为次中心城市,通山、嘉鱼、崇阳、通城为重点县,潘家湾镇等为重点镇的四级市域城镇体系。完善《咸宁城市发展战略规划》,开展与其相关的八个专题研究,并在武汉召开由全国知名专家参加的战略规划咨询会。初步完成节能、环卫、抗震、公交、城区山体水体系统保护、市政园林工程等专项规划。出台《咸宁城区主干道两侧建设规划管理规定》、《容积率管理规定》、《地下管线规划管理办法》、《市区建设工程批后管理细则》等,切实规范城乡规划管理,加强批后管理。

"精细管理"工程。投资1 096.86万元,对咸宁大道、银泉大道、长安大道、淦河大道、马柏大道等10条道路进行综合整治。对57条主次街道、255条背街小巷做到垃圾日产日清,不留垃圾滞夜。日垃圾清运量达到600多吨。启动城区主干道两侧高层建筑、标志性建筑物、办公楼的景观亮化工程。新完成亮化单位92家。

【基础设施建设】 2009年,咸宁市基础设施建设步伐加快,市政设施水平有新提高。市政府共安排城市重点道路建设项目10个,总投资约2亿元。完成金桂路延伸、南大街人行道改造、茶花路黑色化等9个项目,完成投资1.8亿元,新建或改建排水管网17千米;新建或改建城市道路28.37万平方米,增长105%。对南昌巷等10条背街小巷和社区道路进行示范整治改造,总投资达150余万元,增长150%。

人居环境质量有新改善。市区新建成日处理污水6万吨的污水处理厂一个,已进入试运行阶段。咸宁市区污水处理厂已经可日处理污水9万吨,污水集中处理率已超过60%。垃圾焚烧发电项目已全面启动。加大建筑节能工作力度,市区竣工阶段建筑节能标准执行率100%,"两禁"工作达100%,新型墙材自给率80%;申报6个绿色节能示范工程,其中市城投大楼已经竣工,实现咸宁无省级节能示范工程的历史。

城市综合功能有新提升。确定城区基础设施建设项目69个,总投资20亿元,包括城市道路新建和改造、污水和垃圾处理、城市绿化和亮化、背街小巷改造、公用基础设施、公共活动场所和文体场馆等。投资1.4亿元的永安污水处理厂建成投入试运行;投资2.1亿元的垃圾焚烧项目完成开工前所有准备工作;投资3 000多万元的淦河治理三期和投资7 000万的桂乡大道绿化全面完工,投资3 000多万的城市规划展览馆建成投入使用,投资6 000余万元的中心客运站已竣工。

【国土资源和房产管理】 2009年,咸宁市进一步加强国土资源和房产管理,大力推进全市经济和社会的和谐发展。

全市土地利用总体规划修编第一批获湖北省人民政府批准,市中心城区规模扩大到109平方千米;争取建设用地指标1 006.7公顷;争取部、省级国土整治资金6.6亿元,实施高产农田建设和低丘岗地改造2万公顷;全市完成土地收益19.05亿元。整顿规范、长效管理,矿政和地质环境管理得到加强。围绕《咸宁市武汉城市圈"两型社会"建设土地改革专项方案》,开展试点,在关键环节、重点领域先行先试,促进区域经济社会和资源环境协调发展。

加强廉租住房建设,促进房产业发展。全年组织召开四次廉租房建设工作会议,及时安排部署各阶段工作。抽调专班指导和协调督办各县(市、区)各环节出现的特殊困难和具体问题。建立健全项目月报制度和项目进展信息责任人制度,建立起与国家住房和城乡建设部和湖北省住房和城乡建设厅的信息直报制度。6县(市、区)均超额完成全年的廉租住房补贴资金的发放工作。全市筹集廉租住房房源2 476套,完成低收入困难家庭保障1.07万户,2.55万人,累计发放租赁补贴资金1 747.7万元。

市城区房地产开发项目61个,施工面积135.71万平方米,增长16%。其中新建房地产开发项目15个,面积50.2万平方米,减少16.6%,续建项目46个,面积85.51万平方米,增长33%;计划投资21.09亿元,完成投资15.11亿元,增长21%;已竣工面积76.89万平方米,增长12.48%;已批准预售面积80.7万平方米,增长45.9%,已销售面积62.9万平方米;预(销)售款14.26亿元。全年共完成房屋产权登记发证7 315宗。全年完成他项权注销手续1 056宗,法院查封38宗,遗失登记30宗,咸安分局缮证7 310本,完成档案归档1.4万份。

【水务】 2009年,咸宁市水务工作不断进取,各项建设工程成效显著。年内,完成21.94万农村人口的饮水安全工程建设任务。完成国家第三批拉动内需项目下达的15.82万人的饮水安全任务,投资18 080万元。全市十一五规划涉及的79.7万人已经完成73.12万人,投资2.99亿元,建成各类工程750处。拟投资9 210万元,全面解决十一五规划剩余的18.42万农村人口的饮水安全问题。

加强病险水库加固。圆满完成32个重点小型水库除险加固工程建设任务,完成土石方66万立方米,砌石3.9万立方米,混凝土5.3万立方米,帷幕灌浆3.7万米,完成投资1.09亿元。7个大中型水库除险加固工程开工建设。其中,通城阁壁水库除险加固任务已完成。国家下达咸宁市投资计划的25个水库除险加固工程全部开工建设。

加强农田水利建设。全市农田水利基本建设完工各类工程771处,完成土石方任务854.27万立方米,累计投入资金6.75亿元,修复水毁工程12处,新增、改善和恢复灌溉面积3 193.3公顷,新增、改善和恢复除涝面积1 006.7公顷,新增节水灌溉面积880公顷。全市6个县(市、区)"民办公助"小农水工程项目建设全部完成任务,并进行验收,恢复或改善灌溉面积2 013.3公顷。全市完成渠道清淤改造87条、284千米。

咸宁市水利项目共42个,计划总投资5.95亿元。另有应急项目7个,中央资金210万元;小农水补助项目6个,资金2 721万元。编制完成《咸宁市中小河流近期治理规划》、《县级农村水利综合规划》、《大型灌溉排水泵站更新改造规划》、《咸宁市水资源综合规划》、《湖北省咸宁市西凉湖及斧头湖水利综合规划》。淦河、金水河、赤马港、隽水河、通羊河等5条重点中小河流被水利部列入计划。

【园林绿化】 2009年,咸宁市加大园林绿化工作的投入力度,城区绿化环境进一步提高。

创建国家园林城市。年内,召开创建国家园林城市动员大会,对获得省市两级园林式单位(小区)进行授牌,明确创园工作目标和任务,制定措施和方案,成立以市长为组长的领导小组,编制生物性多样规划。出台《生物多样性规划》编制的样稿,使生物多样性规划工作真正并入日常工作的轨道。

园林设计有新突破。顺利完成桂乡大道、贺胜路等城市道路,青龙公园与龙潭湖公园等城市公园,咸宝路与107国道、旗鼓大道与贺胜路交通渠化等市政绿化重点工程建设项目设计;完成嘉鱼县二乔主题公园、通山县通羊河景观绿化和玉泉湖人工湖景观绿化、杭瑞高速连接线景观绿化设计等工程设计;紧扣"山在城中、路在林中、人在画中、景在水中"这个设计思路,结合"山水生态园林城市"的目标定位,不断汲取先进经验,不断挖掘本土文化,运用本地乡土树种和乡土特色材料,突出地方特色。

巩固城区绿化成果。狠抓城区绿化的维护管养工作。温泉、永安两办分别成立养护公司,彻底改变传统维护管养模式,把城市绿化后期养护这一块推向市场。规范城市绿地的养护行为，对城市广场、公园、小游园等绿地和道路绿化全部实行百分制量化考核。人民广场、滨河公园、环湖路景观带、桂花广场、淦河游憩带、咸宁大道、长安大道、银泉大道等重点绿化带、城市景观和主干道，执行国家一级绿地养护标准，其他绿地全部执行二级绿地养护标准。加大防治力度，全年防治药品价值达5万余元。每日清除白色垃圾，清除绿化带杂草、残枝等，全年清扫清运垃圾近千吨。做好绿化植物病虫害预测、预报、防治工作，制订苗木施肥、整形修剪等量化技术标准。

咸宁市风景秀丽的温泉河　　（咸宁市志办　供稿）

【环境保护】 2009年，咸宁市环境保护力度进一步加大，各项工作取得新进展。全市集中式饮用水水源地水质达标率100%；重点省控断面地表水水质达标率100%；城市空气质量优良天数达360余天，优良率居全省榜首。

全市共审批建设项目229个。编制开发区、工业园区环评规划工作方案。长江产业园、赤壁经济开发区等全市6个园区完成环评。下发《咸宁市环保局开展工程建设领域突出问题专项治理工作实施方案》和《开展全市2008年以来立项、在建和竣工建设项目环境保护执行情况专项检查工作方案》，加大“三同时”的督察力度。全年完成赤壁污水处理厂、通城宝塔纸业、崇阳晶洋实业有限公司、能一郎、昆展化纤等11个建成投产项目验收任务。

加强危险废物污染监管。发布《咸宁市2008年度城市固体废物污染环境信息公报》，编制《咸宁市危险废物处置设施规划》和《咸宁市危险废物申报登记及产生源调查实施方案》，对涉及的15个医院、1个化工企业、1个蓄电池生产企业进行危险废物申报登记调查工作，定期开展检查，打击非法转移、处置、利用危险废物的专项行动。加强医疗废物监管，制定《咸宁市医疗废物管理办法》，与卫生、物价、汇楚公司等部门联合发文实施；配合卫生部门做辖区内甲型H1N1流感疫情期间的医疗废物和医疗废水安全处置的监管工作，实行周报制。开展持久性有机物、抗生素药渣、重金属等危险废弃物的产生与处置调查工作。

2009年12月18日，咸宁市淦河（中心城区）综合整治工程项目获国家人居环境范例奖　　（咸宁市志办　供稿）

实施乡镇饮用水水源地基础环境调查与评估工作。2009年，申报清洁种植项目1个，清洁养殖项目3个、农村环境综合整治11个。通城县隽水镇宝塔村申报2009年国家级生态村，咸安区马桥镇严洲村、赤壁市沧湖生态农业开发区普安村、赤壁市官塘驿镇双丘村、崇阳县白霓镇大市申报2009年省级生态村，通城县麦市镇申报2009年省级环境优美乡镇。在全市范围内开展畜禽养殖污染情况的调查工作，调查相关企业45个，并确定其中3个企业为治理试点。5月初，完成《咸宁市乡镇饮用水水源地基础环境调查及评估报告》编制工作，划分饮用水源保护区，关闭一些在保护区内非法排污的企业和餐馆，依法取缔保护区内各类排污口。全市重点集中式饮用水水源地的水质达标率为100%，全年全市未发生饮用水源污染事故。嘉鱼山绿食品有限公司万亩有机蔬菜基地，被湖北省环保厅选为“两清”（清洁种植和清洁养殖）、“两减”（农药、化肥减量化）、“两治”（规范化养殖治理和农村环境综合治理）、“两创”（农村环境优美治理和生态村的创建）项目4大生态示范基地之一。咸安区双溪镇双溪村、通城县四庄乡清水村农村生活污水和生活垃圾环境综合整治项目，7月底完成并投入使用。

辐射安全许可证发证工作。2009年，放射性同位素和射线装置许可证发证率均达100%。完成全市使用放射源的2个企业、使用射线装置的55个企事业单位的辐射安全许可证发证工作。全面清查放射源，安全回收3枚废弃放射源。加大日常现场监督检查的频率，采取定期和不定期形式进行执法检查。建立管理台账，监控数据传输稳定连通率高于80%。对全市21个国控企业建立较完整的污染源基础信息档案和监测数据库。编制《咸宁市2009年度主要污染物总量减排实施方案》，将年度任务分解到各县（市、区），并纳入咸宁市2009年县（市、区）政府和市直有关部门环保目标责任书进行综合考核。建立项目库、季报制度和备案制度。实施主要污染物总量减排季报制度，及时掌握减排工作动态。建立“一企一档”的备案制度。

【村镇建设】 2009年，咸宁市坚持科学发展观，统筹城乡发展，因地制宜加强村镇建设，各项工作取得明显成效。实施“城乡统筹”工程，村镇建设管理有新进步。村镇建设以“百镇千村”和“清洁家园”工程建设为载体。高标准确定2009年全市乡镇总体规划目标和村庄规划整治目标，与各县（市、区）签订目标责任书，并落实专人跟踪督办。3月份，由市委、市政府牵头举办一次各县（市、区）建设局长、规划局长、乡镇书记、重点示范村书记参加的规划建设管理培训班。培训规格之高、规模之大、效果之好，在咸宁市历史上尚属首次。4月中旬，湖北省住房和城乡建设厅在通山召开村镇建设工作现场会。6月份，组织相关部门负责人和各县（市、区）分管领导，赴扬州、青岛、大连等沿海发达城市考察学习城市规划建设管理工作。截至年底，全市完成15个建制镇、集镇，286个村庄的规划编制工作；完成223个村庄的整治工作。

仙桃市城乡建设

【概况】 2009年，仙桃市城乡建设系统牢固树立以科学发展观指导城市规划、建设和管理的理念，紧紧围绕保发展、保民生、保稳定的目标，坚持高品位规划、大手笔建设、精细化管理、公益性服务，全年累计完成城乡建设投入4.98亿元，比上年增长25%。完成新城大道、城南大道、和平路及地下管网等配套设施建设。投资5 000万元，完成何李桥、大洪桥两桥重建，干河路、大洪路、红军巷、交通路等道路畅通工程。加快推进农村基础设施建设，涉农投入完成6亿元。排湖泵站、沙湖泵站等大型泵站改造全面完成，周帮泵站改造全面启动。汉江干堤除险加固等一批重点水利工程进展顺利。全年共疏排重点排灌沟渠406千米，改造维修涵闸107个、泵站89个。新建成通村公路410千米，先后启动实施土地整理项目1.26万公顷，解决76个村11万人口的安全饮水问题，新建沼气池1万口，改厕2.5万个，183个村实行了垃圾集中处理。

建筑产业规模快速增长。全年建筑业总产值达35亿元，比上年增长16%，实现利税2.3亿元，增长18%。共有各类建筑企业112个，新增2个。全市建筑工程开工111项，办理施工许可证手续108项，办证率为97%，办证工程总面积77.45万平方米，总造价7.25亿元。其中房屋工程88项，市政工程9项，装饰装修工程11项。各类建筑工程65项，总建筑面积81.6万平方米，市政工程17项，完成分户验收工程40项，竣工工程70项，质量合格率达100%。完成建筑工程节能验收120项，建筑面积57.8万平方米，建筑节能图审阶段的执行率达到了100%，通过实施建筑节能和推广散装水泥，全年节约能源折合3.1万吨标煤，减少二氧化碳和粉尘排放974吨。圆满完成了城市规划、建设与管理的各项工作任务，为推进“两型”社会建设，促进仙桃经济社会又好又快发展发挥了积极作用，年内，仙桃市获得中央文明委授予的“全国创建文明城市工作先进市”荣誉称号。

【城乡规划管理】 2009年，仙桃市加强规划编制工作。认真编制各项规划，注重规化管理，积极推进城乡统筹。《仙桃市城乡总体规划(2008－2030)》编制完成，并获湖北省人民政府批准实施。完成《仙桃市旧城改造与南城新区控制性详细规划》的编制。全面启动了“城中村”改造试点工作，分别在干河办事处的大洪村、沙嘴办事处的沙嘴村、龙华山办事处的黄荆村开展了试点工作。编制完成仙洪线新农村建设试验区张沟镇镇区、新里仁口集镇及27个村庄规划，与此同时，修编完成了毛嘴、三伏潭、彭场、杨林尾、张沟、郭河、沔城、通海口等镇的总体规划和全市416个村庄规划，启动了郑场、剅河、西流河、陈场、沙湖等镇的总体规划和全市81个村庄规划修编工作，完成排湖开发区许坝、下麻、旭光和前进四个村三个安置点的勘测设计及规划设计，排湖开发区景观规划设计稳步推进。完成南水北调工程仙桃段的剅河、三伏潭、胡场、长埫口、西流河、沙湖、彭场、杨林尾、张沟等9个镇24个居民点的地形图测量及移民安置规划通过评审；完成了三伏潭、胡场、长埫口等镇移民安置点的地质勘察设计。

加强规划管理工作。全面规范行政许可，稳步推进效能建设。大力实施阳光规划，建立了建设项目批前、批后公示制度，所有建设项目均通过新闻媒体、规划网站、现场悬牌、政务公开栏等形式予以公示，自觉接受社会监督，营造公开、公平、公正的规划环境，维护广大群众的根本利益。大力推进公众参与。对公众关心、社会关注的规划项目，采取论证会、听证会和其他有效形式，广泛征求公众意见，保证了公众对规划项目的知情权、参与权、建议权，维护了公众的合法权益。全面规范许可程序。修定完善了《规划建设项目受理制》、《关于村镇规划管理“一书三证”行政许可程序的规定》、《关于加强城乡规划编制管理工作的意见》、《规划审批制度》、《规划公示制度》、《规划公众参与制度》、《规划听证制度》、《建设工程规划验收管理办法》、《违法建设工程处理办法》等制度。在修改完善行政许可程序的基础上，坚持依法受理、依法审批、依法验收，保证了规划行政工作的严肃性、公正性和有效性。

【城市建设管理】 2009年，仙桃市以中央文明办开展城市文明指数测评活动，推动文明城市创建常态化为契机，按照“我知晓、我参与、我奉献”的要求，开展文明创建进机关、进学校、进社区活动，加强市民社会公德、城管法规和社交礼仪教育，提高市民素质。定期组织仙桃市直机关干部、市民开展周末义务劳动，营造全民创建氛围。制定了《全国文明城市测评中存在问题的整改方案》和《关于分解仙桃市城市公共文明指数测评任务的通知》，将文明城市创建任务落实到位。深入开展乱泼乱倒、乱摆乱占、乱贴乱画、油烟扰民、噪音污染、非法营运、违规燃放烟花爆竹等专项整治活动，整治违章行为，提升城市市容形象。坚持文明执法，开展“城市优质服务年”活动，为社会弱势群体和企业、市民服务。简化行政审批程序，减免企业规费，开展变通服务，对企业占道促销活动，在不影响城市市容、交通的情况下，采取限道路、限时间、限规模的形式进行。在城区次干道和背街小巷设置了30多个再就业摊区，疏导安置游商走贩，尽最大努力为下岗失业人员、进城销售农副产品的农民等弱势群体寻找生活出路、就业门路，力争达到“业主保饭碗、市民得实惠、市容变整洁”的效果。

【基础设施建设】 2009年，仙桃市以创建文明城市，加快创新环境和改善民生作为统筹城乡建设的出发点，城乡建设整体提速，城乡环境和城市功能进一步提升。市政建设总公司共完成工程产值

3 825万元。政府工程完成产值859万元。清水湾港湾停车站改造工程完成形象投资8万元；加油站至洛江河人行道改造工程完成形象投资10万元；红军巷路面排水改造工程完成形象投资18万元；干河路（仙桃大道至七支渠）路面排水工程完成形象投资140万元；四清河二期改造工程完成形象投资202万元；锦瑞路仁和桥交叉口改建工程完成形象进度24万元；大洪路道路排水工程完成形象投资98万元；交通路改造工程完成形象投资350万元。市场工程产值完成2966万元。南城新区第四标段工程完成形象投资2 400万元；干河平台工程完成形象投资566万元。南城新区建设全年完成投入1.5亿元，道路建设、安置房建设和搬迁工作顺利进行。仙南大道、和平路高速公路以南已建成通车，钱沟路南延、新城大道已完成年度工程建设任务。完成仙洪路排水箱涵工程，开始了南城水系恢复调整工作。实施桥梁重建工程。投资300万元，进行何李桥重建工程，2008年10月15日开工；投资190万元，进行大洪桥重建工程，2008年10月28日开工，两桥于2009年5月1日竣工正式通车。

加强市政设施管理。实施道路维修。维修丝宝路、桃源大道、沿河大道等破损严重的道路6303.93平方米。排水管网维护。疏通城区主次干道排水管网5943米，疏通雨水井1494个，落水筛2 970个。排水泵站的维修。团结泵站闸底、闸门伸缩缝全面整修，叶王雨水提升泵站、高速公路雨水提升泵站全面维护，确保这些泵站在防汛期间能处在正常状态。

【国土资源与房地产管理】 2009年，仙桃市进一步加强国土资源和房产管理工作，取得了较好的经济效益和社会效益。

用地保障发展能力进一步提高。全市全年共办理土地转用征收46个批次，面积324.5公顷；依法供应土地84宗，面积167.24公顷。继续推行工业项目用地"绿色通道"等服务制度，认真执行最新征地统一年产值标准，切实维护被征地农民的合法权益。

耕地保护效果更加明显。建立健全耕地保护目标责任考核体系和考核机制。执行基本农田保护制度，严格划定保护区块，强化保护责任，实施动态监管，层层签订耕地保护责任书，树立了保护标牌，片片做到了保护台账的图、表、实地"三统一"，将保护责任落实到了片块，细化到了个人，为全市基本农田设置了一面坚不可摧的保护网。

高产农田建设步伐加快。全年共争取项目3个，资金1.77亿元，规模7833.3公顷，整理后可新增耕地243.5公顷。全年共有在建项目6个，项目总投资2.82亿元，实施规模面积1.26万公顷，整理后可净增耕地495.9公顷，其中：4个项目已完工，2个项目进入收尾阶段。与此同时，积极申报南水北调国家重点工程，已组织郑场、毛嘴、三伏潭等6个镇办的材料厂，预计可争取项目2.33万公顷。认真组织胡场、沙湖等九个镇移民安置土地整理项目申报工作，计划争取资金1246.37万元，整理规模343.5公顷。全面启动了西流河河口村、沙湖镇尧帮村等23个项目，实施规模447.62公顷，投资904万元。

土地资产经营力度进一步加大。大力推行国有建设用地有偿使用制度，坚决落实工业和房地产等经营性用地招标拍卖挂牌出让制度，全市全年供应国有土地84宗，有偿供应82宗，有偿使用率达97.6%，其中：以招拍挂方式出让经营性用地31宗，面积45.45公顷，成交总金额3.43亿元，为政府创造土地纯收益1.37亿多元，工业用地39宗，总面积110.18公顷，出让面积99.63公顷，成交总金额1.92亿元；以协议方式续办出让手续6宗，面积0.45公顷，补缴出让金132.16万元；集体土地流转6宗，面积2.4公顷。

严格国土执法监察。健全动态巡查网络，加强批前监管。全年全市共开展例行巡查177次，巡查发现违法行为30件，制止18件，面积12.18公顷，其中：强制拆除6件，面积0.42公顷；责令停建12件，面积11.76公顷。同时，进一步建立完善国土、公安、检察、法院、监察等多部门联合执法机制，严肃查处各类典型国土违法案件。全年共立案查处土地违法案件12件，面积1.25公顷，已结案11件，正在处理1件，追缴出让金58.4万元，收缴罚没款20万元，违法案件立案率100%，结案率91.7%。

各项基础性工作扎实有序开展。市级土地利用总体规划修编率先获湖北省人民政府批准通过。乡镇规划编制工作有序推进，率先完成西流河、彭场试点工作，并于2008年10月获得湖北省人民政府批准实施。第二次土地大调查顺利推进。完成了全市基本农田调查工作并通过湖北省国土资源厅验收，并于2009年12月中旬顺利完成标准时点统一更新工作。加快开展单位宗地权属调查工作，完成了2500余宗单位用地权属调查，城区宗地测量、权属调查工作，全市城区地籍调查转入数据建库阶段。

抓好保障性住房建设。加快"仙桃春天"经济适用住房和廉租住房小区建设。"仙桃春天"小区，规划建设面积32.5万平方米，其中住宅30万平方米，建筑密度24.2%，绿化率47.8%。一期6.1万平方米共24栋建筑的主体工程已全面竣工，提供经济适用住房700套，廉租住房144套。同时，二期6.17万平方米住房的桩基工程施工已全面展开。[illegible]快廉租住房建设。通过直管房拆建和[illegible]相关单位联合建设的办法建设廉租[illegible]房，城区直管公房建设面积1万平方[illegible]仙桃市城管局、粮食局建设廉租[illegible]1.29万平方米，争取中央预算内投[illegible]助资金987万元，可提供廉租住房[illegible]套。加快直管公房维修改造。全市[illegible]7处直管危旧公房进行了改造，改造[illegible]达8 000平方米，投入专项资金270[illegible]元，提供廉租住房160套。

加强房地产市场管理。加强房[illegible]产市场整治。积极参与对"两违"（违[illegible]用地、违法建设）的整治工作，共查处[illegible]资质开发企业220个。并将无资质开[illegible]整治工作向集镇延伸，对乡镇24个开[illegible]项目进行检查，对4个无资质开发行[illegible]为进行了查处。同时，健全开发项目开[illegible]工备案和竣工验收制度，实行商品房[illegible]售合同网上签约备案制，备案率达到[illegible]0%，对6个超越资质等级从事开发项[illegible]的企业进行了查处。依法整治"两违[illegible]工程。年内，依法又追缴房地产各种税[illegible]5 700多万元，累计达1亿元。依法[illegible]理违建项目130个，查处违法违纪人[illegible]11人。出台《关于加强城市规划区房[illegible]产市场管理的意见》，对房地产市场[illegible]理、房地产开发项目审批程序及个人[illegible]进行了规范，明确了国土、规划、建[illegible]产等部门及相关办事处（园区）的[illegible]，有效维护了正常的城市规划、土[illegible]房地产市场经营秩序。

【水务】 2009年，仙桃市[illegible]推进城乡供水一体化进程，城市供[illegible]施建设管理水平和公共服务质量[illegible]步提高。全年完成售水量2 168万吨[illegible]成综合产值3 926万元，比上年增长[illegible]%，实现利税542万元；办理报装业务[illegible]35户，其中新装3 225户，改装4 310[illegible]新铺设DN100毫米以上管网24.07[illegible]。完成干河办事处许坝村、欧湾村、[illegible]村、小林村、中岭村等村改水工程，受[illegible]村民2 100余户，共1.1万多人。从下[illegible]街区延伸城区自来水主管网至西[illegible]土坑村，解决沿线6个村、5 000余人[illegible]饮水问题；从彭场镇王市口村铺设[illegible]00毫米给水管网4 111米至木兰村[illegible]决彭场镇木兰村

1 200余人的安全饮水问题；实施张沟镇二期农村安全饮水工程，铺设DN300毫米管网1 851米，解决张沟镇区及周边村民5 000余户、3万人的安全饮水问题。顺利实现新旧城联网供水，确保意外情况下的供水；加大一户一表分户力度，全年完成一户一表安装7 535户。完善南城新区给水管网工程，铺设叶王路DN600毫米管网660米，新城大道、仙南大道、钱沟路、和平路等南城过路管网共800米。

【园林绿化】 2009年，仙桃市加强公共绿化建设，投入1 578万元，完成高速公路"两带"一期绿化收尾、仙洪线一期绿化、仙下河四期绿化、仙桃大道东延绿化、仙源大道南侧绿化改造、城南新区还建房小区绿化和城区庭院绿化等绿化工程，新增和改造公共绿地面积36.28万平方米，市级园林式单位和庭院绿化合格单位新增52个，达到157个。截至年底，城区绿化面积为1 370.32万平方米，绿化覆盖面积为1 563.89万平方米，人均拥有公共绿地面积9.53平方米，均比上年有所增长。全市绿地率35.8%，绿化覆盖率40.8%。

【环境保护】 2009年，仙桃市把加强环境保护与"保增长、抓项目、重民生、促落实"的工作目标有机结合起来，以加大重点流域区域污染整治为突破口，以加强环境基础能力建设为着力点，更新服务理念，加大执法力度，环境保护的各项工作取得了明显进展。

加强污染源头控制。严格建设项目环境保护审批。全年共依法审批建设项目81个，否决、劝阻污染严重或选址不当的项目12个，验收项目12个，新建项目环评率达100%，"三同时"执行率达100%。全面启动规划环评。仙桃市环境保护部门以国家颁布《规划环境影响评价条例》为契机，加大规划环评的宣传力度，年内，仙桃经济技术开发区的规划环评已通过湖北省环境保护厅评审。工业园区、高新技术产业园区、刘口工业园区的规划环评也已经启动。

污染减排工作稳步推进。全市上半年化学需氧量排放量为7 540吨，二氧化硫排放量为2 420吨，分别比上年下降1.4%、1.2%，污染减排工作取得了明显的进展。重点流域水污染得到遏制。投入2 000多万元资金，完成了排污口封堵、清淤疏浚、污水管网建设、箱涵埋设、河岸护砌及土方回填等工程，同时，对汉江、通顺河、通州河等重点流域，加强对沿线污染源的治理，严格污染物总量控制，使沿线水质状况明显改善。汉江仙桃段水质持续稳定在国家地表水Ⅱ类水体标准。有效改善了沿河周边环境和内河水质。

环境执法稳步推进。全年共出动执法人员4 000多人次，对462个企业进行了有效的监管，共下达申报登记通知书382份。与此同时，增加检查频次，对重点排污企业进行每月不少于3次的不定期监察，发现问题，及时督促企业整改。下达监察意见书73份，限期改正通知书1份，行政处罚告知书14份，行政处罚决定书3份。加强排污费核定征收工作。截至年底，共对382个企业下达排污费核定通知书382份，已签收排污费429.2万元，实际征收入库375.98万元，较好地完成了年度排污费核定征收任务。

环保基础工作全面创新。全年完成了汉江汉南断面、汉江鄢湾断面、通顺河毛咀秦杨四组断面、东荆河郭河新华村断面、东荆河沙湖渔桥断面等9个断面的常规监测，出具监测数据1 884个。完成了全市18条内河29个受纳污水的水体监测断面的采样分析工作，出具数据1 040个。对全市365个企业进行了监测，出具监测化验报告单582份，并对市污染信访投诉10起案件进行了监测，出具监测数据100多个。污染源普查通过考核验收。按照镇、办、场行政区划和重点企业生产性质，对经筛选确定的504个工业源，701个生活源进行了逐户调查，编写了《仙桃市第一次全国污染源普查技术报告》。对全市的放射源、射线装置进行了调查摸底，对全市28个涉源单位的操作人员进行了业务培训，为市第一人民医院、慧狮塑业、天鹿锅炉等5个重点涉源单位发放了辐射安全许可证，建立和完善了各涉源单位的管理台账。

【村镇建设】 以"仙洪线、仙彭线、318国道"为轴线，以"十镇百村"为重点，因地制宜，整线推进，全年完成投资1.73亿元。按小城市标准推动张沟中心镇规划建设，杨林尾、郭河两个新扩乡镇完成了方案制定，三伏潭污水处理厂、沔城镇污水处理厂、张沟镇污水处理厂、张沟镇垃圾填埋场、工业园洛江河污水管网改造工程等重点项目进展顺利。环境整治不断深入，仙洪线、仙监线、318国道沿线等"三线"村庄整治全面展开，三伏潭镇整镇推进项目、杨林尾和郭河两镇村庄整治项目初显成效，成为全市亮点。

（黄爱高）

仙桃市仙下河绿化全景　　（仙桃市志办　供稿）

潜江市城乡建设

【概况】 2009年，潜江市以创建国家园林城市和全国文明城市为核心，加大城市建设的投入力度，城乡建设和城市管理各项工作取得新的成绩。全年完成全社会固定资产投资123.96亿元，增长40.3%，完成城市建设十大重点工程投资4.5亿元，城市新区建设工程、318国道复线工程、广泽大道升级改造（二期）续建工程、东环路、北环路建设工程、紫月路建设工程、章华南路杨市段配套及民主街、和平街综合整治工程、专业市场建设工程、曹禺公园（二期）建设工程、绿化建设工程、市政设施改造配套工程等有序推进。筹资2亿元，新增建设用地603.9公顷，其中工业项目用地286.1公顷。投资3亿元，实施了兴隆灌区、泽口灌区、四湖流域综合治理和幸福泵站更新改造工程等重大水利项目建设；投资

7 200万元，完成高石碑镇、浩口、张金口和西大垸4 000公顷高产农田建设、新开工建设6 000公顷高产农田。投资4 000万元，解决8万农村居民安全饮水问题。投资1.1亿元，新建通村公路430公里。全年建筑业实现总产值34.1亿元，占市域生产总值比例14.7%，实现行业增加值8.7亿元，比上年增长36%。完成建设工程招标投标项目49个，交易额2.4亿元，工程招标率和应公开招标率均达100%。完成建设工程设计93项(住宅工程715项)，工程勘察设计51项，勘察设计文件审查93项，建筑面积35.23万平方米。建筑工程质量监督受监工程项目70个，建筑面积67.1万平方米，监督覆盖率100%，竣工备案工程12项，竣工备案率100%。全年完成熊口镇至老新镇天然气储气管线12公里，铺设庭院管网180公里；与江汉石油管理局联合，租用油田液化气总站储罐储气，增加储气量5万立方米。

【城市规划管理】 2009年，潜江市加强城市规划编制工作，采取方案征集、交流合作、定向委托等方式，不断完善城市规划在城市建设和发展中的地位和作用。

科学编制城市规划。编制完成城市新区13平方千米的控制性详细规划、城市核心区8平方千米的城市设计、曹禺公园二期57公顷的景观规划及施工设计、体育活动中心规划及建筑设计、襄岳线20平方千米的新农村建设及景观整治规划、火车站地区3.75平方千米的控制性详细规划以及站前广场20公顷的城市设计；完成了江汉盐化工业园5.95平方千米控制性详细规划、潜江经济开发区21.61平方千米和园林经济开发区9.89平方千米的总体规划；编制完成了熊口镇、老新镇、高石碑镇、龙湾镇、积玉口镇、熊口管理区、西大垸管理区7个建制镇和管理区的总体规划，编制完成了164个行政村的村庄规划，编制完成了9个点的南水北调移民搬迁安置点规划；完成了城市新区新周中路5千米的规划设计和施工设计；完成了章华南路、泰丰路、紫月路、百里长渠西侧等地段的道路施工设计和排水设计；完成了《潜江市二级客运站规划》。为改善城市面貌，提升城市形象，完成了园林北路商业步行街改造规划；完成了堤街、和平街、横堤路饮食文化街规划方案设计以及章华南路景观整治规划。

加强城乡规划管理。全年共核发建设项目选址意见书53份，建设用地规划许可证253个，建设工程规划许可证419个；为合理利用土地，强化建设用地容积率规划管理，拟定了《潜江市城市建设用地容积率规划管理暂行规定》，市规划局、市监察局联合制定了《关于对房地产开发中违规变更规划、调整容积率问题开展专项治理实施办法》。出台了《加强城市规划区内个人住宅规划建设管理规定》，划分了禁建区、严管区、引导建设区，有效指导了城市规划区内的个人住宅规划建设管理。全年共强制停工170余次，立案查处101件，组织强拆36件，拆除违法建筑面积2 500平方米。

加大测绘生产与管理力度。认真落实测绘资质审查标准，对全市5个测绘单位完成的项目技术设计书、检查报告、仪器检定证书和质量管理制度进行了全面检查，在全市开展地图市场专项整治活动，严厉查处非法地图出版物，收缴30余张非法出版地图。完成了高石碑镇、积玉口镇、徐李镇、老新镇、熊口镇、西大垸管理区6个建制镇和管理区共30余平方千米的现状测绘；完成了火车站7.6平方千米、襄岳线42平方千米、城市新区、曹禺公园二期、华润化肥、金澳科技、移民搬迁居民点等重点项目建设的现状测绘。全年共完成各类测绘88项，项目放线24项，地质勘察39项。

数字潜江建设取得新成效。年内，建立了较为完善的基础地理信息数据体系，搭建了数字潜江地理信息公开平台，并在公安、卫生、规划、测绘、公众等领域得到示范应用。出台了《数字潜江地理空间信息公共平台推广应用的通知》、《数字潜江地理空间信息公共平台应用与维护的通知》。数字潜江建设项目通过了国家测绘局组织的专家评审，国家测绘局授予我市"数字城市建设示范市"。完成的数字潜江成果总量已达1.6TB，多种比例尺的基础测绘成果覆盖了全市，为市政府减少重复投入1 000多万元。在中国电子政务优秀应用成果推选活动中，《数字潜江地理信息公共平台案例》被授予"十佳电子政务公共服务优秀案例"。

【城市建设管理】 2009年，潜江市强化城市建设管理和综合整治力度，城市面貌明显改观。认真开展交通秩序、户外广告、出店占道、乱泼乱倒、马路市场等几个专项整治工作。从建委、公安、交通等部门抽调40余名执法人员组成工作专班，开展交通秩序专项整治，共印发通告1 000余份，查扣各类违法车辆120余辆，查处乱停乱靠900余次。开展打击"黑的"活动，共查扣处罚"黑的"14辆。共下发限期整改通知书3 300余份，清理占道摊点360余处，整改破损广告123处，清理横条幅240余条，查处乱泼乱倒门店90个，为3 000多个门店统一配备了垃圾桶，规范了红星、马家台马路市场、东风路临街早点摊点及横堤路水果市场占道经营。

【基础设施建设】 2009年，潜江市城市基础设施提档升级，着力推进重点工程建设。城建投资4.5亿元，完成了东环路新建、广泽大道扩宽改造、章华北路黑化、兴盛路、章华大道杨市段黑化改造等道路工程及下水道、花坛、路灯、地下管网等配套设施建设；完成了潜阳大道西段和泰丰路黑化改造以及西门转盘、五七转盘的渠化，共黑化道路面积23 400余平方米；完成了民主街下水设施与人行道板的改造、城区破损路面维修2.2万平方米，人行道改造、维修4.8万平方米；启动了城市新区核心区、紫月路、曹禺公园二期(章华苑)、朱坑农贸市场、西门农贸市场的建设工程。加强城市建设投融资工作。全年城市建设融资8.82亿元，到账5.3亿元，共规划勘测新增用地计划308.6公顷，17个批次新增用地计划全部获得湖北省国土资源厅批复。将马昌垸三期7公顷土地公开出让，实现土地收益4 810万元。

【国土资源和房产管理】 2009年，潜江市加强国土资源和房产管理，全市经济和社会发展成效显著。加强土地规划计划管理。年内，完成《潜江市土地利用总体规划2006－2020》，并获得湖北省人民政府批复。全市可用建设用地规模比上轮规划增加了3 333.3公顷的绝对可用量，弹性可用空间达到1万公顷，为全市项目落地及时提供用地空间保障。全年共组织上报新增建设用地48宗，面积603.6公顷，比去年增加了333.3公顷。同时，积极开展城镇建设用地增加与农村建设用地减少挂钩试点工作，全市66.7公顷的挂钩项目已经湖北省人民政府批准，可积累部分新增用地周转指标和耕地占补指标。

合理进行土地市场配置。土地市场配置按照"好而快则优"的原则，对符合土地利用总体规划、符合国家产业政策和供地政策、落实了耕地占补平衡、落实了保障被征地农民合法权益措施的项目，积极组织用地材料申报，全部保障用地计划。严格推行经营性用地和有竞争性用地100%实行"招拍挂"，工业用地全部纳入了"招拍挂"出让范筹。全年共完成"招拍挂"36宗，面积34.6公顷，出让价款2.14亿元。与此同时，启动了熊口、熊农、周矶办事处兴地灭螺工程项目

2 000公顷；浩口、运粮湖省级示范项目3 333.3公顷和总口项目666.6公顷。3个项目总投资1.3亿元，涉及到6个区、镇、场、办事处，建设总面积6 000公顷；申报项目建设规模8 080公顷，拟净增耕地面积249.24公顷，项目区工程预算总投资达1.77亿元；大力实施占补平衡土地整理，共立项69个，面积439.7公顷。加强土地地籍管理工作。全年全市农村土地调查数据库在全省第一个通过省级、国家级核查；城镇土地调查外业及建库工作全面完成；基本农田调查工作11月初正式通过省专家组的验收。土地日常登记发证有序开展，全年登记发证2 275宗，国有1 920宗，集体355宗；单位113宗，个人2 162宗；"房改房"和"经济适用房"土地使用权登记673户，土地登记合格率达100%。

严格矿产资源规范管理。继续做好重要矿种和重点矿区专项整治工作，开展采矿权人年检工作。把年检工作与巩固整顿整合工作成果、安全生产责任落实年活动、储量动态监管、严格采矿权管理相结合，取得了良好效果。共年检矿山29处，其中砖瓦企业27个，盐化工2个，合格29处，占年检矿山总数的100%。

开展地质环境监测。对市域内汉江、东荆河等33处地质灾害监测点和10个地质灾害重点区进行了专项督查检查，制定了全年汛期地质灾害防治工作预案；对全市企业资源储量进行了登记、核检，分企业设立了台账，发放明白卡80余份；配合省厅征收矿产资源补偿费1 000万元。

住房建设力度进一步加大。全年住房建设共完成投资3.14亿元，比上年增长36%。住房销售态势良好。普通商品房项目12个，36.28万平方米住房取得了预售许可，增长46%。已登记销售的商品房1 083套，销售率为67%，高出上年20个百分点。开发企业整体实力明显增强。通过提升开发资质等级的方式和引进外地优秀企业的方式，融合先进的开发理念，引导开发企业跳出原有的"只建设、不开发"的固有思维，支持企业发展壮大。全市共有开发企业12个，合计注册资本3.27亿元。

加大住房保障工作力度。大力筹集廉租住房保障资金。争取中央补贴2 316万元，地方政府配套1 420万元。投入廉租住房工程建设资金805.5万元。另获得中央廉租住房租赁补贴资金1 348万元，对全市4 981城镇低收入住房困难家庭实现了应保尽保。廉租住房建设进展顺利。全市已建成并投入使用的廉租住房0.6万平方米，120套。其余10万平方米廉租住房已全面开工。其中，红军路东廉租住房项目主体工程已完工；三江路廉租住房工程，"阳光北苑"配建廉租住房正在进行主体工程施工；"汇智电子"及深河廉租住房项目共5.33公顷建设用地于11月份划拨到位，并开工建设。

【水务】 2009年，潜江市全面推进农业农村基础设施建设。重点突出南水北调相关项目、防汛抗旱工程、农村饮水安全、灌区续建配套与节水改造、小型农田水利、中小泵站更新改造、中小河流治理等重点项目，全年完成投资3亿元，实施了兴隆灌区、泽口灌区、四湖流域的综合治理和幸福泵站更新改造工程等重大水利项目建设，并被国家水利部授予"全国水利先进县市"。

潜江经济开发区华润化肥厂厂景　　（潜江市志办　供稿）

全面推进农村饮水安全工作。按照"水厂建得成、管得好，群众用得起、长受益"的目标，全力推进农村饮水安全工程建设，年内完成投资4 000万元，解决了8万农村居民饮水安全问题。逐步建立健全农村水厂长效运行机制，完善管理网络，对全市农村供水工程实行归口统一管理，确保供水水源、水质、水量安全，促进农村供水事业健康发展。

加强供水设施建设及管理。全年完成新装、改造户表工程4 305户，其中新装2 706户，改造1 599户。完成管网改造4.3千米，完成了工业园区供水管网建设任务。投资60万元，建设标准化水质监测站，并通过省专家组的评审，获得省技术监督局颁发的资质认定计量认证书，可向社会提供权威性的水质检测数据。完成了一水厂反应池排污系统改造及清水库的清淤工作，保障了城区安全供水。全年污水处理后的出水COD平均约为40 mg/l，小于国家要求的60mg/l，PH值平均为7.3，符合PH在6～8之间的要求。污水处理厂日处理污水2.8万吨。整个城区污水集中处理可率达80%以上。

【园林绿化】 2009年，潜江市加大城市园林绿化建设力度，完成了袁杨大道、东环路、红梅路、章华南路、章华南路杨市段等道路的绿化配置、城区道路行道树补栽、园林南路景点、百里长渠二期、城投公司景点、杨市景点绿化配套、318国道土建工程等12个项目的绿化栽植和土建施工任务，共栽植各类乔灌木1.7万多株，色块灌木58万多株，草坪1.8万多平方米，新增和改造绿化面积5.8万多平方米。组建专班对园林城区44个单位、城区居住区、各区镇场处22个单位庭院以及10个已获市级园林式单位进行了督办、检查和复查，社区新增和改造绿化面积1.3万平方米。

【环境保护】 2009年潜江市环境保护工作以科学发展观为指导，积极探索环境保护新道路，推进生态文明建设，全市环境质量继续保持好转态势，年内，水环境质量总体良好，汉江潜江段、东荆河、田关河水质符合国家Ⅱ类标准，兴隆河、东干渠水质符合Ⅲ类标准；全市空气质量优良的天数超过310天，城市区域环境噪声平均值为52.2分贝，符合功能区划标准。全年共审批建设项目环评文件131个，编制环评报告67个，完成建设项目竣工环保验收9个；依法否决5个选址不合理、不符合产业政策及污染严重的项目。全市新上项目环评执行率和当年投产项目"三同时"执行率达100%。圆满完成湖北省人民政府下达的年度减排目标。潜江市环境保护局被国家环境保护部表彰为"全国环境信访工作优秀集体"和"第一次全国污染源普查先进单位"。加强污染防治工作。开展环境保护专项执法活动。持续开展饮用水源保护区、重点环境保护案件后督察、城镇污水处理厂和垃圾填埋场集中整治;着力打击"两高一资"行业重污染企业的环境违法行为;继续开展"小炼铁"、"小炼钢"生产企业的清理淘汰工作;继续开展涉危企业及尾矿库环境安全隐患整治。组织开展对"两高一资"企业、钢铁企业、涉砷企业的集中检查活动;结合湖北省环境保护厅环境安全大检查活动,对全市所有化工企业特别是8个涉危企业和齐力华盛电厂的废渣场进行专项检查。

开展长江环保执法行动。出动环境监察、监测、信息管理等人员60多人次,对汉江干流潜江段(涉及高石碑镇、王场镇、周矶办事处、潜江经济开发区、竹根滩镇)的排污企业进行排查,对全市出入界汉江断面水质进行环境监测,对直接排入汉江干流的排污口及相关企业排污情况进行调查、监测,对排污口进行拍摄和卫星定位。对中石化江汉油田分公司盐化工总厂和潜江市远达化工有限公司的废水排放口,均实行了规范化管理,并安装了在线监测装置,其生产废水经污水处理设施处理后,化学需氧量、氨氮等污染物均能达标排放。推行强制性清洁生产审核。督促中石化江汉油田分公司盐化工总厂、远达化工、永安药业等3个企业在2009年内完成清洁生产审核。开展辐射放射调查及从业人员培训。共出动监察人员160人次对全市21个涉源单位进行监督检查。开展对使用五类放射源、三类射线装置的辐射工作单位核、换发《辐射安全许可证》工作。全市需换(办)证的18个单位均按要求换发了辐射安全许可证,持证率达到100%。全年共完成12期地表水、12期饮用水、17期69次降水、12期降尘和4期功能区噪声、1期道路交通噪声、1期区域环境噪声监测任务,出具监测数据8157个。全年,潜江市环境保护局共接到信访投诉189起(不含重复投诉),立案处理109起,局领导班子成员主动约访23次、带案下访15次、上门回访10次,信访案件的受理率、办结率、群众满意率均达100%。2010年3月被国家环境保护部表彰为全国环境信访工作优秀集体。

【村镇建设】 2009年,潜江市选择基础条件较好、经济实力较强的20个村作为市级示范村,扩大示范村的范围和引导作用;以进一步清理省道、国道两侧和集镇周边垃圾为重点,全面开展农村清洁家园活动;新建镇处文化站4个,农家书屋104个,向农家书屋配送图书15.6万册;加强对示范村村庄环境整治的指导和督导,印发指导手册500多份,开展村庄环境整治活动。全年全市村庄环境整治投资达2 400多万元。制发了《2009年度小城镇规划建设管理考核细则》,主要涉及城镇规划、建设、管理、新农村建设等方面的内容,实行百分制考核。按市政府统一安排,对全市20个区镇处场进行了考核,张金镇、浩口镇、熊口管理区、熊口镇、高石碑镇、后湖管理区获得全市小城镇规划建设管理先进单位。

天门市西湖鸟瞰　　（天门市志办　供稿）

襄岳线新农村建设 编制完成沿襄岳景观整治规划,明确整治原则,重点地段的整治目标。完成了后湖集镇住户景观改造施工图设计。按照"一条线、一个面"的要求,向上争取资金100万元用于沿线景观建设。

天门市城乡建设

【概况】 2009年,天门市以完善城市功能、改善人居环境为重点,加快了城乡建设步伐。投资1 550万元,完成了雁叫巷、孝子里北端等旧城区主次干道的升级改造;拉通了胜利二路等;启动了天门路(钟惺大道—官路街)、竟西路、森林公园道排工程以及天皂路大学城段排水工程。投资480万元,实施了西环路两侧绿化、天仙公路(天岳路—大桥路)绿化长廊绿化、汉北路转角绿化、中医院门前小游园建设等16项工程。投资240万元,实施了随岳连接线、后壕游览道、元春街西段及城区11个路口的路灯安装与维修。投资286万元,升级改造了百花路、元春街人行道;对城区主干道破损道路进行了维修;对损坏的人行道进行了完善;对城区电排站设施进行了维修维护;对城区排水管道进行了疏通。加大对道路和园林绿化的养护力度,强化了陆羽广场和东湖、西湖公园内各种设施的维修和管理。投资62万元,对后壕(西寺路—东湖桥段)进行了清淤整治,挖运淤泥1万余方,保证了后壕的畅通。投资1 100万元,完成了天横路、西寺路等城区主管网改造,开展了户表改造,对25个小区6 000余户进行了户表改造,老城区供水管网覆盖率达到100%。启动了天然气长输管线建设工程的前期工作。投资360万元,实施了管网铺设和入户安装工程。建成管网可覆盖市场居民用户近1万户、工商业用户55个、CNG天然气汽车310辆,日用气量2万余方。污水处理项目争取中央预算内资金2 000万元、管网以奖代补资金1 479万元;垃圾处理项目已完成投资1 241.11万元,项目正式进入实施阶段。岳口工业园区基础设施建设完成投资近2 400万元。

【城市规划管理】 2009年,天门市加快规划编制进程,科学引领城乡发展。以土地利用、农田水利规划、产业规划和村庄布局规划为重点,做好城镇规划编修。

规划编制成果丰富。编制完成了天门经济开发区3.0平方千米控制性详细规划,完成了产业园规划布局。编制完成了仙北工业园11.49平方千米控制性详细规划。完成了仙北产业园规划布局。编制完成了岳口工业园控制性详细规划2.09平方千米。编制完成了龙尾山工业园控制性详细规划0.81平方千米。编制完成了老城区4号地块0.18平方千米控制性详细规划。完成了竟东路北段控制性详细规划;编制完成了林业局、消防大队等院落规划项目142个,面积418.66公顷。完成了锐锋服饰、和沐电器工业征地项目85个,总征地面积384.58公顷。编制完成了给排水管网38.33千米、电力电信管线70.91千米的规划设计任务,完成道路规划设计46.52千米。完成了天门市城市户外广告专项规划。乡镇总体规划全面启动。其中,九真、小板、汪场、干一、黄潭、渔薪6个乡镇总规全部完成,并已通过评审;马湾、石河、卢市3个乡镇已完成规划方案设计工作,年底可全部完成。完成了岳口全镇的新农村清洁整治规划,完成了天岳路沿线北堤、潭湖、薛熊滩、邬越、东岳庙、勇敢等8个村的修建详细规划。完成了双剅口村、泉堰村的新农村建设详细规划。同时,完成了白茅湖的长湖、灌湖、马湖和蒋湖的白湖、五里湖牛头岭、五里湖肖沟队、易家湖、野茅岭太平湖8个移民安置点的修建性详细规划。

加强基础测绘生产和监管工作。完成了泰尔生物、侨乡中学等1:500征地图测量72宗;天门新城、技术监督局等竣工图5宗;江河小区、诚鑫化工等红线定位123宗。完成了天门城区、仙北工业园等规划道路定线62千米,道路纵横面测量33千米;干驿、汪场等总规修编1:1 000地形图测会30平方千米;白毛湖农场、蒋湖农场移民安置1:1 000地形图3.4平方千米;杨林双豆|口、岳口健康等新农村测量30次;天门城区1:500地形图新测10平方千米。强化测绘监管,加强测绘资质的管理。协助湖北省测绘局完成了三个资质单位测绘生产项目检查。对全市地图市场进行了清查,有效地规范了地图市场的秩序。对测绘成果严格实行调阅分级审批,增强了测绘保密意识。对全市39个三角点、27个水准点进行了维护保养。

严格实施规范城乡规划管理。出台印发了《天门市违法建设责任追究办法》,拟定了《天门市城乡规划管理技术规定》、《天门市城乡建设容积率管理规定》2个文件,城乡规划编制和执法管理日益完善。全年共受理办事单位和个人申请项目309件,核发各类规划许可证件309份,其中,《建设项目选址意见书》23份,《建设用地规划许可证》25份,《建设工程规划许可证》251份。全年共查处各类违章建筑87件,移交行政执法局违法违章建设84件,召开规划行政许可证听证会3件,完成市委督办室或市信访办督办的信访案件3次;监督检查放线、验收25件,参加市政府大型强制拆除2件,充分显现了规划的权威性和严肃性。

【城市建设管理】 2009年,天门市中心城区建成面积30平方千米,城市道路总长近132.4千米,其中,新扩建城市道路5.3千米,道路铺装率96%,人均拥有道路面积12.9平方米。中心城区绿地面积1 167.67公顷,其中新增绿化面积139.02公顷。建成区绿化覆盖率40.23%,人均公共绿地面积9.13平方米。全市有桥梁13座。排水管道总长175.2千米,供水普及率90%以上,万人均拥有公交车辆4.5标台。中心城区日供水能力15万吨,供水管网总长174千米,城区供水普及率99%,水质综合合格率99.76%。投资1.8亿元的城市污水处理厂建设已经开工,投资9 000万元的垃圾处理场建设已经启动。中心城区环卫从业人数535人,日产日清垃圾350吨,日清扫面积276万平方米。垃圾清运车辆11辆、洒水车2辆、粪车1辆、装载车1辆、推土机1台、垃圾中转站13个、公厕120个,设置果皮箱300个,铁皮垃圾吊桶221个,垃圾集装箱66个。全市共有燃气企业25个,年供气量5 000吨,燃气普及率75%。

【基础设施建设】 2009年,天门市基础设施建设步伐加快。加大交通建设力度,武荆高速公路及连接线、汉宜高速铁路天门段建设进展顺利,荷沙线一级公路改造已通过评审,天门至武汉城际铁路项目列入国家规划。全市交通重点工程武荆连接线、汉北河航道整治两项工程全面推进,共完成投资7 601.56万元;农村路网进一步完善,全年共建成通乡公路31千米,完成通乡公路路基土方回填50千米,共完成投资1.01亿元。修建通村公路近520千米,完成投资1.3亿元;启动农村公路危桥改造30个,完成13个,完成投资3 526.35万元;完成等级公路大中修、水毁修复等35.97千米;成立了农村公路养护中心,实现了通村公路的专业化维修养护,全年共维修通村公路12条、46.8千米;完成黄潭五级客运站改造,建成候车亭56个、招呼站70个;完成道路运输信息化第二批建设,增设6个远程视频监控电子眼及2台公众服务查询信息系统,完成投资280万元。

实施新亮工程,完成了随岳高速公路连接线等路段的路灯建设和部分单位的楼体亮化建设。

【国土资源和房产管理】 2009年,天门市加大国土资源和房产管理工作力度,促进了全市经济和社会的健康发展。

强化基本农田基础建设,对全市耕地保护实行标志管理制度。划定耕地保护片块1 297块,绘制市乡耕地保护规划图93套,设置耕地保护标牌502块,其中标志牌194块,公示牌28个,警示牌280块;对耕地保护档案资料进行健全和完善,明确耕地保护责任人827人。加大土地整治力度,做好国家和省级投资土地整理项目的申报工作。竟陵血防基本农田土地整理项目(规模1 333.3公顷)和彭市镇基本农田土地整理项目(规模2 000公顷)已获得湖北省国土资源厅批准;皂市低丘岗改造项目已获湖北省国土资源厅批复。积极申报南水北调汉江流域基本农田建设项目,面积3 533.3公顷,投资规模近10亿元,受益8个乡镇,10月份国土资源部已组织了该项目调研论证。开展全市占补平衡工作,共立项占补项目66个,总规模433.3公顷;做好了岳口镇整村推进土地整理项目和天门市移民土地整理工程项目申报的前期准备工作,其中岳口镇基本农田土地整理项目,总建设规模为666.6公顷,总投资1 500万元;天门市移民土地整理工程,建设规模为1 200公顷,总投资为2 700万元。规范土地市场交易行为,全年共办理土地使用权登记2 744宗,面积149.92公顷,其中出让547宗,面积41.9公顷;办理土地使用权抵押登记173宗,面积386.15公顷,涉及抵押金额10亿多元。全年共查处各类土地违法案件14件,面积2.98公顷。非法占地6件,面积2.66公顷;越界开采1件,面积0.25公顷。结案6件,依法移送公安机关立案侦查1件,拆除新建建筑物3个,恢复耕地原貌0.29公顷。

强化房地产管理。全年落实房产测绘1 838户,其中私房测绘1 631户,39.32万平方米;非住宅测绘204户,16.52万平方米,出具专业测绘报告10份。落实房产评估1 039户,其中私房评估189户,办理按揭业务813宗;落实企业评估37户,协助企业贷款2.4亿元,出具专业评估报告7份。核发开发企业暂定资质2个,核发预售许可证6个,核发拆迁企业资质1个。在建和新动工商品房面积86.58万平方米,总投资12.56亿元,计划建设商品房4 905套。实施专业化物业管理的住宅小区35个,4万平方米,服务人口3.2万人。

加强公房管理，依法处理二房东12个。办理商品房转移登记1 472户，1.8万平方米；办理二手房转移登记536户，5.4万平方米；办理初始和变更登记546户，37.5万平方米；办理预告登记479户，6万平方米；落实房屋安全鉴定402户，13.7万平方米；办理商品房合同备案922户。办理乡镇房屋初始、转移登记637户，抵押登记103户，调查立案11宗。

【水务】 2009年，天门市继续加大水务工作力度，引汉灌区续建配套、彭麻泵站、绿水堰水库、大观桥水库除险加固等重点项目建设进展顺利，石河区域的东河、西河流域水患得到有效治理，汉北河航道整治工程基本完工；城区自来水水网改造工作正在进行中。农村饮水安全工程稳步推进，湖北省发展和改革委员会和湖北省水利厅分两批下达1 520万元投资计划，解决了8万农村人口饮水安全问题。

【园林绿化】 2009年，天门市投入资金480万元，实施了西环路两侧绿化、天仙公路（天岳路—大桥路）绿化长廊绿化、汉北路转角绿化、中医院门前小游园建设等16项工程，新增绿化面积11.24万平方米。截至年底，全市建成区绿地率、绿化覆盖率和人均公园绿地面积分别达到36.3%、40.2%和9.13平方米。全市道路绿化普及率达到100%，基本形成“绿荫护夏、红叶至秋、花开四季、冬夏常青、小桥流水、相映成趣”的水乡园林景观。年内，天门市被湖北省住房和城乡建设厅授予“湖北省园林城市”称号。

【环境保护】 2009年，天门市将环境保护摆到更加重要的战略位置，开展了第一批企业环境监督员试点工作，制定《天门市重点污染源企业环境监督员制度试点工作方案》。确定了首批列入环境监督员试点企业8个。全年环境监察支队出动各类现场检查985次，对污染防治设施进行现场监督检查，共检查排污单位236个，涉及水污染源175个、大气污染源108个、噪声污染源194个、检查在建和已建项目37个。办理违法案件，全市共出动执法58人（次），检查违法排污单位15个，立案2起，案件移送执行2件。关闭了一批威胁饮用水源安全的工业企业。对检查发现的违法违规企业，申请人民政府关闭了污染严重、群众投诉强烈的天门市三鼎纸业加工厂、天门市复兴食品有限责任公司肉联厂、湖北沙隆达股份有限责任公司百草枯生产线。加强放射源安全监管，开展了医疗机构射线装置辐射安全许可证办理工作。对医疗卫生战线辐射工作管理、从业人员进行了系统培训，并通过考核授予从业资格证，规范了辐射行业的科学管理。

【村镇建设】 2009年，天门市有序推进新农村建设，扎实开展“一镇五村”（岳口镇，岳口镇健康村、杨林办事处双口村、皂市镇泉堰村、多祥镇鲁台村、竟陵办事处西龙村）统筹城乡发展试点工作。新型社区建设有新突破，杨林办事处双剅口村新型农民集中居住区建设占地1.98公顷，建成了农民单元楼一栋，统规统建居民小楼78栋，统规自建居民小楼19栋，居住区水、电、路、通讯等设施齐全。岳口镇健康村已基本形成4大集中居住组团。皂市镇泉堰村通过迁村腾地腾出土地61.33公顷，规划建设黄湾小区、牌楼湾小区和物流园区，将吸纳440多户农户入住，已启动农民住房建设136栋。积极推进“万村千乡”工程，建成面向全国的区域物流基地2个，区域性农产品批发市场1个，大型水产品加工贸易基地1个，培育本土农资连锁经营企业1个。全年建设通村公路520千米，通组公路120千米，修建入户路25.65万平方米；大力推进“一建三改”，新增农村沼气用户6 305户；农村住房楼房面积达到86%，农村面貌进一步改善。实施乡村清洁工程，着力整治农村“十乱”现象，大力推进村庄绿化、庭院美化、房屋亮化、道路沟渠硬化。

责任编辑　孙　泉

责任校对　孙明明

武汉市东西湖区国家税务局

东西湖区国税局局长徐良敏

团结奋进、开拓创新的领导班子

“一窗式”办税窗口

2009年，武汉市东西湖区国家税务局坚持用科学发展观统领全局工作，优化管理模式，创新工作方法，以法治和服务为驱动，以提高税法遵从度和社会满意度为目标，出色地完成了各项工作任务。2009年，区局被湖北省人民政府授予“最佳文明单位”称号，被武汉市总工会授予“五一劳动奖状”。

保增长，组织收入创新高。2009,全局共组织省级目标收入27.89亿元，比上年增长59.7%，组织市级目标收入27.88亿元，比上年增长60.1%，组织区级目标收入28.52亿元，比上年增长56.6%。代征工会经费2052万元。

硬管理，征管质效出成绩。2009年,区局以整顿和规范税收秩序为重点，加大对涉税违法案件的查处力度。全年实施税务稽查156件,查补税款2817.9万元,税收行政处罚493.5万元,加收滞纳金213.6万元。同时，在对房地产企业和限售股减持企业的专项检查中,企业自查补报入库税款分别为399.5万元和283.4万元。

聚合力，国税文化凝人心。区局坚持以科学发展观为指导，本着以人为本的管理理念，以税务文化建设为抓手，以精神文化、制度文化、行为文化、物态文化为突破口，实现了在和谐中追求发展的良好态势。2009年，区局及所属单位获得各项荣誉42项，16人次受到上级表彰。

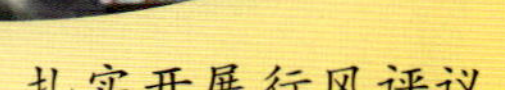

扎实开展行风评议

开展干部集训活动

武汉葛化集

原中共中央政治局常委、中央纪律检查委员会书记吴官正视察葛化集团有限公司

中共中央政治局委员、原湖北省委书记俞正声在集团调研

武汉葛化集团有限公司（简称葛化集团）是国内知名氯碱企业、华中地区大型基本化工原料制造企业。

作为产业链中重要的一环，公司已形成以烧碱和热电为基础，以PVC树脂和氯化苯为两翼，以炭黑和蓄电池隔板等精细化工产品为补充的多系列产品结构。建汉牌PVC树脂，葛化牌烧碱、氯化苯及氯化石蜡和骏马牌炭黑等品牌化工产品在市场上享有较高声誉。

“十二五”期间,公司将着力发挥自身优势，以产品升级改造和产业结构转型为重点，按照“滚动发展，做大做强”的战略思路，谋求跨越式发展，即充分利用湖北丰富的盐卤资源，立足氯碱化工及配套资产，培育发展高分子化工新材

党委书记、董事长江涤清

氯化苯生产线

团有限公司

公司夜景

公司全景

料、专用化学品及精细化工产品（产业）。到“十二五”末，烧碱产能达到20万吨，PVC产能达到16万吨（其中特种树脂12万吨），供热、供电能力提高一倍，氯化苯及其他精细化工产品生产能达到8万吨，资产规模达到22亿元，销售收入超30亿元。

烧碱生产线

PVC树脂生产线

热电厂汽机

孝感经济开发区

孝感经济开发区位于中国经济地理中心位置，京广、汉渝、长荆三条铁路，京珠、福银、沪蓉三条高速公路，107、316两条国道交汇于此，构成四通八达的海陆空立体交通网络，是湖北乃至全国重要的交通枢纽，为武汉、孝感临空经济区的重要组成部分，是武汉城市圈"两型社会"建设试验区的核心圈层，是"武汉·中国光谷"和武汉经济开发区汽车零部件产业的重要生产基地。

湖北省最大的棉纺织企业——孝棉集团，总资产10亿元，占地面积60公顷，现有35万纱锭、300台服装平缝机。年产纱线5万吨，年销售收入10亿元，税收4000万元。

湖北军民结合产业化示范基地——三江产业园，规划用地1200公顷，总投资30亿元，总建筑面积50万平方米，主要从事特种越野车、汽车零部件、机电产品的科研和生产。

银湖科技园是一个集标准工业厂房、办公楼、研发机构等功能于一体的科技产业园。项目占地130多公顷。建成后可容纳各类科技型中小企业100多家。

华工科技产业园

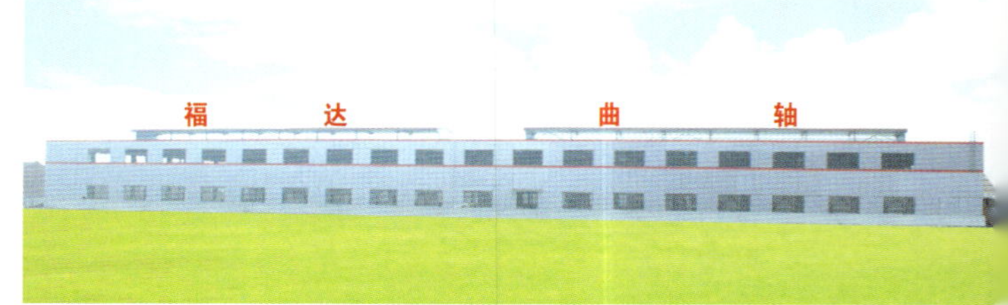

福达曲轴生产基地投资7.2亿元，占地20多公顷，项目建成后将形成年产100万根汽车曲轴的生产能力，成为中部地区最大的曲轴生产基地。

汉光科技光电产业园由湖北汉光科技股份有限公司投资建设，规划用地40公顷，总投资12.5亿元，其中固定资产投资8.7亿元，建筑面积33.15万平米，项目达产后可形成年销售收入14.4亿元、利润2.61亿元、增值税1.25亿元、出口4000万美元的能力。

鄂 钢 医 院

鄂钢医院院长张焱祥（左二）参加国家级显微骨移植学习班

住院大楼

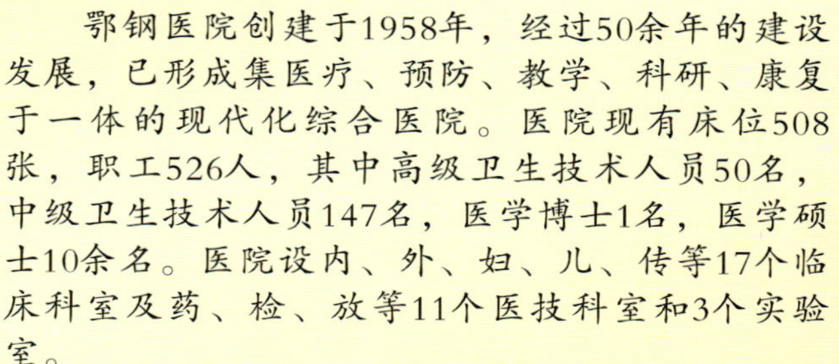

鄂钢医院创建于1958年，经过50余年的建设发展，已形成集医疗、预防、教学、科研、康复于一体的现代化综合医院。医院现有床位508张，职工526人，其中高级卫生技术人员50名，中级卫生技术人员147名，医学博士1名，医学硕士10余名。医院设内、外、妇、儿、传等17个临床科室及药、检、放等11个医技科室和3个实验室。

近年来，医院加强与同济、协和、省人民医院等医院的横向联合，注重人才培养，不断开展科技攻关，大胆吸收国内外先进医疗技术成果并注重开发与应用，医疗技术水平不断提高。先后开展的牙种植、心脏射频消融术、肿瘤介入技术、脑微创技术、椎间盘切割术、人工股骨头置换术、超声乳化术等，均填补了鄂州地区的医疗空白。中国烧伤创伤中心鄂东分中心在鄂钢医院成立，使鄂钢医院烧伤治疗成为鄂东南地区极具影响力的专业学科。1996年，医院创建了爱婴医院；在鄂州地区率先进入国家三级医院；是同济医科大学、武汉科技大学的教学医院。

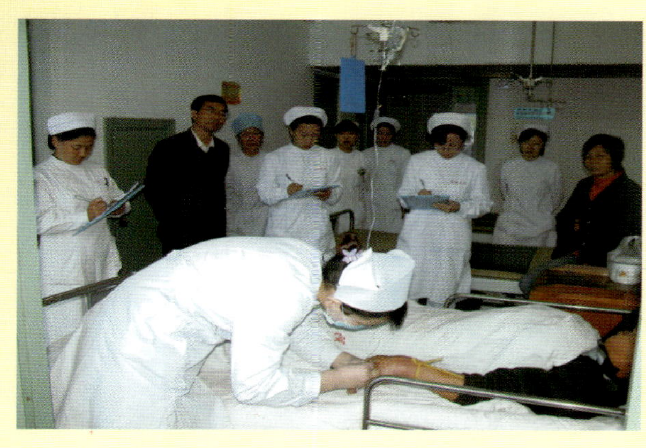

护理技术比武

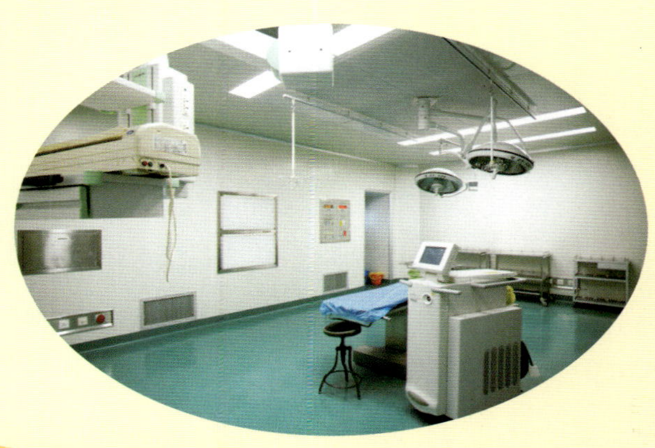

手术室

门诊部

鄂州市园林绿化管理局

局长杜昌奕受到鄂州市委市政府表彰

鄂州市园林绿化管理局主要负责美化城市环境，依照《鄂州市城市园林绿地系统规划》建设、保护、管理各类城市绿地。

鄂州市2002年获得“湖北省园林城市”称号，鄂州市园林绿化管理局坚持以创建国家园林城市为龙头，大力推进城市环境创新，加强山水园林规划布局，不断提高城市园林绿化管理水平，走出了一条自然生态型、文化保护型、资源节约型、环境友好型的创建新路。2010年2月4日，国家住房和城乡建设部正式命名鄂州市为“国家园林城市”。

通过几年的创建，鄂州市城市绿地面积大幅增加；园林景观和城市文化实现了和谐统一；园林绿化行政管理职能进一步加强；城市生态环境得到有效改善；市民植绿、爱绿、护绿蔚然成风。

凤凰广场

梦天湖

迎宾大道

武汉科学技术馆

武汉科技馆馆长张合友

武汉科技馆党委书记叶向明

武汉科技馆是面向公众进行宣传教育的基地，占地面积26623平方米，建筑面积15435平方米，1990年3月18日建成开馆，2006年12月30日改扩建后重新开馆。开展科普展览（涉及多个学科的300件展品，90%以上可动手体验）、科技培训、学术交流、青少年科技制作与实验等教育活动，还有4D动感影院和天象馆等，为推动武汉“两型社会”建设发挥了积极的作用，为提高未成年人和广大公众的科学文化素质做出了应有的贡献。从开馆至今，馆内展览共接待观众570多万人次，馆外巡展观众200多万人次，受到了各级领导、全国科技馆同行以及武汉社会各界群众的广泛好评，先后被授予全省和全国先进科技馆、国家创新团队、国家4A级景区、全国科普工作先进集体等荣誉称号。现正在筹备建设武汉科技馆江滩馆，于2013年底建成对外开放。

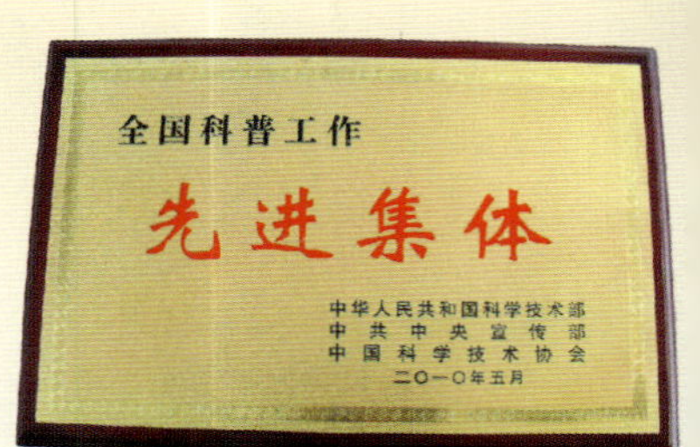

联系电话：027—82281188　　电子邮箱：whkjg@sohu.com

地　址：武汉市江岸区赵家条（科技馆路）104号

仙桃市城市建设投资开发公司

仙桃城投公司综合办公楼

提升城市功能
推进科学发展

2009年，仙桃市城投公司以科学发展观为指导，以建设“两型社会”为己任，抓住国家扩大内需一系列的政策机遇，切实加大投资建设力度，着力提升城市功能，为仙桃市两型社会建设作出了贡献。全年完成投资2.2亿元。

完善基础设施，扩展城南工业平台。2009年重点建设仙南大道、新城大道、钱沟路和和平路两横两纵4条道路工程，硬化道路总长11.5千米，建成地下管网6千米。南城新区的基本骨架已经显现。

加快搬迁安置，推进集约节约用地。全年新建安置房5.7万平方米，可以安置400多户村民，集并土地200公顷。

建设治理污水设施，全力构建友好环境。城东污水处理厂建成投产，日处理能力为6万吨，实现达标排放。

仙桃市城东污水处理厂——二沉池

集约节约用地–金台还建小区

仙桃市城南基础设施项目——仙南大道

仙桃城投下属自来水公司第三水厂

鄂州市规模
最大的民办高中

鄂东高级中学

校长夏敦诚

校刊《莲花韵》

全国民办教育百强学校

鄂州人最喜爱的100品牌

鄂州市鄂东高中位于鄂州市风景秀丽的莲花山旅游区内，环境优雅，文化氛围浓厚。学校于2002年6月创办，是鄂州市第一所民办高中。现有26个教学班1600余名学生。

学校教学成果突出，学生的成绩进步明显。学校成立以来为国家输送了近800名本科生，其中有80余名考入一类重点大学，学校文科高考成绩08、09连续两年居鄂州市普通高中之首。

鄂东高中实行高额奖学金制度，激励学生的学习积极性。办学7年累计发放奖学金200多万元。

鄂东高中全体教职工在校长夏敦诚的领导下，团结一心，奋发图强，定能使学校迅速崛起，成为鄂州市乃至全省的民办教育行业中的明珠。

地址：鄂州市莲花山道德门

电话：0711－3864630 3876949

吉朴典雅的校门

开发区建设

武汉市开发区建设

【武汉东湖新技术开发区】 2009年，武汉东湖新技术开发区实现又好又快的发展，主要经济指标均保持了25%以上的增长速度。全年实现企业总收入2 261亿元，比上年增长28.6%；完成工业总产值1 975亿元，增长25.6%；完成工业增加值667亿元，增长25.9%；完成固定资产投资301.6亿元，增长40.3% 实现全口径财政收入71.66亿元，增长61.1%。

高新技术企业快速发展。武汉东湖新技术开发区诞生首个年总收入超过100亿元的高新技术企业，武汉邮电科学研究院全年实现总收入102亿元，比上年增长61.7%。

2009年，武汉东湖新技术开发区共有年总收入超过50亿元的企业6个，比上年增加2个；年总收入超过3亿元的企业91个，增加19个；规模以上工业企业（全部国有和年主营业务收入500万元及以上非国有工业企业）890个，增加110个；上缴税金超过100万元的企业400个，增加49个；上缴税金超过1亿元的企业5个，增加2个。截至年底，开发区注册企业共计1 918个。全年开发区实现上市融资、再融资48.4亿元，企业资本市场融资总额累计达180亿元。全年完成城市基础设施建设投资114.47亿元，增长69.3%。12月8日，国务院下发《关于同意支持东湖新技术产业开发区建设国家自主创新示范区的批复》。武汉东湖新技术开发区继北京中关村科技园区后，成为全国第二个国家自主创新示范区，东湖新技术开发区的发展由此上升为国家战略。

大力推进产业的发展，积极对接武汉市新兴产业振兴工作计划，加速推进生物、集成电路、激光等13个新兴产业的发展。开发区光电子信息产业全年实现总收入734.4亿元，比上年增长18.0%。生物产业实现总收入201.5亿元，增长20.9%。能源环保产业实现总收入345.7亿元，增长19.2%。现代装备制造业实现总收入350亿元，增长24.4%。消费电子产业实现总收入101.2亿元，增长196.5%。

2009年3月30日，国务院总理温家宝视察武汉烽火科技股份有限公司
（武鉴 供稿）

2009年，武汉东湖新技术开发区引进外资项目41个，投资总额8.34亿美元。全年引进投资额超过1 000万美元的项目9个，实际利用外资6.96亿美元，比上年增长21.8%；引进内资项目114个，总投资172.18亿元，其中，投资额超过1亿元的项目32个，投资额超过5 000万元的项目46个。

自主创新体系建设取得新突破。创新平台建设不断完善。武汉光电国家实验室的光电子微纳制造工艺、光电测试技术等平台建设顺利推进，启动实施109项科研项目并取得一批重大成果。全国唯一的国家地球空间信息产业化基地、国家半导体照明特色产业基地获得国家科学技术部批准，下一代互联网接入系统国家工程实验室获得国家发展和改革委员会批准。组织申报的国家"十一五"重大科技支撑计划"综合性新药研究开发技术大平台"项目获得立项，启动了高新技术产业标准化项目研究。全国唯一的国家光电子信息产品质量监督检验中心建成投入使用。

产业联盟和孵化体系建设不断推进。武汉邮电科学研究院作为部门成员加入国际电信联盟电信标准化组织。开发区3G、光纤接入（FTTX）、高清显示、激光、服务外包等产业联盟得到快速发展，新成立中国地球空间信息、半导体照明和集成电路产业联盟。生物产业、创意产业、地球空间信息产业等专业孵化器以及华工科技园创新基地、湖北省青年创业孵化器建设顺利，开发区孵化总面积达100多万平方米，在孵企业突破1 200个。武汉国家农业科技园区顺利通过国家科学技术部验收。

国家知识产权示范创建区工作取得新进展。开发区出台全国首个高新区知识产权战略实施纲要，为103个企业提供了专利申请资助。年内，东湖新技术开发区获得"全国知识产权试点示范工作先进集体"称号，并成为国家专利审查员实践基地。截至年底，开发区企业共申请专利3 200件，其中发明专利的申请占全市发明专利申请总量的61.2%。全年专利申请超过100件的企业有3个，专利申请超过50件的企业有6个。全真光电LCOS显示芯片技术获得美国发明专利2项，烽火通信科技股份有限公司获得全市发明专利奖唯一金奖。

2009年，东湖新技术开发区企业投入研发资金达75亿元，比上年增长33.9%。武汉邮电科学研究院“城域网络多业务环技术方法”获得国家技术发明奖二等奖，武汉中地数码科技有限公司研发的“分布式超大型GIS平台开发与应用”获得国家科技进步奖二等奖。长飞光纤光缆有限公司成为中国首个可提供全系列光棒产品的厂商，华工科技产业股份有限公司“大功率光纤激光器和紫外激光器”成功打破国外对该项目的垄断。湖北众友科技实业股份有限公司研制“TD—LTE无线综合测试仪”被大规模应用于3G设备的检测。烽火通信科技股份有限公司FTTH光纤接入设备、NVD高清播放机等13项产品入选全国首批自主创新产品名单，华工科技产业股份有限公司、武汉凡谷电子技术股份有限公司、长飞光纤光缆有限公司、武汉天喻信息产业股份有限公司等4个企业新入选国家创新型企业试点。半导体照明LED大功率芯片、车载信息系统等4个项目入选湖北省高新技术产品推广产业化计划项目库，27个企业获批湖北省创新型企业建设试点。年内，开发区246个企业被认定为高新技术企业，占全省认定高新技术企业总数的45.3%。

【武汉经济技术开发区】 2009年，武汉经济技术开发区完成生产总值367.94亿元，比上年增长12.0%；完成规模以上工业企业（全部国有和年主营业务收入500万元及以上非国有工业企业）总产值1 101.93亿元，增长16.5%；完成规模以上工业增加值332.89亿元，增长21.9%；实现财政收入104.94亿元，增长37.3%，其中一般预算收入12.6亿元，增长32.4%；完成固定资产投资147.04亿元，增长62.0%。在全区251个规模以上工业企业中，产值过1亿元企业达75个，全年完成产值1 057.31亿元，占全区规模以上工业总产值的96.0%，成为中西部地区第一个“千亿元开发区”。

支柱产业取得突破性发展。全年共生产轿车49.19万辆，比上年增长45.5%，销售汽车49.91万辆，增长45.9%。整车企业完成产值568.57亿元，增长25.4%。神龙汽车有限公司第二工厂正式投产，东风雪铁龙C5下线销售，全年共生产轿车26.29万辆，增长52.2%，销售轿车27万辆，增长51.6%；东风本田汽车有限公司年产20万辆生产能力技术改造工程按期完成，首款高端车思铂睿顺利投放市场，全年共生产汽车20.81万辆，增长25.9%，销售汽车21.04万辆，增长28.3%。与此同时，加大自主研发力度，自主品牌轿车一次规划，分期建设，年产12万辆自主品牌乘用车的工厂提前投产，东风风神S30型、H30型相继上市，全年完成销售汽车2.02万辆，超出预期目标。其他汽车零部件企业通过加大投入，扩能提质，完成总产值146.78亿元，增长18.6%。

加大招商引资的力度。全年实际利用外资12 546万美元，比上年增长6.0%；新批合同外资36 469万美元；全年完成进出口总额26.46亿美元，其中，进口总额16.15亿美元，出口总额10.31亿美元。研究出台现代服务业发展规划，出台鼓励三产业发展的扶持政策，适时整理推出成熟土地进行招标、拍卖和挂牌交易，吸引万科企业股份有限公司、武汉一冶房地产综合开发公司等大品牌大开发商投资房地产和商业。年内，四星级沌口长江大酒店正式投入运营，湖北省联合发展投资有限公司投资的五星级酒店动工兴建，馨乐庭商务酒店、东风电动四星级酒店相继开工。总部经济区建设开始启动，华中电子商务园、中咨公司设计园实现入驻。

基础设施建设步伐加快。直通市区的地铁3号线实现开工建设，6号线前期工作进展顺利，进出开发区交通的便捷，促进招商引资进一步发展。优化体制机制，推进依法行政。以ISO9000质量体系监督审核为契机，以提高行政效能为目的，进一步改革行政审批制度，推进法治政府建设和依法行政工作。创新土地开发和投融资体制，成立了开发区土地储备中心，组建了车都建设投资公司。进一步优化机构设置，充实了政法综合治理办公室，组建了公共卫生服务中心，推进实现了社会保险市级统筹的管理体制，进一步理顺开发区管理委员会与市级部门职能对口、工作对接关系。人才工作紧紧围绕“人才强区，人才兴区”战略，以高层次人才基地建设为重点，积极推进人才提升工程，不断创新人才服务机制，拓宽人才服务范围。年内，东风本田汽车有限公司技术中心、武汉经济技术开发区管理委员会分别获得国家级、湖北省级“海外高层次人才创新创业基地”授牌。

武汉新芯公司芯片制造车间　　（武鉴　供稿）

【武汉化学工业区】 武汉化学工业区位于武汉市主城区以东。规划范围为东临长江、西至外环线、南接武黄公路、北至八吉府路，规划面积89.1平方公里。范围涉及洪山区建设乡、花山镇、左岭镇和武汉钢铁（集团）公司北湖农场，共辖16个行政村（场），总人口约3.2万人。工业区城市建设用地3.1平方公里，占工业区规划范围的3.5%；非城市建设用地86平方公里，占工业区规划范围的96.5%。

加快推进为80万吨乙烯工程配套的基础设施和公用工程建设。12月4日，湖北省人民政府、武汉市人民政府与中国石油化工集团公司签订战略合作协议，确定了80万吨乙烯工程建设和投产的进度目标。该工程于2010年3月31

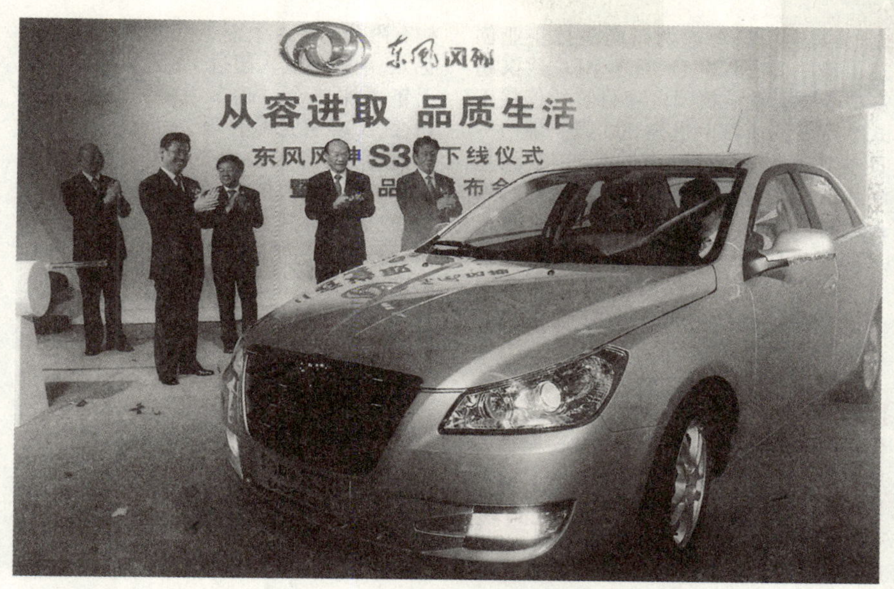

2009年6月30日，东风乘用车公司东风风神S30正式下线

（武鉴 供稿）

日全面开工建设，2012年12月31日前建成，2013年6月30日投产。年内，武汉市人民政府任命黄克强为武汉化工区管理委员会主任（副市级）。武汉市国有资产监督管理委员会以《关于武汉化工新城建设开发投资有限公司无偿划转的通知》正式批复同意，武汉化工新城建设开发投资有限公司由武汉经济发展投资集团公司划转到武汉化学工业区管理委员会管理，理顺了武汉化工新城建设开发投资有限公司与武汉化学工业区管理委员会的归口管理关系。积极完成80万吨乙烯工程总体设计和基础设计对接协调工作。武汉化学工业区管理委员会协调解决了供电、消防站、管廊穿越工业港和阳逻大桥、核心厂区剩余障碍物拆除等问题。80万吨乙烯工程总体设计于2009年7月14日获得中国石油化工集团公司总部批复。该工程总投资179亿元。中国石油化工集团公司武汉石油化工厂炼油二期改造工程投资22亿元，与80万吨乙烯工程同步建成。认真做好80万吨乙烯工程现场施工的协调服务。年内完成乙烯工程核心厂区清场扫尾工作，完成21处压占用地红线房屋拆迁及少量鱼塘、菜地退地、坟墓迁移工作。核心厂区156.9万立方米的场平工程和地质详勘工作全面完成。协调制定重大件码头临时和永久性用电、用水方案。重大件码头建设进展顺利。启动安全防护隔离带征地拆迁工作，17万平方米房屋拆迁工作完成5万平方米；14.5公顷上游管廊和15公顷灰渣场的征地拆迁前期工作准备就绪。积极协调解决中国石油化工集团公司引进人才住房、家属随迁和子女入学问题。协调加快推进中国石油化工集团公司引进人才单身公寓建设，8月，216套80万吨乙烯工程引进人才单身公寓竣工，工程质量、房屋安全通过验收。积极协调为80万吨乙烯及配套项目引进专业管理人员和技术、操作骨干及部分配偶办理调动手续，年内部分家属已在相关区得到妥善安排。

开展基础设施建设前期工作。完成北湖组团控制性详细规划编制工作。3月27日，武汉市人民政府批复同意《武汉化工新城北湖组团控制性详细规划》。积极推进武汉化工新城供热、港区规划编制工作，开展组织评审报批工作，与花山生态新城、保税加工区进一步明确了规划关系。10月28日，武汉化学工业区临江大道和八吉府路等为80万吨乙烯工程配套的道路开工建设，全年累计完成投资5亿元。年内，在完成21.94公里铁路专用线的规划设计并通过环境评估、安全评估后，报国家铁道部审批行政许可。

积极开展多种形式招商活动。委托中国石油化工集团咨询公司和中国石化工程公司（SEI）编制武汉化学工业区产业发展规划，策划了丙烯产业链、橡胶产业链、芳烃产品链等7条产业链32个乙烯下游产业项目。11月28日，武汉化学工业区管理委员会召开专家评审会，王基铭等13位国内石化行业知名院士专家评审并通过了《武汉化学工业区产业发展规划》。年内，该《规划》上报武汉市人民政府审批。同世界500强化工企业进行广泛接触，武汉化学工业区管理委员会先后组团拜访了德国巴斯夫集团公司、美国杜邦公司、韩国SK集团公司等26个世界级大型化工跨国公司驻华机构，接触中国化工集团公司、江苏金浦集团等国内20个化工知名企业，与国内外80余个化工企业建立了联系。与台湾和桐化学公司等5个企业达成10个项目投资意向，计划投资额达30余亿元。年内，中国石化国际事业有限公司武汉分公司、中国石化物资装备公司武汉公司和武汉恒阳化工储运有限公司3个企业落户化工区。启动热电联产、液体罐区和码头、供水、污水处理4个公用工程项目的对外招商工作。热电联产、液体罐区和码头项目分别确定中国华能集团公司、新加坡恒阳石化物流有限公司为投资主体，项目建设前期工作有序推进。

【武汉吴家山台商工业园区】 2009年，武汉吴家山台商工业园区进一步优化投资环境，加大招商引资和项目建设的力度，园区经济取得良好绩效。在规划21平方公里范围内实现技工贸总收入432.85亿元，比上年增长25.0%；完成工业总产值270亿元，增长28.2%；完成规模以上工业企业（全部国有和年主营业务收入500万元及以上非国有工业企业）总产值149亿元，增长24.8%；实现全口径财政收入26.5亿元，增长30.0%，完成固定资产投资额67.2亿元，增长38.0%。全年直接利用外资12.5亿美元，协议外资18.5亿美元。年内，武汉市出台《关于支持吴家山台商工业园区发展的若干意见》，该《意见》提出设立7.02平方公里的台资密集区作为“区中园”开发。

进一步加大投资环境建设的力度，不断提升园区的整体形象。通过强化服务措施，简化审批程序，提高办事效率，对企业在建过程中遇到的问题及时予以解决，提供24小时不间断的服务。开发区管理委员会积极协助外来企业调查市场、开拓市场，使企业增强投资的信心。针对台资企业的引进与服务，出台优惠政策。出台地差补贴政策，对认定的符合园区标准的投资企业，尤其是台资高新技术产业项目，在土地批租时，可在国家规定的取费标准内，政府、园区给予30%～50%的财政补贴奖励政策；对增资扩产的企业在确定基数的基础上，以“企业发展金”形式在一定年限内给予补贴，奖励给企业用于发展生产；在城市配套费和契税方面给予一定减免和补贴；设立区级奖励，对创国家级品牌产品奖80万元、创省级品牌产品奖20万元，同时设立科技创新奖等；积极帮助企业争取省、市有关部门产学研补贴、技术改造贴息、产业集群基金、出口补贴、节能补贴等项目补助资金及政策支持企业发展。全年园区共签约制造类投资项目8个，协议投资额30亿元，协议外资额2.2亿美元；签约各类总部项目30个，年税收达1亿元。

武汉吴家山台商工业园区加大骨干企业税源培植与增资扩产工作的力度，有力促进了新老企业的税源增长。面对国际金融危机冲击，一批骨干企业税收仍呈增长趋势，武汉统一食品有限公司连续两年实现上缴税金超过1亿元，园区内上缴税金超过1 000万元的企业达10余个，武汉统一企业食品有限公司、武汉森六汽车配件有限公司、中国石油化工集团公司江汉第三机械厂、联塑科技发展（武汉）有限公司等企业税收分别比上年增长20%以上。同时，一批骨干企业完成新一轮的增资扩产，TCL空调器（武汉）有限公司、荷贝克电源系统（武汉）有限公司、武汉百事可乐饮料有限公司和武汉中百仓储超市有限公司吴家山购物广场等通过扩产后可增加上缴税金3亿元以上。

2009年，武汉吴家山台商工业园区台资密集区已签约台商项目3个，协议台资2.2亿美元。为充分发挥台资密集区的优势，台资密集区重点引进台资、外资机械、电子、环保等高科技产业，建成以制造业为主体，兼顾配套服务业、商业与其他业态的产业新城。在台资密集区建设过程中，开发区提供2平方公里地块，以优惠政策整体出让给全国台湾同胞投资企业联谊会所属投资发展公司，在规范产业投向、投资强度、税收额度的情况下，建设台商投资区“区中园”。年内，全国台湾企业联合会华中地区服务中心落户台资密集区，开工建设占地1.33公顷、建筑面积达4.5万平方米的台商大厦，同时建设占地3.33公顷的台商高级管理人员住宅区。

2009年，武汉吴家山海峡两岸科技产业开发园实现科工贸总收入20.14亿元，比上年增长12.1%；实现全口径财政收入1.1亿元，增长10.1%；实现地方财政收入2 199万元，增长12.2%；完成固定资产投资3.43亿元，增长58.1%；引进总部企业52个，引进孵化企业18个。全年推进产业项目2项，促成开工项目1个。新增规模以上工业企业（全部国有和年主营业务收入500万元及以上非国有工业企业）2个。规模以上单位工业增加值能耗降低率实现下降6.5%的目标要求。全年签约用地项目1个，协议投资额1.8亿元。3月18日，武汉吴家山海峡两岸科技产业开发园商会正式成立，为成功引进海峡两岸高科技企业创造了条件。4月29日，日本NEC武汉超算中心暨研发科技园区项目签约仪式正式举行。该项目由世界500强企业——日本NEC信息系统（中国）有限公司与湖北田丰实业集团公司共同投资建设，占地面积20公顷、总投资7亿元。项目全部建成后，年上缴税金可达1亿元以上。7月13日，武汉科技信息共享服务平台海峡创业中心服务分站正式开通运行。

【武汉阳逻经济开发区】 2009年，武汉阳逻经济开发区保持了经济社会全面发展的良好态势。全年实现技工贸总收入151.43亿元，比上年增长11.2%；完成工业总产值156.89亿元，增长21.8%；完成规模以上工业企业（全部国有和年主营业务收入500万元及以上非国有工业企业）总产值125.4亿元，增长17.0%；完成规模以上工业企业增加值33.01亿元，增长13.8%；完成全社会固定资产投资64.9亿元，增长44.2%；实现全口径财政收入10.3亿元，增长27.2%。全年投入资金20亿元，完成武汉重冶重型机械制造有限公司二期、武汉高中压亚英阀门有限公司搬迁改造等32项技改项目。全区高新技术企业实现产值9.5亿元，增长18.8%。阳逻深水港集装箱转运量达到25万标箱，增长53.4%。全年新增规模以上工业企业14个，全区规模以上企业达到32个，全年销售收入超过1亿元的企业达20个，比上年增加5个。阳逻电厂、武船重型工程有限公司、武钢江北钢材加工配送基地、武汉一冶钢结构有限公司等4个企业销售收入超过10亿元，年销售收入超过10亿元的企业比上年增加2个。武汉力威液压有限公司、武汉宇通光缆有限公司等企业完成产值均比上年增长50%以上。开发区钢材深加工、电力能源、纺织服装、新型建材、机械装备制造5大产业形成集群发展，钢铁制品产业集群被列为湖北省优势产业集群。推进项目建设。全年引进投资项目110个，协议投资额达600亿元。引进世界500强企业11个，引进中央企业13个。全年有50个项目竣工投产，21个项目进入建设阶段，33个项目进入开工准备阶段。全年完成项目投资52.8亿元。全年实际利用外资5 786万美元，下降2.4%，出口创汇4 981万美元，下降5.4%。全年实现融资10.2亿元，增长16.7%。全年签约引进项目22个，协议投资额80余亿元，其中，中国国网电力有限公司、中国五矿集团公司等世界500强企业项目4个，东骏实业集团等投资额超过10亿元的项目4个，江南机械电子、武汉路安电子等高新技术企业项目4个，五羊一本田、中国五矿销售中心等区域总部或企业总部落户项目4个。

循环经济发展实现新的突破。完成开发区工业循环经济规划，启动国家级低碳经济发展试验区申报，策划循环经济项目52个，其中10个列入市级循环经济重点项目。大力推进集中供热，新增年供高温、高压蒸汽50万吨，消减热力锅炉10余台；综合利用废渣30万吨，较好改善阳逻地区的空气质量；利用电厂循环尾水节约用电146万千瓦时；余热

2009年4月6日，西门子变压器（武汉）有限公司生产基地在阳逻经济开发区建成投产，第一台300吨重型变压器同时下线　　（武鉴　供稿）

发电10 771万千瓦时，节约标煤3.78万吨，创造经济价值5 277.79万元；陈家冲垃圾填埋发电厂发电2 160万千瓦时，减少碳排放量10万余吨。全年实现污染物排放总量削减超过3%的目标，万元工业产值能耗3.1吨。

按照打造“7 000万吨，500万标箱”的目标，大力推进新港建设，启动建设列为武汉新港首期重点的8个项目，加快发展现代物流产业，努力提升港区条件，全力打造武汉长江航运中心。8大武汉新港重点工程建设全面提速。年内，4个5 000吨级的武钢江北钢材加工配送基地码头建成投入使用；4个5 000吨级的集装箱二期码头水上工程完工，年吞吐能力提升至120万标箱；2个5 000吨级国家稻米交易中心配套码头进入安装上下横梁阶段；4个3 000吨级中国石油化工集团公司码头进入投入使用阶段。加快推进4大现代物流产业。武汉华融钢铁物流基地建设进展顺利；武汉华中钢材大市场正式动工；香港招商物流中心加快建设；国家粮食现代物流中心和煤炭物流加紧推进。港口配套建设取得成效。年内，武汉阳逻经济开发区管理委员会完成10平方公里阳逻保税港区规划及申报工作；投资49亿元的江北快速路和投资39亿元连接（北）京广（州）、（北）京九（龙）的江北铁路分别于12月8日、9月5日开工建设，全长45公里的疏港路工程完成工程总量的50%；开通阳逻港至上海洋山港航线，阳逻港成为全国首个跨关区管理口岸；启动阳逻港与东西湖保税物流中心区港联动工作，阳逻港成为国内一级口岸；阳逻口岸联检大楼投入运行，台湾水上直航进入开通准备阶段，阳逻港成为湖北省内唯一停靠外籍船舶口岸；集航运金融、信息、保险等功能为一体的新港航运综合服务中心建设启动。

（武鉴）

黄石市开发区建设

【黄石市经济技术开发区】 2009年，黄石市经济技术开发区完成工业总产值156.5亿元，比上年增长25.0%；完成规模以上工业企业（全部国有和年主营业务收入500万元及以上非国有工业企业）增加值31.2亿元，增长39.8%；实现财政收入4.39亿元，增长18.6%，其中地方一般预算收入1.72亿元，增长23.7%；完成全社会固定资产投资54.7亿元，增长66.0%；全年实际引进资金

黄石市三九制药有限公司生产线（新平　供稿）

28.4亿元，增长40.5%，其中实际利用外资6 500万美元，增长225.0%；全年外贸出口1.71亿美元，增长30.7%。

基础设施建设加快推进。全年投入建设资金9.1亿元，开发区内的12条城市主次干道建成通车。供电、供水、供气、排水和通讯等各项配套设施建设全面推进，李家坊隧道二期、谈山隧道、山南污水处理厂、黄金山垃圾发电厂等工程进展顺利。开工建设区间路11条，实施王圣路、鹏程大道、王太路、宝山路、金山大道等绿化景观工程，绿化总面积达到22万平方米，完成主要道路交通标识、标牌、红绿灯、公汽站点、石林广场景观建设等工程。山北地区花径路、花山路等基础设施工程顺利完工。年内投入500余万元，先后完成迎宾大道、杭州西路提升改造等城市环境综合整治工程。

加大项目建设力度。全年开发区实际引进项目56个，总投资额达200亿元，其中，投资10亿元以上项目有中茵半岛国际酒店、光伏建筑一体化电站、有色工业园、东贝工业园、章畈温泉度假村等5个，投资5亿元以上项目有黄金山垃圾发电厂、三环锻压工业园、肇庆骏鸿实业有限公司彩板、中部国际家纺城、杭州家纺产业园等5个。年内，艺之卉创意产业基地、华科大科技园、天井嘴休闲娱乐度假村等3个过10亿元的大项目达成投资意向；机械工业园、黄金山工业园、美岛工业园二期、湖北黄石兴鑫科技发展有限公司；湖北紫鑫生物科技有限公司等项目竣工投产；铁山工业园、创业中心产业园、垃圾焚烧发电、劲牌公司标准厂房、福建商会标准厂房等项目进展顺利；东贝工业园、三环锻压工业园、劲牌健康产业园、章畈温泉等项目先后开工建设。团城山地区重点推进宝钢股份黄石涂镀板有限公司二期、黄石华亿冷轧不锈精密带钢有限公司二期等技术改造项目。花湖地区开工建设红星美凯龙、三江共和城等项目，签订奥山城市综合体、中部国际家纺城等项目协议。

征地拆迁工作取得新成效。全年组织土地报批44批次，面积800公顷，审批面积355.47公顷；完成征地345.67公顷；供地39宗，实现土地出让收入5亿余元。全年完成拆迁面积76.4万平方米，历年遗留的21户“钉子户”基本拆除。在还建方面，新区一期30万平方米全部安排拆迁户入住；二期40万平方米基本建成，三期40万平方米全面启动。在团城山花湖地区，新开工建设还建楼24栋约10万平方米，已竣工21栋，面积8.7万平方米。全年组织大规模拆违活动10余次，查处违法建筑286起，拆除违法建筑6.3万平方米，有效地遏制违法“种房”行为。

积极探索体制机制创新。编制完成黄金山工业园区“两型社会”（资源节约型社会、环境友好型社会）建设实施方案，垃圾焚烧发电等6个项目成功申报武汉城市圈“两型社会”先行区改革试验项目，获得湖北省人民政府1亿元无偿资金支持。年内，黄石经济技术开发区被确定为湖北省海外高层次人才创新创业基地，黄石三丰机械有限公司、湖北航天电缆有限公司、黄石邦柯科技有限公司等3个企业被确定为湖北省创新型试点企业，智能物流生产基地被确定为湖

北省4个特色产业基地之一，引进留美博士1人。创新土地管理办法，提高新区土地供应门槛，制定出台规范土地征用行为的“一法两细则”（《黄石经济技术开发区实施征地暂行办法》及《黄金山工业新区实施征地工作程序》和《黄金山工业新区征地补偿分配使用监管实施细则》）。着力拓宽融资渠道，全年融资达8亿余元，进一步丰富金融服务产品，在全市率先组建金鑫小额贷款公司、瑞银中小企业贷款担保公司。

（黄石市史志办）

鄂州市开发区建设

【葛店经济开发区】 2009年，葛店经济开发区实现财政收入2.58亿元，比上年增长25.23%，其中，国税收入完成1.38亿元，地税收入完成1.08亿元；完成一般预算收入1.22亿元，增长28.4%。全区纳税额超过100万元的企业达到31个，其中湖北华烁科技有限公司、波尔亚太（湖北）金属容器有限公司、鄂州电厂纳税过1 000万元。

加大招商引资力度。全年新签约华工科技产业股份有限公司、北京天普太阳能集团公司、武汉格瑞林建材科技股份有限公司、昌凯机械有限公司等项目32个，总投资88.7亿元；新开工武汉高远不锈钢管有限公司、湖北道远科技工业园、武汉启科数控制造有限公司、武汉爱民制药有限公司等项目12个，总投资10.9亿元；在建项目48个，总投资44.1亿元；比克电池有限公司、嘉吉集团食品添加剂、宝业住宅产业化基地等32个项目建成投产，总投资18.7亿元；完成湖北武大有机硅新材料股份有限公司二期、波尔亚太（湖北）金属容器有限公司三期等技改项目10个，总投资12亿元。跟踪在谈重大项目20余个，总投资达100亿元。创新特色园区建设发展模式，探索业主投资、业主建设、业主招商的特色园区建设新路子。基本建成表面处理工业园一期12栋厂房，年内有10个企业入驻；开工建设华顶工业园项目，50余个中小企业签订入驻协议。积极推动招商引资平台和技术创新平台建设。促成湖北省化学研究院、湖北省医工研究院、武汉大学、华中科技大学、中国地质大学（武汉）、武汉理工大学、武汉职业技术学院等在开发区建设研发基地。依托湖北省太阳能产业基地，武汉城市圈（鄂州）职业教育基地等产学研一体化平台吸引国家太阳能热水器产品质量监督检验中心（武汉）和国家节能环保建材质量检测中心落户开发区。投资800多万元建成1.2万平方米的创业中心。

不断完善基础设施建设。按城市化标准规划建设新型移民拆迁安置社区，对不具备集中安置的拆迁自建安置点，实行统一规划，统一平整，统一设计，集中通水、通电、通气和通路；加快城中村改造步伐，完成创业大道、人民东路、人民西路、北二号路、湖滨路等13条道路的续建工程，道路总长度17.8公里，总投资4.59亿元；启动高新四路、高新西路扩建、创业大道延伸等6条道路的建设，道路总长度9.36公里，总投资2.92亿元；完成给水管网铺设18.2公里；先后建成并交付使用日供水能力3.5万吨的陆上自来水厂和日处理污水能力2万吨的污水处理厂；投资8 000万元，铺设天然气供气管道14公里，建设天然气调压站和办公楼工程。

不断加大高科技企业的引进和培植力度。葛店经济开发区共有省级以上高新技术企业32个，实施国家“863计划”项目4项，国家“火炬计划”项目12项，国家级重大攻关项目2项，国家级重点新产品7项，获得国家科学技术部科技型中小企业创新基金资助项目6项，其他省市级科技项目70多项。拥有国家级工程（技术）研究中心2个。以生物医药和电子信息为龙头的高新技术企业完成增加值26亿元，高新技术企业对全区工业增加值贡献率达78%，占全市高新技术产业增加值的80%以上。

多种途径筹集资金。通过BT制（以建设—移交为特点的新型融资建设模式）融资1亿元启动创业南路建设，争取中国农业发展银行贷款2亿元启动太武湖路、滨江路等道路建设。全年共争取国家和湖北省专项技术改造、贴息资金2 000余万元。积极引入商业银行进区开拓业务，加强银企沟通合作，全年为在区企业、项目争取贷款超过12亿元。开发区出台《推进企业上市的实施意见》，设立企业上市专项资金，支持鼓励企业上市。截至年底，全区企业共启动技术改造项目11个，总投资达12亿元。

【鄂州经济开发区】 2009年，鄂州经济开发区完成生产总值7.5亿元，比上年增长298.9%；完成固定资产投资总额10.5亿元，增长233.8%；完成规模以上工业企业（全部国有和年主营业务收入500万元及以上非国有工业企业）增加值4.5亿元，增长32.3%；新增规模以上企业7个，开发区规模以上企业总数达48个；完成地方一般预算收入1 759万元，增长364.1%；全年引进项目71个，实际到位资金13.82亿元，其中，投资过1亿元的项目6个（中冠陶瓷、鄂钢直缝钢管、东南新建材、武汉港工业园、超凡物流、英豪物流园），投资5 000万元以上项目10个。年内签约项目41个，总投资53.77亿元。开发区初步形成以鄂钢工业园、超凡物流园、浙江工业园、顾地工业园为骨干，以机械制造、港口物流、商住开发为支柱产业的格局。城镇居民人均可支配收入9 016元，增长11.5%；农民人均纯收入6 425元，增长11.5%。鄂州经济开发区在全省15个地市州开发区综合排名第九位，其中固定资产投资增幅排名第一，工业增加值增幅排名第五。提高社会保障水平。投入

鄂州市恒升数控机械有限公司生产车间　　（鄂州市史志办　供稿）

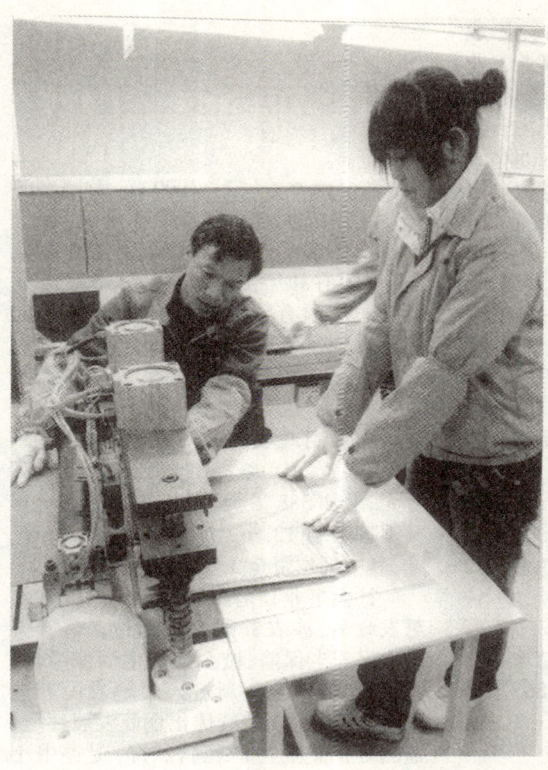

鄂州市比克电池有限公司安装调试第一条生产线 （姜夏东 摄）

资金180万元，顺利完成新划入6个村的民政低保和困难户交接工作，惠及全区858户困难家庭；对263名残疾、参战、带病回乡人员落实定补优抚政策；城乡居民参保率达到97.1%，将村主职干部纳入基本养老保险，社会保险扩面征缴765人；推动城乡居民医疗保险一体化，共组织参保2.91万人；新增农村危房改造项目19个。全区城镇新增就业人数3 846人，下岗再就业1 139人，劳动力技能培训889人。2009年，开发区被批准为"省级循环经济试验区"和"省级钢铁产业群"，进口废钢铁配送中心项目已向国家环境保护部申报。

10月28日，鄂州经济开发区浙江（武汉港）工业园开园暨13个企业奠基仪式举行。浙江（武汉港）工业园规划总面积400公顷，计划总投资75亿元，第一期用地80公顷，已成功签约企业29个，总投资32亿元。首批入园的13个企业同时开工，总投资10.5亿元，预计可实现年销售收入31.8亿元，利税4.8亿元。

【花湖经济开发区】 2009年，花湖经济开发区规划总面积26平方公里，建成区面积4.67平方公里。园区内共有各类注册企业126个，其中，农林牧渔业类企业4个，工业类企业89个，建筑类企业10个，交通运输仓储类企业2个，批发零售类企业1个，住宿及餐饮类企业5个，房地产类企业10个，居民服务、其他服务业和娱乐类企业5个。初步形成以机械制造、食品医药、制衣制鞋、建材化工为重点的工业，以建材、医药和小商品销售为重点的商贸业，以人信·假日威尼斯、航宇·香格里拉、天行·御景庄园为龙头的房地产业的格局。全年完成生产总值15.6亿元，比上年增长36.8%；完成规模以上工业企业（全部国有和年主营业务收入500万元及以上非国有工业企业）总产值9.25亿元，增长52.0%；工业增加值2.8亿元，增长70.2%；完成固定资产投资10.7亿元，增长30.0%；完成外贸出口额700万美元，增长76.9%；实现财政收入6 752万元，增长33.1%。年内，共引进项目14个，引进资金11亿元，其中过1亿元项目4个。分别是掘进机械项目、大冶有色信息中心项目、鄂东南物流中心项目、欧联金属制造项目。全年投入基础设施资金6 000余万元，重点建设"一路一桥"工程，即华山大道和青山桥工程，建成后将进一步拓展开发区面积，畅通新城路网系统，完善新城框架。

（鄂州市史志办）

孝感市开发区建设

【孝感经济开发区】 2009年，孝感经济开发区完成生产总值65.2亿元，比上年增长25%；完成规模以上工业企业（全部国有和年主营业务收入500万元及以上非国有工业企业）总产值63.5亿元，增长26.7%；完成规模以上工业增加值20.2亿元，增长30.6%；完成固定资产投资16.8亿元，增长16.8%；实现税收总额1.7亿元，增长50.9%；实现财政收入2亿元，增长53.8%；招商引资总额20.7亿元，增长123.9%；出口总额2 700万美元，增长7.4%。

2009年，孝感经济开发区新增规模以上企业11个，规模以上企业总数达到60个，新增高新技术企业6个，生产高新技术产品82个；新吸收孵化企业10个，在孵企业总数达到76个。全年招商签约项目43个，引资合同额87.74亿元，实际到位额20.73亿元；跟踪项目53个，新注册企业102个。在43个签约项目中，投资过1亿元的项目22个，投资5 000万元~1亿元的项目9个，合同项目平均投资规模近3.5亿元。

2009年，深圳高新产业园、温州工业园、上海工业园、银湖科技园、同济科技园先后成功开园奠基，深圳海王集团股份有限公司、上海致盛实业集团有限公司等一大批重大项目正式签约。围绕光电子信息、汽车及零部件、先进设备制造、纺织服装等重点产业，成功引进了武汉福达汽车曲轴有限公司、湖北保时赛世特汽车机电有限公司、武汉奥特玛汽车零部件公司、深圳立基光电有限公司、深圳博尔旺科技有限公司等一大批重点产业项目，壮大了开发区支柱产业集群。全年共接待国内外客商229批次，1 500人次。

【孝南经济开发区】 2009年，孝南经济开发区实际开发面积1 094公顷。全年完成生产总值15.8亿元，比上年增长35.3%；完成规模以上工业企业（全部国有和年主营业务收入500万元及以上非国有工业企业）总产值24.6亿元，增长8.7%；完成规模以上工业增加值7.22亿元，增长13%；完成固定资产投资26.6亿元，增长74.4%；实现税收总额2.2亿元，增长67.2%；实现财政收入2.6亿元，增长55.3%；招商引资总额45.9亿元，增长3.5%；出口总额2 639万美元，下降21.6%。

【汉川经济开发区】 2009年，汉川经济开发区实际开发面积1 250公顷。完成生产总值40.5亿元，比上年增长54%；完成规模以上工业企业（全部国有和年主营业务收入500万元及以上非国有工业企业）总产值100.9亿元，增长72.7%；完成规模以上工业增加值33.1亿元，增长72.5%；完成固定资产投资33亿元，增长30.2%；实现税收总额4.3亿元，增长17.8%；实现财政收入4.9亿元，增长17.8%；招商引资总额18.2亿元，增长15.9%；出口总额1 633万美元，下降48.7%。

【应城经济开发区】 2009年，应城经济开发区实际开发面积1 200公顷。完成生产总值43.4亿元，比上年增长2.9倍；完成规模以上工业企业（全部国有和年主营业务收入500万元及以上非国有工业企业）总产值70.1亿元，增长178.5%；完成规模以上工业增加值24亿元，增长188.9%；完成固定资产投资11.6亿元，增长28.4%；实现税收总额

2009年9月26日，湖北孝感上海工业园奠基仪式隆重举行

（孝感市史志办　供稿）

1.9亿元，增长28.4%；实现财政收入1.95亿元，增长30.0%；招商引资总额11.6亿元，增长30.3%；出口总额812万美元，增长39.3%。

【安陆经济开发区】 2009年，安陆经济开发区实际开发面积600公顷。完成生产总值10.6亿元，比上年增长26.4%；完成规模以上工业企业（全部国有和年主营业务收入500万元及以上非国有工业企业）总产值13.2亿元，增长11.8%；完成规模以上工业增加值4.4亿元，增长27.5%；完成固定资产投资12.6亿元，增长54.9%；实现税收总额5 000万元，增长25%；实现财政收入6 000万元，增长12.6%；招商引资总额5.9亿元，下降13.5%；出口总额618万美元，增长48.9%。

【孝昌经济开发区】 2009年，孝昌经济开发区实际开发面积600公顷。完成生产总值10.75亿元，比上年增长48.9%；完成规模以上工业企业（全部国有和年主营业收入500万元及以上非国有工业企业）总产值9.8亿元，增长76.3%；完成规模以上工业增加值3.2亿元，增长78.5%；完成固定资产投资12.4亿元，增长168%；实现税收总额3 500万元，增长192%；招商引资总额10.6亿元，增长91.1%；出口总额510万美元，增长6.3%。

【云梦经济开发区】 2009年，云梦经济开发区实际开发面积1 000公顷。完成生产总值11.8亿元，比上年增长11.3%；完成规模以上工业企业（全部国有和年主营业务收入500万元及以上非国有工业企业）总产值31.8亿元，增长9.9%；完成规模以上工业增加值9亿元，增长10.5%；完成固定资产投资6.6亿元，增长14.8%；实现税收总额1.2亿元，增长66.7%；招商引资总额5.2亿元，增长11.1%；出口总额486万美元，下降38.8%。

【大悟经济开发区】 2009年，大悟经济开发区实际开发面积650公顷。完成生产总值6.5亿元，比上年增长41.3%；完成规模以上工业企业（全部国有和年主营业务收入500万元及以上非国有工业企业）总产值5.4亿元，增长58.8%；完成规模以上工业增加值1.1亿元，增长57.1%；完成固定资产投资4.8亿元，增长14.3%；实现税收总额1.2亿元，增长9.2%；招商引资总额2.7亿元，增长29.5%；出口总额285万美元，增长16.3%。

（杨炬）

黄冈市开发区建设

【黄冈经济开发区】 2009年，黄冈经济开发区完成生产总值29.39亿元，比上年增长19.6%；完成规模以上工业企业（全部国有和年主营业务收入500万元及以上非国有工业企业）总产值68.26亿元，增长36.9%；完成固定资产投资36.6亿元，增长194.6%；实现全口径财政收入3.9亿元，增长17.9%，其中，开发区本级财政收入4 200万元，增加969万元，增长30.0%；一般预算收入2 088万元，增加388万元，增长23.1%。全年共引进项目13个，协议投资额15.6亿元，其中到位资金3.8亿元。

社会事业和谐发展。落实国家支农惠农政策，涉农补贴发放到位。落实失地农民养老保险、城乡最低生活保障、民政救助政策，全年新进入失地农民养老保险1 579人。持续优化企业发展环境。监测分析企业生产经营状况，促进中小企业与银行合作，全年共签署授信10亿元框架协议。

【团风经济开发区】 2009年，团风经济开发区开发面积达693公顷，共有企业59个，初步形成钢构建材、纺织服装、医药化工、农副产品深加工四大主导产业。开发区全年完成总产值18.5亿元，比上年增长66.3%；完成规模以上工业企业（全部国有和年主营业务收入500万元及以上非国有工业企业）增加值4.35亿元，增长97.4%；完成固定资产投资11.15亿元，增长22.8%；招商引资实际

黄冈市经济开发区鸟瞰　（黄冈市史志办　供稿）

到位资金9.95亿元,增长27.9%。

【罗田经济开发区】 罗田县经济开发区于2008年6月经湖北省人民政府正式批准成立,开发区规划总面积17.3平方公里。开发区先后投入基础设施配套建设资金4亿余元,形成了农副产品加工、丝绸纺织、机械电子加工、化工、森工等五大产业集群,累计吸引落户企业33个,其中,建成投产企业19个,正在建设企业12个。截至年底,开发区完成工业总产值5.6亿元,实现税收1 100万元,累计完成固定资产投资20亿元。

【英山经济开发区】 英山经济开发区于2008年6月经湖北省人民政府批准成立。开发区规划总面积10平方公里,重点建设丝绸纺织、医药化工、车船配件、温泉开发、建筑建材、食品及农副产品深加工六大产业分区。开发区累计投入基础设施建设资金2.8亿元,完成一期园区66.7公顷的配套设施工程建设,年内落户企业16个;完成二期园区133.3公顷的土地平整和水、电、路建设;开工建设面积为253.3公顷的三期园区。截至年底,开发区投资500万元以上的项目35个,总投资规模15.43亿元,全年累计投入资金8.56亿元。

2009年,英山经济开发区完成生产总值8 500万元,其中完成规模以上工业企业(全部国有和年主营业务收入500万元及以上非国有工业企业)总产值6 100万元,实现主营业收入6 100万元;实现财政收入710万元,实现税收650万元,完成出口创汇6 500万元。全年吸纳就业人员3 860名。

【浠水经济开发区】 湖北浠水经济开发区位于浠水县城南部,辖区面积18.86平方公里,其中批准规划面积8.86平方公里。2006年3月,经湖北省人民政府批准,明确为省级开发区。2009年8月,浠水散花工业园划入浠水开发区管理,区域调整后,开发区管辖面积27.67平方公里。截至年底,浠水经济开发区完成技工贸总收入20亿元,比上年增长25.2%,其中完成规模以上工业企业(全部国有和年主营业务收入500万元及以上非国有工业企业)总产值12亿元,增长20.1%;完成工业增加值5.7亿元,增长38.1%;完成规模以上工业企业增加值4亿元,增长15.0%;共有工业企业60个,其中,规模以上企业28个,外贸企业6个。全年完成出口创汇4 500万美元,增长125.4%。实现销售收入19亿元,增长12.9%。引进外资3 000万美元;完成固定资产投资8亿元,增长33.1%,其中企业固定资产投资4亿元,增长59.7%;实现税收5 000万元,增长12.5%,实现财政收入4 300万元,增长7.5%。

【蕲春经济开发区】 蕲春经济开发区位于蕲春县城东南部,为漕河新城的主体部分,总体规划面积20平方公里,一期建设面积10平方公里,行政管辖3个办事处,常住人口1.2万人。开发区依托低碳经济产业园、电子产业园、新材料产业园、鞋业产业园、陶瓷产业园和温州工业园,形成以新能源、新材料、陶瓷、鞋业、镁业、电子、森工等为主导产业的特色产业体系。截至年底,开发区完成生产总值5.94亿元,完成工业总产值9.83亿元,完成规模以上工业企业(全部国有和年主营业务收入500万元及以上非国有工业企业)总产值8.69亿元,完成规模以上工业增加值3.21亿元。实现税收5 954万元。完成固定资产投资11.56亿元。实现出口创汇2 800万美元。开发区已入驻企业68个,其中有投资24亿元的湖北德高镁有限公司、投资5.2亿元的蕲春凯迪绿色能源有限公司、投资10亿元的湖北赛钻石英建材有限公司和湖北新万兴瓷业有限公司等。

(赵瑞群)

咸宁市开发区建设

【咸宁经济开发区】 2009年,咸宁经济开发区完成规模以上工业企业(全部国有和年主营业务收入500万元及以上非国有工业企业)总产值35.02亿元,比上年增长45.4%;完成工业增加值11.9亿元,增长56.6%;完成固定资产投资26.09亿元,增长60.4%;实现税收3亿元,增长50%;招商引资实际到位资金11.8亿元,增长31.2%;利用外资2 650万美元,增长36.9%。

积极推进基础设施建设。全年新征土地300公顷,审批土地533.3公顷,为开发区节约征地资金5 000万元。新修二期道路15公里,完成一期道路市政收尾工程,接通规划一路、永安东路、学苑路、金桂路,平整土地173.3公顷,保证25个项目用地之需。

加大招商引资力度。全年引进项目29个,到位资金11.8亿元,到位外资2 650万美元。台湾光宝集团公司、台湾统一集团公司、美国福德曼国际公司、湖北博友竹业发展有限公司等一批投资3亿元的重点项目成功签约。

项目建设取得新进展。年内,咸宁红牛集团二期、湖北奥瑞金制罐有限公司二期、本钢天和管业有限公司等20个项目顺利投产;武汉天龙黄鹤楼酒业有限公司、香港金成家具集团、回归创业园等22个项目先后开工建设。

大力实施满园工程。全年清退土地140余公顷,成功实施二次招商项目8个。爱帝服装(咸宁)生产基地项目、武汉康誉食品有限公司等项目用地均启动二次招商。

多渠道筹措资金促进发展。全年累计筹措资金4.98亿元,其中争取银行贷款2.6亿元;运作土地24.4公顷,筹措资金2.17亿元;争取国家专项资金1 630万元;园区企业争取资金2 800余万元。年内,湖北省交通银行为12个企业落实贷款3 000万元,通过担保公司担保贷款2 000万元。全年建设投入3.9亿元。

【咸安经济开发区】 咸安经济开发区总体规划面积40平方公里,位于咸宁市中心城区西北部的永安城区和向阳湖镇境内。开发区以森工科技、纺织机电、电子制造、玻璃器皿和食品医药等为主导产业。2009年,咸安经济开发区共有入驻企业63个,建成投产企业39个;完成工业总产值22.51亿元,比上年增长72.1%;完成规模以上工业企业(全部国有和年主营业务收入500万元及以上非国有工业企业)增加值7.79亿元,增长66.5%;实现税收10 654万元,增长82.9%;完成固定资产投资10.45亿元,增长53.9%。

【赤壁经济开发区】 赤壁经济开发区规划面积14.8平方公里,下辖陆水工业园、蒲纺工业园和赤马港工业园。2009年,开发区共有企业68个,完成工业总产值68亿元,完成固定资产投资15.1亿元,实现税收3.7亿元,招商引资7.05亿元。

【嘉鱼经济开发区】 嘉鱼经济开发区规划开发面积666.67公顷,建成面积达200公顷。基本形成冶金、机械制造、纺织、化工、食品加工、建材等6大支柱产业为主导的经济格局。2009年,开发区规模以上工业企业(全部国有和年主营业务收入500万元及以上非国有工业企业)达42个,其中高新技术企业2个;完成规模以上工业增加值19.11亿元,比上年增长32.01%;实现税收5 718万元,增长26.5%;完成固定资产投资18.68亿元,增长34.1%。

咸宁市嘉鱼经济开发区一角　　　　(咸宁市志办　供稿)

【通城经济开发区】　通城经济开发区下辖铁柱工业区、锡山民营工业区和马港工业园。

铁柱工业区位于通城县城东北角,规划总面积299.67公顷,建成面积62.72公顷。区内形成涂附磨具、中药制药、云母制品和电子信息材料产业等4大产业集群。2009年,开发区内共有建成企业58个,总投资13.79亿元;完成规模以上工业企业(全部国有和年主营业务收入500万元及以上非国有企业)总产值26.49亿元,占全县规模以上工业总产值的77.0%;完成规模以上工业增加值7.82亿元,占全县规模工业增加值的63.5%;实现税收6 701万元,占全县规模以上工业税收的81.5%;完成外贸出口1 434万美元,占全县规模以上工业外贸出口的93.6%。

锡山工业小区位于通城县县城南部。占地面积14.7公顷。区内共有旭华电器制品有限责任公司、大川电线电缆有限公司等民营企业20余个,总投资6 500余万元,已投产企业18个,主要从事电子产品、机筛制品、磨具制品、化工涂料、家具等产品的加工生产。

马港工业园位于通城县106国道旁,占地2.0平方公里,规划总投资5亿元,年内已有内、外资企业14个,总投资1.5亿元,是通城县外商投资特惠区。

【崇阳经济开发区】　崇阳经济开发区下辖天城、青山两个工业园区,规划总面积20平方公里,批准建设面积10.66平方公里,实际开发面积6.83平方公里。共有机械制造、轻工纺织、建材化工、食品加工、印刷包装、高新技术产业等6个工业小区。2009年,园区共有企业55个,其中规模以上工业企业(全部国有和年主营业务收入500万元及以上非国有工业企业)39个。全年完成工业总产值16.08亿元,比上年增长49.6%;完成工业增加值4.82亿元,增长31.6%;实现销售收入12.38亿元,增长36.3%;上缴税金4 200万元,增长32.1%;完成固定资产投资6.02亿元,增长157.3%。

【通山经济开发区】　通山经济开发区,规划总面积16平方公里。2009年,入区企业和项目达91个,总投资15.82亿元。其中,基础设施投资1.44亿元,建成标准厂房面积97 176平方米,开发用地面积273.5公顷;完成工业总产值10亿元,上缴税款7 000多万元,实现出口创汇1 035万元,安置就业人数2 111人。

(咸宁市志办)

仙桃市开发区建设

【仙桃经济开发区】　仙桃经济开发区按照“一区多园”发展模式,先后兴建了仙桃共青创业园、民营工业园、南方路机(仙桃)工业园等,引进福建南方路面机械有限公司、湖北裕波牛仔股份有限公司、南昌绿生科技有限公司、湖北赵斌食品有限公司、佛山神羽纺织有限公司、安徽先锋医药有限公司等大型企业和品牌企业,形成和壮大了机械、纺织、化工、食品、医药和医疗制品、无纺布和塑料制品等支柱企业。园区工业企业累计达到263个。

2009年,仙桃经济开发区完成生产总值27.1亿元,比上年增长22.6%;完成规模以上工业企业(全部国有和年主营业务收入500万元及以上非国有工业企业)增加值26.5亿元,增长24.4%;完成固定资产投资15.36亿元;招商引资到位资金11.27亿元,增长23.2%;两税(国税、地税)入库总额13 230万元,增长23.2%;外贸出口3 870万美元,增长44.8%。

【仙桃高新技术产业园】　仙桃高新技术产业园位于仙桃市城区西部,通顺河以东,复州大道以南,汉江路以西,黄金大道以北。园区大力发展外向型经济、科技型企业,引进香港丝宝集团、青岛三利等一批国内外知名企业,初步形成精细化工、电子、轻工、新材料、生物科技5大板块。

2009年,园区内共有各类工业企业108个,其中规模以上工业企业(全部国有和年主营业务收入500万元及以上非国有工业企业)46个,高新技术企业4个,博士后工作站2个;全年完成规模以上工业企业总产值66.25亿元,比上年增长22.1%;完成规模以上工业增加值20.5亿元,其中高新技术产业增加值11.95亿元,增长20.5%;出口创汇860万美元,增长24.0%;实现税收2.53亿元,增长6.5%;完成固定资产投资20亿元,增长20.1%。全年园区共承担省级以上科技项目14项,获得专利11项,9个商标被评为“中国驰名商标”,50多个产品远销东南亚国家和地区。

【仙桃工业园】　仙桃工业园位于仙桃市城区西南部,紧邻沪蓉高速公路仙桃出入口,距武汉82公里。辖区面积14.8平方公里,其中建成区面积5平方公里,可开发面积10平方公里。园区围绕“打造全市经济增长核心区,建设全省产业集聚示范园”目标,大力开展招商引资,初步形成了纺织服装、食品加工、机械电子、生物医药4大支柱产业。

2009年,园区内共有企业50个,其

仙桃市丝宝工业园一角　　　　（仙桃市志办　供稿）

中规模以上工业企业（全部国有和年主营业务收入500万元及以上非国有工业企业）30个。全年完成工业总产值40.28亿元，比上年增长29.9%，完成工业增加值11.8亿元，增长30.1%，工业用电量1.15亿度，增长4.0%，实现入库税收1.17亿元，增长14.7%，完成固定资产投资17.3亿元，增长57.2%。

【彭场工业园】　彭场工业园位于仙桃市东南方，距中心城区15公里，西邻宜黄高速公路，321省道。辖区面积300公顷，其中建成区面积66.7公顷。园区基本上形成以无纺布为主导，机电、化工为两翼的产业格局；以新发工业园小区、八步工业小区、共同工业小区、太子湖工业小区组成的区域格局。园区共有工业企业238个，其中规模以上工业企业（全部国有和年主营业务收入500万元及以上非国有工业企业）48个。有一般纳税人企业130个，中外合资企业9个，具有自营出口权企业42个，无纺布制品加工及配套企业186个。有民营及个体商户1 500个。

2009年，园区完成工业总产值52亿元，比上年增长19%；入库工商税收近7 550万元，增长16.4%；园区五大重点工业企业实现税收2 800万元，占工业税收总量的43.1%；完成出口创汇1.06亿美元，增长28.9%。

（黄爱高）

潜江市开发区建设

【潜江经济开发区】　2009年，潜江经济开发区已经形成以化工产业为主，纺织、农副产品加工为辅的产业发展格局。全区共有规模以上工业企业（全部国有和年主营业务收入500万元及以上非国有工业企业）22个，其中化工企业16个。全年完成工业总产值46亿元，比上年增长19.4%；完成工业增加值12.8亿元，增长47.1%；完成农业增加值3 618万元，增长8.0%；完成固定资产投资17.2亿元，增长41.7%；入库税金8 000万元，其中地税4 100万元，增长47.1%；农民人均纯收入6 200元，增长9.2%。

积极开展招商引资。全年共引进项目17个，协议引资14.09亿元。金澳科技化工有限公司100万吨延迟焦化及加氢项目、潜江永安药业股份有限公司4万吨环氧乙烷项目，武汉青桥化工有限公司1—氨基蒽醌项目、潜江远达化工有限公司硫酸扩规及蒸汽管道建设项目、潜江市仙桥化学制品有限公司离子膜烧碱项目、潜江市源鑫纺织实业有限公司3万锭扩规项目进展顺利。

工业经济发展顺利。全年开发区规模以上工业企业完成工业总产值40.18亿元，比上年增长13.6%；完成工业增加值11.79亿元。其中，潜江市华盛冶金材料有限公司完成工业总产值3.24亿元，增长29.9%；潜江市源鑫纺织实业有限公司完成工业总产值1.8亿元，增长91.8%。

【园林经济开发区】　2009年，园林经济开发区完成企业产值58.86亿元，比上年增长20.9%；其中完成工业总产值40.47亿元，增长23.0%；23个规模以上工业企业（全部国有和年主营业务收入500万元及以上非国有工业企业）完成产值12.22亿元，增长30.0%。农民人均纯收入达到7 275元，增加815元。全年完成50万元以上投资总额28.71亿元，增长26%。新开工投资项目83个，洽谈

潜江市张金经济开发区鸟瞰　　　　（刘芳　供稿）

项目20个，其中已落户的项目5个，协议引资12.56亿元，实际到位资金5.45亿元。全年完成入库工商税收总额5 095万元，其中，国税2 610万元，地税2 485万元。

【张金经济开发区】 2009年，张金经济开发区完成工农业总产值99亿元，实现综合财政收入1.11亿元，农民人均纯收入6 457元。全区共有工业企业110个，基本形成铝业、电力、服装、建材4大支柱产业。其中幸福集团公司、幸福服装有限公司、齐力华盛铝业有限公司、葛洲坝潜江水泥有限公司等四大企业资产总额达32亿元，年总产值达28亿元。全年开发区完成规模以上工业企业（全部国有和年主营业务收入500万元及以上非国有工业企业）总产值77.9亿元，比上年增长25.5%；完成工业增加值19.35亿元，增长25.2%，实现入库税金8 400万元，全年新建和续建招商项目11个，新增投资4.07亿元。

（刘芳）

天门市开发区建设

【天门经济开发区】 天门经济开发区面积34平方公里，规划面积15平方公里，建成面积12平方公里。2009年，开发区规模以上工业企业（全部国有和年主营业务收入500万元及以上非国有工业企业）完成工业产值43亿元，比上年增长23.2%；规模以上企业累计实现利税3.2亿元，增长27.9%。全年新引进企业项目8个，计划投资6.8亿元，实际到位资金3.6亿元。开发区投产企业达53个，实施跨年度建设项目10个，扩大规模项目10个，计划投资10.6亿元，实际到位资金3.4亿元。年内，深圳凯信时装有限公司、深圳量科电子有限公司、深圳坂田集团等十大知名企业与开发区签订了投资协议或达成了投资意向。

天门经济开发区创业大道　　（天门市志办　供稿）

【仙北工业园区】 仙北工业园规划总面积25平方公里。园区重点发展电子通讯、新能源、农副产品深加工和现代物流产业，着力建设现代工业加工区、园林滨江新区、新农村示范区和武汉城市圈物流副中心。2009年，仙北工业园区加大基础设施建设力度，建成2条10千伏专线，一座110千伏变电站，保障电力平稳供应；首期日供水5000吨自来水厂工程建成实现供水，启动二期扩大规模建设，提升日供水能力至2万吨；完成4.5万吨污水处理厂前期各项准备工作。年内，园区共引进各类项目40个，其中工业项目28个；已投产项目17个，在建项目23个。

【岳口工业园区】 2009年，岳口工业园建有日供水20万吨的水厂，专供企业生产的110千伏变电站2座。区位优势明显，已建成通车的随（州）岳（阳）中高速公路进出口通道设在园区，已建成的三峡铁路天门客（货）站离园区38公里，正在建设的沪蓉高速铁路天门站离园区30多公里，沿汉江建有可停泊2 000吨级船位的深水码头，5 000吨级深水码头正在新建之中。截至年底，园区共有规模以上工业企业（全部国有或年主营业务收入500万元及以上非国有工业企业）42个，固定资产总投资累计达15亿元，完成税收4 000万元。开发区初步形成以稳健集团公司、天门市诗秀制衣有限责任公司为龙头的纺织服装产业板块，以天门科田药业有限公司、湖北成宇制药有限公司为龙头的医药卫材产业板块，以武汉金富科技发展有限公司、天门市诚鑫化工有限公司为龙头的精细化工产业板块，以天门市合福油脂有限公司、银田集团公司为龙头的农副产品深加工等4大产业板块。

【龙尾山工业园】 龙尾山工业园位于武荆高速公路天门出口处，园区距天门城区28公里，距武汉天河机场79公里。截至年底，工业园共有民营股份合作制企业16个，其中规模以上企业（全部国有和年主营业务收入500万元及以上非国有工业企业）12个，固定资产投资总额1.2亿元，园区已形成精密铸造、特车生产、泵业制造等产业链，具有较强的铸造优势、机械加工和热处理能力以及完备质量检测体系的产业格局。

（天门市志办）

责任编辑　张　均

责任校对　周建华

工　业

概　述

【概况】　2009 年，武汉城市圈工业生产继续保持平稳快速发展，共实现规模以上工业企业（全部国有及年主营业务收入 500 万元及以上非国有工业企业）增加值 3 135.89 亿元，比上年增长 16.9%；其中武汉市实现规模以上工业增加值 1 772.14亿元，增长 16.7%。从规模看，武汉市工业增加值集中度仍然较高，武汉市规模以上工业增加值占武汉城市圈规模以上工业增加值的 76.0%；从增幅看，有 4 个城市规模以上工业增加值增幅超过 20%以上，分别是孝感（22.5%）、黄冈（24.2%）、仙桃（20.5%）、天门（21.2%）。

2009 年，武汉城市圈三次产业结构比为 10.3∶46.2∶43.5，与上年的 10.9∶45.5∶43.6 相比，第一、三产业比重下降，第二产业比重上升，三大产业均保持了较快增长。企业经济效益总体回升。全年武汉城市圈规模以上工业企业（全部国有和年主营业务收入 500 万元及以上非国有工业企业）的利税总额为 914.99 亿元，增长 17.8%，增幅提高 8.1 个百分点；利润总额 462.32 亿元，增长 36.9%，增幅提高 36.6 个百分点。

【武汉港工业园开园】　2009 年 10 月 28 日，武汉城市圈规模最大工业基地——武汉港工业园正式开园。该工业园地处鄂州市，毗邻武汉新港，与东湖新技术开发区紧密相连。规划用地 400 公顷，总投资 75 亿元，主要发展装备制造，机车配套，船舶配套，生物医药，信息安全，农业机械，节能环保，新能源等 8 大产业。该工业园分三期开发，一期开发用地 80 公顷。成功签约企业 29 个，总投资 32 亿元；首批入园的 13 个企业于 10 月 28 日开工建设，建成后预计实现年销售收入 31.8 亿元，实现利税 4.8 亿元。

【武汉城市圈承接化工产业转移】　2009 年 7 月 16 日，武汉城市圈城市黄冈市化工产业投资环境说明会在武汉召开，黄冈市人民政府承接武汉市化工产业转移，与武汉市化工企业现场签约化工项目 15 个，投资总额达 19.88 亿元。武汉有机实业股份有限公司、武汉远大制药集团有限公司、武汉青江化工股份有限公司等 7 个企业协议投资额均超过 5 000 万元，其中武汉有机实业项目协议投资 4 亿元。此前，孝感市的应城市、潜江市等承接武汉化工产业转移，形成了错位发展的良好局面。武汉市在三环线内有化工企业 127 个，武汉市决定用 4 年时间将三环线内化工企业全部搬迁。

（甑谷）

武汉市工业

【概况】　2009 年，武汉市工业系统积极应对国际金融危机带来的严重冲击，加快产业结构调整，转变发展方式，全市工业经济呈现回升强劲、发展向好的健康态势。全年完成工业增加值 1 772.14 亿元，比上年增长 16.9%，占全市生产总值的 38.9%，对全市经济增长的贡献率达 42.7%。截至年底，全市共有规模以上工业企业（全部国有和年主营业务收入 500 万元及以上非国有工业企业）2 538 个，比上年增加 385 个，全年完成工业增加值 1 656.15 亿元，增长 19.3%。全年规模以上工业产销率 98.1%，比上年提高 0.2 个百分点；工业产品销售收入 5 752.16亿元，增长 14.3%；实现利税总额 637.06 亿元，增长 20.5%，其中，实现利润总额 236.22 亿元，增长 9.4%。

2009 年，武汉市工业系统高新技术产业完成产值 2 055 亿元，比上年增长 18.5%。全市大中型骨干企业普遍建立技术开发机构，共有国家级技术中心 15 个，国家级孵化器 11 个，“武钢”、“东风”等“中国名牌产品”19 个，“健民”、“黄鹤楼”等“中国驰名商标”12 个；工业企业专利申请量达 1.46 万件，增长 29.2%。

2009 年 3 月 30 日，中共中央政治局常委、国务院总理温家宝（前排左三）在湖北省人民政府省长李鸿忠（前排右二），中共湖北省委副书记、武汉市委书记杨松（前排左一）陪同下视察东风乘用车公司　（武鉴　供稿）

2009年,武汉市7个市级都市工业园区完成工业总产值656.29亿元,比上年增长26.7%,实现税收29.18亿元,增长14.7%;6个远城区省级经济开发区完成工业总产值103.25亿元,增长33%,实现税收51.12亿元,增长20.5%。

扎实推进产业结构调整,产业发展多点支撑格局不断巩固与强化。产业集中度进一步提高,全市完成年产值超过500亿元的产业由4个增加到6个,工业总产值占规模以上工业总产值的80.6%;11个重点产业(钢铁及深加工、汽车及零部件、石油化工、电子信息、装备制造、能源及环保、食品烟草、生物医药、纺织服装、日用轻工、建筑材料)规模以上工业企业共完成工业总产值4 901.71亿元,比上年增长15.8%,占全市规模以上工业总产值的97.4%。

大企业对武汉的支撑作用进一步凸显。全市共有完成年产值超过100亿元的工业企业8个,工业总产值占全市规模以上工业总产值的41.9%;完成年产值超过1亿元的工业企业比上年增加84个,累计达492个,工业总产值占全市规模以上工业总产值的88.5%。

工业投资进一步向重点产业和重点项目集中。全年工业完成固定资产投资704.5亿元,增长8.8%,占全市固定资产投资的23.5%,其中,制造业完成固定资产投资638.8亿元,占全市工业固定资产投资总额的90.7%;投资超过100亿元的钢铁及深加工和汽车及零部件2个产业分别完成固定资产投资187.52亿元和223.41亿元,占全市工业固定资产投资总额的58.3%。全年全市完成固定资产投资超过1亿元的工业项目122个,共完成投资450亿元,占全市工业固定资产投资的63.9%。

工业引进外资步伐加快。全年制造业新批外商投资企业33个;全市工业企业实现出口42亿美元,占全市出口总额的72.1%;出口额超过1 000万美元的企业44个。

工业节能减排取得新的实绩。2009年,武汉市工业系统65个重点耗能工业企业共完成工业总产值2 221.48亿元,比上年下降0.1%,综合能源消费量1 519.53万吨标煤,下降5.8%,万元产值综合能耗0.684吨标煤,下降5.6%。全市规模以上工业万元增加值综合能耗下降18.6%。全年启动工业节能专项资金1 000万元,重点支持19个重点节能项目,实现节能267.79万吨标煤。全年化学需氧量排放量14.9万吨,下降1.8%;二氧化硫排放量12.01万吨,下降2.8%;工业固体废弃物综合利用率89.6%,提高0.6个百分点。

2009年,武汉市规模以上集体(合作)工业企业完成工业总产值(现价)28.31亿元,比上年增长4.3%。武汉市工业合作联社落实武汉市人民政府关于“全民创业”的工作部署,以返乡农民工和城镇下岗失业人员为重点,面向社会开展职业技能培训,全年培训8 947人次,其中,农民工1 528人次,下岗失业人员645人次,返乡人员113人次,其他人员6 661人次。

【钢铁工业】 2009年,武汉钢铁(集团)公司生产铁2 951.19万吨、钢3 034.48万吨、钢材2 921.76万吨,分别比上年增长12.5%、9.4%和9.8%;实现销售收入1 373亿元,实现利润25亿元。其中,武钢股份公司生产铁1 343万吨、钢1 372万吨、钢材1 262万吨;武汉钢铁(集团)公司柳州钢铁有限责任公司全年盈利4亿元;武汉钢铁(集团)公司鄂州钢铁有限责任公司盈利3亿元;武汉钢铁(集团)公司昆明钢铁股份有限责任公司盈利超过1亿元。

全面推进第三次创业,提前一年完成重点工程项目建设。武钢股份公司随着7号高炉、8号高炉、新二炼钢、三冷轧、三硅钢等一批效益工程投产达产,主要技术装备达到世界一流水平,产能由2004年的900万吨提升到1 800万吨。积极实施“十一五”规划实现品种结构优化和产业升级,为抗风险保效益提供了保障。继续实施中西南发展战略。完成防城港钢铁基地项目“填海造地”和护岸围堰工程进度目标;武汉钢铁集团柳州钢铁有限责任公司产业结构调整深入开展;武汉钢铁(集团)公司昆明钢铁股份有限责任公司草铺项目破土动工;武汉钢铁(集团)公司鄂州钢铁有限责任公司“十一五”重点技改工程全部竣工投产;武钢集团海南有限公司债务重组基本完成。

面对订单不足、产成品积压、高价矿库存量大、钢价低位徘徊等困难,武汉钢铁(集团)公司及时采取得力举措,努力实现效益最大化。加强营销,扩大市场份额。充实销售队伍,创新营销模式,抓订单、促销售、保单价;争取到西气东输二线、宁波象山港大桥等重要工程供货权,汽车面板销量超过计划目标的50%;实施取向硅钢反倾销反补贴工作,取向硅钢、HiB钢产销任务超额完成;拓展海外市场,出口钢材53万吨,创汇3.3亿美元;推行钢材省内循环机制,新签钢材合同567万吨。优化品种结构,改进生产经营质量。以市场需求为导向,及时调整品种结构,充分挖掘重轨、帘线钢、桥梁钢等效益品种的增效潜力;及时抓住汽车产业高速增长机遇,提高高端冷轧汽车板产销量,冷轧产线实现盈利;层层落实质量责任制,改判品、废品和带出品分别比上年下降50.1%、41%和50.3%。加大降成本费用力度。全年降低成本费用32.8亿元;大宗原燃料采购单价低于行业平均水平,劳务费用降低9亿元,比上年下降50%。

资源开发取得重大突破,国际化战略实施成效明显。抓住金融危机给世界经济带来重大调整的机遇,以较低价格购获矿石资源,权益资源量达30亿吨,资源保障能力极大增强。武汉钢铁(集

2009年4月23日,武汉钢铁(集团)公司和中国石油化工集团公司战略合作框架协议签字仪式在北京举行 (武鉴 供稿)

团)公司加拿大 CLM 项目、澳大利亚 CXM 项目分别得到加拿大和澳大利亚两国政府批准;武钢股份公司股票成功交割,实现投资浮盈 1.74 亿美元;与澳大利亚正式签订 WPG 项目协议;马达加斯加铁矿项目成功中标。与委内瑞拉签订铁矿石长期贸易协议,被媒体称为进口铁矿石首发“中国价”。加快实施“走出去”战略,与巴西 EBX 集团公司在汉签订矿山和钢铁合作项目协议,协议明确武汉钢铁(集团)公司投资巴西 EBX 集团下属 MMX 公司,在获得该公司铁矿石产品权益的同时,合资在巴西里约州阿苏港工业园区建设钢铁厂,武汉钢铁(集团)公司出资 4 亿美元认购 MMX 公司股份,成为 MMX 公司第二大股东,获得长期的产品权益,并选派 2 名董事、3 名技术委员会委员参与 MMX 公司技术和运营管理,其国际化战略取得重大进展。鄂西高磷矿“双 50 万吨”项目主体工程基本建成,鄂东资源深部勘探及资源整合取得进展,舟山码头开工兴建,阳逻码头开埠生产,柳州钢材剪切配送中心、芜湖钢材剪切配送中心正式投入运营。

大力开展创建“产品一流、技术一流”活动,取得明显成效。战略品种研发更新加速。新一代硅钢开发取得重大突破,全年生产取向硅钢 33 万吨,国内市场占有率达 40% 以上;生产 HiB 钢 10 万吨,比上年增长 1 倍,并打破国外技术封锁和垄断,成功进入 500 千伏大型变压器市场;高牌号无取向硅钢成功应用于三峡大坝特大电机,实现该电机供料国产化零的突破;轿车面板年产量突破 8 万吨,轿车面板产品成功进入汽车行业中高端用户市场;2 070 毫米超宽热镀锌汽车板填补国内超宽面板的空白,实现了汽车板整车供料;桥梁钢、帘线钢生产质量继续保持国内领先地位;重轨钢质量跻身国内一流。技术研发取得新进步。全年申报国家专利 551 项,超过 1980 年~2004 年专利数总和。5 项科研成果获得国家科技进步奖,“大线能量焊接系列钢技术及应用”项目获得国家技术发明奖二等奖。年内,武汉钢铁(集团)公司被国家命名为创新型企业。“产学研”成果丰富,与国内多个科研院所合作完成技术项目 16 个。

2009 年 2 月 17 日,湖北省人民政府召开促进武钢产品省内循环新闻发布会,会议明确武汉钢铁(集团)公司与湖北省重点企业开展供需合作:在规划上,政府部门要积极协调湖北省内各项规划及设计机构,在重大工程建设和重点制造项目(重大装备)等用钢设计上,主动选用武汉钢铁(集团)公司钢材;在物流配送上,政府部门要引导湖北省内大型企业建立和完善省内重点区域武汉钢铁(集团)公司钢材运输、配送和服务中心;在交通运输上,铁路、公路、水运等运输部门,要对武汉钢铁(集团)公司原材料和产品运输提供便利快捷高效服务;在钢材采购上,湖北省内用钢企业应在满足生产工艺要求、同质同价的前提下,优先采用武汉钢铁(集团)公司钢材,及时向武汉钢铁(集团)公司提供用钢需求信息。发布会上武汉钢铁(集团)公司与东风汽车公司、中国南车集团股份有限公司、葛洲坝集团公司、中铁大桥局集团有限公司、武昌船舶重工有限责任公司、中国长航集团、青山造船厂、团风县钢结构工业园等 7 个省内企业签署了战略合作协议。

武汉重型机床集团有限公司的 XKD2755 数控双门移动镗铣床 (武鉴 供稿)

2009 年,武汉钢铁(集团)公司江北公司阳逻基地建设一期项目基本完成。ERW660 机组成功轧制 8 个品种 16 个品规,PR600 机组一次性负荷运行成功;华冶钢铁集团公司纵剪、PR1100 机组具备搬迁条件,中宽生产线实现主轧机单机热负荷运行,510 轧机具备搬迁条件;武钢维尔卡合资公司管理进一步规范。江北公司江夏基地的热轧高级产品加工中心及钢结构项目、物流项目完成启动准备工作;冷弯型钢厂完成 ERW 660 防腐涂层生产线合作协议的签订,开展了 F400 生产机组前期技术交流。江北公司汉阳钢厂北区剩余土地补偿金得到解决,线材制品厂土地纳入开发计划;江北公司阳逻基地职工生活区动工建设。全年江北公司钢材综合成材率 94.8%,钢材综合合格率 98.8%,分别比上年提高 2.6 个百分点和 0.3 个百分点;改判品与废次品下降 50%。

【机械工业】 2009 年,武汉市共有机械工业企业 815 个(不含汽车制造业企业),比上年增加 242 个,其中规模以上机械工业企业(全部国有和主营业务收入 500 万元及以上非国有工业企业)721 个,增加 148 个。全年完成工业总产值(现价)738.10 亿元,比上年增长 25%;实现销售收入 667.20 亿元,增长 27.6%;实现利税 73.58 亿元,增长 48.7%;实现利润 53.23 亿元,增长 50.1%。

根据中共武汉市委、武汉市人民政府印发《武汉市人民政府机构改革实施意见》,2009 年,武汉市机械工业促进办公室并入新组建的武汉市经济和信息化委员会,成立机械汽车产业处,不再保留武汉市机械工业促进办公室。机械汽车产业处的主要职能是承担振兴装备制造业组织协调的责任,拟订重大技术装备发展的规划、政策,依托重点工程建设,促进重大技术装备国产化;负责机械、汽车、数控机床等行业的发展,研究拟订行业发展规划,监测分析行业运行情况,协调解决行业发展的重大问题;贯彻落实行业发展政策、规章和标准;研究策划行业产业链、企业群的发展;参与行业内重大技术改造、投资与引进项目审核论证工作;指导相关行业协会的发展。

2009 年 7 月 27 日,武汉市人民政府在《关于印发武汉市电子信息等 8 个重点产业调研和振兴方案的通知》中发布了《武汉市装备制造业调整和振兴实施方案》。9 月 30 日,武汉市人民政府在《关于转发武汉市加快集成电路等 15 个新兴产业发展指导意见的通知》中发布了《关于加快数控机床产业发展的指导意见》和《武汉市加快数控机床产业发展实施方案》,为全面提升全市机械工业的水平奠定了坚实的基础。

不断加大技术创新力度。武汉正远铁路电气有限公司成功完成DJJ1型蓝箭号交流传动动车组网络重联改造项目。该公司开发的TCN网络计算机控制系统符合国际标准,具有自主知识产权。改造后的动车组(带有动车的列车编组)可实现1动10拖、1拖12辆编组的运营,两列动车组网络重联,实施主动车对从控车的控制。武汉法利莱公司数控激光切割技术中标中国大飞机零部件制造,此举标志该项技术已具备国际先进水平。华中数控有限公司世纪星HNC-21数控系统被认定为首批先进制造类国家自主创新产品。中国长江动力公司(集团)压力容器产品技术含量符合ASME国际标准,获得国际ASME认证。武汉重型机床集团有限公司新厂首台DLA210型数控重型卧式车床通过技术验收。武汉电缆集团公司研发中心落成,其产销规模进一步扩大,年生产能力由3万吨提升到6万吨。

外商投资企业发展速度加快。4月1日,德国西门子变压器(武汉)有限公司新型绿色能源设备制造基地在阳逻经济开发区开业。该项目占地面积4公顷,建设总投资2亿元人民币,是德国西门子有限公司在湖北省投资的第一个制造业项目,其一期工程竣工后年产值可达10亿元~11亿元。5月6日,由世界500强企业法国阿海珐集团公司与上海电气集团公司合作兴建的武汉变压器厂在阳逻经济开发区竣工投产。该厂首期工程建设投资6亿元,是法国阿海珐集团公司在中国的最大投资项目。厂区总面积12万平方米,一期工程满负荷生产后年产值可达到20亿元,可提供400个就业岗位。年内,该厂接受美国LEED机构审核,有望成为全球第一个变压器"绿色工厂"。

武汉华中数控股份有限公司面对国际金融危机的冲击,克难奋进,开拓市场,取得了明显业绩。携数控新品参加2009年上海国际机床展览会,展出了与国际先进技术接轨的高档数控系统系列HNC-210、针对市场需求的普及型数控系统系列HNC-21和HNC-18/19、先进的全数字交流伺服驱动单元HNC-160/162等全系列数控系统产品,一批观展企业和客户表现出共同合作的意向,华中数控的品牌和知名度在华东地区得到进一步提升。5月,HNC-21数控系统被认定为首批先进制造业类国家自主创新产品。9月20日-10月20日,普及型数控系统系列HNC-21产品参加在北京展览馆举行的中华人民共和国成立60周年成就展,12月,普及型数控系统系列HNC-21产品入选湖北省"辉煌荆楚60名片"。年内,武汉华中数控股份有限公司连续3年被中国机床工具工业协会授予"自主创新优秀企业"、"综合经济效益十佳企业"和"精心创品牌十佳企业"称号。

武汉重型机床集团有限公司把满足重大项目的需要摆在重要位置,由该公司制造的可承重500吨数控重型5米卧式车床被列入国家重大专项项目优先启动。2月,与天津赛瑞机器设备有限公司签订总金额1.6亿元的合同,该合同涉及的规格位列世界第一的28米数控立式铣车床和镗轴直径达320毫米的落地铣镗床等4台机床均属国内"首台(套)"。7月,与阿塞拜疆"AZENCO"JSC公司签订超过1 000万美元的订单合同,该合同涉及10米数控立车等超重型高档数控机床4台,创该公司单笔出口最大金额。10月,出口英国的3台超重型机床产品金额高达6 000万元。9月15日,武汉重型机床集团有限公司与湖南大学签订全方位战略合作协议。根据协议,双方将共同组织申报重大科技攻关项目,重点开展关键性技术研究、装备设计制造、新材料开发及材料成型、信息与控制系统等领域合作研究。10月,经湖北省人事厅、湖北省博士后管理会批准,在该公司建立湖北省博士后基地。

【汽车工业】 2009年,武汉地区以轿车为主体的汽车及零部件产业规模以上企业(全部国有和年主营业务收入500万元及以上非国有工业企业)完成工业总产值857.23亿元,比上年增长34.9%,占全市规模以上工业总产值的17.0%。全年生产汽车49.20万辆,比上年增加15.38万辆,增长45.6%。在中部城市中,武汉汽车产业规模居第一位。在全国城市中,武汉汽车产业规模位居第八。

2009年,武汉市共有规模以上汽车工业企业(全部国有和年主营业务收入500万元及以上非国有工业企业)201个,比上年增加45个,其中,整车生产企业5个,改装车企业21个,汽车零部件企业175个。全年完成工业产值1亿元以上的汽车工业企业62个,比上年增加14个;其中东风本田汽车(武汉)有限公司完成工业产值378.64亿元,比上年增长28.4%;神龙汽车有限公司完成工业产值227.85亿元,增长44.6%。

年内,武汉汽车产业整车企业、改装车企业、汽车零部件企业、汽车修理企业分别完成工业总产值617.56亿元、29.34亿元、203.62亿元和6.71亿元,分别增长35.9%、41.1%、32.1%和8.2%。汽车零部件企业中,车身、底盘、汽车电器零部件、发动机生产企业全年分别完成工业产值124.09亿元、35.62亿元、23.35亿元和20.56亿元,分别占全市规模以上汽车零部件企业工业总产值的60.9%、17.5%、11.5%和10.1%,其中,消声器、座椅和保险杠3种产品产值占工业总产值的44%左右,其他产品规模较小。总部设在武汉的东风汽车集团公司全年生产汽车190.13万辆,销售189.77万辆,汽车生产量和销售量均排在

2009年4月20日,东风汽车公司自主研发的东风风神S30轿车在上海国际车展上全球首发。 (武鉴 供稿)

国内汽车工业企业第三位，其拥有的"东风"品牌为国内"最具市场竞争力品牌"，"东风雪铁龙"、"东风标致"、"东风本田"、"东风风神"、"东风电动"等品牌均具有明显的竞争优势。神龙汽车有限公司全年生产汽车27万辆。

11月，神龙汽车有限公司武汉第二工厂建成投产，年生产能力达到15万辆。东风汽车公司"东风雪铁龙"首款中高级轿车C5下线。东风本田汽车（武汉）有限公司扩产工程一期项目建完投产，年生产乘用车能力达20万辆；全年实现汽车销量21万辆。东风汽车公司首款自主品牌东风风神S30汽车（三厢车）在东风乘用车公司武汉工厂正式下线，全年完成销量2万辆。武汉枭龙汽车公司汽车项目建成，完成项目总投资6亿元，汽车整车及底盘年产能3万余辆（套），其生产的"枭龙"越野车具有完全知识产权。

2009年，武汉汽车工业技术水平进一步提高，汽车工业整体技术达到国内先进水平。拥有一批国家级、省市级企业技术中心，初步掌握部分世界先进的汽车产品开发技术，生产技术基本实现与国际主流技术同步发展。年初，国家科学技术部和国家财政部共同在武汉举行"十城千辆"电动汽车启动暨百辆混合动力公交车投放仪式，电动汽车推广应用迈入商业化。6月，国家财政部、国家科学技术部、国家发展和改革委员会、国家工业和信息化部联合将武汉市列入新能源汽车试点城市。年内，国家知识产权局批复武汉市人民政府，同意建立国家级专利产业化（东风电动汽车产业园）试点基地。武汉汽车工业自主品牌汽车研发技术达到国内一流水平，东风汽车公司首款自主品牌东风风神S30项目研发人员达1 100人，并吸纳日本、美国等海外专业人才参与同步开发，东风风神S30整车的综合性能超过同档次车的技术性能。

东风汽车公司年销售汽车189.8万辆，比上年增长43.6%，实现销售收入2 564亿元，增长30.2%，实现利润179.2亿元，增长96.3%，各项经济指标均创历史最高水平。

高质量完成国有资产监督管理委员会考核指标。按照国务院国有资产监督管理委员会考核口径，实现利润总额91.5亿元，净资产收益率22.4%，成本费用总额占主营业务收入的93.3%，流动资产周转率1.98次。4项指标实际完成情况均好于考核目标。节能减排阶段性目标任务完成。全年万元增加值能耗比上年下降14.8%，比2005年下降36.3%；化学需氧量排放比上年下降17.9%，比2005年下降25.4%；二氧化硫排放量比上年下降29.8%，比2005年下降34.9%。2009年，东风汽车公司东风1.5吨级高机动性越野汽车"东风猛士"获得国家科学技术进步奖一等奖；"东风混合动力电动城市客车开发"项目获得湖北省科学技术进步奖一等奖。东风汽车公司获得"全国文明单位"称号。

汽车销售量增长势头强劲。商用车销售量比上年增长19.0%，乘用车销售量增长53.4%，微型车销售量增长近1倍。部分车型取得农村市场良好销售效果，仅在湖北省内销售就超过7 000辆。同时，快速拓展1.6升及以下排量乘用车产品种类，其品种达到20多个款式，占乘用车总量的65%，全年乘用车与商用车结构比达到76∶24。

企业产品销售继续保持良好势头，企业发展取得新的进步。东风汽车有限公司抓住汽车市场快速回升的机遇，加大市场营销力度，全年销售汽车突破90万辆，比上年增长30.5%；东风日产乘用车公司实现销售汽车50万辆，增长48.1%；东风商用车公司积极实施营销转型，努力巩固和扩大中、重型车市场份额，全年整车销售突破19.8万辆，增长约6.1%，在行业中连续6年保持中、重型车销量第一；东风汽车股份有限公司加快新产品市场投放，着力做好分品系营销，全年整车销售突破20万辆，增长21.6%；神龙汽车有限公司，在"世嘉"牌汽车、"爱丽舍"牌汽车等产品带动下，产销快速增长，全年销售汽车突破27万辆，增长51.6%，达到历史最高水平。东风本田汽车有限公司实施精品战略，CR－V汽车销量突破10万辆大关，继续领跑国内运动型多用途汽车市场；东风悦达起亚有限公司加快新产品市场投放速度，深化二、三线市场开拓，汽车销量突破24万辆，增长70.0%。东风渝安车辆有限公司加强营销网络建设，适时推出适销对路的产品，汽车销售突破19万辆，增长92.6%。

总投资2.8亿元的技术中心新基地产品设计大楼等主体工程项目基本完成，共引进研发人才300余人，4名海外人才进入国家"千人计划"（围绕国家发展战略目标，在未来5年至10年内，引进2 000名左右人才），技术中心被中共中央组织部、国家国有资产监督管理委员会确定为中央企业第一批海外高层次人才创新创业基地。

加快重点产品项目研发。完成"风神"三厢、两厢及1.6升发动机等研发工作。实施中、重型工程车、轻卡产品技术质量升级，实现4H系列发动机商品化。完成东风"猛士"牌突击车、防弹车研发和新型中型越野车阶段性研发任务。加快新能源汽车研发及产业化步伐，全年完成风神S30混合动力版和纯电动客车、皮卡和轻卡等多款新能源汽车产品的研发和商品化，全年有近400辆混合动力、纯电动客车投入公交线路示范运营。东风混合动力城市客车技术获得全国汽车行业年度唯一整车类国家奖——2009年国家科学技术进步奖二等奖。

2009年9月，东风汽车公司举行纪念东风汽车公司成立40周年系列庆祝活动。9月20日，东风汽车股份有限公司在襄樊基地举行东风汽车股份有限公司上市10周年暨第100万辆轻型商用车下线庆典。9月21日，东风汽车公司在湖北省十堰市青年广场举办成立40周年成就展；东风商用车公司举行第500万辆东风品牌商用车下线仪式。1969年9月，东风汽车公司前身第二汽车制造厂在湖北省十堰市成立。截至2009年底，该公司累计生产、销售汽车双双突破1 000万辆大关。

2009年4月20日，东风汽车公司在上海国际车展上举行东风风神S30自主品牌乘用车全球首发仪式。该款产品融会了东风汽车公司40年整车设计制造经验以及20年国际合资合作技术积累。6月30日，东风风神S30正式批量生产。7月22日，东风风神S30在北京上市。12月29日，与东风风神S30并称"中级车双雄"的东风风神H30在东风乘用车公司武汉工厂下线。截至年底，东风风神S30乘用车销售2万辆。

【船舶工业】 2009年，武汉船舶工业继续保持快速健康发展的态势。全年完成工业总产值超过230亿元，增速超过18%；船舶产品出口额14.09亿美元，增长29.9%，约占湖北省机电产品出口总额的1/7。

2009年，武汉船舶工业公司认真贯彻落实中国船舶重工集团公司"坚定信心、严控风险、危中求机、持续发展"的16字方针，采取一系列措施，提高化解风险和应对危机的能力，创造竞争新优势，在船市低迷、原材料价格剧烈振荡的情况下，仍实现了生产经营主要经济指标快速增长。全年完成工业增加值38.79亿元，比上年增长22%；实现销售收入142.6亿元，增长21.3%；实现利润13.7亿元，增长34.8%；完成船舶及配套产品产值超过100亿元。各项主要经济指标增幅均高于中国船舶重工集团公司各成员单位的平均增幅。

湖北华舟重工有限责任公司生产的野战站台车在新中国成立60周年国庆阅兵式上（武鉴 供稿）

2009年，武汉船舶工业新承接合同额199.94亿元。截至年底，持有合同总余额240.8亿元，比上年底增加18.6亿元，增长8.4%。武昌船舶重工有限责任公司市场开发成绩显著。先后承接UT788CD深水三用工作船、1万吨自航打捞船、长江下游大型航标船、9 000千瓦海洋拖轮、深潜水工作母船等多型特种船舶等项目，实现合同开发额30.87亿元；桥梁钢结构品牌优势明显，先后中标外滩大桥、九堡大桥、福州螺州桥、天津海河桥、宁波甬江桥等20余座桥梁钢结构项目，承接23台套大型成套设备工程，实现合同开发额26.1亿元。武汉船用机械有限责任公司按照技术引领和市场开发相结合、由点及面推进产业化发展的新要求，开辟海洋工程装备市场，首次承制海上风电安装设备，成功获得高速铁路桥梁支座市场准入，为形成新的产业支撑奠定了基础；焊材销售较快增长，市场地位逐步提升；港机经营保持稳定发展。中南装备有限责任公司以国家扩大内需、加快基础设施建设为契机，承接向家坝、溪洛渡等水利水电项目合同近2亿元，创历史最高水平。

2009年，武汉船舶工业公司进一步加大体制机制创新力度。指导协调企业政策性破产工作。加强与地方政府有关部门以及财政部地方专员办的沟通和联系，积极稳妥推进军用企业与民用企业分立破产工作，逐步完善企业的公司制企业法人治理结构，湖北华舟重工有限责任公司等2个企业的民品公司破产工作结束。至此，武汉船舶工业公司企业改革脱困任务顺利完成，优化了资产结构，促进了企业发展；实施工厂制企业改制和企业土地授权经营。完成5个企业土地授权经营工作，获得地方政府对5个企业土地授权经营的批准文件。年内，企业土地授权经营工作基本完成，为企业后续改制奠定了基础。武昌船舶重工有限责任公司的海洋工程装备、核电装备、融资造船等合资项目取得实质性进展，外资方资金开始注入，核电合资谈判取得阶段性成果，合资项目公司组建工作进展顺利。

全年，武汉船舶工业各企业在国际金融危机严重冲击下，加强计划管理，严格控制和压缩开支，加强预算管理控制和重大财务事项管理，有效防范了生产经营风险。加强质量管理工作。各企业全面完成各项质量考核指标，没有发生重大质量事故。武昌船舶重工有限责任公司连续两年获得“全国实施卓越绩效模式先进企业”称号。武昌船舶重工有限责任公司的2个QC小组、武汉重工铸锻有限责任公司的1个QC小组获得“全国优秀QC小组”称号，武汉重工铸锻有限责任公司1个QC小组获得“国家级质量信得过班组”称号。武汉船舶工业公司系统的33个QC小组获得“省部级优秀小组”称号。武昌船舶重工有限责任公司、武汉船用机械有限责任公司、宜昌船舶柴油机有限公司获得“中船重工集团公司质量管理先进单位”称号。持续提升员工素质，全年培训各类人员2.62万人次。实施安全生产“三项行动”（执法行动、治理行动、宣传教育行动）。层层签订安全生产责任状，完善考核安全生产业绩标准等措施，强化安全生产主体责任制的落实。深入排查治理安全隐患，全年累计排查隐患1 821处，全部整改完毕。加大安全生产投入，全年累计投入资金7 542.78万元，安全生产设施进一步完善。加强安全技术队伍建设，全年共有注册安全工程师31人，比上年增加6人，年内，有6个企业按要求配备了注册安全工程师。

船舶工业各企业节能减排工作深入发展，取得了明显成效。加强节能统计体系、组织体系、考核体系建设。大力开展节能宣传教育活动，提高员工节能意识；组织节能管理培训，强化节能管理队伍建设；修订节能管理制度并加强考核，完善节能目标责任制；配备完善能源计量器具，加强节能技术改造，推广使用节能设备。全年企业万元增加值综合能耗0.6253吨标准煤，比上年下降17.5%，保持了能耗增长速度低于增加值增长速度的良性态势。

积极实施科技发展战略，科技创新体系逐步完善，通过实施关键先进技术的研究应用和企业信息化建设，知识产权的运用上了一个新台阶。全年共申请各种专利105项，比上年增长33.4%，其中，发明专利33项，实用新型专利56项，国防专利16项；获得授权专利62.5项，其中，发明专利19项，实用新型专利42.5项，国防专利1项；增长131.1%。科技成果转化取得显著成绩。全年共获得省部级以上科技成果奖项17项，其中，武昌船舶重工有限责任公司1个项目获得国家科学技术成果奖特等奖；湖北华舟重工有限责任公司与解放军某部合作研制的铁路运输保障装备“SMZT01－野战站台车”、“S－94轻型组合站台”组合系列获得国家科学技术进步奖二等奖。企业技术中心建设取得新进展。武汉重工铸锻有限责任公司技术中心获得“省级技术中心”称号。截至年底，武汉船舶工业系统有国家级技术中心2个、省级技术中心5个。

2009年，武汉船舶工业系统3个企业的4项生产技术成果入选第十四批中国企业新记录，武汉船用机械有限责任公司成功研制国内第一台30吨×24米、30吨×30米两种型号船用吊车；宜昌船舶柴油机有限公司成功研制出世界首台MAN B&w6S35ME－B智能型二冲程船用低速柴油机；武昌船舶重工有限责任公司成功制成“九环地球”、画轴、五洲乐台、记忆塔等7类81台（套）北京奥运会开闭幕式舞台设备，完成的杭州湾跨海大桥钢结构制造任务，创国内桥梁钢结构制造新纪录。全年武汉船舶工业公司各企业共完成新产品产值75.1亿元，比上年增长35.1%，占武汉船舶工业经济总量的46.2%，增长率达5.2个百分点；在船舶、船舶配套、交通运输、能源环保等领域成功研发、制造新产品，为湖北武汉地区经济持续快速发展做出了贡献。

【烟草工业】 2009年，武汉烟草（集团）有限公司坚持以市场为导向，以创新为动力，以品牌为支撑，优化产销运行结构，扎实做好保牌、稳价、规范、增效工作，保持了持续健康发展的良好态势。全年生产卷烟1 278.6亿支（255.72万箱），比上年增长2.7%；销售卷烟1 451.9亿支（290.38万箱），增长10.5%；实现销售收入257.04亿元，增长19.9%；实现利税175.73亿元，增长17.9%。每单箱利税6 700元，单箱利润647元。截至年底，企业总资产达到210.5亿元，年生产能力达到342.5万箱，年产销规模达到255万箱。

2009年，武汉烟草（集团）有限公司"湖北中烟工业园区"建设规划准备工作进展顺利，该园区规划总面积113.33公顷，总投资近40亿元，建成后，可年产卷烟150万箱。

全面加强烟叶原料生产基地建设，着力培育提供"金神龙"生态烟叶制品；与恩施、十堰等地区特色烟叶产区签署战略合作协议，巩固与云南、贵州、四川等重点烟叶产区的供求关系，新增一批湖北省内外特色烟叶供应产区，构建系统的烟叶生产基地建设管理体系，确立烟叶质量需求定位和关键性指标，为卷烟生产和卷烟质量提供了保障。全年主要生产"黄鹤楼"、"红金龙"等品牌卷烟，与英美烟草远东发展有限公司合作生产的"顺百利"、"茂大"品牌雪茄烟是行业内唯一雪茄烟产品。全年围绕培育"黄鹤楼"、"红金龙"两大品牌卷烟，全面推进品牌扩张战略，不断提高市场占有率，"黄鹤楼"品牌系列卷烟销售244.2亿支（48.84万箱），比上年增长34.0%；"红金龙"品牌系列卷烟销售1 105亿支（221万箱），增长11%，卷烟出口贸易稳步增长。全年累计出口卷烟1万余件，创历史最高记录。

科技创新能力进一步提升，科技创新成果丰富，全面推进技术中心（黄鹤楼科技园）建设，新增一批具有国内先进水平的试验装置和检测仪器，初步建成云盘原生态烟叶园、红坪百草园、柏泉创意园、香溪源生态种植园等科研试验基地，建设的国内首个天然本草研究重点试验室通过国家认证并揭牌，黄鹤楼新型材料滤嘴研究所建成揭牌，技术中心的整体科技创新能力进一步提升，居全国卷烟工业企业第二位。实施香品类关键技术创新。围绕卷烟"香气飘逸、透发性好、烟气柔和、喉部舒适"等四大特性，实施技术攻关，开发出天然本草单体香精香料416种，复合香精香料60余种，实现"黄鹤楼"牌卷烟生产90%以上、"红金龙"牌卷烟生产50%以上的香精自主调配供应；成功开发优质本草薄片5种，并生产了近5 000吨优质本草薄片应用到品牌卷烟生产中；成功研发出活性三元复合嘴棒、香料内嵌式嘴棒等20多种具有自主知识产权嘴棒；研发的《造纸法再造烟叶综合技术研究》项目通过湖北省科技厅鉴定，达到国内领先水平；构建天然本草香精、原生态烟叶、优质填充物、功能型辅料等"四合一"的减害降焦体系。"黄鹤楼"牌、"红金龙"牌系列产品焦油量加权平均值达到11.5毫克/支，其中，"黄鹤楼"牌系列产品有害成分评价指数加权平均值达到8.8/支，处于行业领先水平。并研发出焦油量低至3毫克、1毫克的卷烟系列储备产品。大力推进产学研合作，实施原始创新、集成创新和引进消化吸收再创新。全年共实施科研项目187个，其中省级以上科研项目29个。完成的《黄鹤楼淡雅香品类产品研发及应用》项目获得湖北省科学技术进步奖一等奖，完成的《神农香菊物质基础与应用研究》项目获全国烟草行业科学技术进步奖二等奖。全年申报专利190项，获得授权专利102项，截至年底，累计申报专利590项，获得授权专利281项。

加强企业管理，不断转变企业发展方式。扎实推进"创优"（创建"优秀卷烟工厂"）、"对标"（标杆管理）工作，标准化、精细化建设进一步加强，安全生产秩序进一步规范，企业管理水平进一步提高。加强标准化建设。持续开展质量管理体系的换版、文件修订、内审、管评、整改、第三方认证等6项工作，持续推进"三标一体"（质量管理标准体系、环境标准体系、健康安全标准体系一体整合认证）管理体系建设，始终保持质量管理体系高效运行。加强安全管理。贯彻执行"安全第一、预防为主"的安全方针，落实安全生产责任制，完善安全工作体系。强化安全检查，突出隐患排查，全年排检安全隐患102个，全部整改到位；处理违章作业65人次。强化重点卷烟牌号生产监控和卷烟安全管理，确保企业生产安全有序。加强生产管理。推行精细化管理，做到按市场需求组织生产。完成生产调度指挥信息系统开发工作，实现以系统为主、人工辅助的排产方式，实现生产准备和生产全过程精细化管理。加强质量设备管理。实施技术改造，提高装备管理水平。全年承担"黄鹤楼制丝线重大专项"设备攻关项目4个、技术改造项目2个，完成技术创新项目21个。设备管理净效率达到81.7%，比上年提高2.1个百分点。

【纺织工业】 2009年，武汉市纺织工业加快结构调整、转变发展方式，继续保持了稳定增长态势。全年全行业规模以上企业（全部市属国有和年主营业务收入500万元及以上非国有工业企业）完成工业总产值89.36亿元，比上年增长22.3%；实现销售收入84.59亿元，增长22.1%；完成出口交货值8.74亿元，下降9.5%；实现利税5.75亿元，增长44.1%，其中实现利润4.26亿元，增长118.5%。年内，根据《中共武汉市委、武汉市人民政府关于印发武汉市人民政府机构改革实施意见的通知》精神，撤销武汉市纺织工业促进办公室，其职能划入新组建的武汉市经济和信息化委员会。

2009年10月，武汉江南集团公司整体搬迁至武汉阳逻经济开发区。在实施整体搬迁过程中，该公司淘汰落后纱锭6万锭，购置了一批新设备，开发特种纤维纱线品种28个、军品用布和工业用布品种37个，增加了紧密纺、赛络纺纱和涂附模具底布等市场需求量大的产品的生产。同时，淘汰老厂区能耗大的锅炉设备，采用阳逻开发区电厂蒸汽能源，每月节约能源成本30多万元。2009年该公司实现扭亏为盈。

武汉裕大华集团股份有限公司生产销售稳步增长。年内，织机由700余台压缩至80余台，纱锭由6.7万余锭压缩至4.5万锭；新增先进纺纱锭4 200锭，引进大提花机40台，更新了配电、风机、锅炉、空压等设备。开发生产的细旦纤维纯纺纱、天丝纯纺混纺纱、竹节纱等差别化纤维产品市场销售稳步增长，新产品产值率由上年的10%左右提高到20.9%。产品毛利率由负转正。全年销售收入比上年增长11.3%，利润增长10.2%。

际华武汉依翎针织公司大力推进技术改造和产品结构调整，投资1.2亿元在孝感市汉川经济开发区汉正洗染工业城新建针织印染生产基地，引进具有国际先进水平的常温及高温染色机、多环松式染色机、单层织物预缩烘干机、挤缩整理机、拉幅定型机、半自动称料系统和先进试验检测仪器等设备；在武汉经济技术开发区厂区添置台湾单针筒多色提

武汉江南集团公司车间一角　　（武鉴　供稿）

花袜机和韩国产"兄弟"牌双针筒双路多色提花袜机等。新装备的投产，使工人劳动强度降低2/3，劳动效率提高50%。年内，该公司新建公司市场部、组建上海办事处、成立汉口古田营销部等分支营销机构，仅汉口古田营销部就完成外贸和民品销售任务31.4万件（条），实现销售收入520万元。全年实现销售收入2.69亿元，比上年增长65.4%，实现利润2 116.24万元，增长12.6%。

武汉猫人服饰有限公司以巨额标价中标2010年度湖南卫视"晚间730剧场"、"晚间830栏目"、"快乐大本营"、"天天向上"等多个名牌栏目的黄金标位，成为湖南卫视史上首次的招标首标"标王"，其媒体投放价值达到4 000万元。武汉猫人服饰有限公司"猫人"牌内衣广告在湖南卫视几个黄金档期循环播出，"猫人"内衣"追求性感生活方式"的品牌理念得到消费者的一致认同。武汉猫人服饰有限公司本次与湖南卫视合作的全面升级，表明该公司作为中国内衣领军企业的国际化大品牌战略崭露头角。

【轻工业】　2009年，武汉市轻工行业继续保持平稳较快发展，主要经济指标全面完成。全年全市435个轻工业规模以上企业（全部国有和年主营业务收入500万元及以上非国有工业企业）完成工业总产值788.43亿元，比上年增长14.4%；实现销售收入771.21亿元，增长8%；实现利税234.27亿元，增长6.7%；实现利润71.45亿元，增长2.4%。2009年，根据《中共武汉市委、武汉市人民政府关于印发武汉市人民政府机构改革实施意见的通知》精神，撤销武汉市轻工工业促进办公室，其职能划入新组建的武汉市经济和信息化委员会。

积极推进技术创新，促进轻工商业发展。武汉联乐床具有限公司加快技术创新步伐，投资1 600万元，引进国外先进沙发生产线，并在此基础上投资1 000万元，先后开发应用床垫类产品新技术12项，开发新产品30个，全年完成工业总产值比上年增长61.0%。武汉创新环保工程有限公司成功开发出动态机械屏蔽、离心物理脱油油烟净化器等产品，解决了油烟机排不净油的难题，进而将回收的废油生产加工出生物柴油，形成环保产业链。该产品获得3项国家发明专利。

包装产业进一步发展。全年全市造纸印刷包装产业完成工业总产值112.7亿元，比上年增长7.1%；造纸行业生产机制纸50.2万吨，增长4.3%。武汉晨鸣汉阳纸业股份有限公司、湖北帅伦纸业股份有限公司武汉分公司2个企业工业产值占全市造纸行业工业总产值的80%以上。武汉大枫纸业集团股份有限公司、武汉莱特纸品有限公司生产的簿本、账簿等产品市场竞争力进一步增强。武汉雅都超达包装印刷有限公司、武汉秉信纸业有限公司、武汉爱生雅包装有限公司等企业的纸箱生产水平全国领先，为武汉市制造业龙头企业提供配套服务。武汉中富热灌装容器有限公司的主要产品PET饮料瓶、膜袋产品、EPS发泡材料等畅销市场。武汉人天包装技术有限公司的盐包装制品和民用爆破产品、武汉华丽环保科技有限公司的可降解包装材料产品技术优势明显。一批印刷行业骨干企业位列全国先进行列，武汉红金龙印务股份有限公司、湖北日报传媒集团楚天印务总公司、长江日报印务公司进入全国印刷企业100强；武汉彩峰快印有限公司的数码印刷、武汉汉口票据印务有限公司的票据印刷在武汉市场占有率持续提高，在上海、北京、深圳等重要区域市场份额不断扩大，具有较大的发展潜力。

【食品工业】　2009年，武汉食品工业着力提高企业素质和市场竞争力，着力开拓市场，着力扩销增产，有效促进生产经营效益的提高，实现了平稳快速发展。全年全市规模以上食品工业企业（全部国有和年主营业务收入500万元及以上非国有企业）完成工业总产值564.58亿元，比上年增长15.7%，实现销售收入517.35亿元，增长14%；实现利税201.2亿元，增长17.2%。

不断开拓市场，扩大产品销售，企业生产经营效益明显提升。武汉冠利达必是食品有限公司自主研发的非油炸方便热干面产品覆盖湖北省内所有大中型超市，并销往北京、上海、广州等城市市场。年内，在武汉名优特新产品展销会长春展会和成都展会上共签订销售合同1 000万元。与此同时，积极拓展国外市场，产品出口加拿大、澳大利亚等国家。汉口精武食品工业园有限公司着力打造特色农产品超市，在武汉市开设农产品超市60余个，并积极筹备在武汉市再建120个农产品超市，全年完成产值比上年增长17.8%。武汉零点绿色食品有限公司全面启动武汉城市圈100个大学生精武鸭脖创业专卖店项目，促进了"精武"鸭脖产品的销售。

武汉智慧山泉饮品有限公司与武汉正广和饮品有限公司合并重组为武汉名水饮品有限公司。公司成立后，筹资300万元，对原武汉正广和饮品有限公司生产基地进行技术改造，完成1 500桶/小时全自动生产线投产使用；拥有15吨/小时纯净水处理线2条、15吨/小时矿泉水处理线2条、1 500桶/小时和500吨/小时灌装生产线各1条，日产能达到3万桶。装备自动化程度不断提高，从洗桶到成品码垛全部实现全自动化，生产规模和装备技术达到国内一流水平。全年产销达到6万吨以上，成为湖北武汉地区桶装饮用水生产规模最大的企业。

武汉亚太调味品食品有限公司引进国内先进自动化生产设备——鸡精、味精不锈钢型给袋全自动包装机，确保了生产全过程自动化无污染包装；引进美国、韩国等知名品牌调味品原材料，改进改造鸡膏、鸡精生产工艺炼制工艺，推出九香料酒、排骨鸡粉、熬骨高汤等新产品；实施全品项、全渠道、全方位的销售策略，全年完成产值比上年增长42.5%，实现利税增长11.6%。

武汉食品工业新城抓住国家扩大内

需的机遇，围绕实施建设食品工业新城的发展战略，加快招商成果的转化，全年有3个入驻企业建成投产，其中武汉可口可乐饮料有限公司投产后效益明显，完成工业总产值3.88亿元。武汉天喔食品工业园、康地华美饲料（武汉）有限公司、太平洋制罐（武汉）有限公司等动工建设。年内，新引进湖北广源食品有限公司、湖北周黑鸭食品有限公司、家乐美冷链物流有限公司等7个企业，协议总投资8.5亿元，武汉食品工业新城核心区已初具规模。

【石油化学工业】　2009年，武汉石油化学工业共有规模以上企业（全部国有和年主营业务收入500万元及以上非国有企业）174个，全年完成工业总产值295.56亿元，比上年下降1.2%；实现销售收入311.9亿元，增长2.4%；实现利税59.37亿元，其中实现利润10.22亿元。年内，武汉市化工工业促进办公室撤销，其职责划入武汉市经济和信息化委员会。

2009年12月18日，武汉无机盐化工厂与武汉市洪山区左岭化工都市工业园签约，正式迁址左岭化工都市工业园。武汉无机盐化工厂是湖北省石油化工行业重点出口创汇企业，全国大型磷酸盐生产基地之一。该厂搬迁改造项目计划投资5亿元，用地16.67公顷。新厂建成后将形成20万吨/年多品种三聚磷酸钠、特种磷酸等产品的生产规模，实现年销售收入15亿元、税收8 000余万元、净利润1亿元。

中国石油化工股份有限公司武汉石油分公司原油加工量比上年增长13.8%，附加值高的高标号汽油产量增长10.0%，上缴税金增长631.4%，先后成功开发出3号航空煤油、T38F聚丙烯、车用液化气等新产品。其中，3号航空煤油的成功开发，结束了武汉机场航空燃料依赖外购的历史。节能减排成效明显。全年化学需养量排放量比上年下降18.5%，综合能耗下降1.8个百分点，减耗标准煤5.75万吨。污水回收处理利用比上年多回收利用20万吨。

武汉市中东化工有限公司强力提振经济快速运行，投资1.3亿元，实施的技术改造项目全部实现投产。全年生产硫基复合肥16.67万吨，比上年增长59.5%；生产磷铵24.36万吨，增长39.8%。在产品价格大幅下滑的情况下，仍完成工业总产值10.07亿元，增长21.2%；实现销售收入10.26亿元，增长23.6%；实现利税4 717.75万元，增长67%。节能减排工作成效明显。全年硫酸余热利用发电2 600万度；氯化氢回收生产盐酸2.5万吨；氟化氢回收生产氟硅酸钠1 100吨；硫酸渣回收生产铁精矿19万吨；硫酸生产实现污水零排放。全年“三废”（废水、废渣、废气）回收价值达7 870万元。

武汉力诺化学集团公司各项经营指标全面增长。全年实现回款6亿元，比上年增长14%；实现利润1 891.93万元，增长216.9%，创公司业绩历史新高。同时，合并武汉有机实业股份有限公司，以整体业绩——年回款12.8亿元、税后净利润4 240万元的雄厚实力跻身武汉企业50强。市场占有率大幅提升。全年新增产品经销商291个，新增大型工业直供客户16个，销售渠道覆盖湖北省，商业市场回款比上年增长17.6%。技术新成果丰富。全年申请发明专利4项，发表学术论文10篇。

【医药工业】　2009年，武汉医药工业共有规模以上企业（全部国有和年主营业务收入500万元及以上非国有工业企业）101个，从业人员2.34万人，企业总资产136.62亿元。全年完成工业总产值（现价）81.81亿元，比上年增长4.2%；实现销售收入95.46亿元，增长16.7%；实现利税17.48亿元，增长48.3%，其中实现利润11.21亿元，增长55.0%。

2009年6月6日，武汉人福高科技产业股份有限公司中枢神经系统用药基地在武汉光谷生物城奠基。该项目建设总投资1.6亿元，将建设冻干粉针、小容量注射剂、栓剂、口服液制剂、胶囊剂、片剂和颗粒剂共7条现代化生产线和设施齐全、装备先进的中枢神经用药研发中心。该项目投产后，武汉人福高科技产业股份有限公司年销售收入可达2亿元，年新增利税可达3 200万元。

2009年6月25日，中国药材集团公司与武汉健民大鹏药业有限公司达成战略合作协议，共同推动体外培育牛黄产业化进程。牛黄是一种名贵药材，武汉健民药业集团公司药品提取车间内天然牛黄短缺，年收集量不足1吨，90%的天然牛黄依赖进口，严重制约了民族医药工业的发展。武汉健民大鹏药业有限公司是国内体外培育牛黄的唯一生产基地，拥有体外培育牛黄的生产技术专利，具备领军牛黄产业的技术实力。中国药材集团公司拥有涵盖中药全系列产品的完整产业链，尤其注重濒危珍稀药材替代品的研发与经营。双方的战略合作是产品的药用价值、资源价值、社会价值和品牌价值的战略契合。根据双方达成的战略合作协议，中国药材集团公司在未来3年内享有体外培育牛黄的全国独家代理经销权。

2009年8月29日，武汉生物技术研究院在武汉国家生物产业创新基地举行开工奠基。奠基仪式上，武汉市人民政府市长阮成发为武汉生物技术研究院授牌，中共湖北省委副书记、武汉市委书记杨松宣布武汉生物技术研究院奠基开工。武汉生物技术研究院筹备组与首批26个研究团队签订入驻协议。武汉生物技术研究院由武汉大学、华中科技大学、华中农业大学、中国科学院武汉分院等单位共同组建，将建设生物技术研究中心、生物医药研究中心、生物农业研究中心、生物能源研究中心、生物环境研究中

2009年10月28日，天喔（武汉）食品有限公司工业园在武汉食品工业城奠基
（武鉴　供稿）

心、生物经济研究中心等6个研究中心。武汉生物技术研究院主要从事生物技术应用研究开发、技术服务和成果转化，支撑和引领湖北生物产业基地的发展，吸引和凝聚生物技术领域的优秀人才。

2009年10月16日－17日，第九届华侨华人创业发展洽谈会在武汉举行。会议期间举办了武汉远大国际生物医药高峰论坛。论坛旨在引智、引技、引才、引资，进一步吸引海外华侨华人回国创业发展。论坛由湖北省食品药品监督管理局局长邹贤启主持，湖北省人民政府副省长赵斌、国家食品药品监督管理局专员冯树生分别在论坛上讲话，武汉远大制药集团有限公司首席科学家杨尚金博士等10位海外学者作了论坛的主题演讲。参加论坛的400余名国内外生物医药界人士共同探讨了全球制药及生物技术新发展和全球化给中国医药界带来的机遇与挑战。来自美国、德国、日本、加拿大、西班牙、瑞典等国的生物医药界专业人士与武汉重点医药及医疗器械企业负责人、重点大专院校及科研单位代表、大医院药剂科主任围绕生物化学、癌症研究、纳米医学、电子医学仪器等领域进行了洽谈与交流。

2009年12月24日，湖北省发挥人才优势、促进企业自主创新座谈会暨首批重点产业创新团队启动仪式在武昌洪山礼堂举行，武汉生物制品研究所"多价轮状疫苗研制"课题组在会议上被确定为首批湖北省重点产业创新团队之一。启动仪式上签订了创新团队实施计划，明确了创新团队的工作责任、义务和权力。首批湖北省重点产业创新团队共有35个。

武汉供电公司职工在实施低电压改造作业　　（武鉴　供稿）

【电力工业】 2009年，武汉市年发电量达164.14亿千瓦时（含500千瓦及以上企业自备电厂发电量），其中，青山热电厂发电量31.39亿千瓦时，阳逻电厂发电量91.28亿千瓦时，企业自备电厂发电量41.47亿千瓦时。武汉电网输电量达303.61亿千瓦时（含邻近地、市转供电量），比上年增长9.1%。

2009年，武汉市全社会用电量310.27亿千瓦时，比上年增长8.3%，其中，工业用电量174.87亿千瓦时，增长1.3%；城乡居民生活用电量56.76亿千瓦时，增长1.1%；第三产业中的商业、住宿与餐饮业的用电量25.58亿千瓦时，增长12.5%。武汉地区最大供电负荷为605.80万千瓦。武汉供电公司全年售电量251.46亿千瓦时，增长7.7%；售电均价625.09元/兆瓦时，比上年提高23.67元/兆瓦时；实现售电收入157.18亿元，增长12.2%。

年内，武汉供电公司编制"十二五"电网规划及专项规划，确定了"1+8+15"（1个武汉电网发展规划、8个专项规划、15个分区中低压配电网建设与改造规划）规划体系。城市配电网"十二五"规划报告通过国家电网公司评审。加大电网基础项目前期准备工作力度，500千伏钢都变电站220千伏配套线路等33个项目获得国家电网公司的核准批复。葛沪直流综合改造等跨区电网工程、武（汉）广（州）高速铁路供电工程、合（肥）武（汉）铁路供电工程、武汉火车站供电工程等重大项目供电工程顺利实施，500千伏柏泉变电站工程建设顺利推进。全年完成武汉电网建设投资24.9亿元，新建、扩建35千伏～220千伏变电站7个，新增主变容量84万千伏安，新建、改建35千伏～220千伏输电线路336.5公里。220千伏德胜堂变电站等2项工程被国家电网公司评为输变电优质工程，220千伏桂家湾变电站等6项工程被湖北省电力公司评为输变电优质工程，110千伏马场角变电站被评为湖北省第一个"两型一化"（资源节约型、环境友好型，工业化）标准化变电站。年内，完成220千伏岳府湾变电站、220千伏左岭变电站、110千伏桃子山变电站等设备改造项目；实施青山地区配合武汉火车站建设和青山热电厂出线间隔调整等系列输电线路迁移改造工程；完成926个台区低压改造项目；制订下达2010年迎峰度夏电网建设与改造项目计划，计划的17项工程全面开工。全年武汉电网主网架结构进一步优化，区域性"卡口"得以缓解，电网运行稳定性和供电能力得到提升。

坚持依法从严治理企业，建立健全各项管理制度。严格执行"三重一大"（重大决策、重要干部任免、重大项目安排和大额资金使用）集体决策制度。严格合同审核管理，合同会签率达100%。推行工程项目全过程审计，审减工程造价746万元。规范员工管理，人员配置向远城区和生产经营一线倾斜，清理社会化用工，规避劳动用工风险。深化全面预算管理，实现专项稽核常态化，不断提升财务管控能力，资产经营获得湖北省电力公司同业对标资产经营专业标杆第一名。加强人才队伍建设与有关高等院校联合举办电气工程专业研究生班和MBA班，培养复合型人才。加强班组建设，培训一线班组长434人，班组管理质效和工作业绩进一步提升。以"技能培训年"活动为载体，开展岗位练兵比武，获得各级各类技能竞赛团体项目竞赛奖12个、个人项目竞赛奖21个。开展"三节约"（节约一分钱、一张纸、一寸导线）活动，可控管理费用比上年下降7%。

全年累计完成新装、增容送电15.14万户，容量305.38万千伏安，分别比上年增长3.4%和49.6%。开展"保增长、送服务、同发展"系列活动，走访重要客户67户，跟踪督办3 000千伏安及以上重点报装用电客户101户。扩大电费社会化代收服务面，开通武汉中百便民超市连锁有限公司电费代收网点470个，建立网上轻松支付平台423个，投放自助缴费终端130台，建成电费绿卡村8个、金融卡社区27个，城市居民电费社会化代收率达到74.6%，基本实现城区居民缴费"足不出社区"的目标。规范现场营销各环节服务标准，推进标准化服务进程。“供电服务进社区”覆盖全市 1 254 个社区，及时传递计划和故障停电信息，服务受众达 100 万余人。推行电费集中核算管理，连续 5 年实现电费回收“结零”。持续开展大规模反窃电专项行动，全年共查处窃电案件 2 554 件。深化营业普查，完成 73 个特殊用电户、43 个内部用电户电价执行不规范问题的整治。面对年底供电缺口较大的形势，及时调整用电预案，促请 1 000 多个企业让电于民。设立“家电下乡专项基金”，启动“你购家电、我免费换线换表”活动，改造农村低电压卡口 322 处，新增农村用电 2 000万千瓦时。迎峰度夏期间，完成 770 个低电压台区的专项改造，惠及 10 万个用电户。推进新农村电气化建设，新建电气化乡镇 3 个、电气化村 34 个。

坚持抓好安全生产“三基”(基层、基础、基本功)工作，制订实施《班组“安全日”活动指导意见》、《安全生产管理人员安全教育培训模块指导书》和实施办法，强化各级领导“三重”(重大操作、重大检修施工、重大隐情及事故处理)上岗到位管理，深入开展安全生产“三项建设”(思想建设、作风建设、廉政建设)和“三项行动”(安全生产执法行动、隐患排查及治理行动和以“关爱生命，安全发展”为主题的教育行动)，顺利完成了迎峰度夏、度冬和中华人民共和国成立 60 周年庆典活动等重大安全生产任务，未发生电力生产人身伤害事故、重大电网和设备安全事故和误操作事故，一般安全生产事故和安全生产设备一类障碍均控制在年度计划指标以内，实现“双零”(人身死亡事故为零、特大和重大恶性设备事故为零)目标，获得湖北省电力公司“安全生产先进单位”称号。推进变电站无人值班建设改造工作，25 个 220 千伏变电站全部实现集中监控，主网 95 个变电站实现无人值班，顺利通过湖北省电力公司变电站无人值班建设的验收和复查。强化输电专业化管理，全年线路故障跳闸率、雷害故障率均比上年下降。试行停电检修“3 个零时差”(申请停役与实际停役时间、计划检修与实际开工时间、计划复役与实际复役时间)管理，提升检修精益化管理水平。推行现场标准化作业，标准化作业执行率达 99.1%。按期完成国家电网生产信息管理系统升级改造和国家电网信息化工程并上线运行。深化“三标两率”(标杆变电站、标杆输电线路、标杆配电台区；电压合格率和供电可靠率)建设，设备可靠性和供电可靠性进一步提升。

争取武汉市人民政府“两型社会”(资源节约型、环境友好型)建设的政策和资金支持，完成 528 个功率因数未达标专用变压器客户的无功补偿技术改造，实现了能源利用效率的提高、电能损耗的减少和企业成本的降低。积极贯彻落实国家节能政策，大力推进绿色能源应用。大力加强绿色能源示范项目建设，先后建成百步亭花园社区现代城蓄冰制冷项目、湖北省肿瘤医院蓄冰制冷项目等绿色能源推广示范项目；与武汉电动汽车示范运营公司合作推广电动汽车应用，截至年底，参加示范运行的电动汽车达到 455 辆。

（武鉴）

黄石市工业

【概况】 2009 年，黄石市规模以上工业企业(全部国有和年主营业务收入 500 万元及以上非国有工业企业)完成工业总产值 876 亿元，比上年下降 0.3%。完成工业增加值 269 亿元，增长 11.3%，其中，轻工工业企业增长 31.7%，重工业企业增长 8.9%；国有控股工业企业增长 2.6%，集体工业企业增长 7.9%，外商及港澳台投资工业企业下降 2.7%，私营工业企业增长 37.6%；大中型工业企业下降 0.2%。实现利税 64.58 亿元，下降 2.4%；其中实现利润 37.9 亿元，增长 12.3%。经济效益综合指数 213.0%，比上年提高 2.1 个百分点。工业投资保持高速增长，全市完成工业投资 152.89 亿元，增长 35.0%。全年全市工业用电量 71.85 亿千瓦时，比上年下降 7.4%。

工业经济回升趋势明显。全年工业总产值、工业增加值呈逐步回升、平稳增长走势。一季度、上半年、前三季度工业总产值分别下降 12.8 个百分点、11.7 个百分点、11.4 个百分点；一季度、上半年、前三季度工业增加值分别增长 10.5 个百分点、7.3 个百分点、6.28 个百分点。

工业企业规模不断壮大。全年工业产值过亿元工业企业 110 个，比上年增加 22 个，其工业产值占规模以上工业企业总产值比重为 83.1%；其中，工业产值过 10 亿元的工业企业 12 个，其工业产值占规模以上工业企业总产值比重为 53.1%；工业产值 100 亿元以上的工业企业 1 个，其工业产值占规模以上工业企业产值比重为 15.1%。从工业主要行业分类看，有色金属冶炼及压延加工业完成工业产值 201.46 亿元，占全部规模以上工业企业总产值的 23%；比上年下降 13.34%，回落 19.34 个百分点；黑色金属冶炼及压延加工业完成工业产值 170.25 亿元，占全部规模以上工业企业总产值的 19.4%；下降 14.7%，回落 44.28 个百分点；电力工业行业完成工业总产值 64.74 亿元，占全部规模以上工业企业总产值的 7.4%；增长 1%，回落 1.6 个百分点；非金属矿物制品业完成工业总产值 72 亿元，占全部规模以上工业企业总产值的 8.2%；增长 7.80%，回落 22.8 个百分点。食品饮料行业、服装行业总产值分别增长 21.5%、25.2%。重点工业企业支柱作用明显。全市重点调度的 40 个工业企业共完成产值 590.64 亿元，占全市规模以上工业企业总产值的 67.4%；

2009 年 7 月 13 日，黄石大冶有色金属公司铜冶炼节能减排工程奠基

（黄石市志办　供稿）

其中,产值过亿元企业38个,产值过100亿元企业2个,产值10亿元以上100亿元以下的企业9个。

县域经济发展势头强劲。全年大冶市规模以上工业企业完成工业增加值77.93亿元,比上年增长32.1%,排名湖北省县域经济综合实力第十一位;阳新县规模以上工业企业完成工业增加值24.98亿元,增长22.96%,排名湖北省县域经济综合实力第四十位。

成长工程不断壮大。实施"四个一批"(招商引资建一批、支持服务进一批、全民创业育一批、跟踪监测保一批)的举措,实现净增规模以上工业企业107个,全市累计规模以上工业企业达到602个。重点骨干企业不断发展壮大,有9个企业进入湖北省百强企业行列,百强企业数量仅次于武汉、宜昌,居全省第三位。全年创中国驰名商标2件、湖北省著名商标34件、湖北省名牌产品8个。

产业集群和支柱产业的支撑作用明显。全年全市黑色金属、有色金属、机械制造、建材、能源、化工医药、食品饮料、纺织服装等八大支柱产业中,除黑色金属、有色金属产业产值下降外,机械制造、建材、能源、化工医药、食品饮料、纺织服装等产业产值保持较快增长。年内黑色金属产业集群完成产值224.77亿元,比上年下降7.5%;有色金属产业集群完成产值232.27亿元,下降10. 9%;机械制造产业集群完成产值100.41亿元,增长10.2%;建材产业集群完成产值83.17亿元,增长8.2%;能源产业集群完成产值98.04亿元,增长39.2%;化工医药产业集群完成产值39.52亿元,增长20.9%;食品饮料产业集群完成产值41.58亿元,增长58.2%;纺织服装产业集群完成产值25.1亿元,增长13%。全市有3个产业集群进入湖北省重点产业集群行列。

融资担保范围扩大。全年全市金融机构和担保公司共为310个中小企业担保贷款10.2亿元,为上年的2.4倍,企业担保业务量居湖北省市州级担保公司第一位;办理2 472名下岗失业人员小额担保贷款1.31亿元,为上年的4.25倍,小额担保业务量居全省三甲之列。积极推进银企合作,举办全市银企对接洽谈会,11个金融机构和市中小企业担保公司与优质中小企业洽谈合作项目83个,签约资金11.37亿元。年末,黄石市中小企业担保公司资本金由上年的1.02亿元扩大到2.06亿元。

企业改革不断深化。黄山市企业改革改制工作继续深化。全市煤炭产量达到161.7万吨,全市10个煤矿企业改扩建工作进展顺利;特种作业人员和矿长培训率达到98%,比上年提高3个百分点;煤矿安全事故与上年持平;全市煤炭经营总量达到364万吨,比上年增长65.45%。

【钢铁工业】 2009年,黄石市钢铁工业生产钢276万吨,比上年增长5.9%;钢材319.8万吨,增长2.6%;精炼铜27.16万吨,增长1.7%;铝2.34万吨,下降70.9%;铁矿石447.63万吨,增长35.7%。

湖北新冶钢有限公司生产焦炭126.25万吨、生铁148.03万吨、钢190.86万吨、钢材171.75万吨。销售钢材171.02万吨,实现销售收入121.48亿元、实现出口创汇6 705万美元,实现利税11.4亿元。年内大冶特钢股票每股收益0.74元,在上市公司钢铁板块中居第一位,企业成长良好。年内,湖北新冶钢有限公司生产的铁路用轴承套圈及滚动体用钢占国内市场供应量65%以上,成为国内第一大供应商;高端铁路轴承钢和高端汽车轴承钢占重点生产企业采购量的90%以上;齿轮钢生产形成集约化规模,市场影响力明显提高;中碳铬钼钢销售量比上年增长15.2%,铬镍钼钢销售量比上年增长70.0%;含硫非调钢销售量增长50%;核电用钢研发取得了重大突破。高端主导产品逐步形成市场竞争力。高牌号调质管通过全球最大油田技术服务公司斯伦贝谢的认证;调质管通过美国Howco公司认证;气瓶和压力用钢P355N系列、结构用钢S420等三大类钢管通过欧盟认证;T91管坯通过哈尔滨锅炉材料研究所的认可。"节约型易切非调钢的研究与开发"、"现代电炉洁净化技术研究"课题获得湖北省重大科学技术成果奖和科技进步奖;"提高大规格棒材内部质量及性能的加工方法"课题获得国家发明专利;湖北新冶钢有限公司"新冶钢"商标获得湖北省著名商标。年内申请国家专利6项,获得国家专利授权3项;有12个产品获得全国冶金产品实物质量金杯奖。

【电子信息产品制造业】 2009年,黄石市电子信息产品制造业完成工业总产值40亿元,比上年增长36%,实现工业增加值11.03亿元,增长35.5%。全年实现产品销售收入35.03亿元,比上年增加6.24亿元,增长21.7%,;实现利税3.03亿元,增长82.7%,;产销率100%。黄石市软件企业在国家、湖北省电子发展基金项目申报中取得积极成效。黄石市科威自控有限公司嵌入式智能编程软件项目获得国家电子信息产业发展基金100万元资助;黄石邦柯科技公司被评为湖北省自主创新企业,获得湖北省电子产业基金30万元项目发展资助;黄石社区一卡通项目获得湖北省软件专项资金30万元资助;黄石东贝太阳能公司太阳能项目获得湖北省电子产业基金30万资助。

项目建设进展顺利。年内,黄石东贝电器股份有限公司在大冶黄金山工业园投资年产1 200万台高效节能制冷压缩机建设项目进展顺利;其太阳能光伏逆变及智能控制系统开发及产业化项目建成投产;黄石捷德万达金卡有限公司厂房扩建四期工程项目进入施工阶段;黄石科威自控有限公司在黄金山工业园4 000多平方米新厂房建设完工,面向张力控制的智能可编程控制器进入中试阶段,并形成小批量生产及销售;黄石市邦柯科技有限公司铁路货车列检作业手持机系统开发及产业化项目加紧建设;车辆运用检修信息安全管理平台项目进入安装调试阶段;城市高铁轨道交通配套关键装备制造基地项目实现年产600台套规模;黄石大冶紫山科技有限公司太阳能级硅单晶生产线项目的厂房建设进入收尾阶段;黄石红鹰新能源发展有限公司风光互补供电路灯照明系统生产基地项目的厂房建设进展顺利;湖北网安科技有限公司输配变电设备无线网络监控及信息采集终端产业化项目进入试生产阶段;黄石弗莱迪尔电子科技有限公司1.5V牛奶时钟触摸屏电子厨房秤控制主板项目新建厂房及配套设施建设完工;黄石市金雀电气有限公司配电变压器无线远方数字终端单元设计与开发项目研发工作顺利;黄石市伟佳科技有限公司年产10万台GPS卫星导航系统投产。

农村信息化建设不断加强。农村综合信息服务网络建设步伐加快,"村村通"工程进一步完善。中国移动通信集团湖北有限公司黄石分公司开发的"农信通"在大冶、阳新地区推广使用。中国电信黄石分公司宽带网络覆盖全市乡镇。全市农村党员干部远程教育工作取得进展,建成终端站(点)500个,居湖北省第三位。建立大冶农村信息化培训基地,农村地区信息化培训工作力度加大。

社区服务信息化建设不断推进。信息化网络基础设施加强。完成10个街道办事处网通(光纤)工程建设,完成115个社区居委会的综合布线方案、社区信息服务中心网络机房与业务用房正常使用。完成12343社区服务热线呼叫系统。设立社区服务站,先后有15个社区服务站陆续开业运营。

市场监管不断强化。依法强化对网站、声讯台、移动信息服务及手机短信的监督管理,加大打击网上淫秽色情活动力度。强化对移动通信网络不良信息传播的查处,净化网络环境,推进网络健康发展。关停10个"黑网吧"和违规经营网吧的互联网信号。加强IC卡信息安全管理。清理无证经营的家电维修店(点),规范家电维修行业持证准入的经营市场。制定《黄石市电子电器行业安全生产监管工作要点》,强化家电安全规范化管理。加大节日电子电器市场整治力度,先后实施6次大规模专项整治,共出动执法人员53人次,检查电子电器经营户72个,专业市场6个,取缔26个无照经营户,收缴假冒伪劣电子产品价值2 000元,罚款5 000元。清查家电下乡假冒产品,共出动执法人员24人次,检查家电经营户59个次,受理消费者有关电子电器产品的申诉举报咨询32件。

【纺织服装工业】 2009年,黄石市纺织服装行业规模以上工业企业(全部国有和年主营业务收入500万元及以上非国有工业企业)完成工业总产值24.64亿元,比上年增长10%;完成工业增加值7.05亿元,增长15.4%;实现产品销售收入23.74亿元,增长13.4%;实现出口创汇1.48亿美元,占全市出口创汇总额的31.2%。全年生产纱3.17万吨、布3 474万米、服装1 417万件,分别增长6%、49.5%、31.2%。

项目建设成效明显。2009年,黄石市纺织服装行业完成固定资产投资4.41亿元,比上年增长98.4%;在建项目17个,比上年增加6个。年内,湖北美岛服装有限公司高档女装加工出口项目、黄石美特制衣厂美特制衣项目、黄石金誉制衣有限公司年产30万件服装生产线项目、黄石兰都圣奴服装有限公司生产线项目、黄石天峰鞋业有限公司鞋业加工等7个项目竣工投产。黄石依嘉制衣有限公司制衣项目完成投资5 620万元,占计划总投资的70.3%,台湾宝威集团阳新宝加鞋业项目累计完成投资2.3亿元,占计划总投资的37.1%。黄石市纺织服装行业项目建设为行业发展后劲提供了强力支撑。

品牌建设持续加快。年内,湖北美尔雅股份有限公司瞄准国际高级成衣生产开发新趋势,持续技术投资,采用国际一流设备,聘请海内外技术专家及设计师,率先在国内西服届推出手工松叶针、迷你彩色嵌条等10多项国际前沿工艺,成为国内同行中工艺流程种类多、分工精细、组织严密、产品质量稳定的优秀服装企业,在中国纺织工业协会举办的2009年中国纺织十大品牌文化推介会上,获得"中国纺织十大品牌文化企业"、"中国纺织品牌市场开拓奖企业"、"全国纺织劳动关系和谐企业"的称号。在第十五届中国国际纺织面料及辅料(秋冬)博览会上,湖北美尔雅股份有限公司获得"60年难忘的纺织服装精品品牌"称号,成为湖北地区唯一获此荣誉的企业。年内,湖北美尔雅股份有限公司先后开拓广西,银川、兰州、济南、青岛、淄博、潍坊等国内市场以及东南亚等国际市场,提升了"美岛"品牌的竞争力和影响力。黄石锦绣纺织有限公司加大"樱纺"品牌科技含量和创新能力,投资1 000万元完成400枚细纱锭技术改造,实施高效短流程嵌入式复合纺纱技术开发的120S、150S、200S、300S毛纱新型面料,其质量居国内领先水平。

招商引资取得新的实绩。2009年,黄石市纺织服装行业引进项目20个,协议总投资额45.7亿元,创历史最好水平;其中,引进总投资5亿元的大冶市立峰纺织有限公司20万锭高档纱项目、引进总投资15亿元的广东省伟嘉公司兴建的大冶合兴实业有限公司项目、黄石引进总投资4.5亿元的利达印染纺织有限公司元纺织染整项目、引进总投资1亿元的大冶市陈贵镇年产30万件羊毛衫项目、引进总投资2 000万元的美天时装项目相继开工建设。

产品竞争力不断提高。年内,美尔雅服饰有限公司研发市场高端产品,"可机洗女式西服"产品获得国际羊毛局和日本TEC机构认可,首批试生产的200套产品投放市场倍受青睐。黄石美津化纤染织有限公司成功试织超细旦及高倍捻品种2个,并投入批量生产,其产品附加值增长30%以上。大冶市立峰纺织有限公司生产的革基布产品市场销售旺盛。美岛服饰有限公司引进国际先进水平高档女装整体整形新工艺和新设备生产的出口高档服装产品,出口创汇额是原有出口服装产品的2倍。美尔雅服饰有限公司、美岛服饰有限公司2个企业分别获得"2008－2009中国纺织服装企业竞争力500强"第134位、第295位。

【轻工业】 2009年,黄石市轻工行业企业完成工业总产值86.21亿元,其中:饮料食品业完成51亿元,家电、塑料、模具业完成35.21亿元。全市有规模以上轻工企业(全部国有和年主营业务收入500万元及以上非国有工业企业)29个,其中,黄石东贝机电集团有限责任公司、湖北劲牌酒业有限公司产值过20亿元以上;湖北联海食品集团有限公司、湖北省黄石大冶市华兴玻璃有限公司产值过3亿元以上;黄石兴华生化有限公司、青岛啤酒(黄石)有限公司、黄石市大冶市灵溪风味食品有限公司产值过1亿元。全年全市轻工行业规模以上重点企业完成产值82.84亿元。年内,黄石东贝机电集团有限责任公司完成工业总产值33.5亿元,实现销售收入32亿元,上缴税金1.05亿元;湖北劲牌酒业有限公司完成工业总产值29.4亿元,实现销售收入24.2亿元,上缴税金5.1亿元。

2009年,黄石东贝机电集团有限责任公司年产800万台高效小型化环保压缩机项目落户黄石市黄金山工业园。该项目总投资10亿元,占地面积33.33公顷;其中年产300万台高效小型化压缩机生产线的一期工程投资达4亿元,年产500万台高效小型化压缩机生产线的二期工程投资达6亿元。全部项目建成后,该公司在黄石本部的压缩机年生产能力将达到1 600万台,加上安徽芜湖生产基地的800万台年产能,形成年产2 400万台压缩机的生产能力,可实现跻身世界压缩机行业前五强的目标。湖北劲牌酒业有限公司投资3.1亿元、年产5万吨保健酒基酒四期基地项目主体厂房建设竣工,预计2010年6月投产;湖北劲牌酒业有限公司总投资25亿元、年产27万吨保健酒、4万吨白酒、4万吨饮品的扩建项目工程在大冶开发区开工。大冶市灵溪风味食品有限公司加快产品项目开发,实现由生产"灵溪豆豉"单一产品到水果罐头、泡菜、调味品等四大系列30多个品种的发展。年内,该公司投资5 200万元,在大冶城西北工业园建成具有国内先进水平的罐头加工生产线,日处理柑桔200吨,当年实现产值5 000万元。

2009年,黄石东贝机电集团有限责任公司继续将企业3%以上的销售收入投入科研实践活动,投巨资创立研发实验室,建立以企业技术中心为核心的技术研发体系,推进科技创新,其"L系列环保节能、节材型电冰箱压缩机"项目的科研水平达到国际领先水平,获得"国家科学技术进步二等奖"。年内该公司技术中心被国家评定为"国家级企业技术中心","东贝牌"压缩机被国家商务部评为"最具市场竞争力品牌"。

【化学医药工业】 2009年,黄石市化学医药工业企业完成工业总产值37.20亿元,比上年增长25%;实现销售收入35.79亿元,增长22.4%,产销率96.2%;实现利税增长39%。全年化工行业完成工业总产值29.25亿元,增长14.9%;实现销售收入28.04亿元,增长11.8%,产销率96.1%;化工行业经济运行一季度为负增长,二季度调整筑底,三季度后快速复苏,成“V”字形运行态势。全年医药行业完成工业总产值7.95亿元,增长84.5%,实现销售收入7.75亿元,增长86.8%;产销率97.5%,实现利税3 261万元,是上年的2.39倍,扭转了近年来亏损的局面。

加强项目建设。化学医药工业全行业累计完成投资6.8亿元,占年计划的101%。全年有计划新开工项目和续建项目19个,其中有10个项目顺利开工,占计划新开工项目的83.3%,黄石泰华工业科技发展有限公司年产5万吨粗苯加氢项目、黄石三九药业有限公司等8个项目基本建成。年内,黄石市化工医药煤炭行业促进办公室共申报各类资助项目13个,其中,国家资助项目3个,湖北省医药专项项目3个,湖北省技术改造贴息项目4个,湖北省高新技术项目3个;其中,黄石神龙化学技术有限公司短肽项目、黄石世星药业有限责任公司阿奇霉素原料药扩能项目分别获得国家工业中小企业技术改造项目专项扶持资金130万元和80万元;黄石世星药业有限责任公司泰脂安产业化项目、黄石卫材药业有限公司风痛灵项目分别获得湖北省人民政府医药专项扶持资金70万元;黄石市阳新晨天化工有限责任公司五硫化二磷技改项目获得湖北省技改贴息专项扶持资金40万元;湖北黄石芳通药业股份有限公司甾体系列产品项目获得湖北省高薪技术项目扶持资金50万元。黄石三九药业有限公司投入2 500万元完成泰脂安胶囊二期工程建设,并顺利通过GMP(优良制造标准)复认证。

推进科技创新。黄石市美丰化工有限公司新增投资200余万元,完成奥克立林、依托立林新产品研发,实现销售收入9 000余万元,创汇1 000万美元。湖北神龙化学技术有限公司累计完成科技投入900万元,自主研发出治疗中老年人前列腺疾病药物—比鲁胺的关键中间体,与武汉大学联合开发出大马酮和a－羟基喹啉产品新工艺,拥有完全自主知识产权。湖北驰顺化工有限公司自主开发出乙基氯化物杂质去除新工艺和副产品处理新方法,取得核心专利技术7项。黄石贝通生化有限公司PVC－M高抗冲管材研发取得新成就,满足了不同用户的多品种要求。黄石龙骏化工科技有限公司开发出拥有自主知识产权的纳米苯丙乳液型表面施胶剂,达到国外同类产品质量标准,被湖北省科技厅评定为具有国际先进水平的高新技术产品,成功申报国家中小科技创新基金重点扶持项目。湖北朗天药业有限公司首创冻干粉剂型,开发出的注射用齐多夫定产品,获得国家食品药品监督管理局新药证书和生产批件,该公司成为国内注射用齐多夫定产品独家生产企业。黄石世星药业有限责任公司开发的高品质阿奇霉素原料药,被列入国家基本治疗药物。黄石市恒丰医疗器械有限公司新开发的甲型H1N1流感疫情生物制药设备实现销售收入770万元。湖北驰顺化工有限公司开发出高效低毒农药及医药精细化工中间体,其乙基氯化物产品生产质量稳定、产能国内最大,成为瑞士先正达作物保护有限公司、美国陶氏化学公司、德国拜耳公司等世界跨国化工企业的主要供应商。

强化节能减排。黄石兴华生化有限公司柠檬酸生产系统能量优化项目通过国家发展和改革委员会验收,实现年节约标煤2万吨,并获得国家财政节能奖励资金482万元;其沼气发电项目通过国家发展和改革委员会公告核准为二氧化碳减排项目,通过国际审核机构的现场审核,实现年减排二氧化碳6万吨。黄石振华化工有限公司完善铬酐工业尾气、铬绿窑尾气、20吨锅炉烟气、3号窑尾气等治理,完成焦油水回收利用改造项目,实现焦油水零排放,实现铬酐工艺碱洗水有效处理;综合利用铬渣7万余吨,比上年扩大1倍。湖北天源化工有限公司实施系统热能利用改造,生产耗蒸汽量由每吨二甲醚耗蒸汽1.5吨降到每吨二甲醚耗蒸汽1.1吨,节省标煤1 400吨,减排二氧化碳3 500吨,万元生产总值消耗标煤控制在1吨以下。黄石振华化工有限公司年产5万吨数字化无钙焙烧清洁生产项目已通过国家环境保护部环境评估。

【电力工业】 2009年,黄石市电力工业完成发电量15.53亿千瓦时,全年供电煤耗371.11克/千瓦时,低于年度目标2.25克/千瓦时;综合供电煤耗372.54克/千瓦时,低于年度目标2.67克/千瓦时。全年厂用电率7.64%,低于年度目标0.86%;综合厂用电率8.0%,低于年度目标0.85%。全年售电量76.94亿千瓦时。售电均价587.26元/兆瓦时。电费回收率100%。综合线损率4.17%。城市综合电压合格率99.57%,供电可靠率99.91%;农村综合电压合格率97.99%,供电可靠率99.72%。实现利润12.16亿元。

2009年,黄石市电力工业投入技术改造资金7 601万元、配网改造资金4 813万元。完成低电压53个台区整改;完善无人值班变电站技术标准、管理规范和作业指导书;有4个220千伏变电站安装遥视系统,建成遥视安防主站,城市电网中26个变电站全部实现无人值班。220千伏石板路变电站、220千伏裸板线分别获得湖北省供电公司标杆变电站和标杆线路;一批变电站、输配电线路、配电台区获得湖北省供电公司标准化命名。完成AVC(散热器)主站和子站建设,实现50个变电站闭环运行。

2009年,黄石市电力工业完成电网建设投资3.2亿元,实现投产线路203.33公里,新增变电容量61.15万千伏安,达标投产率100%,优质工程率83%。全年220千伏韦源口等12个变电站竣工,220千伏花湖输变电工程有序推进;220千伏韦源口变电站申报国家电网有限公司优质工程,110千伏猫矶港等7个变电站通过湖北省供电公司创优检查;直流800千伏向上线施工进展顺利,受到国家电网直流工程建设有限公司通报表扬;直流800千伏锦苏线属地协调工作有序进行。

(黄石市志办)

鄂州市工业

【概况】 2009年,鄂州市工业继续保持平稳快速发展。全年完成工业增加值150.03亿元,比上年增长23.9%;实现销售收入410.4亿元,增长18.1%;实现利税总额28.25亿元,增长42.26%,其中实现利润总额13.46亿元,增长2.13倍。全年轻工业完成工业增加值22.33亿元,增长28.8%。全年市属工业系统完成工业增加值89.48亿元,增长34.5%。规模以上民营工业企业完成工业增加值80.34亿元,增长37.34%,占全市规模以上工业企业(全部国有和年主营业务收入500万元及以上非国有工业企业)增加值的53.6%。高出全市工业企业平均增加值的12个百分点,全年社会用电量38.77亿度,增长9.5%,其中工业用电量33.18亿度,增长8.6%。

继续实施中小企业成长工程。全年全市新增规模以上工业企业59个,规模以上工业企业累计达到462个;其中销售收入过1亿元的规模以上工业企业达到67个,比上年增加16个。

产业集群快速扩张。钢铁深加工产业集群成功申报;初具规模产业集群达到9个;3个省级重点成长型产业集群完成工业增加值12.9亿元，实现销售收入38.6亿元，分别增长24.3%和25.5%。

支柱产业快速发展。全市七大支柱产业规模以上工业企业328个，占全市规模以上工业企业的71%，完成工业增加值138.19亿元，占全市规模以上工业企业增加值的92.1%，实现销售收入338.76亿元，占全市规模以上工业企业的82.6%，实现利润总额12.51亿元，占全市规模以上工业企业的92.9%，上缴税金12.7亿元，占全市规模以上工业企业的87.6%。

重点技改项目建设稳步推进。武汉钢铁集团鄂城钢铁有限责任公司“十一五”时期一期技改工程顺利推进。其中，投资68.4亿元的宽厚板及配套工程建设全面竣工；260平方米烧结机进入热负荷试车阶段；新一号130吨转炉热负荷试车一次成功，此举标志着武汉钢铁集团鄂城钢铁有限责任公司实现产品由长材向板材转型，新6米焦炉工程顺利完工投产；3万立方米制氧工程调试成功；年产120万吨的宽厚板一期工程建设全线贯通；2 200立方米新高炉建设顺利进行。鄂州鸿泰钢铁有限公司投资10亿元的三期技改工程竣工投产，形成年产150万吨钢材的生产能力。湖北枫树线业有限公司林达工贸1号车间新建2万锭高档涤纶生产线投产。鄂州电厂投资42.46亿元建设的二期工程3号机组成功通过168小时试运行发电，4号机组建设进展顺利。投资5.2亿元建设的湖北比克电池有限公司竣工试产，生产锂电池2 059万支，实现销售收入6 177万元。

重点工业企业经济增长强劲。年内，武汉钢铁集团鄂城钢铁有限责任公司、鄂州鸿泰钢铁有限公司、波尔亚太(湖北)金属容器有限公司等一批重点工业企业产量明显增加，粗钢产品比上年增长10%，生铁增长11.2%，水泥增长10 %，铸钢件增长278.8%，民用钢质船舶增长92.9%，服装增长23.9%。

企业改革改制进一步深化。年内，鄂州市工业国有资产经营公司完成鄂州市耐火材料厂、鄂州市砂轮厂、鄂州市皮件厂等3个企业的改制工作，有867名职工与企业签订解除劳动关系协议书。全市有70个国有(集体)企业基本完成改制工作，2.7万名职工(含退休职工5 456人)得到基本安置，职工档案全部移交到劳动保障部门；在70个国有(集体)企业中，有3个企业先后注销；有3个企业不符合破产条件；有64个企业进入破产程序，其中有20个企业破产终结，26个企业实现无值守人员。

【冶金工业】 2009年，鄂州市有规模以上冶金工业企业(全部国有和年主营业务收入500万元及以上非国有工业企业)38个，其中：钢铁企业14个，采矿及矿产品加工企业24个。全年生产铁273.11万吨，比上年增长10.5%；生产钢310.92万吨，增长7.7%；生产钢材323.41万吨，增长9.3%。全年采矿企业共采掘原矿327.2万吨，矿产品加工企业生产球团479.6万吨。全年冶金行业完成工业增加值62.4亿元，占全市规模以上工业企业增加值的41.6%，增长19.4%，实现销售收入183.26亿元，增长2.9%，实现利润总额4.36亿元，增长2.49倍。其中，钢铁工业企业完成工业增加值30.6亿元，下降7.3%，实现销售收入127.99亿元，下降5.7%，实现利润总额3.32亿元，增长3.49倍。武汉钢铁集团鄂城钢铁有限责任公司、鄂州吴城钢铁有限公司、鄂州鸿泰钢铁有限公司等3个钢铁企业实现销售收入113.43亿元，下降14.6%，实现利润总额3.12亿元，增长3.95倍，上缴税金5.22亿元，减少1.55亿元，下降22.9%。武汉钢铁集团鄂城钢铁有限责任公司生产生铁249.8万吨，增长7.83%；生产钢256.8万吨，增长5.68%；生产钢材273.73万吨，增长5.22%。实现销售收入92.16亿元，下降15.18%；实现利润总额3.03亿元，增长3.72倍；上缴税金4.78亿元，下降21.9%。鄂州鸿泰钢铁有限公司生产生铁15.09万吨、钢41.23万吨、螺纹钢37.28万吨，分别比上年增长1.39倍、42.7%和34.8%；实现销售收入16.7亿元，增长67.84%；实现利润总额916万元，下降4.99%；上缴税金3 169万元，增长0.7%。鄂州吴城钢铁有限公司生产管坯12.88万吨，下降23.4%；生产钢材8.73万吨，增长1.04倍。

【纺织服装工业】 2009年，鄂州市现有规模以上纺织服装工业企业(全部国有和年主营业务收入500万元及以上非国有工业企业)29个，其中，纺织工业企业8个，服装、鞋帽制造工业企业21个。全年生产服装2 789.9万件，比上年增长21.6%，生产化学纤维(涤纶线)8 474吨，增长39.6%。全市规模以上纺织服装工业企业完成工业增加值5.64亿元，占全市规模以上工业企业增加值的3.8%，增长20.1%，实现销售收入14.4亿元，增长21.5%，实现利润总额4 800万元，增长31.5%，上缴税金1 760万元，增长23.0%。年内，湖北枫树线业有限公司生产化学纤维(涤纶线)8 474吨，增长39.6%；实现销售收入2.20亿元，增长23.3%，实现利润总额570万元，增长39.4%，上缴税金867万元，增长16.5%。湖北多佳集团有限公司全年生产服装354万件，增长4.9%；实现销售收入1.48亿元，下降5.7%，实现利润281万元，增长8.5%，上缴税金132万元，增长20.6%。

【建材工业】 2009年，鄂州市有规模以上建材工业企业(全部国有和年主营业务收入500万元及以上非国有工业企业)74个，其中，水泥生产企业19个(含粉磨站)，化学建材企业3个，新型墙体材料生产企业36个，商品混凝土加工企业4个，其他建材企业12个。全年生产水泥517.82万吨，比上年增长14.5%，生产塑料管材管件5.6万吨，增长35.4%，生产新型墙体砖13.2亿标砖，增长37.3%，生产商品混凝土97万立方米，增长23.7%。全市规模以上建材工业企业完成工业增加值14.1亿元，占全市规模以上建材工业企业增加值的9.4%，增长18.2%，实现销售收入47.90亿元，增长24.1%，实现利润总额2.16亿元，增长42.6%，上缴税金1.2亿元，增长32.6%。主要企业湖北世纪新峰有限公司全年生产水泥164.37万吨，增长6.3%；实现销售收入4.48亿元，下降6.6%，增亏581万元，上缴税金3 946.20万元，增长76.4%。湖北顾地塑胶有限公司生产管材管件5.66万吨，增长35.6%；实现销售收入4.28亿元，增长22.6%，实现利润总额2 854万元，增长88.6%，上缴税收1 892万元，增长51%。

【装备制造工业】 2009年，鄂州市有规模以上装备制造工业企业(全部国有和年主营业务收入500万元及以上非国有工业企业)131个，其中，通用设备制造企业85个，专用设备制造企业27个，交通运输设备制造企业17个。全年全市装备制造企业生产民用钢质船舶13.7万载重吨，比上年增长44.5%，生产机床373台套，增长96.3%，生产铸钢件13.04万吨，增长44.5%，生产金属切削工具182.93万件，增长21.2%，生产模具574套，增长57.5%，生产汽车板簧1.6万吨，增长6.7%。全市规模以上装备制造工业企业完成工业增加值18.9亿元，占全市规模以上工业企业增加值的12.6%，增长24.9%，实现销售收入53.6亿元，增长40.4%，实现利润总额1.74亿元，增长64.5%，上缴税金6 340万元，增长23.7%。湖北鄂重重型机械有限公司实现销售收入2.84亿元，增长

77.5%,实现利润总额1 879万元,增长8.39倍,上缴税金389万元,下降28.1%;湖北华中重型机械制造公司实现销售收入1.58亿元,增长6.04%,实现利润总额1 237万元,增长58.79%,上缴税金885万元,下降21.8%;湖北光大船业有限公司生产民用钢质船舶2.58万载重吨,增长1.1倍;实现销售收入1.76亿元,增长39.8%,实现利润总额66万元,增长58.8%,上缴税金515万元,下降42.1%;鄂州江燕造船有限公司生产民用钢质船舶1.7万载重吨,增长36.6%;实现销售收入2.09亿元,增长2.87倍,实现利润总额248万元,增长2.65倍,上缴税金455万元,增长31.8%。

【生物医药与化学工业】 2009年,鄂州市有规模以上生物医药和化学工业企业(全部国有和年主营业务收入500万元及以上非国有工业企业)41个,其中,生物医药企业11个,化学原料及化学制品制造企业30个。全年全市生物医药企业生产药品3 171吨,比上年增长7.6%,化学工业企业生产化学制品350吨,增长23.7%。全市规模以上生物医药和化学工业企业完成工业增加值20.22亿元,占全市规模以上工业企业增加值的13.5%,增长37.6%,实现销售收入49.8亿元,增长32.4%,实现利润总额2.98亿元,增长46.24%,上缴税金4 300万元,增长30.2%。湖北葛店人福药业有限公司实现销售收入2.3亿元,增长27.8%,实现利润总额1 018万元,增长23.5%,上缴税金280万元,增长55.6%;湖北科益药业股份有限公司实现销售收入2.28亿元,增长1.71倍,实现利润总额3 029万元,增长86.1%,上缴税金265万元,下降9.5%。

【电力工业】 2009年,鄂州市有规模以上电力工业企业(全部国有和年主营业务收入500万元及以上非国有工业企业)2个,完成工业增加值10.75亿元,占全市规模以上工业企业增加值的7.2%,比上年增长1.4%,实现销售收入31.72亿元,增长6.1%;全年完成发电量29.16亿千瓦小时,比上年下降6%,其中鄂州发电有限公司完成火力发电量28.15亿千瓦小时,下降6.3%。全年全社会供电量38.77亿千瓦小时,增长9.5%,工业用电量33.18亿千瓦小时,增长8.6%。截至年底,鄂州电网有220千伏变电站3个,变电容量93万千伏安,输电线路223.23千米;有110千伏变电站19个,变电容量117.8万千伏安,输电线路331.08千米;有35千伏变电站8个,变电容量5.83万千伏安,输电线路139.82千米。全年累计整治电力市场秩序2 246次,消除安全生产隐患862处,查处各类违纪案件165件;破获盗窃电力设施案件9件。

2009年,鄂州供电有限公司完成供电量35.93亿度,增长10.55%,售电量34.2亿度,增长9.4%,线损率4.2%,售电均价581.2元/兆瓦时。上缴税金6 858.5万元,增长1.9%。年内,编制完成鄂州电网"十二五"主网架规划设计报告。项目建设不断给力,完成110千伏刘钊输变电工程等3个项目的前期准备工作;完成电网建设项目7个,项目总投资达3.73亿元;220千伏二期外送工程项目和110千伏鸿泰输变电工程项目等4个项目竣工投产;新增变电容量10万千伏安,新增110千伏以上线路33.3千米。创建标准变电站13个、标准线路60条、标准台区136个,建成电气化镇1个、新农村电气化村40个;新增阳光电力服务小站3个、社会化代收示范点2个,建成电费绿卡村6个、金融卡社区1个,发展4 000个电费储蓄代扣用户。截至年底,鄂州供电有限公司资产总额达10.61亿元。累计实现安全生产880天。

【信息工业】 2009年,鄂州市有规模以上信息工业企业(全部国有和年主营业务收入500万元及以上非国有工业企业)13个,全年完成工业增加值6.18亿元,占全市规模以上工业企业增加值的4.1%,比上年增长28.7%,实现销售收入13.2亿元,增长29.3%,实现利润总额9 700万元,增长32.1%。主要企业鄂州富晶电子技术有限公司生产基站天馈系统2万套,实现销售收入5 829万元,上缴税金1 086万元。

【建筑工业】 2009年,鄂州市建筑工业企业完成工业总产值50亿元;实现工业增加值13.6亿元,工业增加值占国民生产总值的4.5%;实现工程结算收入29.5亿元;实现利润总额1.5亿元;上缴税金1.6亿元。全年全市房屋建筑施工面积388万平方米,其中新开工房屋建筑施工面积235万平方米,房屋竣工面积260万平方米。全年共受理招投标建设工程项目91个,工程总造价8.9亿元,建筑面积126.3万平方米;其中公开招标项目50个,邀请招标项目41个;应招标工程招标率100%,应公开招标工程招标率100%。全年办理施工许可工程项目49个,建筑面积110.8万平方米,工程总造价9.5亿元。施工许可证办证率100%。办理工程竣工验收备案项目63个,建筑面积70.4万平方米,工程总造价4.46亿元,工程竣工验收合格率100%,备案率98%。全市有资质建筑企业198个,其中一级资质建筑企业6个,二级资质建筑企业50个,三级资质建筑企业113个;新办建筑企业19个。全市共有注册建造师724人。

(鄂州市志办)

孝感市工业

【概况】 2009年,孝感市有规模以上工业企业(全部国有和年主营业务收入500万元及以上非国有工业企业)1 004个,其中,规模以上国有及国有控股企业49个,规模以上集体企业20个,规模以上私营企业646个,规模以上外商及港澳台投资企业68个,规模以上股份制及其他企业221个。按轻重工业分,规模以上轻工业企业526个,规模以上重工业企业478个。全年规模以上工业企业实现工业增加值221.4亿元,比上年增长30%,居湖北省第七位。其中,规模以上国有及国有控股工业企业实现工业增加值42.85亿元,占全市工业增加值的比重为19.4%;规模以上集体工业企业实现工业增加值2.11亿元,占全市工业增加值的比重为1%;规模以上私营工业企业实现工业增加值47.8亿元,占全市工业增加值的比重为46.4%;规模以上外商及港澳台投资工业企业实现工业增加值29.96亿元,占全市工业增加值的比重为13.5%;规模以上股份制及其他工业企业实现工业增加值83.84亿元,占全市工业增加值的比重为74.0%。全市规模以上工业企业实现销售收入655亿元,工业产品销售率99%;实现税收25.45亿元;实现利润32.36亿元。工业经济发展速度居湖北省第六位。截至年底,初步形成以机电(汽车及零部件)、盐磷化工、轻工纺织、金属制品、食品医药为支柱产业的工业体系。

【机械电子工业】 2009年,孝感市有规模以上机械电子(汽车及零部件)产品制造企业(全部国有和年主营业务收入500万元及以上非国有工业企业)93个,实现销售收入47.5亿元,占全市规模以上工业企业销售收入的7.3%。全市机械电子(汽车及零部件)工业形成以中国三江航天工业集团公司、湖北神风机械工业股份有限公司和汉光电工厂为主体,机、电、光高新技术相配套,"三线企业"和合资企业互为依托的机械电子(汽车及零部件）工业体系。主要产品有重型越野车、汽车内饰件、座椅、冲压件、灯具、灯光源、真空器件、钢质活塞环、齿轮箱、燃油箱、车架、离合器等。

【盐磷化工业】 2009年，孝感市有规模以上盐磷化工业企业（全部国有和年主营业务收入500万元及以上非国有工业企业）90个，全年实现销售收入98.66亿元，占全市规模以上工业企业销售收入的15.1%。孝感市是国内知名的食用盐及工业用盐生产基地以及纯碱、氯化铵、复合肥、磷铵等产品的生产基地。主要企业湖北双环科技股份有限公司生产的纯碱、氯化铵为中国名牌产品；湖北省黄麦岭磷化工集团公司生产的磷铵为国家免检产品；中盐宏博集团有限公司为亚洲最大的井矿盐制造企业；应城市长江赛孚工业园被认定为国家火炬计划精细化工新材料产业基地，主导产品有机氟、硅烷偶联剂、电镀添加剂、病毒唑医药中间体等四大系列，产销量居全国首位。

【轻纺工业】 2009年，孝感市全行业有规模以上轻纺工业企业（全部国有和年主营业务收入500万元及以上非国有工业企业）164个，全年实现销售收入98.73亿元，占全市规模以上工业企业销售收入的15.1%。全市轻工业有塑料、纸制品、工艺美术、五金、家具、包装等六大行业，中包云梦塑料薄膜厂BOPP（双向拉伸聚丙烯薄膜）年生产能力达到4万吨，居中南地区第一位；湖北宝丽家具有限公司家具出口创汇1 000万余美元。全市纺织工业有棉纺织、印染、麻纺织、化纤、丝绸、针复制、纺机纺器、服装等10多个行业，年生产能力达200万锭；湖北孝棉实业集团有限责任公司有纱锭32万锭，为湖北省规模最大的纺织企业；汉川市马口镇被誉为“中国制线名镇”，纺纱能力达到100万锭。

【金属制品工业】 2009年，孝感市有规模以上金属制品业企业（全部国有和年主营业务收入500万元及以上非国有工业企业）58个，全年实现销售收入62.16亿元，占全市规模以上工业企业销售收入的9.5%。主要企业有福星科技股份有限公司；主导产品有钢丝绳、钢丝、钢丝帘线、钢丝铝绞线、钢构、钢管、防盗门、童车童具等。

【食品医药工业】 2009年，孝感市有规模以上食品医药工业企业（全部国有和年主营业务收入500万元及以上非国有工业企业）195个，全年实现销售收入109.25亿元，占全市规模以上工业企业销售收入的16.7%。主要产品有乳酸、银杏、神丹健康蛋、软饮料、啤酒、大米、白酒、麻糖、米酒、生物医药等。英博金龙泉啤酒（孝感）有限公司年生产啤酒15万吨。大悟齐天花生、安陆神丹鹌鹑蛋等产品被国家农业部评为“绿色食品”。孝感麻糖、米酒，汉川饼干糕点，安陆银杏系列产品、安陆午时药业、大悟齐天花生、云梦植物蛋白、应城恒天医用瓶塞等产品均具有一定生产规模。

孝感市供电公司夜景 （孝感市志办 供稿）

【电力工业】 2009年，孝感市电力设施建设投资3.25亿元，其中，电网基建投资2.03亿元，城网建设投资0.32亿元，扩大内需投资0.91亿元。全年电网建设工程项目竣工投产7个，分别是110千伏云梦义堂输变电工程、110千伏汉川江台输变电扩建工程、110千伏安陆孛畈输变电工程、110千伏大悟三里输变电扩建工程、35千伏汉川南河输变电工程、110千伏汉川城隍输变电工程、110千伏大悟仙居顶风力发电场线路工程。全年新建变电站4个，增容2个，新增主变6台，新增主变容量20.26万千伏安；新建110千伏线路4条106公里，35千伏线路5条93公里。截至年底，全市电网共有220千伏变电站8个，主变14台，容量201万千伏安，线路21条583公里；110千伏变电站44个，主变72台，容量248万千伏安，线路65条849公里；35千伏变电站80个，主变156台，容量54万千伏安，线路113条1 232公里。全年全市有用电户126万户，全社会用电量69.42亿千瓦时，最大供电负荷116.90万千瓦。全年全市人均用电量1 313千瓦时，全年农村人均用电171千瓦时，农村通电率100%。

（杨炬）

黄冈市工业

【概况】 2009年，黄冈市继续实施“六个一百”（培植100亿元产业，支持100个重点企业，抓好100个重点项目，新增100个以上规模企业，市县领导联系100个民营企业，建设100亿元工业园区）工程，全市工业经济呈现良好发展态势。全年规模以上工业企业（全部国有和年主营业务收入500万元及以上非国有工业企业）1 348个，比上年增加345个；完成工业总产值598.44亿元，比上年增长32.0%；实现工业增加值192.96亿元，增长27.6%；实现销售收入510.26亿元，增长56.8%；实现利税38.49亿元，增长51.7%；实现利润20.07亿元，增长59.6%。在湖北省市州中，全市规模以上工业增加值绝对值排第九位，工业增加值增幅居第一位。

全年工业用电量36.01千瓦时，增长8.2%，增幅居全省第三位。全年工业经济增幅为24%～28%之间，高于全省平均水平7.5个百分点。全年全市轻工业完成增加值72亿元，增长19.0%；重工业完成增加值120.95亿元，增长33.4%；重工业增加值增速快于轻工业增加值增速14.4个百分点，占工业经济的比重62.7%，比上年提高3.7个百分点。

全年全市五大支柱产业共完成工业总产值471.17亿元，占全市规模以上工业总产值的78.7%，增长36.8%，高出全市经济平均增长水平4.8个百分点。全年食品饮料工业行业完成总产值84.79亿元，占全市工业总产值的14.2%，增长25.7%；纺织服装工业行业完成总产值85.66亿元，占全市工业总产值的14.3%，增长32.8%；医药化工工业行业完成总产值99.85亿元，占全市工业总产值的16.7%，增长18.7%；建筑建材工业行业完成总产值102.67亿元，占全市工业总产值的17.2%，增长53.9%；机械电子工业行业完成总产值98.19亿元，占全市工业总产值的16.4%，增长59.3%。

截至年底，全市有产值达1亿元企业累计达到104个，比上年增加34个，共完成工业总产值287.39亿元，增长27.2%，占全市工业总产值的48.0%；产值过5亿元企业11个，共完成工业总产值135.44亿元，增长23.5%。全年全市国有工业经济增长1%，集体工业经济增长35.8%，股份合作制工业经济增长29.4%，股份制工业经济增长33%，外商及港澳台商投资工业经济增长43.6%，其它工业经济增长64.2%。全年以股份制及股份合作制企业为主体的民营工业占全市工业比重的93.7%，比上年提高2.7个百分点，全年亏损企业亏损额1.89亿元，下降11.9%。从业人员达到15.2万人，新安置就业人员3.26万人。

县域经济快速发展。有9个县(市区)工业增加值突破10亿元，其中武穴市、麻城市、蕲春县、红安县、黄梅县工业增加值突破20亿元；有7个县(市区)工业增加值增幅在30%以上。在2009年度全省县域经济综合考评中，红安县位列第二名、黄梅县居前十名。全市有重点产业集群31个，网络成员企业2 000余个，年产值400余亿元。其中黄冈船舶、华夏窑炉、武穴医化、蕲春医药、团风钢构、麻城汽配、英山茧丝绸等七大产业集群进入湖北省重点成长型产业集群行列。全市建县级以上经济开发区11个、规范化工业园区22个，规划总面积257平方公里，建成面积86平方公里；入园企业1 275个，其中规模以上企业820个，年完成总产值360余亿元，实现增加值95亿元。全年全市500万元以上的技改项目和1 000万元以上的新、续建项目共242个，总投资470.3亿元，年内完成投资88亿元。

黄冈亚东水泥有限公司一期工程竣工投产暨开业典礼 （黄冈市志办 供稿）

【船舶工业】 2009年，黄冈市有规模以上造船工业企业(全部国有和年主营业务收入500万元及以上非国有工业企业)18个，总生产能力204.2万载重吨。

在18个造船工业企业中，有11个造船企业投产，其中一级船厂2个(武汉南华黄冈江北造船有限公司、武穴市开阳星造船有限责任公司)，二级船厂4个(黄冈市江润造船有限公司、舰达船舶制造有限公司、武穴市长江船舶修造厂、浠水县造船厂)，三级船厂5个(浠水巴河船舶修造厂、浠水县红星造船厂、浠水江河船舶修造厂、蕲春官窑利强船舶修造有限公司、黄州安达船舶修造厂)，总投资12.15亿元，总生产能力65.2万载重吨；有在建企业和部分投产企业5个(湖北华海船舶重工有限公司、湖北裕和造船有限公司、黄州鄂海造船有限公司、新华夏造船有限公司、黄州新港码头船舶修造厂)，总投资26.68亿元，总生产能力79万载重吨；有准备开工建设的企业2个(蕲春华涌船舶制造有限公司、蕲春利洲造船厂)，总投资48.5亿元，总生产能力60万载重吨。全市有重点船舶配套企业6个。全市造船工业企业以制造中小船舶为主，以制造附加值高的特种船为主，全年造船完工量17.6万载重吨，比上年增加5万载重吨，增长39.7%。

2009年，黄冈市部分造船工业企业增加投资，扩大生产规模。有2个造船企业增加投资总额5.8亿元；有4个造船厂增加投资总额26.6亿元；有2个准备开工建设的造船企业增加投资总额38.5亿元。全市造船工业项目建成后，预计全市造船业产值将突破300亿元。

【医药化工工业】 2009年，黄冈市有规模以上化学医药工业企业(全部国有和年主营业务收入500万元及以上非国有工业企业)117个，全年共完成工业总产值92.12亿元，比上年增长9.5%；完成工业增加值32.88亿元，增长8.9%；实现利润5.44亿元，增长39.5%；主要产品产量有硫酸10.18万吨，合成氨18.05万吨，农用氮、磷、钾化肥总计72.41万吨，农药4 600吨，化学原料药1.12万吨，中成药6 500吨，精甲醇3 100吨，建筑涂料7 200吨。

打造百亿元化工产业园。全市医药化工行业抢抓武汉医药化工产业整体外迁武汉的机遇，承接武汉医药化工产业落户黄冈，大力打造百亿元化工产业园。截至年底，化工园区完成拆迁农户342个，平整土地186.66公顷；化工园居民小区及配套设施一期工程建成，日处理4万吨的污水处理厂一期主体工程建设完工，11条道路建设、管网框架建设全面展开，10万吨工业供水厂一期工程开工建设，集中供热中心建设前期准备工作顺利。有20个化工企业与化工园区签订投资意向或正式协议，投资额达24.6亿元，其中12个化工企业完成选址，4个化工项目展开施工。

大力推进医药工业项目建设。湖北富驰化工医药股份有限公司投资1 500万元，完成扩建改造硫酸二甲酯生产系统并投产，年生产能力由1.2万吨扩增至3万吨，产能规模为国内同行业第一；其环保工艺关键技术处于国内领先水平，被湖北省人民政府评定为“2009年度湖北省科学计划重大科技专项项目”，获得湖北省人民政府500万元资助。湖北祥云(集团)化工股份有限公司占地面积66.66公顷、计划投资16.6亿元的年产120万吨磷酸铵扩建及配套工程项目开工建设。湖北李时珍医药集团有限公司本草纲目生物科技园投资5 000万美元的一期中药现代化产业基地项目建成投产。总投资25亿元、规划建成5平方公里的蕲春县李时珍医药工业园有13个企业入园。总投资20亿元的李时珍医药港建设项目完成土地平整。湖北五瑞生物工程有限公司投资100多万元完成新型树脂酶解法提取肝素纳的研制，年产量达到1.5万亿单位，产品远销美国、欧盟等国家和地区。

不断强化节能减排。积极做好“三废”（废水、废气、废渣）综合利用。湖北富驰化工医药股份有限公司实施硫酸废热锅炉改造项目，实现年产蒸气10余万吨，年节约标煤1.9万吨。该项目获得国家财政部节能减排专项奖励400多万元；湖北祥云（集团）化工股份有限公司投资400多万元，实施磷酸尾气回收和技术改造，年创效益约1 000万元，被评为全国化工清洁文明工厂，获得国家环保奖励1 000多万元。浠水县福瑞德化工有限公司运用节能减排技术全年实现节约标准煤1.5万吨；其合成氨产品综合能耗由上年的1.76吨标煤/吨下降到1.6吨标煤/吨，万元产值能耗月下降10.0%，处于国内同类企业领先水平。黄梅县联兴化工有限责任公司利用生产次磷酸钠的尾气和废渣为原料，开发磷化新产品，月节约燃料费50余万元。

加大产业集群和产业链建设力度。立足地方产业和资源优势，打造特色区域品牌。蕲春县以湖北李时珍医药集团有限公司为龙头，打造中医药产业集群，中医药产业规模跻身于全国医药产业百强行列；以湖北孺子牛集团公司为龙头发展的塑化产业集群成为中国中西部地区重要的塑化生产基地。武穴市以广济药业为龙头打造的生物原料药产业集群，年生产核黄素3 000吨，产能居世界第一；以祥云集团为龙头发展的磷、硫、氨化工产业集群成为国家重点高新技术企业。浠水县以浠水县福瑞德化工有限公司为龙头打造的农用化工、医药化工产业集群，成为鄂东地区最大的化工原材料生产基地。黄冈市以稳健医疗（黄冈）有限公司为龙头打造的医疗用品产业集群，成为全国最大的医用纺织品出口基地；黄州火车站开发区精细化工产业集群化工产业转移示范园区建设项目被湖北省人民政府确定为重点支持的改革试验项目。

【机械冶金与电子信息工业】　2009年，黄冈市机械冶金与电子信息工业企业完成总产值45亿元，超计划完成7亿元，高于计划的19.4个百分点，其中信息工业完成总产值8.7亿元，比上年增长16%；市直机械冶金与电子信息工业企业完成总产值6.2亿元，高于计划的25.1个百分点。全年机械冶金与电子信息工业产品销售率97.0%，实现产品销售收入39.7亿元，其中信息产业实现产品销售收入7.5亿元；市直机械冶金与电子信息工业实现产品销售收入6.3亿元。全年机械冶金与电子信息工业实现工业增加值9.7亿元，超目标计划的2.2%，其中信息产业实现工业增加值2.3亿元，增长9.5%；市直机械冶金与电子信息工业实现增加值1.7亿元，超目标年计划1.31%。全年机械冶金与电子信息工业实现利税1.5亿元，其中信息产业实现利税3 843万元，增长28.1%，市直机械冶金与电子信息工业实现利税2 731万元，超目标计划的1.9%．全年机械冶金与电子信息工业国有企业全部实现盈利，单位生产总值综合能耗下降5%。

【轻纺工业】　2009年，黄冈市纺织工业企业完成工业总产值76亿元，比上年增长30%；实现工业增加值26亿元，增长30%；实现销售收入68亿元，增长28%，产销率为98%，；实现利税3.5亿元，增长30%；综合能耗下降4.8%；全行业实现安全生产无事故。2009年，黄冈市轻工业企业实现工业总产值168亿元，增长15%；实现工业增加值63亿元，增长26%；实现主营业务收入65亿元，增长30%；实现利税8.3亿元，增长20%。

【建材工业】　2009年黄冈市建材工业规模以上企业（全部国有和年主营业务收入500万元及以上非国有工业企业）完成工业总产值62.58亿元，比上年增长30.5%，实现工业增加值12亿元，增长20%，实现利税总额4.57亿元，增长15%以上。企业亏损面控制在6%以内，企业亏损额控制在100万元以下，单位生产总能耗下降4.8%。全年生产水泥328.49万吨，生产熟料532万吨，生产灰砂砖22.2亿块，生产花岗岩板材4 700万平方米，生产陶瓷砖2.35亿块，生产瓷瓦1.2亿块，生产页岩砖2亿块，生产水泥砖3 000万块，生产玻纤布2 000万平方米。

【电力工业】　2009年，黄冈市全社会用电量55.19亿千瓦时，比上年增长11.1%；电网日最大负荷101.7万千瓦、日最大供电量1 934万千瓦时；全口径售电量46.33亿千瓦时，增长6.1%，实现售电收入21.5亿元。年内，投资1.3亿元，先后实施主网无人值班改造、调度自动化系统更新改造、AVC系统工程等项目建设；投资7 300余万元，完成683个低电压台区改造；城网、农网供电可靠率不断提升，分别达到99.96%和99.74%，综合电压合格率分别达到99.63%和97.05%。年内，完成改造标准化变电站4个、完成建设标准化线路45条、完成建设标准化台区410个。

2009年，黄冈市电网发展速度加快。全年完成电网建设投资6.62亿元，有19个输变电工程建设竣工投产，新增主变容量29.23万千伏安，新建35千伏及以上线路310.36公里。220千伏罗田业主项目部被国家电网公司授予“示范业主项目部”称号；220千伏蕲春变电站工程被国家电网公司评为优质工程；220千伏吉路二回线路等4个工程被湖北省电力公司评为优质工程；黄冈市供电公司连续3年蝉联湖北省电力公司同业对标电网建设标杆单位。年内，完成市、县两级“十二五”电网规划报告编制和审查；完成26项35千伏及以上输变电工程可行性研究报告的编制及审查；完成13个电网工程项目申报核准事宜；完成（北）京九（龙）电气化铁路5个牵引站供电电源线路建设。全年累计报装接电容量51.15万千伏安，增长11.4%。截至年底，累计实现安全生产1 307天。

（黄冈市志办）

咸宁市工业

【概况】　2009年，咸宁市有中小企业2.55万个，从业人员32.36万人；产品4 800余种1.2万余个规格，其中中国名牌产品2个，中国驰名商标3个，湖北名牌产品28个，湖北著名商标31个，咸宁知名产品42个，咸宁著名商标44个。全年完成工业增加值192.41亿元，实现营业收入542.38亿元，实现利税54亿元。截至年底，全市有规模以上工业企业（全部国有和年主营业务收入500万元及以上非国有工业企业）729个，比上年增加112个。

大力推进工业园区建设。年内，赤壁市工业园区入园企业10个，累计入园企业15个，实现机电产业集群。嘉鱼县工业园区在建、续建和待建投资过亿元项目17个，项目全部建成投产后，可年新增产值90亿元，创利税4.5亿元。崇阳县大力发展医用卫生材料工业园，园区规模有望成为华中地区最大的医用卫生材料生产基地。咸宁市咸安区森工产

2009年3月20日，湖北(咸宁)广东工业园开工奠基典礼

（咸宁市志办 供稿）

业园中双溪苎麻纺织工业小区和凤凰工业园建设步伐加快。通城县培育隽水工业园、锡山工业园、陶瓷工业园、宝塔农民科技园的力度不断加强。通山县省级石材加工工业园项目建设顺利推进。

大力推进技术进步。全年技改投资27.2亿元，比上年增长26%，完成工业企业技术改造项目157个。全市有30个企业与20所大专院校科研院所签订产学研项目30个，项目总投资3.93亿元。全市有580个规模以上工业企业设有技术开发中心，363个工业企业通过ISO9001质量体系认证，4个工业企业被湖北省科技厅认定为"湖北省高新技术企业"。全年推广应用新技术、新工艺、新材料386项。

大力发展特色产业集群。咸宁市咸安区做大做强苎麻纺织、森工建材、玻璃器皿和机电等产业，积极培育茶叶加工和桂花绿色食品加工两大优势产业；苎麻纺织产业集群跻身"中国县域产业竞争力百强"。崇阳县推动钒产业发展，钒加工产业集群年销售收入达到10亿元。通城县以玉立砂带集团、宝塔砂布为龙头的涂附磨具产业集群规模形成。通山县立足"五石"（大理石、石英石、石灰石、钒石、白云石）资源，积极发展以永亮石材工业园为龙头的石材重点项目，以大盘龙冶金工业园为龙头的石英石重点项目，以忠海圣火干法旋窑为龙头的石灰石重点项目，以腾达矿冶为龙头的钒石重点项目，以赛钻建材工业园为龙头的人造石重点项目的5个10亿元产业集群。嘉鱼县钢管制造、船舶制造、农副产品深加工等产业集群不断壮大，其中钢管制造产业集群有望列入全省重点产业集群行列。截至年底，赤壁市蒲纺工业园初步形成30万锭纺纱、1亿米印染、5 000万米织布、2 000万套服务加工能力的纺织服装产业集群。年内，全市有5个产业集群（咸宁市机电制造产业集群、咸安区苎麻纺织产业集群、赤壁市纺织服装产业集群、通城县涂附磨具产业集群、通山县石材加工产业集群）完成销售收入109.88亿元，比上年增长38.4%。实现利润5.49亿元，增长34.6%。上缴税金4.19亿元，增长37.6%。

大力实施项目建设。台湾光宝集团、统一集团落户咸宁经济开发区长江产业园。武汉金百瑞科技有限公司新新材料项目二期扩能改造项目顺利实施。协调完成湖北华新水泥有限公司二期工程项目电力增容。完成湖北田野集团股份有限公司150万吨高性能石油钻杆生产线、湖北华义泰特钢实业有限公司30万吨异型钢管生产线项目投产事宜。全年共争取各类项目专项资金9 500万元；其中，咸宁市区工业项目获得专项资金1 000万元，5个省级重点产业获得发展资金860万元，7个中小企业项目获得支持资金120万元，争取中小企业成长工程专项资金115万元。湖北天化麻业股份有限公司、湖北三环方向机有限公司、咸宁洁丽雅家纺有限公司等10个企业项目获得市技术进步专项资金支持，项目建成投产后，可新增税收1.44亿元。

【机械工业】 2009年，咸宁市有规模以上机械工业企业（全部国有和年主营业务收入500万元及以上非国有工业企业）120个，比上年增加19个；从业人员年平均人数1.56万人，比上年增长8.7%；总资产52.90亿元，增长24.4%；完成工业总产值75.15亿元，增长22.4%；工业产品销售产值72.71亿元，增长24.1%，产销率96.8%。完成主营业务收入66.22亿元，增长22.5%；实现利税总额5.13亿元，下降17.4%。规模以上机械工业行业主要有非金属矿物制品业、金属制品业、通用设备制造业、专用设备制造业、交通运输设备制造业、电气机械及器材制造业等6个行业。

【冶金工业】 2009年，咸宁市有规模以上冶金工业企业（全部国有和年主营业务收入500万元及以上非国有工业企业）38个，比上年增加3个；从业人员年平均人数5 100人，比上年下降30.3%；总资产21.13亿元，增长23.9%；完成工业总产值62.18亿元，增长51.3%；工业产品销售产值60.16亿元，增长50.6%，产销率96.8%。完成主营业务收入55.44亿元，增长44.2%；实现利税总额4.29亿元，下降29.1%。规模以上冶金工业行业有黑色金属矿采选业、有色金属矿采选业、非金属矿物制品业、黑色金属冶炼及压延加工业、有色金属冶炼及压延加工业等5个行业。

【火工工业】 2009年，咸宁市有火工工业企业6个，比上年增加5个，其中，赤壁市新增火工工业企业1个、崇阳县新增火工工业企业4个。全年全市火工企业从业人员年平均人数500人，比上年增长89.4%；总资产9 800万元，增长37.4%；完成工业总产值（现价）1.94亿元，增长157.3%；工业产品销售产值2亿元，增长167.8%，产销率103%；完成主营业务收入1.4亿元，增长115.8%；实现利税2 800万元，增长44.93%。

【电子信息产品制造业】 2009年，咸宁市有电子信息产品制造企业19个，从业人员3 054人；全年完成工业总产值10.1亿元，比上年增长43.9%，实现工业增加值2.81亿元，增长51.1%，实现销售收入9.71亿元，增长44.6%，完成出口交货值6 700万元，增长7.9%。主要有通讯设备制造、广播电视设备制造、电子专用设备制造、电子元件产品、电子机电产品制造、电子专用材料产品等6个工业门类，主要产品有云母纸、云母带、云母板、电线电缆、10AH磷酸铁锂正极材料、锂电池、电缆分线箱、耳机线、计算机电话连接线、音频线、漆包线、工程塑胶颗粒、显示屏等。年产值1亿元以上的企业有:湖北平安电工材料有限公司、湖北波赛恩真空电子有限公司、奕东电子(湖北)有限公司;年产值5 000万元以上的企业有湖北华特红旗电线电缆有限公司。

重点项目建设进展顺利。全年全市实施重大建设项目4个,总投资3.56亿元,完成投资1.78亿元,占总投资50.0%。年内总投资1.5亿元的湖北瀛通电子有限公司通城县"回归工程"(以亲情、乡情、友情为依托,组织、引导本籍在外成功人士回乡投资兴业工程)正式投产,预计安排就业人员3 500人,年创产值达5亿元,年创利税5 000万元。成为全市电子信息产品制造业的龙头企业。

产品结构趋向合理。加大承接与东南沿海地区及武汉市电子信息产业转移力度,产品结构由单一品种向多品种转变,产品制造由粗加工向精加工转变,低档产品向高新技术产品转变。湖北平安电工材料有限公司生产的千米耐火云母带成为国家神舟六号载人飞船、神舟七号载人飞船、远洋测量船舶用指定专用产品;湖北平安电工材料有限公司成为全国重要云母制品生产基地和全国云母制品出口基地。湖北能一郎科技股份有限公司生产的10AH磷酸铁锂动力电池、锂电池,湖北百杰瑞新材料有限公司生产的铯稀有金属新材料,广泛配套于电动自行车和电动摩托车,市场前景看好。

电子信息产业园建设速度加快。全市电子信息产业园产业规模不断扩大,企业竞争力不断提高。年内,咸宁经济开发区长江产业园IT电子工业园入园企业3个,湖北能一郎科技股份有限公司、湖北百杰瑞新材料有限公司建成投产;台湾光宝集团公司落户IT电子工业园,投资总额6 000万美元,研发与生产计算机及电子零部件。

信息化发展步伐加快。积极组织实施电子政务、电子商务等信息化应用系统工程,运用信息技术改造传统产业,制订全市电子政务应用系统建设及规划,推进电子监察、会议通知、报考报名等应用面广、协调性强的应用项目建设。组织150个中小企业参加"商务领航"(中国电信推出的面向所有企业客户的、旨在服务于企业信息化的全新客户品牌)建设工程,大力实施电力能源、机电制造、纺织服装、森工造纸、医药化工、食品饮料等六大支柱产业信息化建设工程,引导企业加快信息化建设。

【纺织工业】 2009年,咸宁市有规模以上纺织工业企业(全部国有和年主营业务收入500万元及以上非国有工业企业)125个,完成工业总产值83.94亿元,比上年增长22.3%;实现工业增加值22.57亿元,增长22.3%;完成主营业务收入79.65亿元,增长24.3%;实现税收总额2.1亿元,增长23.5%;创利润总额2.50亿元,增长25.0%。纺织从业人员2.6万人。年内,企业改制工作全部完成,改制企业职工全部得到妥善安置。

【轻工业】 2009年,咸宁市规模以上轻工业企业完成工业总产值180.88亿元,比上年增长25.3%。其中,农副产品加工企业完成总产值13.6亿元,增长52.5%;食品制造企业完成总产值4.54亿元,增长65.8%;饮料制造企业完成总产值31.39亿元,增长26.1%;木材加工及竹、藤、棕、草制品企业完成总产值17.34亿元,增长18.3%;家具制造企业完成总产值5.36亿元,增长20.9%;造纸及纸制品企业完成总产值10.14亿元,增长3.3%;皮革、毛皮、羽毛(绒)及制品企业完成总产值1.16亿元,下降7.6%;塑料制品企业完成总产值5.15亿元,增长60.8%;涂附磨具企业完成总产值11.58亿元,增长28.7%;印刷业及记录媒介复制企业完成总产值6.49亿元,增长44.2%;橡胶制造企业完成总产值4.76亿元,增长10.9%;工艺品及其他制造企业完成总产值21.91亿万元,增长21.9%。年内,武汉统一企业集团公司在咸宁市长江工业园投资设立独立核算的子公司,武汉天龙黄鹤楼酒业有限公司咸宁万吨酿酒基地建设在咸宁市经济开发区工业园奠基开工。香港金成家具咸宁金欧米生产项目在咸宁市经济开发区长江工业园奠基。红牛维他命饮料(湖北)有限公司二期工程建成投产,新增10万吨生产能力,年生产能力达到20万吨。

【医药工业】 2009年,咸宁市有规模以上医药工业企业(全部国有和年主营业务收入500万元及以上非国有工业企业)18个,从业人员3 706人;完成工业总产值12.29亿元,比上年增长16.7%,占全市规模以上企业工业总产值的2.6%。实现营业收入8.07亿元,下降1.71%;实现利润总额3 157万元,下降25%;上缴税金3 971.2万元,增长9.3%。主导产品有化学原料药、中间体、中成药、西药制剂、保健用品、医用敷料、医疗器械、药用包装等,"福人"牌金刚藤糖浆、"崇强"牌外科纱布敷料、"天南星"牌X光医用追踪线等3个产品获得"湖北名牌产品"称号,"福人"牌、"崇强"牌、"天南星"牌、"通盖"牌等4个商标获得"湖北著名商标"称号。

年内,产值1亿元以上的医药企业有湖北福人药业股份有限公司、崇阳县稳健医用纺织品有限公司、崇阳县中健医疗卫生用品有限公司、武汉杰士邦卫生用品公司咸宁分公司;产值5 000万元以上的医药企业有湖北福人金身药业有限公司、赤壁市康华药用包装有限公司、咸宁市华欣卫生用品有限公司、咸宁市马桥荣恩堂药业有限公司、湖北祥鹄生物工程有限公司、赤壁市医用氧供应站。全年全市引进医药工业项目4个,总投资3.6亿元;广济药业、京汇药业及和谐药业共同投资建设的湖北惠生药业B6项目落户长江产业园。大力推进科技创新。先后成功开发一次性手术方巾、天南星X光医用跟踪线、咳喘咳胶囊、夕阳红冲剂、生物药品等新品种。全年投入技改资金1.01亿元,比上年增长1.1倍;其中崇阳县中健公司投资2 000万元新建手术巾生产线1条;稳健公司投资3 000万元实施三期工程扩建;嘉鱼县稳健医用纺织有限公司投入1 200万元改造水刺机,新增产值1 000万元,利税100万元;湖北福人药业股份有限公司投入2 400万元新建金刚藤胶囊生产线,新增产值2 000万元,新增利税200万元。全市有16个规模以上医药企业建有技术开发中心,有14个规模以上医药企业通过ISO9001质量标准体系认证,有8个规模以上医药企业通过GNP认证,有2个规模以上医药企业通过ISO14000国际环境管理体系认证,有3个规模以上医药企业通过OHSAS18000职业健康安全管理体系认证。湖北福人药业股份有限公司先后与全国10余所医科院校建立技术协作关系,与上海医科大学、湖北中医学院、南京医科大学等协作开展对金刚藤原药材的GAP种植研究,推动金刚藤糖浆产品多样化,上市品种20余个,在研品种15个,拥有自主知识产权品种4个,具备6个剂型生产能力,形成妇产科、心血管科和儿科三大用药系列;全年投入新产品开发基金1 500万元,成功开发益心颗粒、夕阳红冲剂等新药品,产品质量达到国家二类新药标准。

【电力工业】 2009年,咸宁市电力工业售电量33.76亿千瓦时,比上年增长8.5%。全社会用电量39.99亿千瓦时,日供电最大负荷72.5万千瓦。有35千伏及以上公用变电站84个,主变141台,容量298.495万千伏安;输电线路170条,总长2 457千米。全口径装机容量78.55万千瓦;全年发电量39.34亿千瓦时。实现连续安全生产1 608天。

2009年,咸宁市完成电网建设投资3.35亿元,投产35千伏及以上变电站2个,改扩建变电站4个,新增容量27.75万千伏安;新建35千伏及以上输电线路11条99千米。完成咸宁电网"十二五"规划编制,完成220千伏嘉鱼茶庵岭变电站扩建等12个项目核准,完成通城输变电等15个工程可行性研究报告审查。220千伏宝塔开关站建设完工。赤壁、燕厦等地电源布点工程投产送电,黄沙、水兴等地农配网完善工程建设顺利实施。±800千伏向家坝—上海特高压直流输电线路工程建设协调完成,±800千伏锦屏—苏南、1 000千伏陕西—长沙咸宁段前期协调工作有序进行。年内,实现主网无人值班、实现80%的农网110千伏变电站无人值班。标准化作业进一步深化,完善标准化作业指导书(卡),创建标准变电站15个、标准线路101条、标准台区774个。建成新农村电气化县1个、电气化乡17个、电气化村122个。投入大修技改资金2.52亿元,新建、改造配电台区622个、10千伏线路383.96千米、低压线路513.61千米。城网、农网供电可靠率分别达99.9%和99.8%,分别比上年提高0.03个百分点和0.026个百分点;城网、农网综合电压合格率分别达99.7%和98.4%,提高0.236个百分点和0.096个百分点。全年审计项目24个,提出审计意见及建议86条,增收节支289.09万元。完成小型基建工程签证审计33个,审减工程造价219.08万元。农电工管理应用系统入选湖北省电力公司典型经验库。

2009年,咸宁市加大电价政策执行与问责力度,严格电价执行情况检查,规范用电行为。完善电费回收责任机制,对月用电量10万千瓦时以上用户实行分期结算和预付费制,推广电费绿卡村建设和自助缴费终端设备应用。开展营业用电普查和反窃电活动,提升营销质量;实施国家电网公司SG186营销业务应用系统试点建设,率先在湖北省电力公司系统实现SG186营销业务应用系统上线。年内,咸宁市电力公司变电中心QC小组获得"全国优秀质量管理小组"称号,赤壁市供电公司获得国家电网公司"农网科技进步试点县"称号。咸宁市电力公司科技项目《线路绝缘子串闪络路径及监测装置研究》获得中国电力科技进步三等奖。截至年底,咸宁市电力公司累计取得国家专利授权39项,名列湖北省电力公司系统首位。加强安全生产监督检查,全年排查各类安全隐患4 306项,整改率达93.4%。推进现场安全文明施工和标准化作业,现场稽查3 576次,查处违章作业147件,消除安全隐患353个。连续4年安全生产无事故,咸宁市电力公司获得2009年度湖北省电力公司"安全生产红旗单位",蝉联湖北省人民政府"安全生产红旗单位"称号。

【建材工业】 2009年,咸宁市有规模以上建材工业企业(全部国有和年主营业务收入500万元及以上非国有工业企业)146个,完成工业总产值(当年价格)73.64亿元,比上年增长52.7%;实现工业增加值(当年价格)25.76亿元,增长25%;工业产品销售率96.2%,下降1.98个百分点;实现利润总额2.93亿元,增长32%;上缴税金1.85亿元,下降10.6%。全年生产水泥388.72万吨,增长22%;红砖4.75亿块,增长41.4%;大理石板材165.73万平方米,下降3.2%。

2009年,咸宁市编制完成《咸宁市建材产业调整和振兴实施方案》。大力推进项目建设。全市六大重点督办项目建设进展顺利。崇阳县昌华实业有限公司投资2.1亿元,新建日产2 500吨水泥熟料的新型干法水泥生产线竣工投产。葛洲坝嘉鱼水泥有限公司投资8.9亿元,新建日产4 800吨水泥熟料的新型干法水泥生产线正式投产。华新水泥(赤壁)有限公司投资4亿元,新建日产4 000吨水泥熟料的新型干法水泥生产线、投资6 000万元兴建的余热发电项目顺利开工。通城县水泥总厂投资3 000万元,新建年产100万吨水泥粉磨站生产线项目建设完成投资500多万元。全年共拆除立窑水泥生产线5条。

(咸宁市志办)

仙桃市工业

【概况】 2009年,仙桃市加强与国内外资本和产业转移对接,成功引进一批投资额度大、产业带动强的项目;积极争取国家扩大内需的项目;大力推进工业园区建设,工业发展后劲明显增强。全年固定资产投资120.25亿元,比上年增长40.8%;共争取中央拉动内需投资项目167个,省级预算投资项目41个。全年招商引资项目186个,其中投资1亿元以上项目13个,建成工业标准化厂房52.7万平方米。广东惠州纳伟仕公司、天津天士力制药股份有限公司、现代中加科技城等落户仙桃,香港真巧国际控股有限公司、福建省海新集团有限公司、青岛三利中德美水设备有限公司、东莞市华美食品有限公司等投资1亿元以上项目陆续开工或建成投产,仙桃旺旺食品有限公司21条生产线、武汉丝宝日化有限公司洗发水、湖北仙磷化工有限责任公司乙醇胺项目、湖北仙桃市清园机械钢构公司等一批项目建成投产或竣工;南城新区工业园道路、管网、高架桥等工程建设进展顺利,投资近4亿元加快彭场、胡场、毛嘴、三伏潭乡镇工业园建设。全年销售收入1亿元以上的企业达到77个,比上年增加12个。全市实现税收1 000万元以上企业10个,实现税收500万元~1 000万元的企业13个,实现税收100万元~500万元的企业102个。全市形成纺织服装、食品加工、精细化工、无纺布、医用卫生材料、汽车零部件加工等六大产业集群。

【纺织服装工业】 2009年,仙桃市有规模以上纺织服装工业企业(全部国有和年主营业务收入500万元及以上非国有工业企业)42个,其中,规模以上棉纺工业企业22个,年产棉纱8.4万吨、坯布1.2亿米、牛仔布1亿米、印染1.5亿米、高档色织布1 153万米、精纺羊绒面料147万米;规模以上服装工业企业20个,年产系列服装6 500万件。全市有棉纺锭70万锭左右,年纺棉纱13万吨左右。主要企业湖北迈亚仙桃色织布厂有印染生产线7条,年印染能力5 000万米;为全国生产高档色织布生产基地和高档西服面料基地;湖北裕波纺织公司牛仔布印染厂为湖北省最大的牛仔布生产基地;仙桃市杨林尾、西流河、通海口等地服装业成为湖北省出口服装生产基地。

【无纺布及医用卫材材料工业】 2009年,仙桃市有无纺布及医用卫材材料工业企业344个,其中规模以上无纺布及医用卫材材料工业企业(全部国有和年主营业务收入500万元及以上非国有工业企业)94个,无纺布生产能力9万吨以上,市场占有量达60%;实现销售收入50亿元以上,自营出口创汇1亿美元以上。与武汉科技大学联合成立的无纺布产学研实验基地,培育有仙桃新发塑料制品有限公司、仙桃裕民塑料制品有限公司、仙桃市宏祥无纺布有限公司、仙桃市顺发无纺布制品公司、仙桃市海腾无纺布制品有限公司等年销售1亿元以上的无纺布生产企业,产品出口美国、欧盟、日本、韩国、东南亚等20多个国家和地区,出口交货值占全国无纺布制品出口交货值的40%。

【医药化工工业】 2009年,仙桃市有规模以上医药化工企业(全部国有和年主营业务收入500万元及以上非国有工业企业)42个,其中,规模以上医药工业企业20个，规模以上化工企业22个；全年医药化工工业增加值比上年增长23.8%。全市继续借助武汉健民、华中医药、中联药业等新医药产业的科研开发及制造优势，引进其技术、人才、设备，壮大和发展医药产业，全市医药产品的市场竞争力得到增强。全市化工工业依托湖北仙磷化工有限责任公司、湖北仙隆化工股份有限公司等企业，实施技术转让、资本嫁接、联合重组等举措，全市化工产业整体实力得到进一步提升。仙桃丝宝集团公司、仙桃市先峰化工公司、湖北仙桃北嘉韵化工科技有限公司、湖北绿色家园化工有限责任公司、湖北宝姿日化用品有限公司等化工产业集群发展速度加快。

【食品工业】　2009年，仙桃市共有食品工业企业220个，实现主营业务收入58.84亿元，比上年增长36.3%。食品工业经济总量占全市工业经济总量的20.7%。主要产品有粮食产品、油脂产品、畜禽产品、冷冻食品、果蔬产品、水产产品等6个大类。主要企业有台湾旺旺集团公司、福建亲亲股份有限公司、仙桃市嘉士柏食品工业有限公司、湖北华美食品有限公司、湖北康派克冰淇淋生产有限公司、江苏金威麦芽有限公司、仙桃市外婆家食品有限责任公司、仙桃市沔阳三蒸食品有限公司、湖北省仙桃市盛胜鹅业有限责任公司、仙桃市正旺鹅业有限公司、湖北省仙桃市九珠蛋业有限公司、仙桃市沙湖红心蛋品有限公司、湖北绿生畜牧科技发展有限公司、仙桃市毛嘴卤鸡厂等。年加工大米5万吨、大麦7万吨、淡水鱼10万吨、朗德鹅20万只、蛋品1亿枚、牲猪100万头；有旺旺膨化食品、旺仔QQ糖、亲亲果冻、亲亲虾条、沙湖皮咸蛋、毛嘴卤鸡等品牌产品。

仙桃旺旺食品有限公司　　（仙桃市志办　供稿）

【电力工业】　2009年，仙桃市电力工业有220千伏变电站2个，主变电压器3台，主变容量48万千伏安；有110千伏变电站10个，110千伏主变电压器16台，主变容量52.4万千伏安；有35千伏变电站17个，35千伏主变电压器32台，主变容量163.2千伏安。有110千伏线路19条，总长312.789千米；有35千伏线路27条，总长284.781千米；有10千伏线路164条，总长2 436.8千米。形成以220千伏电网为电源点，110千伏电网为枢纽，35千伏电网为骨架，10千伏电网为辐射的现代化网络。有各类用电客户39.3万户。全年完成售电量10.47亿千瓦时，比上年增加1.12亿千瓦时，增长11.9%，其中工业电量6.13亿千瓦时，增加4 100万千瓦时，增长7.0%。全年电力基本建设投资6 528万元，完成110千伏刘口输变电工程（投资4 798万元）和35千伏沙原输变电工程（投资1 730万元）建设。投资2 474.66万元，完善农村供电网络和配电设备更新，供电能力明显提升。

（黄爱高）

潜江市工业

【概况】　2009年，潜江市规模以上工业企业（全部国有和年主营业务收入500万元及以上非国有工业企业）完成工业总产值382.25亿元，比上年增长9.8%，实现工业增加值117.26亿元，增长10.1%。完成固定资产投资74.96亿元，增长26%。全年共实施重点工业项目56个，投资总额89.6亿元，完成投资40亿元；其中19个项目竣工投产，15个在建项目进展顺利，22个重大项目前期准备工作基本完成。全年实施工业重点项目56个，完成投资40亿元；实施技改项目19个，完成投资24.5亿元；新上工业项目37个，完成投资15.5亿元。全年万元生产总值综合能耗下降5%；主要污染物化学需氧量、二氧化硫分别减排4%和6%，提前1年完成“十一五”时期总量减排控制目标。

2009年，潜江市加大招商引资力度，围绕重点产业、特色资源、区位优势，以市场和国家产业政策为导向，筛选论证一批重点项目，先后在环渤海地区、珠三角地区、长三角地区、武汉城市圈等区域实施招商引资活动，并积极参与武汉首届全球鄂商大会、2009鄂港粤经贸洽谈等招商引资活动，引进一批投资规模大、技术含量高、带动效应强的项目。全年引进项目92个，其中投资1亿元以上的项目11个；实际到位资金31.24亿元，比上年增长10.2%；实际利用外资2693万美元，增长17.1%。

2009年，潜江市加快工业园区建设，全市“三区三园”（潜江经济开发区、张金开发区、园林国家星火技术密集区、杨市工业园、江汉盐化工业园、后湖工业园）总体规划面积达104.17平方公里，截至年底，累计完成基础设施建设投资约3.8亿元。年内，潜江经济开发区投资约5 000万元，完成章华北路及广泽大道、湖滨南路慢车道的改造，完成潜泽路两侧下水道及配套工程建设，完成环卫垃圾池及中转站建设，完成电力增容及线路改造，完成天燃气接口改造；园林科技园投资约5 000万元，完成二期道路建设、水沟清理、路面硬化等；杨市工业园投资约2 200万元，完成东起章华南路、西至紫光路、北起汉宜高速、南至六支渠的道路建设及水网配套设施建设等；江汉盐化工业园投资约1 500万元，完成1.2公里道路硬化，太阳能路灯安装、人行道板建设以及道路绿化等；后湖工业园总体规划编制完成。

【石油工业】　潜江境域石油工业企业主要是江汉油田。江汉油田是中国石化集团江汉石油管理局（简称江汉石油管理局）和中国石化股份有限公司江汉油田分公司（简称江汉油田分公司）的统称，是以油气勘探开发为主，石油机械制造、石油工程技术服务和盐卤化工配套发展的国有特大型企业。油气生产区主要分布在湖北潜江、荆门、荆州、天门、仙桃、利川和山东寿光、广饶，陕西安塞、子长，重庆石柱等市县。截至年底，江汉油田有职工3.25万人，其中各类专业技术人员8 115人（含高级技术职称人员1 547

人,中级技术职称人员4 617人);资产总额249.87亿元,其中固定资产净值130.43亿元。全年完成勘探投资6.94亿元;开发投资16.6亿元;生产原油162.8万吨;生产天然气1.6亿立方米;实现营业收入178.93亿元,上缴税费11.87亿元。2009年,江汉油田被中国石化集团公司评为安全生产先进单位、环境保护先进单位;江汉油田被中央精神文明建设指导委员会办公室授予"全国精神文明建设工作先进单位"称号。

油气勘探取得新突破。年内,马王庙地区新沟嘴组浅层发现稀油油藏,马71井试油获日产23.85立方米,首次取得江汉盆地浅层(1 000米以内)油气勘探的重大突破。初步控制石油地质储量约300万吨。江陵凹陷荆沙组突破工业流关,虎4井中途测试获日产16.52立方米。八面河地区孔店组发现厚油层草12井测井解释油层2层14.6米,初期试油获日产1.03立方米。风险探井海古1井新层系发现良好油气,钻遇油层5层10.6米。八面河南斜坡面138块滚动扩边效果明显,新增三级储量721万吨。潜南地区老新坡折带实现含油连片,老30井试油获日产16立方米。潜江凹陷北部岩性油藏勘探发现严10、周16扩等含油新区块。海相上组合勘探有序推进,滚动钻探建431井,南长二段新增天然气探明储量36.18亿立方米;龙801井黄龙组测井解释气层1层11.8米。全年完成勘探二维地震344.67千米、三维地震493.41平方千米;完钻探井35口,10口获工业油流;新增探明油气当量1 149万吨、控制储量683万吨、预测储量757万吨,分别为年计划的110%、113.8%和108.2%。

油气田开发继续保持较高水平。全年江汉生产区生产原油77.5万吨、八面河生产区生产原油66.8万吨、坪北生产区生产原油17万吨、松滋生产区生产原油1.5万吨;新建原油产能22.17万吨。主要开发指标持续改善,油田自然递减率14.9%、综合递减率8.6%、综合含水率88%。外销天然气1.23亿立方米,增收2 165万元。

工程技术服务领域继续拓展。全年共有国内施工项目270个;新签海外工程项目20个,合同金额1.02亿美元。全年共钻井340口进尺83.66万米,测井1 160井次、射孔792井次、录井362口,试油(气)224口层、油水井作业5 186井次;完成地面工程设计和施工项目290个。有26支工程技术队伍在海外市场(9个国家)施工,在厄瓜多尔、阿尔及利亚、哥伦比亚共钻井33口、修井103口;完成缅甸D区块413.84千米二维地震勘探项目和雅集1井测试施工任务;承建的阿尔及利亚扎尔则油田混相驱项目投产运行;巴西管道北段主任工程提前15天完工. 全年工程技术服务实现收入52.06亿元、比上年增长40.4%,实现利润1.74亿元、增长11.5%。

石油机械制造业快速发展。全年实现收入53.12亿元,完成出口交货值7.31亿元;实现盈利4.29亿元,为年计划的117.5%。江汉石油钻头股份有限公司牙轮钻头生产线集成加工技术改造完成,其技术达到世界先进水平,全年生产钻头3.77万只,其中牙轮钻头国内市场占有率达到67%,并销往苏丹、乍得等10个国家;金刚石钻头在俄罗斯、哈萨克斯坦试用获得成功。江汉油田四机厂快移快装钻机被评为"国家重点新产品"并批量出口美国、伊朗等国家和地区;固压设备成功进入中东、南非市场;"石油四机"商标在美国成功注册;该厂获得"中国石油石化装备制造业卓越贡献奖"。潜江钢管厂完成直缝和螺旋钢管生产线提速改造;完成西气东输二线管道、陕京三线天然气管道的钢管生产任务,成功与伊拉克签订2万余吨钢管供货合同;全年共生产钢管28.02万吨。潜江三机厂全年销售压缩机45台,新增订货额2亿元。

盐卤化工生产平稳运行。江汉油田盐化工总厂全年实现销售收入4.46亿元,产品产销率97.0%,货款回笼率100%,主要产品漂粉精销量创历史最好水平;川气东送储气库一期工程配套项目建设进展顺利,年产1万吨漂粉精扩建装置、2万吨离子膜电解装置技改工程建成投产;王储1井、王储6井、王储8井等3口试验井完成建腔1.93万立方米。

科技创新取得新进步。江汉油区和八面河油田油气富集规模研究取得新进展,为隐蔽性油藏勘探增储提供了技术支持;水平井增产措施工艺研究与应用等重点项目科研实践进展顺利;总口地区敏感性低渗透油藏开发技术研究成果明显,储量动用率得到提高;井下智能分层开采与测控技术现场应用成功,获得国家专利2项;江汉平原海相地震勘探、钻柱裸眼多层测试、南方海相碳酸盐岩储层测井解释及评价等重点技术项目研究水平进一步提升;2500HP大型数控成套压裂装备研制列入国家863计划;5 000米海洋钻机、连续油管作业机、重载式沙漠修井机试制成功;大尺寸金钢石钻头成功下线并出口美国;螺杆钻具、海洋井口头等新产品的研制顺利推进;X100直缝埋弧焊钢管制造工艺研究取得阶段性成果;全平衡式天然气压缩机样机试制成功。全年承担中国石化集团公司、中国石化股份有限公司科研项目28项,完成江汉石油管理局、江汉石油分公司科研项目103项,取得科技成果58项,获得国家授权专利26项。

企业管理进一步加强。扎实推进"管理提升年"活动,创新管理体制,改进管理方式,企业管理水平进一步提升。101个精细化管理指标、60项重点项目建设全面完成。年内,参与制定国家标准3项、修订行业标准5项,修订油田和厂处标准152项;实现资金集中管理信息系统单轨运行;投资项目管理加强,严格42个重点项目监管,严格项目审批;严格企业内部审计和效能监察,堵塞管理漏洞,推进节能降耗,万元产值综合能耗控制在考核范围内。

【纺织服装工业】 2009年,潜江市有规模以上纺织服装工业企业(全部国有和年主营业务收入500万元及以上非国有工业企业)72个,比上年增加7个。年棉纺能力50万锭,年加工服装885万件(套),主要纺织企业有湖北潜江晶鹏纺织实业有限公司、湖北潜江金松纱业有限公司、潜江市源鑫纺织实业有限公司等近30个,主要服装企业有潜江市东颢制衣有限公司、潜江市一帆制衣有限公司、湖北潜江诚宇制衣厂等近40个。全年完成工业产值54.2亿元,占全市工业总产值的30.6%。全年全市有近10万名"潜江裁缝"在外务工创业。

【医药化工工业】 2009年,潜江市潜江经济开发区和王场精细化工园集聚医药化工企业近30个,形成产业集群。主要产业有油化工产业、煤化工产业、医药化工产业和盐化工产业;主要企业有金澳科技(湖北)化工有限公司、潜江永安药业股份有限公司、湖北省潜江华润化肥有限公司、湖北潜江江汉油田盐化工总厂等。全年医药化工工业完成产值36.2亿元,占全市工业总产值的20.4%。

【冶金机械工业】 2009年,潜江市有规模以上冶金机械工业企业(全部国有和年主营业务收入500万元及以上非国有工业企业)29个,其中铝制品企业4个、环保制造企业8个、石油设备及汽车配件制造企业8个,其他9个。主要冶金机械工业企业有江汉石油钻头股份有限公司、潜江齐力华盛有色金属公司、湖北潜江江汉环保有限公司、潜江江环实业有限公司、湖北昊江机械有限公司、江汉油田信毅石油设备有限公司、湖北鼎力机械

潜江华润化肥有限公司外景　　　　　　　　　　　　　　　　　　　　（潜江市志办　供稿）

制造有限公司、湖北省潜江市精工机械有限公司、湖北省潜江市江汉工具厂、潜江市东方汽车零部件有限公司等。全年完成工业产值28.8亿元，占全市工业总产值的16.3%。

【农副产品加工工业】　2009年，潜江市有规模以上农副产品加工工业企业（全部国有和年主营业务收入500万元及以上非国有工业企业）34个，其中水产品加工企业15个，粮油加工企业13个。其他农副产品加工企业6个。主要企业有湖北省潜江市华山水产食品有限公司、潜江市莱克水产食品有限公司、湖北省潜江巨鑫粮油（集团）有限公司等。全年完成工业产值24.3亿元，占全市工业总产值的13.7%。

【建材工业】　2009年，潜江市有规模以上建材工业企业（全部国有和年主营业务收入500万元及以上非国有工业企业）73个，主要企业有葛洲坝潜江水泥有限公司、潜江市中明陶瓷有限公司、湖北奥川建材科技有限公司、潜江菲利华石英玻璃材料有限公司、华新混凝土（武汉）有限公司潜江分公司等。全年完成工业产值33.8亿元，占全市工业总产值的19.1%。

【电力工业】　2009年，潜江市电力工业完成售电量9.06亿千瓦时，比上年增长8.4%；售电均价541.07元/兆瓦时；电费回收率100%；综合线损率7.32%，下降0.52个百分点；可控费用成本支出下降22%。全年完成1 800多台专变、1 300多台公变信息清理，完成23万余个低压客户信息清理工作。完成3 000个电表集装箱改造、轮换机械电表3万个，少损电量213万千瓦时。完成100千伏安以上专变及公变台区计量装置校验加封。查处各类违法案件230件，实现合理增收114.81万元。承接工程52个，工程总投资3 918万元。全年受理完成电表报装用户6 671个，总容量80 569千伏安，其中高压客户110个、总容量50 780千伏安。截至年底，累计安全生产2 795天。2009年，潜江市供电公司被评为全国精神文明建设工作先进单位，获得湖北省电力公司“2009年度县（市）级供电企业十佳文明单位”称号。

重点项目建设进展顺利。年内，投资4 600万元的110千伏杨市输变电工程进入施工阶段；投资4 200万元的110千伏章华输变电工程通过湖北省电力公司审查；投资2 344.28万元，完成辖区中西部电网完善化增补工程，完成110千伏竹林线及35千伏林周线新建工程，完成35千伏林站线、中沟线、城东线改造工程，完成35千伏～110千伏线路跨越汉宜铁路工程等。“十二五”时期电网建设规划编制工作全面启动。

（潜江市志办）

天门市工业

【概况】　2009年，天门市有规模以上工业企业（全部国有和年主营业务收入500万元及以上非国有工业企业）263个，比上年增加33个。全年完成工业总产值216.60亿元，比上年增长29.6%；实现工业增加值65.82亿元，增长26.3%。全年工业用电量约3亿千瓦时。年内新建、扩建、上年度转建项目156个；争取中央、湖北省投资项目245个，实际到位资金1.8亿元。全年共实施技改项目122个，完成技改投资15.18亿元。

招商引资成效明显。先后引进江苏雨润食品产业集团有限公司、山东国信环境系统有限公司、湖北稻花香集团股份有限公司、武汉德丰自动化控制有限公司、鸿扬尚品家私（香港）有限公司等一批知名企业。项目建设稳步推进。武汉德丰农产品加工园及冷链物流项目、天门市天源木业有限公司二期工程项目、中国绿色食品控股有限公司天门饮料生产线等项目成功签约，天门中绿食品产业园一期工程、华世通生物制药产业园一期工程、天门叮当猫服饰有限公司一期基工程等开工建设，湖北金诺生物蛋白有限公司项目、锐风制衣有限公司项目建成投产。

开发区建设不断加强。天门经济开发区配套设施逐步完善，岳口工业园、龙尾山工业园基础设施建设全面启动；天门经济开发区、天门工业园、岳口工业园、皂市龙尾山工业园共有规模以上工业企业136个，完成工业总产值占全市工业总产值的57.3%，产业集群效益扩大。纺织服装、汽车铝轮毂、水泵阀门、医药、化工、食品加工等6个产业集群有规模以上企业122个，完成工业总产值108亿元，增长35%；其中医药产业规模以上企业完成工业总产值28.5亿元，增长50%。天门纺织机械有限公司、湖北健康（集团）股份有限公司、湖北益泰药业有限公司、湖北成田制药股份有限公司等4个企业被认定为国家高新技术企业，9个企业被评为湖北省最具投资潜力科技型中小企业；13件商标获得“湖北省著名商标”称号，“天鹤”牌棉纺并条机和“超级宝贝”牌婴儿奶瓶获得“湖北名牌产品”称号。2009年，天门市再次入选全国最具投资潜力中小城市百强市。

【纺织服装工业】　2009年，天门市有规模以上纺织服装工业企业（全部国有和年主营业务收入500万元及以上非国有工业企业）25个，从业人员1.2万人，主要设备有纺锭30万锭、平缝机2 800套、织机2 000台，印染行业漂染生产能力达到1 000万码布。全年完成工业总产值23.6亿元，完成销售产值23亿元，实现利税2.7亿元。主要企业有天门景天纺织有限公司、天门稳健医用纺织有限公司、湖北天门时装服饰公司、天门市佑琪

天门纺织机械有限公司生产车间　　（天门市志办　供稿）

制衣有限公司、湖北亿鑫棉纺织有限公司、天门市金吉利纺织有限公司等。

【机械电子工业】　2009年，天门市有机械电子制造企业58个，其中通用设备制造企业20个，专业设备制造企业13个，金属制品企业9个，交通运输设备企业11个，其他机械制造企业5个，共有从业人员1.3万人。全年完成工业总产值28亿元，完成销售产值约27亿元，实现利税3亿元。主要产品有汽车配件、纺织机械、工业泵、棉花加工机械等。主要企业有天门纺织机械有限公司、东风华泰铝轮毂（天门）有限公司、天门泵业有限公司、天门天瑞电子有限公司等。

【医药化工工业】　2009年，天门市有医药化工工业企业27个，其中化学原料及化学制品企业17个、医药制品企业10个，共有从业人员6 000余人。全年完成工业总产值22.8亿元，完成销售产值22亿元，实现利税2.17亿元。主要企业有沙隆达天门农化公司、天门益泰制药有限公司、天门成田制药有限公司等。主要产品有除草剂、三氟化氮、肝泰乐、输液、软膏等，主要出口产品有除草剂、三氟化氮、肝泰乐等。

【轻工及食品加工业】　2009年，天门市有轻工及食品加工企业50个，其中食品制造业企业38个，轻工制造业企业12个，从业人员5 000余人。全年完成工业总产值22.3亿元，完成销售产值21.4亿元，实现利税2.8亿元。主要企业有华润啤酒天门有限公司、东湖酱鸭有限公司、永康油化公司、正和食品公司等。主要产品有食用油、酱鸭、黄花菜等。

【电力工业】　2009年，天门市供电区有35千伏及以上变电站23个、主变40台、容量40.92万千伏安。年内，35千伏马净线和梅祥线建成投产、蒋湖—河山变电站光纤架设完工；完成35千伏赵蒋线改造、35千伏渔薪和多祥变电站综合自动化改造、调度自动化主站改造；完成09中西部完善化一期、三期及高损台区改造；完成08配网改造、华泰线路、新城二期配网改造；完成南水北调兴隆水利枢纽工程35千伏多宝变增容工程；完成220千伏侨乡输变电工程站选址及初步勘测，完成110千伏赵台变增容改造工程可行性研究及编制、35千伏电网优化可行性研究及编制、35千伏沉湖输变电工程可行性研究及编制。

（天门市志办）

责任编辑　杨胜华

责任校对　周建华

农　业

概　述

【概况】 2009年,武汉城市圈农业依照"两型社会"(资源节约型社会、环境友好型社会)的要求,各市立足实际加大农业板块基地建设和农业机械化投入,大力开展农村能源建设,建立农业灾情气象监测体系和预警系统,切实转变农业经济发展方式,提高农民收入水平,改变农村面貌。全年完成农业增加值822.52亿元,比上年增长4.8%。

以现代农业基地建设为重点,推进农业产业一体化。全年新建、改建种植业板块25.3万公顷、高标准禽畜养殖小区300个,初步形成优势农产品的区域化布局。以实施农业节地、节水、节肥、节药、节时、节种、节粮、节能等"八节"现代农业技术为切入点,大力推进农业资源利用的高效化,通过实施测土配方施肥、农业沼气、农村清洁工程、农业机械化等一批重大项目,促进了农业生产的良性循环和效益的持续提高。加强政策资金扶持,引导龙头企业发展。截至年底,圈域内共有国家重点农业产业化龙头企业22个、省级农业产业化重点龙头企业23个,大中型农业产业化龙头企业共同发展的格局初步形成,规模以上农业产业化龙头企业达到2 100余个,全年实现销售收入(交易额)500余亿元,比上年增长20.5%。积极扶持农业合作组织发展,推进农企、农超对接,促进农产品快运直销,做大做强农产品品牌,增强产品市场竞争力。

武汉市人民政府市长阮成发(右二)在超市视察净菜上市工作　　（武鉴　供稿）

【武汉城市圈现代农业综合试验区建设启动】 2009年1月8日,国家农业部和湖北省人民政府就合作共建武汉城市圈现代农业综合试验区签署合作备忘录。双方达成共识,到2012年,将武汉城市圈初步建成适应现代农业发展要求的优势特色农产品生产基地,加速形成具有湖北特色的现代农业产业体系和板块经济,培育一批有实力、在全国有一定影响的农产品加工龙头企业和知名品牌,农产品质量安全水平稳步提升,农业生产实现由数量增长向质量效益同步提升转变。到2020年,城市圈域内农民人均纯收入比2008年翻一番,将武汉城市圈建设成为湖北省现代农业的先导区和示范区。

【新农村现代流通网络工程建设】 2009年2月24日,中华全国供销合作总社与湖北省人民政府签署新农村现代流通网络工程建设合作备忘录,通过发挥双方的政策、资金、经营和区位等优势,把武汉城市圈建设成为"新网工程"示范区,促进湖北农村商品流通现代化和农业产业化的发展。根据备忘录,双方主要在农业生产资料经营服务、农产品交易市场、棉花产业化经营、循环经济工业园区,以及日用消费品配送中心等几个方面进行合作。

（武鉴）

武汉市农业

【概况】 2009年,武汉市完成农业总产值251.79亿元,比上年增长2.9%,其中,完成种植业产值138.81亿元,增长0.8%,完成林业产值1.39亿元,下降15.1%,完成畜牧业产值64.78亿元,增长4.9%,完成渔业产值45.52亿元,增长7.1%,完成农林牧渔服务业产值1.29亿元,增长1.9%;完成农业增加值149.06亿元,增长1.6%。农村居民人均纯收入达7 161元,增加812元,增长12.8%,增幅比城市居民人均纯收入增幅高出2.8个百分点,连续两年超过城市居民收入的增幅。

提高"三农"工作地位。年内,中共武汉市委、武汉市人民政府出台《关于贯彻落实党的十七届三中全会精神加快农村改革发展的实施意见》,各级部门高度重视"三农"(农业、农村、农民)工作,在政策制定、工作部署、财力投放、干部配备上加大工作力度,形成了浓厚的重农强农氛围。先后召开20余次"三农"工作专题会议,全年市级以上财政对"三农"投入达40.13亿元,比上年增长24.9%,各类惠农补贴达3.18亿元,增长27.7%。

加快现代都市农业发展。通过农村经济结构调整,大力发展优势主导产业,加快发展"两型"(资源节约型、环境友好型)农业,全市无公害农产品、绿色食品、有机食品达548个;新增新建优势农产品正规化基地面积6 670公顷,全市农产品正规化基地面积达6.4万公顷;新增农村土地流转面积2.2万公顷;全市67个大中型畜禽养殖小区实现环保达标;全市乡村休闲游综合收入达到15.3亿元,比上年增长18.4%,年接待游客1 000万人次,吸纳当地农民就业1.6万人。加快发展农产品加工,全市农产品加工总产值突破850亿元,农产品加工产值占湖北省农产品加工产值的1/4;全市农业龙头企业实现销售收入270亿元,农业产业化经营农户覆盖率达59.5%,高效、生态农业产值占全市农业总产值的85%。全市培训农村外出务工人员2.5万人次,帮助3.8万名返乡农村外出务工人员就业创业,新增农村劳动力转移人员6.52万人,促进了农村居民非农收入快速增长。

推进远城区新型工业化。应对国际金融危机,武汉市出台了加快推进远城区新型工业化发展的意见。5月,在江夏区召开全市远城区工业发展工作会议,制定远城区工业发展空间规划、产业发展规划和扶持政策。全年远城区工业固定资产投资达230亿元,占全市工业投资总额的32.7%;规模以上企业达1 034个,比上年增加193个。5个远城区特色产业群获批成为湖北省重点成长型产业集群,形成了钢铁深加工、机械装备制造、电子显示科技、食品加工等产业链。全市远城区规模以上工业企业(全部国有和年主营业务收入500万元及以上非国有企业)总产值首次突破1 000亿元,达到1 106.06亿元,比上年增长21.9%,高于全市规模以上工业总产值增幅11.7个百分点。

加大农村基础设施建设力度。全年投资8亿元,完成11个大型排涝泵站更新改造和24个病险水库除险加固任务,更新改造56个中型骨干排灌泵站,全面完成易旱地区水利综合治理。农村"家园建设行动计划"扎实推进。新建通自然村塆水泥路1 200公里。开展农村环境综合整治工作,1 180个村普遍开展了以村塆环境卫生整治为重点内容的长效管理活动,农村居民生产条件和人居环境得到明显改善。

大力改善农村民生。实施农村安全饮水工程,新解决农村60万人饮水安全问题。积极组织开展家用电器等工业品下乡工作,支持农民购买家用电器、汽车、摩托车10.1万(台)套,兑现补贴资金5 100万元,农村流通网络体系建设取得明显成效。市、区政府共投入1.08亿元,完成全市远城区3 903个农村危房改造任务。汉南区沟北小区、东西湖区柏泉小区、蔡甸区星光小区、洪山区红霞小区、黄陂区高车小区等一批农村居民新社区建成。完善农村义务教育免费政策和保障机制,全市农村义务教育阶段共免收学杂费、教科书费7 616万元,补助寄宿生生活费824万元。启动新型农村社会养老保险试点,全市5万名农村居民实现参保。完善新型农村合作医疗制度,参合人员273.6万人,参合率达98.9%。

深化农村改革。成立武汉市农村综合产权交易所,进行农村土地承包经营权等8大类交易产品交易业务,全年交易额达18.16亿元,并成功实现土地经营权抵押融资。探索组建远城区农业投资担保公司,农村金融服务体系不断创新。集体林权制度改革全面推进,产权明晰工作全面完成,全年完成确权面积12.25万公顷,林权发证率达92.5%。开展村级公益事业"一事一议"财政奖补(村级公益事业项目只要是村民经过民主决策、自愿筹资筹劳的,政府就按规定进行奖励和补助)试点。村级债务清理调查基本完成。湖北省核定的全市2.2亿元农村义务教育"普九"债务全部化解完毕。农牧渔良种场改革稳步推进,41个农牧渔良种场管理体制和运行机制全面创新。

推动城乡统筹发展。年内,武汉市出台《关于加强新阶段扶贫开发工作的决定》,召开了全市农村小康工作会、对口共建新农村工作会、老区扶贫工作会、城乡基层党组织结对共建工作会议。各中心城区、开发区共组织200余个街道、机关和企事业单位,投入资金3 300万元,帮助远城区实施产业发展、基础设施建设等200余个共建帮扶项目。

创建国家森林城市。按照"水乡林城、生态武汉"的创建理念,重点实施绿色通道、三镇绿岛、绿色家园、湿地水网等十大创森重点工程。组建武汉林业集团。大力开展造林绿化,全年完成人工造林8 533.3公顷、四旁植树786万株、封山育林3 733.3公顷。积极推进庭院经济林、绿色通道和村塆风景林建设,全市新建林果产业基地3 746.7公顷。

【种植业】 2009年,武汉市实际拥有耕地面积21.02万公顷,与上年基本持平;农作物总播种面积55.14万公顷,与上年基本持平。全年完成种植业产值138.81亿元,比上年增长0.8%。全市粮食播种面积23.8万公顷,增长0.4%;粮食总产量135.89万吨,下降2.7%;棉花播种面积2.44万公顷,下降11.3%,棉花总产量3.22万吨,下降8.8%;油料作物播种面积9.80万公顷,下降1.4%,油料作物总产量19.05万吨,增长3.3%。

2009年,武汉市农业局制定《关于抓好2009年春季农业结构调整的工作意见》、《关于抓好2009年秋冬农业结构调整工作的意见》等指导性文件,召开3次现场会,为促进全市农业结构调整措施的落实奠定了良好基础。全年全市棉花等低质低效作物面积调减5 300公顷,春播等种植面积8万公顷,比上年增加3 300公顷,其中,早春播及大春播面积6万公顷,早毛豆、早玉米、早西甜瓜种植面积2万公顷。全市秋冬农作物总播面积19.33万公顷,其中,油菜种植面积8万公顷,秋冬季蔬菜种植面积6.67万公顷,绿肥、青饲料种植面积2万公顷,蚕豌豆、土豆等其他作物种植面积2.67万公顷,食用菌中草腐菌种植面积700万平方米,年产木腐菌2 000万袋,小麦种植面积由上年的1.6万公顷调减到1万公顷,开发冬闲田面积2.67万公顷。

【蔬菜业】 2009年,武汉市蔬菜播种面积16.73万公顷,比上年增长3.5%;蔬菜总产量597万吨,增长2.1%;完成蔬菜总产值68.9亿元,增长2.0%。

标准化基地建设保持良好态势。武汉广地农业科技有限公司扩大投资规模,分别在新洲区涨渡湖农场、黄陂区三里镇、蔡甸区永安街等地新增全程喷灌设施蔬菜基地面积733.3公顷;湖北凡华农业科技发展有限公司在江夏区郑店街新建133.3公顷的蔬菜板块基地,武汉市鑫农湖农业科技发展有限公司在江夏区法泗镇与莲藕合作社联合,开展籽莲订单生产,种植面积由1 333.3公顷扩大到2 666.7公顷,为籽莲板块建设奠定了良好的调整基础;武汉如意农业开发有限公司在东西湖区辛安渡农场实施的总投资达6 000余万元的20公顷连栋钢架大棚项目建成并投入使用,成为湖北省乃至华中地区一流的高档蔬菜设施栽培区和武汉市蔬菜产业发展的新亮点。

净菜上市工作取得明显成效。年内,武汉市农业局会同武汉市财政局制订《武汉市净菜上市方案(试行)》,围绕净菜标准化生产、标准化包装、标准化销售,多次召开座谈会,经过广泛宣传发动,武汉武商量贩连锁有限公司、武汉中百连锁仓储超市有限公司、武汉新辰食品有限公司等10余个企业积极参与净菜上市工程,结合企业市场定位,建立自营的净菜基地,积极打造企业净菜品牌。全年全市共培育净菜加工、配送企业(含农民专业合作社)14个,建立净菜专区、

农民在田间采摘蔬菜　　　　（武鉴　供稿）

专店47个。11月，武汉市农业局完成净菜加工包装标准起草工作，并会同武汉市质量技术监督管理局对净菜生产标准进行评审，促进了净菜上市工作的有序开展。

蔬菜业高效循环模式建设取得新的进展。汉南区推广蔬菜高效种植模式面积5万公顷，并取得较好经济效益，其中，包菜—中熟辣椒模式应用面积666.7公顷，每公顷平均纯收入4 000元，早春甜玉米套包菜—秋甜玉米—红菜薹、大白菜、萝卜模式应用面积566.7公顷，每公顷平均纯收入3 800元。蔡甸区在张湾鲜食毛豆板块基地内推广豆—豆—红菜薹高效种植模式，农户效益普遍提高20%～30%。汉南区、江夏区、黄陂区大力发展循环农业，取得显著成效。汉南区在蔬菜基地内"猪—沼—电—瓜菜"等循环农业模式发展态势良好，形成了以武汉市汉南坛山畜牧有限公司为主的养殖基地与武汉梦迪园蔬菜种植有限公司为主的33.3公顷快生菜基地循环农业组合；以武汉金金工贸有限公司为主的生猪养殖基地与汉南农场200公顷西甜瓜、苦瓜基地的循环组合；西湖洲生猪养殖小区基地与汉南乌金农场133.3公顷礼品西瓜基地的循环组合；武汉市丰达农业投资发展有限公司生猪养殖基地与东荆阳光新特菜公司133.3公顷新特菜基地的循环组合，并带动了一些蔬菜专业户的发展。黄陂区武汉天种股份有限公司、武汉新辰食品有限公司在三里镇发展"猪—沼—菜"模式快生菜基地，提高了快生菜的品质和效益。

【畜牧业】　2009年，武汉市畜牧业积极调整产业结构，畜牧业规模养殖得到较快发展。全年完成畜牧业产值64.78亿元，比上年增长4.9%。全年生猪出栏248.77万头，增长3.0%；家禽出笼4 763.04万只，增长2.4%；肉类总产量30.27万吨，增长6.0%；禽蛋产量14.43万吨，增长4.2%。年内，开展了中心城区畜禽养殖的退出工作，全市中心城区养殖的12.4万头生猪、5.62万只家禽、1 014头牛羊全部退出养殖。全市新建成畜禽养殖小区68个，其中，年出栏1万头以上生猪养殖小区32个，新增规模养殖43万头；肉鸭养殖小区31个，新增规模养殖1 300万只；蛋鸡养殖小区5个，新增规模养殖50万只。为全面改善环境质量，遏制畜禽养殖业污染，全年分两批共下达94个畜禽养殖小区治污达标任务。截至年底，86个畜禽养殖小区通过环保达标验收，8个畜禽养殖小区被责令限期整改。

重点项目建设取得进展。"亿只鸭"工程进展顺利。汉口精武食品工业园有限公司代种鸭工程完工，共建成鸭舍22栋，引进种鸭5万套；2 000万只肉鸭屠宰厂完成项目建设，共投入资金2 800万元，建设厂房1.1万平方米、辅助用房5 000平方米。武汉飘飘食品集团有限公司2 000万只肉鸭屠宰厂、武汉明星源食品有限公司1 000万只肉鸭屠宰厂竣工投产。中粮集团有限公司6个年出栏1.2万头的600模式生猪养殖小区和3个年出栏4万头的种猪养殖小区建设全面启动。武汉天种股份有限公司生猪年出栏6万头的种猪养殖小区项目建成投产。

加强防疫督查，落实防控措施。春秋两季重大动物疫病防疫密度均达到应防数的100%，无一例猪蓝耳病疫情发生，确保了全市重大动物疫情平稳。通过每月开展抗体抽样监测，共对9个动物抗体检测不达标的区进行通报，促使强制免疫病类的抗体合格率最低为87.0%，最高达到97.8%，均超过国家规定为70%的标准。与此同时，大力推进奶牛DHI（奶牛生产性能测定）的检测工作，全市奶牛奶产量进一步提高。

开展畜产品质量安全监督管理。全年全市生猪屠宰厂同步检疫生猪248.77万头、同步检疫率达100%，畜产品合格率达100%。在屠宰、养殖和市场流通环节开展生猪、牛、羊"瘦肉精"监测6.93万批次，其中市级检测1.91万批次，检出阳性39批次，对不合格动物及产品均实行无害化处理。

狠抓兽药监督管理。全年全市共出动执法车辆304台（次）、执法人员1 278人（次），检查兽药生产经营企业563个（次）、规模养殖场348个、动物诊疗机构292个；取缔无证经营企业7个、责令7个经营不合格兽药产品的单位停业整顿，收缴并销毁过期失效兽药针剂1.33万支、粉剂150瓶、预混剂37公斤，货值金额1.1万元。

【水产业】　2009年，武汉市水产养殖面积10.22万公顷，比上年增长4.3%；全年水产品产量42.2万吨，增长3.5%；完成渔业产值（含水产苗种产值）50.8亿元，增长13.1%。在水产品产量中，名特优品种产量占总产量的66.2%，其中河蟹、黄鳝、黄颡鱼、鳜鱼、鮰鱼、小龙虾等特色水产品比上年增加5 500吨，增长16.1%。水产品加工转化量9.2万吨，增长59.0%。水产品加工企业生产能力达14.6万吨。

加强渔业板块基地建设。江夏区启动湖泗官堤州水产板块基地建设，全年投入资金2 200万元，完成第二期水库脱险保安工程和水港疏浚，为整体开发打下了基础。黄陂区重点打造环北湖、环童湖、环什仔湖3个区域2 000公顷水产板块基地，建成环童湖地区祁家湾街166.67公顷河蟹、鳜鱼生态养殖基地，天河街有力村100公顷现代渔业特色示范基地。新洲区通过引导农民专业合作社参与板块建设，全区养殖户投入资金8 000余万元，改造鱼池339.53公顷，阳逻街和仓埠街有关村联合筹措资金780万元，在新施公路沿线规划改造和建设正规化水产基地333.33公顷。汉南区新建鳜鱼产业基地和扩建池塘生态养蟹基地共333.33公顷，新建标准化网箱养鳝池塘33.33公顷，新增网箱5万平方米。

渔业品种结构调整。全年名特优苗种放养量5.68万吨，比上年增长12.3%，以河蟹、鳜鱼、黄颡鱼、小龙虾、胭脂鱼、鲌鱼、青鱼等为主的名特优新水产养殖面积达到6.9万公顷，比上年增加2 700公顷。其中，黄颡鱼、鳜鱼、胭脂鱼等特色品种的套养面积比上年增加1 300公顷，小龙虾野生寄养面积达1.29万公顷，网箱养鳝面积达156万平方米。

渔业设施建设。充分发挥水产科技优势，推动各项渔业设施的实际应用。汉南区湘口街在133.33公顷河蟹池中安装池塘底层纳米管增氧设施，较好地改善水体环境，提升池水含氧量，降低饵料系数，提高了水产品质量。应用结果表明，安装这一增氧设施的池塘每公顷增产河蟹375公斤。

水产品加工。截至年底，全市水产品加工企业达29个，加工能力达14.6万吨，比上年增长1倍，其中武汉原野绿色食品开发有限公司和武汉港湾水产食品有限公司的成立，打破了洪山区多年来没有水产加工企业的状况，全年实现水产品转化量5 000吨。水产加工企业的快速发展，武汉海浩农业发展有限公司、武汉高龙水产食品有限公司等大型水产品加工企业相继在黄陂区、新洲区建成投产。

稳步推进水产健康养殖。经国家农业部批准，武汉市沉湖生态渔业发展有限公司、武汉市江夏区上涉湖养殖场、武汉市江夏区金口养殖场、武汉市新洲区陶家大湖渔场、武汉康祥科技发展有限公司所属水产养殖场等5个水产企业被授予"第四批农业部水产健康养殖示范场"称号，截至年底，全市累计有12个企业(公司)获此称号。与此同时，启动蔡甸洪北生态渔业科技示范园、黄陂六指小龙虾养殖基地、阳逻水产养殖基地等3个市级水产健康养殖和标准化生产示范区建设，对推进全市水产标准化生产和健康养殖，提高产品质量安全性起到了示范效应。

拆除"三网"养殖。2009年，武汉市按照中心城区三环线以内湖泊退出围网、拦网、网箱(简称"三网")养殖的要求，在全市中心城区开展"三网"拆除工作。截至年底，将分布于洪山区、汉阳区、武汉经济技术开发区、东湖生态旅游风景区的3 433.33公顷水域中的"三网"设施全部拆除。

水产科技推广。探索建立"推广机构+龙头企业+农户"、"推广机构+基地+农户"、"推广机构+科研院所+基地+农户"、"推广机构+合作经济组织+农户"等新的水产科技推广方式和运作机制，进一步健全了推广服务体系。重点依托全市水产正规化基地，以科技示范户为载体，完成8个市区共建水产

武汉市农业机械部门技术人员为农户提供现场技术培训 （武鉴 供稿）

科技推广项目，总面积达3 817.93公顷，其中示范推广稻田野生寄养小龙虾技术面积600公顷、胭脂鱼池塘标准化养殖技术面积97.93公顷、鳜鱼池塘标准化养殖技术953.33公顷、鲌类池塘标准化养殖技术166.67公顷、湖泊增养殖翘嘴红鲌200公顷，取得明显的经济效益和社会效益。

【林业】 2009年，武汉市林业系统按照"发展现代林业，建设生态文明，促进科学发展"的总思路，积极创建国家森林城市，大力推进生态建设，加快林业产业发展，促进了全市现代都市林业又好又快发展。年内，武汉市林业局被国家林业局、国家公安部联合授予"全国绿盾三号行动先进集体"称号。

加快国家森林城市创建步伐。扎实推进十大工程。按照"水乡林城、生态武汉"的创建理念，策划实施了绿色通道、三镇绿岛、绿色家园、湿地水网等十大创建国家森林城市重点工程。6月，武汉市创建国家森林城市工作通过国家林业局综合考察组考评，武汉市城市森林建设38项指标均达到国家森林城市标准。积极承办第七届中国城市森林论坛。按照举办一届高水平、有特色的中国城市森林论坛的要求，组织有关单位、专家研究完成会徽、会旗、会歌以及无纸化绿色论坛等创新题材的创作，制定了论坛总体实施方案，全面启动论坛筹备工作。10月20日，国家林业局正式复函湖北省人民政府，同意于2010年上半年与湖北省人民政府、全国政协人口资源环境委员会、经济日报社联合主办、由武汉市人民政府承办第七届中国城市森林论坛，并在论坛上授予武汉市"国家森林城市"称号。

造林绿化工作取得较好成效。全年实际完成人工造林8 533.3公顷、"四旁"(沟旁、路旁、渠旁、堤旁)植树786万株、封山育林3 733.3公顷、中幼林抚育7 333.3公顷。全面完成国家、湖北省下达的重点造林工程任务，完成血吸虫防治造林4 453.3公顷、林业长江防护林造林1 866.7公顷、低产林改造1 933.3公顷。完成国家下达荒山荒地工程造林1 866.7公顷，完成巩固退耕还林成果后续产业经济林基地建设544.7公顷、苗木花卉42.3公顷、改造195.1公顷。同时认真有序推进了林权办证及钱粮兑现到户工作。

大力推进庭院经济林、绿色通道和村塆风景林建设。全年实际完成村塆绿化创建村500个，植树470万株。强化服务监督管理。林业科技推广人员深入农村开展技术培训，搞好服务指导，提供技术支撑。同时实行统一供种供苗，严格执行苗木档案登记制度，实行质量责任追究，落实管护责任，确保了村塆绿化的质量和效果。

全面完成集体林权改革工作。确权发证基本完成。加大勘界发证工作力度，全面完成了12.47万公顷集体林地确权发证工作任务，基本实现了"山有其主、主有其权、权有其责"。配套改革全面启动。在武汉市农村综合产权交易所设立集体林权交易窗口，搭建了森林资源流转平台。林权交易启动实施。截至年底，全市完成森林资源资产评估23件，

评估面积 1 442.7 公顷，评估价值 1.82 亿元；组织林权交易 12 件，交易面积 646.7 公顷，实现交易额 7 558 万元；开展林权抵押 26 件，抵押面积 1 425.3 公顷，抵押总金额 1.43 亿元。

林果产业进一步发展。全年新建林果产业基地面积 3 620 公顷，其中，新发展苗木花卉面积 1 900 公顷，茶叶面积 713.3 公顷、干鲜果面积 1 006.7 公顷，茶叶低改面积 66.7 公顷，干鲜果低改面积 33.3 公顷，共落实兑现扶持补助资金 2 000万元。严格程序开发。严格按照"项目申报、立项批复、组织实施、严格验收和兑现补助"程序进行操作。武汉市林业局会同武汉市发展和改革委员会、武汉市财政局等部门进行检查验收，基地建设任务全部完成，整体建设的标准、质量、水平都明显好于上年。坚持标准开发。基地建设坚持"高起点、高科技、高质量、高效益"的思路，大力引进和培育林业龙头企业，实行集约化、规模化经营。创新机制开发。鼓励农民以土地入股，不断完善"公司＋基地＋农户"开发机制，大力倡导股份制林业与"订单林业"，发展观花采果、品茶等农家乐休闲游，形成以市场牵龙头、以龙头带基地、以基地连农户的产业化开发格局，有效促进了生态增量、林业增效和农民增收。

加强森林资源管理。严格执行林木限额采伐和林地定额管理制度，全年共依法审核长期征占用林地 88 件，征占林地面积 243.4 公顷；办理林木采伐许可 581 件，实际采伐活立木 2.55 万立方米，占全年定额指标的 35.5%，没有发生违规审批或超限额审批现象。加强生态公益林管理。全市 2 800 公顷环城森林生态工程林带已被列入省级重点生态公益林管理。全年落实国家、省、市三级生态公益林补偿资金 493 万元。加强森林防疫检疫工作。开展柑橘小食蝇、马尾松毛虫、松材线虫等病虫害防治和监控工作，全市森林病虫害"四率"（监测覆盖率、无公害防治率、林木种苗产地检疫率和成灾率）全部达标。

完成湿地保护立法。2009 年 6 月 23 日，武汉市人民政府 76 次常务会审议通过《武汉湿地自然保护区条例（草案）》。11 月 18 日，武汉市第十二届人大常委会第十九次会议表决通过该《条例》。该《条例》共分为总则、保护区的建立、保护区的管理、法律责任和附则等 5 章 35 条。

加强林业执法。开展"飞鹰行动"、"绿盾三号行动"、"护绿行动"等专项行动。全年全市森林公安机关共受理行政许可 3 000 余件，接处警 485 次，受理各类森林案件 317 件，查处 315 件，案件综合查处率 99.3%，林业行政案件查处率 100%，处理违法人员 318 人，其中，受理治安案件 12 件，破获 12 件；受理林业行政案件 290 件，查处 290 件；受理刑事案件 15 件，破获 14 件，破案率 93.3%；开展群众救助等 168 次。

（武鉴）

黄石市农业

【概况】 2009 年，黄石市完成农林牧渔业总产值 72.79 亿元，比上年增长 9.5%，其中，农业完成产值 28.55 亿元，增长 7.5%；牧业产值完成 22.42 亿元，增长 11.9%；完成农林牧渔业增加值 45.26 亿元，增长 9.2%，增长速度创 10 年来新高。全市农民人均纯收入达4 811 元，增长 10.0%。

农林牧渔业生产平稳增长。2009 年，黄石市农林牧渔业增加值 45.26 亿元，按可比价计算比上年增长 7.5%。其中，种植业增加值 18.36 亿元，增长 7.1%；林业增加值 1.33 亿元，增长 59.3%；牧业增加值 12.78 亿元，增长 10.4%；渔业增加值 12.43 亿元，增长 3.0%。

认真做好农民负担预算审批工作。全市"一事一议"工作筹集资金 65.84 万元，筹集易涝地区排涝水费 104.83 万元，负担总额为 170.67 万元，涉及人口 145.87 万人，人均负担为 1.18 元。加强农民负担资金监管，组派 6 个检查组，对县（市、区）进行交叉检查，共抽检 10 个乡镇（街办）、30 个村、90 个组的 270 个农户。组建全市首家社区股份合作社。1 月 15 日，下陆区东方山街道办事处詹本六社区股份合作社成立。

全市耕种收动力机械达到 1.14 万台，其中大中型拖拉机4 203台、小型耕作机械6 062台、机动插秧机 596 台、联合收割机 515 台。全市机耕面积达到 6.31 万公顷，占耕地总面积的 78.9%；机插秧面积7 062.67 公顷，占水稻种植面积的 8.8%，机械收获面积4.8 万公顷，占水稻种植面积的 60%；机械植保面积 6.13 万公顷，机械排灌面积 5 万公顷，综合机械化水平达到 58%。农机专业化服务发展迅猛。全市新成立农机专业服务合作社 10 个，农机服务合作社总数达到 16 个，社员 292 个，农业机械 640 台（套），服务作业面积达 1.13 万公顷。5 月 27 日，湖北省农业机械化办公室、湖北省农村专业合作经济组织指导办公室授予阳新县浮屠镇北煞湖农机专业服务合作社"湖北省十佳农机专业服务合作社"称号。

农村能源服务取得新成绩。全年全市农村能源建设总投资3 464.5万元，其中中央投资1 184.2万元，省级投资 217 万元，市、县（市）配套 127.28 万元，农户和业主自筹1 936.02万元。年内，全市共完成农村户用沼气4 283口；完成养殖小区沼气工程 5 个；基本完成大中型沼气工程 4 个；完成乡村服务网点 72 个，购置进出料运输车 15 辆，购置检测设备、维修设备、户用沼气零配件各 72 套；完成太阳能设备安装、气化炉配置、节柴灶改建共1 257个。截至年底，全市利用中央和省级投资建设家用沼气的总规模达到 4.34 万口，农户覆盖率达到 14.5%；建设养殖小区小型沼气工程 5 个，实现小区沼气工程集中供气，160 户农民受益；大中型沼气工程共 7 个，发酵总容积3 550 立方米，年处理粪便污水 5 万吨，年生产沼气 86 万立方米，年生产有机肥5 000 吨，实现集中供气 680 户。全市沼气规模每年可以保护约 1.47 万公顷森林植被免遭砍伐，每年可节约 6.5 万吨标准煤，每年可节约 26 万瓶液化气，每年在燃料、化肥农药以及养殖等方面的节支增收综合效益达 1 亿元。

农业产业化进一步提升。全市新申报认定无公害农产品 5 个，绿色食品 1 个，全市无公害农产品达到 50 个，绿色食品 50 个。新发展 4 个省级龙头企业，全市市级以上龙头企业达到 41 个，企业资产总额超过 36 亿元，全年销售收入近 40 亿元。中国劲牌集团有限公司，被认定为国家级龙头企业，年销售收入达到 25 亿元。黄石珍珠果食品饮料有限公司、黄石食博园饼业有限公司、黄石灵溪风味食品有限公司等 10 个农产品加工企业的 100 余种产品进入武汉和沿海城市。建设年交易额5 000万元以上的专业市场 1 个，农民专业合作社 105 个。通过"公司＋农合组织＋基地＋农户"形式连接农业产业化基地 9.33 余万公顷，带动农户 16 万户。

加大土地流转工作力度。全年向种粮大户流转耕地达 1.23 万公顷，通过开辟柴油供应绿色通道，落实国家粮食收购价政策、农机具购置补贴政策等方式，培育和发展一大批种粮大户。全市种粮规模达到 2 公顷以上的种粮大户有1 536 个，其中种植 70 公顷以上种粮大户 21 个，规模化种粮复种耕地面积达到 2.4 万公顷。

【种植业】 2009 年，黄石市粮食作物总播种面积 12.77 万公顷，比上年增加 7.0%，全年粮食总产量61.6 万吨，增长

6.0%，粮食生产实现连续6年持续增产。经济作物稳定发展。油菜面积3.83万公顷，比上年增加2 400公顷，增长6.7%，总产量6万吨，增长9.8%；棉花面积3 733.33公顷，增加1 140.03公顷，增长30.5%，总产量6 054吨，增长56.6%；蔬菜面积3.07万公顷，增长7.3%，总产量58.5万吨，下降1.1%；水果总产量3.7万吨，增长11.8%；水产品总产量14.09万吨，增长3.8%。

农作物播种面积和产量稳定增长。全年各种农作物播种面积22.10万公顷，增长6.0%。其中，粮食作物播种面积12.78万公顷，增加7.1%；经济作物和其他作物播种面积9.33万公顷，增长4.6%。完成造林面积2 890公顷，增长39.9%。

千亩湘莲农业基地　　（黄石市史志办　供稿）

【畜牧业】　2009年，黄石市生猪出栏102.59万头，比上年增长7.8%；家禽出笼1 986.13万头，增长41.2%；肉类总产量10.92万吨，增长15.7%；禽蛋总产量3.19万吨，增长10.1%。全年新增标准化规模养殖小区（场）263个，新建万头养猪场4个，累计达到20个，新增"150"养殖模式和"600"养殖模式88个，累计达到416个，新建蛋禽标准化"153"养殖模式50个，年出笼10万只以上肉鸡（鸭）养殖场（户）达37个，年出笼1万只以肉鸡（鸭）养殖场（户）达100个。

【水产业】　2009年，黄石市水产品总产量达14.09万吨，其中鲜鱼12.44万吨，虾、蟹、龟、鳖、蛙、珍珠及贝类1.65万吨，名特优水产品占总产量的70%以上。放养水面积达4.4万公顷，完成渔业产值17.86亿元。年内，率先在全省成立水产科技创新服务联盟。

加强水事活动监管。严格查处水事违法案件。全年共查处水事案件21件。年内，开展清江巡逻活动300余次、执法行动16次，出动执法车船100余次，抓获非法采砂、运砂船只5条，拆除非法采砂机具5部，保障长江防洪和通航安全。长江禁渔期共出动渔政执法车船30余次，查处案件4件，没收违禁渔网600多米。查处违法经营水生野生动物。全市相关部门联合开展护蛙行动，共出动执法人员1 000多人次，查处违法销售青蛙案件160件，处罚46名违法人员。

【林业】　2009年，黄石市完成植树造林4 440公顷；新建油茶基地2 000公顷，杨树基地1 333.33公顷，松杉、泡桐、杂果基地666.67公顷，完成大田育苗166.67公顷，容器育苗1 100万株。

黄石市洋港镇黄坪村5 000羽蛋鸡养殖场　　（黄石市史志办　供稿）

积极开展林业项目建设。推进林业重点工程建设。退耕还林成果巩固、低产林改造、林业血吸虫防治、长江防护林等林业重点工程建设任务完成良好，完成林业重点工程投资5 126万元。积极鼓励民间资本投资发展林业。通过制定优惠政策吸引社会资金投资兴办林业产业，全年全市社会资本投资林业的资金达到7 727.3万元，有效促进了全市林业产业的发展。加快林业"双迎"（迎接新中国成立60周年，迎接黄石市成立60周年）项目建设。年内，完成1 666.67公顷低产林改造、2 000公顷长江防护林、26.67公顷油茶良种采穗圃基地、466.67公顷血吸虫防治林、33.33公顷花卉苗木高新技术示范基地建设任务，完成投资达1 845万元。

林业招商成效明显。浙江金华艳天商贸有限公司计划建设200公顷油茶基地，年内完成投资1 600万元；黄石富豪家具有限公司投资的大冶富农原生态农林牧专业合作社已经开工建设。积极争取林业项目。5月18日，黄石市人民政府与湖北省林业厅签订合作推进黄石市"武汉城市圈现代林业示范区"建设备忘录，根据备忘录湖北省林业厅将在22个林业项目上支持黄石市现代林业建设，计划到2015年完成中央、省级直接投资6亿元。

生态修复工作取得进展。启动黄荆山开山塘口治理一期工程15个塘口的治理任务，出台《关于开展黄荆山北麓开山塘口生态修复工作的实施意见》，明确治理一期工程的统筹协调工作。截至

2009年底，已有部分塘口开工建设。

（黄石市史志办）

鄂州市农业

【概况】 2009年，鄂州市实现农业增加值43.98亿元，农业总产值80.17亿元，比上年增长11.3%，农民人均纯收入5 718元，增长12.2%；粮食总产量34.06万吨，增长5.3%；油料总产量5.8万吨，增长4.7%；家禽出笼1 215.72万只，增长14.6%；出栏生猪90.03万头，增长15.4%；肉类总产量8.39万吨，增长16.1%，禽蛋总产量3.6万吨，增长16.1%；水产品总产量31.4万吨，增长15.0%，实现渔业产值32.92亿元，增长18.3%。粮食产量实现连续6年增长。

城乡一体化试点工作快速推进。高标准编制城乡一体规划。坚持"全域鄂州"的规划理念，编制完善"一主三新十特百新村（新社区）"总体规划（简称"1311"工程）、长港示范区规划和中心村（农村新社区）规划。构建以主城区为中心、葛华科技新城、红莲湖旅游新城、花湖工贸新城为支撑，10个特色镇为节点，106个中心村（新社区）为基础的四位一体的城乡空间格局。重点推进长港示范区建设。全面启动长港示范区各项工作，加紧建设9个旅游示范村，长港生态修复和治理工程启动。扎实推进中心村（新社区）示范点建设，建设"1＋8"农村社区综合服务中心，为农民群众提供优质服务。31个省直部门与鄂州市人民政府签订"厅市共建"协议，并和长港示范区各村开展结对共建。加强农村基础设施建设。推进农村"五网"（路网、电网、供排水网、广播电视电话互联网、供气网）工程建设。计划投入资金2 000万元建设10个特色镇，投入3 180万元建设农村新社区。推进城乡公共服务均等化。出台均衡城乡公共服务措施，推进城乡社会保障、社会救助、供水、交通、文化体育、教育一体化。形成推进城乡一体化合力。2009年5月27日，中共湖北省委、湖北省人民政府制发《关于鄂州统筹城乡经济社会发展推进城乡一体化试点工作的指导意见》，赋予鄂州城乡一体化先行先试的权利。鄂州市全面部署城乡一体化工作，明确"两步走"目标和"六个一体化"的总体要求，提出"五大工程"和"十项改革"的主要任务。市区两级领导带头挂点20个城乡一体化示范村，开展统筹城乡基层党建试点，抽调300多名机关干部进驻中心村开展"结对共建"工作。

壮大主导产业。农业板块建设进一步加强。年内，鄂州市继续被列入湖北省水产大市、生猪调出大市、粮食生产大市和油料生产大市；无公害水产板块被列入全省示范水产基地。重点建设3.33万公顷优质稻基地、33个规模以上优质畜禽养殖小区、4万公顷水产健康生态板块基地和1.33万公顷无公害蔬菜基地。水产业放养面积达到4万公顷，其中名特优品种专养、套养面积达3.13万公顷，精养鱼池面积达1.58万公顷；杜山、东沟、蒲团3个核心园区已成为湖北省现代渔业示范区。畜牧业主推生猪"150模式"、"鸭—鱼"配套养殖等养殖模式；新增4个万头猪场，其总数达到19个；新建5个畜牧小区，总数达到33个。蔬菜业建设杨叶生态农业园、蒲团小庙村金色田园等8个蔬菜园区，初步建成为全市蔬菜新品种展示的窗口。林业完成经济林1 100多公顷，封山育林1.2万公顷，义务植树230万株，新增胡柚、油茶、花卉苗木基地面积1 100多公顷。农业产业化水平进一步提升。产业化组织比上年增加19个，总数达到597个；新增省级龙头企业4个，总数达到7个，初步形成以广源米业为骨干的粮食加工、以大丰牧业为骨干的畜牧加工等多条产业链；农民专业合作组织不断壮大，全市农村专业合作社已发展到88个。非农产业加快发展。积极调整培训方式，加强就业指导，安排农民就地就近就业。培训农民工2.12万人次，推动转移就业1.86万人，带动全市新增转移农村剩余劳动力2.78万人。

农业项目建设强势推进。全年农业项目建设资金超过20亿元，涉及国土整理、水利建设、生态治理、基础设施、公共服务、镇村建设等多个方面。其中，国土整理项目8个，建设规模6 100余公顷；除险加固7个小型水库，开工大小水利工程122处；农民生活明显改善。农民年均纯收入达到5 718元，高出全省平均水平683元，实现城市自来水管网乡镇全覆盖，完成83个村的饮水安全工程，新增10.5万群众饮上安全自来水；全面开展清洁乡村、美化家园为主题的环境治理工程，集镇面貌秩序、村组环境卫生、农户生活习惯逐日改观，脏乱差现象得到改变；全市新建沼气池8 187口，沼气池总数达到2.1万口；农村市场、农村信息网络、文化体育设施建设步伐进一步加快。坚持开发式扶贫，全市解决8 150名贫困人口的温饱和脱贫问题，贫困人口数量比上年下降12.0%，第二轮实施整村推进的30个重点村完成项目134个。

2009年，全市水利工作狠抓水利项目建设力度，突出做好防汛抗旱、农村饮水安全、泵站更新改造、河道整治等为重点的水利工程建设工作，较好完成了各项责任目标任务。与湖北省水利厅签署"城乡一体化试点工作实施省市合作共建协议"；开展长江流域综合规划编制工作；编制完成鄂州市水系治理及生态修复工程综合规划、鄂州市市区水利综合规划、鄂州市中小河流近期治理规划、1＋8城市圈鄂州市生态水系和水资源保护规划、梁子湖区水土保持小流域综合治理规划、华容区水土保持小流域综合治理规划、鄂城区水土保持沙漠化综合治理规

鄂州市梁子湖区聘请专家对全区农技人员进行测土配方、病虫害测报与防治技术培训　　（鄂州市史志办　供稿）

划、鄂州市城市防洪规划等。全年投资6 800万元的南迹湖泵站更新改造工程已完成招标工作，正抓紧实施；投资2 663万元的花洋湖泵站更新改造主体工程已基本完成，并投入运行；投资3 993万元的磨刀矶节制闸整险加固工程正抓紧实施；投资1 600万元的三山湖节制闸整险加固工程已完成安全鉴定、可研评审、初步设计等前期工作。投资1 851万元的石桥水库整险加固工程于11月24日开工，工程正抓紧实施。采取"以奖代补"、"一事一议"以及小型水利工程产权制度改革等方式，整合各方资金用于农田水利建设。全年完成土石方400万立方米，完成工程项目1 200个；围堤加固57公里，渠网硬化50公里，开挖塘堰550口，新增蓄水30万立方米；完成抗旱泵站维修60处，排涝泵站维修15处；完成港道清淤65公里。完成梁子湖区、华容区小流域治理工程的前期工作，该工程已被纳入湖北省项目投资计划，概算投资2800万元；花马湖港、车湾港、薛家沟港、高桥河港、新港5条港道已完成前期规划工作。10月16日，长港河道综合整治及生态修复可行性研究报告通过湖北省发展和改革委员会、湖北省水利厅的评审，工程概算2.8亿元，建设内容为岸坡整治，改造排涝泵站13个、灌溉泵站36个、涵闸修缮9个及水环境保护、整治，达到河畅、水清、岸绿、坡稳、景美。全年共查处水事违法案件19件，调处水事纠纷4件，案件查处率达95%以上。加大对水土保持监督和河道采砂管理、执法力度，防止乱批、乱挖、滥采行为，对无证采砂，不按规定采砂的行为进行专项整治，取得明显成效。全年完成各项水利规费征收3 200万元。4月下旬，梁子湖区太和镇牛山水库背水坡输水管顶出现塌坑险情。经过全力抢险，险情得到控制。5月2日，为迎战强降雨，缓解内湖防汛压力，开启樊口电排站起排，共开机361台时，排水6 000万立方米。6月1日，为缓解梁子湖流域防汛压力，樊口电排站再次开机起排，共排渍水1.7亿立方米，确保内湖防汛安全。

【种植业】 2009年，鄂州市实现粮食总产量34.06万吨，油料总产量5.8万吨。开展板块建设，创建4个水稻高产示范片和1个油菜高产示范片，优质水稻板块基地面积达到3.68万公顷，优质油菜种植面积达到2.68万公顷。制定《关于推进城乡一体化都市农业实施方案》和《关于推进城乡一体化百里长港示范区都市农业实施方案》，与湖北省农业厅达成"厅市共建鄂州城乡一体化备忘录"，安排鄂州市农业基本建设和财政支农专项资金1.03亿元，对口帮扶市路口原种场，完成整体规划，新建场区水泥公路4.3公里，建设4 000公顷一级优质稻核心示范区。湖北省农村能源办公室批准鄂州市建设2处大型沼气工程，可供应农户600户，共投入资金1 000万元，其中中央财政支持资金550万元。年内，湖北凤凰天豫薯业有限公司等4个企业被列为省级农业产业化龙头企业，鄂州市省级农业产业化龙头企业增至7个。全市新认证无公害农产品基地9个，其总数达到38个，新增无公害品牌12个，总数达到46个，新增绿色品牌14个，总数达到30个。"枫树"商标获中国驰名商标称号，"四海湖"、"信源"等商标获湖北省著名商标称号，其中"四海湖"猪肉被评为2009年湖北省十大农产品品牌。全年争取省部级各类支农惠农政策资金、农业项目和专项资金1亿元。鄂州农产品加工园区被湖北省列为全省重点建设的20个加工园区和湖北省农业厅9个农业产业化示范园区之一，获得财政周转金5 000万元和3年贴息贷款1亿元的扶持，并入选鄂州市工业经济千亿元产业规划。蟠龙大市场建设项目被列为鄂州市42个亿元以上重点工程项目，8月28日，与湛江中冠实业有限公司签订项目投资协议，总投资6.2亿元，项目建成后将成为鄂东南农产品物流中心。华中农业大学鄂州现代农业试验示范基地等项目落户百里长港示范区。实施优质水稻、优质油菜等作物高产创建。全市建设优质水稻核心示范区2 800多公顷。其中，燕矶镇早、晚双杂示范片700公顷，杜山镇鄂中5号高产示范片700公顷，蒲团乡丰两优1号示范片700公顷，太和镇水稻一种双收示范片700公顷。建设沙窝乡优质高产油菜700公顷。启动农业"小三场"改革。将农牧渔良种场人员纳入社会养老统筹，开展"两田制"(身份田、招标田)土地改革。全市共有5个农业"小三场"被列入此次改革，共对1 864人的身份进行公示，其中1 171人已办理养老统筹手续，职工参保资金达1 332万元。

【蔬菜业】 2009年，鄂州市蔬菜种植面积2.70万公顷，比上年增加1 700公顷，增长6.7%；蔬菜总产量92.03万吨，增加2.03万吨，增长2.3%；蔬菜总产值12.78亿元，增加0.98亿元，增长8.3%。

蔬菜园区和龙头企业不断发展壮大。全市形成杨叶西流港生态农业园、马家滩蔬菜种植园、蒲团小庙金色田园、生态农庄有限公司、梁子湖区伟业生态农业有限公司、鄂州市农瑞祥蔬菜出口基地和鄂州市村洲湖农业专业合作社等28个蔬菜基地、园区，以及投资超过100万元的武昌鱼集团绿维康蔬菜食品有限公司、杜山蔬菜加工厂、涂镇菖头加工厂等5个蔬菜加工企业和全国定点市场之一的蟠龙农产品批发市场。

不断加大科技示范推广力度。积极引进蔬菜新优品种，努力搞活加工和流通，蔬菜产品订单数量增加，商品率提高，市场竞争能力增强。全年全市发展订单蔬菜6 700公顷，无公害蔬菜面积达到1.33万公顷。专业化生产水平提高。梁子湖伟业生态农业有限公司已建成2公顷蔬菜基地，实现生态农业发展与农业观光旅游相结合，全年出产无公害蔬菜、瓜果36万公斤，实现利润60万元。区域化布局逐渐形成。突出"长江、长港"沿线蔬菜特色种植带、"两瓜两菜一藕"蔬菜板块基地建设，巩固和发展杨叶精细菜，杜山、临江反季节菜，燕矶、新庙红菜薹，花湖、太和、沼山莲藕，涂镇、公友菖头和蒲团、杜山西甜瓜等一批优质高产蔬菜基地。广泛应用水泥骨架蔬菜大棚、滴灌、喷灌设施和诱色板、防虫网、频振式杀虫灯等新技术，蔬菜质量明显提高。杨叶镇西流港66.67公顷大棚种植基地，全部实现了设施化生产，品种由原来单一的草莓发展到现在的草莓、瓜(果)、蔬菜多品种立体种植。按照统筹城乡发展的要求，出台《百里长港蔬菜大棚示范带建设实施方案》。确定在百里长港沿线建设特色蔬菜种植园，重点完成路口、东港、郭垱、何桥、夏沟村等地66.67公顷特色蔬菜大棚设计规划。严格蔬菜生产标准和控制措施，指导菜农执行用药安全间隔期和休药期制度，帮助制订统一的"农产品产地证明"正本、"农产品进货台账"和"农产品销售台账"。重点加强对全市蔬菜生产基地和园区蔬菜质量安全管理。截至2009年11月，对全市各蔬菜批发市场、农贸市场、超市等进行抽样检测，共检测样品3 670个，平均合格率达93.5%。

【畜牧业】 2009年，鄂州市畜牧业实现产值24.5亿元，农民人均增加纯收入150元。

全年争取板块基地建设补贴、生猪标准化规模化养殖场改扩建、动物防疫体系建设等项目资金2 500万余元。向农户发放畜禽养殖补贴476.6万元，发放"150"标准化生猪养殖栏舍建设"以奖代补"资金202万元，发放养殖大户养殖及畜牧生产大乡镇建设奖励资金199.6万元，发放3个区级动物卫生监督站、9个乡镇畜牧兽医站动物防疫体系建设项目和1个生猪人工受精站建设项目250万元,4个万头猪场获省级"以奖代补"资金支持400万元。年内,鄂州市被授予湖北省标准化养殖先进单位,连续3年被评为全国生猪调出大县。

组织190余位生猪养殖能手赴荆州和湖南等地参观学习,开展"牧业科技进村入户"活动9次,举办微生物"发酵床"养猪等技术培训班59期次,培训农民9 500余人次;编发《新技术新模式及重大动物疫病防控手册》等技术资料2.1万余册(份)。

推广规模化、集约化养殖技术和高效养殖模式。引导组织并成立养猪、养禽合作社16个,其中新增8个;推广普及健康养殖技术、模式22项,引进优质畜禽品种8个;建成"150"标准化生猪养殖栏舍824个,其中新增198个;"零排放"发酵床养猪模式发展到43个;万头以上规模生猪养殖场达到19个,其中新增4个;新增常年存笼5万只蛋鸡场1个、2万只蛋鸡场7个。开展动物免疫和检验检疫工作。按照动物防疫"五包"责任制要求,先后组织158名防疫员进村入户,开展动物免疫工作,保证全市免疫全覆盖、无死角,春秋两季集中免疫密度达100%,全市禽流感等6种重大动物疫病的常年免疫密度达到98.5%以上,免疫有效抗体合格率和畜禽死亡率都控制在国家规定标准内。全面开展疫病监测和流行病学调查,全年共计抽检畜禽疫病监测血样1 400头(只),开展流行病学调查17次,全年未发生重大动物疫情。全面履行吃"放心肉"的承诺,确保屠宰、运输检疫率和病害畜禽无害化处理率达到100%。开展查处"瘦肉精"、"莱克多巴胺"等违禁药物的专项整治行动8次,检出并无害化处理病害畜禽及其产品1.9吨,抽检兽药、饲料及药残监测样品294批次,查处动物卫生和兽药、饲料经营违法案件5件,没收并销毁价值7.3万元假劣兽药。兽药监督抽检及药残监控抽检合格率100%。

【水产业】 2009年,鄂州市渔民人均纯收入达到9 417元,比上年增加617元。在农民纯收入增加中,渔业产业贡献269.38元,占农业贡献率比重的51.7%。全市渔业产值占第一产业比重、水产品人均占有量、渔民人均纯收入、年均增幅等4项指标连续位居湖北省第一。年内,鄂州武昌鱼协会受到湖北省人民政府表彰,鄂州市被湖北省人民政府确定为全省水产大县建设推进单位和水产板块建设重点市,鄂州市水产局被湖北省农业厅授予全省农业工作先进单位称号。

大力推进"吨鱼万元"工程,在特色养殖上取得明显成效。全市改造鱼池7 300公顷,推广南美白对虾专养90.67公顷,罗氏沼虾专养13.33公顷,中华鳖主养80公顷,网箱养鳝4万多平方米,鳜鱼专养8公顷,美国加州鲈鱼主(套)养533.33公顷,胭脂鱼主(套)养面积41.3公顷,青鱼主养333.33公顷,全市"吨鱼万元"面积达到1万公顷。全市18个水产养殖单位和养殖大户从浙江引进"两鱼两虾"(蓝鲲太阳鱼、美国加洲鲈鱼、南美白对虾和罗氏沼虾)2 980万尾。组织对全市渔民就新品种养殖、新技术普及、新模式推广进行培训,全年共主办培训班53期,培训渔民6 180人次,发放科技资料1.7万余册(份)。建立以鄂州市武昌鱼原种场、季家畈名优水产品繁殖场、华祥生态农业公司为主的市级名优水产品繁育中心,确立武昌鱼、红尾鱼、四大家鱼、中华绒螯蟹等4大主导品种和翘嘴红鲌、瓦氏黄颡鱼等新品种为苗种繁育的主要品种,聘请专家、教授作技术指导,对生产过程进行全程监督,全年繁殖名优种苗20亿尾。

全年共投资4.38亿元对水产品加工企业进行改造升级。李氏水产品开发公司投资近1 000万元,新建标准化鱼制品生产线;富农农副产品加工有限公司投资300余万元,进行生产车间改造和土地购置;长岭余氏水产品工贸公司投资800万元,新建水产品加工生产厂房和生产线。湖北振源生物科技公司投资1.68亿元,完成饮品、保健品、美容产品3条生产线安装试生产;武昌鱼食品工贸公司投资1.2亿元异地新建,已完成规划设计、环评、商检等前期工作;梁子岛水特产公司引进国内先进的油水分离机,产品质量升级;东塔食品加工厂、樊川水产品加工厂、绿维康农副产品加工厂等8个加工企业投资2 170万元改造升级,全面提升水产品质量。优化整合企业资源。全年争取中央现代农业发展水产标准化高效生态养殖示范基地项目资金1 000万元、省级水产板块项目资金100万元。根据百里长港示范区建设规划,重点建设"三大五小"特色水产养殖基地。年内,"鄂州武昌鱼"商标在第三届中国商标节上被评为"2009消费者最喜爱的绿色商标",并获得"绿水晶杯"。同时,在"共和国60年最具市场竞争力的商标"评选中,"鄂州武昌鱼"文字商标及图形商标同时被国家工商总局授予全国"最具市场竞争力的地理标志商标"。

【林业】 2009年,鄂州市实现成片造林2 500公顷,义务植树230万株,公路绿化102公里,中幼林抚育1.33万公顷,封山育林1.2万公顷,培育苗木600万株,均超额完成年度目标任务,实现全市森林覆盖率每年提高1个百分点的目标。通过开展"绿盾三号行动"、"保护野生动物资源专项行动"、"森林火灾案件查处专项行动"等,重点打击破坏森林和野生动植物资源违法犯罪活动,全年受理各类案件59件,查处59件,其中刑事案件7件,林业行政案件46件,野生动物行政案件6件;刑事拘留2人,取保候审8人,移送检察机关起诉6人,实施林业行政处罚60人;收缴林木249立方米,将缴获的6 974只野生动物全部放生;行政罚款10万元,为国家挽回经济损失15.72万元。进一步强化森林防火分级负责制,建立完善各种森林防火设施、设备和应急队伍。截至2009年底,全市共发生森林火灾10件,其中,一般森林火灾7件,较大森林火灾3件,未发生大的森林火灾,森林火灾发生起数、人员和财产损失创5年来新低。全年发生森林病虫害面积5 300公顷,防治5 300公顷,防治率达100%;检疫各类苗木600万株,销毁带病菌苗10万株。

林业建设力度不断加大。葛山省级森林公园的可行性研究报告通过专家评审,湖北省林业局批复同意设立葛山省级森林公园。鄂黄大桥连接线绿化工程全长9.2公里,单侧绿化宽度20米,涉及沿线7个村,投入资金105万元,栽植树木5万余株。城市外环防护林建设。完成造林面积730公顷,植树106万株。湖北省油茶良种繁育基地鄂州苗圃初具规模,其中芽苗砧嫁接育苗1.3公顷,培育良种苗木42万株;引进优良品种6个。全年引导民营资本投资速生林、苗木花卉、森林休闲等基地建设的资金超过6 000万元。其中,太和镇的浙湖互爱彩叶苗圃基地已建成330多公顷,累计投入资金8 000多万元,以日本红枫、红叶石楠等彩叶树种培育为主,同时还培育大批量的绿篱、地被、色块树种和各种绿化乔木、花灌木。该基地成为鄂州市规模最大的花卉苗木基地,也是湖北省规模最大的彩叶苗圃基地。

全面完成全市森林资源清查任务。在49个固定样地中,乔木林地样地5个,全部为有林地样地,占总样地的10%;疏林地样地1个,占2%;非林地样地43个,占88%,在非林地样地中有9个是有测树内容的样地。在49个固定样地中,实测复位率达100%。森林资源连续清查工作顺利通过国家林业局的检查验收,在湖北地区所检查的县市中位居第一。

积极勾画林业发展蓝图。8月12日,

鄂州市与湖北省林业局签订共建林业城乡一体化协议，协议约定3年对鄂州林业建设项目投资1亿元，涉及项目包括：森林防火基础设施建设、巩固退耕还林成果后续产业、国有林场棚户区改造、低产林改造等。为配合推进长港示范区建设，编制出台《鄂州市城乡一体化百里长港示范区现代林业建设总体规划》和《鄂州市城乡一体化百里长港示范区2009年造林作业设计》，计划用3年时间完成示范区林业建设，使示范区森林覆盖率提高10%。

【农机管理】 2009年，鄂州市共获得中央和省级财政农机补贴资金850万元，共补贴农民3 482户，补贴农机具3 747台套，分别比上年增长165.0%和173.1%，带动农户农业机械化投入3 600万元。全年全市新增农机化投入5 600万元，新增农机具6 800台套，农机总动力达到4.6万台49.3万千瓦，配套作业机具达到6.2万台套，农机固定资产总值增加到5.9亿元。其中，耕整机由1 127台增加到1 609台，机耕船由339只增加到454只，拖拉机由4 075台增加到5 164台，插秧机由65台增加到95台，联合收割机由79台增加到143台。全市共完成机耕面积3.01万公顷，机插机播面积3 300多公顷，机收面积2万公顷，综合机械化水平由上年的46.8%提高到52.6%。

农机服务体系建设得到进一步加强。农机专业合作社和农机维修网点实现零的突破，农机合作社发展到15个，农机维修点发展到180个。全市共创农机作业服务收入4.7亿元，创税980万元，分别增长20.5%和23.1%。3月30日，鄂州市第一个农机专业合作社庙岭镇"扇子湖农机专业合作社"正式挂牌运营。合作社吸纳成员19人，共有拖拉机、机耕船、联合收割机、清淤机等农机具64台套，服务项目有机耕、机插、机防、机收、机械清淤等。2009年，合作社完成机耕面积153.33公顷、机插面积17.33公顷、机收面积160公顷、清淤渔池13.33公顷、机械防治面积313.33公顷。8月18日，鄂州市首个农机维修网点段店镇农机维修服务站正式挂牌运营。维修服务站注册资本26万元，配备各类专业维修人员5名，拥有电焊机、空压机、砂轮机、台钻、氧割等机械设备9台套，具备二级农机维修资格。在中晚稻收割季节，鄂州市农机部门派出技术人员深入田间地头，开展农机技术培训和技术咨询服务，帮助机手调试农机具，共举办农机培训班4期，培训农机手196人，调试维修农机具132台套；组织农机大户、农机合作社投入机械开展抢收，并引进外地收割机开展跨区收割。全市共组织312台联合收割机投入到中晚稻收割之中，其中本地联合收割机175台，完成机收面积2万公顷，占全市中晚稻面积的73.2%，为农民节约工时220万个，节约收割成本610万元。

（鄂州市史志办）

孝感市农业

【概况】 2009年，孝感市完成农业总产值260.59亿元，比上年增长23%（总产值为现价，增幅为可比价），其中，种植业总产值114.12亿元，增长13.2%；林业总产值5.82亿元，增长22.4%；畜牧业总产值95.65亿元，增长38.2%；渔业总产值40.04亿元，增长18.9%；农林牧渔服务业总产值4.96亿元，增长30%。全年全市农业增加值达到145.2亿元，增长5.8%。全市禽蛋产量居湖北省第一位，畜牧业产值居第二位，水产品产量居第四位。孝南区成立了湖北省第一个农牧担保公司、全市第一个县级农村土地承包经营权流转服务中心、全市首家城中村社区股份合作社。年内，汉川市沉湖镇福星村被评为"中国十大特色名村"，田二河镇被授予"全国文明村镇"荣誉称号，汈东农场被授予"全国创建文明村镇先进村镇"荣誉称号。云梦县、安陆市农产品加工园被纳入湖北省20个省级重点农产品加工园区。大悟县芳畈水库、县水产技术推广站被国家农业部授予"全国水产健康养殖示范场"称号。

全市基本形成了沿荷沙线106国道、316国道和107国道、府河及汉北河流域的2.3万公顷无公害蔬菜基地、1万公顷莲藕生产基地，京珠高速公路沿线6 666.7公顷早蜜桃产业带，孝感中南部平原为主的2万公顷速生林产业带，南部六大湖泊为中心的2 666.7公顷优质水产产业带；以大悟为主的3.33万公顷板栗，以大悟、孝昌为主的2万公顷地膜花生，以安陆为主的2万公顷银杏，以孝南、孝昌东部为主的2 666.67公顷黄栀子，以应城为主的100万平方米食用菌，以大悟、孝昌、孝南为主的6 666.67公顷茶叶。全市蔬菜种植面积89.31千公顷，总产量296.87万吨，达到历史最高产量的89.7%，花生、莲藕、早蜜桃、吉阳大蒜、白花菜和荸荠等名优农副产品大部分销往全国各地，部分产品销往日本、韩国、东南亚等国家和地区。

推进"三农"工作。强化农民工培训和再培训工作。开展"阳光工程"、"职业就业技能计划"、"雨露计划"等项目，培训农民工8.9万人，占省下达任务的111.3%。全面落实"三支一扶"支农计划，实施"一村一名大学生"计划，完成正式录取名额110人。全市主要农作物主导品种覆盖率达到68%，优质率达到85%；测土配方施肥项目在全市耕地上实现了全覆盖，累计推广应用测土配方施肥面积35万公顷，肥料利用率提高4.1个百分点。重点推广了水稻轻型简化栽培、油菜免耕直播、棉花精量播种、花生地膜覆盖、植保统一机防等节肥、节种、节药、节水、节能的节约型农业技术，

2009年10月23日，鄂州市农业机械办公室在杜儿镇首次使用机械直播油菜并获得成功

（鄂州市史志办　供稿）

孝感市汉川市新河华一村农民喜摘苦瓜　　（孝感市志办　供稿）

合计推广面积43.9万公顷，占农作物总播种面积的82%。加强农业科研工作，早糯新品系2016、中糯新品系R4138、晚香粳糯稻7303参加湖北省区域试验表现优良，筛选出中稻组合2个、常规晚粳新品系1个、杂交晚粳新组合1个和棉花组合2个。

农业机械化水平进一步提高。全年全市共争取农机购置补贴政策资金5 464万元，补贴各类农业机械（具）4 253台（套），受益农户达4 700余家，直接拉动农民投入超过1.9亿元，极大地促进了孝感市农机装备结构优化和技术升级。截至年底，全市农机固定资产原值达到14.3亿元，比上年增加1.8亿元，比上年增长14.4%，总动力达196.0万千瓦，增加7.4万千瓦，增长3.9%。全年累计完成机耕作业量34.14万公顷，增加4.13万公顷，增长13.8%，机播（插）作业量3.95万公顷，增加4 933.33公顷，增长14.3%，机收作业量20.87万公顷，增加1.66万公顷，增长47.9%。全市农业综合机械化水平达到70%，比上年提高1个百分点。

【种植业】　2009年，孝感市粮油总产量均创历史新高，粮食产量实现连续6年增长，总产量达到228.87万吨，比上年增长5.2%；油料总产量23.2万吨，增长16.9%。棉花产量实现恢复性增长，总产量达到3.24万吨，增长13.3%；糖类总产量1.46万吨，下降27.4%。

【畜牧业】　2009年，畜牧业产值95.65亿元，比上年增长11.6%，占农业总产值的36.7%，畜牧业为农民人均增收64.6元。肉类总产量38.74万吨，增长14.4%，其中猪肉总产量24.16万吨，增长18.4%；禽蛋产量25.67万吨，增长5.9%。截至年底，全市累计建成各类市级畜禽养殖小区334个，其中养猪小区94个（含1万头以上养猪小区39个），家禽小区218个，其他小区22个。全年新建各类市级畜禽养殖小区60个，其中，1万头规模以上的养猪小区8个、家禽小区33个、其他小区1个。全市新增生猪饲养能力30万头，新增家禽饲养能力4 000万只。

全市共有各类畜禽规模养殖专业户1.11万个，其中养猪户4 447个，出栏生猪241.85万头，占出栏总数的79.2%；养禽户6 115个，出笼家禽5 386.85万只，占出笼总数的55.1%；全市共有各类大、中、小型畜产品加工企业47个。年加工生猪能力200万头，占出栏总量的73%，年加工肉禽能力1亿只，占出笼量的90%以上，年加工禽蛋能力28亿枚，占禽蛋总产量的50%以上。

【水产业】　2009年，孝感市渔业产值达到40亿元，比上年增长11.3%，占农业总产值的15.4%；水产品总产量32.1万吨，增长10.8%；渔民人均收入7 100元，比上年增加500元，增长7.6%；全市养殖面积6.28万公顷，其中精养鱼池2.91万公顷、塘堰1.29万公顷、湖泊8 500公顷、河沟3 200公顷、水库9 133.33公顷；繁殖育苗48亿尾；投放鱼种7.17万吨，增加4 400吨。

【林业】　2009年，孝感市共有森林面积19.86万公顷，森林覆盖率22.3%。经济林规模不断扩大，面积达8.07万公顷，其中，板栗4.67万公顷，银杏9 000公顷，乌桕1 666.7公顷，茶叶9 400公顷，黄栀子2 666.7公顷，桃7 066.7公顷，梨2 733.3公顷，枣800公顷，油茶666.7公顷。全年全市共完成植树造林1 300公顷，新建“万树村”210个，新栽、补植绿色通道519.4公里，森林采伐6.29万立方米，争取国家和湖北省投资近1亿元。

（杨炬）

黄冈市农业

【概况】　2009年，黄冈市贯彻落实各项支农惠农政策，加强农村基础设施建设，推进农业产业化，深化农村改革，推进农业农村经济社会又好又快发展。

农村经济和农民收入实现增长。全年实现农林牧渔业增加值215.38亿元，按可比价计算比上年增长6.2%。其中农业增加值达109.77亿元，下降43.1%；林业增加值6.26亿元，增长28.3%；牧业增加值64.55亿元，增加13.1%；渔业增加值30.36亿元，增长12.4%；农业牧渔服务业增加值4.4亿元，增长26.8%。农民人均收入达4 130元，比上年增加386元，增长10.3%。

农业产业化进一步提升。全市新增各类畜禽养殖场（小区）247个，年出栏生猪380万头，出栏家禽近3 900万只，存栏奶牛1.73万头，水产面积8.27万公顷，养殖业可比价产值占农林牧渔总产值的48%，首次超过农业占比1个百分点。农产品加工业稳步发展，全市规模以上农产品加工企业达到464个，占全年规模以上工业企业（全部国有和年主营业务收入500万元及以上非国有工业企业）总数的52.8%；实现工业产值188.5亿元，比上年增长25.1%，占全年规模以上工业企业产值的47.6%。其中农业产业化省级重点龙头企业达到32个，新增9个。武穴市通过招商引资，回归创业和政策导向等政策驱动，农业产业化龙头企业发展到235个，涵盖食品、饲料、纺织、服装、木材等10大农产品加工行业，规模以上农产品加工企业75个，资产总额23.5亿元，固定资产8.2亿元。全市已认证无公害农产品66个，新创国家地理标志保护产品5个；11个农产品被评为2009年湖北名牌产品。武穴福康油脂生产的“接福牌”一级双低菜籽油，是全国唯一通过绿色食品产品认证的双低

黄冈市国家地理标志保护产品罗田甜柿　　（黄冈市志办　供稿）

菜籽油品牌，获中国绿色食品2009年烟台博览会"金奖"和第二届中国武汉农业博览会"全国知名品牌农产品"称号。

农业基础设施建设进一步加强。全市全年农村安全饮水完成管网入户供水受益人口达65.98万人，38个病险水库完成加固建设，建成长江回水堤防整险加固工程主体工程，防洪标准提高到50年至100年一遇。投入国土整治项目资金7.7亿元，整治高产农田1.6万公顷，低丘岗地5 300公顷，新增耕地1 500公顷。农机综合作业率达到54%。全年硬化通村公路3 791公里，农村公路总里程2.2万公里。全市用于学生资助资金6.57亿元，建成农村合格校舍466所，新农村合作医疗平均参合率达95.7%。农村综合服务社新增648个。

农村改革稳定推进。全市实施"1151工程"，发展农民专业合作组织，积极推进土地流转，推进集体林权改革和"三村"集体产权制度改革，农村发展环境得到优化。全市流转土地15.3万公顷，注册登记农村专业合作社710个，比上年增加433个。全市集体林权已确权面积66.79万公顷，已为64.15万公顷的林权面积核发了林权证书。完成10个农村集体资产产权制度创新试点村清产核资、清人分类、配置股权等工作，股份合作社已建立。

新农村建设进一步加快。全面启动红安全国革命老区建设示范试点县、英山湖北省脱贫奔小康试点县、10个省级和2个市级新农村建设试点乡镇的试点示范，96个"百镇千村"村庄整治工程，"四个层面"的试点覆盖30%的县市、35%的乡镇、40%的村。13个村进入省级新农村建设示范村行列。

【种植业】　2009年，黄冈市完成种植业产值158.05亿元，比上年增长7.1%。粮食总产量31.52亿公斤，增长3.6%；油料4.79亿公斤，增长10.4%；蔬菜23.10亿公斤，增长0.3%；茶叶3 000万公斤，增长9.8%；水果8 500万公斤，增长13.3%。棉花7 128万公斤，蚕茧611.4万公斤，均与上年基本持平。全市持证饲料生产企业新增3个，总数达到17个，总产量达到16.66万吨，比上年增加4.8万吨，增长40.3%。

农业板块基地规模稳定扩大，产业化程度增强。全市争取农业板块建设项目29个，其中，粮棉油板块4个，桑茶药板块5个，马铃薯板块3个，茶叶、油菜大县各1个，资金1 690万元（其中粮棉油板块200万元，桑茶药板块440万元，马铃薯板块150万元，茶叶、油菜大县各100万元），带动和促进了全市农业生产平衡稳步发展。优质稻板块26.67万公顷，比上年增加2.4万公顷，带动全市优质稻发展到33.33万公顷。其中，国标二级达到10万公顷，增加6 700公顷；国标一级达5.33万公顷，增加1.33万公顷；订单率达到90%，比上年提高19.2个百分点。黄梅县6 700公顷样板水稻优质率达到94.2%，居湖北省第一。花生、油菜、桑茶药板块分别发展到3万公顷、5.07万公顷、6.23万公顷，分别增加3 300公顷、4 000公顷、6 800公顷。马铃薯和桑茶药板块建设成效突出。全市马铃薯板块项目面积1.23万公顷，占全市马铃薯总播种面积60.6%，带动全市马铃薯发展到2.03万公顷，新增5 700公顷，总产量（折原粮）达到11.16万吨，增产5.6万吨，总产值6.39亿元，增加3.03亿元，增长89.4%。截至2009年底，桑茶药板块经济区已投资940万元，发展面积达6.23万公顷，占总规划面积的93.5%。繁育种苗4 950万株，带动周边县市及4个项目区发展桑茶药种植1 200公顷。

粮棉油高产示范片创建取得新成效。全市落实高产创建示范片50个，其中马铃薯4个、油菜8个、早稻9个、中稻10个、棉花3个。马铃薯示范总面积0.29公顷，平均单产2 098.23公斤，比全市平均单产提高783.2公斤。油菜示范总面积7 700公顷，平均单产204.3公斤，比全市平均单产提高79公斤。早稻示范总面积6 900公顷，平均单产499.8公斤，比全市平均单产提高92.8公斤，其中武穴2个示范片平均单产达到522.6公斤。中稻示范总面积1.18万公顷，平均单产633.4公斤，比全市平均单产提高119公斤，其中，团风、英山、浠水、蕲春、黄梅7个示范片平均单产过700公斤。晚稻示范总面积7 500公顷，平均单产520.3公斤，比全市平均单产提高44.8公斤，其中，武穴2个示范片单产达到569.8公斤。棉花示范片总面积2 200公顷，皮棉平均理论单产127.5公斤，比全市平均单产提高38.5公斤，其中，黄梅县示范片平均皮棉理论单产达130公斤，在湖北省长江流域棉区高产创建示范片中夺得第一名。

农产品品牌申报取得新突破。全市新申报和复查换证无公害农产品企业43个、产品112个，已获国家农业部批准颁证无公害农产品企业29个、产品103个；新开发和续展的绿色食品企业7个、产品28个；通过中国绿色食品发展中心认证企业3个、产品12个；新申报认证和保持认证有机食品企业7个、产品7个；新申报农产品地理标志3个，已公示1个。加强农业三品生产检查。全年共现场检查农业三品企业48个次，抽检10次，抽检产品120个，年检企业19个，其中年检合格企业17个，占89.6%，合格产品59个，占84.3%。处置假冒标志产品1个，无公害农产品产地认证过期企业3个，无公害蔬菜农残超标品牌2个，上报撤销绿色食品企业1个、绿色食品产品2个和无公害农产品企业证书5个。

【畜牧业】　2009年，黄冈市以促进牧业增效、农民增收、保障畜产品有效供给为目标，推进畜禽养殖小区建设，推广标准化高效养殖模式，加强重大动物疫病防控和畜产品质量安全监管，加快畜牧产业化发展进程。全年完成畜牧业总产值104.61亿元，比上年增长8.0%；全年全市生猪出栏389.98万头，增长13.3%；肉牛出栏25万头，增长6.9%；肉羊出栏48万只，增长6.2%；家禽出笼3 891万只，增长24.7%；肉类产量50万吨，增长40.8%；禽蛋产量21.7万吨，增长6.4%；牛奶产量3.15万吨，增长28.9%；

畜禽规模化养殖增强。全市省级标准化万头养猪小区达23个，各类畜禽养殖场（小区）、大户达1.19万个，全年新增畜禽规模养殖场（小区）280个。生猪、蛋鸡实行标准化养殖模式农户达1 100个，建设标准化畜禽舍1 700栋。采用“1235”养羊模式、“165”养牛模式的有500多个，新建生物发酵床养猪舍达120栋。

加强动物疫病防控与检疫监督。全年全市畜牧兽医部门组织采购猪牛羊口蹄疫疫苗1 461.44万毫升，高致病性禽流感疫苗5 162万（羽）份（不含自购疫苗），高致病性猪蓝耳病疫苗1 045万头（份），猪瘟疫苗1 047万头（份），鸡新城疫疫苗1.03亿羽（份），羊痘疫苗136万头（份），各类强制免疫疫苗注射量累计达9 875.13万头/（羽）次，免疫密度达到100%。开展高温季节消毒灭源。全市畜疫兽医部门利用夏季，对新老疫区疫点、牲畜交易市场、屠宰场点、冷库、奶牛场、规模养殖场（户）等地方，开展消毒灭源工作。全市累计购买消毒药品36.5吨，生石灰560吨，组织出动消毒人员3 600人（次），消毒面积达2 567万平方米。全市5个省际间动物运输监督检查站（点），对过境运载动物及动物产品的车辆进行检查和消毒，共检查消毒过往载畜车辆2.67万辆。全年全市共采集猪血样6 500份，禽血样8 100份，肉牛血样780份，奶牛血样1 169份，分别对猪瘟、口蹄疫、禽流感、鸡新城疫进行免疫抗体检测，平均免疫合格率达90%以上。畜牧部门对各奶牛场进行奶牛“两病”检测，累计完成奶牛结核病检测5 738头，完成奶牛布病检测5 338头，受检率分别达到66.8%和62%，并对病牛进行了及时处理。全市完成耕牛血吸虫病检查1.56万头，共查出病牛90头，同时扩大化疗3.07万头次，超额完成耕牛血吸虫病查治任务。

加大畜产品质量安全工作力度。在全市城区定点屠宰厂开展屠宰生猪“瘦肉精”抽查检测。全年全市抽检生猪3 120头，其中城区抽检1 682头。加强兽药监督。全市共处理兽药违法违规案件27件，结案25件，涉案货值2.86万元。抽检兽药21批（次），检出4个批（次）产品为假兽药，并进行立案处理。加强畜产品药物残留监测。全年共计在屠宰场、集贸市场和超市抽取猪尿、猪肝、鸡肉、鸡肝、鸡蛋等样品47份，在奶牛场和伊利乳品加工厂抽取生鲜奶79批（次），经湖北省兽药质量检验监测中心检验均未检出违禁药物。开展《生鲜乳收购许可证》和《生鲜乳准运证明》审核发放。年内，全市已发放生鲜乳收购许可证16个，生鲜乳准运证明16个。

【水产业】 2009年，黄冈市水产业转变渔业发展方式，拓展渔业发展空间，着力推进全市水产业持续健康发展。全市养殖水面达到8.07万公顷，生产各类鱼苗145亿尾，小龙虾寄养面积2.29万公顷，名特优水产品放（套）养面积达5万公顷（不含稻田养殖），完成水产品产量40.5万吨，实现渔业总产值58亿元，渔民人均纯收入6 800元，水产品加工出口创汇2 280万美元。

渔业科技示范与产品认证。全市全年培植渔业科技示范户2 100个，发放科技手册和养殖日志2 100多套，举办各类技术培训班100余期，受训1.1万人次，发放技术资料2万多份。水产品认证进展顺利。全年武穴市、黄州区、团风县等10个基地申请无公害基地认定和产品认证。

加强渔业安全监管。全市水产部门加大渔业生产安全的监管力度，落实渔业生产安全的责任。制定专项整治实施方案，层层签订《水产品质量安全责任状》，保障全市水产品质量安全。加大渔业“生态安全”保护力度。开展渔业资源增殖放流活动，6月9日，市政府举行“黄冈市2009年长江渔业资源增殖放流活动”。太白湖国家级水产种质资源保护区获农业部批准，成为黄冈市第一个国家级水产种质资源保护区。

生态休闲渔业发展取得进展。全市水产部门盘活渔业资源，加强既有渔庄的基础设施完善配套和改造升级。团风县占家湖休闲渔庄新建了望湖楼和迎宾阁，扩建钓鱼台，初步形成了水乡田园农家特色，具备休闲、垂钓、会议、餐饮、住宿、娱乐等多种功能；蕲春赤东湖渔场投资300余万元，建成养殖、捕捞、观光、垂钓、旅游综合配套的大型休闲渔业基地；黄州区2009年筹措资金6 000万元，新扩建规模休闲渔庄6个，安排就业700余人。以旅游业带动休闲渔业发展。罗田县做活天堂湖旅游品牌文章，年内，实现渔业旅游休闲收入100万余元。

水产品品牌创建有新突破。黄冈市“黄梅青虾”、“巴河莲藕”申请国家地理标志保护产品获国家质检总局批准。年内，浠水“状元湖”商标获全市知名品牌，“二度梅”牌鱼面在全国农产品博览会上被评为金奖。

渔业专业合作社组织发展加快。全市渔民专业合作社（协会）发展到71个，注册资金1.21亿元，从业人员4 396人。其中，浠水县巴河水产品专业合作社获湖北省首批十佳渔民专业合作社称号，武穴市武龙水产品产销专业合作社获湖北省首批十优渔民专业合作社称号，黄州区幸福鱼苗繁殖专业合作社获黄冈市

黄冈市武黄湖鲜鱼捕捞场景　　（黄冈市志办　供稿）

首批十佳农民专业合作社称号。

水产项目建设取得成效。全市水产系统利用渔业资源优势,积极争取建设项目,开展招商引资,加快黄冈水产业的发展。全年全市水产行业共争取项目和招商引资27个,总投资突破3亿元,到位资金1.16亿元。

【林业】 2009年,黄冈市各级林业部门按照"生态建设产业化,产业建设生态化"的要求,深化集体林权制度改革,加快发展林业产业,加强森林资源保护管理,全市林业事业继续保持良好的发展态势,实现林业总产值57.6亿元。全年共完成植树造林任务2.48万公顷,其中,荒山造林6 267公顷,低产林改造8 533公顷,长江防护林5 466公顷,血吸虫病防护林1 767公顷,外资项目造林735公顷,完成社会造林2 067公顷,四旁植树和义务植树2 150万株。全年生产木材17.76万立方米,毛竹588万根,水果5.98万吨,干果8.76万吨,森林食品29.17万吨,木本油料2.18万吨,木本药材663吨,林产工业原料9.54万吨;生产人造板总产量4.71万立方米,实木(复合)木地板200万平方米,木本粮油2万吨。森林旅游接待游客200万人次,旅游收入6.08亿元,带动相关产业产值1.98亿元。

退耕还林工程有序推进。全年全市完成退耕还林项目荒山荒地造林3 933公顷,兑现退耕还林面积8.16万公顷,涉及全市17.6万户,补助资金8 195万元。其中,长江防护林项目造林1 865公顷,德国无偿援助二期工程完成造林700公顷,林业血防工程总投资1 426万元,涉及黄州、团风、浠水、武穴4县市,完成造林1 767公顷。全年全市共争取国家林业贴息贷款6 300万元,用于晨鸣纸业公司纸浆原料林建设和燕加隆森工园区建设。

深化集体林权制度改革。年内,全市集体林权制度主体改革任务基本完成,共完成确权面积65.4万公顷、发证面积62.8万公顷,分别占总任务的96.9%和93.1%。相继启动林业要素市场、森林评估机构、抵押贷款等配套改革措施,全市已实现林权交易2 340宗,交易额9 243万元;组建评估机构6个,完成资产评估383宗,资产评估总价值9 402万元;开展抵押贷款292宗,抵押林地面积7 100公顷,抵押贷款金额3 445万元。全市已初步建立起产权归属清晰、经营主体到位、责权划分明确、利益保障严格、流转规范有序、服务监督有效的现代林业产权制度。

森林防火力度加大。全市共投入森林防火资金635万元,在全市林业重点村采取配备1 768名护林防火巡查员组成护林防火巡查网络,组建240人的森林消防队伍等一系列防范措施,确保全市森林资源安全。在重点防火期内,全市发生森林火灾53次,过火面积252.3公顷,其中受害森林面积69.5公顷,森林防火形势相对平稳,没有发生重大森林火灾和人员伤亡事故。

自然保护区范围扩大。2月,大别山自然保护区经湖北省人民政府批准建立;9月,龙感湖国家级湿地自然保护区被国务院批准建立,成为湖北省唯一的国家级湿地自然保护区,实现黄冈市国家级保护区零的突破。蕲春赤东湖、麻城浮桥河人工湖已于12月分别获批为国家湿地公园和省级湿地公园,黄州遗爱湖申报国家湿地公园已经通过国家林业局专家实地考察、论证。

(赵瑞群)

咸宁市农业

【概况】 2009年,咸宁市实现农业总产值140.18亿元,比上年增长4.0%,其中,农业产值增长4.9%;牧业产值增长5.3%,渔业产值增长12.3%。农民人均纯收入达到4 873元,增长10.5%,提前完成"十一五"目标任务。

全市农业机械总动力128万千瓦,增长9.9%;农村用电量3.54亿千瓦时,增长8.8%。全市森林面积发展到44.37万公顷,森林覆盖率54.2%。全年完成造林面积2.03万公顷,完成全年造林计划。全市有茶叶、水果、蔬菜、雷竹等无公害产品、绿色产品、有机产品264个,新增16个。全市发放惠农补贴2.45亿元。争取省级投资高产农田建设项目14个,建设规模1.31万公顷,投资4.39亿元;争取省级投资低丘岗地改造项目12个,建设规模7 300公顷,投资2.18亿元。完成29个省级投资低丘岗地改造项目的建设,净增耕地6 700公顷。

全年全市开展劳动力转移培训241班次,培训总人数达到2.12万人,农村劳动力转移培训计划1.6万人,转移就业1.91万人,转移就业率为93.1%。

【种植业】 2009年,咸宁市种植业产值67.65亿元,比上年增长4.9%。全市粮食作物面积20万公顷,总产量22.5亿斤,增长8.1%。全年粮食总产量112.51万吨,增长9.5%;油料产量8.26万吨,增产4.1%;蔬菜产量199.22万吨,增长3.1%;茶叶产量1.83吨,增长4.0%;园林水果产量4.42万吨,增长1.0%;棉花产量2 658吨,下降4.6%;苎麻产量1.81万吨,下降20.8%。全市农业板块基地面积21.5万公顷。

全年新建户用沼气池2.47万个,是年计划的123%,建成大中型沼气工程5个,村级农村沼气服务点120个,购置农村沼气进出料抽渣车42辆。争取国家、省级资金5 996.7万元,带动企业和农户投资9 128万元。高标准地办起一批"猪—沼—果"、"猪—沼—菜"、"猪—沼—粮"示范点,示范面积达3万公顷。

完成秋冬开发面积14.9万公顷,其中,油菜5.88万公顷,蔬菜4万公顷,夏粮2.63万公顷,绿肥1.67万公顷,特产园开发0.73万公顷。耕地覆盖率达

咸宁市崇阳县石城镇马铃薯机械收割现场　　（咸宁市志办　供稿）

95%以上。

争取两批次中央和省级购机补贴资金共3 496万元,比上年增加2 454万元,补贴购置农机具4 830台,受益农民4 828户,拉动农机投入6 200万元,全社会农机化投入1.35亿元。完成水稻机插秧6 800公顷,比上年增加2 400公顷。推广新机具新技术。马铃薯生产机械、油菜直播机械、玉米收割机械的应用在通城县、赤壁市、嘉鱼县铺开。全市农机化作业面积32.0万公顷次。其中机耕机整9.33万公顷,机收11.12万公顷,机械植保10.87万公顷,机插秧6 800公顷。

全市农作物病虫发生面积114.75万公顷次,防治面积151.05万公顷,挽回损失26.32万吨。

【蔬菜业】 2009年,咸宁市蔬菜种植面积9.27万公顷,下降1.08%;产量221.8万吨,增长0.1%;总产值32.72亿元,增长11%。全市农业人口人均蔬菜产值达1 546.5元,人均纯收入增加76.8元。

优化蔬菜种植结构。全年全市早春播蔬菜面积2.27万余公顷,增长4.6%,达到全年蔬菜春播面积一半以上。早春播蔬菜产量68万吨以上,比上年增加3万余吨。全市较为普遍推行"棚栽(茄、瓜、豆)+露地(豆角、黄瓜等)+叶菜类(莴笋等)模式",实现一年三茬三收。

加大板块优势。嘉鱼是蔬菜业形成2万公顷的板块基地,其中1.2万公顷"两瓜、两菜"、3 300公顷大棚精细菜、2 000公顷西甜瓜、2 000公顷水生菜,700公顷野生菜等5大板块,主导品牌和板块特色突出;15个新品种、新技术基地拓展到全县8个镇、14个村、300多个农户、示范面积172公顷。赤壁市启动滨江万亩优质蔬菜基地建设,柳山湖镇、赤壁镇和黄盖湖农场蔬菜生产面积已经发展到700多公顷。

提高科技含量。全年全市举办各级各类蔬菜生产技术培训班50多期,参训人员5 000多人,印发各类技术资料2万余份。大力推广蔬菜新优品种,高效种植模式和设施栽培。嘉鱼山绿公司与潘湾蔬菜专业合作社采用"公司+基地+农户"形式,订单生产冬瓜远销加拿大。通城县在隽水镇下阔村基地推广瓜类新品种4个共6.67公顷,其中,瑞德黄瓜,长富瓠瓜1.33公顷;在上坳村推广豆类新品种2个共8公顷,其中,早春扁豆1.33公顷,早生豇豆6.67公顷。咸安区在大幕、高桥、汀泗等山区推广粮菜套种、种植茄果类蔬菜和食用菌,在郊区的向阳湖、官埠桥推广早春栽培、延秋栽培取得成功。

【畜牧业】 2009年,咸宁市出栏生猪188.64万头,增长6.0%;出栏肉牛1.89万头,增长5%;出栏山羊12.45万只,增长6.4%;出栏家禽3 388.62万只,增长28.4%;肉类总产量18.29万吨,增长6.3%;禽蛋产量达到2.49万吨,增长3.8%;牛奶产量1.01万吨,增长22.3%;畜牧业总产值43.56亿元,增长21%。

全年全市生猪存栏120.53万头,增长11%;家禽存笼1 785万只,增长44.1%;牛存栏12.1万头,增长5.2%;羊存栏11.1万只,增长12.5%。

发展规划养殖户。全市有规模养殖户5 626个。生猪规模养殖户3 616个,年出栏生猪可达100万头,其中"150模式"示范户410个,建成猪舍587栋。出笼肉鸡2 000只以上的大户1 129个,其中,11户年出栏10万只以上。出笼肉鸭2 000只以上的大户有40个,10万只以上肉鸭养殖小区27个,标准鸭棚400多个。蛋禽养殖大户有188个,存笼蛋禽76万只,存笼1万只以上的蛋鸡养殖户有21个,其中存笼3万只以上有5个。养羊大户发展到268个,养牛大户发展到364个。养殖小区发展到204个,新增108个。

发展规模化养殖。加强隽水流域100万头优质三元猪、咸安2 000万只优质肉禽、沿幕阜山脉30万只优质肉羊、崇阳2 000万只优质鸭、向阳湖奶牛五大生产基地建设,大力发展养殖小区,推进畜牧业规模化、集约化。全年全市共有畜禽养殖小区204个,新增82个,其中,生猪养殖小区96个,蛋禽养殖小区22个,肉鸡养殖小区64个,肉牛养殖小区8个,肉羊养殖小区10个,奶牛养殖小区2个。全市有养殖大户5 626个,其中养猪大户3 616个,规模化生产出栏生猪比重达45%以上。

积极改良畜禽品种。全年出栏优质三元猪156万头,增加19.4万头,增长13.3%,占生猪出栏总量的75%;出笼优质土鸡436万羽,增长15%;出栏山羊15.2万只,增长11%;出笼优质水禽565万只,增长117%。

推广畜牧业新科技。举办免费科技培训班。11月25日~28日,在咸宁市生物工程学校举办市级养猪培训班,200余人参加培训。组织高等院校专家、教授送科技下乡。全年全市共举办培训班9期,培训2 875人次,开展送科技下乡活动10次,免费发放科技资料6.36万份。大力推广畜禽饲养科学管理、畜禽养殖常见疾病防控技术、"135"养猪保健技术、"150养猪模式"、生猪三优、山羊杂交改良、土鸡山地散养等实用新科技。

【水产业】 2009年,咸宁市水产品放养面积5.21万公顷,增长4.6%;完成水产品产量19万吨,增长7.6%;实现渔业产值23.6亿元,增长16.3%。全年投入渔业资金6.89亿元;新开发休闲渔业场所270个,新开发养殖水面4 700公顷。

积极发展健康养殖。全年全市有8个养殖企业被国家农业部评为水产健康养殖示范场,认定无公害产地面积达47.3万公顷,认证无公害产品32个,其中咸安区3个,嘉鱼县10个,赤壁市10个,通城县4个,崇阳县2个,通山县2个,西凉湖管理局1个;产地认定和产品认证均位居湖北省前列。

建设产业化龙头企业。全年全市有达到一定规模的水产品加工企业10个,资产总额达3.37亿元,固定资产总值1.99亿元,年加工能力5.55万吨,年吸纳劳动力2 000余人,加工原料1.32万吨,加工产量8 000吨,加工产值1.34亿元。

加强渔业执法管理。全年全市渔业主管部门及渔政管理机构出动执法船艇100余次,渔政执法人员600余人次,查处各类渔业违法活动200余件。全年核发养殖许可证4 703本,发放率达87.7%。核发内陆捕捞许可证2 100余本,捕捞渔船持证率95%以上。开展沿江两县(市)禁渔联合执法检查和跨市(州)交叉检查,实现"江中无渔船、岸边无网具、市场无江鱼"的三无工作目标。全年全市筹资136.5万余元,向长江、西凉湖、黄盖湖、陆水水库、富水水库、青山水库投放各类鱼苗4 680万尾。

西凉湖水生生物资源保护区建设取得进展。加大西凉湖国家级鳜鱼、黄颡鱼种质资源保护区建设力度,加快建立西凉湖水生生物自然保护区进程。6月22日,由中科院水生生物研究所、水利部中国科学院水工程生态研究所、华中农业大学、湖北省水产局、湖北省水产科学研究所组成的专家考察组通过了对市级西凉湖水生生物自然保护区的评审。

"平安渔业"建设成效显著。健全完善渔船检验同燃油补贴发放的联动机制,全年实行"一折通"形式发放渔船燃油补贴183.3万余元,补贴渔船3 900艘。

【林业】 2009年,咸宁市森林面积44.37万公顷、森林蓄积1 376.8万立方米,森林覆盖率54.2%。全年全市争取项目资金2.1亿元,完成造林2.02万公顷。完成低产林改造5 300公顷,新发展苗木花卉基地800公顷,完成义务植树614.3万株。

森林防火全面到位。全面实施湖北省鄂南重点火险区综合治理项目，投资622万元，相继完善信息指挥系统、通讯系统、扑救系统、阻隔系统、监测瞭望系统，保证森林防火工作有效开展。重点防火期内，全市发生森林火警火灾31次，过火面积819.8公顷，受害森林面积70.4公顷，火灾受害率0.17‰，没有发生群死群伤事故。

加大资源保护力度。全年森林采伐总量17.63万立方米，其中，采伐商品材16.54万立方米，采伐楠竹1 320万根，均控制在湖北省林业厅下达的采伐计划之内。全年办理征占用林地89件，征用林地面积1 167.27公顷。实施重点生态公益林保护面积15.47万公顷，落实补偿资金1 160万元。全市发生森林病虫害2.90万公顷，没有成灾，防治面积2.79万公顷，无公害防治率96.2%，监测覆盖率100%。接处各类森林案件821件，查处798件，查处率97.2%。

大力发展林业产业。成功引进山东晨鸣集团投资开发林浆纸一体化项目，流转6.73万公顷林地，每年以新增6 700公顷的速度推进原料林建设，合作培育12.33万公顷纸浆林基地，建成年产50万吨浆、40万吨纸，年产值达70亿元的重点项目。8月14日，湖北咸安现代林业森工科技产业园挂牌成立，入园企业14个，实现年产值6.1亿元，计划3年～5年内建成30个森工产业集群，新上20万立方米进口刨花板生产线，配套包装、运输物流、装饰印刷等产业，形成年产值50亿、利税5亿的规模效益。大力发展油茶产业。全市兴建油茶良种苗圃29.33公顷，油茶采穗圃21.33公顷，完成嫁接良种芽苗1 185万株。发展森林生态旅游、苗木花卉、森林食品、生物质能源等特色产业。全年全市生产纸浆9.5万吨、人造板35万立方米，实现林业相关产业总产值28.8亿元。

推进林权改革。全市确权集体林地面积49.42万公顷，超额完成年度确权任务；发放林权证47.75万公顷，实现“基本完成发证任务”的目标。全市建立林业要素市场6个，评估山林866宗，金额4.3亿元；组织林木交易6 339宗，交易金额2.0亿元；开展林权抵押贷款业务1 002宗，抵押金额2.2亿元。全市建立各类林业专业合作社29个，入社农户6 000多个。

实施林浆纸一体化项目。引进造林施工队伍92个，清理林地6 200公顷。其中委托造林清理林地5 600公顷；积极开展资源论证材料收集，完成19万公顷基地论证材料收集工作，推进林浆纸一体化项目建设。

（咸宁市志办）

仙桃市农业

【概况】 2009年，仙桃市农林牧渔业总产值83.2亿元，比上年增长7.8%。全市农民人均纯收入5 855元，增加608元。年内，仙桃市被评为“全国粮食生产先进市”、“中国果菜无公害十强市”、“湖北省农产品加工‘四个一批’先进县市”。

提高农业产业化水平。广泛发动农产品加工企业申报市级农业龙头企业，帮助湖沁米业吸收元亨、益祥、沙湖米业等3个市级大米加工企业成功组建湖北天粮米业集团，并通过了省级农业产业化龙头企业的申报评定。全年全市新增省级农业产业化龙头企业3个，新增市级农业产业化龙头企业2个。全市农业龙头企业发展为75个，其中省级以上14个（国家级1个、省级13个），市级61个。大力推广标准化生产。全年新增无公害农产品认证5个，累计认证无公害农产品200个、绿色食品18个。积极培育农村合作组织，全市已注册农民专业合作社88个，入社农民4 650户。农业板块建设形成规模。全市已形成了6万公顷优质水稻、4.67万公顷优质油菜、2万公顷优质棉花、1万公顷无公害蔬菜四大种植板块和6.13万公顷优质鱼以及年出栏113万头生猪的畜禽养殖板块。

生态家园建设取得新进展。全市共完成沼气池建设1万口，其中2009年建设户用沼气8 372个。大中型沼气工程建设稳步推进，联潭沼气集中供气工程竣工并已顺利供气，排湖生态养殖场大型沼气工程、杨林尾生物质炭气化工程项目土建施工进展顺利。全市3 000多个沼气池推广了秸秆沼气技术。

加强农业投入品监管。开展5种高毒农药的专项查禁，加强兽药、饲料监管，累计监管检查兽药经营户812个，饲料经营户311个，涉及兽药企业92个，兽药产品1 120个，饲料企业92个，饲料产品210个，查出不合格兽药厂家4个，不合格品种6个，不合格饲料厂家4个，不合格品种4个。收缴各种不合格兽药182件，吊销兽药经营许可证2个。

加大农产品质量安全检验力度。成立农产品质量安全检验检测中心，制定例行抽检制度。督促富迪超市、中商超市、中百超市和好邻居超市四大商超生鲜食品专柜，建立了自检制度和定期报告制度，每周检测蔬菜样品20多种。开展动物检疫。全市共检疫生猪105.6万头、肉牛9 000头、家禽750万只，检出病死动物1 103头（只），全部进行了无害化处理。

积极开展农业血防工作。全年全市共筹资1.6亿元用于血吸虫病防治综合治理项目，共查螺6 700公顷，完成药物灭螺1 500公顷；耕牛查病1.33万头，耕牛化疗1.71万头次；实施洲滩禁牧3 200公顷；完成三格式厕所2.57万个；建疫区通村公路33.2公里；新建抑螺防病林366.67公顷。

农业机械化水平进一步提高。全年全市新增大中型拖拉机264台、大中型旋耕机等犁具346台（含铧犁26部）、耕整机1 100台、机耕船140台、小型犁具356台（件），新增联合收割机66台、插秧机272台、增氧机410台、投饵机720台。截至2009年底，全市大中型拖拉机拥有量达2242台、小型拖拉机1.98万台、联合收割机901台、插秧机565台、机动喷雾器1.80万个。农业机械总值达到5.48亿元。全市机耕机整面积18.32万公顷，农田机械化耕整率达到88.2%；机

仙桃市“外婆家”牌醉鱼

（仙桃市志办　供稿）

械收割稻麦6.72万公顷，机收率达90.0%；水稻机械插秧面积1万公顷，全年植保机防面积16.64万公顷，机防率达87.6%。农业机械购置补贴有序开展。全年全市发放农业机械购置补贴1 726万元，受惠群众1 543人。

【种植业】 2009，仙桃市农作物总种植面积21.16万公顷。其中，粮食种植总面积9.78万公顷，比上年增加6 000公顷，比上年增长6.5%，实现粮食总产71.2万吨，增产3.9万吨，增长5.6%；棉花种植总面积2.2万公顷，减少4 000公顷，下降19.1%，总产量2.65万吨（皮棉，下同），减少1 200吨，下降4.3%；油菜籽种植总面积4.71万公顷，减少100公顷，下降0.2%，总产量11.26万吨，增产600吨，增长0.5%；果蔬种植总面积2.5万公顷，减少900公顷，下降3.5%，总产量37.18万吨，减少2.08万吨，下降5.3%。

创建部省级万亩优质粮油高产示范片。4个油菜高产创建示范片总面积736.67公顷，涉及农户3 590个。示范片内公顷产油菜籽3 034.5公斤，比创建的目标产量增长1.2%，共增收油菜籽48.6万公斤，比全市平均公顷单产增642公斤，增26.8%，创全市油菜单产历史之最。双季稻万亩高产创建暨吨粮田建设示范片总面积736.4公顷，涉及农户3 383个。示范片内早稻经省农业厅专家组测产验收通过，公顷产量6 837公斤，比创建目标产量增长1.2%；晚稻公顷产量8 196公斤，比创建目标产量增长9.3%，比全市平均公顷单产增长426公斤，增长5.5%，早晚连作共计公顷产量1.50万公斤，达到了吨粮田标准，早晚连作共增产稻谷28.9万公斤。

加大农业技术应用。推广棉田高效模式。全市高效棉田总面积达到5 800公顷，总增纯收入8 023万元。其中，豆—豆（毛豆）棉模式2 100公顷，共增收2 736万元；棉田套大豆模式1 700公顷，共增收1 237万元；西瓜—棉模式2 000公顷，共增收4 050万元。推广典型蔬菜高效模式。沙湖镇发展“黑皮冬瓜—包菜”模式200公顷；彭场、胡场、西流河“土豆—甜玉米”模式总面积超过1 300公顷。推广优质粮棉油品种。全市优质稻品种种植面积5.7万公顷，油菜种植实现优质“双低”化，棉花品种主要采用优质高产的鄂杂棉系列。大力发展水稻轻简栽培技术。全年共推广水稻轻简栽培面积1.57万公顷，比上年增加1 100公顷，其中，直播4 000公顷，抛秧3 000公顷，免耕栽培1 700公顷，机插秧7 000公顷；推广油后棉抢板移栽6 300公顷。全面应用测土配方施肥技术。共推广应用测土配方施肥技术7.33万公顷，其中，水稻3.07万公顷，油菜2.53万公顷，棉花1.73万公顷。

【畜牧业】 2009年，仙桃市实现生猪出栏113万头，比上年增长5.8%，存栏64.71万头，增长3.3%，其中能繁母猪存栏6.96万头，增长8.75%；牛出栏1.58万头，增长3.3%，存栏3.22万头，下降9.0%；羊出栏2 800只，增长55.6%，存栏2 200只，增长120%；家禽存笼691.2万只，增长3.7%，出笼825.7万只，增长5.2%，肉类总产量9.42万吨，增长2.6%；禽蛋产量3.78万吨，增长7.4%。全年实现畜牧业产值（现价）22亿元，实现利润2.51亿元，畜牧业为农村人均增收92.9元。全年新增畜禽养殖协会3个、专业合作社11个，全市各类协会、专业合作组织达到24个，包括畜禽养殖协会、蛋品协会、饲料工业协会、鱼药协会9个，专业合作组织15个。

规模化养殖发展迅速。全年新改建畜禽规模养殖场236个。其中，新建标准化万头猪场5个，标准化养猪150模式8栋，蛋鸡153标准化养殖模式12栋，新建畜禽养殖小区15个。全市畜禽规模养殖场达到1 868个，标准化养殖小区达到60个。规模化养殖比例达到76.2%，比上年提高2.8个百分点。大力推广标准化畜禽养殖技术，畜禽标准化养殖水平得到极大提升。全市生猪良种覆盖率达95.3%，蛋鸡良种率达86.4%，蛋鸭良种率达95.8%。全市畜禽标准化养殖比例达到68.5%，比上年提高7.9个百分点。

大力开展动物检疫工作。全市重大动物疫病常年免疫密度达99%以上，全年猪、禽、牛发病率分别为8.7%、13.5%、2.1%，死亡率分别为0.6%、4.8%、0.02%，动物疫情形势平稳。全年检疫各类畜禽600万只，检出病畜1 522头只，并全部进行无害化处理。全市抽样检查兽药饲料样品、猪尿样、猪肝、鸡蛋共计522批次，未检出“瘦肉精”及其他违禁药物，畜产品抽检样品合格率100%。新增无公害畜产品、产地认定认证4个，全市无公害畜产品、产地认定认证达到16个。

饲料工业稳步发展。全市生产各类畜禽、鱼料25万吨，比上年增长6.5%。其中生产畜禽饲料8.5万吨、水产配合料13.5万吨、预混料3万吨，总产值6.5亿元，转化粮食9万余吨。

【水产业】 2009年，仙桃市水产养殖面积6.13万公顷，比上年增加6 700公顷；水产品产量30万吨，与上年持平；渔业产值35亿元，增加5亿元；水产品加工量达到12万吨，增长20.1%；水产品加工产值达到1.2亿元。

水产业工程建设取得新成效。全年全市建设了1个省级水产良种场和5个规模化名特苗种繁育场。水产苗种年孵化能力达到50亿尾，名特苗种覆盖率提高到60%，其中小龙虾苗种繁育能力达到80%。初步形成了以小龙虾、河蟹、黄鳝、甲鱼等为主导品种和以虾蟹养殖、网箱养鳝、鱼鳖混养、虾稻连作等为主导模式的产业格局。黄鳝、甲鱼、河蟹、小龙虾为主的名优水产品养殖面积达到5万公顷，增加1.33万公顷。名特水产养殖面积占水产养殖面积的81.2%，产值达28亿元，比上年增加8.5亿元。黄鳝网箱养殖面积达到5 300余公顷、网箱160万口。年内，与长江大学、湖北省水产研究所合作共同开发黄鳝和小龙虾人工繁育项目取得实质性进展；沙湖镇堋垱湖渔场刁子鱼人工繁殖取得成功。

渔业标准化生产基地不断扩大。年内，全市共建设水产健康养殖示范场12个、健康养殖基地35个，网络水产面积2.8万公顷；完成全部水产品产地认定和178个产品认证工作；创建了西流河镇白衣庵村、张沟镇先锋村两个黄鳝出口备案基地和胡场镇麻港片鮰鱼苗种出口备案基地以及郭河、沔城两镇为黄鳝、泥鳅及四大家鱼出口备案基地；无公害水产品抽样检测合格率达98.0%。白衣庵村被国家农业部认定为农业部水产健康养殖示范场。全市共有水产经济合作组织15个，拥有水产品流通经纪人2 500人，网络会员2万多人，水产面积3.67万公顷。合作组织实现销售收入5亿元。

【林业】 2009年，仙桃市林业产业保持良好的发展态势。

植树造林成效显著。组织实施《仙桃市2009年度造林规划》，新植树木459万株；完成四大工程造林3 000公顷，其中退耕还林工程1 300公顷（含仙洪试验区700公顷），长防林1 100公顷（其中仙洪试验区500公顷），血防林366.67公顷，低产林改造200公顷；重点支持建设了60个绿色家园示范村。

新农村林业建设全面展开。集中项目资金200万元，栽植绿化苗木7万株，高标准完成仙洪新农村试验区全长2 870米绿色示范带建设。进一步加大试验区农田林网和绿色通道建设力度，试验区总植树达到50万株，道路绿化率达90.1%，农田林网控制率达80.4%，森林覆盖率达 15.3%，高于全市 1.2%；重点支持和指导试验区凤凰、联潭、铁匠湾、庆丰、绿化、杨桥等 6 个村的绿色家园建设和张沟、新里仁口 2 个集镇的绿化建设，营造良好的村镇人居环境。

集体林权制度改革稳步推进。积极创新林地流转模式和相关配套服务。创新模式，广泛吸引社会各界投身林业建设。试行"林水结合"、"林路结合"、"以林养渠"等多种林地流转新模式，大力推行宜林路段、沟渠"未栽先卖，边栽边卖，栽后必卖"，用机制创新激发全社会参与植树造林的积极性，社会投资林业生产的创新服务，积极开展林业金融等配套制度改革。开办各项林业金融业务，先后为全市造林大户友新造林有限公司申报林权抵押贷款近 400 万元。

林业资源保护规范有序。加大防范力度，结合实际针对农作物收获季节群众焚烧秸秆烧毁林木的现象开展专项治理，采取防火知识宣传先行、重点地段 24 小时巡查、镇村组三级联防等多种方式全面遏制焚烧秸秆损毁林木现象的发生，全年全市没有发生森林火灾事故；依法打击涉林违法犯罪行为，市森林公安分局和市林政稽查大队积极履行执法职能，依法惩处乱砍滥伐、盗林毁林等违法犯罪行为，震慑犯罪，保护资源，全年共查处各类违法案件 43 件，处罚违法人员 55 人；加强林木采伐管理和林地保护，打击乱征乱占林地的违法行为，巩固和扩大林地面积。加大野生动物保护和古树名木保护力度，制定出台相关管理办法，开展专项打击和挂牌保护。加大湿地保护力度，科学开发利用境内沙湖湿地和排湖湿地资源，积极申请立项建设沙湖国家湿地公园，指导和规范丝宝集团开发排湖湿地。

（黄爱高）

潜江市农业

【概况】 2009 年，潜江市粮食总产量 38.87 万吨，比上年增长 6.5%；油料总产量 11.31 万吨，增长 20.3%；棉花总产量 4.04 万吨，下降 16.3%；蔬菜总产量达 55.45 万吨，增长 2.5%。全年完成农业总产值（按可比口径，下同）67 亿元，增长 21.8%；实现农业增加值 41.19 亿元，增长 15.4%；农民人均纯收入达到 5 531 元，增加 602 元，增长 12.2%，连续三年两位数增长。

建立健全现代农业展示中心、科技示范园区、科技示范户的三级农业推广服务体系。全市现代农业展示中心入园项目 49 个，14 个镇处建成示范片 51 个，落实核心科技示范户 1 320 个；印发《潜江农业》11 期，120 余万份，培训农民 9.5 万人次。

提高病虫信息入户率。与潜江市电视台合作，在黄金时段共播放病虫电视预报 18 期，同时加大《病虫情报》发行量到每期 3 万份，确保信息入户。全年全市稻纵卷叶螟发生面积 7.0 万公顷次，防治面积 8.8 万公顷次，白叶率 1.2%，比上年下降 1.4 个百分点，挽回粮食损失 5.02 万吨；稻飞虱发生面积 5.47 万公顷次，防治面积 9.33 万公顷次，危害穿顶率 0.01%，挽回粮食损失 6.61 万吨。

加大农村能源建设。全年新建沼气池 6 320 个，申报大中型沼气池建设项目 5 个，批复 1 个，申报秸秆气化工程项目 1 个。加强沼气服务网点建设。全年建起村级沼气服务网点 41 个，镇处服务网点 12 个，沼气池服务覆盖率达到 90% 以上。加强技工培训，培训沼气技工 240 人。

加强农资市场监督管理。全年立案 22 件，结案 22 件，结案率 100%，收缴禁限用农药 40 余件；没收涉嫌假棉花种子 760 罐，货值 3 万余元；调解各类农资质量纠纷 37 件，为农民挽回经济损失 80 余万元。年内，潜江市农业局代表湖北省作为全国 5 个典型之一在国家农业部主办的放心农资下乡进村现场会上做了经验交流。

农业机械化覆盖面进一步增加。2009 年，全市农机总动力达到 82 万千瓦，其中各类拖拉机 3.1 万台，联合收割机 709 台，插秧机 183 台；完成机耕面积 6 万公顷，油菜机收机脱 1.67 万公顷，机械插秧达 1 万公顷，棉秆粉碎还田 1 万公顷；马铃薯、胡萝卜全程机械化也取得了重大突破，农机化综合水平达到 70%。潜江市被国家农业部、国家安全生产监督管理总局确认为全国第一批"平安农机"示范县（市），也是农业部确定的全国 10 个油菜生产机械化示范县市之一。"2 万公顷油菜机械收获示范与推广"技术获得湖北省科技厅颁发的湖北省重大科学技术成果证书，并被潜江市人民政府确定为科技进步特等奖。

加强农机生产服务力度。加大宣传力度。积极开展送农机科技下乡 50 场（次），印制分发农机科技宣传资料 1.4 万余份，现场咨询群众达 3 000 余人。编发农机信息 12 期，新闻媒体专题报道 23 次，召开现场会 18 次，培训各类农机操作人员 800 余人。积极争取农机购置补贴项目资金 1 422 万元，鼓励引导农民投入到农机的资金达 9 000 万元，购置各类农业机械 1 200 台。全年农业生产共组织拖拉机 8 567 台、农用运输车 567 辆、联合收割机 1 468 台，以播种、收获、耕整为主的各类机具 2.8 万台。组织农机专业服务队，深入春耕夏收生产第一线，开展机具维修、技术咨询、田间指导等农机化技术服务，共抽调管理干部和相关技术人员 150 人（次），维修拖拉机 4 180 台，检修各类农机具 1.5 万台。实施农机惠民政策。全年争取中央、省农机购置补贴资金 1 422 万元，补贴各类农机具 1 075 台（套），受惠农户 1 180 户，其中补贴油菜收割机 95 台，补贴乘坐式插秧机 65 台。实施"以机代牛"项目。在全市开展实施"创建 10 个新机具推广示范村和 1 个新机具推广示范区"活动。

建设农机服务体系。全年共创建农机专业合作社 11 个，培育农机大户 872 户，转移农村劳动力 2.6 万余人，平均每公顷降低生产成本 1 845 元，社员人均创收 2.6 万元。"潜江市龙腾农业机械服务专业合作社"被湖北省农业机械化办公室、湖北省农村专业合作社经济组织指导办公室评为"优秀农机专业合作社"。落实农机安全生产。狠抓农机法规、农机安全知识的宣传。共出动宣传车 116 辆（次），分发宣传资料 8 000 余份。严格检审工作。共核发行驶证1 041 个、驾驶证 765 个、检验农业机械1 394 台，共出动检查车辆 600 辆（次）、监理人员 2 900 人（次）、检查拖拉机1 890 台（次）、查出各类违章违规 860 台（次）。开展"平安农机"创建活动。建成 6 个平安农机示范乡镇场，35 个平安农机示范村，402 个平安农机示范户。

农业产业化水平不断提升。全市现有规模以上农产品加工企业 129 个，实现销售收入 90.11 亿元，比上年增长 25%；利税总额 5.1 亿元，增长 13.3%；上缴税金 6 400 万元，增长 12.3%。其中，市级重点龙头企业 39 个，比上年增加 11 个，企业员工人数 2 万人，资产总额 40 亿元，生产能力近 100 亿元。实现销售收入 65 亿元，增长 30%，占农产品加工产值 68.5%；实现利税 4 亿元，增长 20%；入库税金 4 500 万元，增长 21.6%。全市农产品加工过亿元企业共 14 个。全市共通过无公害农产品认证 218 个、产地认定 54 个，注册农产品商标 56 件。尝香思系列酱菜、绿音牛肉、喜颂色拉油、四季逗西瓜获得"中国绿色食品"称号，良仁、楚玉小龙虾，闽鑫饮料、潜穗大米等 6 个产品（品牌）获"湖北省名牌产品"和"湖北省著名商标"称号。全年全市共建设农业产业化生产基地 45 个，面积12.33万公顷，占种养面积的80%；网络带动农户18.5万户。

促进龙头企业快速发展。全年确定华山水产甲壳素深加工二期技改工程、莱克水产万吨罗非鱼深加工、尝香思食品二期扩规、同光面粉15万吨膳食纤维小麦粉扩规等19个重点项目，投资10.1亿元，其中投资在1 000万元以上的项目15个，年内15个项目完工投产。积极开展村企共建。39个市级龙头企业与全市60多个村建立合作关系，建设专业生产基地5.33万公顷，其中自办示范基地1万公顷，订单面积4.33万公顷；培训农民1万余人，带动农户10.5万户。加大扶持力度。全市29个市级农业产业化龙头企业获得授信13亿元，比上年增加1.35亿元，增长11.6%；邮政储蓄银行全年累计发放贷款2 300笔，提供信贷资金1.12亿元；出台重点技改项目贷款贴息政策，贴息300万元；发放以奖代补资金170万元，对农业产业化年度工作、十大农产品品牌、十大专业合作经济组织、多功能农业示范基地、订单生产基地给予奖励。

【畜牧业】 2009年，潜江市生猪出栏达90.58万头，比上年增长14.6%，存栏46.59万头，增长1.2%，其中，能繁母猪存栏5.2万头，增长4.4%；家禽出笼1 422.36万只，增长13.4%，存笼584.82万只，增长12.2%；家畜出栏2.0万头，增长19.2%；肉类总产量9.15万吨，增长5.6%；畜牧业总产值21.32亿元（现价），占农业总产值的31.5%。全年实施生猪调出大县，农业血防综合治理，县级动物防疫体系建设，生猪、蛋鸡标准化生产，板块基地建设等9大类项目，共投入项目建设资金2 048.7万元，业主配套9 800余万元，带动社会投入高达2.5亿元。

保障畜产品质量安全。全年运输检疫检查各类动物141.08万头（只），检查动物产品5 800吨，消毒车辆7 500车（次），审核发放《动物防疫合格证》1 270份；办理动物卫生监督案件20件，结案率100%；产地检疫生猪57.5万头，牛羊2.53万头（只），禽类156.94万羽，其他2 572只，检出染病畜禽1 901头（只），无害化处理率达100%；屠宰检疫生猪8.9万头，牛羊1.89万头，禽类108.26万只，检出病害畜禽1 662头（只）；检疫动物产品1 850吨，检出病害动物产品1.87吨，无害化处理率达100%。全年共检查饲料经营门店265个，饲料代办加工点15处，大型养殖场105个，依法取缔了不合格经营户3个，并销毁不合格饲料200公斤；共检查兽药经营企业126个，检查覆盖面达100%；兽药抽检23批次，动物产品兽药残留抽检21批次；全年共查办兽药案件3件，结案3件。对全市98个规模养殖场实行直管，规范养殖档案，跟踪饲养管理。开展盐酸克伦特罗、莱克多巴胺等药物专项整治活动。

重大动物疫病防控。全年累计注射猪瘟疫苗140.49万头次，注射高致病性猪蓝耳病疫苗140.49万头次，注射口蹄疫疫苗猪140.49万头次，牛羊11.31万头（只）次，免疫密度均为100%；注射高致病性禽流感疫苗2 080.84万羽，注射鸡新城疫疫苗1 585.79万羽。强制免疫抗体监测合格率平均达87.5%。全年畜禽生猪死亡率为1.5%，耕牛死亡率为0.45‰，家禽死亡率为2.94%，各项指标均达湖北省颁布的相关标准，综合水准居于全省前列。完善动物疫病可追溯体系。动物免疫标识制度推广面达100%，牲畜平均挂标率95.8%；免疫证、免疫档案、免疫标识、免疫登记“四位一体”到位率95%以上，免疫标识信息录传率达95.7%。

动物疫情监测及疫病处置。全年完成湖北省下达的监测任务为：猪425份、牛415份、禽804份，完成疫情月报及分析报告16份。同时，在规模养殖场、户开展重大动物疫病统一监测并专门建档，全年完成各类疫病监测785头（只）份。

农业血防。全年共检查耕牛1.57万头，阳性牛298头全部进行治疗，化疗耕牛1.83万头。耕牛感染率下降到1.9%。

加强板块基地建设。全市形成了四大养殖板块基地。运拖公路和襄岳公路沿线乡镇为重点的优质生猪板块，年出栏50万头，占出栏量的55%；以老新、熊口、高石碑、杨市、龙湾等乡镇为重点的江汉鸡板块，年出笼江汉鸡1 000万只，占全市家禽出笼量的72%；以兴隆河、西荆河、东荆河、百里长渠、中沙河、万福河沿河流域乡镇为重点的优质水禽板块、水禽养殖量293万只，占全市水禽养殖总量的79%；以汉江、东荆河沿堤乡镇为重点的优质草食畜牧业板块，年出栏优质肉牛、肉羊2万头（只），占全市肉牛、肉羊出栏量的67%。

加快产业化建设。全市有畜牧业市级龙头企业6个，饲料和原料生产厂家12个，其中配合饲料、添加剂、预混料生产企业共8个，饲料原料生产企业4个，具备年产饲料生产7万吨的能力。全市有年生产能力1万吨以上的饲料企业4个，形成了猪、鸡、鸭、鱼等多个系列，30余个品种。

大力发展规模化养殖。全年新建“150”标准化猪舍40栋，全市“150”标准化猪舍总数达272栋。新建并投产标准化万头猪场3个，在建标准化猪场2个，进行标准化猪场改造11个，改造面积2万余平方米；新建蛋鸡“153”标准化养殖鸡舍12栋；推广应用发酵床养猪模式，全市

潜江市周矶办事处网箱养鳝基地 （潜江市志办 供稿）

发酵床面积达7 700平方米。推进特产蜂业。全市共有养蜂户300余个,蜂群2.4万群,完成蜂产品收购销售960吨,产值500万余元。

【水产业】 2009年,潜江市渔业养殖面积1.95万公顷,比上年增长14.0%,完成水产品产量9.8万吨,增长38.0%,实现渔业产值16.2亿元,增长25.6%。

加快水产业基地建设。全市以龙湾、渔洋、积玉口、张金、后湖、浩口等地连片低湖田为重点,发展小龙虾养殖1万公顷,增长22.9%;以龙湾、张金等地为突破口,推广罗非鱼养殖面积366.67公顷。以熊口、西大垸、浩口等地为重点,采取专养、混养相结合,发展斑点叉尾鮰面积2 000公顷,增长50%。发展"一虾两鱼"(小龙虾、鮰鱼、罗非鱼)为主要品种的出口原料基地1.24万公顷,占全市养殖水面的62.7%。以熊口、周矶等地连片精养池为重点,发展网箱养鳝55.1万口,增长14.3%;以龙湾、浩口、积玉口等地为重点,推广鱼鳖(龟)围栏混养533.33公顷;以龙湾、后湖、张金等地为重点,推广虾蟹围网混养模式333.33公顷;以老新、龙湾、张金等地为重点,发展泥鳅、河蟹、才鱼、黄颡专养533.33公顷。全市精养鱼塘重点推广大口鲶、黄颡、红尾鲌等名特优苗种套养4 133.33公顷。

出口创汇水平进一步增加。全年全市加工转化原料7.28万吨,成品1.52万吨,出口创汇9 200万美元,其中华山水产有限公司出口创汇4 200万美元,莱克水产食品有限公司加工出口3 500万美元。全市初步形成了熊口华山园、浩口莱克园、后湖宝龙园3个密集型水产品加工企业群,园区加工企业11个,固定资产5.6亿元,年加工能力达到16万吨以上。

品牌建设和质量安全管理。出台了一系列品牌扶持引导政策。良仁、楚玉牌小龙虾,闽鑫牌鱼饲料被湖北省名牌战略推进委员会确认为湖北名牌产品,楚玉牌虾仁获武汉农博会金奖,潜江龙虾被确认为全省农民满意优质品牌,小李子、何凤仙油焖大虾品牌得到广大消费者认可。年内,省级名牌水产品企业实现生产总值6.3亿元,占全市水产加工业总产值的72%,品牌效益明显。加大质量安全管理。确立积玉口等4个水产养殖用药管理示范镇,建立登记制度、处方制度等5项制度。开展宣传培训工作,举办标准化农产品知识讲座100余期,受训人数达8 300人次。全年全市通过国家农业部认证的无公害水产品75个,通过湖北省无公害水产品产地认证的有17个,制订水产品养殖、加工质量标准14个,创建标准化健康养殖基地4个。完成《潜江市养殖鱼病流行趋势调查报告》,检测水产品养殖基地40次,河流水质监测10次。

做好水产服务工作。年内新成立了立高场鮰鱼养殖协会、布衣水产养殖合作社、龙特水产养殖合作社、好榜样河蟹养殖合作社等10个中介组织,全市水产品中介组织达到17个,形成企业+基地+农户的产业链条。全市100%的鮰鱼通过熊口水产养殖协会、80%的小龙虾通过市龙虾养殖协会、60%的鲜鱼通过市水产品产销协会向水产品加工企业及市场销售。建设乡镇综合水产服务体系。全年投入40万元为14个镇处水产服务中心配备水质、鱼病检测设备56套,确认和培训渔业科技示范户1 127个,占全市养殖户的7.2%,建立村级水产服务室94个。

加强渔政管理。改变渔业行政执法方式,由重处罚向重管理、重民生转变。年内,禁渔期共对345户、947名专业渔民发放生活补助14.85万元。平均每个作业船达到853元;对全市521艘机动渔船发放燃油补贴29万元,每艘556元;解决汉江渔民在医保、子女上学等民生问题,享受和当地居民同等待遇。年内,增殖放流四大家鱼鱼苗100万尾,鱼种1.55万公斤,安排增殖放流资金14.4万元。

发展小龙虾项目。年内,利用中央财政现代农业生产发展资金,上马小龙虾项目总投资2.88亿元,其中,中央财政现代农业生产发展资金1 500万元,整合各类财政支农资金4 462万元和社会资金2.29亿元。主要包括小龙虾工厂化苗种繁育基地、小龙虾池塘标准化高效健康养殖示范基地、小龙虾稻田高效标准化健康养殖示范基地、小龙虾疫病防控及质量保障体系建设、小龙虾高附加值加工产品加工补助及"潜江龙虾"品牌建设等6个项目。

【林业】 2009年,潜江市共有林地面积3.5万公顷,森林覆盖率17.5%,活立木蓄积量155万立方米,村庄绿化覆盖率68%,农田林网控制率92%,道路绿化率96.5%,水系绿化率93.8%。初步形成了城乡一体化平原林业发展格局。全年共完成人工造林2 746.67公顷,比上年增长28.75%,其中用材林2 533.33公顷,经济林46.67公顷,绿化树166.67公顷。完成中幼林抚育5 333.33公顷,义务植树157万株。建设苗木和花卉基地1 013.33公顷,其中用材林苗圃面积606.67公顷,绿化苗圃面积213.33公顷,经济林苗圃面积193.33公顷。完成熊口镇青年村等10个"万树村"的建设。年内,潜江市和潜江市林业局被全国绿化委员会授予全国绿化模范单位称号,潜江市绿化委员会被湖北省绿化委员会授予全省绿化模范单位。

加强林政管理。全年共办理采伐许可6.8万立方米,完成了国家一类森林资源连清工作,并通过国家级验收。启动全市第四次森林资源规划设计调查工作。完成林权确权发证320本,占申请登记的95%。共开展林权抵押贷款业务41宗,贷款金额500余万元。开展木材市场集中清理整顿工作,木材经营加工证照进行验证换证350套。开展野生动物疫源监测,建立野生动物疫源疫病监测数据档案。加大对滥砍乱伐、偷砍盗伐、滥征乱占林地、滥捕乱猎野生动物等违法犯罪行为的打击力度,集中力量查处了一批大案要案积案,共查处各类森林刑事、行政案件和野生动物案件346件,收缴放生野生动物死体、活体1万余只(条)。

林业产业得到进一步发展。全年全市林业生产总产值4.60亿元,其中第一产业产值2.03亿元,第二产业产值2.15亿元,第三产业产值4 198万元。全市苗木销往全国10余个省市和省内20余个县市,销售收入达到5 200万余元。

加强林业病虫害防治。全市建立了23个森林病虫害测报点,开展森林病虫害防治的测报、监控工作,建立了虫情档案数据库。全年投入30万余元为林农免费防治杨树病虫害,组织林农开展病虫害防治实用技术辅导培训,加强森林病虫害检疫工作。全年全市防治森林病虫害2.93万公顷,杨树蛀干害虫的虫株率控制在10%以内,中幼林防治率达到90%。

(刘芳)

天门市农业

【概况】 2009年,天门市被确定为国家级双低油菜标准化示范县。年内,以绿色长廊工程和"林水结合"工程为重点的杨树产业基地规模不断扩大,全市森林覆盖率达16.5%。农产品加工取得新突破,天门农产品加工园被纳入湖北省20个重点支持的农产品加工园之一。农业基础设施建设进一步加强,引汉灌区续建配套、大观桥水库除险加固等重点项目建设进展顺利,石河区域的东河、西河流域水患得到有效治理，汉北河航道整治工程基本完工。农业机械化综合水平进一步提高，全省农机推广工作会议和油菜机械直播现场会先后在本市召开。加大基本农田保护力度，天门市土地利用总体规划率先通过湖北省人民政府审批。通过实施土地整理和农业综合开发，改造中低产田3 300公顷。全年累计培训农村劳动力2.2万人，转移劳动力新增1.95万人，天门市被评为“全国农村劳动力转移就业服务体系建设试点市”，“天门草编技工”被授予“湖北省十大劳务品牌”称号。各项惠农政策得到较好落实，发放补贴资金1.2亿元。新农村建设试点初见成效，岳口镇整镇推进新农村建设全面启动，杨林办事处双剅口村、岳口镇健康村、皂市镇泉堰村等试点村的农民集中居住新型社区建设初见雏形。通村公路完工里程520公里，改造农村道路危桥12座，建成解决了8万人的安全饮水工程，完成“一建三改”（建设沼气池，改造厕所、猪舍、厨房）5 759户，岳口镇健康村建成全国单口沼气池辐射农户最多的沼气集中供应工程。

天门市林业“血防”工程　（天门市志办　供稿）

【种植业】 2009年，天门市农作物总播种面积22.8万公顷，其中粮食播种面积11.5万公顷，比上年增长9.2%，粮食总产量62.05万吨，增长9.1%；棉花种植面积3.9万公顷，下降4.6%，棉花总产量4.72万吨，增长9.5%；油料作物面积5.9万公顷，增长1.6%。含油菜种植面积5.4万公顷，增长8.4%，油料总产量11.2万吨，增长18.6%。含油菜籽产量9.67万吨，增长23.2%；蔬菜（含菜用瓜）种植面积1.6万公顷，增长3.2%，蔬菜总产量47.67万吨，增长3.5%。

【畜牧业】 2009年，天门市有各类养殖小区56个，其中养猪小区36个、禽类小区14个、奶牛小区3个。全市有万头猪场22个，标准化“150”生猪养殖模式152个，规模化水平达68%以上；50头以上肉牛养殖专业户103个。年内成立了天门市沿江肉牛专业合作社、天门市红雨生猪产业合作社、天门市兴隆生猪专业合作社等29个畜牧专业经济合作组织。全年全市生猪出栏105.43万头，增长4.3%；家禽出笼1 126.12万只，下降15.4%；牛出栏1.996万头，增长5.6%；羊出栏8 600只，下降10.5%；肉类总产量9.4万吨，禽蛋产量4.78万吨，牛奶产量261万吨。畜牧业产值达21.34亿元。新建了天门市威泰养殖有限公司、兴旺畜牧有限公司、天西种猪场、四福畜禽责任有限公司等4个标准化万头猪场。主要畜禽产品有“健康之村”牌大活猪，“侨乡”牌皮咸蛋，“茶圣寺”牌香味板鸭，“康东”牌宫禽酱鸭及系列产品、“全盛”牌无公害土鸡蛋等。全市形成了以岳口、黄潭、渔薪、拖市、多宝、张港、蒋场、汪场等天西平原地区乡镇为主的优质三元猪板块基地，年出栏生猪68万头以上；以拖市、石河、蒋场等地为主的优质江汉鸡板块基地，年饲养优质江汉鸡400万只；以干一、马湾、九真、石河、胡市、皂市、沉湖等滨湖、丘陵地区的优质蛋鸭、肉鸭板块基地，年产蛋鸭200万只，肉鸭1 000万只；以石河、佛子山、皂市等丘陵地区乡镇为主的肉羊养殖带，以多宝、张港、蒋湖、蒋场、汪场、岳口、拖市、麻洋、多祥等沿汉江流域乡镇为主的肉牛养殖带，年出栏肉牛肉羊2万余头。

【水产业】 2009年，天门市放养水面1.3万公顷，其中池塘养殖1.1万公顷，湖泊1 886公顷，水库335公顷，其他水面面积215公顷。全市水产品产量10.36万吨，全市人均水产品占有量61公斤。全市有名特优水产品养殖面积15.5万亩，名特优水产品产量超过6.6万吨。

【林果业】 2009年，天门市完成成片造林4 300公顷，四旁植树210万株，林业育苗206.7公顷，幼林抚育3 200公顷。现有林地面积4.5万公顷，其中用材林面积3.52万公顷。全市共有果树面积983.3公顷，水果产量4.4万吨。

（天门市志办）

责任编辑　张　均

责任校对　周建华

现代服务业

概述

【概况】 2009年，得益于国家扩大内需和中部崛起等系列方针政策的实施，武汉城市圈现代服务业与制造业协调发展，总量规模扩大，运行态势平稳，对湖北省经济的拉动效应日渐增强。全年武汉城市圈共完成现代服务业增加值3 456.14亿元，比上年增加417.2亿元，增长12.7%。随着武汉城市圈"两型社会"建设综合配套改革试验和现代服务业重点行业一体化的稳步推进，以武汉市为龙头的武汉城市圈在商贸、信息、金融等重点服务行业的一体化趋势日益显现，重点商业集团发挥优势，联手合力，壮大连锁经营规模，构建连锁经营市场体系、培育连锁经营市场主体，共同繁荣圈域各城市城乡市场。年内，武商集团股份有限公司、武汉中百集团股份有限公司、中商集团股份有限公司、黄冈市黄商贸易股份有限公司和湖北富迪实业有限公司在圈域新开设经营网点6个，初步建成配送中心5个，已开工冷库、配送中心及连锁经营网点建设项目18个，一年后有望实现城市圈9市经营网点全覆盖。截至2009年底，汉口精武食品工业园有限公司在圈域各市开分店近100个，鸭脖原料打破外省垄断，70%以上由圈域农户供应，带动1万余农户养鸭创业。

2009年，武汉市以总体经济实力与现代服务业的平稳发展稳居圈域各市榜首。全年完成服务业增加值2 269.42亿元，比上年增长12.2%，占圈域服务业增加值的65.7%；实现社会消费品零售总额2 104.09亿元，占圈域社会消费品零售总额的58.0%；实现旅游总收入24.5亿元，占圈域旅游总收入的65.7%；年末金融机构存款余额6 497.93亿元，占圈域金融机构年末存款余额的72.3%，全年外商直接投资21.22亿美元，占圈域外商直接投资额的71.3%。年内，武汉城市圈财税和金融部门相继出台支持圈域城市"两型社会"建设的财税金融政策，为圈域各市产业双向转移创造了良好的外部环境。截至年底，武汉城市圈共有7个企业通过中国证券监督管理委员会发行审核，其中6个企业已成功上市。

2009年，武汉城市圈在推进圈域一体化进程中，以完善快速通道为重点，加大了圈域交通基础设施建设力度。年内，武(汉)广(州)客运专线开通营运，武汉火车站投入使用，武汉城市圈与长株潭城市群和珠三角城市群联系更加紧密。全面开工建设武汉至孝感、武汉至黄石、武汉至咸宁、武汉至黄冈4条城际铁路，武(汉)咸(宁)城际铁路19.33千米试验段已全面完工。相继开工建设左岭至花湖、大悟至随州、硚口至孝感、武汉机场二通道、武汉机场北接线、麻竹高速公路黄冈段和孝感段、九江公路大桥北岸接线、咸宁至通山等9条高速公路项目。武汉机场三期建设项目获得国家发展和改革委员会批准立项。武汉新港6个码头工程项目、引江济汉通航工程、武汉杨春湖客运换乘中心、赤壁和通城客运中心站、汉川马口、黄石罗桥和潜江广华客运站以及罗田、红安、汉川3个货运站等交通重点项目已全面进入施工期。为推进武汉城市圈服务业的加速发展，繁荣圈域城乡市场创造了有利条件。截至年底，武汉城市圈完成现代服务业增加值3 456.14亿元，比上年增长12.7%，占湖北省现代服务业增加值的66.4%。

（龚平）

【武汉新港建设起步顺利】 武汉新港位于长江黄金水道中游，以阳逻港为核心港区，由原武汉港和湖北省黄冈市、鄂州市、咸宁市的部分港区组成，规划港口岸线548.2千米，港区及腹地面积9 300平方千米。其建设是构建促进中部地区崛起战略支点的重要举措，是服务武汉城市圈"两型社会"综合配套改革试验示范区建设的重要平台。建成后将成为中国中部地区通达世界的水上门户、中国内河最大的国际性港口，可汇集中国中西部腹地水运货物，开通直达日本、韩国、东南亚、中国台湾等国家和地区的国际

2009年12月，湖北省和武汉市领导参加谷竹、十白、硚孝、机场二通道，北连接线高速公路控制性工程开工典礼 （龚闻翁 供稿）

航线，并提供便利的口岸通关服务。

2009年2月17日，国家交通运输部和湖北省人民政府联合发文批复《武汉新港总体规划》，该《规划》将武汉新港划分为沌口、杨泗、谌家矶、阳逻、纱帽、军山等22个港区，定位为以大宗散货、杂货、集装箱、商品汽车运输为主，兼顾客运，具备装卸存储、中转换装、运输组织、临港开发、现代物流、商贸服务等功能的综合性、现代化港口。该《规划》确定了第一批16个启动项目和未来5年的42个建设项目。

8月13日，武汉新港管理委员会筹备组成立。武汉新港管理委员会是湖北省人民政府派出机构，委托武汉市组建和管理，由湖北省交通运输厅、鄂州市人民政府、黄冈市人民政府、咸宁市人民政府负责人组成。

9月5日，武汉新港江北铁路在黄陂区五通口站开工建设。该铁路是(北)京广(州)线、(北)京九(龙)线两条铁路干线的联络线，横跨武汉、黄冈两市。全线实行电气化，设计时速120千米，计划总投资39.12亿元，由武汉铁路局、武汉市人民政府和相关企业共同出资。其建成运营后可全面提升汉口北商贸物流服务枢纽区的交通辐射能力，降低物流成本，带动沿线区域的经济发展。

9月30日，武汉新港建设投资开发集团有限公司揭牌成立。该公司是以武汉交通国有控股集团有限公司为基础更名组建的大型国有控股企业。新组建的公司先期一次性注册4.5亿元，3年内通过融资、拨付交通管理规费和港口建设补助金等方式，将注册资本增至10亿元。

10月28日，武汉新港集装箱有限公司成立。该公司注册资金3.8亿元，由武汉港务集团有限公司和武汉阳逻开发有限公司合资组建。其主要职责是负责投资、建设、经营武汉新港阳逻集装箱二期码头。

2009年，武汉新港建设的各项前期工作起步顺利。相继完成《新港产业规划》、《新港集疏运规划》、《新港空间规划》，并通过了国际咨询论证。中共湖北省委、湖北省人民政府决定扩大武汉新港规划建设范围，在原来武汉、鄂州、黄冈3市有关区域的基础上，新增咸宁市区域的赤壁、嘉鱼部分岸线、锚地、陆域和港区。共确定规划建设36个港口和集疏运项目，建设总投资292.92亿元。全年武汉新港阳逻港区集装箱二期工程、武汉国家稻米交易中心粮食物流码头、80万吨乙烯重大件码头、金口港区重件多用途码头、武钢江北基地码头、湖北亚东水泥有限公司码头、唐家渡综合码头等7个在建港口码头项目和凤杨线、阳逻港区综合运输通道及疏港路平武段、港机段、阳福段等4个在建集疏运公路项目共完成投资10亿元。截至年底，湖北亚东水泥有限公司码头投产运营，武钢江北基地码头基本具备运营条件，80万吨乙烯重大件码头一期工程、金口港区重件多用途码头及唐家渡综合码头等工程进展顺利。

【武汉城市圈城际铁路建设启动】 武汉城市圈城际铁路是连接武汉与黄石、咸宁、鄂州、黄冈、孝感以及各路段之间的连接线，规划总里程约1 070千米，其等级全部为客运专线，采用时速200千米以上的动车组列车。其建成后，武汉城市圈域内其他8城市与武汉均可在30分钟以内到达。

2009年3月22日，武汉城市圈城际铁路建设动员大会在武汉东湖新技术开发区流芳火车站举行。此举标志武汉城市圈城际铁路进入全面开工建设阶段。3月24日，湖北省城际铁路有限责任公司正式成立。该公司由武汉铁路局和湖北省联合发展投资有限公司共同组建，注册资本总额240亿元，主要负责投资建设武汉至孝感、咸宁、黄石、黄冈4条城际铁路，年内到位前期资本金50亿元。10月15日，湖北省人民政府召开全面加快武汉城市圈城际铁路建设动员大会。中共湖北省委常委、湖北省人民政府常务副省长李宪生在会议上指出，武汉城市圈城际铁路经过城市建成区和集镇，征地拆迁和协调难度较大，各级政府要切实加强组织领导，广泛争取群众支持，建立高效协调机制，抓紧实施征地拆迁。李宪生强调，各有关部门在受理城际铁路建设有关报批审批时，要借鉴“绿色通道”做法，坚持高效、服务原则，依法依规，特事特办，急事急办，从简从快，一路“绿灯”；各级公安、工商行政管理、税务、城市管理等部门，针对城际铁路周边施工环境出现的问题，要适时采取联合行动，开展专项整治。湖北省人民政府副省长段轮一在会议上代表湖北省人民政府分别与武汉市、黄石市、孝感市、鄂州市、黄冈市、咸宁市人民政府签订《支持城际铁路建设工作目标责任书》。截至年底，武汉至黄石、武汉至孝感、武汉至咸宁3条线路的站前工程和施工监理招标工作全部完成，并签订施工及监理合同。武汉至咸宁铁路建设完成全部工程总量的33.3%，其中江夏土地堂到咸宁贺胜桥19.3千米的武汉至咸宁综合试验段，江夏石湾至咸宁段线下工程、青龙山全长1 000米的2号隧道基本完工。

（伍健）

【武汉城市圈“两型社会”建设合作协议(备忘录)签署】 2009年4月29日，湖北省人民政府与中国人民银行就支持武汉城市圈“两型社会”综合配套改革试验区金融创新与发展签署合作协议。协议议定，人民银行将进一步加大对湖北的支持力度，加强政策引导和窗口指导，保持湖北信贷总量合理均衡增长，促进信贷结构不断优化，高度关注武汉城市圈“两型社会”建设中的信贷需求，探索适应“两型社会”建设的绿色信贷模式，大力支持节能减排、环境保护、高新技术、文化创意、旅游休闲产业发展，促进武汉城市圈经济发展方式转变和协调发展。同日，湖北省人民政府又与中国保监会就推进武汉城市圈“两型社会”建设签署合作备忘录。根据合作备忘录，双方将在加强保险支持武汉城市圈“两型社会”建设的理论研究，提高保险业服务“两型社会”建设的能力，支持武汉城市圈保险产品和服务创新，支持保险机构将保险资金运用于武汉城市圈符合节约资源、保护环境要求的优质重点项目，加强和改善保险监管、有效防范和化解武汉城市圈保险市场风险等方面加强合作。

（钟志成）

【武英高速公路全线建成通车】 2009年12月24日，湖北省第一条穿越大别山老区的高速公路—武汉至英山高速公路全线建成通车。武英高速公路起于武汉市新洲区周铺，与武汉绕城高速公路东北段相接，在团凤县境内与大(庆)广(州)北高速公路相交，经团凤县、浠水县、罗田县和英山县，止于鄂豫交界处的英山县大枫树岭，与安徽省规划建设的岳西至英山高速公路相接。武英高速公路全长131.14千米，其中黄冈段105千米，工程标准概算总投资53.55亿元。全线采用高速公路标准建设，双向4车道，全封闭，全立交，设计时速100千米。建成通车后，武汉到英山缩短运输时间约80分钟。

（张咏秋　张进）

【鄂州市加快推进城乡一体化】 2009年，鄂州市按照“重点突破、试点先行”的办法，以发展新城、开发新区、建设新村为着力点，加快推进城乡一体化建设。汉鄂快速通道建设所涉及的前期工程顺利实施，已完成沿线的征地和拆迁工作。

投资近5 800万元，完成花湖新城围堤加固、鄂城大道与黄石迎宾大道对接、滨港西路工程；基本完成鄂城新区概念性规划编制；开工建设集镇基础设施建设63个，全区城镇化率达55.9%。启动燕矶镇池湖村、杜山镇路口村、长港镇峒山村、新庙镇水月村、泽林镇楼下村等13个农村新社区（新村）试点建设，农民集中建房、“八位一体”村级服务中心、道路、绿化等配套设施建设同步推进，燕矶池湖村、杜山东港村和路口村被省委、省政府命名为第二批“湖北省新农村建设示范村”。深入开展“清洁乡村，美化家园”活动，对100个村塆进行整治，已探索出发展产业建新村、村庄整治建新村、迁村腾地建新村、规划引导建新村、项目拆迁建新村、城中村改造建新村“六种模式”，形成小区型、城郊型、水乡型、田园型、古朴型、山村型“六大类型”。村塆面貌得到明显改观。中共湖北省委书记罗清泉，省委常委、组织部部长潘立刚，省委常委张昌尔等多次到新庙镇英山村、花湖镇永华村等环境整治试点塆视察，给予了充分肯定。

（陈瑞祥）

武汉市现代服务业

【国内贸易】 2009年武汉市实现社会消费品零售总额2 164.09亿元，比上年增长17.0%。

大力组织展销促销活动，繁荣活跃消费品市场。依托大企业、大商圈、大市场，发挥重点商贸企业的示范作用，创新营销策略，持续开展特色鲜明的市场营销活动，先后举办了2009年武汉购物节、2009中国（中部）美食博览会、香港时尚精品展会、武汉婚庆博览会和2009中国食品博览会等12个大型商贸展销促销活动，有效地拉动消费增长。

积极培育消费热点，满足多样化消费。优化商品结构，引导多样化、个性化、时尚化、品牌化消费；引进高端商品，推进特色消费、休闲消费，扩大住房、汽车、家用电器、食品、通讯等商品的供给，满足了多层次消费需求；创新餐饮经营特色，推进大众化餐饮，全年全市餐饮业实现营业收入275亿元，比上年增长13.4%。

创新流通业态，引导消费升级。深化大中型连锁企业品类管理，创新经营方式，加大自营自采力度，突出差异化经营特色；重点商业企业加快连锁网点布局步伐，全年新增连锁网点106个。全市连锁经营企业实现销售额761.5亿元，占全市社会消费品零售总额的35.2%。中小商贸服务企业发展速度加快，全年有603个中小商贸企业进入限额以上企业行列。

实施便民利民工程，提高消费质量。“老字号工程”建设有序推进，武汉蔡林记热干面馆、武汉德华酒楼、武汉谈炎记水饺馆、武汉五芳斋食品贸易有限公司、武汉民生甜食馆、武汉长生堂美容美发厅等老字号企业扩大特色经营；“放心早餐工程”建设成效明显，华天早餐公司主食配送中心建成。“放心豆制品工程”建设加快，全年新建大型豆制品项目4个，合格豆制品市场占有率明显提升；建设标准化菜市场17个；肉品市场监管有序有力，97个生猪定点屠宰厂（场）规范加工管理，升级改造8个乡镇屠宰厂（场），确保了全市肉品质量安全。推进诚信经营，健全食品消费安全机制，强化食品卫生监管，促进了安全消费。市场运行监测、调控机制进一步完善，在国家商务部对全国省会以上城市考核中，武汉市市场运行监测工作连续6个月位居首位。

加快流通网络建设，农村流通能力明显提升。全年建成农家店655个，建立支撑农家店经营的配送中心12个，农家店覆盖全市70%以上行政村；推进家用电器下乡工作，全市753个经营网点销售家用电器下乡产品14万余台，完成销售额2.9亿元；组织农商、工商采购对接活动15场次，交易总额128亿元，创历史最高水平，有效促进了农产品生产与流通。升级改造远城区农贸市场13个，农村消费品市场活跃，全年农村社会消费品零售总额增幅高于中心城区社会消费品零售总额1.2个百分点，占全市社会消费品零售总额的比重比上年提高0.3个百分点。

城市商业基础设施进一步完善。全年完成城市商业固定资产投资142.2亿元，比上年增长35.4%，武商摩尔城扩建工程、武汉摩尔城工程等大型商贸项目建设有序推进；汉口北商贸物流枢纽区工程建设成效明显，国际商品交易中心、中国家具CBD（中央商务区）等项目投入使用；武昌区户部巷特色商业街改造完成，青山区钢城商贸金融街等6条特色商业街建设完工；全年新增社区商业网点256个，江岸区操场社区入选全国社区商业示范社区。

现代商贸物流业加快发展。武汉商贸国有控股集团有限公司投资控股武汉威仕达软件工程有限公司，搭建集团物流信息平台及武汉城市圈物流服务公共信息平台，提升了商贸物流功能。武汉肉联食品工业园完成市场改造，武汉中百集团股份有限公司物流经营规模和营运水平进一步提升，武商集团股份有限公司、武汉中商集团股份有限公司、武汉工贸家电有限公司和九州通医药集团股份有限公司等企业的配送网络功能逐步扩大，武商量贩连锁有限公司庙山配送中心主体工程完工，武汉工贸家电有限公司吴家山配送中心投入使用，白沙洲农副产品批发市场6万吨冷库正式运营。

绿色消费体系日趋健全。年内，《武汉市再生资源回收管理条例》经武汉市人大常委会审议通过，构架了全市再生

武汉中百集团股份有限公司的超市卖场　　（伍健　供稿）

资源管理的法律基础。全市新增废旧电池回收点100个，截至年底，全市废旧电池回收点达到200个，日均回收废旧电池8 000个。全年二手车交易7.6万辆，比上年增长15.0%。报废汽车回收企业回收报废汽车5 600余辆。全年新增典当行13个，全年全市49个典当行典当总额约27亿元，增长20.3%，典当余额4.5亿元。全年典当业为中小企业融资19.5亿元，增长26.3%。

会展业持续发展。全年共举办展会185个，比上年增长14.9%；其中，展出面积1万平方米以上的展会23个，增长9.5%；展出面积5 000～1万平方米的展会22个，展出面积5 000平方米以下的展会109个。

饮食服务业又好又快发展。全年全市餐饮业实现销售收入277.59亿元，比上年增长12.4%；生活服务业实现销售收入378亿元，增长5.0%。截至年底，全市有餐饮业经营网点3.8万个，从业人员42万人；生活服务业经营网点2.2万个，从业人员20万人。2009年春节期间，全市餐饮业承办团年饭45万桌，实现销售收入3.13亿元，比上年同期增长15.9%；"五一"期间，餐饮业实现销售收入2.67亿元，比上年同期增长18.1%；"十一"期间，餐饮业实现销售收入9.12亿元，比上年同期增长20.0%。

早餐工程建设成效显著。截至年底，全市新增放心早餐车398辆，其中，百家放心早餐工程有限公司188辆，武汉康丰华天放心早餐工程公司160辆，武汉中百便民超市连锁公司50辆，武汉中心城区街头早点摊点5 762个，从业人员1.46万人，每天为200万余名市民的早餐提供服务。

2009年，武汉市供销合作总社完成购销总额115.4亿元，比上年增长29.7%；实现利润685万元。全年新增农村经营服务网点330个，建设村级综合服务社144个，发展专业合作社28个。全年共组织供应各类化肥26万吨，有力地保障了全市农业生产。年内，武汉市供销合作总社获得2009年全国供销合作社系统综合业绩考核计划单列市和副省级省会城市优胜单位一等奖，跨入全国供销社系统先进行列。

2009年，武汉市粮食收购入库4.48亿公斤，比上年增长28.4%；油料收购入库19.7万吨，增长30.0%。完成全市纳入检查范围的全国性粮食清仓查库工作，共清查粮食购销企业27个、粮食库点101个、粮堆495个，涉及粮食总量4.78亿公斤；差率6.3‰。年内，武汉市委托代储武汉市地方储备粮的市、县增加到9个，代储量占到全市总储备量的21.5%，全年委托代储武汉市市级储备油2 600吨。

2009年，武汉市烟草专卖局（公司）共销售卷烟35.7万箱，比上年增加1.17万箱，增长3.4%；实现销售收入66亿元，增加5.47亿元，增长9.0%；累计实现利税18.57亿元，增加2 653万元，增长1.47%；实现税金（含所得税）9.33亿元，增加1.41亿元，增长17.8%。

全年全市零售客户每月户均获利2 586元，比上年增加243元，增长10.4%；占全市客户总户数88%的"食杂店"类客户每月户均获利1 918元，增长13.5%。全年共查获非法"三烟"（假烟、走私烟、非正常渠道进货的烟）1.06万件，案值6 876万元，其中，经营性案件115件，刑事拘留3人以上团伙网络案件16件，符合国家烟草专卖局标准的团伙网络案件5件，符合湖北烟草专卖局标准的网络案件14件。卷烟市场净化率保持在95%以上。

2009年，武汉市酒类专卖管理局全面履行酒类流通监管职能，加大酒类流通监管力度，提高酒类行政执法水平。开展散装白酒产销专项整治。建立了规范散装白酒市场保障酒类食品安全的长效管理机制。强化酒类流通备案登记和酒类随附单管理。共办理《酒类流通备案登记》7 719份，发放《酒类流通随附单》1.78万本，回收《酒类流通随附单》5 411本；查处没有办理备案登记和没有开具随附单的经营单位61个，下达限期整改通知书83份，立案处理61件。加大酒类经营监管力度。全年全市共出动酒类执法人员1 499人次，检查酒类经营户1 036户，没收假酒5 600瓶，货值53万余元，下达《限期整改通知书》370份，立案查处275件。

【金融】 2009年，武汉地区银行金融业面对国际金融危机的冲击，较好地支持了全市经济平稳较快发展。以中国进出口银行、深圳发展银行在武汉市设立分行为标志，银行体系进一步完善；以瑞穗实业银行（中国）有限公司武汉分行开业、渣打银行来汉申请设立分行为标志，对外开放进一步扩大；以武汉农村商业银行开业为标志，农村信用合作社改革顺利完成；以多个银行来汉设立全国性和区域性服务和管理中心为标志，武汉区域性金融中心雏形更加明显。截至年底，武汉地区共有银行业金融机构33个，其中，政策性银行3个，国有商业银行5个，股份制商业银行9个，外资银行4个，资产管理公司4个，财务公司5个，信托投资公司1个，邮政储蓄银行1个，农村商业银行1个。

年内，中国银行业监督管理委员会湖北监管局协同武汉市金融工作办公室等部门在净化全市金融环境、推动银企交流对接、支持武汉城市圈经济建设、推进外资银行服务与发展等方面取得实效，在汉外资银行营业性机构达到8个。中国人民银行武汉分行营业管理部先后出台金融支持企业发展等5类指导性文件，引导辖区内金融机构加大信贷投入，倾力支持保增长、保发展。截至年底，武汉地区金融机构本、外币各项贷款余额7 069.4亿元，比上年增长34.3%，比年初增加1 803.7亿元，比上年增加884亿元，其中为政府投融资平台基础设施建设项目提供新增贷款746.8亿元，与中部地区6个省会城市比较，武汉存贷款余额和新增额均排名首位。

扩大内需政策有效实施。在国家扩大内需相关政策配合下，全年武汉地区个人消费贷款新增235.6亿元，增速高于平均贷款增速，年末贷款余额921.78亿元，比上年末增长34.4%，其中，个人住房贷款新增205.5亿元，汽车消费贷款新增4.7亿元。

全力支持重点产业发展。修订完善武汉地区金融机构执行信贷政策综合评估考核标准，编印《武汉地区金融机构金融服务产品汇编》，引导金融机构新增贷款191.7亿元支持产业振兴，全年支持与振兴产业有关的企业签发商业票据135.78亿元，比上年多增77.36亿元；办理商业票据贴现86.39亿元，增加51.14亿元，保持了商业票据业务在全国的领先地位。针对成长阶段科研型中小企业的融资难问题，出台《武汉市专利权质押贷款操作指引》，鼓励、规范金融机构开展专利权质押贷款业务，拓宽企业融资渠道，促进科技创新。

推动金融业扶持创业助学。积极参加"服务企业年"活动，出台优化金融服务、促进企业发展的10条具体措施，全年新增企业贷款972亿元，比上年增长30.6%。开展"中小企业融资服务园区行"活动，全年培植小企业信贷客户793个，签约授信50亿元，累计发放贷款47.98亿元。引导银行机构完善小额担保贷款机制，推动建立市区两级担保体制，提高了就业再就业贷款贴息金额，全年累计发放小额担保贷款4.7亿元，其中发放个人小额担保贷款3.8亿元，比上年增加1.4亿元。累计发放助学贷款15.67亿元，比上年增加7.77亿元，助学贷款总量居全国前列。推动4个远城区金融机构打造"三农"（农业、农村、农民）

服务品牌,推行"龙头企业+林权抵押+保险+银行"信贷支农服务模式和土地承包经营权抵押贷款、"农户联保+信用培植+村级担保"小额信贷产品和"农民专业合作社+联保基金+信用+银行"信贷模式,全年累计发放贷款1.07亿元。

强化金融服务。以确保支付清算系统安全稳定运行为中心,完善支付清算系统运行维护机制,建设支付监控系统和同城票据交换安全管理系统,武汉CCPC(全国省会及深圳城市处理中心)、武汉电子支付系统业务稳步增长。全年武汉CCPC共处理大小额支付业务1 759.68万笔,比上年增长83.3%,金额22.69万亿元,增长37.2%;武汉电子支付系统处理业务104.28万笔,增长17.2%,金额2 285.58亿元,增长9.1%。在全辖区推行中央银行会计核算电子对账系统,实现了账务核对的自动化和网络化。组织在武汉地区推行"玲珑透"支票授信业务,在拓宽中小企业融资渠道、促进金融产品创新、倡导诚实守信理念等方面进行了有益尝试。探索中心城市人民银行会计核算、管理和事后监督新模式。强化反假币的工作机制,充分发挥人民币真伪鉴定中心的平台作用,积极应对了HD9026假币风波。全年货币回笼596.4亿元,增长6.2%;投放406.4亿元,增长12.2%;收缴假币560万元,下降14.9%;办理现金出入库1 940亿元。各项业务占湖北省综合业务量的40.1%。顺利实现地方横向联网向全国统一的财税库银横向联网(TIPS)的平稳过渡,组织开展了国库会计数据集中系统(TCBS)在全市的上线运行。全年辖区内各级国库共办理预算收入1 224.58亿元、增长22.8%,支出896.98亿元、增长37.1%;组织发行5期凭证式国债25.84亿元、储蓄式国债9.54亿元。实现全年国库核算"零案件"目标,确保了地方财政收支安全运转。

2009年,中国证券监督管理委员会湖北监管局积极发挥资本市场的功能和作用,加强市场基础性制度建设,加强投资者教育和市场舆论引导,改进和完善监管机制,促进了湖北省武汉地区资本市场的稳定健康发展。支持企业发行上市。武汉中元华电科技股份有限公司、武汉南国置业股份有限公司、湖北回天胶业股份有限公司、湖北台基半导体股份有限公司等4个公司首次公开发行股票并上市的申请获得中国证券监督管理委员会核准,武汉光讯科技股份有限公司、武汉南国置业股份有限公司成功发行新股并在中小企业板上市,武汉中元华电科技股份有限公司成为全国首批在创业板上市企业之一,湖北回天胶业股份有限公司成功发行新股。截至年底,8个企业的发行申请材料在中国证券监督管理委员会审核过程中,21个企业处于上市辅导期,为持续推动企业上市储备了资源。支持8个上市公司进行再融资,其中,武汉人福高科技产业股份有限公司、烽火通信股份有限公司、三安光电股份有限公司、中珠控股股份有限公司等4个公司实施增发,分别募集资金5.6亿元、5.38亿元、8亿元和3.75亿元;中国葛洲坝集团股份有限公司、长江证券股份有限公司、华工科技产业股份有限公司等3个公司实施配股,分别募集资金20.34亿元、32.02亿元和4.21亿元;湖北宜化化工股份有限公司通过发行公司债券募集资金7亿元。与此同时,3个公司的增发申请、1个公司的配股申请通过中国证券监督管理委员会核准。

2009年,武汉市保险业实现平稳较快增长。全年共实现保费收入123亿元,比上年增长20.4%,其中,财产险公司实现保费收入29亿元,增长26.8%,占总保费收入的23.6%;人身险公司实现保费收入94亿元,增长15.9%,占总保费收入的76.4%。保险保障作用进一步发挥,全年为社会承担风险保障4.6万亿元,为神龙汽车有限公司、武汉钢铁(集团)公司等大型企业,武汉轨道交通等重点基础设施建设提供了风险保障。全年全市累计发生各项赔款及给付30.28亿元,其中,财产险公司赔款支出15.79亿元,增长2.1%,简单赔付率54.4%;人身险公司各项赔款给付14.48亿元,下降14.9%,简单赔付率15.4%。年内新增省级保险分公司4个。截至年底,武汉地区共有保险总公司1个,省级保险分公司40个(财产险分公司19个、人身险分公司21个)。保险业增长方式进一步转变,险种结构不断优化。政策性农业保险稳步推进,全年全市共实现农业保险保费收入6 439万元,承保水稻保险18万公顷、奶牛8 300余头、能繁母猪13万头、农房7万余户,为农业抗灾、农民增收提供了保障。中国保险监督管理委员会湖北监管局与武汉市环境保护局联合下发《关于印发武汉市环境污染责任保险试点的通知》,中国人民财产保险股份有限公司武汉市分公司与相关企业开展环境污染责任保险合作试点取得实质性进展。8月,武汉市建立3个机动车辆物损交通事故保险理赔服务中心,全年共受理案件4 800余件,一定程度上方便了客户理赔。

逐步完善保险监管机制,保险市场秩序进一步规范。中国保险监督管理委员会湖北监管局以车险为抓手规范财产险市场,以整顿销售误导为切入点规范人身险市场,以清理非法中介为重点规范中介市场,以开展政策性"三农"保险为契机高起点规范发展农村市场。贯彻中国保险监督管理委员会和国家公安部《关于共同打击保险领域违法犯罪行为的通知》的要求,利用综合监管平台,开展打击假机构、假保费、假赔款专项活动,有效遏制了严重违法违规行为。

【交通运输】 2009年,武汉市交通运输系统完成交通固定资产投资总额313.21亿元,其中地方交通固定资产投资101.3

2009年5月23日,中国人民健康保险股份有限公司湖北分公司在武汉市百步亭花园社区举办"客户节"
(伍健 供稿)

亿元,比上年增长33.7%;完成交通运输换算周转量2 385亿吨千米,增长6.5%。

公路建设迈上新台阶。(武)汉洪(湖)高速公路通车,和(平乡)左(岭镇)高速公路建成。硚(口)孝(感)高速公路、武汉天河国际机场第二通道、机场北门连接线等高速公路开工建设;十(里铺)永(安镇)线,南车集团1—4号路,阳逻港区综合运输通道平武段、港机段等面上公路完工,四环线规划研究不断深化,已被纳入新修订的武汉城市总体规划。

港航建设迈出新步伐。12月,国务院副总理张德江来湖北武汉调研并召开全国内河航运发展座谈会,武汉长江中游航运中心上升为国家定位,长江黄金水道开放开发全面加速。汉江汉川至蔡甸航道整治工程第一个枯水期施工完工;阳逻港区集装箱二期工程、80万吨乙烯码头一期工程、稻米交易中心配套码头水工部分完成;金口重件码头三体工程完工,武钢江北基地码头、青山船厂舾装重件码头完工并投入试运营。全年全市完成港口货物吞吐量7 652万吨,比上年增长36.8%,完成集装箱吞吐量56.4万标准箱,增长20.0%。

铁路建设创造新纪录。合(肥)武(汉)、武(汉)广(州)客运专线通车;规模"亚洲第一"的武汉北编组站开通;天兴洲公铁两用长江大桥、武汉动车检修基地、武(汉)(安)康二线、货车外绕线工程建成并投入使用;汉口火车站主体工程完工;客运专线武汉调度所、武汉综合维修基地、(武)汉宜(昌)铁路、武汉集装箱中心站等重点项目顺利推进;武汉至孝感、黄石、咸宁城际铁路等项目开工。

航空发展态势良好。武汉机场三期扩建工程预可行性研究报告通过中咨工程建设监理公司评审,武汉机场第三航站楼流程设计及建筑方案设计的国际征集工作顺利完成。全年武汉机场进出港旅客1 130.47万人次,比上年增长22.8%;完成货邮吞吐量10.2万吨,增长13.4%;飞机起降11.28万架次,增长14.8%。

站场建设全面推进。武汉道路运输信息中心、杨春湖客运换乘中心、汉口北长途汽车客运站等一批客货运站场和农村客运站、候车亭和招呼站建成投入使用,全年新增"的士岛"44个。

城市公交服务水平不断提升。全年新辟公交线路17条(含东西湖区惠民线路4条),调整公交线路13条次;更新车辆1 290台,完成目标量的129%。改造200个公交站台,建设200个电子站牌;新辟无轨电车线路5路循环线,开通边远地区公交线路15条;统一规范公交站名,核对、清理全市公交线路241条,对156个同名不同道的公交站站名进行更改,对82个以道路名称命名的站点名称进行调整,更新站牌11 978块。加大投入解决出行难题。增加普线车100余台,缓解大学城30万名学生周末乘车难问题;采取更换508路、715路铰接式公交车等措施,缓解早晚高峰等特殊时段车内拥挤问题;开通公交516路学生专线,方便武汉市育才第一小学、武汉市第二中学、武汉市第六中学等8所学校1.2万名师生的出行。组建出租汽车投诉处理中心,全年共受理投诉咨询电话42 045起,比上年增长5.4%。督办经营企业处理乘客投诉6 879件,实施行政处罚122起,总办结率89.1%,总满意率94.5%。全年共查处非法营运车辆501辆,取缔了"克隆车"改装窝点2个,公安部门依法行政拘留非法营运车主21人。全面下调公交车票价,群众出行得到了更多实惠。

武汉火车站配套工程施工现场　　(龚闻翁　供稿)

2009年,武汉市交通运输企业面对国际金融危机的冲击,积极培育新的经济增长点,取得了良好的经营业绩。中国南方航空股份有限公司湖北分公司在全国首家推出手机值机业务,航班正常率在中国南方航空股份有限公司所有分、子公司中排名第一。中国东方航空武汉有限责任公司经营形势明显好转,空、地服务水平在东航集团评比中均进入前三名。中远国际货运有限公司突破支线运力"瓶颈",创新性推行"武汉中转"模式,运输效率提高2倍。长航凤凰股份有限公司远洋运输实现新突破,第一艘9.25万吨远洋散货船顺利完成首航。武汉长江轮船公司经济运行质量创造了历史最高水平,全年经营收入首次突破4亿元。中交第二航务工程有限公司完成总产值208亿元,实现经营合同额421亿元,比上年增长115.0%。实现利润5亿元,增长42.9%。中交第二公路勘察设计研究院有限公司高速公路勘察设计份额居全国前茅,在轨道交通、市政业务、综合业务、海外业务等方面均实现了快速增长。武汉新港建设投资开发集团有限公司实现利润总额7 126万元,增长31.2%,公路客货运、水上货运、特种物流业等经营业绩良好,华中航运集团、武汉市港口运输总公司和武汉水运集团有限公司等3个困难企业全部实现赢利。武汉港务集团有限公司实现营业收入4.8亿元。武汉公共交通集团有限责任公司第三次入选中国服务业企业500强、湖北企业100强,并被授予"中国城市公交节能减排优秀企业"称号。

【邮政电信】 2009年,武汉邮政系统坚持以"质量提升年"为主题,积极应对国际金融危机带来的不利影响,实现邮政业务总量8.99亿元,比上年增长13.3%;实现三大板块(邮政邮务、邮政速递物流、邮政金融)业务总收入8.4亿元,增长17.3%。

加强邮政服务能力。全年新增、改造、迁址营业网点24处,改造投递网点10处,改造新农村支局4处,全局营业网点累计达342处,其中具有储蓄功能的营业网点204处。截至年底,武汉市邮政局共有邮路74条,邮路总长度(单程)5.93万千米;城市投递段道981条,城市投递段道长度(单程)3.54万千米,农村投道路线313条,农村投递路线长度(单程)1.49万千米;邮政汽车562辆,其中生产用车397辆;ATM自动柜员机216台;计算机2 659台;邮政信报箱群221处;邮政信筒信箱335个。

服务质量和水平持续提高。以多种形式的竞赛活动为载体,通过硬件投入和加强管理,有效提高了服务质量和水平,全年用户满意度88.26分。精心组织以“创新服务理念 创建星级示范窗口”为主题的规范化服务竞赛活动和6S回头看等系列活动,评选出星级营业厅42个、星级支行14个、星级投递站21个。加强社会监督员队伍的建设,聘请社会监督员150人,基本形成明察暗访紧密联系、互为补充的服务监督反馈机制。借助信息网络优势和动态生产监控工具,及时掌握生产情况,全年中心局4类责任验单比上年下降5.0%,信函差错率由万分之五下降到万分之三。质量水平持续保持全国大城市前4位。提升投递服务能力,组建以电动车为工具的城区高端投递网,投递员有效作业时间平均增加15分钟~30分钟,城区银企账单投递准确率平均达到93.0%。提升网运水平,优化工作流程。全程优化特快生产作业组织,满足速递服务时限承诺要求。再造商函退信流程,商函账单误退、延误明显减少,商函延误率控制在1%以内。实行大宗函件分拣前置,减少中间环节,大幅提升邮件运递速度。优化湖北省内出口总包作业组织,实现分堆、交接、装车、运输一条龙责任制,湖北省内邮路装车质量明显提高,单车装载量提高了20%。

科技支撑能力大幅提高。信息化程度提高。OA系统(办公自动化系统)和内部语音系统推广到武汉市邮政局各二级单位,全局共完成商函信息系统、速递代收货款系统等9个信息化建设项目和5个电子化支局建设,自办网点信息化覆盖率达到100%。增强技术革新能力,提高函件制作设备维修保养水平,生产能力从60%左右增长到95%。

加强技术创新能力,全年承担湖北省省邮政公司科技发展项目6个,占项目总数的46.1%。全年共完成科技创新项目13个、有效地起到了降低成本,提高生产能力的积极作用。

2009年,武汉市邮政局共获得“全国通信行业用户满意企业”、武汉五一劳动奖状等国家、部省、市级荣誉113项。继续发挥“武汉邮政”的名片作用,武汉邮政艺术团全年共演出117场,其中参加国家级演出16场。

2009年,武汉电信行业全面落实转型发展战略,成功实施全业务运营,各项工作取得新的成绩。

打造优良通信网络。中国电信武汉分公司迅速完成C网的全面承接,用3个月时间建成3C网络并率先在全市实现3G开通与商用;运维工作取得新突破,移动网优、加强末梢管理、运维团队嵌入行业应用拓展等工作成效明显,全年移动网络EVDO覆盖率达到98.2%。中国联通武汉分公司不断增强网络支撑保障能力,完成2A标准化工作,2G网络质量内部评比位列全国第三;开展“3G护航”活动,在总部3G网测评估中获得优良成绩,进一步完善应急预案,加强队伍演练,保障了全市节假日、重大活动期间的通信畅通。中国移动通信集团湖北有限公司武汉分公司全力打造移动精品通信网络,网络覆盖达99.9%,以TD-SCDMA网络建设为契机,促进武汉信息产业的发展,积极推进武汉市“无线城市”的建设。

中国邮政储蓄银行武汉市分行参展武汉金融博览会　　(伍健　供稿)

提升服务质量。电信武汉分公司开展关键问题服务攻坚,相关服务指标得到有效改善,全年移动业务有理由投诉率从4月万户91件降至万户20件,e9新装临柜时长缩短至7分25秒。建立健全快速解决用户投诉通道,落实二级服务响应、责任兜底、服务分级授权等工作制度,投放处理及时率由80%上升到98%以上。全面推进落实集团全业务服务标准,制定并贯彻《员工面向客户的行为规范》,全方位、差异化服务能力得到全面提升。联通武汉分公司提升郊区专营店服务功能,进一步夯实基础服务能力,加快客户俱乐部建设步伐,特色俱乐部达4个,联合银行合作发行联名信用卡,扩展积分联盟,提升服务附加值。移动武汉分公司继续落实“十分钟服务圈”的思路,配合24小时自助服务厅、空中充值、网站服务等电子化手段,逐步实现对客户的“零距离”服务,从“基础服务”、“延伸服务”和“个性化服务”等多层次提供满足客户不同需求层次的服务内容。

【旅游业】 2009年,武汉市有旅行社236个,其中,具备出境组团资格的旅行社15个,不具备出境组团资格的旅行社221个。全市共有纳入管理范围的景区景点36个,其中,5A级景区1个,4A级景区9个,3A级景区5个,年内,武汉市科技馆被评为国家4A级旅游景区,黄陂区农耕年华景区、木兰草原及木兰清凉寨景区被评为国家3A级旅游景区,全市共有星级饭店110个,其中,五星级饭店10个,四星级饭店25个,三星级饭店48个,年内,明珠豪生大酒店、光明万丽大酒店、锦江国际大酒店被评为五星级饭店,珞珈山国际大酒店被评为四星级饭店。全年全市接待游客6 426万人次,比上年增长37.7%,实现旅游总收入508亿元,增长36.1%,其中,接待海外游客66.9万人次,增长25.3%,实现旅游外汇收入3.29亿美元,增长29.4%。接待游客、实现旅游总收入、接待海外游客、实现旅游外汇收入等4项指标的增幅位居全国副省级以上城市之首。

2009年,武汉市黄陂云雾山郊野公园、武汉陆羽茶都、东方马城武汉国际赛马场、中华奇石馆等旅游项目建成开业,武汉白玫瑰大酒店改造项目完成。东方马城国际赛马场二期工程、武汉极地海

2009年10月3日，武汉国际旅游节表演团在东西湖区石榴红村表演

（伍健 供稿）

洋世界、武汉辛亥首义文化旅游区等一批建设总投资达295.94亿元的旅游项目进展顺利。全年完成旅游项目固定资产投资53.48亿元，比上年增长39.9%。年内，成功引进华侨城东湖欢乐谷主题公园、武汉巴登城、世贸嘉年华主题公园等一批建设总投资近600亿元的旅游项目，其中，建设总投资46亿元的武汉巴登城和建设总投资400亿元的世贸嘉年华主题公园分别于8月30日和12月30日动工兴建；建设总投资45亿元的华侨城东湖欢乐谷主题公园一期工程于12月26日动工兴建，计划在2011年10月实现试营业。

2009年，武汉市旅游局面对组织全市2A级以上旅游景区、市属旅游星级酒店、大型旅游演艺和旅游休闲山庄（休闲农舍）等向市民和客源市场让利发放总价值近5.35亿元的旅游优惠券，实现有效消费4.6亿元，拉动消费85.5亿元，旅游优惠券发行总额居全国19个副省级以上城市首位。面向省内外开展武汉旅游主题形象宣传语征集活动，采取市民参与、专家评审、领导初评的方式，初步确定"精彩武汉、魅力江城"为武汉城市旅游形象宣传口号，并制作以"精彩武汉，魅力江城"为主题的武汉城市旅游宣传片对外宣传，效果良好。11月8日，中共武汉市委、武汉市人民政府召开武汉市旅游发展大会，会议公布了《中共武汉市委、武汉市人民政府关于进一步加快旅游产业发展的意见》，对武汉建设中部旅游中心城市进行了全面部署。

（伍健）

黄石市现代服务业

【国内贸易】 2009年黄石市实现社会消费品零售总额256.09亿元，比上年增长18.8%，消费需求对经济增长贡献率为38.5%，拉动生产总值增长4.12个百分点。从行业看，批发和零售业零售额210.86亿元，增长18.8%；住宿和餐饮业零售额39.23亿元，增长19.7%。从城乡看，城市消费品零售额153.09亿元，增长18.9%；县及县以下消费品零售额102.99亿元，增长18.6%。限额以上批发和零售企业全年实现商品销售额89.54亿元，增长19.4%。居民消费结构升级进一步加快，汽车、建筑及装潢材料、金银珠宝等热点消费增长较快，其零售额分别增长65.5%、12.6%和21.5%。

【金融】 2009年末，黄石市金融机构人民币各项存款余额576.17亿元，比年初增长20.53%；其中城乡居民储蓄存款余额312.87亿元，增长19.7%。金融机构人民币各项贷款余额356.06亿元，增长54.1%；存贷差额220.11亿元。现金收入969.22亿元，增长3.1%；现金支出995.48亿元，增长2.5%；货币净投放26.26亿元，减少14.98%。全年保费收入12.81亿元，比上年增长4.99%，其中，财险收入2.39亿元，增长21.3%；保险赔付支出2.71亿元，下降20.5%。

全市各银行服务功能进一步完善。2009年12月1日，黄石市商业银行正式更名为"黄石银行"，并从8月份开售筹建湖北省首家跨区域经营的异地机构——咸宁分行，于12月18日开业，成为湖北省地市级首家跨区域经营的城市商业银行。12月28日，招商银行黄石大冶分行开业。

【交通邮电】 2009年，黄石市有道路旅客运输单位266个，其中国有集体运输企业32个，个体私营运输单位234个；共有营运客车1 514辆29 823座；其中高级车180辆5 359座，中级车306辆7 209座。全市旅游客运企业5个，旅游车辆101辆

2009年12月1日，黄石市商业银行更名黄石银行

（黄石市史志办 供稿）

3 316座。全市客运线路244 条,班线客车1 241辆2 872班次。全市货运车辆总数1.47 万辆54 165载重吨。货运业户9 455个。全年全市完成公路客运量3 549万人,客运周转量24.2 亿人千米;公路货运量3 632万吨,货物周转量55.13 亿吨千米。全市拥有机动车维修企业501个,完成维修作业量21.52 万辆次,其中A级机动车综合性能检测企业3个。黄石地区机动车综合性能检测全年检测车辆6.39 万辆次,其中车辆技术等级评定1.49 万辆次,二级维护检测4.48 万辆次,车辆技术等级评定检测率达到99%。全市拥有机动车驾驶员培训学校17 所,其中综合二类驾校8 所,综合三类驾校9 所,全年共培训各类车型驾驶员1.83 万人。全市有客运站30 个,其中一级站1个,二级站3 个,三级站16 个,四级站10 个。全市有装卸搬运企业5 个;运输服务企业78 个,其中仓储理货16 个,停车场10 个,信息服务、货物配载49 个。

2009 年,黄石市道路通车里程4 709.74千米,国道95.46 千米,省道385.56 千米,县道577.85 千米,乡道1 710.46千米,村道1 940.42千米。列养里程1 111 千米。等级公路比重达到99.7%,公路密度达到每百平方千米102.77 千米。全市现有水泥混凝土路面2 514.62 千米。现有桥梁717 座18 642.72延米。特大桥1 座,大桥15 座,中桥84 座,小桥617 座,涵洞1.09 万个,隧道工程1 880延米。

2009 年,完成港口货物吞吐量1 520万吨,为年计划的112.6%,集装箱吞吐量16 534吨标准箱。全市拥有营运船舶412 艘,总运力44.5 万载重吨,新增运力7.5 万载重吨,开展水路运输业及水路运输服务业核查工作,全年核查企业33 个(水运企业19 个、服务企业14 个)、个体船舶经营户173 个。完成船舶检验115 艘。

2009 年,黄石市完成交通建设投资41 亿元,投资总额在上年的基础上翻一番。国家、湖北省在黄石市重点投资项目"两路一桥"(大(庆)广(州)高速和杭(州)瑞(丽)高速公路、鄂东长江公路大桥)完成货币工程量33.8 亿元,比上年增长141%。地方交通基础设施建设完成投资7.24 亿元(其中公路投资5.79 亿元,站场投资1 323 万元,港航投资1.32 亿元),超年度计划目标20.7%。

沪蓉高速黄石段刷黑工程完成货币工程量7 002 万元,路面、排水、附属工程全部完成,10 月10 日架空线工程在黄石市招标中心开标。大(冶)棋(盘洲)一级公路累计完成路面26 公里,完成货币工程量4.20 亿元;大棋一级公路配套大桥、106 国道铁山至大冶段、省道河(口)金(牛)公路和阳(逻)枫(林)公路路面改造、省道中(界岭)大(冶)公路大冶绕城段改造、县道还(地桥)黄(金湖)二级公路改造工程等一大批工程相继开工建设。完成湖北省交通运输厅安排的34.4 千米公路年度大中修计划,自筹资金8 000万元,提前实施5 条省道计60 千米的路面大修工程。全市累计建成通村公路925.4 千米、县乡公路等级改造31.5 千米,完成农村渡口达标改造10 处。罗桥高速客运站完成"三通一平"。建成陶港、木港、大冶四棵、大箕铺等4 个农村五级站,新建农村候车棚40 个,招呼站70 个。新增农村客运车辆44 辆,行政村通班车率达96%。棋盘洲港区一期工程累计完成货币工程量5 160 万元,水工部分施工顺利完成。外贸集装箱码头扩建工程竣工投产。

【邮政电信】 2009 年,黄石市完成邮政业务收入1.54 亿元,比上年增长20.4%,劳动生产率达到12 万元/人。职工人均收入增幅达到6%。经营能力不断增长,代理金融板块累计实现业务收入5 389万元,增长24%,增幅在湖北省排名第一;速递物流板块业务收入1 406.32万元;邮务类板块业务收入4 966.27万元,增长20.54%。邮务类六大专业中,报刊、集邮、包件三个专业增幅均超湖北省平均水平。代理储蓄业务和代理保险业务收入增幅均在20% 以上。区域经济不断发展,县域经济晋级发展,全市累计有13 个城区和农村邮政支局进入湖北省百强支局行列。重点业务继续加强,代理储蓄、速递、函件业务累计实现收入9 032.55 万元,占总收入的74.59%。其中:代理保险保费1.6 亿元,实现业务收入626 万元,比上年增长47.7%;贺卡收入641 万元,增长16.54%;短信收入21.91 万元,增长9%,占电子商务业务收入的67.1%;分销业务收入53.8 万元。邮政业务取得新成绩,黄石市邮政局阳新分局收入增幅名列湖北省67 个县市局第一位,获得湖北省邮政集团公司颁发的"湖北邮政二十佳县市局"称号。

电信业务不断发展。重点业务进一步加强。以黄石市电子政务网、黄石平安城市、党员远程教育网为核心的信息化应用拓展初具规模,主导地位进一步巩固。年内先后为20 多个行业和企业提供了针对性的行业应用解决方案。支撑全局业务经营发展的网络建设全面完成,行政村光纤通达率达89%,宽带通达率90%,移动网络城区综合覆盖达96%,农村地区覆盖达91.67%,CDMA 无线网络目前已覆盖了所有县城、乡镇和重要旅游风景区,全市829 个远程教育站点建成开通,实现乡村站点全覆盖。完善差异化服务体系,优化信控管理,品牌客户差异化感知稳步增强。推进分客户群渠道建设,协同共享的全业务渠道体系基本建立,加快渠道建设,建立覆盖城乡的销售网络。

【旅游业】 2009 年,黄石市接待国内游客517.60 万人次,实现旅游总收入26.92 亿元,接待入境游客8 152人次,实现外汇收入348.66 万美元。年内,围绕矿冶文化、禅宗佛教文化、红色旅游三大

黄石市铜绿山古铜矿遗址 (黄石市史志办 供稿)

主题，科学制定旅游规划。突出矿冶文化特色，打造矿冶文化名城，黄石国家矿山公园已成功创建4A级景区。突出禅宗佛教文化特色，打造"东方佛国"。东方山景区被列入湖北省重点旅游项目，规划修编已通过湖北省旅游局专家评审。突出红色旅游特色，打造"红色黄石"。依托红三军团建军旧址、龙港革命旧址群等宝贵资源，邀请武汉大学专家学者编制黄石市红色旅游发展规划。国家旅游局有关部门派专人担任专家组成员，对评审工作给予具体指导。结合三大特色资源的综合开发，统筹编制生态旅游等方面发展规划，大冶环保安湖旅游规划已通过评审。

发挥政府主导作用，加大旅游招商力度。东方山景区与深圳鸿烨投资控股集团公司签订10亿元的合作开发建设框架协议。黄荆山森林公园旅游开发项目与广西南宁铭鸿投资有限公司签订总投资额10亿元的合作开发协议书。凉山休闲度假村项目已与上海渡维科技公司和深圳天地人投资发展有限公司签订总投资额5亿元的合作开发协议书。建立区域合作机制，广泛与中部六省各旅行经销商合作，支持梁子湖捕鱼节、咸宁国际温泉文化旅游节等活动。投资500万元，修复东方山景区弘化禅寺和月涌禅观等老八景，并开发试剑石、金龟望月等新八景。投资4 000万元，完成黄石国家矿山公园二期工程建设。大冶"保安九号"、毛铺度假山庄，仙岛湖财政宾馆、宝塔湖度假村等一批别墅式接待酒店建成投入使用。启动湖北省旅游名镇、名村创建活动，指导大冶陈贵镇、阳新王英镇依托资源打造旅游名镇，支持阳新县阳辛村、新屋村等7个村申报省旅游名村。

制定全市2009年旅游景区标准化管理工作方案，全市共有2个景区创建国家A级旅游景区，6座厕所创建国家星级旅游厕所。举办导游年审培训班，对290名参审导游人员进行培训。积极参加湖北省导游比赛，取得历史最好成绩，获最佳组织奖。积极组织开展行业"安全生产月"活动，多次组织全市旅游行业安全大检查活动，形成以安全管理制度、组团安全"五关"和导游安全操作要求为主、要内容的旅行社安全管理工作模式，全市旅行社安全管理走在全省前列。做好旅游宣传促销，参加2009'中国国内旅游交易会、上海旅游博览会、赴台湾旅游推介会和华创会等重大旅游推介活动。为庆祝新中国成立60周年，举办全市首届电视导游大赛和旅游原创歌曲大赛。

（黄石市史志办）

鄂州市现代服务业

【国内贸易】 2009年，鄂州市完成全社会消费品零售总额126.7亿元，比上年增长20.8%。积极推进城乡市场一体化建设，支持百里长港示范区超市、物流、连锁店的新建和改造项目。开展"家政服务培训工程"，着力构建家政服务网络中心。推进家电下乡工作，全年销售家电产品5.1万台，销售额1.04亿元，财政补贴资金1 290万元。加强酒类流通、成品油市场管理，"放心肉"、"放心酒"服务体系建设逐步完善，生猪屠宰管理逐步规范。年内完成农贸、水产品、农贸地下室的改造项目。改造后的明塘市场面积净增2 400平方米，增加摊位121个；蟠龙农产品市场招商、改造规划正在进行；完成城东菜市场新建任务；十字街、祝家湾、西山市场均按要求改造完毕；新建和改造农家店109个，全市标准化农家店已达176个。

2009年，中石化鄂州石油分公司销售成品油6万吨，其中零售4.5万吨，直销配送1.5万吨。5月，正式启动加油站新建及改造项目，莲花加油站、葛店水上加油站开工建设，洋澜加油站及石山加油站建设与改造主体工程完工。中石油鄂州分公司现有加油站（点）17个，全年销售油品10余万吨，上缴利税190多万元，吸纳当地劳动力160多人。

2009年，鄂州市供销社全系统实现商品销售总额7.8亿元，农副产品收购3 840万元，再生资源回收5 772万元，招商引资1 060万元，上缴税金252万元。全年筹资2 000多万元购进尿素1.2万多吨，碳铵3万吨，复合肥8 000吨，钾肥4 000吨，磷肥3 000吨，农地膜80多吨，农药1 700多吨投放市场，满足农民的生产需求。积极推进"万村千乡"市场工程建设，新建或改建合格"农家店"105个。继续加大"新网工程"建设，在13个中心示范村（新社区）建设村级超市，庙岭恒大社区超市、燕矶池湖中心村超市相继建成开业，杜山东港中心村超市正在紧张建设中。开展农村综合服务社建设，累计建成蒲团小港、沙窝新湾等示范和合格综合服务社近100个，22个综合服务社通过湖北省联社检查验收。

2009年，鄂州市粮食企业实现销售收入3.12亿元，实现盈利293.8万元。规模以上工业企业实现增加值5 566万元，招商引资3 400万元，实现自营出口创汇150万美元。全年全市粮食企业签订优质粮食订单6 360万斤。粮食收储企业抢抓国家将油菜籽、小麦、早稻和中晚稻都纳入托市收购的机遇做好粮食收购工作，最低收购价政策得到较好落实。全年粮食企业收购粮食3.01亿斤，其中小麦4 229万斤、早稻4 604万斤、中晚稻2.12亿斤；收购油料3 785万斤，其中直接收购托市菜籽1 200万斤，中央财政补助油脂加工企业120万元，受湖北中储粮收储公司委托代其收购托市菜籽3 000万斤。鄂州市兴粮油脂储备有限公司2万吨油脂储备库建设已完成投资750万元；7月，新建的9 000吨油罐已储油8 800吨；全年实现利润101万元，争取项目资金250万元，实现溢价收入194万元。樊口国家粮食储备库异地扩规项目正积极运作。油脂化工总厂资产重组项目顺利完成。引进湖北中储粮鄂州油库2.5万吨油脂物流项目开工建设。华苑米业新增投资180万元建设的大米加工技改扩规项目完工并投产。市粮油食品质量检测站顺利通过国家级粮食质检机构专家评审，正式成为国家级区域性粮食质检机构。

2009年，鄂州市烟草专卖局（公司）共完成卷烟销量2.97万箱，比上年增长5.2%，销售增长居湖北省第1位；上缴税金6 011万元，增长27.3%；实现卷烟单箱价值1.81万元，增长8.6%；辖区内共有卷烟零售户3 468个。全年共查处各类案件1 071件，其中1万元以上案件3件；查获非法卷烟544件，其中假冒卷烟59件；涉案烟值231万元。

从2002年到2009年，鄂州市物贸系统67个企业全面完成改制任务，其中，实施破产20个，转民营4个，清算注销43个；筹措资金4 900万元，对1 749名职工进行妥善安置，其中"三无"企业投保安置178人。全年清收不良金融债权1 309万元。筹措资金，偿付用于收购金融债权的政策性贷款，全年偿付本息2 011万元，其中，本金1 530万元，利息481万元，按期足额完成偿付任务。

【金融】 截至2009年底，鄂州市金融机构人民币各项存款余额202.51亿元，比上年增长28.19%。其中，工商银行35.41亿元，农业银行49.08亿元，中国银行20.09亿元，建设银行22.38亿元，农业发展银行1.29亿元，农村信用社28.57亿元，邮政储蓄行25.93亿元，汉口银行3.95亿元。存款余额比年初增加44.54亿元。存款结构呈现企业存款、其他类存款增长加快，活期存款快速增长等特点。全市金融机构人民币各项贷款余额99.56亿元，比上年增长27.01%，

2009 年，湖北省 9 个金融机构与鄂州市 160 个企业签订金融支持合约
（方仲华　供稿）

增幅比上年末提高 9.19 个百分点，处于近年同期的最高点。贷款结构呈现信贷投放总量创历史纪录、贷款结构置换效应较明显、贷款投放行业重点突出、信贷市场分布趋向均衡等特点。

2009 年，中国人保财险鄂州市公司实收保费6 999万元，比上年增长 3.3%，赔付成本 1.23 亿元，增长 130.1%，综合赔付率 212.9%，增长 121.6%；由于“南非沉船赔案”赔付支出7 429万元，比上年增长 35.3%，净增2 234万元，简单赔付率 112.6%，赔付支出首次超过保费收入；综合费用1 536万元，下降 12.3%，综合费用率 26.5%，下降 3.33 个百分点，低于近年省公司下达的费用率水平；综合成本率 239.5%，增长 121.6%，利润 −8 078.23万元。中国人寿保险鄂州分公司实现保费收入 1.97 亿元（占全市寿险保费收入的 53.3%），其中寿险首年保费收入9 042万元，在寿险首年保费中，首年期交保费2 952万元。短险保费收入1 038万元，续期保费收入9 517万元，续收率 92.9%。全年业务给付支出1 207万元，综合给付率 6.5%，下降 65.4%。

【交通运输】 2009 年，鄂州市交通系统积极应对全球金融危机，推进“两型”交通建设，加快融入武汉城市圈步伐，城乡交通实现统筹发展。全年全市完成交通固定资产投资规模 10.7 亿元，比上年翻了 4 番。年内交通建设开工项目 12 个，续建项目 2 个，在建项目 4 个，完工项目 9 个，完成前期项目 2 个；工程质量合格率 100%，重点工程优良率 100%。完成二级公路路基、路面建设 53.99 千米，通村公路建设 491.9 千米；汉鄂高速公路于元月 9 日正式奠基，控制性工程先行用地获国家国土资源部批复，8 个标段路基全线动工，全年完成投资 6.6 亿元；省道沼山至樊口段改造、316 国道段店至薛沟段改造、省道雨台山至樊口大闸段改造、太和港大桥和程潮铁矿附属工程相继建成通车；樊口大桥及大桥连接线于 12 月 27 日实现试通车；全市首条区域内循环公路——葛湖线路基建设基本完工；大（庆）广（州）南和鄂东大桥连接线拆迁工作有序推进。鄂东一级货运站一期工程通过可行性研究报告评审，完成三通一平和透视围院；全年共建成候车棚 18 个，招呼站 30 个，2 个五级客运站建设稳步推进；全市共完成达标渡口 3 个。全年实现货物周转量 21.05 亿吨千米，客运周转量 7.9 亿人千米，全系统上交税金 513 万元，实现利润 357 万元。全年完成社会港航投资 895 万元，累计实现港航“两费”收入 854.3 万元，比上年增长 23.9%。其中，港务费 776.4 万元，航政费 77.9 万元。费收入库达 100%。全年实现水路货物运输量 168.4 万吨（黄砂运输量 86 万吨），货物周转量 12.6 亿吨千米。积极开展城乡客运一体化试点规划，加快公交“进城入镇”；城区客运站实现统一经营；投入客车 20 辆新发展农村客运班线 5 条；百里长港城乡示范带的“杜泽客运线”建成省级农村客运文明示范线；投资 60 万元在市内 6 条公交线路实施 IC 卡刷卡收费；全市 3 处公交停车场“三通一平”全部完工；投资 80 万元完成 80 辆公交车的 GPS 监控系统安装工作；全年更新出租车 220 辆，客车 29 辆，新增客车 3 辆。全市水上船舶安全行驶实现 24 年零事故。市交通局获得鄂州市安全生产先进单位。全年争取上级资金 2.27 亿元（其中无偿资金 1.47 亿元），完成公路大修，桥梁改造，客货运站兴建等项目 10 个。实施燃油税费改革工作，从 2009 年 1 月 1 日起全面停征公路养路费；4 月 30 日，撤除樊口收费站和凉亭收费站，对征稽、收费人员的转岗培训作出妥善安置。

【邮政电信】 2009 年，鄂州市邮政实现业务收入 7 276 万元，比上年增长 13.6%，综合服务满意度达 88 分，未发生

2009 年 6 月 17 日，鄂州市执法人员依法拆除影响道路施工的违章建筑
（曹忠生　供稿）

重大安全事故。邮政金融类业务实现收入4 665万元,增长39.3%,占邮政企业总收入的54.3%,比上年提高8.77个百分点。邮政储蓄余额增速及平均余额增速均居湖北省第1位。邮务类、速递物流类业务内部结构也明显改善,经营效益明显提高。全年开发邮务类经营项目33个,实现收入807万元。在邮政基础设施建设方面,江广路店建设计划获省公司批准,即将进入施工阶段;改扩建石山、碧石两处营业厅,新增4台自动取款机,葛店邮政速递物流网点在开发区建成并投入运营;全年更新邮运车1辆、购置机要车1辆,为部分支局配备三轮车5辆,为城区投递人员配备电动车25辆。配合省公司完成11 185统版、邮政物流综合信息平台、投递信息系统、语音二期、保险系统省集中等信息系统工程,完成局中心机房改造工作。7月1日,城区投递信息系统上线工作顺利完成,江广、凤凰、石山3个投递站实现投递清单电子打印交接。

2009年,中国电信鄂州分公司全年实现业务收入1.23亿万元,净增1.49万个宽带用户,净增2.15万个天翼移动出账用户。全年完成投资4 232万元,累计新增ADSL能力1.8万个端口;持续推进"光进铜退"工作,完成26个行政村光缆覆盖,宽带通达率100%,光缆通达率84%,为农村党教点和农村信息化建设提供有力支撑;完成47个基站新建和57个3G基站的替换升级;完成凤凰山庄等50个热点地区WLAN建设任务。以网络安全为重点,继续加强网络维护基础管理和通信保障预防工作,整个网络实现安全稳定运行,各项网络运行质量指标全面达标,长途来话网络接通率达到98.13%,光缆干线传输电路可用率达到100%,业务开通及时率为100%,障碍处理及时率达到98.7%。加大直销、实体、电子、社会渠道建设,完成镇以上100个营业网点、70个末梢代理点的建设改造工作,提高用户充值缴费的便利性;通过开展对营销服务渠道、营业窗口、社会代理代办服务的全过程监督管理,促进服务规范的有效落实、服务质量持续改进,服务水平在同城同行测评中名列前茅。2009年,中国移动通信鄂州分公司运营收入累计完成2.5亿元,比上年增长10.8%;全年净增4.9万个通话用户,网上用户总数达到47.7万个;新建31个厅店,对全市80多个厅店进行整体形象装修,公司的服务窗口和社会合作窗口服务网点在乡镇覆盖率达100%;基站总数达到245个,实现对鄂州全境无缝隙覆盖。全年共上缴国税1434万元,地税886万元。年内,公司与市政府签订"平安城市"合作项目,投入700多万元建设监控点189个,对远期1500个监控点的工程建设及监控联网做好充分的前期准备。继续加大2G网络的覆盖,坚持开展"精品网络"建设,加大市区的深度覆盖和农村的广度覆盖,多维度开展网络优化,新增GSM基站74个,实现全市网络无缝隙覆盖。截至年底,已完成32个宏站、42个室内分布的建设改造,并已全部开通投入使用。2009年,中国联通和中国网通融合,成立中国联合网络通信有限公司,中国联通鄂州分公司更名为中国联通鄂州市分公司。分公司全年实现固定资产投资4 084万元,完成WCDMA核心网和42个基站建设,WCDMA室内覆盖12处。GSM网新增基站25个,新建GSM室内覆盖和室外直放站10处。进一步提升基础网络对宽带数据业务的承载能力。全年实现主营业务收入5 300万元。5月17日,鄂州市WCDMA 3G网络开网及试商用,10月正式商用。

【旅游业】 2009年,鄂州市共接待国内外游客213万人次,实现旅游总收入13.13亿元,分别比上年增长31.2%和24.1%。立足鄂州的区位优势和资源条件,加强旅游规划和相关规划的协调和衔接。编制出《鄂州长港示范区规划》、《三山村旅游发展规划》,并已通过初期评审,《六十村产业发展规划》已进入初审阶段;西山风景区旅游规划已通过初期评审,红莲湖旅游度假区、梁子湖生态旅游区规划、梧桐古镇旅游规划也已启动编制。邀请湖北省社会科学院的专家对三国吴文化和楚文化进行深入研究,从文化旅游的利用与开发上进行可行性规划,提出建设吴楚文化旅游名城工程。大力推动重大旅游项目建设,总投资1.2亿元的沿江三国吴都风光带项目一期已投入使用,二期正在建设;梁子岛景区的"穿衣戴帽"工程、商业街建设、污水处理厂和长岭停车场改造等工程都取得较大进展;投资3亿元的凤凰山庄五星级宾馆改造项目正在实施;大鹰山五星级酒店项目拟投资3亿元,投资方已注册,聘请香港戴德梁行进行策划;投资10亿元的恒大金碧天下6大中心项目已开工建设;投资3亿元的红莲湖荆楚古镇第一期旅游项目正在进行规划设计;梧桐湖新区高山湖水乡小镇、体育运动休闲公园、月山湖外滩吹填造景和大舜天成旅游酒店等项目均已开工建设。全年争取上级项目资金和无偿资金201万元,比上年增长48.9%。按照省级旅游名镇创建标准,指导梁子岛生态旅游区创建国家4A级旅游区,并于12月通过国家旅游局的评定。指导梁子村、大雄村、三山村争创湖北省100个旅游名村评选并获批。大力开发旅游商品,年内开发彭玉麟《梅花石刻》激光皮雕、水晶底座青铜镜等旅游商品,并组织上年评出的梁子螃蟹、武昌鱼、古铜镜、布贴画、麦秆画、珍珠饰品等优秀旅游商品参加"中国国际旅游商品博览会"。《2009鄂州人游鄂州旅游景区节日门票优惠办法》涉及全年16个节日,最多优惠到3折。4月25日,梁子岛、西山、莲花山、凤凰山庄、东正山庄等8个旅游区、星级酒店和农家乐单位在银泰百货广场启动"鄂州一日游"活动,现场免费发放旅游消费券100万元,开通梁子湖渔岛风情游、红莲湖高尔夫体验游等旅游线路。市旅游局投入50万元,在武黄高速公路鄂州段的庙岭、路口、泽林三个出站口设立6块大型旅游标识牌,利用武汉游客集散中心的优势,开通至鄂州景区的班车(旅游直通车),联合武汉、黄石、黄冈旅游局深入开展武汉都市旅游圈区域旅游合作。组织旅游企业参加国内外旅游交易会和旅游商品博览会。9月24日,第十届梁子湖捕鱼旅游节成功举行,为鄂州市旅游经济发展奠定良好基础。全年全市新增旅行社8个(累计19个),星级酒店11个(其中四星级2个、三星级2个、二星级7个),旅游景区5个。

(曹忠生)

孝感市现代服务业

【国内贸易】 2009年,孝感市实现社会消费品零售总额327亿元,增幅达20.9%,在武汉城市圈内居第三位,高于湖北省平均水平2个百分点。全年共引进省内外大中型商贸物流投资项目23个;"万村千乡市场工程"的5个承办企业(孝感金润、孝武集团、安陆农资、应城生资、大悟供销)新建农家店247个,全市农家店总数达到1 003个(其中乡镇店71个,村级店932个),吸纳农村富余劳动力1 300余人,拉动农村消费近2亿元;全市设立家用电器下乡销售网点608个,销售下乡家电产品15.7万台(件),销售金额3.3亿元,兑现补贴资金4 067.4万元,兑付率95%,年内进入武汉市场的农副产品达300多个品种,销售量360余万吨,销售额达15亿元。

完善孝感市南大农产品批发市场建设。该市场是1994年由孝感市孝南区人民政府批准,采取企业投资、商户经营

孝感市交通路与长征路远眺　　（杨炬　供稿）

和政府管理的模式，以水果、水产为骨干，以南北带货、中介中转为特色的辐射全国的大型综合批发市场。市场占地35.3公顷，累计投资2.5亿元，经营场地6.6万平方米，吸纳经营大户500余个，共有从业人员6 000余人。该市场购销业务覆盖河南、河北、山东、山西、内蒙古、陕西、新疆、四川、云南、广东、广西、海南、安徽、福建、湖南、江西、辽宁、吉林、黑龙江等十余个省市自治区和武汉、仙桃、咸宁等武汉城市圈各城市。其水果、水产品交易量占武汉市场份额的20.7%以上。年内，南大农产品市场基础设施逐趋完善，架有供电专线，建有供水系统，设有千门程控电话，设置了农产品安全质量速测点，实现了市场信息化管理。2009年，该市场被国家农业部等9部委认定为国家级农业产业化重点龙头企业。

物流业迅速发展。2009年，孝感市符合国家质量监督检验检疫总局和国家标准化管理委员会评估指标的51个物流企业资产总额31.2亿元，主营收入9.4亿元，吸纳就业人数3 200余人。其中，运输型物流企业28个，仓储型物流企业6个，综合服务型物流企业17个。截至2009年年底，全市货物集散地占地33.3公顷；运输车辆3 967辆，运量1.53万吨；运输船舶188艘，运量7.40万吨，年货运量2.14亿吨；运输物流年产值8亿元，商贸企业物流配送额超过30亿元，各类专业市场商品交易额过50亿元，邮政快递配送额1 599万元。全市及县（区）相继出台了支持现代物流业发展的规划和政策，加快了物流园区的建设步伐，物流业全面发展的环境明显改善。

【金融】　2009年，孝感市金融机构年末各项存款余额625.95亿元，比年初增加122.87亿元，增长24.4%。其中：金融机构人民币各项存款余额625.9亿元，比年初增加122.9亿元，现金收入累计1 156.9亿元，支出1 161.8亿元，收支相抵净投放现金4.9亿元。全市金融机构年末贷款余额318.3亿元，比年初增加74.4亿元。储蓄存款余额428.24亿元，比年初增加74.36亿元，增长21.0%，企业存款余额110.8亿元，比年初增加20.92亿元，增长23.3%。两项存款合计增加额占全部存款增量的77.6%。

各项贷款余额318.26亿元，比年初增加74.45亿元，增长30.6%，绝对额增幅比上年提高16.81个百分点。新增存贷款存贷比61%，比上年提高27个百分点。

中国人寿保险公司孝感分公司全年实现保费收入7.9亿元，比上年增长5.4%；全市系统综合给付支出1.3亿元、综合给付率17.1%。人保财险孝感分公司累计实现保费收入2.1亿元，增长18.9%。累计处理各类赔案3.3万件，支付赔款1.4亿元，赔付率66.6%。

【交通运输】　2009年，孝感市共完成交通投资8.7亿元。孝汉大道投资2亿元，完成工程量的50%；汉川新河大桥建成通车；孝感城区至天紫湖路段刷黑改造完工；全年建成通村油路和水泥路1 800千米；建成农村五级客运站6个、候车亭160个、招呼站280个。截至2009年末，全市公路通车里程达1.12万千米，其中：一级公路42千米，二级公路934千米，三级公路1 362千米，四级公路8 911千米。

【邮政电信】　2009年，孝感市通信业全面落实“促消费，保增长”的举措，通信业全年实现营业收入13.7亿元，比上年增长8.0%。其中邮政业1.6亿元，增长7.3%；电信业12.1亿元，增长8.0%。全市电话拥有量275万部，比上年增加21万部。其中固定电话85万部，增加1万部；移动电话190万部，增加20万部（新增3G用户2.1万个）。电话普及率达53%；互联网用户增至35万户（宽带

孝感董永公园一景　　（杨炬　供稿）

用户20万户)。

【旅游业】 2009年,孝感市获得中国优秀旅游城市和湖北省园林城市称号。应城市创建中国优秀旅游城市工作扎实推进,大悟县创建湖北省旅游强县取得进展,共有8个村入选湖北省首批旅游名村创建单位。孝南天紫湖二期工程、应城汤池二期工程、孝昌县观音湖文体公园、安陆白兆山景区游客中心等旅游项目进展顺利。

全市全年共接待游客643.5万人次,实现旅游综合收入37.4亿元,分别比上年增长26.2%、25.5%;其中入境游客1.34万人次,旅游创汇685万美元,分别比上年增长16%、16.6%;旅游业占全市生产总值比重为5.5%,占第三产业比重为15%。

(杨炬)

黄冈市现代服务业

【国内贸易】 2009年,黄冈市实现社会消费品零售总额340.08亿元,比上年增长20.6%。在2009年鄂京(环渤海地区)、鄂粤经贸洽谈活动和第四届中博会期间,黄冈共取得签约项目44个,投资总额84.2亿元,协议外资9.7亿美元。全市全年建成家电产品下乡销售网点1 500个,销售下乡家电产品29.4万台,销售额5.99亿元,兑付补贴资金7 700万元,兑付率达98.9%,“家电下乡”产品销售量和资金兑付率均居湖北省第一。新建或改造大中型商业设施项目17个,完成投资3.5亿元。新建或改造乡镇和村级农家店962个,农家店村级覆盖率达到60%,乡镇覆盖率达到75%。“双百市场工程”和“农超对接”试点工作取得新的突破,英山县农贸市场、黄梅县农贸大市场列入国家商务部“双百市场工程”项目,黄商贸易有限公司、湖北绿润食品有限公司列入国家商务部“农超对接”试点项目。

2009年,全市对285个加油站、359个加油点进行了年检,全面整顿了成品油市场;推行酒类流通随附单管理制度,全市累计办理酒类备案登记证1.4万个,备案登记率接近100%,酒类批发商随附单使用率达89.6%;加强生猪定点屠宰工作,推行机械化屠宰和验收达标,全市完全符合标准的屠宰场点有266个,11个城区屠宰场实行机械化屠宰。全年查处违法案件20件,销毁病害猪286头,取缔私屠滥宰黑窝点16个。建立储备肉管理制度,确保市民吃上“放心肉”。对各县市区再生资源工作进行调查摸底,对再生资源回收专业公司和经营网点实行备案登记,全市全年备案登记再生资源经营企业87个、经营网点910个,改变再生资源回收管理市场混乱局面。

2009年,全市实现商品购销总额73.7亿元,比上年增长40.7%。其中,购进总额33.4亿元,增长40.9%,销售总额40.3亿元,增长40.6%。从生产者购进的农副产品额6.1亿元,增长31.2%。实现日用消费品零售额25.8亿元,增长37.2%。实现利润395万元,增长27%。全市全年建成村级综合服务社579个,占全省供销系统的20%,获省“以奖代补”资金400余万元。全年组织销售各类化肥53.7万吨,实现农业生产资料销售总额8.9亿元。市供销社控股的天绿贸易有限公司3年累计投资500余万元,建成可储化肥万吨仓库1个,食品、农资配送中心2个,网点356个。全年发展农民专业合作社31个,总数达201个。

2009年,全市库存储备粮15万吨、专储油6 000余吨。收购粮食95万吨,完成计划的122.5%。其中国有收购企业收购50万吨,完成任务的100%。全市销售粮食80万吨,完成计划的142.2%。全市共有粮油加工龙头企业35个,加工转化粮油34万吨。兴隆米业公司、李时珍保健油集团公司进入湖北省粮油龙头企业20强。全市购销企业实现利润630万元,完成计划的101%。

2009年,全市烟草行业销售卷烟18.15万箱,比上年增长5.16%;实现销售收入22.7亿元,增长16.48%;实现利税5.02亿元,增长5.5%;实现利润3.28亿元,下降7.39%;上缴税收2.85亿元,增长31.9%。全市全年共查处涉烟案件2 049件,查获违法卷烟2 090件,案值957万元。全年销售全国重点企业品牌香烟3.7千万箱,增长25.3%。全市配送线路由290条优化到230条,单车年均送货量3 910箱,同比增长31.87%,单箱费用同比减少12.27元。扎实开展内部规范整顿工作。全年审查经济合同72份,合同金额2 080余万元。年内共完成各类审计项目158项,审计金额8.5亿元。

【金融】 2009年,黄冈市金融机构年末人民币各项存款余额773. 5亿元,比上年增长21.8%,当年新增138.3亿元;完成各项贷款317.2亿元,增长25.7%,当年新增贷款64.7亿元,比上年增加30.4亿元;全市银行业金融机构实现账面盈利6.8亿元,比上年增加4 000万元,增幅达6.3%。

搭建政银企合作平台,引导信贷资源向实体经济高效流动。年内先后参与协调中国农业发展银行湖北省分行、国家开发银行湖北省分行、中国农业银行湖北省分行、中国建设银行股份有限公司湖北省分行与市政府签订3年~5年银政战略合作协议,协议金额410亿元;协调市直金融机构与开户或联系的723个企业(项目)签订银企合作协议,协约贷款和授信额度65.6亿元。推动金融扶持弱势群体工作,全年新增“三农”贷款11.3亿元,就业再就业贷款比上年增加2 300多万元;各项助学贷款增加近400万元。全市全年共办理预算收支业务48.6万笔,完成国库收入75.9亿元,完成国债发行6 400万元。

拓展外汇服务领域,初步形成适应黄冈市外向型经济发展的外汇管理与服务运行体系。全年处理国际收支间接申报业务4 750笔,金额1.98亿美元,涉外收入金额、笔数申报率和对外付款申报率保持在100%。

【交通运输】 2009年,黄冈市交通固定资产投资65.23亿元,比上年增长30.5%,其中重点工程完成48.6亿元,公路建设15.53亿元,港航建设8 000万元,站场建设3 000万元。

大(庆)广(州)北、武(汉)英(山)高速公路黄冈段实现通车。麻(城)武(汉)高速公路、鄂东长江大桥、九江二桥连接线建设进展顺利。黄冈市第一条自主招商引资项目——麻(城)竹(溪)高速公路正式开工。大别山红色旅游公路一期工程全线开工。黄冈长江大桥、武汉至黄冈城际铁路、黄鄂高速公路项目完成。

黄冈市城乡新增高速公路226.7千米,高速公路密度达到2.12千米/百平方千米,已建、在建高速公路里程达到528.5千米。年内建设完成通村沥青(水泥)路3 791千米,乡镇油路通车率、行政村公路通车率均达100%,全市新增农村客运线路75条,新增通车行政村190个,建设农村五级站10个、候车亭215个、招呼站400个,改造渡口达标15个,行政村客车通车率达90%。全市完成公路客运量8 129万人次,客运周转量54.01亿人千米;公路货运量1 436万吨,货运周转量11 5 696万吨千米。比上年分别增长7.5% 、7.6%、12%、16%。累计完成港口吞吐量1 895万吨,完成货物起运量1 008万吨,货物周转量40.1亿吨千米。运输船舶拥有量28.8万载重吨,比上年增长11.4%。

黄冈市黄州火车站改扩建工程施工现场 （黄绪华 供稿）

【邮政电信】 2009年，黄冈市完成邮政业务总量3.22亿元（大口径），比上年增长13.2%；实现业务收入1.85亿元（小口径），增长9.4%。其中，邮务类业务收入3 920万元，代理金融类业务收入1.13亿元，增长17.6%；速递物流类业务收入1 974.2万元，增长7.4%。专业公司实现收入738.7万元，增长30.9%。行政村通邮率98%。

全年收投函件506万件，实现函件收入1 441万元，比上年增加49%。4县市局举办青少年书信比赛创收40万元；联合公安消防部门销售"消防幸运卡台历"1.5万本；申报2010年邮政贺卡258.7万枚，收入1 463万元。全市完成常年收订流转额316万元、报刊流转额5 785万元。实现集邮收入1 557万元，比上年增长8.7%。全市代办联通放号6万个，在网短信用户20万个，实现包件收入277万元。

全市年末邮储余额达94.98亿元（大口径）。代理新单保费4.04亿元。完成实物传递、物流配送3 290.4吨，比上年增长4.5%。建成年业务收入过1万元的"三农"服务站76个、年配送额超过1万元的邮路95条，配送农药4 600件、肥料2 600余吨、酒类3万余件、日用品3.2万件，实现配送收入316万元。

2009年，中国电信黄冈分公司，实现3G网络覆盖到县城以上城区和80%的乡镇，黄冈城域网出口带宽由上年的20G增加到40G。农村行政村宽带通达率由上年的83%升至92%。全市完成4 016个党员远教点建设任务。元月9日，中国电信黄冈分公司完成全部C网基站割接工作，成功将联通核心网的287个无线基站割接到电信公司新的核心网上。

年内，中国电信黄冈分公司获"湖北省五一劳动奖状"和"2009年全国通讯行业用户满意企业"称号。

【旅游业】 2009年，黄冈市旅游接待人数达到660万人次，旅游综合收入突破30亿元，分别比上年增长15%和20%；接待入境游客1.5万人次，创汇230万美元，分别增长12%和11%。

年内，黄冈市借助湖北省人民政府在黄冈召开大别山旅游开发现场办公会的时机争取上级资金2亿余元，兴建了黄麻起义和鄂豫皖苏区革命烈士陵园、董必武纪念馆、李先念纪念馆，改造了麻城、罗田、英山烈士陵园等一批红色旅游景点。全市各景区累计新修公路200多千米。其中重点打通罗田九资河至安徽金寨、英山桃花冲至安徽鹞落坪的省际旅游公路，贯通浠水三角山至斗方山、黄梅五祖至四祖寺的景区连接公路。罗田县修通罗田至九资河60多千米的旅游公路。英山、麻城、罗田县，兴修、改建天堂寨、吴家山、龟峰山等景区公路，改善了大别山腹地交通条件。

加强旅游配套服务设施建设。全市新修景区步游道100多千米，维修景点51处，修建、改造停车场4万平方米。麻城、罗田、英山、蕲春、黄梅等县市重点景区基本实现通水、通电、通宽带，全市旅游设施水准得到较大提升。蕲春李时珍国际健康文化旅游区二期投资5亿元，新建游客中心、乡村俱乐部、国际健康论坛、五星级酒店等；黄梅县投资3亿元启动五祖寺禅宗文化旅游区建设，麻城市引资3.2亿元，开发龟峰山、五垴山、九龙山、杏花村等旅游景点。全市共引进超过5 000万元的旅游招商项目10个。

2009年，黄冈市拥有3A景区9个，4A景区5个（红安黄麻起义和鄂豫皖苏区革命烈士陵园、浠水三角山、麻城龟峰山、麻城烈士纪念园、李先念故居纪念园），2A级以上景区总数达22个，英山县百丈河村被评为省级农业旅游示范点。黄冈市伊利公司被评为省级工业旅游示范点并申报国家级工业旅游示范点。6月下旬，鄂豫皖大别山区3省6市36县重点旅游企业负责人及管理人员培训班在红安举行。

黄冈市政府筹资近3亿元整治遗爱湖。东坡赤壁也增添旅游项目启动4A景区创建。宝塔公园、安国寺公园广场全面绿化，李四光纪念馆改建竣工，大别山地质博物馆、黄冈博物馆分别奠基开工。

（黄绪华）

黄冈市罗田县天堂寨风景旅游区雪景 （黄绪华 供稿）

咸宁市现代服务业

【国内贸易】 2009年，咸宁市实现社会消费品零售总额165.88亿元，完成“十一五”计划的120.2%，增长21.3%。其中，批发零售贸易业零售额139.1亿元，增长19.6%；餐饮业和住宿业零售额20.93亿元，增长36.4%；其他行业零售额5.91亿元，增长21.3%。城市市场社会消费品零售总额111.88亿元，增长23.7%；农村市场社会消费品零售总额54亿元，增长16.4%。全市“家电下乡”、“汽车下乡”备案登记470个销售网点，销售家电下乡产品9.60万件，销售金额1.93亿元。其中，冰箱、洗衣机、空调、彩电等占总销量的92%，占销售额的90%；汽车销售额2.64亿元，增长318.4%。

全年完成卷烟销售7.31万箱，增长0.27%；实现销售收入10.38亿元，增长9.8%；利税总额2.27亿元，增长2.1%。

全市收购粮食2.85亿公斤.收购最低收购价粮食1.21亿公斤，占国有粮食企业收购总量的79.1%；油料收购1.74万吨，占目标任务的248.7%；销售粮食2.46亿公斤；全市库存粮食2.15亿公斤(含地方储备粮4 250万公斤)；粮油食品工业年加工量完成26.8万吨，占计划的134%，粮油食品工业产品销售收入9.16亿元，占计划的110.4%。

全年完成油品销售22.14万吨，比上年增长5.4%；实现利润4 274万元，完成年度任务的136%。完成长城润滑油1 330吨，为年计划的110.8%。完成配送量20.81万吨，计划完成率100%。

全市供销系统实现商品购销总额14.81亿元，比上年增长32.3%，其中购进总额7.31亿元，增长28.2%；销售总额7.51亿元，增长12.3%；实现盈利91万元。

【金融】 2009年，咸宁市金融机构累计投放贷款159.26亿元.各项贷款比年初净增49.23亿元，增长40.3%，贷款增量和增幅均创历史新高。咸宁市连续7年被授予湖北省A级金融信用市，辖内6个县(市、区)全部被评为湖北省“最佳金融信用县(市、区)”。

创新金融服务模式。年内成立2个小额贷款公司，完善与银行信贷联合机制，进一步开拓商业承兑汇票、信用证、保函等业务。全年引导金融机构开展单户特别授信1.4亿元，发放“速贷通”、“成长之路”小企业贷款4 000万元；推行存货抵押贷款、收费权质押贷款6 700万元；发放银保贷款7 000多万元，有效缓解中小企业融资难的矛盾。

完善账户管理和联网核查系统。加强货币现金服务，全年调入发行基金29.8亿元，增长82%；协助公安部门收缴假人民币63万元。

加大信贷支持力度。建立咸宁市金融支持企业发展项目库，开展“中小企业融资服务园区行”活动，与36个工业园区企业签订信贷协议21.75亿元，落实资金19.3亿元；向507户返乡农民发放小额贷款2 860万元；就业再就业小额担保贷款余额3 916万元；劳动密集小企业贷款和助学贷款分别增长27%和21.9%。12月末，全市各项贷款余额达171.52亿元，比年初增加49.23亿元，增幅位居湖北省前列。

强化金融风险监测和预警。全市农村信用社不良贷款率下降6.8个百分点；破获“500亿元网络赌球”大案，查获并冻结涉嫌赌博账户301个，累计扣押冻结资金14亿元，上缴地方国库10亿元。全年全市创建信用社区7个，信用乡镇46个，信用村(组)388个，评定信用农户24.7万个，培植A级以上信用企业256个。全市信用担保公司担保基金总量4.6亿元，增长12.3%，为200多个中小企业提供贷款担保1.28亿元。

【交通运输】 2009年，咸宁市公路通车里程1.26万千米。全年完成公路货物周转量29.98亿吨千米，比上年增长5.3%，公路旅客周转量26.71亿人千米，增长7%。

全市完成交通固定资产投资33.6亿元，占年计划的152.7%，相当于“十一五”计划前3年的总和。完成通乡公路71千米，省际出口及断头路38.8千米，通村油路1 604.2千米。投资33 381万元新修155个行政村通油路(水泥路)，行政村油路(水泥路)通达率98%以上。完成渡改桥项目666延米/13座，工程质量合格率达100%，优良率达90%以上。

年内，建成6个乡镇五级站，80个农村候车亭，110个农村招呼站。赤壁航电枢纽完成投资9 600万元；咸宁中心客运站工程完成投资近4 000万元；赤壁二级站、嘉鱼临江山码头、潘湾码头二期工程等开工建设。嘉鱼县、赤壁市和咸安区正式被纳入总投资超过500个亿的武汉新港统一规划。

全年投入养护工程资金1.8亿元完成公路大修123.7千米、中修19千米；完成36个危桥改造加固项目；完成温随线、通大线、路绿线、麦天线等5条重点线路的安保工程；完成公路安全隐患整治165处。

开展农村文明客运示范线创建试点。全年更新和新增客车310辆，货车230辆、37 390吨；新增船舶8艘、7 750吨位。中高级客车率达63%，大中型货车率达27%。全市新增农村客运班线12条、客车74辆，行政村通车率提高3%，达到83%。

【邮政电信】 2009年，咸宁市邮政完成业务总收入1.43亿元，增长28.0%，高于湖北省平均增幅7.5个百分点。全员劳动生产率9.22万元，比上年增长21.9%。

全市完成邮务业务收入3 095.08万元，比上年增长0.7%，速递物流收入1 357.49万元，增长16.4%。全年经转总包近50万袋，邮运总包56万袋，分拣封发各类邮件514万件，报刊1 888万份。全年开展53项审计工作。完成工程预决算以及零星维修审计27项，审计金额313万元，审减41万无，审减率13%。

全年新建电信移动基站145个，升级EVDO基站93个；新建无线室内分布系统15个点，WLAN新建热点120个，AP310个；新增通光缆行政村91个，行政村光缆通达率67%；新增通宽带行政村74个，行政村宽带通达率84%；新建农村党教点627个，累计建成农村党员远程教育项目终端站点942个，超额完成指标任务。

联通网络覆盖率在城市达99%，在农村地区达98%。数据、长途、互联网等基础通信建设均实现了适度超前。全市移动、固定、互联网等用户规模达35万个，累计缴纳各类税费1 200余万元，提供就业岗位1 800余个，累计实现间接税收700余万元。

【旅游业】 2009年，咸宁市开发旅游景区景点40余处。拥有国家A级景区17个，国家级农业旅游示范点2个，省级工农业旅游示范点8个；有星级旅游饭店40个，旅行社40个。旅游业直接从业人数5万余人，间接从业人数15万人。全年全市共接待海内外旅游者716.4万人次，比上年增长27.8%，旅游综合收入34.03亿元，增长66.3%，占全市生产总值的8.1%；旅游门票收入5212.83万元，增长59.9%。

旅游新城初具规模。全年投入资金2.05亿元，改善咸宁温泉旅游生态新城基础设施建设。温泉谷一期工程于10月16日开业迎宾，累计完成投资额3.5

亿元;三江潜山森林温泉度假区的温泉接待中心11月1日开业迎宾,三江森林温泉度假酒店累计完成投资额2亿元;太乙国际温泉度假村于10月28日开业迎宾,累计完成投资额1.4亿元;咸宁碧桂园温泉城的五星级碧桂园凤凰温泉酒店开业迎宾,完成投资额2.5亿元;楚天瑶池温泉度假区完成总投资1.5亿元;潜山叠水湾温泉度假村一期工程生态恒温餐厅开业迎宾,完成投资额1亿元。

嘉鱼山湖温泉、通山太阳溪漂流、富水乐园、崇阳百泉地质公园开业,赤壁龙佑温泉二期、赤壁古战场二期、五龙山温泉、风情赤壁度假区、通山杨芳林蝴蝶谷、北山石林、东港银河谷漂流、太阳山、咸安金桂湖玫瑰园、北伐战争纪念馆、向阳湖、通城宝塔新村等项目快速跟进,为全市旅游业增添后劲。

全市旅游市场拓展取得长足发展。3月,组团参加"2009年台湾大型旅游促销和招商引资活动";6月,组团赴台湾旅游促销和招商引资活动,并与台湾达成《湖北咸宁市旅游协会、台北市旅行商业同业公会关于促进咸宁与台湾旅游合作交流备忘录》;9月,组团参加在挪威举办"挪威·湖北周"活动;11月,组团参加在浙江省义乌市举办的2009中国国际旅游商品博览会;11月6日—9日,成功举办中国·咸宁首届国际温泉文化旅游节,节会期间,共有来自国家、省、市级新闻媒体80余个、500余个旅行社参加。

积极开展饭店和农家乐评星、旅行社评优、厕所评星等活动,通山九宫农家院等3个农庄被湖北省旅游局评为四星级农家乐,6个农庄被评为三星级、4个农庄被评为二星级。年内新增7个银叶级绿色旅游饭店。全市4A级景区达到7个,居湖北省第三。2009年8月,全市共有刘家桥村、牛头山、羊楼洞村、普安村、荻田村、洪下村、吴田村7个村被列为湖北省100个旅游名村创建单位。

(咸宁市志办)

咸宁市九宫山旅游景区的滑雪场　　(咸宁市志办　供稿)

仙桃市现代服务业

【国内贸易】 2009年,仙桃市实现社会消费品零售总额127.87亿元,比上年增长20.8%。其中城区销售额77.01亿元,增长20.6%;农村销售额50.86亿元,增长21.2%,城乡市场同步发展,农村销售额增幅首次超过城区。分行业看,批发业实现零售额14.68亿元,增长16.5%;零售业实现零售额91.71亿元,增长23.96%;住宿餐饮业13.46亿元,增长18.52%;其它行业8.03亿元,增长1.51%。居民消费价格总指数100.8,商品零售价格总指数100.2。

继续推进"万村千乡市场工程"和"双百市场工程",引导富迪生鲜物资营销有限公司、丰联连锁农资公司和祥和水产公司发展村级"农家店"。全年新改建"农家店"131个,全市"农家店"总数达到727个。全国"万村千乡市场工程"现场会年内在仙桃召开,富迪模式由此推向全国。落实家电、汽车、摩托车下乡和汽车以旧换新政策。全年销售家电下乡产品5.01万台,销售额1.04亿元,其中4.75万台家电领取财政补贴,销售额9 899万元。汽车、摩托车下乡销售8 624辆,销售额1.21亿元。回收报废汽车153辆,以旧换新54辆。

改善和加强市场监管。以猪肉、食用油、大米、蔬菜等12类生活必需品和成品油为监测品种,以重点流通企业和批发市场为监测单位,实行市场监测报告制度。对主要生活必需品供应进一步完善应急预案,规范处置程序,确保生活必需品市场供应充足稳定。全年出动车辆2 100多辆次,组织执法人员7 260人次,收缴违法违规肉品3 435公斤,销毁不合格肉品1 700公斤,不仅有效维护了市场供应,同时保证了民众的食品消费安全。年内,仙桃市入选湖北省"放心肉"服务体系建设试点城市之一。积极推行酒类流通随单制度,查处假酒案件10件。开展成品油零售网点检查,下发整改通知书35份,依法取缔加油点16个。

【金融】 2009年,仙桃市金融机构年末存款余额183.43亿元,比年初增加33.09亿元,各项贷款余额55.37亿元,比年初增加13.06亿元。

积极灵活传导货币政策。中央适度宽松货币政策分类指导金融支持经济发展,引导各金融机构改善金融服务,调整信贷结构。组织召开了5次大型的"银企"牵手、签约及座谈会议。中国银行湖北省分行、中信银行武汉分行与仙桃市人民政府先后签订了战略合作协议,综合授信达55亿元。组织市域8个金融机构、担保公司、小额贷款公司与100余个企业,召开银企座谈会、金融产品推荐会、贷款项目洽谈会、金融支持农民专业合作社协调会等,促成银企信贷意向35个,综合授信协议22.5亿元。指导各金融机构开展信贷组织、信贷品种、信贷模式等多种形式创新,先后开办林权抵押贷款、企业应收账款质押贷款、出口信用保险单质押贷款、仓单质押贷款和股权质押贷款等信贷业务,加大对下岗失业再就业、消费和助学贷款的信贷支持,全年发放个人担保贷款268笔1022万元,向5个企业发放担保贷款530万元,累计发放金额1598万元。

进一步提高金融服务水平。组织金融机构开展支付结算知识、征信知识宣传月活动,与长江证券仙桃营业部联合举办金融形势暨证券知识培训会。举办重点外贸企业外汇服务工作座谈会,宣传国家最新外汇政策。加强金融服务基础工作。加强农村人民币反假和流通人民币监测网点建设,协助公安部门破获4件贩卖假币案,收缴假币205万元。加强支付结算管理和反洗钱工作,与公安部门联合打击利用银行卡犯罪行为,开展支付结算调查、清理财政资金专用账户，进一步规范仙桃市结算秩序。加强金融生态环境建设长效机制，报请市政府出台《进一步加强信用环境创建工作的通知》，形成政府主导、人行协调、金融部门参与、各职能部门积极配合的整体联动工作机制和强有力的组织领导体系。全市推进“信用企业、信用镇（办）、信用社区”的创建活动。截至2009年年底，全市有A级信用企业97个，信用乡镇15个，信用社区5个，信用农户18万多户，形成浓厚的“诚实守信”的社会氛围。

【交通运输】 2009年末，仙桃市在册公路里程4 071.76千米，等级公路中高速公路109千米；国道1条76.42千米；省道5条133.02千米；县道38条419.61千米；乡道99条527.32千米；村级公路2 806.39千米。全市拥有二级以上公路367.13千米（不含高速公路），每万人拥有公路25.2千米，每平方千米拥有公路1.6千米。宜黄高等级公路和318国道横穿东西，仙（桃）监（利）线、仙（桃）洪（湖）线、皂（市）毛（嘴）线、仙（桃）汉（南）线等四条省道纵贯南北，全市有特大型桥梁3座，即汉江公路大桥、黄荆大桥和仙（桃）汉（南）线刘口高架桥。随（州）岳（阳）高速公路（仙桃段）正在建设之中。市境通航河流17条，里程659.1千米，其中全年通航航道里程274.2千米，季节性通航里程384.9千米。港口14个，岸线长度1 354.5米，泊位39个，年货物通过能力285万吨，旅客通过能力280万人。全市现有一级客运站1个，三级客运站1个，四级客运站10个，五级客运站6个，简易站2个，20个镇办场均通客车，年客运量1 850万人次，客运周转量12.09亿人千米。

全年完成建设投资2.41亿元，其中，路网建设投资1.32亿元，建成仙张一级公路改造段路面（6.7千米）、仙洪公路张沟至白庙段改扩工程（5.5千米），毛谢公路改造工程（12千米）、318国道大修工程（15千米）、毛通公路大修工程（10千米）、仙汉公路大修工程（11千米）等6大干线；建成仙张一级公路绿化桥、张沟镇周河桥、中帮村红军坝桥、仙银公路西流河桥等4座桥梁工程，并开工建设白庙大桥接线工程。通村公路投资1.13亿元，建成水泥路450千米，完成危桥改造22个。站场建设投资220万元，改造五级客运站2个，新建候车棚40个，招呼站80个。港航建设投资390万元，建成汉江水上安全检查站，改造渡口12个。全市交通工程质量监督覆盖率、质量合格率均达100%，路网工程质量优良率92.5%，港航工程优良率91.6%，站场工程优良率91.2%。

宽阔通畅的仙桃市仙桃大道　　（黄爱高　供稿）

以维护运输市场公平竞争为重点，建立了城乡一体、分片负责的黑车整治联动机制。以方便群众安全便捷出行为目标，引导运输企业开通了仙桃至昆明、重庆、海口等3条省际班线和鄂州、咸宁2条市际班线及10多条市内班线。

全年投入路面维修资金4 750万元，完成大修里程26千米、中修面积6.25万平方米、小修面积42万平方米。干线平均好路率、干支线平均好路率分别为92.2%、84.6%，比上年分别上升1.2%、1.6%；投入绿化近30万元完成国家和省级公路干线绿化20千米。

【邮政电信】 2009年，仙桃市邮政储蓄、汇兑、贷款、报刊发行全部纳入数字化处理系统，信息传递、物流、资金流通日益完善；全市拥有33个电子化邮政支局和33个营业网点，邮路115条，投递总线路3484千米；全年共发放银行贷款2.41亿元，公司业务上线网点6个，共有ATM自动取款机25台，布放数量居市内同业第1位。

邮政储蓄突出业务宣传和窗口营销，着重农村和商贸市场，全年邮储余额35.46亿元，市场占有率为24.7%。全年共发放邮政储蓄卡8.58万张，ATM交易90万笔，邮政储蓄卡异地交易和跨行手续费收入比上年大幅增长；全年共销售理财产品1 665.48万元，发放小额质押贷款2 554万元、小额信贷累计放款2.16亿元，吸收对公存款4.15亿元，代理保险保费突破1亿元。

速递物流类业务加速发展。分销配送业务进一步开拓农村市场，全年共配送化肥1 380吨，油菜种子7 200斤，农药600件，“稻花香”等系列白酒2 000件，提升了邮政酒类配送业务的知名度。

【旅游业】 2009年，仙桃市共有国内旅行社10个，星级旅游饭店14个（其中四星级1个，三星级4个，二星级9个），客房总数2 000余间；2A级风景区1个；星级农家乐示范点7个，从业人数1.21万人，间接就业人数超过5万人。全年接待国内外游客88.44万人次（国内88.18万人，国外2 560人），实现国内旅游收入5.7亿元，增长90.4%，旅游外汇收入243.43万美元，增长43.5%。

2009年，仙桃市紧扣武汉城市圈发展机遇，围绕夯实基础，打造品牌，狠抓创建，扩大规模做文章，推动旅游业快速发展。排湖国际生活度假区是列入湖北省十一五旅游发展规划项目，仙桃市通过打湿地牌做生态文章，打渔乡牌做民俗文章，打体操牌做运动文章，打水城牌做休闲文章，落实其4大主体项目建设。沙嘴办事处杜柳村、沙湖镇游湖村申报湖北旅游名村已获通过。农家乐发展迅猛，2009年底，仙洪新农村建设试验区仙桃片农家乐总投资6 000万，发展农家乐45个，共有餐位4 090个，床位668个，从业人数1 215人，全年接待游客16.8万人次，旅游收入达2 530万元。开展安全出游教育，加强对旅行社经营范围的核查，严厉打击“零负团费”、甩客行为、低价欺诈游客行为，进一步提升仙桃旅游服务质量。

（黄爱高）

仙桃市中国电信大厦　　　　（黄爱高　供稿）

潜江市现代服务业

【国内贸易】 2009年，潜江市实现社会消费品零售总额86.36亿元，比上年增长19.4%。新建“万村千乡市场工程”农家店90个，建立家电下乡销售网点181个，销售家电下乡产品3.03万台，总销售额6524.8万元，为农民补贴资金848.2万元。

宣传《酒类流通管理办法》，开展散装白酒市场的摸底调查和备案登记工作。办理备案登记证300多个，酒类批发经营者《随附单》使用率达100%。在成品油市场管理方面，开展成品油市场的年检工作。扶持长红蜂窝煤厂投资500万元建立了型煤配送中心。

全市供销社系统坚持为农服务宗旨，参与新农村现代流通网络建设，村级服务社建设取得重大进展，农资、烟花爆竹、再生资源等主营业务稳步发展，行业协会和专业合作社建设有所突破。全年完成商品购销总额13.85亿元，其中销售总额7.11亿元（生产资料销售2.68亿元、生活资料销售3.58亿元、其它销售8 500万元）。

推动村级综合服务社建设。建成集商务、村务、服务“三务一体”的标准化村级综合服务社80个，通过湖北省供销合作总社和“万村千乡市场工程”验收，合格率达100%。全年为供销系统转移农村劳动力新增就业岗位200个，为全市农民群众提供各类生产、生活资料近3亿元。帮助农民打通农副产品“进网络、进城市、进超市”的绿色通道，依托村级综合服务社累计完成农副产品收购、销售近1 000万元。延伸开展保险、邮政、通信、旅游、交通等代理性服务和文化娱乐等公益性服务。举办各类农技培训20余场（次），提供各类惠农服务信息100余万条。

潜江市粮食部门全年完成专项储备粮油4 215万公斤，其中：中央储备粮3 141万公斤，省级储备粮500万公斤，市级储备粮204万公斤，中央储备油320万公斤，省级储备油50万公斤，加上中央临时稻谷储存516万公斤、进口小麦储存999万公斤、托市粮储存4 253万公斤，常年粮油储存共计9 000万公斤以上。粮库库存省级储备粮500万公斤，收储最低价粮100万公斤；油库现有罐容规模8 500吨，存有中央和省级储备油3 700吨，中央临时存储油4 000吨。

2009年，全市销售卷烟2.68万箱，为年计划的102%，比上年增长5.2%；实现销售收入4.13亿元，增长13%；实现税利1.08亿元，增长4.3%，上缴税金5800万元，增长20%。

全年共查处涉烟案件529件，其中5万元以上案件10件；查获非法“三烟”387件，案值272万元。

【金融】 2009年，潜江市金融机构年末存款余额207.6亿元，比上年增加30亿元，增长16.9%；年末贷款余额53亿元，增加17亿元，增长47.2%。

全市金融机构个人消费贷款余额3.5亿元，增加2.1亿元，增长150%。年内，各金融机构与全市139个中小企业签订了总金额40.9亿元的贷款协议。累计发放贷款9.7亿元，发放农业贷款7.3亿元。

全年共投放现金29.96亿元，回笼现金21.96亿元，净投放8亿元。全市各外汇指定银行结售汇总额达1.7亿美元，比上年下降14%。其中：银行结汇收入1.52亿美元，下降18%；银行售汇支出1 815万美元，上升36%，银行结售汇延续顺差格局。国际收支申报总额1.53亿美元，比上年下降19%。其中：涉外收入1 612笔（1.42亿美元）；对外付款85笔（1 061万美元）；三项申报率均达到100%。全市累计出口1.56亿美元，比上年下降21%；累计出口收汇核销1.71亿美元，下降26%，核销率100%。全市外汇存款901万美元，增长41%。外债贷款余额132万美元，外汇贷款余额971万美元。

2009年，中国农业银行湖北分行潜江市支行全年贷款余额6.51亿元，净增4.44亿元，增幅2.13倍，累放贷款10.3亿元，比上年增加7.2亿元。个贷余额2.88亿元，净增2.30亿元，全行累放小企业贷款3.63亿元。全年存款余额37亿元，个人存款26亿元，各项存款市场份额17.9%。实现代客理财收入410万元。营销代理保险9 525万元，实现收入310万元。

中国建设银行湖北省分行潜江支行全年个人存款新增1.66亿元；信贷资产余额新增6 850万元；实现账面利润2 749万元；实现中间业务收入1 060.5万元；销售基金1.8亿元；代理保险7 470.42万元。

中国农业发展银行湖北分行潜江支行全年各项存款余额2.72亿元，比上年增长69.0%；各项贷款发放8.60亿元，其中发放商业性贷款3.15亿元，比上年增加1.43亿元，投放各类政策性贷款2.81亿元，比上年增长4.61%。各项收入6 681万元，实现经营利润2 437万元，人均利润87.04万元。

中国工商银行股份有限公司湖北分公司潜江支行全年实现账面利润3 847万元，比上年增长18.6%。各项存款余额50.47亿元，各项贷款余额8.1亿元，实现中间业务收入2 006万元，比上年增长59.0%。全年发行信用卡6 943张，代理保险1.50亿元。

潜江市农村信用联社全年各项存款余额25.4亿元，贷款余额11.5亿元，到期贷款回收率99.2%，比上年同期提高4.44个百分点。中国邮政储蓄银行潜江支行年末各项存款余额2.9亿元，比上年增长1.88亿元；小额贷款累计放款1.63亿元。全市邮政储蓄代理保费1 183万元。中国人寿保险股份有限公司湖北分公司潜江支公司全年实现总保费1.43亿元，赔付5 807万元，简单赔付率59%，市场份额65%。

【交通运输】 2009年,潜江市公路通车总里程2 326千米,公路密度为116千米/百平方千米,其中高速公路43.3千米,国省道157.6千米,农村公路2 137千米,县道427千米,乡道869千米,村道682千米,专用公路31千米。市域内有318国道和沪蓉高速公路横贯东西,219、247省道纵穿南北,县乡公路交错密布,乡村公路通村达户,初步形成了以国省干线公路为骨架、以县乡公路为动脉、以通村公路为纽带的公路交通运输网络。全市共有各类营运客车673辆14 779座,货车4 164辆16 337吨,危险品运输车辆328辆4 134吨,出租车350辆1 750座,省、市际客运班线77条,农村客运班线56条,日发班次1 135个,道路客运网络已延伸至国内27个省市。市区通往乡镇班车通达率100%。全市有二级客运站2个,三级以下乡镇客运站17个,港湾式候车亭87个,招呼站165个。拥有汽车维修企业209个(其中一类维修企业13个,二类维修企业46个,三类维修业户150个),A级机动车综合性能检测站1个,驾驶员培训学校3所。水路运输有汉江、内荆河、东干渠等7条通航河流,通航里程259千米。汉江建有泽口、红旗2个百万吨级港区,拥有机动船舶70艘,总载重4.89万吨,航行区域通江达海,已发展成为江汉平原腹地重要的枢纽港口和货源基地。动工建设的汉宜(沪蓉)高速铁路过境潜江市并设立客运和货运站,将促进全市交通运输铁、水、公整体联通。

2009年,潜江市全年共完成交通基础设施建设货币工程量2.67亿元,占年度计划的134%,318国道复线一级公路建设稳步推进;东荆河大桥加固改造工程已全面展开,广泽公路加宽全部完成。改造农村公路危桥13座。建成通村油路(水泥路)450.8千米。完成列养公路大修19.59千米。完成港航建设投资100万元。全年全市共征收交通规费1 060万元,其中车辆通行费征收981万元;水上"两费"征收79.27万元,超额完成年度计划。

【邮政电信】 2009年,潜江市邮政局有邮政网点27个,从业人员450人。全年邮政业务总量完成7 190.3万元,比上年增长22.3%。业务收入完成4 549万元(不含储蓄结算收入)。服务三农工作实现从局部开发到全面推进、从分散动作到连锁经营、从手工作业到信息化管理的重大转变。建立市、镇、村三级农资连锁配送服务体系,网点覆盖了所有乡镇和大部分行政村,提供种子、农药、化肥、酒水、日用品等品种的分销配送服务。农村邮政金融服务收到实效,邮政70%的储蓄网点、80%的汇兑网点分布在农村地区,长期为广大农民提供存取款、汇款等基础金融服务,开办小额存单质押贷款、小额贷款等融资服务,为农民开辟新的融资渠道,缓解了农村地区信贷资金紧张和农民贷款难等问题。开展"家电下乡"服务,帮助农村中小企业创品牌,拓市场,并提供配送分销、代收货款、资金融通、信息反馈等全方位的现代邮政服务。邮政体制改革进一步完善。潜江邮政速递物流公司正式组建,投递网络从单一服务型向服务经营型转变,实现服务和效益的同步提升。

城区、油田地区自行车段道全部改为电动车投递。完成内部语音二期工程,21个网点的电子商务平台上线。邮政储蓄统版2.0一阶段工程上线。

2009年,潜江市电讯服务部门含潜江电信分公司、移动分公司、联通分公司,共有从业人员1 400余人。拥有移动用户45万个,固定电话9.06万个,宽带用户3.3万个。实现了村村通电话、村村通宽带。全年业务总收入4.06亿元,争取项目资金1.6亿元。其中,潜江电信分公司,全年完成经营收入9 181.56万元,(其中固网业务7 831.1万元、移动业务1 350.45万元),比上年增长15.8%。

新装固定电话8 423个,移动用户累计净增1.19万个,移动在网用户3.77万个,宽带用户净增无线宽带617个;净增有线宽带用户9 301个,用户数达3.67万个;ITV净增用户1 230个。推进移动工程建设,开通并入网新建基站26个,开通25个EVDO基站,重点开展C网深度优化工作。投资558万元,完成潜江市政府电子政务平台建设,光缆接入点建设共66个点,布防光缆15.4皮长千米,合86.2纤芯千米;投资80万元,建设完成潜江市公安局视频会议系统。

中国移动潜江分公司全年拥有移动用户30万个,业务总收入2亿元,争取扶持资金8 000万元,建设开通了245个基站。

中国联通潜江分公司拥有移动用户13万个,固定电话600个,宽带用户3 000个,完成业务总收入4 300万元,年内组建了市政府应急网,建设开通了174个3G基站和207个2G基站。

【旅游业】 2009年,潜江市接待国内旅游者35.63万人次,国内旅游收入1.9亿元,旅游外汇收入37.20万美元。其中湾湖风景区集旅游、度假、休闲、垂钓、观赏于一体湖水面积约666.67公顷,年接待游客2.1万人次。田关岛生态休闲度假区由岛、湖、堤、河构成完整的水乡园林生态景观系统,是生态观光、休闲度假的理想场所。森林公园以森林景观为主,兼融游憩、娱乐功能。园内林木繁茂、啼鸟栖息、水系纵横,充满了森林野趣,是江汉平原唯一的城市森林公园。曹禺公园坐落于潜江市城北的马昌湖上,集休闲、旅游、娱乐、科普教育为一体。曹禺纪念馆为园内主题建筑,是国内唯一收藏、陈列曹禺先生著作及相关资料的地方性陈列馆,深受国内外游客的欢迎。

全市共有星级饭店3个。其中三星级饭店2个(华康国际大酒店、阳光大酒店),二星级饭店1个(潜江宾馆),华康

潜江市境内的汉(口)宜(昌)高速公路东荆河大桥 (刘芳 供稿)

2009年，潜江电信举办如虎添"翼"迎春联欢晚会　（刘芳　供稿）

国际大酒店已完成升级改造，正在申请评定四星级饭店。截至2009年底，全市共有旅行社6个。

（刘芳）

天门市现代服务业

【国内贸易】 2009年，天门市实现社会消费品零售总额135.21亿元，比上年增长20.5%；社会固定资产投资123亿元，增长38%。全市各类商业网点累计发展到1.78万个，其中各类专业（综合）市场436个（含农集贸批发市场45个）、连锁超市288个、连锁农资店237个、大型购物广场（商品集散地）15个、工业品市场3个、文化娱乐和餐饮市场各1个、商业步行街1条，营业总面积168.77万平方米，增长102.5%。截至2009年12月，已有家电下乡销售网点216个，遍布全市乡镇办场。家电下乡全年实现销售量3.57万台（部），兑付补贴34 649台。

【金融】 2009年，天门市共有各类金融机构（不含保险公司）7个（其中县支行6个，信用联社1个）。金融营业处（所）130个（其中工商银行天门市支行8个、中国农业银行天门市支行23个、中国银行天门市支行6个、建设银行天门市支行7个、中国农业发展银行天门市支行1个、农村信用社51个、市邮政储蓄银行天门市支行34个，全市金融机构年末存款余额167.18亿元，比年初增加27.38亿元，各项贷款余额46.42亿元，增加9.38亿元。全年银企对接落实授信协议21.39亿元，占授信额度的124%。担保公司融资担保能力明显提高，全年为企业提供融资担保贷款6.47亿元，比上年增长44.7%。小额贷款公司累计发放贷款1.03亿元。信用联社纳入湖北省首批组建农村商业银行改革试点。天门市再次获得湖北省"A级信用市"称号。

【交通运输】 2009年，天门市交通重点工程建设提速。武荆连接线、汉北河航道整治工程共完成投资7 601.56万元；农村路网进一步完善，全年建成通乡公路31千米，完成通乡公路路基土方回填50千米，共完成投资1.01亿元。修建通村公路近520千米，完成投资1.3亿元；启动农村公路危桥改造30座，完成13座，完成投资3 526.35万元；完成等级公路大中修、水毁修复等35.97千米；成立了农村公路养护中心，实现了通村公路的专业化维修养护，全年共维修通村公路12条（46.8千米）；完成黄潭五级客运站改造，建成候车亭56个、招呼站70个；完成道路运输信息化第二批建设，增设6个远程视频监控电子眼及2台公众服务查询信息系统。

截至2009年年底，全市在册公路3 442.45千米，其中省道6条245.71千米，县道9条294.92千米，乡道78条7 376.29千米，防汛专用公路1条136.4千米，村道2 028.12千米。拥有高速公路38千米，一级公路42.44千米，二级公路370.78千米，三级公路1443.5千米，四级公路2 410.93千米，等外公路473.75千米，等级公路比重占86.24%。全市港口岸线长43.5千米，现有9大港区，共有69个码头泊位76个，装卸机械112台，仓库3.67万平方米，堆场93万平方米，港区年综合通过能力439万吨。年吞吐量在30万吨以上50万吨以下的港口有：岳口港、竟陵港；年吞吐量在10万吨以上30万吨以下的港口有：皂市、多宝、张港、麻洋、彭市；年吞吐量在5万吨以上10万吨以下的港口有：卢市、多祥。装卸作业线多为皮带机和吊车，散货以皮带机为主，大件以吊车为主。货物吞吐量中，短途以矿建材料、非金属矿石为主，占吞吐量的70%，中长途以粮食、农副产品为主，占吞吐量的30%。全市共有客（货）运站14个，其中二级客运站2个（市侨乡客运站、市客运中心站），三级客运站6个（石河站、张港站、岳口站、干一

夜色中的天门市帝苑酒店　（天门市志办　供稿）

站、皂市站），四级客运站1个（渔薪站），五级客运站5个（拖市站、蒋场站、九真站、麻洋站、彭市站），道路运输信息服务中心1个。

天门市邮政局邮政营业大厅 （天门市志办 供稿）

【邮政电信】 2009年，全市完成邮政业务收入7 116万元，比上年增长18.3%。邮政储蓄年末余额达到33.98亿元，比上年增长6.2%。天门市邮政局九真、新堰支局新建大楼投入使用。全年新增城区邮政网点1个，新增ATM机7台（累计达到29台），占邮政网点数量的93.5%；同时，完成了公司业务、小额信贷、绿卡通信息、电子商务信息、新财务、办公OA系统和速递平台二期的上线工程和邮政短信平台升级改造工程。城区投递班段由19段增加到21段，增加的机动车投递段道提升了对大客户、重点客户的服务能力。

2009年，天门市电信累计完成固定资产投资4 200万元，固定电话交换机容量达到22万门，宽带端口达到5.5万个，出口带宽实现翻番。3G应用迅速拓展，网络质量不断提升，C网信号实现全市无缝隙覆盖。全年累计投入C网建设资金1 800万元，新建23个EVDO基站，实现了3G上网、移动全球眼、综合办公、爱音乐、手机邮箱、天翼LIVE等新业务功能的广泛应用。电子政务、平安城市、视频监控等综合信息服务项目快速推进；网上报税、谷仓医疗快线等行业信息服务项目得到广泛应用；以服务“三农”、支持新农村建设为主要内容的农村信息化建设项目取得实效。全市共建成党员远教站801个，覆盖面达到100%；村通宽带达到95%以上，电信“光网”在行政村的通达率超过60%；号码百事通、农技110、村务总机、村组特色彩铃等便民业务普遍应用。

【旅游业】 2009年，《天门市旅游发展总规》经过多次修编论证后于7月31日通过了专家组的评审。佛祖山宗教文化旅游区的景区详规在8月通过评审。长寿山森林生态旅游区的景区规划和沉湖生态农业旅游区景区规划已着手编制。天门市旅游集散中心，内陆华侨风情园已明确选址，皂市镇团山村和竟陵办事处西龙村入选湖北省旅游名村。

2009年，天门市旅游业呈现稳中有升发展态势。全年旅游总人数42.02万人次，比上年增长42.8%，旅游总收入2.45亿元，增长96%。接待入境旅游者1 540人次，增长36.4%。旅游服务接待能力不断提升。旅行社由2个增加到5个，较大接待规模的宾馆酒店由8个增加到10个，其中新增三星级宾馆2个，客房总数由400多间（套）增加到600多间（套）。市区各类文化娱乐健身场所由30多个发展到50多个，有一定接待能力的旅游景点由8个增加到14个。农家乐旅游也具备一定规模。

（天门市志办）

责任编辑 何余基

责任校对 孙明明

社会事业

概述

【概况】 2009年，武汉城市圈各城市继续加大建设力度，社会事业得到进一步发展。

各级各类教育得到较快发展。推进义务教育均衡发展。武汉市继续实施基础教育“三大工程”（初中标准化学校建设工程、农村寄宿制学校建设工程、优质高中建设工程），全年完成51所初中学校、29所农村寄宿制学校标准化建设任务，推进常青第一中学等6所高中学校建设。鄂州市筹资2 800万元，对22所农村初中进行寄宿制项目改扩建。潜江市实施区域一体化办学或城乡学校结对帮扶，充实农村学校办学力量。黄冈市均衡配置区域内义务教育资源，开展城区学校和农村学校、优质学校和薄弱学校对口支援。咸宁市不断完善初中办学条件，实施初中改造工程27项，累计完成投资4 688万元，完成建筑面积5.47万平方米。仙桃市全年共有541名教师和34名正副校长实现异校流动，教师资源得到合理配置；共筹资6 880万元，新建和改造校舍12万平方米。其中，争取中央拉动内需项目资金1 219万元，新建和改造农村初中寄宿制学校校舍2.04万平方米。防流控辍工作成效明显。武汉市适龄儿童小学生入学率99.99%，初中入学率99.39%，全市义务教育小学、初中在校生年度辍学率全部控制在国家规定范围内。鄂州市组织教师“四访”（访贫困生、访后进生、访留守生、访异动生）控流，提高初等教育普及程度。全市初中在校生入学率达97.5%，15周岁人口中初等教育完成率达98.7%，17周岁人口初级中等教育完成率达95.8%。咸宁市拨付免除义务教育阶段学杂费资金8 200万元，免费提供教科书4 500万元，为7.8万农村义务阶段贫困学生补助生活费2 662万元。全市小学适龄儿童入学率100%，普通初中学龄人口入学率98.2%。黄冈市3周岁~6周岁幼儿入园率达到80%，农村学前一年教育普及率达85%，三类适龄残疾儿童少年入学率达90%，小学生入学率达到99.98%，初中生入学率达到99.98%。天门市6岁~11岁适龄儿童入学率为100%，12岁~14岁正常少年入学率为99.69%，适龄残疾儿童入学率为100%。

科技成效日益显著。武汉市全年科技研发投入经费105亿元，占全市生产总值的2.3%；完成高科技产业总产值2 055亿元，比上年增长18.5%，完成增加值711.26亿元，增长18.2%；共有19项科技成果获得国家级科技奖励。鄂州市全年解决20项关键技术难题，登记10项省级科技成果，4个企业成为省级高新技术企业，28个高新技术企业产值超过亿元，23个企业产品获得国家重点新产品称号。年内，鄂州市被评为全国科技进步先进城市。黄冈市全年共争取国家、省级各类科技计划项目82项，争取无偿资金2 861万元。黄冈市被评为全国科技进步先进城市，武穴、英山、团风等3县市被评为全国科技进步先进县市。咸宁市与湖北省科技厅签订市厅科技合作议定书，建立市厅合作机制，在高新技术产业、农业科技、园区建设和科技服务体系建设等4个方面20个科技项目得到湖北省科技厅的重点支持。黄石市省级高新技术企业发展到72个，完成高新技术产业产值210.4亿元，比上年增长3.7%，2个科研项目被评为国家科学技术奖二等奖。仙桃、天门、潜江等市科学研究和技术发展取得新的成果。

实施文化惠民工程。武汉城市圈各城市通过开展文化下乡等活动，繁荣文化事业，实现文化惠民落到实处。武汉市大力开展月末音乐会、民族音乐进校园等活动，引进一批艺术质量上乘、艺术品种多样的剧（节）目，琴台大剧院全年演出167场、中南剧场全年演出210场，上座率达70%以上；琴台音乐厅实行了新的管理运行机制，成功推出了首演音乐季。武汉地区城市剧场逐步从周末双休演出向天天演出过渡，并初步实现了演出档期制。鄂州市加大文化设施建设，筹资200多万元，新建市少儿图书馆；完成11个乡镇综合文化站维修改造工程，建成166个农家书屋，在湖北省率先实现农家书屋全覆盖；大力开展公共文化设施建设，梁子湖区筹资建成6个农民文化宫；古楼街办投资100万元建成综合性文化活动中心；鄂州开发区各村（社区）文体活动室覆盖率达到100%。黄冈市全年共建设乡镇综合文化站项目40个，共建农家书屋1 177个。咸宁市新建12个乡镇综合文化站，全市乡镇综合文化站达到59个；建成嘉鱼、通山两个全国文化信息共享工程县级中心，全市文化信息共享工程县级中心达到5个。黄石市累计举办“2009年元宵节威风锣鼓、腰鼓、铜管乐”大赛、“迎新春群众文化进社区”活动等大型群众文化活动、展览23次。

提高卫生医疗水平。武汉市卫生局直属单位完成基本建设投资1.2亿元，其中市级重点项目完成投资5 000万元。全年施工房屋建筑面积4万平方米，竣工房屋建筑面积2万平方米，全市新增医疗业务用房面积2万平方米，新增病床5 000张。黄石市公共卫生服务体系建设进一步强化，城区居民基本公共卫生服务经费达到人均15元，城区居民健康档案建档率达31%，农村居民建档率达5.2%。鄂州市争取国家建设资金340万元，新建改建8个社区卫生服务站；实现全市22个社区卫生服务机构药品统一采购、统一配送；完成34名全科医师和90名社区护士的理论培训和临床实践。潜江市建成覆盖65%的城区居民的社区卫生服务中心4个（江汉油田2个）、11个社区卫生服务站（江汉油田2个）。全年各社区服务机构以户为单位建立健康档案3.6万份，门（急）诊人次数5.6万人次，辖区管理高血压患者5 024人次，糖尿病患者2 698人次，老年保健6 000人次。咸宁市医疗基层服务能力显著提高，全市参加新农合的农民189.45万人，参合率达92.22%。全年全市新农合住院病人13.3万人次，住院总费用3.62亿元，住院补偿资金1.52亿元，补偿率为42.1%。天门市基本改造完成18个乡镇卫生院、102个村卫生室、1个社区卫生服务中心、8个社区卫生服务站的。

广泛开展体育活动。武汉市组织了“十个千”万人健身项目、“健康武汉，快乐健身”健身团队暨百名优秀社会体育指导员评选活动、“活力长江，健康武汉”社区行系列活动等全民健身活动。黄石市开展群众体育活动82项次，输送44名优秀运动员，其中有6名运动员进入国家体操队、现代五项队、游泳队和跳水队。年内，黄石体校再次被国家体育总局命名为“国家高水平体育后备人才基地”。鄂州市积极提高全市各社区和小广场全民健身体育器材的覆盖率，巩固农民体育健身工程建设成果，推进农民体育健身工程向自然塆（农村新社区）延伸。黄冈市加快发展农村体育，开展体育示范村创建工作，命名黄梅县孔龙镇张塘村、武穴市梅川镇胡政村等10个行政村为“黄冈市第一批体育示范村”，并开展“体育三送”服务，普及推广体育健身活动。

【武汉城市圈人才建设合作协议签署】 2009年3月12日，湖北省人民政府和国家人力资源和社会保障部签署《共同推进武汉城市圈“两型”社会综合配套改革实验区建设备忘录》。该备忘录是为了贯彻落实中央关于促进中部地区崛起的战略部署，促进国务院批复的武汉城市圈“两型社会”综合配套改革实验总体方案的落实。根据备忘录，国家人力资源和社会保障部支持湖北武汉城市圈创新人力开发与配置的体制机制，加强人才队伍建设；完善就业服务体系，扩大就业再就业；健全社会保险体系，实现社会保障全覆盖；建立调控监督机制，促进劳动人事关系和谐稳定。

【湖北省人民政府和国家食品药品监督管理局签署合作备忘录】 2009年4月7日，湖北省人民政府和国家食品药品监督管理局在武汉市就共建武汉城市圈食品药品安全示范区签署合作备忘录。根据约定，双方将充分发挥武汉城市圈“两型社会”综改试验区先行先试的政策优势，在探索食品药品安全监管新体制、健全食品药品安全监管网络、加快技术支撑体系建设、加快食品药品监管基础设施建设、大力推进监管信息化建设、加强监管人才队伍和执业药师人才队伍建设等方面加强合作，使湖北省食品药品监管工作走在中西部前列，成为全国食品药品安全示范区。 （武鉴）

武汉市社会事业

【教育】 2009年，武汉地区共有各级各类教育机构（不含部属技工学校）2 028所，在校学生231.68万人，教职工18.67万人（含专任教师12.79万人），其中武汉市属各级各类教育机构1 879个，在校学生119.15万人，教职工9.92万人（含专任教师7.73万人）。全市教育人口总数达247.1万人，占全市人口总数的29.6%。截至年底，全市共有幼儿园667所，在园幼儿13.72万人，教职工1.45万人；普通中小学968所，在校学生66.65万人，教职工5.24万人；中等职业教育机构155所，在校学生24.08万人，教职工1.18万人，其中市属中等职业教育机构104所，在校学生16.08万人，教职工8 281人；高等教育学校（含成人高等教育学校）85所，在校学生102.29万人，教职工8.93万人，其中市属高等教育学校8所，在校学生6.51万人，教职工5 029人。武汉地区每1万人口中，有在校研究生104人、在校大学生1 227人、在校高中阶段学生481人、在校义务教育阶段学生801人、在园幼儿164人。

义务教育学校防流控辍工作成效明显。全市小学入学41.66万人，入学率99.99%，其中，中心城区入学25.92万人，入学率100%；远城区入学15.74万人，入学率99.99%。全市初中入学28.73万人，入学率99.39%，辍学率0.61%，其中，中心城区入学15.20万人，入学率99.94%，辍学率0.06%；远城区入学13.53万人，入学率98.77%，辍学率1.23%。全市义务教育小学、初中在校生年度辍学率全部控制在国家规定范围内。

中等职业技术教育注重基础能力建设，不断推进教学改革，提升办学品位，打造职业教育品牌，有力地促进了职业教育与全市经济建设和社会发展的紧密结合。截至年底，全市市属中等职业技术学校调整到104所，其中，普通中等专业学校19所，成人中等专业学校12所，技工学校27所，职业高中33所，其他职业技术培训机构13所。全市中等职业技术学校在校学生16.08万人，校均规模1 700人。全市有国家级重点中等职业学校20所，湖北省级重点职业学校11所，武汉市级重点职业学校6所，共开设专业187个，其中，国家级重点专业2个，省级重点专业14个，市级重点专业47个。积极推行中等职业学校毕业生就业率绩效管理。武汉市教育局将中等职业学校毕业生就业率纳入市人民政府一级绩效管理，推行“订单培养”和顶岗实习制度，建立健全了中等职业技术学校学生就业网络。2009届中等职业学校毕业生35 468人，其中，就业30 525人，升学4 943人，平均就业率96.5%。一次性就业率和就业质量明显提高，呈现出以本地就业为主、由粗放输出向品牌输出转变、推荐就业与自主创业并行的新特点。

高等教育办学规模不断扩大，办学效益和质量跃上新台阶。截至年底，武汉地区共有普通高等学校78所，其中，本科院校45所（含独立学院22所），高

2009年9月，武汉市举行首届“大家唱，大家跳”艺术教育展演活动

（武鉴　供稿）

职高专学校33所;成人高等学校7所;研究生培养单位39个,其中,有硕士学位授予权的普通高等学校18所,有博士学位授予权的普通高等学校11所。共有民办和民办机制高等学校32所,在校学生28.65万人,占武汉地区普通高等教育在校学生总数的28.0%。共有高等学校教职工8.93万人,其中,普通高等学校教职工8.78万人,成人高等学校1 489人;共有专任教师5.12万人,其中,普通高等学校专任教师5.03万人,成人高等学校专任教师964人。全年武汉地区普通高等学校共招收研究生3.34万人,比上年增长18.4%,其中,博士研究生4 650人,增长6.4%;硕士研究生2.88万人,增长20.7%。在校研究生8.75万人,增长12.4%,其中,博士研究生1.89万人,增长5.7%;在校硕士研究生6.87万人,增长14.4%。毕业研究生2.49万人,增长8.6%,其中,毕业博士研究生4 109人,增长35.5%;毕业硕士研究生2.08万人,增长4.5%。武汉地区高等学校共招收本专科学生32.32万人,增长3.1%,其中,普通高等教育本专科招生26万人(含本科招生13.4万人);成人高等教育招生6.32万人(含本科招生2.26万人)。武汉地区高等学校本专科在校生102.29万人,其中,普通高等教育在校生84.63万人(含本科在校生49.07万人),成人高等教育在校生17.66万人(含本科在校生7.84万人)。武汉地区高等学校毕业生29.21万人,其中,普通高等教育本专科毕业生22.17万人(含本科毕业生11.08万人),成人高等教育毕业生7.04万人(含本科毕业生3.61万人)。高等学校校舍占地面积5 990.95万平方米,比上年增长10.3%,校舍建筑面积3 228.73万平方米,增长20.5%;学校藏书6 926.23万册,增长4.2%;教学仪器设备总值91.27亿元,增长8.7%。其中,普通高等学校占地面积5 916.38万平方米,增长10.9%;校舍建筑面积3 190.95万平方米,增长21.3%;学校藏书6 806.31万册,增长4.4%;教学仪器设备总值90.39亿元,增长8.9%。

大力发展多样化的成人继续教育和社区教育,探索建立面向全体劳动者的继续教育制度,为武汉市经济建设和提高市民素质做出了贡献。开展培训活动,帮助返乡农民工实现再就业和创业。组织开展订单和定向培训,共培训返乡农民工1 776人;开展养殖、种植、农产品深加工等专业培训,培训农民工6 304人;开展返乡农民工创业培训,共培训485人。积极推行“双证制”(毕业证、职业资格证)教育培训,建立农村劳动力转移培训长效机制。积极引导初、高中毕业生接受中等职业教育,实现永久转移。集中资金,开展高质量、技术含量高、就业形势好的“双证制”教育培训。建立“两后生”(农村初、高中毕业未升学的学生)工作台账,分解落实培训任务。全市6个远城区对8.63万名农村初、高中毕业生开展了普通中学和职业技术渗透教育,全年组织1.23万名“两后生”参加“双证制”教育培训,实现转移1.02万人,共9 549人获得“双证”;配合农业、劳动等部门完成农村劳动力转移培训3.22万人,实现转移2.99万人;开展农民工中、高等学历教育和职业技能培训5 600人,帮助农民工提高在城市就业创业的本领。开展农民实用技术培训,面向现代农业培训技术人才。全市各成人职业技术学校坚持上下结合、长短结合、产学结合、农科教结合的培训形式,全年开展实用技术培训班1 237期,培训农民15.21万人次,培养了一批有文化、懂技术、会经营的新型劳动者。

2009年1月6日混合动力公交车在武汉市“十城千辆”电动汽车启动暨百辆混合动力公交车投放仪式上正式开始运营 (武鉴 供稿)

【科学技术】 2009年,武汉市高新技术产业完成总产值2 055亿元,比上年增长18.5%,完成增加值711.26亿元,增长18.2%;技术市场合同成交额74.04亿元,增长24.4%;民营科技企业实现技工贸总收入903亿元,增长15.7%;科技研发投入经费105亿元,占全市生产总值的2.3%。全年有1项成果获得国家自然科学奖二等奖;3项成果获得国家技术发明奖二等奖;15项成果获得国家科学技术进步奖二等奖;7项成果获得湖北省自然科学奖一等奖,7项成果获得湖北省自然科学奖二等奖,12项成果获得湖北省自然科学奖三等奖;5项成果获得湖北省技术发明奖一等奖,5项成果获得湖北省技术发明奖二等奖,8项成果获得湖北省技术发明奖三等奖;29项成果获得湖北省科学技术进步奖一等奖,72项成果获得湖北省科学技术进步奖二等奖;1项成果获得湖北省科学技术成果推广奖一等奖,3项成果获得湖北省科学技术成果推广奖二等奖,5项成果获得湖北省科学技术成果推广奖三等奖;4项成果获得武汉市科学技术成果转化重大贡献奖;10项成果获得武汉市科学技术进步奖一等奖,43项成果获得武汉市科学技术进步奖二等奖,86项成果获得武汉市科学技术进步奖三等奖。

引导高等学校毕业生科技创业。武汉市科学技术局制定并实施《关于促进普通高校毕业生以科技创业带动就业的实施方案》,以科技创业带动高等学校毕业生就业,不断提高高等学校毕业生就业水平,为全市经济社会又好又快发展提供人才保障。湖北省科学技术厅、武汉市科学技术局共同出资设立武汉大学生科技创业天使基金,首期到位的1 000万元基金采取“市基金会+高校分基金”的组织运作形式,主要用于政府与有关高等学校共同支持的大学生创业项目,构建政府扶持大学生科技创业的工作体系与服务平台。

推动科技投融资体系建设。加强与金融机构的合作。协助汉口银行成立湖北省首个专为科技型中小企业融资的科技银行——光谷科技银行；落实科技创业投资引导基金4 500万元，并出资2 000万元设立首期规模合计为2亿元的武汉硅谷天堂阳光创业基金和汉融科技创新股权投资基金。推进科技企业上市工作力度。武汉市科学技术局通过投融资平台参股的湖北鼎龙化学股份有限公司、武汉银泰科技股份有限公司、武汉华中数控股份有限公司、江通动画股份有限公司被中国证券监督管理委员会湖北监管局列为重点扶持的上市后备企业，其申报上市材料被中国证监会受理，年内，湖北鼎龙化学股份有限公司已经通过上市评审。推进科技保险创新试点工作。在保险业服务创新型城市建设方面进行有益探索，科技保险试点工作取得阶段性成果，全年为高新技术企业提供担保金额共计4.3亿元。

积极推进"两型社会"建设科技行动。2009年，围绕"两型社会"(资源节约型社会、环境友好型社会)建设，全市组织策划60项"两型社会"关键共性技术攻关及推广应用项目，实施一批重大科技产业化项目和示范工程，共投入科技三项费(新产试制费、中间试验费、重大科研项目补助费)1.9亿元，吸引社会资金9.5亿元，争取国家项目20余项，其中，"十城千辆"工程(十城千辆节能与新能源汽车示范推广应用工程)、"十城万盏"工程(十城万盏半导体照明工程)获批国家示范工程；国家纳米药物工程技术中心等国家工程技术中心获批并成立了RFID(Radio Frequency Identification的缩写，即射频识别)创新产业联盟。

不断完善孵化创新服务体系。开展科技企业加速器试点。依托华中科技大学科技园成立光谷创新基地科技企业加速器，在全市开展了科技企业加速器试点，积极探索三级孵化体系建设。提升孵化器服务能力和服务水平，正式启动武汉科技创业导师行动，促进了全民创业和科技创新深入发展。大力推进十大科技创业孵化示范基地建设，打造武汉科技企业孵化器品牌，形成了武汉科技孵化城的骨干支撑。充分发挥武汉地区"三大"(大专院校、大型科研院所、大型企业)单位拥有的大型精密试验、测试设备和科技人员优势，为全市中小科技企业的技术研发、新产品试制提供试验、测试专业技术服务，着力打造武汉科技创业专业技术服务联盟。做大市区共建孵化器担保平台，不断实现服务功能突破。全年新增担保基金1 020万元，实际到位基金2 272万元；新增担保贷款8 650万元，在保的担保贷款余额1.31亿元，担保平台累计担保金额达1.93亿元。

推动社会发展领域科技进步。重点关注生物技术及新医药和环保新技术及设备产业化专项领域。资助"国家一类新药注射用鼠神经生长因子产业化"、"新型抗病毒药物系列制剂的产业化"、"固定污染源烟尘烟气在线监测系统的产业化"等产业化项目，除无偿资助外，引入贷款贴息、风险投资等方式，促使项目承担单位尽快完成产业化的进一步放大，实现预期经济指标，服务地方经济。对接新兴产业链，进一步做好环境保护和节能降耗工作。重点支持"城市水污染治理关键技术及工程示范"和"燃煤烟气污染控制技术及成套设备"等产业化项目，围绕水环境和大气污染物治理，通过关键技术及设备的研发与集成，促进了环保装备产业链的形成。积极推进可持续发展实验区的建设。年内，江岸区被国家科学技术部批准为首批国家可持续发展先进示范区，洪山区成为武汉市第三个可持续发展实验区。

不断深化科技管理改革。进一步探索科技计划从研发—攻关—产业化全过程的衔接集成，遵循统筹规划、突出重点、集成滚动、强化经费编制原则；全面启动了科技计划项目任务书网上签订和科技计划项目执行情况网上提交工作，以"项目库"、"专家库"、"企业库"和"武汉科技行政网"为基础的"一网三库"科技计划项目管理信息系统建设全面展开，科技计划项目管理信息化水平提升到新的高度；全面启动武汉市科学技术奖励网上申报、受理系统，科技进步奖网上初评系统已完成开发并投入使用；加大人才计划培养力度，全年晨光计划新立项70项，投入资金400万元。

【文化】 2009年，武汉市直属专业艺术表演团体有武汉京剧院、武汉汉剧院、武汉楚剧院、武汉歌舞剧院、武汉爱乐乐团(武汉乐团)、武汉说唱团、武汉人民艺术剧院和武汉杂技艺术发展中心，全年演出吸纳观众181万人次，实现演出收入1 360万元。

艺术创作再创佳绩。全年新创作歌舞《水墨江城》、楚剧《回乡过年》、方言喜剧《一碗都是我的》、杂技《魔幻之城》、人偶剧《洋葱头历险记》、话剧《最后一个团结户》、民乐《国乐无疆》、汉剧《百出工程专场晚会》、交响乐《贝多芬作品专场音乐会》等15台(套)剧目。在国家重大文艺评奖活动中，儿童剧《古丢丢》获得第十一届全国精神文明建设"五个一工程"优秀作品奖、第六届全国儿童剧优秀剧目展演一等奖，该剧还与杂技剧《英雄天地间》同时被评选为2008年~2009年国家舞台艺术精品工程年度资助剧目；武汉市选送的三人舞《爸爸的画笔》、群舞《过早》获得第八届全国舞蹈比赛创作二等奖(一等奖空缺)，填补了武汉市30年在该项赛事中的空白。此外，黄陂、新洲、蔡甸、江夏区地方剧团扎根基层，服务农民，创作演出了一批优秀剧(节)目。楚剧《少年花木兰》、《疯娘》及一些小戏小品在第四届湖北省楚剧艺术节上取得优异成绩。

开展了"文化惠民、免费看戏"、月末音乐会、民族音乐进校园、文化下乡等活动。为丰富武汉演出市场，武汉市演出公

2009年12月16日，华中科技大学同济医学院大学生越剧队在第2届武汉地区高校学生艺术节上演出《穆桂英挂帅》 (武鉴 供稿)

司和琴台大剧院管理有限公司引进了大型音画史诗《东方红》，话剧《立秋》、《蜗居》，打击乐舞《云南的响声》等一批艺术质量上乘、艺术品种多样的剧（节）目。琴台大剧院全年演出167场、中南剧场全年演出210场，上座率均达70%以上；琴台音乐厅实行了新的管理运行机制，成功推出了首演音乐季。武汉地区城市剧场逐步从周末双休演出向天天演出过渡，并初步实现了演出档期制。

积极开展与武汉友好城市的文化交流。在组织武汉市文化代表团在友好城市举办系列体现武汉特色和艺术水准的绘画、展览、文化讲座、演出等活动的同时，接待友好城市文化代表团在汉举办系列文化展示活动。年内先后与瑞典博朗厄市、日本大分市、韩国清州市等友好城市进行了文化交流。参与举办重大对外文化交流活动。完成德中同行——走进湖北·武汉有关活动的组织、协调工作，德中大道流行音乐节、德中大道开幕式音乐会及德中剧院管理论坛等活动受到中外嘉宾的赞誉。武汉乐团赴日本东京参加国际交响音乐节演出获得成功。武汉市大型歌舞作品《水墨江城》、民间工艺展参加澳门·武汉文化周活动在当地引起轰动。引进了一批高质量的境外节目。《美国杨百翰歌舞团歌舞晚会》、《德意志百人童声合唱》、爱尔兰舞蹈剧《大河之舞》、哥伦比亚国家爱乐乐团交响音乐会、俄罗斯《天鹅湖》等3大经典芭蕾舞剧、美国奥斯卡电影音乐视听音乐会等40余台节目在武汉演出。武汉文学院专业作家和武汉画院专业画家先后到德国、日本和香港地区进行学术交流。樊枫的《家·春·秋》70余幅系列（城市之间）作品赴德国柏林中国文化中心举办个人画展；池莉的《生活秀》在法国出版、《看麦娘》在西班牙出版。

开展惠民文化活动。围绕庆祝新中国成立60周年，组织了各类文艺活动50余场。文学界举办了“我们在5·12重生”诗歌音乐会和当代网络散文暨红岗山黄金芽杯征歌大赛，举办了残疾女作家石华林《我们》和薛旭辰长篇小说《汉子》的作品研讨会。《芳草》原创文学版推出全国文学刊物中首个青藏文学专号——“吉祥青藏”、女作家专号。武汉市文学艺术界联合会与新浪网成功联办“荆楚文化 武汉论战”系列活动，邀请了多位小说家、诗人、散文家以及文化界专家纵论江城和荆楚。《芳草》青春版开展了校园派送推介活动，启动“全国百校伴读《芳草》计划”，面向全国老、少、边、穷地区的100所普通中学、职业中学、高职高专的图书馆、文学社免费赠刊。文学创作成果丰硕。刘醒龙的长篇小说《天行者》获得第十一届精神文明建设“五个一工程”奖、《圣天门口》获得“中国当代文学学院奖创作奖”，林白的《妇女闲聊录》获得第三届中国女性文学奖，阿毛获得“华文青年诗人奖”，任蒙获得首届“全国孙犁散文奖”等。

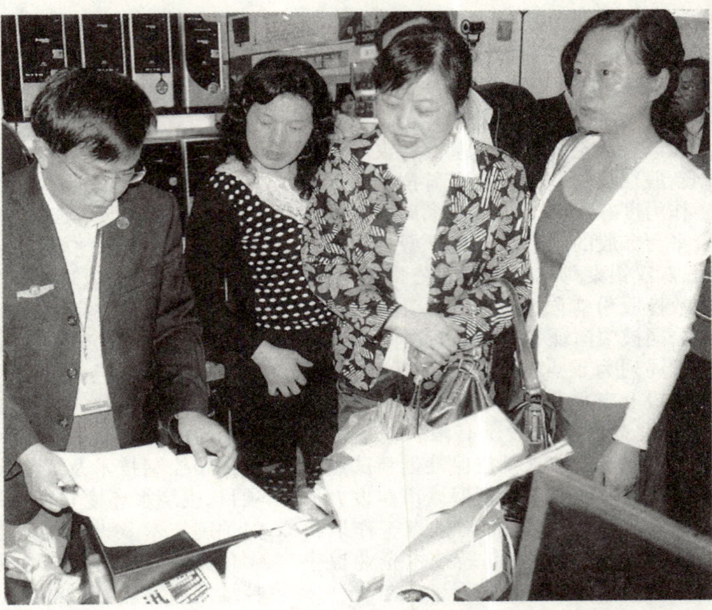

2009年4月，武汉市知识产权局开展武汉知识产权执法专项行动 （武鉴　供稿）

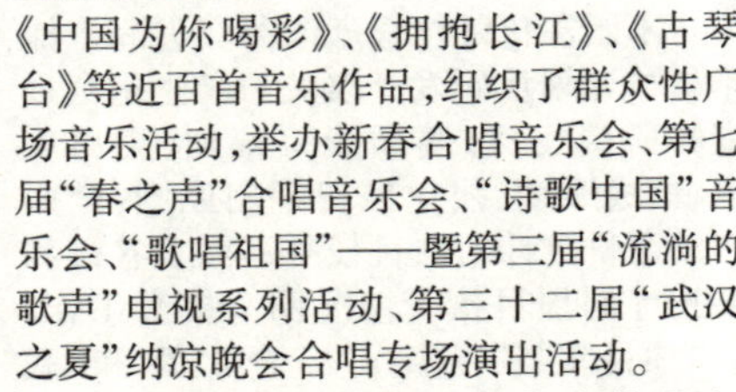

音乐界围绕重大活动、重点事件创作《中国为你喝彩》、《拥抱长江》、《古琴台》等近百首音乐作品，组织了群众性广场音乐活动，举办新春合唱音乐会、第七届“春之声”合唱音乐会、“诗歌中国”音乐会、“歌唱祖国”——暨第三届“流淌的歌声”电视系列活动、第三十二届“武汉之夏”纳凉晚会合唱专场演出活动。

美术界举办了第五届美术作品年展、首届武汉美术家协会特聘画家作品展、牵手同行——武汉22人书画作品展，参与创作的作者200余人，收到作品300余件，仅第五届美术作品展就展出了作品150幅，评出金奖2件、银奖4件、铜奖12件。以冷军、李乃蔚为代表的武汉画院专业画家围绕第十一届全国美术作品展览进行创作，王小宝的国画《静静的故园》获得第十一届全国美术作品展览铜奖、严好好的国画《矩阵108·好汉》获得第十一届全国美术作品展览提名奖，江中潮的国画《禅境》、郑源臣的布面油画《冬日暖阳》参加湖北省十一届美术作品展览获得优秀作品奖。

书法界开展了“艺术家走进生活”系列活动，组织书法家先后到新洲区、春树里社区、仓埠山庄和革命老区采风，到江夏区、黄陂区开展迎新春送春联活动。举办了“汉上书风—独照灵襟”——武汉首届书法小品提名展、纪念李先念诞辰100周年书法作品展、首届楚简帛书论坛（书法展览）等活动。

民间艺术界在江汉区民俗艺术节、黄陂区旅游节暨清凉寨茶艺节、东西湖旅游节和石榴红村“蔬菜节”、新洲区民间艺术节上举办系列民间工艺展示展演活动。

【新闻出版】 2009年，武汉市新闻出版工作不断深化行政审批制度改革，坚持正确的出版方向，努力发展文化事业和文化产业。

加强行政监管。采取集中行动、专项治理与日常监管相结合的形式，先后对政治性非法出版物、盗版音像制品和软件、盗版教材和教学辅导资料、校园周边环境开展了4次专项治理整顿。全年全市共出动执法检查人员3.8万余人（次），检查各类出版物经营摊点和印刷厂点近4万个（次），取缔无证、违法经营摊点和厂点近1 000个，收缴各种非法出版物246万余册（盒、盘），办理行政处罚案件187件，处罚非法印刷企业2个，取缔非法报刊3个，查扣非法出版和广告违规的快讯商品广告10余种，净化了全市出版物市场。

确保正确舆论导向。继续实施市属报刊审读制度，年内共撰写审读意见20篇，通过召开会议、电话告知和约谈负责人等形式对多个市属报刊违规转摘互联网文章、发布虚假广告、散布唯心的占卜测试、语法文字错误等问题进行通报并督促其整改，收到了较好的审读效果。及时调查处理报刊类群众举报、转办件12件，依法取缔了假冒《求是》杂志社湖北工作站和非法出版《少儿教育报》、《毛泽东书法研究》等无刊号杂志，纠正了《考试指南报》、《人物汇报》等违规行为。

开展非法出版物源头治理。对全市500余个出版物印刷企业进行了专项检查。本着“有报必查、有案必查、查必有果”的原则,对发现存在问题的3个企业以及5件群众举报案件,依法进行了查处,查处率和立案结案率均达到100%。全年共审核批准新申办设立各类印刷企业55个。

加强版权保护工作。对11件侵权投诉案件,7件侵权盗版案件分别作出了行政处罚、责令停止侵权的行政决定;审核行政处罚案件2件,均给予行政处罚。全年完成各类版权作品登记87件,受理有关单位出版物送审鉴定7件,鉴定图书、电子出版物658册(盘)。协调指导成立了武汉市第二个版权中介公司,并向社会开展了版权咨询服务和中介代理工作。联合武汉市卫生局、武汉市旅游局、武汉市工商行政管理局组织全市计算机软件正版化学习培训,全面推开了3个行业的软件正版化工作。

推行政务公开。认真贯彻《中华人民共和国行政许可法》,深化行政审批制度改革,进一步简化审批程序和下放审批权,加强对审批制度改革、投诉督办、收费罚款等的监督管理,确保政务公开各项措施落实到位。通过政务网站将《武汉市新闻出版局(版权局)行政审批公示牌》、《武汉市新闻出版局(版权局)办事指南》与全市电子监察系统实现对接,将审批事项、条件、程序、时限、承办部门等向社会公布。8月,武汉市新闻出版局将大型超市、邮局报刊零售行政审批权下放到各区政务中心,加大了对审批项目的跟踪检查力度。年内,依法对全市1 000余个出版物发行单位、近900个印刷企业、47种公开报刊和78种内部资料进行了年度检验,受到服务对象的好评。

【广播电视】 2009年,武汉广播电视局(总台)按照“高举旗帜、围绕大局、服务人民、改革创新”的总要求,拓展延伸新闻链,20余项主题宣传浓墨重彩;节目栏目创新创优,37件作品获得国家级大奖。

进一步深化和延展武汉广播电视新闻链。推出全国及武汉“两会”、学习实践科学发展观、学习中共十七届四中全会精神、坚定信心科学发展、服务企业年、甲型H1N1流感防治、新中国成立暨武汉解放60年等20余个战役性报道;组织了“区长进社区”、“区长百姓面对面”、“十大新闻人物和十大新闻事件”等一系列有特色、受关注的宣传活动,主流媒体作用充分发挥。推出《城市节拍》和《都市家园》等全新电视栏目,《直播武汉》、《畅行江城路—896路况直播》等广播栏目收听率稳步提升,电视新闻每天首播290分钟、直播200分钟,广播新闻每天播出350分钟。

实现整体收视份额、排名历史突破。整体收视份额达30.2%,增幅比上年提升7.4个百分点,在武汉地区频道收视群中继续保持领先地位,成为全国省会城市电视台中的独有现象。电视剧收视率43周排名第一,文艺频道36周排名第一,创历史新高。广播新闻频率市场份额位列武汉地区15套广播频率第一名。实现经营收入11.15亿元,增幅14.7%,利税过亿元,被评为2008~2009年度中国传媒产业经营管理十强、2009年度中国广电十大创新传媒、中国最具网络影响力十大城市台。

年内,武汉市被列为国家NGB(中国下一代广播电视网)第一批试点城市。这是长江中游地区、也是华中地区唯一获批的NGB试点城市。武汉市计划在两年时间内按照“全程全网、可管可控”的NGB技术架构,建设覆盖60万用户的宽带、双向、多功能的互动新媒体网络;开通50万户的NGB业务,开展大规模真实用户实验,验证新的网络体系结构;实验开放式的支持跨域运营的互动新媒体业务。

【卫生】 2009年,武汉地区有各级各类医疗卫生机构2 697个,其中,医院147个,卫生院80个,门诊部(所)101个,专科防治机构15个,疾病控制机构20个,卫生监督机构16个,妇幼保健机构14个,采供血机构(血液中心)2个,急救中心1个,社区卫生服务中心125个,社区卫生服务站403个,卫生所、医务室90个,诊所1 677个,医学培训机构2个,其他卫生事业机构4个。医疗机构设床位4.81万张,其中,医院床位3.98万张,社区卫生服务中心床位3 627张,卫生院床位3 054张,门诊部(所)床位95张,妇幼保健机构床位787张,专科防治机构床位687张。武汉地区每千人口拥有卫生技术人员7.2人,其中每千人口拥有执业医生2.9人、注册护士2.9人;每千人口拥有床位5.8张,其中拥有医院床位4.8张。

2009年,武汉市医疗机构门诊诊疗4 068.30万人次,急诊271.24万人次,健康检查275.90万人次,其中,医院门诊2 678.85万人次,社区卫生服务中心门诊734.39万人次,卫生院门诊301.39万人次,门诊部门诊80.82万人次,妇幼保健机构门诊158.49万人次,专科疾病防治机构门诊15.71万人次;全市医疗机构入院治疗126.41万人次,出院125.70万人次,治愈率59.5%,好转率37.4%,死亡率0.9%。孕产妇死亡率10.88/10万,婴儿死亡率3.7‰。传染病报告发病率360.63/10万,死亡率0.71/10万,病死率0.2%。

2009年,武汉市人均期望寿命达到78.83岁,其中男性人均期望寿命76.37岁,女性人均期望寿命81.42岁。

2009年,武汉市本级预算财政卫生事业补助收入5.35亿元,比上年增长10.3%,其中卫生事业费4.89亿元,增长13.7%。在财政补助卫生事业费支出中,基本支出占总经费的60.1%,项目支出占总经费的39.9%。项目支出中,医疗服务中心建设占11.3%,公共卫生项目占22.0%,农村卫生项目占13.8%,社区卫生项目占22.4%,其他项目(中医事

2009年8月21日,武汉广播电视局制播武汉市庆祝新中国成立60周年合唱晚会 (武鉴 供稿)

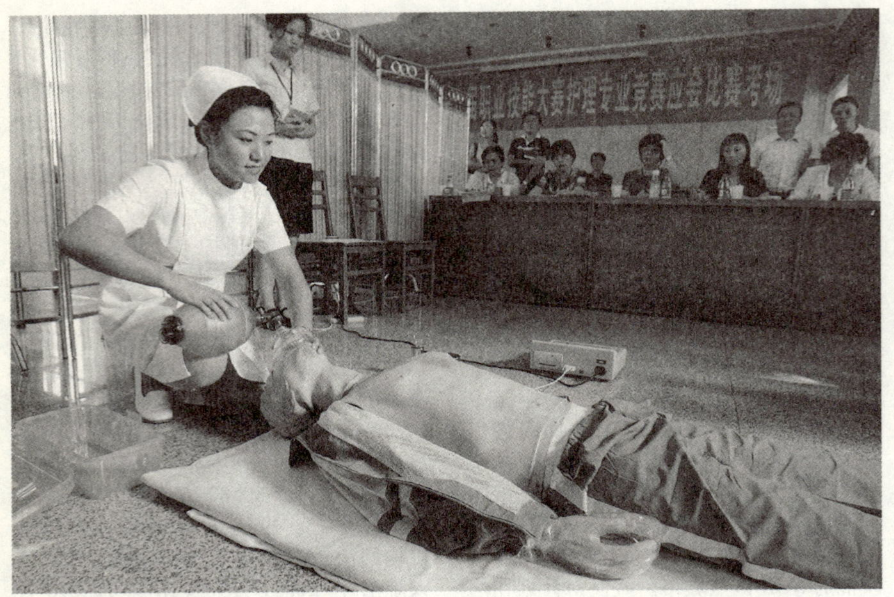

2009年9月5日，武汉市举行第十六届职业技能大赛护理专业竞赛应会比赛（武鉴　供稿）

业费、培训经费、干部保健、设备维修专项等）占30.5%。

2009年，武汉市卫生局直属单位完成基本建设投资1.2亿元，其中市级重点项目完成投资5 000万元。全年施工房屋建筑面积4万平方米，竣工房屋建筑面积2万平方米，全市新增医疗业务用房面积2万平方米，新增病床5 000张。

建设武汉中部医疗服务中心。出台《武汉市人民政府关于建设中部医疗服务中心的意见》，确定武汉市医疗卫生未来五年建设目标是：建设国内一流品牌医院群；临床重点专学科建设“十大临床医疗服务中心”；实施“3.1.1工程”（用3年时间，培养100名省内有较高知名度的学科带头人；1 000名具有1～2项特色技术、知识全面的青年后备人才），培养德医双馨的医疗服务队伍；武汉地区医疗资源总量、大型医疗机构医疗服务总量、外地来汉就医人次等指标目标要求比2008年翻一番。年内，武汉市卫生局打造中部医疗服务中心办公室制定了中部医疗服务中心临床重点专学科建设、资金管理、人才培养和鼓励民资外资兴办医疗机构等配套政策；完成武汉市儿童医院整体规划论证、项目立项等工作，评审出30个医疗机构50个国家级、省级、市级创新性重点专学科，向各创建单位划拨首批建设经费2 641.8万元；武汉市对43个大型公立医疗机构开展基线调查，实施中部医疗服务中心建设项目规费减免政策，落实规费减免项目28个，预计减免费用1.75亿元。

【体育】 2009年，武汉市以增强市民体质、提高市民生活质量为目标，充分发挥体育在促进人的全面发展、促进经济社会发展中的重要作用；积极推进“健康武汉，活力江城”健身行动计划，创新武汉市第八届运动会组织形式，推进市运会成为竞技体育的赛场，全民健身的舞台，努力实现了群众体育和竞技体育协调发展。10月，武汉市体育局被国家体育总局授予“全国群众体育先进单位”称号。

推进全民健身活动蓬勃开展。组织与展示“十个千”万人健身项目。根据群众健身活动新发展、新需求，组织10个健身项目万人展示活动，由企（事）业单位、部队、院校以及晨晚练点的10支表演团队，展示了千人功夫扇、健排舞、广播操、太极柔力球、健身气功、太极武当拳、七彩竹竿舞、巴山舞、休闲三步踩锣鼓等健身项目。与媒体联手举办互动性强、参与率高的群众性体育活动。武汉市体育工作部门与《楚天都市报》联手开展为期4个月的“健康武汉，快乐健身”健身团队暨百名优秀社会体育指导员评选活动，活动内容包括健身比赛、健身秀、全民健身大巡游、全民健身主题歌和LOGO（徽标）征集、摄影大赛、健身团队评选网友互动等系列，参与人数达100万人；与《长江日报》联合举办“活力长江，健康武汉”社区行系列活动，邀请国家羽毛球、跆拳道、健美操等项目的体育名将与广大体育工作者、体育爱好者分别走进汉阳区国棉社区、洪山区保利社区等7个社区，宣传健身知识，传授健身技能，与社区居民健身互动，同时，为社区居民测试体质，举办健身咨询服务与讲座，让体育融入市民生活中，使市民在健身中获得了健康和快乐。

提高竞技体育项目的发展水平。武汉运动员在第十一届全国运动会上取得好成绩。游泳运动员赵菁、摔跤运动员郑攀、射击运动员童欣共获得3枚金牌；乒乓球运动员刘娟、网球运动员梅天超、游泳运动员邓碧莹分别获得乒乓球女子双打银牌、网球男子团体银牌、女子蝶泳100米比赛铜牌，为湖北代表团奖牌总数位列全国前15名作出了贡献，均被湖北省人民政府授予第十一届全国运动会特殊贡献奖。

2009年9月22日～26日，武汉市第八届运动会在江岸体育特色学校举行。图为武汉市第八届运动会开幕式现场（武鉴　供稿）

青少年体育后备人才队伍建设取得新进展。出台《武汉市青少年业余训练专项资金资助办法》。该《办法》对区级业余训练项目进行综合评估,以期形成"有项目,有重点,有品牌"的人才培养格局。江汉区教育局下发《关于中小学体育艺术特长生升学的有关规定(试行)》,对该区体教结合竞技体育后备人才的培养起到良好推动作用。硚口区利用特色项目训练培养后备人才取得好效果。洪山区与武汉体育学院合作成立洪山区青少年体育后备人才训练基地。东西湖区实行体教结合,部署27所学校以足球项目为龙头,带动其他体育项目的发展。并建立了足球运动训练基地。在武汉市第八届运动会青少年类比赛中,有2 000余名青少年运动员参加14个大项、370个小项的比赛,1人打破1项武汉市纪录,8人打破武汉市青少年纪录,1人达到国家运动健将标准,16人达到国家一级运动员标准。年内,武汉市江汉二桥体育训练基地被国家体育总局授予"国家高水平体育后备人才基地"称号。

2009年3月7日,武汉市"体育健身示范家庭"推广展示活动在解放公园举行 (武鉴　供稿)

体育设施建设成效明显。有效缓解市民游泳难。完成4万平方米的天然游泳场、露天游泳池建设任务;武汉市人民政府投资200万元,扶持100个游泳场所对市民开放。由武汉市体育工作部门起草的《关于鼓励支持住户1 000户以上的新建小区兴建游泳池(馆)工作方案》经市人民政府行文下发后,调动了社会资金投建游泳场馆的积极性。

顺利实施全民健身器材投放计划。完成650个农民体育健身工程的建设任务。制定《武汉市全民健身苑申报审定办法》,在30个社区投资建设市级全民健身苑,社区健身场所、器材得到更新升级,满足了市民多样化健身需求。

大规模发展各区体育设施建设。江岸、汉阳、武昌、蔡甸、江夏、东西湖、汉南、新洲等8个区将体育设施建设纳人为民办实事的内容。全市各区全民健身专项经费,体育设施维修经费均大幅度提高。江岸区投资5 000万元建成市第八届运动会主会场——田径场。汉阳区投资1.15亿元,建成占地面积达4公顷的汉阳区体育活动中心。蔡甸区投资960万元完成汉江江滩二期健身广场工程,投资500万元建成莲花湖健身广场。新洲区投资930万元,扩建改造了体操馆、体育场馆,规划占地7.8公顷、投资数亿元的全民健身中心项目完成征地等准备工作。武汉经济技术开发区规划兴建的高尔夫练习场、智力运动馆等项目完成开工前的准备工作。江夏区投资700万元,完成区体育馆维修改造,完成1.3万平方米的健身广场的整修。东西湖区投资2 500万元,建设占地面积达2.33公顷的全民健身中心。硚口区积极筹建占地面积达32.6公顷的硚口健身休闲圈,规划建成占地面积达20公顷的一场一馆一池和大型健身广场,并配建体育产业交易区。汉阳区、东湖新技术开发区实现所有中小学校体育场馆向公众开放。青山区累计建成社区青少年活动场所52个。武昌区投资84万元建成社区健身小广场29处。汉南区积极筹建全民健身中心,并规划长江江滩投资3 000万元再建设占地面积达46.6公顷的全民健身休闲广场。黄陂区启动黄陂体育公园建设。

【精神文明建设】　2009年,武汉市精神文明建设以创建全国文明城市为重心,完善城市基础设施建设,扎实推进各项工作,不断提升城市文明程度。广泛开展"我们的节日"主题文化活动,弘扬和传承了优秀传统文化。组织1万名志愿者、100万名在校学生参与"网上祭英烈"活动。围绕"我们的节日·端午节"主题,开展经典诵读、祭祀屈原、龙舟竞渡等一系列各具特色的文体活动,营造了良好的传统节日氛围。围绕庆祝新中国建立60周年,开展歌咏比赛、礼仪知识竞赛等系列活动,吸引市民广泛参与,为创建全国文明城市做出了新的贡献。

广泛开展文明城市创建。加大宣传力度,开设媒体专题栏目,设置重点公共场所公益广告,开展"手机短信月月宣"活动,文明单位、窗口单位、大型企业、客运出租车等开展电子显示屏滚动宣传,动员广大市民群众参与、支持测评活动。实行责任制管理,组织各城区、责任单位层层分解目标任务,确定具体责任人,签订责任状,制定包点责任名册,实行了车站、网吧、路口、路段、集贸市场、医院等公共场所包段、包场、包站、包点责任制。落实测评、排名制度,对各区公共文明指数、23个重点窗口行业群众满意度进行测评,并在《长江日报》、《武汉晚报》、《武汉晨报》等媒体上公布测评排名、推动了文明创建工作的深入开展。年内,在全市人民的共同努力下,武汉市在2009年中央精神文明建设指导委员会办公室对全国114个城市的公共文明指数测评工作中,排名由上年的第13位,跃升至第9位。提升窗口行业文明形象。在全市23个窗口行业及执法部门开展"三比一竞赛"(比规范管理环境好、比文明优质服务好、比群众满意形象好,卫生行业优质服务竞赛)为主要内容的第十一届"新风杯"创建文明行业竞赛。举办"以诚实守信为荣,以见利忘义为耻"为主题的武汉市百家食品企业践行道德承诺活动,全市生产领域和销售领域的156个食品企业率先签署《践行道德承诺制售放心食品承诺书》,通过发放诚信倡议书、评选诚信企业、曝光不诚信案例等多种形式,广泛开展诚信宣传,教育引导企业强化信用观念,自觉践行诚信承诺,积极开展网络精神文明创建活动。

深入开展市民素质教育。广泛开展"四倡五治"(倡导有序排队、礼貌让座、热情引路、文明用语;整治乱穿马路、乱翻栏杆、乱闯红灯、乱停车辆、乱抛杂物)宣传教育实践活动,市民素质和城市公共文明程度明显提升。制发《关于在全市开展"四倡五治"宣传教育实践活动的方案》,召开全市"四倡五治"动员大会,开展每月11日"文明排队日"、每月22日"公交让座日"、每月月末"月末清洁家园"等活动。召开驻汉部队联席会议,组织开展文明交通宣传进校园、进社区宣传教育和"五乱"(乱穿马路、乱翻栏杆、乱闯红灯、乱停车辆、乱抛杂物)综合整治行动,市民道德素质进一步提高。

扎实组织第二届全国道德模范推荐评选工作,坚持发扬道德模范的引领示范作用。经过逐级推荐申报,全市共有甘金华等6人进入第二届全国道德模范候选人名单。大力宣传道德模范,将其事迹刻录成CD光盘,在中央有关媒体上进行宣传;在省、市属媒体上刊载全市第二届全国道德模范候选人事迹,号召广大市民投票,共收到纸质选票280余万张;发动群众学习先进,把投票的过程变成宣传道德模范、学习道德模范、争做道德模范的过程,变成广大市民接受教育、美化心灵、提高思想道德素质的过程。

精心实施"全市农村家园建设行动计划"社会和谐稳定专班工作,文明新村面貌发生新的变化。全年落实创建村项目450个,安排经费800万元用于农村宣传阵地建设、培植文化中心户、开展宣传教育培训、扶持农民文艺演出队伍,投放体育健身器材等。组织开展"文明农户"、"文明村镇"等系列创建活动。继续开展以"治五乱"(柴草乱堆、粪土乱堆、垃圾乱倒、污水乱泼、畜禽乱跑)、刹"三风"(打牌赌钱、封建迷信、大操大办)为主题的"讲文明、讲卫生、讲科学、树新风"活动,促进农村移风易俗,树立现代文明风尚。在调整结对共建区域的基础上,继续抓好文明单位,尤其是中心城区文明单位与创建村结对共建工作,组织文明单位的志愿者和志愿活动下乡入村。精心策划首届全市农民文艺会演及全市"十大魅力乡村"评选活动。

组织开展"两型社会"(资源节约型社会、环境友好型社会)建设示范创建工作,市民建设"两型社会"意识明显增强。制定《2009年"两型社会"建设示范创建工作意见》,提出精心培植、全力打造"两型社会"建设示范创建亮点,全面推进"两型社会"建设示范创建工作,加强领导,建立完善"两型社会"建设示范创建机制的工作思路和实施办法。制订《关于在汉口江滩打造"两型社会"建设宣传教育基地的方案》,从宣传地点、宣传形式、宣传内容、经费预算、后续管理等5个方面提出了基本设想和建议。制订《关于建立"两型社会"建设公众参与机制工作的方案》,围绕"两型社会"建设要求,结合文明城市、文明单位、文明村镇、文明社区和文明家庭创建工作,把节约资源和保护环境观念渗透到机关、企业、社区、家庭、村镇、学校;大力倡导绿色消费,大力弘扬"节约光荣、浪费可耻"的社会风尚,提高全社会的节约环保意识。

切实加强未成年人思想道德建设工作。认真落实《全国未成年人思想道德建设测评体系》各项目标任务,深入做好未成年人思想道德建设工作。扎实开展"做一个有道德的人"主题活动,在全市组织推荐首批10个"做一个有道德的人"活动联系点,其中,洪山区广埠屯小学、武汉市育才第二小学、武汉中学、武汉小学、武汉市常青实验小学等6所学校被中央精神文明建设指导委员会办公室命名为全国首批"做一个有道德的人"主题活动联系点,其经验和做法被全省经验交流会推广。组织协调文化、公安、工商行政管理部门开展文化市场专项整治百日行动、查处和取缔黑网吧专项行动,文化市场整治初见成效。

(武鉴)

黄石市社会事业

【教育】 2009年,黄石市共有各级各类学校894所,在校(园)学生(幼儿)55.22万人,其中普通中学149所,在校生20.48万人;职业初中1所,在校生488人;普通小学625所,在校生23.37万人;特殊教育学校3所,在校生235人;幼儿园87所,在园幼儿2.70万人;高等学校(含成人高校)5所,在校生4.20万人;中等职业学校24所,在校生4.4万人。全市在校教职工2.96万人,专任教师2.53万人,其中中小学教职工2.24万人,专任教师2.07万人。专任教师队伍中,享受国务院和省政府专家津贴3人,省市名师37人,省特级教师74人,省内有突出贡献专家5人,市有突出贡献专家11人,省级骨干教师197人,市级骨干教师386人,市学术学科带头人203人,高层次专业技术人才11人。

义务教育稳步发展。坚持推进义务教育基础设施标准化、师资配备均衡化、教育评价一体化的工作目标,制订并下发《黄石市普通初级中学基本办学条件标准(试行)》,指导全市推进义务教育均衡发展工作。确定阳新县为义务教育均衡发展试点县,投入近1 000万元用于第一批10所试点学校办学条件的改善,通过教师队伍考试、考核、考评为重点的教师"三考"评价,结合教师绩效工资的实施,逐步推进师资力量和教学质量的均衡。完成黄石市经济开发区汪仁中学学生公寓等一批大型校园基建项目和黄金山新区三所中学标准化实验室的建设工作,为义务教育均衡发展奠定良好基础。

推进高中新课程改革。全年编印高中新课改文件资料汇编两本,培训教育干部和教师2 500人次。通过举办课改简报、课改网页,设立6个课改样本校,促进全市高中新课程改革工作全面深入开展。

职业教育不断发展。加强职业教育园建设。投入1 200万元用于城区中职学校建设。提高职业教育水平。共评出10个专业、5个基地为黄石市品牌专业、示范实训基地,并拨付200万元进行奖励。加大校企合作力度。确定美尔雅集团等8个企业、黄石中等专业学校等7所学校为校企合作基地,全市共有20所学校与近百个相关企业签订合作办学协议。不断提高办学水平。代表湖北省参加全国中职学生技能大赛,并获得二等奖1个、三等奖5个;在全省首届中专生技能竞赛中,黄石代表队共获得17个奖项,8名学生获得技师资格证,6名学生获得高级工资格证。

抓好高等教育,促进高校与地方产学研结合。将黄石职业技术学院列为职教园区校企合作基地,通过鼓励高校与企业共建研发中心,设立高校科技奖激励,从高校选派企业科技特派员等方式,增强高校服务地方经济社会发展的功能。

加强民办教育监管。集中整治非法举办的幼儿园,进一步维护幼儿教育环境;规范民办中职学校专业设置工作。

做好语言文字工作。开展语言文字规范化示范校四级(国家级、省级、市级、区县级)联创工作,对13所申报市级语言文字规范化示范校的学校进行评估,中山小学获得国家级语言文字规范化示范校称号,大冶师范附小等2所学校获省级语言文字规范化示范校称号。以中职学生普通话测试为重点,进一步拓宽普通话培训测试工作领域。以推广普遍话活动周活动为重点,围绕"纪念建国60周年",开展形式多样的主题活动,提升学生和市民的语言文字规范化意识。

加大教育经费投入和贫困学生资助力度。全年全市投入教育经费18.20亿元,比上年增长16.1%。筹资5 700万元,改造农村中小学146所。全年农村义务教育阶段学生实行"两免一补"资金

1.32 亿元，惠及学生 19 万人；免除城区义务教育阶段学生杂费 798 万元，减免家庭经济困难学生书本费 165 万元；减免高中家庭经济困难学生学杂费 78 万元；发放中职学校国家助学金3 741万元，资助学生 2.49 万人；为 2 661 名大学生办理生源地助学贷款，合同总额1 571万元，为 36 名城区家庭贫困大学生报销入学交通费用 2.3 万元；妥善安置进城务工人员随迁子女 1.11 万人，减免杂费 152 万元；多渠道吸引社会资金 300 余万元用于学生资助工作。

【科学技术】 2009 年，黄石市省级高新技术企业发展到 72 个，其中重新通过认定的高新技术企业达 27 个。高新技术企业经济效益逐渐回升。新冶钢成功开发出高速铁路用特殊钢结构材料，产品性能达到国际先进水平，当年生产 8 万吨，创销售收入 10 亿元。全市完成高新技术产业产值 210.4 亿元，比上年增长 3.7%，实现高新技术产业增加值 70.66 亿元，增长 15.6%。一批重点高新技术企业依靠科技创新，生产经营保持稳定增长态势，显示较强的竞争力和抗风险能力。

启动科技融资平台建设。从科技三项经费中安排1 000万元专项资金，用于科技项目贷款贴息，共扶持 58 个企业吸收黄石银行科技贷款 3.2 亿元，引导企业配套投入 3 亿元，共激活 6 亿元社会资金用于企业研发，使政府助投助贷政策基金的效应放大。重点实施了铜矿伴生钼资源综合利用产业技术开发、风电用钢的开发及产业化、YH－1422/133 数控合缝预焊机、散片异步电机高效压缩机研发及产业化等一批重大项目。开发新技术 38 种、新产品 45 个，并取得 20 项国际先进和 35 项国内先进的科技成果，实现新增销售收入 18 亿元、利税 3.5 亿元、扩大出口9 000万美元。启动知识产权质押贷款工作。出台《黄石市专利权质押贷款管理办法》，举行首次“全市知识产权质押贷款签约仪式”，网安科技有限公司等 5 个企业以 10 项专利为质押，贷款额度近 1 000 万元。

落实企业技术开发费税前扣除优惠政策。年内，黄石市在湖北省内率先落实国务院关于按企业技术开发经费 150% 加计抵扣所得税额的优惠政策，出台了《落实企业技术开发费税前扣除政策实施细则》。并对申报研发投入税前加计扣除政策的企业进行了集中会审，对企业用于研究开发的费用均按 150% 的比例抵扣了所得税额。并对通过重新认定的 18 个高新技术企业，全部落实了此政策。

加大项目建设及经费扶持工作力度。年内，黄石市东贝集团“L 系列环保节能节材型电冰箱压缩机”、华新水泥“水泥低环境负荷化关键技术及工程示范”等 2 个项目被评为国家科学技术奖二等奖，这是自 1998 年国家科技奖励改革以来，黄石市首次获得的此项大奖。全市共获湖北省科技奖励 13 项，其中自然科学三等奖 1 项，技术发明三等奖 1 项，科技进步二等奖 5 项，科技进步三等奖 5 项，中小企业创新奖 1 项。组织向国家科学技术部、省科学技术厅申报科技项目 96 项，其中国家 32 项、省 64 项。共落实科技项目 57 项，争取资金 3 105 万元。3 个项目列入湖北省重点扶持的 20 个重大科技专项，每个项目均获得 500 万元的经费扶持。全年黄石市争取国家、省级中小企业创新基金项目 29 项，获得 1 175 万元资金扶持。

开展科技特派员进驻企业活动。从湖北师范学院、黄石理工学院挑选 20 名研究生以上学历或副教授以上职称的科技精英，派驻到 4 个大型企业和 16 个中小企业，帮助企业制定技术发展战略，参与技术研发，开展产学研合作。全年，企业科技特派员共实施科技项目 35 个，帮助企业解决 56 个技术难题，规范 8 项企业标准，开发 24 个新产品，申报专利 5 项。制定《关于深入开展农业科技特派员基层创业行动的实施意见》，在市直和县（市）区选派 15 名农业科技特派员，入驻 15 个农业产业化龙头企业开展创新创业科技服务。

深入推进校企技术对接工作。2009 年，黄石市与北京科技大学签订全面科技合作协议，与天津大学建立良好的科技合作关系，与华中农业大学、中科院武汉分院以及 28 个水产企业成立全市首家产学研合作战略联盟，签订《黄石市水产行业科技创新战略联盟合作协议》和《桃树新品种引进种植协议》。全年共组织国内外高等院校、科研院所专家、教授 45 批 162 人次，深入市企业开展科技项目合作洽谈、技术咨询、技术诊断等服务，共签约项目 122 项，新建硕士生实习点 3 个，本科生实习点 6 个。

保护企业知识产权。制定《黄石市企业专利“扫零”工程工作方案》，进一步提高企业专利申请量，全市 50 个企业实现专利申请零的突破。全年全市专利申请量 1 690 件，比上年增长 20%，专利授权量 466 件，增长 10%。完善知识产权管理体系，加强知识产权行政执法。黄石高新技术开发区设立了知识产权常驻代表，下陆区成立了知识产权局，进一步健全市、县（市、区）二级知识产权工作网络体系。争取国家知识产权局“专利信息利用试验基地”落户黄石，并对专利信息服务平台进行第二次改造升级，新增加无效专利数据库、在线分析、外文翻译系统等内容和功能，进一步增强专利信息服务功能，成功调处了“电脑绣花外框打样半成品复合鞋材”专利侵权纠纷和“数码有线遥控智能小车”专利奖酬纠纷。

科技创新服务再上新台阶。继续深入推进全省生产力促进体系建设试点城市工作。着力实施“中小企业成长路线图计划”，共引导 138 个企业进入省路线图系统，其中邦柯科技股份有限公司、网安科技有限公司等 21 个企业被列为重点培育企业。建立水产养殖、植保机防、

三鑫金铜公司井下安全文化长廊　　　　（黄石市史志办　供稿）

牲猪养殖等3个农技110特色应急服务分队，为农民开展现场应急服务60余次。全市农技110注册用户达到2.35万户，其中电信注册用户7 909户，移动注册用户1.56万户。市农技110专家讲师团突出重点区域和主导产业，开展科技培训24期，培训农民3 000余人次。制造业信息化平台、制冷压缩机产业链协同公共技术服务平台、服装领域公共技术服务平台及13个示范生产力促进中心、5个专家对接工作站服务领域进一步拓展，服务功能进一步增强。

【文化】 2009年，黄石市歌舞剧院、大冶市艺术剧院、阳新县采茶剧团三个专业文艺团体充分发挥流动演出车作用，坚持深入农村流动演出，全年共演出763场，其中下乡演出638场。夏天的交响诗《6988交响诗》、大提琴与钢琴《奏鸣曲第一乐章》分别获得第九届楚天文华奖、金编钟奖管弦乐作品及室内乐作品一、二等奖；姚兰的交响诗《招魂》获得管弦乐作品二等奖，舞蹈《怀秧》获楚天金凤奖表演三等奖，李志成获楚天文华表演奖器乐组三等奖，王琇、罗敏分获声乐比赛流行组、民族组优秀奖，曹树莹的长诗《金色琵琶》获长江文艺第三届完美文学奖。大冶市艺术剧院精心改编的传统楚剧折子戏《雪中情》获湖北省第四届楚剧艺术节五项奖励，其中作曲三等奖1个，表演三等奖3个，优秀演出奖1个。

社会文化事业取得新成绩。2009年，黄石市累计举办大型群众文化活动、展览23次。其中，“2009年元宵节威风锣鼓、腰鼓、铜管乐”大赛、“迎新春群众文化进社区”活动、非物质文化遗产进校园、环保摄影大赛、国标舞锦标赛等大型广场活动深受群众喜爱。组织多种群众文化节目在全省各类业余文艺比赛中，共获金奖15个，银奖11个，铜奖5个，其中女声表演唱《心中的伞》获湖北省第十三届楚天群星奖金奖，舞蹈《怀秧》、《飞翔》分获银奖；30余件美术、书法、摄影作品入围省级以上展览和作品集。市群众艺术馆少儿艺术培训班，常年在校学生达500余人，年培训人次达3 000余人；与湖北省群众艺术馆联合创办湖北省老年艺术大学黄石分校，举办成年钢琴沙龙班；创办业余京剧团，免费为市音乐家协会民族管弦乐团提供排练场地。市图书馆通过组织开展图书馆服务宣传周、全民读书月、流动图书馆送书服务等活动，努力打造学习型城市，全年共接待读者19.43万人次，举办各类读者活动20余次。全市各级电影放映部门全年免费放映农村电影9 338场。

不断加强文化遗产保护工作。圆满完成第三次全国文物普查田野调查工作任务。全市新发现各类文化遗存1 755处，复查348处，华新水泥厂旧址被列入第三次全国文物普查重要新发现。组织协调开展大广南高速、黄石至咸宁高速公路等5个项目的调查和抢救性保护和发掘。配合、协调、参与铜绿山古铜矿遗址险情整治工作。市博物馆通过开展文物法规、文物知识普及，举办黄石地区出土文物精品图片展，建立志愿者服务基地，送展进社区、学校、农村、企事业单位及军营等活动，充分发挥博物馆的宣传教育作用。全年接待各类观众达17.05万人次。中国端午节·西塞神舟会被联合国教科文组织确定为世界非物质文化遗产代表作，成为黄石新的文化名片。完成全市非物质文化遗产普查工作，5个项目被列入黄石市第二批非物质文化遗产保护名录。李家高被国家文化部命名为阳新采茶戏传承人。

加强文化设施建设。截至2009年9月，全市共争取乡镇综合文化站建设项目16个，其中国家拉动内需项目9个，共争取建设资金304万元。全年全市近三分之二的乡镇综合文化站得以改扩建，乡镇基层文化设施得到较大的改善。大冶市金牛文化站、阳新县富池文化站被评为全省“农民满意的乡镇文化站”。大力实施文化信息资源共享工程，争取专项资金226万元，建成阳新、下陆两个县级中心，并在全市建成村级和社区基层点117个。全年共筹资392万元，建成196个农家书屋，并按要求购置配送图书29.4万册、报刊1.96万册、光碟9 600盘。

【新闻出版】 2009年，黄石市组织开展了以整治出版环节为重点、以整治印刷复印运输环节为重点、以整治市场、网络舆情环节为重点的3个阶段专项治理行动，共集中检查17次，出动执法人员5 829人次，检查出版物市场、印刷企业2 998个次，收缴各类非法出版物7.42万件，其他印刷品6 710件，取缔游商8个，查处违规经营单位14个。抓住文化市场工作重点和突出问题，积极开展安全生产、消防安全、杜绝未成年人上网等集中整治行动。充分发挥举报电话12318、网吧义务监督员、社会舆论、新闻媒体的作用，多渠道对文化新闻出版市场实施监督。全年开展文化市场集中检查5次，网吧专项集中行动5次，共受理群众举报58件，办理58件，办结率100%。出动执法人员4 313人次，检查各类文化经营场所2 575个次，其中检查网吧1 602个次，查处违规经营网吧93个次、违规经营音像店4个次、违规经营电子游戏厅4个次，配合工商等部门查处取缔18个黑网吧和25个黑游戏厅。公布《进一步净化社会文化环境，促进未成年人健康成长实施方案和承诺书》，加大打击文化新闻出版市场违法活动力度，开展文化新闻出版市场法律法规、反侵权盗版知识及文物保护宣传活动。通过举办执法人员培训班和经营业主培训班，引导行业自律，不断提高行业管理水平。截至2009年底，全市共有10个印刷企业成为省印刷协会理事单位，3个企业成为常务理事单位。

【广播电视】 2009年，黄石市广播电视事业全面发展。

全新改版黄石人民广播电台三套广播节目。《黄石新闻》、《非常关注》、《行风热线》、《偷闲加油站》、《温馨的士》等品牌节目质量得到提升。33件广播作品获湖北新闻奖及湖北广播电视奖，其中一等奖7件。《在黄石》获评湖北广播电视优秀栏目奖。全年经营创收550.78万元。安全播出1.98万小时。

重新进行节目定位和栏目改版黄石电视台4个自办频道。《黄石观天下》、《垄上行》等一批新栏目社会反响强烈，《直播黄石》网上点击达80万人次。23件电视作品获湖北新闻奖及湖北广播电视奖，《黄石记忆》获评湖北广播电视优秀栏目奖。全年经营创收3 105.97万余元。安全播出3.20万小时。

率先在全省开通数字高清互动电视及BOSS系统。黄石有线电视台新增业务中开通宽带用户近2 000户，双向互动用户3 000余户，传统业务中有线电视用户达20万户。“服务进社区”活动形成定时、定点、定人常规活动机制；查处擅自违规安装卫星接收天线行为，拆除、回收卫星接收天线600多套。全年实现创收7 742.05万元。

加大设备投入，黄石广播电视局技术服务中心新配备3台数字发射机及7台全固态发射机，完成CMMB（中国移动数字多媒体广播）手机移动电视设备、东方山基站数字电视发射机的安装调试任务。全年实现大楼安全运行8 760小时，广播电视信号安全发射7.7万余小时，台内停播率为零。黄石数字移动电视有限公司移动终端业务新签约3条公交线路，新增公交车及旅游大巴车载终端70台，新增楼宇屏幕71个，产品销售额达60万元。全年实现广告收入152万元。

利用网络整合资源。实现三套广播节目和一套电视节目在线直播，并配合电台、电视台开展的大型活动网上直播。

2009 年 4 月 25 日，黄石市举行第二届东方山登山健身大会

（黄石市史志办　供稿）

发挥自身优势，新增“1+8 新闻圈”、“传媒视野”、“360 观天下”等新栏目，加大与百度、谷歌等导航类网站的合作，扩大网站的影响度。

发挥广电优势、延伸广电产业链。影视艺术制作渐入佳镜，全年制作近 70 部电视宣传片；广电艺术培训粗具规模，全年举办各类培训班 12 期；创办“磁湖开讲”文化经济高峰论坛；对数据广播“政务信息－点通”进行三次整体升级改版，在全省率先建设开通户外多媒体电子便民系统。

【卫生】　2009 年，黄石市共有医疗卫生机构 1 038 个，其中，综合医院 29 个（含三级综合医院 3 个，二级综合医院 15 个），中医医院 4 个，妇幼保健院 3 个，专科医院 9 个，专科疾病防治院（所）1 个，疾病预防控制机构 3 个，卫生监督机构 3 个，临床检验中心 1 个，中心血站 1 个，乡镇卫生院 33 个，个体诊所 148 个，医务室 38 个，村卫生室 703 个，社区卫生服务机构 58 个，其他卫生机构 4 个。医院床位 9 029 张，职工 1.44 万人，其中卫生技术人员 1.21 万人。每千人口拥有卫技人员 4.7 人和每千人床位 3.5 张。各级医疗机构年诊疗 597 万人次，出院 27 万人次。

卫生改革进展顺利。出台《黄石市深化医药卫生体制改革实施方案》、《2009 年黄石市深化医药卫生体制改革主要工作任务》，正式启动医改工作。印发《黄石市实施国家基本药物制度暂行办法》，大冶市和西塞山区 30 个基层医疗卫生机构作为基本药物制度试点单位实施药品零差率销售。继续开展药品采购集中配送试点工作，药品价格比湖北省药品网上中标零售价下降 16.7%，让利患者 440 万元。全市 15 个二级以上医疗机构参加湖北省药品网上集中招标采购，采购药品 1 738 种，采购金额 2.60 亿元。实施院长聘任制、负责制、年薪制和任期目标责任制，先后完成全市 7 个医院院长的考核聘任工作。完成市直 17 个事业单位岗位设置工作。选择试点单位，启用电子处方，方便群众就医。

强化公共卫生体系建设。全年全市报告一般级突发公共卫生事件 6 件，无较大级以上突发公共卫生事件。组织开展甲型 H1N1 流感防控工作，累计确诊甲型 H1N1 流感病例 171 例，其中重症病例 4 例，3 例治愈出院。报告手足口病 1 234 例，无一例重症和死亡病例。启动九类公共卫生服务项目，城区居民基本公共卫生服务经费达到人均 15 元，城区居民健康档案建档率达 31.2%，农村居民建档率达 5.2%，完成 2 000 名妇女乳腺癌免费检查，实施 200 例贫困白内障患者免费复明手术工程，落实血防重点疫区 1 000 户改炉降氟项目和 1 万户血防改厕项目。

加强疾病预防。全面实施扩大国家免疫规划，全年完成常规免疫接种 43.62 万人次，麻疹强化免疫接种 38.43 万人次，脊髓灰质炎、百白破联合、麻腮二联、乙脑、白破二联疫苗接种率达 98% 以上。实施重疫区血防“整县推进，综合治理”项目，完成查螺面积 6 832 万平方米，完成易感地带药物灭螺 1 889.59 万平方米，下降钉螺面积 45.84 公顷，人群感染率为 1.03%，耕牛感染率为 0.9%，完成人群化疗 5.40 万人次，免费救治晚期血吸虫病人 593 人，全市未发生重大血吸虫病疫情。落实艾滋病“四免一关怀”政策，共监测艾滋病高危人群 1.33 万人，对 134 名艾滋病病人免费实行抗病毒治疗，治疗率达到 100%。全市以县为单位现代结核病控制策略覆盖率达 100%，共发现结核病（痰阳）病人 951 例，结核病病人治愈率达 85%。

推进妇幼保健工作。市妇幼保健院在全省第一批三级妇幼保健机构等级评审中，以总分第一名的成绩被授予“三级优秀妇幼保健机构”称号。大冶市、阳新县妇幼保健院被评为“二级优秀妇幼保健机构”。实施农村孕产妇住院分娩补助项目，对 1.7 万名孕产妇住院分娩给予相应补助，全市孕产妇住院分娩率达到 95% 以上。降低孕产妇、5 岁以下儿童死亡率，是年全市孕产妇死亡 6 例，死亡率为 21.57/10 万；5 岁以下儿童死亡 193 例，死亡率为 6.94‰，均低于省、市规定指标。

农村卫生工作进展顺利。全市参加新型农村合作医疗人数达到 138.76 万人，参合率为 92.42%；大冶、阳新和城区新农合住院费用报销比例分别达到 38.37%、42.98%、43.75%；启动大冶市、阳新县所有乡镇门诊统筹试点工作。加强农村卫生人才培训，培训乡镇卫生院长 31 名、乡镇卫生院全科医生 50 名、中专学历乡村医生 170 名。8 个乡镇卫生院与外建立对口合作关系，开展对口支援活动 12 次，接受药品价值 9 200 元，受赠设备价值 13 万元。

强化卫生执法。认真执行行政审批集中代办，卫生许可及时办结率 100%，服务对象满意率 100%。深入开展卫生监督检测和专项整治工作，对 153 个违法单位和个人立案查处，罚没款 14.5 万元。严格落实公共场所量化分级管理工作，出台《黄石市公共场所卫生监督量化分级管理工作实施方案》和《黄石市公共场所卫生信誉度等级评定工作程序》，全年全市无一例食物中毒事件发生。

卫生科教水平进一步提高。完成科研鉴定项目 22 项，其中国际先进水平 4 项，国内领先水平 18 项。抓好继续教育项目规范管理，举办省级继续教育项目 35 项，市级继续教育项目 34 项。认真做好考试考务工作，组织 2 738 名考生参加全国卫生专业技术资格考试，组织 1 190 名考生参加全国医师资格考试。加强科教信息平台建设，启动全市 34 个医卫单位湖北省医学科技教育管理平台建设工作。

【体育】 2009年,黄石市体育工作取得新成绩。

开展多种形式的群众体育。全年共开展第二届东方山登山健身大会、国庆大型太极展演、第八届街道老年人运动会、黄石市第八届运动会等各类群体活动82项次。积极推进青少年体育活动的开展,组织2 300名青少年进行夏、冬令营,选派部分教练员到学校指导青少年体育训练。被国家体育总局、教育部批准为国家首批"足球进校园"活动试点城市之一,成功举行足球进校园活动启动式,完成全市各中小学第一阶段足球联赛活动,黄石市代表队在全国青少年校园足球冬令营活动中获得集体奖7项、个人奖6项。

加强人才培养工作。新增2个训练网点,成功申报2所国家级青少年体育俱乐部。共输送44名优秀运动员,其中有6名运动员分别进入国家体操队、现代五项队、游泳队和跳水队。黄石市体育学校再次被国家体育总局命名为国家高水平体育后备人才基地,这是继1997年、2004年后,连续三个周期获得此命名。积极组队参加全省年度比赛,在15项青少年年度比赛中共获金牌57枚。

体育竞赛形式多样。全年先后举办黄石市第八届运动会、湖北省青少年乒乓球赛、湖北省农民乒乓球赛、"肯德基"全国青少年篮球黄石赛区挑战赛、全国第20届城市中老年人篮球赛、全国乒乓球俱乐部乙A比赛等竞赛,承办全国中级以下(含中级)教练员培训班。

推进体育设施建设。总投资为2.9亿元的黄石市新体育馆工程于年内动工,总建筑面积4.67万平方米,建成后最多容纳座位6 218个(含活动座位1 504个),是一座集中心体育馆、运动员训练馆、游泳馆、配套体育健身场所及商业为一体的大型现代化体育综合性场馆。黄石国家乒乓球训练基地迁址工程,已完成立项、规划前期工作。黄石奥林匹克健身中心(游泳馆)工程已列入黄石市迎接建国建市60周年重点工程,全年争取和利用体育彩票公益金在社区、乡镇(村)新建128个农民体育健身工程和18个社区全民健身路径,出资10万元开辟黄荆山森林公园登山健身步道,新建2个社区全民健身活动中心。坚持公共体育场馆设施低费或免费向市民开放,市属各体育场馆共接待健身市民58万人次。圆满完成乒乓球、残疾人轮椅等国家及省集训队集训接待工作,投入近40万元对体育场塑胶跑道进行翻新改造。

【精神文明建设】 2009年,黄石市精神文明建设取得新成果。组织开展全市第三届文明示范窗口评选活动,联合有关部门开展百城万店无假货、民营医疗机构诚信创建、评选推荐全省文明风景旅游区等活动。着力推进社会主义核心价值体系建设,广泛开展"迎国庆、讲文明、树新风"活动。大力开展公民道德思想建设,精心组织全国、全省第二届道德模范推荐、全市首届道德模范表彰和"我们身边的道德模范"学习宣传活动。扎实推进未成年人思想道德建设,深化未成年人体验教育品牌,年内,黄石市荣获"全省未成年人思想道德建设先进城市"称号。

加强理论武装。制订出台《关于加强和改进全市党委(党组)中心组学习的意见》、《全市党委(党组)中心组学习考核办法》等系列规范性指导性文件。举办各类专家讲座、形势报告、理论研讨会380余场(次),参学人数20余万人(次)。

推进舆论引导。全年全市在省级以上媒体发稿6 000余篇(条),其中,国家重点媒体近2 000篇(条)。《人民日报》头版头条1篇,新华社《内部参考》刊发5篇,《动态清样》刊发2篇,实现整体超越。还先后推出深度新闻、三大战略大家行、零距离关注、东楚时评、走遍东楚等全新栏(节)目,打造了"海观山"评论品牌;精心策划并组织实施学习实践科学发展观、十七届四中全会精神等系列活动。大力推出、宣传全国第一种田大户侯安杰、全省道德模范陈绪林、见义勇为巾帼英雄张玉莲、国土卫士熊国胜等一批重大典型。

拓展对外宣传。采取集中采访、专版专题宣传等方式,在凤凰卫视、《大公报》、《文汇报》、《人民日报》(海外版)等海内外媒体共发稿1 200篇(条),多角度、全方位展示魅力黄石。邀请中新社、新浪、凤凰网等30多个媒体聚焦东方山弘化禅寺建寺1200周年"万人祈福东方山"等活动,推动黄石及东方山旅游开发。协助完成全省外宣重点项目——中美合作大型电影纪录片《传奇之地》在黄石的拍摄工作。扎实推进网络舆情监测与研判工作,健全突发公共事件网上应急处置机制,全年及时有效处置50余件网上突发事件。不断加强网宣阵地建设,东楚网·黄石新闻网被评为全国十大地方门户网站创新品牌,《东楚时评》被评为"全省十大品牌栏目"。

(黄石市史志办)

鄂州市社会事业

【教育】 2009年,鄂州市共有幼儿园32所,在园人数8 908人,毕业幼儿1 354人,招收幼儿8 573人。初步建立学前三年教育体系,城区4岁~6岁幼儿入园率达98%,农村学前一年教育入园率达90%。

全市共有小学263所,在校学生总数为7.46万人,毕业学生1.43万人,招收学生1.31万人。全市适龄儿童入学率100%,残疾儿童少年入学率93.6%。全市共有初中48所,在校学生总数为4.9万人,毕业学生1.71万人,招收学生1.54万人。组织教师"四访"控流,即访贫困生、访后进生、访留守生、访异动生,提高初等教育普及程度。全市初中在校生入学率达97.5%,15周岁人口中初等教育完成率达98.7%,17周岁人口初级中等教育完成率达95.8%,均达到国家规定标准。按照湖北省教育厅的部署,开展义务教育均衡发展改革试验,实施农村中小学布局调整,完成5所农村初中的撤并工作。制定全市中小学布局调整的总体规划和实施方案。

全市共有普通高中10所,在校学生总数为2.35万人,毕业学生8 422人,招收学生7 281人。全市初中毕业生升学率达82.3%。全市共有中等职业学校10所,在校学生总数1.48万人,毕业学生3 169人,招收学生6 156人。全市普通高中高考报名人数为8 936人,第一批本科上省线人数879人,比上年增加60人;上省线人数(四批专科〈二〉线上人数)为7 840人,上省线率为87.7%,比上年增长2个百分点。启动全市普通高中新课程改革,组织高中教师参加新教材培训,广泛开展课改交流活动,推进新课程改革。进一步完善学生综合评价机制,稳妥实施中考制度改革,首次实行网上评卷。

中职招生规模进一步扩大,普通高中和职业学校招生比达到51.5:48.5。年内,武汉城市圈(鄂州)职业教育园区落户葛店开发区。5月11日,湖北省教育厅组织专家评估组对职教园建设项目进行综合评估,并全票通过,11月,湖北省人民政府批准同意并授牌。已有4所职业院校签约落户园区,其中,宝业建工学校已于2009年招生开学(在校生268人)。

2009年,鄂州职业大学有教职工1031人,其中在职856人,专任教师596

人。全年教师完成科研成果226项。其中,在国内外学术期刊发表学术论文197篇,获省、市奖励6篇,核心期刊8篇,被《人大复印资料索引》引用1篇;编写教材专著21部;省级科研立项9项,获湖北省高等学校教学成果一等奖1项,省、市级三等奖3项;获全省高职高专首届教师教学技能(说课)比赛一等奖1个、二等奖2个、三等奖1个。学校电子电工与自动化技术教育实训基地被确定为省级教育实训基地;新建4个新专业,建成省级教改试点专业1个,省级精品课程1门,湖北省高等学校教学团队1个,"楚天技能名师"教学岗位5个,聘请"楚天技能名师"3名。2009年,学校计划招生3 180人,实际录取3 683人;有2 333名学生毕业,其中,1 704名毕业生一次性就业,毕业生就业率达98.2%(协议就业率达80.2%)。5月8日,学校综合教学楼破土动工。新教学楼总建筑面积3.2万平方米,集教学、实验、科研为一体,整体功能齐全,与校园整体规划相协调,体现了较高的文化底蕴。7月4日,"武汉城市圈中央部属高校与地方高校支持合作计划"签字仪式在东湖宾馆举行。鄂州职业大学与中国地质大学(武汉)正式签订合作协议。根据协议,中国地质大学(武汉)在专业建设、师资和管理队伍建设、实训基地建设、科学研究与学术交流、成人教育等方面对学校进行对口支持。9月3日,根据《省教育厅关于同意湖北大学等六所院校开展合作办学的批复》,第一批与乌克兰彼得罗夫斯克大学合作开办的应用电子技术专业学生入学,标志着中乌合作办学项目正式启动。

继续抓好农村寄宿学校建设,逐步解决农村中学寄宿学生在住宿、就餐、饮水、如厕等方面的问题。筹资2800万元,以"四建两改"(建食堂、建宿舍、建浴室、建锅炉房,改水、改厕)为重点,对22所农村初中进行寄宿制项目建设,改扩建面积4.3万平方米,10月份全部竣工投入使用。6月10日,全市中小学校舍安全工程启动,年内,完成全市352所中小学校舍安全排查鉴定工作,共排查鉴定单体建筑物1332栋、总面积95.13万平方米,完成中小学校舍安全工程三年规划编制工作,对194栋D级危房立即停用或拆除,对部分存在安全隐患的校舍进行加固改造或拆除重建。

开展"五项培训",即万余名教师全员培训、农村学校英语教师集中培训、高中教师新课改培训、计算机知识培训、学历提高培训。选派400名农村校长和教师,分期分批到武汉高校参加"全省农村教师素质提高工程"培训。大力实施农村教师资助行动计划,全市有19所市直学校与农村学校对口援助,90余名教师与农村教师结对子,200余名城镇教师到农村学校支教。

进一步完善贫困学生资助体系,义务教育继续落实"两免一补"政策;高中教育择校费的10%用于资助贫困生,对616名农村贫困高中生按每生每年1 000元标准,争取国家彩票公益金共计61.6万元;中职教育落实国家助学金制度,对全市1.12万名贫困生按每生每年1 500元标准进行资助,共计843万元;高等教育落实生源地信用助学贷款政策,对全市1 389名贫困大学生按每生每年6 000元的贷款额度,贷款金额共计833万元。

【科学技术】 2009年,鄂州市高新技术产业实现总产值83.5亿元,比上年增长25.1%;完成工业增加值32.1亿元,增长23.9%,高新技术产业增加值占规模以上工业增加值的21.4%,比上年增加1.5个百分点。全年解决20项关键技术难题,登记10项省级科技成果,4个企业成为省级高新技术企业,28个高新技术企业产值超过亿元,23个企业产品获得国家重点新产品称号,7个企业拥有省级技术中心,7个企业列入省"中小企业路线图计划",4个企业列入省创新型企业试点;全年获省级科技进步奖3项,申请专利556件。鄂州市被评为全国科技进步先进城市。

全年争取国家及省级科技计划项目29项,资金2 228万元。其中,争取国家自然科学基金、国家创新基金、国家科技人员服务企业、国家火炬计划项目11项,在金刚石新材料、激光全息材料、太阳能电池材料、先进制造技术、计算机视觉模式研究等方面获得国家支持;争取省级重大科技专项2项,争取扶持资金1 000万元,对新医药和新材料产业发展起到良好的助推作用;争取省级技术研发项目、省级创新基金项目、省级信息化建设、省级科技兴贸、省级科技创新平台建设等其他项目16项,扶持数控设备、模具技术集成、生物制品、节能环保等领域加快发展。

组织实施一批高新技术成果转化和产业化项目,推动高新技术产业的快速发展。华烁科技股份公司、葛店人福药业公司两个高新技术产业化项目获省级重大科技专项扶持,吸引科技产业化资金投入8 000万元;华工高理、华烁科技、武大弘元、科益药业等4个企业通过省级高新技术企业认定;引进广东海大集团,建设鄂州海大生物饲料有限公司,年内项目已正式投产。

高新技术产业保持平稳较快的发展。新材料、生物医药、先进制造、节能与环保四大产业发展速度较快,年产业增加值分别为16.6亿元、9.6亿元、2.4亿元和2.3亿元,占全部高新技术产业增加值的96.2%。全年有3个企业列入农业科技创新示范企业;建成水产、畜牧、蔬菜3个省级科技创新示范基地,引进广东海大集团建设水产苗种繁育与高效健康养殖示范基地;新增农技110信息服务用户4 000户,完善和新建农技110信息服务站10个;初步确立农业科技特派员制度建设,带动农业特色种养殖业和加工业的快速发展。

积极建设全国知识产权试点城市。帮助鄂重重型机械有限公司等创建国家级专利试点企业,通过派驻专利特派员,帮助建立企业知识产权制度。全市专利申请量取得新突破,总专利申请量达到556件,企业专利申请量达到307件,占申请总量的55.3%,发明专利申请量达到114件,占申请总量的20.5%。

开展农业科技信息服务示范建设。围绕农业支柱产业,开展与水产、畜牧、蔬菜等优势特色板块相对接的农业科技信息服务,全年发布科技信息7 000余条,开展专家现场服务2 000余人次,培训农民6 000余人次。制定《科技推进城乡一体化试点工作方案》,争取湖北省科技厅出台优惠政策,落实资金3 000万元支持鄂州柯营村城乡一体化试点建设。8月24日,湖北省科技厅与鄂州市政府签订试点工作备忘录,共同推进鄂州城乡一体化建设。

开展先进适用技术的交流与培训。扩大对外研修生的选派工作,全年共选派赴日研修生100名,拓展对外科技交流渠道。葛店开发区晨光实业有限公司完成的激光全息电化铝定位烫印箔项目,湖北鄂重重型机械有限公司完成的分辊驱动变辊数辊式板材矫正机项目及湖北华中科大信息陶瓷有限公司和华工科技高理电子分公司共同完成的小型无铅低功耗启动器芯片项目均荣获湖北省科技进步三等奖。

加大科普宣传力度。开展科普"六进"(进社区、进农村、进校园、进工厂、进机关、进家庭)活动,积极参与"新春四送"(送政策、送法律、送技术、送岗位)、"关注农民工四送"(送岗位、送培训、送信息、送信心)、防震减灾日、观测日全食、科技周、科普日等群众性、社会性的科普宣传活动。全年举办科普报告会8场次、科普展览6场次,开展科技下乡活动9场次,近6万青少年参与科技创新大赛、数学奥林匹克竞赛等青少年科技活动。全市共有18万公众参与各类主题科普活动。截至2009年底，全市共有市级各类科学学会、协会、研究会45个，农村专业技术协会13个。

【文化】 2009年，鄂州市编制出台《鄂州市文化体育重点项目建设六年行动计划》(2009～2014年)，规划60项文化体育重点建设项目。设立招商专项基金，建立文体重点招商项目库，市综合体育馆、市图书馆等重点项目向湖北省发展和改革委员会申报立项，争取到湖北省财政厅资金扶持项目12个。制定《鄂州市城乡文化体育一体化改革试点方案》，明确提出鄂州市未来三年城乡文体事业发展总体目标、指导思想和主要措施。

文化设施建设顺利推进。年内市级博物馆新馆(三国吴都博物馆)主楼和综合楼顺利封顶，编制完成三国吴都馆、铜镜馆、武昌鱼馆等陈列内容设计方案；筹资200多万元，新建市少儿图书馆；市图书馆第四次全国公共图书馆评估定级工作圆满完成；完成11个乡镇综合文化站维修改造工程，建成166个农家书屋，率先在全省实现农家书屋全覆盖；大力开展省京剧二团、市民众文化艺术中心、各区街办公共文化设施建设。华容区建成文化馆，改善办公环境；梁子湖区筹资建成6个农民文化官；古楼街办投资100万元建成面积约500平方米的综合文化活动中心；鄂州开发区各村(社区)文体活动室覆盖率达到100%。截至2009年底，鄂州市市级文化广场、区级文化馆、镇级文化站、村级农家书屋、组级文化中心户的五级公共文化基础设施体系基本形成。

积极组织文化惠民活动。举办庆“七一”文化惠民工程启动式暨“城市美容师之歌”专场晚会，首次免费为市环卫局一线干部职工举办专场演出；“吴都讲坛”成为鄂州市党建工作三大品牌之一；开展月月演和送戏下乡活动，上万名观众免费观看演出；为低保人员举办民生之夜——《吴都风华》专场演出；市博物馆免费接待观众20万余人(次)，向社会低收入群体赠送3 000张参观券；每月在城市社区和农村行政村免费放映一场公益电影，实现城乡电影全覆盖；鄂州电视台创办《鄂州文化长廊》栏目，扩大广大市民的文化视野。在全市开展农家书屋读书活动，提高农民群众的科学文化水平和致富能力；在已完成维修改造的乡镇综合文化站设立娱乐室、棋牌室、图书阅览室，全部向群众免费开放。组织庆祝建国60周年文艺展演暨周周乐广场文化展演周活动。组织演出12场，文艺节目112个，演职人员达到1 500多人；十一期间，开展庆祝建国60周年系列文化活动近百场，直接参演人员达3 000多人次，观众达10多万人次。配合梁子湖旅游捕鱼节系列活动，相继推出《盛世渔歌》文艺晚会等极具特色的节庆活动。扎实推进年月周日文体活动工程。全年共组织开展“周周乐”广场文化活动60场，演出小品、歌舞、戏剧、武术等各类节目540多个，观众达15万人次。

文化精品创作取得新成果。成功创作排演鄂州市建市以来自主创作排练的规模最大、档次最高、投入最多、最具有地方特色的大型舞蹈诗《吴都风华》。剧本《在蓝天上放一群羊》，获湖北省文化厅面向全国征集优秀剧本评奖提名奖和湖北省第九届楚天文华奖三等奖，剧本《上塘》获得湖北省第九届楚天文华奖二等奖，《桥殇》在重庆市面向全国征集舞台艺术剧本活动中获得二等奖(一等奖空缺)，重庆市文广局以10万元买断《桥殇》的首演权。小说《因火成烟》、《雾中情仇》在第二届“新视野”杯全国文学征文中，分获一等奖、二等奖。歌词《和谐之春》在全国第三届新创歌曲、歌词选拔活动中获得二等奖。朗诵诗《亮剑之歌》在全省法治文艺作品评奖活动中获一等奖。

文化遗产保护。完成鄂城钢铁有限责任公司技改项目、城际快速通道工程的文物调查和勘探工作。举办《鄂州铜镜精品展》、《伟大的祖国 光辉的历程》等一系列文物展览活动。市博物馆被国家文物局评为国家二级博物馆。楚文化研究成果《鄂州楚文化及其现代价值》和《西山、雷山、葛山“三山”文化综述》，为市委、市政府决策吴楚文化旅游名城建设工作提供依据。初步完成非物质文化遗产普查工作，涵盖非物质文化遗产近60个种类，记录在册艺人达500多名。雕花剪纸成为鄂州市第一个国家级非物质文化遗产名录项目，玉莲环、嵩山百节龙被确定为省级保护项目。开展“中国文化遗产日”纪念活动，在万联广场、市政府一楼大厅、城市社区等处举办了非物质文化遗产展览。雕花剪纸作品《庆祝国庆》和《育子图》，代表湖北省人民政府参加了在挪威举办的“2009挪威·湖北周”对外文化交流活动。

2009年，全市文艺界获省级及以上文艺奖项、入选省级及以上大展赛80多人次；有6人加入省级及以上文艺家协会；出版文学作品5本(部)120多万字；长篇小说《越过雷池》获第十届公安部金盾文学奖，全年开展各类文艺活动20多次。湖北省民间文艺家协会授予鄂州市文联和市民间文艺家协会民间文艺工作突出贡献奖。全市文艺工作者在省级报刊杂志和书籍发表小说、散文、诗歌、报告文学等文学作品100多篇(首)，有20多名作家的小说、散文、诗歌入选《芳草》文学期刊“1+8”武汉城市圈作家专刊号。83岁艺术家张全文创作的推进廉政文化建设美术作品《礼乐颂盛世 明镜铸清廉》13.6米国画长卷，被列入湖北省文联2009年重点扶持项目。

【新闻出版】 2009年，鄂州市出版报纸424期计1660万份，出版期刊6种计15万册。出版文学专著5部，分别是叶贤恩的传记文学专集《王葆心传》、黄朝霞的

《吴都风华》在鄂州大剧院演出剧照　　(鄂州市史志办　供稿)

《鄂州历代文选》、邓元梅与他人合著的长篇小说《亲爱的魅影》、《我的兄弟我的爱人》、余耀华的历史长篇小说《千古第一相——管仲》。10月1日,《鄂州日报》从四版扩为八版,在内容和形式上进行大规模的调整和创新。全年鄂州日报社策划宣传86次,其中围绕中共鄂州市委鄂州市人民政府中心工作和老百姓关注的热点问题作出重大策划18次。

加强媒体宣传攻势。围绕全市庆祝建国60周年、政府十件实事等重点和特色工作,全年开办人大代表专线9期、亲民热线11期、市长专线3期,受理的提问件件有答复,受到市民的欢迎;多次利用头版头条报道"四城创建"情况,开办"特色社区创建"、"四城创建曝光台"等栏目,集中版面宣传园林城创建的成果及作法,推动"四城创建"工作的有序开展。鄂州人民政府门户网站和鄂州新闻网不断探索服务新形式,成功改版,实现社会效益和经济效益双丰收。在国家工业和信息化部组织的考核中,鄂州市人民政府门户网站排名由全国的114位上升到102位,全省由第6位上升到第5位。全年在国家、省级报刊发表文章147篇,采编人员采写的稿件获好新闻作品50余件。

【广播电视】 2009年,鄂州市广播电视事业围绕全市中心工作,切实做好宣传报道工作。先后开辟《深入学习实践科学发展观》、《加强整改落实 推进城乡一体化》、《书记谈整改》等专题、专栏,发稿240篇,宣传学习实践科学发展观活动;播发稿件200多篇,开展两型社会先行区和城乡一体化建设的宣传;开辟专栏7个,举办各种活动13场次,进行建国60周年的宣传工作。全年在中央台发稿28条,其中中央电视台"新闻联播"播发4条,中央人民广播电台播发2条;湖北省电视台发稿350条。加大信息报送工作,全年被市委、市政府等部门采用信息32条次。举办湖北网络歌手大赛鄂州赛区比赛、"纪念建国60周年红色歌曲大奖赛"和《红色之路》系列鄂州革命历史纪录片等大型活动,扩大了鄂州广播电视的社会影响。

推动宣传工作向纵深发展。先后推出新视点、法在鄂州和文化长廊等新栏目。民生新闻栏目"亲民热线"进一步扩大上线参与面,逐步向基层向民生部门延伸。"直播鄂州"实现每周五次播出,全面展现普通百姓的生活状态和情感状态,帮助解决实际问题。"垄上行"积极开展科普惠农宣传活动,与农民朋友面对面交流。与黄冈电视台联手组织《走进武穴——金桔送福》大型跨区域互动活动。

2009年,城区基本完成数字电视转换任务,全市数字电视用户达到9万户,其中农村转换3万户。先后开通华容电视台、梁子湖电视台的数字信号。三个电视频道实现全天候播出和广播电台18小时播出。广播电视节目实现网上同步收听收看。搭建高清电视和双向互动电视平台,影视娱乐、教育资讯等点播节目开始试运行。价值100多万元的中广传播有限公司移动多媒体广播(CMMB)15频道1千瓦和广电总局公共覆盖地面标清无线数字电视(CTTB)48频道1千瓦落户鄂州。率先在全省启动广播电视"三网融合"。12月30日,省广电总台与中共鄂州市委、鄂州市人民政府举行农村有线电视"三网融合"启动仪式。10月19日,与湖北省电影总公司就建设鄂州影城达成战略合作协议。"每日电影工程"继续推进,全年共放映公益电影4516场次,其中农村放映3489场次,城市社区放映672场次,城市广场放映346场次。

【卫生】 2009年,鄂州市共有医疗卫生机构457个,其中市区122个,农村335个;床位3 476张,其中市区2 623张,农村853张;卫生人员总数6 321人,其中市区3 830人,农村2 491人;执业医师1 910人,其中市区1 475人,农村425人;执业助理医师543人,其中市区257人,农村286人;注册护士2 065人,其中市区1 519人,农村546人;卫生系统固定资产6.17亿元,其中市区5.65亿元,农村5 241.6万元;负债3.03亿元,其中市区2.81亿元,农村为2163.3万元;全市医疗机构门诊总诊疗人次约为200万人次,其中市区约120万人次,农村约80万人次;住院人次约为10万人次,其中市区约6.2万人次,农村约为3.8万人次。2009年,参合农民64.69万人,比2008年增加4.84万人,参合率为95.6%,比2008年增长5.55个百分点,全市参合农民住院综合补偿率达45.8%。

贯彻实施《鄂州市城乡居民基本医疗保险门诊统筹实施细则》。争取国家投资卫生项目12个、建设资金3 828万元,完成华容区医院新建和太和、长港、沼山、涂家垴、临江、汀祖镇卫生院和6个村卫生室的改扩建任务;争取省级投资28万元,完成56个村卫生室整建任务;培训卫生院管理人员51人、乡村医生312人;为乡镇卫生院输送大学生8人。全年共受理求救电话7.06万次,其中有效求救电话5 905次,出车5 952次,抢救各类伤员4 837人次。

全年共监测并上报甲型H1N1流感病人128例,没有出现重症和死亡病例。免费接种甲型H1N1流感疫苗12.98万人次。全年共监测手足口病患者481例,无重症病例报告。据统计,全年共处理卫生应急事件78件,其中家庭和散发食物中毒3件、火灾现场处置1件、传染病疫情74件,上报突发公共卫生事件1件。

全年共监测艾滋病5 463人次,自愿咨询检测1 177人次,新发现艾滋病阳性感染者8例;全市存活的35名艾滋病病人、感染者均得到有效救治。

全年共发现各类肺结核病人564例,全部给予免费抗结核药物治疗;活动性肺结核病人系统管理率达99.5%以上,治愈率达97%。

开展血吸虫病防治。调查钉螺面积1269.35万平方米,查出有螺面积540.33万平方米,无新发钉螺面积;投人灭螺药物3173公斤,灭螺面积158.66万平方米,药灭工作达到预期效果;普查1.18万人,查出病人23人,扩大化疗普治4412人次,对查出的病人及时进行治疗;免费救治晚期血吸虫病人3例。

全市无甲类传染病报告,共报告乙类法定传染病2609例,报告发病率为248.5/10万,报告丙类传染病975例。

全市共接种42.69万人(剂)次。卡介苗接种率为98.4%,麻疹疫苗接种率为98.6%,糖丸三次服苗合格接种率为98.8%,百白破混合制剂单苗接种率为97.7%,乙肝疫苗接种率为96.8%,首针及时接种率95.1%、加强免疫接种率95.2%。全市接种单位均实施预防接种信息化管理,0岁~7岁儿童建卡率为99.6%,建证率99.7%,卡、证符合率98.5%。全年新法接生率100%,住院分娩率99.5%,孕产妇死亡率为17.60/10万,5岁以下儿童死亡率为2.6‰,婴儿死亡率为2.0‰,7岁以下儿童保健覆盖率为90.2%,孕产妇系统管理率为88.3%,基本消除新生儿破伤风。

进一步规范简化卫生行政许可程序。卫生许可证综合持证率100%,食品卫生监督量化分级评审已评定A级单位5个;对4923名各类从业人员实施体检和卫生知识培训,发放健康证与培训合格证3746份;加强产品质量与消毒效果等的监督监测工作,食品样品检测合格率96.9%,餐具样品检测合格率达96.8%,公共场所空气质量检测合格率100%,生活饮用水样检测合格率均达到100%。

开展医疗市场整治工作。立案查处

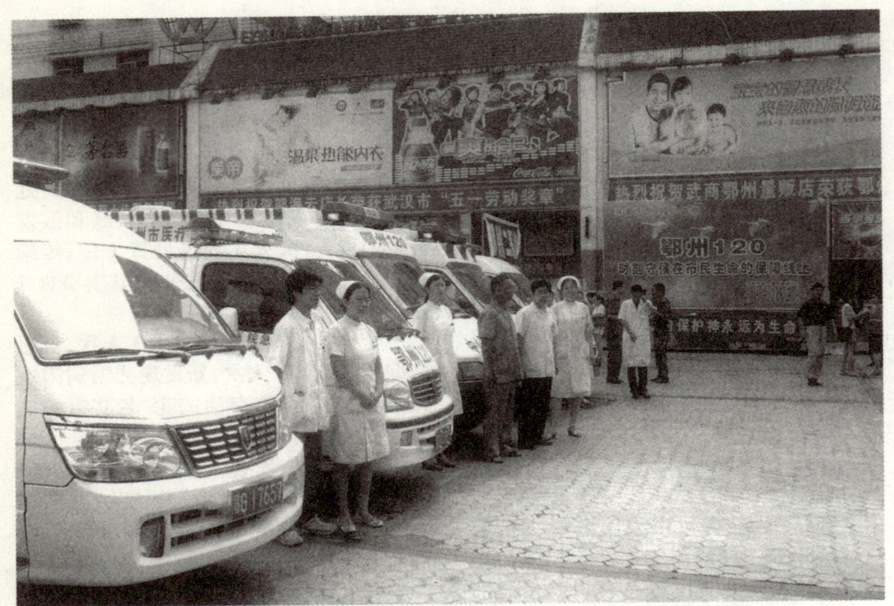

鄂州市急救中心组织开展急救应急演练　　　　（鄂州市史志办　供稿）

无证行医45户，累计收缴非法执业药品器械达50件、药械品种200余个，处罚10万余元，移送公安部门案件38件，行政拘留2人。

加强社区卫生服务体系建设。争取国家建设资金340万元，新建改建飞鹅、樊口、濠塘、寿昌、火车站、大桥、东坡亭、西山等8个社区卫生服务站；全市22个社区卫生服务机构实行药品统一采购、统一配送；完成34名全科医师和90名社区护士的理论培训和临床实践。新建家庭健康档案1.55万份，发放健康教育宣传资料4.3万余份；新建高血压、糖尿病等慢性病管理档案1927份，全都实行微机化管理，上门服务1.4万人次。开展社区健康知识专题讲座96期、出宣传栏137期、发放健康处方3.09万人份，举办健康咨询33场次。

积极推进创建国家卫生城市工作。以"爱国卫生月"活动为载体，开展以春季灭鼠为主的除"四害"活动。命名48个市级卫生先进单位、10个除"四害"先进单位。重点完成古楼街办濠塘社区、鄂钢集团周边、江边蟠龙菜场的整治工作和鱼头街饮食示范摊群的卫生改造任务，市容市貌明显改善。建成市医疗废物处置中心，并投入使用。全面启动鄂州市医改工作，鄂州市被国家医疗改革领导小组办公室确定为全国16个公立医院改革试点联系城市之一，鄂州市城区被湖北省医疗改革领导小组确定为省级基本药物制度试点单位。

【体育】　2009年，鄂州市共有举重、柔道、田径、武术等10个项目，参加全省青少年体育竞赛获得23枚金牌、14枚银牌、13枚铜牌。在湖北省第十四届体育舞蹈锦标赛上，获得2枚金牌、2枚银牌。组队参加了第二十届全国部分城市老年篮球赛、中国联通杯2009年CTTA中国乒乓球会员联赛暨湖北省第十八届中老年乒乓球赛。在"1+8"武汉城市圈2009武汉东湖端午文化节暨首届龙舟大赛中，鄂州市获得第一名。市业余体校等6个单位和金浩明等3名个人分别被国家体育总局表彰为群众体育先进单位和先进个人。

加强体育基础设施建设。市综合体育馆新馆面向全国完成概念性设计工作；市体育艺术职业学校、市体育产业培训中心等重点文化体育工程建设开始启动，市体育艺术职业学校进入国家发改委的项目库，争取国家职业教育项目扶持资金300万元。提高全市各社区和小广场全民健身体育器材的覆盖率，满足公众健身要求；巩固农民体育健身工程建设成果，为广大民众健身提供场地和设施；面向社会义务推广大众舞蹈和健身气功，培训骨干200多人。积极推进农民体育健身工程向自然塆（农村新社区）延伸。

全面开展中小学生"阳光体育运动"，加强学校体育卫生艺术教育，促进学生全面和谐发展。3月，在湖北省第十一届中学生运动会上，鄂州市取得田径项目3金4银3铜和乒乓球项目男单女双两项冠军的好成绩。在湖北省第十三届大学生运动会上，鄂州职业大学夺得2金、3银，并获得体育道德风尚奖。

【精神文明建设】　2009年，全市精神文明创建工作取得新成绩。

组织开展一系列群众性精神文明创建活动。在全市13个省、市级文明社区开展"创建文明城市，我知晓、我参与、我奉献"主题教育互动活动13场。不断挖掘群众身边的好人好事。向中央文明办推荐鄂州市好人好事30余人（件），其中，彭世文、董昌友夫妇入选9月份中国"好人榜"，分别被评为"见义勇为好人"、"孝老爱亲好人"，余巧云、袁崇礼入选12月份"孝老爱亲好人"，董昌友夫妇还被湖北省精神文明建设指导委员会办公室、湖北省妇女联合会等部门联合表彰为第二届湖北省道德模范提名奖。

加大精神文明建设宣传力度。依托移动、联通、电信的短信平台，每月定期发送文明短信；在濠塘、滨湖等社区制作一批宣传文明城市、倡导道德规范、普及生活常识的文化长廊；从城区中小学聘请100名教师、社区五老（指抗日战争、解放战争时期作过贡献，如今尚健在的老地下党员、老游击队员、老交通员、老接头户、老苏区干部）人员为教育宣讲员，动员和引导广大市民积极参与到文明城市创建之中。面向全国开展鄂州"文明城市形象推广语"征集活动。通过网站、邮箱、短信和书信形式，共收到来自全国各地902名群众的1万多条应征广告语，从中评选出50条优秀推广语。印发《关于制作文明城市创建公益广告的通知》和《关于做好鄂州城市形象推广语宣传的通知》，在城区公交港湾增设41处以"鄂州文明城市形象推广（广告宣传）语"为主要内容、图文并茂的公益性广告牌，借助单位电子显示屏、出租车LED屏、"鄂州市民网络学校"等载体广泛进行宣传。

组织百名记者深入挖掘"清洁乡村、美化家园"活动，各试点塆组的经验做法，全面反映乡村环境面貌的巨大变化，全年推出宣传报道28篇，对其中的12篇优秀新闻稿件和3幅新闻图片进行奖励。新庙镇英山村被湖北省文明办作为全省十个文明新村典型向全省推介。

深入开展净化社会文化环境工作。全年查处违规网吧99个，破获网络淫秽色情案件2件，取缔非法网站3个，销毁侵权盗版制品及各类非法出版物1.36万余件。

继续加强未成年人思想道德建设。启动全市中小学"文明在我家"活动，在《鄂州日报》上开辟专栏，集中报道各校的活动特色和经验做法，累计刊发10期。石山中学和吴都小学被中央精神文明建设指导委员会办公室确定为全国"做一个有道德的人"主题活动联系点。

5月23日，在吴都小学举办全省"向国旗敬礼、做一个有道德的人"网上签名寄语活动，近3 000名师生参加。全年全市有2名学生获得"湖北美德少年"称号。

（鄂州市史志办）

孝感市社会事业

【教育】 2009年，孝感市教育事业跃上新的台阶。全市义务教育阶段共有小学学校713所，在校学生30.01万人；初中学校195所，在校学生23.36万人；高中学校40所，在校学生10.70万人；义务教育硬件条件得到进一步改善。全年规划实施标准化校园建设工程项目322个，投入资金1.4亿元。180个标准化校园建设项目实现开工。完成投资8 000余万元。年内，获得国家批复孝感市中西部初中学校标准化建设工程项目26个，投资3 967万元。

努力提升基础教育质量。加大防流控辍检查力度，时时掌握在校生人数和学生异动情况。2009年秋季，小学适龄儿童入学率100%，初中适龄少年入学率98.2%，残疾学生入学率95.2%。小学在校学生无辍学，初中在校学生辍学率为1.8%。开展教育质量年活动。强化质量管理，制定下发《关于进一步深化改革加强管理提高基础教育质量的意见》。启动高中课程改革，加大高中课改学科教师、教材培训力度。加强教学常规管理，积极做好高三年级学科考点解读、复习备考、备考视导，三次统考联考等工作。采取统一教学进度、统一评价监测、统一微机管理的模式监控非毕业年级教学质量。努力改革初中学校评价标准，突出中考参考率、合格率和完成率，使学校教育切实面向全体学生。抓好课程德育、社会实践、校园文化三大环节，突出文化熏陶，增强学校德育工作的针对性、实效性。大力开展学生阳光体育运动，全面推进普及《全国中小学系列广播体操》。加强学生健康教育及甲流等传染病防控工作，落实晨午检、疫情监控、疫情处置等一系列防控措施，保障了学生健康成长。

加强教师队伍建设。组织开展学习《中小学教师职业道德规范》教育月活动，集中整治教师有偿家教。城区18所义务教育学校在孝感日报上发布《规范办学承诺书》，3 000余名教师签订了《师德规范承诺书》。组织实施国家教师特设岗位计划和湖北省农村教师资助行动，全年共接受资教生（特岗生）336人，资教生（特岗生）总数达到1 317人，全部安排在农村学校任教，其中，138名资教生被招聘为正式教师，有效缓解农村学校教师结构不合理的矛盾。做好义务教育学校实施教师绩效工资工作，确保孝感市义务教育学校教师基础性绩效工资在教师节前全部落实到位。继续实施教师资格证书制度，严把教师队伍入口关，共对孝感学院的932名应届毕业生进行教师资格认定，受理并完成143名社会人员的教师资格认定工作。加强师资培训工作，不断提高教师专业素质。全市共组织1 812名高中教师参加国家高中新课程学科教师网络培训；举办高中新课程学科教师教材培训班14期，培训学科教师1 681人；开办义务教育阶段新课程学科教师培训班16期，培训教师2 721人；开展"英特尔未来教育"教师信息技术培训，培训教师400人；实施湖北省农村教师素质提高工程，选送1 640名农村学校教师和校长免费参加培训。加强骨干教师队伍建设，提升教师队伍专业水平。组织91名中小学骨干教师到江苏省教师培训中心培训学习。

关爱留守学生和进城务工人员子女。实施关爱留守学生"春雨工程"。全年全市76所学校接受农民工子女8 928人（初中4 404人，小学4 524人），建立留守学生档案79 030份，建立亲情电话11 233部，培训留守学生监护人或委托监护人71 445人次，有寄宿条件的学校共接纳留守学生24 072人，解决留守学生提出的个性化问题3 552个。

广泛开展中职生技能大赛。相继举办全市计算机应用、数控、电工电子、钳工、汽车维修等5大类竞赛活动。成功承办湖北省机械加工和计算机网络专业的分赛区组赛工作，全市共有10名学生获得省技能竞赛一等奖，12名学生获得二等奖，其中，一等奖获奖人数占全省获奖总数的三分之一。

做好大中专毕业生就业工作。组织专人对市属大中专院校应届毕业生的就业形势及毕业生的思想状况进行了调研，开展有针对性的指导，努力引导毕业生参加"三支一扶"（大学生在毕业后到农村基层从事支农、支教、支医和扶贫工作）、"西部计划"活动，鼓励毕业生到基层就业等。积极做好毕业生就业信息的收集。收集本地和外地对毕业生的需求信息，并将收集的信息与院校沟通，实行资源共享，全年共收集各类用人信息912条，毕业生需求量达到14 679人。搭建就业平台。组织2009年武汉城市圈孝感市大中专毕业生供需见面会。招聘单位提供岗位4 300个，现场达成意向性协议3 700个。

落实贫困生资助工作。积极宣传学生资助政策。创建孝感市教育规划财务信息网，通过网站让学生及家长知道政策，使政策透明，工作阳光。加强督办检查。重点对市直中职学校上一年秋季国家助学金的发放情况进行检查，有效的防止了弄虚作假，虚报瞒报等现象发生。开展高中毕业班家庭经济困难学生情况调研，共发放家庭经济困难学生情况调查表8 500份，回收调查表7 427份，为启

孝感高中 （杨炬 供稿）

动生源地信用助学贷款提供重要参考依据。全年共资助各类贫困学生284 243人,占孝感市人民政府下达资助人数的148.0%,其中,资助普通高中家庭经济困难学生1 696人,资助中等职业学校家庭经济困难学生共23 431人,资助义务教育阶段学校学生251 720人,资助贫困大学生7 396人。

【科学技术】 2009年,孝感市获批省级以上科技项目71项,总投资6.9亿元,争取无偿资金3 403万元;新建省级企业工程技术研究中心1个,市级以上企业技术中心20个;新认定高新技术企业39个,申报国家专利410项。全年完成省级重大科技成果登记33项,其中国际先进水平5项,国内领先水平26项,国内先进水平2项。年内,孝感市、应城市被评为全国科技进步先进市。

科技合作取得成效。全年共开展科技对接活动295次,实现科技合作项目104项,转化科技成果300多个。其中,获得国家科技进步一等奖的武汉科技学院研发的国际领先技术水平的"高效短流程嵌入式复合纺纱技术"成功在孝棉集团和汉川妙虎纺织等企业中推广应用。"高分散型大豆分离蛋白"、"高效短流程嵌入式复合纺纱技术"、"碳酸盐磷矿反浮选捕收剂"、"高档数控系统及加工设备"、"光纤陀螺仪"等5项成果列入湖北省百项重点高新技术产品推广及产业化计划项目库。华中科技大学制造装备数字化国家工程中心有限公司投资1 000万元与鄂职九洲合股成立湖北九洲数控机床有限公司共建国家数字化制造装备技术研发、生产和工程基地。此外,三江瓦力特特种车辆有限公司获得国家国际科技合作基地建设项目,湖北大禹电气科技股份有限公司获得湖北省电动机软起动器工程技术研究中心建设项目。

【文化】 2009年,孝感市有公共图书馆8个,艺术表演团体(剧团)8个,文化馆(含文化站)127个,艺术表演场所(剧场)5个,博物馆9个,艺术研究所1个,文化综合服务公司1个,京剧团1个,乡镇综合文化站31个、村文化室和农家书屋786个、城乡健身场所186处。全年专业剧团共演出1 400场,农村免费放映电影3.6万场次。

文艺创作成果丰富。全年出版《虎王让贤》、《抗战精神》等20余部著作,其中,曹军庆的中短篇小说集《雨水》获得湖北省第六届屈原文艺奖文学类优秀奖,易千元的散文集《岁月如水——怀念我的农民父亲》获得"中华之魂"优秀文学作品征文一等奖。12幅美术作品入选第十一届湖北省美术展览,2幅作品入选全国美术展览,10幅书法作品入选湖北省美术(晋京)展;在第二届湖北少儿文艺金蕾奖(展览类)评选中,安陆市文联选送的美术作品《把客留住》获得二等奖,云梦县文联选送的3件书法作品获三等奖。刘应宁书写的《消防对联》获得"铸铁军·颂和谐——湖北省消防美术书法摄影展赛"书法类唯一金奖。晏美华、孙敏的摄影作品《为了母亲的微笑》获得湖北省第二十三届摄影艺术金奖,何健、毛峰的作品《云梦皮影》获得人民摄影报2008年度的"金镜头"中国摄影作品优秀奖和第五届中国国际新闻(华赛)优秀奖。胡大立创作的剧本《云梦黄香》获得"董永与孝文化剧本评奖"二等奖。

文艺演出及获奖颇多。全年7个专业楚剧团和2个专业歌舞团共送戏下乡2 207场,实现演出收入331.36万元。全市公益性免费演出达285场。在第四届湖北省楚剧艺术节中,孝感市参赛参演剧目22台,其中参赛大戏8台,小戏39个10台,参演剧目8台,近1 000名演员参加了比赛演出。孝感市共获得优秀剧目奖3个、组织奖1个、优秀演出奖8个,各类单项奖一等奖5个、二等奖18个、三等奖25个。

【新闻出版】 2009年,孝感市有《孝感日报》、《孝感晚报》、《孝感学院学报》、《孝感学院报》、《湖北职院学报》5种报纸,《孝感通讯》、《发展研究》、《孝感党建》、《大家庭(槐荫)》、《孝感财政》、《孝感学刊》、《槐荫文学》、《蒲阳花》、《槐荫清风》、《槐荫周刊》、《孝感教育》11种期刊。全年出版报纸743期,平均期印数25.92万份,总印数2 223万份,总发行数2 223万份;出版期刊120期,总印数20.64万份,发行20.64万份;有图书经营点132个,年销售收入10 129万元,年发行2 501.05万册,年利润总额8 359万元。

【广播电视】 2009年,孝感市广播电视事业取得新成绩。孝感电视台全年播发新闻5 000多条,孝感广播电台播发新闻1.6万条。全市新发展广播电视"村村通"用户8.1万户,城区新增有线电视用户7 500户,发展数字电视用户2万多户。截至年底,孝感市共有孝感电视台、孝感人民广播电台、孝感广播电视信息网络发展中心、孝感市城区广播站、孝感市槐荫周刊报社、孝感市电影公司、孝感市广播电视监测站、孝感市微波站、孝感市广播电视公司、孝感市音像制品发行站等广播电视宣传机构,开通数字电视节目100套,模拟电视节目38套,数字广播节目10套。

【卫生】 2009年,孝感市有各类卫生机构551个,其中,综合医院26个,中医医院6个,专科医院5个,社区卫生服务中心、站86个,乡镇卫生院112个,门诊部8个,诊所、卫生所、医务室248个,采血供血机构1个,紧急医疗救援中心1个,妇幼保健院(所、站)8个,专科防治院(所、站)27个,疾病预防控制中心8个,卫生监督所8个,医学在职培训机构4个,其他卫生机构3个。全市卫生机构拥有病床10 077张,卫生技术人员15 044

黄孝花鼓戏 （杨炬 供稿）

人，其中，医生 5 804 人，护士4 632 人。平均每千人拥有医生 1.1 人。全年新改扩建5 个县级医疗机构和23 个乡镇卫生院，完成20 个社区卫生服务机构和 400 个标准化村卫生室建设，孝感市中心医院外科大楼、市麻风病防治中心基本完工。全面启动医疗卫生体制改革，有序进行汉川、云梦基本药物制度试点。

全市卫生机构专业设备总值5.82亿元，其中乡镇卫生院专业设备总值 5 647 万元。拥有现代化医疗设备 CT 机 17 台，800 毫安以上 X 光机 6 台，彩色超声波检查仪 34 台，核磁共振 2 台，医用电子直线加速器 4 台，人工肾渗透装置 27 台，危重病人监护系统 28 台（套），数字减影血管造影机（DSA）1 台。

推进农村合作医疗体系建设。截至 2009 年底，全市共有 341.96 万人参加新型农村合作医疗，占全市现有农村人口数的 95.3%，年内，落实 15.5 万名农村低保和“五保”对象参加新型农村合作医疗。全年共筹集新型农村合作医疗基金 3.53 亿元，其中各级财政筹集 2.84 亿元、农民个人缴费基金6 513.51万元、民政部门医疗救助 325.72 万元、其他收入 92.47 万元。共有参合农民 308 万人次从新型农村合作医疗中得到了实惠。农村合作医疗基金补助医疗费用 3.53 亿元，其中，门诊补助 201.94 万人次，补助费用3 345.59万元；住院补助 20.62 万人次，补助费用 2.95 亿元；为参合农民体检 76.43 万人次，补助费用333.60 万元；二次补助及大病补助 9 371 人次，补助费用 896.29 万元；住院分娩补助 2.40 万人，补助费用502.91 万元；门诊慢性病补助 5.67 万人次，补助费用 687.33 万元；其他补助 168 人次，补助费用 19.99 万元。全年平均住院费用补偿率为 45.3%，平均补偿金额为 1 479 元。年内，孝感市人民政府出台《孝感市新型农村合作医疗制度市级统一实施办法》，为孝感市新型农村合作医疗提供了体制保障。

【体育】 2009 年，孝感市共有 6 个体育中心，体育馆 6 个（其中在建 1 个），体育场（田径场）5 个，游泳馆（池）5 个，综合训练馆 1 个，篮球馆 1 个。全市共有 7 所青少年儿童体育运动学校，先后培养出 38 个世界冠军、亚洲冠军、全国冠军和奥运会亚军。

全年共派出 236 名运动员参加湖北省青少年儿童年度竞技体育比赛 12 个项目的比赛，获得团体总分 919 分。有 5 个项目进入全省前六名，田径团体总分排名全省第二，男子足球排名全省第二，柔道排名全省第三，男、女篮球分列排名全省第四、第五。

孝感体育场　　（杨炬　供稿）

全市常年参加群众体育活动人数占全市总人口的 39%，建有全民健身活动站点 283 个，有社会体育指导员 237 人。全年国民体质监测测试 6 300 人次。安装全民健身器材 122 套。截至年底，全市有全民健身中心 1 个、全民健身俱乐部 2 个、篮球健身长廊 1 个、全民健身路径工程 3 个。

【精神文明建设】 2009 年，孝感市以创建生态城市和发展循环经济为载体，着力推进全市精神文明建设。以武汉城市圈“两型社会”综合配套改革实验区建设为契机，切实改善生态环境，建设环境友好型社会，积极推进减排工程建设、饮用水源保护、城市和农村环境综合整治等工作。继续做好治脏、治乱、治出入口、治违章建筑等“四治”工作，夯实创建生态城市基础；大力开展旅游景区综合开发、旅游基础设施完善配套、旅游市场深度拓展、旅游资源全面整合，提升旅游城市创建水平；全力做好公园绿地、区街、部门绿化、道路绿化、小区绿化、庭院绿化建设，加强绿化的日常养护、绿化执法、城区规划区内的古树名木的管理，认真做好创建迎检资料的收集整理工作，确保顺利通过省级园林城市检查验收；开展“十大不文明行为”（随地吐痰、擤鼻涕、乱倒垃圾、乱泼污水、乱贴乱画、出店经营、行人不走斑马线〈人行天桥〉乱穿马路、遇到扰乱社会治安等坏人坏事无动于衷、乱搭乱建、公共场所该排队时不排队、司机驾车随意调头、随地便溺）劝导，不断提高市民素质，进一步提升城市形象。

（杨炬）

黄冈市社会事业

【教育】 2009 年，黄冈市共有幼儿园 367 所，在园幼儿 9.2 万人；小学1 422所，在校小学生 53.99 万人；初中 291 所，在校学生 38.4 万人；高中 78 所，在校学生 18.23 万人；中等专业学校 44 所，在校学生 12.39 万人；大学 4 所，在校大学生 3.83 万人。

基础教育稳步发展。全市 3 周岁～6 周岁幼儿入园率 80%，农村学前一年教育普及率 85.2%，三类适龄残疾儿童少年入学率 90%；全市小学生入学率 99.98%，比上年提高 0.2 个百分点；初中生入学率 99.98%，比上年提高 0.9%，各项普及指标均超过省定标准。均衡配置区域内义务教育资源，开展城区学校和农村学校、优质学校和薄弱学校对口支援。全市建成优质高中 36 所，其中省级示范高中 8 所，市级示范高中 28 所。优质高中占全市高中总数的 46.2%，接受优质高中教育的学生数占在校学生数的 56%。

职业与成人教育取得新进展。全市共有国家级重点职业学校 9 所，省部级重点职业学校 8 所，国家级重点专业 1 个，省级重点专业 14 个。全年中等职业学校招生 4.73 万人。加大资金投入。黄州理工中等专业学校机械加工、蕲春理工中等专业学校数控技术、黄梅理工中等专业学校服装设计与制作、黄冈交通学校汽车维修等实训基地分别争取建设经费25万元；麻城理工中等专业学校机电技术品牌专业争取建设专项资金40万元；罗田理工中等专业学校投资2 000万元兴建校企合作实训园，建成轴承和数控实训生产线并投入生产；团风职教中心、红安职教中心投入1 000万元以上，办学条件得到进一步改善。全年完成农村实用技术培训16万人次，农村劳动力转移培训4.5万人次，实现4.8万人就业，帮助1万人实现创业。

高等教育跃上新台阶。2009年，全市普通高等院校招生1.4万人，比上年增长19.3%，在校生3.83万人，增长11.8%；成人电视大学招生8 822人，增长106.6%，在读学员1.77万人，增长51.5%。黄冈师范学院野生动植物保护与利用和中国古代文学两个学科被授予湖北省"楚天学者"学科。黄冈职业技术学院被授予湖北省示范性高职院校称号，并在国家教育部组织的人才培养工作水平评估中，获评为优秀等次。鄂东职业技术学院被评为全国职业教育先进单位。黄冈电视大学所属黄州区电视大学分校被评为湖北省唯一"全国示范基层电大"。

民办教育得到进一步加强。全市共有各级各类民办教育机构508所，占全市学校总数的15.7%，在校生12.4万人，资产总值18.2亿元。全市共有市级示范民办学校7所、省重点民办职业学校1所。年内，黄冈市5所民办学校被评为省级五星级民办学校，2所民办学校受到国家教育部表彰。

加强教育人事制度改革。全年新认定各类教师资格6 203人，其中，市本级认定高中、中等职业教师2 894人，县（市、区）认定初中教师1 576人、小学教师1 154人、幼儿园教师579人。全市参加中、高级职称评审人数5 244人，通过4 135人。年内，向湖北省推荐特级教师人选41名，评选黄冈名师31名。继续实施"城镇教师援助农村教育行动计划"和"农村教师资助行动计划"，面向社会公开招聘教师924人，组织181名城镇教师到农村中小学支教，接收178名支教生到农村中学任教。推行义务教育阶段教师绩效工资改革，全市义务教育学校教职工58821人，绩效工资总额6.28亿元，新增财政支出2.84亿元，有效解决辞退民办教师养老保险问题，辞退民办教师全部进入养老保险。

招生考试与毕业生就业工作取得明显成效。2009年，全市普通高考报名71 785人，比上年增加1 277人，占全省报考人数的10.9%，共有52 518人被高等学校录取，其中本科19 745人，专科32 773人，录取人数占全省录取人数的14.6%，录取率为73.2%，高出全省平均水平6个百分点。普通中等专业学校招生计划为6 500人，实际录取并到校10 128人，其中省部属中等专业学校录取2 100人。成人高考报名人数为6 173人，增加2 658人。自学考试参考人数2.1万人，报考科次62 873科，社会考生比上年下降21%，有1 445人毕业。全市共有11 574人参加英语和计算机等级考试，合格率分别为71.4%和45.3%；4 326人参加中等职业技能考试，合格率为96.3%。7 398人参加英语口语考试，合格率为89.1%；2 721人参加教师资格考试，合格率为20%。500人报名参加首次书画等级考试。全年直接和协助推荐中专毕业生就业1.6万人。开展户档托管、就业报到和学历认证服务，共接收本、专科毕业生档案7 536份，办理户档托管手续1 844人，就业报到2 878人，各类层次学历认证2 100人。

黄冈师范学院鸟瞰　　（黄冈市志办　供稿）

【科学技术】 2009年，黄冈市共争取国家、省级各类科技计划项目82项，争取无偿资金2 861万元，下达市级科技计划项目36项，资金300万元。年内，黄冈市被评为全国科技进步先进城市，武穴、英山、团风等3县市被评为全国科技进步先进县市。

重大项目取得新突破。湖北富驰化工医药股份有限公司的复合酸催化合成硫酸二甲酯产业化项目入选湖北省重大科技专项，争取资金500万元。湖北广济药业股份有限公司高品耐热L—乳酸清洁生产关键技术研究与示范项目被列入国家科技部中俄国际合作重大专项。

高新技术产业快速发展。加大高新技术企业和产品的认定力度。全市新认定高新技术企业达到11个，有24个企业的36个产品入围《国家高新技术产品目录》，136个企业的183个产品入围《湖北省高新技术产品目录》。完善产学研科技创新体系。积极探索校企合作新模式，密切与高校院所的科技合作关系，罗田县整合县域化工企业资源，与武汉大学药学院组建产学研联合体；麻城马勒三环汽门有限公司与武汉理工大学合作，成功研发数控电动螺旋压力机，填补国内空白。截至年底，全市有15个示范基地和15个示范企业入选湖北省百家农业科技创新示范基地和示范企业。建立一批新技术中心、试验基地。年内，湖北鸿路钢结构有限公司与华中科技大学共建的钢结构工程技术中心正式挂牌成立；新大地实业有限公司与华中科技大学共建电机及控制系统研究中心，成功开发出国内首创的永磁力矩伺服电机；黄冈市和华中农业大学人才合作项目正式启动，12名博士生和硕士生作为科技特派员进驻黄冈开展科技服务。

知识产权保护成效明显。2009年，全市专利申请量达到628件，比上年增长34.8%，其中企业专利258件，增长74.3%。年内，黄梅被列入全国传统知识产权试点县和湖北省专利工作试点县。

科技特派员建设稳步推进。全市295名科技特派员共实施科技开发项目146

项，引进各类新品种210个，推广各类新技术293项，组织各类技术培训1 104期。年内，黄冈市科技局被国家科技部授予全国科技特派员工作先进集体称号，浠水县科技特派员李宝山被授予全国优秀科技特派员称号。

加大科技普及宣传力度。年内，举办黄冈市科技活动周活动，组织开展“教授博士企业行”、“宽带进乡村，科技信息服务新农村”、“农技110服务热线启动仪式”、“送科技下乡”等科普宣传活动，通过多媒体展示、展板，发放宣传资料，接受群众咨询等方式，展示科技惠及百姓、科技改变生活、科技支撑地方经济社会发展所取得的成绩。

【文化】 2009年，黄冈市圆满完成第七届湖北省黄梅戏艺术节暨黄冈地方戏曲新作展演。第七届湖北省黄梅戏艺术节暨黄冈地方戏曲新作展演艺术节历时12天，共有10台剧目参赛参演，其中，黄梅戏6台，楚剧2台，文曲戏1台，东路花鼓戏1台。《李四光》、《草鞋老太爷》、《月圆中秋》、《邢秀娘》、《布衣毕升》、《香草》获优秀演出奖；《双揭榜》获优秀保留剧目演出奖；《蕲州知府》、《麻姑》、《黄安秀才》获演出奖。

文艺演出与创作成绩显著。黄梅戏剧院张辉获第24届中国戏剧表演“梅花奖”，并应邀参加中央电视台春节晚会和元宵晚会；黄梅戏《奴才大青天》获湖北省精神文明建设五个一工程优秀奖；湖北省黄梅戏艺术节获屈原文艺奖文艺活动品牌奖；黄梅戏《李四光》、《奴才大青天》获第五届中国黄梅戏艺术节金黄梅奖；东路花鼓戏《麻城凤儿》获屈原文艺奖舞台艺术优秀奖。全市各剧院(团)开展送戏下乡、为农民工送戏、为社区居民送戏等惠民演出活动。省黄梅戏剧院组织《李四光》到各县市巡回演出，全年演出120余场。全市11个专业剧团累计演出2 481场，演出收入513.6万元，观众达千万人次。文艺创作获得丰收。长篇小说《姐儿门前一棵槐》获屈原文艺奖文学优秀奖；解放军文艺出版社召开何存中长篇小说《太阳最红》创作座谈会；小说《渔火不眠》、《太阳说话》、《人间欢乐》等多部作品在国家和省级刊物上发表；《祈福中国》获纪念5·12四川汶川大地震一周年全国网络歌曲大赛银奖；国画《荷塘晨曲》入选全国第十一届美术作品展；《雪中梅》、《往事》等7件舞蹈作品获得“亚洲盛典”全国首届老中青才艺大赛金奖。

乡镇综合文化站建设。全市全年共有乡镇综合文化站建设项目40个。其中国家第四批拉动内需项目28个，省财政项目9个，湖北省发展和改革委员会项目3个，共计投资704万元。

农家书屋建设列入黄冈市人民政府2009年十件实事之一，全年全市共建农家书屋1 177个。。

非物质文化遗产保护。成功申报第二批省级非遗名录和第一批省级项目代表性传承人，圆满完成第三批国家级非物质文化遗产保护名录申报工作。2009年，在公布的湖北省第二批省级非遗名录和第一批省级项目代表性传承人的命名中，黄冈市有11项被确认，15人被命名。截至年底，黄冈市获省级保护项目22项、国家级保护项目6项。

群众文化活动。举办“书法、美术、摄影名家精品展”。9月29日，黄冈市“书法、美术、摄影名家精品馆”正式开馆，馆内共收集书法、美术、摄影艺术作品100余幅。成立黄冈市民俗博物馆。11月，黄冈市民俗博物馆通过湖北省文物局审批，12月正式挂牌成立。继续开展社区“大家乐”文艺活动，先后举办10场“大家乐”文艺演出，组织建新社区专场演出和“平安进万家”黄州城区社区大家乐文艺展演活动。承办黄冈市春节联欢晚会，举办人民政协成立60周年大型歌咏比赛。组织文艺节目参加“楚天群星奖”比赛，全市共有17件作品参赛，其中3件进入决赛，取得1银2铜的成绩。

文物工作。坚持博物馆免费开放，做好参观接待工作。全市争取项目补贴资金1 000多万元，免费开放单位15个，累计接待观众185万余人，其中中小学生54万多人。协助做好武汉城市圈城际轨道交通、黄冈长江大桥及公路联络线等建设中的文物调查和保护工作，妥善处理一批文物违规事件。开展第三次全国文物普查工作，及时收集各县市区调查的文物点，按时上报调查进度。全年全市共登记不可移动文物点6 217处，完成调查覆盖率100%。

图书管理与古籍保护。全市各级图书馆注重特色，突出亮点，打造品牌。开展培训服务和延伸服务，提升服务层次和水平。市图书馆入藏图书文献2万册，年订报刊500种，发展读者1.6万人，年总流通人次达35万人次，借阅书刊57万册次。开展古籍保护工作，申报《国家珍贵古籍名录》和“全国古籍重点保护单位”。馆藏明朝刻本《太师诚意伯刘文成公集》经国务院批准，入选第二批《国家珍贵古籍名录》。

文化市场管理。继续实施全市和黄冈城区网吧总量控制。开展“零点行动”、“午间行动”，严查网吧接纳未成年人和无证经营行为，全面落实“零点断线”措施，全市全年累计出动执法人员2 210人次，检查网吧2 060家次，查处接纳未成年人网吧153个、超时营业网吧62个，扣缴计算机主机132台，及时处理群众举报案件240件，协同工商部门排查黑网吧12个。组织开展娱乐文化内容专项清理行动，严查赌博游戏机，规范娱乐内容，开展“卡拉OK内容管理服务系统”试点。整治歌厅噪音问题和违规审批问题，重点防范娱乐场所安全事故，强化安全意识。先后出动文化执法人员150人次，配合消防、环保、工商部门对文化经营场所进行检查5次。

【新闻出版】 2009年，黄冈市共有《黄冈

现代黄梅戏《香草》演出剧照　　（黄冈市志办　供稿）

日报》、《鄂东晚报》、《楚天声屏报·黄冈版》3 种正式报纸，《红烟报》、《富驰月讯》2 种非正式报纸。《东坡赤壁诗词》、《黄冈师范学院学报》、《黄冈职业技术学院学报》等 3 种正式期刊，《黄冈通讯》、《黄冈政报》、《江山文学》、《赤壁》、《问鼎》、《清凉桥》、《红安文艺》、《论教》、《蕲春文化研究》等 9 种非正式期刊；有各类印刷企业 228 个，打字复印点 330 个，图书零售点 480 个。全市报刊业经营总值达到 2 000 多万元，实现纯利 800 多万元。出版物市场经营产值达 1.2 亿元，实现利润 1 700 万元，上缴税收 900 多万元。

加强行业管理，净化出版物市场。全市全年共培训印刷业从业人员 200 多人次，组织随机抽查 25 次，暗访 17 次，专项检查两次，出动人员 300 多人次。全市各级"扫黄打非"工作部门共出动执法人员 800 多人次，开展集中行动和专项行动 20 余次，共查缴各类盗版及非法出版物 3 万多件，检查经营场所 2 000 多个（次），取缔非法游商、地摊 50 多个，查处销售盗版及非法出版物案件 3 件，捣毁地下批销非法出版物窝点 1 个，办理网上传播淫秽色情案件 5 件，查缴各类盗版及非法出版图书和以青少年为主要读者对象的"口袋本"图书 3 万多件，维护文化安全和社会稳定。

【广播电视】 2009 年，黄冈市县两级电视台共播发新闻 3.75 万条，黄冈电视台播出电视剧 1.2 万集，全市获全省广播电视一等奖 7 个。由黄冈市广播电影电视局主导并与上海电影集团联合出品的电影《黎明行动》获全国第十一届"五个一工程"奖和湖北省第七届"五个一工程"特等奖。全市全年放映公益电影 5.03 万场。全市广播综合人口覆盖率 96.7%，电视综合人口覆盖率 96.5%。全市广播电影电视系统全年实现总收入 2.13 亿元，比上年增加 2 556 万元，增长 13.7%。其中实际创收 1.92 亿元，比上年增加 2 362 万元，增长 14.0%。

截至 2009 年底，全市共订购国家数字电影节目管理中心的节目近 200 个，放映 7.4 万余场，圆满完成全市全年公益电影放映任务。提前 2 年时间全面实现 5 123 个村的有线电视村村通任务。

加快数字电视整体转换。黄州城区实现快速整体转换目标，7 万在册客户全面完成整体转换。局属乡管中心对 5 个镇、25 个村 9 237 户有线电视用户进行了数字电视整体转换。截至 2009 年底，黄冈市区数字电视达 7.41 万户。全市全年有线电视用户达 82.56 万户（未统计龙感湖），比上年净增 5 万多户；数字电视达 17.30 万户，占全市有线电视的 20.9%。

基础设施建设。2009 年，黄冈市电台添购 3KW 调频发射机 1 台和工作用车 1 台；黄冈市电视台投入 800 多万元，新购数字电视广告发布系统，购置数字电视转播车，新建英山羊角尖 36 频道差转台，实现区域性无线无缝全覆盖；12 月，移动多媒体广播电视和国家地面无线数字电视落户黄冈。

【卫生】 2009 年，黄冈市共有卫生机构 859 个，其中医院 46 个，卫生院 158 个，妇幼保健机构 11 个。全市医疗机构共有床位 1.44 万张，卫生人员 2.56 万人，房屋建筑总面积 185.96 万平方米。医院房屋建筑面积 71.13 万平方米，卫生院房屋建筑面积 84.46 万平方米。全市卫生机构拥有万元以上设备 5 127 台总价值 4.8 亿元，其中 100 万元以上设备 58 台。新型农村合作医疗实现全覆盖，平均参合率达到 95.73%。

甲型 H1N1 流感防治。4 月，全市组织开展病例排查救治、流行病学调查、实验室检测等工作；设置甲型 H1N1 定点救治医院，组建临床救治和防控专家组落实疫情防控工作方案，控制疫情快速扩散。市级财政共筹措防控经费 491 万元，用于医疗设备购置、应急物资储备、实验室改造和疫情处置等。组织开展对重点人群的甲型 H1N1 疫苗接种，全市 16.93 万人接种疫苗。截至 2009 年底，全市共报告甲型 H1N1 确诊病例 193 例，其中危重症病例 4 例，经抢救，全部治愈出院。

手足口病防治。加大手足口病防治宣传力度，在地方媒体宣传介绍手足口病防控工作动态和防病知识，提高群众防病意识。组织编印《手足口病防控工作手册》200 余册发放全市各有关医疗卫生单位。出台黄州城区手足口病免费医疗救治办法。全市全年共报告手足口病病例 4 100 例，其中重症 3 例，没有出现死亡病例。

艾滋病防治。全市全年共完成主动监测 2.07 万人，完成自愿免费检测 5 994 人，完成阻断母婴传播孕妇筛查 6.17 万人，共筛查两劳人员 3 394 人，检出阳性 1 人；全市 809 个娱乐场所实施 100% 安全套项目全覆盖，在 2 533 个公共场所设立宣传专栏，各行政村印刷宣传标语 1.55 万条。全年举办市级艾滋病相关培训 5 次，参训人员 1 000 余人。在 384 所中学和 11 所党校开设艾滋病防治知识课程。79 个农村劳动力转移培训机构开展艾滋病防治知识培训，发放健康手册 15 万余份。

血吸虫病防治。全年全市查螺9 200 万平方米，药物灭螺 940 万平方米，人群血检查病 12.96 万人次，人群治疗及扩大化疗 6.7 万人，完成 91 例晚血病人免费救治，建卫生厕所 3 603 户，建户用沼气池 8 384 户。在 4 个县（区）建抑螺防病林 1 720 公顷，修建疫区通村公路 1 351公里。完成武穴市土地平整项目前期论证和现场勘测。在黄州区、团风县血吸虫病重点防治地区的 11 个村，新建三格式卫生厕所 2929 座，两地耕牛血吸虫病感染率全部降至 3% 以下。

结核病防治。全市结防机构接诊登记疑似肺结核病人 2.69 万例，筛查密切接触者 8 745 例，检查人数占有症状人数 99.8%，检查人数占登记密切接触者人数 17.1%。全市非结防机构报告病人 5 566例，结防机构收到转诊单 4 754 例，转诊率 97.2%，实际转诊到位 2 819 例，转诊到位率 57.6%；追踪到位 1 751 例，

2009 年，黄冈市顺利通过省级卫生城市考核验收 （黄冈市志办 供稿）

追踪到位率 90.5%，总体到位率 93.6%；系统管理病人 3 570 例，系统管理率 97.9%，治愈 3 404 例，治愈率为 93.3%。落实结核病"三免"政策。全市结防机构共接诊疑似肺结核病人 23 300 例，免费拍片 15 865 例，免费拍片率 68.1%；免费查痰 14 291 例，免费查痰率 61.3%；免费向病人提供抗结核治疗药物。全市全年实际登记报告疑似耐多药病人 193 例，发现符合项目免费治疗的耐多药病人 15 例。

【体育】 2009 年，黄冈市体育工作围绕"全民健身创品牌，业余训练出人才、体育产业上台阶"的总体目标，推进各项工作。

群众体育。农村体育快步发展。"在全市 100 个行政村实施农民体育健身工程"，被列为黄冈市政府 2009 年十件实事之一，黄梅县孔龙镇张塘村、武穴市梅川镇胡政村等 10 个行政村成为"黄冈市第一批体育示范村"。普及推广体育健身活动。举办体育器材捐赠仪式，向机关、企事业单位和社区捐赠体育器材 50 套、125 件，价值近 70 万元。全年开展 4 次体质测试进机关、社区活动，义务为 800 余名市民进行体质测试。开展全民健身活动。4 月 22 日，举行"电子信息学校杯"万人健身长跑活动，全市 100 余个单位及社区居民、大中专学生 1.1 万人参加；8 月 8 日，启动"黄冈市首个全民健身日"活动。开展为期 1 个月的 30 多项赛事活动。

体育竞赛。全年全市共参加田径、篮球、乒乓球、划船等 12 个省级项目年度比赛以及 2 次省乒乓球"苗子杯"比赛，共获奖牌 52 枚，其中金牌 15 枚、银牌 23 枚、铜牌 14 枚，总分 688 分。组团参加湖北省第十一届中学生运动会，共获金牌 7 枚、银牌 5 枚、铜牌 6 枚，团体总分居全省第六。9 月，田径运动员王玲、毛小五、方维代表湖北省参加 2009 年全国中学生暨体校田径锦标赛，斩获 2 金 6 铜。

【精神文明建设】 2009 年，黄冈市精神文明创建围绕庆祝新中国成立 60 周年，广泛开展群众性爱国主义教育，推进思想道德建设，提高城乡文明程度和公民文明素质，优化经济社会发展环境，为促进全市经济社会又好又快发展做出新贡献。

开展"迎国庆讲文明树新风"活动。开展爱国主义、文明礼仪教育，整治"不文明行为"，开展志愿帮扶行动，全年全市共有 1 个单位获全国文明单位，6 个单位获全国精神文明建设工作先进单位，52 个单位获省级最佳文明单位，110 个单位获省级文明单位，10 个系统获市级文明系统，208 个单位获市级最佳文明单位，356 个单位获市级文明单位。

开展道德模范评选。组织第二届全国道德模范推荐评选活动，英山县百丈河村党支部书记王金初获得全省道德模范提名奖。举办"我推荐、我评议身边好人"活动，江志国、陈爱华 2 人入选"中国好人榜"。

文明城市创建。制发"文明出行，从我做起"实施方案，组织举办"文明出行，从我做起"启动仪式，开展"文明劝导周周行"活动。开展市民教育培训活动，全年累计培训 3.6 万多人次。编印发放《致市民的一封信》和宣传教育资料 10 万余份。利用多种媒体加大文明城市创建宣传力度。

文明新村创建。开展"治五乱、刹三风、建新村"活动，整体推进文明新村创建，扩大创建规模效应，罗田县生态文明垸落被评为全省第二届精神文明建设工作十大品牌，英山县龙潭河村入选全省十个新农村建设典型之一。

（黄冈市志办）

咸宁市社会事业

【教育】 2009 年，咸宁市有各级各类学校 863 所，在校学生 55.18 万人，其中，高等学校 3 所，在校学生 2.50 万人，专任教师 2 567 人；中等专业学校 20 所，在校学生 6.42 万人，专任教师 1 663 人；普通高中 37 所，在校学生 5.91 万人，专任教师 3 076 人；普通初中 134 所，在校学生 1.38 万人，专任教师 8 082 人；普通小学 506 所，在校学生 21.3 万人，专任教师 9 371 人；幼儿园 158 所，在校学生 5.20 万人，专任教师 1 911 人；特殊学校 5 所，在校生 677 人，专任教师 69 人。全市小学适龄儿童入学率 100%，普通初中学龄人口入学率 98.2%。

保障义务教育经费。全年全市 35 万义务教育学生享受免收杂费新机制政策，各级财政拨付免除义务教育阶段学杂费资金 8 200 万元，免费提供教科书 4 500万元，为 7.8 万农村义务阶段贫困学生补助生活费 2 662 万元。

不断改善农村学校办学条件。年内，实施初中改造工程 27 项，累计完成投资 4 688 万元，完成建筑面积 5.47 万平方米。其中新建学生宿舍 3.98 万平方米，新建学生食堂 5 535 平方米。

促进义务教育均衡发展。制定城区中小学布局调整方案。通山县推行"联校走教"模式，被评为"全国推进义务教育均衡发展先进县"。崇阳县实现高中在县城办、初中在中心集镇办、小学联村办、学前教育优质办的目标；列入国家教育部义务教育监测数据样本县。

职教园区建设进展顺利。截至 2009 年底，已完成咸宁市职教集团的组建，职教园区可行性研究报告、项目征地、规划、环评、立项和申报工作。咸宁职教园区项目参与武汉城市圈重大改革试验项目竞标，以总分第二名中标。9 月，获得湖北省财政厅 8 000 万元专项资金。12 月 28 日，咸宁职教园区项目开工奠基。

加大教师队伍建设力度。全面实施教师绩效工资，恢复职称评审制度，完成历史遗留的教师水平能力测试和职称评审工作。全年评出中学高级教师 291 人、中学一级教师 762 人、小学高级教师 885 人。培训全市中小学校长、骨干教师、优秀教师、班主任近 6 000 人。聘用大学本科毕业资教生 145 人到各乡（镇）中学任教。

顺利启动高中课改。组织教师进行新课程教材培训，参训教师达 1 546 人，涵盖高中 13 个学科。成立咸宁市高中课改教材选用委员会和选用评审学科专家组，平稳推进高中课改。

【科学技术】 2009 年，咸宁市完成高新技术产业总产值 45.33 亿元，比上年增长 26.1%，完成工业增加值 14.34 亿元，增长 27.2%。全年申报国家、省重点科技项目 36 余项，获准立项 31 项，争取无偿科技投入 126 万元。全市有科技人员 5 万人。其中具有高级职称4 800人，具有中级职称 1.7 万人，拥有国家级专家 1 人，省管中青年专家 29 人，市管高层次人才 67 人。年内，咸宁市本级和 6 个县（市、区）科技进步考核材料全部上报科技部备案，并顺利通过考核。

争取一批国家级项目落户咸宁。"优质油茶种植与加工"、"GK 数控变向吊笼"、"高性能磷酸铁锂正极材料及其动力电池的研发"等项目获国家科技部立项，获得无偿科技经费均在 100 万元左右，项目总规模均在 2 000 万元以上。

高新技术产业发展迅猛。年内，湖北玉立集团砂带股份公司、湖北田野集团股份有限公司、平安电工材料有限公司 3 个公司跻身全省"百家重点高新技术企业"行列，福人药业、平安电工、山绿食品、华舟重工和能一郎科技等 5 个企业入围全省"百家创新型企业"。湖北省通力镁业有限责任公司、湖北能一郎科技股份有限公司获批为高新技术企业,全市高新技术企业数增幅达100%。通力镁业、平安电工、嘉裕管业、华宁防腐、蒲起机械、中天化工、华博三六电机等7个企业成功申报湖北省成长路线图计划,进入全省最具投资潜力企业的阵营。

科技服务"三农"成效显著。开展"湖北农技110"推广工作,实施"百站千点万户"计划,初步形成"市有中心、县有平台、乡有组织、村有中心户"的科技服务体系框架。"湖北农技110"覆盖农户约占全市农村区间固定电话的90%以上。咸安区、嘉鱼县潘家湾镇、赤壁市官塘村入选"十一五"全省新农村建设科技示范县(市、区)、乡镇、村。大力实施"星火富民"工程,全市建成高标准农业科技示范园区15处,发展规模化农业生产基地5 330余公顷,辐射农户3万多户。

科技合作取得新成绩。组织实施"武汉市-咸宁市科技成果转化平台"项目。全市有100多个企业与武汉高等院校、科研院所开展多种形式的科技合作。9月,咸宁市人民政府与湖北省科技厅签订科技合作议定书。根据协议,咸宁市高新技术产业、农业科技、园区建设和科技服务体系建设等四个方面20个科技项目将得到省科技厅的重点支持。

知识产权工作取得新进展。全年全市专利申请量再创历史新高,达到370件,比上年增长17%,超过年计划10件;有200件专利获得授权,增长64%。

【文化】 2009年,咸宁市有博物馆7个,公共图书馆7个,艺术机构9个,藏书量66.54万册。新文物保护点1 800余处。全年全市7个专业剧团送戏下乡演出630场;组织送书、送信息下乡活动41次,接待读者5万多人次;完成农村电影年度放映场次9 800场;举办农村文化培训班4期,培训文化骨干400余人。新建12个乡镇综合文化站,全市乡镇综合文化站达到59个。建成嘉鱼、通山两个全国文化信息共享工程县级中心,全市文化信息共享工程县级中心达到5个。

节会文化活动丰富多彩。精心组织"歌唱祖国"大型群众性红歌赛,历时3个多月,共进行13场,全市112支代表队6万人参赛,观众近100万人次。完成大型民俗风情歌舞诗《梦寻咸宁》专场音乐会《有朋自远方来》的演出;举办全国"金镜头摄影大赛"颁奖晚会。年内,咸安区举办中国嫦娥文化研讨会,赤壁市举办第十二届三国赤壁文化旅游节,通城县召开龙窖山瑶族发源文化研讨会。

艺术创作层出不穷。创作排演大型民俗风情歌舞诗《梦寻咸宁》,成功打造一台集中展示咸宁市优秀民间文化艺术的舞台精品。市歌舞剧团创编的舞蹈《响啊想》、歌曲《千年情结》等4个作品分获楚天文华奖三等奖、湖北舞蹈"金凤奖"二等奖、湖北音乐"金编钟奖"三等奖。通山县选送的剧目《庵堂认母》、《九相公闹馆》获湖北省楚剧艺术节优秀演出奖,地域歌舞《白云深处》、歌曲《大道通山》获全省"五个一工程"优秀作品奖;赤壁市地域风情歌舞《千古风流》获全省"屈原文艺奖"。

文化市场管理规范有序。组织举办网吧、音像等各类文化经营业主培训班13期,培训人员650余人次。全市共出动检查人员4 500多人次开展音像市场、娱乐市场、网吧、出版物发行市场集中整治行动,取缔黑网吧30个,关停整顿违规网吧70余个。

咸宁学院 (咸宁市志办 供稿)

文物保护工作成绩斐然。全年全市发现新文物点2 019余处,普查原文物点437处,组织申报10处文物保护单位,全部通过湖北省文物局初审,并上报国家文物局,是历年来申报力度最大、效果最好的一次。年内,咸安区北伐汀泗桥战役纪念馆建成开馆,赤壁市博物馆对原有陈列进行整体提升;赤壁、通山、咸安3个县市区博物馆实现免费开放,全年共接待观众78万人次。全市非物质文化遗产普查发现资源线索6 164条。启动咸宁市非物质文化遗产抢救工程,出版《咸宁民间文化大系·咸宁长篇叙事山歌》第一卷。全市非物质文化遗产项目新增省级保护名录1处,组织6个项目申报国家级保护名录。加大汀泗桥镇历史文化遗迹挖掘和保护工作,对镇上尚存的1.2万平方米古建筑进行保护。地方戏曲《双合莲》由湖北电视剧制作中心拍成提琴戏曲片,在中央电视台戏曲频道播出,是咸宁市剧作类作品第一次登上国家级电视台。

【新闻出版】 2009年,咸宁市新闻出版工作持续发展。

全力推进"农家书屋"工程建设。全年全市建成"农家书屋"226个,超计划数173个。在全省开展的"农家书、农民读、农民写"征文活动中,全市有5名农民获奖,其中一等奖2名、二等奖1名、三等奖1名和优秀奖1名。

不断加大扫黄打非力度。全年全市出动检查人员2 523人次,检查出版物经营单位1 933个(次)、印刷复制企业630个(次)。收缴各类非法出版物3.49万册(盘),其中,非法报纸期刊1.5万余份(册),低俗音像制品123盘,盗版非法出版物1.9万余册。通城县在集中行动中查获违法经营户3个,现场收缴地下六合彩码报2.42万册份,当场移交公安机关查处违法经营户3个。

规范印刷业发展。对年检合格的企业签订《2009年守法经营责任状》,不合格的列入限期整改,有严重违规行为的严厉查处。年内,对8个其他印刷品企业做出限期整改要求。抓好长江产业园印刷城建设,带动全市印刷复制业新的发展。加强印刷复制业的监管,引导企业规范经营。

加强出版物版权管理。严格执行新闻采编工作制度和稿件送审制度,严禁刊发和转载未经核实的社会自由来稿、网络信息和内部出版物信息;加强属地管理,对各报刊摊点采用多种方式进行检查。加强版权宣传。举行版权知识展板展览和现场版权知识咨询活动。7月,

2009年10月9日，大型民谷风情歌舞诗《梦寻咸宁》在市会议中心预演
（咸宁市志办　供稿）

深入全市各中学校园开展版权保护知识宣传，向咸安区、崇阳县及温泉中学赠送青少年版权保护知识读本《版权保护小卫士》共200本，并在全市中小学生中组织开展全国青少年版权知识保护读书活动暨知识竞赛，共有1 000多名中小学生参赛。查处咸安区“孔子文学网”网络侵权案和温泉某书店销售盗版医学教材、崇阳县某单位发行盗版考试用书案、市直某中专发行盗版教材案。

图书发行不断攀升。市新华书店实现销售收入5 500万元，实现税后利润187.8万元，其中，一般图书销售收入970.2万元，本版图书销售收入460.6万元。

【广播电视】　2009年，咸宁市广播覆盖率94.5%，电视覆盖率95.1%。城区有线电视数字化整体平移，平移用户6万户，完成市区总平移量的98%。通山有线数字电视整体平移工作完成2.2万户。全部完成市直广播电视无线覆盖布点。全面启动咸宁传媒大厦建设。

全市广播电视系统开办各类专题专栏87个，发稿2 426条（组）。全市系统内宣发稿2.57万条，外宣上省台926条。宣传各类先进典型536个，其中大学生村官黎锦林的事迹报道，作为正面典型首次登上中央电视台“焦点访谈”等6大中央级主流媒体。

村村通工程建设顺利。崇阳、通山、咸安三县（区）1 085个20户以上自然村完成广播电视村村通工程项目建设，6月底通过检查验收。完成咸安3个未划转乡镇广播电视管理权移交工作，上收乡镇新增用户4 818户。

加强交流合作。与湖北省网络公司合作，由第三方出资，联合5县（市）广播电视共同开展全市无线数字地面电视广播业务。参股组建移动数字多媒体广播公司，抓好CMMB（中国移动多媒体广播）业务的筹备工作，并在潜山建设发射台，完成在各县（市）布点，年底进入调试试运行阶段。

启动机构改革。5月，启动局台合一的机构改革，组建新的咸宁广播电视台，撤并原咸宁电视台、咸宁人民广播电台、咸宁楚天声屏报社、咸宁广播电视差转台4个二级单位。

提升服务质量。全系统各个服务窗口开展形式多样的优质服务活动，网络中心温泉服务大厅获全市服务行业“文明窗口”称号，咸宁电视台公共频道连续第五年举办“维雪助我上大学”活动，帮助180多名贫困学子圆了大学梦。先后组织G3杯青年歌手大奖赛、“欢乐咸宁向前冲”等活动，吸引4万余名歌手、选手、受众参加。

开展电影体制改革。电影行政职能由文化部门调整划转至广播电视部门，12月完成整体接交工作。完成农村数字电影院线公司的改组，确定以农村数字电影院线为载体，全面推进全市电影体制改革。通城、通山、赤壁三县（市）改组措施得力，实现平稳交接，并启动实施百部电影“进机关、进社区、进农村”活动。

继续开展专项整治。采取赎买的方式促进带机并网，市直收缴小型卫星地面接收设施300余台套、赎买用户800余户。全市系统共出动执法人员35次，160多人次，收缴小型卫星地面接收设施1900多台（套）。通山县收缴小型卫星地面接收设施500多台（套）。

【卫生】　2009年，咸宁市共有医疗卫生机构182个；全市卫生机构床位数6 769张，每千人拥有床位数2.3张；卫生技术人员9 465人，其中执业医师和助理医师3 548人；注册护师、护士3 063人。

体制改革稳步推进。积极推行中层干部聘任制，重点科室负责人轮换制，学科带头人薪酬制。引进外地学科带头人和高素质业务人才。市中心医院探索实施医药分开、药品集中配送工作。崇阳县在金塘镇卫生院、高枧乡卫生院推行“收支两条线”改革试点。咸安区规范乡村卫生服务一体化管理工作。嘉鱼县探索吸收社会资金改善乡镇卫生院医疗条件，参与卫生院管理的新途径。全市卫生部门24项医改工作任务，均取得显著成效。咸安区、赤壁市作为全省试点，于1月31日起全部实行基本药物制度。

疾病预防控制体系不断健全。全年全市无甲类传染病报告；报告乙类传染病16种9 258例；登记报告发热病人6万余例，开展流感样病例实验室检测388例，其中甲型H1N1流感37例。年内，接种甲型H1N1流感疫苗9.15万人，未发现明显异常反应；发现艾滋病感染者和病人39人；救治晚期血吸虫病人214例，无一例急感病人。赤壁市、嘉鱼县建设农村无害化卫生厕所8 004座。发现登记疑似结核病人1.05万例，确诊结核病人2 989例，免费查治率达100%。86个申请儿童预防接种信息化的接种单位通过终审。

服务体系建设成效明显。全市争取国家、省级内部需求、医疗改革项目159个，规划建设规模13.6万平方米，规划总投资2.60亿元。年内，完工和基本完工146个、土建施工13个；市中心医院整体搬迁工程完成一期工程，进入室内施工；市中医医院门诊楼、医技楼改扩建工程进入土建施工阶段；咸安区、崇阳县、嘉鱼县和通山县人民医院整体搬迁工作进入实施阶段；通城县人民医院和赤壁市中医医院改扩建工程准备就绪。

基层服务能力显著提高。全市参加新型农村合作医疗的农民189.45万人，比上年新增10万人，参合率达92.2%。全年全市新农合住院病人13.3万人次，住院总费用3.62亿元，住院补偿资金1.52亿元，补偿率为42.1%。加大定点医疗机构违规行为的查处力度，全年全市

2009年7月~9月,咸宁市举行大型"红歌赛"庆祝建国60周年
（咸宁市志办　供稿）

共计扣减各类违规金额118万元,核减率为0.7%。

社区卫生服务力度加大。全市有社区卫生服务机构77个,其中,社区卫生服务中心11个,社区卫生服务站66个。全年全市社区卫生服务机构门诊77.6万人次,比上年增长11%,住院人次8 995人次,增长54.0%;享受减免优惠70.7万人次,增长28.6%,减免费用151.73万元,增长19.3%。

医疗服务管理得到增强。全市有二级综合医院5个、二级中医医院2个;市级临床重点专科23个,建设专科3个。全市16个二级以上医疗机构门诊处方合格率为92.3%,甲级病历合格率为84.4%。惠民医院(服务窗口)接待门诊病人1.42万人次,住院1 223人次,减免各项费用112.7万元,占医疗总费用的38.1%。全市无偿献血总量23 535.5个单位,临床用血量22 713.5个单位。

【体育】 2009年,咸宁市体育人口104万人,占总人口的42.7%,适龄学生达标率88.6%。安装落实国家级农民体育健身工程器材49套、全民健身路径18套。全市体育指导员人数达700多人,确定278人作为体育苗子备选注册对象。

群众体育。先后举办全市篮球、钓鱼、门球、乒乓球、围棋、象棋、长跑登山、太极拳(剑)比赛和第二届体育舞蹈锦标赛等多项传统体育活动(赛事);全市重点乡镇篮球赛和首届乡镇中老年人太极拳(剑)比赛、"三八"妇女节女子健美操大赛、中老年体育运动会、端午节龙舟比赛受到了群众欢迎。年内,咸安区文体局、咸宁市供电公司、赤壁市文武学校等单位被国家体育总局授予"全国群众体育先进单位"、"全国全民健身综合先进单位"荣誉称号,咸宁市体育中心被湖北省体育局评为全民健身先进单位。"中行杯"春季长跑比赛,50多个单位6 000多人参赛,成为温泉城区的重要体育赛事。组织"服务社会、健康全民"的体育运动和健身表演,同时举办国民体质检测、围棋比赛、三分篮球挑战赛等系列活动,向市民赠送了跳绳、握力器等小型健身器材。

体育竞赛。积极承办中国足球乙级联赛。引进湖北三大康天电力足球俱乐部,承接了三大康天电力足球队五个主场的比赛,现场观众超过1万人次。承办中国乒乓球会员联赛暨湖北省第十八届中老年乒乓球比赛,国内500余名业余运动员参赛。举办2009年"肯德基"杯全国青少年三人篮球挑战赛咸宁赛区的比赛,共有26支球队参加比赛,参赛运动员达130人。组队参加湖北省青少年儿童篮球、排球、乒乓球、摔跤、柔道、跆拳道、田径、武术8个项目的比赛,获2金3铜。组团参加湖北省第十一届中学生运动会足球、篮球、田径、游泳、乒乓球、武术6个大项131个小项的比赛,代表团规模列全省第三,获得5金13银14铜、团体总分列全省第四,并获得优秀组织奖。参加全省龙舟比赛,取得第二名。年内,通城二中和崇阳县实验小学被国家体育总局命名为国家青少年体育俱乐部,并获得资助基金24万元。

体育产业。市体育中心与市移动公司合作,对中心室外网球场、篮球场和室内乒乓球馆进行装修和改造,将其打造成温泉城区的综合性体育健身休闲中心。体育彩票培训中心项目完成土地招拍挂工作。建立即开型体育彩票仓库,对全市各销售网点和代理商进行配送,并实行人员值守和保安公司监控双重安全管理。9月,电脑体育彩票竞彩咸宁专营店正式营业。全年电脑体彩销售3896.3万元,即开型体育彩票销售252万元。

【精神文明建设】 2009年,咸宁市精神文明建设取得新成果。

大力开展思想道德教育。以确立社会主义核心价值观为主题,组织开展全国全省道德模范评选活动,学习道德模范的典型事迹。赤壁民警余法海被授予全省"道德模范"光荣称号。组织开展"我推荐我评议身边的好人"活动。全年向中央精神文明建设指导委员会办公室"中国好人榜"推荐全市范围内的先进典型25人,上榜1人;大力推介咸宁大学生勇救落水母子的英雄行为,弘扬见义勇为精神。

实施联合创建。开展文明出租车创建活动,表彰"双创"(创建全国森林城市、创建全国园林城市)活动中表现优异的"文明优质企业"和"文明出租车"。市文明办获全省2008年度文明出租车创建活动先进单位称号。与市工商局联合组织"文明诚信市场"创建活动;与市医药局联合组织开展"文明诚信药店"创建活动;与市妇联等联合组织开展"文明家庭"和"十大杰出女性"系列评选表彰活动,表彰50个文明家庭,评选出以常雨琴为代表的"十大杰出母亲"、"十大爱心妈妈"、"十大杰出女企业家"、"十大女公务员"等40名咸宁市杰出女性。组织开展"我为城市添光彩——节能环保,从我家做起"示范社区创建活动,评选出2009年度绿色社区。

推动传统文化思想教育。与市教育局等单位联合组织开展"我们的节日"——清明节、端午节群众庆祝活动和中小学生传统教育活动。提倡文明祭祀、缅怀先烈、弘扬民族传统文化。开展网上祭英烈活动,积极利用宣传媒体,营造"爱我烈士、为我中华"氛围。组织开展"我心中的中华英雄"主题教育活动;开展"我们的节日·端午"主题活动。

加强未成年人思想道德教育。组织开展美德少年评选活动,树立未成年人身边的典型。全市推荐6名美德少年参加湖北美德少年评选活动。联合组织开展全市净化文化环境活动,打击"黑网吧"和查处网吧违法经营行为,对校园周边游戏机场所进行拉网式排查，严格治理中小学校周边环境。严查利用手机传播淫秽视频违法犯罪活动。净化荧屏声频，为未成年人营造良好的精神文化氛围。组织全市中小学生开展“向国旗敬礼、做一个有道德的人”网上签名寄语活动。全市共有3万人次的学生参与到网上签名寄语活动中。开展现代儿歌推选活动，推荐咸宁市各类儿歌30余首。

开展系列创建。迎国庆系列创建活动。广泛开展文明礼仪宣传普及活动、志愿服务活动、窗口行业文明服务活动、城乡环境和公共秩序整治活动、群众文化活动，为庆祝新中国成立60周年营造文明和谐的社会环境。加强全市文明单位创建工作。咸宁市实验小学等3个单位获2007～2008年度国家级文明单位称号，市司法局等99个单位获省级文明单位称号，市国土局等168个单位获市级文明单位称号。

（咸宁市志办）

仙桃市社会事业

【教育】 2009年，仙桃市共有普通高中21所，在校学生4.92万人，教职工3 345人；普通初中52所，在校学生4.45万人，教职工4 450人；普通小学157所，在校学生6.48万人，教职工4 030人；公办幼儿园1所，在园幼儿600余人，教职工49人；特殊教育学校1所，在校学生97人，教职工32人。全市小学入学率100%，小学毕业率100%，15周岁人口初等教育完成率98.4%；初中三年巩固率91.5%，初中毕业率98.5%，初中升普通高中比例为74.9%。全年全市有1.89万人参加高考，有1 771人达到一类高校录取分数线；有1.97万人参加初中升高中考试，有2 272人达600分以上。

促进义务教育均衡发展。深入开展学区制、一校制、联校制改革。全年全市“三制”改革共覆盖8个乡镇、61所学校，共有541名教师和34名正副校长异校流动，教师资源得到合理配置，择校之风明显缓解，惠及学生4万多人，家长、社会对教育的满意度不断提升。

改善中小学办学条件。对全市所有中小学校舍进行排查，共排查校舍1 553栋141万平方米，鉴定危房面积46.5万平方米。全年共筹资6 880万元，新建和改造校舍12万平方米。其中，争取中央拉动内需项目资金1 219万元，新建和改造农村初中寄宿制学校校舍2.04万平方米；争取校舍维修改造工程项目资金1 276万元，改造校舍4.57万平方米；乡镇自筹资金2 189万元，建设农村教师周转房388套，建设面积4.01万平方米；高中学校自筹资金1 620万元，维修改造校舍面积1.54万平方米；设施设备建设投入576万元，新建10所农村初中标准化理科实验室和10所农村小学标准化网络教室，添置升降式课桌椅、体育器材及各类教学仪器设备2.1万套（件）。

优化干部队伍结构。大力推行干部选任制度改革，建立健全公开竞聘制、领导任期制、目标管理制、党委票决制等一系列制度，树立公平公正的选人用人导向。共公开选拔13名校长和15名副校长。

提升教师队伍整体素质。加强师德师风建设，开辟《仙桃日报》师德园地，宣传优秀教师典型事迹。隆重举行第25个教师节庆祝活动，评比表彰171名优秀教师，王章富、许艳荣分别获得“全国模范教师”和“全国优秀教师”称号，陈敬道被评为“全省十大杰出女性”。公开透明地评审出236名中学高级教师，推荐9人参加“湖北省特级教师”评选。认真开展国家、省、市三级培训，共培训教师2 833人次、班主任1 003人、校长297人，“知行中国”班主任培训受到国家教育部表彰。推进教师补充交流，面向社会公开招聘了21名紧缺学科的优秀大学毕业生，充实到农村中小学任教，为任教合同期满的26名省支教生解决了编制问题。落实每月100元的支教津贴，鼓励城镇教师开展支教走教，全年共派出支教教师280多人。

促进学生全面发展。深入推进阳光体育运动，广泛开展“大家唱、大家跳”活动，丰富学生的课余生活，切实提升学生综合素质。在全省第十一届中学生运动会上，仙桃市代表团取得历史以来最好成绩，共获得3金5银5铜。在湖北省黄鹤美育节活动中，仙桃市选送的文艺节目共获得5个一等奖、3个二等奖，其中2个节目代表湖北参加全国中小学生艺术展演活动。全年全市中小学生参加省以上各类竞赛获一等奖3 425人次，二等奖6 759人次。

大力开展百日整治活动。共查处违规有偿家教教师99人，解散各类补习班85个，查处乱收费14件，通报学校（单位）14个，处理在职教师52人，免去2名校长职务，清退违规收费34万元。乱收费、有偿家教等以教谋私现象得到有效遏制。

加大贫困生资助力度。开辟入学绿色通道，妥善安排2 000多名进城务工农民子女入学就读。积极组织社会捐资助学活动。共为9 212名义务教育阶段贫困生补助生活费333万元；发放省福利彩票公益金114.7万元，资助普通高中学生2 294人；发放春季学期中职学生助学金236万元，资助中职生3 146名；为893名大学生办理生源地贷款手续，申请贷款535.8万元；募集有关企业及个人捐赠资金216万元，资助贫困生1 400多人。

开展安全文明校园创建。重点开展接送学生车辆、公共卫生安全和校园周边环境等专项整治，防范各类安全事故发生。建立信访稳定工作责任制，积极稳妥地为670名被辞退的民办教师办理了社会养老保险。全年全市教育系统实现了“学校无安全责任事故，师生无违法犯罪”的工作目标，教师队伍保持总体稳定，群众信访量比上年下降35.2%。

【科学技术】 2009年，仙桃市共有各类科技创新服务机构21个，其中，博士后科研工作站（产业基地）2个，省级技术中心2个，国家级生产力促进中心1个。共有高新技术企业12个，市级科技型企业44个，新开发高新技术产品150多个，高新技术产值达10.7亿元。共有科普示范镇办4个，科普示范社区1个，科普示范村47个，科普示范户1 005个；全省促进新农村建设示范镇、村各一个。全年共承担省级以上科技项目29个，其中省政府重大科技专项1个，取得省级以上科技成果6个，新开发自主知识产权专利产品22个，申请专利187件。连续四届被评为“全国科技进步先进市”。

【文化】 2009年，仙桃市大力度建设公共文化服务体系、高密度组织群众文化活动，高品位实施文艺精品创作、全方位整治文化市场，文化事业和文化产业进一步发展繁荣。

加速推进综合文化站建设。建设完成西流河、彭场、毛嘴、剅河、杨林尾、三伏潭等6个省级综合文化站维修改造项目，张沟、胡场、郭河、沔城、长埫口、沙湖等7个镇综合文化站成为本年度维修改造项目，共争取项目资金116万元。同时还为剅河、西流河、三伏潭、彭场、毛嘴、杨林尾、郭河等镇文化站争取设备购置专项资金35万元。三伏潭镇综合文化站被评为湖北省“农民最满意的乡镇文化站”。

规范文化中心户建设。培育和发展农村文化中心户，对验收达标的211个2008年度文化中心户兑现“以钱养事”经费50万元。并制定了2009年“以钱养事”公益性文化服务实施方案，与各镇签订“以钱养养事”合同书286份。

共享工程建设首战告捷。制定出台《仙桃市文化信息资源共享工程建设实施方案》，投入资金235万元，建成市级文化信息资源共享工程支中心1个，乡镇服务点12个，村服务点240个。举办全市文化信息资源共享工程基层服务点培训班，培训乡镇基层服务人员30余人。

农村电影放映工程广受好评。召开全市农村电影放映工程建设工作会议，全年购置38套数字电影放映机、10辆流动电影放映车，放映电影7 680场，其中数字电影4 968场，胶片电影2 712场，初步实现90%的行政村每月放映一场电影的目标。

广场社区活动高潮迭起。精心制定《2009年度春节文化活动方案》、《仙桃市庆祝建国60周年群众文化活动方案》，组织了10场经典花鼓戏展演、20场镇办民间皮影戏调演和展演。以战线为单位，强势开展“婚育新风进万家”、“科技之光”、“锦绣仙桃”、“环保宣传日”、“沔阳风情”等专题文艺演出，全年共举办广场演出86场。发挥文艺辅导职能，相继发展黄荆、杜台、钱沟、体操广场、仁和桥、复州花园等40个社区文艺平台，组织开展群众性自娱自乐的腰鼓、体育舞蹈活动，广大市民群众精神文化生活多姿多彩。

公共服务活动如火如荼。市沔阳剧场先后引进金欣歌舞团、公安市青年歌舞团、莺歌燕舞歌舞团等团体到仙桃市演出，放映《刘长春》、《一个独生子女的故事》等主题电影40余部。市图书馆探索实现圈内“一卡通”图书借阅服务，共外借图书7.53万册次，接待读者7.9万人次，办理借阅证1 500多张，举办活动12次，组织社会教育培训6次，征集图书1 800种1 868册，解答咨询840条。市群艺馆广泛开展群众文化辅导培训工作，开办少儿舞蹈培训班，组织318名社会艺术人才参加全省音乐舞蹈考级。市博物馆以“5·18”国际博物馆日、中国文化遗产日等节日为契机，深入开展文物法律法规知识宣传，探索博物馆免费开放工作新办法新举措。市新华书店以“走向阅读社会”为主题，紧扣“4·23世界读书”开展“书香进校园”书展，开展“‘五一’百人读书签名”活动，图书音像发行销售取得骄人成绩。市群艺馆组织参加湖北省第二届“金蕾奖”评奖比赛活动，获一等奖1个，二等奖3个，三等奖2个。

文化下乡好戏连台。以仙洪新农村建设为契机，组织专题综艺节目《婚育新风进万家》、《清廉颂》在镇、街道办巡演，开展送文化、送图书、送戏下乡活动，共开展各类演出近300场。

群众文艺创作成果丰硕。市花鼓剧团新编创了3台专题综艺节目《科技之光》、《婚育新风进万家》和《清廉颂》，编排了《女儿泪》、《送礼记》等两出新戏，复排《秦香莲》、《双玉蝉》、《哑女告状》等3台大型古装戏，受到观众好评。全年全市共出版文学专著9部。根据同名长篇小说改编的电影《生命回归线》完成仙桃实景拍摄。市书法家协会组织的书法作品入选全国楚简帛书法作品展、上海“平复帖”国际书法大展、“中国移动杯”全国书法大展、“荆楚墨象——湖北书法篆刻晋京展”。5幅作品入选“全省第十一届美术作品展”，1幅麦秆画作品获全国工艺美术大师作品暨国际艺术精品博览会“天宫艺苑”百花杯金奖，1件免烧陶艺作品获海峡两岸职工艺术交流展金奖。

音乐歌词创作好歌不断。《红色的美丽》再次唱响2009年文化部春晚，《歌声中的童年》入选2009年中央电视台“六一”主题晚会，歌词《激情的亚细亚》入选广州亚运会主题歌歌词，作词歌曲《阳光部落》获全国中学生运动会会歌征集二等奖，作词歌曲《这里是湖北》获“天下湖北美”征歌“十佳新歌”奖，《爱的花环》、《真情真爱》获贵州省文化厅征歌三等奖。

非遗保护体系逐步形成。对“沔阳善书”等132个项目开展系统普查，共普查行政村、社区619个，采访民间艺人258人，回收调查表1 280余份，拍摄照片5 330张，录音517.87小时，录像497小时，收集实物116件，分类整理文字资料56.4万字，刻录数据光盘51张。“沔阳花鼓戏”、“沔阳皮影戏”入选湖北省非物质文化遗产名录，艺人胡敬先入选第三批国家级非物质文化遗产项目代表性传承人。出台了《关于抢救保护传承沔阳皮影戏的会议纪要》，制定了《沔阳皮影戏保护传承发展规划》，成立皮影家协会。组织了“仙桃市江汉创意怀首届皮影戏调演”。以全国第三次文物普查为契机，完成18个镇(办、场)文物普查，新发现文物点213处，复查文物点59处，全市文物点总数达272处。对武汉城市圈环线高速公路西段仙桃段沿线开展文物调查，向湖北省文物局报送了调查报告；积极申报民俗博物馆建设项目，编纂《湖北文博事业60年·仙桃篇》，沔城遗址申报第七批国家重点文物保护单位，在剅河、沔城等地征集东汉青釉四系网纹瓮、点彩白釉瓶、黑釉陶体、沔阳城城砖等文物，进一步丰富全市文物资源。

统筹建设农家书屋与村文化活动室，对2008年建成的132个农家书屋在《仙桃日报》进行公示；完成2009年度140个“省市共建”农家书屋出版物配送工作，采购配送书柜1 000个。组织参加国家新闻出版总署“对我帮助最大的一本书”和湖北省新闻出版局“农家书、农民读、农民写”读书征文活动，获国家级征文二等奖1个；省级征文特等奖、二等奖各1个，三等奖2个，优秀奖5个。仙桃市文化广播电视新闻出版局被湖北省新闻出版局评为农家书屋征文活动优秀组织奖。

【新闻出版】 2009年，在仙洪新农村试验区建设的带动下，仙桃市把握政府主导、

沔阳皮影戏　　（新平　供稿）

部门配合、社会参与、农民主建的原则，努力构建统筹协调、共建共享的公共文化服务体系。

集中开展扫黄打非斗争。共开展扫黄打非集中行动8次，处罚违规书刊音像出租店8个、印刷复制企业5个、责令停业整顿12个，取缔游商地摊10个。收缴各类非法出版物5.4万余件，其中非法音像制品1.11万盘，盗版图书3.34万册，盗版教材辅导读物7 490册，低俗出版物2 536册，非法期刊62册；集中销毁8.9万件非法出版物。

进一步规范网吧市场经营行为。共查处违法违规经营网吧126个次，其中接纳未成年人87个次，登记不全36个次，超时经营3个次；查处擅自变更经营场所1个，停业整顿21个次；捣毁三伏潭、毛嘴、陈场镇黑网吧3个，扣缴电脑主机43台、显示器20台、交换机3台。

整治校园周边环境。组织开展滚动式排查，共取缔无证无照经营电子游戏机、赌博机75台。对全市110个卡拉OK营业场所开展清理、办证，配合开展消防安全检查，有效净化了社会环境。

【广播电视】 2009年，仙桃市广播电视事业发展按照"小台基础，大台风范"的定位要求，整体面貌发生新变化，各项工作取得了新成绩。

新闻宣传成效突出。全年上报中央电视台、湖北电视台的电视新闻320条，其中中央电视台播发8条，湖北电视台播发154条，广播新闻在湖北人民广播电台播发158条。圆满完成重大活动宣传。圆满完成中央领导人温家宝、贺国强视察仙桃，新中国成立60周年，全面防控甲型H1N1流感，仙桃打击"黑口罩"等重大宣传报道任务。特别是围绕新中国成立60周年庆祝活动，《仙桃新闻》、《江汉视线》、《田野》等栏目分别推出专栏《辉煌60年》、《我和我的祖国》、《农村60年》等，多层面、多角度报道了祖国及仙桃60年的辉煌历程。重大主题宣传成效显著。《仙桃新闻》栏目先后推出专栏《深入学习实践科学发展观》、《仙洪新农村建设试验区》、《建设中的南城新区》、《开展两违整治，促进经济发展》、《开展百日整治，优化经济环境》等；《江汉视线》栏目先后推出《书记镇长谈环保》、《文化创意产业园解读》、《加强应急管理，构建和谐仙桃》、《关注自主创业》等专栏；《仙桃你好》栏目推出的《治超在行动》、《感恩母亲》等主题宣传，充分发挥舆论引导作用。重大民生宣传引导有力。始终坚持民生视角，关注百姓生活，把政府的中心工作与群众关心关注的问题有机结合起来，追求最大宣传效果。《江汉视线》栏目采制了多期关注民生疾苦、预警公共安全、帮扶弱势群体的节目，先后报道老百姓反映强烈的民生问题。

节目创新呈现亮点。打造了一批有影响的精品栏目。电视《江汉视线》、《田野》创新报道形式与手段，加强与百姓的互动，深受百姓喜爱。《天下仙桃人》精选对象，挖掘内质，积极搭建招商引资平台。广播《政风行风热线》节目通过增强节目现场感，及时有效解决问题，赢得了群众的口碑。策划一批有影响活动。充分发挥大型宣传活动、公益活动的集中性、现场性、参与性、互动性等优势，结合节目特色和社会需求，精心策划感动仙桃·十大道德模范评选活动、爱国歌曲大家唱、江汉明珠·锦绣仙桃大型户外直播节目等一系列的大型活动。

经营创收稳步运行。充分利用栏目节目的影响力和策划大型活动完成全年的创收目标。《仙桃周刊》按照生活资讯类的定位要求，紧紧锁定"采编出版、报纸发行、广告经营"三驾马车，不断推进报纸的板块结构和栏目改版创新、报纸的发行结构创新，广告经营模式创新，每期发行量稳定在1万份以上，广告经营创收突破百万元大关。

技术装备再上水平。投入150多万元资金，更新改造一批采、编、播及发射设备。更新24频道发射设备、购置5套非线性编辑系统、3台摄像机和1台电视摇臂，对发射铁塔进行维护保养，改造演播室，同时，更新3台采访车辆，装备水平得到较大提升。

【卫生】 2009年，仙桃市有各级各类医疗卫生机构922个。其中，市直医疗卫生机构8个，社区卫生服务中心5个，其它系统办医院5个，改制医院2个，民营医院6个，乡镇卫生院23个，村卫生室601个，个体诊所、医务室及医院伸点门诊249个，新农合经办机构23个。全市医疗机构中，二级甲等医院2个，二级乙等医院3个，一级甲等医院17个，一级乙等医院2个。全市有卫生人员7 399人，其中卫生技术人员3 402人（高级职称280人，中级职称1 506人，初级职称1 616人），另有乡村医生1 222人。市镇两级医疗机构开设病床3 658张，全年全市完成门急诊197.8万人次，出院8.01万人次。

启动新一轮医疗卫生体制改革。成立卫生系统深化医药卫生体制改革领导小组，组建健全基本医疗保障制度组、建立国家基本药物制度组、健全卫生服务体系组、促进基本公共卫生服务均等化组、推进公立医院改革试点组和综合协调组（医改办）6个工作专班。组织完成全市医疗卫生单位的基础设施、设备、机构、人员、资产、负债、收支和药品进销差价以及未来三年基础设施建设、工作经费、人员经费、重大公共卫生经费等基本情况与相关项目调查摸底和测算工作；开展公立医院改革试点调研工作；起草《仙桃市深化医药卫生体制改革实施方案》和《2009年仙桃市深化医药卫生体制改革主要工作任务》。

稳步推进新型农村合作医疗制度建设。进一步完善补偿政策。一级医院起付线降至100元，保底补偿率为70%；二级医院起付线降至200元，保底补偿率为45%；市外医院起付线降至500元，保底补偿率为30%；补偿封顶线由3万元增加至4万元。进一步规范慢性病补偿审批程序。加强慢性病审批管理，制定《仙桃市新型农村合作医疗慢性病门诊定额补偿实施细则》，全年分两批共组织52名专家分赴各乡镇，对5 100多名慢性病申报患者进行现场审核，4 650名患者符合全市慢性病定补诊断标准，占参合人数的4.5‰。加强信息化建设，推行磁卡管理。新农合信息网络实现由市到镇、由镇到村的延伸，市内9个二级医院、25个一级医院、530个村卫生室、市外2个三级医院全部实施计算机联网操作；参合农民就医实现一卡通。截至2009年底，全市参合人数达到103.85万人，参合率为98.8%。全市新农合门诊接诊190.07万人次，补偿费用2 622.48万元；接诊出院病人4.32万例，住院率达到4.2%，实得补偿率为47.1%，例均费用3 403.74元；审批慢性病定补4 724例，补偿424.77万元；住院统筹基金共支出6 813.53万元，住院基金使用率为97.9%。

开展基本公共卫生服务均等化。建立居民健康档案工作。启动15岁以下儿童免费补种乙肝疫苗项目，完成全市14周岁~15周岁1.7万儿童乙肝疫苗免费补种工作。启动农村孕产妇住院分娩补助、孕妇补服叶酸、妇女病普查等妇幼保健项目。实施"百万贫困白内障患者复明工程"，与仙桃市残疾人联合会协作为全市287名贫困白内障患者免费进行复明手术。

实施国家基本药物制度试点。制定《仙桃市实施国家基本药物制度试点工作方案》，在毛嘴、三伏潭、胡场、沔城、郭河卫生院和城区5个社区卫生服务中心先行实施国家基本药物制度，开展国家基本药物零差率销售试点。未试点医疗卫生单位按要求全面配备基本药物，并将基本药物作为首选药物提供给患者，基本药物销售价格不得高于国家零售指导价格。市新型农村合作医疗管理办公室参照新版的国家基本药物目录，调整药品报销目录和报销比例。

加大公共卫生能力建设。市卫生局和市疾病预防控制中心分别成立卫生应急办公室，落实专职人员。制定和修订甲型H1N1流感、手足口病防控等应急预案31个，落实16万元应急物资储备，重新组建各类救灾防病应急队，开展救灾防病应急培训与演练工作。完成7个镇卫生院规范化接种门诊建设，为全市各接种点统一更新计算机，配置打印机、冰箱等设备，全市三级信息网络实现有效联通。开通12320健康咨询电话，24小时为广大人民群众提供健康咨询服务和处理各种突发事件。

加强惠民医院建设。认真落实各项惠民政策，狠抓医疗质量管理。10月惠民医院本部设立“低保结算”窗口，实行低保住院病人结算本部化。全年仙桃市惠民医院共接诊1.3万多人次，门诊低保病人就诊8 000多人次，门诊优惠减免费用9.76万元；接诊低保住院病人687人次，住院优惠减免139.10万元。

加强疫情报告与管理。落实24小时疫情值班制度，全年全市共报告法定甲乙丙类传染病发病22种6 174例(无甲类传染病发病)，死亡12例。与上年相比，发病数上升5.5%，死亡数上升9例，发病率上升5.1%，死亡率上升2.99倍，病死率上升2.79倍。全年全市已完成7.3万剂次的甲流疫苗接种工作。截至12月31日，全市共调查处理学校聚集性发热疫情24件，其中核实流感疫情17件，除1起为季节性流感外，其余16件均为甲型H1N1流感，共报告甲型H1N1流感病例499例(其中实验室确诊病例58例)，重症病例1例，无死亡病例发生。全市共报告手足口病433例，与上年324例相比上升33.6%，其中临床诊断病例422例，经省实验室诊断4例，全市无暴发、重症和死亡病例发生。全市报告结核病人736人，病人转诊率和转诊到位率分别为88.5%和43.0%。全市共登记肺结核病人950人，完成949人新发初治与复治痰阳病人的免费查治。全市孕产妇系统保健建卡率93.65%，孕产妇住院分娩率100%，高危孕产妇住院分娩率100%，预防艾滋病知晓率91.3%，孕产妇系统管理率84.5%，儿童系统管理率84.0%；孕产妇死亡率为8.64/10万，婴儿死亡率3.9‰，5岁以下儿童死亡率5.4‰，新生儿破伤风发病率为零。

扩大基础免疫覆盖面。全市共计应种30.39万人次，实种29.60万人次，接种率97.4%。其中麻疹疫苗接种率96.8%，脊灰糖丸接种率98.4%，百白破接种率97.9%，卡介苗接种率99.5%，新生儿乙肝疫苗接种率98.8%，12月龄儿童乙肝首针及时率为94.2%，麻风二联接种率为96.2%，A群流脑接种率为96.2%，乙脑基础接种率为97.1%，甲肝疫苗接种率为94.4%。8月龄~14岁儿童麻疹普种接种率为99.3%。

加大基层卫生体系建设力度。投资220万元对张沟镇卫生院门诊和住院部进行整体改造，达到标准化建设标准；投资156万元，新建毛咀中心卫生院住院部，，基本完成主体工程建设，建设面积1 936平方米；投资105万元对沙湖中心卫生院进行改造；投资80万元对楼河卫生院门诊部完成改扩建；投资80万元完成郑场卫生院医技楼建设。完成每个投资3万元的20个村卫生室中央建设项目；超额完成市政府承诺建设150个甲级村卫生室任务，实建152个。全市578个村卫生室2009年底全部达到甲级卫生室建设标准。

开展社区环境卫生整治。投资20.3万元完成3个社区卫生服务站建设；投资170万元完成干河大洪社区卫生服务中心标准化建设；完成社区全科医师培训25名，社区护士培训35名。全市城区累计建成5个社区卫生服务中心，16个社区卫生服务站，服务范围基本覆盖城区居民。全市社区举办卫生宣传专栏64余期，开展健康咨询活动73次，举办健康知识讲座61场次，发放宣传资料1万多份；实行高血压患者规范管理5 668人、糖尿病患者规范管理642人；完成康复指导与训练2 232人次；开展老年人保健管理10 958人；全市城区已累计建居民健康档案63 656户，建档人数219 858人。另外，在通海口镇开展建立农村居民健康档案试点工作，建居民健康档案7 560户，建档人数31 258人，建档率达到70%。全年完成96个村改水任务，解决8万人饮水问题，建设25 750座卫生厕所。

市卫生局全年共接待医疗投诉78件，其中患者死亡纠纷7件，分别比上年下降52.3%和63.2%。

认真开展卫生执法监督。开展餐饮业食品添加剂专项整治，共监督检查餐饮单位1 816个，对6个食品添加剂检测不合格的单位进行立案查处。开展学校食堂及校园周边食品安全专项整治，共检查学校食堂8个，小卖部84个，小吃店120个，下达卫生监督意见书67份，收缴“三无”食品110件，过期变质食品150件。完成元旦、春节、高(中)考、体操冠军赛以及中央领导视察仙桃等节假日和重大活动期间食品安全监督保障，无食品安全事故发生。开展以打击黑诊所、游医为重点的铁帚行动和规范各级医疗机构执业行为的执法检查，全年共立案查处无证行医案52件，收缴各类药品和医疗器材200多件。

充实卫生系统专业技术能力。选派6人参加全省全科医生培训，组织45名全科医师和35名社区护士参加培训考试；组织226名农村卫生人员进行“规范诊疗”项目培训；分片对全市乡村医生进行内儿科疾病诊治培训；选派各医疗卫生单位业务骨干87人次到上级医院进修培训；开展第二批乡村医生中专学历教育工作，全市40人报名参加学习；组织申报继续教育项目23个，完成省级、市级继续医学教育讲座36次，发表论文64篇；招聘83名大中专医学毕业生充实医疗队伍。

【体育】 2009年，仙桃市积极引导广大干部群众参加各种群众体育活动，夯实体育后备人才培养的基础，全市体育事业呈现出崭新局面。

竞技体育工作取得新成绩。成功举办全国体操冠军赛。2009全国体操冠军赛于7月21日－27日在仙桃举行，历时7天，全国共有24支代表队参加，决出男女10个单项冠军。成功举办仙桃市第七届运动会。仙桃市第七届运动会于10月下旬在仙桃市体育广场举行，各镇办场园、市直各战线精心组织，参赛代表团27个，运动员达1 673人。

稳步推进公共体育设施和体育组织建设。年内，湖北省体育局为仙洪新农村建设试验区仙桃片安排国家级农民体育健身工程52个，全民健身路径7套，总投资130万元。仙桃市以仙洪新农村试验区为中心建设60个农民健身工程，为60个村建设篮球场、布置乒乓球台，年底全市完成农民体育健身工程40个。全市体育单项协会组织发展到11个，健身站点100多个，老年门球队35支440人，腰鼓秧歌队200余支5 000余人，太极拳剑1.72万人，棋牌3.95万人，广播操、保健操9 250人，体育舞蹈5 800多人，文艺团体(小舞台)162支、2 800多人，乒乓球430人，社会体育指导员达723人。全市21个镇办场园已全部建立了老年体协组织，669个行政村(社区、管委会)已建立老体协组织552个，占总数的83%。

组织丰富多彩的群众体育活动。以庆贺第一个全民健身日、喜迎新中国成立60周年、首届新农村群众体育趣味运动会为主题，举办体育比赛、群体活动80多场次，参加人数2万多人次。2009年年底，仙桃体育局2名工作人员被国家体育总局授予全国群众体育先进个人称号，仙桃体育局被国家体育总局评为全国群众体育先进单位。

加强人才培养。依托体教结合平台，建立“以市少儿体校为龙头，以基层学校为基础，以社会培训为补充”的新体制，坚持抓好“一校一项目、项目出人才、人才创佳绩”。把培养输送优秀体育后备人才作为重要工作来抓，全年向国家集训队输送1人，向湖北省体操队输送2人，武汉体操队7人，参加高校高水平测试16人，全部达标。在全省年度比赛中，仙桃市获得金牌12枚，银牌17枚，铜牌19枚，向上级体育部门送了15名后备苗子，列入全省新苗工程人才库运动员有13人，大专院校12人。

【精神文明建设】 2009年，仙桃市以“争做文明市民、争创文明城市”为主题，通过制度落实责任，制定下发了《仙桃市文明城市创建整改方案》和《仙桃市公共文明指数测评任务分解表》，积极开展文明创建进校园、“百城万店无假货”、千家万户净家园等活动，年内，仙桃市被中央文明委授予全国创建文明城市工作先进城市荣誉称号，市财政局被中央精神文明建设指导委员会授予全国文明单位称号，市检察院、市国税局被中央精神文明建设指导委员会授予全国精神文明建设工作先进单位称号，14个单位被中共湖北省委、湖北省人民政府授予省级最佳文明单位荣誉称号，24个单位被授予省级文明单位荣誉称号，27个单位被评为市级最佳文明单位，82个单位被评为市级文明单位。黄荆小区社区、杜柳社区被中共湖北省委、湖北省人民政府授予省级文明社区荣誉称号。

文明村镇创建。深入推进“两集中”，开展生活方式革命。以318国道、仙洪公路、仙监公路、仙彭公路、仙西公路等沿线村庄为重点，大力推进垃圾集中处理和墓园集中管理，对农村垃圾按照“户归池、组集并、村集中、镇处理”原则进行集中处理，对墓园按照“树常绿、碑雅致、占地少、层次高”的要求进行集中建设。全市183个村实现了垃圾集中处理，104个村实现了墓园集中管理。引导群众改变传统生活习惯。全市共建成户用沼气池7.5万口，改厕2.57万座，形成了“前园后院”的崭新生态建设模式。郭河镇大力实施江南民居改造工程；杨林尾、陈场等镇采取“林水结合、以水养村”模式，疏挖绿化沟渠1500多千米；三伏潭、西流河等镇采取苗木寄养方式实行庭院绿化，农村村容村貌发生巨大变化。改善农村生产生活条件。加快推进路网、水网、电网、商务网向农村延伸覆盖，改变村容村貌和农民人居环境。坚持不懈开展文化下乡活动。按照“三贴近”原则，将适应农村发展、满足农民需求的优秀文化送到农村、送给农民。开展“送理论到基层”，组织宣讲团深入基层授课50场；开展“送文化下乡”，送戏下乡800场、送图书2万余册、送电影2000多场。加强农村文化阵地建设。按照“镇有综合文化站、村有文化活动室、组有文化中心户”的思路，大力推进农村文化阵地建设。全市修复改造15个镇影剧院，新建扩建8个文化站，建成560个村级文化活动室，建设171个农家书屋，发展869个农村文化中心户，有线电视“村村通”通村率100%，入户率达70%以上。坚持保护和开发优秀民间文化，积极加强对沔阳花鼓戏、皮影戏、雕花剪纸、麦杆画等优秀民间文化的挖掘、传承和保护，沔阳花鼓戏、沔阳雕花剪纸入选全国非物质文化遗产目录。积极培育民间文艺队伍，共组建皮影协会，剪纸协会等民间文化组织12个，成立腰鼓队、皮影队、龙舟队等民间文艺团体200多支。年内，仙桃市毛嘴镇被中央精神文明建设指导委员会授予全国文明镇荣誉称号，沔城回族镇、彭场镇、张沟镇先锋村被中央精神文明建设指导委员会授予全国精神文明建设工作先进村镇荣誉称号，沔城回族镇、彭场镇、三伏潭镇栗林咀村被中共湖北省委、湖北省人民政府授予省级文明村镇荣誉称号。

不断加强文明共建。以各种形式开展军民共建活动。通过开展“心系国防献爱心的五个一”活动，向现役官兵“寄一份慰问信，送一份礼物，走访一次军人家属，召开一次军属座谈会，为军属办一件实事”；建立了“军人家庭服务中心”，为军属解决实际困难。全市29个派出所的145个警区落实共建村385个，占全市村总数的58.3%。城区副所长包片、警长包街、民警包巷，共建覆盖率达到72.0%。开展“我为警徽添光彩”，争创“巾帼文明岗”、“巾帼能手”竞赛活动；开展“让群众满意在派出所”活动，向市民发放“警民联系卡”10万张，随时为群众服务。

开展全市思想道德建设。将孝雅教育纳入全市德育工作考评体系，推进孝雅教育进校园、进课堂、进社区、进机关、进企业、进农村，积极弘扬孝雅新风。加强社会主义荣辱观教育。进一步建立健全学校、社会、家庭三位一体的道德教育和文明创建立体网络，仙源学校被推荐为全国“做一个有道德人”示范联系点。推荐评选道德模范。组织推荐、评选全市10大感动仙桃人物，参加全省“榜样在我身边”道德模范颁奖晚会，开展“我学习、我推荐身边的好人”活动，积极组织中央文明委“好人榜”投票活动，仙桃市顺达培训学校身残志坚的技术员刘勇获得全省第二届道德模范提名奖，见义勇为榜样汤明、孝老爱亲榜样周凤娇、助人为乐榜样汪文坪荣登“好人榜”。

净化社会文化环境。集中开展整治专项行动、荧屏声频净化专项行动、出版物市场整治专项行动和校园周边环境综

2009年7月21日～27日，全国体操冠军赛在仙桃举行，图为运动员在比赛中
（新平 供稿）

合治理专项行动。深入开展“暑期集中行动”,加大暑期文化环境整治力度,进一步建立健全学校、社会、家庭三位一体的道德教育和文明创建立体网络。组织各类志愿者广泛参与普及文明风尚、整治公共环境、维护社会秩序以及文化、科技、卫生等志愿服务活动。筹备志愿服务组织的注册工作和部分志愿者招募、培训工作,广泛开展全市性志愿服务活动。开展群众性文体活动。组织我们的节日主题活动,彭场镇、郭河镇组织举办了端午龙舟节,通海口镇组织开展了“我们的节日·中秋节”主题文艺活动,毛嘴镇举办“毛嘴金秋”文艺汇演等。开展爱国歌曲大家唱活动,共举办“绿地华庭杯”爱国歌曲大家唱活动大型文艺汇演6场,社区广场红歌演唱8场、各系统组织传唱活动20余场,群众学唱活动50余场,共有10余万人次参加了红歌活动。

(黄爱高)

潜江市社会事业

【教育】 2009年,潜江市共有各级各类学校227所,在校学生14.51万人,教职工1.08万人,专任教师9 357人,其中,学前教育机构69所,在校学生1.85万人,专任教师678人;普通小学105所,在校学生5.42万人,专任教师3 618人;普通初中41所,在校学生36.28万人,专任教师2 953人;特殊教育学校1所,在校学生251人,专任教师18人;普通高中6所,在校学生2.13万人,专任教师1 415人;中等职业技术学校3所,在校学生1.09万人,专任教师368人;高等教育学校2所,在校学生3 807人,专任教师307人。

促进义务教育均衡发展。实施以“联校办学”为主体,以“城镇教师支教”、“城乡学校结对帮扶”为补充的“区域一体化办学”模式,合理调整学校布局,在8个乡镇、20所学校实施区域一体化办学或城乡学校结对帮扶,选派20名农村学校校长和管理干部到城镇学校挂职锻炼,138名教师参与下乡支教行动。多渠道筹资助学。为1 065名普通高中学生申请中央彩票公益项目,发放助学金53.25万元;与有关企业设立奖学金,筹资1万元奖励经济困难、品学兼优的普通高中生;通过“寄一张邮政贺卡、献一份助学爱心”活动,筹集7 500元资助15名家庭经济困难学生;为401名大学生办理大学生生源地助学贷款239.54万元。进一步提高义务教育普及程度。关心关注特殊群体的教育,进一步健全残疾少儿、留守学生、进城务工农民子女、单亲家庭子女等特殊群体的教育管理制度,小学生巩固率达100%,初中生巩固率达97.2%以上,残疾少儿的入学率达到85%,高中阶段毛入学率达90%以上。

稳步推进职业教育“319工程”(用3年时间在每个县市重点建好1个职教中心,在武汉城市圈9个中心城市重点建好一个职教园区)。制定《潜江市人民政府关于职业教育“319工程”实施方案》和《潜江市职业教育园区建设工程方案》,并向湖北省教育厅和湖北省发展和改革委员会上报《潜江市中等职业教育资源整合规划方案》,发放中职助学金839万元。招生规模进一步扩大。继续采取分解招生任务、签订责任状、落实招生奖励办法等措施,在生源减少的情况下,实现2009年秋季中职学校招生4 600人。创新教学模式。根据用人单位需求及毕业生工作情况反馈信息,及时改变教学内容和模式,开办特色专业。市职教中心积极拓展校校合作、校企合作的思路,分别与湖北省职业技术学院、武汉海元盛船舶公司、金澳科技、四方汽修等联合,敞开大门办学,有效促进了地方经济的发展。劳动力培训卓有成效。配合农业部门、劳动保障部门、民政部门开展各类技能培训,利用市职教中心和乡镇成校积极开展“双后生”(未升入上一年级的初、高中毕业生)培训,全年共培训1.7万人次,其中农村剩余劳动力转移培训6 000人次。

高等教育不断发展。江汉艺术职业学院投入1 000万元进行改扩建,不断扩大办学规模完善办学条件,2009年秋季招生达1 500余人。年内,出台《江汉艺术职业学院毕业生就业工作考评奖励办法》,江汉艺术职业学院顺利通过毕业生就业评估,并获得潜江市人民政府给予的174万元重奖。10月28日,江汉艺术职业学院成功举办建校50周年庆典活动。潜江市广播电视大学发展势头良好。探索开放性教育人才培养模式,重点对学员进行开放教育入学指南培训和计算机基础技能培训,形成了网络远程开放教育、学员自主学习、指导学员学习3种模式。

开展教育教学改革和教育科研。不断增强德育实效性。修订完善《潜江市中小学德育常规三十条》,继续开展“走进学生心灵”主题系列教育活动,出版《走进学生心灵》文集,专题教育逐渐序列化、常态化;继续开展营造书香校园活动,组织以“亲近经典、传承文明、浸润人生”为主题,以中华经典诵读和中华诗词歌赋创作为主要内容的“清明诗会”活动。

加强教育督导。修订完善《潜江市中小学校办学水平综合督导评估细则》。开展中小学办学水平评估。对全市52所中小学校办学水平进行督导评估,评估优秀学校31所、合格学校21所。开展年度综合督导。对全市各镇(区、场、处)政府履行教育工作职能情况、学区及学校教育教学工作情况进行年度综合督导评估。开展中小学体育工作专项督导,顺利通过湖北省教育督导室组织的验收检查。建立全市义务教育均衡发展督导评估基础数据库,为实施义务教育均衡发展督导评估奠定了基础。

加大教育经费投入。认真实施农村义务教育经费保障机制改革。筹措资金4 563.1万元,免除义务教育阶段学生学杂费和书本费,发放贫困寄宿生生活补助360万元。着力改善办学条件。全年共投入2 063万元用于校舍维修改造、薄弱学校及寄宿制学校建设。其中247万元用于23所学校校舍危房改造,1 282万元用于17所农村中小学寄宿制学校建设,534万元用于薄弱学校基础设施建设。

加强教师队伍建设。继续实施“农村教师资助行动计划”,签约20名应届大学毕业生到农村支教;实施人才引进计划,公开招考40名新教师,分配到农村学校任教,有效缓解教师年龄和学科结构性矛盾;实施“农村教师素质提高工程”,组织教师2 858人次参加市级以上培训,在暑期教师集训期间,组建师德讲师团巡回演讲,强化师德教育。大力开展评先奖优活动。教师节期间,全市评选表彰功勋班主任2人、十佳校长10人、十佳班主任10人、十佳教师10人、优秀班主任49人、学科带头人30人、先进教育工作者78人,发放奖金20余万元,激发了广大教师的工作热情。

【科学技术】 2009年,潜江市围绕科技投融资、产学研结合、创新型企业建设、农业科技创新体系建设、科技型中小企业成长路线图计划等五大专项行动,申报科学技术项目25个,立项19个,其中,国家级项目7个,争取资金505万元,省级项目12个,获得扶持资金347万元。年内,3个企业被确定为省级工程技术中心,5个企业被确定为湖北省首批创新型建设试点企业,3个企业被湖北省科技厅确定为全省科技人员服务定点企业,华山水产食品有限公司和莱克水产食品有限公司分别由国家和省下派科技特派员帮助企业开展技术创新活动。全市盐化

江汉艺术职业学院教学楼 （刘芳 供稿）

工产业还被列为全省产业技术路线图计划。积极开展产学研结合行动，实现了产业发展和科技成果转化的双赢。开展纺织服装、医药化工、农产品加工、新型环保等领域与高校、院所技术合作和对接。年内，江汉油田信毅石油设备有限公司获湖北省人民政府“科技型中小企业创新奖”。潜江市水产推广中心陶忠虎获取2009年度潜江市科学技术突出贡献奖，湖北永绍科技有限公司、潜江市金铃汽车内配材料有限公司获市科技型中小企业创新奖。

知识产权工作取得新成绩。建立企业专利申请登记目录，定期对企业专利工作实施跟踪服务。开展企业专利“扫零”工作，20个试点企业共申请专利27件；举办了一期企业管理人员专利申请培训班；做好牵线搭桥工作，出台了《潜江市专利权质押贷款管理办法（试行）》，积极扶持全市专利代理机构发展；开展2009年度专利申请补贴工作，总计补贴资金4.93万元。全年共完成专利申请146件，比上年增长29.1%，其中企业专利52件，增长27.0%。

大力发展高新技术产业。以医药化工、新材料、机械制造、现代农业及农产品加工为重点，积极扶持有条件的企业申报国家级高新技术企业。年内，永安药业股份有限公司和江汉钻具有限公司2个企业被认定为国家级高新技术企业。全年全市完成高新技术产值15.22亿元，高新技术产业增加值5.23亿元。

加强科技服务能力建设。开展孵化器建设，在孵企业11个。启动了科技中小型企业投融资助贷机构，引进湖北省高新技术产业投资有限公司和武汉创投与华山水产、莱克水产、金澳科技等企业进行合作洽谈，提供政策、资金、技术等方面的服务。加大农业科普力度，新增5个乡镇科普宣传栏及其宣传站点；继续聘请农业科技特派员，扎根一线开展技术指导、示范和咨询服务；新增“农技110”注册用户3万多户。

【文化】 2009年，潜江市共有艺术表演团1个，群艺馆、文化馆24个，公共图书馆3个，博物馆1个，电影放映单位15个；文化产业经营户609个，从业人员5 000多人，年收入达2.5亿元。

推进全市文化产业快速发展。以印刷业为突破口，不断加快印刷产业发展步伐。年内，潜江市正阳纸品有限公司联系武汉的合作方投资5 000万元发展包装印刷，被列入潜江市人民政府工程；江汉油田海德印务有限公司投资2 000多万元发展票据印刷，该项目进入投产营运阶段。全年共争取各类文化项目经费1 200万元；潜江市剧院共完成经济收入92.3万元；潜江市新华书店完成教材征订发行1 656万元，一般图书销售达407万元。

加大文化遗产保护力度。开展第三次全国文物普查田野调查工作，范围覆盖全市23个区镇场处、378个行政村，实现野外村镇到达率100%，普查覆盖率100%，共调查登记不可移动文物点363处，其中新发现236处，复查127处，获湖北省文物局颁发的“湖北省第三次全国文物普查优秀奖”。年内，与湖北省文物局签订南水北调汉江中下游考古发掘协议书，发掘面积2 000平方米，考古经费80万元。潜江市博物馆、曹禺纪念馆进一步建立健全免费开放工作机制，全年共接待各类参观团体1 200个，人数近9万人次。积极开展非物质文化遗产保护。完成全市332个行政村非物质文化遗产资源的普查采集工作，调查项目1 493项，文字记录15万字，图片1 876张，录音58小时，摄像312小时，收集实物168件，整理重点项目专题片5个，组织编写和整理《楚风遗韵》、《江汉平原皮影艺术》等近百万字非遗著作。“潜江木雕”被湖北省人民政府列入第二批湖北省非物质文化遗产名录。

文化活动丰富多彩。大型现代花鼓戏《生命童话》作为湖北唯一的入选剧目，参加第三届全国地方戏优秀剧目展演并获得“二等奖”，还获得湖北省首届地方戏曲艺术节金奖、第七届“五个一工程奖”戏剧类优秀奖；入选文化部审定的第九届中国艺术节的地方戏曲剧目，是全国仅有的5台市（县）级入选剧目之一。编排少儿舞蹈《弹棉花》、课本剧《滥竽充数》参加全省第十三届“楚天群星奖”大赛，分别荣获金奖和铜奖。组织参加“青春中国”第五届全国校园艺术节总决赛获得一等奖3个、二等奖7个、三等奖2个。投入1 000万元排演的大型地域风情舞蹈诗《江汉风》在省人民剧院上演，获得湖北省第七届“屈原文艺奖”舞台艺术类优秀奖。主办了首届“社区风采”广场文化活动、首届龙虾节开幕式文艺演出、潜江裁缝颁奖晚会以及向台湾同胞募捐等各类大型文化活动25场，创作、排演节目80余个，推出人民群众喜欢的节目30余个，观众达100万人（次）。建设龙湾遗址本体保护工程，完成疏浚幸福渠1 000米；硬化幸福渠护坡800米，面积3 200平方米；协助龙湾镇政府修建幸福路2千米，面积8 000平方米；疏浚项目区域河渠15 000米，更换155KW电排闸机组2台，400KVA变压器1台；完成文物保护工作站的设施建设工作，占地面积800平方米，建筑面积160平方米。完成了“龙湾遗址放鹰台遗址群1号台展示设施”招标工作。

深入开展社区文化活动。全年送戏下乡百余场。共举办纪念建国60周年、首届“社区风采”文艺晚会、首届龙虾节开幕式“稻花香、龙虾俏”大型文艺晚会、潜江裁缝、数字潜江、春节元宵等大型文化活动30余场，创作、排演节目100余个。组织各乡镇广泛开展非物质文化遗产民间文艺展演、“万人健身活动”、农民文化节、“唱红歌庆七一”等一大批深受群众欢迎的文化活动。坚持开展送文化“三下乡”活动，结合农家书屋建设送图书下乡20万余册。

积极建设文化惠民工程。全年建设乡镇综合文化站2个、农家书屋100个。完成了竹根滩、周矶、渔洋3个文化站建设。完成了24个农家书屋的图书配送，89个村文化室、38个文化中心户的建设任务。在13个乡镇和80%以上的行政村建立了共享工程基层服务点。结合农家书屋建设,共送图书3.6万册到农村。

【新闻出版】 2009年,潜江市新闻出版工作持续发展。加大文化市场监管。全年集中销毁收缴的非法出版物5万多件。其中,对园林城区校园周边的音像、图书市场进行了大规模集中清理整治,共收缴各类非法出版物2 800余册(盘),取缔无证经营的流动摊点5个。办理各类行政许可共439件,其中文化行政许可295件,新闻出版行政许可144件。共立案查处违规经营活动144件,其中网吧128件,娱乐场所5件,音像制品11件。全年共开展各类"扫黄打非"集中行动20余次,共出动相关执法人员300余人次,收缴各类非法出版物7.6万多册(套),共立案查处违法经营单位(户)20余个次。会同公安、工商、电信等部门开展大规模的网吧集中整治行动。取缔黑网吧5个,立案查处违规经营网吧85个。聘请网吧义务监督员273名,对网吧市场进行不定时、不间断地监督。成立了以28个相关部门为成员单位的"潜江市'扫黄打非'暨净化社会文化环境工作小组",明确了各自的职责。印发了《关于进一步加强演出市场管理的通知》,组织了4次拉网式检查,下达整改通知书100余份,督促整改问题80余个。

【广播电视】 2009年,潜江市有广播电台1座,电视台1座,广播人口覆盖率100%,发行《潜江日报》13 780万份,比上年增长4.4%。

加大新闻宣传力度。开设了《中部六市(区)发展启示录》、《十件实事暖人心》、《树信心、保增长、促发展》、《辉煌60年,潜江新篇章》、《坚定信心、应对挑战》、《齐心协力办好龙虾节》等栏目。全年共播发各类广播稿件4 350篇,播发电视新闻稿件3 280条,系列报道24组,编播专题、专栏节目310多期。在湖北电台和楚天电台播发稿件80多篇;在湖北电视台播发新闻69条,非联播和其他频道8条。中央人民广播电台用稿4条,中央电视台用稿3条,在湖北电视台播出专题片3部。《行风热线》全年共直播156期节目,接听答复听众电话800多次,解决问题200多个。成功举办了"锦绣潜城"杯唱响潜江大型电视活动。投入438万元,添置了省内领先的4+1讯道数字电视转播车,大力提升了技术装备水平和队伍实战能力。

加强广播电视社会管理。加强对境外卫星电视节目的管理,集中开展收缴卫星电视无线电干扰器整治行动、互联网传播淫秽色情等有害信息清理整治行动和"扫黄打非"专项行动,对擅自从事互联网视听节目服务的IPTV电视依法进行查处。清理整治违规安装和使用的卫星电视接收设施,查处无证安装卫星电视接收设施的企业和个人,暂扣卫星电视接收设施100套。与公安等部门协作,打击非法干扰广播电视接收、破坏广播电视设施的行为,营造良好的社会环境。

【卫生】 2009年,潜江市共有卫生机构690个(全社会口径),卫生技术人员5 326人,病床位2 919张,其中综合医院15个,专科疾病防治院(站、中心)15个,疾病预防控制中心2个,卫生监督所(中心)2个。全市完成卫生事业收入2.48亿元,比上年增加5 133万元,增长26.1%。其中市直医疗卫生单位完成事业收入1.91亿元,增加3 739万元,增长24.4%;乡镇单位完成事业收入5 738万元,增加1 394万元,增长32.1%。年内,潜江市血吸虫病预防控制所被表彰为全国血吸虫病防治先进集体。

推进新型农村合作医疗制度建设。全年全市参合区、镇、场共有20个,实际参合人数63.93万人,参合率97.7%。共筹集合作医疗基金6 393.32万元。完善新型农村合作医疗制度实施方案。住院补助比例提高了5个百分点;最大额度提高到了4万元。全年补偿农民50万人次,补偿支出6 677.02万元,比上年增加补偿35.45万人次,增长243.6%,增加补偿支出2 392.65万元,增长55.9%。

加快社区卫生建设步伐。结合城市区域卫生规划,编制了全市东、西城区社区卫生服务总体规划,截至2009年底已建成覆盖65%城区社区卫生服务中心4个、社区卫生服务站11个。以建立居民健康档案工作为基础,开展社区卫生服务入户宣传。编制了社区卫生服务考核细则,明确疾控、妇幼部门对社区卫生服务机构的技术指导和考核职责,使社区卫生服务机构真正承担起预防、医疗、保健、康复、健康教育、计划生育技术服务为一体的服务,全年开展健康教育和上门健康咨询3.5万人次,进一步完善社区卫生服务机构标准化建设。全年各社区服务机构以户为单位建立健康档案3.6万份,累计建档人数10.36万人;门(急)人次数5.6万人次,累计上门服务人次数3.5万人次。

积极开展卫生基础设施建设。启动建设总投资1.3亿元的中心医院门诊大楼。自筹资金170万元,改造升级高石碑、浩口、龙湾、积玉口等卫生院基础设施。全年完成107个村卫生室建设任务,继续推进村卫生室标准化建设,又建成132个卫生室,截至2009年底,通过政府设立的200万元奖励基金,成功吸引3 800万元社会资金,完成371个村卫生室标准化建设任务。推进村卫生室规范化管理、信息化服务。投入133.5万元,为371个村卫生室配置计算机371台,分别投资45万元、80万元与潜江电信公司和深圳谷仓网络公司合作,研发集收费、电子病历、电子处方、新农合门诊统筹、网络诊疗咨询、居民健康档案、公共卫生管理、远程技术培训、镇村药品一体化监管等"九位一体"的医疗卫生信息化服务体系并取得成功。

加大疾病预防控制。继续落实国家对艾滋病人的"四免一关怀"救助政策,对符合治疗条件的HIV感染者免费提供了抗病毒治疗,并定期体检,提供全面的健康咨询。全年共完成各类HIV抗体监测1.16万人,其中,高危人群主动监测2 093人,孕产妇母婴传播阻断监测8 441人,自愿咨询检测446人,公安监管场所监测615人。年内,新发现HIV感染者和病人20例。全年结防机构共接诊疑似肺结核病和肺结核患者2 408例,发现结核患者740例,其中活动性肺结核患者685例,转诊率达到80%,肺结核患者追踪到位率92.6%;为476例参加新型农村合作医疗的肺结核患者进行慢性病补偿。制定了潜江市《血吸虫病综合治理实施方案》,完善血防领导小组成员单位联系点工作制度,对重疫区实行"一村一策"工作方案。加强宣传力度,认真落实中小学生血防健康教育"五个一"活动,投入近4万元,在疫区通过放电影、文艺汇演等形式加强宣传教育。切合实际制定了潜江市《改厕工作实施方案》,改厕效果明显。

加大卫生执法监督力度。截至2009年底,全市共有食品生产经营单位3 640个,共办理食品卫生许可证3 591个,办证率98.7%;共有公共场所经营单位452个,办理公共场所卫生证434个,办证率96.0%;共有集中式供水单位26个,办理卫生许可证26个,办证率100%;共有食品生产经营从业人员6 483人,办理健康证及培训合格证6 160个,办证率95.0%;共有公共场所从业人员2 520人,办理健康证及培训合格证2 400个,办证率95.2%。全年抽检食品样品763份,合格率95.7%;餐具消毒效果监测4 341份,合格率94.8%;生活饮用水水质监测147份,合格率86.4%;公共场所用品消毒效果监测136份,合格率99.3%。公共场所空气监测43家,共计1 961点次,合格率99.9%。

加强人才队伍建设。全年申报引进“三支一扶”(大学生在毕业后到农村基层从事支农、支教、支医和扶贫工作)人才30人,实际报到23人。三批次下派46人到各乡镇卫生院进行支医服务工作共9个月,全年共引进各类专业技术人才129人。

【精神文明建设】 2009年,潜江市精神文明建设工作,以庆祝“新中国成立60周年”为契机,积极开展宣传活动。加强重大主题和经济宣传。开办了《坚持科学发展,建设中部强市》、《坚定信心、应对挑战》、《学先进促发展》、《建设新农村》、《深入开展学习实践科学发展观活动》、《加强和改进新形势下党的建设》等专栏20多个,推出了《市党政代表团河南黄冈行》、《抗击甲型H1N1流感》、《中部六市(区)发展启示录》、《齐心协力办好农虾节》、《十佳政法干警风采》、《科学发展在身边》等系列报道20多组。强化舆论正确引导。在《潜江新闻》中开辟了“关注农民植棉意向”专栏,连续播发了10多条稿件,定期编辑整理《网络舆情》。加大外宣工作力度。全年共在人民日报、中央电视台、经济日报、中国县域经济报、湖北日报、湖北电视台、楚天都市报等中央、省级主流媒体上发稿400多条。

开展“迎国庆讲文明树新风”活动。制定了《深入开展“迎国庆讲文明树新风”活动的工作方案》。组织“潜江市向台湾受灾地区赈灾义演”活动晚会并募捐善款64.97万元。组织了“功勋湖北100人”评选投票活动,李汉俊、李书城被授予“为新中国成立作出突出贡献的荆楚英雄模范人物”,曹禺被授予“新中国成立以来感动荆楚人物”。

(刘芳)

天门市社会事业

【教育】 2009年,天门市有各级各类学校203所,其中小学143所(含民办3所),初中37所(含民办3所),普通高中12所(含民办3所),职业高中9所(含民办5所),特殊教育学校1所,教师进修学校1所。全市在校学生19.90万人,其中高中生5.87万人,初中生5.23万人,小学生7.92万人(含残疾儿童128人),学龄前幼儿8 901人。全市在职教职工9 763人,其中国家教师8 300人,代课教师1 463人。全市有幼儿园41所,其中,公办幼儿园18所,民办幼儿园23所。全市城镇幼儿入园率100%、乡村98.6%。学前班幼儿1.26万人,基本普及城镇学龄前三年和农村学龄前一年幼儿教育。

全市6周岁~11周岁正常适龄儿童5.73万人,入学率为100%,12周岁~14周岁正常少年3.47万人,入学率为99.7%,适龄残疾儿童入学率为100%;15周岁人口中初等教育完成率为99.6%,17周岁人口中初级中等教育完成率为99.5%。

2009年,天门市作为湖北省首批试点市,全面启动义务教育均衡发展行动计划。全年共投入资金达2 700万元,新建和改造寄宿制学校33所,完成35所学校远程教育设施装备,全面改善薄弱学校校舍条件和教学设施,逐步均衡城乡教育协调发展。年内,全市5 286万元“普九”债务余额全面化解,根本解决困扰义务教育阶段学校建设和发展的债务问题。10月22日,湖北省教育厅与天门市签订合作办学协议。12月18日,武汉城市圈基础教育对口交流合作协议签字仪式在武汉举行,天门市教育局与武汉洪山区教育局签订“五校一教研室”交流合作协议。

试行省级示范高中保送制度,加大市级重点高中招生计划直接分解到初中学校的制度,高中学段学生入学率达84%。全市各高中学校共投入1 000余万元,增添体育、音乐、美术、信息技术和理化实验设备,5所学校兴建塑胶田径运动场和篮球场,办学条件明显改善。2009年,全市参加高考人数1.63万人,上湖北省大专线人数1.49万人,上线率为91%,其中,重点本科上线1 200人,上线率为7.4%。

全市现有中等职业学校9所,在校学生1.70万人。按照“一校一品、突出特色、做大做强”的专业特色和发展思路,天门市职教中心以电子电工专业为主体,天门卫校以护理专业、数控技术、机械加工为主体,李场职中以汽车维修专业为主体,天门师范以培养中小学体、音、美师资为主体,理工中职以服装设计为主体,形成公办教育与民办教育互补、职业教育与短期培训为一体的完整教育体系。组织实施武汉城市圈“319”(用3年时间,整合县域资源重点建设好1所职业教育中心,在武汉城市圈内9个中心城市重点建设好职教园区)工程,积极向湖北省发展和改革委员会和湖北省教育厅申报并筹建职教园区。年内,天门职业技术学院筹建工作已经由湖北省发展和改革委员会、湖北省教育厅审议通过并在省教育厅政务网站公示,并报中共湖北省委、湖北省人民政府和国家教育部。天门职院正式开工建设。

全市有民办中小学14所,其中高中阶段普高3所、职高5所、初中学校3所、小学3所,在校学生1.51万人。其他民办培训机构16所,年培训学员2.8万人次。全市形成了学历教育、技能培训、特长训练并举,普通教育、职业教育、成人教育并进的多形式、多层次、多渠道的民办教育体系,构建了以公办教育为主体,社会各界共同参与、公民办学校协调发展的办学新格局。其中天门杭州华泰中学、江汉学校、成龙搏击武校、市复读中心等学校以先进的办学理念、鲜明的办学特色和优良的教学业绩,跻身湖北省民办名校行列。2009年,天门杭州华泰中学、江汉学校被授予湖北省五星级民办学校称号。

【科学技术】 2009年,天门市组织申报国家、省级各类科技计划项目35个,其中立项21个,共争取项目资金800万元。其中益泰药业葡醛内酯新工艺项目获得省级重大科技专项支持。组织和推荐全市33个规模以上科技型企业积极进入了全省科技型中小企业成长路线图计划。全市58个企业与30多所高校院所合作开展技术攻关,有15个企业与高等院校合作建立了研发中心。益泰药业、天门纺织机械有限公司、天门泵业有限公司和天宝化工科技有限公司等4个企业被重新认定为高新技术企业。通过组织企校洽谈会、企校合作联系座谈会等科技活动,积极推进企业与高校、科研院所开展技术、人才合作与交流。组织天德环保、益泰药业、天门纺机等企业积极与武汉工程大学、武汉大学、武汉科技学院等多个高校开展技术交流活动近10次。武汉工程大学与天宝化工等6个企业签订校企合作协议,与益泰药业、天德环保签订共建研发中心协议,与天湖化工签订共建博士后工作站协议,并授予天德环保“武汉工程大学实验教学基地”。成宇制药与武汉工程大学达成合作协议,投资1亿元共同开发医药中间体成果转化项目,畅享生活用品公司与武汉工程大学达成初步协议开发等离子材料制作产品,天瑞电子与武汉工程大学合作研究开发新的环氧树脂灌封原料配方。

积极开展农村科技服务。通过与湖北省神农信息科技服务有限公司的联系和合作,争取资金27万元,在18个乡镇建立了科技网络信息服务站点,配置计算机户外显示屏等设备,及时为农户发布农业科技信息。天门市棉花种植及棉副产品综合利用纳入全省农业科技创新示范基地。健康集团和金诺蛋白公司纳入全省农业科技创新示范企业。市科技局选定横林大湾村、彭市周湾村、小板黄金村、张港洪山村、多宝双桥村、九真龙背村等6个村作为全市科技示范基地，通过示范项目引导、专项资金扶持、主导产品孵化、各类技术培训等方式，全面提高农民科技致富能力和农产品科技含量。积极聘请省管专家和市管专家11名，通过农技110、金色田野等多种形式开展农业技术指导服务。联合移动、电信等部门，进一步完善"农技110"短信热线平台，发送各类短信近100余万条，涉及农户50余万。组织科技下乡4次，组织培训活动10次，发放资料2万余份，群众参与人数达4万余人次。

加大专利奖励力度。加强对有多项发明专利的申请人和单位进行奖励，对困难企业和个人实行零收费，还给予适当补助，补助资金达到5.3万元，申请省级专利补助资金3.1万元。全市全年共申报国家、省级科技项目18个，争取立项资金1 023万元，受理各类专利申请205件。

【文化】 2009年，天门市共有剧院、剧场2个，文化馆3个，新华书店1个，图书馆1个，博物馆1个，乡镇文化站有23个，影剧院有15个；拥有省级以上重点文物保护单位10个，其中国家重点保护单位1个。全市共有文化中心户257个，农家书屋100个，老年活动中心31个，已登记注册的民间剧团11个，乐队174支，腰鼓队204支，皮影队24支，文艺协会17个。截至年底，全市共有17个文学艺术协会、6 000多名会员，文学刊物有《竟陵风》、《竟陵文学》、《天门文艺》、《天门山》等。

年内，天门市举办了首届江汉平原"天门民歌大赛"，完成了大型花鼓戏《茶圣陆羽》剧本的创作。全年送电影下乡9 865场，送戏下乡283场，送图书下乡10万余册。

【新闻出版】 2009年，天门市有市级宣传机构4个——天门日报社、天门人民广播电台、天门电视台和湖北省楚天数字电视有限公司天门分公司。《天门日报》是由中共天门市委主办主管的机关报。在湖北省报业质量评比中，天门日报社捧回4金4银5铜；在全省好新闻评选中，17件作品获湖北新闻奖，70余件作品获市州报好新闻奖；先后被评为"全省报刊管理先进单位"、"全省报纸印刷先进单位"和"全省广告自律先进单位"。

天门网(www.tmwcn.com)是由天门市人民政府主办，中共天门市委宣传部主管，天门日报社承办的立足天门、面向世界的新闻网站，是本市唯一的新闻门户网站。天门网共设18个频道、200多个栏目，每天更新新闻信息100多条，版式设计新颖，新闻更新快捷，服务内容完善，力争实现"欲知天门事，请看天门网"的目标，并努力跻身湖北省市州新闻门户网站的先进行列。

【广播电视】 天门人民广播电台是湖北省首家成立的县级广播电台。先后被授予"全省广电系统先进集体"、"全省宣传工作先进集体"、"巾帼文明示范岗"等称号。近年来，天门电台始终坚持"三贴近"原则，创办了《金色田野》、《97交通早班车》、《行风热线》等一系列名牌栏目。

天门市广播电视台于2007年12月适应文化体制改革的需要成立，下设4个二级单位：广播中心(天门人民广播电台)、电视中心(天门电视台)、天门广播电视微波站、天门楚天声屏报社。天门电视台演播室是江汉平原上县市台中设备最为齐全、面积最大的演播室，每年都有6场(次)以上的大型活动在这里举行。

湖北省楚天数字电视有限公司天门分公司由天门有线电视台与市广播电视微波站合股成立，2007年11月29日与省网络公司整合，成立湖北省楚天广播电视信息网络有限责任公司天门分公司。2008年9月更名为湖北省楚天数字电视有限公司天门分公司。公司下设25个工作站，拥有员工362人。截至2009年底，完成550个行政村有线电视"村村通"工程。

【卫生】 2009年，天门市卫生机构共有1088个，其中二级甲等医院1个、二级甲等中医院1个，二级乙等医院3个，乡镇卫生院22个，办事处卫生院3个，农场职工医院2个，村卫生室767个，民办医院5个，个体诊所78个，其它医疗机构(乡镇卫生院分院、乡镇中医院、社区卫生服务中心、门诊部、卫生所、医务室)206个；全市共有病床2 885张，每千人拥有床位1.76张；全市有卫生技术人员4 374人(其中乡村医生1 500人)，其中，执业医师(含执业助理医师)2 152人，平均每千人拥有医师1.30人；注册执业护士1 132人，平均每千人拥有护士0.60人。全市医疗卫生机构固定资产达到4.15亿元。

加强医疗卫生体系建设。基本改造完成乡镇卫生院18个、村卫生室102个、社区卫生服务中心1个、社区卫生服务站8个。市级医院配备磁共振、全身螺旋CT、直线加速器、大型X光机、三维彩色B超、高压氧舱等大型先进医疗设备，能开展三乙医院及部分三甲医院业务，一般疾病均可在市内得到有效治疗。乡镇卫生院添置B超(部分拥有彩超)、X光机、生化仪、血尿分析仪等医疗设备，能够开展一甲医院各科业务，并承担农村公共卫生和村卫生室管理等职能。

【体育】 2009年，天门市加强体育基础设施建设，完善了一批体育设施，群众性体育活动广泛开展。全市有群众性体育组织及各类协会21个，私立武术学校6所，跆拳道馆2个、瑜珈会所2个、青少年体育俱乐部2个，乒乓球运动技术学校1

天门市第一医院　　(天门市志办　供稿)

个；有社会体育指导员534人，其中国家级8人，省级66人，市级460人；有50人以上的晨晚练点98个，各类晨晚练辅导站98个，其中，省级四种健身气功辅导站2个。全市共有全国全民健身先进单位18个，全国全民健身先进社区3个，全国体育先进个人14人，全省全民健身先进单位95个，全省群众体育先进个人30人。

体育产业发展态势良好。全市电脑体育彩票销售网点已达61个，年销售近2 000万元，返点率5.5％。体育产业经营形势喜人，促进了本市体育事业的全面发展。

【精神文明建设】 2009年，天门市共获得第四批全国创建文明村镇工作先进村镇1个，第四批全国精神文明建设工作先进单位2个，2007－2008年度省级最佳文明单位14个，省级文明单位15个，市级文明系统6个，市级最佳文明单位70个，市级文明单位141个。

未成年人思想道德建设工作成效显著。天门市实验高中被确定为全国“做一个有道德的人”主题实践活动联系点。市文明办完成了2009年度“宏志班”受助学生的推荐申报工作。市妇女联合会组织全市“爱心妈妈”为留守儿童送春节的祝福，六·一期间，市内3000名“爱心妈妈”与结对留守儿童共度节日。《湖北省精神文明建设》2009年第2期刊登了天门市2009年度未成年人思想道德建设工作实施意见的经验材料。

（天门市志办）

丰富多彩的群众体育活动　（天门市志办　供稿）

责任编辑　张　均
责任校对　孙　泉

人民生活

概述

【概况】 2009年是武汉城市圈推进“两型社会”建设综合配套改革试验的第二年,也是全面应对国际金融危机的关键年。随着圈域经济总体回升,人口和计划生育管理逐步完善,人口总量与人口增长率同步下降,城乡居民的收入稳步增长,生活水平进一步提高。年内,武汉城市圈共有常住人口2 998.93万人,占湖北省常住总人口的52.4%,比上年减少2.37万人。其中,武汉市人口自然增长率为3.77‰,低于圈域其他各市。

2009年,武汉城市圈各市面对国际金融危机冲击,及时调整就业政策,大力推进创业促就业和城乡统筹就业,取得明显成效。截至年底,武汉市实现新增就业14.5万人,下岗失业人员再就业5万人,成功扶持劳动者自主创业2.6万人,带动7.8万人就业;黄石市新增就业5.18万人,下岗失业人员再就业3.18万人,培训农村劳动力1.79万人,转移就业2.94万人;鄂州市新增就业2.1万人,下岗失业人员再就业6 500人,农村劳动力转移就业1.26万人;孝感市新增就业7.38万人,组织技能培训9.64万人,转移农村劳动力就业13.57万人;黄冈市新增就业人员5.11万人,下岗失业人员再就业2.43万人,农村劳动力转移就业6.67万人,帮扶创业3 819人;咸宁市新增就业3.51万人,下岗失业人员再就业1万人,农村劳动力转移就业5.47万人,扶助自主创业2 000人,带动就业9 000人;仙桃市新增就业2.12万人,组织就业培训2.4万人,农村劳动力转移就业2.29万人;潜江市新增就业1.01万人,下岗失业再就业3 315人,扶助自主创业5 727人,带动就业1.39万人;天门市新增就业人员2.07万人,下岗失业再就业1 600人,组织职业培训2.92万人,农村劳动力转移就业1.81万人,为经济建设的发展创造了稳定环境。

2009年,武汉城市圈各城市全面落实中央扩内需、惠民生、保增长的方针政策,城乡居民收入稳定增长,生活水平进一步提高。全年,武汉城市圈城镇居民人均可支配收入为16 795元,比上年增长9.3%;农村居民人均纯收入5 153元,增长10.9%。从两项指标额衡量,城镇居民人均可支配收入武汉市最高,天门市最低,相差7 146元;农民人均纯收入武汉市最高,黄冈市最低,相差3 031元。从增幅衡量,黄冈市城镇居民人均可支配收入增幅最大,达13.9%,天门市城镇居民可支配收入增幅最小,仅有7.6%。圈域各市农民纯收入增幅差距在3%以内,但武汉市城镇居民人均可支配收入18 389元,比上年增长10.0%,农村居民人均纯收入7 161元,增长12.8%。两项指标均高于城市圈平均水平,体现了武汉市对城市圈人均收入的拉动能力。

武汉城市圈各城市城乡居民收入的增长刺激了内需,带动了消费市场的活跃。2009年武汉市城镇居民人均消费支出达12 710.29元,比上年增长11.2%,农村居民人均消费支出4 900.75元,增长3.1%;孝感市城镇居民消费支出增长14.6%;鄂州市城乡居民消费支出增长9.4%;仙桃市农村居民消费支出增长13.2%;黄石市城镇居民消费支出增长8.9%。黄冈、咸宁、潜江、天门等圈域城市的城乡居民消费水平均有相应增长。

2009年,武汉城市圈城乡居民的居住环境明显改善,住房面积相应增加。城市圈城镇人均住房建筑面积在湖北全省的比重已由87.5%增加到87.9%,比上年增长0.4%。武汉市城镇居民人均住房面积30.88平方米,比上年增加1.6平方米,农村居民人均住房47.68平方米,增长1.1%;咸宁市城区人均住房面积42平方米,比上年增加6.12平方米;黄冈市城镇居民人均住房面积43.4平方米,增加2.4平方米,农村居民人均住房41.94平方米,增加4.1平方米。圈域内其他各市城乡居民的住房状况均得到不同程度的改善。

2009年,武汉城市圈城乡居民储蓄存款近5 062.9亿元,占湖北全省8 223.41亿元的61.6%。其中,天门市城乡居民存款135.32亿元,比上年增长29.5%,位居圈域各市榜首;武汉市城乡居民存款为3 010.11亿元,比上年增长

2009年,武汉市开展“暖春”行动,关爱流动人员 (武鉴 供稿)

24.0%，占圈域各市城乡居民储蓄存款总额的59.5%。

（钟兰）

【湖北省人民政府发文促进武汉城市圈增长投资改善民生】 2009年5月12日，湖北省人民政府下发《关于促进武汉城市圈投资增长的若干意见》，安排15项举措助投资增长。其中包括扩大普通商品房、经济适用房和廉租房建设规模，加大对城市圈民生领域、基础设施领域、现代服务业投资等。此外，《意见》还对如何促进投资增长提出建议：除国家法律、法规及湖北省另有明确规定的外，省级与投资项目有关的审批权限均下放给城市圈市、县政府；国家拟放在湖北省试点或开展省级试点的项目，可在城市圈优先安排；建立城市圈一体化招商引资平台等。

（兰纪）

2009年9月13日，武汉市民政局上街宣传民政法规　（周钢　供稿）

【武汉市实施农村"家园建设行动计划"】

2009年，武汉市累计投入10.03亿元对新增的450个村实施家园建设创建。其中市财政投入5.1亿元，区财政投入1.48亿元，社会投入和群众投工投劳3.45亿元。通过调整产业结构、扩大农民的非农增收渠道，全市农民人年均纯收入达7161元，而实施家园建设的450个村的农民人均纯收入增幅高于全市农村2个百分点。开展村级财务专项治理和村务公开民主管理难点村专项整治，建成2 300个治安中心户、16 112个村塆联系点、1 600支护村队和215个农村警务室。完成29所农村寄宿制学校建设，新增650套体育健身器材、472个农家书屋、63个文化中心户，举办了第二届全市农民运动会和"十大魅力乡村"评比活动，农民的整体素质和文明程度进一步提高。启动8个新农村建设示范片建设。年内，洪山左岭新镇及都市农业示范片、东西湖四季吉祥示范片、东西湖柏泉新农村建设示范片、汉南汉洪生态片、蔡甸318国道都市农业绿色走廊、江夏107国道沿线绿色家园生态工程、黄陂台湾农民创业园六指新农村示范片、新洲汪集街新农村生态家园等8个新农村建设示范片基本完成整体规划编制工作，部分示范片的建设项目已经启动。

（武鉴）

【全国农村低保和临时救助工作会召开】

2009年2月25日，全国农村低保和临时救助工作会议在鄂州市召开。会议分析研究了当前农村低保和临时救助工作遇到的突出问题，安排部署了进一步做好这两项工作的目标任务和工作要求。国家民政部副部长姜力、湖北省人民政府副省长张岱梨、湖北省民政厅厅长谢松保等出席会议。民政部有关司局负责人，部分省（自治区）民政厅分管社会救助工作的厅领导，各省、自治区、直辖市、新疆生产建设兵团民政厅（局）社会救助处处长参加会议。

（曹忠生）

【"阳光工程"促进返乡农民工培训就业】

2009年2月至4月，湖北省农业厅组织全省"阳光工程"培训工作，对94个县、282个乡的282个村进行专题抽样调查，及时掌握全省返乡回流农民工的动态情况，摸清当地返乡回流农民工的数量，了解其培训转移转岗的意愿，认真做好返乡回流农民工的转移转岗培训工作，引导他们参加创业培训，鼓励他们回乡创业。武汉城市圈各市以农民工返乡为契机，变"暂时失业"为"调整充电"，动员返乡回流农民工主动参加各类技能培训，组织阳光工程培训基地，免费开展农民转移就业、农村服务业、农村特色产业、农业产业化、农民创业及新农村建设带头人的培训开班2000余次，共培训返乡农民工约10万人。2月4日，湖北省农业厅与黄冈市团风县人民政府举办全省返乡回流农民工首场"四送"（"送科技、送培训、送岗位、送信息"）启动仪式，拉开了为农民工"四送"活动的序幕。年内全省共举办各类"四送"活动89场，安置15万人就业。

（华安龙　胡继红）

【武汉城市圈举办"两型社会"与妇女发展论坛】 2009年3月2日，来自武汉城市圈9个城市的妇联主席齐聚一堂，参加"'两型社会'与妇女发展"论坛并共同签署了《武汉城市圈妇女组织交流合作框架协议》。协议议定9城市妇联组织联手为圈域妇女进行维权、培训、推动创业就业等。

（肖春文）

【武汉市全方位救助贫困群体】 2009年，武汉市救灾救济工作取得新进展，基本民生保障明显改善。截至年底，全市城市居民最低生活保障对象100 028户、232 815人，城市居民最低生活保障总人数占全市非农业人口总数的4.3%，全年累计发放城市居民最低生活保障金4.27亿元，月人均发放低保金和各类补助160元；全市农村居民最低生活保障对象48 474户、106 116人，占全市农业人口总数的3.6%，全年累计发放农村居民最低生活保障金6 717.62万元，季人均发放低保金和各类补助166元。

2009年5月，为进一步解决贫困群众患大病看病困难，武汉市民政局会同武汉市卫生局、武汉市财政局联合制发《关于武汉市贫困群众医疗救助实施办法的补充通知》，将重症结核病（结核性脑膜炎、耐药结核病、糖尿病合并肺结核、艾滋病合并结核病、结核病合并药物不良反应、肺结核合并呼吸功能不全）纳入大病医疗救助，大病救助病种由6种扩大到13种，基本涵盖大病主要病种。全年全市大病医疗救助5 349人次，累计发放大病医疗救助资金2 188.81万元，人均救助金额4 092元。

2009年2月，为完善低收入住房困难家庭资格认定办法，武汉市民政局会同国土房产部门联合制发《关于低收入家庭人口及现住房面积认定的通知》，对城镇低收入家庭申请廉租住房保障和申请购买经济适用住房有关申请家庭、保障人口、现住房面积分摊人口和面积认定等作出明确规定，并积极做好低收入住房困难家庭收入认定工作，共对39 652户低收入住房困难家庭进行了收入认定，为保证全市人均住房建筑面积10平方米以下、人均月可支配收入400元以下城镇低收入住房困难家庭租金补贴顺利发放创造了条件，并于7月对30 627户低收入困难家庭发放下半年租金补贴。

2009年2月，武汉市民政局会同武汉市财政局联合制发《关于建立城乡困难群众临时救助制度的通知》，就开展困难群众临时救助工作作出规范，并首次将最低生活保障边缘户困难对象纳入临时救助制度范围，明确对家庭月人均收入高于城乡最低生活保障标准30%以内、因特殊原因造成基本生活暂时困难的城乡低保边缘户，比照城乡低保临时救助标准和办法由区民政局审批后予以救助。临时救助标准为城市居民每户每年救助标准一般不超过1 500元，农村居民每户每年救助标准一般不超过1 000元，实现了对最低生活保障边缘户困难家庭救助工作的历史性突破。全市全年享受临时救助共7 778户、16 651人，累计发放临时救助资金722.82万元，户均救助金额929.32元。

（夏涛）

【“回归创业”工程加快云梦县域经济发展】 孝感市云梦县是湖北省劳务经济开发工作先进县。云梦县以大户能人、优势产业、劳务基地为依托，形成了以豆制品加工、建筑施工、禽蛋蔬菜经销、燃具制造、纺织品制造等劳务品牌，建立了东北建筑抹灰、广东中山燃具家电制造、北京周田豆腐加工、武汉禽蛋蔬菜经销等4大劳务创业基地，其中“周田豆腐”被授予“楚天豆腐郎”，成为湖北省十大劳务品牌之一。年转移农村劳动力近18万人，创劳务总收入21亿元。面对金融危机的影响，云梦县把推进“回归创业”工程作为保增长、促和谐的重要举措，坚持“送出打工者，引回创业者；送出劳动力，引回生产力”的工作思路，鼓励和引导在外成功人士回乡创业，实现了由“打工经济”向“回归经济”的转变。近年全县共回归创业投资28.6亿元，创办投资10万元以上的企业465个，上缴税收占全县工商税收的25%以上，提供就业岗位3万多个。湖北久顺畜禽实业有限公司投资1亿元，从事英国樱桃谷鸭的种鸭繁育、肉鸭饲养、屠宰加工、熟食开发及相关产业，3年后发展成为省级农业产业化龙头企业、全省最大的畜禽养殖生产加工基地。截至2009年底，全县涌现了“华商之星”欧阳祥山，“创业之星”曾纯玉、秦煜和“全国十大科技经济新闻人物”张森涛等一批回归创业知名人物。在全省县城经济（荆门）现场会上，省长李鸿忠对云梦县实施“回归创业”工程、加快县城经济发展的作法给予充分肯定。

（倪虹丹）

【罗田获得全国首批“全国平安县”称号】 2009年5月18日，全国社会治安综合治理工作表彰大会上，黄冈市罗田县获得全国首批“全国平安县”荣誉称号，成为全市唯一的“全国平安县”。罗田连续8年无恶性命案，连续18年无命案积案，连续4年被中共湖北省委、湖北省人民政府授予全省社会综合治理工作先进县。该县开展的“三联四知五包”、“流动警务”、“省际联防”、“流动人口管理”等创建工作在全国创出品牌；“绩效挂钩”、“警情预报”等工作在全省形成特色。通过开展“三联四知五包”（周联人、月联校、季联派出所，知基本情况、知现实表现、知活动交流、知心理状况，包思想教育、包关系协调、包生活关怀、包就业指导、包陋习矫正）预防青少年犯罪活动，全县“问题青少年”人数明显减少，违法犯罪明显下降。年内，罗田县社会治安综合治理办公室被中央社会治安综合治理委员会、中国共产主义青年团中央委员会表彰为“全国优秀青少年维权岗”。该县把派出所搬进深山，送到田头，在全国首创“流动警务”模式，得到国家公安部的充分肯定并在全国进行推广。

（叶丛浩）

武汉市人民生活

【城乡居民生活】 2009年，武汉市各项应对国际金融危机措施逐步到位，经济总体逐步回升向好，城市居民收入保持平稳增长的态势。全年全市城市居民人均可支配收入18 385.02元，比上年增长10.0%。

城市居民收入来源多元化格局日趋明显，但工资性收入仍是拉动城市居民收入的主要增长点。城市居民家庭人均工资性收入12 780.37元，比上年增长12.5%，占家庭总收入的62.2%，拉动城市居民可支配收入增长7.7个百分点。经营性收入增幅较大。个体私营经营者的经营收入增长较快，全年人均经营净收入1 593.88元，增长16.1%。转移性收入快速增长。城市居民人均转移性收入5 905.7元，增长11.3%，其中，人均离退休金收入5 023.91元，增长11.3%；人均最低生活保障收入53.54元，增长86.3%。财产性收入小幅增长。全年全市城市居民家庭人均财产性收入257.51元，增长3.1%，其中出租房屋收入是财产性收入的主要来源，人均收入173.36元，增长18.8%。全年城市居民人均消费支出12 710.29元，增长11.2%。从消费构成的八大类指标看，消费性支出呈“七升一降”态势，其中，人均食品消费支出增长4.7%，衣着消费支出增长14.6%，居住消费支出增长4.4%，家庭设备用品及服务消费支出增长37.8%，交通和通讯消费支出增长12.2%，教育文化娱乐服务消费支出增长28.4%，其他商品和服务消费支出增长40.6%，医疗保健消费支出下降4.1%。

农村居民收入非农化趋势进一步显现。全市农村居民人均纯收入7 161元，比上年增长12.8%，高于全国平均增幅4.6个百分点。工资性收入较快增长。农村居民人均工资性收入3 038.1元，比上年增长17.8%，对收入增长的贡献率达56.5%，是农村居民收入增长的主要来源。在工资性收入中，农村居民在非企业组织中劳动所得到的收入263.8元，增长17.7%；在本乡地域内劳动得到的收入1 143.1元，增长22.7%；外出务工收入1 631.3元，增长14.6%。家庭经营纯收入稳步增长。农村居民家庭人均经营纯收入3 669.1元，增长7.6%。受惠于农业补贴政策的落实，农村居民人均非生产性纯收入达453.7元，增长25.9%。现金收入在纯收入中所占的比重不断加大。全市农村居民人均现金纯收入6 647元，增长15.0%。全年全市农村居民人均消费支出4 900.75元，增长3.1%，八大类消费支出呈现“五增两平一减”态势。农村居民购买各类服务及非食品类商品的能力不断增强，全年全市农村居民恩格尔系数（全部食品消费支出占家庭或个人全部消费支出的比重）为42.2%，比上年下降1.1个百分点。交通、通讯、家庭设备等现代化的消费成为农村居民消费的新亮点，消费空间逐步从物质消费领域向休闲旅游、医疗保健等精神消费领域拓展，生活质量进一步得到改善。

2009 年，武汉市农村居民争购品牌家电　　（黄兵　供稿）

城乡差异以及城市排位有所改善。武汉市农村居民人均纯收入增幅高于城市居民人均可支配收入增幅 2.8 个百分点。全市城乡居民收入比从 2007 年的 1:2.7 下降为 2009 年的 1:2.6，表明武汉市统筹城乡发展取得成效，城乡一体化新格局加快形成。2009 年，武汉市农村居民人均纯收入在 19 个副省级城市中超过成都市，排名 13 位；增长幅度排名第 3 位，仅次于西安市和哈尔滨市。

【人口和计划生育】 2009 年，武汉市共出生68 285人，人口出生率 8.18‰；死亡36 779人，人口死亡率 4.41‰；自然增长人口31 506人，人口自然增长率 3.77‰。全市符合政策生育率 97.23%，已婚妇女一孩家庭积存率 68.36%，继续保持良好发展态势。年内，武汉市被评为第一批“全国人口和计划生育综合改革示范市”，获得湖北省党政领导线人口和计划生育目标管理一等奖。

统筹解决人口问题形成合力。中共武汉市委、武汉市人民政府先后 3 次召开会议就出生人口性别比整治、药械市场专项整治、“关爱女孩行动项目推进计划”进行专题部署，坚持人口和计划生育党政领导线、责任部门线、人口和计划生育部门线“三线”目标管理，将人口和计划生育工作列为重大督办事项。

低生育水平继续保持稳定。认真贯彻落实《湖北省人口与计划生育条例》，加大社会抚养费征收力度。加强生育、避孕节育服务管理，全市已婚育龄妇女综合避孕率达 89.22%。坚持人口和计划生育单位法定代表人责任制，落实属地管理。加强规范化建设和对基础薄弱街（乡镇）、村（社区）的指导，参与全市“插花地”调整工作，实现了 39 个村（社区）人口和计划生育信息及管理责任的“无缝对接”。

强化人口和计划生育事业发展的保障措施。全市 178 个街道（乡镇）分别配备 1—3 名公务员分管人口计划生育工作，3 404 个村（社区）配备专（兼）职计划生育专业干部 4 172 名。市、区两级成立计划生育行政执法支（大）队。全市区、街道（乡镇）计划生育服务站配备具备执业医师资格的专业技术人员 285 名。积极推进干部队伍职业化，启动了生殖健康咨询师培训考证工作。计划生育协会组织建设进一步加强。人口和计划生育事业经费投入逐步提高，全年市、区两级财政共投入人口和计划生育资金 1.77 亿元，比上年增长 17.0%。

【劳动和社会保障】 2009 年，武汉市劳动和社会保障工作坚持贯彻保增长、保民生、保稳定的决策部署，较好地完成了各项工作任务。

出台和落实新一轮就业政策。全年实现城镇新增就业 14.5 万人，下岗失业人员再就业 5 万人，在金融危机对就业产生严重冲击的形势下，城镇登记失业率控制在 4.18%。

进一步完善社会保险制度。启动实施新型农村社会养老保险，推进城镇居民医疗保险，社会保障体系建设取得新突破。全市五项社会保险（基本养老保险、基本医疗保险、失业保险、工伤保险、生育保险）参保人员达1 133万人次，比上年底净增 86.6 万人，社会保险覆盖范围不断扩大。

开展各类职业技能培训。全年全市共组织各类职业技能培训 28.6 万人次。规范职业技能鉴定，推行职业资格证书制度，职业技能鉴定发证 10.9 万人，完成职业技术学校招生 1.2 万人。

保持劳动关系总体和谐稳定。贯彻实施《劳动合同法》、《劳动争议调解仲裁法》和《劳动人事争议仲裁办案规则》，全年劳动争议仲裁案件法定期限内结案率达96%，劳动监察举报投诉案件结案率达96%。

加强公共服务体系建设和作风建设。开展创“群众满意基层站所”活动，社会保险经办机构开展周末服务。金保工程（武汉市社会保险网上申报系统）一期应用系统通过整体验收，人力资源就业信息系统、社保各险种信息系统进一步完善。

严格落实维护稳定制度。武汉市劳动和社会保障部门全年累计发放《再就业优惠证》36.5 万本，为从事个体经营的下岗失业人员减免税收2 878万元，落实四项补贴（岗位补贴，在岗与技能培训补贴，社会保险补贴，求职补贴）4.75 亿元，帮扶 10 万人稳定了就业岗位。综合运用社会保险“降、缓、补”政策减轻企业负担 3.6 亿元，促进企业稳定就业岗位。

促进创业带动就业取得明显成效。全年共扶持劳动者自主创业成功 2.6 万人，直接带动 7.8 万人就业。组织各类就业服务活动，积极帮扶高等学校毕业生、返乡农民工和城镇困难人员就业。出台了加强高等学校毕业生就业工作政策。针对返乡农民工提前组织开展“春风行动”系列活动。推行就业服务承诺制，开展“一对一帮扶”、“就业能力提升”等活动，建立“零就业”家庭动态消零制，全年共帮扶 1.6 万名城镇就业困难人员实现就业。

社会保障体系建设不断完善。出台《武汉市新型农村社会养老保险试行办法》，全年共有 5.3 万名农民参加了新型农村社会养老保险。出台被征地农民社会保障和就业培训政策，实现新被征地农民“即征即保”的目标。将在汉 94 所高等学校、科研院所的 82 万名大学生纳入居民医疗保险，初步形成了大学生居民医疗保险、高等学校日常医疗和商业补充保险有机衔接的政策体系。

逐步解决困难群体医疗保险问题。认真落实国有、集体困难企业退休人员参加职工医疗保险的政策，解决了 30 多万名国有、集体困难企业职工和退休人员的基本医疗待遇问题。统筹推进各项社会保险工作。完成环卫职工、农业“小三场”(国有农牧渔良种场)职工以及部分被辞退民办教师参加养老保险的任务。调整部分定点医疗机构住院定额结算标准,新增324个“两定”(定点医疗机构和定点零售药点)机构。年内,全市工伤保险实行了浮动费率。

社会保险待遇水平总体提高。全市统筹范围内企业离退休人员基本养老金平均水平为1 121元/月,其中中心城区企业离退休人员基本养老金平均水平为1 173元/月。将城镇职工住院医疗保险由个人自付医疗费的比例降低2个百分点。全年职工医疗保险政策范围内综合报销比例比上年提高约5个百分点,达到73%。将城镇职工、居民医保统筹基金年度最高支付限额提高到10万元。提高了工伤人员伤残津贴、生活护理费以及供养亲属抚恤金标准。提高了村民改居民养老人员养老保障标准和社会保险补贴标准。

【住宅建设】 2009年,武汉市房地产市场成交量明显回升,住房价格基本平稳,房地产业整体呈现健康较快发展势头。全年全市完成房地产开发投资778.59亿元,比上年增长36.5%,其中住宅投资498.04亿元,增长17.2%,房地产开发投资占全市固定资产投资总额的25.9%,增幅比上年提高2.5个百分点。全市房地产开发施工面积4 487.38万平方米,增长18.1%,其中住宅开发施工面积3 580.99万平方米,增长11.1%。全市房地产开发新开工面积1 651.17万平方米,增长14.1%,其中住宅新开工面积1 247.61万平方米,增长1.2%。全市房地产开发竣工面积945.05万平方米,增长8.6%,其中住宅竣工面积824.58万平方米,增长7.3%。全市房地产业上缴税费91.05亿元,比上年增加15亿元,占全市税收总收入的33.5%,为实现全市保增长、扩内需、惠民生的目标发挥了重要作用。

房地产市场管理取得良好绩效。武汉市房地产开发行业主管部门严格执行国家有关资质管理的相关规定,相应提高了房地产开发市场的准入条件。在2008年度全市房地产开发企业资质年检中,共有一级资质房地产开发企业13个、二级资质房地产开发企业253个、三级资质房地产开发企业608个、四级资质房地产开发企业7个、暂定级房地产开发企业488个。坚持实施《房地产开发项目手册》制度,进行动态跟踪管理。强化商品房竣工交付使用备案管理,进一步完善全市商品房交付管理制度,对商品房的交付条件、相关文件材料公示、合理确定交房时间、逾期交房的责任等作出明确规定,保护了买卖双方的合法权益。全年共对139个达到交付使用条件的商品房项目予以备案,并及时向社会公布交付信息。全年全市商品住房销售面积1 258.89万平方米,比上年增长84.3%;销售均价5 265.91元/平方米,上涨7.8%。存量住房交易面积443.07万平方米,增长134%;成交均价3 965.47元/平方米,上涨15.0%,呈现量增价稳的良好局面。

大力推进住宅产业化建设。继续开展国家康居示范项目建设、住宅性能评定工作,不断提高全市商品住宅的综合品质。在建的两个国家康居示范工程——新地东方花都E区和黄埔人家·长江明珠工程进度均达到预期要求,项目进展顺利。华清园、长城·坐标城(A区2—3组团)、万科·高尔夫城市花园三期工程代表湖北省参加由中国房地产业协会、国家住房和城乡建设部住宅产业化促进中心组织开展的2009年度“广厦奖”的评选活动。3个参评项目在规划设计、环境质量、工程质量以及新材料、新技术的运用等方面均得到专家组一致好评,被认定达到2A住宅的标准。武汉市住宅市场结构持续优化,120平方米以下商品住房为市场的主要需求,销售套数占总销售套数的70.7%,其中,90—120平方米商品住房销售套数占商品住房销售总套数的33.2%;90平方米以下商品住房销售套数占比最大,达到37.5%。全年全市商品住房销售中,7 000元/平方米以下商品住房销售占总销售的85.1%,其中,4 000元/平方米以下销售套数占总销售量的32.2%,4 000—5 700元/平方米销售套数占总销售量的34.2%。

(武鉴)

2009年,武汉市新洲区西湖村民喜迁新居　　(周钢　供稿)

黄石市人民生活

【城乡居民生活】 2009年,黄石城镇居民人均可支配收入13 897元,比上年增长9.1%;农民人均纯收入4 811元,增长9.9%。收入增加呈现3方面特点:城镇居民工资性收入稳步增长。城镇居民人均工资性收入达10 900元,占总收入的68.27%,增长7.3%。农民人均工资性收入达2 633元,增长18.0%。城镇居民财产性收入大幅增长。城镇居民人均财产性收入274元,增长2.1倍,对可支配收入增长的贡献率达15.9%。转移性收入持续增长。农民人均转移性纯收入为226元,增长21.5%。城镇居民人均转移性收入3 829元,增长22.1%,对居民总收入增长的贡献率达36.77%。

城乡居民人均消费支出分别为10 179元、3 869元,比上年分别增长8.9%和4.4%。其中,城乡居民人均食品消费支出分别为4 081元和1 640元,增长9.0%和1.8%。城乡居民人均居住面积分别为30.03平方米和41.75平方米,增长7.6%和3.1%。城乡居民家庭主要耐用消费品进一步普及。城镇百户家庭拥有家用计算机79台,比上年增加13台;拥有空调器145台,增加19台;拥有移动电话184部、健身器材9套,分别增加12部和1套。农村百户家庭拥有电冰箱62台，增加13台；拥有摩托车43辆、移动电话139部，分别增加4辆和24部；家用计算机8台，增加1台；影碟机41台，增加2台。城乡居民人均教育、文化和娱乐服务消费支出分别为1 695元和404元，分别增长60.4%和12.2%。

【人口和计划生育】 2009年，黄石市年末户籍总人口258.56万人，比上年末增加1.25万人，增长4.86‰。常住人口242.61万人，增长2.94‰，其中，城镇常住人口为122.64万人，乡村常住人口为119.97万人，城镇化率为50.55%。2009年全市出生人口2.44万人，出生率为9.28‰；死亡人口1.06万人，死亡率为4.02‰；人口自然增长率为5.26‰。

统筹解决人口问题。年内，湖北省人民政府在黄石市召开全省综合治理出生人口性别比工作会议，举办《流动人口计划生育工作条例》暨711世界人口日纪念活动启动仪式。市委、市政府召开全市人口计生工作大会，出台《关于全面加强人口和计划生育工作统筹解决人口问题的决定》等文件。市人口计生委组织6次调研、5次考核、3次重点解剖行动，抽查了55个乡镇（街办）133村。

生育文明建设，利益导向政策得到完善。全市兑现企业退休职工计划生育奖励2 139.96万元。19名农村计生家庭独生子女享受高考加分，136名农村计生女儿户家庭女孩落实中考加分，1 312名农村计生家庭领取720元奖励扶助金，336名计生家庭领取特别扶助金。

治理违法生育和“两非”。联合公安、卫生、药监、工商等部门开展计生医疗器械和药具市场集中清理，捣毁造假窝点1个，涉案货值达32万元。全市查处违法生育案件1 647件，其中查处上年以来违法生育的党员干部22人、国家工作人员17人，查处“两非”案件（非法鉴定胎儿性别、非法选择性别终止妊娠）立案147件，结案139件，收回二孩生育证93个。

加大流动人口工作机制建设力度。与相关部门联合开展“关怀关爱，促进和谐”主题宣传服务活动，为返乡农民工提供多样化服务。启动建立军地共建、联手打造和谐计生的工作机制。注重计生系统联动、相关部门联动、武汉城市圈联动、区域层级联动，着力构建流动人口计生工作“一盘棋”格局。全面推行流动人口“以房管人”，与省内外141个城市签订协议书，建立流动人口协作网络。

【劳动就业】 2009年，黄石市就业和创业促就业工作有新发展。通过大力开展返乡农民工“四送”（送岗位、送信息、送培训、送信心）活动，重点帮扶高校毕业生、返乡农民工、城镇困难人员“三类群体”就业，实施特别援助计划和大力开发公益性岗位，就业再就业工作稳中有升。是年，全市城镇新增就业5.18万人，下岗失业人员再就业3.1万人，帮助就业困难对象再就业1.56万人，全市城镇登记失业率控制在4.25%；培训农村劳动力1.79万人，农村劳动力转移就业2.94万人。应急突变能力进一步增强，通过积极落实援企稳岗政策，全市有缓缴社保费企业61个，缓缴金额2 985.3万元；通过降低四项保险费率，社保费年收缴减少3 519.9万元；支付三项补贴，向91个困难企业发放社保补贴、岗位补贴、培训补助1 247.7万元，大大减轻困难企业负担，保持就业局势的基本稳定。以创业为总抓手，大力开展“创业帮扶接力棒”活动，引导和帮扶各类群体创业，积极落实创业优惠政策，创业促就业工作全面推进。2009年，黄石市被列为省级创业型城市和国家级创业型城市试点，全市掀起了新一轮全民创业的高潮。全市组织创业培训5 634人，当期发放小额担保贷款1 085笔，金额1.01亿元；为各类创业群体减免营业税、城市维护建设税、教育费附加和企业所得税等2 596.9万元；市直部门、事业单位免收各项管理证照类行政事业性收费1 116.3万元。全市新增自主创业人员4 683人，带动就业2.17万人。

黄石市人口和计划生育部门向贫困家庭发放助学扶助资金
（黄石市志办 供稿）

技能人才队伍建设迈出新步伐。2009年，黄石市组织各类职业培训7.3万人，其中再就业培训2.4万人，就业前培训9 959人，在岗培训3.05万人，创业培训6 333人，新增技师和高级技师1 537人，技工学校招生858人，全市还通过职业技能鉴定，为20 647人颁发职业资格证书，农村劳动力培训17 895人。

劳动保障维权取得新成效。2009年，黄石市城镇企业职工27.42万人，签订劳动合同26.68万人，劳动合同签订率达98.3%；签订集体合同企业1 093个。全年受理劳动保障争议案件601件，结案579件，当期结案率为95%，全年受理劳动保障监察举报投诉案件679件，结案率达100%；全年收取工资保障金600万元，为农民工追回拖欠工资576.5万元；督促补签劳动合同1 410份，办理社会保险1 312人。全年全市共评出湖北省劳动保障最佳诚信单位10个，黄石市劳动保障诚信单位24个。

社会服务能力进一步增强。积极推行“两集中一代办”制度，成立行政服务中心劳动就业分中心和社会保险分中心，办理行政审批事项21万余件次，按时办结率为100%。以“一卡、一号、一网、一频”基础项目为重点，金保工程建设全面推进，并于年底成功上线运行。劳动保障基层服务平台不断向社区和行政村延伸，劳动争议仲裁调解实体组织进一步向大型企业、街道和乡镇村覆盖，人力资源和社会保障门户网站、业务专网基础信息平台建设进一步加强，公共服务能力和信息化服务水平进一步提高。

【社会保障】 2009年，黄石市全年征缴社会保险费16.4亿元，其中养老保险费

10.2亿元,失业保险费7 657.1万元,医疗保险费4.9亿元,工伤保险费4 155万元,生育保险费1 191.8万元。全市养老、失业、医疗、工伤、生育保险净增参保人数分别为1.81万人、1 830人、5.74万人、1.19万人、9 472人。全市共支付五项社会保险待遇22.8亿元,其中为全市14.3万名离退休人员发放基本养老金17.4亿元,为5 044名失业人员发放失业保险金8 628.6万元;全市还支付医疗保险、工伤保险、生育保险等4.52亿元,社会保险待遇及时足额发放率和社会化发放率均达到100%。

2009年,黄石市参加城镇基本养老保险的人数48.02万人,比上年增加2.19万人。参加城镇基本医疗保险的人数43.6万人,增加5.75万人。参加失业保险的人数28.61万人,增加1 900人。参加工伤保险的人数24.28万人,参加生育保险的人数27.38万人。全年城市医疗救助1.45万人次,资助农村合作医疗救助6.78万人次。全年有6.9万名城镇居民得到政府最低生活保障,增长1.9%;有8.1万名农村居民得到政府最低生活保障,增长19.9%。

【住宅建设】 2009年,黄石市初步建立面向低收入家庭的廉租住房制度、面向“夹心层”(游离于保障与市场之外的无能力购房群体)的公共租赁住房制度、面向中等收入家庭的经济适用房制度,较好地推动住房保障工作的发展。加大保障性住房建设力度。到年底向国家申报的14个争取中央投资补助项目全部开工建设,其中两个项目竣工交付使用;审批经济适用住房和企业集资建房的11个项目已竣工20万平方米,共筹集廉租住房房源882套,超额完成目标任务。全年共争取中央财政转移支付资金3 765万元(其中本级2 056万元),比上年增加44.4%;争取中央投资补助5 261.36万元,(其中本级4 078万元)是前两年总和的3.14倍。

继续做好棚改工作。黄石市被国家住房和城乡建设部列为全国唯一结合城市棚户区改造建立公共租赁住房制度的试点城市,参与国家《住房保障法》和《全国棚户区改造指导意见》的起草工作。棚户区改造7个项目的前期工作全面铺开。其中,占地13.8公顷的十三排棚户区改造还建点工程于12月16日正式开工,并获得国家开发银行湖北省分行6亿元15年期的贷款支持。其中金广厦小区正式被列入湖北省节能环保型国家康居示范工程,是全国首个申报“国家康居示范工程”的棚户区改造项目。

房地产开发健康运行。全年完成房地产投资31.95亿元,其中开发投资完成25.30亿元,比上年增长17.3%;房屋施工面积401.67万平方米,上升32.8%,竣工面积72万平方米,减少25.8%,新开工面积191.08万平方米,上升92.3%;商品房累计销售82.65万平方米,增长61.8%;商品房销售均价为3 298元/平方米,上升15.4%,其中商品住宅销售均价为2 861元/平方米,上升20.5%;房地产开发企业由上年的180个发展到206个,总数比上年净增26个。年内首次对全市122个开发企业进行信用等级评定,初步建立市房地产开发企业信用等级评定管理体系;首次与市统计部门协作,建立全市房地产开发统计数据库,每月编制《房地产开发市场分析和预测报告》,为决策提供数据支持和参考。全年共对26个项目的5 767.8万元资本金进行监控,监控率达到100%,累计颁发商品房预售许可证31份,批准预售面积75.39万平方米,网上备案率达到100%。

整顿房屋拆迁市场。年内,共办理房屋拆迁许可证5件,涉及拆迁建筑面积近1.2万平方米(116户)。整顿物业服务市场,归集住宅专项维修资金4 077万元,比上年增加8%,全市累计缴存1.88亿元,新核准发放三级暂定资质物业服务公司18个。整顿房地产中介市场,出台相关的房地产市场监管办法,健全房地产中介服务市场准入机制,共组织培训经纪人员169名,取得合格证人员125人,淘汰经纪机构5个,曝光3个。加强房屋管理工作,对全市116所中小学校(包括部分幼儿园)校舍开展排查安全鉴定工作,提高安全鉴定及时率和准确率。全年共鉴定公私房屋455栋(处),建筑面积51.1万平方米。

推进房地产交易。全年共办理房地产交易手续1.54万件,建筑面积259.17万平方米,协征契税7 258件,共3 873万元(不含营业税、个人所得税)。房地产登记发证9 038件,发证面积203.03万平方米。行政服务中心窗口共受理审批事项219件,接待群众咨询1 300余次,办结率达100%。交易登记中心窗口先后获得市级“文明单位”、“示范文明窗口”、“青年文明号”等荣誉称号。

(黄石市志办)

鄂州市人民生活

【城乡居民生活】 2009年,鄂州市城镇居民呈现家庭收支同步增长态势,生活水平进一步提高。全年城镇居民人均可支配收入13 407元,比上年增长9.5%,其中,城镇居民人均工资性收入11 457元,增长9.1%,占家庭总收入的比重为80.5%。人均转移性收入为2 395元,增长11.8%,占家庭总收入的16.8%,其中人均离退休金2 032元,增长4.1%。人均财产性收入327元,增加197元,占家庭总收入的2.3%。人均经营净收入60.24元,有明显增长。城镇居民全年人均消费性支出为10 055元,比上年增长9.4%。从八大类消费构成看:人均食品消费4 085元,增长13.1%,占消费支出的40.6%;衣着消费1 265元,增长17.9%,占12.6%;家庭设备用品及服务支出781元,增长40.4%,占7.8%,其中耐用消费品的家庭设备支出增长较快;医疗保健支出487元,增长30.1%,占4.9%,交通和通讯支出783元,下降2.6%,占7.8%;人均娱乐文教服务支出1 125元,下降3.1%,占11.2%;居住支出1 326元,增长135.3%,占13.2%,人均其他商品和服务200元,增长8.8%,占1.9%。社会保障支出大幅增长。2009年,城镇居民人均社会保障支出779元,比上年增加271元,增长53.4%。

2009年,鄂州市农村居民收入水平已步入快车道,人均纯收入为5 718元,比上年增加622元,增长12.2%。其中,工资性纯收入1 902.71元,增加62.78元,增长3.4%。家庭经营的第一产业纯收入3 577.27元,增加531.56元,增长17.5%;第二产业纯收入84.26元,增加25.84元,增长43.2%;第三产业纯收入169.06元,增加22.79元,增长15.6%。财产性纯收入88.76元,增加13.14元,增长17.4%。转移性纯收入149.58元,增加14.44元,增长10.7%。农民增收的主要原因在于农民工乡外县内务工收入快速增长;种植业的稳步发展;特色优势产业的快速发展;各项惠农政策补贴的提高,从土地征用中获得的补偿纯收入增加以及其他投资收益纯收入增长。

【人口和计划生育】 2009年,鄂州市共出生9 359人,人口出生率8.75‰,符合政策生育率95.04%,出生人口性别比115:99,比上年下降1.01个单位值。年内,全市人口和计划生育部门继续完善属地化管理、市民化服务、信息化带动的计生体系,落实以房管人、免费服务、双向管理、区域协作机制。强化区、乡、村(居)三级负责,实行社区计划生育办公室、计划生育协会、房屋出租户三方监管,推行居民化、职工化、维权化服务,落

2009年1月11日，鄂州市计划生育部门向市民宣传国家计生政策，免费发放避孕药具　　（柯猛　供稿）

实房屋出租户计生月报告单制、楼栋长责任制、社区专职干部月访等制度，全市人口和计划生育工作稳步推进。2月27日，鄂州市流动人口计生工作在湖北省计划生育工作大会上作了经验交流，其后又在《中国人口报》上专文载发。6月17日，市委办、市政府办印发《关于进一步加强人口和计划生育属地管理工作的意见》，按照四权分离、关口下移、流程再造、行政规范的工作要求，确立属地管理、单位负责、居民自治、社区服务的管理体制，完善"职责明确、调控有力、制度规范、运转协调"的城市人口计生工作机制。继续实施"明天计划"，为已婚育龄妇女提供生殖健康服务，发放计生服务优惠证；建立关爱女孩行动基金60万元，救助独生女孩贫困家庭。全市已建成生育文化广场5个、文化大院47个，组织文化活动170场次。从7月开始的违法生育专项治理活动，共处理违法违纪党员、干部75人，对15件党员干部违法生育典型案件公开通报，对全年人口和计划生育目标管理考核排名末4位镇的主要负责人、分管人口计生工作的负责人、人口计生部门负责人，在评先评奖、加薪晋升等方面实行"一票否决"。全面贯彻落实《湖北省农村独生女高考加分政策性照顾暂行办法》，人口和计划生育部门严把农村独生女认定关，公安部门严把户口、身份关，教育部门严把加分考生的信息关，监察部门严把监督关，全市全年共有32名农村独生女孩享受到加高考10分的待遇。全市共奖励符合企业退休职工计划生育奖励政策的职工3 817人。其中生产经营正常企业自行奖励1 663人，发放奖励金额582.05万元；由市财政承担奖励金的职工2 154人，已兑现奖励金224.4万元（余额3年内兑现完）。

【劳动就业】　2009年，鄂州市实现城镇新增就业2.1万人，下岗失业人员再就业6 500人［其中"4050"人员（处于劳动年龄段女40岁以上，男50岁以上，因自身就业条件较差、技能单一等原因难以就业的劳动者）再就业3 300人］，农村劳动力转移就业1.26万人，全年接收城镇退役士兵413人，符合安置条件的有165人，就业安置32人，办理自谋职业手续128人，安置率达97%。全年培训下岗失业人员6 800人，组织开展创业培训2 200人，开展农村劳动力技能培训1.33万人；劳动技能鉴定发证8 002人，征缴失业保险费1 980万元，失业保险参保人数达7万人，为1 200名失业职工发放失业救济金450万元，城镇登记失业率为4.01%。9月，鄂州市制订《创建省级创业型城市工作方案》，全年共建立创业孵化基地27个，组织失地农民创办农民专业合作社69个，将原面向下岗失业人员的就业政策延伸至包括农民工、高校毕业生、复退军人等在内的全体城乡劳动者。全年共发放小额担保贷款1 148笔、8 004万元。年内全市1.12万人自主创业，带动就业2.98万人，新增个体工商户4 987个，新增私营企业673个。创业指导中心、专家咨询委员会、创业带就业志愿者团队，在乡镇举办农民工招聘活动26次，组织大学生专场招聘会6次，因地制宜，开展特色转移培训，培育"燕矶金刚石"、"沼山缝纫"、"东沟桩基"、"白浒铸造"、"华容刺绣"、"沙窝建筑"等6大劳务品牌，逐步形成一乡一品牌，一地一特色的转移培训格局。鄂州金刚石刀具工被评为湖北省第二批十大劳务品牌。出台《关于支持全民创业、稳定就业局势、促进企业发展的意见》，全年共为鄂钢公司等企业减免医保铺垫金120万元，降低工伤保险费率1个百分点，缓缴失业保险费460万元，为武钢矿业公司等企业发放转岗培训和转岗安置补贴258万元，为485个企业减免失业保险费594万元。

【社会保障】　2009年，鄂州市养老、失业、医疗、工伤、生育五项社会保险新增扩面4.95万人次，征收五项社会保险费6亿元，享受社会保险待遇的人数达121万人次，共支付社会保险待遇金额达6.29亿元。在养老保险方面，全年完成养老保险扩面5 728人，年末参保人数达到19.61万人。全年实现养老保险基金收入5.19亿元，比上年增长4.0%。全年发放离退休人员各项养老保险待遇4.89亿元，比上年净增7 154万元，增长17.2%。全年养老保险基金收支结余2 965万元，年未累计滚存结余5.11亿元。全市参加医疗保险人数96.63万人，占总人口的90.47%，全年共征收基本医疗保险基金1.18亿元，基本医疗保险基金支出9 887万元，当期结余1 925万元，累计结余1.33亿元，实现"收支平衡，略有结余"；全年共征收城乡居民基本医疗保险基金9 109万元，支出8 985万元，当期结余124万元，累计结余4 126万元。全年发放医疗救助资金321万元，住院救助1 657人次，门诊救助2 709人次，出资107万元继续资助全市城乡低保对象、五保对象参加居民医疗保险。

2009年，全市共有城镇低保对象2.50万人，占全市非农业人口的6.68%，累计发放低保金4 711万元，人均月保障金额141.4元；农村低保对象2.57万人，占全市农业人口的3.56%，累计发放低保金1 730万元，人均月保障金额56元。全市上调3 496个农村五保对象的救助保障标准，其中集中供养的五保对象标准提高至180元；分散供养的提高至130元，分散供养的农村孤儿供养费从120元提高至150元。全市全年共发放临时救助金144万元，救助2 158人次。投入资金281.88万元帮助340个困难户改造危房或新建住房。2009年，鄂州市人民政府出台《鄂州市城乡居民基本医疗保险方案》，打破城乡之间户籍限制和地域限制，对城乡居民参保补助统一提高到每人每年120元；试行门诊统筹，扩大受益面；对困难群体倾斜，医疗保险报销和惠民医疗减免之和原则上不低于目录内医疗费用的80%，对医疗费用个人承担部分较高的，年终视基金结余情况给予二次补偿；出台《鄂州市新型农村社会养老保险实施办法（试行）》，梁子湖区被确定为全国首批试点，先期启动新型农保工作，计划首批启动16.7万人，其中享受养老保险待遇2.1万人。

【住宅建设】 2009年，鄂州市完成房地产开发投资8.11亿元，比上年下降24.8%；房屋施工面积148.6万平方米，下降6.9%；房屋竣工面积41.3万平方米，下降31.7%；全市商品房空置面积5.4万平方米，下降15.3%。全年新建商品房销售41.4万平方米，比上年增长18.1%，其中140平方米以下住房消费占总量的81.0%。全市房地产开发中普通住宅比重逐步增大，住宅供应结构进一步合理。全市普通商品房住宅投资6.45亿元，施工面积135万平方米，分别占房地产开发总投资和总施工面积的89.6%和91.0%，比上年分别增长1.7和2.1个百分点。企业自有资金比重逐步提高。截至12月底，全市房地产开发企业项目到位资金15.1亿元，企业自筹自有资金9.44亿元，占项目总投资的63%，自筹和自有资金比例增长3.5个百分点。全市获批廉租住房项目3个，共建设廉租住房1 643套，总建筑面积8.22万平方米，总投资1亿元。年初，鄂州市将原定的3个廉租住房建设项目优化调整为16个。于3月20日全部开工建设，年底全部竣工后以计算机摇号和评分选房方式配租完毕。全市经济适用住房建设稳步推进，鄂钢雨台山集资合作建房项目由武钢集团鄂钢有限公司集资建设，主要解决企业内部居住在棚户区和危旧房中困难职工的住房问题。项目竣工面积7.6万平方米，约1 200套，已于年底交付使用。“和居苑”经济适用住房项目是由鄂州市人民政府直接投资建设，总建筑面积6 000平方米，共计100套，4月破土动工，年底竣工后以计算机摇号方式出售给全市城镇中低收入住房困难家庭。全市全年确定的14个城中村改造项目进展顺利，杨家巷地块、南塔小游园项目动迁过半，原五金制品厂项目完成招商工作进入动迁阶段，其它项目经鄂州市城市投资建设公司测算完毕后挂牌出让。全年完成鄂钢铁路专用线、鄂钢二期技改项目、迎宾大道、牛头山城中村改造地块和滨江风光带、中心医院等重点项目建设和城市建设拆迁56万平方米，建设拆迁安置房41万平方米，其中已竣工23万平方米，在建18万平方米。

（曹忠生）

2009年2月11日，鄂州市人力资源服务中心向农民工发布招工信息

（姜夏东 供稿）

孝感市人民生活

【城乡居民生活】 2009年，孝感市城区居民人均可支配收入13 562元，比上年增加1 143元，增长9.2%。其中：工资性收入13 024元，增加1041元，增长8.7%；经营性收入396元，减少12元，下降3.0%。城镇居民人均消费支出9 949元，增长14.6%。其中：食品支出3 883元，增长5.4%。全市农村居民人均纯收入5 131元，比上年增加495元，增长10.7%。其中：人均工资性收入2 105元，增加193元，增长10.1%；人均家庭经营纯收入2 784元，增加268元，增长10.7%。人均生活消费支出3 764元，比上年增加166元，增长4.6%。其中：食品消费支出1 693元，下降3.9%。

改革开放特别是建市以来，孝感市城乡居民收入稳步增长，消费结构逐步趋向合理，生活质量进一步提高。2009年，孝感城区居民人均可支配收入比建市初的1993年增加11 374元，年均增长12.1%。孝感城区居民人均消费支出比建市初增加7 761元，年均增长9.9%。农村居民人均纯收入比建市初增加4 399元，年均增长12.9%。人均生活消费支出比建市初增加3 017元，年均增长10.6%。由于坚持把提高城乡居民生活水平作为政府工作的重要着力点，市政府公开承诺的十件实事超额完成，民生得到有效改善。

【人口和计划生育】 2009年，孝感市总户数162.2万户，户籍总人口528.7万人，人口出生率9.49‰，比上年上升0.46个千分点；人口自然增长率5.45‰；符合政策生育率94.07%，下降1.72个百分点；多孩率1%，上升0.22个百分点。全市已婚育龄妇女中的一孩妇女积存率47.86%；节育率87.91%；农村一孩育龄妇女上环结扎率43.48%，二孩育龄妇女结扎率45.44%，多孩育龄妇女结扎率53.01%。

【劳动就业】 2009年，孝感市城镇新增就业人口7.38万人，城镇登记失业率控制在4.3%，组织劳务输出4.74万人，完成年计划的135%。按时足额发放（支付）各项社会保险费12.61亿元、支付率100%；组织各类职业技能培训9.64万人、组织技能鉴定并发放职业资格证书2.33万份；城镇各类企业与劳动者劳动合同签订率90%，受理劳动争议案件837件。受理和查处劳动保障监察案件448件，清理拖欠农民工工资1 294万元、清欠率100%。劳动保障机构设置日趋完善。市、县市区设有劳动就业局、劳动保险局、医疗保险局、机关事业单位社会保险局、基金结算中心、农村社会保险局等经办机构，归口管理市第一技工学校（正县级)。乡镇、街道、社区人力资源和社会保障服务平台建设进一步完善。安陆成功申报为全国新型农村养老保险试点城市。

应对农民工返乡潮措施得力。孝感市针对因国际金融危机出现的农民工返乡潮及时制定十条措施,在全市组织“四送”(送政策、送信息、送培训、送岗位)活动,实施特别职业技能培训计划,使13.57万名非正常返乡农民工实现外出返岗就业或本地转移就业。

创业带动就业频出实招。年内在全市开展“十佳创业明星”评选表彰活动。在安陆召开了全市创业带动就业工作现场会。组织开展了创业培训、专家指导、能力测评、项目推介、小额贷款、创业成果展示等服务。以“湖北省公共实训孝感基地”为龙头,全市建立了一批创业培训基地、创业园区和创业孵化基地,为城乡创业者提供“一条龙”的创业服务。全市命名挂牌的创业基地达到50个。

农历正月十五,孝感杨店镇农民舞龙迎春　　（杨炬　供稿）

【社会保障】 2009年,孝感市新增农村低保对象4.6万人,城市低保实现动态管理下的应保尽保;资助17.7万名困难群众参加保险,4 000人得到大病医疗救治。全市企业养老保险人数达到30.7万人、失业保险21.4万人、医疗保险39.6万人、工伤保险20.1万人、生育保险11.6万人。城镇居民医疗保险参保82.4万人,参保率90%。全年支付各项社会保险费12.6亿元。

“援企稳岗”政策有效落实。孝感市制发了优化企业发展环境,服务重点“直通车”企业的文件,对符合条件的困难企业,实行“五缓四减”,共为50个企业、8 000多名职工缓缴社会保险费1 174.2万元;对821个困难企业、3.3万人减缴医疗、工伤保险费392万元;用失业保险金对36个企业、6 200人支付社会保险补贴260万元,为76个企业1.3万人支付岗位补贴550万元。

基层服务平台建设迈上新台阶。共计投入资金600多万元,进一步加大了乡镇(街道)社区劳动保障平台建设力度,在全市劳动保障系统开展“双基创建”(抓基层打基础)活动,制订了“六统一”标准:即统一服务场地设施建设、统一机构服务职责、统一管理制度、统一服务规范、统一信息发布、统一基础台帐。召开基层平台建设现场会,举办现场观摩,受到上级主管领导的充分肯定。

孝感市汉川市民欢度春节　　（杨炬　供稿）

城镇居民基本医疗保险试点再创佳绩。全市城镇居民参保率达90%以上,在全省率先提高了城镇居民医疗保险待遇,扩大了普惠面,年内100多万参保城镇职工和居民参加体检并建立健康档案。

企业离退休人员待遇继续提高。2009年,全市第6次调整企业离退休人员待遇,对符合待遇的企业退休人员月人均增加养老金133元,使全市企业退休人员养老金月平均达到967元。

养老保险“三项”改革奋力推进。积极做好改革中的养老保险工作。根据《湖北省国有农牧渔良种场职工基本养老保险实施办法》精神,对全市35个农牧渔良种场应参保2.75万人的基本养老保险情况进行了摸底测算;年内将全市4 642名村主职干部全部纳入了养老保险范围;主动配合被辞退民办教师基本养老保险工作。基本完成全市符合规定的1 796名被辞退民办教师测算工作。

【住宅建设】 2009年,孝感市共有房地产开发项目163个,比上年增长43%。其中,孝感城区房地产开发项目78个,增长39.3%。全市全年商品房销售面积191.1万平方米,销售额42.18亿元,分别比上年增长154.1%和182.3%。

孝感市城区全年共有55个楼盘实现网上签约,共签约商品房6 940套,其中,住宅6 512套。商品房施工及竣工面积同比继续大幅增长。全市商品房施工面积290.5万平方米,比上年增长35.2%;商品房竣工面积131万平方米,

临近孝感市槐荫公园的住宅区鸟瞰　　（杨炬　供稿）

比上年增长21.8%；全市共完成房地产开发投资32.06亿元，全市商品房及商品住宅销售价格继续保持基本稳定。全市商品房销售的平均价格为2 207元/平方米，比上年增长11.1%，商品住宅销售的平均价格为2 006元/平方米，增长9.3%。截至2009年底，全市廉租住房建设项目累计开工面积23.75万平方米，累计完成投资1.26亿元。全市廉租住房租赁补贴和廉租住房实物配租的工作全部结束，共发放租赁补贴资金1 952万元，惠及1.11万个城镇低收入家庭；廉租住房实物配租共4 033户，其中孝感城区配租800户。

全市经济适用住房建设累计开工面积13.2万平方米，超出年计划10%。全市有4县市共6次进行公开摇号销售活动，对1 335户低收入住房困难家庭实行了经济适用住房分配。

（杨炬）

黄冈市人民生活

【城乡居民生活】　2009年，黄冈市城乡居民收入稳定增长，生活质量不断提高。全年城镇居民人均可支配收入11 306元，比上年增长13.9%；农民人均纯收入4 130元，增长9.43%。城镇居民恩格尔系数37.8%，农村居民恩格尔系数42.6%。

年末城镇居民人均住房建筑面积43.4平方米，比上年增加2.4平方米。农民人均住房面积达到41.94平方米，比上年增加4.1平方米。

【人口和计划生育】　2009年，黄冈市年末总人口739.61万人，比上年净增4.48万人，常住人口668.64万人，比上年净增1.14万人。全市全年出生67 561人，人口出生率9.08‰，符合政策生育率90.36%，人口自然增长率5.12‰，出生人口性别比为118:82。

加强依法行政与案件查处。2009年，黄冈市计划生育管理部门加大依法行政和案件查处力度，净化计划生育工作环境。5月，重点清查国家公职人员、党员干部违法生育案件，查处违法生育案件136件，党纪处理43人，政纪处理130人。全市依法强制执行了一批有影响的社会抚养费征收案件，征收社会抚养费6 816.05万元（5 503例）。其中申请法院强制执行265件，办结227件，征收社会抚养费187.3万元。各市县人口计划生育、公安、卫生、工商、药监、质监等部门联合对城区医疗卫生机构和药械市场开展专项整治行动；全年全市“两非”案件立案155例，结案134例，查处涉案医务人员39人，行政处罚132人，撤职2人，罚款55.4万元。

基层基础建设。8月，黄冈市举办全市人口计划生育干部培训班，各县市区先后出台多项政策，逐步解决乡镇计生办公务员、乡镇计生服务站技术服务人员及村级计生女专干配备不到位等问题，完善了计划生育队伍建设。市委、市政府出台《关于进一步加强计划生育技术服务体系建设的意见》，采取“定岗位、定职责、定任务、定报酬、定考核”的方式，推进“以钱养事”机制落实。全市落实配套资金677万元完成县乡级服务站扩大内需项目26个，强化了基层服务阵地建设。制发计划生育婚、孕、育全程服务、计生技术服务、流动人口管理服务、信息化建设等4个新的管理服务工作流程图以规范基层经常性服务管理工作。市县乡三级计生部门完成机房标准化建设，启用县级网络应用平台。全市育龄妇女管理系统软件实现转换升级。PADIS（人口宏观管理与决策信息系统）应用覆盖所有乡镇。全市全员人口信息数据库入库数据716万余条，入库率96.3%。

【劳动就业】　2009年，黄冈市城镇新增就业人员5.11万人，占年度计划的127.6%，超额完成市政府年度目标；下岗失业人员再就业2.43万人，其中就业困难人员再就业9 522人，组织农村劳动力转移就业6.67万人，（其中劳动部门组织6.28万人）。城镇登记失业率控制在4.25%，低于控制线0.69个百分点；劳动保障政策直接帮扶创业3 819人，发

2009年黄冈市春风行动暨返乡农民工招聘洽谈活动在浠水启动

（黄绪华　供稿）

黄冈市新农村建设示范点——白莲河乡叶冲新村一角 （黄绪华 供稿）

放小额担保贷款5 770万元。

【社会保障】 2009年，黄冈市参加养老保险48.54万人、失业保险23.57万人、医疗保险46.11万人、工伤保险24.06万人（其中农民工5.13万人）、生育保险14.99万人。城镇居民医疗保险参保率111%，高于年度计划21个百分点。征收养老保险费10.53亿元、失业保险费3 643.51万元、医疗保险费4.25亿元、工伤保险费1 049万元、生育保险费488万元，各项社会保险金按时足额发放。劳动保障基层基础工作进一步加强，城域网覆盖率和基层劳动保障服务平台覆盖率均达80%。

【住宅建设】 2009年，黄冈市完成商品房开发投资37.33亿元，比上年增长36.4%。其中，市区商品房开发投资9.97亿元，增长13.3%。全市商品房房屋总施工面积336.49万平方米，增长21.2%。其中新开工面积约224.20万平方米，增长40.7%。市区房屋施工总面积93.02万平方米，增长10.5%。其中新开工面积约为63.24万平方米，增长10.4%。全市商品房屋销售面积151.52万平方米，比上年增长18.8%。市区销售房屋52.6万平方米，比上年增长20.9%。

2009年，黄冈市商品住房销售价格总体呈上升趋势，县市销售均价基本维持在1 400元－1 700元/平方米之间；市区商品房销售价格平均在2 200元/平方米，新开小高层、高层楼盘销售均价在2 600元/平方米左右，部分楼盘在2 800元－2 900元/平方米之间，下半年销售价格涨幅每平方米在200元左右。

2009年，全市廉租住房建设项目共26个，全年开工建设39.94万平方米，8 134套。市区廉租住房一期建设1.64万平方米，264套。二期2.4万平方米480套廉租住房建设已开工。年内，共向2.32万个廉租住房户发放补贴。全市新增廉租住房补贴户数6 517户，新增实物配租6 628户。

全市经济适用房屋建设全面铺开，市区第一期经济适用房270套。经初审、公示、核实、审批，年内270户低收入住房困难家庭已购买入住。

（黄绪华）

咸宁市人民生活

【城乡居民生活】 2009年，咸宁市城镇居民人均总收入12 338元，比上年增长10.3%；人均可支配收入11 627元，增长9.7%。全市农民人均纯收入4 873元，比上年增长10.5%。全市城镇居民人均消费支出8 430元，比上年增长7.9%。居民恩格尔系数为43.1%，提高1.3个百分点。农村居民人均生活消费支出3 459.82元，比上年增长3.5%。居民恩格尔系数为45.8%，下降4个百分点。

2009年，全市城区人均住房使用面积42平方米，比上年增加6.12平方米。城镇居民百户购买空调、微波炉、消毒柜、移动电话、家用计算机、汽车分别达121台、41台、17台、172部、52台、4辆，拥有量均有所增加。农村人均住房使用面积41平方米，增加0.65平方米。农村居民每百户拥有彩色电视机100台，比上年增加4台；电冰箱45台，增加3台；空调10台，增加3台；移动电话90部，增加7部。

【人口和计划生育】 2009年，咸宁市出生3.42万人。其中政策内出生3.08万人，符合政策生育率90.8%。出生人口性别比114∶28。咸宁市关爱女孩“双千”行动，被纳入国家人口和计划生育委员会主编的《关爱女孩行动综合治理出生性别比典型案例100例》；人口和计划生育宣传教育工作在全国人口和计划生育工作会上作典型发言。

水果丰收，咸宁农民喜上眉梢 （咸宁市志办 供稿）

强化长效节育措施。咸宁市以孕前型服务管理为抓手推行“三查四术”(查环、查病、查孕、人流、上环、引产、结扎)名单化管理和消号制结账,严格控制政策外生育。全年全市完成“四术”3.11万例。其中结扎5 791例、上环2.23万例、补救3 053例。把已完成“两化”(基础设施标准化、形象规范化)建设的59个服务站打造成育龄妇女的“温馨家园”。

控制出生人口性别比。年内,市人口计划生育委员会联合有关部门落实生育对象孕情监测包保责任制。赤壁市对每个怀孕对象落实1名驻村干部、村干部和计划生育技术人员包保随访。嘉鱼县完善人流管理制度、剖宫产实施计划生育手术规定。崇阳县加大出生人口性别比考核权重。年内全市查处“两非”案件246例。

调整利益导向。咸宁市人民政府制发《关于在落实惠农政策中体现计划生育利益导向的意见》,出台包括对独女户和双女户中考加分、对计划生育女孩家庭参加“新农合”免除个人缴费和提高报销比例、对贫困的计生女孩家庭优先纳入农村低保等10项优惠政策,通过开展关爱女孩“双千”行动消除性别歧视的社会根源。组织全市1 000个单位结对帮扶1 000个农村贫困的计生女孩家庭。全年全市落实结对帮扶的计生女孩家庭2 360户,落实帮扶项目1 880个、发放帮扶资金3 100多万元,培植175个典型示范户,形成全市人口和计划生育工作齐抓共管,协调发展。

2009年6月,咸宁市开展“大学生就业服务月”活动

(咸宁市志办　供稿)

【劳动就业】 2009年,咸宁市实现城镇新增就业人员3.51万人,完成年计划的103.2%;城镇登记失业率控制在4.1%以内;下岗失业人员再就业1万人;4050人员(处于劳动年龄段女40岁以上,男50岁以上,因自身就业条件较差、技能单一等原因难以就业的劳动者)再就业5 400人;新增农村劳动力转移就业5.47万人,劳动部门组织劳务输出2.56万人;劳动保障部门组织新增农村劳动力转移培训2.29万人,完成年计划的127.5%;筹措再就业资金1.04亿元,使用9 221.3万元;促进创业2 000人,带动就业9 000人;全年政府购买公益性岗位1 962个。

援企稳岗促就业。咸宁市劳动保障部门积极参加企业发展调研,了解企业生产经营情况,出台了《咸宁市创业促就业实施意见》,指导相关县市区统筹部署推进就业工作。对企业参保实行缓交、减交保费和降低缴费基准等措施。全年为214个企业减征社会保险费130.6万元,涉及职工2.19万人,同意28个企业缓缴社会保险费48.5万元。动员各企业主动承诺不裁员、不减薪、承担社会责任,全年全市规模以上企业没有出现裁员减薪现象。

加强引导促就业。引导农民工参加农村路水气改造、水库除险、高速公路等项目建设,接收农民工4 500人。深入企业摸查空岗信息并顺利安置1.5万人。招商引资引进的企业建成投产解决5 000人就业。扶持民营经济发展吸纳4 600人就业。农田水利建设、低丘岗地改造、林浆纸一体化及特色农业解决8 000人就业。举办各类招聘会安置农民工和大中专毕业生4.6万人就业。

开展培训促就业。咸宁市高级技工学校以温泉国际旅游节为契机,为多家酒店培训管理服务人员700余人,还与湖北华特红旗电缆有限公司等公司合作增加实习岗位370个;与湖北能一郎科技股份有限公司合作,培训返乡农民工300余人。通城职业技术学校为浙江玉立电器有限公司进行涂附模具、计算机、纺织等专业培训,年内已有277名学员被该公司录用。通山、崇阳就业训练中心应通山森泰钢铁公司、崇阳稳健医用纺织品公司要求,组织师资上门免费培训学员。通山县在大路乡、慈口乡等地组织169人参加计算机应用培训。咸宁市就业局聘请专家学者或创业成功人士开设创业培训班,为创业者传经送宝。全市全年共开办各类就业培训班505期,培训3.88万人,培训就业率86%;举办农村劳动力转移培训382期,培训2.29万人,培训就业率84%;举办各种特别职业技能培训班68期,开设专业17个,经验收核定培训就业人数为4 000人,全额完成培训目标任务。全年新增技师和高级技师535人,技工学校招生3 342人,劳动保障部门为1.56万人发放技能鉴定证。

落实政策促就业。全年筹措再就业资金1.04亿元,其中用于社保补贴3 285.9万元,岗位补贴1 398.7万元,职业培训补贴1 240.6万元,职介补贴207.6万元,职业技能鉴定补贴188万元,扶持公共就业服务费用1 229.3万元,补充小额担保贷款基金1 132.3万元,小额担保贷款贴息169.8万元,特定就业政策补助支出369万元。放宽市场准入限制,对城乡劳动者从事个体工商经营允许其试营业,登记创业者贷款额提高至5万元,合伙创业贷款额放宽至20万元,加大小额担保贷款资金。全年发放小额担保贷款1 113笔5 916万元,累计发放小额担保贷款2 152笔共7 622万元。各地以开发区为主导建立创业孵化基地,以龙头企业为主导带动关联企业发展。通城县招回550名在外务工创业成功人士,兴办企业333个,引进资金9.1亿元,解决5 000余名农村劳动力的就业问题。

【社会保障】 2009年,咸宁市参加养老、医疗、失业、工伤和生育保险人数分别为26.1万、78.4万、11.3万、16.4万和13.3万人,五项保险费征收分别达6.53亿元、2.01亿元、1 480万、1 149万和379万元，五险基金征收累计8.85亿元，比上年增长11.1%。

加强舆论引导。年内，全市社会保险经办机构利用报纸、电视、网络等新闻媒体宣传社会保险方针政策，形成浓厚的舆论氛围。

推进居民医保扩面。7月2日，召开全市医保扩面征缴工作会议，全面部署医保扩面工作。市政府同各县市区和有关部门签订责任状，逐级分解扩面任务。各地医保经办机构、地方税务局、街道办事处和教育主管部门实行包干负责制，建立由政府主导、劳动保障部门牵头、相关部门整体联动的工作机制。采取以奖代补的办法，依照统筹地区缴费参保人数，由同级财政按照政府确定的补助标准足额列入财政预算，解决社区和学校扩面征缴工作经费。

统筹推进特殊群体参保。出台《咸宁市国有农牧渔良种场养老保险实施办法》，解决"小三场"（国有农牧渔良种场）1.08万人的参保问题，占总人数的86%。全市908个行政村的1 316名主职干部全部参加养老保险。出台《关于解决辞退民办教师养老保险问题的指导意见》，全市1 902名被辞退的民办教师中有1 844人参保，占总人数的97%。

稳步提高社会保障水平。年内，咸宁市企业养老保险金由2006年的人均473元增加到871元，增幅84%；城镇职工医保统筹基金最高支付限额提高到上年度平均工资的6倍左右（最高可达9万元），住院费综合保险比例提高5个百分点以上；城镇居民医保统筹基金最高支付限额达到当地居民人均可支配收入的6倍左右（约6万元），住院费综合报销比例提高10个百分点。五项社保基金全年支出9.21亿元，完成计划的105.2%，比上年增长19.8%。

全年全市有2 545个企业完成年检工作，惠及职工17.5万人；历年累计收取工资支付保障金800余万元；督促企事业单位补交员工参保费用1 000余人次，签订规范劳动用工承诺书600余份，督促补签劳动合同1.21万份，劳动合同签订率98%。

【住宅建设】 2009年，咸宁市筹集廉租住房配租房源2 476套，完成年计划目标的123.6%。为1.07万个廉租住房租赁发放补贴，比湖北省人民政府下达的目标任务超额489户；发放住房困难家庭租赁补贴资金1 747.4万元。其中市区新增廉租住房549套，实施住房困难家庭租赁补贴1 627户。

全年全市开发城区房地产项目61个，施工面积135.71万平方米，比上年增长16.0%。其中新建房地产开发项目15个，面积50.2万平方米，减少16.6%，续建项目46个，面积85.51万平方米，增长33.0%；计划投资21.09亿元，完成投资15.11亿元，增长21%；已竣工面积76.89万平方米，增长12.5%；批准预售面积80.70万平方米，增长45.9%，已销售面积62.9万平方米；预（销）售金额14.26亿元。

（咸宁市志办）

仙桃市人民生活

【城乡居民生活】 2009年，仙桃市城市居民人均可支配收入11 783.34元，比上年增加1 022.02元，增长9.5%。城市人均工资收入8 769.02元，增长4.6%。城市居民人均消费支出7 236.02元，比上年增长3.6%，其中食品支出3 333.48元，衣着消费1 159.46元，家庭设施用品及服务消费330.76元，医疗保健消费600.47元，交通和通讯消费624.08元，教育文化娱乐服务消费470.22元。

农村居民人均纯收入5 856元，比上年增加609元。农村居民人均生活消费为4 013.88元，比上年增加467.05元，增长13.2%。从分类情况来看，食品消费支出增长12.9%，衣着消费下降7.5%，居住消费增长35.8%，家庭设备用品消费下降4.8%；交通通讯增长24.9%。文化教育消费增加10.2%；医疗保健消费下降0.1%；其他服务消费下降26.8%。

【人口和计划生育】 2009年，仙桃市共出生13 125人，其中一孩10 368人，政策内10 368人；二孩2 679人，政策内2 267人；多孩78人，政策内64人；人口出生率9.01‰，人口自然增长率6.11‰；符合政策生育率为96.75%，政策外多孩率0.11%；当年及上年生育一孩妇女上环率73.9%，当年及上年生育二孩及以上夫妇结扎率72.7%；出生人口性别比100:116.2，比上年下降7.1个单位值，其中二（多）孩性别比下降52.3个单位值。

构建仙桃特色的计划生育惠民政策与利益导向体系。年内，仙桃市级财政投入资金659.65万元，向农村年满14周岁的独生子女父母发放独生子女保健费42万元；为落实绝育措施的独女户、两女户和政策内多女户手术对象办理"新农保"；对年内落实绝育措施的两女户手术对象每人奖励3 000元，为企业退休职工兑现计划生育奖励金218.4万元；为农村计划生育奖励和特别扶助对象发放扶助金100.37万元。还通过仙桃市卫生局"新农合"渠道，按人均1 500元标准，对90名节育手术后遗症、并发症住院病人和计划生育困难家庭住院病人给予补贴救助；对当年考取大专院校的农村独女户、两女户中的71名考生每人发放1 000元奖励金，另外发放价值300元的物资。形成了"领有所得，扎有所奖，医有所补，学有所帮，老有所养"的利益导向模式。

防范、打击"两非"（非医学需要的胎儿性别鉴定和选择性别的人工终止妊娠行为）取得新进展。全面推行党政干部包保制度。全市1 300余名党政机关干部

仙洪试验区助推仙桃市新农村建设稳步发展，图为投资项目签约仪式

（黄爱高　供稿）

和3 700余名村组干部包保5.07万名重点对象，全年共落实双月见面查27.17万人次。全年共立“两非”案件108件，查处104件。公开处理违规对象84人，医技人员13人，共处罚金49万元。

基础数据库与基层网络建设提速。全员人口信息覆盖率达102.2%，有效身份证数据录入率97.8%。流动人口子系统数据库全年向平台提交信息1 826条，反馈流动人口工作信息9 880条。新建、改建、扩建镇级计划生育服务站5个，村级计划生育活动室、服务室179个。

组织专项活动，规范流动人口计划生育服务管理工作。5月，仙桃市组织流动人口集中清理和规范活动。全市录入流动人口工作数据3.65万条，整理流动人口资料704份，上门办理《流动人口婚育证明》2万余本，免费发放避孕药具3万多份。随后，全市对23个镇办的82个村（居民委员会）15.51万人口进行抽查，登记率为98.6%，办证率97.8%，联系电话有效率90.19%；抽查流入育龄妇女245人，抽查结果为登记率93.5%，持（验）证率93.5%。

【劳动就业】 2009年，仙桃市围绕建立健全管理城乡就业的组织体系、覆盖城乡的公共就业服务体系、职业培训体系、社会保障体系和劳动保障维权体系，积极实施新一轮就业再就业政策，促进了全市经济发展与扩大就业的良性互动。规划城乡一体的公共就业体系，包括市级就业服务中心、镇办就业服务中心、社区（村）就业服务站，构建三级就业服务网络。发挥人力资源市场纽带作用，开展公共就业系列服务，搭建节假日招工、经常性固定招工、跨地区劳务交流等3个招工平台。通过镇办、社区劳动保障服务平台摸清城镇帮扶对象的基本情况、就业愿望及培训意愿，优先安排困难群众就业。开展创建充分就业社区活动，对有创业愿望和创业能力的援助对象，发放小额担保贷款，出台优惠政策，促进自主创业。开展农村劳动力资源实名制登记和进城务工人员就业登记，掌握其基本情况、培训意向和就业愿望，开展有针对性的转移输出和技能培训。全年组织指导各类就业培训2.4万人，为4 098人发放技能鉴定证，办理农民工专项能力证书4 500份。

2009年，仙桃市城镇新增就业人员2.12万人，为市内企业招工2.06万人，城镇登记失业率控制在3.2%以内，新增农村劳动力转移2.29万人。

【社会保障】 2009年，仙桃市持续完善“政府主导、劳动保障综合管理、相关部门协同配合”的扩面征缴工作机制，探索推进困难群体参加社会保险，促进了5个险种均衡发展。年内全市近1万名困难国有企业和已改制破产企业退休人员以及2.3万名城镇低保人员全部参加医疗保险，首家惠民医院纳入市直医疗保险定点；城镇居民医疗保险最高支付限额提高为5万元（连续缴费5年的提高为8万元）；全年共扩面5.6万人次，全市社会保险参保人数65.54万人次。征缴社会保险费4.15亿元，比上年增加8 283万元，增幅25%。其中企业养老保险2.47亿元、事业养老保险5 524万元、失业保险866万元、基本医疗保险9 181万元、工伤保险401万元、生育保险290万元、居民医保473万元。全年共支付社保基金4.10亿元，其中养老保险3.03亿元；医疗费用1.01亿元（其中居民医保1 619万元），工伤保险256万元，生育保险151万元，失业金168万元。社保基金当年收支结余1.79亿元，累计积累4.69亿元。

【住宅建设】 2009年，仙桃市房地产市场供需两旺，整体向好。全市共完成住房建设投资7.38亿元，比上年增长44.4%；商品房销售面积52.44万平方米，增长56.7%，其中普通商品住房销售面积46.64万平方米，增长86.8%；商品房平均销售价格2 963元/平方米，增长73.4%，其中普通商品住房平均销售价格2 590元/平方米，增长61.9%；存量房交易增长58%；商品房销售额和存量房交易额达20.56亿元，占全市地区生产总值的7.8%。

2009年，全市共建设保障性住房8.1万平方米，发放住房租赁补贴资金224.377万元。

2009年10月，25个房地产开发企业参加了仙桃市第四届住房交易会。展会现场参观和办理房屋交易手续的市民达10多万人次，办理房屋交易业务2 439宗，收取各种税金1 995.5万元，归集住宅专项维修资金775万元。

（黄爱高）

潜江市人民生活

【城乡居民生活】 2009年，潜江市城镇居民人均可支配收入12 613元，比上年增长10.4%，农村居民人均纯收入5 531元，增长12.2%。城镇从业人员1514.04万人，乡村从业人员30.41万人，乡村户

潜江市农民劲舞草把龙灯度佳节
（刘芳 供稿）

数16.48万户，乡村劳动力31.80万人。城镇职工平均工资总额23 959元，居民储蓄存款142.34亿元。公共绿地面积350公顷。城镇居民人均住房使用面积29.70平方米，人均建筑面积37.12平方米，农村居民住房面积41.77平方米。城镇人均消费性支出8 518元。人均教育文化娱乐服务216元。城镇失业保险参保人数4.12万人，最低生活保障居民参保人数5.14万人，农村合作医疗的人数63.93万人，农村养老保险人数3.95万人。

【人口和计划生育】 2009年，潜江市共出生人口9 029人，人口自然增长率3.02‰，优于6‰以内的责任目标；出生人口政策符合率97.61%；出生人口性别比为109.5，年内全市计划生育费用投入1 219.19万元，比上年人均增长1.32元，另追加独生子女保健费48万元，破产企业退休职工计生奖励60.55万元并于年底落实到位。2009年，潜江市入选湖北省"人口和计划生育依法行政十佳县（市、区）"，并获得全省人口计生部门线目标管理二等奖和党政领导线人口计划生育目标管理三等奖。

2009年，潜江市坚持把人口计划生育工作摆在经济社会发展的重要位置，主要领导亲自抓、负总责。针对出生人口性别比偏高走势，市委、市政府召开专题座谈会，研究部署重点整治措施。全市各级人口计划生育部门共提供"三查"服务32.5万人次，"三查"服务率96%以上；提供避孕节育知情选择服务7 749例，综合避孕率90.6%，育龄妇女意外妊娠率下降为0.28%；优生四项检测率达70.3%；免费婚检率77.6%。

年内，全市计划生育基层基础建设进一步加强。认真落实村居为主工作机制，村居女性计划生育专职干部配备到位率100%，示范村居、合格村居创建达标率达到70%以上。新建乡镇计生服务站2个，改建乡镇计生服务站4个。

【劳动就业】 2009年，潜江市全年实现新增就业人口1.01万人（下岗失业人员再就业3 315人），其中就业困难群体再就业970人，城镇登记失业率控制在4.0%以内。全市共筹措再就业资金2 629万元，累计使用3 380.2万元；同时通过开展援企稳岗工作，为企业减轻负担近150万元。

年内，通过实施《潜江市推动创业促就业工作的实施方案》帮扶城乡劳动者5 727人创业，带动1.39万人就业。新增小额担保贷款627笔（2 500万元），累计向全市发放小额担保贷款1 442笔，4 112万元，其中为36名返乡农民工提供了小额担保贷款144万元；夯实创业项目数据库54个，返乡农民工共开办企业52个，回归企业投资总额3 500万元，吸纳农村富余劳动力1 730人。

全年共组织各类培训1.63万人，其中特别职业培训1 002人，农民工转移培训4 158人，企业职工在岗培训7 123人，再就业培训2 170人，就业前培训2 045人，创业培训744人，农村劳动力就业技能培训4 347人，职业技能鉴定3 374人，2 972人获得职业资格证书。

【社会保障】 2009年，潜江市积极探索社会保障制度的改革。全年5项社会保险参保总人数32.97万人，社会保险征缴总额突破3亿元，累计争取财政转移支付资金1.9亿元，发放社会保险待遇3.51亿元，企业社会化管理服务率达100%。推进完善城镇职工基本养老保险、基本医疗保险和城镇居民医疗保险、失业、工伤、生育等保险长效机制建设。对530名转制单位离退休人员的待遇进行了调整，人均月增加120元；对抚恤金和丧葬费的标准进行调整，共补发抚恤金127万元，补发丧葬费13万元；城镇职工基本医疗保险统筹基金最高支付限额由3万元提高到4万元；住院报销比例提高了5%；推进社会保险扩面，将城镇非从业居民、城市规划区内失地农民、长期随农民工在城市生活的非从业家属纳入城镇居民医疗保险范畴；将符合规定的农牧渔良种场职工、1 493名原集体企业固定职工、有参保意愿的641名被辞退的民办教师、191名被征地的农民以及438名村主职干部纳入了养老保险参保范围。为促进劳动关系和谐稳定，在开展农民工工资支付情况专项检查中，督促1 400名农民工签订了劳动合同，责令12个用人单位为440名农民工补发拖欠工资202.8万元。

【住宅建设】 2009年，潜江市完成商品房建设投资3.5亿元，比上年增长36%。全年新开工商品房面积34.4万平方米，竣工24.16万平方米，核准预售面积36.28万平方米，比上年增长46%，销售率超过70%，高于上年20个百分点。

住房保障工作稳步推进。将廉租住房建设纳入全市为民办理的十件实事之一，共筹集建设资金3 736万元，（其中，中央补贴资金2 316万元，地方政府配套资金1 420万元），建成并投入使用的廉租住房6 000平方米，其余10万平方米廉租房全面开工。筹集中央廉租住房租赁补贴资金1 348万元，对4 981户城镇低收入住房困难家庭实现了应保尽保。

制定《关于实施商品房预（销）售合同登记备案管理的通知》、《关于加强住房项目竣工综合验收的通知》，开展房地产市场专项整治，共查处各类违法违规案件26件。制定《关于加强行政服务中心窗口有关工作的通知》，落实首问责任制，进一步完善一站式服务、一条龙办公的工作机制。全年共办理各类业务4 058件。

加强对新建住宅小区物业管理整治，成立物业服务行业协会，强化维修资金归集审批程序等措施。发挥安全鉴定的社会服务职责，开展对各类中小学及卫生场所的危房排查鉴定，共排查鉴定

面貌一新的潜江市运粮湖农场大湖新村 （刘芳 供稿）

房屋1 200余栋。完善拆迁制度建设，推行房屋拆迁跟踪服务，全市全年未发生拆迁安全事故。

（刘芳）

天门市人民生活

【城乡居民生活】 2009年，天门市有湖北省定扶贫开发重点乡（镇）1个，重点村20个，重点老区乡镇3个，老区建设重点村15个。全市有贫困人口31.4万人，占总人口的19.3%，其中年均纯收入在1 196元以下人口为11.9万人，1 197～1 500元之间人口为19.5万人。全年全市共投入扶贫资金1 015万元，其中争取省级扶持资金231万元，地方配套资金25万元，群众自筹资金759万元；共建设项目34个（其中重点项目8个，非重点项目26个）；为重点乡镇（村）修路46公里，修排灌闸2座，开挖引水渠1.5万米。解决了5 000多人饮水、233.3公顷农田灌溉和2.1万人行路难的问题；发展尖椒产业基地13.33公顷，湘莲产业基地26.67公顷，实现人均增收1 000元目标，扩建村级粮油食品厂一个，解决30人就业问题；“雨露计划”培训转移贫困劳动力500人。

2009年，天门市农村居民人平纯收入5 326元，比上年增长11.9%；城镇居民人均可支配收入11 243元，比上年增长7.2%。

【人口和计划生育】 2009年，天门市总人口162.1万人，其中男性85.2万人，女性76.9万人。人口密度为每平方公里618人；人口寿命平均为73岁；老年人口（65岁及以上）比重为6.1%。全年出生人口为1.45万人，死亡人口为1.09万人。人口出生率为8.87‰，比上年上升了0.07个千分点；人口自然增长率为2.86‰；全市符合政策生育率为96.11%；出生孩次构成日趋合理，一孩率、二孩率、多孩率分别为76.4%、22.9%、0.7%。出生人口性别比为119，比上年有所下降，出生人口性别比综合治理活动取得实效。全市全年查处“两非”案件62件，征收社会抚养费1017万元。年内，天门市被定为湖北省“全员人口个案管理信息系统”建设试点单位。

【劳动就业】 2009年，天门市从业人员67.2万人，其中城镇新增就业人员2.07万人，城镇登记失业率控制在4.3%以内；下岗失业人员实现再就业1 560人，农村劳动力转移就业1.81万人。当年发放再就业优惠证1 128本，累计发证2.02万本。全年组织各类培训2.92万人，为4 800人进行职业技能鉴定，为4 500人颁发职业资格证书。

天门市新建的居民安居小区 （天门市志办 供稿）

【社会保障】 2009年，天门市各项社保基金总收入4.83亿元，比上年增长32.7%，其中保费收入3.04亿元，比上年增长9%，总支出3.14亿元，比上年增长7.3%。

全年企业养老保险参保10.5万人，其中当年新增1.66万人。离退休人员参保2.64万人，当年新增2 700人。机关事业养老保险参保人数1.17万人。离退休2 400人，其中当年新增232人。医疗保险参保35.29万人，其中城镇职工8.5万人，城镇居民25.1万人。失业保险参保3.9万人，其中当年新增参保1 410人。工伤保险参保4.92万人，其中当年新增参保244人。生育保险参保1.23万人，其中当年新增参保2 193人。

2009年，天门市有社会福利院、光荣院、儿童福利院及农村福利院等收养类社会福利事业单位36个，在院人数3 407人。全年全市定期社会救助6.73万人，其中：享受城市居民最低生活保障2.7万人，享受农村定期救助3.9万人，农村五保供养对象4 585人，农村孤儿救助141人。抚恤、补助优抚对象6 726人，全市农村临时救济2 269人，民政部门医疗救助总人数8.3万人。全年共接收社会捐赠223.5万元、衣物1万件，救灾资金总支出719万元，其中发放救济金500万元，发放救济棉被4 000床、棉衣4 000件、大米80万斤，救济灾民10.3万人；抚恤事业费支出2 283万元，城市低保资金支出4 410万元，农村及其它救济支出3 503万元（含农村低保）。

【住宅建设】 2009年，天门市住房保障工作围绕“百、千、万”工作目标（即全年建设廉租住房1.5万平方米，经济适用住房7.4万平方米，发放住房补贴资金200万元，新增保障特困家庭400户）稳步推进。全市全年在争取中央补贴资金1 049万元（其中住房补贴资金599万元，廉租房建设补贴资金450万元）的基础上，天门市人民政府又配套廉租房建设资金350万元，拨付安置房建设资金620万元，保证了廉租房、经济适用房的建设进度，既扩大了保障层面，又提高了保障对象的补贴标准。

年内，天门市累计完成拆迁面积2.82万平方米，建筑面积6.59万平方米。同时投入维修资金12万元修缮房屋450处。完成白蚁预防46.5万平方米。开工以安置房为主体的经济适用房14万平方米，竣工安置房530套，完成投资1 820万元；开工建设廉租住房208套，完成投资1 600万元。发放住房补贴150万元，新增保障户1 938户。

2009年，全市累计投资1.25亿元，建设经济适用房1010套，廉租房376套。实行城镇困难家庭住房保障3 183户、发放租金366.12万元，实行实物配租安置288户，完成农村特困户危房改造2 547户。

（天门市志办）

责任编辑 何余基

责任校对 孙明明

市辖区（市、县）概况

武汉市

【江岸区】 江岸区土地面积64.24平方千米，其中耕地面积637.73公顷。全区户籍总人口672 791人，其中，农业人口16 484人，非农业人口656 307人，有汉、回、苗等23个民族。区辖16个行政街道；166个社区居民委员会，17个村民委员会。

2009年，江岸区完成生产总值284.44亿元，比上年增长19%，其中，第一产业增加值6 111万元，下降4.5%；第二产业增加值75.88亿元，增长26.6%；第三产业增加值207.95亿元，增长16.5%。三次产业占生产总值的比重由上年的0.3∶25.1∶74.6调整为0.2∶26.7∶73.1。

2009年，江岸区完成农业增加值6 111万元，比上年下降4.5%；完成农林牧渔业总产值1.48亿元，增长52.6%。全年蔬菜产量69 118吨，增长141.8%；生猪出栏29 550头，增长17.2%；家禽出笼1 200只，与上年持平；禽蛋产量1吨，与上年持平；水产品产量2 176吨，增长4.8%。

2009年，江岸区完成工业增加值51.97亿元，比上年增长60.6%；完成工业总产值87.09亿元，下降2.5%，其中规模以上工业企业（全部国有和年主营业务收入500万元及以上非国有工业企业）完成总产值58.36亿元，增长6.7%。在规模以上工业企业总产值中，国有工业企业完成总产值13.98亿元，占规模以上工业企业总产值的24%；集体工业企业完成总产值1.18亿元，占规模以上工业企业总产值的2%；其他工业企业完成总产值43.19亿元，占规模以上工业企业总产值的74%。规模以上工业企业实现销售收入58.45万元，增长16.3%，规模以上工业产品销售率100.2%。

2009年，江岸区有建筑企业150个，从业人员2.2万人。全年完成资质以上建筑业增加值23.91亿元，比上年下降13.2%。全年完成房屋建筑施工面积388.91万平方米，其中新开工面积311.92万平方米。全年签订建筑工程合同额513.08亿元。全年建筑工程质量优良率42.2%，在建工程质量监督工作到位率，工程质量合格率，工地文明施工验收合格率均达100%。

2009年，江岸区完成全社会固定资产投资173.89亿元，比上年增长26.1%，其中，房地产投资100.67亿元，增长13.4%；区属目标考核项目完成固定资产投资73.22亿元，增长49.1%。

2009年，江岸区完成社会消费品零售总额276.89亿元，比上年增长18%，其中，批发零售贸易业完成零售额238.37亿元，增长18.4%；餐饮业完成零售额18.38亿元，下降44.7%。截至年底，全区共有登记注册商品交易市场54个。全区重点市场完成社会消费品零售总额48.83亿元，增长25.8%。

2009年，江岸区完成出口创汇1.81亿美元，比上年增长6.1%。全年实际引进外资1.01亿美元，增长18.0%。全年累计批准三资企业345个，其中2009年新增三资企业11个。

2009年，江岸区实现全口径财政收入51.8亿元，比上年增长21.2%，占生产总值的比重由上年的17.9%提高至18.2%；实现地方财政收入16.52亿元，增长20.9%。全年财政支出21.27亿元，增长22.0%。

2009年，江岸区完成背街小巷道路改造77条，改造面积1.33万平方米，总投资200万元。整治占道经营5.20万处，整治出店经营4.66万处；新、改、扩建市政道路、排水管道31条，投资17.89亿元。全年植树5.13万株，新增绿地面积11.71万平方米，垂直绿化1 422米，绿化覆盖率37.0%，人均公共绿地面积7平方米。区域环境噪声平均值55.5分贝，比上年下降0.2分贝，交通噪声均值68.1分贝，噪声达标区覆盖率100%，烟尘控制区覆盖率100%。全区道路清扫面积876.1万平方米，垃圾清运量1 100吨/日，“门前三包”主干道覆盖率、次干道覆盖率，生活垃圾处理率均达100%。

2009年，江岸区有幼儿园61所，在园幼儿13 909人，比上年增长12.5%；小学43所，在校学生42 653人，下降1.6%；普通中学37所，在校学生41 490

位于江岸区的时代广场　（蓝海　供稿）

人,下降2.0%;中等职业学校8所,在校学生17 986人,下降1.7%。6周岁~11周岁人口入学率100%,12周岁~14周岁人口入学率99.97%。小学在校生无辍学,初中在校生辍学率0.07%,高考升大学人数4 648人,其中上省线3 297人。全年中小学危房改造面积12.58万平方米,投入金额487万元。

2009年,江岸区有科研机构407个。全年实施市以上科技计划项目14个,其中,省级以上科技计划项目6个,市级科技计划项目8个。全年专利申请1 700个。全年高新技术产业实现销售收入6.9亿元。全区新建科技企业孵化器14个,孵化面积11万平方米,在孵企业265个,实现销售收入17亿元。全年共组织申报22项科技计划项目,其中,国家及武汉市创新基金项目12个,国家初创型创新基金项目6个,市十大科技专项配套平台建设项目1个,市成果推广计划项目1个,市攻关计划项目1个,市专利技术转化重点项目1个,累计获得各级政策扶持资金585万元。截至年底,全区民营科技企业发展到420个。

2009年,江岸区有区属文化事业机构6个,其中,文化站1个,图书馆2个,藏书18.19万册。全年开展群众文艺活动15项(次),参加活动人员3.87万人(次)。全区有线电视用户2.8万户,传输电视节目51套。全区文化市场管理稽查覆盖率、音像制品案件查处率均为100%。

2009年,江岸区有医疗卫生服务机构584个,其中综合医院12个,医院病床5 191张;卫生技术人员7 014人。平均每千人拥有医生4.1人,每千人拥有医院病床8.13张。食品卫生监督覆盖率100%。

2009年,江岸区开展大型群众性体育活动15次,参加活动人员3.87万人(次)。体育人口达到32.4万人,占全区人口总数的48.2%。社区体育健身路径完好率98.2%。全年组队参加田径、游泳、跆拳道等比赛获得省级金牌6枚、银牌6枚、铜牌4枚;获得市级金牌52枚、银牌67枚、铜牌60枚。

2009年,江岸区城镇居民人均可支配收入18 758.64元,比上年增长15.3%,人均消费性支出10 465.65元,增长0.5%。城区居民恩格尔系数(全部食品支出占家庭或个人全部消费支出的比重)45%。全区参加社会养老保险单位8 159个,参保的职工28.33万人;参加失业保险单位5 565个,参保的在职职工22.06万人;参加基本医疗保险单位6 446个,参保的在职职工27.97万人。城市居民最低生活保障政策落实,基本实现了应保尽保。全区享受城市居民最低生活保障补贴共1.49万户,计3.33万人,分别比上年下降1.2%和4.8%。全年发放最低生活保障金7 490.6万元,下降6.0%。全区人口出生率7.17‰,人口死亡率5.8‰,人口自然增长率1.37‰。计划生育率99.78%。

【江汉区】 江汉区土地面积33.43平方千米。全区户籍总人口47.67万人,有汉、回、蒙、满、土家等24个民族。区辖13个行政街道;116个社区居民委员会。

2009年,江汉区完成生产总值430.08亿元,比上年增长14.0%,其中,第二产业增加值57.59亿元,增长12.5%;第三产业增加值372.49亿元,增长14.3%。第二、三次产业占生产总值的比重由上年的14.9:85.1调整为13.4:86.6。

2009年,江汉区完成工业增加值27.51亿元,比上年增长30.0%,其中,规模以上工业企业(全部国有和年主营业务收入500万元及以上非国有工业企业)完成工业增加值17.55亿元,增长11.9%。在规模以上工业企业中,股份制工业企业和有限责任公司完成产值16.42亿元,增长1.30%;私营工业企业完成产值33.86亿元,增长5.5%;国有工业企业完成产值5 800万元,下降19.4%;集体工业企业完成产值1 400万元,下降33.3%。规模以上工业企业实现主营收入57.68亿元,增长6.7%;经济效益综合指数168.2%,比上年提高7.9个百分点,工业产品销售率91.8%。截至年底,全区共有个体私营工业企业14 345个,从业人员3.07万人,注册资本金139.89亿元。

2009年,江汉区有建筑企业211个,从业人员6.45万人。全年有资质的建筑企业完成建筑业总产值136.74亿元,比上年下降10.5%。全年完成建筑业增加值30.08亿元,增长58.3%。全区共有工程建设项目67项,其中新开工项目56项,竣工备案50项,竣工工程合格率100%,辖区建筑工程优良率100%。全年房屋建筑施工面积621.86万平方米,下降21.4%;房屋建筑竣工面积648.98万平方米,增长70.5%。

2009年,江汉区完成全社会固定资产投资122.59亿元,比上年增长36.4%,其中,一般建设投资65.16亿元,增长10.2%;房地产投资57.43亿元,增长86.7%。在一般建设投资中,第二产业完成投资11.77亿元,增长35.6%;第三产业完成投资53.39亿元,增长5.9%。第二、三次产业投资之比由上年的14.7:85.3调整为18.1:81.9。全年安排市级重大项目18项,投资总额286.04亿元,其中,市级重大在建项目2项,市级重大新开工项目9项,市级重大前期项目7项,全年计划投资32.64亿元,实际完成投资32.74亿元。

2009年,江汉区完成社会消费品零售总额372.77亿元,比上年增长19.9%,其中,批发零售业完成零售额322.75亿元,增长23.7%;住宿餐饮业完成零售额50.02亿元,下降0.1%。截至年底,全区共有登记注册商品交易市场102个,商业从业人员5万人。全年辖区商业实现商品销售收入1 665.80亿元,增长15.4%,其中,限额以上商业企业(销售收入500万元以上企业)实现销售收入1 274.76亿元,增长19.4%;限额以下商业企业实现商品销售收入171.04亿元,增长10.4%。商品交易市场全年实现商品销售收入220亿元,与上年持平。

2009年,江汉区完成外贸出口总额1.87亿美元,与上年基本持平。全年新批合同外资额1.74亿美元,增长27.9%。全年直接利用外资1.12亿美元,增长13.5%。截至年底,全区累计批准三资企业343个,其中2009年新增三资企业14个。

2009年,江汉区实现全口径财政收入67.18亿元,比上年增长11.1%,占全区生产总值的15.6%;实现地方财政收入17.16亿元,增长18.1%。全年财政支出20.5亿元,增长24.7%。

2009年,江汉区共植树7.8万株,市区垂直绿化2 090米。全区新增公共绿地面积16.07万平方米,人均公共绿地面积4.40平方米,建成区(面积以规划部门《法定图则》确认的28.29平方千米计算,人口以47.67万人计算)绿化覆盖率31.5%。全年废水排放总量791.0万吨,比上年下降4.4%;烟尘排放总量106.9万吨,下降7%;工业废气排放总量7 711万标立方米,下降5.5%;二氧化硫排放总量131.4吨,下降6.07%。工业废水排放达标率、烟尘排放达标率、二氧化硫排放达标率、工业固体废物综合利用率均为100%。全区区域环境噪声平均值59.6分贝,增长2.6%,交通干线噪声平均值69.1分贝,增长0.1%。噪声达标率覆盖率76%,与上年持平。空气污染指数平均值77,下降4.9%。全年空气质量达到优良天数301天,增长2.4%。全区清扫面积792万平方米,垃圾清运量841吨/日,"门前三包"覆盖率、环境卫生管理达标率均为100%。

2009年,江汉区共有幼儿园57所,

在园幼儿9 896人,比上年增长5.3%;小学34所,在校学生29 575人,下降3.2%;普通中学30所,在校学生26 102人,下降5.7%;中等职业学校4所,在校学生4 037人,增长2.4%。6周岁~11周岁人口入学率100%,12周岁~14周岁人口入学率100%。小学在校生无辍学,初中在校生辍学率0.04%。初中生升学率99.9%,高中生升学率62.3%。全区各类学校占地面积达76.81万平方米,校舍建筑面积60.31万平方米,体育场馆面积26.55万平方米。

2009年,江汉区共有科研机构13个。全年有23个项目被列入市级以上科技计划,其中,被列入国家基金支持的项目7个,市中小企业发展专项资金支持的项目12个。全年科技三项费用资助科技项目71个,资金总额1 879.9万元。全年登记科技成果6项。全年专利申请557件,其中,发明专利119件,企业专利346件。截至年底,全区累计审批高新技术企业16个,全年完成产值22亿元。民营科技企业发展到370个,与上年持平,全年技术市场签订各类技术合同85项,合同成交额2 922.14万元。

2009年,江汉区有区属文化事业机构2个,其中,文化馆1个,图书馆1个,藏书20万册。辖区内共有艺术表演场馆2个,博物(纪念)馆3个,电影放映厅23个,歌舞娱乐场所44个,网吧108个,音像制品经营单位44个,书刊零售经营户75个(含电子出版物店4个),各类图书馆(室)115个,总藏量183.7万册。全年开展大型群众文化活动55项(次)。全区有线电视用户达3.5万户,转播电视节目频道54个。全区文化市场管理稽查覆盖率、音像制品案件查处率均为100%。年内,江汉区文化体育局顺利通过国家文化部复查,继续保留"全国文化先进区"称号;江汉区周末文化观景台活动被评为全国特色广场文化活动;江汉区图书馆、江汉区文化馆分别获得全市基层公共文化设施优质服务奖。

2009年,江汉区有各类医疗卫生机构292个,其中医院15个,医院病床6 046张;卫生技术人员6 804人,平均每千人拥有医生3.85人,拥有医院病床8.97张。全年法定报告传染病发病率99.24%,儿童免疫接种率94.5%,开展社区卫生服务单位比例100%,食品卫生监督覆盖率100%。

2009年,江汉区共举办各种文化体育活动425次,其中大型群众性文化体育活动55场(次)。体育人口达28.4万人,占全区人口总数的59.5%。辖区有体育场所40个、社区文体活动室109个、业余文体团队290个、体育竞训单位15个,全年向上级专业队输送体育人才3名。组队参加市级以上体育竞赛300人(次),获得市级以上体育竞赛前三名奖牌171枚。

2009年,江汉区城区居民人均可支配收入19 301.19元,比上年增长11.8%。城区居民人均消费性支出14 021.97元,增长28.7%。城镇居民恩格尔系数(全部食品支出占家庭或个人全部消费支出的比重)39.3%。截至年底,全区参加社会养老保险单位7 000个,增长10.3%;参加社会养老保险职工39.39万人,增长13%;参加失业保险职工17.29万人,参加工伤保险人员16.1万人,参加生育保险人员20.14万人;参加基本医疗保险人员39.06万人。全年城区居民享受最低生活保障金共16.7万户次,计41.40万人次,最低生活保障费实际发放7 016.49万元。全区人口出生率7.28‰,人口死亡率6.22‰,人口自然增长率1.06‰,符合政策生育率99.83%。

【硚口区】 硚口区土地面积41.46平方千米,其中耕地面积45.3公顷。全区户籍总人口531 673人,其中,农业人口5 097人,非农业人口526 576人,有汉、回、满、土家族等24个民族。区辖11个行政街道;132个社区居民委员会,13个村民委员会。

2009年,硚口区完成生产总值278.93亿元,比上年增长13.6%,其中,第一产业增加值801万元,下降45.3%;第二产业增加值74.75亿元,增长15.5%;第三产业增加值204.1亿元,增长10.9%。三次产业结构由上年的0.1:34.1:65.8调整为0.03:26.80:73.17。

2009年,硚口区完成农业增加值801万元,比上年下降45.3%。完成农林牧渔业总产值1 602万元,下降42.9%,其中,种植业产值1 206万元,下降4.3%;畜牧业产值89万元,下降73.7%;渔业产值307万元,下降74.6%。全年蔬菜总产量7 637吨,下降16%;生猪出栏621头,下降69.4%;肉类总产量123吨,增长33.7%;水产品产量360吨,下降75.2%。全区有乡镇企业232个,从业人员8 512人,全年完成产值53.2亿元,增长5.6%。

2009年,硚口区完成工业增加值52.57亿元,比上年增长33.0%,其中规模以上工业企业(全部国有和年主营业务收入500万元及以上非国有工业企业)完成工业增加值32.57亿元,增长6.2%。规模以上工业企业中,国有工业企业完成工业增加值4.44亿元,下降21.9%;集体工业企业完成工业增加值8 700万元,增长26.2%;股份合作、股份制、外商及港澳台和其他经济类工业企业完成工业增加值27.26亿元,增长12.2%。全部工业企业实现销售收入167.47亿元,增长21.5%。截至年底,全区共有个体私营工业企业1 929个,从业人员1.05万人。

2009年,硚口区有建筑企业81个,从业人员5 700人。全年有资质的建筑企业完成建筑业总产值7.1亿元,比上年增长13.2%。全年完成建筑业增加值22.18亿元,下降41.4%。全年建筑施工企业施工工程质量优良品率达47%,建筑业劳动生产率12.2万元/人,增长

整治后的汉江险段　　　　(蓝海　供稿)

0.3%。全年房地产投资60.72亿元,增长49.9%,其中经济适用住房开发投资3.14亿元,下降29.6%。全年建筑企业施工项目29个,竣工项目15个;施工面积57万平方米,下降13.1%,竣工备案面积29.5万平方米,下降29.4%。

2009年,硚口区完成全社会固定资产投资142.64亿元,比上年增长66.7%。按产业构成分,第二产业完成固定资产投资23.35亿元,增长103.6%,其中工业固定资产投资完成19.85亿元,增长77.1%;第三产业完成固定资产投资119.29亿元,增长61%。第二、三次产业投资之比为16.4:83.6。

2009年,硚口区批发和零售业完成增加值67.06亿元,比上年增长17.0%。全年商业企业完成社会消费品零售总额235.12亿元,增长17.5%,其中,批发零售贸易业完成零售额199.57亿元,增长18.0%;餐饮业完成零售额35.55亿元,增长14.6%。截至年底,全区共有注册商品交易市场103个,商业从业人员2.11万人。

2009年,硚口区完成外贸出口创汇总额(海关口径)1.04亿美元,比上年下降18.1%。全年直接利用外资1.05亿美元,增长4.1%。全区累计批准三资企业303个,其中2009年新增三资企业8个。

2009年,硚口区实现全口径财政收入33.63亿元,比上年增长9.5%,占全区生产总值的比重由上年的12.5%下降为12.1%。全年实现地方财政收入10.52亿元,增长17.3%。全年财政支出15.82亿元,增长20.6%。

2009年,硚口区共植树5.7万株,市区垂直绿化2 020米。全区新增公共绿地面积12.3万平方米,人均公共绿地面积3.32平方米,建成区绿化覆盖率34.4%。全年治理污染源182个。全区区域环境噪声平均值55.3分贝,比上年下降0.1分贝,达到《声环境质量标准》二类标准;交通干线噪声平均值69.9分贝,上升0.1分贝,达到交通道路两侧功能区噪声标准。全区道路清扫面积722.9万平方米,垃圾清运量1 050吨/日,“门前三包”覆盖率、环境卫生管理达标率均为100%。

2009年,硚口区共有幼儿园43所,在园幼儿8 637人,比上年下降3.9%;小学47所,在校学生31 999人,下降0.8%;普通中学26所,在校学生28 474人,下降6%;中等职业学校4所,在校学生6 310人,下降2.3%。6周岁~11周岁人口入学率100%,12周岁~14周岁人口入学率100%。小学、初中在校学生无辍学。初中毕业生合格率100%,高中毕业生升学率99.4%,其中重点大学上线508人,增加70人。全年新建、改扩建中小学校竣工面积4.52万平方米。

2009年,硚口区共有科研机构13个,全年实施科技计划项目50个,投资总额1.7亿元。全年实现技工贸总收入37亿元,比上年增长28.5%。全年专利申请2 398项。截至年底,全区累计审批高新技术企业15个,全年完成产值38亿元,增长34.8%。民营科技企业累计达190个,其中2009年新增10个,全年实现技工贸收入37亿元,增长24.2%。全年技术市场签订各类技术合同61项,合同成交额4 888万元。

2009年,硚口区共有区属文化事业机构3个,其中,文化馆1个,图书馆1个,藏书15.6万册;从业人员57人。全年开展大型群众文化活动35项(次),获得湖北省第十三届楚天群星奖舞蹈金奖、湖北省第十三届楚天群星奖小品铜奖、湖北省“祝福祖国”主题征文暨第六届“童之趣”杯大赛征文活动优秀组织工作奖、武汉市“永丰杯”第六届锣鼓比赛创新奖等市级及以上群众文化奖牌47个。全年文化市场管理稽查覆盖率、音像制品案件查处率均为100%。

2009年,硚口区共有各类医疗卫生机构522个,其中,医院24个,社区卫生服务中心10个,社区卫生服务站55个,其他医疗卫生单位433个,医院病床5 982张;卫生技术人员7 885人,其中执业医师3 768人。平均每千人拥有医生7.1人,拥有医院病床11.2张。全年法定报告传染病发病率554.78人/10万人,儿童免疫接种率99.1%,食品卫生监督覆盖率99.0%。

2009年,硚口区共开展大型群众性体育活动8次,参加活动人员1.5万余人。体育人口达到35万人,占全区人口总数的65.8%。组队参加市级以上体育竞赛324人次,获得奖牌207.33枚,其中金牌79.83枚。

2009年,硚口区城区居民人均可支配收入17 927.6元,比上年增长10.8%;农村居民人均纯收入9 720元,增长5.0%。城区居民人均消费支出12 256.38元,增长10.5%。城镇居民恩格尔系数(全部食品支出占家庭或个人全部消费支出的比重)38.6%。城区居民人均住房建筑面积25.61平方米,比上年增加0.96平方米。全区参加社会养老保险单位3 032个,参加社会养老保险职工23.78万人;参加基本医疗保险单位2 967个,参加基本医疗保险人员34.01万人;参加失业保险单位2 489个,参加失业保险职工12.24万人;参加工伤保险单位2 365个,参加工伤保险职工12.38万人;参加生育保险单位2 838个,参加生育保险职工14.57万人。全年城区居民享受最低生活保障补贴共14.55万户次,下降1.3%,计33.31万人次,下降4.3%。生活保障费实际发放金额4 633.98万元,增加851.49万元。全区人口出生率5.32‰,人口死亡率6.78‰,人口自然增长率-1.46‰,符合政策生育率99.19%。

【汉阳区】 汉阳区土地面积108.41平方千米,其中耕地面积868.68公顷。全区户籍总人口416 923人,其中,农业人口11 034人,非农业人口405 889人,有汉、回、满、土家、壮、蒙古等19个民族。区辖11个行政街道,1个经济开发区,1个管理地区;131个社区居民委员会,6个村民委员会。

2009年,汉阳区完成生产总值356.67亿元,比上年增长15.4%,其中,第一产业增加值5 477万元,下降15.7%;第二产业增加值252.04亿元,增长10.9%;第三产业增加值104.08亿元,增长28.2%。三次产业占生产总值的比重由上年的0.2:73.5:26.3调整为0.2:70.6:29.2。

2009年,随着“城中村”改造范围扩大和步伐加快,汉阳区农业生产呈逐年递减的态势。全年全区完成农业增加值5 477万元,比上年下降15.7%。完成农林牧渔业总产值1.1亿元,下降28.1%,其中,种植业产值5 277万元,下降37.2%;畜牧业产值839万元,下降65.0%;渔业产值4 837万元,增长7.5%。全年蔬菜总产量4.77万吨,下降18.9%;生猪出栏1.08万头,下降20.0%;家禽出笼9 500只,下降35.8%;肉类总产量569吨,下降52.3%;水产品产量5 018吨,下降8.5%;牛奶产量30吨,下降41.2%。年末全区农田有效灌溉面积529公顷。

2009年,汉阳区完成工业增加值214.28亿元,比上年增长8.2%,其中规模以上工业企业(全部国有和年主营业务收入500万元及以上非国有工业企业)完成工业增加值197.96亿元,增长9.8%。规模以上企业中,国有工业企业完成增加值138.4亿元,增长11.1%;集体工业企业完成增加值1 500万元,下降57.1%;股份制工业企业完成增加值36.92亿元,增长28.8%;外商及港澳台商投资工业企业完成增加值21.39亿元,下降15.7%;其他经济类型工业企业完成增加值1.08亿元,下降19.4%。规模以上工业企业实现销售收入371.42亿元,增长18.2%;工业企业全员劳动生产率25.64万元/人,增长31.4%;工业产品产销率95.1%。截至年底,全区共有个体私营工业企业4 354个,从业人员2.5万人,全年完成产值6.55万元,增长3.3%。

2009年,汉阳区有建筑企业58个,从业人员3.29万人。全年有资质的建筑业完成建筑业总产值224.48亿元,比上年增长49.1%;完成建筑业增加值54.08亿元,增长36.7%。全年建筑施工企业施工工程质量优良品率达40%。建筑业劳动生产率51万元/人,增长8.3%。全区房地产开发投资28.48亿元,增长18.7%,其中经济适用住房开发投资9.6亿元,增长2.7%。全年建筑企业施工项目390个,竣工项目99个;施工面积332万平方米,增长40.1%,竣工面积77万平方米,增长40%。

2009年,汉阳区完成全社会固定资产投资94.51亿元,比上年增长45.4%,其中城镇固定资产投资90.63亿元,增长70.8%。在城镇固定资产投资中,第一产业完成投资1 600万元,增长6.7%;第二产业完成投资25.35亿元,增长63.9%;第三产业完成投资69亿元,增长84.2%。三次产业投资之比由上年的0.3∶29.2∶70.5调整为0.2∶26.8∶73。

2009年,汉阳区共组织实施重点项目117个,其中,在建项目82个,策划项目25个;武汉新区和市级项目10个。在建项目全年完成投资74.77亿元。年内完工项目26个,占在建项目总数的31.7%。在建项目中,现代制造业、商贸物流业、宜居房地产业项目达71个,占在建项目总数的86.6%,产业项目支撑作用凸显,反映出集聚化、规模化和效能化的特点。关系民生的项目建设成效显著。三里民居、惠民园等一批经济适用住房项目完工交付使用,有效地缓解了全区数千户中低收入家庭及拆迁户对改善住房条件的需求。赫山小学等一批中小学新建和改扩建项目完工和交付使用,有效地改善了数千户家庭子女就近入学难的问题。新区项目建设较为顺利。武汉国际博览中心完成投资5.62亿元(含拆迁),进入展区承台施工阶段;龟山旅游资源整合项目洗马长街显山透绿拆迁完成80%;武汉动物园综合改造工程进入收尾阶段;归元禅寺扩建圆通阁建设项目开始施工;四新中心区路网建设中芳草路、四新南路、四新北路等各分支路段全面完工;四新大道基本完成土方工程和部分管道施工,桥梁完成结构工程,开始桥面铺装,四新大道绿化景观及配套工程入口公园基本完成。

2009年,汉阳区完成批发和零售业增加值28.94亿元,比上年增长30.6%。全年区属商业企业完成社会消费品零售总额164.81亿元,增长17%,其中,批发零售贸易业完成零售额149.95亿元,增长18.3%;餐饮业完成零售额14.87亿元,增长5.7%。截至年底,全区共有登记注册商品交易市场30个,全年批发和零售业实现销售收入443.48亿元,增长11.9%。

2009年,汉阳区外贸出口总额7 280万美元,比上年增长58.3%。全年直接利用外资1.53亿美元,增长33.0%。截至年底,全区累计批准三资企业91个,其中2009年新增三资企业2个。

汉阳区"汉阳造"文化创意产业园一角　　　　（蓝海　供稿）

2009年,汉阳区实现全口径财政收入35.31亿元,比上年增长16.8%,占生产总值的比重由上年的9.8%提高至9.9%;实现地方财政收入10.34亿元,增长23.1%。全年财政支出14.45亿元,增长35.9%。

2009年,汉阳区改扩建等级公路5.5公里,比上年增长17.3%。城区自来水普及率100%。全年植树5.05万株,市区垂直绿化1 250米。全区新增公共绿化面积7万平方米,人均公园绿地面积7.21平方米,建成区绿化覆盖率31%。全年治理污染源65项,整治排污口21个。全区区域环境噪声平均值54.1分贝,与上年持平,交通干线噪声平均值69分贝,上升0.1分贝。全区清扫面积559.2万平方米,垃圾清运量约900吨/日,"门前三包"覆盖率、环境卫生管理达标率均为100%。全年依法拆除违法建筑11.7万平方米。全年创市容环境达标街道11条,市民满意路达标16条,优良率达50%以上。年内,新建绿色出行站点105个,投放绿色环保公用自行车2 500辆。

2009年,汉阳区共有幼儿园64所,在园幼儿13 250人,比上年增长11.3%;小学30所,在校学生23 663人,下降1.5%;普通中学21所,在校学生21 130人,下降5.4%;中等职业学校10所,在校学生19 581人,下降7.7%。6周岁~11周岁人口入学率100%,12周岁~14周岁人口入学率100%。小学在校生无辍学,初中在校生辍学率0.09%。初中生毕业一次合格率86.6%,高中生升学率59.9%,其中上省线1 964人。全年新建、改扩建中小学校竣工面积1.23万平方米,改造中、小学危房面积5 100平方米。

2009年,汉阳区有技术开发和服务机构118个,全年实施科技计划项目41个,投入区级科技三项费1 400万元。全年登记科技成果5项,其中具有国内领先水平的成果4项。全年专利申请766件,其中,发明专利116件,实用新型专利426件,外观设计专利224件。全年申报科技计划62项,审批通过41项。截至年底,全区累计审批高新技术企业7个,其中2009年新增高新技术企业1个。全年高新技术企业完成产值34.63亿元,比上年增长67.6%,实现税收3.28亿元,增长103.7%。全区民营科技企业发展至70个,实现技工贸总收入27.89万元,下降6.3%。全年技术市场签订各类技术合同380项,合同成交额1.18亿元,增长7.2%。汉阳区科技创业服务中心引进中小科技型企业及中介服务型企业

22个,孵化大楼入驻率达60%以上,入驻企业完成总产值1.2亿元,实现税收500万元。黄金口科技孵化基地全面竣工并投入使用,年内引进科技含量较高、发展潜力较大的企业9个。7月,汉阳区通过国家2007年度~2008年度科技进步城区考核。11月,顺利通过国家科学技术部对汉阳国家可持续发展实验区的中期检查验收。

2009年,汉阳区有区属文化事业机构4个,其中,文化馆1个,影剧院1个,图书馆1个,藏书12.5万册。全年开展大型群众文化活动15项(次)。汉阳区组织创作的湖北小曲《千古知音》获得湖北省"楚天群星奖"银奖和武汉市"黄鹤群星奖"大奖,摄影作品《点滴之爱》、美术作品《工笔画》获得"黄鹤群星奖"大奖,书法作品《篆刻》获得"黄鹤群星奖"。全区有线电视用户达19万户,已开播电视节目频道122个。全区文化市场管理稽查覆盖率、音像制品案件查处率均为100%。

2009年,汉阳区有各类医疗卫生机构332个,其中,医院14个,社区卫生服务中心11个,医院病床2 280张;卫生技术人员3 288人。平均每千人拥有医生3.44人,拥有医院病床5.5张。全年法定报告传染病发病率527.47人/10万人,儿童免疫接种率99.2%,达到初级卫生保健规划目标比率100%,开展社区卫生服务单位比例100%,食品卫生监督覆盖率100%。

2009年,汉阳区共开展大型群众性体育活动6次,参加活动人员3万人。截至年底,全区体育人口达28万人,占全区人口总数的66.7%。组队参加市级以上体育竞赛520人次,在武汉市第八届城市运动会足球、羽毛球、举重、射击、篮球、摔跤、跆拳道、武术、乒乓球、游泳、田径等项目的青少年比赛中,共获得奖牌82枚,其中,金牌24枚,银牌26枚,铜牌32枚;获得团体总分994.3分,奖牌总数和团体总分均列全市第六名。组队参加武汉市网球协会"红盾杯"比赛,获得男子双打第一名。组队参加市业余网球排名赛,获得老年组双打第三名、中年组双打第三名、青年组单打第六名。汉阳区武术学会的健身气功代表湖北省参加北戴河全国老年运动会,获得团体银牌和个人金牌各1枚。在2009年武汉市健身团队展示暨百名社会体育指导员评选活动中,汉阳区共获得一等奖1个、二等奖3个、三等奖1个、优胜奖1个。

2009年,汉阳区城区居民人均可支配收入18 482元,比上年增长11.1%;农村居民人均纯收入8 923元,增长11%。城区居民人均消费支出12 995元,增长5.3%。城镇居民恩格尔系数(全部食品支出占家庭或个人全部消费支出的比重)42.3%。城区居民人均住房建筑面积26.1平方米,比上年增加0.4平方米。全年城区居民享受最低生活保障补贴共9 700户,增长0.4%,计22 890人次,下降0.9%;城区居民最低生活保障费实际发放金额5 002万元,增加357万元。全区人口出生率7.98‰,人口死亡率6.14‰,人口自然增长率1.84‰,计划生育率99.8%。

【武昌区】 武昌区土地面积96.5平方千米(含东湖生态旅游风景区水域面积)。全区户籍总人口113.42万人,有汉、回、满、藏等40个民族。区辖14个行政街道;197个社区居民委员会,2个村民委员会。

2009年,武昌区完成生产总值421.71亿元,,比上年增长13.8%,其中,第二产业增加值77.42亿元,增长3.8%;第三产业增加值344.29亿元,增长16.5%。第二、三次产业占生产总值的比重由上年的32.5:67.5调整为18.4:81.6。

2009年,武昌区完成工业总产值174.85亿元,其中规模以上工业企业(全部国有和年主营业务收入500万元及以上非国有工业企业)完成总产值146.84亿元,比上年增长7.5%。全年完成工业增加值45.23亿元,下降28.2%。其中,规模以上企业完成工业增加值35.67亿元,增长14.0%。在规模以上工业企业中,国有工业企业完成工业总产值89.12亿元,占规模以上工业企业工业总产值的60.7%。全区有完成工业总产值超过1亿元的企业18个,完成工业总产值128.1亿元,占规模以上工业企业总产值的87.2%,其中,完成工业总产值超过60亿元的企业1个,完成工业总产值超过10亿元的企业1个,完成工业总产值超过5亿元的企业1个。全区5大支柱行业共完成工业总产值125.72亿元,占规模以上工业企业总产值的85.6%,其中,交通运输设备制造业完成总产值70.94亿元,占全区规模以上工业企业总产值的48.3%;通用设备制造业完成总产值37.58亿元,占全区规模以上工业企业总产值的25.6%;纺织业完成总产值6.29亿元,占全区规模以上工业企业总产值的4.3%;印刷业和记录媒介复制业完成总产值5.51亿元,占全区规模以上工业企业总产值的3.8%;食品制造业完成总产值5.4亿元,占全区规模以上工业企业总产值的3.7%。

2009年,武昌区有建筑企业83个,从业人员5.16万人。全年有资质的建筑工业完成建筑业总产值130.42亿元,比上年增长23.0%。全年完成建筑业增加值32.19亿元,增长8.8%。全年房屋建筑施工面积590.3万平方米,增长15.1%。

2009年,武昌区完成全社会固定资产投资244.62万元,比上年增长42.6%,其中,50万元以上项目投资124.57亿元,增长63.3%;房地产开发投资120.05亿元,增长26%。在50万元以上投资项目中,第二产业完成投资25.97亿元,增长70.5%;第三产业完成投资98.6亿元,增长61.5%。第二、三次产业投资之比由上年的22.4:77.6调整为20.8:79.2。

2009年,武昌区区属商业企业完成社会消费品零售总额303.06亿元,比上年增长17.4%,其中,批发零售贸易业完成零售额249.5亿元,增长15.1%;餐饮业完成零售额53.57亿元,增长29.6%。

2009年,武昌区完成出口总额8 963万美元,比上年下降26.1%。全年新签利用外资协议合同9项,协议外资额1 535万美元,下降87%。全年实际利用外资1.23亿美元,下降14.5%。全区累计批准三资企业210个,其中2009年新增三资企业9个。

2009年,武昌区实现全口径财政收入57.12亿元,比上年增长16.8%,占生产总值的比重由上年的13.2%提高至13.5%;实现地方财政收入18.5亿元,增长23.9%。全年财政支出19.65亿元,增长19.6%。

2009年,武昌区道路总面积413.78万平方米,比上年增加11.64万平方米,其中水泥路面和沥青路面积302.06万平方米。全年改扩建等级公路11.64千米,比上年增长6.4%。城区自来水普及率、燃气普及率均为100%。全年植树5.6万株,市区垂直绿化1 300米。全区新增公共绿地面积12万平方米,人均公共绿地面积12.7平方米,建成区绿化覆盖率38.3%,绿地率33.5%,人均公共绿地面积7.06平方米。全年治理污染源2个,建设项目竣工环境保护验收100个。全区区域环境噪声平均值55.8分贝,增长0.4%。交通干线噪声均值69.1分贝,与上年持平。全年工业废水排放达标率、工业烟尘排放达标率、工业固体废物综合利用率均达100%。全区清扫面积1 660万平方米,垃圾清运量1 600吨/日,"门前三包"覆盖率90%,环境卫生管理达标率96%。

2009年,武昌区有幼儿园81所,在

园幼儿17 723人，比上年增长11.9%；小学48所，在校学生49 661人，下降3.3%；普通中学46所，在校学生48 545人，下降8.6%；中等职业学校5所，在校学生6 070人，下降15.8%。6周岁～11周岁人口入学率100%，12周岁～14周岁人口入学率100%。小学在校生无辍学，初中在校生辍学率0.01%。初中生毕业一次合格率98.89%，高中生升学率67.39%，其中上省线1 563人。全年新建、改扩建中小学校竣工面积6 352平方米，改造中小学校危房面积8 851平方米。

2009年，武昌区有科研机构52个，全年实施科技计划项目23个。全年登记科技成果22项，其中具有国内领先水平的成果4项。全年专利申请1 610项。民营科技企业发展到448个，全年实现技工贸收入32.48亿元，比上年增长11.2%。截至年底，全区累计审批高新技术企业15个，全年完成产值116.06亿元，增长70.7%。全年技术市场签订各类技术合同65项，合同成交额5.5亿元，增长22.2%。

2009年，武昌区有区属文化事业单位4个，其中，文化馆1个，影剧院2个，图书馆1个，藏书15万册。有文化体育室195个，业余文体团体70个，歌舞娱乐场所70个，网吧222个，音像制品经营单位56个。全年开展大型群众文化活动17项（次）。全区广播和电视人口覆盖率、文化市场管理和稽查覆盖率、音像制品案件查处率均达100%。

2009年，武昌区有各类医疗卫生机构431个，其中医院33个，医院病床8 730张；卫生技术人员10 873人。平均每千人拥有医生13人，拥有医院病床8张。全年儿童免疫接种率99.53%以上，达到初级卫生保健规划目标比率80%，开展社区卫生服务单位84个，食品卫生监督覆盖率100%。

2009年，武昌区共开展大型群众性体育活动17次，参加活动人员49.22万人次。体育人口达到49.22万人，占全区人口总数的43.4%。辖区有体育竞训单位2个，组队参加市级以上竞赛获得奖牌120枚。

2009年，武昌区职工平均工资36 923元，比上年增长39.3%，城区居民人均可支配收入18 774.28元，增长13.9%。城区居民人均生活费支出12 881.77元，增长13.7%。城镇居民恩格尔系数（全部食品支出占家庭或个人消费支出的比重）36.09%。城区居民人均住房建筑面积29.58平方米，比上年增加2.72平方米。全区参加社会养老保险单位4 489个，增长13.2%，参加社会养老保险职工43.66万人，增长7.7%；参加失业保险单位3 608个，参加失业保险职工15.97万人；参加基本医疗保险人员42.51万人。全年城区居民享受最低生活保障补贴共2.99万人次。全区人口出生率5.89‰，人口死亡率3.77‰，人口自然增长率2.12‰，计划生育率99.70%。

【青山区】 青山区土地面积80.47平方千米。全区户籍总人口454 643人，有汉、回、满、壮、苗、土家等25个民族。区辖10个行政街道，2个管理委员会；112个社区居民委员会，13个村民委员会。

2009年，青山区完成生产总值371.62亿元，比上年下降3.4%，其中，第二产业增加值316.93亿元，下降5.7%；第三产业增加值54.69亿元，增长13.2%。第二、三次产业占生产总值的比重由上年的88：12调整为85.3：14.7。

2009年，青山区完成工业总产值977.62亿元，比上年下降16.9%，完成工业增加值285.46亿元，下降14.3%，其中，规模以上工业企业（全部国有和年主营业务收入500万元及以上非国有工业企业）完成工业增加值281.55亿元，下降14.6%。在规模以上工业企业中，国有工业企业完成总产值828.37亿元，占全区工业总产值的84.7%；集体工业企业完成总产值10.89亿元，占全区工业总产值的1.1%；以国有控股和中外合资、合作经营、外商投资为主的其他经济类工业企业完成总产值138.36亿元，占全区工业总产值的14.2%。全区工业产品销售率98.7%。

2009年，青山区有建筑企业154个，从业人员4.30万人。全年有资质的建筑业完成建筑业总产值167.2亿元，比上年增长7.3%。全年完成建筑业增加值31.47亿元，增长17.1%。全年建筑业施工面积583万平方米，增长16.8%，竣工面积180.48万平方米，增长27.7%。

2009年，青山区完成全社会固定资产投资101.26亿元，比上年增长29.8%，其中城镇固定资产投资101.26亿元，增长29.8%。在城镇固定资产投资中，第二产业完成投资39.31亿元，下降17.5%；第三产业完成投资61.95亿元，增长88.3%。第二、三次产业投资之比由上年的80.6：19.4调整为38.8：61.2。

2009年，青山区属商业企业完成社会消费品零售总额81.58亿元，比上年增长12.8%，其中，批发零售贸易业完成零售额67.40亿元，增长9.2%；餐饮业完成零售额14.18亿元，增长34.0%。全区批发和零售业完成增加值18.91亿元，增长10.3%。截至年底，全区共有商业网点1.15万个，商业从业人员3万人。全区有2 000平方米以上规模大中型商业网点和商品交易市场50个。

2009年，青山区完成外贸出口总额6 654万美元，比上年下降24.1%。全年直接利用外资4 323万美元，增长16.8%。截至年底，全区累计批准三资企业58个，其中2009年新增三资企业3个。

2009年，青山区实现全口径财政收入31.88亿元，比上年下降21.1%，占全区生产总值的8.6%；实现地方财政收入6.9亿元，下降20.8%。全年财政支出11.8亿元，下降8.3%。

青山区老工业区安居工程临江港湾小区远眺 （蓝海 供稿）

2009 年，青山区改扩建等级公路 13.74 千米，比上年增长 19.5%。城区自来水普及率 100%。全年新增煤气管道用户 1.35 万个。全年植树 16.8 万株，市区垂直绿化3 920米。全区新增公共绿地面积 15.39 万平方米，人均公共绿地面积 8.13 平方米，建成区绿化覆盖率 47.9%。全年治理工业污染源 4 个，整治排污口 2 个。全区区域环境噪声平均值 54.1 分贝，比上年上升 0.3 分贝，交通干线噪声平均值 68.5 分贝，上升 0.2 分贝。全区道路清扫面积 1 143.08 万平方米，其中，清扫主次干道面积 485.49 万平方米，清扫背街小巷和社区面积 657.59 万平方米。全区垃圾清运量 850 吨/日，“门前三包”覆盖率、环境卫生管理达标率均为 100%。

2009 年，青山区共有幼儿园 47 所，在园幼儿 10 261 人，比上年增长 7.1%；小学 31 所，在校学生 24 056 人，下降 1.0%；普通中学 27 所，在校学生 23 485 人，下降 1.4%；中等职业学校 4 所，在校学生 7 680 人，增长 1.4%。6 周岁～11 周岁人口入学率 100%，12 周岁～14 周岁人口入学率 100%。小学、初中在校生无辍学。初中生毕业一次合格率 98.12%，高考上省线 521 人。全年新建、改扩建中小学校竣工面积 1.2 万平方米，改造中小学校危房面积 1 万平方米。

2009 年，青山区有国家和省级工程技术研究中心 13 个、高新技术企业 18 个，全年专利申请 879 项，其中发明专利 347 项。截至年底，全区有科技企业孵化器 4 个，其中国家级创业中心 2 个。高新技术企业全年完成产值 36 亿元，民营科技企业全年实现技工贸收入 20.5 亿元。全年技术市场签订各类技术合同 260 项，合同成交额 10 亿元，增长 63.9%。

2009 年，青山区有区属文化事业机构 3 个，其中，文化馆 1 个，图书馆 1 个，藏书 16.5 万册。全年开展大型群众文化活动 26 项(次)，获得市级以上奖项 39 个；青少年征文、书画、电脑绘画等文化活动获得市级以上奖项 75 个。全区有线电视用户 3.5 万户，转播电视节目频道 65 个。全区文化市场管理稽查覆盖率、音像制品案件查处率均为 100%。

2009 年，青山区有各类医疗卫生机构 171 个，其中，综合性医疗机构 8 个，卫生院 4 所，社区卫生服务中心 14 个，医院病床 3 718 张；卫生技术人员 4 114 人。平均每千人拥有医生 8.76 人，拥有医院病床 7.36 张。全年法定报告传染病发病率 1 013.96 人/10 万人，儿童免疫接种率 98.21%，达到初级卫生保健规划目标比率、开展社区卫生服务单位比例、食品卫生监督覆盖率均为 100%。

2009 年，青山区共开展大型群众性体育活动 12 次，参加活动人员 5.5 万人(次)。体育人口达到 22 万人，占全区人口总数的 48.4%。组队参加市级以上体育竞赛 600 人次，获得奖牌 118.5 枚，其中金牌 38.5 枚。

2009 年，青山区居民人均可支配收入 18 905.48 元，比上年增长 10.4%；人均消费性支出 13 251.53 元，增长 27.6%。城区居民恩格尔系数(全部食品支出占家庭或个人全部消费支出的比重)39.7%。全区参加社会养老保险单位 1 835 个，增长 7.9%，参加社会养老保险人员 31.7 万人，增长 6.4%；参加基本医疗保险人员 38.2 万人，增长 26.5%；参加工伤保险人员 9.6 万人，与上年基本持平；参加生育保险人员 26.8 万人，下降 0.04%；参加失业保险人员 18.7 万人，与上年基本持平。全年城区居民享受最低生活保障补贴共 7.4 万户，增长 1.4%，计 16.66 万人次，下降 1.2%。最低生活保障费实际发放金额 3 382.52 万元，增长 8.1%。全区人口出生率 6.61‰，人口死亡率 5.87‰，人口自然增长率 0.97‰，计划生育率 99.41%。

【洪山区】 洪山区土地面积 480.2 平方千米，其中耕地面积 7 634.7 公顷。全区户籍总人口 82.32 万人，有汉、回、壮、土家等 35 个民族。区辖 8 个行政街道，3 个乡，2 个镇；138 个社区居民委员会，85 个村民委员会。

2009 年，洪山区完成生产总值 402.2 亿元，比上年增长 15%，其中，第一产业增加值 6.8 亿元，下降 3.1%；第二产业增加值 140.7 亿元，增长 17.8%；第三产业增加值 254.7 亿元，增长 14.7%。三次产业占生产总值的比重由上年的 2.5∶33.7∶63.8调整为1.7∶35.0∶63.3。

2009 年，洪山区完成农业增加值 6.8 亿元，比上年下降 3.1%。完成农林牧渔业总产值 11.37 亿元，下降 3.2%，其中，种植业产值 7.21 亿元，增长 4.5%；畜牧业产值 1.41 亿元，增长 33.5%；林业产值 72 万元，下降 54.1%；渔业产值 2.72 亿元，增长 5.5%。全年粮食总产量 2.07 万吨，下降 17.5%；棉花总产量 420 吨，下降 54.8%；油料总产量 3 740 吨，增长 34.3%；蔬菜总产量 39.34 万吨，增长 1.2%；生猪出栏 7.19 万头，下降 20.6%；家禽出笼 73.42 万只，下降 36.3%；肉类总产量 6 131 吨，下降 36.9%；禽蛋产量 1 744 吨，下降 22.5%；水产品产量 2.76 万吨，下降 97.8%；水果总产量 909 吨，下降 64.6%；牛奶产量 57 万吨，下降 97.8%。年末全区农田有效灌溉面积 7.48 万公顷。

2009 年，洪山区完成工业总产值 406.19 亿元，比上年增长 12.9%。完成工业增加值 126.52 亿元，增长 40.5%，其中规模以上工业企业(全部国有和年主营业务收入 500 万元及以上非国有工业企业)完成工业增加值 377.71 亿元，增长 12.6%。全部工业企业实现销售收入 834.61 亿元，增长 14.5%。

2009 年，洪山区有建筑企业 112 个，从业人员 3.52 万人。全年有资质的建筑业完成建筑业总产值 26.44 亿元，比上年下降 7.9%。全年完成建筑业增加值 14.18 亿元，增长 2.1%。全年建筑施工企业施工工程质量优良品率 52.2%。全年建筑业劳动生产率 20.6 万元/人，增长 2.3%。全年建筑企业施工项目 408 个，竣工项目 268 个；施工面积 269.7 万平方米，增长 6.3%，竣工面积 72.4 万平方米，增长 6.8%。

2009 年，洪山区完成全社会固定资产投资 232.85 亿元，比上年增长 34.6%，其中重点项目建设投资 57.92 亿元，增长 55.8%。

2009 年，洪山区商业企业完成社会消费品零售总额 278.05 亿元，比上年增长 20.9%，其中，批发零售贸易业完成零售额 245.58 亿元，增长 18.3%；住宿和餐饮业完成零售额 32.47 亿元，增长 45.8%。截至年底，全区共有登记注册商品交易市场 57 个，商业从业人员 1.14 万人。

2009 年，洪山区完成外贸出口总额 5 495 万美元，比上年下降 5.3%。全年新批合同外资额 1.92 亿美元，增长 150.8%。全年直接利用外资 9 119 万美元，增长 14.0%。全区累计批准外商投资企业 232 个，其中 2009 年新增外商投资企业 8 个。

2009 年，洪山区实现财政收入 40.23 亿元，比上年增长 17.5%，占生产总值的比重由上年的 12.2% 下降至 10%；实现地方财政收入 11.43 亿元，增长 20.1%。全年地方财政支出 17.28 亿元，增长 58.0%。

2009 年，洪山区共实施区管市政基础设施项目 27 个，投资总额 18.66 亿元，完成主次干道总里程 22.3 千米。投资 1 110万元，完成团校路、阳光在线路等道路排水工程。全年植树 6.90 万株，新增公共绿地面积 38.0 万平方米，人均公共绿地面积 9.35 平方米，建成区绿化覆盖率 45.2%。全年治理污染源 99 个，整治排污口 2 个。全区区域环境噪声平均值 49.6分贝，比上年下降0.2%，交通干线噪声平均值69.2分贝,增长1.1%。全区道路清扫面积806.7万平方米,垃圾清运量1 100吨/日,"门前三包"覆盖率、环境卫生管理达标率均为100%。

2009年,洪山区有幼儿园67所,在园幼儿12 564人,比上年下降0.7%;小学39所,在校学生33 626人,增长2.4%;普通中学35所,在校学生26 317人,下降5.6%;职业学校8所,在校学生5 908人,增长51.7%;6周岁~11周岁人口入学率100%,12周岁~14周岁人口入学率100%。小学在校生无辍学,初中在校生辍学率0.18%。初中生毕业一次合格率98.5%,高考上省线2 584人。全年新建、改扩建中小学校竣工面积8.7万平方米,改造中小学校危房面积7万平方米。全区累计建立专业技术人员继续教育基地15个,全年完成职工全员培训14.9万人次。

2009年,洪山区有科研机构56个,全年实施科技计划项目53项。全年实现技工贸总收入158.63亿元,比上年增长30.6%。全年专利申请3 222件。截至年底,全区累计申报审批高新技术企业36个,全年完成高新技术产业产值126亿元,增长40.9%。民营科技企业发展到1 490个,其中2009年新增99个。全年技术市场签订各类技术合同202项,合同成交额11.6亿元,增长70.0%。全年登记科技成果51项,其中具有国内领先水平的科技成果31项。

2009年,洪山区有文化事业机构4个,其中,文化馆1个,影剧院1个,图书馆1个,藏书15.3万册。全年开展大型群众文化活动7次。全年文化市场管理稽查覆盖率98%,音像制品案件查处率100%。

2009年,洪山区有各类卫生机构504个,其中医院39个,医院病床3 719张;卫生技术人员6 585人。平均每千人拥有卫生技术人员7.9人,拥有医院病床4.5张。全年法定报告传染发病率524.8人/10万人,儿童免疫接种率95%以上,达到初级卫生保健规划目标比率、开展社区卫生服务单位比例、食品卫生监督覆盖率均达100%。

2009年,洪山区共开展大型群众性体育活动16次,参加活动人数6万人,体育人口达到38万人,占全区人口总数的46.2%。组队参加市级以上体育竞赛5 000人次,获得奖牌73枚,其中,金牌29枚,银牌27枚,铜牌17枚。

2009年,洪山区城区居民人均可支配收入18 858.18元,比上年增长10.5%,农村居民人均纯收入8 955元。增长13%。城区居民人均消费性支出12 767.72元,增长3.3%。农村居民人均生活费支出7 024.12元。城镇居民恩格尔系数(全部食品支出占家庭或个人全部消费支出的比重)38.7%,农村居民恩格尔系数38.8%。城区居民人均住房建筑面积28.82平方米,比上年减少0.3平方米,农村居民人均居住面积75.06平方米,增加15.2平方米。全区参加养老保险单位4 567个,参加社会养老保险职工19.62万人,参加失业保险单位3 653个,参加失业保险职工10.88万人,参加基本医疗保险人员20.05万人。全区人口出生率5.63‰,人口死亡率2.59‰,人口自然增长率3.04‰,计划生育率99.78%。

【蔡甸区】 蔡甸区土地面积(包括原军山街)1 093.57平方千米,其中耕地面积25 934公顷。全区户籍总人口448 984人,其中,农业人口326 193人,非农业人口122 791人,有汉、回等14个民族。区辖6个行政街道,2个镇,1个乡,1个农场,1个农业示范区管理委员会;23个社区居民委员会,281个村民委员会。

2009年,蔡甸区完成生产总值111.7亿元,比上年增长15.9%,其中,第一产业增加值16.22亿元,增长2.7%;第二产业增加值66.96亿元,增长20.7%;第三产业增加值28.52亿元,增长13.5%。三次产业占生产总值的比重由上年的16.6:58.8:24.6调整为14.5:60:25.5。

2009年,蔡甸区完成农业增加值16.22亿元,比上年增长15.9%。完成农林牧渔业总产值27.03亿元,增长3.6%,其中,完成种植业产值15.99亿元,下降2.5%;完成畜牧业产值6.54亿元,增长25.8%;完成林业产值1 800万元,下降34.1%;完成渔业产值4.7亿元,增长6.1%。全年粮食总产量17.3万吨,增长9.8%;棉花总产量7 500吨,下降15.5%;油料总产量1.3万吨,下降10.4%;蔬菜总产量49.24万吨,增长0.1%,其中莲藕总产量7.26万吨,增长1.8%;生猪出栏17.84万头,增长5.9%;禽蛋产量9 818吨,增长2.1%;水产品产量5.26万吨,增长5%。年末全区农田有效灌溉面积2.05万公顷,农业机械总动力30.83万千瓦,有大中型拖拉机608台。全年施用化肥5.9万吨,使用农药983吨。全年农村用电量1.93亿千瓦小时。

2009年,蔡甸区完成工业增加值57.06亿元,比上年增长20.7%,其中152个规模以上工业企业(全部国有和年主营业务收入500万元及以上非国有工业企业)完成增加值53.4亿元,增长26.1%。规模以上工业企业中,国有工业企业完成增加值5 700万元,增长32.7%;股份制工业企业完成增加值15.02亿元,增长47.8%;外商及港澳台商投资工业企业完成增加值36.35亿元,增长18.5%;其他经济类型工业企业完成增加值1.46亿元,增长38.9%。按行业分,重工业完成增加值41.82亿元,增长26.3%;轻工业完成增加值11.58亿元,增长25.1%。全区规模以上工业企业产品销售率95.2%,全年实现产品销售收入179.88亿元,增长17.1%;实现利润总额3.67亿元,下降20.3%。

2009年,蔡甸区有建筑业资质等级的建筑企业26个,从业人员16 961人。全年完成建筑业总产值42.49亿元,比

蔡甸区知音湖风光　　（蓝海　供稿）

上年增长47.6%;完成建筑业增加值9.9亿元,增长17.5%。全年建筑业劳动生产率25.1万元/人,增长76.8%。全年房屋建筑施工面积128.7万平方米,下降13.5%,房屋竣工面积68.4万平方米,下降39.1%。全年实现利润总额8 441万元,增长48.6%。

2009年,蔡甸区完成全社会固定资产投资74.61亿元,比上年增长56.4%,其中蔡甸经济开发区完成固定资产投资18.22亿元,比上年增长47.2%。在固定资产投资中,50万元以上项目完成投资54.74亿元,增长59.4%,其中,城镇项目投资51.85亿元,农村项目投资2.89亿元。按行业分,第一产业完成固定资产投资2.19亿元,增长366.5%;第二产业完成固定资产投资23.86亿元,增长59.4%;第三产业完成固定资产投资28.69亿元,增长51.9%。

2009年,蔡甸区完成社会消费品零售总额31.98亿元,比上年增长18.7%,其中,批发零售业完成零售额27.9亿元,增长23.5%;餐饮业完成零售额4.09亿元,下降4.9%。截至年底,全区有农贸市场35个,汽车配件市场1个。

2009年,蔡甸区出口创汇2 078万美元,比上年下降14.5%;实际利用外资1.07亿美元,增长6.2%;实际利用内资17.1亿元,增长26.7%。

2009年,蔡甸区实现全口径财政收入17.39亿元,比上年增长22.8%,占生产总值的比重达15.6%,其中,地方财政收入10.72亿元,增长20.3%;地方财政一般预算收入6.75亿元,增长23.4%。在地方财政收入中,实现增值税收入5 529万元,增长35%;实现营业税收入1.32亿元,增长32.2%;实现基金收入3.97亿元,增长15.2%。全年地方财政支出19.35亿元,增长23.7%。

2009年,蔡甸区拥有公路里程1 411千米,比上年增长3.3%,其中等级公路1 410千米,增长3.3%。莲花湖综合整治续建任务完成投资3 500万元,完成1号桥梁、9号桥梁、新福路道排及莲花湖2号~4号湖清淤等项目,新建工程龙家巷连通、莲花湖沿湖截污管道等项目。汉江路北段延伸工程全长860米,全年投资2 860万元,完成房屋拆迁6 100平方米,路基全部形成。小城镇建设确定村镇建设项目20个,总投资3 425万元。全面完成申报12个省级示范村工作,总投资800万元。"家园建设行动计划"创建村共68个,计划总投资7 480万元,年内完成基础设施项目。

2009年,全区完成环境保护投资2.20亿元,其中,环境污染治理投资2.19亿元,环境管理与污染防治科技投入160万元。在环境污染治理中,污染源治理投资4 440.7万元,城市环境综合治理投资1.74亿元。工业废水排放达标率93%,工业烟尘排放达标率97%,工业固体废物综合利用率100%。区域环境噪声平均值58.8分贝,比上年下降0.2分贝,交通干线噪声平均值68.9分贝,下降0.4分贝。全区道路清扫面积175万平方米,日均清运垃圾350吨,城区"门前三包"覆盖率、环境卫生管理达标率均为100%。

2009年,蔡甸区有幼儿园29所,在园幼儿6 762人,比上年增长5.6%;小学72所,在校学生16 770人,下降2%;普通中学30所,在校生18 413人,下降10.7%;职业中学4所,在校生1 291人,下降12.5%。6周岁~11周岁人口入学率100%,12周岁~14周岁人口入学率99.9%,初中毕业生升学率91.2%。

2009年,蔡甸区安排区级科技计划项目53个,其中,工业科技项目9个,农业科技项目35个,社会发展及其他科技项目9个。全年申报市级以上科技项目14个,其中,国家创新基金项目2个,市培育工程项目4个,市产业化项目2个,市创新项目2个,其他项目4个。全年获得市级以上项目资助资金356万元,区安排科技三项经费1 830万元。

2009年,蔡甸区有区属文化事业机构8个,其中,文化馆1个,影剧院1个,图书馆1个,藏书13.1万册。第三次全国文物普查中实施普查自然村1 767个,街道、社区、农场、林场、渔场36个,普查面积940平方千米,调查出166个文物点,对新发现的和符合登录条件的49处不可移动文物点以及34处原文物保护单位和文物点实行项目登录。全年开展大型演出26场次,参加人员27.5万人次,组织文艺活动10次,业余创作作品4 800件。全区有乡镇广播电视机构15个,通广播电视行政村307个,有线电视用户9.52万个,其中农村用户6.2万个。有线电视入户率84%,有线数字电视整体转换用户4.62万个。全年文化市场管理稽查覆盖率、音像制品案件查处率均为100%。

2009年,蔡甸区有各类卫生机构288个,其中公立医疗单位33个,医院病床888张;卫生技术人员2 087人。平均每千人拥有医护人员2.33人,拥有病床1.97张。全年传染病发病率149.15人/10万,法定传染病登记报告率98.84%,儿童免疫接种率99.51%,乙型肝炎全程接种率99.81%。全年普查血吸虫钉螺面积3 173公顷,普查血吸虫病人4.1万人,救治晚期血吸虫病人96人。全区食品卫生监督覆盖率100%。

2009年,蔡甸区开展大型群众性体育活动13次,参加活动人员10万人次。体育人口达27万人,占全区人口总数的60.4%。蔡甸籍运动员郑攀在第十一届全国运动会男子古典式66公斤级摔跤比赛中夺取金牌。组队参加武汉市第八届运动会青少年比赛,获得奖牌57.5枚,其中金牌34枚。组队代表武汉市参加湖北省青少年摔跤、举重项目年度比赛,获得金牌7枚、银牌8枚、铜牌7枚。全年向省、市体校输送摔跤运动员6名。

2009年,蔡甸区在岗职工年均工资收入20 526元,比上年增长25.6%。农村居民人均纯收入7 033.2元,增长11.3%,其中现金纯收入6 519.6元,增长13.7%。农村居民人均生活消费支出4 592.4元,增长1.8%,其中食品支出2 070.8元,增长1.7%。农村居民恩格尔系数(全部食品支出占家庭或个人全部消费支出的比重)为45.1%,比上年下降0.1个百分点。年末,农村居民人均居住面积50.7平方米,每百户家庭拥有彩色电视机137台、固定电话86部、移动电话208部、电冰箱98台、空调器61台。全区城镇企业职工参加基本养老保险3.49万人,比上年增加951人;领取养老金人数1.79万人,发放养老金1.91亿元;参加基本医疗保险4.46万人,参加失业保险1.93万人。居民最低生活保障参保人数2.27万人,增加1 218人。全区人口出生率9.21‰;人口死亡率3.65‰;人口自然增长率5.54‰,计划生育率98.34%。

【江夏区】 江夏区土地面积2 008.98平方千米,其中耕地面积4.01万公顷。全区户籍总人口63.7万人,其中,农业人口40.63万人,非农业人口23.07万人,有汉、回、苗等16个民族。区辖5个行政街道,2个乡,5个镇,1个开发区管理委员会;48个社区居民委员会,297个村民委员会。

2009年,江夏区完成生产总值185.5亿元,比上年增长14.4%,其中,第一产业增加值33.15亿元,增长5.3%;第二产业增加值93.05亿元,增长23.5%:第三产业增加值59.30亿元,增长11.1%。

三次产业占国内生产总值的比重由上年的19.4:47.9:32.7调整为17.9:50.2:31.9。

2009年,江夏区完成农业增加值33.15亿元,比上年增长5.3%。全年完成农林牧渔业总产值57.01亿元,增长5.6%。全年粮食总产量29.21万吨,增长12.8%；棉花总产量557吨，下降26.4%；油料总产量4.67万吨，下降2.1%；蔬菜总产量125.73万吨，增长4.5%；生猪出栏86.73万头，增长8.3%；肉类总产量6.6万吨，下降26.7%；禽蛋产量1.12万吨，增长11.9%；水产品产量8.53万吨，增长3.2%。年末全区农田有效灌溉面积2.18万公顷，农业机械总动力54.04万千瓦。全年施用化肥（折纯量）2.32万吨。全年农村用电9 796万千瓦小时。

2009年，江夏区完成工业增加值84.05亿元，比上年增长25.1%。全年完成规模以上工业企业（全部国有和年主营业务收入500万元及以上非国有工业企业）总产值249.12亿元，增长23.2%。完成规模以上工业企业增加值75.73亿元，增长28.2%，其中，轻工业企业完成增加值17.65亿元，增长37.7%；重工业企业完成增加值58.08亿元，增长19.4%。全区工业规模以上工业企业实现主营业务收入175.93亿元，增长2.3%，实现利税18.65亿元，增长17%。

2009年，江夏区有建筑企业76个，从业人员2.54万人。全年完成建筑业总产值38.81亿元，比上年增长14.9%。完成建筑业增加值9.69亿元，增长7.6%。全年建筑施工面积378.6万平方米，增长14.5%，房屋竣工面积195.1万平方米，增长1.2%。

2009年，江夏区完成全社会固定资产投资137.67亿元，比上年增长36.9%，其中，城镇固定资产投资87.48亿元，增长27.9%；房地产开发投资26.85亿元，增长22.4%。

2009年，江夏区实现社会消费品零售总额57.36亿元，比上年增长19.1%，其中，批发零售业实现零售额45.3亿元，增长17.9%；住宿餐饮业实现零售额4.68亿元，下降9.8%；其他经济单位实现零售额7.38亿元，增长19.3%。

2009年，江夏区完成外贸进出口总额（海关口径）3 283.6万美元，比上年增长1.0%。全年实际利用外资4 465万美元，增长17.0%。全年引进市外资金25.76亿元，增长13.5%。全年完成招商引资41.84亿元，增长16.6%。截至年底，全区累计批准三资企业10个。

2009年，江夏区实现全口径财政收入25.37亿元，比上年增长45.2%，占生产总值的比重由上年的10.8%提高至13.7%；实现地方财政收入16.95亿元，增长33.5%。全年地方财政支出28.85亿元，增长36.9%。

2009年，江夏区投入城市维护建设资金4 911万元，城区道路长度168千米，排水管长度167千米。城区自来水普及率达100%。建成区绿化覆盖面积646公顷，建成区绿化覆盖率22.3%。园林绿地面积432公顷，公共绿地面积163公顷，森林覆盖率26.1%。污水处理厂3座，垃圾处理站3个，生活污水处理率50%，生活垃圾无害化处理率100%，工业废水排放达标率95.4%，工业烟尘排放达标率98.6%，工业固体废物综合利润率91%。全区区域环境噪声平均值55.6分贝，交通干线噪声平均值68分贝。全区“门前三包”覆盖率98%，环境卫生管理达标率100%。

2009年，江夏区有幼儿园22所，在园幼儿6 935人，比上年下降1.5%；小学54所，在校学生25 076人，下降1.1%；普通中学35所，在校学生30 179人，下降12.0%；中等职业技术学校3所，在校学生6 778人；特殊教育学校1所，在校学生55人；职业技术培训学校22所，在校学生47 024人。6周岁~11周岁人口入学率100%，12周岁~14周岁人口入学率99.97%，小学在校生无辍学，初中在校生辍学率1.0%，初中毕业一次性合格率79.3%，高中升学率83.6%，其中上省线1 269人。

2009年，江夏区组织实施市级以上科技项目22个，争取市级以上科技项目资金2 215万元。全区研究与开发经费支出占生产总值的比重为1.0%。全区共有高新技术企业12个，其中2009年新认定高新技术企业4个，高新技术产业完成产值25.4亿元，比上年增长41.1%。全年创建科技示范基地2个。全年专利申请357件。年内开展科技、科普知识培训6.2万人次。全年培育科技进步乡镇街5个，表彰科技进步乡镇街3个；培育和表彰科技示范村6个、科技示范户80个。

2009年，江夏区有区属文化事业机构32个，其中，文化馆1个，影剧院2个，图书馆1个，藏书16.4万册。全区建成“农家书屋”100个。全年送戏下乡80场，送电影下乡3 772场。年内，参加武汉市舞龙表演、金秋十月文艺调演获得金奖2个、银奖2个。小品《抢婆婆》获得楚天群星奖铜奖。《天下黄姓江夏祭》、《龙泉山的传说》被列入武汉市非物质文化遗产保护名录。全区广播覆盖率、电视覆盖率、文化市场稽查率、音像制品案件查处率均达100%。

2009年，江夏区有各类医疗卫生机构23个，其中，医院2个，卫生院13个，医院病床1 379张；卫生技术人员2 291人。平均每千人拥有医生3.6人，拥有医院病床2.8张。全年法定报告传染病发病率264.64人/10万人，免疫接种率99.1%，食品卫生监督覆盖率100%。

2009年，江夏区开展群众性体育活动12次，参加活动人数5万人。举办体育特色培训班23个。全区体育人口达3.8万人，占全区人口总数的5.9%。组队参加市级以上体育竞赛获得金牌17枚、银牌16枚、铜牌9枚。参加全国小城镇“华锋杯”篮球邀请赛获得第4名。全年投入680万元对区体育馆进行维修改造，为112个行政村配送体育器材，为18个行政村修建篮球场。

2009年7月2日，京剧谭门故乡行活动期间，谭元寿（右五）率谭门宗亲在中共武汉市委常委、宣传部部长朱毅（右三）陪同下参观江夏区潭鑫培公园

（蓝海　供稿）

2009 年，江夏区职工平均工资 25 512元，比上年增长 6.0%，城镇居民家庭人均可支配收入 11 852 元，增长 3.2%；农村居民人均纯收入 7 127 元，增长 12.1%；农民人均生活消费支出 5 242 元，增长 12.4%。全区社会保险扩面人数 2.18 万人，全年养老保险费征收 2.35 亿元，养老保险发放 2.26 亿元；失业保险费征收 640 万元，失业保险费发放 425 万元；医疗保险费征收 6 622 万元，医疗保险费发放 4 829 万元。全区人口出生率 8.8‰，人口死亡率 2.7‰，人口自然增长率 6.1‰，计划生育率为 98.91%。

【东西湖区】 东西湖区土地面积 499.71 平方千米，其中耕地面积 1.49 万公顷。全区户籍总人口 263 763 人，其中，农业人口 179 715 人，非农业人口 84 048 人，有汉、回、壮、满等 29 个民族。区辖 8 个行政街道，3 个办事处；86 个社区居民委员会，60 个村民委员会。

2009 年，东西湖区完成生产总值 187.53 亿元，比上年增长 15.0%，其中，第一产业增加值 10.23 亿元，下降 1.9%；第二产业增加值 107.49 亿元，增长 17.4%；第三产业增加值 69.81 亿元，增长 14.8%。三次产业占生产总值的比重由上年的 7.9: 65.8: 26.3 调整为 5.5: 57.3: 37.2。

2009 年，东西湖区完成农业增加值 10.23 亿元，比上年下降 1.9%。完成农林牧渔业总产值 17.08 亿元，下降 2.9%，其中，种植业产值 10.84 亿元，增长 15.7%；畜牧业产值 1.6 亿元，下降 53.2%；林业产值 563 万元，增长 48.3%；渔业产值 4.44 亿元，增长 23.3%；农林牧渔服务业产值1 400万元，增长 5.1%。全年粮食产量 3.08 万吨，增长 32.2%；棉花产量 3 447 吨，下降 15.3%；油料产量2 968吨，增长 45.13%；蔬菜（含藕）产量 50.3 万吨，增长 3.0%；生猪出栏 6.16 万头，增长 18.2%；家禽出笼 85.14 万只，下降 37.6%；肉类产量 6 514 吨，下降 3.0%；禽蛋产量 2 936 吨，增长 13.5%；水产品产量 4.55 万吨，增长 13.2%；水果产量 1.5 万吨，下降 80.7%；牛奶产量 6.85 万吨，增长 2.2%。年末农业机械总动力 21.32 万千瓦。全区农田有效灌溉面积 1.26 万公顷。

2009 年，东西湖区完成工业增加值 79.99 亿元，比上年增长 24.1%，完成工业总产值 280.93 亿元，增长 23.8%，其中规模以上工业企业（全部国有和年主营业务收入 500 万元及以上非国有工业企业）完成工业增加值 74.85 亿元，增长 22.2%，完成工业总产值 261.52 亿元，增长 21.7%。规模以上工业企业中，内资工业企业完成产值 108.63 亿元，增长 22.1%；港澳台商投资工业企业完成产值 50.71 亿元，增长 27.9%；外商投资工业企业完成产值 102.17 亿元，增长 15.0%。全年工业企业实现产品销售收入 243.79 亿元，增长 6.3%；实现利税总额 23.69 亿元，增长 27.3%，其中利润总额 16.04 亿元，增长 50.3%。

2009 年，东西湖区有资质建筑企业 154 个，从业人员 1.65 万人。全年完成建筑业增加值 27.5 亿元，增长 19.3%；完成建筑业总产值 148.22 亿元，增长 15.2%。全年建筑工程竣工验收备案报审率 100%，创无质量通病住宅工程 238 项、市结构优质工程 112 项、市优质工程 62 项，创优面积 56.83 万平方米，优质率 36.6%；创市黄鹤奖工程 16 项，其中，金奖 2 项，银奖 14 项；创楚天杯工程 4 项。年内，万科四季花城·西半岛小区项目获得 2009 年中国土木工程詹天佑奖（优秀住宅小区金奖）。全年房地产开发投资 61 亿元，增长 100.4%。经济适用住房开发投资 1 534.95 万元。全年建筑企业施工项目 571 个，竣工项目 448 个；施工面积 330.59 万平方米，增长 7.2%，竣工面积 239.18 万平方米，增长 4% 。

2009 年，东西湖区完成全社会固定资产投资 106.94 亿元，比上年增长 41.2%，其中，第一产业完成投资 1.50 亿元，下降 27%；第二产业完成投资 66.4 亿元，增长 31.4%；第三产业完成投资 39.04 亿元，增长 28.6%。三次产业投资之比由上年的 1: 68.1: 30.9 调整为 1.4: 62.1: 36.5。

2009 年，东西湖区完成社会消费品零售总额 59.2 亿元，比上年增长 17.2%，其中限额以上（年主营业务收入 500 万元及以上企业）批发零售企业 53 个，完成批发零售额 8.78 亿元。按行业分，批发零售贸易业完成零售额 51.57 亿元，增长 16.6%；住宿餐饮业完成零售额 7.57 亿元，增长 20.4%。

2009 年，东西湖区实现出口创汇 1.01 亿美元，比上年下降 15.1%。全年实际利用外资 1.51 亿美元，增长 6.7%。内资项目实际引进区外资金 40.4 亿元，增长 8.0%。全年新签约引进外来投资项目 42 个，比上年增加 9 个；协议投资总额 103.1 亿元，增长 39.5%，其中，三资项目 20 个，投资总额 4.28 亿美元；内资内联项目 22 个，投资总额 74 亿元。在新引进项目中有 1 亿元以上项目 25 个，投资总额 96.5 亿元，其中，投资额超过 1 000万美元的外资项目 12 个，协议投资额 4.1 亿美元，投资额超过 1 亿元的内资项目 13 个，协议投资总额 68.6 亿元。

2009 年，东西湖区实现全口径财政收入 50.19 亿元，比上年增长 31.5%，占生产总值的比重由上年的 28.4% 下降至 26.8%；实现地方财政收入 17.51 亿元，增长 17.7%。全年地方财政支出 23.26 亿元，增长 24.7%。

2009 年，东西湖区自来水普及率 99.7%。全区共有燃气用户 8.94 万个，比上年增长 3.8%；液化石油气用户 2.05 万个。全年共栽植乔木 8.76 万株、灌木 7.32 万株、花灌木 6.15 万平方米、地被及草皮 12.35 万平方米。新建绿地面积 26.64 万平方米，改建绿地面积 12.6 万平方米，绿化覆盖率 47.6%，绿地率 39.7%，人均公共绿地面积 9.32 平方米。全年投入污染治理费用6 216.6万元，完

东西湖区舵落口大市场鸟瞰　　（蓝海　供稿）

成环境污染限期治理项目2个。全年工业废水排放量650万吨,达标率98.1%;需要经过处理的工业废气处理率100%。吴家山地区垃圾无公害处理率85.7%。全区环境空气质量优良率73.4%,环境综合污染指数73.4。全区清扫保洁作业面积809万平方米,垃圾清运量772吨/日,“门前三包”责任书签订率100%,落实率88%。

2009年,东西湖区共有幼儿园61所,在园幼儿7 009人,比上年增长10.4%;小学33所,在校学生19 615人,下降2.2%;普通中学19所,在校学生16 647人,下降6.4%;中等职业学校2所,在校学生7 744人,下降0.4%。6周岁~12周岁人口入学率100%,12周岁~14周岁人口入学率100%。小学在校生无辍学;初中在校生辍学率0.81%。应届初中毕业生升学率88.7%;全年高考录取人数2 374人,高中生升学率63.3%。全年维修改造中小学建筑面积5.6万平方米。

2009年,东西湖区有科研机构2个,全年实施科技计划项目45个,投资总额1 980万元。全年登记科技成果4项,其中具有国内领先水平的成果1项。全年专利申请855项。截至年底,全区累计审批高新技术企业20个,其中2009年新增高新技术企业3个。完成产值19.2亿元。年内,扶持5个企业创建技术研发中心;培植武汉长兴电器发展有限公司等5个企业入选2009年“市级民营科技百星工程”企业;实施各类工业科技项目,其中国家级项目3个,市级项目4个,区级项目8个。成功打造市级“现代农业科技示范基地”——柏泉现代农业园,争取市级500万元以上A级农业科技项目落户东西湖区现代农业园,促成华中农业大学博士后工作站设在东西湖区现代农业园建点。全年培养科技示范户40个。年内,东西湖区获得“全国科技进步考核先进区”称号。

2009年,东西湖区有区属文化事业机构5个,其中,文化馆1个,影剧院1个,图书馆1个,藏书17万余册。全年开展全区性群众文化活动48(次),组织参加全国、省、市文体活动获得各类奖项61.2个。全区数字电视用户达到4.5万个,新发展有线电视用户2 200个,已开通130个电视节目频道。全年文化市场管理稽查覆盖率、音像制品案件查处率均为100%。

2009年,东西湖区有各类医疗卫生机构共145个,其中,医院14个,村卫生室50个,诊所76个,防治防疫机构3个,妇幼保健所1个,卫生监督所1个,医院病床1 455张;卫生技术人员1 688人。平均每千人拥有医生2.51人,拥有医院病床5.5张。全区已建立了50个甲级村卫生室。参加新型农村合作医疗的人员达16.12万人,参合率98.3%,全年获得合作医疗补偿金额2 728万元。全区食品卫生监督覆盖率100%。

2009年,东西湖区开展体育活动48次,参加活动人员10万人。体育人口达到16.5万人,占全区人口总数的62.5%。年内,东西湖区成功承办武汉市第八届运动会暨第二届农民运动会象棋比赛、女足比赛,举办了首届全区职工运动会、首届武术大会等全民健身活动。

2009年,东西湖区城镇居民人均可支配收入15 978元,比上年增长1.4%;农村居民人均纯收入7 456元,增长13.2%,其中现金纯收入11 712.5元,增长12.1%。农村居民恩格尔系数(全部食品支出占家庭或个人消费总支出的比重)39.5%。全年农村居民人均居住面积47.7平方米。全区参加社会保险人员34.47万人(次),增长15.2%,其中,基本养老保险参保人员14.84万人,失业保险参保人员4.20万人,基本医疗保险参保人员6.35万人,工伤保险参保人员4.16万人,生育保险参保人员4.92万人。全区享受最低生活保障待遇的对象共1.69万个,增长6.9%,计3.82万人次,增长5.0%。全年发放最低生活保障金和各类补贴999.5万元,增长37.9%。全区人口出生率8.82‰,人口死亡率6.3‰,人口自然增长率5.34‰,计划生育率99.93%。

【汉南区】 汉南区土地面积287平方千米,其中耕地面积1.05万公顷。全区户籍总人口106 585人,其中,农业人口79 410人,非农业人口27 175人,有汉、回、壮、土家、蒙古等13个民族。区辖4个行政街道;13个社区居民委员会,51个村民委员会。

2009年,汉南区完成生产总值44.47亿元,比上年增长17.0%,其中,第一产业增加值7.45亿元,增长3%;第二产业增加值28.17亿元,增长19.7%;第三产业增加值8.85亿元,增长14.9%。三次产业占总产值的比重由上年的17.8∶61.5∶20.7调整为16.8∶63.3∶19.9。

2009年,汉南区完成农业增加值7.45亿元,比上年增长3.0%。完成农业总产值13.48亿元,增长10.1%,其中,种植业产值5.74亿元,增长0.1%;林业产值599万元,增长6.8%;牧业产值4.13亿元,增长2.2%;水产业产值3.49亿元,增长10.9%。全年粮食总产量7.84万吨,增长4.3%;棉花(皮棉)总产量6 598吨,下降8.6%;油料总产量3 522吨,增长65.0%;蔬菜总产量18.21万吨,增长17.7%;禽蛋产量3 148吨,增长43.8%;水产品产量2.07万吨,增长3.9%;生猪出栏27万头,与上年持平;家禽出笼123万只,下降8.9%。年末全区农田有效灌溉面积1.05万公顷,农业机械总动力11.07万千瓦,有大中型拖拉机307台、农用载重汽车313辆。全年化肥施用量2.95万吨,农村用电量3 638万千瓦时。

2009年,汉南区完成工业增加值14.67亿元,比上年增长24.2%,其中规模以上工业企业(全部国有和年主营业务收入500万元及以上非国有工业企业)完成增加值13.06亿元,增长26.7%;完成工业总产值51.87亿元,增长27.9%,其中规模以上工业企业完成工业总产值45.73亿元,增长25%。全区轻重工业结构由上年的55.8∶44.2调整为36.7∶63.3。截至年底,全区共有规模以上工业企业91个,比上年增加18个,实现产品销售收入48.03亿元,增长37%;产品销售率97.2%;实现利税3.83亿元,增长124.5%,其中利润1.39亿元,增长64.9%。全区万元生产总值综合能耗降低率4.93%,规模以上工业企业万元增加值能耗降低率5.8%。

2009年,汉南区有资质以上建筑企业86个。全年完成建筑业增加值13.5亿元,比上年增长10.5%。全年完成建筑业总产值57.01亿元,增长34.7%。建筑企业全员劳动生产率16.16万元/人,增长16.3%。全年施工面积400万平方米,下降7%;竣工面积351万平方米,增长15%。

2009年,汉南区完成全社会固定资产投资35.55亿元,比上年增长40.2%,其中,城镇投资22.35亿元,增长42.1%;农村投资1 455万元,增加22.3%。

2009年,汉南区完成社会消费品零售总额9.2亿元,比上年增长18.7%,其中,批发零售贸易业完成零售额8.24亿元,增长17.8%;餐饮业完成零售额9 634万元,增长26.7%。全区共有登记注册的商品交易市场6个;个体经营户4 572个,从业人员8 991人;私营企业1 487个,从业人员1.24万人。

2009年,汉南区出口创汇(海关口径)7 168万美元,比上年增长15.5%。全年直接利用外资2 161万美元,增长15.5%。

2009年,汉南区实现全口径财政收入6.4亿元,比上年增长22.8%,占全区生产总值的比重由上年的13.7%提高到14.4%;实现地方财政收入3.05亿元,增长17.3%。全年地方财政支出5.64亿元,增长32.0%。

2009年,汉南区累计投资3.3亿元,完成兴业大道建设工程;投资5 000余万元,完成薇湖西路延伸、滨江路改造等工程建设;投资780万元,完成9 552米背街小巷排水管网改造;投资1 760万元,完成湘口街晨曦路、东荆街正街改造、邓南南康路等工程。投入资金970万元,完成汉沙线、黄金线大修工程;投入资金3 446万元,完成171.8千米通湾道路建设工程;投入资金710万元,完成坛山桥新建、湘口桥改造工程。全区主次干道清扫保洁率100%,街道整洁达标率91%。全年拆除各类违法建设258处,面积2万平方米。全区道路交通噪声55.2分贝,完成二氧化硫减排3.8吨,化学需氧量减排27.5吨;全区空气质量优良率83.3%;全年工业固体废物综合利用率99.6%;环境质量达标综合指数103%。纱帽主城区新增绿地16万平方米,安装路灯254盏。"四旁"(沟旁、路旁、渠旁、堤旁)植树27.8万株,成片造林980公顷,新增绿色通道6.7千米。

2009年,汉南区共有各类学校22所,其中,幼儿园17所,在园幼儿1 815人,比上年增长0.6%;小学13所,在校学生4 426人,下降4.2%;普通中学(含职业教育)9所,在校学生5 858人,增长14.3%。6周岁~11周岁人口入学率100%,12周岁~14周岁人口入学率100%。6周岁~14周岁盲、聋、哑、弱智儿童入学率100%。小学在校学生无辍学,初中在校学生辍学率0.47%。初中毕业生升学率92.9%,中等职业学校毕业生就业率97%。全年改造中小学D级危房面积703平方米。

2009年,汉南区有科研机构1个,全年实施市区科技项目58个,取得科技成果12项,争取科技项目资金1 205万元。开展科技培训5 500人次。全年完成高新技术产值8.26亿元,比上年增长10.1%。全年科技投入830万元,占全区财政支出的1.3%;全年研究和发展经费支出1 822万元,占全区生产总值的0.4%,比上年提高0.3个百分点。

2009年,汉南区有区属文化事业机构3个,其中,文化馆1个,影剧院1个,图书馆1个,藏书7万册。成功举办第五届甜玉米文化节,进一步打造"中国甜玉米之乡"品牌。以庆祝新中国成立60周年为契机,举办"祖国万岁"等大型广场文体活动20余场。全年为农村和社区居民免费放映电影620场。全区文体市场管理稽查覆盖率90%。全区有线电视用户1.64万个,数字电视城区整体转换率85%。开播电视频道50个。全区文化市场管理稽查覆盖率90%,音像制品案件和卫星地面接设施违规查处率100%,文物普查率100%。年内,新发现历史遗迹、近现代遗迹7处。

2009年,汉南区共有各类医疗卫生机构13个,医院病床405张;各类卫生技术人员535人,其中,执业医师(含助理医师)201人,注册护士216人。平均每千人拥有卫生技术人员5.6人,拥有医院病床3.3张。适龄儿童计划免疫接种率95.5%以上;新型农村合作医疗参合率99.96%;食品卫生监督覆盖率100%。年内,成功防控湖北省第一例输入性甲型H1N1流感病例。

2009年,汉南区开展大型群众性体育活动10次,参加活动人员9 500人(次)。体育人口达到5.2万人,占全区人口总数的41.6%。组队参加武汉市第八届运动会,获得金牌5枚、银牌11枚、铜牌4枚。组队参加武汉市第二届农民运动会,获得舞龙比赛和秧歌比赛金奖。组队参加武汉市第六届锣鼓大赛获得金奖。

2009年,汉南区城市居民人均可支配收入11 865.32元,比上年增长9.4%,农村居民人均纯收入7 265.33元,增长12.8%;全年职工平均工资16 735元,增长25.9%。全年新增就业岗位3 271个,农村劳动力转移就业1 381人,组织就业再就业培训2 342人,创业培训413人,就业前培训712人,农村劳动力技能培训1 042人。全区社会保险新增2 359人,养老保险新增340人,医疗保险新增2 351人,失业保险新增267人,工伤、生育保险新增1 140人。新型农村合作医疗参保率保持在90%以上。截至年底,全区城市最低生活保障对象901户、1 727人,累计发放最低生活保障金385.86万元;农村最低生活保障对象1 162户、2 053人,累计发放最低生活保障金176.5万元。全区人口出生率8.6‰,人口死亡率2.84‰,人口自然增长率5.76‰,符合政策生育率96.1%。

【黄陂区】 黄陂区土地面积2 261平方千米,其中耕地面积5.41万公顷。全区户籍总人口112.291万人,有汉、回、藏等22个民族。区辖13个行政街道,1个镇,2个乡,1个经济开发区,1个原种场,1个风景管理处;62个居民委员会、589个村民委员会。

2009年,黄陂区完成生产总值215.50亿元,按可比口径(下同),比上年增长33.5%,其中,第一产业增加值41.61亿元,增长4.6%;第二产业增加值88.84亿元,增长26.4%;第三产业增加值85.05亿元,增长12.4%。三次产业占生产总值的比重由上年的24.7:42.2:33.1调整为19.3:41.2:39.5。

2009年,黄陂区完成农业增加值41.61亿元,比上年增长4.6%。完成农林牧渔业总产值68.96亿元,增长4.1%,其中,种植业产值36.71亿元,增长3.6%;畜牧业产值22.41亿元,增长6.6%;林业产值2 900万元,增长16.0%;渔业产值9.05亿元,增长8.1%;农林牧渔服务业产值5 000万元,增长3.4%。全年粮食总产量41.84万吨,增长0.1%;棉花总产量3 600吨,增长3.3%;油料总产量6.63万吨,增长2.3%;蔬菜总产量160.70万吨,增长3.8%;生猪出栏82.35万头,增长0.4%;家禽出笼1 399.44万只,增长2.1%;肉类总产量11.96万吨,下降1.5%;禽蛋产量5.33万吨,下降10.1%;水产品产量7.92万吨,增长5.5%;水果总产量6 700吨,下降45.5%;牛奶产量4.36万吨,增长8.5%。年末全区农田有效灌溉面积4.17万公顷,农业机械总动力41.98万千瓦。全年施用化肥20.62万吨。全年农村用电5.81亿千瓦小时。

2009年,黄陂区完成工业增加值61.84亿元,比上年增长30.0%,其中规模以上工业企业(全部国有和年主营业务收入500万元及以上非国有工业企业)完成工业增加值35.97亿元,增长33.0%;完成工业总产值208.05亿元,增长26.0%,其中规模以上工业企业完成总产值124.48亿元,增长26.3%。在规模以上工业企业中,内资工业企业完成产值118.45亿元,增长30.1%;港澳台商投资工业企业完成产值5.72亿元,下降3.2%;外商投资工业企业完成产值1 500万元,下降71.2%。全年全区规模以上工业企业完成销售产值113.87亿元,增长31.5%,工业产品销售率91.5%。

2009年,黄陂区有建筑企业53个,从业人员5.9万人。全年完成建筑安装总产值70.8亿元,比上年增长6.9%;完成建筑业增加值27亿元,增长20.1%。全年房屋建筑施工面积1 280.89万平方米,增长75.9%,房屋建筑竣工面积549.59万平方米,增长27.4%。

2009年,黄陂区完成固定资产投资135.55亿元,比上年增长42.1%,其中,城镇50万元以上项目投资75.28亿元,增长35.7%;农村50万元以上项目投资

黄陂区前川街街景　　（蓝海　供稿）

16.39亿元,增长123%;农村私人建房完成投资5.84亿元,增长10.2%。全年房地产开发投资38.05亿元,增长39.4%。

2009年,黄陂区完成社会消费品零售总额83.80亿元,比上年增长22.7%,其中,批发零售贸易业完成零售额77.13亿元,增长23.4%;住宿和餐饮业完成零售额6.67亿元,增长14.4%。

2009年,黄陂区完成外贸出口总值4 260万美元,比上年增长15.4%。全年引进内资项目15个,到位资金15.6亿元,增长33.5%。引进外资项目8个,外商直接投资4 630万美元,增长22.2%。

2009年,黄陂区实现全口径财政收入25.58亿元,比上年增长44.8%,占生产总值的比重由上年的11%提高至11.9%;实现地方财政收入19.44亿元,增长63.5%,其中,地方一般预算收入9.83亿元,增长39.4%。全年地方财政支出33.92亿元(含上级补助和各项专款),增长43.1%。

2009年,黄陂区前川城区基础设施进一步完善。全年投入资金9 451万元,进行了10项市政基础设施建设和园林绿化建设。完成7条泥巴路的改造,共硬化路面1.8万平方米,铺设人行道1.2万平方米,铺设排水管涵2 350米,安装路灯140盏;拆除各类违法建筑物358处,面积11.46万平方米;全区建成区面积达16平方千米。新栽乔木1 887株、大灌木和球形植物1 523株。新建绿地面积4.1万平方米。城乡交通一体化进程明显加快。全年共完成交通基础设施建设投资1.63亿元,比上年增长5.8%,“一桥三路”(双凤大桥、新十公路、黄武公路、锦里沟旅游公路)建设深入推进,295路、298路两条城市公交线路相继开通。420千米通塆水泥路提前建成。

2009年,全区污水处理量315.2吨,污水处理量占污水排放总量的82.3%,化学需氧量减排率2.2%,二氧化硫减排率2.3%,全区交通干线噪声平均值70分贝。城区道路清扫面积130万平方米,垃圾清运量210吨/日(夏季230吨/日),“门前三包”覆盖率96%,环境卫生管理达标率99%;垃圾卫生填埋率100%,垃圾无害化处理率80%。

2009年,黄陂区共有幼儿园36所,在园幼儿6 227人,比上年下降4.5%;小学131所,在校学生4.67万人,下降0.4%;普通中学43所,在校学生5.24万人,下降14.3%;普通中等专业学校1所,在校学生1 782人,增长22.7%;成人中等专业学校1所,在校学生773人,增长66.9%;职业学校1所,在校学生2 305人,增长18.9%;6周岁~11周岁人口入学率100%,12周岁~14周岁人口入学率99.52%。小学在校生无辍学,初中在校生辍学率0.89%;初中生毕业合格率99.85%。高考上省线597人,全区全口径过线率88.4%,过线人数6 893人。年内完成11所农村寄宿学校和7所初中标准化学校建设,高标准建成的黄陂区第一中学盘龙校区投入使用。

2009年,黄陂区共有科研机构30个,全年实施科技项目67个,其中国家级科技项目1个。全年完成企业技术改造投资3.2亿元,比上年增长48.1%;科技三项费用支出1 693万元,增长20.0%。全年登记科技成果16项、专利申请122项。全年完成技术市场合同交易额1 200万元。

2009年,黄陂区有区属文化事业机构5个,其中,文化馆1个,图书馆1个,藏书11万册。全年开展大中型群众文化活动60场(次),观众10万人(次);开展楚剧演出180场,其中送戏下乡120场,演出收入32万余元,观众超过50万人(次)。楚剧《少年花木兰》参加湖北省第四届楚剧艺术节比赛获得奖项24个。全区有线电视用户达14.67万个,已开播45套模拟信号节目、123套数字信号节目。全区广播电视覆盖率、文化市场管理稽查覆盖率、音像制品案件查处率均为100%。

2009年,黄陂区有医疗卫生机构99个(含社区卫生服务中心),其中医院、卫生院19个,医院病床1 960张;卫生技术人员3 595人。平均每千人拥有医生3.19人,拥有医院病床1.74张。全年法定报告传染病登记报告率99.9%,免疫接种率97.3%,达到初级卫生保健规划目标比率100%,食品卫生监督覆盖率100%。

2009年,黄陂区共开展大型群众性体育活动6次,参加活动人员2万人,有40万人参加全民健身活动,占全区人口总数的35.5%。参加市级以上体育竞赛获得金牌35枚、银牌19枚、铜牌20枚。

2009年,黄陂区职工年平均工资21 203元,比上年增长18.1%;城区居民人均可支配收入11 614.5元,增长11.8%;农村居民人均纯收入6 753元,增长12.1%。农村居民恩格尔系数(全部食品支出占家庭或个人全部消费支出的比重)46.45%,比上年下降2.01个百分点,城镇居民恩格尔系数31.43%,增长0.6个百分点。农村居民人均居住面积40.90平方米。每百户农村居民家庭拥有彩色电视机119.09台、固定电话75.45部、移动电话164.55部、电冰箱78.18部、洗衣机63.64台、摩托车39.09辆、空调机30台。城镇居民人均居住面积30.04平方米。每百户城镇居民家庭拥有彩色电视机122台、固定电话96部、移动电话164部、电冰箱86台、洗衣机88台、摩托车20辆、空调机90台。截至年底,城镇居民享受最低生活保障补贴共7 249户,下降4.4%,计1.87万人,下降3.2%;城镇居民最低生活保障费实际发放金额3 257万元,增长22.4%。全区社会养老保险参保人员6.80万人,全年发放养老金2.29亿余元;职工医疗保险参保人员5.74万人;工伤保险参保人员1.02万人;失业保险参保人员2.42万人,全年发放失业保险金30.23万元;生育保险参保人员8 656人。全区人口出率8.23‰,人口死亡率4.95‰,人口自然增长率3.28‰,符合政策生育率96.06%。

【新洲区】 新洲区土地面积1 500.66平方千米,其中耕地面积4.9万公顷。全区户籍总人口990 703人,其中,农业人口766 873人,非农业人口223 830人,有汉、回、土家、苗、壮、朝鲜等23个民族。区辖9个行政街道,3个镇,2个国营农场,1个管理处;63个社区居民委员会,588个村民委员会。

2009年,新洲区完成生产总值201.56亿元,比上年增长15.9%,其中,第一产业增加值29.96亿元,增长1.8%;第二产业增加值95.02亿元,增长23.6%;第三产业增加值76.58亿元,增长12.7%。三次产业占生产总值的比重由上年的19.7:52.6:27.7调整为14.9:47.1:38.0。

2009年,新洲区完成农业增加值29.96亿元,比上年增长1.8%。完成农林牧渔业总产值49.95亿元,增长1.3%,其中,种植业产值26.61亿元,下降27.9%;畜牧业产值13.49亿元,增长0.5%;林业产值4 894万元,增长26.4%,渔业产值9.06亿元,增长14.2%。全年粮食总产量32.91万吨,增长1.5%;棉花总产量9 733吨,下降1.6%;油料总产量4.87万吨,增长4.3%;蔬菜总产量12.11万吨,下降4.8%;生猪出栏21.78万头,增长5.9%;家禽出笼1 095万只,增长5.9%;肉类总产量4.2万吨,增长5.8%;禽蛋产量9.52万吨,增长5.9%;水产品产量9.21万吨,增长5%。年末全区农田有效灌溉面积4.29万公顷,化肥使用量18.72万吨,下降4.3%,农村用电量1.60亿千瓦小时,增长4.3%。全区有乡镇企业5 647个,从业人员14.69万人,全年完成产值27.68亿元,下降5.1%,实现利税12.85亿元,下降7.1%。

2009年,新洲区完成全口径工业增加值65.62亿元,比上年增长53.9%,其中规模以上工业企业(全部国有和年主营业务收入500万元及以上非国有工业企业)完成工业增加值49.63亿元,增长25.2%。完成工业总产值157.56亿元,增长24.7%,其中,内资工业企业完成总产值145.35亿元,增长22.8%,港澳台商投资工业企业完成总产值2.08亿元,增长1.2%,外商投资工业企业完成总产值10.13亿元,增长86.4%,国有控股工业企业完成总产值45.4亿元,增长13%;轻工业完成总产值28.71亿元,增长10.8%,重工业完成总产值128.85亿元,增长26.1%。全年全区工业经济效益综合指数224.1%,工业产品销售率97.3%。

2009年,新洲区有建筑企业45个,从业人员9.8万人。全年完成建筑业增加值42.17亿元,比上年增长21.1%。全年建筑施工企业施工工程质量合格率100%,建筑业劳动生产率3.71万元/人,增长0.3%。全年房地产开发投资17.08亿元,增长26.1%,其中商品房销售额8.29亿元,增长179.2%,商品房销售面积38.61万平方米,增长189.1%。全年建筑企业施工项目142个,竣工项目102个;施工面积1 554万平方米,增长12%,竣工面积1 170万平方米,增长23.3%。

2009年,新洲区完成全社会固定资产投资121.32亿元,比上年增长42.5%,其中,城镇建设投资84亿元,增长32.3%;农村建设投资7.04亿元,增长155.1%;农村私人建设投资13.18亿元,增长147.1%。

2009年,新洲区区属商业企业完成社会消费品零售总额78.95亿元,比上年增长19.1%,其中,批发零售贸易业完成零售额50.92亿元,增长19.1%,餐饮业完成零售额14.21亿元,增长17.5%,其他行业完成零售额13.82亿元,增长29.8%。按经济类型分,国有经济单位完成零售额7.74亿元,增长18.7%;集体经济单位完成零售额5.52亿元,增长19%;私营经济单位完成零售额11.05亿元,增长19.1%;个体经济单位完成零售额39.48亿元,增长21.6%;港澳台投资经济单位完成零售额5 524万元,增长4.5%;其他经济单位完成零售额14.61亿元,增长13.9%。截至年底,全区共有商业个体户1.86万个,从业人员4.56万人,商业私营企业3.01万个,从业人员5.01万人。

2009年,新洲区完成外贸出口总额5 904万美元,比上年下降37.2%。全年招商引资总额2.03亿美元,增长28.5%。全年实际利用外资1.01亿美元,增长18.3%。全区累计批准三资企业85个,其中2009年新增三资企业4个。

2009年,新洲区实现全口径财政收入20.11亿元,比上年增长29.7%,占生产总值比重由上年的10.5%下降至10%;实现地方财政收入12.37亿元,增长32.9%,其中地方一般预算收入7.57亿元,增长21.4%。全年财政支出18.15亿元,增长8.4%。

2009年,新洲区公路里程达2 576.19千米,比上年增长14.6%,拥有等级公路里程达2 554千米,增长17.7%。城区自来水普及率99%。全年城区新增燃气用户806个,农村气化率23.3%。全年植树207万株,市区垂直绿化151平方米。全区新增公共绿地面积1.3万平方米,人均公共绿地面积2.84平方米,建成区绿化覆盖率46.1%。全年治理污染源9项,整治排污口18个。全区区域环境噪声平均值50.0分贝,比上年下降1分贝,交通干线噪声平均值70.6分贝,下降1.1分贝。全年邾城城区清扫面积172万平方米,垃圾清运量167吨/日(夏季179吨/日),“门前三包”责任签订率总评达99%,“门前三包”管理责任落实率80.2%。

2009年,新洲区共有幼儿园57所,在园幼儿11 812人(含学前班945人),比上年增长30.3%;小学88所,小学教学点23个,在校学生43 927人,下降3.7%;初中27所,在校学生35 867人,下降17.5%;普通高中8所,其中民办高中1所,在校学生22 564人,增长0.2%;中等职业学校6所,在校学生11 963人,下降11.4%。6周岁~11周岁人口入学率100%,12周岁~14周岁人口入学率99.4%。小学在校生辍学率0.03%,初中在校生辍学率1.58%。初中生毕业一次合格率98.24%。高考上省线1 120人。全年新建、改扩建中小学校竣工面积3.41万平方米,消除中小学校D级危房面积1.29万平方米。

2009年,新洲区有科研推广机构4个,农业科技专家大院6个,全年实施科技计划项目65个,投资总额800万元。民营科技企业发展到44个,其中2009年新增2个。全年技术市场合同成交额1.52亿元,比上年增长15.0%。

2009年,新洲区有区属文化事业机构6个,其中,文化馆1个,图书馆1个,藏书9.8万册;全年开展大型群众文化活动12项(次)。全区建成有线电视村591个、有线网站23个,开播电视节目频道2个,电视人口覆盖率100%。文化市场管理稽查覆盖率、音像制品案件查处率均达100%。

2009年,新洲区有各类医疗机构505个,其中,区属医疗机构14个,乡镇医疗机构15个,专科医院5个,妇幼保健院1个,医院病床1 528张;卫生专业技术人员3 560人。平均每千人拥有医生1.36人,拥有医院病床1.78张。全年法定报告传染病发病率204/10万,适龄儿童计划免疫接种率98%,食品卫生监督覆盖率100%。

2009年,新洲区共举办区级以上运动会24次,参加活动人员38万人次。体育人口达到49万人,占全区人口总数的

49.5%。组队参加市级以上体育竞赛15个项目800人次,获得奖牌52枚,其中,金牌12枚,银牌19枚,铜牌21枚。

2009年,新洲区职工年平均工资21 166元,比上年增长19.1%,城区居民人均可支配收入11 211元,增长12.1%,农村居民人均纯收入6 778元,增长12.9%。城区居民人均生活费支出6 239元,增长1%,农村居民人均生活费支出4 255元,下降7.1%。城镇居民恩格尔系数(全部食品支出占家庭或个人消费总支出的比重)40.1%,农村居民恩格尔系数43.7%。城区居民平均住房建筑面积79.9平方米,比上年增加5.7平方米,农村居民人均居住面积44平方米,增加1平方米。截至年底,农村居民每百户家庭拥有家用计算机18台、彩色电视机135台、摩托车76辆、电话70部、洗衣机57台、移动电话213部、电冰箱61台。城镇居民每百户家庭拥有家用计算机48台、彩色电视机225台、电话147部、移动电话199部、电冰箱141台、空调机67台。全年城区居民享受最低生活保障补贴共6.99万户,计17.72万人次,分别比上年下降0.7%和0.3%。最低生活保障费实际发放金额2 046万元,增加247.66万元,增长13.8%。全区人口出生率8.53‰,人口死亡率3.97‰,人口自然增长率4.56‰,符合政策生育率95.03%。

(武鉴)

黄石市

【黄石港区】 黄石港区土地面积48.4平方千米,人口23万人。区辖4个街道办事处,1个管理区;38个社区居民委员会。2009年,全区完成生产总值90.50亿元,比上年增长13%;财政总收入5.25亿元,增长3.8%,其中地方一般预算收入2.6亿元,增长10.2%;全社会固定资产投资43.60亿元,增长41.3%。全年完成规模以上工业增加值5.40亿元,增长13.6%,新增规模以上企业16个。

2009年,黄石港区申报湖北省服务业综合配套改革示范区,编制《黄石港区服务业发展规划》,规范武汉路电子产品一条街和黄石数码广场等特色市场。成立区旅游局,完成旅游业发展总体规划,以环磁湖、沿长江为依托的都市休闲旅游业硬件建设步伐加快。黄石鄂东农产品冷链物流中心、武商量贩店等商贸项目竣工营业,艳阳天大酒店、冯四鼎食汇等餐饮企业经营良好,传统服务业不断提升。全年完成第三产业增加值64.53亿元,实现社会消费品零售总额76.11亿元,分别增长13.2%和22.8%。

2009年1月,黄石港工业园被湖北省人民政府批准为省管工业园区,黄石市人民政府成立筹建工作领导小组,落实比照黄石市经济技术开发区的相关政策执行。黄石港(江北)工业园是全市“三园一带”(黄金山工业园区、大冶城西北工业园、阳新城工业园和以黄石港工业园、西塞山工业园、黄石新港物流工业园等为重点的沿江经济带)的重要组成部分,其开发建设正扎实有序推进。

2009年,区属黄石一棉有限公司、黄石康达纺织有限公司等企业基本完成战略性重组,异地重建全面启动,黄石宏扬工贸有限责任公司、黄石一橡厂、黄石印刷总厂等企业政策性破产依法推进。实施改制企业“回头看”工作,帮助第一橡胶厂、黄石印刷公司等企业争取政策性资金1.5亿元。事业单位人事制度改革稳步推进,教师“绩效工资”制度全面实施。强力扩大对外开放,在深圳成功举办“黄石港区投资推介会暨签约仪式”。全年实际利用外资1 300万美元、内资83.20亿元。全年外贸出口5 907万美元,新增外贸出口企业1个。申报国家、省级扶持项目103个,争取各类项目资金1.48亿元。

2009年,全区完成黄石大道绿化景观改造、泛后河堤地区控制性详规等规划方案,华新地块城市设计总体规划进入评审阶段。配合市政府编制武黄城际铁路、磁湖北岸滨水景观、长江沿线滨江景观等事关全区发展的重大项目规划。改造盘龙山路、上港路、砖瓦厂路等8条区间道,完成武汉路、公园路、南京路、芜湖路等主干道道路覆盖沥青施工工程,启动黄石大道北延段改造征地拆迁工作。完成南岳、覆盆山等4个社区环境综合整治工程,新建、改建、扩建楠竹林、富豪等3个农贸市场。江北管理区经济适用房和廉租房建设步伐加快,天舜·金港明珠小区全面建成,全年旧城改造竣工面积22万平方米。创建湖滨中路、湖滨西路、天津路等一批绿化示范路,全年新增绿化面积3.84公顷,完成迎宾大道、黄石大道等干道的立面整治和灯光亮化工程。城区居住环境不断改善。

2009年,全区城区居民人均可支配收入14 967元,比上年增长10.80%。推进创业型城区创建活动,分别在联海集团、黄石数码广场新建下岗职工创业园和大学生创业园,全年新增就业7 072人,增长41.50%。养老保险扩面118%,失业保险扩面110%,城区居民医疗保险覆盖面达80%以上。累计为3.86万户8.99万人发放低保金1 770万元。建立城市困难群体临时救助制度,完善大病医疗救助机制,救助大病医疗困难群众352人次,发放医疗救助88.1万元。社会化养老覆盖面不断扩大,办理居家养老634人次,新建青山湾老年公寓6 400平方米,改扩建老年公寓3所,新增床位390张。完成5个“12343”(黄石市社区服务热线)社区服务中心建设,创建园林式小区3个。2009年,黄石港区再次被国家民政部命名为“全国和谐社区建设示范城区”。

2009年,全区实现高新技术产业产值4.87亿元,比上年增长19%,重新认定国家高新技术企业2个,申报市级以上科技计划项目16个,获湖北省重大科技扶持项目1个、国家中小企业创新基金扶持项目2个,黄石飞云制药有限公司、黄石邦之德牧业科技有限公司被评为湖北省创新型企业,争取科技补贴资金、贷款3 018万元。全年申请专利200件,12个科技企业被命名为市级知识产权示范企业,再获全国科技进步先进城区。

2009年,全区改、扩建2个社区卫生服务中心,规范19个社区卫生服务机构,有效控制甲型H1N1流感、手足口病等传染病。在全市率先成立区级文学艺术联合会。全民健身活动活跃,年内,港区被评为全国群众体育先进单位,在黄石市第八届运动会上获得团体总分第一名。人口和计划生育工作获得全国计生优质服务示范区称号。出台《关于建立健全信访维稳工作机制的实施意见》,在各街办设立矛盾纠纷联调中心,全年解决群众实际问题2 300多件。深入开展社会治安综合治理,组织实施打黑除恶、“百日侦破会战”禁赌风暴等专项行动;健全人民调解网络,调处各类民事纠纷413件。

【西塞山区】 西塞山区土地面积112.4平方千米。全市总人口25.8万人。区辖6个街道办事处;40个社区居民委员会,16个村民委员会。2009年,全区完成地方生产总值91.09亿元,比上年增长3.1%;完成规模以上工业增加值8.04亿元,增长17.8%;固定资产投资39.51亿元,增长58.6%;实际引进外资1 300万美元,增长13.0%;外贸出口1.41亿美元,下降61.1%;社会消费品零售总额40.85亿元,增长15.1%;财政收入4.48亿元,增长20.4%,其中地方一般预算收入2.08亿元,增长25.41%;城镇居民可支配收入12 694元,与上年持平;新增就业人数7 600人;人口自然增长率2.15‰。

2009年,全区坚持"项目入园、产业集聚、科技优先"的原则,按照园区控制性详规和产业发展规划,建立"9+1"项目联审机制,加强入园项目管理。完善招商顾问、招商代表制度,健全"以商招商"网络,推进产业招商,采取政企、区校、区局合作模式,分别与湖北新冶钢有限公司、武汉理工大学、黄石市环保局签订特钢延伸加工园、汽车零部件工业园、医药化工园和模具钢工业园合作共建协议。全年共引进项目32个,总投资78亿元,实际到位资金45亿元。竣工项目有新冶钢273、460钢管、扬子新型建材等8个,开工项目有湖北芳通药业股份有限公司扩建、黄石格茵木塑有限公司等7个,签约项目有凯诚环保公司、铭鸿科技有限公司等10个。

2009年,全区争取市政府明确园区主要基础设施建设投入机制、财税比照黄金山新区执行等政策,工业用地基准地价由1.49万元/公顷下调为7 500元/公顷。成立区投资公司,融资3 000万元,用于园区征地拆迁和还建工程建设。开展园区内建筑物调查评估,掌握园区近4 300户、90万平方米的房屋现状;出台工业园区和大棋路沿线临时建筑管理办法,拆除1万平方米的违章建筑。基础设施建设加快推进,河西大道、大棋路汪棋段竣工通车,三园路拆迁进入尾声,西塞自来水厂的征地工作基本完成,西塞段供排水管网正在铺设,排洪排涝设施不断完善,河西污水处理厂一期已规划定点,6栋5.6万平方米的拆迁还建小区一期工程主体完工。

2009年,全区组织县级干部和区直部门,对32个规模以上企业,开展以"五了解、五帮扶"(区领导和相关部门深入企业,了解资金周转情况,帮企业搞好银企对接;了解产品销售情况,帮企业调整产品结构,开拓市场,搞好产销对接;了解技术创新情况,帮企业及时化解改造升级中的项目、技术、资金、人才等要素制约;了解职工生产生活情况,帮企业解决好职工生活困难问题;了解当年计划安排,帮企业谋划改革发展的思路和措施)为主要内容的服务企业活动,为企业解决各类问题110多个;组织多场招聘会,帮助企业缓解用工难;建立银政企三方合作平台,区政府获金融单位近30亿元意向性授信额,6个商业银行分别与13个企业签订2亿元的贷款协议,较好地缓解企业融资难题。强化科技创新对增强企业竞争力的作用。依托高校科研院所,建立科技创新和技术推广体系,全区8个企业成立了技术中心,15个企业与高校签订战略合作协议,建立锻压等2个博士后产业基地、8个高校实习基地。年内,有9项新技术产品通过国家鉴定,2项新技术产品获湖北省科学进步三等奖。

2009年,全区优化农业产业布局,加快生态农业建设,苗木花卉中心、菊苣等农业产业化项目建成,芦笋、芽菜、食用菌、螃蟹等特、优品种的种养面积进一步扩大。投入近1 400万元,完成乡村通公路56千米。筹措360万元,基本解决河口、西塞1.1万人的饮水安全问题。发放惠农资金215万元,实现农业总产值1.34亿元,农民人平纯收入4 720元,比上年增加364元。

2009年,全区完成黄石大道东段二期道路覆盖沥青施工、李家坊隧道二期及北接线等8个市政重点工程项目的拆迁工作。投入近200万元改造了拥军路、月亮山路等3条街巷道路。东风路拆迁工作全面完成,7栋近14万平方米的还建楼封顶,联合村旧城改造进入尾声,十三排棚户区异地还建工程于年底动工。全年共实施14处房地产开发项目,竣工10万平方米,在建25万平方米。社会保障性住房建设有序推进,800多套廉租房开工建设,146套交付使用。旅游开发扎实推进,全区旅游发展总体规划编制完成,西塞山公园经营权移交新冶钢,黄荆山省级森林公园管理处正式挂牌,修建了上山公路和部分游览小道。节能减排进一步强化,建立节能减排工作目标责任制,全区单位生产总值综合能耗下降5%,化学需氧量下降2.5%,二氧化硫排放量下降8%,全年空气环境质量优良天数达到318天。地质灾害治理力度进一步加大,总投资近5 000万元的板岩山危岩体地质灾害治理工程进展顺利,黄荆山北麓10处开山塘口的生态修复工程全面启动,投入80万元编制完成棉花山等3处灾害点的治理方案。

2009年,全区设立200万元创业专项基金,在全市率先开展以"六街一园"为主体的创业带就业工作,黄厂街、牧羊湖等创业示范街已初具规模,新增经济实体770个、带动就业3 500多人。对全区城市1.5万人、农村1 000人实施最低生活保障,人均补助水平分别提高56元、20元。投入近750万元,城市居民医保扩面进展顺利,医保覆盖面达98%。对1300名身患重病的城乡贫困群众实施医疗救助,救助金额达200万元。

2009年,按照属地管理原则,全区落实安全生产责任制,加大安全生产监管和安全隐患的整治力度。食品药品安全监管工作不断加强,专项整治工作取得阶段性成效。领导干部接访、包案化解矛盾纠纷工作不断加强。投入200多万元,健全"人防、物防、技防"三位一体的社区治安防范网络,建立全天候、立体化巡逻防控系统,全区街面犯罪案件比上年下降37.4%,刑事案件下降3%。

【下陆区】 下陆区土地面积37平方千米。全区人口12万人。区辖3个街道办事处;22个社区居民委员会,16个村民委员会。2009年,全区完成生产总值54亿元,比上年增长20%;完成规模以上工业总产值49.8亿元,39%,完成增加值13.4亿元,增长34%;单位生产总值综合能耗下降5.2%;完成全口径财政收入4.89亿元,增长5.6%,其中地方一般预算收入1.22亿元,增长22%;完成全社会固定资产投资26.7亿元,增长103.8%;实现社会消费品零售总额13.45亿元,增长16.9%;东方山风景区全年接待旅客46万人次,实现门票收入218万元,全区完成旅游收入1.1亿元;完成外贸出口2 628万元;城镇居民人均可支配收入13 575元,增长10.95%;农民人均纯收入达5 450元,增长11%;城镇登记失业率控制在4.4%以内。

2009年,全区经济活力不断增强,大冶有色金属公司再次跻身全国企业500强之列,中铝华中铜业公司产销量逐月递增,部分高端产品实现批量出口。新兴管业生产经营再创佳绩。新冶钢东钢公司生产经营形势好转。十五冶下陆各公司开拓海外市场取得新突破。黄石经纬纺织机械公司主辅分离和经营性资产移交工作顺利完成。规模以上企业达到51个,比上年增加8个;实现高新技术产业产值14.2亿元,增加值达到3.8亿元,增长35.6%;实施市级以上科技项目17个,博士后科技创新项目4个,创建市级工业企业技术中心5个;工业经济效益综合指数达到197.6%,提高26个百分点。加快发展商贸服务业。大型购物、休闲中心等新兴商贸服务业蓬勃发展,第三产业占经济的比重提高2.3个百分点。都市农业稳步发展。积极引导农民调整种养结构,推广先进种养技术10项;发展"农家乐"休闲旅游,江洋顺星山庄建成开业。

2009年,全区邀请各类客商来下陆进行考察,对接洽谈各类重点项目30余个,总投资额达50亿元。其中钢材物流中心、汽车后桥轴承、数字化色差自动检测机、智信彩印、银欣食品、中冶南方友盛气体等11个项目已签约,总投资额近10亿元。11个签约项目中,引资过1亿

下陆区东方山风景区　　（黄石史志办　供稿）

元项目3个、5 000万元以上项目6个、4 000万元以上项目2个、全年实际利用外资完成1 140万美元，增长11.4%。积极融资为企业生产服务、成立黄石长乐投资发展公司，融资达3 000万元。做好政银、银企合作，与中国银行黄石分行签订合同，成功争取总额35亿元的综合授信，各金融机构已为辖区企业提供34.2亿元的贷款支持。

2009年，全区强化项目督办，共实施重点项目建设25个，投资总额达37亿元，其中，工业项目有黄石人本轴承、鑫辉黄铜、银欣食品加工、德顺金属、宏大无缝钢管、20万吨阴极铜、碴缓冷、中冶南方友盛气体、新兴管业、天华塑管等；已竣工投产项目7个。商业项目7个，其中百汇购物广场、金港商贸中心等4个项目主体工程完工。拆迁项目2个；其他项目2个。游客接待中心建设顺利完成，梨花峪景观林建设初见成效。抢抓国家扩大内需政策机遇，申报各类项目45个，争取国家新增投资项目15个，补助资金达8 670万元。全面启动长乐山循环经济工业园区建设，编制完成园区控制性详细规划，启动经济工业园区道路长乐大道建设工作。

2009年，全区共实施大广高速及其连接线、紫新路及铜花北路、快速路三期、长乐大道、106国道下陆段、快速路刷黑、东方大道、谈家山隧道及立交桥、武黄城际铁路等9个重点交通建设项目，完成投资7.5亿元，其中紫新路及铜花北路已竣工通车，快速路道路覆盖沥青施工工程完成，其他7项工程进展顺利。通过实施以上项目，交通状况将得到明显改善，可实现新增通车里程32千米，改造通车里程15千米，维修破损路面1.2万平方米，疏通城市主次排洪沟渠管网5 000米。重点建设项目拆迁稳妥推进，完成东方大道、新兴管业扩能、黄石中专三期、大广高速及连接线、谈家山隧道等重点工程项目拆迁任务，共完成拆迁20万平方米。全年投入资金1 100万元，完成红星农贸市场等3个市场改造，实现新增市场面积4 500平方米。加快保障性安居工程的建设，全年完成经济适用房3万平方米。孔雀苑三期、金花小区、南苑小区、182地质队等经济适用房项目完工；江南建材厂经济适用房建设进展顺利。土地收储工作稳步推进，完成铜花南路西侧（一期）0.22公顷土地收储，下卫地块收储工作规划设计和评估工作已完成。完成背街小巷泥巴路改造9 600平方米，新增绿化面积7.2公顷，新增城区公厕6个。

2009年，全区实施以亮化、洁化、美化为主的环境卫生整治、立面景观整治和127社区整治三大整治工程，完成神牛路口等处3千米亮化景观带建设。完成纺机段、铜花路等处临街立面改造3 500平方米。查处违章建筑行为292件，拆除违章建筑2万平方米，拆除乱搭乱建棚亭102处。查处环境违法案件22件，关闭违反产业政策、未办理环境评审审批违法企业3个，捣毁土法洗金池21个，清除矿土200余吨。投入资金400万元，顺利完成华中铜业公司周边两家污染企业搬迁，对15个重点企业实施排污许可证制度，严格控制主要污染物排放。城区空气质量达到国家二级的天数达到320天，优良率达到90.7%，城区环境质量不断改善。

2009年，全区城镇新增就业3 840人，下岗失业人员再就业1 990人，农村劳动力转移就业550人。社会保障体系进一步健全。全区养老保险新增扩面2 100人，失业保险净增扩面110人，征收失业保险费118万元。在全市率先成立街道社区救助站，发放城镇低保资金1 527万元，农村低保资金36万元。城乡贫困群众大病医疗救助资金98.6万元，加大住房救助力度，对城市低保户和低收入家庭发放住房补贴25万元。下陆区慈善总会成立，募集资金达50万元。建立完善残疾人生活保障体系，为426户残疾人家庭发放了生活保障金，为512名残疾人办理了社会保险。

【铁山区】 铁山区土地面积29.46平方千米。全区总人口7.09万人。区辖2个街道；16个社区居民委员会，5个村民委员会。2009年，全区完成生产总值23.3亿元，比上年增长6.4%；完成规模以上工业增加值5.4亿元，增长22.0%；完成全口径财政收入2.16亿元，增长25.6%；一般预算收入完成8 600万元，增长22.9%；完成全社会固定资产投资13.35亿元，增长37.9%。一批特色景点建成开放，熊家境村评为全市乡村旅游示范点，全年接待游客10万余人次，实现旅游收入500余万元。

2009年，全区组织参加“第四届中部投资贸易博览会”、“鄂港（粤）经贸洽谈会”等重大招商引资活动，成功举办湖北黄石铁山（中山）投资说明会、建区30周年项目推介会、广佛企业家考察团接洽会，接待来考察客商28批130余人次；跟踪联系项目54个，新引进项目15个，总投资32.5亿元。项目建设取得新成效。新开工项目5个，其中投资2亿元的福星铝型材、投资1.2亿元的佳美铝型材等项目相继建成投产。工业园区建设取得新的进展。占地66.67公顷、以机械加工为特色的黄金山铁山工业园区已初具规模，建成标准化厂房3.6万平方米，佳美铝材一期工程竣工投产，石金机械一期工程基本竣工。

2009年，全区筹资3.2亿元，全面完成3条道路、3个社区、蔡家山公园等彩色绿化工程，新增绿化面积20万平方米；全面实施铁山大道、胜利路“穿衣戴帽”工程，推进胜利路、向阳路、广友路3个社区综合整治，粉刷装饰居民住宅楼外墙面积30万平方米；全面实施亮化工程，新装和更新路灯154盏、太阳能庭院灯287盏，新增霓虹亮化点31处；西区路

铁山区大冶铁矿国家矿山公园一角　　（黄石史志办　供稿）

网、东方山景区旅游大道、胜利路延伸及铁路涵洞、蔡家山公园、公交停车场等一批市政工程抓紧施工，完成106国道铁山段拓宽改造10万平方米的拆迁任务。

2009年，全区新增就业4 358人，“零就业”家庭实现动态管理。综合福利院和殡仪服务中心均已按期建成并投入使用。科技自主创新能力进一步增强，企校技术合作领域不断拓宽。加强学校教育管理和校园环境改造，办学条件明显改善，教学质量进一步提高。成功举办建区30周年系列庆典活动，健身器材实现全覆盖，群众性文化体育活动丰富多彩。甲流感防控工作取得阶段性成果，鹿獐山卫生服务中心改扩建工程全面完成。创新计生工作方法，整治出生人口性别比，人口计划生育工作获得全省计生执法十佳县（市）区称号。新农村建设取得新成效，环东方山片村庄整治改造通过省、市验收，木栏地区改水工程竣工运行。继续改善社区基础设施条件，健全社区服务体系，年内，铁山区获得全国和谐社区建设示范城区称号。

【大冶市】　大冶市土地面积1 566.3平方千米，总人口93.77万人，市辖1个乡，10个镇，3个街道办事处和1个国有农场。2009年，全市完成地方生产总值190.26亿元，比上年增长12.1%；规模以上工业增加值80.18亿元，增长26.6%；全社会固定资产投资99.97亿元，增长56.0%；农林牧渔总产值33.1亿元，增长9.1%；地方财政总收入完成18.5亿元，增长2.4%，一般预算收入7.01亿元，增长12.5%；金融机构存款余额134亿元，增长22.7%；贷款余额57.9亿元，增长76.3%；城镇居民人均可支配收入12 035元，比上年增长10.7%，农民人均纯收入5 604元，增长12.2%；全市实现社会消费品零售总额73亿元，增长24.7%；居民消费价格总指数98.8，下降1.2%。

2009年，全市粮食总产量27.5万吨，比上年增长5.9%，油料总产量3.6万吨，增长0.2%，生猪出栏50.77万头，增加2.47万头，肉鸡出笼1 327万只，增加217万只，肉鸭出笼380万只，增加343万只，禽蛋产量2.3万吨，增加2 300吨。农业产业化进程加快，优势农产品基地建设取得新成效。全市共引进农产品加工项目15个，总投资13.78亿元，全年农产品加工总产值53亿元，初步形成畜禽、水产、粮油、风味食品四大生产加工产业集群，其中黄石劲牌有限公司被评为国家重点龙头企业、黄石灵溪风味食品公司被评为省级龙头企业，23个企业被评为黄石市龙头企业，全市农业龙头企业全年收购各类农产品11万吨，带动3万户农民增收致富。突出特色、品牌、规模，发展畜牧、水产、花卉苗木、优质粮油四大优势主导产业。畜牧业建万头猪场8个，生猪“150”（全封闭式猪舍，建有自动饮水设施，设置化粪池、沼气池。）、“600”模式127户、207栋，年出笼肉鸡20万只以上的养殖小区25个，年出笼肉鸭20万只以上的养殖小区65个。水产品年生产能力达到7万吨。已建成花卉苗木基地和林业生态庄园30个，规模达到2 333.33公顷。优质粮油面积达到2万公顷。按照“民办、民管、民受益”的原则，发展各类农民专业合作社69个，农村合作协会15个，参与社员1.2万余人，带动农户1.8万个，全年共组织销售各类农产品6万吨。

2009年，全市农民转移增收步伐加快，劳务经济由数量型向质量效益型转变。全市培训农村劳动力2.3万人（次），帮助转移就业1.5万人（次），全市在外农村劳动力达13.65万人，形成商贸、建筑、石雕、园林古建4大劳务品牌。积极帮助返乡创业农民协调落实有关扶持政策，优化创业环境，并对有关安置农民工就业的企业，外出务工经商人员回归创业，给予50万元的奖励性补贴。全市有280余名外出务工、经商人员回乡创业，投资总额达5.9亿元，带动3 485人就业。农村改革发展步伐加快，农村公益性服务新机制进一步完善。全市通过转包、出让、互换、出租、入股等多种方式，流转土地1 333.22公顷，累计流转面积6 193.33公顷，占全市耕地面积的17.0%。集体林权制度改革主体任务基本完成，对3.77万公顷林地进行了勘界

大冶市爱国主义教育基地——南山火金公祠
（黄石史志办　供稿）

确权,并进入颁证建档阶段。农村公益性服务"以钱养事"新机制进一步完善,完成了全市农村公益性服务中心主任任期经济责任审计和换届工作,实施了严格的合同管理和年度考核。国有农牧渔良种场改革逐步深入,对8个国有农牧渔良种场人员状况进行了全面摸底,建立了职工养老保险体系。抢抓大冶市被列入湖北省村级公益事业建设"一事一议"财政奖补试点县市的契机,申请财政奖补资金1 060.5万元,有290个行政村的40.24万人受益。

2009年,全市新农村试点示范建设步伐加快,村庄整治有序推进。围绕"村庄整治村、产业基地村、扶贫帮困村"三种类型,按照"打造示范村、建设生态村、营造特色村"三种模式驻村帮扶,全市投入帮扶资金592.76万元,新建一批基础设施和产业基地,有力促进了驻点村的发展。全市31个村庄整治试点,按照"走硬化路、喝标准水、上无害化厕、住整洁化房"的要求,大力开展村庄整治工作,试点村面貌焕然一新,初步建立了清洁乡村长效机制。灵乡镇被认定为省级新农村试点镇。编制完成了灵乡镇、大箕铺镇总体规划、实施方案和年度计划,启动了一大批基础设施、村庄整治和产业基地建设项目。大冶市加快统筹城乡发展工作的经验,得到中共湖北省委、湖北省人民政府的充分肯定,并在全省新农村建设现场会上进行介绍和交流,灵乡镇宫台村和还地桥镇秀山村,被评为湖北省村级集体经济发展先进村,保安镇农科村和殷祖镇新屋下村,被评为湖北省第二批新农村建设示范村。

2009年,全市农村公共事业发展加快,农民享受政策普惠。全市发放粮食直补、良种补贴等各类惠农补贴7 769万元,农民人均增加现金收入122元;启动了3 730多公顷高产农田建设示范、茗山基本农田土地整理工程;争取国家资金1.16亿元,启动15座水库除险加固工程;落实水库移民政策,投入资金723万元,完成移民后帮扶项目61处;建设农村安全饮水工程18处,解决5万人口饮水安全问题;改造灌渠13.4千米,完成20处28千瓦以上重点泵站更新改造,新(扩)建山塘25口,清淤护砌门口塘282口;新建沼气池983口、沼气服务网点7处、养殖小区沼气工程5个;新购置农业机械1 646台(套);兴建农家店80个。大力推行新型农村合作医疗,农民参合率95%,新建和改造100个村级卫生室。着力实施文化惠民工程,改建乡镇综合文化站4个,新建农家书屋90个,新建农民体育健身场所60处,新添体育健身器材篮球架和乒乓球桌60套,下乡免费放映数字电影4 350场。

2009年,全市以城市转型为抓手,以协调服务为重点,以经济效益为中心,促进工业经济持续快速发展。组织市领导联系11个行业36个重点企业,帮助企业排忧解难。建立项目协调例会制度,解决60多个企业的200多个问题。积极争取县域经济发展专项资金3 000万元,及时缓解23个企业资金周转压力。帮助13个企业进行技术改造,技改总投入4亿元。大力实施重点企业培育工程和中小企业成长工程,规模以上工业企业净增36个,达到192个,实现销售收入218.46亿元,比上年增长28.4%,实现利税20.64亿元,下降7.24%,利润10.3亿元,下降15.1%。全员劳动生产率18.78万元/人,增长0.2%。重点企业支撑作用进一步显现,劲牌有限公司实现产值25亿元,增长22.5%。大力实施精品名牌战略,斯瑞尔换热器、楚仙鱼面被评定为"湖北名牌产品",全市有9个省级名牌产品。

2009年,全市一批重点项目顺利推进,对投资增长起到较强的支撑作用。成美建材新型干法水泥生产线、群力机械、科技创业园、徐风环保设备、天天红食品等项目基本建成,华祥二期、雨润二、三期、合兴纺织、紫山科技、期瑞尔换热器、劲牌三期、立峰纺织、利达整染、登峰二期、宏力数控机床、奥格力有机肥等项目开工建设,并在抓紧实施。城南污水处理厂、尖峰余热发电等项目建成完工,长江饮水延伸工程、城区排水工程、华润天然气、劲牌能量系统优化工程等项目正在抓紧实施。招商引资和项目建设取得新突破,全市招商引资项目183个,实际利用市外资金46.1亿元,比上年增长33%。外贸出口完成1 225万美元,增长52.6%。抢抓扩大内需的机遇,积极争取项目资金,全市共争取上级扶持项目41个,落实无偿资金9 002万元,争取国家资源枯竭城市转移支付资金1.1亿元。相继引进山力板带、雨润国际广场和华润燃气等一批资金过1亿元项目,全市建成项目373个,总投资52.65亿元,在建项目492个,计划投资172.2亿元。城北新区、灵成工业园建设快速推进,城北新区累计投资15亿元,共拆迁房屋75万平方米,新区"四纵四横"路网已基本形成,各项配套设施同步推进,开工建设还建楼40万平方米,已建成29万平方米,新区已建成41万平方米的标准厂房,引进项目41个,建成投产项目6个,在建项目24个。灵成工业园入驻企业36个,开工项目42个,总投资30亿元。陈贵、还地桥、保安、金湖等乡镇(街办)工业园区建设取得新进展。

2009年,全市完成城市总体规划修编、城西北片区控制性详规调整、大冶市生态公园规划、熊家洲片区概念性规划和110个村庄规划的编制工作,启动106国道罗桥段和快速路至青龙路的城市设计、城市三维模型制作、环三里七湖概念性规划编制工作。城乡基础设施建设加快推进,大冶一中地下通道、图书馆南侧消防通道、新华路改造、世纪林改造、城区排水管网改造和破损路面维修等工程已完成,河金省道、还黄线、灵金线、金井路、红保线、金湖大道续建等工程进展顺利,罗桥高速客运站、保安客运站建设加快推进,大金公路收费站通过回购经营权后予以拆除。全市新建房屋面积84万平方米,建筑业实现产值22亿元。

2009年,全市教育工作取得新进展,城乡免费义务教育全面实施,全市小学入学率100%,初中入学率98.45%,中考报考率87.1%,高考本科上线3 759人,上线率达55.6%。全市撤并中小学20所,投入资金1012万元,完成校舍维修改造项目13个。公共卫生防疫和农村基层卫生保障体系不断完善,甲型H1N1流感、手足口病等突发公共卫生事件防控工作取得明显成效。人口和计划生育工作稳步推进,全市出生人口10 251人,人口自然增长率4.5‰,出生人口性别比为100:125,完成湖北省和黄石市下达的人口计划生育工作目标。广播电视"村村通"工程扎实推进,完成182个50户以上自然村"村村通"工程。铜绿山古铜矿遗址管理权实现顺利接交,市文物管理局挂牌成立,市档案馆晋升为国家二级综合档案馆。加快科技创新,实施重点科技项目10项,开发科技新产品9个。

2009年,全市实现新增就业9 013人,下岗再就业6 751人,转移农村劳动力1.5万人。新增社保扩面3万人,征收社保费2.32亿元,按时足额发放社会保障资金2.06亿元。农村低保基本实现应保尽保,城市低保由月人均210元提高到260元。全市新建廉租房1.13万平方米,新建经济适用房6.2万平方米,发放租赁补贴213万元。城市供水、公交的服务能力和水平,得到进一步改善和提高。

2009年,全市开展"五小"(小煤矿、小炼油、小水泥、小玻璃、小火电)企业集中整治行动19次,取缔关闭"五小"企业59个,对157个"五小"企业实行停产整改。节能减排取得新进展,全市万元GDP能耗下降5.1%,规模以上工业增加值能耗下降6.2%,重点耗能企业产值能耗下降7.8%,二氧化硫排放量削减5 742吨,化学需氧量排放量削减565吨。

【阳新县】 2009年,阳新县土地面积2 780平方千米。全县总人口101.14万人。县辖16个镇、4个国营农场(管理区)、1个煤炭开发管理区、1个生态旅游风景区、1个工业园区。

2009年,全县完成地区生产总值107.35亿元,比上年增长11.3%。第一产业完成增加值22.02亿元,增长10.5%,对经济增长贡献率为10.7%,拉动国民经济增长1.45个百分点;第二产业完成增加值45.74亿元,增长8%,对经济增长贡献率为45.4%,拉动国民经济增长6.18个百分点;第三产业完成增加值39.59亿元,增长15.8%,对经济增长贡献率43.9%,拉动国民经济增长5.97个百分点。三次产业结构比为20.5:42.6:36.9。

2009年,全县规模以上工业增加值24.98亿元,比上年增长18.6%;财政收入7亿元,增长11.6%,其中地方一般预算收入3.61亿元,增长27.1%;全社会固定资产投资69.05亿元,增长47.8%;农民人均纯收入4 118元,增长12.5%。

2009年,全县居民消费价格总水平累计平均比上年上涨0.5%,"八大商品(项目)"价格呈现"五升三降"格局,其中烟酒及用品类上涨2.3%,衣着类上涨3.9%,医疗保健和个人用品类上涨2.2%,家庭设备用品及维修服务类上涨2.8%,居住类上涨0.7%;食品类下降0.2%,娱乐教育文化用品及服务类下降1.5%,交通和通信类下降1%。

2009年,全县完成农林牧渔业总产值35.40亿元,比上年增长9.7%。完成农林牧渔业增加值22.02亿元,增长7.7%,其中,种植业增加值9.19亿元,增长10.7%;林业增加值1.18亿元,增长66.1%;牧业增加值3.86亿元,增长21.7%;渔业增加值7.64亿元,增长1%。全年各种农作物播种面积12.36万公顷,增长4.4%,其中,粮食作物播种面积6.88万公顷,增长5.4%。全年完成造林面积2 020公顷,增长51.8%。全年粮食总产量33.42万吨,增长6.4%;油料总产量3.94万吨,增长15.9%;棉花总产量3 400吨,增长13.1%;麻类总产量6 200吨,下降11.3%。全年生猪出栏41.12万头,增长10.6%;猪肉产量3.04万吨,增长10.6%。家禽出笼217.47万只,增产4%。水产品产量8.34万吨,增长11.1%。全县拥有农业机械总动力32.10万千瓦,增长14.6%。农村用电量2.88亿千瓦时,下降4.3%。全年化肥施用量2.20万吨,下降3.5%;有效灌溉面积1.86万公顷,增长5.6%;旱涝保收面积1.41万公顷,增长5.9%。机电排灌面积1.18万公顷,增长0.2%。

2009年,全县规模以上工业总产值74.29亿元,比上年增长13.5%。规模以上工业增加值24.98亿元,增长23.0%。在规模以上工业总产值中,轻工业增长18.1%,重工业增长12.4%;国有控股企业增长10.1%,内资企业增长12.2%。全县共有129个规模以上工业企业,增加24个,其中,内资企业127个,港澳台商投资企业1个,外商投资企业1个。中型企业10个,小型企业119个。全县规模以上工业产品销售率达到95.9%,实现利润总额2.01亿元,下降26.4%。企业亏损额1.38亿元,比上年减少亏损额2129万元。实现利税总额6.09亿元,增长11.9%。全年累计生产矿铜1.86万吨,增长71.6%;发电量8 913万千瓦小时,增长35.8%;原煤91.62万吨,增长73.1%。部分产品产量有所回落,原铝2.34万吨,下降70.9%,水泥360.2万吨,下降8.5%。资质以上建筑企业全年完成建筑业产值6.45亿元,增长25.5%,房屋建筑施工面积87.44万平方米,增长28.4%,房屋建筑竣工面积60.29万平方米,增长20.5%。全社会建筑业实现增加值1.68亿元,增长19%。

2009年,全县社会固定资产投资达到69.05亿元,比上年增长47.8%,其中城镇以上固定资产投资完成57.84亿元,增长50.2%。全县施工固定资产投资项目达到483个,增加53个,增长12.3%。其中3 000万元以上项目15个,新开工项目5个,完成投资4.16亿元,增长39.0%。全年完成工业投资27亿元,增长26.3%。全年完成基础设施投资1.86亿元,增长45.0%,完成房地产开发投资2.73亿元,增长15.7%。全县国有投资21.63亿元,增长69.1%。国有投资占城镇固定资产投资比重达到37.4%,上升4.1个百分点。非国有投资45.55亿元,增长33.2%。非国有投资所占比重为78.7%,仍是投资的主体。

2009年,全县社会消费品零售总额49.87亿元,比上年增长27.6%。在消费品零售总额中,城市的零售额25.20亿元,增长33.6%,农村的零售额24.67亿元,增长22.0%;批发零售贸易业实现零售额40.11亿元,增长26.6%,住宿餐饮业实现零售额6.82亿元,增长40.7%。全年实际利用外资1 665万美元,增长64%。全年出口总额758万美元,下降25%。招商引资完成总额20.03亿元,增长14.5%,增幅比上年提高2.3个百分点。

2009年,全县完成旅客运输量816万人,比上年增长5.6%;货物运输量586万吨,增长7.3%。旅客周转量5.25亿人千米,增长8.9%;货物周转量3.47亿吨千米,增长10.4%。交通建设投入资金1.8亿元,重点实施河金省道、阳枫省道、朱黄县道等改建工程,新增通村水泥路254千米。大广、杭瑞两条高速公路征迁工作全面完成。全年完成邮电业务总量9 405万元,增长12.6%,其中,邮政业务总量3 225万元,增长44.7%;电信业务总量6 180万元,增长1.3%。全年国内旅游人数40.2万人次,增长21.5%;国内旅游收入1.02亿元,增长54.5%。

阳新县网湖湿地保护区中的野生鸟类　　　　（黄石史志办　供稿）

2009年,全县实现财政总收入7亿元,增长11.7%,地方一般预算收入3.61亿元,增长26.9%。地方财政总收入占国民生产总值的比重为3.4%。全年地方税收收入完成2.17亿元,增长27.7%。税收占地方一般预算收入的比重达到60.1%。全年财政支出19.16亿元,增长48%。全县金融机构人民币各项存款余额69.81亿元,增长25.4%,其中,企业存款余额14.35亿元,增长27%,城乡居民储蓄存款余额46.17亿元,增长21.4%。金融机构人民币各项贷款余额19.88亿元,增长37.8%。保险业累计实现保费收入1.08亿元,增加1 331万元,其中寿险业保费收入占总累计保费收入76.3%;保险业累计赔付支出2 121万元,增加275万元,赔付率为19.6%。

2009年,全县在校学生20.62万人,其中普通中等职业教育在校生4 100人,普通中学在校生7.04万人,普通小学在校生13.17万人,在园幼儿8 000人。6 965万元"普九"债务全部化解。全县第十三届中学生运动会在黄颡口成功举办。全年申报各类科技项目32项,其中,国家级5项,省级6项,市级21项;已立项13项,其中,国家级2项,省级3项,争取上级科技经费260万元,高新技术企业产值达到6亿元。国家中小企业创新基金项目实现零的突破,湖北驰顺化工有限公司和华丰化工有限公司两个化工企业共获得无偿资助130万元中小企业创新基金。湖北阳新远东麻业有限公司和黄石富川油脂有限责任公司两个公司被湖北省科技厅认定为全省100个农业科技创新示范龙头企业之一。

2009年,全县有艺术表演团体1个,文化馆1个,公共图书馆1个,博物馆1个;电视台1个,电视站20个,有线电视用户69.46万户,广播综合人口覆盖率为96.5%,电视综合人口覆盖率为95.8%。广播电视"村村通"用户新增3 500户。年末全县有卫生机构25个,其中医院、卫生院25个,妇幼保健院1个,疾病预防控制中心1个。卫生技术人员3 061人,其中执业医师和执业助理医师919人,注册护士781人。医院和卫生院拥有床位2 055张。全年新建农家书屋70个。

2009年,全县城镇居民人均可支配收入9 983元,比上年增长11.1%;人均消费性支出7 855元,增长9.7%;人均住房建筑面积达到30.08平方米。全年农村居民人均纯收入4 029元,增长10.1%;人均生活消费支出3 593元,增长13.3%;人均住房面积达到36.59平方米。全年社会保险净增参保1.32万人,其中,养老保险净增参保4 618人,参保人数达到7.69万人;失业保险净增参保163人,参保人数达到2.32万人;医疗保险净增参保2 529人,参保人数达到5.69万人;工伤保险净增参保3 857人,参保人数达到4.03万人;生育保险净增参保2 037人,参保人数达到2.45万人。组织劳动力培训1.8万人次,新增城镇就业6 122人,农村劳动力转移就业1.4万人。参加新型农村合作医疗人数达到70.18万人,比上年增加1.07万人。居民最低生活保障已保人数达到6.3万人,其中城镇居民低保1.5万人。

2009年,全县共出生人口10 217人,出生率为10.28‰;死亡人口4 149人,死亡率为4.18‰;人口自然增长率为6.1‰。

(黄石史志办　供稿)

鄂州市

【鄂城区】 鄂城区国土面积586平方千米,其中耕地面积1.23万公顷。全区总人口33.09万人。区辖9个镇,1个乡,1个省级开发区;107个村民委员会。

2009年,全区完成生产总值51.02亿元,比上年增长18.7%。实现财政总收入5.17亿元,增长22.9%。完成全社会固定资产投资58.4亿元,增长42.7%;社会消费品零售总额34.5亿元,增长19.7%。

2009年,鄂城区农村经济稳步发展,农业综合生产能力进一步提高,实现农业增加值12.65亿元,比上年增长6.3%。加大支农惠农政策的落实力度,累计发放粮食直接补贴、良种补贴、农资综合直接补贴等各类补贴资金1 426万元。加大农村基础设施建设投入,开工建设各类水利工程项目437个,开挖改造灌溉水塘113个,建设沼气池1 042个,完成村组公路120千米。争取上级资金,实施杜山、泽林、长港高产农田示范项目和沙窝、燕矶低丘岗地改造项目,完成黄山、黄龙、白龙、夫子岭、白雉山5座小型水库除险加固工程和石桥水库后期移民扶持项目,全面完成沙窝赵寨村自备水源和花湖自来水加压站建设等农村安全饮水工程余留项目,实现全区农村饮水安全工程全覆盖,农村生产生活条件得到改善。加大农业产业结构调整力度,新增3个水稻、油菜标准化生产示范片、6个农民专业合作社、10个万只鸡场、203栋"150"模式猪舍,兴办长港千亩名胜花卉苗木基地、沙窝千秀谷生态园、黄龙水库网箱养殖鳜鱼、鲌鱼基地等38个特色规模种养基地。完成退耕还林补植补造13 733公顷,改造低产林266.7公顷,建设长江防护林146.7公顷、血防林200公顷,集体林权制度改革全面完成。推广新品种,应用新模式,全区良种覆盖率达到80%。

2009年,全区工业经济平稳增长,实现规模以上工业增加值28.3亿元,比上年增长36.7%。主动应对国际金融危机对工业企业生产经营带来的严重冲击,扶持骨干企业和支柱产业挖潜增效。协调组织银行行长"进企业、访客户、解难题"活动,大力争取中小企业技术改造和高新技术产业化贷款贴息资金,支持湖北银龙管业有限公司、湖北世纪新峰水泥集团、湖北长江容器机械厂、湖北江燕港船有限公司等骨干企业技术改造扩大规模,投入工业技改资金5.6亿元,比上年增长46%。大力实施中小企业成长工程,加快工业项目建设,经省级认定的规模以上工业企业达到176个,新增规模以上工业企业26个。全区工业经济保持平稳增长。

2009年,全区对外开放引资成效明显。采取切实有效措施,加大招商引资力度,以"深耕广东、开发江浙"为重点,组织小分队赴江苏、浙江、北京、天津、广东、黑龙江、上海、山西、福建等地开展招商活动30余次,组团参加2009鄂京(环渤海地区)经贸合作洽谈会、2009鄂港粤经贸洽谈会、深圳投资说明会等大型经贸洽谈活动,在东莞举办了鄂城投资项目推介会。招商引资工作势头良好,全区招商引资在建项目101个,到位资金28.77亿元,其中结转项目28个,新开工项目73个。进一步完善和落实对全区92个重点项目挂点联系制度,全力加快项目建设进度,全区新建成投产项目25个,投资13.5亿元的湖北星丰金属资源有限公司、投资1亿元的湖北银龙管业有限公司三期工程、投资1.5亿元的黄土咀铁矿采选项目、投资1.1亿元的鄂州长江压力容器有限公司三期工程、投资1.5亿元的湖北金宏信置业有限公司等14个过1亿元项目开工建设,增强发展后劲。

2009年,全区城乡建设展现新貌。坚持统筹发展,先行先试,典型示范,加快城乡一体化建设。积极支持花湖工贸新城项目融资,共投入资金5 800余万元,完成部分基础配套设施建设,增强新城的吸引力和承载力。加快推动鄂城新区建设,基本完成新区概念性规划编制,完成注册资金5 000万元的新区城市投资开

在鄂城区模具厂打工的农民　　（方仲华　摄）

发公司登记注册，融资工作有序推进。全面启动长港城乡一体化示范区建设，取得明显成效。深入开展“清洁乡村、美化家园”活动，全面实施100个村庄的整治工程，村湾面貌得到明显改善。扎实推进农村新社区（新村）试点建设，先后启动13个农村新社区（新村）试点工作，新村住宅房集中建设工程开工，总面积9.58万平方米。

2009年，全区社会更加和谐稳定。完善社会保障和救助体系，全区共有1 725户4 650人享受城镇最低生活保障，5 132户9 640人享受农村最低生活保障，新建、改建农村低保户危房130户，建设廉租住房402套，新型农村合作医疗参合率达到96.24%。加强就业服务，完成农村劳动力转移就业技能培训、“阳光工程”、“雨露计划”培训1万余人次，城镇登记失业率控制在4%以内。加大扶贫开发力度，贫困村人均增收220元，减少农村绝对贫困人口1 410人。加大投入，加快社会事业发展。筹资1 632万元兴建寄宿制学校9所、维修中小学教学楼27所，基本完成普九债务化解，义务教育阶段教师绩效工资全面实施。改建扩建乡镇卫生院5个，新建、扩建村级卫生室39个。新建、改建乡镇中心文化站6个，新建“农家书屋”54个，农民体育健身工程实现行政村全覆盖。实施国家级科技项目4个、省级科技项目8个，实现高新技术产业增加值4.3亿元，增长25.84%。人口计生工作新机制基本建立，人口出生率为10.19‰，出生人口政策符合率为94.01%，出生人口性别比回落0.83个单位值，兑现计划生育奖扶资金116.2万元，惠及1.31万人。人口自然增长率4.57‰，出生人口性别比100: 115.76。

【梁子湖区】 梁子湖区土地面积500平方千米，其中耕地面积1.28万公顷。全区总户数4.32万户、总人口17.44万人。区辖5个乡镇；86个村民委员会。

2009年，全区完成地区生产总值15.1亿元，比上年增长10.8%；人均生产总值8 483元，增加611元；累计完成全社会固定资产投资14.3亿元，增长45.3%；实际到位招商资金9.04亿元，增长35.1%；财政收入自建区以来首次突破亿元大关，实现1.05亿元，增长17.0%。

2009年，全区完成农林牧渔产值26.28亿元，比上年增长37.2%。其中，农业产值7.03亿元，林业产值2 500万元，牧业产值6.26亿元，渔业产值12.63亿元。全面启动“双退工程”，沿湖18米水位线以下的退田还湖，2级以上提水岗地退耕还林。“水产大区”创建进一步深入，三大规模养殖带已经形成，“吨鱼万元”（亩产1吨鱼，收入1万元）精养比例不断上升，继武昌鱼之后，梁子湖大河蟹又成功打入北京、香港市场。林果产业加速发展，太和镇盈益花卉有限公司等企业完成扩规333.33公顷，全区引导民间投资造林2.33万公顷，66.67公顷以上的造林大户达20余个，造林面积为历年之最。全区1万只以上家禽养殖户超100个，家禽出笼239万只，生猪出栏近30万头。农业产业化进程加速，凤凰天豫薯业、梦天湖农业发展公司成功晋级省级重点龙头企业，胡柚、红薯种植面积均超过3.33万公顷，投资1.5亿元的万亩蓝莓种植基地成功落户涂家垴镇，带动就业千余户。

2009年，全区完成工业增加值4.61亿元，比上年增长11.9%，全区规模以上工业企业（全部国有和年主营业务收入500万元及以上非国有工业企业）新增3个，总数达到24个，规模以上工业完成增加值5 358万元。全区工业以资源节约、清洁生产为导向，推进农副产品深加工和非金属系列化开发。湖北凤凰天豫薯业有限公司重组后，投资1亿元改造生产线，实现年产值6 500万元；鄂州宝丰金属棉制品有限公司项目全面投产，系列产品打入加拿大、韩国等海外市场；湖北瑞华制药有限责任公司顺利通过国家GMP（药品生产质量管理规范）二次认证，李氏水产品加工项目建成投产，胡柚果蜜茶、红尾鱼罐头等一批体现梁子湖特色的农副产品在市场享有较高声誉。非金属矿加工产业克服金融危机影响，实现增长。鄂州宏顺德耐火材料有限责任公司新项目建成投产，鄂州市启迪矿业有限公司、鄂州市富湖矿业有限公司、鄂州市清源净水有限公司等企业抢抓扩大内需的政策机遇和原材料价格回落的市场机遇，调整产品结构，扩大市场占有率。全年完成政策性项目14个，投资总额1.75亿元。太和港大桥建成启用，全长6.3千米的刘（河）李（铁铺）线建成通车。争取湖北联合发展投资有限公司的战略协作，启动梧桐湖新区开发，一次性通过新区六个规划的评审，投资2.7亿元的凤凰大道等四条主干道正在加紧建设，投资35亿元的梧桐湖体育运动休闲公园等7大项目同时开工。

2009年，全区创新招商模式，引进项目29个，协议投资32.2亿元，其中沼山成大制衣项目一期工程已经建成，直接提供就业岗位千余个。继续实施梁子湖生态修复等五大环保工程，第五期拆围行动清除18处围栏共1 060公顷，依法关停7个违法排污的小冶炼厂，建成乡镇一级A排放标准的梁子岛污水处理厂，梁子湖水域Ⅰ、Ⅱ类水质达到85%。生态旅游产业向纵深发展，投资1.7亿元全面改造梁子岛旅游基础设施，梁子岛湖滨文化广场等8大工程全部竣工，梁子岛景区顺利升至4A级，梁子村被评为湖北省首批旅游名村。全年旅游接待58万人次，增长11.5%；旅游综合收入2.58亿元，增长17.3%。梁子湖区获得2009年度全省旅游发展先进县（市、区）称号。

2009年，全区扎实推进城乡统筹建设，4个特色镇、百里长港示范区内的5个社区、28个重点村相继实施了规划定位、公共设施、村庄整治、选址新建等4大类项目,完成投资5 500万元。大力推进城乡交通一体化,全区新建通村公路120千米,公路通车里程达到745千米,农村公路在通村达湾基础上,开始加强道路养护、景观绿化。继续实施城乡供水一体化,太和自来水厂整体移交鄂州市玉泉自来水有限责任公司并与市区主管网联网,新铺设通村自来水管网1.7万米,建设集中井137口,解决3.7万人饮水安全问题。全年共筹集资金8 890万元,用于文教卫等社会事业。教师绩效工资顺利发放,完成6所寄宿制学校建设和年度学校布局调整,"普九"化债在全市率先完成。完成6个卫生院改建扩建和13个村级卫生室改造。落实新型农村医疗保险补助700余万元,惠及2.6万人次。科技创新深入推进,顺利通过了全国县(市、区)科技进步考核,沼山油茶标准化栽培示范基地入选"2009年全国科普惠农兴村计划"。太和文化中心建成启用,10个文化建设示范村各具特色,新建成57个"农家书屋"。农民人均纯收入4 779元,增长11.8%。全年安排城乡最低生活保障、医疗救助、三农保险、抗灾救灾等资金1 600余万元,全区五保户集中供养率达61%,新型农村医疗保险缴费3 719万元,参保率达85%,提高4.6个百分点;城镇职工基本养老保险扩面征缴完成市级任务的104%。全年共发放小额创业贷款1 000万元,2 031万元的粮食综合直接补贴资金直接发放到3.7万余农户,发放家电、汽车(摩托车)下乡补贴309万元,拉动社会消费2 680万元。全年净增人口1 025人,人口自然增长率为5.7‰。

【华容区】 华容区国土面积408.5平方千米,其中耕地面积1.31万公顷。全区总人口19.89万人。区辖华容、段店、庙岭3个镇和蒲团、临江2个乡,83个村民委员会。

2009年,全区完成国民生产总值30.5亿元,比上年增长17%。固定资产投资37.36亿元,增长45%。出口创汇1 790万美元,增长77%。财政收入2.19亿元,增长28.5%,财政收入占国民生产总值的比重为6.87%。

2009年,全区工业经济逆势增长,骨干企业支撑作用明显。规模以上工业企业新增10个,达到77个,实现增加值11亿元,比上年增长67.5%,创税8 000万元,增长53.3%。湖北枫树线业有限公司持有的"枫树"商标,被国家工商总局商标评审委员会认定为中国驰名商标,这是华容区获得的第一枚中国驰名商标。1月6日,华容区在上海举办"鄂州上海乡友会成立暨华容区(上海)招商引资项目投资说明会"。4月28日,华容区在合肥举办"武汉新港三江港区华容铁路产品经济园项目推介会"。先后联系接待单位考察60多批次,形成有投资意向的重点跟踪项目24个。全年共实施1000万元以上项目63个,总投资36亿元,实际到位资金19亿元,增长35%。纳入全市"百个亿元考核项目"库的7个项目完成投资10.5亿元,超额完成市下达的目标任务。争取中央及省级投资计划重点项目13个,到位资金2.6亿元。

2009年,全区完成基础设施投资1.9亿元,连续第三年保持高额投入。全力搞好(武)汉黄(石)城际铁路、(武)汉鄂(州)高速公路建设华容区域内的征地、拆迁等协调服务工作。火车站进站公路主车道等新建、改造工程相继完工,新建通村公路60公里。启动4个变电站建设,其中1个投入使用。总投资9 773万元的低丘岗地改造、高产农田示范区及土地整理项目已全面开工,一期投资6 765万元的南渍湖泵站更新改造工程进入实施阶段。

2009年,全区社会事业取得长足进步,投资1 364万元的6所寄宿制中学改造完工、1所寄宿制小学建设已经启动。投资2 350万元的华容人民医院项目建设进展顺利,争取国家扩大内需资金50万元的临江卫生院门诊综合楼扩建项目完工,城乡医疗保障标准和财政补助水平不断提高,甲型H1N1流感得到有效防控。投资1 467万元的296套廉租房建设工程进展顺利,投资170万元的华容福利院扩建项目完工。新建农家书屋50个,完成村级信息资源共享工程。健全应急管理体制机制,筹资120万元建设三级行政服务体系。建立了困难职工帮扶中心,新增就业岗位1 100个,帮助1 500名农民实现培训转移就业。大力加强消防基础设施和消防队伍建设,新增市政消防栓18具,成立庙岭镇政企专职消防队。投入41万元,在5个乡镇共安装28个消防探头,建成主控室和分控室4个。城镇居民人均可支配收入12 270元,增长14%;农村居民人均纯收入5 705元,增长11.2%。全年出生人口2 130人,人口出生率10.71‰,死亡率7.4‰,人口自然增长率3.31‰。

孝感市

【孝南区】 孝南区土地面积1 020平方千米。全区总人口83.86万人。区辖8镇4街3乡2个办事处及1个省级经济开发区,共有行政村439个,社区50个。

2009年全区完成地区生产总值77.49亿元,比上年增长15.3%,其中,第一产业增加值16.37亿元,增长6.1%;第二产业增加值22.33亿元,增长18.4%;第三产业增加值38.79亿元,增长17.3%。一、二、三次产业结构为21.1∶28.8∶50.1。

2009年,全区完成农林牧渔业总产值30.37亿元,比上年增长7.3%,其中,种植业产值15.36亿元,增长4.8%;林业产值1 498万元,增长4.4%;牧业产值6.92亿元,增长15.8%;渔业产值7.35亿元,增长5.2%。粮棉油产值6.81亿

华容区枫树线业有限公司工人正在生产　　(徐森林　供稿)

孝南区孝感人民广场　　（孝感史志办　供稿）

元，增长23.3%；多种经营产值22.98亿元，增长4.1%。全年农作物种植面积7.38万公顷，增长2.5%。粮、棉、油、蔬菜等农产品产量稳步增长，其中全区粮食总产量23.36万吨，增长6.9%。生猪出栏25.51万头，增长16.5%；大牲畜出栏9 894头，增长0.2%；家禽出笼590.81万只，增长20.0%；生猪存栏16.7万头，增长3.9%；各类肉产量2.94万吨，增长18.6%；鲜蛋产量1.2万吨，增长8%；水产品产量5.13万吨，增长10.4%，淡水养殖面积1.13万公顷，增长2.1%。

2009年，全区完成全部工业增加值12.68亿元，比上年增长21.3%。其中，规模以上工业企业完成增加值10.37亿元，增长28.9%。在规模以上工业中增加值中，国有企业完成增加值5 934万元，增长45.4%；股份制企业完成增加值4.53亿元，增长67.5%；外商及港澳台投资完成增加值4.76亿元，增长2.1%；其他经济类型完成增加值4 948万元，增长94.4%。全年全区新增规模以上工业企业34个，创历年新增规模工业企业个数之最，总数达到102个。全年规模以上工业实现主营业务收入33.19亿元，增长26.4%。规模企业实现利润总额3.16亿元，增长82.6%。在五大支柱产业中，生活用纸产业完成产值14.1亿元，被列入湖北省重点产业集群。

2009年，全区完成财政总收入5.8亿元，比上年增长36.4%。其中地方一般预算收入3.16亿元，增长33.6%。各项税收收入1.9亿元，增长36.8 %。实现财政支出9.21亿元，增长31.5%，其中，教育支出2.46亿元，增长38.6 %；社会保障和就业支出2.13亿元，增长58.4%；医疗卫生支出5 795万元，增长12.8%；农林水事务支出8 291万元，增长41.8%。全区各项存贷款余额（含市直）338.53亿元，增长30.4%，其中，存款余额222.05亿元，增长29.0%；贷款余额116.48亿元，增长33%。

2009年，全区完成社会消费品零售总额41.45亿元，比上年增长21.3 %，其中，城区零售额25.89亿元，增长22.0%；农村零售额15.56亿元，增长20.0%。在国家扩大内需宏观政策的引导下，家电下乡活动共销售各类家电产品3.48万台套，实现销售收入7 303万元，兑付补贴资金742.8万元，有力地促进了农村市场的发展。按行业分：批发业零售额15.3亿元，增长21.0 %；零售业零售额32.62亿元，增长21.2 %；住宿餐饮业营业额7.28亿元，增长21.3 %；其他零售额276万元，增长24.9 %。

2009年，全区城镇居民人均可支配收入达13 562元，比上年增加1 143元，增长9.2%；城镇居民人均生活消费支出9 949元，增加1270元，增长14.6%；全区农村居民人均纯收入达5710元，增加576元，增长11.2%；农村居民人均生活消费支出3 485元，增加57元，增长1.7%。

2009年，全区出生人口8 370人，人口出生率9.98‰，死亡人口2 191人，人口死亡率2.61‰，人口自然增长率7.37‰。

【孝昌县】　孝昌县土地面积1 217平方千米。全县总人口65.48万人。县辖12个乡镇和1个省管经济开发区、1个国家4A级生态旅游区；共有445个村民委员会，3 518个村民小组；16个居民委员会。

2009年，全县生产总值为48.39亿元，比上年增长15.1%，其中，第一产业增加值16.49亿元，增长6.3%；第二产业增加值13.12亿元，增长26.6%；第三产业增加值18.89亿元，增长14.8%。一、二、三次产业结构由上年的34.6∶25.6∶39.8调整为34.1∶26.9∶39。

2009年，全县完成农业总产值28.77亿元，比上年增长12.9%。实现种植业产值13.23亿元，增长9.5%，占农业总产值46%；林业产值3 528万元，下降8.5%，占农业总产值1.2%；牧业产值13.09亿元，增长37.9%，占农业总产值1.2%；渔业产值1.83亿元，增长23%，占农业总产值6.3%；农林牧渔服务业产值2 800万元，增长17.4%，占农业总产值1%。全年粮食产量29.22万吨，增长7.1%；油料产量2.96万吨，增长3.1%；蔬菜瓜果产量（含西瓜）22.73万吨，下降9.2%；水果产量5.52万吨，增长9.1%。年末牲猪存栏31.04万头，增长14.1%；大牲畜存栏7.30万头，增长6.5%。全年牲猪出栏32.72万头，增长12.02%；大牲畜出栏1.30万头，增长7.7%。肉类总产量达到5.20万吨，增长23.3%；禽蛋产量2.83万吨，增长7.2%；家禽存笼为706.42万只，增长24.6%，家禽出笼1 250.58万只、增长15.7%。全年水产品产量1.25万吨，增长25%。

2009年，全县工业经济得到快速发展，全年新增规模以上工业企业32个，规模以上企业达到78个。完成全口径工业增加值8.99亿元，比上年增长29.9%，其中规模以上工业增加值6.17亿元，增长49.4%。全县规模以上工业企业实现主营业务收入18.32亿元，增长69.8%；实现利润总额7 979万元，增长130.4%；工业产品销售率达到96.5%，下降1.6个百分点。全年建筑业实现总产值11.17亿元，增长21.3%。累计实现建筑业增加值4.71亿元，增长36.6%。

2009年，全县全社会固定资产投资43.02亿元，比上年增加15.41亿元，增长55.8%。其中城镇以上投资完成32.00亿元，增长65.9%；房地产开发投资2.21亿元，增长31.9%。年内施工项目154个，全部投产项目125个。全县城镇基础设施投资实现17.53亿元，农林牧渔业实现4.97亿元，制造业实现8.71亿元，交通运输、仓储和邮政业完成2.77亿元，水利环境公共设施管理业完成8.75亿元。

2009年，全县完成社会消费品零售总额22.08亿元，增长20.9%。全县居民消费价格指数为98.7%，价格指数水平下降1.3个百分点。全年商品零售价格指数为98.1%,下降1.9%;完成外贸出口创汇672.2万美元,增长15.2%。

2009年,全县完成财政收入3.02亿元,比上年增长50.3%,其中,实现地方一般预算收入1.94亿元,增长48.3%;社保基金收入5 080万元,增长29.5%。实现税收收入总量2.15亿元,占地方财政总收入的71.3%,增长55.0%,全县全年地方一般预算支出6.73亿元,增加1.18亿元,增长21.3%。年末全县金融机构各项存款余额为41.37亿元,增加7.50亿元,其中城乡居民储蓄存款余额31.74亿元,增加5.82亿元;金融机构各项贷款余额12.25亿元,增加2.10亿元。

2009年,全县出生人口6 919人,出生率为10.6‰;死亡人口3 273人,死亡率为4.99‰,人口自然增长率为5.61‰。

【云梦县】 云梦县土地面积604平方千米。全县总人口60.63万人。县辖9个镇,3个乡;270个村民居委会,24个社区居民委员会;2 329个村民小组,143个居民小组。

2009年,全县完成生产总值87.02亿元,比上年增长15.3%,其中,第一产业18.50亿元,增长5.8%;第二产业36.38亿元,增长21.6%;第三产业32.14亿元,增长13.7%。三次产业结构比由上年的22.7:41.0:36.3调整为21.26:41.81:36.93。

2009年,全县完成农业增加值18.50亿元,比上年增长5.8%。实现农业总产值34.79亿元,其中,种植业产值16.18亿元,林业产值2 800万元,牧业产值14.12亿元,渔业产值3.62亿元,农林牧渔服务业产值5 900万元。全年粮食总产量23.96万吨,增长3.3%;棉花(皮棉)产量2 341吨,下降18.3%;油料产量1.84万吨,下降1.8%;蔬菜产量63.45万吨,增长7.3%。全年造林面积1020公顷,减少8.8%;花卉园艺面积72公顷,增长13.7%。生猪出栏40.54万头,增长10.2%;家禽出笼1447.67万只,增长13.1%;禽蛋产量5.04万吨,增长4.8%。水产品产量3.38万吨,增长8.6%。拥有农业机械总动力21.52万千瓦,增长5.35%,农业机械综合水平达73%。全年兑现农机补贴713万元,增长210%,新增各类农机具692台套。对蔬菜、粮食、畜禽、林业、劳务、农业机械服务6大产业实行项目管理,劳务经济、农业机械化服务走在全省前列。加强农业基地和特色板块建设,云梦县成为湖北省首个蔬菜标准化生产示范县、湖北省马铃薯重点生产大县、孝感市休闲渔业养殖先进县。湖北省云梦龙云蛋白食品有限公司成为省级龙头企业,湖北富苑科技有限公司被评为全国十佳苗圃、云梦县三邑水产养殖厂被国家渔业局确定为省级良种示范场。完成了府南泵站改造等一批重点水利工程,实施了3 333.33公顷高产农田建设示范工程项目。

2009年,全县工业坚持以产业为支撑、品牌为载体、项目为抓手,建成了一批以富思特集团聚酯薄膜、中国盐食品科技园为代表的高科技、高效益项目。全县实施投资过1 000万元项目80个,其中过1亿元的项目17个,当年建成项目50个,完成投资33亿元,强力支撑了云梦县经济增长。全年实现规模以上工业总产值116.63亿元,比上年增长28.7%;实现销售收入114.48亿元,增长28.1%;利润总额2.62亿元,增长4.5%。建筑业稳步发展,全年完成建筑业增加值2.86亿元,增长17.9%。资质等级以上建筑企业完成建安产值7.15亿元,增长8.3%。

2009年,全县完成全社会固定资产投资50.18亿元,比上年增长55.85%,完成财政收入4.72亿元,增长18.1%。招商引资20.33亿元,增长25.0%。全年外贸出口额594.2万美元,比上年减少335.8万美元,降低36.1%。

2009年,全县社会消费品零售总额42.04亿元,增长20.9%。物价水平小幅回落。居民消费价格总指数99.2(以上年同期为100)。农业生产资料价格指数100.4。

2009年,全县城镇居民人均可支配收入12 137元,比上年增长9.2%。农村居民人均纯收入5 998元,增长10.7%。云梦县获得“全国科技进步先进县”称号,通过验收成为国家级新农村电气化建设示范县。全县人口出生率11.16‰,人口死亡率4.04‰,人口自然增长率7.12‰。

【大悟县】 大悟县土地面积1 979平方公里。全县总人口633 140人。县辖3个乡,14个镇;362个村民委员会。

2009年,全县完成生产总值58.88亿元,比上年增长13.4%;全社会固定资产投资44亿元,增长55.8%;社会消费品零售总额28.86亿元,增长21%;财政收入4.18亿元,增长31.9%,其中地方一般预算收入2.31亿元,增长35.1%;城镇居民人均可支配收入11 422元,增长10%;农民人均纯收入3 844元,增长11.4%。农业生产全面丰收,粮食、油料连续6年增产,特别是板栗、花生、茶叶产量大幅增长,市场价格逐步回升,成为农民增收的主要来源。县属工业逆势增长,新增规模以上工业企业11个,完成规模以上工业增加值6.3亿元,增长43.4%。旅游产业起步良好,新四军第五师纪念馆正式开馆,成功举办李先念同志诞辰一百周年纪念邮票首发式,中原突围纪念馆、三里茶叶生态公园等旅游项目加紧建设,新城江冲村入选全省旅游名村。

2009年,全县组织编制了脱贫奔小康试点工作总体规划和专项规划,全面启动了“三线两区”和99个试点村建设,扎实开展了“三清三整”活动,探索建立了“户保洁、组收集、村转运、镇处理”的卫生保洁机制,初步形成了畈地连片、镇村一体、公司联村、流域整体开发4种模

畅通的云梦道路 (孝感史志办 供稿)

大悟县全貌　　（孝感史志办　供稿）

式，试点工作得到中共湖北省委、湖北省人民政府的充分肯定。新城"1+3"镇村一体和吕王、黄站"畈地连片"示范区建设扎实推进，江冲新居民点、刘河粉丝加工园区建设效果较好，城关、大新、三里、河口、夏店等乡镇试点工作力度较大。乡村两级产业发展意识明显增强，农业特色板块基地开发掀起高潮，新建和改造板栗、茶叶、药材基地5 333.33公顷，种植花生2万公顷，发展养殖小区15个。全县被列入国家绿色食品花生标准化生产示范区，大悟寿眉、悟道茶业两家企业成功入选"湖北绿茶第一方阵"，"大悟绿茶"被评为湖北省十大名茶，三里城镇积极争创"鄂北茶叶第一镇"，芳畈竹林、三里柏园、宣化玄坛、吕王大岗、丰店燕窝等村基地开发力度较大。农村基础设施建设加快，完成"一建三改"6 470户，解决安全饮水6万人，新建通村公路313千米，改造中低产田1 133.33公顷，扩建增容乡镇变电站6个，实现77%的村通宽带、92%的村通有线电视。

2009年，全县项目建设的力度和强度超历史。全县完成城镇50万元以上项目投资36.5亿元，比上年增长62.8%，其中投资过1 000万元项目达到94个，增加26个。争取国家和省各类项目532个，资金7.6亿元，其中国家扩大内需项目87个，净投资1.1亿元。重大项目建设进展顺利，石武铁路客运专线大悟段完成货币工程量25亿元，仙居顶风力发电场实现并网发电，麻竹高速公路大悟段开工建设。新增财力大部分用于改善民生。全年县级财政新增民生投入3 455万元，占新增财力的73.5%。逐步建立十大社会保障救助体系。全县新增城镇就业6 852人，帮助下岗失业人员再就业2 199人，培训转移农村劳动力5 192人。新增"五项社会保险"9 637人，征收社保基金9 358万元，增长17.3%。新型农村合作医疗和城镇居民基本医疗保险覆盖面分别达到95.3%和87%。3.08万名农村困难群众纳人低保。建设廉租房3.2万平方米、经济适用房1.1万平方米，农村特困户危房改造1 920户。

【汉川市】　汉川市土地面积1 663平方千米。全市总人口1 120 888人，辖1个街道办事处、1个经济开发区、1个开发总公司、1个实业总公司、6个乡、14个镇、4个国营农（养殖）场。

2009年，全市完成国内生产总值165.81亿元，比上年增长16.4%，其中，第一产业增加值为32.63亿元，比上年增长1%；第二产业增加值为85.94亿元，增长25.2%；第三产业增加值为47.24亿元，增长10.1%。一、二、三次产业比由上年的21.50:49.05:29.45调整到19.68:51.83:28.49。全市人均生产总值1.68万元，增长16.4%。

2009年全市完成农业总产值55.98亿元，比上年增长12.4%，其中，粮棉油产值14.45亿元，增长14.68%；多种经营产值41.53亿元，增长11.74%；多种经营产值占农业总产值的比重为74.2%。全市积极落实各项惠农政策，发放粮食直补资金1 142万元，水稻良种补贴969万元，落实农机购机补贴922万元，生产资料综合直接补贴3 985万元。大力发展农村产业化，坚持用工业理念谋划农业发展。积极发展生态休闲特色农业，开发特色基地6 660多公顷，引进旅游农业项目6个，协议投资10.8亿元。传统作物科技结构调整优化，多种经营发展良好。全年粮食播种面积7.35万公顷，增加4 450.27公顷，全年粮食总产4.60万吨，增长7.7%；棉花种植面积1.49万公顷，减少2 664.73公顷，棉花总产1.86万吨，增长27.9%；油料总产量44 967吨，增加9 342吨，增长26.2%；林业产值为7 144万元，增长2.4%；畜牧业产值为16.66亿元，增长17.8%；渔业产值为12.59亿元，增长8%。植树造林121.99万株，森林覆盖率17.1%。生猪出栏46.03万头，增长15.3%。家禽出笼3 540.06万只，增长25.3%。禽蛋产量3.01万吨，增长3.7%。水产品产量13万吨，增长8%，其中鲜鱼产量11.77万吨，增长5.6%。

2009年，全市完成工业增加值8.23亿元，比上年增长26.0%。全市规模以上工业企业（国有工业企业和年销售收入在500万元及以上非国有工业企业）有263个，实现产值250.63亿元，增长33.1%，其中，省属工业实现产值21.94亿元，增长17.6%；市属工业实现产值228.69亿元，增长34.8%。实现工业增加值75.22亿元，增长34.9%。在规模以上工业企业中，全市国有工业，实现产值13.92亿元，增长19%；股份制工业实现产值188.40亿元，增长35.6%；外商及港澳台投资工业实现产值298.80亿元，增长19.9%；高新技术产品产值40.45亿元，增长23.31%。全年完成工业销售收入244.45亿元，增长32.68%，其中市属工业完成销售收入222.9亿元，增长34.41%。实现利润14.1亿元，增长68.91%。规模以上工业企业产品结构进一步优化，产销衔接状况良好，全年金属制品增长19.8%，纺织服装增长24.7%，食品医药包装增长54.9%，发电量增长17%。建筑业改革步伐进一步加快，招投标制度、质量监理制度进一步完善，建筑市场管理进一步规范。全市资质以上建筑企业完成增加值3.63亿元，增长7.5%。

2009年，全市完成固定资产投资67.24亿元，比上年增长52.5%，其中市属经济完成投资60.56亿元，增长50.5%。全社会完成固定资产投资额占

汉川市区鸟瞰 （孝感史志办 供稿）

生产总值比重40.6%。全社会固定资产投资中，城镇50万元以上项目完成投资57.72亿元，增长53.9%。全年市政建设总投资近3 513.3万元，新修城区街道1.44万米，新增绿化面积7.6万平方米。建成区面积20.2平方千米，建成区绿化覆盖面积204公顷，城市人均公共绿地面积5.0平方米，居住面积33.6平方米，农民人均居住面积38.69平方米，城市化进程进一步加快。

2009年，全市完成财政收入10.13亿元，比上年增长14.1%。地方一般预算收入5.02亿元，增长19%。实现财政支出12.3亿元，增长22.5%，收支基本平衡。年末金融机构各项存款余额95.9亿元，增长30.1%；全年社会消费品零售总额84.44亿元，增长20.9%。全年外贸出口创汇达到6 611.5万美元，下降19%；全年居民消费品价格总指数99.7%，商品零售价格总指数为100%，农业生产资料价格总指数为99.6%。

2009年，全市出生人口14 530人，人口出生率13.0‰；迁入7 161人，迁出7 760人，暂住人口7 070人。年平均人口1 113 354人；人口自然增长11 025人，人口自然增长率5.75‰。

【应城市】 应城市土地面积1 103.38平方千米，其中耕地面积3.76万公顷。全市总人口680 957人。市辖5个街道办事处、10个镇、1个良种场、1个经济开发区，414个行政村(居民委员会)，3 253个村(居)民小组。

2009年，全市完成生产总值100.76亿元，比上年增长14.1%，其中，第一产业实现增加值24.11亿元，增长5.7%；第二产业实现增加值42.54亿元，增长18.6%；第三产业实现增加值34.10亿元，增长14.7%。一、二、三次产业比重由上年的24.6∶41.8∶33.6调整为23.9∶42.2∶33.9。财政收入占GDP比重7%，下降0.2个百分点。

2009年，全市完成农业总产值46.92亿元，比上年增长10.2%，其中，农业产值19.15亿元，增长7.4%；林业产值5 079万元，增长4.3%；牧业产值16.36亿元，增长6.4%；渔业产值10.23亿元，增长24.5%；农林牧渔服务业产值6 711万元，增长1.5%。多种经营产值37.03亿元，增长9.6%；多种经营产值所占比重达到78.9%，下降0.5个百分点。农作物总播面积9.57万公顷。全年粮食产量37.52万吨，增长2%；全市建成万亩糯稻示范片2处；棉花产量4 741吨，下降3.9%；油料产量3.44万吨，增长16.2%；蔬菜产量53.96万吨，下降0.1%；水果产量1.7万吨，增长5.8%。人工造林面积2 013.6公顷，增长1.5%；育苗面积180公顷，减少6.7%；成林抚育面积5 700公顷，减少0.8%。主要林产品产量75吨，减少44.4%；茶叶224吨，减少14.5%。大牲畜存栏41 108头，增长12.7%；生猪存栏35.55万头，增长17.4%；生猪出栏42.18万头，增长11.8%；应城市永盛畜牧有限责任公司被确定为国家和湖北省活口生猪储备肉出口基地。家禽出笼1 500.86万只，增长13.8%；禽肉产量2.17万吨，增长13.8%；禽蛋产量8.09万吨，增长5.8%。淡水养殖产量面积10 917公顷，增长15.7%。水产品产量5.10万吨，增长10.6%，其中淡水养殖产量4.57万吨，增长10%。

2009年，全市规模以上工业企业(国有和非国有年销售收入500万元以上工业企业)达到148个，比上年增加18个，增长13.8%；盈利100万元以上企业90个，增加18个，增长25%。实现规模以上现价工业总产值126.21亿元，增长20.6%，其中驻应中省属企业实现产值22.56亿元，下降0.4%；市属企业实现产值103.65亿元，增长26.3%。在市属工业企业中，市直工业实现产值28.24亿元，增长8.2%。全年实现规模以上工业增加值40.98亿元，增长21%。规模以上工业企业经济效益综合指数达到236.24%，提高18.24个百分点。全员劳动生产率18.52万元/人，产品销售率100.61%。主要工业产品产量为纤维石膏57.53万吨，纯碱128.78万吨，氯化铵133.4万吨，原盐328.36万吨，膏粉74.93万吨，啤酒1.93万千升，药用瓶塞39.94万只，水泥53.09万吨，棉纱7 100吨，面条5 192吨，大米10.3万吨，服装469.32万件。

2009年，全市完成全社会固定资产投资56.21亿元，增长22.5%，其中城镇以上项目完成投资47.4亿元，增长21.6%。在全部投资中，农村50万元以上项目完成投资4.51亿元，增长13.8%；城镇50万元以上项目完成投资44.23亿元，增长20.9%；完成商品房销售额4.09亿元，商品房销售面积达到26.12万平方米，增长2.1%。

2009年，全年实现社会消费品零售总额51.07亿元，增长20.7%，全年接待国内旅游100.5万人次，其中汤池温泉接待75万人次，增长5.1%。全年完成出口创汇2 178.66万元，下降25.9%；其中三资企业完成出口创汇65.63万美元，下降18.2%。市场物价趋于回落。全市商品零售价格总指数98.5%，回落7.3个百分点。鲜菜、蛋品、粮食等主要生活消费品价格涨幅均超过8%以上。全年居民消费价格总指数为99.3，农业生产资料价格总指数为98.4%。

2009年，全市完成财政总收入7.04亿元，增长8.3%；完成地方一般预算收入4.17亿元，增长21.9%。全市金融系统各项存款余额累计81.52亿元，增长

19.2%,各项贷款余额累计达到51.61亿元,增长43.4%。

2009年,全市人口自然增长率3.3‰,计划生育率97.44%。

【安陆市】 安陆市土地面积1 355平方千米。全市总户数20.08万户,户籍总人口63.04万人。市辖9个镇,4个乡,2个办事处,1个省级开发区。

2009年,全市实现地区生产总值75.07亿元,比上年增长15.1%,其中第一产业增加值19.89亿元,增长5.8%;第二产业增加值22.78亿元,增21.5%;第三产业增加值33.40亿元,增长15.9%。一、二、三次产业结构比例由上年的27.3:29.4:43.3调整为26.5:30.4:43.1。

2009年,全市完成农林牧渔业总产值35.30亿元,比上年增长8.4%,其中,农业总产值12.59亿元,增长3.7%;林业总产值4 292万元,增长2.1%;畜牧业总产值19.18亿元,增长5.8%;渔业总产值2.10亿元,增长2.5%;农林牧渔服务业总产值9 980万元,增长4.2%。全年农作物播种面积7.43万公顷,增长4.1%。其中,粮食播种面积5.15万公顷,增长2.7%;棉花播种面积893.33公顷,下降14.5%;油料播种面积1.11万公顷,增长12.4%。全年粮食总产36.77万吨,增长4.1%;棉花产量1 028吨,增长3.1%;油料产量2.14万吨,增长21.3%。;全市水产放养面积5 866.67公顷,实现水产品产量2.12万吨,增长23.2%。全年生猪出栏79.2万头,增长9.5%;家禽出笼1 044万只,增长15.9%;禽蛋产量3.88万吨,增长7.6%;牛出栏3.02万头,增长6.6%;羊出栏8.88万只,增长8.8%。全市建成各类养殖小区45个,被湖北省人民政府命名为“全省畜牧大县”,畜牧产业园被确定为湖北省9个农业产业化示范园区之一。对10个水库进行除险加固,新建骨干塘堰310口,新增蓄水能力560万立方米,完成土地整理项目2个、农业综合开发项目2个,被国土资源部和农业部表彰为“基本农田保护先进单位”。全市流转土地3 066.67公顷,新登记注册农民专业合作社17个。全年向农民发放政策性补贴6 269万元。

2009年,全市完成全口径工业增加值19.89亿元,比上年增长21.9%。其中规模以上工业实现增加值17.55亿元,增长28.9%。全市规模以上工业实现主营业务收入42.02亿元,增长27%;实现利税2.39亿元,增长23.2%;实现利润1.36亿元,增长37.3%。工业经济综合效益指数为166.5%,比上年提高16.4个百分点。全市规模以上工业企业133个,比上年增加19个。销售收入过1亿元企业10个,比上年增加2个。

2009年,全市完成固定资产投资48.93亿元,比上年增长45.3%,其中,城镇以上投资完成39.86亿元,增长49.9%;农村50万元以上项目投资5.2亿元,增长14.7%;农村私人投资3.8亿元,增长51.5%。房地产开发投资4.65亿元,增长43%。全年城镇50万元以上投资(含房地产)施工项目121个。

2009年,全市完成财政收入3.61亿元,比上年增长13.0%。全市金融机构各项存款余额70.97亿元,增加10.73亿元,其中,企业存款余额10.22亿元,增加9 400万元;居民储蓄存款余额54.78亿元,增加9.34亿元。全市金融机构贷款余额38.44亿元,增加6.48亿元。

2009年,全市完成社会消费品零售总额40.8亿元,比上年增长20.9%。居民消费价格指数99.6%,全市商品零售物价指数98.4%,农业生产资料价格指数96.8%。

(程林章 贺耀松 杨炬)

安陆市区远眺 (孝感史志办 供稿)

黄冈市

【黄州区】 黄州区土地面积353平方千米,其中耕地面积10.61千公顷。全区总人口38.5万人。区辖3个镇,1个乡,4个街道办事处,1个火车站经济开发区;116个村民委员会,17个社区居民委员会。

2009年,全区完成国内生产总值48.68亿元,比上年增长14.8%。其中第一产业增加值7.85亿元,增长6.6%;第二产业增加值18.93亿元,增长24.2%;第三产业增加值21.9亿元,增长9%。一、二、三次产业比由上年的16.3:36:47.7调整为16.1:38.9:45.0。

2009年,全区完成农业总产值12.17亿元,比上年增加1.07亿元,增长9.6%,其中,种植业产值6.45亿元,增长11.6%;畜牧业产值1.93亿元,增长21.3%;渔业产值3.51亿元,增长15.4%。全年农作物总播种面积3.08万公顷,其中,粮食种植面积1.41万公顷,油料种植面积4 500公顷,棉花种植面积4 430公顷,蔬菜种植面积6 890公顷,水果种植面积200公顷。全区粮食总产7.01万吨,增长6.9%;油料产量6 200吨,减少6%;棉花产量3 700吨,增长0.2%;蔬菜产量21.31万吨,增长10.3%;水果产量1 300吨,减少31.5%。全年生猪存栏8.14万头,增长19.7%。肉类总产量9 300吨,增长43.0%。禽蛋总产量3 514吨,增长13.1%。新建精养渔池水面147.33公顷,水产品总产量4.02吨,增长2.1%。年末耕地面积1.66万公顷,水田4 930公顷。有效农田灌溉面积7 570公顷,占耕地面积的71.3%。全区新增蔬菜种植面积689.33公顷,完成成片植造经济速生林1 408公顷。全年化肥施用量2.16万吨,减少2.9%。农村用电量1.28亿千瓦时,增长8.3%。塑料农膜用量323吨,减少10.5%,农用柴油用量1 584吨,农药使用量803吨,年销售收入500万元以上的乡镇民营企业发展到79个,增加18个。

2009年,全区完成工业投资21.64亿元,实现工业增加值15.29亿元,比上年增长34.5%,工业占国民经济比重31.4%,比上年增长3.5个百分点。全区规模以上工业企业发展到110个,增加10个。全年规模以上工业增加值达到14.85亿元,增长22.6%。规模以上企业实现产品销售收入43亿元,产品销售收入率98.1%,工业效益总指数177.99%。其中产值过1亿元企业发展到15个,比上年增加5个,其中3个企业产值过2亿元。全社会完成固定资产投资35.5亿元,增长53.5%。实现全口径财政收入4.33亿元,增长23.4%。完成社会消费品零售总额43.58亿元,增长8.3%。外贸出口1.17亿美元,增长15.8%;直接利用外资1 226万美元,增长132.2%。

2009年,全区各类在建项目307个。其中新开工项目202个,投产项目162个。新引进投资过500万元项目68个,协议投资总额30.5亿元。其中过1亿元项目6个,新开工和续建招商引资项目73个,完成投资7.8亿元。全年共落实项目资金2.23亿元。争取国家第四批扩大内需项目30个,中央预算内投资7 782万元;黄州区人民医院急救中心、中医院医技楼、火车站污水处理厂、新区污水处理厂管网、通村公路等6个项目到位资金均在1 000万元以上。续建和新开工国家投资项目49个,完成投资2.32亿元,其中交通建设投入9 300多万元,新建通村公路152.3千米。新增各类金融机构贷款4亿多元。举办首届银企对接联谊会,落实企业融资1.76亿元。为13个企业争取县域经济发展专项资金2 700万元。黄州区国有资产经营投资公司注册资本扩大到1.5亿元,累计融资1.2亿元。黄州区开源中小企业信用担保公司注册资本扩大到3 560万元,累计为企业提供担保及委托贷款近2 000万元。全年新注册个体私营企业271个。

2009年,全区新增就业岗位4 116个,开展各类培训66期,培训人数8 897人,转移农村劳动力8 489人;安排公益性岗位237个,五项保险(社会养老保险、医疗保险、工伤保险、生育保险、失业保险)扩面1.02万人,五项保险费征收1.34亿元。企业离退休人员人均年增养老金1 200元,全区参加各类社会保险人数达13.9万人,支出社会保险金1.23亿元。参加新型农村养老保险2 055人,参加被征地农民养老保险5 053人。全区共有城镇低保对象2.06万人,月人均补助水平比上年提高25元;扩面后的农村低保对象达到5 589人,月人均补助水平提高9.17元。全年发放低保资金2 546.6万元,发放医疗救助资金282万元;全区农村拆除新建和维修改造危房500户。为3 118户住房困难家庭发放廉租住房租赁金507.2万元。投入资金1 100多万元,完成堵城镇叶路洲农电网改造和供水工程。完成教育项目建设投入2 000万元。全区有专业艺术表演团体1个,文化馆1个,博物馆1个,纪念馆1个。新建"农家书屋"40个,新建、改建扩建禹王、路口、堵城等乡镇综合文化站3个,完成文化信息资源共享工程黄州区支中心和4个乡镇服务点、52个村级服务点建设和4个行政村省级"农民体育健身工程"。全年送戏下乡160场、送电影下乡1 380场,举办社区"大家乐"10场次。争取卫生基础设施建设项目19个,区人民医院整体迁建开工,新建、改扩建赤壁社区卫生服务中心和6个社区卫生服务站及陈策楼、陶店、南湖、路口4个乡镇街道卫生院和13个村级卫生室。全年共为参合患者报销医药费1 755万元。新建卫生厕所2 700个、户用沼气池3 000个、抑螺防病林306.67公顷,免费救治晚期血吸虫病患者29人。实施"家电下乡"工程,农民领取补贴资金487万元。新增农民专业合作社21个,全区共计35个。新发展个体工商户2 755个,在册个体工商业主总数达1.56万个。

黄州大道滨水景观区　　　　（黄冈史志办　供稿）

2009年,全区人均地区生产总值18 360元,比上年增加2 045元;城镇居民人均可支配收入13 634元,增长13.6%;农民人均纯收入5 399元,增长10.3%。居民消费价格涨幅控制在3%以内,城镇登记失业率控制在4.5%以内。全区森林覆盖率16%,单位生产总值能耗下降4%,化学需氧量排放量下降2.5%,二氧化硫排放量下降0.8%。城镇居民住房人均使用面积46.58平方米;农村居民住房人均使用面积55.05平方米;城镇居民恩格尔系数为34.3%,农村居民恩格尔系数40.1%;人均预期寿命73.5岁。

2009年,全区出生人口3 122人,比上年增加280人,人口出生率8.5‰;死亡人数1 217人,人口死亡率3.3‰;人口自然增长率5.2‰。出生婴儿性别比118∶100;计划生育率90.12%。

【红安县】 红安县土地面积1 796平方千米,耕地总资源4.02万公顷,其中,常用耕地面积3.84万公顷,林地面积7.89万公顷。总人口66.36万人,比上年增加4 480人。县辖13个乡镇(场、处);395个村民委员会;3 824个村民小组。

2009年,全县完成地区生产总值55.77亿元,比上年增长14.1%。第一产业增加值16.31亿元,增长7.1%;第二产业增加值24.39亿元,增长25.6%;第三产业增加值15.07亿元,增长7.6%。一、二、三次产业增加值占地区生产总值的比重由上年的29.6∶41.4∶29调整为29.2∶43.7∶27.1。

2009年,全县农作物总播种面积10.14万公顷。其中,粮食播种面积为5.77万公顷,比上年增长12.0%;油料播种面积为3.41万公顷,增长2.4%;花生播种面积为1.68万公顷。全年粮食总产31.5万吨,增长7.1%,其中,夏粮产量2.45万吨,增长24.3%;早稻8.78万吨,增长6.9%;中稻8.01万吨,增长

4.4%;晚稻10.01万吨,下降1.2%。全年油料总产9.76万吨,下降1.2%,其中花生产量7.20万吨,减少0.3%。茶叶产量1250吨,增长19.1%。全年各类肉类总产量3.54万吨,增长11.5%。生猪存栏22.6万头,增长8.7%;生猪出栏28.01万头,增长21.2%。大牲畜存栏10.9万头,增长9%。禽蛋产量960万公斤,增长5.4%。水产品产量8 860吨,增长26.6%,其中,养殖水产品产量8 233吨,增长31.2%;捕捞水产品产量6 300吨,下降14.2%。年末有效灌溉面积2.72万公顷,农业机械总动力18.6万千瓦,增长30%;农村用电量1.61亿千瓦时,增长23.8%;全年化肥施用量48.7万吨,下降8.3%,农药使用量954.3吨,下降0.2%。自来水受益村154个。

2009年,全县工业增加值21.47亿元,比上年增长7.3%。工业对经济增长的贡献率63.4%,拉动地区生产总值增长9.6个百分点。工业用电量1.46亿千瓦时,下降5.3%。规模以上工业企业76个,新增26个。规模以上工业企业实现增加值8.46亿元,增长24.4%。工业总产值23.04亿元,增长26.9%,其中,国有及国有控股企业产值1 997万元,增长0.1%;集体企业产值6 660万元,增长447.6%;股份合作企业1 741万元;股份制企业15.8亿元,增长26.2%;外商及港澳台商投资企业2.31亿元,下降43.1%;其他经济类型3.89亿元,增长214.1%。轻工业产值14.67亿元,增长5.7%,重工业产值8.37亿元,增长95.7%。全年规模以上工业企业实现主营业务收入19.3亿元,增长49.4%;实现利润总额3.17亿元,增长98.1%;实现利税总额4.13亿元,增长74.3%。全年资质等级在三级及以上建筑企业28个,完成建筑业总产值12.71亿元,增长43.3%,建筑业增加值2.92亿元,增长24.5%。房屋建筑施工面积100.9万平方米,房屋建筑竣工面积84.6万平方米。

2009年,全县完成全社会固定资产投资35.59亿元,比上年增长39.1%。完成城镇50万元以上投资额27.6亿元,增长62.4%。国有经济单位完成投资14.08亿元,增长113.1%;集体经济单位投资7.8亿元,增长281.5%;个体私营经济完成投资17.71亿元,增长4.6%。第一产业完成投资5.1亿元,增长5.3%;第二产业完成投资8.4亿元,增长19.5%;第三产业完成投资为18.3亿元,增长54.6%。房地产开发投资完成4.99亿元,增长240%。

2009年,全县主要污染物排放强度控制率48.76%。万元工业增加值主要污染物二氧化硫排放量1.77千克/万元,化学需氧量3.47千克/万元。二氧化硫削减率24.2%;工业废水排放量达标率97.47%;工业烟尘排放量137.7吨,达标率100%。环境污染治理完成投资1.19亿元。

2009年,全县交通运输、仓储和邮政业增加值1.38亿元,比上年增长15.1%。全县公路总里程1 777千米,增加233.1千米,增长15.1%,其中等级公路1 103.4千米,增长6.4%。公路"村村通"工程全部完成。公路货运量70万吨,增长27.3%;公路货运周转量3 400万吨千米,增长23.6%;公路客运量495万人,增长7.8%;公路客运周转量18 000万人千米,增长5.3%。全年完成邮电业务总量1.4亿元,增长12%,其中,邮政业务总量1 424.6万元,增长5.2%;电信业务总量1.25亿元,增长18.3%。固定电话年末用户8.69万个,比上年减少2 677个,减少2.9%。全县固定及移动电话用户总数27.19万个,电话普及率为41部/百人。宽带上网用户1.44万个。全年接待游客75万人次,增长25%。旅游总收入2.45亿元,增长28.9%。

2009年,全县完成社会消费品零售总额23.81亿元,比上年增长21.1%。城镇市场零售额13.44亿元,增长23.3%;乡村市场零售额10.36亿元,增长20.5%。批发业实现零售额11.35亿元,增长34.4%;零售业实现零售额8.44亿元,增长15.6%;住宿和餐饮业实现零售额3.52亿元,增长10%。其它行业实现零售额5 000万元,增长11.2%。12月份居民消费价格指数100.6%。全年外贸出口总额818万美元,增长16%。利用外资633万美元,增长122.1%。全年新签50万元以上内资项目71个,到位资金2.86亿元。

2009年,全县实现财政总收入7.78亿元,增长27.2%,其中一般预算收入2.26亿元,增长24.3%;财政收入支出14.8亿元,增长55.1%。年末金融机构各项存款余额53.65亿元,增加8.64亿元。其中城乡居民储蓄存款39.47亿元,比年初增加6.32亿元,人均储蓄存款5 948元。各项贷款余额16.53亿元,增加3.28亿元,其中,短期贷款11.34亿元,增加9 200万元;中长期贷款4.68亿元,增加2.04亿元。

2009年,全县拥有各类学校181所,其中,普通中等专业学校1所,普通中学33所,小学147所。在校学生总数95 524人,其中,中等专业学校4 274人,普通中学52 024人,小学39 226人。全县有专任教师5 592人。幼儿园52所,在园幼儿5 921人。小学入学率和初中学龄人口入学率均为100%。年末全县拥有专业技术表演团体1个,纪念馆(站)13个,博物馆1个,文化馆4个,电影放影单位13个,公共图书馆1个,公共图书馆藏书12.3万册,广播、电视人口覆盖率100%;农村有线电视通村率83%。全县共有卫生机构17个,比上年增加1个,其中,医院4个,卫生院11个,疾病控制中心1个,妇幼保健院1个。年末卫生系统拥有床位1 200张,卫生工作人员2 086人,卫生技术人员1 766人,其中执业医师及执业助理医师872人。农村孕产妇住院分娩率96%,孕产妇死亡率继续下降。全县共有体育场地980个。

2009年,全县参加基本医疗保险人数4.2万人,参加失业保险人数2.1万人,参加养老保险人数3.95万人。城镇职工基本医疗保险参保率91%,参加农村新型合作医疗保险49.51万人,参保率97.1%。全年新增就业人员8 325人,下岗职工再就业2 646人,城镇登记失业率3.08%。组织农村劳动力转移就业3.1万人。全县年末共有各种社会福利收养性单位20个,床位1 257张。居民最低生活保障已保人数4.23万人,比上年增加6 199人。其中城镇居民1.23万人。五保户供养人数3 701人,五保户集中供养率32.4%。

2009年,全县城镇居民人均可支配收入11 015元,增长14%;农村居民人均纯收入3 388元,人均增加292元,增长9.4%;在岗职工年平均工资16 117元,增长25.2%。城市居民人均拥有公共绿化面积10平方米;人均住宅面积35平方米;通村公路行政村比例100%;农村居民恩格尔系数为44.47%,城镇居民恩格尔系数为38.5%,比上年分别下降3.93和3.4个百分点。全县广播人口覆盖率99.5%,电视人口覆盖率100%。农村有线通村率83%。森林覆盖率43.8%;参加农村新型合作医疗保险49.51万人,参保率97.1%。

2009年,全县出生7 360人,出生率11.13‰;死亡1 967人,死亡率2.97‰;自然增长率为8.16‰。出生人口性别比为121.12∶100。

【罗田县】 罗田县土地面积2 129平方千米。全县总户数20.60万户,总人口62.29万人。县辖7个镇,5个乡,4个国有林场;412个村民委员会,8个居民委员会。

2009年,全县完成生产总值45.72

亿元,比上年增长14.4%,其中,第一产业增加值13.12亿元,增长7.8%;第二产业增加值19.35亿元,增长27.9%;第三产业增加值13.25亿元,增长6.6%。第一、二、三次产业增加值占生产总值的比重由上年的28.9∶39.6∶31.5调整为28.7∶42.3∶29。

2009年,全县完成农林牧渔业总产值21.04亿元,比上年增长10.3%,其中,种植业产值11.67亿元,增长4.85%;林业产值3.02亿元,增长41.12%;牧业产值5.01亿元,增长3.94%;渔业产值6 400万元,增长8.47%;农林牧渔服务业产值6 800万元,增长70%。粮食种植面积4.03万公顷,增加280公顷;油料作物种植面积1.26万公顷,增加70公顷。全年粮食产量22.49万吨,增加8 700吨,增长4.02%;油料产量2.38万吨,增长5.31%;蔬菜产量15.97万吨,增长4.38%;水果产量4 546万吨,增长9.36%;生猪出栏21.017万头,增长2.64%;肉牛出栏1.79万头,增长59.82%;家禽出笼94.61万只,增长7.44%;蚕茧产量1 600吨,增长0.13%。肉类总产量2.2万吨,增长4.76%;水产品产量6 446吨,增长2.84%。完成造林面积1 158公顷,全年木材采伐量2.5万立方米。耕地总面积2.69万公顷,增加1 200公顷;常用耕地面积2.52万公顷。全县农业机械总动力18.3万千瓦,增长6.4%;农村用电量8 660万千瓦时,增长6.13%。完成土地整理1 010公顷,开发低丘岗地800公顷,整修小型水库36座、大中型水库5座,加固、绿化河堤127千米,清淤整修干渠67千米。新建畜禽养殖小区5个,新发展养殖大户1 300多个。新发展板栗、中药材、甜柿、蔬菜等多种经营基地6 670公顷,改造板栗低产林3 330公顷。

2009年,全县完成工业增加值17.85亿元,比上年增长22%。规模以上工业企业135个,完成总产值42.16亿元,增长34.9%;实现增加值15.37亿元,增长30.3%;产品销售率97%,上升0.5个百分点;主营业务收入35.35亿元,增长62.8%;实现利税2.44亿元,增长20.3%;完成税收1.49亿元,增长16.2%。主要工业产品产量为:发电量1.94亿千瓦时,供电量3亿千瓦时,农用化肥1.25万吨,棉布1164万米,纱4 853吨,丝152吨,饮料酒4 744千升。全县具有三级以上资质等级的总承包和专业承包建筑企业12个,总产值7.22亿元,增长80%。

2009年,全县完成固定资产投资71.5亿元,比上年增长58.7%,其中,城镇以上固定资产投资65.78亿元;农村固定资产投资2.95亿元;城乡私人建房投资2.77亿元。在固定资产投资总额中,工业投资30.59亿元,增长110%,工业投资比重达到42.78%。全年房地产开发总投资2.2亿元,增长32.53%;商品房施工面积21.93万平方米,竣工面积4.93万平方米,销售面积5.54万平方米,实现销售额1.07亿元。全年投入城市建设资金3亿元。县城道路达到66.2千米。全县招商引资共引进项目148个,协议资金28.1亿元,实际到位资金14.4亿元。

2009年,全县实现全口径财政收入4.59亿元,比上年增长19.11%,其中工商各税收入2.0亿元,增长11.73%;地方财政总收入3.02亿元,增长19.22%;一般财政预算收入1.83亿元,增长24.96%;地方财政支出12.74亿元,增长43.15%。

2009年,全县森林面积12.4万公顷,森林覆盖率68.5%。城区日供自来水能力5.8万吨,供水普及率99%;饮用水源水质达标率为100%。排水服务面积19.3平方公里;城区绿地面积235万平方米,绿化覆盖率33%。

2009年,全县社会消费品零售总额22.73亿元,比上年增长4.5%。按地域分,县及县以上消费品零售总额13.67亿元,增长22.13%;县以下零售总额9.06亿元,增长19.82%。按行业分,批发和零售业实现零售额16.63亿元,增长21.22%;住宿和餐饮业4.88亿元,增长21.3%;其他1.22亿元,增长20.6%。全年消费品价格总指数为100.24,商品零售物价总指数100.65,农业生产资料价格指数99.62。全年外贸出口创汇1 432万美元,增长27.29%。

2009年,全县公路通车里程2 161.4千米,其中等级公路1 132千米。全年各种运输方式完成货运量306.6万吨;全年客运量532.2万人次;全年货物周转量1 563.6万吨千米;客运周转量4.84亿人千米。完成邮电业务收入1.38亿元,增长7.81%,其中,电信业务收入1.29亿元;年末固定电话用户数5.99万个,小灵通用户6 300个;移动电话用户数20.93万个;计算机互联网用户达到1.59万个。

2009年,全县接待旅游人数70万人,实现旅游综合收入2.25亿元。全年保险业各种保险业务累计实现保费收入2亿元,支付各类赔款和给付累计4 600万元。

2009年,全县有中等专业学校1所,在校学生7 304人,教职员工189人,普通中学(初、高中)3所,在校学生4.3万人,教职员工2 725人,小学校131所,在校学生4.37万人,教职员工1 888人,幼儿园27所,在园人数9 344人,教职员工233人,特殊教育学校1所,在校学生361人,教职员工28人。2009年参加秋季高考5 255人,实际升入高等学校4 013人。

2009年,全县拥有各类文化机构329个,其中,文化馆1个,博物馆1个,图书馆1个,图书馆藏书10万册。艺术表演团体97个,全年文艺演出及送戏、送电影下乡共计5 320场,观看演出人次达4.3万人次。

2009年,全县拥有广播电台1个,电

移民新农村建设示范点——罗田县白莲河乡叶冲新村

(黄冈史志办 供稿)

视台1个,有线电视转播企业1个,电视广告传媒企业1个。制作播出广播节目3 860小时,电视播出2 110小时,广播、电视综合覆盖率分别达到95.35%、96.17%,基本实现了广播、电视村村通,年末有线电视用户达到5.96万个。

2009年,全县拥有医疗卫生机构总数27个,其中,综合性医院3个,乡镇卫生院19个,疾病预防控制中心1个,妇幼保健院1个。医疗卫生机构床位数950张,医疗卫生机构人员1 980人,其中,医疗卫生技术人员1 519人。

2009年,全县有综合性体育场568个。年末全县发展群众性体育协会7个。全年共开展大型群众性体育活动(比赛)12次,参加人数1.9万人次。

2009年,城镇居民人均可支配收入11 135元,比上年增长15.3%。人均生活消费支出8 847元,城镇居民恩格尔系数为28.9%,农村居民恩格尔系数为42.61%。在岗职工年平均工资17 392元。农民人均纯收入3 875元,比上年增长9.96%,人均生活消费支出3 582元,增长8.02%。

2009年,全县有就业人员35.84万人,比上年增长1.26%。年末在岗职工2.13万人,城镇登记失业人员1 785人,登记失业率为3.05%,失业率比上年末下降0.41个百分点。

2009年,全县参加城镇基本养老保险3.18万人;参加城镇基本医疗保险3.42万人;参加失业保险1.9万人;参加新型农村合作医疗的农村居民47.94万人,参合率为98%。

2009年,全县纳入城镇居民最低生活保障5 502户,保障资金累计支出1 777万元;纳入农村居民最低生活保障1.3万户,保障资金全年累计支出2 160万元;五保户供养3 524户,保障资金累计支出440万元。

2009年,全县出生5 788人,出生率9.17‰,死亡1 268人,死亡率2.04‰。人口自然增长率为7.13‰。

【英山县】 英山县土地面积1 149平方千米。全县总人口39.92万人,其中常住人口36.01万人。县辖8个镇,3个乡。

2009年,全县完成生产总值31.16亿元,增长13.5%。其中,第一产业增加值11.62亿元,增长6.1%;第二产业增加值9.79亿元,增长17.5%;第三产业增加值9.75亿元,增长19.4%。全县实现生产总值42.73亿元,人均生产总值11 867元,增加2 088元。居民消费价格上涨0.6%;商品零售价格上涨0.8%;农业生产资料价格下降3.2%,回落20.0个百分点。

2009年全县粮食作物种植面积3.23万公顷;粮食产量18.55万吨,比上年增长3.9%。油料1.61万吨,下降3.2%。茶园实有面积1.29万公顷,增长4.4%,茶叶产量2.55万吨,增长11.8%。药材播种面积7 380公顷,增长0.5%,药材产量2.51万吨,增长5.1%;蔬菜产量11.27万吨,增长3.8%;板栗产量3 656吨,增长9.1%;桑园面积1 900公顷,下降1.5%,蚕茧产量1 416吨,下降1.9%。全年造林2 133公顷,增长146.3%。出栏肉猪20.42万头,增长5.6%;大牲畜出栏6 401头,增长5.4%;羊出栏15.33万只,增长2.3%;家禽出笼171.61万只,下降0.39%;水产品产量6 819吨,增长0.3%。

2009年,全县规模以上工业企业完成产值31.43亿元,增长17.2%;完成增加值10.26亿元,增长15.9%。产品销售率98.68%。规模以上工业企业74个,增加13个,规模以上工业企业实现产品销售收入31.35亿元,增长13.8%;实现利税1.66亿元,下降56.9%,其中利润1.5亿元,下降12.4%;建筑业年产值15.05亿元,增长21.8%,竣工面积136.9万平方米,增长32.9%。建筑单位房屋建筑施工面积239.5万平方米,净增33.6万平方米,增长16.3%。全社会固定资产投资29.53亿元,增长12.3%,其中,城镇以上投资21.43亿元,增长8.3%;农村50万元以上投资完成7.21亿元,增长25.7%;农村私人投资8 853万元,增长15.1%。在城镇以上投资中,城镇项目投资19.55亿元,占城镇以上投资的91.2%,增长11.9%;房地产投资1.89亿元,增长43.2%。

2009年,全县社会消费品零售总额12.72亿元,比上年增长20.59%。其中,城市消费品零售额9.34亿元,增长20.3%;农村消费品零售额3.38亿元,增长21.4%。按行业分,批发业零售额2.06亿元,增长23.5%;零售业零售额9亿元,增长20.2%;住宿和餐饮业零售额1.54亿元,增长19.8%;其他零售额1 250万元,增长14.2%。

2009年,全县完成货运量2 084万吨,客运量434万人,货运周转量1.99亿吨千米,客运周转量1.57亿人千米。公路1 941千米,其中等级公路通车里程1 408千米。累计完成货币工程量1.29亿元,完成通村公路286千米,总投资7 150万元,实现通村公路"清零"目标;省际出口路改造工程(蔡界线26.45千米路面工程)投资860万元,完成路基路面工程;武英高速实现省内通车;2.1千米的高速公路红山出口至中大线连接线工程竣工;完成20千米中大线路面改造工程。全县308个行政村有278个开通客车,开通线路25条,新增运力30台,行政村客车通车率达90%。邮电业务总量1.01亿元,增长7.5%,其中,邮政业务总量1492万元,下降26.3%;电信业务总量2 867万元,增长11.1%;移动公司通信业务总量5 000万元,增长21.9%;联通公司通信业务总量750万元,增长7.1%。全县有固定电话用户6.41万个,移动电话用户14.27万个。全县互联网宽带用户发展到1.01万个。

2009年,全县实现财政总收入3.21亿元,比上年增长20.5%,其中,地方一般预算收入1.33亿元,增长22.4%,占财政收入的41.4%。财政支出11.04亿元,增长38.9%,其中,教育支出1.49亿元,增长6.2%;社会保障和就业支出1.09亿元,增长22.1%;医疗卫生支出3 636万元,增长37.1%;农林水事务支出5 359万元,增长52.5%。金融机构人民币贷款余额13.12亿元,增加3.1亿元,增长31%;人民币存款余额42.48亿元,增加7.28亿元,增长26.2%,其中城乡居民储蓄存款余额30.2亿元,占各项存款余额的71.1%,增长19.4%。

2009年,全县共申报各类专利72项,发表科技论文281篇,获省级以上奖励的科技成果3项。科技三项费用支出达660万元。全县共有学校137所,其中,普通中学22所,职业高中4所,小学111所。各类学校专任教师3 151人,其中,普通中学教师1 559人,职业高中275人,小学教师1 292人。全县在校学生6.91万人,其中,普通中学在校学生2.56万人,职业高中在校学生6 882人,小学在校学生3.13万人。学龄儿童入学率100%,九年义务教育完成率99.6%,初中毕业生升学率80.1%。

2009年,全县共有艺术表演团体1个,文化馆1个,公共图书馆1个,公共图书馆藏书12万册,博物馆1个,档案馆1个,剧场影剧院5个。全县现有业余文艺创作组织43个,文学社团14个。有广播电台1个,广播人口综合覆盖率94.9%,电视人口综合覆盖率90.3%。有线电视入户率73.0%,有线电视通村290个。年投资350多万元实施直播卫星"村村通工程",全县38个偏远行政村发放并安装直播卫星接收设备6 940套,解决2.1万人收视难问题。

2009年,全县拥有各类卫生机构19个,其中医院、卫生院13个,疾病预防控制中心1个,妇幼卫生保健机构1个。各类卫生机构实际拥有病床1 024张,共有卫生专业技术人员1 241人,其中执业医师、执业助理医师714人,农村新型合作医疗保险参保人数达28.53万人,参合率98.0%。群众性体育活动蓬勃开展,参加省级、市级比赛共获银牌9枚、铜牌3枚、优胜名次19个,组织了"三八"亲情趣味体育运动会、"五一匹克杯"男子篮球赛、"电信天翼杯"乒乓球联赛、"交通杯"第七届领导干部健身运动会、"迪加杯"钓鱼邀请赛等体育活动。

2009年,全县城镇居民人均可支配收入10 949元,增长15.5%;在岗职工年平均工资14 385元,增长14.9%;农村居民人均纯收入3 668元,增长9.3%。城镇居民恩格尔系数为38.7%,农村居民恩格尔系数为42.54%;年末城镇居民人均住房建筑面积32.92平方米,农村居民人均住房建筑面积43.72平方米。完成雨露计划劳动力转移培训任务,培训转移贫困劳动力1 000人,开展实用技术培训1万人接受培训。全县整村推进重点村由上年的15个增加到38个,重点村建设项目129个,共投入建设资金4 370万元。实施扶贫项目174个,项目工程投资总额4320万元。全年组织职业技能培训6 967人,其中,就业再就业培训1 054人,创业培训468人,在岗职工培训2 300人,劳动保障部门参与农村劳动力转移培训2 973人,技能鉴定发证2 370人。全县共有城市低保对象3 616户8 910人,年发放保障金1 002万元;农村低保对象2万户、2.02万人,年发放保障金1 143.6万元;五保供养对象2 477人,其中集中供养919人,分散供养1 558人。

2009年,全县出生人口3 848人,出生率9.39‰;死亡1 671人,死亡率4.08‰;人口自然增长率5.3‰。全县符合政策生育率达到91.01%,出生人口性别比(男性为100)100∶112。

【浠水县】 浠水县土地面积1 949.3平方千米,其中耕地面积4.61万公顷。全县总人口103.95万人。县辖12个镇,1个乡,2个农场,1个经济开发区;649个村民委员会;5 750个村民小组。

2009年,全县完成生产总值89.56亿元,比上年增长39.4%,其中,第一产业增加值32.84亿元,增长7.6%;第二产业增加值28.79亿元,增长25.7%;第三产业增加值27.93亿元,增长12.3%。人均地区生产总值9 460元,增长14.7%。全县从业人员52.10万人。城镇在岗职工年平均工资达到16 668元。

2009年,全县完成农、林、牧、渔业总产值52.20亿元,比上年增长10.2%,其中,种植业20.47亿元,增长6.4%;林业1.14亿元,增长9.5%;畜牧业19.4亿元,增长8.8%;渔业10.57亿元,增长21.4%;农林牧渔服务业6 200万元,增长10.7%。全县粮食播种6.31万公顷,棉花播种9 500公顷,油料播种3.28万公顷。粮食总产量44.03万吨,增长1.8%;油料总产量6.74万吨,增长2.7%。棉花产量1.29万吨,增长31.3%。蔬菜产量32.7万吨,增长8.6%。瓜果产量2.92万吨,增长10.7%。茶叶产量1100吨,增长6.5%。大牲畜存栏8.27万头,增长1.5%;大牲畜出栏1.47万头,增长13.1%;生猪存栏40.2万头,增长5.0%;生猪出栏66.01万头,增长9.5%;家禽出笼900.1万只,增长13.2%;禽蛋产量7.42万吨,增长4.5%;淡水养殖面积1.05万公顷。水产品产量8.76万吨,增长5.4%。全县当年造林面积2 300公顷,增长23.0%;零星植树450万株,增长18.4%;木材采伐量1.4万立方米,增长37.3%。农业机械总动力21.15万千瓦,增长1.2%;化肥施用量3.5万吨,增长0.5%。建设万亩高产优质稻示范板块4个、330多公顷高标准名优水产板块2个、66.67公顷小龙虾和罗非鱼出口订单基地5个,新建1万头养猪场11个、1 000头猪场58个、1 000头奶牛场2个、10万只高产蛋鸡养殖小区7个。新增市级以上产业化龙头企业9个,发展农村专合组织189个,培育各类专业大户3829个。全县有53个农产品通过绿色食品、无公害食品认证,巴河莲藕通过国家地理标志保护产品审查。落实惠农政策,共发放各种惠农补贴资金5 750万元,5.2万公顷水稻纳入农业政策性保险。

2009年,全县规模以上工业企业达到156个,比上年增加29个;从业人员达到1.57万人,完成工业增加值19.97亿元,比上年增长29.5%。规模以上工业总产值达到58.25亿元,增长26.3%,其中,轻工业17.44亿元,增长46.4%;重工业40.81亿元,增长19.4%。工业主要产品产量稳步提高。其中,水泥熟料达到33.36万吨,增长256.4%;农用化肥7.47万吨,增长14.1%;全县工业经济效益综合指数达到261.7,提高12.5个百分点。规模以上工业完成销售产值55.62亿元,增长24.4%;实现利润4.93亿元,增长67.7%。全县规模以上建筑企业17个,实现总产值21.83亿元,增长31.5%。全年新引进重点项目191个,实际完成投资12.89亿元。建成投产项目23个,在建项目41个。

2009年,全县全社会完成固定资产投资43.99亿元,比上年增长52.0%,其中城镇规模以上固定资产投资额37.39亿元,占全社会固定资产投资额的85.0%,增长58.4%。按经济类型划分,国有经济投资12.99亿元,增长27.9%;集体经济投资2.99亿元;个体私营经济投资28.1亿元,增长57.6%。全县投资房地产3.25亿元,增长44.6%。全年共争取国家项目153个、争取资金7.35亿元,增长11%。加大农田水利建设投入力度,实施望天湖泵站更新改造、白莲河灌区续建及节水改造、断石河水库整险加固、梅子山水库除险加固和高产农田改造、优质稻板块基地、气象观测场等项目;加快公路交通建设步伐,完成了浠水一桥、洗马莲心桥等7个重点桥梁的建设,实施浠散路、汪竹路、三太路等3条主干道路大修工程,完成闻一多大道西段刷黑工程。实施电网改造项目,完成朱店35千伏变电站扩建工程,铺设城区天然气管网200千米,累计天然气用户达6 000户。实施城区总体规划修编、局部详细控制性规划编制和城乡发展规划研究工作;完成垃圾处理厂主体工程,建成地埋式垃圾中转站4个,改造重点排水设施8处,维修街道破损路面328处,改造绿化带2.7千米,铺设人行道板2 000平方米,建成108个公汽候车亭。完成低产林改造800公顷、荒山造林670公顷、血防林造林880公顷,实施月水冲流域水土保持治理工程。完成核电项目前期工作,建成胡家湾核电厂址气象观测站和水文观测站,湖北核电公司浠水核电筹建处正式挂牌。

2009年,全县批发零售贸易业、住宿餐饮业的法人单位及个体户达到1.48万个,产业活动单位504个,从业人员3.29万人。全社会消费品零售总额达到46.96亿元,比上年增长19%,其中,县以上实现消费品零售额24.89亿元,增长15.6%;县以下实现消费品零售额22.07亿元,增长18.5%。分行业看,批发零售贸易业实现零售额39.72亿元,增长11.1%;住宿和餐饮业零售额6.29亿元,增长39.7%;其他行业零售额9 500万元,增长27.7%。实现外贸出口额4 607万美元,增长2.3%。全县实际利用外资额747万美元,增长222%。全年共接待国内外游客56万人次,增长1.8%;旅游收入1.5亿元,增长25%。实施"万村千乡市场工程"、"新网工程"、"家电下乡工程",发展新型业态商业网点1 250个、农家店763个、村级综合服务社305个。居民消费价格指数比上年下降6.5%。

2009年全县公路通车里程达到3 551千米。全年硬化通村公路450公里，全县通村公路硬化里程达1 500公里，全县649个行政村通车率达100%。全县完成客运量1 000万人次，旅客周转量3.15亿人千米；货运量310万吨，货物周转量8 200万吨千米。全县有各类船舶617艘，15.2万载货吨。列管渡口26个，有渡船31艘。全年完成港口货物起运量1 000万吨，货物周转量9.8亿吨千米。全年实现电信业务收入2.11亿元，增长24.5%，其中邮政业务营业收入3 630万元，增长17.2%。全县固定电话用户9.78万个，年末移动电话用户29.97万个。

2009年，全县完成财政总收入6.34亿元，比上年增长28.7%，其中，地方一般财政收入2.95亿元，增长21.5%；地方税收入1.23亿元，增长15.1%。财政总支出17.83亿元，增长42.5%。全县金融机构年末各项存款余额94.63亿元，增加16.5亿元，增长21.1%，其中，城乡居民储蓄存款71.92亿元，增长18.6%。金融机构各项贷款余额28.04亿元，增长24.5%。全年保费收入1.2亿元，增长11.3%，其中财险保费收入1 637万元，寿险保费收入1.00亿元。各类赔款及给付金额1 492万元。

2009年，全县有各类专业技术人员1.28万人，其中高级技术人员893人，中级技术人员6 746人，初级技术人员5 137人。全县学校总数193所，在校学生总数16.9万人，专任教师6 356人。普通高中8所，在校学生22 720人；职业高中1所，在校学生9 106人；普通初中36所，在校学生63 334人；小学147所，在校学生73 480人；特殊教育学校1所，在校学生375人。全县各类幼儿园40所，在园幼儿10 538人。初中毕业生升学率46.6%，九年义务教育完成率100%。

2009年，全县有文化馆1个，农村集镇文化中心13个，艺术表演团体2个，群众业余演出团体13个；博物馆、纪念馆共2个；公共图书馆1个，藏书11.7万册。广播人口综合覆盖率98.5%，电视人口综合覆盖率97.9%，有线电视入户率达到30.5%。全县年末拥有卫生机构38个，其中，医院4所，卫生院27所，疾病预防控制中心1个和妇幼保健院1个。卫生工作人员3547人，其中执业医师1 066人，注册护士815人。实有病床床位1 648张。全年参加新型农村合作医疗保险农民达75.12万人，新型农村合作医疗保险覆盖面90.7%；全县有健身网点34个，举办综合运动会1次，举办成人体育赛事10次，举办全民健身活动2次。

2009年，全县城镇居民人均可支配收入11 159元，增加1 421元。农民人均纯收入4 529元，增加446元。县城居民人均拥有公共绿化面积3.4平方米。农村人均住房面积43.2平方米，城镇人均住房面积37.2平方米。农村家庭恩格尔系数为42.4%，城镇居民恩格尔系数为37.4%。全县居民消费价格指数为99.4%。农村教育文化娱乐支出比重为8.0%，城镇教育文化娱乐支出比重为10.1%。广播人口覆盖率为98.5%，电视人口覆盖率97.9%，农村有线电视入户率为30.5%。森林覆盖率为35.6%。农村初级卫生保健合格率为86.5%。

2009年，全县城镇企业职工基本养老保险参保人数达到6.24万人，参加医疗保险的人数为5.29万人，参加失业保险的人数为3.28万人。全县最低生活保障已保人数达到6.72万人，其中农村居民4.97万人，占保障人数的74%。2009年，全县出生人口10 286人，出生率9.89‰，死亡5 315人。人口自然增长率4.8‰。

【蕲春县】 蕲春县土地面积2 398平方千米，其中，耕地面积4.00万公顷，山林面积9.85万公顷，水体面积2.39万公顷。全县总人口99.13万人。县辖13个镇，1个乡，1个办事处，2个开发区，578个村民(居民)委员会。

2009年，全县完成地区生产总值84.77亿元，比上年增长13.4%，其中第一产业增加值23.08亿元，增长5.8%；第二产业增加值29.08亿元，增长18.4%；第三产业增加值32.6亿元，增长16.4%。全口径财政收入8.08亿元，增长34.38%，其中地方一般预算收入3.68亿元，增长25.9%。银行存款余额96.7亿元，增长23.3%，银行贷款余额27.72亿元，增长14.8%。城乡居民储蓄存款77.1亿元，增长19.3%，全县人均存款7 778元，增长18.3%。保险业完成保费收入2.07亿元，保险理赔8 322.5万元。全社会固定资产投资75.37亿元，增长53.5%。社会消费品零售总额39.04亿元，增长22.4%。利用外资1491万美元，下降11.5%；外贸出口5 000万美元，下降2.5%。全年商品零售物价指数98.9%，居民消费价格指数100.4%。

2009年，全县完成农业总产值38.55亿元，比上年增长4.3%。粮食总产量44.55万吨，增长3.6%；油料总产量4.33万吨，增长14.1%；水产品产量8.21万吨，增长1.7%；生猪出栏50万头，增长11.9%；肉类总产量7.09万吨，增长37.1%。落实中央惠农政策，共发放各项农业补贴8 145万元，其中，粮食直补918万元，良种补贴666万元，农资补贴3 553万元，农机具购置补贴622万元，其他补贴2 386万元。建成优质稻基地4.53万公顷，速生丰产林基地1 400公顷。新增中药材种植面积850公顷，累计种植中药材1.07万公顷，放养水面1.33万公顷。全县有135个村申报并开展“一村一品”(以村为基本单位，充分发挥本地资源优势、传统优势和区位优势，通过大力推进规模化、标准化和市场化建设，使一个村拥有一个或几个市场潜力大、区域特色明显、附加值高的主导产品产业)示范，经湖北省人民政府验收，“一村一品”合格村达30个。新增农业专业合作社48个，累计达到86个，无公害认证50个，绿色食品认证9个，有机食

蕲春县渔民正在捕捞绿色食品红头鱼　　(黄冈史志办　供稿)

品品牌 1 个,新建无公害农产品基地 27 个,累计达 50 个,面积 3.77 万公顷。蕲春珍米被认定为国家地理标志保护产品。水利建设在建工程总投入 3.8 亿元,完成工程货币量 1.46 亿元。中小型水库除险加固动工工程 9 座。完成小型农田水利建设工程1 760处,土石方 550 万方。全年新建安全饮水工程 122 个,投资4 260万元,受益人口 15 万人。实施库区移民后扶项目 327 个,投入资金1 127万元,完工 326 个。蕲春县获"2009 年全省水利建设先进县"。农村能源配套建设新建沼气池4 000口。扶贫开发在 91 个村继续实施整村推进,全县 128 个单位住点扶贫 128 个村,贫困人口减少 2.87 万人。深化集体林权制度改革,林地确权到户 80%,确权到户面积 7.52 万公顷,林地流转面积 1.07 万公顷,全县造林2 700公顷。全县农机装备总功力 26.8 万千瓦,增长 5.5%,新增农机3 670 台(套),农机总数达 2.53 万台(套)。新发展农机专业社 3 个,全县共有农机专业社 18 个。新发展农机专业大户 42 个,共有农机专业大户 89 个。

2009 年,全县完成工业总产值 80.09 亿元,比上年增长 34.4%,其中完成规模以上工业增加值 22.85 亿元,增长 39%;完成销售收入 67.92 亿元,增长 68.1%;实现利润 2.74 亿元,增长 112.4%;纳税 2.21 亿元,增长 82.7%;产品销售率 97.6%。新增规模以上企业 60 个,全县规模以上企业达到 169 个。新增产值过 1 亿元企业 2 个,全县产值过 1 亿元的企业 12 个。税收过1 000万元的企业 3 个,过 100 万元的企业 46 个。李时珍医药工业园区完成"六通一平"(通道路,上水管、下水管、电通讯、燃气、土地平整)建设,落户企业 13 个,投资额 25.6 亿元;蕲春经济开发区规划面积 20 平方千米,在建面积 10 平方千米,建有电子产业园、纺织服装产业园、新能源产业园、新材料产业园、温州工业园、东莞工业园、陶瓷工业园,落户项目 12 个,总投资额 33.1 亿元。

2009 年,全年共引进项目 259 个,其中,过 1 亿元项目 18 个,项目协议投资额 326.4 亿元,到位资金 14.4 亿元;完成项目 57 个,完成上转续建项目 40 个;在建项目 111 个。

2009 年,全县交通建设完成货币工程量 2.42 亿元,完成省道路面改造 4.2 千米,新建省际出口路 14 千米,硬化通村公路 561 千米,提前实现"十一五"通村公路建设目标。改造公路桥梁 10 座,蕲春二级客运站主站楼主体工程基本完成。全县通车里程2 400千米。公路货运量 128 万吨,货运周转量 2.27 亿吨千米;公路客运量 510 万人,客运周转量 8.06 亿人千米;水运货运量 47.4 万吨,货运周转量 3.77 万吨。邮政完成业务量5 008.2万元,新建绿卡网点 1 个,全县共有绿卡网点 17 个。电信公司投资1 250 万元,新建通信基站 11 个;移动公司投资3 000万元,建成通信基站 50 个;联通公司投资1 200万元,建成通信基站 20 个。全县动工建设通信基站 104 个,建成 81 个。有固定电话用户 13.5 万个。宽带互联网新增用户2 522个,全县用户达 1.51 万个。新增移动电话用户 3.84 万个,全县移动电话用户达 30.19 万个。全年供电量 4.204 亿千瓦时。完成蕲州 110 千伏、株林 35 千伏变电站全面整改工程,南门畈 110 千伏,株林 35 千伏变电站综自设备改造工程;完成 2 个 110 千伏、7 个 35 千伏变电站和 7 条 35 千伏线路的综合性检修工作。加快电网建设改造进程,电网建设投入资金2 200万元,完成 2008 年低电压改造和配网改造后续工程,新增主变容量 12.4 兆伏安,配变容量5 620千伏安。完成 123 个台区的低压改造。

2009 年,全县房地产业加快发展,新开工建房面积 14.74 万平方米,建廉租房 4.5 万平方米,为 970 户低收入群体解决住房。城镇低收入家庭住房租赁补贴提标扩面。

2009 年,全县拥有各类专业技术人员 1.37 万人。其中高级职称人员 512 人,中级职称人员6 191人,初级职称人员6 980人。全年科技投入资金 842 万元,送科技下乡 20 次,举办各项技术培训 5.3 万人次,实施科技计划项目 69 个,其中省、部级项目 12 个;实施科技攻关和高新技术产业化项目 3 个,推广应用技术成果 80 项,申报专利 36 个,获专利 18 个。全县有各类学校 372 所,在校学生 167 793人,教职员工7 993人,其中小学 322 所,学生79 472人;初中 36 所,学生 55 607人;高中 10 所,学生26 154人,中职 2 所,学生6 405人;其他学校 2 所。适龄儿童入学率 100%,适龄少年入学率 98.7%,高考上线人数7 002人,改造学校 D 级危房9 600平方米。

2009 年,全县共举办各类文化活动 890 场次,其中大型文化活动 18 场次。新建农家书屋 180 个。进一步推进文化信息共享工程,共投资 43 万元,新建基层网点 163 个;投资 160 万元,完成赤东、管窑、彭思、刘河、向桥等 5 个乡镇文化站建设项目;投资 200 万元,完成李时珍纪念馆、李时珍博物馆升级改造。全年送文化下乡7 590场次,其中免费送电影7 200场。

2009 年,全县有医疗卫生机构 634 个,病床1 690张,平均每千人拥有医疗病床 1.74 张;医务人员2 728人。全县参合农民 77.4 万人,参合率 97.06%;补偿参合农民 156.7 万人次,补偿医药费7 370.4万元,住院综合补偿率 46%,高于全省平均水平 1.7 个百分点。广播电视建设全年投入资金1 000万元,用于漕河、蕲州有线数字电视整体转移工作,新增有线数字电视用户 3 万个,全县新增有线电视用户4 250个,用户总数达 12.6 万个,有线电视入户率 54%,覆盖率 94%。完成 320 户以上自然村广播电视"村村通"工程。全县共举办各类体育运动会 585 场次,其中大型运动会 5 场次。投资 66 万元,用于新建农民体育健身工程 33 个村。参加省级体育比赛,获金牌 2 枚、银牌 1 枚;参加市级体育比赛,获金牌 13 枚、银牌 21 枚,铜牌 10 枚。

2009 年,全县人均地区生产总值9 500元,比上年增长 14.6%;城镇居民人均可支配收入11 110元,增长 14.7%,农民人均纯收入3 898元,净增 320 元,增长 8.9%;城镇住房人均建筑面积 53.4 平方米,增长 21.4%,全县行政村公路通车率 100%;城镇居民恩格尔系数 32.9%,农村居民恩格尔系数 39.4%;森林覆盖率 37.3%;农村初级卫生保健乡镇达标比例 100%,农村居民人均消费性支出3 072元,城镇居民人均消费性支出8 107元。

2009 年,全县参加养老保险 6.74 万人,参加失业保险 2.71 万人,参加城镇职工医疗保险 10.23 万人。全年收缴社保资金 2.56 亿元,发放社保金 2.19 亿元,其中发放离退休职工养老金 1.6 亿元,发放失业保险金1 037万元,支付医疗保险金4 303万元。城镇新增就业9 335 人,下岗职工再就业3 721人,开展劳动力转移培训 3.26 万人,实现劳动力转移就业 1.44 万人。全县纳入低保对象 2.83 万户 5.5 万人,其中城镇低保7 536户15 046人,农村低保20 762户39 981人;发放低保金5 227.91万元,其中发放城镇低保金2 573.74万元,发放农村低保金2 654.17万元。人口出生率 9.28‰,人口自然增长率 5.02‰,符合政策生育率 89.73%。

【黄梅县】 黄梅县土地面积1 701平方千米,其中耕地面积 4.44 万公顷。全县总户数 29.97 万户,总人口 96.49 万人。县辖 12 个镇,4 个乡;512 个村民委员会;4 047个村民小组,

2009 年,全县完成生产总值77.50

亿元，比上年增长14.5%。其中，第一产业增加值28.10亿元，增长5.1%；第二产业增加值26.70亿元，增长21.9%；第三产业增加值22.70亿元，增长18.1%，一、二、三次产业占生产总值比重由上年的37.4:33.9:28.7调整为36.2:34.5:29.3。

2009年，全县完成农业总产值38.45亿元，比上年增长5.38%，其中，农业产值17.63亿元，渔业产值9.59亿元，牧业产值9.64亿元，林业产值3 800万元。粮食产量40.67万吨，棉花产量2.03万吨，油料产量5.54万吨，出栏生猪38万头、家禽600万只，水产品产量7.6万吨。发放惠农补贴7 567万元，23个重点村3 400人在整村推进扶贫开发中脱贫致富。共建畜禽养殖小区150个；黄梅青虾养殖基地被确定为湖北省创新示范基地，“黄梅青虾”申报为国家地理标志保护产品；农业机械保有量3.26万台(套)。完成项目造林1 600公顷，恢复矿区植被100公顷，林水路结合造林20.8万株，封山育林1260公顷。农民专业合作社发展到99个。

2009年，全县完成工业产值92.6亿元，比上年增长30%；规模以上工业企业净增46个，达到162个；工业用电量2.60亿千瓦时，增长2.5%；单位生产能耗下降6.9%，2个水泥厂、3个钢铁厂、26个粘土实心砖厂因产能落后被依法关闭，二氧化硫排放量减少447吨，化学需氧量减少276吨。大胜关山工业园“三纵四横”路网基本形成，建成区面积4平方千米；小池临港产业园拆迁安置全面启动，五环路延伸段、青年路等园区主路网建设完成。新增农业产业化省级龙头企业1个、市级龙头企业4个，大胜关山工业园成为全国第二批农产品加工创业基地。纺织服装规模以上企业为39个，农副产品加工规模以上企业为41个，新型建材规模以上企业28个，总产值占全县工业总量70%。3个企业通过ISO质量管理体系认证，“三梅”、“兴成”、“黄梅戏”被认定为湖北省著名商标，“黄梅元宵茶”获中国食品博览会金奖。

2009年，全县实现财政收入6.69亿元，比上年增长22.3%，其中，地方一般预算收入3.8亿元，增长21.1%。农村1.79万名劳动力转移就业，城镇新增就业5 440人，1 920名下岗失业人员再就业。城镇居民人均可支配收入10 866元，增长15.8%；农民人均纯收入4 541元，增长11.1%；城乡居民存款余额93.2亿元，增长22.3%。

2009年，全县完成固定资产投资49亿元，比上年增长51.2%。争取国家投资项目342个，其中千万元以上项目24个，到位资金9.4亿元；争取4批中央新增投资项目45个，投资规模4.6亿元。招商共引进项目51个，其中亿元项目8个，到位固定投资8.1亿元。交通建设完成省际出口路25.8千米、城际二级公路改造6.5千米、105国道改线西段2.09千米路基土方工程，新增通村公路260千米。红十五军旅游公路纳入全市大别山红色旅游公路总体规划。投资331万元推进县办6个新农村建设试点村建设；投资3 000余万元解决8万人饮水安全问题；房地产完成投资9.48亿元，竣工面积18.7万平方米，经济适用房、廉租住房以及商业性房地产项目快步推进。

2009年，全县社会消费品零售总额42.47亿元，比上年增长21.7%；外贸出口6 717万美元，增长15.8%；利用外资730万美元，增长7%。全年增加个体工商户1847个，新增各类企业270个。“万村千乡”市场工程新建或改造农家店83个、“家电下乡”销售网点96个。销售家电下乡产品3万台，兑付补贴814万元。建材城、家装城等11个专业市场贸易成交额达35亿元，增长10.8%。星级酒店提档升级，引领住宿餐饮业发展，营业额达5亿元，增长22.8%。五祖镇一天门村被列入湖北省100个旅游名村。顺利通过最佳金融信用县市验收，金融机构各项贷款余额23.3亿元，增长24.5%；保险业完成保费收入2.1亿元，增长16.7%。

2009年，全县知识产权保护被列入湖北省试点县和国家传统知识第二批试点县。歌词《中国永远和春天在一起》，获“感动中国”——全国第四届新创歌词大赛一等奖；黄梅戏《奴才大青天》获第五届中国黄梅戏艺术节“金黄梅奖”、湖北省“五个一工程”奖。全年普查文物点852处，新发现文物点755处，“非遗”普查全面完成；182个“农家书屋”建成使用。启动城区有线数字电视整体转换试点；新增121个自然村实现广播电视“村村通”；全县新增有线电视用户1万个户，总户数达到9.1万个。全县农村新型合作医疗参合率达98.98%，住院补偿率达49%；城镇居民医疗保险全面推行。城乡社会救助共发放低保金5 416万元、农村五保户和孤儿供养金831万元、大病救助资金712万元，改造农村残疾人危房550户。2009年，全县出生人口8 904人，出生率9.26‰；死亡人口4 348人，死亡率4.51‰；人口自然增长率4.75‰；人均预期寿命73.5岁。

【团风县】 2009年，团风县土地面积833.11平方千米，其中耕地面积17.38千公顷。全县总人口36.84万人，其中农业人口30.05万人。县辖8个镇，2个乡，1个农场，1个经济开发区，1个国营林场；287个村民委员会。

2009年，全县完成生产总值33.95亿元，比上年增长14.8%。其中第一产业增加值8.47亿元，增长7.6%；第二产业增加值17.23亿元，增长22.7%；第三产业增加值8.25亿元，增长9%。一、二、三次产业结构比由上年的25.3:48.9:25.8调整为24.9:50.8:24.3。

2009年，全县完成农林牧渔业总产值13.07亿元，比上年增长14.0%。其中，农业产值6.44亿元，增长13.94%；林业产值3 200万元，增长21.3%；畜牧业产值4.09亿元，增长10.93%；渔业产值1.86亿元，增长19.34%；农林牧渔服务业总产值3 500万元，增长9.1%。全年农作物播种面积4.85万公顷。粮食总播种面积2.96万公顷，优质稻“订单”生产1 947公顷，粮食总产量17.94万吨，增长5.97%。油料播种面积1.18万公顷，产量2.16万吨，增长15.3%，其中油菜籽产量1.68万吨，增长19.4%。棉花播种面积2 240公顷，产量3 221吨，增长6.5%；蔬菜种植面积3 460公顷，产量6.12万吨，增长44.8%；茶园面积590公顷，产量69吨，增长30.2%；水果种植面积2 910公顷，产量2 302吨，增长55.2%。存笼蛋鸡818.69万只；水产放养面积5 380公顷，水产品总产量2.07万吨；肉类总产1.96万吨，增长39%。生猪存栏13.35万头，猪肉产量1.02万吨；存羊2.34万头，羊肉产量307吨；奶牛存栏1 500头，牛肉产量2 313吨。全年完成造林面积2 000公顷，新建湿地松和意杨原料林基地333.33公顷，新建茶油基地200公顷。农机总动力16.18万千瓦，增长17.8%。改善和恢复灌溉面积1 330公顷。44个重点扶贫村投入5 034.35万元，共建成项目270个。新建黄湖移民新村、回龙山镇“侨爱新村”、淋山河镇石盘嘴、总路嘴镇等一批新农村示范点。成为湖北省46个粮食生产县(市区)之一、32个优质稻板块建设示范县市之一、蛋鸡产业大县之一。“团风荸荠”获国家地理标志保护，永信花生、“兴鄂”东坡系列优质稻获“湖北名牌”称号。全县有省级龙头企业3个、市级龙头企业7个，农民专业合作社等经济组织81个。

2009年，全县完成规模以上工业总产值27.35亿元，比上年增长35%，新增规模以上企业10个，新入园区企业11个。全县投产以及在建钢构项目26个，总投资40.45亿元,钢构产业产值达到13.2亿元,占规模以上工业企业48.5%。全县有建筑企业31个,建筑合同产值达75亿元,实现产值64亿元。

2009年,全县引进投资项目229个,合同投资总额45.9亿元,实际到位资金18.6亿元;其中,投入资金过1亿元项目11个,5 000万元以上项目11个。新增中央投资项目142个,项目总投资1.69亿元。落实项目268个,落实资金7.23亿元,增长16.6%。启动总路嘴"两型"社会试验镇工业园区第一期建设,完成贾庙上进山抽水蓄能电站地质勘探、武汉新港团风港区建设前期工作,罗霍洲综合开发总体规划、一期工程防洪评估通过专家评审。全年新增用地指标82.36公顷,通过政府融资新增贷款8 000万元。

2009年,全县完成社会实际投资总额27.89亿元,比上年增长34.9%;城镇50万元以上投资完成25.85亿元,增长37%。新发展个体工商户和民营企业1 967个,新增从业人员5 938人。武钢团风钢材大市场、团风物流客运中心、金海洲大酒店投入运营,得胜集贸市场、方高坪市场、总路嘴鲜鱼批发市场完成改造,团风长青农产品交易中心竣工。全县建成中心基层社3个、综合服务社33个。全县68个销售网点销售家电下乡产品1.38万套,销售额3 391.26万元,争取家电补贴507.86万元。全年接待游客38万人次,实现旅游收入3 000万元。渡江公园竣工开园,林家大湾入选湖北旅游名村。全年房地产完成投资1.31亿元。其中城区房地产在建项目3个、拟建7个,开发面积10.97万平方米,总投资9 067万元。

2009年,全县完成固定资产投资27.89亿元,比上年增长34.9%,其中城镇以上固定资产投资25.85亿元,增长37%。投入5 400万元建设以经济开发区为主体的城区基础设施,城北钢构园初步形成"两纵三横"路网。完成大修国道15.73千米、省道7.35千米,完成团方公路北段改造,改建县道6千米,新修农村公路195千米、农村客运站点37处,改造农村渡口4处。完成响水潭水库、付河二库、回龙山二库等水利基础工程80处。完成投资846万元,惠及2.5万人的农村安全饮水工程。新建沼气池5 016口,累计达到9 000口。

2009年,全县完成社会生产总值33.95亿元,比上年增长15.2%。规模以上工业增加值8.65亿元,增长39.1%。实现财政收入2.92亿元,增长23.2%,其中一般预算收入1.41亿元,增长23.9%。社会销售品零售额11.4亿元,增长21.4%;物价指数100.79%,下降0.13个百分点。金融机构各项存款余额29.51亿元,增长24.2%,其中,居民储蓄存款余额21.38亿元,增长18.6%;各项贷款12.69亿元,增长22.59%。实现出口总额1 721万美元,下降39.97%。实际利用外资10万美元,下降79.2%。

2009年,全县拥有各类学校90所,其中普通中学19所,小学70所,职业学校1所。在校学生61 294人,其中,普通中学29 722人,小学29 225人,职业中学2 347人,共有专任教师2 949人,其中,普通中学1 490人,职业中学96人,小学1 363人。小学适龄人口入学率100%,初中毕业生升学率97.5%,九年义务教育完成率100%。幼儿园14所,在园幼儿3 451人。总投资2 819.16万元,建设18个教育重点项目。全年申报科技专利30项、高新技术产品11个,获市级科技成果奖4项,湖北永信食品有限公司、湖北团风兴隆米业粮油食品有限公司被湖北省科技厅列为科技示范企业。湖北鸿路钢构有限公司等10个企业与华中科技大学、华中农业大学等7所大专院校和科研所签订技术合作协议,团风县被评为全国科技进步县。全年完成20个以上自然村有线电视"村村通"工程531个,新增用户7 000个。新建"农家书屋"41个,建成综合文化站3个,启动6个综合文化站建设,县图书馆主体工程竣工。新发现文物点151处,"马家潭龙舟会"被列入省级非物质文化遗产保护名录。拥有乡镇以上卫生机构17个,其中,医院2个,卫生院13个,妇幼保健院1个,疾病预防控制中心1个;共有病床760张。全年投入3 631万元用于卫生基础设施建设,新增建筑面积1.73万平方米。全县共有31.47万人参加新型农村合作医疗,参合率97.2%。全县"城镇养老、医疗、失业、工伤、生育"五险参保人数6.03万人,增长16.8%,综合覆盖面141%。全年退休人员平均养老金821元,全年农村低保人数达到1.89万人,低保保障线由每月170元提高到每月200元。全年转移培训农村劳动力1万余人,农民人均工资性收入对农民人均纯收入的贡献率为69.5%。城镇新增就业3 857人,下岗失业再就业1 450人,城镇登记失业率控制在3.5%以内。

2009年,全县人均生产总值10 134元,比上年增加1 294元。城镇居民可支配收入为9 927元,增长15.2%;农民人均纯收入为3 287元,增长9.8%。城镇居民住房人均使用面积45.34平方米,农村居民住房人均使用面积48.55平方米。全县居民消费价格指数为100.79%。城镇居民恩格尔系数为38.2%,农村居民恩格尔系数44.61%。城镇居民教育娱乐支出占生活消费支出比重为19.85%,农村居民教育娱乐支出占生活消费支出比重为13.4%。人均预期寿命75.2岁。森林覆盖率为35%。农村改水累计受益率95%;农村卫生厕所普及率85%。

2009年,全县出生4 176人,死亡3 051人,人口出生率8.97‰,出生婴儿性别比112:100,符合政策生育率90.49%。

【麻城市】 麻城市土地面积3 747平方千米。全市总户数382 700户,总人口117.98万人。市辖15个镇,1个乡,3个街道办事处,1个省级经济开发区,3个国营农(林、茶)场,1个风景管理区和3个水库管理处。

2009年,全市完成生产总值96.96亿元,比上年增长14.3%。其中,第一产业完成增加值36.58亿元,增长5.8%;第二产业完成增加值29.45亿元,增长37.1%;第三产业完成增加值30.93亿元,增长5.9%。一、二三次产业结构由上年的39.3:25.8:34.9,调整为37.7:30.4:31.9。

2009年,全市完成农林牧渔业总产值52.69亿元,比上年增长27.08%。全年农作物播种面积15.19万公顷,增加2 800公顷,其中,粮食作物种植面积7.85万公顷,增加3 000公顷;棉花种植面积6 700公顷,减少2 200公顷;油料种植面积42 870公顷,增加2 238公顷。粮食总产量50.56万吨,减少7862吨,下降1.55%,其中,夏粮产量5.74万吨,下降10.12%;秋粮产量44.32万吨,下降0.31%。油料总产量8.71万吨,增加1.84万吨,增长26.72%,其中,花生产量3.35万吨,增长31.54%;油菜籽产量5.02万吨,增长25.51%。棉花产量9 801吨,增加575吨,增长6.23%。水产品产量2.16万吨,增长5.8%。农业机械总动力达到25.01万千瓦,增加1.79万千瓦,农用拖拉机达到2 335台,增加330台,农业机耕面积4.43万公顷,增长8.6%;农用化肥使用量3.15万吨,有效灌溉面积3.33万公顷;农村用电量达到2.03亿千瓦时,增长5.5%;造林1 500公顷,增加73公顷;渔业放养面积8 332公顷。全市新增和改造桑茶药基地6 300公顷,新增和改造菊花基地8 700公顷,落实麻城福白菊良好农业规范(GAP)生产示范基地66.67公顷;蚕茧产量2 711吨,药材产量2 092吨,菊花产量1 731吨,茶叶产量1 096吨。新建蔬菜基地113.33公顷,蔬菜总产量达到62.51万吨,增长10%;新造油茶林2 000公顷,完成油茶老林抚育改造2 900公顷,实现油茶籽产量6 205吨,增加1 960吨;新建和改造板栗基地1 400公顷,完成板栗嫁接520万株,板栗产量2.07万吨,增加4 647吨。全年各类规模养殖大户3 694户,新增畜牧养殖大户571户,生猪出栏70万头,增长52.2%,牛出栏11.14万头,增长3.5%;羊出栏12.06万头,增长6.3%。

2009年,全市新增规模以上工业企业47个,规模工业企业达到175个;规模以上工业完成增加值25.37亿元,增长43.2%。规模以上工业增加值占国民生产总值(GDP)比重达到26.2%,提升5.1个百分点。规模工业增长对GDP增长的贡献率达到58.06%,拉动GDP增长9.3个百分点。开发区规模以上工业企业达到23个,完成工业产值29.75亿元,增长43%。9个乡镇工业集中区落户企业81个,入区规模工业企业达到41个。全年建筑业实现增加值2.7亿元,增长16.1%。资质以内建筑企业17个,完成总产值10.92亿元,增长113.3%。建筑单位新开工房屋建筑施工面积11.6万平方米,房屋建筑竣工面积6.39万平方米。

2009年,全市完成固定资产投资80.05亿元,比上年增长56.9%,其中城镇以上投资77.59亿元,增长61.7%;房地产开发投资5.6亿元,增长40.1%。城镇以上投资按经济类型分,国有经济投资35.55亿元,占45.82%;集体经济投资1.25亿元,占1.61%;私营投资11.39亿元,占14.68%。黄金桥开发区当年施工项目26个,完成投资额32.45亿元,增长36%,工业集中区建成面积558.2公顷,完成投资2.94亿元。

2009年,全市金融机构总存款余额58.52亿元,其中,居民储蓄存款余额41.66亿元,年末金融机构总贷款余额22.9亿元。

2009年,全市共引进各类招商项目171个,比上年增加32个,实际到位资金26.12亿元。其中,新引进项目109个,固定资产协议投资总资金61.86亿元,实际到位资金17.99亿元;续建项目62个,到位资金8.13亿元。

2009年,全市房地产开发施工面积17.22万平方米,比上年增长6%。其中新开工面积8.64万平方米,下降27.8%;商品房销售面积10.63万平方米,下降8.1%;商品房销售额1.88亿元,增长7.2%。商品房空置面积5.49万平方米,增长22.1%。

2009年,全市城市建设维护资金达到4 630万元,比上年增加195万元,增长4.4%;城镇建设投资1.08亿元,增长49%,其中,城东污水处理项目当年完成投资1 643万元,金通湾新区建设工程当年完成投资2 210万元。全年城市道路面积473.5万平方米,增加道路面积7.5万平方米,城市道路总长度357.7千米,增加5.2千米。城市供水总量达到2 689.23万立方米,供水管道长度达到283.83千米;天然气管道长度累计33.5千米,液化石油气用气总人口19.46万人,城市客运运营车辆695辆,客运总量653万人次。城市绿化覆盖面积达到980公顷,绿化覆盖率达37.4%;全市用电量5.63亿千瓦时,比上年增长16.2%。

2009年,全市实现社会消费品零售总额47.25亿元,比上年增长18.6%。批发零售贸易业实现零售额40.32亿元,增长14.9%;住宿和餐饮业6.93亿元,增长46.2%。年末全市共有个体工商户2.09万个,当年新增3 040个,新增民营企业228个,总数达到959个。全市外贸出口总额1 410万美元,增长15.5%,实际利用外资1 440万美元,增长204.4%。

2009年,全市完成货物周转量8.44亿吨千米,比上年增长3.4%,货运量达到1 180万吨,旅客周转量12.4亿人千米,增长25.4%,客运量达到2 757万人,公路通车总里程达到3 551.6千米,增加通车里程600.5千米,交通建设完成投资17 121万元;火车通车总里程169.4千米,麻城站年发送旅客117万人次,年发送货物23万吨。

2009年,全市邮电通信业完成邮电业务总量2.16亿元,比上年增长18.3%;固定电话用户达到14.3万个,新装固定电话1.13万部,增加移动电话用户2.31万个,总数达到32.73万个;互联网用户达到2万个。

2009年,全市国内旅游人数65万人,增长8.3%;国内旅游收入3.5亿元,增长75%;旅游星级饭店拥有客房240间。

2009年,全市完成财政总收入8.8亿元,比上年增长25.4%。其中各项税收4.71亿元,增长26.6%;地方一般预算收入4.05亿元,增长18.8%。全年财政支出20.39亿元,增长45.2%。

2009年,全市金融机构各项存款余额95.31亿元,比上年增长24.3%,其中城乡居民储蓄存款余额67.31亿元,增加10.91亿元。企业存款余额17.51亿元,增加5.85亿元;金融机构各项贷款余额71亿元,增加21.2亿元。保险机构全年保费收入2.19亿元,增长13.8%,其中,财产险保费收入2 182万元,增长12.2%;寿险保费收入1.97亿元,增长14%;各类保险赔款7 651万元,增长17.3%。

2009年,全市拥有各类学校390所,在校学生18.37万人,专任教师1.01万人;其中普通中学51所,在校学生79 747人,专任教师5 168人;小学236所,在校学生78 874人,专任教师3 818人;幼儿园94所,在园幼儿14 392人。全市全年共申报各类科技计划项目13项。其中申报国家项目5项,省级项目8项。开展科技培训2.5万人次,申请专利53件,当年向上争取科技资金318万元。全年争取文化建设维护资金120万元,建成农家书屋150个,新增图书馆藏量6 600册,文艺表演观众23.2万人次;全年电视人口覆盖率达到98.5%,有线电视用户10.72万个,有线电视入户率28.67%。全市共有卫生机构386个,卫生技术人员2 881人,病床床位1 453张;医院病床使用率68.9%。全年共有各类体育场馆640个。其中学校体育馆134个。参加体育比赛人次52万人次,体育运动获地区以上奖牌29块。

2009年,全市城镇居民人均可支配收入11 279元,比上年增长13.8%;农民人均纯收入3 746元,增长8.3%;城镇居民家庭恩格尔系数为38.3%,农村居民家庭恩格尔系数为45.35%;当年全市脱贫人数为3.63万人。居民消费价格指数为99.1%。全年通村公路硬化里程达到1 018.5千米,新增618.5千米,农村行政村公路通车比重达到98%,全市投资200万元专项资金扶持试点示范村6个,农村新增沼气用户5 141个,安全饮用水人口新增1.9万人。

2009年,全市从业人员60.24万人。城镇登记失业率为4.3%,比上年末上升0.14个百分点。参加城镇职工基本养老保险人数5.66万人,参加城镇失业保险人数2.77万人,农村合作医疗参合率达到96.1%。城乡居民最低生活保障对象9.3万人,其中,农村居民最低生活保障人数5.1万人,社会救济总人数29万人,集中供养五保老人2 403人。

2009年,全市出生人口11 070人,出生率9.12‰;死亡7 857人,死亡率6.66‰,人口自然增长率为2.72‰。出生婴儿性别比为121.49:100,符合国家政策生育率92.15%。

【武穴市】 武穴市国土面积1 246平方千米,其中耕地面积3.52万公顷。全市总人口76.6万人。市辖4个办事处,8个镇;319个村民委员会。

2009年,全市完成地区生产总值100亿元,比上年增长19.6%,其中,第一产业增加值28.4亿元,增长4.8%;第二产业增加值41.5亿元,增长13.2%;第三产业增加值30.1亿元,增长23%。

2009年,全市完成农业总产值42.9亿元,比上年增长6.8%,其中,种植业实现产值17.7亿元,增长9.8%;畜牧业17.6亿元,增长24.3%;渔业6.1亿元,下降3.3%。全年农作物总播种面积97.98万公顷,增长5.6%。粮食总产量37.3万吨,增长13.8%;棉花总产量1.05万吨,与上年持平;油料总产量6.9万吨,增长16.9%。农业特色产业稳步发展,"接福牌"双低菜籽油获中国绿色食品博览会金奖。新增1万头生猪养殖小区8个,新建1 000头奶牛场1个,生猪出栏103万头,蝉联"全国生猪调出大市"。水产养殖规模突破1万公顷,被列为湖北省水产重点县市。佛手山药被评为国家地理标志产品。全年造林1.73公顷,封山护林1.8万公顷,工业原料林基地2 400公顷,被评为"全省绿化模范县市"。新发展农民专业合作社29个。

2009年,全市完成规模以上工业总产值85.5亿元,比上年增长24.5%,规模以上工业增加值26.53亿元,增长5.9%。规模以上工业企业159个,增加22个,其中,产值过1亿元企业15个,税收过100万元的企业由23个增加到37个。工业经济效益综合指数达到188.2%,降低50个百分点。医药、化工、建材、机械、船舶制造5大支柱产业稳步发展,湖北广药安康医药有限公司税收实现1.13亿元,湖北祥云集团化工股份有限公司销售收入超过28亿元,湖北玉柴配套多菱发动机有限公司企业达到37个,市域水泥年生产能力750万吨,船舶制造能力20万载重吨。全年有20个产品被认定为湖北名牌产品、湖北省著名商标、中国绿色食品和无公害农产品。全市私营企业达到1 287个,个体工商户1.60万个。全市房屋建筑施工面积200.1万平方米,增长26.4%;竣工面积169.7万平方米,增长78.4%。

2009年,全市完成固定资产投资54.9亿元,比上年增长28.8%。投资30亿元的广药生物产业园开工建设,投资16亿元的湖北祥云化工设备制造公司新厂区进展较快,投资12亿元的黄冈亚东水泥有限公司开始试投产,投资1.8亿元的开阳星造船扩建顺利,投资1.2亿元的件杂货码头启动建设。(北)京九(江)铁路改造、西气东输等国家重点工程项目进展顺利。全年实施水库除险、土地整理、低产林改造、安全饮水、道路交通、生态能源及农业产业基地建设项目35个,完成投资近4亿元。田镇工业新区被湖北省人民政府确定为"两型社会"建设循环经济试验区。全年共争取项目资金2亿元,引进1 000万元以上项目28个。招商引资实际到位资金21.3亿元。房地产开发完成投资3.1亿元,下降10.5%。

2009年,全市新增环保投入2.55亿元,主要污染物化学需氧量下降6.2%,二氧化硫排放量下降3%。全市关闭实心粘土砖厂49个。工业废水排放达标率100%。

2009年,全市实现社会消费品零售总额43.1亿元,比上年增长11.2%,居民消费价格指数达到100%。全年完成财政收入10.08亿元,增长22.9%。各项存款余额85.65亿元,增长21%;各项贷款余额33.67亿元,增长26%;城投公司新增融资规模1.48亿元,支持城市建设和园区建设资金达2.4亿元。中小企业融资担保公司为76个企业提供4.1亿元的贷款担保。各家保险公司实现保费收入3.04亿元,增长37.3%。直接利用外资3147万美元,增长7.1%。外贸出口4 930万美元,下降43.8%。

2009年,全市交通、城市基础设施建设累计完成投资1.2亿元,建成五级客运站1个,候车亭30个,新增农村客运班线10条。建成通村公路229千米。完成武石大道、刊江大道和5号路南段刷黑升级、18号路改造、玉湖路维修、广济大道西段贯通等建设工程。小城镇建设势头强劲,开工小城镇基础设施建设项目101个,总投资超1亿元。

2009年,全市完成旅客周转量4.57亿人千米,比上年增长2.6%;完成货物周转量1.64亿吨千米,增长30%。全年铁路旅客发送量32.56万人次,增长17.24%;到达量35.8万人次,增长17.24%;铁路货物发送量25.2万吨,增长4.42%。全年完成邮电业务收入2.07亿元,增长10.9%。其中邮政业务总量2 400万元,下降15.7%;年末全市固定电话用户9.5万个,减少6.2%,移动电话用户24.3万个,增长30%。

2009年,全市人均地区生产总值16 017元,比上年增长1 971元;城镇居民人均可支配收入12 031元,增长1 505元;城镇居民人均消费性支出7 821元,增长491元;农民人均纯收入5 100元,增长479元;农村居民人均消费性支出4 034元,增长442元;城镇住房人均面积30.5平方米;农村住房人均面积41.7平方米。城镇居民家庭恩格尔系数37.1%。

2009年,全市共有各类学校249所,在校生12.4万人,其中,电大分校1所,普通中专2所,普通高中45所,职业高中1所,普通初中42所,职业初中2所,私立中学2所,小学186所,特殊教育学校1所,幼儿园52所。九年义务教育完成率达99.8%。全年组织申报国家、省级科技计划项目25个,连续六届蝉联全国科技进步先进县市,两届蝉联全国科普示范市。文化事业不断发展繁荣,建成"农家书屋"95个,村级文化站3个,文曲戏、章水泉竹艺、武穴酥糖列入省级非物质文化保护名录。全市有卫生机构66个,卫生工作人员2 844人,卫生技术人员2 412人,病床1474张。有53万人参加新型农村合作医疗,参合率96.7%。全市电视人口覆盖率94.3%,有线电视网络入户率在湖北省领先。全市城镇新增就业5 216人,下岗失业人员再就业2 646人,新增农村劳动力跨区域就业1.71万人,发放小额担保贷款715万元,落实国有企业下岗人员和政府公益性岗位人员补贴573万元,为285名被征地农民发放基本养老保险金63万元。发放城乡低保金4813万元,农村五保金835万元,救灾救济资金431万元,大病医疗救助金579万元。投入250万元的550户农村特困户危房改造工程全面完成,出台住房保障规划和廉租住房实物配租方案,为2 362户低收入住房困难家庭发放廉租房租赁补贴170万元,为72户低保家庭实施实物配租。发放住房公积金贷款2 400万元。

2009年,全市人口出生率8.89‰,死亡率3.7‰,自然增长率5.1‰。

咸宁市

【咸安区】 咸安区土地面积1 503.8平方千米,全区总人口597 840人。区辖9个镇,1个乡,3个办事处和1个奶牛场。

2009年,全区完成地区生产总值81.36亿元,比上年增长16.1%,其中,第一产业增加值14.90亿元,增长1.8%;第二产业增加值35.77亿元,增长18.9%;第三产业增加值30.69亿元,增长19.1%。一、二、三次产业由上年19.38:42.96:37.66调整为18.31:43.97:37.72。

2009年全区完成农业总产值24.56亿元,比上年增长3.7%。种植业发展稳定,实现粮食产量19.62万吨,增长15.5%;油料产量3.71万吨,增长3.4%;蔬菜产量24.82万吨,增长4.8%;苎麻产量2391吨,下降22.4%;茶叶产量1165吨,增长6%;水果产量

2 477吨,增长35.5%。全年生猪出栏21.57万头,增长3.2%;家禽出笼2 238.33万只,增长8.5%;禽蛋产量5 511吨,增长2.2%。水产品产量2.52万吨,增长24.5%。完成造林面积3 382.7公顷,下降22.7%;木材采伐量3.87万立方米,下降1.7%;楠竹采伐量427万根,增长3.1%。森林覆盖率达到43.7%。

2009年,全区完成工业总产值96.4亿元,比上年增长32.2%。规模工业企业(国有及年主营业务收入达到500万元及以上的非国有工业企业)完成总产值96.40亿元,增长32.2%;完成增加值28.75亿元,增长28.6%。规模工业企业实现利税总额7.33亿元,增长47.5%;总资产贡献率20.2%,上升3.5%。建筑企业实现增加值1.6亿元,增长8.5%。

2009年,全区完成全社会固定资产投资55.8亿元,比上年增长49.2%。制造业投资18.76亿元,增长53.1%。全年施工项目408个,完成投资32.2亿元。新增项目148个,累计到位资金19.5亿元,增长47.7%。实现消费品零售总额39.91亿元,增长22.2%。外贸出口额3 183.4万美元,增加278.4万美元,增长9.6%。实际利用外资1 220万美元,增长32.9%。

2009年,全区完成地方财政总收入3.92亿元,比上年增长25.8%。实现地方一般预算收入2.33亿元,增长24%。地方一般预算支出11.85亿元,增长48.7%。

2009年,全区科技、教育、文化、卫生事业持续发展。全年申请专利135件,组织实施国家级科技项目3个、省级科技项目8个。有学前教育学生8 095人;小学在校学生35 295人,小学适龄儿童入学率和巩固率均为100%;初中在校学生25 023人,初中适龄少年入学率达97.6%,巩固率为97.83%。全区高考上本科线1 656人,总上线率为48.25%。完成公益性文艺演出100场,公益性电影放映2 260场。新建乡镇文化站5个、农家书屋35个、村级体育场所20个。北伐汀泗桥战役纪念馆建成并正式对外开放。申报"湖北省嫦娥文化之乡"并取得成功。广播人口覆盖率98.0%,电视人口覆盖率97.0%。有医疗卫生机构53个,卫生机构床位数820张。全年农村合作医疗参保人数32.26万人,平均参合率96.7%,参保金额3 316万元,赔付金额3 300万元,补偿率46%。

2009年,全区城镇居民人均可支配收入12 589元,比上年增加1 060元,增长

咸安区南川水库　　（王甫澜　供稿）

9.2%;农民人均纯收入5 116元,增加487元,增长10.5%。城镇居民恩格尔系数为37.37%;农村居民恩格尔系数为40.55%。社会从业人员31.06万人,增加6 600人。全区参加社会保险6.47万人,扩面新增8 768人。全区享受五保1657户1 657人。

2009年,全区人口出生率10.82‰、死亡率3.55‰、人口自然增长率为7.27‰。

【嘉鱼县】 嘉鱼县土地面积1 018.42平方千米,总人口370 840人。县辖8个镇;82个村民委员会;540个村民小组。

2009年,全县完成生产总值66.41亿元,比上年增长15.6%,其中,第一产业增加值19.28亿元,第二产业增加值28.14亿元,第三产业增加值18.99亿元。一、二、三次产业结构由上年的32.1:39.6:28.3调整为29.0:42.4:28.6。

2009年,全县完成农林牧渔业总产值34.8亿元,比上年增长9.3%。其中农业产值20.57亿元,增长8.5%;蔬菜产值14.9亿元,增长10.3%;水产产值10.5亿元,增长18.6%。粮食产量19.39万吨,增长6.3%;棉花1 032吨,增长12.5%;油料9 014吨,增长6.5%;蔬菜96.39万吨,增长1.4%;苎麻7 374吨,下降19.3%;茶叶1 385吨,增长0.2%;水果3 643吨,增长15.5%。完成造林面积5 066.67公顷,增长38.5%。木材采伐1.26万立方米,下降2.5%。牲猪出栏16.48万头,上升7.1%。水产品产量7.34万吨,增长3.2%。

2009年,全县完成规模以上工业企业总产值94.72亿元,比上年增长31.8%。实现工业增加值28.04亿元,增长31.8%。完成工业销售产值85.6亿元,增长31.9%。规模以上工业企业经济效益综合指数为252.33%,提高23.38个百分点。规模以上工业企业实现利税7.6亿元,增长29.4%;利润总额6.16亿元,增长33.1%。全年资质以上建筑业企业完成建筑业总产值3.31亿元,增长56.9%。

2009年,全县完成固定资产投资47.02亿元,比上年增长45.5%。新签项目投资合同(意向)46个,协议投资金额46.16亿元,实际到位资金19.32亿元。续建、新建投资超过3 000万元的项目33个,建成投产15个。其中,中国葛洲坝集团股份有限公司水泥分公司项目的建成投产,实现嘉鱼县在引进国内500强企业零的突破。全县外商直接投资483万美元,增长82.3%。

2009年,全县完成社会消费品零售总额19.22亿元,比上年增长20.5%。实现外贸出口额330万美元,下降34.7%。居民消费价格水平为99.8%。完成地方财政总收入3.5亿元,增长25.2%。地方一般预算收入2.2亿元,增长26%。全县财政支出9.82亿元,增长17.2%。地方一般预算支出7.16亿元,增长35.4%。

2009年,全县科技、教育、文化、卫生、体育事业稳步发展。国有事业单位拥有专业技术人员4 996人。共有学校67所,教师2 838人,在校学生人数53 585人。学龄儿童入学率100%,初中毕业生升学率90%。年末有文化中心8个,公

共图书馆1个,文化馆1个,博物馆1个,艺术表演团体1个。公共图书馆馆藏达到4.34万册。全年累计创作各类文艺作品150件。有国家综合档案馆1个,馆藏档案8.73万卷,资料6 280册。广播电视综合覆盖人口35.06万人。有卫生机构14个,卫生机构床位756张。组织举办群众健身与比赛活动5次;承办全市体育赛事2个;新建体育协会2个。竞技体育参加全市比赛6次,获得各类奖项20余个。

2009年,全县在岗职工人数3.27万人,在岗职工人均工资16 658元,比上年增长2.3%;农村居民人均纯收入5 841元,增长10.6%。全县拥有收养性单位15个,床位1 137张;供养人数1 016人。全县有城镇最低生活保障对象1.07万人,农村最低生活保障对象1.06万人,发放低保补助金2 331万元。农村新型合作医疗保险人数达24.13万人,参合率80.7%,补偿金额1 147万元。全县人口出生率9.48‰,死亡率2.62‰,人口自然增长率6.86‰。

【赤壁市】 赤壁市土地面积1 723平方千米,总人口51.58万人。市辖10个镇,1个乡,3个街道办事处,1个经济开发区,1个林场,1个茶场,1个农业开发区,153个村民委员会,10个居民委员会。

2009年,全市完成生产总值111.8亿元,比上年增长16.1%,其中,第一产业实现增加值18亿元,增长5.2%;第二产业实现增加值57.8亿元,增长19%;第三产业实现增加值36.0亿元,增长17.0%。一、二、三次产业结构由上年的16.7∶51.5∶31.8调整为16.1∶51.7∶32.2。

2009年,全市农林牧渔业增加值17.98亿元,比上年增长5.2%。粮食作物播种面积3 894.67公顷,增长5.62%;棉花种植面积1 000公顷,下降16.2%;油料作物种植面积1 838.67公顷,增长1.6%;苎麻种植面积4 060公顷,下降35.6%。粮食总产量22.61万吨,增长11.1%;棉花总产量1 325吨,下降13 %;油料总产量2.25万吨,增长4%;苎麻总产量7 897吨,下降25.8%;水果总产量1.2万吨,增长5.5%。全市农作物播种面积8.62万公顷。全市造林面积3 373.33公顷,下降22.1%;木材采伐量3.24万立方米,增长4.35%;楠竹采伐量470万根,下降1.23%;全年实现林业总产值1.37亿元。出栏生猪25.67万头,增长6.9%;家禽出笼234.81万只,增长10.4%,;禽肉产量2.34万吨,增长8.1%;畜牧业总产值5亿元。水产品产量7.65万吨,增长8.6%,水产实现总产值8.46亿元。

2009年,全市规模以上工业企业183个,净增21个,完成总产值138.1亿元,完成增加值45.7亿元,比上年增长22.4%。规模以上工业企业完成销售收入128.8亿元,增长24.3%,实现利润5.8亿元,增长32.4%,利税总额9.7亿元,增长19.8 %。工业综合经济效益指数246%,提高25.4 %。全市建筑企业(含资质以下)完成增加值3.79亿元,增长28.3%。全市资质以上房地产开发企业完成商品房销售面积5.59万平方米,增长61.3%,完成商品房销售额1.2亿元,增长99.4%。

2009年,全市完成固定资产投资68.3亿元,比上年增长48.4%。全年引进各类项目202个,招商引资实际到位资金27.02亿元。全市完成社会消费品零售总额39.2亿元,增长21%。外贸出口企业33个,出口创汇额2911万美元,增长16.1%。实现地方财政收入8.21亿元,增长16.8%。实现地方一般预算收入4.44亿元,增长22.8%。

2009年,全市教育、科技、文化、卫生事业稳步前进。全市共有高级中学5所,在校学生11 753人,初级中学32所,在校学生20 844人,小学55所,在校学生33389人。全市高考参考人数为4178人,录取率75%。全市向省、国家申报科技项目10项,获省级以上批准立项科技项目数6项;专利申请数62项,增加30项,专利申请授权量36项,增加14项。全市为各乡镇送戏140场,14个乡镇放映农村公益电影930场,观众达10万人次。新建"农家书屋"53个。有卫生机构数27个,卫生机构工作人员2 350人,医疗机构拥有病床数1 274张。农业人口参加合作医疗的人数30.47万人,参合率87%。广播人口覆盖率98.8%,电视人口覆盖率98.2%,有线电视入户率96.0%。

2009年,全市农村居民人均纯收入6 120元,比上年增长10.8%;城镇居民人均可支配收入11 985元,增加1 030元。城镇新增就业6 600人,城镇登记失业率控制在4.0%以内。城镇养老保险人数5.97万人,医疗保险人数5.74万人,失业保险人数1.96万人,城乡居民最低生活保障已保人数5.59万人。人口出生率10.25‰,人口死亡率4.79‰,人口自然增长率5.6‰。

【通城县】 通城县土地面积1 140.7平方千米,总人口492 007人。县辖9个镇,2个乡,4个国营林场,1个国营农场,1个国营茶场;185个行政村、居民委员会。

2009年,全县完成农林牧渔业总产值19.59亿元,比上年下降9.2%。粮食作物播种面积3.55万公顷,增加1 900公顷。完成造林面积2 030公顷,减少750公顷。牲猪出栏72万头,存栏36万头。淡水养殖面积2 378公顷,水产品产量3 300吨,增长32%。新建油茶示范基地733.33公顷,新开发药材基地333.33公顷、速生林面积1 333.33顷、马铃薯面积2 133.3公顷。申报"全国油茶基地建设重点示范县"并取得成功。

2009年,全县完成工业增加值15.11亿元,比上年增长19.8%。工业总产值34.4亿元,增长32.7%;规模以上工业企业实现增加值12.32亿元,增长28%;销售产值33.3亿元,增长33.3%;销售收

通城县宝塔别墅群 (咸宁史志办 供稿)

入23.01亿元,增长16.98%;利税2.03亿元,增长11.8%。建筑业实现增加值2.07亿元,增长37.2%。全县房屋建筑施工面积69.37万平方米,房屋建筑竣工面积50.08万平方米。

2009年,全县完成全社会固定资产投资30.62亿元,比上年增长44.1%。全年开工建设项目182个,增长64%,其中1亿元以上项目8个。

2009年,全县实现消费品零售总额24.21亿元,比上年增长20.7%。外贸出口1 532.2万美元,增长4.9%。实现财政收入2.52亿元,增长4.8%;完成地方一般预算收入1.60亿元,增长24%;非税收入增长18.3%。财政支出10.19亿元,增长51%。

2009年,全县拥有学校总数96所,普通中学在校学生27 583人,招生4 226人,毕业9 556人。学龄儿童入学率100%,九年义务教育完成率99.1%,初中毕业升学率56%,高考本科上线率57.4%。全年申报科技项目30个,取得专利申请授权量25项,发明16项。全县有图书馆、文化馆、博物馆各1个,艺术表演团体4个。公共图书馆藏书8.6万册。全县有文化站11个,体育场馆2个。全年组织体育活动12次,参赛活动人数达3.5万人次。广播覆盖率85%,电视覆盖率95%。拥有卫生机构19个,床位859张,卫生工作人员1 336人。

2009年,全县农村居民人均纯收入4 809元,增长10.2%;农村居民人均住房建筑面积48.2平方米。城镇居民人均可支配收入10 822元,增长10%;人均消费支出8 436元,增长24.4%。年末从业人员20.16万人,减少2.46万人。新增就业5 284人,城市登记失业人员2 302人,失业率控制在1.14%以内。全县人口自然增长率6.93‰。

通山县新城区　　（咸宁史志办　供稿）

【崇阳县】 崇阳县土地面积1 968平方千米,总人口46.93万人。县辖8个镇,4个乡;186个村民委员会,11个居民委员会。

2009年,全县完成国民生产总值47.02亿元,比上年增长15.9%。其中,第一产业增加值11.82亿元,增长2.2%;第二产业增加值16.89亿元,增长25.7%;第三产业增加值18.31亿元,增长16.7%。一、二、三次产业结构由上年的27.7:33.6:38.7调整为25.1:35.9:39。

2009年,全县完成农林牧渔业总产值19.86亿元,比上年增长7.1%。全年粮食播种面积4.14万公顷,粮食总产量21.45万吨,增长7%。油料播种面积7 680.0公顷,总产量5 778吨,增长14.6%。蔬菜播种面积1.04万公顷,总产量18.55万吨,增长7.5%。果用瓜播种面积1 220.0公顷,产量4.1万吨,增长20.4%。林地面积1 373.07公顷。全年植树造林4 613.33公顷,森林覆盖率达到61.8%。木材采伐量7.42万立方米,竹材采伐量341.5万根。楠竹、雷竹总产值1亿元。牛存栏2.87万头,增长2.4%;牲猪出栏35.21万头,增长10.8%。牲猪存栏34.5万头,增长26.7%;家禽出笼582.2万只,增长409%;禽蛋产量3845吨,增长7.6%;肉类总产量3.47万吨,增长30.8%。水产养殖面积4713.33公顷,水产品产量8 102吨,增长6.6%。

2009年,全县完成工业增加值14.64亿元,比上年增长21.6%。规模以上工业企业总产值21.8亿元,增长40.4%;工业增加值6.26亿元,增长45.1%;主营业务收入18.5亿元,增长35.5%;税金6 869.4万元,增长46%;利润3 366.8万元,增长50.1%。规模以上工业效益综合指数145.91%,提高3.21个百分点。三级以上资质建筑企业总产值2.13亿元,增长32.3%。房屋建筑施工面积26.8万平方米,下降11.3%;房屋建筑竣工面积23.62万平方米,下降3.2%。

2009年,全县完成全社会固定资产投资30.59亿元,比上年增长74.5%。完成招商引资项目76个,投资过亿元的项目7个。合同引进资金24.8亿元,到位资金12.15亿元,增长64.0%。施工项目273个,增长28.8%。全口径财政总收入2.08亿元,增长20.0%。地方一般预算收入1.34亿元,增长24%。地方一般预算支出10.71亿元,增长46%。

2009年,全县完成社会消费品零售总额21.3亿元,比上年增长20.9%。外贸出口创汇574.3万美元,下降8.9%;实际利用外资387万美元,增长1.35倍。

2009年,全县有各类学校157所(含幼儿园),在校学生人数87 387人。适龄儿童入学率100%,九年义务教育完成率达到97%。全县高中毕业生3 653人,高考本科以上录取人数2 150人。被湖北省列为第一批国家级教育综合改革试验县,崇阳职业技术学校被评为国家级重点中级职业学校。全年应用技术成果38项,签订各类技术合同78项,通过省部级以上科技成果5项。发展农技协组织42个,会员3.86万人,专业合作社22个,会员1.65万人,引进技术成果51项。向国家知识产权局、专利局申报外观设计专利12项、发明专利1项、实用新型专利2项。有电影放映单位14个,放映电影2 292场。各类艺术表演团体47个,演出场次3 020场。崇阳县成为湖北省率先完成乡镇综合文化站建设任务的县市,30个农家书屋项目建设作为典型经验在全省范围推广。举办各类运动会13次,参赛运动员1 600余名。青山大泉洞景区成功申报3A景区,成为全县第1个3A级景区。卫生事业快速发展,医疗卫生机构205个,卫生技术人员1 883人,卫生机构床位数902张。全县有35.62万人参加合作医疗,占全县农业人口的97.7%,高于全省平均水平5.6个百分点。广播覆盖率100%,电视覆盖率88.7%。

2009年,全县农村居民人均纯收入

4 312元,比上年增长10.2%。城镇居民人均可支配收入9 801元,增长9.8%。城镇登记失业率3.73%,社会保险参保率99.8%,生育保险覆盖率99.8%。社会福利收养性单位床位数920张,居民最低生活保障已保人数2.99万人。社会救济总人数9.9万人。出生人口5 730人,出生率为11.53‰;死亡人数2 753人,死亡率5.54‰,人口自然增长率为5.99‰。

【通山县】 通山县土地面积2 680平方千米,总人口46.05万人。县辖8个镇,4个乡,2个管理委员会,1个经济开发区及20个国营林、茶、果、渔、畜牧场;185个村民委员会,18个居民委员会;1 738个村民小组。

2009年,全县完成地方生产总值37.64亿元,比上年增长17.3%。其中,第一产业增加值6.69亿元,增长7.9%;第二产业增加值10.42亿元,增长14.8%;第三产业增加值20.53亿元,增长22.1%。三次产业结构由上年的19.3∶29.7∶51调整为17.8∶27.7∶54.5。

2009年,全县完成农业总产值11.24亿元,比上年增长5.6%。建成农业板块基地4 033.33公顷,完成林地确权面积16.06万公顷,完成扶贫整村推进30个村,实施帮扶项目274个,新增2个省级龙头企业、7个市级龙头企业。农村经济合作组织发展到41个,村级综合服务社新发展13个。粮食作物播种面积3.65万公顷。全年粮食总产量8.88万吨,增长27%;油料产量4 711吨,增长4.1%;蔬菜产量13.88万吨,下降0.4%;肉类总产量1.46万吨,增长4.7%。网箱养殖个数3.1万口,淡水养殖面积4.05万公顷,增长3.4%;水产品产量7 100吨,增长50.1%;水产业综合产值1.2亿元,增长52.1%。完成造林面积4 033.3公顷;木材采伐量5.28万立方米;竹材607万根。年末有楠竹面积2.67万公顷。全年苗木销售900万株,实现苗木销售收入470万元。

2009年,全县完成工业总产值28.6亿元,比上年增长19%;完成增加值8.92亿元,增长17.6%。实现主营业务收入15.17亿元,增长19.4%。规模以上工业企业完成工业总产值17.76亿元,增长34.1%。实现规模以上工业增加值6.59亿元,增长36%。实现利润总额2867万元。实施重点项目84个,完成投资22.87亿元。争取中央新增投资项目70个,投资总额3.18亿元,到位1.15亿元。招商引进资金28.5亿元,到位资金10.5亿元。完成71个新增招商项目,增加11个。全年实际利用外资349万美元,增长62%。全年出口创汇120万美元,下降77%。

2009年,全县人均地区生产总值10 059元,比上年增长14.2%。全县税收收入2.03亿元,增长34.5%。实现财政收入3.11亿元,增长15.4%。财政支出10.93亿元,增长53.7%。完成全社会固定资产投资29.91亿元,增长54%。全年完成房地产开发投资4.07亿元,增长18.8%。全县旅游业接待游客180万人次,增长16.2%;门票收入2530万元,增长258.2%;旅游综合收入6亿元,增长22.4%。湖北通山隐水洞地质公园被评为国家级4A景区。新发展农家乐旅馆150个。

2009年,全县有中等职业教育学校1所,各类普通教育学校173所。学龄儿童入学率99.8%,初中学生升学率达85%,九年义务教育完成率达96%。全年"两免一补"受益学生7.36万人。全县有卫生机构34个,病床899张,卫生技术人员1 367人。有文化馆、图书馆、文物管理所各1个,艺术表演团体1个,艺术表演场馆1个。电视综合覆盖率90%、广播综合覆盖率80%。全年开展群众性比赛活动16次。参加湘鄂赣边区老年人运动会获得金牌4枚,银牌2枚。

2009年,城镇在岗职工平均工资17 140元,比上年增长34.5%;城镇居民人均可支配收入9 249元,增长10%;农民人均纯收入3141元,增长10.1%,农村居民恩格尔系数为56.9%。新增城镇就业5 697人,农村劳动力转移就业8 650人,城镇登记失业率4.1%。全年申请专利36件,其中发明专利1件,增长12.5%,授权专利20件。完成农转资金项目1个,完成国家重点新产品计划项目2个。

2009年,全县城镇企业职工基本养老保险参保1.34万人,城镇职工基本医疗保险参保2.55万人,城镇失业保险参保1.24万人,农村养老保险参保9 208人,农村合作医疗参保39.5万人。全年享受最低生活保障人数3.74万人。建立各种社区服务设施17个,社会服务中心1个,各类收养性社会福利院14个,床位1 458张,收养各类人员1 406人。社会保险扩面3.7万人,农村低保扩面5 600人,新型农村合作医疗农民参合率95%,全年为参合农民报销医药费用2 973万元。全县人口出生率为10.5‰,死亡率4.38‰,人口自然增长率6.12‰。

责任编辑 张 昀
责任校对 孙明明

武汉城市圈论坛

推进武汉城市圈“两型社会”建设的战略思考（摘要）

章茂龙

一、充分认识国家战略意图，把握武汉城市圈“两型社会”建设的内涵与特点（略）

二、武汉城市圈“两型社会”建设面临的矛盾和问题

（一）经济持续增长与资源环境约束的矛盾

经济持续增长同资源环境约束的矛盾，呈逐步增大的趋势。武汉市及周边部分城市属于老工业基地，产业结构偏重型化，经济增长方式较粗放，能耗较高，排污压力较大，节能减排的任务重。武汉城市圈的经济仍然是粗放式增长方式，以牺牲资源环境为代价，表现出高资本投入、高资源消耗、高污染排放和低效率产出四大特征。

（二）经济快速增长同经济增长的体制机制的矛盾

武汉城市圈要解决高资本投入、高资源消耗、高污染排放和低效率产出粗放型经济增长的问题。例如：在产业发展方面，由于地方政府考虑到生产总值、财政收入及担心税收流失等，产业一体化尚有不少困难。圈内存在一定的低水平竞争，产业结构上既重复布局，又缺乏配套性、延伸性，区域内难以形成大的优势产业链。比如，汉川、仙桃、天门都有纺织产业优势，三地竞争十分激烈，能否将其整合起来做大做强？在自主创新方面，以企业为主体的技术创新体系，科教资源整合和科技成果转化的机制、风险投资机制，以及高新技术企业的成长促进机制，都有待进一步建立和完善。在区域协调合作方面，武汉城市圈差异性大，武汉市一城独大，周边城市经济实力有待培育。建设统一市场存在体制障碍。在金融、土地、劳动力、产权转让等方面还难以形成区域统一的大市场。

（三）公共服务需求快速增长与基本公共产品短缺的矛盾

社会公众的基本公共服务需求，包括义务教育、公共卫生、基本医疗，基本社会保障，住房、公共安全和环境保护等。基本公共服务在经济社会发展中的重要性凸显。武汉城市圈圈内城乡二元结构比较明显，除武汉以外，周边8个城市主要还是农村，而且还是比较落后的农村。户籍、就业、教育、医疗等方面都存在城乡分割现象，圈内基础设施建设如城际公共交通、电信运行机制等还有些体制障碍需要突破，城市圈圈内城乡收入差距有进一步扩大的趋势。

三、推进武汉城市圈“两型社会”建设的战略思考

（一）武汉城市圈“两型社会”建设的模式

短期：武汉城市圈以现有的武汉工业基地等发展极为依托，与武汉工业基地振兴改造战略相结合，走改革推动的武汉工业基地改造更新从而带动和辐射周边城市发展的道路。中期加速阶段：武汉城市圈应该重视发挥包括国外和发达地区资金在内的外部资金、技术和管理的辐射带动作用以及西部地区人才东流的推动作用，与东部地区结构升级和产业转移、以及西部开发战略相结合，走“外部投资密集推动的外向性发展模式”道路。长期：武汉城市圈经济社会稳定可持续的发展模式必须依靠体制改革和技术创新，与体制改革和科教兴国战略相结合，实施外向性发展与内生性发展（复合型）相结合的发展模式。

外向性发展与内生性发展（复合型）相结合的发展模式，应包括五大体系：

1. 开放型经济体系。扩大对外开放力度，扩大武汉城市圈发展空间，积极承接国际优质资本转移，特别是服务业资本转移，积极拓展国际市场，提升武汉城市发展的国际化与开放水平。

2. 国内市场体系。利用国家扩大内需、培育国内市场的机遇，利用自身区位优势，努力建设各类商品与要素市场体系，抢占国内市场制高点，形成相对于沿海地区的新的后发市场优势。

3. “全民创业”体系。利用建设“创业型城市圈”的契机，充分挖掘、开放和利用本土创业资源，激活与增强内生性创业活力。

4. 自主创新体系。充分发挥武汉城市圈科教资源优势，做好做足“光谷”等高新技术文章，壮大本土科技自主创新能力。

5. 本土产业体系。做大做强钢铁机新汽等本土优势产业，通过优势产业产业链条延伸和产业集群建设，形成能够充分发挥本土产业优势和资源优势的本土化产业体系。

（二）武汉城市圈“两型社会”建设的战略思考

1. “两型社会”建设的关键是要进一步解放思想，先行先试。

“两型社会”建设关键在“试验”。既然是重在试验，就必须解放思想。解放思想是创新和试验的逻辑起点，没有思想解放，就没有创新。要深入研究政策，积极争取政策，并充分利用这些政策推动改革和发展。要进一步加大改革的力度，要树立市场经济的观念，只要是法律法规没有禁止的，都可以大胆想，都可以试着干。当前解放思想的极其重要的是要培育冒险和创业的文化氛围，弘扬创业精神，鼓励个人创业，容忍失败和挫折，努力营造宽松、自由、兼收并蓄、鼓励个性发展和创造的文化氛围，焕发人们的聪明才智，调动全员参与的积极性，突破旧的体制障碍，努力使综合配套改革试点获得成功。

2. “两型社会”建设的核心是制度创新，构建推进“两型社会”建设的体制机制。

当前着力围绕打破“两型社会”建设的体制机制阻碍，加

大7个方面实现率先突破：建立统筹区域产业发展的体制机制，实现区域经济一体化；探索建立资源节约、环境友好的体制机制，实现区域的可持续发展；探索建立增强自主创新能力的体制机制，完善区域创新体系；探索加快发展现代服务业的体制机制，优化区域经济结构；探索建立基础设施共建共享和公共资源合理配置的体制机制，完善区域公共服务功能；完善城市圈土地资源管理的体制，探索节约和集约用地的新型城市化发展模式；创新城乡统筹发展机制，实现城乡协调发展。同时还要结合武汉城市圈的发展情况着力推进以下制度创新：一是金融体制创新，重点推进风险投资体制建设。通过政策的规范、制度的创新以及环境的改善，形成以市场建设为核心、以民间资本为主体的风险投资机制。可以考虑设立风险投资柜台交易试点，或与技术交易市场、产权交易市场统筹规划设立，以产业资本的置换为风险资本提供退出通道。二是科技要素市场创新。武汉城市圈要以技术市场为基地，以网络信息为手段，以制度建设为核心，对资本、技术、人才等要素进行整合，形成面向全国的具有高辐射力、高吸引力和高透明度的科技要素市场。三是加强法制建设，健全法律制度和监督机制，建立和完善产权制度，强化信用机制，建立健全资信管理制度。四是建立产权清晰、管理规范、运作透明、信息披露充分的现代企业制度。大力推进国有企事业改革，在促进一般专业技术人员和管理人员进入市场的同时，重点推进企事业领导人员和高层次人才进入市场，形成“全民创业”体系。五是创新激励和约束机制。要按照市场经济规律要求，完善收入分配、激励机制和约束机制，确立能够吸引科技人员从事技术发展与成果转化的利益机制。实行多种分配形式，如技术入股、股票期权、管理入股、创业股等。通过企业股份制改造，探索建立适应于以智力资本为主的新型激励机制。

3.“两型社会”建设的重点是要探索新型工业化、新型城市化发展之路。

武汉城市圈在城市化进程中，围绕提高资源使用效率，减轻环境负担，必须以建设“两型社会”为主题，提高城市综合承载能力为核心，走科技含量高、经济效益好、资源消耗低、环境污染少、人力资源优势得到充分发挥的新型工业化道路，同时处理好经济发展与人口、资源、环境之间的关系，从内涵和形式上实现新型城市化和新型工业化的有机结合、协调发展。探索新型工业化、新型城市化发展之路：一是强调资源节约和环境友好，杜绝特大城市单个摊大饼式模式发展，按照循序渐进，资源节约，集聚发展，合理布局的原则，以特大城市和大城市为龙头，实现城市群内城镇主体功能定位，加强分工协调和优势发展，引导大中小城市和小城镇协调发展，通过合理配置公共设施和公共资源，提高公共资源使用效率，减轻环境负担。二是以提高城镇综合承载能力为核心。通过综合制度创新，破除城乡分割的体制和机制障碍，逐步改变城乡二元结构，完善城市功能，增强中心城区的集聚辐射能力，实现三次产业协调发展。既注重提高劳动生产率，又注重扩大就业容量，促进农民有序转移、城市有序发展，形成支撑区域经济发展和人口集聚主要载体。三是实现新型城市化和新型工业化的有机结合。在积极稳妥推进城市化发展的同时，优化产业结构，转变发展方式，走科技含量高、经济效益好、资源消耗低、环境污染少的新型工业化道路。

4.“两型社会”建设的支撑是要立足技术创新，走自主创新的道路。

要实现武汉城市圈“两型社会”建设历史使命，必须转变经济发展方式，加快高技术及其产业发展，提高产业的技术含量、附加价值和市场竞争力，推动经济结构和产业结构升级。立足技术创新，走自主创新的道路。一是要以技术创新为先导，集中力量突破重点技术，支持两型技术领域关键技术的研究开发，要制定并实行一系列政策，鼓励企业进行节能减排技术改造，支持节能环保新设备、新工艺、新技术的采购、研发和应用，鼓励节能的改革创新和采用节约能源的新工艺、新技术，积极构建武汉城市圈节能型产业体系。二是要引导和支持创新要素向生态企业、工业园区集聚，加强对生态企业、工业园区引进技术活动的扶持力度，重点扶持绿色产业和资源节约、环境友好的生态企业发展，全面推行清洁生产，加快发展循环经济，推动发展质量和效益的提高。三是要建立高新技术企业的创业和成长促进机制，创造良好的政策环境，建立知识产权保护机制、市场评价机制、风险投资机制，支持高新技术企业成长壮大，形成东湖开发区与黄石、鄂州、黄冈、孝感4个省级高新区的互动发展机制，建设世界一流的高技术产业基地和创新园区，为武汉城市圈高新技术产业发展提供良好载体。

5.“两型社会”建设的保障是要建设服务型的政府、法制型的政府。

转变政府职能，强化政府公共服务职能，首先必须制定和完善市场规则，打破行政性垄断，着力创造一个有利于市场主体平等竞争的市场环境。同时还必须为人的生存和发展创造良好、和谐、可持续发展的环境和提供公共服务需求与基本公共产品公共服务。坚持以人为本，不断提高人民群众的生活质量和水平，不断满足人民群众的物质和精神需要，走共同富裕的道路。一是坚持人民群众是创造财富的主体的理念。首先要善于引导和激发人民群众的创造力，这是建设和谐社会的基础。政府是创造环境的主体，应把实现人民利益最大化作为改革和发展的最终目的，使全体人民共享改革发展的成果。二是坚持“非禁即入”的理念。从“允许性”理念转变到“禁止性”理念，是政府转型的重要突破口。在计划经济体制下，凡事要经过允许、审批才能干，这种理念抑制了创新；在市场经济条件下，凡事只要法律不禁止都可以干，这种“非禁即入”的理念扩大了创新空间。三是坚持依法行政的理念。确立政府只能做法律（法规）规定的事情的理念，减少以至消除政府行为的随意性。依法行政是规范政府行为的前提和基础；明确政府的公共职能，解决转型中的政府“越位”、“缺位”、“错位”问题，大力减少直接干预微观经济活动的行为，强化公共产品供给和服务，完善社会保障的基础平台，建立健全对贫困地区和贫困人口的转移支付制度；完善政府行为的监督机制。政府公共权力的行使要透明，形成政务公开的制度性框架，发挥审计、监察部门、媒体和人民群众的监督作用。

（摘自《长江论坛》2009年第1期）

低碳经济与武汉城市圈“两型社会”建设（摘要）

刘传江　冯碧梅

目前，国内一些经济发展水平较高的城市，已将低碳经济和低碳社会作为发展的方向，纷纷建设低碳示范区和碳零排放区，以期在新一轮的城市竞争中获得主动。向低碳经济转型已经成为世界经济发展的大趋势，城市能否在未来几十年里走到发展的前列，能否顺利转变经济增长方式，能否建成宜人居住的城市，很大程度上取决于其在低碳经济时代来临时的应对调整能力。从这一点说，建设低碳经济，是武汉城市圈建设“两型社会”的当务之急。武汉城市圈试验区的主题是“两型”，核心任务是“两新”，即新型城市化和新型工业化。“两新”又集中体现在“两低”上，即低碳经济和低碳社会。武汉城市圈在实施这一宏伟目标中，要把“两低”的要求，体现在“两型社会”建设的方方面面。构建“资源节约型、环境友好型”以及“低碳导向型社会”是在可持续发展战略思路之下形成的通过经济、社会、政治、文化等全面更新的发展模式。

一、低碳经济的概念及其经济学内涵（略）

二、武汉城市圈发展低碳经济的背景及理论基础（略）

三、武汉城市圈未来发展面临的资源环境压力

生态足迹理论将自然资本各项目还原和统一到生物生产性面积概念上来，折算成耕地、草地、林地、水域、化石能源用地、建筑用地等六大用地类型，通过系数转换计算出某区域人口维持日常生活所需的各用地面积。武汉市生态赤字时间序列分析显示，过去10余年来武汉市生态足迹与日俱增，表现为自然资本总量供不应求，生态足迹远远超过生态承载力，且二者之间的差距呈逐年上升趋势，生态赤字严重。短期内要做到完全消除生态赤字是不现实的，武汉市应着眼于采取相应措施抑制生态赤字的不断扩大，逐渐扭转目前自然资本存量供不应求的局面。

随着武汉市的快速发展，适合于耕种的土地早已开发完毕，不可能新开辟出大面积的农业用地。面对日益增长的城市发展需求，武汉市依靠自身的农业禀赋已经不堪重荷。化石能源用地方面，武汉市的钢材、汽车、石化等产业发展较快，对化石能源的需求量大，加上国际油价变动等因素的影响，使得化石能源用地方面出现较大赤字。由于支流的大面积污染，依然存在水质性缺水的困境。以水产品消耗为指标的水域面积出现赤字，说明武汉市在水产品方面消费较大且逐年升高，需要采取措施改善水质，既保证本地居民的日常生活需要，也能够为南水北调工程提供优质水资源。草地、林地方面人均赤字较小，有利于绿化工作的开展，有效发挥其生态服务功能。生态足迹方法较好地揭示出：由于长时期对自然资本的高度依赖与不合理开发利用，生态环境所受到的人为影响超出其承载能力，导致自然资本存量状况在时间跨度内逐步恶化，严重影响武汉市可持续发展。

武汉城市圈内的城市大多是老工业基地，产业结构偏重，不可能关闭所有的高耗能、高污染企业，而对污染企业改造所需的投入偏大，难堪重负。

四、武汉城市圈发展低碳经济、建设低碳社会的机制创新的建议

（一）创新建立有利于产业结构优化升级，发展具有低碳特征的产业，限制高碳产业市场准入的体制机制

武汉城市圈三次产业结构尚不合理。经济增长仍依赖于第二产业，第二产业尤其是工业的发展对整个区域经济仍旧起着至关重要的支撑作用，作为低能耗的第三产业比重尚发展不够。在工业结构方面，轻、重工业比例失调，重工业比重过高。因此，要走新型工业化道路，建设低碳社会，工业结构升级调整任务迫切。据有关部门推算，如果第三产业增加值比重提高1个百分点，第二产业中工业增加值比重相应降低1个百分点，而冶金、建材、化工等高耗能行业比重相应下降1个百分点，万元生产总值能耗可相应降低1.3个百分点。因此，要建立产业分工引导机制，制定和实施城市圈产业发展规划和产业流动指南，组建城市圈产业发展基金、工业担保公司，引导投资方向；建立产业转移的利益共享和补偿机制；综合运用财税、土地、信贷等政策，建立发展“两型”产业的激励约束机制，构建中西部先进制造业、高新技术产业和现代服务业、现代农业集聚区和产业高地。要办好高新技术产业园区、现代服务业聚集区、文化产业集群，进一步优化产业结构，促进产业升级。

（二）创新降低对化石能源的依赖，走有机、生态、高效农业的新路子的体制机制

化肥和农药是现代农业发展的支柱，曾经为解决人类粮食问题做出贡献，但是，化肥和农药的高能耗、高污染的弊端已经被认识，它不仅破坏土壤的有机构成、造成农作物的农药残留和影响食品安全，而且化肥和农药的生产过程，本身消耗大量的化石能源、产生大量的二氧化碳。因此，现代农业甚至可以称之为“高碳农业”。发展低碳农业的路径：一是大幅度地减少化肥和农药有用量。降低农业生产过程对化石能源的依赖，走有机生态农业之路。如用粪肥和堆肥作为化肥的替代品，提高土壤有机质含量；通过秸秆还田，增加土壤养分，减少径流，增加入渗。作物残茬及覆盖在地表的秸秆可防止风蚀和水蚀，提高土壤生产力。采用深耕作物与中耕作物轮作，引入蚯蚓、微生物共同熟化土壤，扩大作物根系营养能力。二是充分利用农业的剩余能量。如农作物收割后的秸秆是农业中的剩余能量，其中70%以上的纤维素、木质素等得不到利用，而且燃烧释放出的有害气体严重污染大气。为了充分合理利用作物秸秆资源，防止环境污染，亟需探索出综合利用秸秆作物资源的新途径。如用于饲料、肥料、培养料；也可采用秸秆气化技术，在高温、高压、厌氧条件下经热解气化成可燃性气体。也可利用秸秆发酵生产乙醇燃料。三是推广太阳能和沼气技术，在农村普及太阳能集热器是发展低碳农村的有效途径。目前湖北仙桃市、潜江市都在试行稻草、秸秆发电，武汉新洲蘑菇种植已经成为规模，原材料则来自废物，这都是发展循环经济，走新型工业化道路的有效探索。

（三）创新建立有利于节能减排的体制机制

要建立区域内资源节约和环境治理的市场机制；建立城市圈内环保部门之间的协同监管、信息共享和河流、湖泊等污染综合防治机制，建立城乡一体化的污染防治监控体系；建立生态建设与环境保护的补偿机制和投融资机制。应该把能源结构的调整与提高能源效率的方法相结合，采用低碳技术、节能技术和减排技术，逐步减少传统工业对化石能源的过度依赖，努力提高现有能源体系的整体效率，遏制化石能源总消耗的增加，限制和淘汰高碳产业和产品，发展低碳产业和产品。

建设“两型社会”，走新型工业化道路，尚需突破很多技术难题，如对大气污染、水污染、垃圾污染等的综合整治技术、资源高效勘察和资源整合利用技术等。伴随着技术的改进，投入相应也会增多。如要想在生产领域降低能耗，清洁生产是最佳办法。这项措施在工业生产全过程进行控制，在污染前采取防治对策，因此要加大投入，实行技术改进。另一方面，科技创新是区域经济发展的不竭之源，武汉城市圈科研实力雄厚，但创新潜力并没有释放出来，有必要重新整合各科研力量，提高自主创新能力。

（四）创新有利于促进基础设施共建共享和公共资源合理配置的体制机制

低碳城市的建设离不开低碳建筑这个单元，发展低碳建筑要从设计和运行两个方面入手。在建筑设计上引入低碳理念，如充分利用太阳能、选用隔热保温的建筑材料、合理设计通风和采光系统、选用节能型取暖和制冷系统。建筑施工和维持建筑物运行是城市能源消耗的大户，低碳城市的一个重要组成部分是绿色建筑。绿色建筑需要既能最大限度地节约资源、保护环境和减少污染，又能为人们提供健康、适用、高效的工作和生活空间。绿色建筑的建设包括：建筑节能政策与法规的建立；

建筑节能设计与评价技术，供热计量控制技术的研究；可再生能源等新能源和低能耗、超低能耗技术与产品在住宅建筑中的应用等；推广建筑节能，促进政府部门、设计单位、房地产企业、生产企业等就生态社会进行有效沟通。在减少碳排放的进程中，绿色建筑的普及和推广将具有重要的意义。在运行过程中，倡导居住空间的低碳装饰、避免过度装修，在家庭推广使用节能灯和节能家用电器，鼓励使用高效节能厨房系统，从各个环节上做到"节能减排"，有效降低每个家庭的碳排放量。城市交通工具是温室气体主要排放者，发展低碳交通是未来的方向。要进行基础设施规划、建设、营运管理体制改革，强化武汉城市圈综合交通枢纽地位，打造以武汉为中心的"半小时经济圈"、"一小时经济圈"，今后还可适当扩展到"三小时经济圈"；降低交通、电信等基础设施使用的社会成本，提高综合效益；加快城市公用事业改革，探索公共产品有效供应和价格形成机制，共建城市圈基础设施建设的融资平台。

（五）创新有利于植树造林，生物固碳，扩大碳汇的体制机制

发展低碳经济不仅要从"碳源"上进行有效遏制，减少"碳源"的排放，还应该在"碳汇"上花力气，下工夫。"碳源"是指产生二氧化碳之源。它既来自自然界，也来自人类生产和生活过程。"碳汇"则是指自然界中碳的寄存体，森林植被是地球上存在的巨大碳汇。因此，植树造林的功能并不是简单地绿化生态环境，而是发展低碳经济的重要组成部分，是为生物固碳、扩大碳汇、减缓温室效应、减少二氧化碳排放最经济和最有效途径之一。由此可见，武汉城市圈要加强植树造林，增强绿化面积，达到生物固碳，扩大碳汇。

（摘自《学习与实践》2009 年第 1 期）

武汉城市圈的区域经济一体化路径选择
——基于"点轴理论"的研究
（摘要）

陈　攀　陈　浩

一、武汉城市圈的"点"和"轴"

（一）点轴理论

"点轴理论"即是在区域经济发展中，大部分社会经济要素在"点"上积聚，并与线状的基础设施形成的"轴"联系在一起。这里的"点"是指各级中心城市，是区域内重点发展的对象；"轴"指高速公路、铁路或者高速铁路等大型交通线路，它们对附近区域有很强的经济吸引力和凝聚力。区域发展的关键是确定一条或者几条具有发展潜力的"轴"，对轴线上的若干点进行的重点发展。随着经济社会的不断增强，发展重点将逐渐向级别低的轴线和点转变。这样就在区域范围内形成了不同等级的发展中心和轴线，它们相互连接，共同构成发展有序的空间结构。

该理论的核心是：关于区域的最佳结构与最佳发展。即"点轴系统"是区域发展的最佳结构；要使区域最佳发展，必然要求以"点轴系统"模式对社会经济客体进行组织。同时，"点轴"空间结构的形成过程具有不同的等级和规模，在不同的社会经济发展阶段，空间特点是不同的。

（二）武汉城市圈区域经济格局

依据点轴理论，武汉城市圈的"点"分别为圈内各中心城市、各中心城市管辖的各县级城市以及其下辖的各城镇。这样的"点"一环套一环，共同组成了武汉城市圈的城市体系。"点"是一系列社会经济要素的集聚，因此从不同的角度考察武汉城市圈的"点"，我们会发现该城市体系具有如下特征：

第一，从生产总值、人口数量、固定资产投资额、外资实际使用额等方面来考查。核心城市武汉的首位度太高，城市体系不够完整。武汉城市圈内的诸城市就像众星拱月一样环绕在核心城市武汉周边。

第二，从产业结构方面来考查。武汉市的产业资源密集、产业规模庞大、中心地位突出，武汉城市圈中东南西北板块的经济发展情况存在明显的不平衡，城市圈中各城市的主导产业具有较大的雷同性，城市之间的功能分工不太明确。

第三，从圈内各城市的经济发展水平来考查。武汉的工业已经进入工业高新技术化阶段，其余城市基本还处在轻加工业化的总体阶段。就武汉城市圈的城市化的总体水平而言，武汉城市圈处于比较低的水平上。

第四，从与国内其他城市群体系的比较上考查。武汉城市圈在全国经济格局中的地位并不高，从核心城市的比较上看，武汉的经济规模和幅射力还不够强。

依据点轴理论，武汉城市圈的"轴"分别为连接圈内各中心城市的交通线路。武汉城市圈的一级轴线主要是由二纵二横组成：二纵为京广线、京珠高速；两横分别是由汉江联接的西翼和长江联接的东翼黄金水道物流运输线以及宜黄高速公路。这样一种结构支撑成了整个城市圈的骨架，是城市圈的经济一体化的基石。今后的区域空间组织将主要在这两条轴线附近展开，并且形成强大的幅射区，带动整个城市圈的快速发展，形成更多强大经济实力的聚集中心点。应该说武汉城市圈的轴线布局还是非常强劲的，但同时也存在很多问题，主要有：除与武汉的联系外，其他各城市间的轴线不够通达，城市圈里的轴线还没有达到网络化的程度，等级公路的里程短。

二、武汉城市圈区域经济一体化进程的路径选择

（一）进一步增强"增长极"实力，分步骤、分重点推进圈内区域经济一体化

当前武汉城市圈的区域格局是"核心——卫星城"的模式。而核心城市在更上一层的分工体系中的地位并不特别强，以至该圈的区域经济更像一种松散的"经济联邦"形式，被人戏称为"城乡结合"的城市群。根据点轴理论的"最佳空间——最佳发展"模式，一个区域空间要达到最佳的发展，必须要有一定的社会经济客体的组织结构形态。这样才能使区域资源得到合理的空间区域配置，使经济高效运行。

武汉城市圈中武汉是整个区域经济的核心，在新一轮经济发展过程中，外向型到内需型的转变以及产业梯度转移的浪潮里，从吸引武汉城市圈外部投资和项目上来说，武汉的极化作用将进一步加大，到时武汉与圈里其他地区的差距将进一步拉大。如何减小这种差距，并以一种前瞻性的眼光来定位武汉的发展，是十分有必要考虑的问题。这就要求武汉在吸收外来投资项目时必须要有选择性、目的性的吸收。对高新科技企业，环保节能低排的企业、金融服务业，以及商贸等企业要大力支持。创造灵活的创业、置业、投资机制，加大对武汉科教资源的开发，使产学研结合更加紧密。

在做强做大武汉的同时促进圈内其他地区的发展。根据极化效应理论，一个区域的中心增长点强化到一定的时候，会产生"扩散效应"，这样就会进一步促进整个武汉城市圈的发展，这种扩散效应会从中心增长点开始，沿着区域空间的轴线逐步扩散，使圈里其他的中心点得到进一步的发展。只有这样才能形成一种良性的发展模式，促进武汉城市圈区域经济一体

化进程。武汉城市圈各地的产业趋同、发展水平差异很大,如果城市圈走一种均衡发展模式的话,必将使区域经济客体失去组织性,空间区域资源配置进一步不合理。现在区域经济竞争的核心在于各地区城市群的竞争,而各城市群的竞争,首先就在于核心城市的竞争,其次才是二级中心、三级中心的竞争。

武汉城市圈应该牢牢把握“两型社会”建设国家级试验区的政策优势,营造区域经济一体化的经济发展强势地位,坚持未来产业发展的制高点,在承接产业的同时,一定要有选择性和目的性,必须注重引进的项目要与“两型社会”的要求相匹配。如果引进的项目难以化解传统产业资源浪费和环境污染的矛盾,“两型社会”的建设就难以实现。招商引资项目必须是资源节约和环境友好的新型工业项目,或者是能够实现传统产业提升改造和对循环经济发展有利的项目。只有如此,才有可能减轻目前武汉城市圈传统产业比重偏大,资源浪费和环境污染比较严重的程度,促进“两型社会”的建设。传统产业的提升改造,既需要充分利用省内外的有关技术,也需要进行自主创新。

在做强做大武汉后,第二个阶段的重点在于培育次级中心城市。武汉城市圈中最有实力的城市是黄石。等到黄石成为武汉城市圈的次级中心时,武汉城市圈的核心圈层地带将形成,武汉到黄石的沿线将是一个实力雄厚的连绵城市地带。这样武汉城市圈的区域经济一体化必将更加紧密,整个圈层点状中心与核心的互动必将更加和谐。总的来说,武汉城市圈的区域一体化进程,先要从核心武汉出发,强化武汉的实力,培育次级中心黄石,以形成城市圈的核心圈层地带,然后通过扩散作用由核心区沿一级轴线逐步扩散。

(二)围绕一级轴线展开圈内经济活动,使轴线网络化推动经济一体化由点带线全面展开

在武汉城市圈的轴线结构中,井字形的结构十分明显。两条横轴贯穿东西,分别连接黄石、鄂州、黄冈、武汉、仙桃、天门、潜江,占整个城市圈经济规模的83.63%。黄金水道长江和汉江的作用必须进一步发挥,同时要注意水运的网络化运营,使得区域产业转移沿此轴线发展,进一步增强水道运输轴线对东西两片地带的辐射力,形成产业带和聚集区,延长产业链,走深化加工和协同发展的道路。其中圈内东部地带的黄石、鄂州地区主要是黑色冶金业、建筑材料业等工业行业,而圈内西部地带则缺少像东部地区的大型企业,主要是国家级粮、棉、油、猪、渔等农业基地。另外沿宜黄高速公路附近应多设立出入路口,为整合和转移区域产业作好准备。

两纵轴则主要联接孝感、武汉以及咸宁,发挥京广、汉渝铁路,京珠和107、316国道的优势,接受武汉的辐射。如孝感市成为百万辆汽车制造走廊的组成部分,大力发展汽车零部件加工制造业,前景很好;咸宁市除武汉东湖高新技术开发区的研发基地扩散外,目前家具制造和预制板、胶合板等建筑材料加工业也有很大优势,这样便能形成武汉南北的走廊制造业带。

在这种带状结构中,武汉地处中心位置,担负着金融、信息、物流、商贸、协调的中心作用。在武汉城市圈内的这种点轴系统中,武汉是心脏的作用,轴线是否可以快速运转和流通,武汉改革力度的大小是关键因素。因此,要实现区域经济一体化,更好地加快其他地区的发展,必须加强与其他区域的直接联系。即要使轴线网络化,这就要求加快基础交通设施的建设,以满足这种区域发展的趋势。

三、结语

在全球化、城市化、信息化的浪潮中,在我国区域不平衡发展到平衡发展的趋势下,在武汉城市圈成为国家第4批国家综合实验改革区的新机遇下,武汉城市圈的区域经济一体化一定会取得飞速发展。但从目前的情况看,武汉城市圈的问题和制约因素不少,如何理顺思路更快更好地促进武汉城市圈“两型社会”建设和区域经济一体化进程,结合“点轴理论”的分析有如下结论:

(1)进一步做强做大武汉,突出“增长极”的作用,培育二级城市黄石,形成武鄂黄核心地带。以点带线全面带动整个城市圈的发展。

(2)重视圈里轴线的辐射作用,围绕轴线进行开发,特别是要沿轴线地带进行产业转移和渗透。另外要进行交通基础设施建设,使城市圈里的轴线网络化。

(3)注重在增长极开发与轴线开发的过程中,保护环境和节约资源,使两型社会建设的内涵得到真正的实现,承接产业转移和产业升级与两型社会建设的要求相一致。

(摘自《武汉工程大学学报》2009年第4期)

武汉城市圈生态文明建设研究
(摘要)

梅珍生　李委莎

一、武汉城市圈经济社会发展及生态现状

(一)武汉城市圈经济社会发展现状(略)

(二)武汉城市圈生态环境存在的主要问题

1. 工业生产方式粗放。武汉城市圈工业化初期的经济发展模式基本上是以资源型、高物耗、高能耗、重污染的重化工产业为主,其特征就是资源耗费高、环境污染严重。同时对自然资源开发利用不合理,只以市场需求为导向,以利益最大化为驱动力,不考虑外部经济性,忽略了资源代价和环境成本,因而造成了对现有资源的利用不充分、浪费极大且污染严重的后果。以节能减排的要求看,湖北能源利用率始终维持在全国平均水平,这与城市圈及湖北的科技力量在全国排位居前而不相称,也是城市圈试行“两型社会”的严峻挑战。

2. 水资源污染严重、且浪费亦严重。近几十年来,随着湖北人口的增长和生产生活方式的改变,淡水资源的需求量急骤增长,用水安全受到了严重的威胁。

3. 城市病加剧。由于人口快速且高度向城市聚集,由此引发了一系列与生态失衡相关的城市病。首先是耕地锐减。在城市扩张和农村乡镇企业的兴起中,各类基础设施、重点项目、新建企业以及民用住房等建设用地需求膨胀,大量优质耕地被占用。尽管近年来湖北努力将人均耕地面积维持在0.05公顷左右,但仍低于全国平均水平,直逼联合国粮农组织确定人均耕地面积0.05公顷的警戒线,直接影响到粮食安全。其次是环境质量问题。湖北城市空气污染较严重,城市环境保护中布局性、结构性污染问题日趋突出,治理难度加大。另外,城市生活垃圾的产生量以年均8.1%速度增长,而湖北垃圾处理率仍低于全国平均水平。

4. 农村生态形势严峻。单位耕地面积的农药和化肥施用量迅猛增加,大大超过了发达国家为防止化肥对土壤和水体造成污染而设置的225公斤/公顷安全上限,也高于全国平均水平。一方面,化肥替代厩肥且超量使用,使大批的优质耕地向劣质地蜕变,使本来存量递减的耕地成为更加稀缺的资源;另一方面,化肥农药的超量施用,直接导致了土壤及水体的污染,严重污染了农村的生态环境,使农村居民的生产和生活受到严

重危害。在农业生产和生活中还因农用塑料薄膜的成倍使用，使其残留在土壤中难以降解，既影响农作物的生长发育，也造成了更深重的生态危机；畜禽养殖产生的污水随养殖业的扩大而增加，且未经任何处理直接排放，加剧了农村的面源污染。农村的面源污染不仅破坏性极大，且治理难度大，这也是武汉城市圈在建设"两型社会"中不得不关注的重点内容。

除了上述4方面突出问题外，工业化以来所培养的社会成员以消费主义为特征的生活方式，也是造成生态危机不可忽视的重要原因之一。另有生物多样性锐减、湿地的萎缩等都是不可轻视的生态失衡问题。

二、武汉城市圈生态建设中突出问题的成因分析

1. 生态意识欠缺

生态危机源于工业化实践中人们对人与自然关系本质的忽视，最突出的表现是对单一经济指标生产总值持续增长的执著追求，生产总值一路攀升的工业化初级阶段，没人去关注为此而付出的生态环境代价，片面追求单一目标的经济增长方式带来了一系列短期行为，给经济社会发展造成了负面效应，不仅影响到当代人生活品质的全面提升，还直接威胁和侵占了后代子孙的生存权利。随着生态失衡问题的显现，如何将单纯依靠有形要素投入转到依靠科技进步、结构优化、体制优化和提高效益的轨道上来，在实现增长方式的变革中实现可持续发展，已经成为武汉城市圈"两型社会"试点的历史使命。

2. 生态制度缺失

生态制度是与社会经济、政治、文化等各方面发展相关联的维护生态平衡的规范体系。它既包括社会生活中人们言行规范，也包括因制度建立而形成的各类维护生态平衡的机制。建立健全生态法规，运用法治、行政、经济、科技、教育等多种手段，调动社会各方力量参与生态维护，是以法治为特征的市场经济健康运行的内在要求，这也是工业化初级阶段引发生态危机中暴露出的最薄弱的环节。

生态制度的缺失主要表现在：生态制度体系的缺失、市场机制的缺失、监管机制的缺失和激励机制的缺失等各个方面。

三、武汉城市圈生态文明建设的思路和对策

1. 加强引导，转变思想观念

一是要从重经济增长轻环境保护转变为保护环境与经济增长并重，树立"生态发展观"；二是要从只注重数量增长、只顾眼前利益和个人利益转变为质量和数量并重，既立足当前又顾及长远，坚持把生态环境建设作为衡量发展成效和政绩大小的一把标尺，推动绿色行政，牢固树立"生态政绩观"；三是要从忽视生态效益转变为重视生态效益，把建设生态文明作为实现经济社会效益的重大举措，坚持保护生态资源与环境就是保护生产力、提高竞争力，是现实经济利益和社会长远利益的综合体现的理念。

2. 加强领导，建立城市圈生态环境保护区政府间协调和部门联动机制

应加快建立和完善武汉城市圈政府之间的协调机制和部门联动机制，协同处理好河流上下游、平原和丘陵山区以及分属不同行政区的湖泊湿地等环境保护与生态建设问题；协同搞好包括跨河流、湖泊的流域综合治理，协调机制，污染防治设施实现区域的优化配置和资源共享；协同搞好突发事件的应急处理。积极推进圈内城市党政领导及部门间的互访，扩大干部交流，建立和完善联席会议制度。

3. 建立并完善生态环境保护政绩考核

改革和完善武汉城市圈地方政府政绩考核体制，落实领导干部任期环境保护政绩考核，建立生态环境保护和建设管理绩效考核机制，把生态环境保护和建设纳入经济社会发展评价体系。制订科学的评价指标，纳入党政干部政绩综合评价体系，考核评价的结果直接与领导干部升迁挂钩。实行严格的问责和奖惩制度，推行生态环境保护目标责任制和环境污染、生态破坏事件责任追究制，将各项任务层层分解并落实到人，对没有完成生态环境保护任务、环境质量恶化及因决策失误或监管不力造成重大环境事故的领导干部和公职人员，要进行责任追究。

4. 建立武汉城市圈生态补偿基金

由湖北省环保局出面，组织、协调武汉城市圈内的地方政府可按比例从财政、水资源费、土地出让金、排污费、污水处理费以及农业发展基金中分别提取生态补偿基金。补偿金专项用于武汉城市圈生态环境保护和生态项目的建设，包括用于生态公益林的补偿和管护，以日常生活垃圾处理为主的环保投入，因生态城市建设而需关闭或外迁企业的补偿等。建立完善自然保护区、重要生态功能区、矿产资源开发和流域水环境保护等重点领域生态补偿标准体系，完善森林生态效益补偿制度，提高补偿标准，加强对生态区位重要和生态脆弱地区的经济扶持。

5. 建立并实施武汉城市圈污染物排放总量初始权有偿分配、排污许可、排污交易制度

在城市圈中开展二氧化硫、化学需氧量主要污染物排污权有偿取得试点，实行排污许可、排污权交易等制度。可以使有减排指标任务的大企业通过向中小企业提供资金、技术、先进设备等方式，购买中小企业的污染物减排量，从而履行本企业的减排责任。为确保排污权交易的公平有序进行，应当充分发挥独立第三方的作用，应组成由相关科研机构、咨询评估机构、专业技术服务机构为主体的武汉城市圈生态交易评估组织，对排污权交易实施中立的统计、评估和监测。8+1的各当地政府可实行"以奖代补"新机制，将财政奖励资金与节能量挂钩，多节能多奖励，推动节能减排。

6. 积极引导大众参与武汉城市圈生态文明建设

社会大众作为生态文明的建设者和受益者，要自觉确立环境至上和优先的理念，增强保护意识、责任意识，从节约资源、保护环境的点滴小事做起，大力提倡生活消费方式的生态化，鼓励绿色生活、文明消费，做生态文明建设的使者。各级政府部门要依靠行政组织力量，为社会大众积极参与生态文明建设搭建好平台，特别要加强城乡基层的环保工作，让生态环境工作真正能够落实到基层。要积极开展创建生态文明示范单位，创建绿色社区、学校、企业、机关、家庭等群众性活动，引导社会大众热心、热爱环保事业。调动生态文明建设的积极性、创造性。

（摘自《长江论坛》2009年第4期）

武汉城市圈城市结构优化分析

（摘要）

张　倩

一、武汉城市圈的城市规模结构分析及调整思路

（一）城市的等级规模结构现状

1. 按照城市规模划分的标准，武汉城市圈内特大城市、大城市的数量较少，大部分城市为中等城市，这样就出现了断层现象，是一种不利于整体发展的模式。

2. 核心城市的城市首位度过高。城市首位度是指一个国家或区域内最大城市与第二位城市人口的比值。武汉城市圈的首位度为7.68,即武汉与次级核心城市人口规模差别较大,这样在某种程度上不利于城市圈的整体发展。

3. 各个规模等级的城市人口存在着明显的不平衡现象,其中仅武汉市的人口就占了武汉城市圈内总人口的65.6%。

(二)武汉城市圈城市规模结构的调整思路

武汉城市圈需要在完善城市等级规模层次的基础上,实现大中小城市等级规模的整体向上跃升,形成以大型城市为核心(区域中心城市),特大和大城市为骨干(区域次中心城市),以中小城市为节点(特色节点城市)的城市等级规模结构。未来武汉城市圈的城市结构可以优化调整成金字塔式格局:

1. 武汉城市圈的中心城市为武汉市。是武汉城市圈内唯一的大城市,因此它的发展在城市圈内有举足轻重的作用。所以武汉要带动城市圈的总体发展,就必须在巩固现有的核心地位的基础上继续做大做强,起到真正的强辐射力作用。

2. 努力发展次级核心城市。为解决武汉城市圈城市结构断层的问题,应该将鄂州市、黄石市和潜江市为城市圈二级中心城市的培育对象。尤其是鄂州市和黄石市,经济集聚效应高,应该利用它们距离中心城市武汉较近的优势,推动武鄂黄核心圈的发展,使武汉城市圈的核心圈由武汉1市扩展到武鄂黄3市,能使武汉"单枪匹马"的情况改变为"三驾马车"齐使力的局面。

3. 将黄冈市、咸宁市、天门市、孝感市和仙桃市作为武汉城市圈的三级中心城市进行发展。其中,黄冈、咸宁和天门3市在未来要加大经济发展速度,提高自身经济集聚能力,与武汉城市圈整体发展相协调,避免将来出现三级中心城市的断层。

二、武汉城市圈的城市功能结构分析及优化思路

(一)武汉城市圈的城市功能结构现状分析

城市功能是指城市在国家或地区的政治、经济、文化生活中所负担的任务和作用。武汉市的二、三产业比重均较高,为综合性的中心城市;黄石、鄂州、仙桃、天门第二产业明显高于其他产业。而仙桃的工业发展阶段落后,有待进一步加快力度改善轻重工业的比重。其他城市的功能结构不是很明显。

(二)武汉城市圈的城市功能结构优化思路

充分发挥各城市的优势,因地制宜进行建设,避免重复建设和结构趋同,大型城市应大力发展高端服务产业和高新技术产业,大中城市应依靠科技大力发展制造业和新兴产业,中小城市应突出特色,以资源深加工为主,各类城市之间要职能互补,形成主次分明、结构合理的高效的城市功能结构体系。具体思路分以下几个步骤:

1. 武汉市要利用中央人民银行和众多国际金融机构在此设立的大区级机构,大力发展金融保险及相关的法律、咨询服务业;要利用科教、人才优势,在承接国际和东部三大都市圈产业转移的同时,壮大"中国光谷",大力发展高新技术产业;要整合高等学校和科研院所的资源,努力成为中部地区综合信息服务中心、金融中心、科教中心、立体交通枢纽和高新技术产业基地。

2. 大中城市则要利用科技改造传统产业,承接东部地区的产业转移,明确优势职能,进行适当分工,有选择地发展电子信息、生物制药、新材料等新兴产业,产业上实行集群发展,产品上实行错位发展。黄石、鄂州应依托武汉"中国光谷"的科技优势和综合工业基础,发展光电子信息产业,用新技术改造冶金产业,重点发展生物医药、新材料等产业。孝感要重点抓好汽车产业,并用新技术改造盐磷化工、建材等产业。

3. 黄冈、咸宁、仙桃、潜江、天门等城市要通过资源和农产品的深加工,发展成为具有地方特色的专业化城市。

(摘自《现代商贸工业》2009年第11期)

武汉城市圈地方政府间合作机制构建

(摘要)

齐尚明　韩德明　郑　阔

一、当前武汉城市圈面临的形势与要求(略)

二、地方政府合作理论与模式探究

区域经济一体化所包含的城市圈两个发展思路:大市场理论和相互依赖理论。武汉城市圈发展的目的是实现圈内市场一体化,即:"消除各种人为障碍,通过有意识地引入各种有利于调整、统一的最理想因素,创造出最理想的国际经济结构",形成一个共同市场,使圈内实现贸易自由化,其要素可以在区内自由流动,从而形成一种超越地区的大市场。而现阶段武汉城市圈的发展属于从经济上的彼此隔离或冲突走向合作进而产业与市场逐渐相互依赖的过程。这一阶段的作用是两方面的,既有正向或积极的一面,也有反向或消极的一面。正是由于其正向或积极的作用促使这一区域内部的竞争,使各成员的经济利益发生冲突。所以,需要各成员之间进行协商,以协调各自的政策,达到更好的结合。

此外,随着城市圈的发展,在世界范围内主要形成了3种以行政为主导的合作模式:一是大都市政府合作模式;二是半官方的协会组织形成的政府联合协会模式;三是特别管理区性质的多中心管理合作模式。武汉城市圈既具有大都市政府的合作管理模式,又存在许多独立性的"特别管理区"各自为政,非官方组织的作用仍需发掘。国内城市圈政府合作的模式无一例外的都隐含着政府作为管理者所起到的牵线搭桥的作用,这对同样是以行政指导为主的武汉城市圈有很大的借鉴意义。武汉城市圈发展的最终目的是圈内市场的一体化,现正处在发展阶段,即通过利益整合,使各区域市场由孤立走向相互依赖。在发展模式的选择上,武汉城市圈同样处在发展的初级阶段,即由单纯的行政主导型逐渐演变成以官员互访,政府领导峰会为依托的结合非政府组织、协会参与组织的城市联合管理与协调模式。

三、武汉城市圈政府间合作困境

武汉城市圈内政府间合作模式的践行是城市圈政府合作的一大难题。如何将9个独立的利益组织约束在一个合作管理模式下面又相安无事的确是一个非常困难的工作。武汉城市圈地方政府合作的性质属于"强—弱"联合的模式。这种合作模式较"强—强"联合模式更为稳固,但也将会产生新的问题,即合作区域内地区差距仍在拉大,若任其发展,地区合作将会崩溃。这种"强—弱"联合的模式优势与劣势并存。作为处于成长上升阶段的武汉城市圈,政府间的合作受很多因素的制约,可以成为"政府合作困境"。而造成这种困境本质上是由于受"经济人"的特性的影响,各地方不同利益实体不愿意出让自己的既得利益,同时由于历史原因而形成的产业结构问题,造成地区间的对抗性竞争,使得市场被条块分割、运转不顺畅。而地方政府的"承包责任制"又使这种现象更加严峻。

四、"两型社会"下武汉城市圈内地方政府间合作机制构建

（一）圈内地方政府的合作原则

城市圈内地方政府合作应建立在平等协商、自愿参加和灵活性等价值基础上，设置特有的决策机构、整体规划机构和管理协调机构。行政主导加市场兼导的发展模式下，武汉城市圈的发展更多地以政府间合作的形式展开。政府合作推动圈域经济发展，它的优势是可使圈域的发育时间大大缩短。然而，由于作为独立的利益实体，各政府的地方本位主义使得政治上的协作屈从于经济利益的差别而出现地域、市场分割现象。首先各地方政府应树立有所不为才能有所为的施政思想，寻找各政府在经济和政治上的切合点，实行错位发展，并努力实现管理制度的一体化；第二是利用合理的利益补偿机制来弥补弱势地方政府的利益损失，而利益补偿机制的关键就是税收分配。第三是加强政府间的沟通与协作，各地区政府之间经济政策和相关措施应尽可能公开，最大限度地减少由于相互之间实行信息封锁而导致的合作风险。

（二）圈内地方政府合作机制

首先是武汉作为中心城市其核心地位不能改变，仍将作为一个核心市场存在；二级市场是武汉与周边黄石、鄂州、孝感、黄冈4城市的圈内合作，4城市的经济发展在8城市中处于领先地位，它们同武汉的差距相对较小，且地理位置正处于武汉周边100公里之内，合作方便。三级市场是武汉与外围咸宁、仙桃、潜江、天门4城市的合作与发展。该4城市在整个城市圈内经济实力相对较弱，重工业发展相对薄弱，但纺织、养殖、旅游等轻工业有较大的发展潜力。它们与武汉城市圈形成第三级市场。四级市场是黄石、鄂州、孝感、黄冈4城市与咸宁、仙桃、潜江、天门4城市的合作与发展。它们一方面可以武汉为媒介进行间接的合作，另一方面可以彼此以“特别管理区”的身份进行直接合作，其合作情况关乎八方的利益。

1. 武汉与黄石、鄂州、孝感、黄冈政府的自发合作

武汉与黄石、鄂州、孝感、黄冈政府合作是出于市场需要自发形成的，在这个合作圈中政府处于次要地位。它们的作用就是订立机制，主要是利益补偿机制，其合作特点是自下而上的合作，即由企业依据各自的需求彼此自发性地合作，促使企业所在地政府制定新的政策以适应企业需要，并修正不合理的规定以减少“政府承包责任制”对市场的负面影响，最终在小圈内实现市场的一体化。

2. 武汉与咸宁、仙桃、潜江、天门政府的条件性合作

相对于武汉与黄石、鄂州、孝感、黄冈政府的合作以市场为主，武汉与咸宁、仙桃、潜江、天门政府合作则更强调政府的主导作用。由于后4城市经济欠发达，与中心城市武汉的差距较大，与黄石、鄂州等4城市也有一定的差距，利益上分歧较大，因此短时间内很难形成统一的市场。武汉与咸宁、仙桃、潜江、天门政府的合作是条件性的合作，政府除完成体制构建上的工作以外还要以企业“市场专员”的身份与其他4城市政府沟通协作，即政府牵头达成贸易或生产协议，非政府组织去实现并促进协作的进一步发展，从第一轮合作到第二轮合作再到新一轮的合作。应该说在这个合作模式中政府发挥了至关重要的作用。

3. 武汉城市圈9市间的联动合作

如果说武汉与黄石、鄂州、孝感、黄冈政府的合作属圈内“强—强”合作模式，武汉与咸宁、仙桃、潜江、天门政府的合作当属“强—弱”合作模式。无论是“强—强”合作模式还是“强—弱”合作模式，最终目的是实现圈内各城市的共赢，形成统一的武汉城市圈市场。武汉城市圈除中心城市武汉外，其他8个城市相对经济实力较弱，因此在圈内便形成了“弱—弱”合作模式。

此种“弱—弱”合作模式应该在两个方面实现合作：一是8城市间的产品和劳务的往来，属于8城市内的交易；二是在武汉这一中心的引领下实行间接性的合作。8城市内的直接合作以政府为主导；间接性的合作在合理的利益补偿机制下以市场为导向，实现产业和劳务的合作。

（摘自《湖北工业大学学报》2009年第3期）

论武汉城市圈“两型社会”建设的法制保障
——以《武汉城市圈改革试验促进条例（草案）》的制定为视角（摘要）

吴汉东　汪　锋　张忠民

一、法律手段在武汉城市圈“两型社会”建设中的作用

一是武汉城市圈“两型社会”建设，必然要求政府、个人、社会等多方主体改变以往的一些行为，使其符合“两型社会”的要求。因此，需要合理地采用激励的方式，变直接的“命令—服从”为间接的利益诱导，使各种主体自发而自觉地参与和服务到“两型社会”建设中来。二是武汉城市圈“两型社会”建设，必然导致圈域内利益格局的变革。因此，需要采用利益救济、利益重整等方式平衡彼此间的利益冲突，实现利益的优化，使其契合“两型社会”的特质。总之，法律必须在“两型社会”建设中发挥激励保障作用和利益调控作用。

二、“先行先试”和专门立法对武汉城市圈“两型社会”建设的价值

（一）“先行先试”对于武汉城市圈“两型社会”建设的意义

根据国务院的批复，武汉城市圈在进行“两型社会”建设中，对待一些新问题有权“先行先试”。此举意味着：一方面，“先行”可以通过“立法先行”的方法，发挥法律的指引功能，调整相应的社会关系，而达到对社会某种秩序的追求。“立法先行”是主观性判断的产物，其变量更多来自于外部，是通过立法这项制度安排适应社会现实的变革性活动。另外一方面，“先试”则可以依赖“试错先行”的方式，发挥实践对理论的检验作用，通过特定领域和时空的试验获取一定的“地方性知识”，然后将其扩大和蔓延，使其较为普适。“试错先行”是客观性经验的获取，其变量更多发端于实践自身，是通过检验立法的实效而进行的自治性活动。

“先行先试”对于城市圈“两型社会”建设非常关键。其一，虽然武汉城市圈9市同属一个法律体系，但毕竟隶属于不同的行政区划，加之各地的经济、资源等禀赋有所差异，在城市圈内建立良性的沟通和协调机制，在圈内实现基础设施、产业布局、区域市场、城乡建设、环境保护与生态建设的一体化，须借助立法这一外力“先行”发挥硬性的作用；其二，武汉城市圈进行的综合配套改革试验，无既有经验可循、无现成套路可搬，又需在规划、产业、土地、金融、生态等方面实现突破，必须“先试”，通过各种尝试，总结经验、实现创新。

（二）专门立法对于武汉城市圈“两型社会”建设的价值

武汉城市圈“两型社会”的建设，有必要采用专门立法的方法，即专门就“两型社会”的建设，制定专门的立法——以《武汉城市圈改革试验促进条例》（以下简称为《条例》）为核

心,相关配套法规相结合的专门立法体系。单就《条例》而言,其具有如下价值:

1. 为试验区建设提供宏观和战略指引。中央赋予我省的“先行先试”权,不是没有方向的试验,而是在大的原则、目标、路径既定前提下的一种探索。制定《条例》则是能够达到这一目的的最好形式。

2. 进一步改善武汉城市圈投资环境。相比较政府规范性文件来讲,《条例》的法律效力较高,适用范围较广,稳定程度较强,尤其是对城市圈建设中可能的外部战略投资者来说,能够对其投资预期产生积极影响。

3. 凝聚各方共识,形成改革合力。制定《条例》走的是专家立法、民主立法的技术路线,是在全面了解和把握城市圈内多方主体不同立法需求的基础上,汇集众多经验和建议,然后再由立法部门取舍和扬弃。它能够在最大程度上凝聚各方共识,真正将国家的战略意图、省委省政府的决策转化为人民的意志,营造鼓励改革试验的良好氛围,促进城市圈各项改革试验工作的顺利进行。

4. 博采众家之长、推动试验区建设。湖南、重庆、深圳等地的经验,对武汉城市圈具有重要的借鉴意义。通过地方立法的形式将这些成功的经验做法吸纳和固定下来,能使武汉城市圈的改革试验工作少走弯路,尽快步入科学发展的轨道。

5. 完善武汉城市圈地方立法。由于地方立法适用范围的地域限制,武汉城市圈获批“两型社会”试验区后,面临的最大问题就是法律规则体系的不相适应。一方面,即便城市圈内9城市原有的地方性法律规范与“两型社会”建设相契合,也无法将其扩大适用到整个圈域内;另外一方面,现有的法律规则体系必须按照建设“两型社会”的理念进行全面系统的评估、修改和完善。在这一破旧立新的立法过程中,首先需要制定一部类似于《条例》这样的总括性的、变革性的地方性法规,既为试验区建设的方向、目标和路径定位,也为其他地方立法的评估、修改和完善提供指引和依据。

三、《武汉城市圈改革试验条例》对武汉城市圈“两型社会”建设的保障

基于上述认识,建议并协助湖北省发展与改革委员会、湖北省政府法制办公室起草了《条例(草案)》,试图通过合理且科学的定位、起草等过程,使其对武汉城市圈“两型社会”建设起到法制保障的作用。

(一)条例定位

《条例》具有武汉城市圈试验区建设“基本法”的地位,能够为其他与武汉城市圈改革试验相关的单行地方性法规、政府规章以及其他规范性文件的制定和修改在立法原则、立法程序、立法技术等方面提供指引。因此,《条例》在立法视野和立法技术上,需要注重宏观性、前瞻性、创新性的有机结合。既要为先行先试指引方向,又要避免过多涉及尚不成熟的具体操作层面内容,从而保持一定的空间、张力和弹性,防止压抑或束缚了改革创新精神。本着这一指导思想,起草小组确立了制定《条例(草案)》的基本思路:以科学发展观为指导,以转变经济发展方式为核心,推进“五个一体化”,创新工作机制,统筹规划引导,突出改革重点,强化激励约束,促进在武汉城市圈率先建立有利于能源资源节约和生态环境保护的体制机制,率先形成比较完善的社会主义市场经济体制,率先在推进科学发展、和谐发展上取得新进展。

(二)立法原则

1. 虚实结合。“两型社会”建设的地方立法,整体上无经验可循,但是中央的政策意图、国务院的批复,已经为武汉城市圈试验区的建设在宏观上、原则上指明了方向,需要通过地方立法予以明确和凝练。《条例(草案)》要实现“促进”的初衷,在破解发展难题的政策、措施上应有所突破;对目前看得准的一些政策措施,地方立法必须予以回应。从这个角度来说,注重虚实结合是将国家宏观战略意图同本地发展实际相结合的应有之义。

2. 刚柔相济。在“两型社会”建设中,需要灵活运用强制性和倡导性两种手段,对于政府、企业、社会中间组织、自然人等主体的责任和义务,特别是针对政府在改革试验中所必须承担的责任,在《条例(草案)》中多采用义务性条款;而对于试验区建设中的一些探索性、创新性手段,特别是针对自然人等私权主体,则较多采用倡导性条款。

3. 突出重点。结合武汉城市圈的特点和实际,《条例(草案)》的具体内容必须体现“因地制宜、突出特色,综合配套、协调发展”的原则。在整体框架设计上,应当重点解决工作机制、规划体系、科技创新、产业发展、人力资源、生态安全、社会民生等重点领域和关键环节的问题。

(三)逻辑结构

《条例(草案)》的逻辑结构是:在明确工作机制、完善规划体系的基础上,重点围绕“资源节约、环境友好、科技创新、产业发展”等重要领域和关键环节,全面推进“五个一体化”,将建设“两型社会”的发展理念全面渗透到经济、社会、生态和行政管理体制领域中,以体制机制创新推动武汉城市圈的又好又快发展。

上述逻辑思路可概括为:一个目标、三种方式、四大领域、五位一体、九大机制。

一个目标:通过综合配套改革试验区建设,实现区域经济的内涵式发展,将武汉城市圈打造成为“资源节约型、环境友好型”社会示范区。

三种方式:武汉城市圈试验区建设必须依靠政府、市场和社会公众等三种促进方式形成的合力,即“政府引导、市场推动、社会协同”。

四大领域:遵循“四位一体”的科学发展观和“综合配套改革”的理念,重点解决好武汉城市圈改革发展中经济、社会、生态和行政管理四大领域的发展难题,其中,经济和社会领域的资源节约、环境友好、产业发展、统筹城乡等问题是重点。

五位一体:促进城市圈基础设施、产业布局、区域市场、城乡建设、生态建设和环境保护的“五个一体化”。

九大机制:创新资源节约的体制机制、创新环境保护的体制机制、创新科技引领和支撑“两型社会”建设的体制机制、创新产业结构优化升级的体制机制、创新统筹城乡发展的体制机制、创新节约集约用地的体制机制、创新促进“两型社会”建设的财税金融体制机制、创新对外开放的体制机制、创新行政管理体制和运行机制,以体制机制创新推动武汉城市圈又好又快发展。

(四)主要条款设计

1. 关于《条例(草案)》的名称。在制定该法规草案的过程中,根据各方意见,法规名称经过了多次的调整和变化,最后确定为《武汉城市圈改革发展促进条例》。

2. 明确了责任主体和实施主体。在《条例(草案)》中,明确了责任主体:省人民政府负有加强武汉城市圈“两型社会”综合配套改革试验区建设的组织领导责任,区内各级人民政府负有推进武汉城市圈“两型社会”综合配套改革试验区建设的工作责任。在实施主体上:各相关政府职能部门组成各级综合配套改革工作机构,是具体改革试验的实施主体。当然,基于科学性的考虑,我们并未对武汉城市圈内县级以上综合工作机构设置的问题作出硬性规定,而是采用了“相应的工作机构”

这一弹性表述,既可以是各地已经成立的对口工作机构,也可以是负责综合配套改革工作的相关工作机构或单位。

3. 促进了行政协调机制和社会协调机制的互动。协调机制自身内部的配合与协作、协调机制的外部完善,都直接决定着改革试验工作的进展。城市圈综改试验工作主要涉及"二个层面"、"三大主体"的行政协调关系。"二个层面"即对上的行政协调和对下的行政协调,"三大主体"是省人民政府、省人民政府有关部门、区内各市人民政府。我们在条款设计中明确了三大主体的协调事项和侧重点,并考虑到了争端处理机制的建立,且重点强调了行政协调机制与中介组织、行业协会等社会协调机制的互动。

4. 突出了资源节约和环境友好两大主题。《条例(草案)》不仅通过专门的条款明确资源节约和环境友好的内容,而且在专项规划、规划实施、产业政策、产业升级、统筹城乡发展、节约集约用地、财税体制、金融创新等众多条款的设计中,都突出了这两大主题。并且在制度设计上,有诸多的亮点。比如建立生产者责任延伸、工业废弃物处理认证、差别化能源价格等制度,完善节能减排的指标体系、监测体系和考核体系,鼓励发展可再生能源,建设循环经济示范园区,建立排污权交易、环境责任保险、生态补偿、规划环境影响评价等制度。

5. 关注了教育文化、社会民生等领域。《条例(草案)》以人为本,关注社会民生、教育文化等领域。要求加大教育文化基础设施投入,建立教育对口支持制度,完善公共文化服务体系;强调加快进行户籍、医疗和社会保障制度改革,逐步建立统筹城乡与城际、社会保险与商业保险相结合的社会保障体系。

6. 协调了城际和城乡之间在产业升级等方面的利益。当前,武汉城市圈产业升级中面临的主要问题是产业发展的战略定位、产业转移的利益协调、整体产业竞争力提升等。针对这些问题,《条例(草案)》通过"建立产业转移的利益协调机制、建立健全产业可持续发展的准入制度、激励约束制度和退出补偿制度",来进一步优化和协调所关涉的各方之利益。与此同时,还要求"打破城乡分割的制度障碍和行政区划壁垒,统筹公共服务资源",从而统筹城乡发展,"形成城乡互动、区域协调、共同繁荣的城乡经济社会一体化发展新格局"。

7. 创新了土地、财政和金融等方面的政策。这些领域,我们做了适度的创新。比如:通过建立圈域内"统一的耕地有偿保护、占补平衡"制度,对符合改革试验要求的项目用地给予重点支持;强调在加强基本农田保护的前提下,适度鼓励农地的流转和交易,并对城市土地实行更加严格的按投资强度分级分类管理方式,从而促进节约集约用地;优化财政分配关系,建立激励与约束相结合的财政分配制度,形成有利于资源节约和环境保护的财政体制;加快武汉城市圈金融一体化建设等。

8. 强调了法制保障和人大监督。《条例(草案)》强调按照"两型社会"的要求,对城市圈内诸多的法规、规章和规范性文件,进行科学和系统的评估,及时修改或废止。对于那些未作规定而又亟需明确的领域,要加快立法进程。与此同时,为了督促和"纠偏",重申了人大监督的必要性,要求"省人民政府、区内各市人民政府应当向本级人大常委会报告改革试验工作的情况,并根据人大常委会的有关决议决定,加强和改进改革试验工作"。

9. 鼓励大胆改革、先行先试。《条例(草案)》设置了专门的奖励激励和责任减免条款,要求"省人民政府、圈域内各市人民政府,对在改革试验中做出突出贡献的单位和个人给予表彰和奖励",而对于在改革试验中的"因工作失误应当给予行政处分的行为"制定了相应的免责条款。通过这些规定,鼓励创新,宽容试错。

总之,《条例(草案)》对改革试验的鼓励激励、对"先行先试"的强调和保障、对"政府、个人、社会"三者的科学定位、对"经济、文化、社会、生态"等领域的有序调整、对资源节约和环境友好的追求等理念,将贯穿立法和司法等全过程。

(摘自《中国地质大学学报》社会科学版2009年第7期)

武汉城市圈产业融合及产业布局一体化研究

(摘要)

课题组

一、武汉城市圈产业融合与产业布局一体化现状

(一)先进制造业以骨干企业为龙头,加快在圈域内延伸产业链,实现快速扩张。钢铁产业强化了产品供应链和消费循环链。汽车产业建立了汽车零部件采购供应链。化工产业重点加快了石化与盐化工产业链等建设。烟草工业形成了"大企业、大品牌、大市场"的格局。

(二)高新技术产业以项目、园区为载体,加强互动合作。发挥东湖高新区的带动效应,实现不同形式扩展。重大项目在圈内加强配套合作。高科技园区模式在圈内扩展互动。知名高科技企业在圈内加快建立生产基地。

(三)传统制造业在圈域开展有序转移实现新的发展。机械制造工业强化沿江合作。纺织服装产业向劳动力密集区域转移。圈域企业投资和合作活动为经济发展注入了新力量,促进了中心城市结构升级、布局调整和实力扩充。

(四)现代服务业加快资源优化配置,形成协同发展态势。金融一体化加速推进,物流服务业协同发展,商贸服务业实现互动发展,旅游业一体化发展成效明显,通信、房地产等产业融合步伐加快。

(五)农业加大产供销的组织化程度,加快一体化发展步伐。"龙头企业+生产基地+产品加工+物流配送+销售终端"圈域农业产业化经营模式不断完善。主要农副产品批发市场加强对接,加大了对圈内主要农产品的帮销力度。主要大型超市等加大了对名优农副土特产品的采购力度,促进其进入全国农产品流通体系。农业产业化龙头企业加强了企业带基地带农户建设,促进了农民增收。中心城市的农业科研优势和信息优势的发挥,加大了对圈域农业发展的服务力度。农业科技交流合作持续活跃,农业信息资源不断整合,农业服务一体化体系初步形成。

(六)武汉城市圈产业融合和布局一体化工作存在的问题。一是思想上仍然存在障碍。二是推进产业深度融合的协调机制还不完善。三是圈内融合的产业配套层次不高。产业合作的大工业项目、高新技术产业项目和农产品深加工项目较少,产业链条长的项目不多,后加工产业基础薄弱。项目间关联性小,产品链断档脱节现象较为突出。龙头企业和中小企业配套不协调、不稳定,配套信息有的还不够透明,较多配套企业处于加工装配等低附加值环节。四是促进产业深度融合的中介参与作用还不强。

二、推进武汉城市圈产业融合和产业布局一体化的重要意义、基本思路和主要目标

(一)重要意义(略)

(二)基本思路:以科学发展观为指导,以转变发展方式为

主线,以体制改革和自主创新为动力,以推进产业融合及产业一体化为主要任务,以发展壮大产业链(集群)为突破口,充分发挥武汉的龙头作用,加快推进"6个结合",努力形成产业发展与资源、环境相协调的现代产业体系格局,实现城市圈产业的合理布局和结构优化,取得武汉城市圈新型工业化、新型城镇化的重大进展。在推进圈内产业融合和一体化进程中,应把握的原则:坚持互利互惠,差异发展。坚持统一规划,内外联动。坚持市场主导,政府驱动。坚持自主创新,科技引领。坚持节约资源,保护环境。

(三)主要目标:按照"两型社会"建设要求,创新完善符合"两型社会"建设要求的产业发展体制机制,统筹产业与资源、环境协调发展,增强产业可持续发展能力和产业综合竞争力,基本形成圈域内产业一体化,基本实现经济发展方式转变,基本形成资源节约和环境友好的新型产业发展模式,加快建成全国重要的高新技术产业基地、先进制造业基地、现代服务业基地和优质农产品生产加工基地,成为全国"两型社会"建设典型示范区和自主创新示范区。

三、推进武汉城市圈产业融合和产业布局一体化的发展重点

(一)高新技术产业方面

1. 电子信息产业。形成完整的电子信息产业链。形成以武汉市为龙头,以武汉东湖新技术开发区和武汉经济技术开发区为主体,辐射带动圈内城市进入产业链配套体系,构建电子信息产业发展密集区。

2. 生物及新能源产业。加强武汉国家生物产业基地建设,重点发展生物医药、生物能源等新兴产业,加快发展核电、风电等可再生能源。尽快形成以东湖新技术开发区、葛店开发区为核心,辐射包括武汉、鄂州、黄冈、黄石等在内的生物产业中心聚集区。

3. 软件及服务外包产业。壮大软件产业规模,加快发展数字内容产业,加强信息安全体系、公共支撑平台建设。形成以东湖新技术开发区为核心的软件及服务外包基地。

(二)先进制造业方面

1. 汽车产业。完善汽车自主研发体系,做大产业链核心企业,打造一条具有比较优势的汽车产业链。形成以武汉经济技术开发区为龙头和辐射极,以孝感、黄石、黄冈、仙桃、天门等圈内城市为节点的汽车及零配件制造产业群。

2. 钢铁及深加工产业。形成完整的钢铁及深加工产业链,形成以武钢、新冶钢为龙头,包括鄂州、黄石、大冶、阳新在内的冶金产业带,形成武汉、黄石、鄂州三大钢铁产业基地。

3. 石化产业。逐步建成武汉、云梦、应城、天门、潜江等若干产业园区,建成一批各具特色的深加工产业基地,形成完整的石油化工、盐化工产业链。

4. 装备制造产业。以船舶、发电和输变电、数控机床及数控系统、激光加工设备、冶金成套设备、环保设备、模具制造业为重点,形成一批产业集群,打造一批龙头企业。

5. 纺织服装产业。完善和壮大纺织服装产业链,在圈内形成四大特色发展板块即:圈西及西北部建成棉纺织、服装生产及市场板块,圈东北部建成医用纺织品板块,圈东建成服装及丝绸家纺板块,圈南建成麻纺织板块。

(三)现代服务业方面

1. 金融业。依托武汉特大中心城市地位,构建武汉城市圈内具有较强融资和国际结算能力,集银行、证券、保险、基金、信托等为一体的圈域性金融体系。

2. 物流业。加强圈域内物流企业的合作与联盟,建设物流公共信息平台,培育专业物流企业。基本建成以武汉市为中心的1小时高效物流服务圈。

3. 创意产业。形成以公有制为主体、多种所有制共同发展的文化创意产业格局,建设武汉城市圈动漫产业"产学研商"体系,形成网络游戏、动漫制作、手机游戏等产业集群。

4. 会展和中介服务业。延长会展产业链,加快新兴中介服务业发展,规范传统中介服务业,完善中介体系。

5. 商贸服务业。打造新型商贸流通业态,培育一批大型商贸零售企业。以武汉为核心,增强对黄石、鄂州、咸宁、孝感等中心城市商贸服务业的辐射,完善其他县城商贸流通网络。

6. 旅游业。完善食住行游购娱配套的旅游休闲服务体系,大力推进圈内旅游产业一体化发展。

(四)现代农业方面

强化农业科技支撑。推广安全标准化生产技术、先进农产品加工技术。加速生物农业技术的研发和应用,推动动植物良种产业化。建立蔬菜配送技术体系,提高精深加工能力。

因地制宜建设特色生产基地。在城市圈内形成优质稻、"双低"油菜、商品蔬菜、名优水产、优质"三元猪"五大优势农业板块。

提高农产品加工转化率和加工深度。形成农业优势板块产业链。依托武汉、仙桃、鄂州、潜江等市,扶持10个龙头企业,建设六大加工园区。

完善农产品市场体系。改造升级农产品批发市场,发展农产品信息网络,创新农产品交易方式,提升农产品零售市场档次。

四、推进武汉城市圈产业融合与布局一体化发展的政策建议

(一)进一步深化圈域产业发展总体规划。圈内各县市在编制本地"十二五"规划时,要更多考虑推进城市圈产业融合与布局一体化,并使之项目化、政策化、资金化。对各类产业融合实施方案的操作和落实情况,建议省有关部门组织分类调研和综合评估。

(二)突出平台作用,夯实圈域产业互动融合的载体。一是强化核心区域平台建设。以武汉、黄石、鄂州为重点,做强现代制造业,发展现代服务业,支持重点龙头企业发展壮大。二是强化功能区平台建设。以武汉开发区、东湖开发区为主体功能区,引导圈域各类开发区和园区进行资源、功能、政策整合。三是促进大市场平台建设。依托圈域中心城市和支柱产业,建设全国性、区域性的农副产品、日用消费品市场、生产资料和金融、人力资源等大市场。支持黄石、孝感、咸宁、仙桃建设区域性商贸次中心。四是加快会展平台建设。利用中博会、机博会、光博会、农博会、食博会、华创会等会展和招商平台,完善合作办会机制,联合策划重大项目,联手开展对内对外招商引资活动,引导外资投向,开拓国内外市场。

(三)强化基础设施,为城市圈产业互动融合提供良好条件。全面提升区域交通基础设施水平。加快铁路、公路、航空和水运等重大项目建设,完善城际之间、城乡之间公路、铁路网,形成综合交通体系。统筹圈域能源建设项目。推进电力基础设施建设。适度建设以热电联产项目为主的火电项目,争取咸宁大畈核电站早日开工,积极策划新的核电项目。加快清洁优质能源建设。争取利用更多的油气资源。加速信息基础设施建设。建设一体化的本地网和移动通信网,推进城市圈内实现同网同号同费。建设数字城市和网络城市圈,推进"物联网"发展,加快"一卡通"发展。建设武汉邮政枢纽。

(四)加快圈域投融资体系建设。加大财政税收支持。建议城市圈各市新增财力省级集中部分主要用于城市圈一体化项目建设。发展壮大湖北省联合发展投资公司,构建政企联合

的投融资平台。积极探索区域一体化的税收政策。鼓励和支持企业利用资本市场多渠道市场化融资。形成较为完善的投资项目与各类金融机构交流合作机制。完善土地综合利用政策。通过土地复垦整理、城乡建设用地增减挂钩等措施获得新增用地指标。在圈域内实行易地落实耕地占补平衡的政策,支持跨行政区域用地合作。建立完善武汉城市圈农村综合产权交易平台,推进土地使用节约集约。

(五)创新体制机制,为产业互动融合提供制度保障。一是建立完善"沟通衔接、全面推进"的联合协作机制。加强城市圈9市政府部门间对话、交流、协商和工作合作。二是建立完善"分工协作、滚动实施"的落实机制。建立城市圈重要事项、重大项目、重点工程的分工落实制度,促进任务分解落实。三是建立完善"利益共享、双赢多赢"的利益协调机制。稳定各地既得利益。四是建立完善"运转协调、便捷高效"的服务机制。整合区域公共服务资源,创新服务体系,建立9市之间行政审批"绿色通道",建立招商引资联合行政服务中心。

(摘自《湖北省重大调研课题基金重点项目》)

武汉城市圈文化软实力建设的思考
（摘要）

姚伟钧　穆　青

一、武汉城市圈与文化圈

所谓城市圈,一般是从自然地理角度而言,而文化圈除了具有地域概念外,更多的是一种人文意义。文化圈需要一定的地理条件才能成立,它与城市圈的结合,为城市圈注入文化的意义,使得城市圈理论更加丰富。因为城市圈不仅具有地缘优势,一般还具有相似的文化传统、文化特质与文化习俗等,对城市圈要进行文化的开发才能增加圈内城市的凝聚力和向心力,形成特色的文化品牌。武汉城市圈内文化同源同脉,风俗大体相同,深深融入了楚文化底蕴,经济的依存程度较高,在近代社会转型中又加入了具有商业特色的江汉文化,武汉城市圈即武汉文化圈的观点能够成立。

二、武汉城市圈的文化资源

武汉城市圈的文化资源是相当丰富的。武汉是国家历史文化名城,黄陂区的盘龙城遗址是长江流域发现最早的商代古城之一。城市圈中的鄂州、黄州属于省级历史文化名城。在数千年文化的积淀过程中,武汉城市圈形成了楚文化、汉派文化、近现代红色文化等丰富的文化资源,这些独有的文化资源是武汉城市圈的宝贵文化财富。

虽然武汉城市圈在文化软实力提升上取得了一定的成绩,但丰富的文化资源还没有得到全面的利用与开发,深具文化底蕴的楚文化、开拓进取的汉派文化、爱国情怀的红色文化并没有完全融入到城市精神中去,"文化软实力"的发展环境还不够科学,有些只停留在口号上。开拓和发展城市精神,是城市圈竞争的客观趋势。探究城市圈精神的本源,需要文化与文化圈的理论支撑。

三、如何提升武汉城市圈的文化软实力

1. 加强文化自觉

这里的自觉,是一种觉悟精神,上至国家民族,下至市民百姓,都需要对文化的敏感觉悟。具体到城市圈的软实力建设上,便是对所在地域内文化有所感知。城市圈的存在和发展离不开文化自觉意识。武汉城市圈内9个城市事实上也已经构成了一个以武汉为中心,以楚汉文化为特质的文化圈。不同的地理环境产生不同的文化。武汉城市圈的汉派文化是一种城市文化,它体现了城市的人文精神,影响到建筑、语言、艺术等各个方面。武汉处于"九省通衢"的交通要道,流动性是它的特点,一方面带来了文化的自容包容精神,同时导致了没有固定的文化特色。但包含着市民文化、码头文化的汉派文化,体现的是一种兼容并包、开拓进取的城市性格,武汉及其周边的城市,尤其是城市圈中的中小城市,深受汉派文化的影响。城市圈的文化建设,需要提升市民对武汉城市圈内文化的自省与觉醒。就武汉城市圈而言,楚文化是城市人文底蕴的基础,而汉派文化颇具现代平等宽容精神的特点启发着城市建设。豪放而直爽,颇有北方人性格的武汉市民正把汉派文化发扬光大。只有具备这种文化自觉意识,武汉城市圈的发展就不再仅是物质化进步,而充满了蓬勃朝气的精神追求。塑造了开拓进取、自由宽容的城市精神,我们的城市圈建设就真正做到物质与精神的完美结合。

2. 培养文化责任

文化责任的一个主要方面是对城市文化遗产的保护。城市的历史文化遗产大体包括:古街巷、老商号、名人故居、历史遗迹、革命纪念地以及地下的墓葬等,从文化的角度看,它是一个城市历史的见证,凝聚着深厚的文化底蕴,反映了古代的生存状态,体现了现代的生活意义,承载着城市文明的价值,城市文化特色主要通过文化遗产来表现;从经济的角度看,处在地上的文化遗产是城市经济的旅游资源。武汉城市圈文化遗产众多,有黄鹤楼、古琴台等历史遗迹,黄梅五祖寺、归元寺、长春观等名寺道观,红安将军县的红色基地等。其中"历史街区,又称老城区,泛指古旧建筑较为集中的区域。它是历史文化名城的核心。"武汉历史街区主要包括昙华林街区,同时江汉路步行街、户部巷、吉庆街等也是武汉特色历史街区。"古街巷是城市人文资源的重要载体,是经济社会文化生活的见证,也是城市的文脉之链。"城市规模的扩大,促进了旧城改造,由于缺乏长远的历史文化眼光,一些富含历史文化积淀又反映武汉历史的老字号湮没了,尤其是近现代的某些文化遗产,如名人故居、老街区、老商号、革命遗址等,常常被忽略而受到旧城改造的威胁。事实上近代以来的文化遗产同样具有深远的历史价值,是武汉城市历史的一个重要组成部分。武汉市政府投资16.74亿元建设汉口历史风貌街区,说明它们已日益引起重视。汉口历史风貌街区包含了原汉口租界的大部分区域,区内汇集有风格各异的西方优秀历史建筑和中西合璧的传统建筑,可以称之为"近代汉口万国风情园",具有特殊的文化价值和潜在的旅游价值。

除了这些静态的物质载体外,非物质文化遗产留给城市的动态的价值观与人文精神,更是城市精神的体现。武汉城市圈非物质文化遗产主要有古语言文字、口述文学、传统民间艺术、传统工艺与技艺、民俗表演五大类,其中武汉市有30余位民间艺术家掌握着20多门绝技。深入城市圈市民生活的汉剧、楚剧这样的民间文化必须在现代也有一个较为良好的传承。文化遗产的保护核心意义是历史与未来的融合,主要通过文化传承来实现。失去了文化特色的城市,就失去了城市的灵魂,城市的文化记忆便无根可寻,文化软实力的提升更是无从谈起。"只有以高度负责的精神和真正科学的态度保护好城市自身的文化传统,保持城市发展的连续性,才能创造出城市恒久的文化魅力"。

近代以来,武汉引领周边城市文化发展道路,尤其是汉派文化对城市圈有深远意义。每个城市都有适合自己特点的方

案，在城市圈的建设中，决策者应把文化遗产保护列入城市规划中，形成独特的城市建筑景观和人文气质。武汉城市圈的市政建设可以多突出楚文化和江汉文化的特色，渗透到城市的街头巷尾，漂荡出楚文化的风韵。浓郁的文化氛围使市民产生强烈的归属感，对文化的依恋慢慢演变成对城市的认同。培养这种归属感与认同感是文化特有的责任。因此，培养健康的市民心态，夯实青少年的文化根基，才能实现文化的社会责任。

3. 增添文化活力

改革开放以来，武汉文化活动丰富多彩，横渡长江活动是独具武汉特色的文化活动，武汉国际杂技节与“中国吴桥国际杂技节”并称中国南北两大国际杂技节，被誉为国际四大著名杂技赛事之一。武汉文化节庆活动呈现延绵一个老节（杂技），创办两个新节（旅游、赛马），创新一个特色节（渡江）的特点，增添了城市文化活力。武汉市的文化活动虽然较多，但城市圈其他城市却相对不足，文化是激发城市文化活力的源泉，因此，完善公共文化设施，举办文化节庆活动，是整个城市圈增添文化活力的方法。丰富的文化生活才能彰显城市文化魅力，开放的文化氛围才能提升文化认同感。不同的文化区域有不同的文化传统，城市圈内独具特色的地域文化，应避免城市化带来的相似性，共同组合出色彩斑斓的区域文化万花筒。城市圈在文化活力四射的同时，应吸收传统文化符号，恰当利用，城市文化建设中融入多元的城市生态文明理念。

4. 提升文化功能

城市文化功能主要体现在文化产业的开发上。武汉城市圈中武汉作为龙头，文化产业发展取得一定成就，报业与图书出版数量位居全国大中城市前列。武汉市在“十一五计划”中，已提出建设文化强市的目标，提升城市文化品位，要达到这一目标，必须大力繁荣文化事业，其中加强文化创意，发展旅游业是重中之重。

武汉城市圈同属荆楚文化范围，文化是城市发展的软实力，城市圈在发展中可以树立自己的文化旗帜，并且各城市之间相互借鉴。城市企业文化中体现特色的地域文化，商品中展示自身魅力的城市文化，形成健康的文化环境，城市圈的发展才更有活力。在城市全球化发展的过程中，在吸取先进的城市理念的同时，对本土文化更要表现强烈的兴趣，保持文化的持久创新。武汉城市圈抓住楚文化的精髓，挖掘汉派文化的本质，只有对自身文化有了充分的了解后，才能克服西方强势文化对城市文化的冲击，增强对本土文化的自信力。武汉城市圈的企业要利用本土丰富的文化特色，创造适合自己的企业文化与企业精神，各城市建设也应打文化牌，提高城市内涵，吸引更多的投资者。

（摘自《学习实践》2009 年第 7 期）

武汉城市圈工业化发展思路探讨（摘要）

汪明军

一、武汉城市圈工业化现状分析

武汉城市圈整体处于工业化中期的后半阶段。城市圈中各城市的发展并不均衡：武汉处于工业化后期，接近于工业现代化。黄石、鄂州、咸宁、仙桃和潜江处于工业化中期，其中，黄石和鄂州更接近于工业化的后期；孝感、黄冈和天门处于工业化的初期阶段。

二、武汉城市圈工业化发展面临的问题

（一）工业化发展与资源节约的问题

武汉城市圈的重工业产值在工业总产值中的比重高达74.5%，主要集中在钢铁、汽车、化工、造船等行业，这是武汉城市圈乃至湖北经济的比较优势所在，是经济发展的基础。发展美化工业也是今后一个时期的必然选择。武汉城市圈将面临严重的问题是能源和资源的紧缺。

（二）经济发展与环境友好的问题

武汉城市圈区域内湖泊众多，具有优越的自然生态条件。但是，各种工业污染物、废弃物排放量很大，环境保护设施建设严重滞后于经济发展，环境污染严重，环境保护方面压力很大。

（三）土地资源短缺

土地资源是武汉城市圈经济发展面临的另一个严重资源瓶颈。武汉城市圈的耕地总量面积与人均耕地面积呈不断减少的趋势。

三、武汉城市圈优势分析（略）

四、工业化发展的举措分析

（一）产业发展方向

随着区域产业结构的调整与优化，武汉城市圈的工业集中度不断提高，钢铁、石油化工、汽车及机械、光电子信息已成为现阶段或未来区域社会经济发展的支柱产业。生物医药行业也被列入重点发展的行业，并将在未来成为支柱产业之一。

1. 武汉城市圈具备发展重化工业的基础和优势。产业的发展要结合城市圈内每个城市的经济发展状况、工业基础、自然资源和人力资源等综合考虑。如武汉、黄石和鄂州更适合于发展重化工业，而其他城市则适合于发展轻工业。

2. 要大力发展轻工业。要通过承接沿海地区的产业转移来实现轻工业发展。要注意在节能减排和淘汰落后产能上下工夫。要鼓励、引导和帮助企业在产业转移的同时，提高产品和技术的升级改造，提高产品附加值，增强企业和产品的竞争力。

（二）科学发展，建设好资源节约型和环境友好型社会

一是对产业结构进行适度调整，提高轻工业产品在国民经济中的比例。二是在产业结构调整过程中，严格控制新建高耗能、高污染项目，通过研发和引进先进技术，淘汰落后的生产设备。三是坚持走新型工业化道路。发展循环经济，推进清洁生产和资源循环利用体系，走出一条低投入、高产出、低消耗、少排放、能循环、可持续的发展道路。四是合理规划土地资源，提高土地综合利用率。

（三）注重区域经济的一体化

武汉城市圈产业规划和布局上要从区域的整体来考虑，要按照产业层次划分，高端产业向一线城市布局，低端产业向二、三线城市布局。各城市之间在资源、环境和发展阶段上都有差异，要按照各市的优势和特点作出整体规划，各市在基础设施建设和招商引资上有计划地进行，避免城市圈内各市之间因盲目竞争和重复建设导致资源浪费和环境破坏。

（四）在产业发展和结构调整上，要充分发挥市场机制和企业主体作用

武汉城市圈发展什么产业是由市场来推动、由企业去选择。企业的经营决策是根据自身的需要并结合市场情况作出，政府的产业发展规划和产业政策只是影响企业决策的原因之一。

政府的职责是通过综合运用经济、法律和必要的行政手段，加强产业政策引导、财政政策调节和金融政策支持，推动产业布局和发展；通过规范市场秩序、降低交易成本；通过加强基

础设施建设创造适合于企业生存、发展的环境。

（摘自《城市》2009 年第 1 期）

加快金融业发展　促进武汉城市圈“两型社会”建设（摘要）

中国人民银行武汉分行课题组

一、武汉城市圈金融业发展现状（略）

二、武汉城市圈金融业发展存在的主要问题

（一）城市圈融资结构不平衡，直接融资相对滞后

（二）证券保险业发展水平滞后

（三）金融业增加值在第三产业增加值中的占比低

三、武汉城市圈金融业发展的方向

（一）引导银行机构改革信贷管理体制，促进城市圈信贷市场一体化

1. 适当下放贷款审批权限。引导各银行机构省级分行通过授权或转授权的方式，对武汉城市圈内企业下放贷款审批权，适当简化贷款审批程序，同时改进对分支行的信贷业务考核办法，鼓励基层机构和基层信贷人员开展信贷营销活动，及时满足当地经济发展的贷款需求。

2. 创建异地贷款管理体制。引导武汉各银行机构改进信贷服务，打破行政区域限制，在切实防范信贷风险的前提下，简化异地贷款申请、担保和审批程序，加大对武汉城市圈内企业跨地域贷款的营销力度。

3. 推动城市圈产业转移对接和结构升级。引导银行机构加大对武汉市高新技术产业、第三服务业和环保产业的支持力度，同时支持圈内其他城市吸纳武汉市一般制造业的转移，推进圈内产业结构升级和产业一体化建设。

4. 支持圈内城乡统筹发展。通过创新和推广适合“三农”发展的信用模式、信贷产品和服务方式，有效解决贷款抵押和担保问题。

5. 搭建银企合作平台。各级人民银行要进一步加强信贷政策指导，积极搭建圈内银企合作平台，组织商业银行与圈内优质企业签订贷款合同或者授信协议；鼓励银行机构以银团贷款模式对基础设施建设等重点项目联合放贷，扩大对武汉城市圈的信贷支持。

（二）以点带面，多措并举，推进城市圈票据市场一体化

本着“积极推动、审慎管理、稳步发展”的工作原则，采取渐进策略，推进武汉城市圈商业承兑汇票业务的发展。逐步由经济较为发达的城市向经济欠发达城市推进，在企业的选择上采取“优中选强、从少到多、由点到面”的方式，优选主体，并通过人民银行再贴现、商业银行贴现等支持，促进商业承兑汇票在城市圈的无障碍流通，让企业通过签发商业承兑汇票逐步树立信用形象，使商业承兑汇票发挥信用塑造的功能。

（三）构建和谐、高效、安全的支付体系，促进城市圈支付结算一体化

1. 完善武汉同城电子支付系统。通过完善武汉同城电子支付系统功能，扩大系统在城市圈银行机构网点覆盖面，提升支付业务量；研究合理的系统收费分配机制，解决地方性商业银行接口开发和国库税款汇划问题；尽快实现支付业务“同城”、“同网”和“同费”。

2. 逐步改进圈内个人支付结算服务，解决银行“排队难”问题。

3. 积极推动“城市圈形象卡”发行工作，促进城市圈银行卡业务发展。

（四）创建信息资源共享机制，促进城市圈金融信息服务一体化

1. 建立金融信息资源共享制度，形成渠道畅通、交流便利、密切协作、信息共享的金融信息服务平台。加强与各级政府和部门的沟通协调，及时了解国家产业政策、土地政策、环保政策和全省经济运行情况，营造金融和企业资金供需平台，加强政府、企业与金融机构的沟通、对接。

2. 抓好企业和个人的信用信息和信用担保两大平台的建设。充分运用征信系统为政府和金融机构提供必要的咨询和分析。引导企业和个人树立良好的信用意识。通过中小企业信用担保体系建设，促进金融机构扩大对中小企业的信贷投入。

（五）改进外汇服务和管理方式，支持城市圈外向型经济发展

1. 改进外汇服务方式。加强政务公开，推行电子政务，完善外汇行政许可信息管理系统，便利城市圈内企业、银行办理各类外汇审批业务，提高行政许可效率。加强外汇政策培训和辅导，主动搭建银企交流平台，通报地方涉外经济的发展情况、企业的外汇需求情况，通过举办外汇避险业务推介会、银企见面会等形式，向企业宣传外汇新业务和外汇知识。

2. 完善城市圈内的外汇服务网络。一是根据城市圈内县域涉外经济的发展情况和企业的需求，争取国家外汇管理局批准在城市圈内县市增设支局，延伸外汇服务窗口。二是继续向县市延伸核销服务窗口，以现有的电子口岸和出口核报系统为平台，通过“网上核销”、“远程核销”等方式，加大对县域进出口企业的服务力度。三是引导银行在涉外经济比较发达的县市开办结售汇业务，丰富金融外汇服务网络，降低县域地区办理外汇业务的成本。引导商业银行向城市圈县域机构下放外汇业务权限，完善业务功能，使县域企业可以就近开立外汇账户，办理国际结算、外汇贷款等业务。

3. 在条件许可的范围内对城市圈内下放权力。外汇局湖北省分局应加大权力下放力度，争取用 2 年左右的时间，将银行、企业经常办理的行政许可业务下放到城市圈内所有的县市支局。

4. 努力探索城市圈内的外汇服务创新项目。一是继续优化核销服务，支持“大通关”建设，根据企业不同的特点，采取“报盘核销”、“定点核销”和“集中核销”。二是继续支持有条件的企业开展外汇集中收付试点，提高外汇资金使用效率。三是在试点的基础上，扩大贸易进口付汇报关单无纸化核销试点范围，缩短核销时间，提高核销效率。四是积极争取国家外汇管理局的支持，试行取消城市圈内进口异地付汇备案手续，进一步便利企业的外汇收付。

四、政策建议

（一）成立湖北金融综合配套改革协调机构

建议由省金融办牵头，组织人行、银监、证监、保监等职能部门以及银行、证券、保险等各类商业性、政策性金融机构，成立金融综合配套改革协调机构，制定和实施相关配套政策和措施，提高湖北省内金融一体化建设的协作效能。建议尽快出台操作性强的湖北省综合配套改革实施方案、产业发展及区域布局规划等，引导金融机构按照产业发展需要提供金融支持。

（二）培育多层次融资渠道，形成金融支持武汉城市圈发展的合力

一是培育和发展包括债券、股票、期货、衍生品等多层次的

金融市场，提高金融市场化水平和市场运行效率，扩大直接融资渠道，改善城市圈融资结构。二是发挥保险市场经济补偿和融资功能。争取有关政策，使保险资金间接投资于湖北省基础设施建设，参与各种产业基金等项目投资。鼓励保险资金参与城市圈信托集合计划，支持大型项目及城市建设等。

（三）建立激励机制，激发金融机构的发展动力

建议设立“湖北省金融发展专项资金”（以下简称专项资金），纳入湖北省经济和社会发展预算。专项资金由省政府金融办会同财政厅进行单独管理。建议省政府设立“金融贡献奖”、“金融创新奖”。“金融贡献奖”用于表彰对地方经济发展作出突出贡献的金融机构和个人；“金融创新奖”用于表彰在制度创新和产品创新方面成绩突出的金融机构。

（四）发挥本土金融资源作用，鼓励做优、做强、做大

进一步推进汉口银行改革，支持其发展成为区域性商业银行；支持武汉市农村信用联社组建武汉农村商业银行，采取多种措施减轻包袱、壮大实力。加快武汉国际信托投资公司的改革重组，发挥长江证券、交银国际信托有限公司等金融机构的作用。加快武汉票据市场发展，鼓励商业票据进一步扩大规模，筹划构建票据业务信息系统，规范有关市场管理制度，形成票据市场的初步框架。

（五）鼓励出台地方性法规，加快促进征信体系建设

一是出台企业和个人信息共享的管理办法，推进政府各部门和金融机构之间的信息共享；二是对信用评级机构给予税收优惠政策，支持信用评级业的发展。

（摘自《武汉金融》2009年第1期）

武汉城市圈现代物流业发展的现状、问题与对策

（摘要）

邹钟星　祝平衡

一、武汉城市圈物流业发展现状

（一）物流基础设施日臻完善。

（二）区域物流中心逐步形成，第三方物流业开始起步。

（三）商业连锁企业发展壮大，商贸物流渐成规模。

（四）社会物流总费用增速加快，物流业尚处于初级阶段。

（五）物流企业实力进一步强大，总体水平明显提高。

二、武汉城市圈物流业存在的问题

（一）小企业多，龙头企业少；现代物流少，大多数物流企业仍然从事传统的物流业务。

（二）物流企业布局分散，严重阻碍了物流产业的聚集效应的形成。

（三）行政管理主体混乱，没有一套系统完整的管理规章制度，缺乏统筹规划和整体协调，物流业市场混乱，没有纳入统一管理。

（四）整个物流业业态层次较低，没有全面形成高级形态的三方、四方物流。

（五）没有构建起高效的公共物流信息平台，在一定程度上阻碍了武汉城市圈物流产业的发展壮大。

（六）不少企业以发展物流业的名义圈地，圈而不建，导致土地闲置或转作他用，物流业本身是一个利润率不高的行业，它主要的作用在于降低其他产业的经营成本，地价升值，有的物流企业将原来的用地转换使用用途，影响到物流业的发展。

（七）现行的体制和管理模式限制了现代物流产业的发展。受传统经济体制影响，物流资源和需求被现行“条条”、“块块”的管理体制所分割。各种运输方式和交通基础设施之间配套性和兼容性不强，部门和地方利益不协调，分散了物流资源，阻碍了统一开放物流大市场的形成。

三、发展武汉城市圈现代物流业的对策

（一）建立健全武汉城市圈现代物流业发展协调机制。

武汉城市圈应建立健全相应的组织（如：市长联席会议、城市圈物流管理办公室等）和协调机制，集中力量形成合力，统筹协调物流发展的重大问题和政策，逐步建立各地区、部门相统一、协调、规范市场的法律法规体系，促进统一开放、公平竞争、规范有序的现代物流市场的形成。

（二）对武汉城市圈现代物流产业进行重新规划与布局。

1. 武汉城市圈现代物流产业空间布局。以“交通为载体，产业为依托，市场为导向”在武汉城市圈内形成“一枢纽、二带、多中心”的现代物流产业空间格局。形成放射“金字塔式”网络结构，形成市、区、县三级节点。

“一枢纽”指在京广经济带和长江航道与沪容高速复合经济带交汇的武汉市形成物流枢纽，发展枢纽性物流。

“二带”指在京广经济带和汉江、长江与沪容高速复合经济带布局物流园区和物流中心。东向：沿长江航道、沪蓉高速和318国道在武汉——鄂州——黄冈——黄石——大冶依据钢铁、建材、化工、光电子、生物、医药、食品加工产业布置相应物流园区、物流中心和配送中心；南向：沿长江、京广线和107国道在武汉——咸宁——赤壁依据纺织、食品饮料、轻工业、建材、化工产业、光电子产业布置物流中心和配送中心；西向：沿汉江、318国道和沪蓉高速在武汉——仙桃——潜江——天门依据汽车制造、化工、纺织、医药产业布置物流中心和配送中心；西北向：沿京广线、汉渝铁路、京珠高速、汉十高速、107国道在武汉——孝感——汉川——应城依据化工、纺织、光电子、食品加工、汽车及零部件产业布置物流中心和配送中心。

“多中心”指在交通结点，根据产业发展需要布局物流中心和配送中心。如：武汉的郑店、关山、常福、丹水池、沌口、阳逻、宋家岗；孝感的三汊镇；鄂州的樊口、蟠龙、燕矶；天门棉花交易中心等。

2. 武汉城市圈物流产业结构布局。在武汉城市圈内打造枢纽性的、综合性的、专业性的物流产业体系，形成合理的产业结构布局。

枢纽性物流园区。主要是全力培育武汉东西湖物流园区、阳逻物流园区和天河机场（国际）航空物流园区。

综合性物流园区、物流中心。主要是黄石商贸中心，鄂州主城区综合物流园区，咸宁物流商贸园区，孝感商贸物流中心、仙桃、潜江、天门共建的枢纽综合物流商贸中心。

专业性物流园区、物流中心、配送中心。如农产品物流中心：将武汉阳逻的国家粮食物流基地及国家稻米交易中心建成粮食集散、加工、贸易一体化的一流园区，成为华中最大的农副产品加工基地，全国4大粮食物流中心之一。生产资料类：如青山（阳逻）钢铁及化工物流中心、鄂州葛店生物医药配送中心等。生物医药产品配送中心（如九州通医药物流中心、阳康药业物流中心、同济堂医药物流中心）。

（三）提升武汉城市圈物流产业业态层次。

在保证效率的基础上，促进升级一、二方物流。加快发展第三方物流，繁荣物流市场。大力推动扶持第四方物流，提升物流产业的内在价值。目前，武汉城市圈对第四方物流还处于认知、萌芽阶段，需要大力扶持推动第四方物流的发展，获取物流产业的高端控制权。物流产业业态的升级调整将同步于产

业结构的升级和空间布局的转移。现代物流业是为产业发展服务的，产业的发展有个升级的过程，升级后的产业对物流的形式和形态的要求也会发生变化，为适应产业结构的升级和空间布局的迁移，物流业同时也会存在一个产业升级和空间转移的过程。如烽火、舵落口、丹水池等物流中心将会逐步把实物交割或加工的产业外移，原地物流产业虚拟化，功能逐步升级。

（四）构筑武汉城市圈物流产业公共信息平台，提高物流企业信息化水平。

武汉城市圈现代物流产业公共信息平台的重点是公共信息服务平台（包括现代物流公共信息服务支撑功能、公共服务运营功能、公共信息交换功能）、公共金融服务平台、公共政务平台（包括大通关服务管理平台）。武汉城市圈物流产业公共信息平台建设应以武汉城市圈物流产业发展的总体规划为指导，统一领导，以武汉城市圈物流产业重点项目为支撑，多方面参与。武汉城市圈物流公共信息平台建设可以依托湖北省现有的中物在线、汇通银河等企业，由政府引导整合资源，也可以向国内外引进专业公司建设。鼓励物流企业参与物流信息平台建设，通过优惠政策扶植示范性企业的发展，使广大企业群体看到物流信息平台所带来的巨大经济效益，吸引众多企业参与投资。

提高物流企业信息化水平。一是推动物流企业管理的信息化。二是加强数字证书认证建设，积极发展电子商务物流。三是加快先进适用信息技术在物流领域的应用。加强对物流信息关键技术的研究和开发，促进物流信息标准化和规范化。鼓励和引导企业应用互联网络、电子数据交换（EDI）、全球卫星定位系统（GPS）、地理信息系统（GIS）、智能交通系统（ITS）、条形码（BAR – CODING）、智能标签（RFID）、射频（RF）、电子自动订货系统（EOS）等技术，提高现代物流企业的信息化水平。

（五）引导物流产业布局、结构优化和企业重组，支持龙头企业重组、集约、集群发展。

制定且依据《武汉城市圈现代物流产业规划》来引导城市圈内物流产业的布局，使其布局符合产业发展的现实需要和未来发展的趋势，服务于产业集群的发展。以武汉城市圈现代物流产业空间布局规划体系为基础，制定相关的土地、服务等优惠政策，引导不同类型的物流企业入驻相应的物流园区，避免重复建设，达到规模经济效益，促进物流企业发挥协同发展优势。注重在重点区域、重点行业引进国际知名物流企业，支持武汉城市圈物流企业兼并重组，壮大实力，培植物流龙头企业。

（六）成立产业基金扶持。

成立物流产业基金，按照"政府主导，企业主体，市场化运作"的原则来募集资金。物流产业基金主要用于对发展现代物流业具有重大意义的基础设施建设、信息系统建设、公共信息平台等公共建设项目、物流重要节点建设和大型龙头骨干物流企业提供资金支持。

（七）制定合理的物流企业准入和退出机制。

在物流产业园区的建设中，对进入园区的企业要设立一定的准入门槛，如注册资本金、投资额、营业额、纳税水平等标准；有相应的物流运作基础设施，包括运输工具、仓储设施及信息系统；人员结构要具备若干个有学历、职业资历和经历的专业人才；在运输、仓储物流行业有一定的信用度等。对已经进来的企业，也要制定退出的标准，防止一些占地多、成本高、低效率的企业长期占用有限的资源，避免物流企业以发展物流业的名义圈地，将土地闲置或转作他用。

（摘自《统计与决策》2009 年第 13 期）

武汉城市旅游圈一体化模式研究

（摘要）

陆 杨 俞小江

一、武汉城市圈概况及城市旅游圈现状

1. 城市圈概况。大武汉城市圈，是指以武汉为中心，以100公里为半径的城市群落，包括武汉以及黄石、鄂州、孝感、黄冈、咸宁、仙桃、潜江、天门等8个中小城市，面积达6万平方千米，是湖北旅游产业的核心区。城市圈产业基础良好，交通、住宿等基础设施完备，游客集散能力强，基本能满足不同季节、不同层次游客的需要。

2. 武汉城市旅游圈的资源赋存现状。武汉城市圈旅游资源丰富、类型齐全，自然资源和人文景观交相辉映。武汉城市圈现有自然保护区14个，世界文化遗产1个，历史文化名城1个，全国重点文物保护单位25个，全国优秀旅游城市3个，风景名胜区国家级3个，区域内有5A级旅游景区1个，国家4A级景区8个，湖北省申报的中国历史文化名镇名村16个。

3. 武汉城市旅游圈的现状评价。

地理优势。湖北是处于我国旅游流的必经之地，也是我国旅游客源地之一。充分利用这一优势构成"武汉城市旅游圈"，建立城市圈旅游一体化系统，可以提高武汉城市旅游圈的旅游吸引力和竞争力。

地缘关系上的紧密性。以武汉为中心4小时旅程为半径的放射状旅游网络随着武汉城市圈间城际交通的迅速发展正在形成，随着高速公路的不断延伸和火车提速，这个网络覆盖的面积也将不断扩大。

武汉是城市旅游圈一体化的服务中心。武汉是中国少有的集铁路、水路、公路、航空、邮政、电信于一体的重要枢纽。武汉优越的区域地理位置，使其成为"武汉城市旅游圈"的核心，并使"武汉城市旅游圈"的形成成为可能。

武汉的旅游交通已呈专业化发展。武汉市已开通至韩国、日本、泰国、香港、澳门以及全国各大城市的空中航线近百条，列车及旅游专列数百车次，形成航空、铁路、水运、公路多渠道、多层次的立体交通体系。武汉市旅行社达到210家，形成网络化、规模化资本运作的发展态势。旅游饭店已逐步走向国际化、特色化，全市星级饭店达120家。

城市旅游圈存在的问题。武汉城市圈的旅游名片缺乏一个有生命力的旅游产品，这主要体现在规划滞后，旅游资源整合有待进一步加强；旅游基础设施投入不足，制约旅游业快速发展；各城市宣传促销力度不大，未能形成整体促销氛围；武汉城市旅游圈的旅游收入在全省经济中的地位尚未显现。

二、武汉城市旅游圈一体化的必然性

在现在旅游市场的激烈竞争中，要延长旅游产品的生命周期，实现旅游可持续发展，相邻城市应相互协调，突破行政界限，走和城市旅游合作发展之路，形成城市旅游圈一体化发展格局，丰富旅游内容，连点成线、连线成网，使旅游线路不断延长，避免旅游路线重复，增加旅游消费，提高旅游效益有利于旅游资源重组，促进各地在旅游开发、经营等方面取长补短，发挥整体优势，增强旅游圈整体竞争力，实现城市旅游圈一体化的可持续发展。

三、武汉城市旅游圈空间一体化模式的构建

武汉城市旅游圈在空间一体化上由以下五大部分构成。

1. 古文化之旅——三国文化之旅。城市旅游地的历史文化及文化遗产通常被认为是城市的重要旅游吸引物。随着城市遗产旅游的升温,城市历史文化旅游区将会吸引越来越多的旅游者。现代城市经济发展与遗产保护同等重要,但只有城市历史文化遗产被赋予经济功用,城市才能为其保护提供所需的资金。

在武汉城市旅游圈内可开发以三国文化为主的三国文化之旅。

线路主要景点有:古隆中、诸葛亮广场、襄阳古城、水镜庄荆州(古城、关庙)、赤壁古战场、明显陵、黄仙洞、鸳鸯溪等。

行程特色。湖北境内古三国遗迹丰富,而武当山、明显陵是湖北境内仅有的两处世界文化遗产,都与明朝皇帝有关,即明朝皇家道场、明朝皇陵。

2. 民族魅力之旅——清江土家民族风情之旅。城市内部与特定民族相关联的区域已被广泛用作旅游吸引物来进行旅游促销与市场宣传。这些少数民族各具特色的民族文化,为光辉灿烂的中华民族文化做出了不可磨灭的贡献。这些资源加以有效开发就能成为独特的城市民族旅游区。

线路主要景点有:车溪、丹水漂流、清江、清江小三峡、土家歌舞、鱼木寨、后河国家自然保护区、五峰柴埠溪大峡谷、梭布垭石林等。

行程特色。清江是土家族儿女的母亲河,不但风光秀丽,而且两岸土家族风情十分独特。长江上游有以恩施、利川市为中心的游览区,而下游有以宜昌长五峰土家自治县为中心的游览区。

3. 城市文化之旅——归元武当之旅。宗教旅游由于其特殊性,具有客源市场稳定、重游率高的特点。可以通过宗教活动带动为其服务的建筑业和宗教用品生产,以及为游客服务的行业,从而实现城市旅游业的增长。

线路主要景点有:归元寺、宝通禅寺、长春观、武当山。

行程特色。归元寺创建于清顺治十五年(1658),以建筑完美、雕塑绝妙、珍藏丰富而声震佛门。武当山的建筑是根据真武大帝修仙神话来安排布点的,并按照政权和神权相结合的意图来营建。

4. 山水风光之旅——山峡风光之旅。现代化的高速发展,城市高度工业化,大自然频遭污染,都使得山水风光之旅越来越受欢迎,客源也呈逐渐递增之势。

线路主要景点有:西陵峡、九畹溪、神农溪、巫峡、瞿塘峡、白帝城、灯影峡、大坝核心景区、毛公山。

行程特色。长江三峡是中国十大著名风景名胜之一,素有“山水画廊”美誉,以雄、秀、险的自然风光和深厚的文化底蕴名列中国旅游胜地四十佳之首。长江三峡大坝的修建更使长江三峡举世瞩目,吸引成千上万的中外游客来目睹其风采。三峡库区周边旅游景点十分集中,自然风光以溪流、幽谷见长,这是土家民俗、纤夫文化最为浓郁、保存最为完整的地区。

5. 商业休闲之旅———武汉商业街之旅。城市商业休闲作为城市旅游发展的一种重要空间在未来城市旅游发展中将越来越受到重视。

武汉现在主要的商业街有:江汉路步行街、武商武广世贸商业街、中南商圈、徐东商圈。

武汉都市旅游:以黄鹤楼为重点,实施两江、两山、四岸、四桥综合开发,形成“大滨江旅游区”;以东湖为核心,整合省博物馆、武汉植物园、地质大学博物馆等周边科教文化旅游资源,构建“大东湖旅游区”;推进以汉口为主体的文化商业街区建设,打造包括会议、展览、商务、购物在内的商务会展旅游中心;进一步开发木兰山、木兰湖、木兰天池等木兰系列景区,形成木兰生态旅游区。

四、武汉城市旅游圈营销一体化模式的构建

1. 整体旅游形象的建立。武汉城市旅游圈形象的塑造和定位应通过差别化战略,突出城市圈独有的地方文化,找出旅游形象本体,再围绕本体进行形象系统设计。

形象设计。在上述确定武汉城市旅游圈空间一体化的五大之旅后,应围绕这一主体去设计各个主题的旅游形象,并重点对各主体的视觉景观形象、视觉形象识别系统、其他感觉形象进行差异化、地方化设计;对游客感知形象即旅游服务行为形象和目的地居民形象进行设计;尤其是对武汉城市旅游圈形象空间结构的核心区域作好形象策划。

形象推广。建立武汉城市旅游圈整体形象是一个系统工程,需要旅游圈内各旅游行业的齐心协力。聚各城市之力,把主题形象传播、产品形象传播、企业形象传播有机地结合起来,让政府、部门、企业等各司其责,实施相应的配套措施。

2. 科学的积极的宣传促销。以提升城市旅游形象为目的,建立政府、企业联合的宣传促销机制。一是组织举办推介会、首游式、旅游文化节、旅游论坛等活动,构筑宣传促销平台。二是大力实施“走出去、请进来”宣传促销战略,积极参与省旅游局组织的各类宣传促销活动。三是不断完善旅游网站,精心编印旅游地图、旅游指南、旅游画册,制作旅游光碟。四是整合旅游资源,实现旅行社、星级饭店、景区、交通等宣传促销互动,达到“四个进入”,即旅游线路推介宣传品进大堂,宣传音像品进客房,旅游工艺品和土特产进商场,菜肴、风味小吃进餐厅。

3. 武汉城市旅游圈旅游营销资源的整合。一是成立武汉城市旅游圈联络协调委员会,每年在黄金周期间有目的的召开城市圈互动协调会议,制定相应统一的宣传促销方案,以最低的宣传促销成本,达到最佳的宣传促销效果。二是统一策划武汉城市旅游圈旅游线路、营销宣传,从而避免重复。三是在武汉建立城市旅游圈旅游超市,将旅游产品、工艺品、纪念品等统一展示供游客选择。四是策划以武汉为龙头的城市旅游圈旅游品牌形象,整体推介城市圈旅游产品。

(摘自《当代经济》2009 年 4 月〈上〉)

责任编辑　周建华
责任校对　孙明明

2009 年武汉城市圈大事记

一　月

1 日

湖北省人民政府正式印发武汉城市圈“两型社会”综合配套改革试验空间规划、产业发展规划、综合交通规划、社会事业规划、生态环境规划等 5 个专项规划。此举标志武汉城市圈“两型社会”综合配套改革试验 5 个专项规划实施工作全面启动。5 个专项规划的实施旨在使武汉城市圈试验区建设具有科学性、创新性、可行性和可操作性，是试验区建设的主要实施内容。

3 日

国家林业局和湖北省人民政府签订《合作建设武汉城市圈国家现代林业示范区备忘录》，双方合作将武汉城市圈建设成为全国首个国家现代林业示范区，总投资达 405 亿元。根据规划目标，至 2012 年，武汉城市圈林地总面积达 190 万公顷以上，森林覆盖率达 25%；城市圈内的高速公路以及河流两岸绿化率达 90% 以上；至 2020 年，林地面积达 210 万公顷以上，森林覆盖率达 30%；城市圈内的高速公路以及河流两岸绿化率达 95% 以上。

8 日

国家农业部与湖北省人民政府签署合作备忘录。双方达成共识，共建武汉城市圈现代农业综合试验区，以探索科技含量高、经济效益好、资源消耗低、环境污染少、各种资源得到充分利用的现代农业发展模式。至 2012 年，武汉城市圈初步建成适应现代农业发展要求的优势特色农产品生产基地，加速形成具有湖北特色的现代农业产业体系和板块经济。培育一批有实力、在全国有一定影响的农产品加工龙头企业和知名品牌。农产品质量安全水平稳步提升，农业生产实现由数量增长向质量效益同步提升转变。

12 日

湖北省人民政府与国家开发银行签署金融合作协议。根据协议，3 年内，国家开发银行将为武汉城市圈、鄂西生态文化旅游圈内重大基础设施、先进制造业、高新技术产业、生态保护和环境整治、民生等领域和重大项目建设提供 1 000亿元人民币的融资支持。

13 日

中共湖北省委副书记、湖北省人民政府省长李鸿忠在参加湖北省第十一届人民代表大会第二次会议作政府工作报告时指出，要加快武汉城市圈“两型社会”综合配套改革试验区建设和鄂西生态文化旅游圈建设，以武汉城市圈综合配套改革试验为契机，深入推进改革开放。以保障改善民生为出发点和落脚点，支持劳动密集型产业和非公有制经济发展，重视旅游文化和人文景观建设，为中小企业融资创造宽松环境，促进社会事业全面发展。

15 日

武汉市人民政府常务会议原则通过《2009 年武汉市“两型社会”建设综合配套改革试验工作计划》。此举标志武汉“两型社会”建设各项改革试验任务全面展开。该《工作计划》确定循环经济示范工程、重点污染源减排提速工程、湖泊水质提挡升级工程、污水收集处理系统工程、城市垃圾收集处理工程、绿色城市空间构建工程、农村生态清洁工程、“两型”产业发展对接工程、“两型社会”创建示范工程和改革试验引导助推工程等为 2009 年全力推进的 10 项重点工程。

16 日

《滠水河流域水污染防治及生态保护规划大纲》出台。该《规划》是湖北首部水流域环保规划。滠水全长 142 千米，流域面积2 317平方千米，横穿大悟县、红安县和黄陂区后流入长江，该流域是武汉城市圈 70 万人的饮用水源。规划重点保护饮用水源地、治理工业污染源和城镇污水，建设垃圾集中处理设施等。

19 日

中共湖北省委书记罗清泉在湖北省第十一届人民代表大会第二次会议上指出，要积极、科学地应对国际金融危机挑战，促进全省经济社会平稳较快发展，认真贯彻落实中央关于扩大内需、促进经济增长的决策部署，积极推进武汉城市圈“两型社会”建设，努力在转变发展方式上取得新进展，不断在深化改革开放上迈出新步伐。

21 日

武汉市社会科学院发布武汉城市圈蓝皮书报告。该报告首次采用经济发展、资源节约、环境友好、科技创新、社会进步等指数评价体系，对城市圈各城市综合配套改革试验打分，武汉市在经济发展、科技创新、社会进步等方面排名首位。综合排名依次为武汉市、仙桃市、天门市、鄂州市、黄石市、孝感市、潜江市、咸宁市和黄冈市。

二　月

3 日

武汉城市圈综合配套改革试验三年行动计划出炉。计划内容涉及武汉城市圈的 20 个改革专项的 38 项改革内容。按照行动计划安排 2008 年～2010 年，圈域内主要改革试验集中在资源节约、环境保护、科技创新、产业结构优化升级、统筹城乡发展、节约集约用地、财税金融、对内对外开放和行政管理等九大重点领域和关键环节。

4 日

国家旅游局正式公布新一批国家级 4A 级旅游景区名单。武汉城市圈域内的黄冈市红安黄麻起义和鄂豫皖苏区革命烈士陵园、黄冈市浠水三角山旅游风景区、孝感市天紫湖生态度假区、孝感市孝昌观音湖旅游度假区、荆门市绿林山风景区榜上有名。

6日

武汉城市圈稀有血型志愿者建立共同救助体系。根据计划，城市圈稀有血型捐献者将建立一个信息平台，及时了解各地血库的稀有血型库存情况，壮大捐献队伍，有效保证圈域内用血需求。

9日

《湖北省武汉城市圈发展促进条例》（暂名）列入湖北省人大常委会2009年度立法计划。该《条例》从宏观上、战略上为“两型社会”建设提供法律指引，为其他单项法的制定在立法原则、立法程序、立法技术等方面提供指导。

△湖北省人民政府召开全省血吸虫防治工作会议。省长李鸿忠在会议上代表湖北省人民政府与武汉、黄石、孝感、黄冈、咸宁、潜江、仙桃等市人民政府签订《血吸虫防治工作目标责任书》。

10日

△湖北省推进武汉城市圈综合配套改革试验领导小组发文，批准广水市为武汉城市圈观察员。广水市继洪湖市、京山市之后成为第三个武汉城市圈观察员，可比照武汉城市圈成员单位享受相关政策待遇、参加湖北省推进武汉城市圈综合配套改革小组会议和武汉城市圈有关协作互动等活动。

△湖北省人民政府与国家交通运输部联合发文批复《武汉新港总体规划》。《规划》确定了第一批16个启动项目和未来5年的42个建设项目。

11日

湖北省推进武汉城市圈综合配套改革试验领导小组第三次会议召开。会议强调，武汉城市圈改革试验工作要以深入贯彻落实科学发展观为红线，高举改革试验旗帜，力争2009年在体制机制上取得新突破，在全国形成影响。

18日

武汉新港规划建设领导小组第三次会议召开。会议宣布《武汉新港总体规划》获国家交通部批复。2009年将再次投资50亿元以上，全面开始建设码头、临港产业、物流园区和配套基础设施。

19日

武汉城市圈打击预防职务犯罪工作协作机制基本建立。武汉城市圈检察机关达成共识，实现信息共享，准确掌握执法尺度，保障9城市检察机关在法律适用上的统一，平等保护各类市场主体的合法权益。同时，加快建立信息交流机制，实现信息资源对接互通，定期就办案中的协作问题开展沟通。在办案协查、联合追逃、警务保障等方面，强化协同。

20日

武汉城市圈首次创名牌联席会议召开。武汉城市圈9个城市工商业联合会及相关驻武汉办事处负责人表示，定期交流互访，联手培育名牌企业，促进武汉城市圈经济影响力。

24日

湖北省人民政府与中华全国供销合作总社共同签署《推进新农村现代流通网络工程建设合作备忘录》。双方通过发挥政策、资金、经营和区位等优势，在农业生产资料经营服务、农产品交易市场、棉花产业化经营、循环经济工业园区以及日用消费品配送中心等方面合作，把武汉城市圈建设成为新网工程示范区。

28日

△中共湖北省委办公厅、湖北省人民政府办公厅转发《省纪委、省监察厅关于构建武汉城市圈“两型社会”建设综合配套改革试验区腐败风险防控体系的意见》。该《意见》是中国首个“两型社会”建设“量身订做”的腐败风险防控体系。《意见》强调建立健全以践行科学发展观为重点内容的教育引导机制；鼓励改革创新、支持干事创业的保护激励机制；及时发现和有效防范的腐败风险监控预警机制；公共管理和市场竞争中确保权力正确行使的监督制约机制；有效揭露腐败行为的惩治机制；武汉城市圈纪检监察机关密切协作、共同发展区域合作机制等6大支撑机制。

△中共湖北省委、湖北省人民政府提出构建鄂西生态文化旅游圈战略。至此，湖北省形成以武汉为龙头、长江经济带为主轴、武汉城市圈和鄂西生态文化旅游圈为两轮的“一带两圈、双轮驱动”的区域发展新格局。

三　月

1日

武汉城市圈电信资费新方案正式实施。中国移动通信集团公司、中国联合网络通信集团有限公司、中国电信集团公司、中国铁通集团有限公司等运营商统一规定：城市圈域内的固定和移动用户，在交纳8元～12元的月功能费后，在圈内9市之间进行长途或漫游通话，每分钟收取0.2元/分钟～0.4元/分钟的话费（取消原叠加的本地电话接入费）。被叫方（包括漫游）则完全免费。

2日

△中共武汉市委、武汉市人民政府召开推进“两型社会”建设综合配套改革试验工作大会。会议围绕推进体制机制创新、加快“两型”产业发展、建设“两型”示范项目等3个方面提出目标任务。会议印发《2009年武汉市资源节约型和环境友好型社会建设综合配套改革试验工作意见》。2009年武汉市在金融、土地、环境保护、行政管理等重点领域实施一批改革事项，同时策划推进一批重大产业项目和基础设施项目，并在循环经济、节能减排、水生态整治等领域建成一批示范工程。中共湖北省委副书记、武汉市委书记杨松在会议上要求，全市上下要增强责任感、使命感和紧迫感，尽快在重点领域和相关环节上取得突破性进展。

△“两型社会”与妇女发展论坛在武汉举行。武汉城市圈域9个城市妇联主席共同签署《武汉城市圈妇女组织交流合作框架协议》。从加强参政议政、经贸交流、权益保护、人才培养、环境生态等5个方面加强广泛交流和合作，推动和促进武汉城市圈“两型社会”建设。

△武汉市人民政府常务会议原则通过《武汉市住房公积金管理条例（草案）》，《条例（草案）》提出武汉城市圈推行公积金跨域通贷服务，公积金中心可以按照平等、互惠原则，与武汉城市圈及其他城市公积金管理中心签订合作协议，为双方职工异地购买、建造、翻修、大修自住住房提供服务。

3日

全国政协委员、湖北省政协主席宋育英等驻鄂全国政协委员向全国政协提交《呼吁国家进一步支持解决武汉城市圈“两型社会”综合配套改革试验区建设的有关问题》的联名提案。《提案》提出武汉城市圈“两型社会”综合配套改革试验区建设，需要中央政府在支持武汉城市圈设立以循环经济为特色的国家级高新技术开发区、加大对土地利用改革的支持力度、支持批准设立循环经济产业投资基金、支持在武汉城市圈设立综合保税区、支持在武汉城市圈设立产业转移示范区等5个方面给予大力支持。

5日

由武汉市建筑节能办公室编制的湖北省地方标准《武汉城市圈居住建筑节能设计标准》征求意见稿正式出台。该《标准》规定武汉城市圈居住建筑节能标准由当前的50%提升到65%。

6日

武汉城市圈法律援助工作协作机制正式运行。是日起,符合法律援助条件的申请人可以从城市圈内任一法律援助机构得到无偿的法律咨询和服务。此举标志着武汉城市圈内超过300万困难群众和外出务工人员,遇到困难维权更加便利。

7日

△湖北省人民政府与国家科学技术部在北京签订关于推进武汉城市圈"两型社会"建设综合配套改革试验工作战略合作协议。双方约定,在推进武汉城市圈科技体制机制创新、创新体系建设、新农村建设与现代农业发展、依靠自主创新加快经济发展方式转变和产业结构调整、依靠自主创新应对金融危机5个方面加强合作,以更好地发挥科技在推动武汉城市圈"两型社会"建设中的作用。

△湖北省人民政府与国家商务部在北京签署共建武汉城市圈"两型社会"试验区开放型经济合作备忘录。根据合作协议,双方将通过共同推进承接产业转移、引导外资投向试验区、引进高新技术和先进技术改造提升传统产业、扶持加工贸易发展、加强园区基础建设,加快试验区新型工业化进程;通过大力承接服务外包、积极开展国际工程承包与劳务合作,加快服务业对外开放;通过扩大特色农产品出口、继续办好"武汉国际机电产品博览会"和"中国食品博览会",提高出口产品的流通效率,进一步提升试验区外向型经济水平。

△全国政协委员、政协武汉市委员会主席叶金生在全国政协第十一届委员会第二次会议上作题为《构建绿色工业体系是加快"两型社会"建设当务之急》的发言,建议加快构建以循环经济为基础的科技含量高、能源消耗少、生态化、零排放、资源循环利用、可持续、低投入高产出的绿色工业体系。

8日

△武汉城市圈城际铁路本月开建。按照湖北省编制的《武汉城市圈城际铁路网规划(2008—2030年)》,项目总投资预计达500亿元。4条城际铁路分别是武汉—孝感、武汉—鄂州、鄂州—黄石、鄂州—黄冈。武汉城市圈城际铁路以武汉为核心,规划总里程1 070公里,时速250公里。建成后,武汉与周边城市之间均可在30分钟内到达。

△武汉知识产权局消息,2009年,武汉城市圈着力打造知识产权投诉服务、专利信息利用、专利技术交易和教育培训等信息平台。武汉城市圈内企业有望实现知识产权信息服务和举报援助共享。设在武汉市知识产权局的国家专利技术武汉展示交易中心将开展以武汉城市圈为重要对象的专利项目信息、投资信息资源和专利技术转化服务。同时,武汉城市圈知识产权培训师资库年内基本建成。

9日

△湖北省人民政府与中国银行业监督管理委员会在北京举行战略合作座谈会。中国银监会主席刘明康与中共湖北省委书记罗清泉在会上表示,双方将以支持武汉城市圈"两型社会"综合配套改革试验区建设为契机,加快推进与湖北建立战略合作机制,在武汉区域金融中心建设、金融创新、金融机构设置等方面加强合作,推动武汉城市圈金融业的发展。

△中国农业银行股份有限公司董事长项俊波在北京与武汉市人民政府市长阮成发会商时表示,2009年,中国农业银行对武汉"两型社会"建设授信1 000亿元人民币,在武汉市开发新高端客户和放大存量高端客户300多个,其中重点企业和项目包括天兴洲道桥、土地储备、武广高速、武汉钢铁(集团)公司、富士康集团武汉公司基地建设等。

10日

湖北省人民政府与国务院国有资产监督管理委员会,就共同推动武汉城市圈"两型社会"建设和国有企业改革发展签署合作协议。双方约定,继续加大武汉城市圈中央企业改革发展的力度,支持中央企业与湖北地方国有企业实现联合重组,共同解决国有企业改革发展中的实际困难和问题,促进中央企业和湖北经济共同发展。

11日

湖北省人民政府与国家教育部共建武汉城市圈教育综合改革国家试验区领导小组第一次会议在北京召开。会议决定国家教育部与湖北省人民政府建立年度会商机制,在义务教育均衡、职业教育统筹、高等教育质量提高、教育资源共享4大工程方面进行合作共建。

12日

△湖北省人民政府与国家人力资源和社会保障部在北京就共同推进武汉城市圈"两型社会"综合配套改革试验区建设签署合作备忘录。双方约定,围绕人力资源的引进开发与社会保障工作的改革创新,在创新人才开发与配置的体制机制、加强人才队伍建设,完善就业服务体系、扩大就业再就业,健全社会保险体系、实现社会保障全覆盖等方面加强合作。

△湖北省人民政府与国家人口计划生育委员会在北京就共建武汉城市圈统筹解决人口问题试验区签署合作协议。根据协议,双方将大力推进武汉城市圈人口信息建设一体化、计划生育利益导向政策一体化、计划生育优质服务一体化、流动人口服务管理一体化,使武汉城市圈率先在中部地区实现人口管理现代化,实现低生育水平的稳定和人口问题的统筹解决,为促进中部地区崛起和全国统筹解决人口问题创造经验。

△湖北省人民政府与国家测绘局在北京就武汉城市圈"两型社会"建设测绘保障服务签署合作协议。协议约定,双方将以推进武汉城市圈内数字城市地理空间框架建设和新农村测绘保障服务为重点,加大地理信息资源开发与利用力度,推进地理信息公共平台建设,建立并完善地理信息共享应用机制,推进地理信息数据、成果在武汉城市圈内的应用。国家测绘局在实施相关试点和项目时,优先对武汉城市圈内的航空航天遥感数据获取、中小比例尺数字地型图更新、地理信息平台搭建等方面给予政策、技术和资金支持。

13日

湖北省人民政府与中国建设银行股份有限公司签署战略合作备忘录。备忘录约定,2010年~2013年,建设银行将向湖北省交通、汽车、钢铁、水利、民生、"两型社会"项目、新能源项目和中小企业,提供1 800亿元人民币的信贷支持。

16日

湖北省工商行政管理局工作座谈会在武汉召开,会议决定在武汉城市圈建立消费纠纷异地调解协作网络,此举标志消费者在武汉城市圈内拥有了统一的消费维权平台和调解网络。

17日

△武汉城市圈最大工业基地——武汉港工业园正式启动。该工业园地处鄂州市,毗邻武汉新港,规划用地400公顷,总投资75亿元人民币。工业园区主

要发展装备制造、机车配套、船舶配套、生物医药、信息安全、农业机械、节能环保、新能源等8大产业。

△湖北省人民政府常务会议审议并原则通过《关于促进武汉城市圈投资增长的若干意见(送审稿)》。该《意见(送审稿)》提出,武汉城市圈投资工作要更新理念,转变增长方式、从注重增长速度向提升投资层次转变,从注重单个项目建设向延伸产业链、发展产业集群转变、从传统的各自发展向整合资源、推进一体化转变。

18日

中共湖北省委办公厅、湖北省人民政府办公厅印发《关于支持武汉城市圈"两型社会"建设人才政策意见》。根据该《意见》,全省将分层、分类开设"两型社会"专题研究班,用3年时间把城市圈县以上党政领导干部轮训一遍,培训将依托高等院校或培训机构,内容涵盖交通、能源、现代农业、科技、环境保护、物流、城乡统筹等方面,《意见》同时提出开展武汉城市圈紧缺人才调查摸底。

20日

由武汉地方志编纂委员会办公室主编,黄石、孝感、咸宁、鄂州、仙桃、潜江、天门等8个市地方志办公室协编,武汉出版社出版的首卷《武汉城市圈年鉴》(2008卷)正式出版。

22日

武汉至孝感、黄冈、黄石、咸宁4条武汉城市圈城际铁路建设启动仪式在江夏区流芳火车站举行。4条铁路总长314千米,除去共线段和已有段,实际新建281.1千米。建设总投资450亿元人民币,该项目由国家铁道部和湖北省共同出资。4条铁路全部为客运专线,设计运行时速为200千米以上,建成后,武汉市与4个城市的铁路行程均在20分钟~30分钟以内。

25日

国家环境保护部部长周生贤在武汉考察时表示,国家环境保护部将从8个方面大力支持湖北武汉环境保护发展,环境保护试点示范项目优先放在武汉城市圈"两型社会"建设综合配套改革试验区先行先试,并对环境友好型项目开辟绿色通道。8大举措为:支持湖北先行先试涉及环保体制机制改革的重大环境经济政策和措施;支持武汉城市圈"碧水工程"及创模工作;支持大东湖水网建设;支持环境影响评价工作,继续作为全国规划环评的试点;支持环保基础设施建设,包括污水处理厂和农村面源污染控制设施;支持水污染治理技术研发;支持农村环境保护工作;支持环保执法和监测能力建设。

26日

湖北省人民政府与IBM公司(国际商业机器公司)在北京签署关于加速发展现代服务业与社会信息化推进武汉城市圈"两型社会"建设战略合作备忘录。根据战略备忘录,IBM公司将在发展湖北省现代服务业,促进城市圈产业调整升级;推进湖北省信息化建设,促进城市圈一体化建设等方面与湖北省开展合作。

27日

湖北省人民政府与国家环境保护部就共同推进武汉城市圈"两型社会"建设签署合作协议。根据协议,双方将努力探索一条低投入、高产出,低消耗、少排放、能循环、可持续的城市群发展道路,为湖北实施中部崛起战略奠定坚实基础。

四　月

2日

湖北省高新技术发展促进中心联合武汉科技担保公司提出武汉城市圈科技创业企业贷款担保体系建设方案。该贷款担保体系由城市圈相关企业孵化器共同组成,贷款担保基金委托武汉科技担保有限公司管理。基金专为武汉城市圈内的创业中心,孵化器、高新技术开发区内的在孵及毕业的科技企业、关键技术领域的重点企业,以及技术型高新技术企业和项目提供担保。方案设立首期规模为500万元人民币的贷款担保基金,解决制约科技型中小企业发展的资金短缺瓶颈问题。

7日

湖北省人民政府与国家食品药品监督管理局就共建武汉城市圈食品药品安全示范区签署合作备忘录。根据约定,双方将充分发挥武汉城市圈"两型社会"综合配套改革试验区先行先试的优势,在探索食品药品安全监管新体制,健全食品药品安全监管网络、加快技术支撑体系建设、加快食品药品监管基础设施建设、大力推进监管信息化建设、加强监管人才队伍和执业药师人才队伍建设等方面加强合作,使湖北省食品药品监管工作走在中西部前列,成为全国食品药品安全示范区。

9日

△湖北(武汉)院士咨询服务中心成立。该中心由中国工程院和湖北省共同设立,是中国工程院在中部地区设立的首个咨询服务中心。其主要职能是接受政府和有关部门委托,充分发挥在鄂院士的作用,对湖北武汉经济建设、社会发展中的重大科技问题、战略规划等提供咨询与评估;为湖北武汉重大建设工程及企业技术创新提供咨询;承担或参与"两型社会"建设方面的科研课题论证;承担与湖北武汉发展相关的具有战略性、综合性的咨询研究项目;促进湖北武汉工程技术的研究、发展和应用等。

△湖北省人民政府与国务院法制办公室就共同推进湖北省法治政府建设和武汉城市圈"两型社会"建设签署合作协议。根据协议,双方将在共同研究制定法治政府建设的指标体系、推进武汉城市圈"两型社会"建设体制机制创新,在武汉城市圈开展行政复议委员会改革试点和相对集中行政许可权试点、开展建设法治政府理论研究等方面加强合作,争取使湖北省如期实现建设法治政府的目标、武汉城市圈提前实现建设法治政府的目标。

△湖北省人民政府召开武汉城市圈"两型社会"建设综合改革试验宣传工作协调会议。会议要求武汉城市圈要深入持久、扎实有效地做好试验区宣传工作,为改革试验提供强大智力支持和良好舆论环境。

10日

中国工程院与湖北省人民政府合作委员会和武汉城市圈"两型社会"建设专家指导委员会成立暨第一次会议在武汉召开。中共湖北省委书记罗清泉在会议上讲话时强调,中国工程院与湖北省人民政府合作委员会、武汉城市圈"两型社会"建设专家指导委员会的成立是湖北省的一件大事,对帮助省委、省政府科学决策、民主决策,对顺利推进武汉城市圈"两型社会"建设,对促进湖北省经济社会又好又快发展具有重大而又深远的意义。

17日

武汉城市圈实现机动车安全检验及签发《检验合格标志》一体化。圈域内城市车辆可异地办理机动车安全检验业务,建立互联网服务平台,实现网上申请、预约、选号。是日起,高速公路交通违法罚单可异地处理。

23日

湖北省人民政府与兴业银行股份有限公司签署合作协议。兴业银行自2009年~2011年向湖北省交通、汽车、钢铁、民生、“两型社会”项目等提供总额500亿元人民币的信贷支持。

25日~30日

全国政协副主席郑万通率全国政协常委视察团来湖北武汉，专题视察武汉城市圈“两型社会”综合配套改革试验区建设情况。郑万通在视察时指出，“两型社会”建设是深入贯彻落实科学发展观的重大战略步骤，与中央应对危机的方针政策并行不悖且相互促进，湖北将推进“两型社会”建设与应对国际金融危机紧密结合起来，成绩显著，令人感到鼓舞和振奋。

28日

湖北省人民政府召开新闻发布会，通报武汉城市圈最新进展，并宣布“两型社会”综合配套改革试验2009年全面启动。武汉城市圈综合配套改革试验总体方案获国务院批复以来，湖北省已研究和编制了5个专项规划、6个配套政策性文件、5个重点工作方案、3年行动计划、1个重大项目清单，初步形成了与总体方案相适应的具体实施框架体系。

29日

湖北省人民政府和中国人民银行在武汉签署支持武汉城市圈“两型社会”综合配套改革试验区金融创新与发展合作协议。根据该协议，中国人民银行将高度关注武汉城市圈“两型社会”建设中的信贷需求，积极探索适应“两型社会”建设的绿色信贷模式，大力支持节能减排、环境保护、高新技术、文化创意、旅游休闲产业发展，促进经济发展方式转变和协调发展。

30日

中共湖北省委召开党外人士双月座谈会，通报武汉城市圈“两型社会”建设情况，并诚恳征求各民主党派、湖北省工商业联合会、无党派人士、湖北省人民政府参事、湖北省文史研究馆馆员的意见和建议。

五　月

4日

湖北省人民政府和中国保险监督管理委员会在武汉签署推进武汉城市圈“两型社会”建设合作备忘录。双方约定将围绕保险支持武汉城市圈“两型社会”建设的理论研究，努力提高保险业服务“两型社会”建设的能力，支持武汉城市圈保险产品和服务创新，支持保险机构将保险资金运用于武汉城市圈符合节约资源、保护环境要求的优质重点项目，加强和改善保险监管、有效防范和化解武汉城市圈保险市场风险等内容加强合作。

5日~9日

首届湖北武汉·城市管理(执法)研讨会召开。武汉市、黄石市、鄂州市、孝感市、黄冈市、咸宁市、仙桃市、潜江市、天门市等18个城市的代表参加了研讨会。与会代表就国际金融危机下，建立“两型社会”，构建和谐城市管理的对策措施进行研讨。会议提出，建立城市管理法规政策协调联动机制，建立城市管理执法骨干交流培训制度，建立城市管理统一的文明执法规范。建立城市管理执法通报制度，建立城市管理信息互享制度，实现优势互补和联动发展，促进区域经济可持续发展。研讨会上，与会代表共同发表了内容为实施科学发展，建设和谐城管；坚持依法行政，建设法治城管；践行服务宗旨，建设效能城管；加强队伍管理，建设责任城管；树立民本理念，建设诚信城管的《武汉宣言》。

6日

新华社播发题为《破除藩篱堡垒 建设“两型社会”》的长篇通讯，对武汉城市圈资源节约型和环境友好型社会建设综合配套改革试验先试先行成果进行报道。报道指出，武汉城市圈作为中国第一个“两型社会”建设试验区，一年来先试先行，撤除区划藩篱，打破经济壁垒，大力推进基础设施、产业布局、区域市场、城乡建设、环境保护“五个一体化”，产业格局和经济结构向资源节约和环境友好的“两型化”目标调整，并对圈域内金融、能源、土地等九大体制机制进行大胆创新，积极探索经济增长新模式，构建循环经济发展体系。群众切实感受到改革试验带来的可喜变化，参与共建的意识不断加强。

10日

由中国地质大学(武汉)举办的“两型社会”建设体制机制创新全国学术研讨会召开。与会专家学者就“两型社会”建设体制机制创新问题，提出必须通过多元方法、多种手段共同“发力”来解决武汉城市圈的改革试验所面临的发展难题。

12日

湖北省人民政府印发《关于促进武汉城市圈投资增长的若干意见》。《意见》提出扩大普通商品房、经济适用房和廉租房建设规模，加大城市圈民生领域、基础设施领域和现代服务业投资力度等15项举措推动武汉城市圈投资增长。此外，《意见》提出除国家法律、法规及湖北省另有明确规定的外，省级与投资项目有关的审批权限，均下放给城市圈市、县人民政府；国家拟放在湖北省试点或开展省级试点的项目，可在城市圈进行的，优先安排；建立城市圈一体化招商引资平台等措施。

15日

中共湖北省委副书记、武汉市委书记杨松在华中师范大学作关于“两型社会”建设的形势报告。杨松在报告中指出，要大力推进武汉城市圈“两型社会”综合配套改革试验区建设，努力先行先试，加快探索武汉城市圈发展新路子，要树立先行先试的思想观念和精神状态，充分利用好国家级试验区这个金字招牌，走出一条有别于传统模式的路子，并抓好体制机制的改革创新，力争在一些重点领域和关键环节率先突破。

16日

由全国人大常委会委员、环境与资源保护委员会副主任委员倪岳峰率全国人大环境与资源保护委员会调研组来武汉专题调研武汉城市圈湖网生态建设情况。调研组在调研时指出，要综合运用法律手段、技术手段和市场手段，全力推进城市圈湖网水生态保护与修复工程，推进武汉城市圈“两型社会”综合配套改革建设。

17日

2009首届武汉城市圈企业发展论坛在武汉召开。本届论坛主题为“绿色经济与产业结构升级”。与会代表提出以转变发展方式为核心，率先在优化结构、自主创新、节能减排上见到新成效；以改革开放为动力，率先在重要领域和关键环节实现新突破；以推进“五个一体化”为抓手，率先在区域和城乡协调发展上迈出新步伐；以实现经济社会又好又快发展为目的，率先在推进科学发展、和谐发展上取得新进展的具体举措。

18日

△湖北省林业局和黄石市人民政府

签订合作备忘录。根据双方约定,在未来5年内,黄石市将以22个项目为载体,投入5亿元建设武汉城市圈现代林业示范区。

△湖北省古籍保护暨文化共享工程建设工作会议召开,武汉城市圈9个城市文化局和图书馆的负责人在会上签订《武汉城市圈公共图书馆联盟承诺书》。从2009年6月1日起,武汉城市圈的公共图书将可以实现通阅。

24日

湖北城际铁路有限责任公司正式成立。该公司由武汉铁路局和湖北省联合铁路投资有限公司分别代表国家铁道部、湖北省人民政府共同出资组建,其主要职能是负责管辖湖北城际铁路及相关专用线。

26日

《武汉城市圈改革试验促进条例(草案)》提交湖北省十一届人大常委会第十次会议审议。该条例(草案)由湖北省发展和改革委员会会同湖北省人民政府法制办公室等部门起草,并经湖北省人民政府常务会议审议通过。《条例(草案)》共分29条,在资源节约、环境保护、科技引领和支撑"两型社会"建设、产业结构优化升级,统筹城乡发展、节约集约用地等9个体制机制创新方面进行了制度设计。

27日

武汉城市圈人才工作会议在孝感召开,会议要求,省直有关职能部门和圈域内各市要深入分析武汉城市圈人才开发的特点和现状,深入研究"两型社会"建设对人才提出的迫切要求,深入探讨武汉城市圈人才共建共享的新体制和新机制,切实为"两型社会"建设提供有力的人才保证和智力支持。

六　　月

2日

△首届武汉城市圈现代林业发展论坛在武汉举行。城市圈域内9个城市的林业部门围绕"两型社会与现代林业"主题,分别从国家森林城市建设、"两型"林业建设、林业节能减排等方面进行了研讨。华中师范大学教授刘祥胜、华中农业大学教授陈龙清分别作了题为《武汉城市圈现代林业政府合作协调机制探讨》、《两型社会建设与城市林业发展》的学术报告。

△武汉城市圈各环境监测站对圈域内湖泊、河流水质"月报制"正式启动。城市圈域内重要湖泊和河流实施每月一测、每月一报,监测结果对社会公布。各城市的水环境质量信息共享。水质月报的监测点位共有159个,涉及河流和大型湖库,其中包括汉江、东荆河、举水、倒水、府河、滠水等18条长江支流,以及梁子湖、汤逊湖、涨渡湖、东湖、南湖等36个湖库。水质监测的指标项目共24项,包括化学需氧量(COD)、溶解氧、氨氮、总磷、重金属、PH值等。

9日

交通银行湖北省分行与黄石市人民政府签订合作协议。根据协议2009年~2011年内,交通银行湖北省分行向黄石市提供100亿元人民币的信贷支持,主要用于黄石市的"1+8"城市圈配套项目、重点产业集群、中小企业及城乡大型基础设施建设。

10日

武汉城市圈首部流域保护规划《滠水流域水污染综合整治规划》正式出台。规划确定在沿线实施87个环境保护项目,重点治理城镇水污染、工业污染、农村面源污染3大污染源。

12日

武汉城市圈工会维护农民工合法权益联盟第三次全体(扩大)会议召开。会议提出,城市圈各级工会组织共同维护农民工合法权益、建立维护长效机制,依托武汉市总工会,带动城市圈域内维权工作的整体联动。

15日

△湖北省人民政府与上海浦东发展银行股份有限公司签署战略合作协议。根据协议,上海浦东发展银行股份有限公司在2009年~2011年内,为湖北省基础设施建设、重点支柱产业、"两型社会"建设重大项目和中小企业等提供总额达600亿元人民币的信贷支持。

△湖北省发展和改革委员会召开武汉城市圈9市推进综合配套改革试验工作交流座谈会。会议总结了2009年上半年武汉城市圈综合配套改革试验进展情况,城市圈域内各城市和有关部门推进改革试验工作的经验做法,研究提出深入推进综合配套改革试验工作的意见和建议。

16日

武汉城市圈党校"两型社会"建设理论研讨会在咸宁市召开。与会专家提出,加大制度创新力度,承接产业转移,加快产业集群建设,大力发展循环经济,推进资源节约型和环境友好型社会的建设。

18日

△武汉城市圈"两型社会"建设综合配套改革试验区宣传工作汇报会在武汉召开。会议要求,武汉城市圈"两型社会"建设的宣传要进一步明确责任,强化措施,创新工作机制,加大深度和力度。要通过大型公益广告、高层论坛、宣讲报告、媒体专栏等多种形式,使"两型社会"发展理念深入人心。

△湖北省人民政府出台《武汉城市圈产业双向转移优化发展实施方案》。根据《方案》,武汉市将纺织服装、化工、建材、食品饮料等传统产业生产加工基地逐步向周边城市开发区集中转移,大力发展现代服务业、高新技术产业、先进制造业和总部经济等高端产业;周边城市的企业总部、研发、营销机构落户武汉,实现集约化和集群式发展。

20日

湖北省林业局与孝感市人民政府签署合作推进武汉城市圈现代林业示范区建设备忘录。双方协议,共同实施退耕还林、长江防护林、林业血防林、生态公益林建设等林业重点工程,开展村庄绿化、农田林网、绿色通道建设,加强林业生态建设,加强林业基础设施建设。

23日

湖北省人民政府与中国地震局就共同推进武汉城市圈防震减灾体系建设签署合作协议。根据协议,中国地震局将武汉城市圈项目列入国家地震安全计划,为武汉城市圈大规模建设提供科学依据,进一步完善建设工程抗震设防监管机制、探索地震科研成果为社会服务的体制机制、从支持地震灾害紧急救援队伍建设等5个方面加强与湖北的合作。

24日

国家发展和改革委员会正式批准武汉市为全国首个综合交通枢纽研究试点城市。5年内,武汉市铁路、航空、轨道交通项目总投资达3 390亿元,占武汉基础设施项目投资总额的65.8%。此举将促进武汉交通优势地位的进一步提升,增强城市的综合竞争优势。

28日

武汉水资源发展投资有限公司正式

挂牌。此举标志着"大东湖"生态水网构建工程项目进入全面建设时期。揭牌仪式上,武汉水资源发展投资有限公司与中国农业银行、中国建设银行、国家开发银行、中国交通银行、招商银行、中国民生银行、中信银行、汉口银行等 8 个银行签署战略合作框架协议,获得授信 148 亿元人民币。

29 日

△湖北日报报业集团与华中科技大学新闻与信息传播学院共同举办的"武汉城市圈博士采访行"活动启动。采访团从武汉出发,依次到武汉城市圈的 9 个城市采访、调查,重点考察各地开发区的发展及其在城市圈范围内相互承接、相互促进的情况,采写的稿件在《湖北日报》开辟"武汉城市圈博士采访行"专栏刊发。

△湖北省人大常委会召开《武汉城市圈改革试验促进条例(草案)》专家座谈会。会议提出,要把中共中央的批复和中共湖北省委、湖北省人民政府的文件要求上升到法律层面,走出一条有别于传统模式的工业化、城市化、农业现代化发展之路,要在《条例》中明确武汉城市圈建设的组织机构、法律授权、共建机制等问题。

30 日

武汉市人民检察院召开武汉城市圈共建职务犯罪防控体系联席会。会议确定,城市圈各级检察机关共同构建职务犯罪防控体系,主要内容为:预防和打击职务犯罪联席会议机制、重点工程项目职务犯罪预防区域合作机制、跨区域监督检查的联动制度,以及职务犯罪预防信息资源共享机制等。

七　月

4 日

武汉城市圈内 7 所部属高等学校与 18 所省属高等学校在武汉签订合作协议。根据协议,7 所部属高等学校将与定点支持的省属高等学校在科研、人才培养、教学资源等方面进行合作与共享,通过建立对口支持合作机制,统筹武汉城市圈高等教育资源,优化高等教育结构,充分发挥部属高等学校的比较优势,整体提升湖北省高等教育的办学实力和水平。

6 日 ~8 日

优化武汉城市圈旅游业一体化政策法制环境专题座谈会在咸宁市通山县举行。武汉城市圈各市政协的社会和法制委员会的代表参加了会议。会议要求,武汉城市圈各市政协的社会和法制委员会要围绕中共湖北省委、湖北省人民政府有关要求和部署,开展调查研究,尽快修订、完善和出台相关的政策、法规,进一步优化城市圈旅游业发展的政策法制环境。

6 日

中共湖北省委书记、湖北省人大常委会主任罗清泉在武汉会见共青团中央第一书记陆昊,双方围绕促进武汉城市圈青年就业创业工作进行了会谈。双方签署《共青团中央与湖北省共同推进武汉城市圈青年就业创业工作合作备忘录》。其具体内容和项目是发挥武汉城市圈政策和产业优势,积极挖掘就业岗位,拓宽青年就业门路;扩大湖北省青年创业就业基金规模,促进青年就业创业工作事业发展;面向进城务工青年开展订单式培训,提高青年就业创业技能;组织就业指导、创业辅导报告团,提高青年求职技巧等。

7 日

中共湖北省纪律检查委员会出台《关于纪检监察机关在武汉城市圈"两型社会"建设中保护与支持党员干部干事创业的若干意见》。《意见》要求,坚持注重实绩、宽容失误、宽严相济的原则,完善与之配套的教育引导制度、腐败风险提醒制度、信访核查反馈制度、监督约束制度、勤廉兼优奖励制度,同时,试行案件助辩制度和受处分党员干部回访帮扶制度。

16 日

黄冈市在武汉举行化工产业园招商推介活动。现场签订 15 个项目,投资总额 19.88 亿元人民币。其中,武汉有机实业有限公司项目协议投资 4 亿元,武汉远大制药集团股份有限公司项目协议投资 7 亿元。

17 日

中国工商银行湖北省分行与湖北省联合发展投资有限公司签订战略合作协议。双方协议支持湖北省联合发展投资有限公司在武汉城市圈内进行"两型"建设基础设施项目并购,中国工商银行湖北省分行给予该公司总授信 320 亿元,首期提供 5 亿元并购贷款,支持该公司对汉(口)洪(湖),汉(口)新(洲)、青(菱)郑(店)等 3 条武汉高速出城公路进行股权收购。

23 日

湖北省人民政府成立武汉城市圈食品药品安全示范区建设工作领导小组。该领导小组旨在共同推进武汉城市圈食品药品安全示范区建设,如期完成国家食品药品监督管理局与湖北省人民政府合作共建目标内容。湖北省人民政府副省长赵斌任领导小组组长。

24 日

△湖北省推进武汉城市圈综合配套改革试验领导小组第四次会议召开。湖北省人民政府省长李鸿忠在会议上强调,武汉城市圈各市要按照综合配套改革试验总体方案的要求,全面扎实推进试验区建设和改革创新工作,争做体制机制创新的先锋和科学发展的典范,为全省"保增长、保民生、保稳定",实现弯道超越作出更大贡献。会上,湖北省发展和改革委员会与城市圈 9 个城市签订 2009 年度改革试验项目资金授资协议。

△武汉城市圈综合配套改革试验办公室公布武汉城市圈内获得 1 亿元人民币建设资金支持的 9 个项目名录。其中,孝感市"两型社会"建设示范区项目、咸宁市武汉城市圈职业教育园区建设项目和黄石市黄金山"两型社会"先行区建设项目被专家评定为首年重点受资助项目。

27 日

武汉新港专项规划国际咨询论证会召开。来自美国、英国、荷兰、中国香港和内地的知名专家对武汉新港空间发展规划、集疏运体系规划、产业发展规划进行咨询论证。根据规划,武汉新港重点发展 9 大产业集群,包括现代物流业、钢铁及深加工业、石油化工业、汽车业 4 大支柱产业;装备制造业、电子信息业、食品加工业 3 大优势产业以及商贸服务业、金融业等其他现代服务业。

30 日

中国农业银行股份有限公司与武汉市人民政府签署战略合作协议。根据协议,中国农业银行股份有限公司在 2009 年 ~2014 年给予武汉市 1 000 亿元人民币的意向性信贷支持,主要用于支持武汉市城市基础设施建设和武汉城市圈发展。

31 日

湖北省第十一届人民代表大会常务委员会第十一次会议通过《武汉城市圈资源节约型和环境友好型社会建设综合

配套改革试验促进条例》。该《条例》共分30条，对武汉城市圈经济、社会、文化及行政管理体制等方面的改革试验作出了规定。

八 月

4日

武汉市统计局首次公布武汉"两型社会"建设监测报告。报告显示，2008年武汉"两型社会"(资源节约型社会、环境友好型社会)建设程度已达到2011年目标的80%，其中，提升城市功能的指数值达86.5%；资源节约和环境保护的分指数达86.0%；万元生产总值综合能耗1.19吨标煤，比上年下降6.2%，规模以上工业企业万元增加值能耗1.97吨标煤，下降10.0%；农民年人均纯收入6 349元，增长18.2%，增幅超过城市居民可支配收入1.8个百分点；每平方千米土地平均生产总值4 663.63万元，增长15.0%；新增土地流转面积2.42万公顷。

5日

△武汉城市圈技术转移服务联盟鄂州分中心挂牌，该中心由武汉、黄石、鄂州等市科技服务部门发起，构建以企业需求为导向，以大专院所为源头，以技术服务为纽带，以促进产学研相结合为目标的新型技术转移服务体系，是华中地区最大的技术转移服务机构。

△由中共湖北省委宣传部、武汉城市圈综合配套改革试验区建设领导小组办公室、湖北省广播电视总台、湖北省社会科学院联合举办的武汉城市圈"两型社会"建设综合配套改革试验电视知识竞赛在武汉举行。此项活动旨在普及武汉城市圈知识，扩大武汉城市圈的影响。经过竞赛，孝感代表队获得一等奖；武汉、黄石、天门代表队分别获得二等奖；仙桃、咸宁、鄂州、潜江代表队分别获得三等奖。

6日

武汉城市圈广播电视联盟在武汉成立。该联盟将联合城市圈9个广播电视机构全力打造新闻、专题、文艺宣传和大型活动四大平台，深入、全方位地宣传武汉城市圈"两型社会"建设。

11日

武汉城市圈义务教育均衡发展行动计划和基础教育帮扶工程启动。义务教育均衡发展行动计划主要内容是：学校标准化建设工程；教师队伍建设工程；建立城乡学校校长、教师互动交流及补充、培训机制；教育教学质量提高工程；关爱工程，完善学生资助体系；探索建立保障义务教育均衡发展的经费投入机制，落实义务教育筹资政策；建立义务教育均衡发展督导评价机制。基础教育帮扶工程主要内容是建立武汉市7个中心城区与城市圈8个城市结对支持与合作机制，发挥武汉市的教育资源优势与示范作用。结对安排为：武昌区—仙桃市、潜江市；洪山区—天门市；青山区—黄冈市；汉阳区—咸宁市；硚口区—鄂州市；江岸区—黄石市；江汉区—孝感市。

12日

武汉新港规划建设领导小组第一次会议召开，此举标志武汉新港建设已全面启动。会议要求，要抓紧几个重大专项规划的修订及实施；要将集疏运规划提升到综合交通运输系统的高度；要推进武汉新港现有项目和未来项目库的建设，把投融资体制建立好，把相关政策研究好；要加强统筹协调，多争取国家支持。

13日

湖北省政协常委专题协商会召开。与会常委就武汉城市圈"两型社会"综合配套改革试验区水资源开发利用与保护的专题展开协商讨论。会议提出，要整体谋划武汉城市圈河流湖泊生态保护规划；打破行政壁垒，建立完善跨行政区域的水环境保护和水污染治理机制；充分发挥市场在资源配置中的基础性作用，引导社会力量参与水污染防治工作。

15日

由湖北省商务厅主办，湖北省汽车流通协会、武汉城市圈9城市相关部门联合协办的首届武汉城市圈汽车大巡展在鄂州启动第一站展览。东风雪铁龙、一汽轿车、江淮汽车、北京现代、东风税达起亚、广州本田、东风风行等20多个汽车品牌参展。

21日

湖北省推进武汉城市圈综合配套改革试验办公室印发《关于下达2009年武汉城市圈改革试验项目省预算内投资计划的通知》。《通知》列出2009年省预算内投资项目共有9项，分别是，孝感市"两型社会"建设示范区项目、武汉城市圈(咸宁)职业教育园区建设项目、黄石市黄金山"两型社会"先行区建设项目、武汉大循环经济示范区建设改革试验专项、鄂州市城乡一体化(长港)示范带工程、黄冈市化工产业转移示范园区建设项目、潜江市小龙虾产业一体化和循环经济改革试验项目、仙桃市南城新区"两型社会"示范区建设项目、天门市生态产业园循环经济示范项目。

25日

△在湖北省发展和改革委员会组织的专家评审会上，《滠水河流域水污染综合整治规划研究》获得原则性通过。该《规划》是武汉城市圈域内首个流域整治规划。根据《规划》到2015年，流域内环境污染和生态环境恶化的状况将得到改变，环境质量有较明显的改善；到2030年，工业污染得到全面控制，城市和农村环境得到有效治理，流域环境清洁优美，生态良性循环。

△武汉城市圈图书馆联盟网站开通暨中国国家数字图书馆湖北分馆签约揭牌仪式在湖北省图书馆举行。武汉城市圈内9个城市的读者可通过该网站站式检索圈内城市公共图书馆的信息。此举标志武汉城市圈图书馆联盟的建设进入网络合作的新阶段。

28日

全国综合配套改革试点工作会议在武汉召开。国家发展和改革委员会副主任彭森在会上作了题为《抓住机遇明确目标扎实推进综合配套改革试点工作》的讲话。会议指出，综合配套改革试点符合改革规律，是新时期改革开放实践探索和理论创新的有效形式，为顺利实施国家发展战略提供了必要的体制条件，为改革攻坚和制度创新积累了宝贵经验。

△湖北博友竹业发展有限公司与咸宁市人民政府签署合作协议，双方投资5.8亿元建设竹类综合开发产业化项目。该项目是武汉城市圈林业示范区建设的重大项目之一。一期投资2.3亿元，建设2.67万公顷楠竹基地和占地10公顷的工业园。

29日

中国工程院常务副院长潘云鹤率院士专家团考察武汉城市圈"两型社会"建设的标志性示范项目——武汉花山生态新城。专家考察团就花山生态新城的功能定位、区域协调性、"两型"(资源节约型、环境友好型)技术成果实施等方面提出了建设性的意见。

31日

湖北省林业局与仙桃市人民政府签署合作推进武汉城市圈国家现代林业示

范区建设备忘录。根据备忘录，2009年~2014年，国家现代林业示范区总投资达10亿元。至2015年仙桃市林地面积达到4.56万公顷，森林覆盖率达18%以上；河流道路两旁绿化率达95%以上，生态公益林管护率达100%，补偿率达80%以上；活立木蓄积量达144万立方米；全市林业产业总值达10亿元，财政收入1亿元；林业科技贡献率达40%以上。

九　月

4日

湖北省人民政府常务副省长李宪生召开专题汇报会，重点检查督办湖北省推进武汉城市圈综合配套改革试验领导小组第四次会议以来武汉城市圈"两型社会"建设综合配套改革试验工作的贯彻落实情况。湖北省发展和改革委员会副主任肖安民在会上作了《关于落实城市圈领导小组第四次会议有关情况的汇报》。

8日

湖北省人民政府印发《湖北省人民政府关于加强部省合作共建推进武汉城市圈综合配套改革试验的指导意见》。该《意见》分为17条，从加强部省合作共建的总体要求、加强部省合作共建的主要任务、部省合作共建的工作机制3个方面提出了加强部省合作共建的指导性意见。

13日

武汉市11个木地板及相关配套企业打包与孝感市孝南区签订协议。双方投资5亿元建设华中地区最大木地板产业园。该园区占地26.67公顷，项目建设投产后，年税收可达1 000万元，同时可解决2 000多人就业问题。

15日

△由国家环境保护部主办的湖北、湖南"两型社会"建设环境保护专题研讨班在武汉召开。此次研讨班旨在帮助湖北省、湖南省党政领导干部提高对"两型社会"建设的认识水平、提升领导"两型社会"建设的能力、掌握"两型社会"建设的政策和技能。研讨就"两型社会"建设中的生态建设、污染防治、能源产业对策、环境经济政策和环境保护要求等问题展开了专题研讨。

△由湖北省文化厅、孝感市人民政府联合举办的第四届湖北省"福星杯"楚剧艺术节在孝感举行。楚剧是湖北省最大的地方戏剧种，被列入国家非物质文化遗产保护名录。本届艺术节共有6个市州的16个院团参赛，有参赛大戏8台，小戏、折子戏37个，参赛剧团和剧目数量为历届之最。

20日

国家发展和改革委员会正式批复武汉市为综合性国家高技术产业基地。该基地是武汉市继国家光电子产业基地（武汉·中国光谷）、国家生物产业基地和国家信息产业基地后，获得国家发展和改革委员会的又一块基地授牌。

21日

武汉城市圈"扫黄打非"工作座谈会召开。会议提出，城市圈域内各城市要加大封堵查缴非法出版物力度，加强对入境书报刊、音像制品和软件制品的检查，加强对购买境外书号非法制售出版物等问题的查处，坚决封堵非法有害信息在网上传播，同时对出版物市场进行全面清理，努力营造武汉城市圈出版市场的良好环境。

24日

△国家统计局与湖北省人民政府在武汉召开推进武汉城市圈"两型社会"建设统计制度方法改革工作座谈会。会上，国家统计局领导宣读了《国家统计局关于在湖北省武汉城市圈开展统计制度方法改革试验的批复》。根据《批复》，武汉城市圈将开展"企业一套表"综合试点工作。国家统计局将支持湖北省进一步完善服务业统计、加强部门统计管理和基层基础建设工作，支持武汉城市圈开展有助于"两型社会"建设的统计监测评价指标体系研究，支持开展武汉城市圈城乡一体化建设统计指标研究。

△湖北省十一届人大常委会第十二次会议闭会。会议听取和审议湖北省人民政府关于推进武汉城市圈"两型社会"综合配套改革试验区建设进展情况的报告。会议认为，武汉城市圈"两型社会"综合配套改革试验区批准建设以来，各项工作进展顺利，呈现良好发展势头。湖北省人民政府及其相关部门要进一步解放思想，不断改革创新，坚持用科学发展观统领试验区的建设和发展，努力抓好统筹规划和区域协调，全面贯彻实施武汉城市圈改革试验促进条例，依法规范和促进试验区的健康有序发展。武汉城市圈各级人大常委会对试验区的工作要给予积极支持并开展有效监督。

十　月

5日

葛洲坝集团股份公司与武汉城际铁路有限公司签订《武汉城市圈城际铁路工程建设合同》，中标项目总金额达22.82亿元。葛洲坝此次中标的是汉口至孝感城际铁路项目。该铁路全长61千米，两地直达运行时间30分钟，葛洲坝承建的汉孝铁路二标段正线长21.861千米，建设工期2年半。

15日

△2009中国·武汉金融博览会在武汉科技会展中心开幕。本次博览会由中国人民银行、中国银行业监督管理委员会、中国证券监督管理委员会、中国保险监督管理委员会、湖北省人民政府、武汉市人民政府联合主办，主题为"构建武汉金融中心，服务'两型社会'建设"，包括金融高峰综合论坛、企业上市推荐会、湖北金融60年展览等内容。60余个银行、保险、证券、期货机构参加了本次博览会。

△全面加快武汉城市圈城际铁路建设动员大会在武昌召开。动员会上，湖北省人民政府分别与武汉市、黄石市、孝感市、鄂州市、黄冈市、咸宁市人民政府签订《支持城际铁路建设工作目标责任书》。会议要求，各有关部门在受理城际铁路建设有关报批审批时，要借鉴"绿色通道"做法，坚持高效、服务原则，依法依规，特事特办，急事急办，从简从快，一路"绿灯"；城际铁路建设过程中禁止随意开展各类检查、评比或以各种名目向施工单位摊派收费；各级公安、工商、税务、城管等部门，针对城际铁路周边施工环境出现的问题，要适时采取联合行动，开展专项整治。

16日

由中美环境与经济发展合作中心，湖北省环境保护厅承办的2009华创会武汉国际环境研讨会召开。研讨会上，与会专家学者围绕环境和人类健康、环境污染和保护、新能源、环境城市和社会等主题展开积极研讨。美国环境保护署最高科技长官凯文·泰其曼表示，美国与中国同样面临环境问题的诸多挑战。武汉城市圈"两型社会"和湖北生态文明建设，为专家学者提供了相互交流与分享的经验，通过此次研讨会，专家学者可以获得实质性的环保成果，并可通过国际环境保护项目的共同研究、开发与推广,与湖北加强交流与合作。

19日

湖北省人民政府召开新闻发布会。发布会介绍了武汉综合性国家高技术产业基地详细规划。武汉综合性国家高技术产业基地未来6年将投入1万亿元,以光电子信息、生物、新能源与节能环保、新材料,先进制造及高技术服务业等6个领域为发展重点,形成以武汉东湖新技术开发区为核心,涵盖武汉经济技术开发区、吴家山台商工业园区、青山循环经济产业示范园区、葛店经济技术开发区、辐射带动"武汉城市圈"包括周边黄石、孝感等省内高新技术开发区共同发展的产业格局。

21日

湖北省人民政府与国家档案局就共建新型档案信息服务体系、服务武汉城市圈"两型社会"建设签署合作协议。根据协议,双方将以推动武汉城市圈新型档案信息服务体系建设为重点,加大档案资源的整合力度,加快档案信息化建设步伐,建立覆盖人民群众的档案资源体系和方便人民群众的档案利用体系。

23日

由致公党中央委员会和湖北省人民政府联合主办的"中国发展论坛·2009—武汉城市圈'两型社会'建设"在武昌举行。全国政协副主席、致公党中央委员会主席、科技部部长万钢出席会议并作主题报告。与会专家学者围绕武汉城市圈"两型社会"建设的发展思路,目标定位,基本途径和工作重点等重大问题,进行了交流和讨论。

25日

由湖北省人民政府和德国外交部联合主办,湖北日报报业集团、武汉大学承办的"德中同行——发展高层论坛"在武汉举行。论坛的主题是"城市的可持续发展"。与会人士围绕城市可持续发展和武汉城市圈建设主题,就城市规划、建筑和设计、能源效益、环境保护、教育、文化设施、交通和移动等议题进行探讨,共商开拓新的合作领域。

十一 月

2日~5日

第十三届世界湖泊大会在武汉举行。来自45个国家的1 500余名专家参加会议,共商湖泊治理保护与可持续发展大计。本届大会以"让湖泊休养生息,全球挑战与中国创新"为主题,共安排5场大会和31个专题分会场的学术交流。武汉市人民政府市长阮成发在会议上作了题为《加强湖泊保护治理打造滨江滨湖特色生态城市》的发言。与会代表一致通过本届大会宣言——《武汉宣言》,提出保护全球湖泊生态环境的8条建议。

3日~5日

2009年促进中部崛起专家论坛暨第五届湖北科技论坛在武汉举行。此次论坛由中国科学技术协会、中国工程院和湖北省人民政府共同主办,其主题是"科技支撑、科学发展"。参加论坛的专家、学者根据中共中央、国务院关于促进中部地区崛起和加快区域经济社会发展的战略部署,结合湖北省发展实际,就推进区域产业结构优化升级和发展方式转变、推进"两型社会"建设等议题进行了深入探讨和交流。

4日

《武汉城市圈生态环境保护规划》出台。《规划》确定武汉城市圈生态环境保护的总体目标是"碧水、蓝天、青山、美城",到2012年,圈域内9个城市都要达到环境保护模范城市的要求。《规划》将在城市圈内划定"三线"分级控制,即严格保护区红线,禁止工业和建设项目;控制性保护利用区黄线,只能发展生态旅游、生态农业等可持续产业;引导开发建设区绿线,加大工业化和城镇化发展,承接沿海产业转移和城市圈内严格控制区人口转移。《规划》涉及节能减排、循环经济、生态恢复与环境整治等9大类共459个项目,总投资达5 128.5亿元。

7日~8日

第五届中国生态健康论坛在武汉举行。此次论坛由中国农工民主党中央委员会、湖北省人民政府、全国政协人口资源环境委员会和国家环境保护部联合举办,其主题是"生态健康与'两型社会'建设"。参加论坛的专家学者、管理决策人员围绕生态文明的体制建设、维护生态安全、发展循环经济、合理利用资源、促进人群生态健康等前沿议题进行了广泛讨论和交流。

16日

中共湖北省委、湖北省人民政府召开部署建设武汉城市圈低碳经济试验示范区会议。会议要求,在武汉城市圈探索区域低碳能源、低碳交通、低碳产业发展模式,建立促进资源节约、低碳经济发展的政策体系,重点推动一批低碳经济示范工程建设。

17日

△2009年中国中小城市科学发展评价体系研究成果在北京揭晓。仙桃市入选"中国中小城市科学发展百强"、"中国最具投资潜力中小城市百强"和"中国最具区域带动力中小城市百强";天门市、汉川市入选"中国最具投资潜力中小城市百强"。此次评选由中国社会科学院城市发展与环境研究中心、中国城市经济学会中小城市经济发展委员会组成课题组主持。

△据湖北省发展和改革委员会消息,武汉城市圈启动建设全国首个低碳经济试验示范区。按照部署示范区在武汉城市圈探索区域低碳能源、低碳交通、低碳产业发展模式,建立促进资源节约、低碳经济发展的政策体系,重点推动一批低碳经济示范工程建设。

20日

湖北省人民政府和国家质量监督检验检疫总局在武汉签署《关于促进武汉城市圈"两型社会"建设打造公共服务平台的合作备忘录》。双方商定,国家质量监督检验检疫总局重点支持湖北省建设武汉城市圈"两型社会"标准化示范区、武汉东湖新技术开发区等4个标准化示范区,在全面推进质量兴省战略,加快公共检测平台建设,加强综合信息平台建设,加快标准化体系建设步伐、促进现代农业建设、加强检验检疫基础工作等6个方面加强合作。

23日

由武汉市中级人民法院、武汉市法学会举办的法治论坛召开。会议重点研讨了"两型社会"建设中企业的发展与法治问题,并针对城市圈排污权交易,农村产权交易中的法律难题,以及环保类案件诉讼难等问题开展理论探讨。

25日

△湖北省人民政府与国家知识产权局在武汉签署合作会商制度议定书。双方商定,共同推进湖北省特别是武汉城市圈知识产权的创造、运用、保护与管理工作,打造知识产权事业发展的平台。同时约定对武汉城市圈开展的各类知识产权试点示范、质押融资、资产评估、交易平台建设等方面的工作给予重点支持。

△湖北省通信管理局、湖北省物价

局联合发文，下调湖北省内固定电话（包括小灵通）本地网营业区间通话费上限标准，武汉城市圈率先下调。文件规定，本地网营业区间通话费上限标准由 0.32 元/分钟下降至 0.18 元/分钟，下降幅度为 43.8%。

26 日

湖北省人民政府召开专题会议，对武汉城市圈城际铁路建设工作进行检查督办和研究部署。湖北省人民政府省长李鸿忠在会议上强调，湖北省直有关部门和各市要高度重视武汉城市圈城际铁路建设，对照工程建设各项目标进度，认真查找工作差距，并以兑现"军令状"的要求狠抓落实，尽快解决建设中存在的重点难点问题，确保城际铁路建设顺利快速推进。

十二　月

1 日

湖北省环境保护厅宣布，由湖北省发展和改革委员会、湖北省环境保护厅等 9 个部门联合编制完成《武汉城市圈两型社会建设试验区生态环境规划》。根据该《规划》，未来 10 年内将投资逾 5 000亿元实施节能减排、循环经济、生态农业、生态林业、生态水系、清洁能源、生态恢复与环境整治、生态家园、生态安全保障能力建设等 9 大重点工程，共计 459 个环保项目；至 2012 年，圈域内 9 城市全部达到国家环境保护模范城市要求。

2 日

麻城市、阳新县被国务院扶贫办公室、国家财政部确定为"利用中央专项彩票公益金支持贫困革命老区整村推进"扶贫项目试点县，将分别获得2 125万元资金，用于推进老区整村推进扶贫开发。

6 日

中国内陆首个核电项目——咸宁大畈核电站项目，前期建设进展顺利，年底核岛可达标高。该项目由中国广东核电集团控股的湖北核电有限公司投资，规划建设 4 台 AP1000 型百万千瓦级压水堆核电机组，总投资超过 600 亿元人民币。

9 日

△据《湖北日报》消息，国家工业和信息化部正式出台全力支持武汉城市圈工业和信息化发展，将武汉城市圈打造成全国"两型社会"发展示范区的意见。其主要举措为：加快推进产业结构升级和产业集聚发展，积极推进循环经济国家试点，推进军民结合产业基地建设、积极推进"两化"（工业化、信息化）融合，鼓励和支持武汉城市圈"两型社会"先行试点，支持扩大湖北省产学研合作活动的范围和规模，支持中小企业创业示范基地、公共服务和融资担保服务平台建设，对武汉城市圈优势和特色产业项目给予重点支持。

△武汉城市圈纪检监察机关主要负责人第一次联席会议在武汉召开。会议原则通过了《武汉城市圈纪检监察机关协作配合暂行办法》。《办法》规定，协作配合机构分为联席会议、日常联合办公室和具体落实部门。此举意味着武汉城市圈纪检监察机关在办案过程中，需要圈内其他地方协作配合的，相关纪检监察机关要积极协助。

10 日

首届"两型社会"建设与反腐倡廉论坛在武汉召开。会议提出，要牢固树立服务科学发展理念，把反腐倡廉建设融入到"两型社会"建设之中。要坚持反腐倡廉方针，大力构建"两型社会"建设腐败风险防控体系。要加强理论创新和实践探索，不断提高反腐倡廉科学化水平。

13 日

武汉城市圈群众文艺展演暨全省 13 届"楚天群星奖"武汉市专场演出在武汉中南剧场举行。在展演中，湖北小曲《千古知音》、男声独唱《伯牙情思》、舞蹈《梅语》、湖北大鼓《木兰情》等 41 件作品集中展示了武汉城市圈群众艺术的独特魅力。

14 日

武汉市人大常务会议审定通过《武汉市湿地自然保护区条例》。该《条例》是武汉城市圈首个湿地保护法规。《条例》规定，以挖塘、筑坝、填埋、围垦等方式破坏湿地的，将被处以 5 万元以下罚款；捡拾鸟蛋的处 100 元以上 1000 元以下罚款；对引入外来物种的违法行为，将处2 000元以上 1 万元以下罚款；对形成严重破坏的处以 1 万元以上 5 万元以下处罚。

18 日

武汉城市圈基础教育对口交流合作协议签字仪式在武汉举行。武汉市 7 个中心城区和城市圈域内的 8 个县市将全方位展开交流合作与资源共享。根据合作协议，武汉和圈内学校将开展对口学校互派干部到对方挂职等 6 个方面的对口交流，努力把基础教育对口交流合作建成武汉城市圈社会事业公共服务均等化的示范性项目。

24 日

湖北省武汉城市圈研究会召开 2009 年会。会议签订 2009 年 ~ 2010 年 5 大重点研究课题。会议指出，研究会的研究重点要紧扣"十二五"规划，遵循"理论上上得去，实践中下得来"的思路，充分认识形势和武汉城市圈自身特点，在解决实际问题中进一步深化理论，形成武汉城市圈理论研究的高地，打造一批精品理论，探寻出一条符合武汉城市圈发展的独特模式。

27 日

湖北省推进武汉城市圈综合配套改革试验部省合作共建会在武汉召开。会议要求，继续扩大部省合作共建工作，争取实现全覆盖；扎实抓好部省合作共建协议和全省相关配套工作的落实，做到具体化、项目化、资金化；根据中央和全省经济工作会议精神，结合"十二五"规划编制工作，进一步细化部省合作共建内容；进一步完善部省合作共建机制，拓展合作共建领域，放大合作共建效应。

28 日

2009 年武汉城市圈职业教育论坛在孝感举行。此次论坛由湖北省教育厅、孝感市人民政府共同举办，其主题是"改革、发展、创新、提高"。参加论坛的人员围绕"两型社会"建设与国家教育综合配套改革试验背景下，高等职业院校改革创新，服务区域经济发展，走产学研合作教育和可持续发展之路等议题进行了深入探讨。

责任编辑　孙　泉
责任校对　孙明明

索引

说明

一、本索引采用主题分析法，按主题词首字汉语拼音(同音字按声调)顺序排列;首字相同，按第二字音序排列，依此类推。

二、部类名称、分目名称、人名用黑体字标明。主题词后的阿拉伯数字表示内容所在页码，数字后的拉丁字母(a、b、c)表示该页码从左至右的栏别。

三、"附见"缩后两格放在相关款目下面。款目之后第二个页码表示该款目参见内容所在位置。

四、"特载"、"大事记"等类目未作索引。

数字首

A

B

C

H

J

K

L

M

N

S

T

W

X

Y

Z